주식회사법

정준우

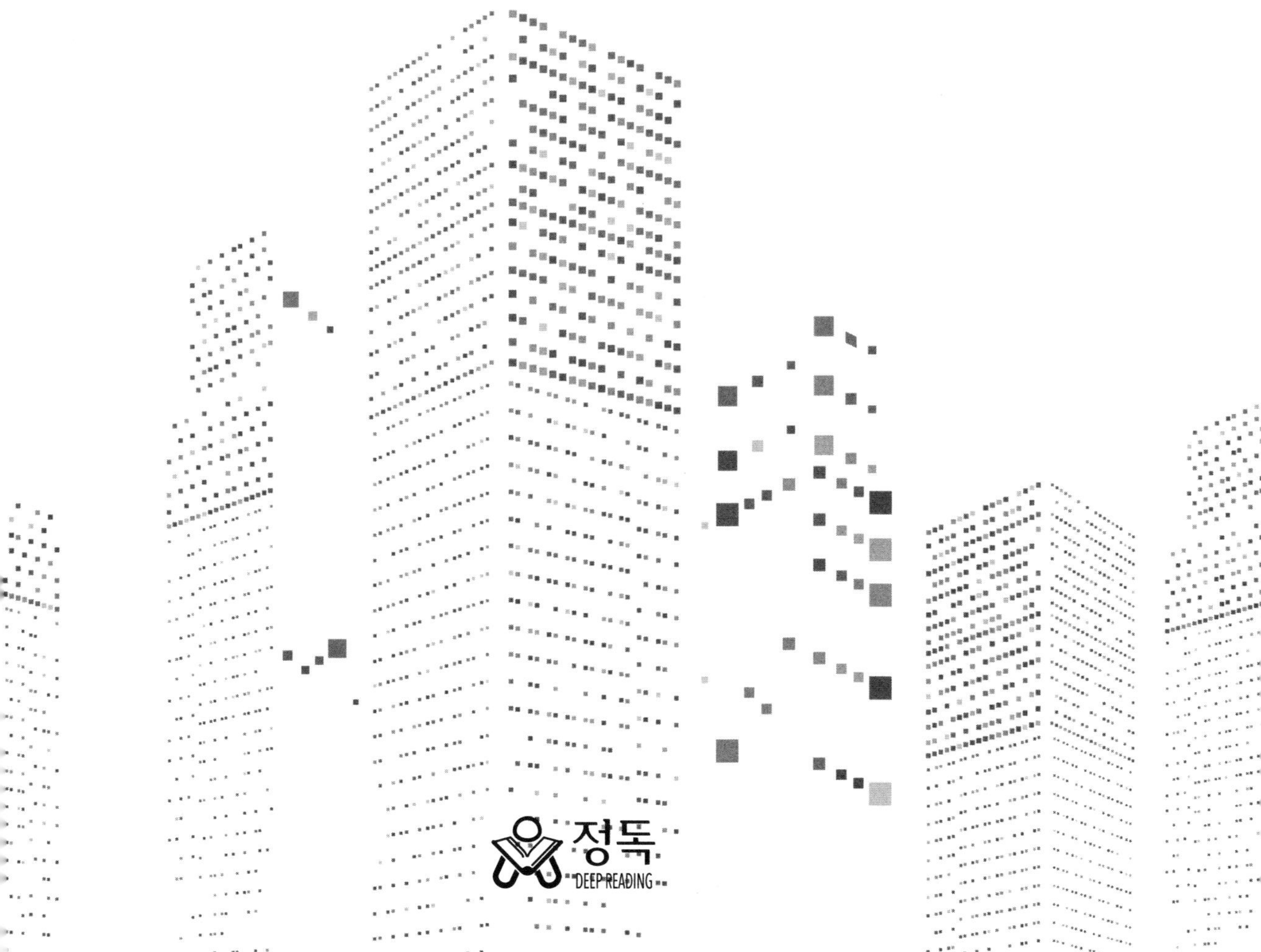

정독
DEEP READING

머리말

상법 제3편(회사)에서는 사원의 책임 형태를 기준으로 한 다섯 가지 유형의 회사(합명회사·합자회사·유한책임회사·주식회사·유한회사)별로 그 설립부터 청산에 이르기까지 매우 상세한 규정을 두고 있는데, 기업의 유지·강화와 거래의 신속성·안정성이라는 상법의 이념을 복합적으로 반영하고 있다. 그런데 우리나라에 등기된 회사의 유형별 비중을 살펴보면 주식회사가 전체의 약 90% 이상으로 압도적 우위를 점하고 있다. 이는 합리적인 경영구조와 주식이라는 소규모 자본단위를 통해 대규모의 자본집적이 가능하고, 유한책임에 의해 주주의 책임이 제한되며, 타인기관인 이사가 중심이 되어 회사를 경영하므로 주주의 감시비용이 줄어들면서도 회사채권자로부터 신뢰를 받을 수 있기 때문이다.

이러한 현실을 반영하여 저자는 법학전문대학원이 개원한 때부터 지금까지 [상법Ⅱ]라는 강좌를 개설하여 주식회사법만 강의하였고, 나머지 4가지 유형의 회사는 [소규모회사법]이라는 강좌를 통해 학생들이 수강하도록 하였다. 5가지 유형의 회사를 망라하는 회사편의 규정이 너무 많아서 강의와 수강에서 모두 부담이 컸고, 다양한 사회적·경제적 문제의 중심에 있는 회사도 주식회사이며, 학설과 판례가 많이 축적된 대부분의 쟁점도 주식회사에 관한 것이었기 때문이다. 이렇게 1~2년간 강의하며 느낀 점은 주식회사만 강의해도 학습할 분량이 많아서 학생들이 교과서보다는 간단하게 정리된 요약서로 공부한다는 것이었고, 이로 인해 시간이 지나도 실력이 크게 늘지 않는다는 점이었다.

저자는 이러한 문제점을 해결하여 우리 학생들의 실력을 향상시킴은 물론 그들이 직면한 변호사 시험에도 도움을 주기 위해 전체 분량은 줄이면서도 주요 쟁점별로 중요한 판례와 학자들의 논의를 최대한 반영한 강의안을 만들어 매 학기 학생들에게 배포해 왔고, 매년 초에 새로이 발간된 교과서와 연구논문 및 다양한 판례들을 취합·정리한 수정안을 작성하여 배포하였다. 그러던 중 저자의 강의안으로 공부하여 합격한 제자 법조인들과 다양한 기업 법무팀의 중견 실무자인 과거 법과대학 시절의 제자들이 책으로 출간하는 것이 좋겠다는 제안을 하였다. 또한 은사이신 건국대학교 석좌교수인 이철송 교수님께서 교수로서 대학에 봉직한 이상 저서를 출간하는 것이 좋다는 가르침을 주셨다.

이 책을 만들면서 특히 다음과 같은 점에 중점을 두었다. 첫째, 법학전문대학원 학생들이 체계적이고 효과적으로 공부하며 실력을 쌓을 수 있음은 물론 모든 법률 전문가와 기업 실무진이 참고자료로 활용할 수 있도록 하였다. 둘째, 상법 제3편 제4장(주식회사)의 편제를 최대한 존중하면서 독자들의 이해와 활용의 편의를 위해 5개 장(회사의 의의와 설립, 주식과 주주의 관리, 기관의 구성과 운영, 자금의 조달과 관리, 조직의 개편과 변화)으로 재편하여 작성하였다. 셋째, 각 장에서 거론되는 중요 쟁점은 모두 소개하고 그에 관한 학자들의 연구저작물도 최대한 반영하였다. 넷째, 주요 쟁점은 물론 일반적인 내용이라도 관련된 주요 판례가 있는 경우에는 최근의 판례까지 모두 반영하였다.

앞서 발간한 상법총론에서 밝힌 것처럼 독자 제현은 본서로 공부하거나 본서를 참고할 때 각 파트별로 모두에 제시된 예시사례를 보면서 쟁점이 무엇인지부터 생각한 후에 본문의 내용을 보기 바란다. 이러한 연상과정과 반복학습을 병행해야만 복잡·다양한 쟁점들을 체계적으로 파악하고 정리함은 물론 그에 관련된 학설과 판례의 동향을 이해하는 데 도움이 되기 때문이다. 끝으로 출간 약속을 여러 번 지키지 못했음에도 불구하고 계속 관심을 갖고 독려해 주신 도서출판 정독의 김중용 사장님과 깔끔하게 편집해 주신 심성보 이사님 및 김인숙 과장님께 진심으로 감사의 마음을 전한다. 그리고 이 책이 모든 법률 전문가와 기업 실무진 및 법학전문대학원 학생들에게 도움이 되길 기원한다.

2024년 5월

저 자 씀

차 례

제1장 회사의 의의와 설립

제2장 주식과 주주의 관리

제 3 장 기관의 구성과 운영

제4장 자금의 조달과 관리

제5장 조직의 개편과 변화

제 1 장

회사의 의의와 설립

제1절 총 설

현대 자본주의는 자유로운 기업설립과 창의적인 기업활동을 근간으로 하는데, 기업은 규모의 경제를 통해 경쟁력을 높이며 경영위험을 분산하기 위해 공동기업의 형태를 취하고 있다. 경영에 따른 손익이 모두 기업주에게 귀속되고 기업채무에 대하여 기업주가 무한책임을 지며 자산운용의 경직성과 경영능력의 한계가 있는 개인기업과 다르게 공동기업은 대중자본을 흡입할 수 있어 사업의 규모를 확장함은 물론 영업을 다각화·전문화하여 나날이 치열해지는 국내·외의 무한경쟁에서 장기적인 생존과 지속적인 발전을 도모할 수 있기 때문이다. 이러한 공동기업의 형태로는 조합형과 회사형이 있는데, 상법상 전자의 예로는 익명조합과 합자조합을 들 수 있고, 후자의 예로는 합명회사·합자회사·유한책임회사·주식회사·유한회사를 들 수 있다. 이러한 회사의 유형 중 실무에서는 주식회사가 압도적인 우위를 점하고 있는데, 이는 합리적인 경영구조와 주식이라는 소규모 자본단위를 통해 대규모의 자본집적이 가능할 뿐만 아니라 유한책임 제도에 의해 사원(주주)의 책임이 제한되는 혜택이 있기 때문이다.[1] 그리하여 오늘날 주식회사는 엄청난 경제력을 축적하고 있고, 부존자원이 부족한 우리나라에서 국부의 중요한 원천이 되고 있다.

상법상 모든 회사는 영리를 목적으로 설립된 법인이고, 전통적으로 영리성·사단성·법인성을 개념적 속성으로 한다. 다만 대중자본의 결집체로서 회사의 90%를 차지하고 있으며 국민경제에 대한 영향력이 큰 주식회사의 경우에는 이러한 개념적 속성과 함께 사회적 책임론과 법인격부인론 같은 현대적 수정원리가 적용된다. 주식회사의 지나친 영리 추구는 각종 사회적·경제적 폐해를 양산하고, 경영이 소수의 지배주주에게 집중됨으로 인해 소유와 지배의 괴리가 발생하며, 강한 영향력을 가진 주식회사는 금융과 같은 사회적 자원을 과점함은 물론 세제를 비롯한 각종 경제법제까지 자신에게 유리하게 개정함으로써 사회적 불평등을 초래하고 있기 때문이다. 한편 주식회사는 법인이라는 특성상 개별적인 권리능력에 있어서 일정한 제한을 받고, 자본금이 주식으로 분할되어 있어 출자자는 주식을 인수하거나 취득함으로써 사원(주주)이 되며, 사원은 주식의 인수가액 그 한도에서 출자의무만 질 뿐 회사채무에 대하여 직접 책임을 지지 아니한다(유한책임). 이처럼 자본금·주식·유한책임은 주식회사의 본질적 요소이므로 상법은 유한책임 제도하에서 회사채권자의 보호를 위해 중요한 자본충실의 원칙을 반영한 다양한 규정을 두고 있다.

---

1) 2022년 12월 말 기준으로 우리나라의 전체 등기회사는 1,396,182개인데, 주식회사가 90.64%인 1,265,475개이다. 그리고 유한회사 109,287개(7.83%), 합자회사 15,941개(1.14%), 유한책임회사 2,951개(0.21%), 합명회사 2,528개(0.18%)의 순서이다[법원등기정보광장(https://data.iros.go.kr) 참조].

대규모 자본단체인 주식회사에는 다양한 이해관계자들이 복잡하게 얽혀 있고, 회사재산을 둘러싼 이들의 이해관계는 상이하다. 따라서 이해관계자별 특성을 반영한 보호체계의 구축과 합리적인 이해조정방안이 필요한데, 특히 출자자인 주주와 회사채권자 사이의 합리적·실효적인 이해조정이 중요하다. 이는 상당수의 주식회사가 개인기업에서 출발함으로 인해 여전히 주인의식을 가지고 있는 지배주주가 존재하고, 이들의 강한 영향력 아래에 선임된 이사들을 중심으로 한 소유와 경영의 집중화가 심화되고 있으며, 기업의 수직적·수평적 계열화와 이를 통한 기업집단의 형성이 일반화되어 있는 우리나라의 기업 실무를 고려할 때 특히 중요하다. 기업의 경영행위를 가장한 지배주주나 경영진의 사적 이익 추구에 따른 각종 경영비리는 회사채권자의 이익을 침해할 뿐만 아니라, 시장을 독점하고 사회의 분배구조를 왜곡하면서 결국은 국민경제에 악영향을 끼치기 때문이다. 그리하여 상법은 주식회사의 설립단계에서부터 회사채권자의 유일한 책임재산이 되는 자본금과 그 출자자를 확정하는 절차를 거치도록 하고, 회사운영의 공백을 없애기 위해 이사와 감사 같은 기관을 선임하도록 하며, 관련자에게 엄격한 책임을 부여하고 있다.

제2절 주식회사의 의의

제1관 개념적 속성

예시사례 비상장 건설업체인 ㈜甲(자본금 10억원)의 경우 대주주이며 대표이사인 A가 전체 주식의 70%를 가지고 있고, 나머지 30%의 주식은 일반주주들이 보유하고 있다. 그동안 ㈜甲의 중요한 경영정책 그 대부분은 사실상 A가 단독으로 결정하였고, A는 자신의 대외활동비는 물론이고 가정생활비까지 ㈜甲의 경비로 처리하였다. 더욱이 A는 정관에 근거 규정이 없음에도 불구하고 회사의 장기적인 이미지 제고와 지역사회에 대한 봉사의 차원에서 매년 2억원을 인근에 있는 국립대학교 乙에게 기부하였다. 그러던 중 2015년 9월에 ㈜甲은 새로운 사옥을 건설하기 위해 보유 중인 토지의 땅파기 작업을 하고 있었는데, 갑자기 내린 집중호우로 인해 건설 현장에 설치한 H빔 지지대가 붕괴되었고, 이로 인해 바로 옆에 있던 B 소유의 4층 건물(시가 20억원)이 완전히 무너져 내렸다. 이와 관련하여 다음 설문에 답하시오!

(1) ㈜甲의 주식 5%를 가진 주주 C는 乙에 대한 A의 기부행위가 잘못되었다며 법원에 A의 해임과 직무집행정지가처분을 청구하였고, 그동안의 기부액에 대한 손해배상청구소송도 제기하였다. 이러한 C의 주장은 정당한가? 그리고 이 경우 ㈜甲과 A는 어떠한 법적 대응을 할 수 있는가?

(2) A가 자신의 대외활동비는 물론이고 가정생활비까지 ㈜甲의 경비로 처리한 것은 정당한가?

(3) 무너진 건물과 관련하여 ① 손해배상에 관한 [㈜甲-A-B]의 법률관계는 어떠한가? ② 만약 A가 B에 대한 손해배상책임을 면하기 위하여 자신과 ㈜甲의 전 재산을 출연하여 부동산임대업을 전문으로 하는 ㈜丙을 새로이 설립하였다면 [㈜甲-㈜丙-A-B]의 법률관계는 어떠한가?

(4) 2020년 7월 A는 일반주주들의 주식(30%)을 모두 취득하였다가 자금압박이 증가하자 다시 동년 10월에 10%의 주식을 4명(D1부터 D4)에게 매도하였다. 그런데 A는 일반주주들로부터 주식을 취득한 후 다시 D1 등에게 매도하기 전에 자신의 개인적 채무를 변제하기 위해 ㈜甲의 재산 2억원을 사용하였고, 이에 주식 2% 취득한 D2는 동년 11월에 A를 횡령죄로 고소하였다. D2의 주장은 정당한가?

Ⅰ. 서 설

상법은 사원의 책임형태[2]를 기준으로 합명회사·합자회사·유한책임회사·주식회사·유한회사를 회사의 종류로 규정하고 있다(상법 제170조).[3] 합명회사는 2인 이상의 무한책임사원만으로 구성되고(상법 제212조), 합자회사는 무한책임사원과 유한책임사원이 각각 1인 이상으로 구성되며(상법 제268조), 유한책임회사·주식회사·유한회사의 경우에는 사원(주주) 전원이 유한책임을 진다(상법 제287조의7, 제331조, 제553조).[4] 그리하여 합명회사와 합자회사를 「인적회사」라고 하고, 주식회사와 유한회사를 「물적회사」라고 하며, 대내적으로는 합명회사와 유사한 조합적 요소를 갖고 있고 대외적으로는 주식회사적 요소를 내포하고 있는 유한책임회사는 「혼합형회사」라고 한다.[5] 현재 우리나라의 회사 이용 실태를 살펴보면 주식회사가 압도적인데, 이는 ① 기업가가 유한책임 제도에 의해 사업손실을 제한할 수 있고, ② 회사의 자본구조와 경영조직이 개방적이어서 다수인의 출자가 용이하며, ③ 주식의 상장을 통해 대규모의 대중자본을 흡수할 수 있기 때문이다.

과거에 상법은 제169조에서 "회사라 함은 상행위 기타 영리를 목적으로 하여 설립한

2) 일반적으로 사원의 책임은 ① 회사에 대한 출자의무, ② 회사채무의 변제의무, ③ 사원간의 손실분담의무, ④ 현물출자의 가격부족액과 출자미필액의 전보의무 등으로 구분되는데, 이 중 회사채무의 변제의무를 기초로 하여 무한책임사원과 유한책임사원으로 구분된다.

3) 2011년 개정 상법이 새로이 도입한 유한책임회사는 이사회와 업무집행조합원 등 조직구성에 있어서 구성원간의 사적자치를 보장하고, 이익배당·의결권분배·퇴사 및 지분양도의 자율결정을 인정하며, 회사채권자에 대하여 유한책임을 허용하는 회사로서 일본에서는 이를 합동회사라고 한다.

4) 유한회사는 사원의 회사에 대한 자본전보책임이 있다는 점에서 주식회사와 다르다(상법 제550조, 제551조).

5) 유한책임회사는 정관에 다른 규정이 없는 한 총 사원의 동의가 있어야 정관을 변경할 수 있는 점과 내부관계에 관하여 정관이나 상법에 규정이 없으면 합명회사에 관한 규정을 준용한다는 점에서 합명회사적인 요소를 강하게 내포하고 있지만, 신용과 노무의 출자가 허용되지 않는 점에서 주식회사의 특성도 내포하고 있다.

사단을 이른다."라고 규정하였고,[6] 제171조 제1항에서 "회사는 법인으로 한다."라고 규정하였다. 그리하여 주식회사는 「영리를 목적으로 설립된 사단법인」이라고 정의되었다. 그런데 2011년 개정 상법은 제171조 제1항을 삭제하고 제169조도 "회사란 상행위나 그 밖의 영리를 목적으로 하여 설립한 법인을 말한다."라고 개정하며 사단성을 삭제하였는데, 이는 일본 회사법을 본받은 것이나 일본에서도 회사의 본질은 여전히 사단으로 이해된다.[7] 한편 회사 중 주식회사의 경우에는 ① 대규모 자본형성이 가능하나 유한책임이나 법인격을 남용하여 채권자의 이익을 침해하는 폐해가 나타날 수 있고, ② 주주·이사·채권자·종업원·소비자만이 아니라 잠재적 투자자인 일반공중과도 이해관계를 형성하고 있으므로 별도의 법적 규제가 필요하다. 그리하여 주식회사의 개념적 속성(영리성·사단성·법인성)에는 각각 일정한 수정원리(사회적책임론·1인회사·법인격부인론)가 적용된다.

Ⅱ. 영리성과 사회적 책임론

1. 영리성

(1) 의 의

주식회사는 상행위나 그 밖의 영리를 목적으로 설립된 법인이다(상법 제169조). 따라서 주식회사가 상법 제46조의 기본적 상행위를 하면 제4조의 당연상인이 되고, 상행위를 하지 않더라도 그 영리성으로 인해 제5조의 의제상인이 되므로 주식회사에 대해서는 상법총칙과 상행위법이 일반적으로 적용된다. 그런데 주식회사의 개념적 속성으로서의 영리성이란 단순히 영리를 획득하는 행위 그 자체만을 의미하는 것이 아니라, 그러한 영리추구활동으로 인해 얻게 된 이익을 이익배당·지분증가·잔여재산분배 등의 방법으로 그 구성원인 사원(주주)에게 분배하여 주는 절차까지도 포함하는 보다 넓은 개념이다.[8]

(2) 기 능

영리성은 주식회사의 존재와 활동에 있어 최고의 가치이념이고, 경영의 합목적성과 이

---

6) 이를 「상사회사」라고 하며 상행위가 아닌 행위를 목적으로 하는 「민사회사」와 구분하는데, 민사회사도 상법 제5조의 의제상인으로서 상법의 적용을 받기 때문에 실제적으로는 양자를 구분할 실익이 거의 없다.

7) 江頭憲治郎, "會社の社團性と法人性", 8頁.

8) 이를 이익분배설이라고 하는데, 현재 우리나라의 정설이다. 참고로 일본 회사법 제105조는 주주는 잉여금을 배당받을 권리와 잔여재산을 분배받을 권리를 갖고 있으며, 주주에게 이 두 가지 권리를 모두 인정하지 않는 정관 규정은 무효라고 규정함으로써 이 점을 명확히 하였다(落合誠一, "會社の營利性について", 21頁).

사의 책임 유무를 판단할 때 가장 중요한 기준이 된다.[9] 물론 주식회사도 비영리사업을 할 수 있는데, 구체적으로 정관상 목적사업이 영리사업이라면 그에 부수하여 비영리사업이나 각종 기부행위를 할 수 있다. 다만 정관상 목적이 영리사업인 주식회사가 실질적으로 비영리사업만을 할 수 있느냐에 대해서는 긍정설과 부정설의 대립이 있는데, 독일 주식법 제3조처럼 비영리사업을 하더라도 회사가 된다는 명문 규정이 없는 상법과 주식회사의 개념 정의에 관련된 영리성의 실제적인 의미를 고려할 때 후자가 타당하다.

2. 사회적 책임론

(1) 의 의

주식회사의 개념적 속성인 「영리성」에 대한 현대적 수정원리로 작용하는 것이 「사회적 책임론」이다. 즉 주식회사는 축적된 경제력과 합리적 경영구조로 인해 일개 상인의 지위를 벗어나 중요한 사회적 실체가 되었으므로 다소 공공적 성격의 책임을 지울 만하고, 주식회사의 극단적인 이윤추구는 부의 편재와 같은 각종 병리 현상의 원인이 되었으므로, 이제는 회사가 사회에 대하여 어느 정도의 공익적 기여를 해야 한다는 것이다. 그렇지만 사회적 책임론은 최근에 법적 명제로 거론되고 있으며 아직 명확히 정립된 개념도 아니므로, 논의의 핵심은 이를 주식회사의 새로운 책임 형태로 입법에 반영할 것인가 아니면 주식회사의 책임에 관한 해석상 지도원리로만 삼을 것인가에 있다.

(2) 발전 과정

사회적 책임론은 1920년대 독일에서 회사를 법적 기반인 사원과 분리하여 독립된 존재로 파악하고 국민경제적 입장에서 보호·유지하며 그에 상응하는 책임을 부여해야 한다는 이른바 「기업 자체(Unternehmen an sich)」라는 이론이 나타나 회사의 공공적 성격이 부각되면서 본격적으로 논의되기 시작하였다. 구체적으로 1937년 독일 주식법 제70조 제1항은 "이사는 자기책임 하에 기업과 종업원의 복지와 국가·국민의 공동의 이익이 요구하는 바에 따라 회사를 운영해야 한다."라고 규정하였고,[10] 1951년 공동결정법은 근로자와 출자자를 같은 수로 감사회를 구성하고 반드시 노무이사를 선임하도록 하였다.

한편 미국에서는 1931년에 "이사는 누구에게 의무를 지는가?"라는 주제에 대한 벌리(Adolf A. Berle) 교수와 도드(Merrick E. Dodd) 교수의 논쟁으로부터 기업의 사회적 책임이

---

9) 이철송, 45면.

10) 이 규정은 나치정권 하의 단체법 사상에 기초한 것이라는 비판을 받아 1965년 개정 주식법에서 삭제되었다.

논의되기 시작하였다. 또한 1932년 벌리(Berle) 교수와 민즈(Means) 교수는 공저로 발표한 「현대 회사의 사유재산(The Modern Corporation and Private Property)」에서 대규모 공개회사의 경우 주식의 광범위한 분산으로 인해 소유와 경영이 분리되면서 기업이 사회기구화 되었다고 지적하였다. 그런데 미국에서 실제로 논의되는 사회적 책임론은 이와 다르게 주로 기업의 사회나 국가에 대한 기부행위를 중심으로 발전해 왔다.[11)]

(3) 주요 쟁점

1) 회사와 책임의 의미 : 사회적 책임론에서의 「회사」란 상당한 부를 축적하여 사회적 영향력이 큰 영리단체인 주식회사를 의미하고, 「책임」이란 윤리적·도의적 책임이 아닌 법적 책임 특히 주식회사가 어떠한 내용의 사회적 책임을 지느냐 하는 점이다. 그런데 후자의 경우에는 구체적으로 경영자가 회사재산으로 기부 등과 같은 각종 공익적 행위를 하였을 때 회사법상 그 책임을 면제해 주는 형식으로 표현된다.[12)]

2) 책임 부여의 정당성 : 주식회사에 대하여 사회적 책임을 부여할 수 있는 정당성의 근거는 다음과 같다. 즉 ① 주식회사는 기업활동의 적합성이라는 장점으로 인해 거대한 부를 축적하였고, 이는 오늘날 국부의 중요한 원천을 이루고 있다(기업재산의 공공성). ② 사회적 책임의 주된 적용대상은 대규모 상장회사인데, 오늘날 한국거래소에 상장된 주식의 약 70~80%는 기관투자자나 대중주주가 소유하고 있다(기업소유의 공공성). ③ 대규모 상장회사의 경우 소비자인 국민의 모든 의식주 관련 활동에 깊숙이 개입해 있고, 대부분 수천 또는 수만 명의 근로자를 고용하고 있다. 그리하여 이들의 의사결정이나 경영활동은 곧바로 국민경제에 직접적인 영향을 미치게 된다(예: 상품의 가격결정과 물가의 상관관계. 이해관계의 사회성). ④ 일반적으로 주식회사는 국민경제에 미치는 영향을 고려하여 정부가 정책적으로 보호·육성하고 있는데(각종 세제혜택과 금융지원 등), 이는 결국 일반대중의 인내와 양보를 그 전제로 할 수밖에 없다(기업이윤의 사회성).

3) 책임론의 수용 여부 : 기업의 사회적 책임론이 처음으로 논의되기 시작한 1970년대부터 지금까지 우리나라에서는 법적 책임으로 수용하는 것에 대해 소극적인데, 주된 이유는

11) 예를 들어 미국의 모범사업회사법(Model Business Corporation Act: MBCA)은 회사가 공공복지·자선·과학·교육을 위한 기부를 할 수 있도록 규정하고 있고(§3.02(13)), 델라웨어주 회사법은 전시 기타 국가 긴급시의 지원을 위하여 회사는 기부할 능력이 있다고 규정하고 있다(§122(9)).

12) 참고로 미국 뉴저지주에 있는 한 벨브제조회사의 경영진이 매년 프린스턴 대학교에 장학금을 기부한 것에 대하여 주주들이 목적사업 외의 행위임을 이유로 이사들을 상대로 손해배상을 청구한 대표소송에서 법원은 사회적 책임론과 장기이윤론을 근거로 이사들의 책임을 부정하였다(A. P. Smith MFG, Co. v. Barlow, Supreme Court of New Jersey, 1985, 13 N. J. 145, 98 A. 2d 581).

다음과 같다. 즉 ① 기업의 사회적 책임을 법제화하면 결국 주식회사의 구조가 공익적 성격으로 변할 수밖에 없는데, 이는 영리단체인 주식회사의 본질에 비추어볼 때 바람직하지 아니할 뿐만 아니라,[13] 때로는 정치권력 등이 회사의 영리활동을 통제하는 계기를 제공할 수 있다. ② 사회적 책임의 주체는 주식회사일 수도 있고, 회사를 사실상 지배하는 대주주일 수도 있다. 더욱이 사회적 책임의 대상은 소비자, 일반대중, 회사가 속하는 사회 전체 등 매우 막연하게 거론되고 있다. 이러한 상황에서 가장 대표적인 영리단체인 주식회사와 대주주에 대하여 사회적 책임이란 법적 구속을 가하는 것은 현실적으로 쉽지 않다. ③ 사회적 책임을 구체적으로 어떻게 이행해야 하는지를 특정하기 어렵다. 따라서 현재로서는 경영자인 이사가 각종 경영정책을 수립하고 집행함에 있어서 사회적 책임이란 공공적 성격의 의무도 부담시킬 것인가의 문제로 다룰 수밖에 없다.

(4) 최근 동향

1) 장기적 이윤론 : 오늘날 기업의 사회적 책임과 연계하여 논의되는 대표적인 것은 회사의 공익적 지출이다. 즉 회사는 우수한 인재를 확보하고 소비자나 정부의 신뢰를 얻기 위해 각종 공익적 지출을 하는데, 이러한 지출은 단기적으로 회사의 목적과 영리에 상관없는 손실이나 장기적으로는 영리 실현을 위한 비용이나 투자가 될 수 있다. 이와 관련하여 최근 강원랜드 사건에 관한 판례[14]의 원심은 "회사가 다른 기업이나 자선단체에 기부를 하는 경우에는 반대급부를 전제로 한 통상의 거래행위와 달리 회사의 일방적인 지출이 발생된다. 따라서 기부행위의 경우 단기적으로 회사에게 기부액 상당의 손실을 초래하게 되나, 장기적인 관점에서 기부를 통하여 기업의 이미지와 지역사회의 신뢰를 제고하고 기업을 홍보하는 등의 간접적인 이익을 기대할 수 있으므로, 통상의 거래행위와 달리 이사가 기부행위로 인한 회사의 금전적 손실과 간접적, 장기적 이익을 충분히 비교, 고려하였는지를 기준으로 기부행위에 대한 선관주의의무 위반 여부를 판단하여야 한다."라고 판시하였다.[15] 이를 종합할 때 장기적으로 회사의 이윤 창출에 도움이 되는 합리적인 지출이라면 비영리 부문에 대한 출연도 허용된다고 보아야 한다.

2) 책임의 법제화 : 최근에는 기업의 사회적 책임이 각종 사회문제를 해결하는 정책적 도구로 활용되고 있고, 일부는 이미 주요국에서 법제화되었다. 즉 ① EU는 2003년에 제정한

---

13) 미국의 자유주의경제학자인 프리드만은 "기업의 사회적 책임은 이윤증가에 있다."라고 하였다(M. Friedman, "The Social Responsibility of Business is to Increase its Profits", *New York Times Magazine*, 1970. 9. 13).

14) 대법원 2019. 5. 16. 선고 2016다260455 판결.

15) 서울고등법원 2016. 9. 23. 선고 2015나2046254 판결.

회사의 현대화를 위한 지침(Directive 2003/51/EC)에 비재무적 정보의 개시에 관한 규정을 신설하였다. ② 독일의 2004년 개정 주식법(AktG) 제289조 제3항은 소정의 대규모 회사의 경우 환경이나 종업원의 후생 등 회사의 영업 현황 및 회사 사정에 유의미한 비재무적 성과지표도 회사의 상황보고서에 반영하도록 규정하였다. ③ 영국의 2006년 개정 회사법(Companies Act)은 회사 일반에 대해 근로자들의 이익을 고려하고, 고객 및 하도급업자들과의 유대 확장에 노력하며, 회사의 조업이 지역사회 및 환경에 미치는 영향도 고려하라는 공익적 취지의 규정을 신설하였다(s. 172(1) (b)~(d)). ④ 일본은 2005년에 제정한 환경배려촉진법에서 일정한 공공기업들의 경우 환경보고서를 작성하여 매년 공표하도록 의무화하였다. ⑤ 우리나라도 2007년에 사회적기업 육성법을 제정하여 사회적기업을 육성 및 지원하고 있다. 즉 정부로 하여금 사회적기업의 설립과 운영을 지원하도록 의무화하고 있고(동법 제3조 등), 사회적기업에 해당하는 상법상 회사는 매년 배분 가능한 이윤이 발생하면 그 3분의 2 이상을 사회적 목적을 위해 사용해야 하며(동법 제8조 제1항 제7호), 사회적기업에 대해 법인세 등 국세와 지방세를 감면하고 있다(동법 제13조).

3) ESG 경영의 도입 : 현재 세계적으로 ESG 경영에 대한 논의가 활발히 전개되며 우리나라에서도 ESG에 대한 사회적 관심이 고조되고 있는데, ESG란 주로 기관투자자들이 대상기업의 비재무적 성과 여부와 정도를 분석하고 판단할 때 그 기준[16)]이 되는 것으로서 환경(Environmental)과 사회(Social) 및 지배구조(Governance)의 종합적 약칭이다.[17)] 이러한 ESG가 최근 중시되는 것은 기업이 관련 요소를 어떻게 관리하느냐에 따라 재무적 결과에 영향을 미칠 수 있고, 기업의 향후 수익성과 장기적인 생존에도 큰 영향을 미치기 때문이다.[18)] 이러한 ESG 중 특히 사회(S)는 사회적 책임과 관련이 있는데, 기업의 사회적 책임(Corporate Social Responsibility: CSR)은 일반적으로 기업의 경영활동을 통해 발생하는 부정적인 환경적·사회적 영향을 기업 스스로가 줄일 것을 기대하는 이해관계자들에게 부응하는 기업의 다양

---

16) John Elkington, Cannibals with Forks: the Triple Bottom Line of 21st Century Business, 1987.

17) 기업 실무에서는 ESG란 표현 대신에 지속가능성(Sustainability)이란 용어가 사용되기도 하는데, 이와 관련하여 지속가능발전법 제2조는 "현재 세대의 필요를 충족시키기 위하여 미래 세대가 사용할 경제·사회·환경 등의 자원을 낭비하거나 여건을 저하시키지 아니하고 서로 조화와 균형을 이루는 것"이라고 정의하고 있다.

18) 한국거래소, 「ESG 정보 공개 가이던스」, 2면. 그리하여 최근에는 정부가 강화된 탄소중립 정책을 선언하며 강력한 집행을 예고하였고, 한국거래소는 2026년부터 모든 유가증권시장 상장법인에 대하여 기업지배구조보고서의 공시를 의무화할 예정이라고 발표하였으며, 금융위원회는 2030년부터 모든 유가증권시장 상장법인에 대하여 지속가능경영보고서의 공시를 의무화할 예정이라고 공시하였다. 더욱이 국민연금을 비롯한 대형 기관투자자들과 이들의 영향을 받은 주요 기업들이 앞다투어 ESG 투자와 ESG 경영을 선언하고 있고, 대기업을 중심으로 이사회 산하에 관련 위원회를 설치하거나 ESG 전담 조직을 확충하고 있다.

한 활동들로 이해되는 반면에 ESG는 기업이 이러한 사회의 기대에 대응해서 관리해야 하는 영역들을 대표하는 것으로 이해되고 있다. 따라서 향후 ESG의 사회(S) 요소에 대한 대비가 필요한데, 현재 이에 관련된 핵심 이슈와 포섭범위는 다음과 같다. 즉 ① 인적 자본에 관계된 것으로서 직장의 건강 및 안전, 자기계발의 기회, 노동자 참여 및 다양성과 포용성, 노동관행(임금, 근로여건) 등이 포함되고, ② 생산 책임에 관한 것으로서 생산물의 안전 및 품질관리, 판매 관행 및 상품 라벨링, 고객의 신변 보호 및 데이터보안, 상품에 대한 접근성 보장 등이 포함되며, ③ 연계 관계에 관한 것으로서 정부·시민사회·지역사회 및 각종 커뮤니티와의 관계 등이 포함된다.

참고자료 ESG의 유형과 구성요소[19)]

Environmental (환경)	Social (사회)	Governance (지배구조)
• 기후변화 및 탄소배출 • 환경오염·환경규제 • 생태계 및 생물 다양성 • 자원 및 폐기물 관리 • 에너지 효율 • 책임 있는 구매·조달 등	• 고객 만족 • 데이터 보호·프라이버시 • 인권, 성별 평등, 다양성 • 지역사회 관계 • 공급망 관리 • 근로자 안전 등	• 이사회/감사위원회 구성 • 뇌물 및 반부패 • 로비 및 정치 기부 • 기업윤리 • 컴플라이언스 • 공정경쟁 등

참고자료 ESG 관련 주체별 변화

정 부	신용평가기관	투자자	고 객
ESG 규제 강화	평가에 ESG 반영	지속적 ESG 요구	지속적 ESG 요구
• 지속가능보고서 등 공시 의무화 추진 • 2050년 탄소중립 달성을 위한 탄소 감축 규제 강화	• 무디스/S&P 등 글로벌 신용평가사의 ESG 요소 반영 • 국내 ESG 평가기관의 평가지표 강화	• 기업지배구조 개선 등을 도모하는 스튜어드십 코드 강화 • 연기금/자산운용사 등의 책임투자 및 ESG 투자활용 확대	• ESG가 공급망 관리와 협력업체 선정의 주요 요소로 부상함 • MZ세대 중심의 고객 ESG 요구 증대

19) 이하 도표는 정준우, 「코스닥기업의 ESG 도입을 위한 회사법적 과제 검토」, 2~3면, 20면.

참고자료 ESG에 의한 기업가치평가의 패러다임 변화

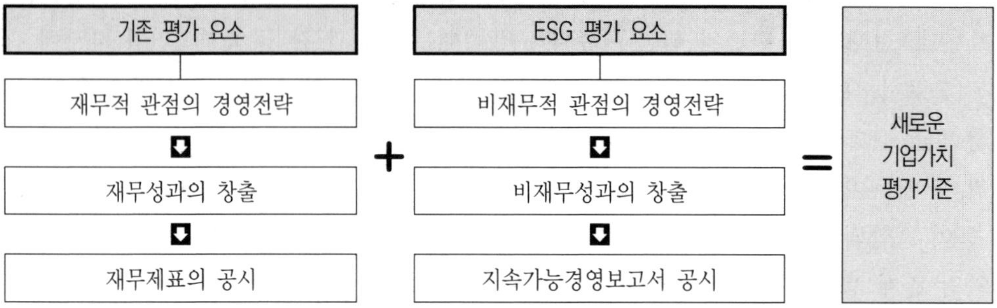

Ⅲ. 사단성과 1인회사

1. 사단성

사단이란 일정한 목적을 위하여 결합한 사람의 단체를 말하는데, 일반적으로 재단과 조합에 대한 상대개념으로서 인식된다. 즉 「사단」은 인적 결합체라는 점에서 재산의 집합체인 「재단」과 구별되고, 구성원으로부터의 독립성이 확보되어 단체성이 강한 점에서 단체성보다는 그 구성원의 개성이 더 뚜렷이 부각되는 「조합」과 구분된다. 그리고 상법상 주식회사의 조직을 형성할 수 있는 실체는 인(자본가)적 결합체에 한정되므로, 재단은 주식회사가 될 수 있는 적격성을 인정받지 못한다. 한편 주식회사가 사단이어야 한다는 것은 구성원(사원)에 그 존립의 기초를 두고 있음을 뜻하지만, 주식회사는 영리 실현을 위한 물적 기초로 자본을 필요로 하기 때문에 사원들은 예외 없이 출자를 통해 이러한 물적 기초의 형성에 참여해야 한다. 이런 점에서 주식회사는 비영리 사단과 같은 순수한 인적 결합체만은 아니고, 자본적 결합체의 성격도 아울러 가지고 있는 사단이라고 할 수 있다. 그리하여 주식회사에서는 회사의 거대화와 소유와 경영의 분리 현상이 더욱 더 강하게 나타나는데, 그 대표적인 예가 주주의 사채권자화 경향이다.

2. 1인회사

(1) 의 의

회사는 사단법인이므로 당연히 2인 이상 사원의 존재가 회사의 성립요건이자 존속요건이다. 그런데 주식회사의 경우에는 과거 설립하는 때에만 7인 또는 3인 이상의 발기인을 요구하였을 뿐 사원(주주)이 1인으로 된 때를 해산 사유로 규정하지 않았다(상법 제517조 참조). 그리하여 법적으로 1인의 주주만이 있는 주식회사의 출현 가능성이 잠재되어 있었고, 학설과 판례도 오래전부터 1인회사의 존재를 인정하였다.[20] 더욱이 2001년 개정 상법이 주식회사의 설립에 있어서 발기인 수에 관한 요건을 완전히 삭제함으로써 처음부터 1인 설립이 가능하게 되었고(상법 제288조), 유한회사도 1인의 사원만으로 설립할 수 있게 되었다(상법 제543조 제1항). 그리하여 주식회사와 유한회사의 경우 「사람의 단체」라는 의미의 사단성은 본질적 속성이라고 할 수 없게 되었고, 지분의 분산을 통해 사람의 단체가 될 수 있는 가능성을 내포하고 있다는 의미에서의 사단성만 갖게 되었다.

(2) 주요 법률관계

1인회사의 존재와 그 유효성이 인정되면서 다수의 주주와 그 보호를 전제로 한 상법상 일부 규정은 1인회사에 적용할 때 다음과 같이 다소의 수정이 불가피해진다.

1) 주주총회의 운영 : 1인회사에서는 복수의 주주를 전제로 주주의 이익을 보호하는 주주총회 관련 규정의 적용이 다소 완화된다. 즉 주주총회의 소집절차나 결의방법이 상법에 위반되더라도 1인주주의 의사에 합치하면 유효하다는 것이 통설과 판례의 입장이다. 구체적으로 ① 소집권한 없는 자가 주주총회를 소집하거나 소집결정을 위한 이사회결의에 하자가 있더라도 1인주주가 참석하여 이의 없이 결의하였다면 적법한 주주총회의 결의가 있다고 한 판례,[21] ② 실제로 주주총회를 개최한 사실이 없더라도 1인주주에 의하여 의결이 있었던 것으로 주주총회의사록이 작성되었다면 특별한 사정이 없는 한 그 내용의 결의가 있었던 것으로 볼 수 있다고 한 판례,[22] ③ 영업을 양도할 때 1인주주이자 대표이사인 사람의 동의가 있었다면 영업양도에 관하여 법(상법 제374조 제1항 제1호)이 요구하는 주주총회의 특별결의를 대신할 수 있다고 한 판례[23] 등이 있다.

> **참고판례** **1인회사에서의 주주총회 결의 등(대법원 1993. 6. 11. 선고 93다8702 판결)** : 주식회사에서 총 주식을 한 사람이 소유하고 있는 1인회사의 경우에는 그 주주가 유일한 주주로서 주주총회에 출석하면 전원 총회로서 성립하고 그 주주의 의사대로 결의될 것임이 명백하므로 따로이 총회소집절차가 필요없다 할 것이고, 실제로 총회를 개최한 사실이 없다 하더라도 1인주주에 의하여 의결이 있었던 것으로 주주총회 의사록이 작성되었다면 특별한 사정이 없는 한 그 내용의 결의가 있었던 것으로 볼 수 있어 형식적인 사유에 의하여 결의가 없었던 것으로 다툴 수는 없다.

20) 대법원 1966. 9. 20. 선고 66다1187 판결 등 참조.
21) 대법원 1966. 9. 20. 선고 66다1187·1188 판결.
22) 대법원 1976. 4. 13. 선고 74다1755 판결.
23) 대법원 1976. 5. 11. 선고 73다52 판결.

2) 이사의 자기거래 : 이사가 회사를 상대로 거래하려면 이사회의 사전승인이 필요하다(상법 제398조). 그런데 1인회사에서는 ① 이사회의 승인이 없더라도 1인주주의 동의만 있으면 유효하다는 견해,[24] ② 기관분화와 권한분배에 관한 주식회사의 이념에 반하므로 무효라는 견해[25]가 있다. 생각건대 상법이 이사의 자기거래에 이사회의 사전승인을 받도록 규정한 것은 이사와 회사의 이익충돌로 인해 회사의 손실이 초래되는 불공정성을 예방하고, 다른 한편으론 자기거래에 따른 회사의 손실을 거래를 승인한 이사들에 대한 손해배상책임의 추궁을 통해 사후적으로 전보하기 위함이다. 그리고 회사재산에 대한 제1차적 보호대상자는 주주가 아니라 채권자이다. 그런데도 1인회사라고 하여 이사회의 사전승인이 없음에도 불구하고 1인주주의 동의만으로 이사의 자기거래를 유효하게 한다면, 채권자를 우선적으로 보호할 수 없을 뿐만 아니라 자기거래로 인해 발생할 회사의 손실에 대한 예방 또는 전보도 사실상 불가능해진다. 상법상 주주는 이사와 달리 회사의 경영 등에 관한 의사결정에 대하여 법적 책임을 지지 않기 때문이다. 따라서 후자가 타당하다. 다만 이사가 1인인 회사에서의 자기거래는 주주총회의 사전승인을 요하기 때문에 1인주주 겸 1인이사는 사실상 아무런 절차적 제한 없이 자기거래를 할 수 있다.

3) 의결권의 제한 : 주주총회에 상정된 의안에 대하여 특별한 이해관계(경제적 이해관계)가 있는 주주는 의결권을 행사할 수 없고(상법 제368조 제3항), 감사의 선임에 있어서 의결권 없는 주식을 제외한 발행주식총수의 100분의 3 이상의 주식을 가진 주주의 의결권 행사는 100분의 3까지로만 제한된다(상법 제409조 제2항). 그런데 이러한 제한 관련 규정을 1인회사에 그대로 적용하게 되면 오히려 주주총회의 결의 그 자체가 이루어질 수 없거나 무의미해지므로, 이러한 규정은 1인회사에 대하여 적용되지 않는다.

4) 주식양도의 제한 : 회사는 정관에 규정을 두어 주식양도의 경우 이사회의 사전승인을 받도록 할 수 있는데(상법 제335조 제1항 단서), 이 규정이 1인회사에도 적용되는지에 관하여는 긍정설[26]과 부정설[27]이 있다. 생각건대 정관에 의한 주식양도 제한은 주주들의 인적 유대가 끈끈한 비상장회사에서 이질적 주체가 주주가 되는 것을 방지하기 위한 것이므로 1인회사라고 달리 볼 것은 아니고, 따라서 동 규정은 1인회사에도 적용된다고 보아야 한다. 다만 이사를 1인 또는 2인만 둔 자본금 10억원 미만의 소규모회사에서는 이사회의 승인에 갈

24) 강위두/임재호, 390면; 박상조, 638면; 정동윤, 634면; 최기원, 52면; 최준선, 551면; 대법원 1992. 3. 31. 선고 91다16310 판결.

25) 권기범, 112면; 김홍기, 290면; 서헌제, 458면; 손주찬, 430면; 오성근, 38면; 이기수/최병규, 71면; 이철송, 47면; 임재연(Ⅰ), 51면; 장덕조, 25면; 정찬형, 466면; 채이식, 377면.

26) 오성근, 38면; 이철송, 47면.

27) 임재연(Ⅰ), 52면; 장덕조, 26면; 정동윤, 340면; 최기원, 54면; 최준선, 83면.

음하여 주주총회의 승인을 받아야 하므로(상법 제383조 제4항, 제335조 제2항), 사실상 1인주주는 임의로 주식을 양도할 수 있게 된다.

5) 업무상 횡령·배임죄 : 과거의 판례는 1인주주이며 대표이사인 자가 범죄적인 방법으로 회사에 손해를 입힌 경우에도 회사의 손해는 바로 그 1인주주의 손해인 점에 비추어 회사에 손해를 가하려는 범의를 인정할 수 없으므로 회사에 대한 배임죄가 성립할 수 없다고 판단하였다.[28] 그러나 주주의 유한책임으로 인해 회사재산은 회사채권자의 유일한 책임재산이 된다는 점을 고려할 때 1인주주와 회사의 이해가 반드시 일치한다고 볼 수는 없다. 그리하여 현재의 판례는 1인회사에서 배임죄의 성립을 인정하고 있으며,[29] 1인주주가 회사의 재산을 횡령한 경우에는 횡령죄의 성립도 인정하고 있다.[30]

참고판례 **1인주주와 횡령죄의 성부(대법원 2007. 6. 1. 선고 2005도5772 판결)** : 1인회사에 있어서도 행위의 주체와 그 본인은 분명히 별개의 인격이며 1인회사의 주주가 회사 자금을 불법영득의 의사로 사용하였다면 횡령죄가 성립하고, 불법영득의 의사로써 업무상 보관 중인 회사의 금전을 횡령하여 범죄가 성립한 이상 회사에 대하여 별도의 가수금채권을 가지고 있다는 사정만으로 금전을 사용할 당시 이미 성립한 업무상 횡령죄에 무슨 영향이 있는 것은 아니다(대법원 2006. 6. 16. 선고 2004도7585 판결 등 참조).

참고판례 **1인주주와 배임죄의 성부(대법원 2006. 6. 16. 선고 2004도7585 판결)** : 이른바 1인회사에 있어서도 행위의 주체와 그 본인은 분명히 별개의 인격이며, 그 본인인 주식회사에 재산상 손해가 발생하였을 때 배임죄는 성립하는 것이므로 궁극적으로 그 손해가 주주의 손해가 된다고 하더라도 이미 성립한 죄에는 아무 소장이 없다 할 것인바(대법원 1983. 12. 13. 선고 83도2330 전원합의체 판결 등 참조), 피고인이 다른 주주들의 주식을 모두 취득하려 하였다는 사정만으로 배임죄의 성립에 영향을 미치는 것도 아니므로, 이에 반하는 상고이유의 주장은 받아들일 수 없다.

참고판례 **1인회사에서의 사문서 위조 등(대법원 1992. 9. 14. 선고 92도1564 판결)** : 1인회사에 있어서 1인주주의 의사는 바로 주주총회나 이사회의 의사와 같은 것이어서 가사 주주총회나 이사회의 결의나 그에 의한 임원변경등기가 불법하게 되었다 하더라도 그것이 1인주주의 의사에 합치되는 이상 이를 가리켜 의사록을 위조하거나 불실의 등기를 한 것이라고는 볼 수 없다 하겠으나 한편 임원의 사임서나 이에 따른 이사사임등기는 위와 같은 주주총회나 이사회의 결의 또는 1인주주의 의사와는 무관하고 오로지 당해 임원의 의사에 따라야 하는 것이므로 당해 임원의 의사에 기하지 아니한 사임서의 작성이나 이에 기한 등기부의 기재를 하였다면 이는 사문서위조 및 공정증서원본불실기재의 죄책을 면할 수 없다.

6) 법인격부인론의 적용 : 1인회사에서도 1인주주는 원칙적으로 채권자에 대하여 유한책임을 진다. 그러나 1인주주가 채무면탈을 위해 주식회사를 설립하고, 그에 필요한 자본을

28) 대법원 1974. 4. 23. 선고 73도2611 판결.
29) 대법원 1983. 12. 13. 선고 82도2330 전원합의체 판결.
30) 대법원 1989. 5. 23. 선고 89도 570 판결.

충분히 갖추지 못하였으며, 1인주주의 재산과 회사의 재산이 상호 혼융되어 있어 1인주주와 회사를 별개의 법인격으로 볼 수 없는 경우에는 당해 1인회사의 법인격이 부인되어 1인주주가 회사의 채권자에 대하여 무한책임을 부담하게 될 것이다.

Ⅳ. 법인성과 법인격부인론

1. 법인성

상법은 모든 회사에 대하여 법인격을 부여하고 있는데(상법 제169조), 이는 사회적 실체로서 활동하는 회사의 행위와 그 효과 등에 관련된 법률관계를 단순화하고 대외적으로 회사재산으로만 책임재산을 한정하기 위함이다. 따라서 회사 스스로가 권리·의무의 주체 및 소송의 당사자가 되고, 채권자에 대해서는 회사재산만이 책임재산이 되며, 회사재산에 대해서는 사원의 채권자가 강제집행을 할 수 없다. 회사는 권리능력을 가지므로 사원으로부터 독립하여 권리·의무를 취득할 수 있지만, 사원은 회사재산에 직접적인 권리를 갖지 못하기 때문이다.[31] 한편 법인성이 권리·의무의 귀속 방식에 관련된 것인 한 특정한 단체에 대하여 법인격을 부여할 것이냐 여부는 입법정책의 문제로서 그 단체의 사회학적 실체와는 무관하다. 따라서 「조합적인 결합체」라도 법인이 될 수 있지만, 민법상 조합에 대하여 무조건 법인격을 부여할 수는 없다. 민법상 조합은 권리·의무의 귀속 방식의 일종으로서 구상된 것이고, 바로 법인성과 대립하는 개념이기 때문이다.

2. 법인격부인론

(1) 의 의

법인격부인론이란 회사가 그 구성원인 사원으로부터 독립된 실체를 갖지 못한 경우에 회사와 특정한 제3자의 문제된 법률관계에 있어서는 회사의 법인격을 인정하지 않고 회사와 사원을 동일시하여 회사의 책임을 사원에게 묻는 것을 말한다. 이는 주로 주식회사에서 주주가 유한책임 제도를 악용하는 폐단을 해결하기 위해 19세기 후반부터 미국의 판례에 의해 생성·발전되었다. 즉 법인격도 그것이 「공공의 편익을 해하거나, 위법을 정당화하거나, 사기를 비호하거나, 범죄를 옹호하기 위해(to defeat public convenience, justify wrong, protect fraud, or defend crime)」 이용되었다면 부인되어야 한다[32]는 것인데, 이는 계약상의

31) 예를 들어 1인주주라고 하더라도 주주의 자격에서는 회사재산의 인도를 청구할 수 없다(대법원 1959. 5. 7. 선고 4290민상496 판결).

32) U.S. v. Milwaukee Refrigerator Transit Co., 142 F. 2d 247, 255.

책임만이 아니라 불법행위책임이나 채권자 사해행위의 효력을 다투는 문제에도 적용되었으며 주주의 책임을 회사에 묻기 위해서도 적용되었다.

그런데 미국에서도 법인격 부인의 이론적 근거로는 ① 회사는 지배주주의 대리인에 불과하다는 견해(Agency Rules), ② 회사는 주주의 도구에 불과하다는 견해(Instrumentality Rules), ③ 회사는 주주의 분신(Alter Ego)이라는 견해, ④ 회사와 주주는 실질적으로 동일체라는 견해(Identity Rules) 등 일정하지 않다.[33] 한편 독일에서는 법인격부인론과 같은 취지의 투시이론(Durchgriffslehre)이 1920년대부터 발전하였는데, ① 재산과 책임의 혼동, ② 타인(주주)의 경영조종, ③ 유한책임 제도의 남용 등을 요한다. 그리고 일본에서는 1969년에 최고재판소가 법인격이 ① 형해화하거나, ② 법률의 적용을 회피하기 위해 남용된 경우에는 부인되어야 한다고 판시하면서 회사법의 해석원리로 수용되었는데,[34] 이를 법인격형해론(法人格形骸論)이라고 한다. 한편 우리나라의 경우 미국과 대동소이하지만, 주주의 책임을 회사에 묻는 것은 허용하지 않다가 최근에는 허용하고 있다.

(2) 수용 과정

1) 수용의 유보 : 우리나라에서 법인격부인론이 판례에 처음으로 등장한 것은 1974년 서울고등법원의 판결이었다. 즉 ① 사업 규모에 비하여 극히 적은 자본금을 가지고 있고, ② 주식은 친족간에만 적당히 소량으로 분산되어 있으며, ③ 회사의 설립과정이나 운영과 관련하여 법정 절차를 제대로 밟지 않고 서류의 형식만 갖추어 놓고 있고, ④ 대주주가 기업의 운영을 개인재산과 구분하지 않고 임의로 행하다가 회사가 어음을 발행한 후 지급하지 못하게 된 사건에서 서울고등법원은 이 회사는 법형식의 남용이며 형해에 불과한 것이라고 하며 대주주에게 어음금액의 지급책임을 물었다.[35] 그러나 1977년 이 사건의 상고심인 대법원은 동 사건의 사실관계가 법인격부인론의 적용대상이 되지 않는다고 판시함으로써 법인격부인론의 수용 여부에 관한 판단을 유보하였다.[36]

2) 우회적 수용 : 1988년에 법인격부인론을 우회적으로 적용한 판례가 나왔다. 즉 홍콩인 형제가 해운업을 하기 위해 3개 회사(A·B·C)를 설립하였는데, A와 B는 이른바 편의치적(Flag of Convenience)을 위해 해운업에 대한 행정규율이 관대한 리베리아에 설립하였고, C는 홍콩에 설립하였다. 그리고 A의 명의로 선박을 취득한 후 B에게 선박관리를 위임하였고, B는 다시 C에게 위임하여 C가 선박을 운행하였다. 그러던 중 C가 ㈜현대미포조선에서

---

33) P. I. Blumberg, pp.105~132.
34) 日本 最高裁判所 1969. 2. 27. 判決, 民集 第23卷 第2號, 511頁.
35) 서울고등법원 1974. 5. 8. 선고 72나2582 판결.
36) 대법원 1977. 9. 13. 선고 74다954 판결.

선박을 수리한 후 대금의 지급을 게을리하여 현대가 선박을 가압류하였고, 이에 선박의 형식상 소유자인 A가 제3자 이의의 소를 제기하였다. 그런데 A·B·C는 모두 홍콩인 형제가 대표로 있었고, A·B는 실체가 없는 간판회사(Paper Company)였으며 대외적으로 사용하는 주소·전화번호 등도 모두 C와 같았다. 이 사건에서 대법원은 A·B는 편의치적을 위해 설립한 회사에 불과하고, 실제의 선박소유자는 C이며, A가 법인격을 내세워 선박의 소유자임을 주장하는 것은 채무면탈이라는 불법적 목적을 달성하려는 것이므로 신의칙상 허용될 수 없다고 판시하였다.[37] 즉 A와 B의 법인격을 부인한 것이다.

3) 수용과 확대 : 2000년 이후 본안소송에서 법인격부인론을 원용한 판례가 나왔다. 즉 ① A가 완전히 지배하고 있는 甲회사가 오피스텔을 신축하며 분양하였는데, 자금난으로 공사를 계속하지 못하게 되자 계약자들이 분양계약을 해제하고 분양대금의 반환을 청구하였다. 그런데 甲회사의 자산이 거의 없자 분양계약자들은 다시 지배주주인 A를 상대로 분양대금반환을 청구하였는데, 법원은 법인격부인론을 적용하여 A에게 분양대금의 반환을 명하였다(부인론의 수용).[38] ② A에게 임대차보증금반환채무를 지고 있던 건설회사 甲의 임원과 주주들이 동 채무를 면탈하기 위해 乙이라는 새로운 회사를 설립하고 甲회사의 건설업 면허도 양도하였으며, 乙은 甲과 같은 회사인 것처럼 홍보하며 건설공사를 수주하였다. 이에 A가 甲과 乙은 실질적으로 동일 회사임을 이유로 乙을 상대로 임대차보증금반환을 청구하였는데, 원심과 대법원은 乙의 설립은 법인격의 남용에 해당한다고 판단하여 A의 청구를 인용하였다(부인론의 확대).[39] 특히 ②의 경우는 주주와 회사의 관계가 인정되지 않는 두 개의 회사를 상대로 하여 그 실질이 동일하다는 이유로 하나의 법인격을 부인한 것으로서 법인격부인론의 적용 범위를 크게 확대하였다.

(3) 법적 근거

법인격부인론의 법리적 근거에 대해서는 미국에서의 대리이론 등을 비롯하여 나라별로 다양한 논의가 있었지만, 우리나라에서는 독일의 영향을 받아 대부분 권리남용금지에 관한 규정(민법 제2조 제2항)에서 법인격부인론의 근거를 찾고 있다.[40] 그리고 위의 대법원 판례도 "별개의 법인격을 가진 회사라는 주장을 내세우는 것은 신의성실의 원칙에 위반하거나 법인격을 남용하는 것으로서"라고 적시한 것을 고려할 때 신의칙 또는 권리남용금지

37) 대법원 1988. 11. 22. 선고 87다카1671 판결.
38) 대법원 2001. 1. 19. 선고 97다21604 판결.
39) 대법원 2004. 11. 12. 선고 2002다66892 판결.
40) 강위두/임재호, 37면; 권기범, 95면; 김정호, 18면; 김홍기, 294면; 오성근, 41면; 정동윤, 346면; 최기원, 58면; 최준선, 69면; 홍복기/박세화, 34면.

원칙에서 그 근거를 찾는 것으로 보인다.[41] 물론 ① 신의칙이나 권리남용금지원칙 등 실정법적 근거 외에 법질서의 바탕을 이루는 정의와 형평의 이념에서도 그 근거를 찾을 수 있다는 견해,[42] ② 법인격이란 합법적 목적을 위해 사용할 것을 조건으로 인정된 특권이므로 법인격이 정의에 반하는 목적으로 악용된 때에는 법인격의 존재근거를 상실한다고 하며 상법 제169조(구 상법 제171조 제1항)에서 부인의 근거를 찾는 견해[43]도 있다. 그렇지만 다수설이나 판례의 입장과 실질적으로 크게 다르지 않으므로 법인격부인론의 실정법적 근거는 신의칙이나 권리남용금지원칙에서 구하는 것이 합리적이다.

(4) 적용 요건

1) 객관적 요건 : 법인격부인론은 주식회사에 관한 상법상 유한책임 원칙에 대한 중대한 예외에 해당하므로 그 적용에 있어서는 보다 엄격한 판단이 필요하다. 그동안 법인격부인론의 적용과 관련하여 우리나라와 외국의 판례 등에서 적시된 객관적 요건을 종합하면, ① 특정한 주주가 회사를 완전히 지배할 것, ② 회사는 형식에 불과하고 회사의 사업은 실질적으로 주주 개인의 사업에 지나지 않을 것, ③ 회사의 재산이나 업무가 주주의 재산이나 업무와 상호 혼융되어 있어 구분하기 어려울 것, ④ 회사의 무자력으로 인해 회사채권자가 변제받지 못할 것 등이다. 이에 더하여 최근에는 ⑤ 사업 규모에 비하여 자본이 지나치게 과소한 경우도 법인격부인론을 적용하는 주요 근거가 되고 있는데, 이는 특히 불법행위책임과 관련하여 법인격부인론을 적용할 때 매우 중요한 근거가 된다. 다만 주의할 것은 이러한 객관적 요건은 법인격부인론의 적용 여부가 문제되는 당해 채무를 회사가 부담하게 된 그 시기에 충족되어야 한다는 점이다.[44]

참고판례 **법인격부인론의 적용기준(대법원 2008. 9. 11. 선고 2007다90982 판결)** : 회사가 외형상으로는 법인의 형식을 갖추고 있으나 법인의 형태를 빌리고 있는 것에 지나지 아니하고 실질적으로는 완전히 그 법인격의 배후에 있는 사람의 개인기업에 불과하거나, 그것이 배후자에 대한 법률적용을 회피하기 위한 수단으로 함부로 이용되는 경우에는, 비록 외견상으로는 회사의 행위라 할지라도 회사와 그 배후자가 별개의 인격체임을 내세워 회사에게만 그로 인한 법적 효과가 귀속됨을 주장하면서 배후자의 책임을 부정하는 것은 신의성실의 원칙에 위배되는 법인격의 남용으로서 심히 정의와 형평에 반하여 허용될 수 없고, 따라서 회사는 물론 그 배후자인 타인에 대하여도 회사의 행위에 관한 책임을 물을 수 있다고 보아야 한다. 여기서 회사가 그 법인격의 배후에 있는 사람의 개인기업에 불과하다고 보려면, 원칙적으로 문제가 되고 있는 법률행위

41) 대법원 2006. 8. 25. 선고 2004다26119 판결; 대법원 2004. 11. 12. 선고 2002다66892 판결 등.
42) 김건식/노혁준/천경훈, 62면.
43) 손주찬, 436면; 정찬형, 471면.
44) 대법원 2008. 9. 11. 선고 2007다90982 판결.

나 사실행위를 한 시점을 기준으로 하여, 회사와 배후자 사이에 재산과 업무가 구분이 어려울 정도로 혼용되었는지 여부, 주주총회나 이사회를 개최하지 않는 등 법률이나 정관에 규정된 의사결정절차를 밟지 않았는지 여부, 회사 자본의 부실 정도, 영업의 규모 및 직원의 수 등에 비추어 볼 때, 회사가 이름뿐이고 실질적으로는 개인 영업에 지나지 않는 상태로 될 정도로 형해화되어야 한다. 또한, 위와 같이 법인격이 형해화될 정도에 이르지 않더라도 회사의 배후에 있는 자가 회사의 법인격을 남용한 경우, 회사는 물론 그 배후자에 대하여도 회사의 행위에 관한 책임을 물을 수 있으나, 이 경우 채무면탈 등의 남용행위를 한 시점을 기준으로 하여, 회사의 배후에 있는 사람이 회사를 자기 마음대로 이용할 수 있는 지배적 지위에 있고, 그와 같은 지위를 이용하여 법인 제도를 남용하는 행위를 할 것이 요구되며, 위와 같이 배후자가 법인 제도를 남용하였는지 여부는 앞서 본 법인격 형해화의 정도 및 거래상대방의 인식이나 신뢰 등 제반 사정을 종합적으로 고려하여 개별적으로 판단하여야 한다.

참고판례 **채무면탈 목적의 법인설립과 법인격부인론(대법원 2019. 12. 13. 선고 2017다271643 판결)** : ① 기존회사가 채무를 면탈할 의도로 기업의 형태·내용이 실질적으로 동일한 신설회사를 설립한 경우 이는 기존회사의 채무면탈이라는 위법한 목적을 달성하기 위하여 회사제도를 남용한 것에 해당한다. 기존회사의 채권자에 대하여 위 두 회사가 별개의 법인격을 갖고 있다고 주장하는 것은 신의성실의 원칙상 허용되지 않는다. 기존회사의 채권자는 위 두 회사 어느 쪽에 대해서도 채무의 이행을 청구할 수 있다. ② 이러한 법리는 어느 회사가 이미 설립되어 있는 다른 회사 가운데 기업의 형태·내용이 실질적으로 동일한 회사를 채무를 면탈할 의도로 이용한 경우에도 적용된다. 여기에서 기존회사의 채무를 면탈할 의도로 다른 회사의 법인격을 이용하였는지는 기존회사의 폐업 당시 경영상태나 자산상황, 기존회사에서 다른 회사로 유용된 자산의 유무와 정도, 기존회사에서 다른 회사로 자산이 이전된 경우 정당한 대가가 지급되었는지 여부 등 여러 사정을 종합적으로 고려하여 판단하여야 한다. ③ 기존회사의 자산이 기업의 형태·내용이 실질적으로 동일한 다른 회사로 바로 이전되지 않고, 기존회사에 정당한 대가를 지급한 제3자에게 이전되었다가 다시 다른 회사로 이전되었다고 하더라도, 다른 회사가 제3자로부터 자산을 이전받는 대가로 기존회사의 다른 자산을 이용하고도 기존회사에 정당한 대가를 지급하지 않았다면, 이는 기존회사에서 다른 회사로 직접 자산이 유용되거나 정당한 대가 없이 자산이 이전된 경우와 다르지 않다. 이러한 경우에도 기존회사의 채무를 면탈할 의도나 목적, 기존회사의 경영상태, 자산상황 등 여러 사정을 종합적으로 고려하여 회사제도를 남용한 것으로 판단된다면, 기존회사의 채권자는 다른 회사에 채무 이행을 청구할 수 있다.

2) 주관적 요건 : 법인격부인론의 주관적 요건으로서 주주의 법인격 남용 의사가 필요한가에 대해서는 긍정설[45]과 부정설[46]이 있고, 판례도 다소 혼란스럽다. 즉 ① 회사가 형해화한 상황을 적시한 후에 주주가 회사의 법인격을 주장하며 자신의 책임을 부정하는 것은 법인격의 남용이라며 주주의 남용 의사를 법인격부인론의 요건으로 보지 아니한 경우,[47] ② 회사의 법인격을 부인하기 위해서는 주주에게 법률회피나 채무면탈이라는 위법한 목적을 달성하기 위해 회사의 법인격을 남용하려는 주관적 의도나 목적이 있어야 한다는 경

45) 권기범, 100면.
46) 오성근, 43면; 이철송, 55면; 정동윤, 344면; 최준선, 70면.
47) 대법원 1988. 11. 22. 선고 87다카1671 판결; 대법원 2001. 1. 19. 선고 97다21604 판결.

우,[48] ③ 법인격의 형해화와 법인격의 남용을 법인격부인론의 선택적 요건으로 판단한 경우[49] 등이 있다. 그런데 주주의 법인격 남용 의사를 법인격부인론의 주관적 요건으로 구성하게 되면 그 입증의 어려움으로 인해 법인격부인론의 실효성이 크게 반감되고, 회사채권자의 보호 필요성은 주주의 법인격 남용 의사와 무관하게 생겨난다. 따라서 법인격부인론에 있어서 주주의 남용 의사는 불필요하다고 보는 것이 타당하다.

참고판례 **법인격부인론에서 주관적 요건의 요부1(대법원 2006. 8. 25. 선고 2004다26119 판결)** : 친자회사는 상호간에 상당 정도의 인적·자본적 결합관계가 존재하는 것이 당연하므로, 자회사의 임·직원이 모회사의 임·직원 신분을 겸유하고 있었다거나 모회사가 자회사의 전 주식을 소유하여 자회사에 대해 강한 지배력을 가진다거나 자회사의 사업 규모가 확장되었으나 자본금의 규모가 그에 상응하여 증가하지 아니한 사정 등만으로는 모회사가 자회사의 독자적인 법인격을 주장하는 것이 자회사의 채권자에 대한 관계에서 법인격의 남용에 해당한다고 보기에 부족하고, 적어도 자회사가 독자적인 의사 또는 존재를 상실하고 모회사가 자신의 사업의 일부로서 자회사를 운영한다고 할 수 있을 정도로 완전한 지배력을 행사하고 있을 것이 요구되며, 구체적으로는 모회사와 자회사 간의 재산과 업무 및 대외적인 기업거래활동 등이 명확히 구분되어 있지 않고 양자가 서로 혼용되어 있다는 등의 객관적 징표가 있어야 하며, 자회사의 법인격이 모회사에 대한 법률적용을 회피하기 위한 수단으로 사용되거나 채무면탈이라는 위법한 목적 달성을 위하여 회사제도를 남용하는 등의 주관적 의도 또는 목적이 인정되어야 한다.

참고판례 **법인격부인론에서 주관적 요건의 요부2(대법원 2013. 2. 15. 선고 2011다103984 판결)** : 해당 회사가 그 법인격의 배후에 있는 회사를 위한 도구에 불과하다고 보려면, 원칙적으로 문제가 되고 있는 법률행위나 사실행위를 한 시점을 기준으로 하여 두 회사 사이에 재산과 업무가 구분이 어려울 정도로 혼용되었는지 여부, 주주총회나 이사회를 개최하지 않는 등 법률이나 정관에 규정된 의사결정절차를 밟지 않았는지 여부, 해당 회사 자본의 부실정도, 영업의 규모 및 직원의 수 등에 비추어 볼 때 그 해당 회사는 이름뿐이고 실질적으로는 배후에 있는 회사를 위한 영업체에 지나지 않을 정도로 형해화되어야 한다. 또한 위와 같이 법인격이 형해화 될 정도에 이르지 않더라도 그 배후에 있는 회사가 해당 회사의 법인격을 남용한 경우 그 해당 회사는 물론 배후에 있는 회사에 대하여도 해당 회사의 행위에 대한 책임을 물을 수 있으나, 이 경우 채무면탈 등의 남용행위를 한 시점을 기준으로 하여, 배후에 있는 회사가 해당 회사를 자기 마음대로 이용할 수 있는 지배적 지위에 있고, 그와 같은 지위를 이용하여 법인제도를 남용하는 행위를 할 것이 요구되며, 그와 같이 배후에 있는 회사가 법인제도를 남용하였는지 여부는 앞서 본 법인격 형해화의 정도 및 거래 상대방의 인식이나 신뢰 등 제반 사정을 종합적으로 고려하여 개별적으로 판단하여야 한다(대법원 2008. 9. 11. 선고 2007다90982 판결 등 참조).

---

48) 대법원 2006. 8. 25. 선고 2004다26119 판결; 대법원 2010. 2. 25. 선고 2007다85980 판결.

49) 대법원 2008. 9. 11. 선고 2007다90982 판결; 대법원 2010. 1. 28. 선고 2009다73400 판결; 대법원 2011. 6. 24. 선고 2009다35033 판결; 대법원 2013. 2. 15. 선고 2011다103984 판결 등. 이와 관련하여 일본에서는 1969년에 최고재판소 판결로 법인격부인론이 수용되었는데(日最高裁 1969. 2. 27. 判決, 最民判集 23卷 2號, 511頁), 동 판결은 회사의 형해화라는 객관적 요건과 법인격의 남용이라는 주관적 요건을 각각 법인격 부인의 선택적인 충분조건으로 보았다. 그렇지만 학자들은 판례처럼 선택적인 충분조건으로 보는 견해와 양자가 모두 충족되었을 때 법인격을 부인해야 한다는 견해로 나뉘어 있다.

(5) 적용 범위

법인격부인론은 상법상 주주의 유한책임을 부정하는 결과를 가져오므로 법질서의 불안정을 초래할 수 있다. 따라서 종래의 법이론으로는 해결할 수 없는 예외적인 법률관계에 한정하여 적용해야 하는데, 이와 관련하여 특히 문제되는 사항은 다음과 같다.

1) 불법행위책임의 추궁 : 법인격부인론은 원래 회사가 제3자에게 부담하는 채무(계약책임)를 그 배후에 있으며 유한책임의 혜택을 입고 있는 주주에게 묻기 위하여 개발된 이론이지만, 이제는 회사가 제3자에게 부담하는 불법행위책임을 그 배후에 있는 지배주주에게 추궁하기 위해서도 활용되고 있다.[50] 다만 이는 법인격부인론의 법적 근거와 관련하여 다소 문제가 있을 수 있다. 우리나라에서는 법인격부인론의 법적 근거를 주로 상대방의 신뢰 보호라는 취지가 강하게 담겨 있는 신의칙에서 구하고 있는데, 불법행위에는 상대방의 신뢰가 있을 수 없기 때문이다. 그렇지만 위험산업과 그에 관련된 일반인의 접촉 생활이 나날이 증가하고 있고, 대규모 회사가 자회사를 설립하여 위험성이 높은 사업을 소규모 자본으로 수행하는 경우가 늘어나고 있으므로 일반대중의 신뢰를 보호할 필요성이 커지고 있는 점 등을 고려할 때 불법행위책임의 추궁에 대해서도 법인격부인론을 적용하는 것이 바람직하다. 참고로 미국의 경우 불법행위의 피해자는 수동적 채권자이므로 법인격부인론의 적용대상으로서 가장 적격이라고 보고 있다.

2) 법인격부인론의 역적용 : 이는 주주의 채무를 회사가 이행하도록 법인격부인론을 적용하는 것이다. 미국에서는 이를 넓게 허용하고 있지만, 우리나라에서는 긍정설과 부정설이 있다. 즉 전자는 채무자가 채무면탈을 위해 회사를 설립한 후 이에 출자하는 경우 등에 있어서는 채권자취소권과 같은 일반적인 사법상 구제수단은 단체법상 그 적용이 어렵고, 비록 채무자의 주식에 대하여 강제집행을 하더라도 출자의 환급이 불가능하므로 법인격부인론의 역적용이 필요하다고 한다.[51] 반면에 후자는 주주가 소유하는 주식이 회사재산의 간접적 표현이므로 채권자는 주주의 소유주식에 대하여 강제집행을 하면 충분하고, 따라서 법인격을 부인하여 회사재산에 대해 강제집행을 할 필요성은 크지 않다고 한다.[52] 한편 판례가 법인격부인론의 역적용을 인정한 것인지가 오랫동안 논란되었던 최초의 사건은 토탈미디어안건사 사건인데, 이는 기존의 회사가 채무면탈을 위해 새로운 회사를 설립하여 재산을 빼돌린 경우로서 법인격의 형해화를 그 전제로 하지 않았다는 한계가 있었기 때문이다.[53] 그

---

50) 부산지방법원 1997. 8. 20. 선고 96가합23873 판결.

51) 김건식/노혁준/천경훈, 68면; 김정호, 48면; 송옥렬, 714면; 임재연(Ⅰ), 71면; 최준선, 75면.

52) 김홍기, 299면; 오성근, 47면; 이철송, 58면.

53) 이 사건에서 대법원은 "기존회사가 채무를 면탈할 목적으로 기업의 형태·내용이 실질적으로 동일한

런데 최근 법인격부인론의 역적용을 명확히 인정한 판례가 나왔다. 즉 개인사업체를 운영하던 채무자가 회사를 설립하여 모든 재산을 빼돌린 사건[54]에서 대법원은 "회사와 개인이 별개의 인격체임을 내세워 회사설립 전 개인의 채무 부담행위에 대한 회사의 책임을 부인하는 것이 심히 정의와 형평에 반한다고 인정되는 때에는 회사에 대하여 회사설립 전에 개인이 부담한 채무의 이행을 청구하는 것도 가능하다고 보아야 한다."라고 판시하였다. 생각건대 채무자의 채무면탈행위를 방지하여 채권자를 보호해야 할 필요성은 있지만, 법인격부인론은 상법에 명문으로 규정된 주주의 유한책임을 정면으로 부정하는 것이므로 지나친 확대 적용은 오히려 법적 안정성을 저해할 수 있다. 따라서 법인격부인론이나 그 역적용은 모두 일반적인 법률관계로는 해결하기 어려운 극히 예외적인 경우로 한정하여 적용하고 엄격히 규제할 필요가 있다.

> **참고판례** **법인격부인론의 역적용(대법원 2021. 4. 15. 선고 2019다293449 판결)** : 주식회사는 주주와 독립된 별개의 권리주체이므로 그 독립된 법인격이 부인되지 않는 것이 원칙이다. 그러나 개인이 회사를 설립하지 않고 영업을 하다가 그와 영업목적이나 물적 설비, 인적 구성원 등이 동일한 회사를 설립하는 경우에 그 회사가 외형상으로는 법인의 형식을 갖추고 있으나 법인의 형태를 빌리고 있는 것에 지나지 않고, 실질적으로는 완전히 그 법인격의 배후에 있는 개인의 개인기업에 불과하거나, 회사가 개인에 대한 법적 책임을 회피하기 위한 수단으로 함부로 이용되고 있는 예외적인 경우까지 회사와 개인이 별개의 인격체임을 이유로 개인의 책임을 부정하는 것은 신의성실의 원칙에 반하므로, 이러한 경우에는 회사의 법인격을 부인하여 그 배후에 있는 개인에게 책임을 물을 수 있다. 나아가 그 개인과 회사의 주주들이 경제적 이해관계를 같이하는 등 개인이 새로 설립한 회사를 실질적으로 운영하면서 자기 마음대로 이용할 수 있는 지배적 지위에 있다고 인정되는 경우로서, 회사 설립과 관련된 개인의 자산 변동 내역, 특히 개인의 자산이 설립된 회사에 이전되었다면 그에 대하여 정당한 대가가 지급되었는지 여부, 개인의 자산이 회사에 유용되었는지 여부와 그 정도 및 제3자에 대한 회사의 채무 부담 여부와 그 부담 경위 등을 종합적으로 살펴보아 회사와 개인이 별개의 인격체임을 내세워 회사 설립 전 개인의 채무 부담행위에 대한 회사의 책임을 부인하는 것이 심히 정의와 형평에 반한다고 인정되는 때에는 회사에 대하여 회사 설립 전에 개인이 부담한 채무의 이행을 청구하는 것도 가능하다고 보아야 한다.

(6) 적용 효과

법인격부인론은 회사의 법인격을 일반적으로 부정하는 것이 아니라 문제된 특정 사안

신설회사를 설립하였다면, 신설회사의 설립은 기존회사의 채무면탈이라는 위법한 목적달성을 위하여 회사제도를 남용한 것이므로, 기존회사의 채권자에 대하여 위 두 회사가 별개의 법인격을 갖고 있음을 주장하는 것은 신의성실의 원칙상 허용될 수 없다 할 것이어서 기존회사의 채권자는 위 두 회사 어느 쪽에 대하여서도 채무의 이행을 청구할 수 있다."라고 판시하였다(대법원 2004. 11. 12. 선고 2002다66892 판결).

54) 당시 채무자가 설립한 회사의 주주구성을 살펴보면, 채무자가 50%, 채무자의 형이 30%, 채무자의 아버지가 20%를 보유하고 있었고, 이들이 모두 이사를 맡고 있었다(사실상의 1인회사).

에 한정하여 지배주주로부터 회사의 법적 독립성을 부정하는 것이다. 그리고 문제된 회사 채무는 바로 주주의 채무로 인정되는 것이 주된 효과이지만, 공평의 원칙상 문제된 거래의 부수적 효과도 주주에게 발생한다고 보아야 한다. 즉 이행되지 아니한 반대급부에 대한 회사의 권리도 주주가 취득하고, 회사가 갖는 각종 항변권도 주주가 행사할 수 있다. 한편 법인격부인론의 적용과 관련하여 검토할 사항은 회사를 상대로 한 소송에서 승소한 회사의 채권자가 법인격부인론의 적용요건을 모두 갖춘 지배주주에 대해서 당해 판결의 기판력과 집행력 같은 판결의 효력을 주장할 수 있는가 하는 점이다. 생각건대 일반적으로 민사소송에서 법원의 판결은 원고·피고 당사자만을 구속하고, 법인격부인론의 적용을 위해서는 별도의 사실확인과 법 해석이 필요하므로 비록 회사와 지배주주 간에 법인격부인론의 적용요건이 갖추어져 있다고 하더라도 채권자의 회사에 대한 승소 판결의 기판력이 당연히 그 지배주주에게 미친다고 할 수는 없다.[55]

사례해결

(1) 대표이사 A의 국립대학 乙에 대한 정기적인 기부는 회사의 장기적인 이미지 제고와 지역사회에 대한 봉사 차원에서 이루어진 것이고, 이러한 행위는 기업의 장기적인 이윤론과 정관상 목적조항에 관한 학설 및 판례의 입장 그리고 기업의 사회적 책임 등을 종합적으로 고려할 때 충분히 합리성을 인정받을 수 있다. 참고로 미국의 경우에는 기업의 사회적 책임론과 관련하여 이러한 내용을 명시한 판례도 있다. 따라서 A의 해임과 직무집행정지가처분을 구하며 손해배상을 청구한 C의 주장은 정당하지 않고, A와 ㈜甲은 바로 이러한 점을 근거로 법적 대응을 하면 된다.

(2) 상법상 회사는 주주와 별개의 인격체이고, 독자적인 재산을 갖고 운영된다. 그리고 비록 대주주라고 하더라도 대표이사는 회사의 업무를 집행할 때 항상 회사의 이익을 위해 최선을 다해야 할 선관주의의무를 부담한다. 따라서 사안에서처럼 A가 대표이사로서의 대외활동비를 회사의 비용으로 처리한 것은 합리성이 없는 경우를 제외하고는 유효하지만, 가정생활비까지 회사의 비용으로 처리한 것은 명백히 위법이다. 구체적으로 이 경우에 A는 횡령죄의 죄책에 해당한다는 것이 학설과 판례의 입장이고, 선관주의의무의 위반으로 해임의 대상이 되며, 회사에 대해서 손해배상책임도 부담한다.

(3) ① 사안은 ㈜甲이 대표이사 A의 지휘하에 새로운 사옥을 건설하다가 갑자기 쏟아진 폭우로 인해 H빔 지지대가 무너지면서 바로 옆에 있던 4층 건물을 붕괴시킨 경우이다. 따라서 폭우로 인한 H빔 지지대의 붕괴가 천재지변이나 그에 상당하는 경우가 아닌 한 ㈜甲과 대표이사 A는 피해자인 B에 대하여 불법행위에 따른 부진정연대책임을 진다. 즉 사안에서 B는 ㈜甲이나 대표이사 A에 대하여 또는 그 양자 모두를 상대로 하여 불법행위에 근거한 손해배상을 청구할 수 있다. ② 사안의 경우처럼 대주주이며 대표이사인 A와 ㈜甲이 피해자인 B에 대한 불법행위책임을 면하기 위하여 새로운 회사를 설립하며 전 재산을 출연한 때에 문제되는 것이 바로 법인격부인론의 적용 여부이다. 다만 법인격부인론을 적용하려면 객관적 요건과 주관적 요건이 충족되어야 하는데, 주관적 요건의 경우에는 견해 대립이 있다. 참고로 판례상

55) 대법원 1995. 5. 12. 선고 93다44531 판결.

제시된 객관적 요건으로는 ⓐ 특정 주주가 회사를 완전히 지배할 것, ⓑ 회사는 형식에 불과하고 회사의 사업은 실질적으로 주주 개인의 사업에 지나지 않을 것, ⓒ 회사의 재산이나 업무가 주주의 재산이나 업무와 상호 혼융되어 있을 것, ⓓ 회사의 무자력으로 인해 회사채권자가 변제받지 못하는 손해를 입을 것, ⓔ 사업 규모에 비해 자본이 지나치게 과소할 것 등이 있다. 그런데 법인격부인론은 상법에 명문으로 규정된 유한책임 원칙을 정면으로 부정하는 매우 이례적인 이론이므로 그 적용에 있어서는 엄격한 요건이 필요하고 말 그대로 최후에 기대어 볼 수 있는 마지막 보루이다. 따라서 일견하여 B가 ㈜丙의 법인격을 부인하여 채권을 확보할 수 있을 것으로 보이지만, 사안의 경우에는 B가 사법상 일반원칙에 따라 ㈜甲과 A의 ㈜丙에 대한 전 재산 출연행위를 사해행위로 하여 채권자취소권을 행사하거나 ㈜丙에 ㈜甲과 A가 전 재산을 출연하고 받은 ㈜丙의 주식 등 지분을 압류할 수 있으므로 법인격부인론을 원용할 수 없다고 보는 것이 합리적이다.

(4) 과거에는 1인주주의 상태에 있는 주식회사는 그 실질이 개인기업과 동일하기 때문에 1인주주가 개인적인 용도로 회사의 재산을 사용하더라도 횡령죄나 배임죄가 성립되지 않는다는 것이 판례의 입장이었다. 그러나 그 후 대법원은 전원합의체 판결을 통하여 이 경우에도 횡령죄와 배임죄가 성립한다고 판시하였다. 한편 주식회사의 경우 주주는 유한책임의 혜택을 받는 대신에 회사재산에 대한 제1차적인 보호의 대상자는 채권자이다(채권자우선의 원칙). 그런데 1인회사라고 하여 1인주주가 회사의 재산을 개인적인 용도로 사용하는 것도 유효하다고 한다면, 그것은 채권자의 이익을 침해하는 것이고 상법의 기본취지에도 반하게 된다. 따라서 D2의 주장은 정당하다.

제2관 본질과 능력

Ⅰ. 서 설

대표적인 자본단체인 주식회사는 투자자(주주)와 경영자(이사) 그리고 회사채권자·종업원·소비자 및 잠재적 투자자인 일반대중과도 다양한 이해관계를 형성하고 있으므로 그에 관련된 법규도 대부분 강행규정으로 되어 있다. 그런데 오늘날 주주의 대부분은 회사경영 참여보다는 전매차익의 실현에만 몰두함으로써 사채권자화를 심화시키고 있고, 때로는 특정한 지배주주가 개인적인 이익을 위해 회사를 이용하고 있으며, 법인격을 남용하여 회사채권자나 거래상대방들의 이익을 침해하는 폐해도 나타나고 있다.

주식회사의 대외적 신용기초인 자본은 주식으로 분할되어 있어 투자자는 주식인수나 주식취득을 통해 주주가 되고, 주주는 출자의무를 질 뿐 회사채무에 대한 책임을 지지 않는다. 이처럼 주식회사는 주식으로 세분된 독특한 자본구성방식과 주주유한책임에 의해 대규모의 자본집중과 사업실패의 위험 제한을 가능하게 함으로써 공동기업의 목적을 가장 충실히 실현하고 있다. 따라서 주식회사의 본질적 요소인 「자본·주식·유한책임」의 장점을 최대한 살리면서 폐해를 예방·시정할 수 있는 지원책을 모색해야 한다.

한편 주식회사는 영리 목적의 사단법인이므로 자연인과 같은 일반적인 권리능력을 갖고 있고, 그로 인해 대외적인 거래에서 회사 스스로가 권리·의무의 주체가 된다. 다만 주식회사 그 자체는 관념적인 존재이므로 회사의 구체적인 행위는 자연인으로 구성된 기관의 현실적인 행위를 통해 실현되는데, 이로 인해 주식회사도 행위능력과 불법행위능력을 갖게 된다. 또한 주식회사에 대해서는 그 성질에 반하지 않는 한 개별적 법률이 정하는 바에 따라 당사자능력·소송능력·등기능력 등 각종 공법상 권리능력도 인정된다.

Ⅱ. 본 질

1. 자 본

(1) 의 의

주식회사에서 「자본」이란 전통적으로 회사가 발행한 주식의 액면총액을 의미한다(상법 제451조 제1항).[56] 다만 정관에 자본총액은 직접 기재되어 있지 않고, 발행주식의 종류와 수 및 액면가를 통해 간접적으로 기재되어 있다.[57] 이러한 자본은 주식회사의 성립기초가 되는 것으로서 존속 중 회사가 유지해야 할 순재산의 규범적 기준이 되고(자본충실의 원칙), 주주에 대해서는 자신의 출자액과 책임의 한계를 뜻하며, 회사채권자에 대해서는 회사 신용도의 공시적 기능을 수행한다. 참고로 과거에 상법은 5,000만원 이상이라는 최저자본제를 채택하였으나,[58] 2009년 개정 상법이 이를 삭제하였다.

한편 2011년 개정 상법은 무액면주식을 새로이 도입하였다. 즉 액면주식은 액면미달발행 및 주식분할에 어려움이 있고, 액면주식에 근거한 최저자본제가 아이디어나 기술은 있

---

56) 다만 개정 전 상법상 상환주식의 상환(구 제345조)과 정관에 의한 이익소각(구 제343조 단서) 및 주주총회 결의에 의한 이익소각(구 제343조의2) 그리고 2011년 개정상법상 상환주식의 상환(제345조)과 자기주식의 소각(제343조)에 있어서는 상환과 소각의 재원이 배당가능이익이므로 자본이 감소하지 아니한다. 즉 이런 경우에는 발행주식의 액면가 총액이 자본이라는 원칙에 대한 중대한 예외가 생기는 것이다.

57) 자본에 관한 입법례로는 총액인수제도와 수권자본제도가 있는데, 전자는 대륙법계의 입법방식으로 자본이 정관의 기재사항이고, 회사설립 시에 자본총액에 해당하는 주식의 인수를 요한다. 이에 비해 후자는 영미법계의 입법방식으로 자본은 정관의 기재사항이 아니고, 정관에는 회사가 발행할 주식의 총수만 기재하고 회사설립 시에는 그중 1/4 이상만 인수하면 되며, 그 나머지에 대해서는 이사회의 결의로 신주를 발행하여 자본을 조달할 수 있는 제도이다. 이 중 상법은 수권자본제도를 채택하고 있다.

58) 참고로 최저자본제를 채택하고 있는 주요국의 입법례를 살펴보면, 독일은 5만 유로이고(주식법 제7조), 프랑스의 경우 공모회사는 150만 프랑이고 기타의 주식회사는 25만 프랑이며(상사회사법 제71조, 제72조), 스위스는 5만 스위스프랑을 요구하고 있다(채무법 제621조).

으나 자본이 없는 사람의 회사설립을 어렵게 하는 요인으로 작용하고 있음을 고려하여 회사가 액면주식과 무액면주식 중 어느 하나를 선택하여 발행할 수 있도록 허용한 것이다. 이러한 무액면주식의 경우에는 액면가가 없고 발행가만이 존재하는데, 이 발행가 중 발행할 때 회사가 자본금으로 계상하는 금액(자본금으로 계상하는 금액은 발행가액의 2분의 1 이상이어야 함. 상법 제451조 제2항)이 자본을 이루게 된다.

(2) 기 능

자본은 주식회사가 보유해야 할 재산의 기준이 되는 것으로서 일정한 시점에서 회사가 보유하고 있는 적극자산인 점에서 경영실적에 따라 수시로 변동되는 재산과 구별된다. 그리고 자본은 발행주식수를 기준으로 한 발행자본과 발행예정주식수를 기준으로 한 수권자본으로 구분되는데, 과거에 상법은 정관에 발행할 주식의 총수를 기재하도록 하면서 그 4분의 1 이상을 회사를 설립할 때 현실적으로 발행하도록 규제하였다. 이는 회사의 자본적 기초와 신주발행에서 이사회의 수권범위를 명확히 하고, 발행예정주식총수가 실제로 발행하는 주식수의 4배를 넘지 못하도록 억제하기 위함이었다. 그런데 2011년 개정 상법이 이를 모두 삭제하였으므로, 이제 회사는 설립할 때 발행하는 주식 총수에 상관없이 발행예정주식총수를 자유롭게 정할 수 있게 되었다. 한편 자본은 자기자본과 타인자본으로 구별되기도 하는데, 전자는 주식의 발행과 이익배당으로 결합된 것을 의미하고, 후자는 사채의 발행과 확정이자의 지급으로 결합된 것을 의미한다.

(3) 원 칙

1) 자본확정의 원칙 : 이는 정관에 자본과 그 출자자인 주식인수인이 확정되어 있어야 한다는 원칙이다. 상법은 제289조 제1항에서 회사를 설립하는 때 발행할 주식의 총수와 1주의 금액을 정관에 명기하도록 하고(제3호, 제4호), 이를 회사설립 전에 모두 인수하도록 규정함으로써 자본확정원칙을 천명하고 있다.[59] 상법이 자본확정원칙을 요구하는 것은 새로이 설립되는 주식회사의 자본규모를 확정하여 공시함으로써 거래상대방이나 회사채권자에게 회사의 신용도에 대한 예측가능성을 부여하기 위함이다. 주의할 것은 회사가 설립된 후 수권자본의 범위 내에서 이사회결의에 따른 신주발행을 통해 행해지는 추가적 자본조달(상법 제416조, 제423조)의 경우에는 동 원칙이 적용되지 않는다는 점이다.

2) 자본유지의 원칙 : 회사의 존속 중 자본액에 상당하는 순재산을 실질적으로 회사 내

59) 참고로 유한회사의 경우에는 정관에 자본금의 총액을 기재해야 하고, 그 전액에 대해 출자자가 확정되어야 하며, 아울러 등기하여야 한다(상법 제543조 제2항 제2호, 제549조 제2항 제2호).

에 유지해야 한다는 원칙으로서 자본충실의 원칙이라고도 한다. 그런데 회사의 순재산은 경영성과에 따라 수시로 변동되므로, 자본의 유지란 채권자 보호를 위해 회사가 자본거래를 통해 재산을 부당하게 유출하는 것을 금지하는 뜻으로 이해해야 한다. 이처럼 자본유지의 원칙은 주주의 유한책임으로부터 채권자를 효과적으로 보호할 수 있는 중요한 방호벽이므로 상법도 다양한 관련 규정을 두고 있다. 구체적으로 회사를 설립하는 때에는 주식발행가액의 전액이 납입되어야 하고, 현물출자 등의 변태설립사항은 자본충실을 해할 우려가 크므로 엄격한 절차를 밟아야 할 뿐만 아니라 현물출자 그 자체가 전부 이행되어야 하며(상법 제295조, 제299조, 제303조, 제305조, 제310조, 제313조, 제314조, 제422조), 발기인과 이사는 주식의 인수·납입에 관한 담보책임을 지고(상법 제321조, 제428조), 회사설립시 주식의 액면미달발행이 금지될 뿐만 아니라 신주발행의 경우에도 엄격한 법적 제한을 받으며(상법 제330조, 제417조), 자기주식의 취득이 제한되고(상법 제341조, 제341조의2), 이익이 있더라도 법정준비금을 적립하는 등의 소정 요건을 갖추어야만 비로소 배당을 할 수 있는 것(상법 제458조, 제459조, 제462조) 등을 들 수 있다.

3) 자본불변의 원칙 : 일단 확정된 자본은 엄격한 법정 절차에 의하지 않고는 임의로 감소시킬 수 없다는 원칙이다. 그런데 주식회사의 자본은 수권자본의 범위 내에서 이사회의 추가적 신주발행을 통해 증가하는 것이 일반적이므로 엄밀하게 말한다면 자본불감소의 원칙이라고 할 수 있다. 신주발행을 통해 회사의 자본금이 증가하면 회사채권자들에게도 유리하기 때문이다. 한편 자본불변원칙도 결국은 회사가 보유하는 재산의 실질적인 유지에 그 뜻이 있으므로 넓게는 자본유지원칙에 포함하여 이해할 수도 있다.

2. 주 식

(1) 의 의

상법상 주식회사의 자본은 세분된 자본구성단위인 「주식」으로 형성된다. 이처럼 주식은 주식회사의 등가치적인 자본의 구성단위이며(주식평등의 원칙) 출자의 단위라고 할 수 있는데, 이로 인해 주주의 권리도 그가 소유한 주식의 수에 정비례한다. 이러한 주식은 기명주식·무기명주식, 액면주식·무액면주식, 보통주식·우선주식, 상환주식·전환주식·무의결권주식 등과 같이 매우 다양한 형태로 구분되고, 주식의 소유자인 주주가 행사하는 주주권도 단독주주권·소수주주권, 공익권·자익권 등으로 구분된다.

(2) 기 능

액면주식을 전제로 한 상법은 1주의 금액을 100원 이상 균일하도록 규정하고 있는데,

이는 자본단체인 주식회사의 자본조달을 쉽게 하기 위함이다. 주식회사가 오늘날 회사의 유형 중 가장 많이 이용되고, 대중자본을 대규모로 집중시킬 수 있었던 것도 주식 제도가 그 바탕에 있기 때문이다. 한편 주식은 주권으로 증권화되고, 양도자유의 원칙과 결합하여 주주들의 투하자본 회수를 보다 용이하게 해 주고 있다. 한편 2011년 개정 상법은 기업의 자금조달 편의성을 제고하기 위해 무액면주식을 새로이 도입하였다.

3. 유한책임

(1) 의 의

주주는 인수한 주식의 가액을 한도로 회사에 대한 출자의무만 부담할 뿐이고(상법 제331조) 회사의 채무에 대해서는 아무런 책임도 부담하지 않는데, 이를 주주의 「유한책임」이라고 한다. 주주의 유한책임은 주식회사의 본질적인 요소이므로 정관이나 주주총회의 특별결의에 의해서도 가중할 수가 없다. 그런데 실제로 회사에 대하여 출자의무를 부담하는 것은 주식인수인이므로, 엄밀히 말한다면 주주의 유한책임은 주식인수인의 유한책임이다. 주식을 취득한 주주나 그로부터 다시 주식을 승계 취득한 자는 회사에 대하여 오로지 권리만을 행사할 수 있기 때문이다. 한편 주주의 유한책임은 간접책임인 점에서 직접책임을 지는 합자회사 유한책임사원의 책임과 구별된다.

> **참고판례** **유한책임의 적용범위(대법원 1989. 9. 12. 선고 89다카890 판결)** : 상법 제331조의 주주유한책임원칙은 주주의 의사에 반하여 주식의 인수가액을 초과하는 새로운 부담을 시킬 수 없다는 취지에 불과하고 주주들의 동의 아래 회사채무를 주주들이 분담하는 것까지 금하는 취지는 아니다.

(2) 기 능

주주의 유한책임은 투자자들의 과감한 투자를 유인하는 중요한 계기가 되었고, 그로 인해 주식회사 제도가 오늘날 눈부신 산업발전의 원동력이 되었다. 만약 주주의 유한책임 제도가 없었다면 주주들은 경영진을 감시하고 다른 주주들의 재산내역을 조사하는데 과도한 비용을 지출해야 했을 것이고, 대중자본의 결집도 불가능했을 것이다. 이처럼 주주의 유한책임은 대중자본의 결집을 가능하게 하고, 회사의 법인성과 함께 주주의 채권자와 회사의 채권자를 분담하여 보호하는 순기능도 수행하고 있다. 그리고 주주의 유한책임으로 인해 기업이 도산하더라도 출자자의 재산은 치외법권적인 보호를 받는다. 그런데 다른 한편으론 그 악용으로 인한 폐단도 매우 커서 오늘날 심각한 사회문제를 낳고 있으며, 법인격부인론이 해결방안 중의 하나로써 활용되고 있다.

(3) 예 외

주주의 유한책임에는 다음과 같은 중대한 예외가 있다. 즉 ① 주식회사의 법인격이 형해화되어 그 법인격의 독립성을 인정할 수 없는 때에는 법인격부인론이 적용되어 지배주주가 회사채무에 대한 변제책임을 지고, ② 이사와 통모하여 현저하게 불공정한 발행가액으로 주식을 인수한 자는 회사에 대하여 공정한 발행가액과의 차액에 상당하는 금액을 지급할 의무가 있으며(상법 제424조의2 제1항), ③ 유한책임의 원칙하에서도 주주들이 개별적 동의로 회사채무를 분담하는 것은 가능하고,[60] ④ 비상장법인의 과점주주[61]는 당해 법인이 납부할 국세·가산금·체납처분비 등의 부족액에 대하여 제2차 납세의무를 부담하며(국세법 제39조), ⑤ 상호저축은행의 과점주주는 은행의 예금 등과 관련된 채무에 대하여 은행과 연대하여 변제할 책임이 있다(상호저축은행법 제37조의3 제1항).

참고판례 주주의 유한책임과 과점주주의 제2차 납세의무(대법원 2004. 10. 27. 선고 2003두1165 판결) : 구 국세기본법(1998. 12. 28. 법률 제5579호로 개정되기 전의 것) 제39조 제1항 소정의 과점주주의 제2차 납세의무는 국세부과 및 세법적용상의 원칙으로서의 실질과세의 원칙을 구현하려는 것으로서, 형식적으로는 제3자에게 재산이 귀속되어 있으나 실질적으로는 주된 납세의무자와 동일한 책임을 인정하더라도 공평을 잃지 않을 특별한 관계에 있는 제3자를 제2차 납세의무자로 하여 보충적인 납세의무를 지게 하여 그 재산의 형식적인 권리 귀속을 부인함으로써 그 내용상의 합리성과 타당성 내지 조세형평을 기하는 한편 조세징수의 확보라는 공익을 달성하기 위한 제도이므로 실질적 조세법률주의에 위반되지 않고, 한편 주주유한책임의 원칙이란 주주는 회사의 내부관계에서는 물론 외부적으로도 회사의 채권자에 대하여 아무런 책임을 부담하지 않는다는 것으로서, 회사와 주주의 재산을 분리하여 주주를 보호함으로써 주식의 자유로운 거래를 통하여 거대자본의 형성을 가능케 하여 주식회사제도를 발전시키고자 하는 것이나, 이러한 주주유한책임의 원칙도 주식회사제도의 활성화를 위한 입법적 고려 아래 채택된 제도이므로, 입법자가 공공의 이익 등을 위하여 제한할 수 있는 것이라 할 것이다. 다만, 과점주주의 주식의 소유 정도 및 과점주주 소유의 주식에 대한 실질적인 권리의 행사 여부와 법인의 경영에 대한 사실상의 지배 여부 등 제2차 납세의무의 부과를 정당화시키는 실질적인 요소에 대한 고려 없이, 과점주주 전원에 대하여 일률적으로 법인의 체납액 전부에 대한 무제한의 납세의무를 인정한다면 과점주주에 대한 조세형평이나 재산권 보장은 도외시한 채 조세징수의 확보만을 지나치게 강조하여 실질적 조세법률주의에 위반되고 재산권을 과도하게 침해하며 또 과점주주들 간에 불합

60) 대법원 1983. 12. 13. 선고 82도735 판결.

61) 과점주주란 상장법인을 제외한 법인의 주주 또는 유한책임사원 1인과 대통령령이 정하는 친족 기타 특수관계에 있는 자로서 그들의 소유주식의 합계 또는 출자액의 합계가 당해 법인의 발행주식총액 또는 출자총액의 100분의 50을 초과하여 소유한 자를 말한다(국세법 제39조 제2항). 그런데 국세기본법 제39조에 대해서는 헌법재판소의 한정위헌결정이 있었다(헌법재판소 2003. 10. 30. 2002헌가28 전원재판부).

리한 차별을 하여 평등의 원칙과 그 조세분야에서의 실현형태인 조세평등주의에도 위반된다고 할 것이므로, 실질적 조세법률주의의 원칙에 비추어 제2차 납세의무를 부담하는 과점주주의 범위를 적절하게 제한하거나 과점주주의 책임의 한도를 설정할 필요가 있는데, 제2차 납세의무를 부과함이 상당하다고 인정되는 과점주주의 범위는 그 입법 목적에 비추어 주식회사를 실질적으로 운영하면서 이를 조세회피의 수단으로 이용할 수 있는 지위에 있는 자, 즉 당해 법인의 발행주식총액의 100분의 51 이상의 주식에 관한 권리를 실질적으로 행사하는 자로 제한함이 상당하다 할 것이다(대법원 2003. 7. 8. 선고 2001두5354 판결; 2003. 9. 26. 선고 2002두4723 판결 참조).

Ⅲ. 능 력

1. 권리능력

(1) 의 의

주식회사는 법인이므로(상법 제169조) 권리와 의무의 주체가 될 수 있는 능력, 즉 일반적인 권리능력을 갖는다. 다만 회사의 권리능력은 일반적으로 설립등기에 의해 원시적으로 취득되지만, 설립단계에서의 설립중회사도 제한된 범위의 권리능력을 인정받고 있다. 한편 주식회사는 자연인이 아니라는 점, 법인격은 법령에 따라 정책적으로 주어지는 것이라는 점, 회사는 그 목적사업과 관련하여 존재가치를 인정받는다는 점 등으로 인해 개별적인 권리능력에 있어서는 다음과 같이 일정한 제한을 받는다.

참고판례 **법인의 권리능력 소멸시기(대법원 1985. 6. 25. 선고 84다카1954 판결)** : 회사가 부채 과다로 사실상 파산지경에 있어 업무도 수행하지 아니하고 대표이사나 그 외의 이사도 없는 상태에 있다고 하여도 적법한 해산절차를 거쳐 청산을 종결하기까지는 법인의 권리능력이 소멸한 것으로 볼 수 없다.

(2) 제 한

1) 성질에 의한 제한

㈎ 제한내용 : 주식회사는 법인이므로 순수한 자연인을 전제로 한 생명권·친족권·상속권이나 신체상 자유권 등은 향유할 수 없지만, 수증자의 자격에는 제한이 없으므로 유증은 받을 수 있다. 그리고 회사는 육체적 노무를 제공할 수 없으므로 지배인이나 그 밖의 상업사용인은 될 수 없지만, 노무 제공을 전제로 하지 않는 대리인은 될 수 있고, 명예권·상호권·사원권과 같은 각종 인격권도 향유할 수 있다. 또한 회사는 일정한 예외를 제외하고는 다른 회사의 사원이 될 수 있으며, 주식회사의 발기인도 될 수 있다.

㈏ 법인이사 : 법인이 이사가 될 수 있느냐에 대하여 긍정설[62]은 법인도 발기인이나 회생절차상의 관리인이 될 수 있고, 상법에 이사의 자격을 자연인으로 제한하는 규정이 없으며, 이사회의 구성원인 이사는 법인의 대표자에 의해서도 얼마든지 수행될 수 있다는 점을 논거로 들고 있다. 그러나 상법은 하나의 주식회사를 전제로 기관을 구성하고 권한을 배분하고 있으며, 자연인임에 이론이 없는 대표이사는 이사 중에서 선임되고, 이사는 이사회의 구성원으로서 각종 경영판단을 하는 주체이며 대리가 허용되지 않으므로 자연인에만 한정된다고 본다(부정설).[63] 물론 자본시장법 제197조 제2항에 의해 투자회사는 법인이사 1인을 두어야 한다. 그런데 투자회사는 집합투자기구의 기능을 수행해야 하고, 업무를 집합투자업자·신탁업자·투자매매업자·투자중개업자·일반사무관리회사에 위탁해야 하며, 상근임직원을 둘 수 없는 특수한 형태의 회사이다. 그리하여 자본시장법은 모든 주식회사에 적용되는 상법과 달리 투자회사로 하여금 집합투자업자를 법인이사로 두도록 하며 2인 이상의 독립적인 감독이사를 통하여 그의 업무를 감독하도록 한 것이다.

2) 법령에 의한 제한

㈎ 제한내용 : 주식회사의 법인격은 법이 부여하는 것이므로 회사의 개별적인 권리능력도 법령에 따라 정책적으로 제한할 수 있다. 그리하여 ① 주식회사는 다른 회사의 무한책임사원이 될 수 없고(상법 제173조), ② 청산회사의 권리능력은 청산의 목적 범위 내로 한정되며(상법 제245조, 제269조, 제542조 제1항, 제613조 제1항), ③ 파산회사는 파산의 목적 범위 내에서만 존속한다(채무자회생법 제328조).

㈏ 위반효과 : 특별법상 일정한 행위 제한을 받는 회사(예: 금융기관의 업무용 이외의 부동산 취득을 금지하는 은행법 제38조 제2호, 상호저축은행의 채무부담범위를 제한하는 상호저축은행법 제17조 등)가 그러한 제한을 위반한 행위의 효과가 문제된다. 이에 대해서는 ① 특별법에 의한 권리능력의 제한이므로 그 사법적 효과도 부인된다는 견해,[64] ② 이들은 행정규제적 목적을 위한 단속법규이므로 권리능력과는 무관하고, 따라서 그 위반행위의 사법적 효력에도 영향이 없다는 견해[65]가 있다. 참고로 판례는 상호신용금고의 채무부담범위를 제한

---

62) 강위두/임재호, 779면; 김홍기, 570면; 서돈각/정완용, 427면; 정경영, 544면; 정동윤, 594면.

63) 권기범, 825면; 김건식/노혁준/천경훈, 367면; 김정호, 425면; 서헌제, 797면; 손주찬, 759면; 오성근, 586면; 이범찬/임충희/이영종/김지환, 302면; 이철송, 667면; 임홍근, 448면; 정찬형, 969면; 최기원, 582면. 참고로 미국 모범사업회사법은 이사를 자연인에 한정하고(MBCA §803(a)), 독일 주식법은 이사의 자격을 행위능력 있는 자연인으로 제한하며(AktG §76 Abs. 3 Satz1), 일본 회사법도 법인은 이사가 될 수 없다고 규정하고 있다(제331조 제1호).

64) 손주찬, 446면; 정찬형, 486면; 최기원, 84면; 최준선, 97면.

65) 권기범, 126면; 오성근, 49면; 이철송, 79면; 임재연(Ⅰ), 76면.

한 구 상호신용금고법 제17조 제1항과 제2항은 효력규정으로 보았고,[66] 동일한 성격의 구 단기금융업법 제11조(단기금융회사의 자금운용 범위 제한)는 단속규정으로 보았다.[67] 생각건대 금융업 등 특정한 영업을 수행하는 회사에 대하여 특별법이 일정한 행위 제한을 가하는 것은 그러한 영업행위의 효과적인 관리를 위한 것이고, 규제의 가장 주된 수단도 행정적 제재이다. 따라서 이는 회사의 권리능력과는 무관한 것으로 보아야 하고, 그 위반행위의 사법적 효과도 유효하다고 보아야 할 것이다.

> **참고판례** **단기금융업법의 법적 성격(대법원 1988. 1. 19. 선고 86다카1384 판결)** : 단기금융업법 제11조는 동일인에 대한 일정한도를 넘는 자금의 운용을 원칙적으로 금하고 있는 바 이는 단기금융회사가 가지는 자금중개기능에 따른 공공성 때문에 특정인에 대한 과다한 자금의 편중운용을 규제함으로써 보다 많은 사람에게 여신의 기회를 주고자 함에 그 뜻이 있다 할 것이므로 이 규정은 이른바 단속규정으로 볼 것이고 따라서 이를 위반하여 자금의 운용이 이루어졌다 하더라도 사법상의 효력에는 아무런 영향이 없다.

3) 목적에 의한 제한

㈎ 제한내용 : 모든 주식회사는 정관에 목적을 기재해야 한다(상법 제289조 제1항 제1호). 일반적으로 회사는 정관상 목적사업을 수행하기 위해 설립되고, 사원(주주)은 목적사업이 수행될 것을 예상하고 출자하며, 목적사업의 사회적 가치가 인정되어 법인격이 부여된다. 그런데 법인 일반론을 규정하고 있는 민법은 제34조에서 "법인은 법률의 규정에 좇아 정관으로 정한 목적의 범위 내에서 권리와 의무의 주체가 된다."라고 규정하고 있고, 상법은 이러한 규정을 두고 있지 않으면서 동 규정을 준용하지도 않고 있다. 그리하여 주식회사는 정관상 목적의 범위 내에서만 권리능력을 갖느냐 하는 문제가 제기되는데, 이에 대해서는 제한설[68]과 제한부정설[69]이 있다. 판례는 형식적으로 제한설을 취하고 있지만, 민법 제

66) 대법원 1985. 11. 26. 선고 85다카122 전원합의체 판결.
67) 대법원 1987. 12. 8. 선고 86다카1230 판결.
68) 제한설의 논거로는 ① 민법 제34조는 법인 일반에 적용되는 일반원칙이라는 점, ② 회사의 사원은 출자재산이 설립목적에 따라 사용될 것을 기대하므로 만약 목적 이외의 용도에 사용된다면 사원의 보호에 어긋난다는 점, ③ 회사는 일정한 목적을 위해 법인격이 주어진 것이므로 그 범위 내에서 권리능력을 갖는 것이 당연하다는 점, ④ 만약 권리능력의 제한을 두지 않으면 영리단체인 주식회사가 비영리행위도 할 수 있게 되는데, 이는 민법이 비영리법인의 설립에 대해 허가주의를 취하고 있는 입법 의도에 어긋난다는 점, ⑤ 권리능력을 제한함으로써 나타날 수 있는 거래안전의 문제에 대해서는 목적이 정관과 등기에 의해 공시되기 때문에 제3자에게 예측하지 못할 손해를 주지 않는다는 점 등이 있다.
69) 제한부정설의 논거로는 ① 상법에 민법 제34조를 준용하는 명문 규정이 없는 한 목적에 의한 권리능력의 제한을 받지 않는다고 해석하는 것이 문리해석상 자연스럽다는 점, ② 비교법적으로도 목적에 의한 제한을 철폐하는 경향에 있다는 점, ③ 회사의 목적은 정관에 기재되고 등기되나 그것을 제3자가 확인하는 것은 용이하지 않으며, 설사 확인했다고 하더라도 어떠한 행위가 목적 범위 내인가

34조의 「목적 범위 내」의 행위를 정관에 명시된 목적 그 자체에 국한하지 않고 그러한 목적사업을 수행하는 데 직·간접적으로 필요한 행위도 포함하는 것으로 넓게 해석함으로써 사실상 제한부정설에 가까운 판단을 하고 있다.[70]

(나) **타당성 검토** : 오늘날 주식회사는 급변하는 국내·외적인 경제 여건에 발맞추어 다양한 영리활동을 신속하게 추구하고 있다. 그리고 목적의 경우 향후 수행할 수 있는 영업행위까지 정관에 규정하는 경우, 대강의 사업 방향만 정관에 두는 경우 등 매우 다양하다. 따라서 목적이 정관에 기재되고 등기되었다고 하여 모든 이해관계인에게 공시되었다고 의제하는 것은 현실성이 없어졌고, 목적은 각 기관의 권한 대강과 회사가 추진할 사업 방향을 제시하는 의미로 축소되었다. 또한 연혁적으로 19세기 후반 영국에서 태동된 능력외이론(Ultra Vires Doctrine)도 선의의 상대방은 회사의 능력외행위의 유효성을 주장할 수 있다는 판례에 의해 외면당하였고, 동 이론을 수용한 미국에서도 정관에 기재된 목적사업을 수행하기 위한 부수적인 거래는 명시적으로 허용되지 않았더라도 이사회가 이를 할 수 있는 권한이 있다는 묵시적 권한의 원칙(Doctrine of Implied Powers)에 의해 그 존재의의를 잃었다. 한편 이사가 정관상의 목적을 위반한 행위를 한 경우에는 회사에 대하여 손해배상책임을 지고(상법 제399조, 제567조), 소수주주에 의한 해임청구(상법 제385조 제2항, 제567조)나 유지청구(상법 제402조, 제567조)를 당할 수 있다. 따라서 정관상의 목적에 의한 회사의 권리능력 제한은 부정하는 것이 타당하다.

참고판례 **권리능력의 적용범위(대법원 2009. 12. 10. 선고 2009다63236 판결)** : 회사의 권리능력은 회사의 설립근거가 된 법률과 회사의 정관상의 목적에 의하여 제한되나 그 목적범위 내의 행위라 함은 정관에 명시된 목적 자체에 국한되는 것이 아니라 그 목적을 수행하는 데 있어 직접, 간접으로 필요한 행위는 모두 포함되고 목적수행에 필요한지의 여부는 행위의 객관적 성질에 따라 판단할 것이고 행위자의 주관적, 구체적 의사에 따라 판단할 것은 아니다.

참고판례 **정관에 의한 권리능력 제한(대법원 2005. 5. 27. 선고 2005다480 판결)** : 회사의 권리능력은 회사의 설립 근거가 된 법률과 회사의 정관상의 목적에 의하여 제한되나 그 목적범위 내의 행위라 함은 정관에 명시된 목적 자체에 국한되는 것이 아니라 그 목적을 수행하는 데 있어 직접, 간접으로 필요한 행위는 모두 포함되고 목적수행에 필요한지의 여부는 행위자의 주관적, 구체적 의사가 아닌 행위 자체의 객관적 성질에 따라 판단하여야 할 것인데(대법원 1988. 1. 19. 선고 86다카1384 판결; 1991. 11. 22. 선고 91다8821 판결 등 참조), 그 판단에 있어서는 거래행위를 업으로 하는 영리법인으로서 회사의 속성과 신속성 및

라는 판단은 매우 어려워 추가적인 분쟁 발생의 소지가 있으므로 거래안전을 보호하기 위해 목적에 의한 제한을 부정해야 한다는 점 등이 있다.

70) 대법원 1975. 12. 23. 선고 75다1479 판결.

> 정형성을 요체로 하는 거래의 안전을 충분히 고려하여야 할 것인바, 회사가 거래관계 또는 자본관계에 있는 주채무자를 위하여 보증하는 등의 행위는 그것이 상법상의 대표권 남용에 해당하여 무효로 될 수 있음은 별론으로 하더라도 그 행위의 객관적 성질에 비추어 특별한 사정이 없는 한 회사의 목적범위 내의 행위라고 봄이 상당하다 할 것이다.

2. 행위능력

일반적으로 주식회사의 의사는 주주총회나 이사회 및 대표이사와 같은 법정 기구(기관)에 의해 결정된다. 즉 주식회사는 각 기관을 구성하는 자연인의 의사를 기초로 하여 그 스스로가 행위능력을 갖는 것이다. 따라서 회사의 대표기관이 한 대외적 행위는 회사에 직접 귀속되지만, 대표에 관한 법원이 충분하지 못할 뿐만 아니라 현실적으로 독립된 인격자의 행위효과가 타인에게 귀속된다는 점에서 대리와 비슷하므로 민법상 대리에 관한 규정이 유추적용된다(민법 제59조 제2항). 그리고 주식회사도 일반적으로 대리인을 통하여 각종 법률행위를 할 수 있다. 다만 주의할 것은 주식회사에 있어서는 회사의 행위능력 범위가 언제나 권리능력의 범위와 일치한다는 점이다.

3. 불법행위능력

주식회사가 대표기관을 통해서 스스로 행위능력을 갖는다면, 행위능력의 또 다른 측면인 불법행위능력도 함께 갖는다고 보아야 한다. 즉 대표기관의 불법행위는 회사 그 자신의 불법행위가 되어 회사가 손해배상책임을 부담하는 것이다. 그런데 이처럼 회사의 불법행위능력을 인정하게 되면 각 기관의 구성원인 개인의 불법행위는 이론상 성립할 수 없게 된다. 그렇지만 상법은 회사를 대표하는 사원 또는 대표이사가 업무집행상 타인에게 손해를 입힌 때에는 회사가 그 대표기관과 연대하여 배상할 책임이 있다고 정하고 있다(상법 제210조, 제269조, 제389조 제3항, 제567조). 따라서 이는 불법행위책임이라기보다는 피해자를 두텁게 보호하기 위한 상법상 특별책임이라고 보아야 한다. 물론 여기서의 연대책임이란 부진정연대책임이고, 대표기관 이외의 임직원이 업무집행과 관련하여 불법행위를 한 때에는 회사가 사용자배상책임(민법 제756조 제1항)을 진다.

제3관 유형과 법원

Ⅰ. 서 설

회사는 강학상 인적회사와 물적회사로 구분한다. 전자는 그 실질이 개인 상인의 조합적 결합체로서 구성원 간의 인적 신뢰관계가 강한 기업형태이고, 후자는 각 사원이 단순히 출자를 매개로 하여 결합한 기업형태이고 그 실질은 사원이 제공한 자본의 결집체이다. 상법은 이러한 구분을 기초로 회사의 유형을 합명회사·합자회사·유한책임회사·주식회사·유한회사의 5가지로 한정하고 있다(상법 제170조).[71] 그리고 실무상 전체 회사의 90% 이상을 차지하는 주식회사의 경우에는 자본금의 규모와 상장 여부 및 상호간 연계정도 등에 따라 매우 다양하게 구분할 수 있다. 즉 자본의 규모에 따라 소규모회사·중규모회사·대규모회사로, 상장 여부에 따라 비상장회사·상장회사로, 상호간 연계관계의 내용에 따라 지배회사·종속회사, 모회사·자회사, 지주회사·계열회사 등으로 구분할 수 있다.

우리나라 국민경제에 있어 가장 중요한 주식회사의 경우 대규모 상장회사가 있는 반면에 그 대부분은 자본금 10억원 미만의 소규모 비상장회사이다. 이처럼 주식회사도 내부적으로는 매우 다양하므로 종합적인 법적 규율이 필요한데, 현재 주식회사에 관한 직접적인 법원은 상법 제3편(회사) 제4장(주식회사)이다. 다만 회사 일반에 적용되는 제3편의 다른 규정도 대부분 그대로 적용되고, 기업활동에 관한 제1편(총칙)과 제2편(상행위)의 관련 규정도 그대로 적용된다. 그리고 상장회사를 전제로 한 자본시장법의 일부 규정과 외부감사법의 관련 규정도 주식회사의 중요한 법원이 된다. 또한 전자주권의 발행 및 유통을 전제로 한 전자증권법과 시장에서의 유효경쟁을 확보하여 국민경제의 건전한 발전과 창의적인 기업활동 및 소비자를 보호하려는 공정거래법 등도 중요한 법원이 된다.

Ⅱ. 유 형

1. 회사 규모에 따른 구분

주식회사의 규모와 관련하여 상법은 ① 자본금을 기준으로 하여 ⓐ 10억원 미만인 회

---

71) 구체적으로 합명회사는 인적회사의 전형이고, 합자회사는 인적회사의 기초에 물적회사의 요소를 가미한 것이며, 유한책임회사는 내부적 법률관계에서는 합명회사와 같은 인적회사의 실체를 가지고 있으나 외부적 법률관계에서는 주식회사처럼 사원이 유한책임을 지는 형태이고, 주식회사는 물적회사의 전형이며, 유한회사는 물적회사의 기초에 인적회사의 요소를 가미한 것이다.

사(제292조 단서 등)와 ⓑ 1천억원 이상인 회사(제542조의6 제2항 내지 제5항; 상령 제32조)로 구분하고, ② 자산총액을 기준으로 ⓒ 2조원 이상인 회사(제542조의8 제1항 단서; 상령 제34조 제2항 등)와 ⓓ 1천억원 이상인 회사(제542조의10 제1항 본문; 상령 제36조 제1항)로 구분하고 있다. 그리고 ⓑ와 ⓒ 및 ⓓ의 경우는 상장회사를 그 전제로 하고 있다. 이처럼 상법상 회사의 규모는 천차만별인데, 강학상 ⓐ의 경우를 「소규모회사」라고 하고 ⓒ의 경우를 「대규모회사」라고 한다. 따라서 자본금 10억원 이상이며 자산총액 2조원 미만인 회사는 자연스럽게 「중규모회사」가 되고, 이는 일부의 소규모 비상장회사에 관한 특례[72]와 대규모 상장회사에 관한 특례[73]를 제외하고는 상법의 주된 적용대상이 된다. 그런데 실무에서 주식회사의 약 97% 정도는 소규모 비상장회사여서 상법 규정과 괴리가 있고, 이로 인해 다양한 법리적·실무적 문제가 발생하고 있다. 더욱이 자본금과 달리 자산은 시시각각 변하므로 기업의 구분기준으로서 적합한지에 관한 논란도 있다. 따라서 입법론적으로는 다양한 기준(자본금·매출액·종업원수 등)을 복합적으로 활용하여 회사의 규모를 정할 수 있도록 하고, 소규모회사가 대부분인 실무와 중규모회사가 주된 대상인 법규가 정합성을 확보할 수 있도록 상법을 개정할 필요가 있다.

2. 공개 여부에 따른 구분

(1) 공개회사와 폐쇄회사

주식회사는 강학상 주주 수의 다소와 개성의 중요성 여부에 따라 공개회사와 폐쇄회사로 구분한다. 전자는 주주의 수가 많아 그 개성이 중요하지 아니한 회사로서 주식의 유동성도 높아 경영에 불만이 있는 주주는 시장에서 주식을 처분하고 회사를 떠날 수 있다. 반면에 후자는 주주의 수가 적고 그의 개성이 중요한 조합적 성격의 회사로서 경영에 불만이 있더라도 주식의 처분이 어려워 회사를 떠나기 어렵다. 따라서 양자의 경우 주주의 법적 보호

---

72) 구체적으로 ① 설립단계에서 정관의 효력 발생에 관한 특례(상법 제292조 단서), ② 납입금보관증명서를 잔고증명서로 대체할 수 있도록 한 특례(상법 제318조 제3항), ③ 주주총회의 소집절차를 간소화하면서 서면결의와 서면동의를 허용한 특례(상법 제363조 제3항, 제4항), ④ 이사를 1인 또는 2인만 둘 수 있도록 한 특례(상법 제383조 제1항 단서), ⑤ 감사를 임의기구로 한 특례(상법 제409조 제4항) 등을 들 수 있다.

73) 특례의 구체적인 내용으로는 ① 이사회 구성원 중 사외이사가 3명 이상이며 과반수가 되도록 한 것(상법 제542조의8 제1항; 상령 제34조 제2항), ② 사외이사는 사외이사가 과반수인 사외이사후보추천위원회의 추천을 받은 자 중에서 선임해야 하는 점(상법 제542조의8 제4항, 제5항; 상령 제34조 제2항), ③ 강화된 감사위원회의 설치가 강제되는 점(상법 제542조의11 제1항; 상령 제37조 제1항), ④ 감사위원 중 1인 이상은 재무 또는 회계 전문가여야 하고 대표감사위원도 사외이사여야 하며 감사위원을 주주총회에서 선임하고 해임해야 하는 점(상법 제542조의12; 상령 제38조 제2항) 등을 들 수 있다.

정도가 달라야 한다. 이와 관련하여 미국은 공개회사를 publicly held corporation, 폐쇄회사를 closely held corporation으로 규정하며 후자에 대한 일부 특례를 규정하고 있다. 특히 델라웨어주 회사법은 후자를 ① 주주의 수가 30인을 넘지 않고, ② 주식의 양도가 제한되며, ③ 주식을 공모하지 않는 회사로 규정하고 있다.[74]

(2) 상장회사와 비상장회사

주식회사는 자신이 발행한 주식이 증권시장에서 거래될 수 있는지 여부에 따라 상장회사와 비상장회사로 구분한다. 즉 상장회사는 증권의 매매를 위해 개설된 시장(증권시장)에 주식을 표창하는 유가증권인 주권을 상장한 회사를 의미하는데(상법 제542조의2 제1항),[75] 위에서 살펴본 공개회사의 대표적인 예이기도 하다. 반면에 주권을 증권시장에서 거래할 수 없는 회사를 비상장회사라고 한다. 이와 관련하여 자본시장법은 거래소에 주권을 상장한 법인을 주권상장법인이라고 규정하고 있는데, 이는 상법상의 상장회사와 거의 일치한다. 한편 상장회사에 대해서는 상법 제542조의2부터 제542조의13까지 지배구조에 관련된 특례를 두고 있고, 자본시장법 제165조의2부터 제165조의20까지 재무관리에 관한 특례를 두고 있는데, 이러한 이원적인 규제에 대해서는 여전히 논란이 많다.

3. 연계 관계에 따른 구분

(1) 모회사와 자회사

어느 회사가 다른 회사의 발행주식총수의 50%를 초과하여 보유하는 경우 그 회사를 모회사라고 하고 다른 회사를 자회사라고 한다(상법 제342조의2 제1항).[76] 이러한 모회사와 자회사의 구분은 사실상 지배회사와 종속회사의 일종이지만,[77] 상법이 그 기준을 명확히 정하여 별도로 규제하는 점에서 다르다. 한편 모회사와 자회사의 구분은 상호주 규제의 핵심인데, 상법이 이를 엄격히 규제하는 것은 경제적인 측면에서 상호주는 자기주식의 취득이므로 소유 없는 회사지배까지 가능하게 하여 사단성을 파괴함은 물론 경영진 간의 합의가 성립하면 영구적 지배까지 가능하여 회사지배의 왜곡을 초래하고,[78] 사실상 출자의 환

---

74) Del. Gen. Corp. Law §342(a).

75) 한국거래소는 주식의 공개매매시장으로 유가증권시장·코스닥시장·코넥스시장을 개설하고 있는데, 2022년 12월 말 기준으로 유가증권시장에는 826개사, 코스닥시장에는 1,611개사, 코넥스시장에는 132개사가 상장되어 있다.

76) 모회사가 자회사 주식의 전부를 소유하면 완전모회사와 완전자회사로 구분한다(상법 제360조의2).

77) 모회사 중 특히 자회사의 관리를 주된 사업으로 하는 경우를 지주회사라고 한다(공정거래법 제2조 제7호).

78) 이철송, 432면.

급이란 효과를 가져와 회사의 자본충실을 저해하기 때문이다.

(2) 지배회사와 종속회사

상법은 지배회사와 종속회사에 관하여 직접 규정하고 있지 않지만, 외부감사법상의 지배회사에 대하여 연결재무제표의 작성을 강제하고 있다(상법 제447조 제2항; 상령 제16조 제2항). 한편 상장회사와 상장회사가 되려는 회사를 전제로 한 외부감사법은 어느 회사가 경제활동에서 효용과 이익을 얻기 위하여 다른 회사(조합 등 법인격이 없는 기업을 포함함)의 재무정책과 영업정책을 결정할 수 있는 능력을 갖고 있는 경우를 지배·종속관계에 있는 회사로 정의하고 있다(동법 제2조 제3호; 외부감사령 제3조 제1항). 또한 공정거래법은 동일인이 사실상 그 사업내용을 지배하는 회사의 집단을 기업집단으로 정의하고(동법 제2조 제11호), 그러한 기업집단에 속하는 회사를 계열회사라고 규정하고 있다(동법 제2조 제12호). 이처럼 외부감사법과 공정거래법이 지배·종속관계에 있는 회사들을 전제로 일정한 규제를 하는 것은 모회사와 자회사의 관계가 아니더라도 지배회사가 종속회사에 대하여 다양한 형태로 개입하며 지배하거나 경영간섭 등을 할 수 있기 때문이다.

Ⅲ. 법 원

1. 주요 법원

주식회사의 법원(法源)은 제정법과 관습법 및 자치법규로 구분할 수 있다. 이 중 제정법의 예로는 상법과 그 부속법령을, 관습법의 예로는 기업회계관행 등을, 자치법규의 예로는 정관 등을 들 수 있다. 그렇지만 가장 중요한 법원은 제정법으로서 상법을 비롯하여 각종 특별법령으로 구성되어 있다. 즉 상법 제3편(회사)을 기본적인 법원으로 하여 법령 전부가 회사법의 법원이 되는 경우와 법령의 일부가 회사법의 법원을 이루는 경우가 있다. 전자의 예로는 담보부사채신탁법과 외부감사법을 들 수 있고, 후자의 예로는 자본시장법을 비롯하여 전자증권법과 공정거래법 및 신용정보법 등을 들 수 있다.

2. 주요 개정

주식회사의 핵심 법원인 상법과 각종 상사특별법령은 여러 차례 개정되었지만, 여기서는 기본법인 상법 특히 제3편(회사)의 개정내용만 살펴본다([표 1] 참조).

[표 1] 상법 회사편의 주요 개정 내용

구 분	주요 개정 내용
1984년	• 주식회사의 최저자본제를 도입함(제329조 제1항 → 2009년 폐지) • 감사에게 업무감사권을 부여함(제412조) • 주식배당을 도입함(제462조의2) • 주식을 주권의 교부만으로 양도할 수 있게 함(제336조) • 자회사에 의한 모회사 주식의 취득을 금지함(제342조의2) • 일정한 수의 상호주 소유에 대해서는 의결권을 제한함(제369조 제3항)
1995년	• 주식분할제도(제329조의2), 주주제안제도(제363조의2), 집중투표제도(제382조의2), 업무집행지시자의 책임(제401조의2), 중간배당제도(제462조의3), 소규모합병제도(제527조의3), 회사분할제도(제530조의2~제530조의12)를 도입함 • 합병과 자본금 감소 등에 있어 필요한 채권자의 이의기간을 2월에서 1월로 단축함(제232조 제1항) • 주식의 최저액면가를 5,000원 이상에서 100원 이상으로 낮춤(제329조 제4항) • 발행주식총수의 100분의 5로 균일화되어 있던 소수주주권을 사안별로 차별화하는 동시에 현행처럼 지분요건을 완화함 • 일률적으로 3인 이상으로 한 이사의 수에 관한 제한을 자본금 5억원 미만인 회사에 대해서는 적용하지 아니함(2009년 개정 전 제383조 제1항 단서)
1999년	• 증권거래법상의 주식매입선택권 제도(제191조)를 주식매수선택권 제도로 명칭을 변경하여 도입함(제340조의2~제340조의5) • 주주총회 의장의 선임방법을 명확히 규정하고 증권거래법에 있던 의장의 질서유지권을 도입함(제366조의2) • 서면에 의한 의결권 행사를 허용함(제368조의3) • 화상회의의 방법으로 이사회를 열 수 있도록 함(제391조 제2항) • 이사의 책임규명을 명확히 하기 위해 이사회의사록에 의안에 반대한 자와 반대이유를 명기하게 함(제391조의3 제2항) • 이사회의사록의 공시의무를 현재처럼 완화함(제391조의3 제4항) • 이사회 내에 위원회 제도를 신설함(제393조의2) • 감사위원회 제도를 신설하여 회사가 선택할 수 있도록 함(제415조의2)
2001년	**1월 개정** • 주식회사와 유한회사는 1인 설립이 가능하도록 함(제288조, 제543조 제1항) • 모자회사의 기준을 발행주식총수의 100분의 40 초과 소유에서 과반수 소유(100분의 50 초과)로 변경함(제342조의2 제1항) • 주식의 포괄적 교환·이전 제도를 신설함(제360조의2와 제360조의15 제1항) • 주주총회의 소집을 전자문서로도 할 수 있게 함(제363조 제1항) • 이사회의 권한에 "중요한 자산의 처분 및 양도, 대규모 재산의 차입"을 추가함(제393조 제1항)

<table>
<tr><td rowspan="2">2001년</td><td>1월 개정
• 이사가 대표이사에게 다른 이사나 피용자의 업무에 관하여 이사회에 보고할 것을 요구할 수 있도록 하고(제393조 제3항), 이사는 업무집행상황을 3월에 1회 이상 이사회에 보고하도록 함(제393조 제4항)
• 신주발행시 제3자배정에 관한 통제장치로서 합리성 요건을 도입하고(제418조 제2항), 이를 전환사채와 신주인수권부사채에도 준용함(제513조 제3항 후단, 제516조의2 제4항 후단)
• 총자산에서 부채를 공제한 잔액을 순재산에서 순자산으로 변경함(제462조 제1항, 제462조의3 제2항 내지 제4항)</td></tr>
<tr><td>12월 개정
• 합명회사와 합자회사의 업무집행사원에 대해 업무집행정지가처분 및 업무집행대행자 제도를 신설함(제183조의2, 제200조의2)</td></tr>
<tr><td rowspan="2">2009년</td><td>1월 개정
• 자본시장법의 시행으로 폐지되는 증권거래법상의 상장회사 특례 중 일부 규정을 제3편 제4장 제13절에 신설함(제542조의2 내지 제542조의13)</td></tr>
<tr><td>5월 개정
• 전자문서의 사용을 주식회사가 하는 공고(제289조 제3항), 주주명부의 작성(제352조의2), 소수주주에 의한 주주총회의 소집청구(제366조 제1항), 의결권의 불통일 행사를 위한 통지(제368조의2 제1항), 의결권의 행사(제368조의4), 소수주주에 의한 집중투표의 청구(제382조의2 제2항)에 대해서도 허용함
• 최저자본제를 폐지함(제329조 제1항)
• 소규모회사에 관한 특례를 신설함. 즉 자본금 10억원 미만인 소규모회사의 창업을 용이하게 하기 위해 설립절차를 간소화하고(제292조 단서, 제318조 제3항), 소집절차 없이 주주총회를 열 수 있도록 하며, 서면결의로 주주총회를 갈음할 수 있도록 하고(제363조 제5항. 현행 제4항), 감사를 임의기구화 하여 두지 않을 수 있도록 함(제409조 제4항)</td></tr>
<tr><td rowspan="2">2011년</td><td>기업유형
• 새로운 기업형태로 합자조합을 신설함(제86조의2~제86조의9)
• 새로운 기업형태로 유한책임회사를 신설함(제287조의2~제287조의45)</td></tr>
<tr><td>지배구조
• 대표이사를 갈음하는 집행임원 제도를 신설함(제408조의2~제408조의9)
• 일정한 상장회사를 전제로 준법지원인 제도를 신설함(제542조의13)
• 이사와 감사의 책임감면 제도를 신설함(제400조 제2항, 제415조)
• 이사의 자기거래에 관한 이사회의 승인요건을 강화하고 동 조항의 적용대상을 이사 외에 주요주주 및 그 특수관계인까지 확대함(제398조)
• 회사의 기회 및 자산의 유용 금지에 관한 규정을 신설함(제397조의2)</td></tr>
</table>

<table>
<tr>
<td rowspan="3">2011년</td>
<td>
주식제도
• 의결권 없는 우선주 제도를 폐지하고 보통주에 대해서도 의결권이 제한되는 주식을 발행할 수 있도록 하고, 의결권이 전반적으로 제한되는 주식만이 아니라 결의사항에 따라 부분적으로 제한되는 주식도 발행할 수 있도록 함(제344조의3 제1항)
• 회사상환주식 외에 주주상환주식의 발행도 허용함(제345조 제3항)
• 주주전환주식 외에 회사전환주식의 발행도 허용함(제346조 제2항)
• 배당가능이익의 범위 내에서 제한 없이 자기주식을 취득할 수 있도록 하고(제341조), 그 밖에 대해서는 종전의 금지원칙을 유지함(제341조의2)
• 배당가능이익에 의한 자기주식의 취득에 있어서 주주 간의 형평을 도모할 수 있는 방법을 마련함(제341조 제1항 제1호와 제2호)
• 기존의 이익소각 제도를 폐지하고 그 대신에 자기주식소각 제도를 신설함(제343조의2 삭제, 제343조 제1항 단서)
• 무액면주식을 신설하여 회사가 액면주식과 무액면주식 중 선택할 수 있도록 하고(제329조 제1항), 무액면주식의 경우 회사의 자본금은 발행가액의 2분의 1 이상의 금액으로서 이사회에서 자본금으로 계상하기로 한 금액의 총액으로 하고 나머지는 자본준비금으로 계상하도록 함(제451조 제2항)
• 주식과 사채에 있어 전자증권 제도를 도입함(제356조의2, 제478조 제3항)
</td>
</tr>
<tr>
<td>
재무관리
• 회사의 계산에 있어서 일반적으로 공정·타당한 기업회계관행에 따른다는 것을 선언함(제446조의2)
• 기업회계관행과의 괴리가 큰 자산평가(제452조)와 이연자산(제453조~제457조의2)에 관한 규정을 폐지하고, 자본을 자본금으로 수정함
• 일정한 요건을 충족할 경우 정관 규정에 의해 재무제표의 승인을 주주총회가 아닌 이사회가 할 수 있도록 허용하고(제449조의2), 이러한 회사에서는 이익배당도 이사회가 결정할 수 있도록 함(제462조 제2항)
• 이익배당과 관련하여 현물배당을 허용함(제462조의4)
• 준비금감소 제도를 신설하여 준비금의 합계가 자본금의 1.5배를 초과하면 그 초과액의 전부 또는 일부는 주주총회의 결의에 따라 배당이 가능한 미처분잉여금으로 용도를 변경할 수 있도록 함(제461조의2)
• 사채의 발행한도 등에 관한 종전의 제한을 폐지하고(제470조~제473조 삭제), 교환사채와 이익참가부사채 및 파생상품연계사채도 허용하며(제469조 제2항), 사채관리회사를 신설하여(제480조의2) 종전의 수탁회사가 사채상환을 위해 갖고 있던 권한을 이관함(제484조)
</td>
</tr>
<tr>
<td>
조직재편
• 교부금합병을 허용하고, 교부금을 금전 이외의 재산으로도 지급할 수 있도록 허용함(제523조 제4호, 제523조의2)
• 소규모합병의 요건을 존속회사가 합병으로 인해 발행하는 신주가 발행주식총수의 100분의 5 이하일 것에서 100분의 10 이하로 완화함(제527조의3)
• 지배주주의 강제적 주식매도청구권(제360조의24)과 소수주주의 강제적 주식매수청구권을 신설함(제360조의25)
</td>
</tr>
</table>

2014년	• 무기명주식 제도를 폐지함(주된 조문은 제357조와 제358조이지만, 관련된 내용이 많아 삭제된 규정은 상당함)
2015년	• 흡수합병에만 적용되던 교부금합병과 금전 외의 재산에 의한 교부금 지급을 신설합병과 회사분할 및 주식의 포괄적 교환·이전에도 동일하게 적용함 • 회사분할에서의 책임제한범위를 명확히 함 • 종전에 해석론으로 인정되던 의결권 없는 주식의 주주도 합병 등의 결의에 대해 반대주주로서 주식매수청구권을 행사할 수 있도록 명문화함(제360조의5 제1항, 제374조의2 제1항, 제522조의3 제1항) • 2011년 개정에서 완화한 소규모합병과 소규모분할합병의 요건을 소규모주식교환에도 동일하게 적용함(제360조의10 제1항) • 간이영업양도 등에 관한 규정을 신설함(제374조의3) • 분할당사회사에 관한 용어를 명문화함(제530조의4 외)
2020년	• 이익배당과 관련하여 신주와 구주 간에 차등을 두지 않는 것을 원칙으로 하여 관련 조문을 정리함(제350조 제3항과 이를 준용한 조문을 모두 삭제함) • 다중대표소송 제도를 신설함(제406조의2) • 일부 감사위원의 분리선임을 도입함(제542조의12 제2항 단서 신설) • 상장회사에 사외이사인 감사위원을 선임·해임할 때에는 발행주식총수의 3%를 초과하는 주식에 관하여 모든 대주주의 의결권을 제한하고, 사외이사가 아닌 감사위원을 선임·해임할 때에는 최대주주의 경우 그의 특수관계인 지분을 합산하여 의결권을 제한하고 나머지 대주주들에게는 단순 3% 기준을 적용함(제542조의12 제4항 개정, 제7항 신설) • 그동안 논란의 대상이던 소수주주권에 관한 일반규정과 특례규정의 관계를 선택적 적용관계로 명확히 함(제542조의6 제10항 신설) • 전자투표제의 활성화를 도모하기 위해 전자투표를 실시하는 회사에서는 감사 또는 감사위원을 선임할 때 요구되는 주주총회 결의요건을 출석한 주주의 과반수만으로 완화하고, 발행주식총수의 4분의 1 이상의 요건은 적용하지 아니함(제409조 제3항 개정, 제542조의12 제8항 신설)

제3절 주식회사의 설립

제1관 설립절차

예시사례 고향 친구인 A·B·C·D는 지난 1990년에 함께 상경하여 그동안 여러 직업을 전전하다가 현재 A는 택배회사, B는 이삿짐센터, C는 사무실임대회사, D는 대형건물의 외벽청소회사에서 근무하고 있다. 어느 날 우연히 함께 한 회식자리에서 각자의 일에 대한 어려움을 이야기하던 중 갑자기 A가 우리도 이제는 독립하여 일하자는 제안을 하였고, 이에 B·C·D가 동의하면서 1개월 후 다시 만나 구체적인 사업계획을 세우기로 하였다. 그 후 다시 회동한 자리에서 B가 이삿짐센터에서 일할 때 이사를 하는 사람들이 청소 문제로 힘들어하는 모습을 많이 보았다면서 청소대행업을 하면 좋지 않겠냐는 제안을 하였고, 이에 A·C·D가 적극적으로 동의하면서 구체적인 사업계획을 세우기 시작하였다. 먼저 A·B·C·D는 사업체의 형태를 주식회사로 정한 후 각자 2,500만원씩 출자하여 자본금을 1억원으로 하고, 액면가 5,000원의 보통주식을 2만주 발행하기로 하였으며, 그 전원이 발기인으로서 회사설립에 참여하되 설립에 관한 사무의 일체를 A에게 맡겼다. 이러한 기본 사안과 관련하여 다음 설문에 답하시오!

(1) A는 친구인 법무사 E의 도움을 받아 정관을 작성하여 서명한 후 B·C·D의 서명을 받아 설립등기를 신청하였다. 이 정관은 법적으로 유효한가?

(2) A·B·C·D는 향후 회사가 커질 것을 예상하여 정관에 발행예정주식총수를 보통주 20만주로 규정하였으며, 회사의 사업목적으로서 가정집 청소와 사무실 청소 및 학교 청소 등을 포함하여 약 10여개의 목적사업을 기재하여 두었다. 이러한 기재는 법적으로 문제 없는가?

(3) A는 회사의 규모가 작고 주주 또한 4인에 불과한 점을 고려하여 정관에 회사가 공고하는 방법으로서 전자공고만 규정한 후 등기를 마쳤다. 이에 대해 법적 평가를 한다면?

(4) 공동발기인이며 주주인 B·C·D는 회사의 설립사무를 전담하는 A의 노고에 대한 대가로서 A의 보유주식에 대해서는 향후 우선적인 이익배당을 하기로 합의하였고, A에게 대표이사의 지위를 약속하였으며, 이를 분명히 하기 위하여 정관에도 그 내용을 기재하도록 하였다. 그리고 A는 그에 따라 정관에 동일한 내용을 규정한 후 등기를 마쳤다. 이에 대해 법적 평가를 한다면?

(5) A는 회사의 설립과정에서 대표이사로 선임되었고, 대표이사의 지위에서 설립 중 회사를 대표하여 F 인쇄소와 주권 발행에 관한 인쇄계약을 체결하였고, 설립 후의 회사의 영업을 위하여 G와 고가사다리차의 구입에 관한 계약을 체결하였다. 이에 대해 법적 평가를 한다면?

Ⅰ. 서 설

상법상 합명회사·합자회사와 같은 인적회사는 정관작성과 설립등기만으로 성립한다. 정관의 작성을 통해 사원과 그 출자액이 확정될 뿐만 아니라, 사원의 전부나 일부가 무한책임을 지거나 비록 유한책임을 지더라도 회사채권자에 대하여 직접 책임을 지기 때문에 채권자를 보호하기 위하여 설립단계에서부터 자본의 실체를 갖출 필요가 없기 때문이다. 그러나 대표적인 자본단체인 주식회사의 경우에는 그 설립에 있어서 인적회사처럼 주주가 정관에 의해 확정되지 아니한다. 따라서 주식회사를 설립할 때에는 주주를 확정하는 절차와 회사채권자의 유일한 담보가 되는 회사재산을 실질적으로 확보하는 절차가 필요하고, 이사·감사와 같은 타인기관의 선임과정도 필요한데(이를 「실체구성」이라고 함), 이러한 절차는 정관작성 후 설립등기 전에 완료되어야 한다([표 2] 참조).

[표 2] 주식회사의 설립절차

한편 주식회사의 설립절차는 [발기인→발기인조합→설립중회사]를 거쳐 동태적으로 이루어지는데, 이 과정에서 발기인은 정관을 작성하고 주식발행사항을 결정하며 설립중회사의 기관으로서 주식인수 등의 모든 설립절차를 주관한다. 그리고 주식회사의 설립절차에 있어서 가장 중요한 실체구성의 방법으로는 발기설립과 모집설립이 있는데, 전자는 발기인만이 설립할 때 발행하는 주식 총수를 인수하는 것이고, 후자는 발기인이 일부의 주식을 인수한 후 그 나머지 주식에 대하여 새로운 출자자를 모집하여 인수하게 하는 방법이다.[79] 이

러한 절차를 거쳐 최종적으로 발기인이 설립등기를 마침으로써 주식회사가 완성되는데, 만약 회사의 불성립으로 종결되거나 발기인이 법정 절차를 위반하여 회사설립이 무효로 되는 때에는 발기인 등이 일정한 법적 책임을 부담한다.

Ⅱ. 설립의 주체

1. 발기인

(1) 의 의

발기인은 주식회사의 설립을 기획하고 그 절차를 주관하는 자인데, 법적으로는 「정관을 작성하고 기명날인(또는 서명)한 자로서 그 정관에 발기인으로 성명·주민등록번호 및 주소가 기재된 자」를 의미한다(상법 제289조 제1항 제8호). 상법이 주식회사의 설립절차와 관련하여 특별히 발기인을 둔 취지는 다른 회사와 달리 정관에서 사원이 확정되지 아니하므로 설립절차를 실질적으로 주관할 기구가 필요하고, 설립과정에서의 자본충실책임과 제3자에 대한 손해배상책임의 주체가 필요하기 때문인데, 발기인이 실제로 설립사무에 종사하느냐는 묻지 않는다. 이러한 발기인의 자격에는 특별한 제한이 없으므로 자연인만이 아니라 법인이나 제한능력자도 가능하고, 1인 이상이면 충분하다(상법 제288조).[80] 한편 발기인은 정관을 작성할 때부터 회사의 실체가 완성될 때까지 존재해야 하는데, 이런 발기인의 지위는 타인에게 양도할 수 없으며 상속도 되지 않는다.

(2) 권 한

1) 포섭범위 : 발기인의 권한범위에 대해서는 ① 회사설립 그 자체를 직접적인 목적으로 하는 행위만 할 수 있다는 견해,[81] ② 회사설립을 직접적인 목적으로 하는 행위 외에 회사설립을 위하여 법률상·경제상 필요한 행위도 할 수 있다는 견해,[82] ③ 회사성립 후의 개

---

79) 과거에 발기설립의 경우 반드시 법원이 선임한 검사인의 조사를 받아야 했지만, 모집설립에서는 이사·감사가 조사하여 창립총회에 보고하는 것으로 충분하였다. 이에 실제는 발기설립이었지만 번거로움과 비용을 줄이기 위해 소수의 모집주주를 안배하여 형식적으로는 모집설립절차를 진행하였다. 그런데 이러한 우회적 방법은 설립당사자들에게 불편을 줄 뿐만 아니라 각종 사회비용도 초래하므로 1995년 개정 상법은 검사인의 조사를 받지 않고 발기설립을 할 수 있는 길을 열어 주었다(공증인 또는 감정인으로의 대체를 허용함).

80) 따라서 발기인 중 일부가 사망하거나 무자격이라도 유효인원이 1인 이상이면 설립절차를 속행할 수 있지만, 발기인 전원이 사망하거나 무자격이라면 설립무효사유가 된다. 주의할 것은 이 경우에는 발기인을 충원하여 설립절차를 속행할 수 없고 정관의 작성부터 다시 해야 한다는 점이다.

81) 이범찬/임충희/이영종/김지환, 115면; 이철송, 236면; 최기원, 141면.

82) 권기범, 446면; 김동훈, 126면; 김정호, 98면; 손주찬, 553면; 임홍근, 144면; 정동윤, 413면.

업을 위한 준비행위까지 할 수 있다는 견해[83]가 있는데, 판례는 ③설을 취하고 있다.[84] 생각건대 발기인은 정관에서 사원이 확정되지 아니하는 주식회사의 특성을 고려하여 실제적인 설립주관자로서 상법이 고안한 자이고, 주식회사의 설립절차에 대해서는 상법이 주식인수부터 설립등기에 이르기까지 체계적으로 규제하고 있다. 그리고 회사설립을 위한 법률상·경제상 필요한 행위란 그 범위가 너무 모호하여 오히려 혼란을 가져올 수 있을 뿐만 아니라, 발기인에 의한 남용가능성도 있다. 또한 개업준비행위 중의 하나인 재산인수는 변태설립사항으로서 상법 제290조가 특별히 규제하고 있으므로 발기인에 의한 남용가능성이 낮다. 이런 점을 종합적으로 고려할 때 ①설이 타당하다. 한편 발기인은 회사설립과 관련하여 주식인수의무(상법 제293조)와 의사록작성의무(상법 제297조)를 지고, 자본충실책임(상법 제321조)과 손해배상책임(상법 제322조)을 진다.

2) 실행방법 : 발기인은 설립중회사의 기관으로서 설립절차를 주관하는데, 이 과정에서 발기인이 한 행위의 효과는 일단 설립중회사에 귀속되었다가 설립등기 후 완성된 회사에 최종적으로 귀속된다. 이러한 발기인의 행위는 설립행위(정관작성 등)와 설립을 위한 행위(창립총회장의 임차나 주식청약서의 인쇄 등) 및 개업준비행위로 구분할 수 있다. 이와 관련하여 제기되는 의문은 발기인이 회사설립을 위한 것이 아닌 행위를 하였을 때 성립 후의 회사가 이를 추인할 수 있을까 하는 점이다. 이에 대해서는 ① 긍정설, ② 부정설, ③ 변태설립에 관한 상법 제290조의 사항들은 추인의 대상이 될 수 없으나 기타의 사항은 무권대리의 실질을 가지므로 추인이 허용된다는 견해, ④ 긍정설이 타당하나 재산인수의 경우에는 검사인의 조사를 받지 않게 되는 문제가 있으므로 이는 입법적으로 해결해야 한다는 견해가 있다. 생각건대 상법은 설립중회사의 기관인 발기인에게 회사설립을 위한 행위만 할 것을 요구하고 있는데, 만약 발기인의 권한 외의 행위를 성립 후의 회사가 추인할 수 있도록 한다면 이는 설립절차를 엄격히 규제하는 상법의 취지에 반할 뿐만 아니라 또 다른 혼란을 초래할 수 있으며, 때로는 발기인과 결탁한 성립 후 회사의 경영진에 의해 남용될 위험성도 있다. 따라서 부정설이 타당하다.

참고판례 **발기인이 취득한 권리·의무의 귀속주체(대법원 2007. 9. 7. 선고 2005다18740 판결)** : 설립중의 회사로서의 실체가 갖추어지기 이전에 발기인이 취득한 권리·의무는 구체적 사정에 따라 발기인 개인 또는 발기인 조합에 귀속되는 것인바, 발기인이 개인 명의로 금원을 차용한 경우 이는 그 발기인 개인에게 귀

83) 서헌제, 112면; 송옥렬, 778면; 임재연(Ⅰ), 243면; 정찬형, 663면.
84) 대법원 1970. 8. 31. 선고 70다1357 판결.

속됨이 원칙이고, 위 채무가 발기인 조합에게 귀속되려면 위 금원의 차용행위가 조합원들의 의사에 기해 발기인 조합을 대리하여 이루어져야 한다고 할 것이다.

(3) 의사결정

상법상 발기인은 원칙적으로 1인 이상이면 충분하다.[85] 그러나 발기인이 2인 이상이라면 회사설립에 관한 업무 집행에 있어서 필요한 의사결정(예: 모집설립에서 모집주주에 대한 발기인의 주식배정 등)은 조합의 의사결정에 관한 일반원칙에 따라 발기인의 과반수로 해야 한다(민법 제706조 제2항). 다만 예외적으로 정관의 작성이나 주식발행사항의 결정에 대해서는 상법이 명문으로 발기인 전원의 동의를 요구하고 있고, 비록 상법에 명문 규정은 없으나 각 발기인이 인수할 주식의 배정도 그 성질상 발기인 전원의 동의가 필요하다. 한편 발기인이 발기설립 절차에서 임원을 선임하는 때에는 예외적으로 그 의결권의 과반수로 결정하는데(상법 제296조), 이 경우에는 발기인으로서의 업무를 집행하는 것이 아니라 출자자로서의 지분권을 행사하는 것이기 때문이다.

(4) 발기인조합

1) 의 의 : 주식회사의 설립에 있어서 발기인이 2인 이상일 경우에는 회사설립을 궁극적인 공동목적으로 하는 일정한 합의가 있게 되고, 그러한 합의에 따라 발기인조합이 성립한다. 발기인조합은 민법상 조합에 해당하므로 조합에 관한 민법 규정이 적용되고(통설), 의사결정도 발기인의 과반수에 의한다. 이처럼 상법이 발기인조합을 인정하는 것은 회사설립을 공동목적으로 하는 다수인의 합의에 대해 개인법상 구속력을 부여하여 회사설립에 관한 업무의 수행이나 대외적인 책임의 귀속 형태를 명확히 하기 위함이다.

2) 설립중회사와의 관계 : 발기인조합은 설립중회사와 구별해야 한다. 설립중회사는 학설에 따라 정관의 작성이나 주식을 인수한 후부터 설립등기를 할 때까지 존재하는 사단적 존재로서 회사법적 효력이 인정되는 것이지만, 발기인조합은 발기인 상호간의 내부적인 계약관계로서 그 자체는 설립 후의 회사 또는 설립중회사와 직접적인 법적 연결을 갖지 못하기 때문이다. 한편 양자는 회사의 설립등기시까지 공존하고, 설립등기 후 발기인조합은 조합계약의 목적 달성으로 인해 해산되나 설립중회사는 성립 후 회사로 전환된다. 따라서 발기인은 발기인조합의 구성원이면서 설립중회사의 기관이 되고, 발기인의 행위는 조합계약

85) 과거에는 7인 이상의 발기인이 필요했지만, 1995년 개정상법은 3인 이상으로 그리고 2001년 개정상법은 1인 이상으로 완화하였다.

의 이행행위인 동시에 설립중회사의 업무집행행위가 된다.

2. 설립중회사

(1) 의 의

설립중회사란 회사설립에 착수하여 어느 정도의 실체가 형성되었을 때부터 설립등기를 하기 전에 존재하는 미완성의 회사를 말한다. 이는 설립사무를 주관하는 발기인이 회사설립을 위한 행위로 취득한 권리·의무가 회사설립과 동시에 그 성립된 회사에 귀속되는 것을 명확히 설명하기 위한 강학상 개념이다.[86] 만약 설립중회사라는 개념을 인정하지 아니하면 발기인이 회사를 위해서 취득한 재산은 일단 발기인의 재산으로 귀속되었다가 설립등기 후에 회사에 이전되어야 하는데, 이는 비경제적일 뿐만 아니라 때로는 발기인의 채권자가 강제집행을 할 수도 있기 때문이다. 즉 설립중회사는 법인격은 없으나 제한된 범위의 권리능력을 가진 성립 후의 회사와 실질적으로 동일한 실체이다.

(2) 법적 성격

설립중회사의 법적 성격에 대해서 과거에는 ① 일정한 목적을 가진 단체가 아니므로 조합이나 사단이 아닌 회사법상 특수한 성질을 가진 단체라는 견해, ② 회사설립의 필수불가결한 전 단계로서 부분적인 권리능력을 가진 성립 중의 법인이라는 견해, ③ 회사설립을 목적으로 하는 권리능력 없는 사단이라는 견해 등이 있었지만, 지금은 ③설이 통설이고 판례의 입장이다.[87] 생각건대 설립중회사를 인정하는 이유는 발기인이 설립절차를 주관하면서 취득한 권리·의무가 발기인이나 주식인수인이 아닌 설립중회사에 귀속하였다가 회사성립 후 별도의 승계절차 없이 완성된 회사로 귀속하는 것을 명확히 하기 위함이고, 상법과 정관의 규정 중에는 설립중회사와 전혀 무관한 것이 많은 점(주식양도, 신주·사채의 발행, 자본금감소, 회사의 계산 등)을 종합적으로 고려할 때 ③설이 타당하다.

(3) 성립 시기

주식회사의 설립절차에서 설립중회사가 언제부터 성립하느냐에 대해서는 ① 정관을 작성한 때부터라는 견해,[88] ② 발행주식총수가 인수된 때라는 견해,[89] ③ 발행주식총수 중

86) 대법원 1994. 1. 28. 선고 93다50215 판결.
87) 대법원 1994. 1. 28. 선고 93다50215 판결; 대법원 1985. 7. 23. 선고 84누678 판결 등.
88) 송옥렬, 777면; 오성근, 198면; 이기수/최병규, 158면; 이범찬/임충희/이영종/김지환, 112면; 이철송, 234면; 임재연(Ⅰ), 246면; 최준선, 160면.
89) 정동윤, 410면.

발기인이 1주 이상을 인수한 때라는 견해[90]가 있는데, 판례는 ③설의 입장이다.[91] 생각건대 ②설은 최저자본제 하에서 최저자본금이 없으면 회사설립이 불가능하고 발기인이 1주씩 인수하는 것은 무의미하므로 발행주식총수가 인수되었을 때 설립중회사가 성립한다고 하는데, 2009년 개정 상법에 의해 최저자본제가 폐지되었으므로 그 근거를 상실했다. 한편 ③설은 정관의 작성만으로는 구성원이 확정되지 않아 권리능력 없는 사단으로 보기 어려우나 발기인이 주식의 일부라도 인수하면 구성원의 일부가 확정되므로 장차 주식회사로 발전할 단체의 형식이 인정된다고 하지만, 발기인은 정관의 절대적 기재사항이고(상법 제289조 제1항 제8호) 발기설립과 모집설립에서 발기인은 반드시 발행주식의 전부 또는 일부를 인수해야 하므로 구성원의 전부 또는 일부는 이미 확정되어 있다고 할 수 있다. 또한 발기인은 정관의 작성과 주식발행사항의 결정 등 회사의 설립사무를 주관하고, 설립중회사는 발기인이 설립사무를 시작한 후 설립등기를 하기 전에 설립사무를 집행하며 취득한 권리·의무가 성립 후의 회사에 귀속하는 관계를 명확히 설명하기 위해 안출된 인위적 개념이다. 이런 점을 종합적으로 고려할 때 ①설이 타당하다.

> **참고판례** **설립중회사의 성립시기(대법원 1994. 1. 28. 선고 93다50215 판결)** : 설립중의 회사라 함은 주식회사의 설립과정에서 발기인이 회사의 설립을 위하여 필요한 행위로 인하여 취득하게 된 권리의무가 회사의 설립과 동시에 그 설립된 회사에 귀속되는 관계를 설명하기 위한 강학상의 개념으로서 정관이 작성되고 발기인이 적어도 1주 이상의 주식을 인수하였을 때 비로소 성립하는 것이고, 이러한 설립중의 회사로서의 실체가 갖추어지기 이전에 발기인이 취득한 권리, 의무는 구체적 사정에 따라 발기인 개인 또는 발기인조합에 귀속되는 것으로서 이들에게 귀속된 권리의무를 설립 후의 회사에 귀속시키기 위하여는 양수나 채무인수 등의 특별한 이전행위가 있어야 한다.

(4) 주요 능력

1) 권리능력 : 설립중회사의 법적 성격은 권리능력 없는 사단이다. 민법학에서는 권리능력 없는 사단의 법률관계를 내부관계와 외부관계로 나눈 후 ① 내부관계에서는 사원총회의 다수결에 의해 의사가 형성되고 사원총회에서 선임된 업무집행기관이 그 업무를 집행한다고 설명하고, ② 외부관계에서는 사단법인에 준하는 권리능력·행위능력·불법행위능력이 인정되고 대표기관에 의해 대외적 행위가 행해진다고 설명한다. 그런데 이러한 이론구성은 설립중회사의 경우 사실상 무의미하다. 상법상 설립중회사는 설립등기를 하기 전에 한시적

90) 권기범, 439면; 김동훈, 124면; 김정호, 95면; 김홍기, 344면; 서돈각/정완용, 309면; 손주찬, 551면; 이종훈, 13면; 임홍근, 141면; 장덕조, 79면; 정경영, 133면; 정찬형, 666면; 채이식, 434면; 최기원, 147면.
91) 대법원 1994. 1. 28. 선고 93다50215 판결; 대법원 2000. 1. 28. 선고 99다35737 판결 등.

으로 극히 제한된 목적만을 가지고 존재하므로 장기간 사단성을 지니며 존속하는 일반적인 비법인사단의 법률관계와는 그 성질이 다르기 때문이다. 즉 설립중회사는 그 기관으로서 활동하는 발기인이 회사의 설립사무를 집행하며 취득한 각종의 권리·의무를 성립 후의 회사에 대하여 특별한 이전절차 없이 귀속시키기 위해 안출된 인위적인 중간매개체에 불과한 것이다. 그리하여 결국 설립중회사의 권리능력은 사실상 그 기관인 발기인이 회사설립을 위해 수행하는 행위의 범위와 같게 된다.

2) 소송능력 등 : 설립중회사는 권리능력 없는 사단이다. 그렇지만 민사소송법은 권리능력 없는 사단의 당사자능력을 인정하고 있고(민소법 제52조), 부동산등기법은 권리능력 없는 사단의 등기능력도 인정하고 있다(동법 제26조). 생각건대 상법상 설립중회사는 주식인수인이 출자의무를 이행하지 아니하는 경우 법상의 실권절차를 밟지 않고 곧바로 소구할 수도 있으므로 소송에서의 당사자능력을 인정해야 한다. 그렇지만 등기능력의 경우에는 다소 문제가 있다. 설립중회사의 기관으로서 발기인이 할 수 있는 행위는 법상의 설립사무에 국한되고, 설립중회사가 부동산을 취득하는 경우인 현물출자의 경우에도 단지 현물출자자로부터 현물의 등기 이전에 필요한 서류만을 받을 뿐이고 등기 이전은 요하지 아니하며(상법 제295조 제2항), 재산인수의 경우에도 발기인은 단지 약정만을 할 뿐이고 실제로 양수의무를 부담하는 것은 성립 후의 회사이기 때문이다.

Ⅲ. 내부적 결정

1. 정관의 작성

(1) 의 의

주식회사 설립절차의 첫 단계는 정관의 작성인데, 정관은 발기인이 작성하고 기명날인 또는 서명을 한다(상법 제289조 제1항). 정관은 원칙적으로 「공증인의 인증」을 받음으로써 그 효력이 생기지만(상법 제292조 본문), 예외적으로 자본금 총액이 10억원 미만인 소규모 주식회사를 발기설립하는 경우에는 각 발기인이 정관에 기명날인 또는 서명함으로써 효력이 생긴다(상법 제292조 단서). 한편 정관의 기재사항은 절대적·상대적·임의적 기재사항으로 구분할 수 있는데, 정관은 절대적 기재사항만 있으면 유효하게 성립한다. 참고로 영미법에서는 정관을 기본정관(certificate, charter, articles of incorporation)과 부수정관(by laws)으로 구별한 후 전자에는 상호·설립목적·자본·발기인 등 회사의 기본적인 사항을 규정하며 그 수정에 엄격한 법적 제한을 가하지만, 후자의 경우에는 주주총회나 이사회의 소집과 이익배당 등 주로 회사의 운영에 관한 사항을 규정하고 그 수정도 주주총회나 이사회의 결의로 용이하게 할 수 있도록 허용하고 있다.

(2) 절대적 기재사항

상법은 주주 등 이해관계자를 보호하기 위해 회사를 설립할 때부터 확정해 두어야 할 일정한 사항을 절대적 기재사항으로 규정하고 있다(상법 제289조 제1항). 따라서 이를 흠결하거나 그 내용이 위법하면 정관이 무효로 되고, 회사설립의 무효사유가 된다.

1) 목 적 : 목적이란 주식회사가 수행하려는 사업으로서 주주에게 출자의 동기를 부여하고, 이사에게는 업무집행의 적극적·소극적 범위를 제시한다.[92] 따라서 이사가 정관상 목적에 반하는 행위를 하면 정당한 해임사유(상법 제385조)가 되고, 회사에 대하여 손해배상책임을 지며(상법 제399조), 감사기관이나 소수주주에 의한 유지청구(상법 제402조)의 대상이 된다. 한편 목적은 영리성을 실현할 수 있는 것이어야 하고, 사회질서에만 반하지 아니하면 그 범위에 대한 제한이 없으므로 여러 개라도 무방하지만, 이해관계인들에게 예측가능성을 부여할 수 있을 정도의 구체성을 띠어야 한다.

2) 상 호 : 상호는 회사의 동일성을 표시하는 명칭이다. 따라서 자연인처럼 자신을 표시할 방법이 없는 모든 회사는 반드시 상호를 가져야 하고, 주식회사는 그 상호 중에 반드시 「주식회사」라는 문자를 삽입해야 하며(상법 제19조), 특별법에 의한 인·허가를 받아야 하는 영업의 경우에는 그 업종까지도 상호에 표시해야 한다(예: 은행·보험·증권 등의 업종). 한편 주식회사를 설립하는 경우에는 설립등기를 할 때까지 상호권을 확보하는 방법으로서 상호의 가등기 제도도 있다(상법 제22조의2 제1항).

3) 회사가 발행할 주식의 총수 : 상법은 수권자본제를 채택하고 있으므로 반드시 정관에 회사가 발행할 주식의 총수를 기재해야 하는데, 이는 주권의 기재사항이기도 하다(상법 제356조 제3호). 다만 회사를 설립할 때에는 발행예정주식총수 중 일부만 발행하면 되고, 나머지는 회사성립 후에 이사회의 결의로 발행할 수 있다.

4) 액면주식의 경우 1주의 금액 : 상법상 주식회사는 정관으로 액면주식과 무액면주식 중 어느 하나를 선택하여 발행할 수 있다. 이 중 전통적·일반적 유형인 액면주식의 경우에는 1주의 금액을 「액면가」라고 하는데, 이는 정관에 기재되어야 하고 100원 이상 균일해야 한다(상법 제329조 제3항). 이러한 액면가에 발행주식총수를 곱하면 회사의 자본금이 산출된다

92) 제3자에 있어서는 목적이 회사를 상대로 거래를 함에 있어 그가 회사에 대하여 기대할 수 있는 반대급부의 범위를 예측하는 기준이 된다(이철송, 238면).

(상법 제451조). 주의할 것은 액면주식에 있어서 액면가는 자본금의 구성단위가 되는 추상적인 가격이므로 회사가 주식을 발행하면서 그 인수대가로 제시하는 「발행가」와는 구별해야 한다는 점이다. 한편 회사는 자본충실의 원칙상 주식을 액면가 이하로 발행하지 못하고(상법 제330조), 액면가를 초과해서 발행하는 때에는 그 초과하는 금액을 자본준비금으로 적립해야 한다(상법 제459조 제1호).

5) 회사설립시 발행하는 주식의 총수 : 원래 회사를 설립할 때 발행하는 주식의 수는 발행예정주식총수의 4분의 1 이상이어야 했는데, 이는 회사의 자본적 기초와 신주발행에 있어서 이사회의 수권범위를 명확히 함은 물론 발행예정주식총수가 실제로 발행하는 주식수의 4배를 넘지 못하도록 억제하기 위함이었다. 그런데 2011년 개정 상법이 이러한 제한을 모두 삭제하였으므로 이제는 회사를 설립할 때 발행하는 주식의 수에 상관없이 발행예정주식총수를 자유롭게 정할 수 있다.

6) 본점의 소재지 : 본점이란 회사의 주된 영업소를 뜻하는 것으로서 회사의 주소가 된다(상법 제171조). 즉 회사가 받을 의사표시의 수령지가 되고, 등기와 각종 회사법상 소에 있어서 관할의 표준이 되며(예: 상법 제328조 제2항 → 제186조), 주주총회의 소집장소를 제약하는 기준이 된다(상법 제364조). 따라서 본점 소재지는 반드시 국내에 있어야 하고, 단일해야 하며, 최소한의 행정구획 단위와 지번으로 특정되어야 한다.

7) 회사가 공고하는 방법 : 주식회사에는 주주와 채권자를 비롯하여 다양한 이해관계자가 존재하고, 회사의 법률관계 중에는 이들에게 공시해야 할 것이 많다(예: 주주명부의 폐쇄 등). 따라서 회사는 이해관계인이 공시사항을 적시에 인지할 수 있도록 공시할 매체를 정관에서 확정해야 하는데, 구체적으로 서면공고와 전자공고가 있다.

㈎ 서면공고 : 회사의 공고는 원칙적으로 관보 또는 시사에 관한 사항을 게재하는 일간신문에 해야 한다(상법 제289조 제3항 본문). 따라서 회사는 정관에서 공고할 관보나 일간신문을 특정해야 하는데, 2개 이상의 일간신문을 정하는 것은 무방하나 선택적으로 기재하는 것은 무효이다. 그리고 시사에 관한 일간신문이라면 지방지라도 무방하다.

㈏ 전자공고 : 회사는 정관이 정하는 바에 따라 전자적 방법으로도 공고할 수 있다(상법 제289조 제3항 단서). 이 경우 회사는 대통령령으로 정하는 기간까지 계속하여 공고해야 하고, 특히 재무제표를 전자적으로 공고하는 때에는 제450조에서 정한 기간까지 계속 공고해야 하며(상법 제289조 제4항 본문), 공고기간 이후에도 누구나 그 내용을 열람할 수 있도록 해야 한다(상법 제289조 제4항 단서). 다만 공고의 대상이 제한되는 경우(예: 자본금 감소시 채

권자보호절차에서의 이의제출공고(상법 제439조 제2항) → 제232조)에는 공고의 효력이 미치는 자에 한하여 열람하게 해도 무방하다. 한편 회사가 전자적 방법으로 공고를 할 경우에는 게시기간과 게시내용을 증명해야 한다(상법 제289조 제5항). 이러한 전자공고에 관하여 필요한 사항은 대통령령으로 정하는데(상법 제289조 제6항), 상법 시행령 제6조에서 정하고 있는 전자공고의 주요 내용은 [표 3]과 같다.

[표 3] 전자공고의 주요 내용

구 분	주요 내용
전제조건	정관에서 사전에 정한 경우 회사의 인터넷 홈페이지 주소를 등기해야 함(제2항)
공고방법	• 전자공고는 회사의 인터넷 홈페이지에 게재하는 방법으로 해야 함(제1항) • 전자공고시 회사는 그 정보를 회사의 인터넷 홈페이지 초기화면에서 쉽게 찾을 수 있도록 하는 등 이용자의 편의를 위한 조치를 하여야 함(제3항)
공고기간	공고기간은 다음 각 호에서 정하는 날까지의 기간을 말함(제5항) 1. 법에서 특정한 날부터 일정한 기간 전에 공고하도록 한 경우: 그 특정한 날 2. 법에서 공고에서 정하는 기간 내에 이의를 제출하거나 일정한 행위를 할 수 있도록 한 경우: 그 기간이 지난 날 3. 제1호와 제2호 외의 경우: 해당 공고를 한 날부터 3개월이 지난 날
보완조치	• 회사가 정관에서 전자적 방법으로 공고할 것을 정한 경우라도 전산장애 또는 그 밖의 부득이한 사유로 전자적 방법으로 공고할 수 없는 경우에는 상법 제289조 제3항 본문에 따라 미리 정관에서 정하여 둔 관보 또는 시사에 관한 사항을 게재하는 일간신문에 공고하여야 함(제4항) • 제5항에 따른 공고기간에 공고가 중단(불특정 다수가 공고된 정보를 제공받을 수 없게 되거나 그 공고된 정보가 변경 또는 훼손된 경우를 말함)되더라도, 그 중단된 기간의 합계가 공고기간의 5분의 1을 초과하지 않으면 공고의 중단은 해당 공고의 효력에 영향을 미치지 아니함. 다만 회사가 공고의 중단에 대하여 고의 또는 중대한 과실이 있는 경우에는 그러하지 아니함(제6항)

8) 발기인의 성명·주민등록번호·주소 : 설립사무를 주관하는 발기인은 정관을 작성하고 기명날인(또는 서명)을 해야 하므로 그의 성명·주민등록번호·주소도 당연히 정관에 기재해야 한다. 이 경우 발기인이 법인이라면 그 상호를 기재해야 한다. 한편 발기인이 정관에 기재된 후에는 회사성립 후 비록 그가 사망하더라도 정관을 변경할 필요가 없으며, 또한 발기인의 성명·주민등록번호·주소는 정관변경의 대상이 되지 아니한다.

(3) 상대적 기재사항

정관 자체의 성립이나 효력에는 영향이 없으나 당해 사항이 효력을 발생하려면 정관에 기재되어야 하는 것을 상대적 기재사항이라고 하는데, 현물출자 등의 변태설립사항과 무액면주식의 발행 등과 같은 다양한 기재사항이 있다. 이 중 특히 변태설립사항의 경우에는 상법 제290조에서 4가지 유형을 규제하고 있는데, 이는 발기인에 의해 남용되어 자본충실을 해할 우려가 있기 때문이다. 따라서 발기인이 변태설립사항을 실행하려면 정관에 기재해야 하고, 주식청약서에도 기재해야 하며(상법 제302조 제2항 제2호), 별도의 검사절차까지 거쳐야 한다(상법 제299조 제1항, 제299조의2, 제310조).

1) 특별이익 : 발기인이 받을 특별이익과 이를 받을 자의 성명을 정관에 기재해야 한다. 발기인은 회사의 설립사무를 주관할 뿐만 아니라 설립 실패의 위험도 함께 부담하는 자이므로 그에 대한 공로로써 특별이익을 부여할 수 있는데, 여기서 「특별이익」이란 채권적 권리(예: 신주인수에서의 우선권, 회사설비의 이용상 특혜 등)를 말한다. 그렇지만 ① 발기인의 주식에 대한 확정이자의 지급, 주금납입의 면제, 무상주의 교부 등처럼 자본충실의 원칙에 반하는 이익, ② 주주총회에서의 결의에 관한 특권, 우선적인 이익배당 등처럼 주식평등의 원칙에 반하는 이익, ③ 장차 이사·감사 등의 지위를 약속하는 것처럼 단체법적 질서에 어긋나는 경우는 특별이익으로 부여할 수 없다.

2) 현물출자 : 금전 이외의 재산으로 출자하는 것인데, 출자자의 자격에는 아무런 제한이 없다. 다만 현물출자를 하는 자의 성명과 그 목적인 재산의 종류·수량·가격 및 이에 대하여 부여할 주식의 종류와 수를 정관에 기재해야 한다. 상법이 현물출자를 엄격히 규제하는 것은 무가치한 재산이 출자되거나 출자재산의 과대평가로 자본충실을 해할 우려가 있기 때문이다. 현재 현물출자의 법적 성격에 대해서는 대물변제·매매·교환 등 다양한 견해가 있지만, 상법이 특별히 정한 출자계약의 한 형태라고 봄이 타당하다.

㈎ 출자의 대상 : 현물출자에서 출자된 재산은 금전으로 평가되어 주식이 발행되고 회사의 자본금을 구성한다. 따라서 상법상 양도가 가능하고 재무상태표(대차대조표)상 자산의 부에 기재할 수 있는 것이라면 무엇이든 현물출자의 대상이 되지만(예: 동산·부동산·유가증권·무체재산권 등), 노무나 신용은 출자의 대상이 되지 못한다.

㈏ 출자의 평가 : 현물출자의 경우 출자된 현물에 대한 재산권은 회사(설립중회사)에 귀속하므로 그 가치가 공정하게 평가되어야 하는데, 평가된 재산의 금전적 가치가 회사의 자본금을 형성하기 때문이다. 따라서 만약 출자재산이 부당하게 평가되었다면 그 정도에 따라 합리적으로 해결해야 한다. 즉 부당한 평가의 정도가 경미한 때에는 발기인과 임원에 대한 손해배상책임의 추궁을 통해 해결할 수 있겠지만(상법 제322조, 제323조), 부당한 평가의

정도가 커서 자본구성에 결함이 생겼다면 당해 현물출자를 무효로 보아야 한다. 한편 현물출자는 일반적으로 쌍무·유상계약의 성질을 가지므로 위험부담과 하자담보책임 등에 관한 민법 규정(제537조, 제570조 이하)이 적용된다(통설).

㈐ 출자의 이행 : 현물출자자는 납입기일에 지체없이 출자목적인 재산의 종류별로 고유한 권리이전방식에 따라 출자를 이행해야 한다(상법 제295조 제2항, 제305조 제3항). 이 경우 출자된 현물은 일단 설립중회사에 귀속되었다가 회사성립 후에 특별한 이전절차 없이 회사의 재산이 된다(통설). 주의할 것은 ① 현물출자가 이행불능이거나 이행지체인 때에는 정관을 변경하여 설립절차를 속행할 수 있는데, 특히 이행지체인 경우에는 강제집행을 할 수도 있다. ② 등기·등록이 필요한 재산이 출자된 때에는 그에 필요한 서류를 완비하여 교부해야 하는데(상법 제295조 제2항, 제305조 제3항),[93] 이는 신주발행에도 준용된다(상법 제425조). 원래 출자재산을 설립중회사의 이름으로 등기·등록한 후 회사성립 후 다시 회사 앞으로 등기·등록을 해야 하지만, 회사설립이 불확실한 상태에서 이중으로 등기·등록을 해야 하는 번거로움이 있기 때문이다. 한편 상법에는 명문 규정이 없지만, 등기·등록에 필요한 서류의 교부 등 이전행위는 발기인 대표에게 해야 한다.

> **참고판례** **현물출자자의 주주 지위 취득시기 등(대법원 2000. 6. 23. 선고 98두7558 판결)** : 주식회사의 발기설립의 경우에 현물출자에 의한 주식의 인수로써 주식인수인이 된 자는 현물출자이행의 의무를 부담하는 한편 설립중의 회사의 사원이 되었다가 현물출자가 이행되고 현물출자에 관한 사항과 현물출자의 이행에 관하여 검사인의 검사를 받는 등 제반절차를 마쳐 설립등기를 하였을 때에 주주의 지위로 전환되는바, 주식회사 발기설립시의 현물출자는 궁극적으로 주주 지위의 취득을 반대급부를 하는 것으로서 주주의 지위를 취득하게 되는 설립등기시에 반대급부의 전부 이행이 있다고 볼 수 있으므로, 대금청산일에 상응하는 설립등기시를 양도소득세의 양도차익 계산에 있어서 양도시기로 보아야 한다.

3) 재산인수 : 발기인이 설립중회사를 대표하여 특정인과 회사성립 후에 그로부터 일정한 재산을 회사가 양수하기로 약정할 수 있다. 이를 재산인수라고 하는데, 양수하려는 재산의 종류·수량·가격과 양도인의 성명을 정관에 기재해야 한다. 재산인수의 목적물도 현물출자와 같이 재무상태표에 계상할 수 있는 것이라면 무엇이든 될 수 있다.

---

93) 일본 회사법 제34조 제1항도 현물출자에 필요한 등기나 등록 등은 회사설립 후에 할 수 있도록 허용하고 있는데, 일본의 경우에는 물권변동에 의사주의를 취하고 있기 때문이다(민법 제176조). 즉 현물출자자가 등기·등록에 필요한 서류를 설립중회사에 교부하면 권리이전의 의사가 표시되므로 당해 물권은 설립중회사로 이전한다. 그런데 물권변동에 형식주의를 취하는 우리 민법상으로는 설립중회사가 등기이전청구권이나 물권적 기대권만 취득할 뿐이므로 입법론적으로 재고의 여지가 있다는 견해도 있다(이철송, 247면).

㈎ 입법취지 : 원래 설립중회사의 기관인 발기인은 회사설립을 위한 행위만을 할 수 있지만, 회사성립 후 공백 없이 목적사업을 수행할 수 있도록 준비할 필요도 있으므로 재산인수를 허용한 것이다. 그런데 이 과정에서 발기인이 그 지위를 남용하여 불공정한 재산인수를 약정함으로써 성립 후 회사에 경제적 부담을 주며 자신의 사익을 추구할 위험성이 있고, 현물출자의 엄격성을 회피하기 위한 방책으로 활용할 수도 있다. 그리하여 상법은 이를 변태설립사항으로 규정하여 검사인의 조사절차 또는 공인된 감정인의 감정을 거치게 한 것이다(상법 제298조 제4항, 제299조, 제299조의2, 제310조).

㈏ 인수당사자 : 재산인수에서 양도인의 자격에는 아무런 제한이 없으므로 발기인과 주식인수인은 물론 그 밖의 제3자도 될 수 있다. 이 경우 발기인은 설립중회사를 대표하여 재산인수계약을 체결한다. 따라서 회사설립 후에 대표이사가 체결하였거나 회사설립 전에 발기인이 아닌 이사나 대표이사가 체결한 것은 재산인수가 아니다.[94)]

㈐ 인수효력 : 재산인수는 정관에 기재되고 검사인의 조사 등 일정한 법정 절차를 경유한 때에 설립중회사의 유효한 행위로서 성립 후의 회사가 계약상 지위를 취득한다. 따라서 정관에 기재하지 아니한 재산인수는 무효인데,[95)] 이는 회사만이 아니라 인수계약의 상대방도 주장할 수 있다.[96)] 이와 관련하여 정관에 근거 규정이 없음에도 불구하고 발기인이 한 재산인수를 민법 제130조 이하의 무권대리로 보아 성립 후의 회사가 사후설립에 준하여 특별결의로써 추인할 수 있고, 추인한 후에는 상대방도 그 무효를 주장할 수 없다는 견해와 판례가 있다.[97)] 그런데 이러한 해석은 상법상 근거가 없고, 재산인수를 변태설립사항으로 규정한 입법 취지에도 반하므로 타당하지 않다.[98)]

참고판례 **재산인수의 효력발생요건(대법원 1994. 5. 13. 선고 94다323 판결)** : 상법 제290조 제3호 소정의 "회사 성립 후에 양수할 것을 약정"한다 함은 회사의 변태설립의 일종인 재산인수로서 발기인이 설립될 회사를 위하여 회사의 성립을 조건으로 다른 발기인이나 주식인수인 또는 제3자로부터 일정한 재산을 매매의 형식으로 양수할 것을 약정하는 계약을 의미하므로, 당사자 사이에 회사를 설립하기로 합의하면서 그 일방은 일정한 재산을 현물로 출자하고, 타방은 현금을 출자하되, 현물출자에 따른 번잡함을 피하기 위하여 회사의 성립

94) 대법원 1989. 2. 14. 선고 87다카1128 판결.
95) 대법원 1994. 5. 13. 선고 94다323 판결.
96) 대법원 2015. 3. 20. 선고 2013다88829 판결.
97) 김건식/노혁준/천경훈, 125면; 정찬형, 679면; 채이식, 409면; 대법원 1992. 9. 14. 선고 91다33087 판결; 대법원 2015. 3. 20. 선고 2013다88829 판결.
98) 다만 재산인수로서는 무효이나 새로이 사후설립의 절차를 밟을 경우에는 사후설립을 원인으로 하는 유효한 재산이전행위가 될 수 있다(이철송, 249면).

> 후 회사와 현물출자자 사이의 매매계약에 의한 방법에 의하여 위 현물출자를 완성하기로 약정하고 그 후 회사설립을 위한 소정의 절차를 거쳐 위 약정에 따른 현물출자가 이루어진 것이라면, 위 현물출자를 위한 약정은 그대로 위 법조가 규정하는 재산인수에 해당한다고 할 것이어서 정관에 기재되지 아니하는 한 무효이다.

4) 설립비용 등 : 회사가 부담할 설립비용과 발기인이 받을 보수액도 변태설립사항이므로 효력을 가지려면 그 내용을 정관에 기재해야 한다.

㈎ 설립비용 : 설립비용이란 회사설립절차를 실행하는데 소요되는 비용(예: 사무실 임차비, 통신비, 정관·주식청약서 인쇄비, 주주모집을 위한 광고비, 사용인 보수, 납입금취급은행의 수수료 등)을 말한다. 따라서 성립 후의 회사사업에 필요한 공장·건물·집기 등의 구입비는 개업준비비로서 이에 포함되지 아니하고(통설), 정관에 기재하지 않고 지출한 설립비용은 회사에 대하여 구상할 수 없으므로 발기인이 책임져야 한다. 원래 설립비용은 회사가 부담하는 것이 맞지만, 발기인이 권한을 남용하여 과다하게 지출할 수 있으므로 자본충실을 위하여 변태설립사항으로 규정한 것이다. 주의할 것은 ① 정관에 기재하지 않고 지출한 설립비용은 회사가 추인할 수 없는데, 이는 주주총회가 승인한 때에도 마찬가지이다. ② 정관에 기재되었다고 하여 무조건 발기인의 책임이 면제되는 것은 아니고, 그 지출이 위법하거나 부당한 경우에는 오히려 발기인이 손해배상책임을 진다(상법 제322조 제1항). ③ 정당하게 지출한 설립비용이라도 회사가 불성립으로 그친 경우에는 역시 발기인이 책임져야 한다(상법 제326조 제2항). ④ 설립비용의 경우 반드시 사항별로 지출내역을 기재할 필요는 없으므로 전체금액만 기재해도 된다.[99)]

㈏ 발기인 보수 : 발기인의 보수란 발기인이 회사의 설립사무를 위해 제공한 노무의 대가를 말하는 것인데, 이를 변태설립사항으로 정관에 기재하도록 규제하는 것은 과다하게 지출되어 자본충실을 해할 우려가 있기 때문이다. 주의할 것은 ① 발기인의 보수는 설립에 관한 공로로써 주어지는 특별이익과 다르고, ② 발기인의 보수는 설립 전에 그 원인이 발생하므로 설립중회사가 부담해야 한다는 점이다.[100)]

5) 기타의 상대적 기재사항 : 상법이 규정하고 있는 기타의 상대적 기재사항으로는 ① 무

---

99) 이철송, 250면.

100) 이와 관련하여 과거에는 설립비용과 발기인의 보수를 이연자산으로 계상한 후 5년 내 매 결산기에 균등액 이상을 상각하도록 했는데(구 상법 제453조), 2011년 개정상법이 이를 삭제하였다. 즉 개정상법은 법률에 구체적인 회계규정을 두지 않는 세계적 추세를 반영하고 상법과 기업회계기준과의 괴리를 수정하면서 상법에는 회계에 관한 일반규정만을 두고 기존에 상법에 있던 회계규정을 대폭 삭제하였다.

액면주식의 발행(상법 제329조 제4항), ② 주식매수선택권의 부여(상법 제340조의2 제1항), ③ 종류주식의 발행(상법 제344조 제2항), ④ 전환주식의 발행(상법 제346조 제1항), ⑤ 서면투표의 채택(상법 제368조의3 제1항), ⑥ 이사회 내부 위원회의 설치(상법 제393조의2, 제415조의2), ⑦ 이사 임기의 주주총회 종결까지의 연장(상법 제383조 제3항), ⑧ 자격주(상법 제387조), ⑨ 대표이사를 주주총회에서 선임하는 것(상법 제389조 제1항 단서), ⑩ 이사회 소집기간의 단축(상법 제390조 제3항 단서), ⑪ 신주발행사항의 결정(상법 제416조), ⑫ 제3자의 신주인수권(상법 제418조 제2항) 등이 있다.

2. 주식발행사항의 결정

주식회사의 설립절차에 있어서 발기인은 주식발행에 관한 세부 계획을 수립해야 한다. 즉 발기인은 주식의 종류와 수(상법 제291조 제1호), 액면주식을 액면가 이상으로 발행하는 때에는 그 수와 금액(동조 제2호), 무액면주식을 발행하는 때에는 발행가액과 발행가액 중 자본금으로 계상하는 금액(동조 제3호) 등을 정해야 한다. 이는 회사성립 후의 신주발행을 이사회가 결정하는 것에 대응하는 것인데, 주의할 것은 신주발행의 경우 이사 과반수의 출석과 출석 이사 과반수의 찬성으로 결정되나(상법 제391조 제1항) 주식발행사항의 결정은 자본단체인 주식회사의 설립에 있어서 자본형성의 첫 단계이므로 발기인 전원의 동의가 필요하다는 점이다(상법 제291조 본문). 이 경우 동의는 발기인의 주식인수 전에 있어야 하나 설립등기 이전에만 있으면 하자가 치유되고(통설), 발기인 전원의 동의는 설립등기를 할 때 첨부서류로서 증명되어야 한다(비송사건법 제203조 제4호).

Ⅳ. 실체의 구성

1. 발기설립

(1) 발기인의 주식인수

1) 의 의 : 발기설립은 발기인들만이 주주를 구성하는 설립방법이다. 따라서 발기인이 회사를 설립할 때 발행하는 주식 총수를 인수해야 한다(상법 제295조 제1항).

2) 법적 성질 : 발기인의 주식인수의 법적 성질에 대하여 대부분 합동행위라고 해석하지만, 장래에 성립할 회사에의 입사계약이라는 견해[101]도 있다. 생각건대 설립중회사는 정관을 작성한 때부터 성립하고, 설립중회사의 기관인 발기인과 출자자인 주식인수인으로서

101) 오성근, 220면; 이철송, 252면; 정동윤, 399면.

의 발기인은 그 성격이 다르며, 주식을 인수하는 발기인의 상대방은 주식을 발행하는 주체, 즉 설립중회사여야 한다. 다시 말하자면 발기인이 개별적으로 인수할 주식의 비율을 정하는 것은 발기인조합의 구성원으로서 발기인이 하는 의사의 합치이므로, 이에 근거한 실제적인 주식인수는 설립중회사에의 입사계약이라고 보는 것이 타당하다.

> **참고판례** **회사 설립방법의 판단기준(대법원 1992. 2. 14. 선고 91다31494 판결)** : 회사를 설립함에 있어 모집설립의 절차를 갖추었으나 발기인이 주식모집 전에 주식의 대부분을 인수하고 형식상 일반공중으로부터 주식을 모집함에 있어 발기인이 타인의 명의를 모용하여 주식을 인수하였다면 명의모용자가 주식인수인이라 할 것이어서 결국 주식 전부를 발기인이 인수한 결과가 된다 할 것이므로 회사의 설립을 발기설립으로 보아야 한다.

3) 인수시기 : 발기인의 주식인수시기에 대해서는 ① 정관작성 이후에 이루어져야 한다는 견해,[102] ② 정관작성 전이라도 무방하다는 견해[103]가 있다. 생각건대 정관을 작성하기 전에는 설립중회사의 기관인 발기인의 지위가 생기지 않을 뿐만 아니라, 정관이 작성되지 않았다는 것은 회사설립시 발행할 주식의 구체적인 종류나 수도 확정되지 않았음을 의미한다. 그런데도 발기인이 주식인수인의 지위를 취득한다는 것은 분명히 논리적 모순이므로, 발기인의 주식인수는 정관을 작성한 후에 이루어져야 한다.

4) 인수방법 : 발기인의 주식인수는 반드시 서면으로 해야 하고(상법 제293조), 설립등기를 신청할 때 주식의 인수를 증명하는 정보를 제공해야 한다(상업등기규칙 제129조 제2호). 따라서 서면에 의하지 아니한 발기인의 주식인수는 무효이다(통설). 한편 발기인은 그 서면에 인수할 주식의 종류와 수 및 인수가액을 기재하고 기명날인을 해야 하는데, 모집설립에서처럼 주식청약서의 이용이 강제되지는 않는다(상법 제302조). 따라서 반드시 발기인별로 별도의 인수서면을 작성할 필요는 없으며, 하나의 서면에 모든 발기인이 각자의 인수내용을 기재한 후 그 전원이 기명날인(또는 서명)을 해도 무방하다.

(2) 출자의 이행

1) 이행방법 : 발기인이 회사설립시 발행하는 주식의 총수를 인수한 때에는 지체없이 각 주식에 대하여 그 인수가액의 전액을 납입해야 한다(전액납입주의: 상법 제295조 제1항 전

---

102) 오성근, 220면; 이범찬/임충희/이영종/김지환, 125면; 이기수/최병규, 181면; 이철송, 253면; 정동윤, 394면; 정찬형, 683면.

103) 권기범, 436면; 서돈각/정완용, 320면; 서헌제, 123면; 손주찬, 565면; 송옥렬, 764면; 임홍근, 120면; 채이식, 412면; 최기원, 173면; 최준선, 181면.

단). 따라서 발기인은 먼저 주금납입을 맡을 은행 기타 금융기관과 장소를 정한 후 그에 납입해야 한다(상법 제302조 제2항 제9호). 이 경우 납입금보관자는 「납입금보관증명서」를 발급해 주는데, 이는 설립등기를 할 때 구비해야 할 서류이다. 한편 발기인의 납입은 원칙적으로 금전으로 해야 하고, 대물변제나 경개는 인정되지 아니하며, 어음이나 수표로 납입한 경우에는 현실적인 지급이 있는 때에 납입된 것으로 본다.[104]

2) 소규모회사 특례 : 출자의 이행과 관련하여 2009년 개정 상법은 소규모회사의 창업절차를 간소화하기 위하여 자본금 총액이 10억원 미만인 회사를 발기설립하는 경우에는 납입금보관증명서를 은행 그 밖의 금융기관의 「잔고증명서」로 대체할 수 있도록 허용하였다(상법 제318조 제3항). 이는 개정상법이 그동안 유지해 온 최저자본금 제도를 폐지함으로 인해 소액의 주금납입도 가능하게 되었고, 자본금의 확인 필요성도 예전과 달리 많이 줄어들었으므로 창업절차를 간이화하더라도 큰 문제가 없기 때문이다.

3) 불이행 효과 : 발기인이 주식을 인수한 후 그 대금을 납입하지 아니한 때에는 이행을 소구하거나 아니면 회사의 불성립에 그친다. 모집설립에서와 달리 실권절차가 없기 때문이다. 따라서 만약 이를 간과하고 설립등기가 이루어진 경우 그 불이행된 부분이 근소하면 발기인 전원이 연대하여 납입담보책임을 지지만(상법 제321조 제2항), 상당한 부분이 납입불이행된 경우에는 설립무효의 사유가 된다.

(3) 임원의 선임

1) 선임방법 : 발기인은 인수한 주식에 대하여 출자의무를 이행한 후 지체없이 그 의결권의 과반수로써 이사와 감사(감사위원회를 두는 경우에는 감사위원)를 선임해야 한다(상법 제296조 제1항). 이 경우 발기인은 의사록을 작성하여 의사의 경과와 그 결과를 기재하고 기명날인(또는 서명)을 해야 한다(상법 제297조). 주의할 것은 이러한 선임행위는 설립사무의 주관자인 발기인의 자격으로서 하는 것이 아니라, 출자자로서 하는 것이므로 두수주의에 의하지 아니하고 「지분주의」에 의한다는 점이다(상법 제296조 제2항).

2) 지위의 취득시기 : 선임된 이사와 감사는 그때부터 발기인과 함께 설립중회사의 기관이 되고, 설립등기와 더불어 별도의 절차 없이 곧바로 성립 후 회사의 기관이 된다. 다만 이사와 감사의 임무는 설립경과의 조사에 관한 것으로 제한되고(상법 제298조 제1항, 제313조), 설립에 관한 업무집행은 여전히 발기인이 담당하고 결정한다. 한편 발기인이 설립등기를

104) 대법원 1977. 4. 12. 선고 76다943 판결.

할 때에는 등기신청서에 대표이사의 성명 등을 기재해야 하는데(상법 제317조 제2항 제9호), 문제는 상법에 대표이사를 누가 언제 선임하는지에 관한 규정이 없다는 점이다. 따라서 존립중의 회사에서 이사회가 대표이사를 선임하는 것과 같이 설립중회사의 이사들이 선임한다고 할 것이지만, 정관으로 달리 정할 수도 있다.

2. 모집설립

(1) 발기인의 주식인수

모집설립을 하더라도 발기인의 주식인수는 반드시 필요하다. 즉 모집설립에서는 회사설립시 발행하는 주식의 총수 중 발기인이 일부만을 인수하고, 그 나머지 주식에 대해서는 새로운 출자자를 모집하는 것이다. 그런데 주식청약서에 「각 발기인이 인수한 주식의 종류와 수」를 기재하도록 규제하고 있는 것으로 보아(상법 제302조 제2항 제4호) 발기인의 주식인수는 모집주주가 주식인수를 청약하기 이전에 이루어져야 한다.

(2) 모집주주의 주식인수

1) 주주의 모집 : 모집설립에 있어서는 발기인이 인수하고 남은 주식에 대하여 별도로 인수자를 모집해야 하는데, 이를 「모집주주」라고 한다. 상법상 모집주주의 수와 그가 인수해야 할 주식의 수에 대해서는 아무런 제한이 없으므로 모집주주 1인 1주라도 무방하다. 또한 공모이든 연고모집이든 그 방법에 대한 제한도 없지만, 50인 이상의 다수인을 상대로 공모하는 때에는 자본시장법의 적용을 받아 금융위원회에 증권신고를 하는 등 별도 절차를 밟아야 한다(자본시장법 제9조 제7항·제9항, 제119조 제1항; 자본시장령 제11조 제1항, 제120조). 그리하여 기업 실무에서는 특별한 경우가 아닌 한 대부분 연고모집에 의하고 있다. 한편 상법은 발기인으로 하여금 일정한 사항(정관의 절대적 기재사항, 변태설립사항, 회사설립의 개요 등)을 기재한 「주식청약서」를 작성하게 하고, 모집주주는 이 주식청약서에 의해서만 주식인수를 청약하도록 규제함으로써(상법 제302조 제1항) 모집주주가 회사의 내용을 충분히 알 수 있도록 조치하고 있다(주식청약서주의).

2) 주식의 인수 : 모집설립에 있어서 모집주주가 하는 주식인수의 청약은 반드시 주식청약서를 통해 행해져야 한다. 이러한 주식인수의 법적 성질과 관련하여 통설과 판례는 설립중회사에의 입사계약이라고 해석한다.[105] 그런데 주식인수는 단체법상의 계약이므로 당사자의 의사보다는 법률관계의 안정성이 더 중요하다. 그리하여 상법은 주식인수에 있어서

105) 대법원 2004. 2. 13. 선고 2002두7005 판결.

일반적인 계약과는 다른 여러 가지 예외를 인정하고 있다.

(가) 인수청약 : 모집설립에서 주식인수를 위해서는 먼저 모집주주의 인수청약이 있어야 하는데, 이 경우에는 반드시 일정한 사항이 기재된 주식청약서에 의해야 한다. 즉 모집주주는 발기인이 작성하여 교부한 주식청약서 2통에 인수하고자 하는 주식의 종류와 수 그리고 주소를 기재한 후 기명날인(또는 서명)을 하여 발기인에게 제출해야 한다(상법 제302조 제1항). 이는 요식행위이므로 다른 방식에 의한 청약은 무효이다.

(나) 주식배정 : 모집주주의 주식인수에 관한 청약이 있으면 그에 대한 발기인의 주식배정이 있어야 하는데(상법 제303조), 이 경우 발기인은 일반계약에서의 승낙과 달리 청약된 수량과 다르게 또는 청약한 수량·비율을 고려하지 않고 임의로 배정할 수 있다(배정자유주의). 그러나 모집주주가 청약한 주식과 다른 종류의 주식을 배정하거나 청약한 수량보다 많은 주식을 배정하는 것은 무효이다.

(다) 통지·최고 : 회사설립에 있어서 발기인은 주식청약인 또는 주식인수인과 협의해야 할 사항이 매우 다양하다. 예를 들어 주식청약인에 대하여 배정결과를 통지해야 하고, 주식인수인에 대하여 주금납입을 최고해야 하며, 창립총회의 소집을 통지해야 한다. 이 경우 통지와 최고는 주식인수증이나 주식청약서에 기재된 주소 또는 청약인이나 인수인이 회사에 통지한 주소로 하면 되는데(상법 제304조 제1항), 이러한 통지·최고는 보통 도달할 시기에 도달한 것으로 본다(도달주의: 상법 제304조 제2항).

3) 인수의 무효·취소 : 모집설립에 있어서 주식인수는 청약과 배정이라는 의사표시로 이루어지는 법률행위이므로 의사표시의 무효·취소에 관한 일반이론이 그대로 적용된다. 따라서 ① 청약인인 모집주주에게 무능력·착오·사기·강박·허위표시·무권대리 등의 사유가 있는 경우에는 인수행위의 무효나 취소를 주장할 수 있고, ② 발기인이 작성하여 배부한 주식청약서의 요건이 흠결된 경우에는 그 무효를 주장할 수 있으며, ③ 발기인에게 무효 또는 취소의 사유가 있는 때에도 회사가 인수행위의 무효나 취소를 주장할 수 있다. 그렇지만 상법은 다수인이 관여하는 주식인수에서의 법적 안정성을 도모하기 위해 다음과 같이 의사표시의 하자에 관한 일정한 특례를 인정하고 있다.

(가) 비진의표시 특례 : 모집주주의 주식인수에 있어서는 비진의의사표시에 관한 민법 제107조 제1항 단서의 적용을 배제한다(상법 제302조 제3항). 따라서 발기인이 청약자인 모집주주의 진의가 아님을 알았다고 하더라도 당해 인수청약은 그대로 유효하다.

㈏ 하자의 주장시기 제한 : 회사가 성립한 후 또는 주식인수인이 창립총회에 출석하여 그 권리를 행사한 후에는 주식청약서의 요건 흠결을 이유로 주식인수의 무효를 주장하거나 사기·강박·착오를 이유로 하여 주식의 인수행위를 취소할 수 없다(상법 제320조). 여기서 「회사가 성립한 후」란 회사가 설립등기를 마친 때를 말한다.

㈐ 주의할 점 : 주식인수의 무효·취소와 관련해서는 2가지 주의할 점이 있다. 즉 ① 인수의 하자가 제한능력이나 무권대리에 의한 경우인데, 상법상 명문 규정이 없어 해석에 의할 수밖에 없다. 생각건대 제한능력자가 주식을 인수한 때에는 본인의 보호가 가장 중요하기 때문에 무효·취소의 주장이 제한되지 않는다고 보아야 하고, 무권대리의 경우에도 원칙적으로 본인의 무효·취소 주장이 제한되지 않으나 본인이 창립총회에 참석하여 의결권을 행사한 때에는 무권대리를 추인한 것으로 보아야 한다. ② 주식인수가 무효·취소되더라도 발기인이 인수담보책임을 지기 때문에(상법 제321조 제1항) 원칙적으로 회사설립이 무효로 되지는 않는다. 그렇지만 무효·취소된 주식의 수량이 발기인의 책임이행으로 감당하기 어려운 경우에는 자본충실을 위해 설립무효사유로 보아야 한다.

(3) 출자의 이행

1) 납입의무 : 발기인으로부터 주식을 배정받은 인수인은 배정받은 주식 수에 따라 인수가액을 납입해야 하며, 발기인은 주식 총수가 인수된 경우 지체없이 인수인에 대하여 각 주식에 대한 인수가액의 전액을 납입시켜야 한다(전액납입주의: 상법 제303조, 제305조 제1항). 이 경우 대물변제·경개 등은 허용되지 아니하고, 수표·어음으로 주금이 납입되었을 때에는 지급인에 의해 지급되어야만 비로소 유효한 납입이 된다.[106] 그리고 주금의 납입은 은행 기타 금융기관에만 할 수 있으므로 발기인은 납입금보관자를 정하여 이를 주식청약서에 기재해야 하고(상법 제302조 제2항 제9호), 납입금보관자 또는 납입장소를 변경하려면 반드시 법원의 허가를 얻어야 한다(상법 제306조). 한편 납입금을 보관하는 은행 기타 금융기관은 그에 관한 증명서를 발급하여 교부해야 하는데(상법 제318조 제1항), 이 증명서는 설립등기를 할 때에 제공해야 할 정보 중의 하나가 된다(상법등기규칙 제129조 제12호). 한편 은행 등의 납입금보관자는 그 증명한 보관금액에 관하여 납입이 부실하거나 반환에 제한이 있음을 이유로 회사에 대항하지 못하고(상법 제318조 제2항), 회사가 설립된 후에는 그 납입금을 회사에 반환해야 한다.

2) 가장납입 : 모집설립에서는 가끔씩 인수인이 실제로 주금을 납입하지 않았지만, 발

106) 대법원 1977. 4. 12. 선고 76다943 판결.

기인이 주금이 납입된 것으로 가장하여 설립등기를 마치는 경우(가장납입)가 있다.

(가) 가장납입의 유형 : 모집설립에서 주금의 가장납입은 2가지로 유형화할 수 있다. 즉 ① 발기인과 은행 등의 납입금보관자가 통모하여 납입금이 없거나 부족한데도 불구하고 납입금보관증명서를 발급한 후 발기인이 이를 가지고 설립등기를 마치는 경우(예합), ② 발기인이 타인으로부터 금전을 차입하여 납입금으로 내고 설립등기를 한 후에 다시 은행 등으로부터 차입금을 인출하여 변제하는 방법(견금)이 있다. 전자는 금융기관의 위험부담이 너무 크고, 상법 제318조 제2항이 납입금을 보관한 은행 기타 금융기관은 납입금보관증명서를 발급하여 증명한 보관금액에 대하여 납입의 부실 또는 그 금액의 반환에 제한이 있음을 이유로 회사에 대항하지 못한다고 규정하고 있어 사실상 거의 이루어지기 어렵다. 따라서 문제의 핵심은 우리나라에서 자주 행해지는 후자에 있다.

> **참고판례** **견금에 의한 주금납입의 효력 여부(대법원 1994. 3. 28.자 93마1916 결정)** : 회사를 설립함에 있어 일시적인 차입금을 가지고 주금납입의 형식을 취하여 회사설립절차를 마친 후 곧 그 납입금을 인출하여 차입금을 변제하는 이른바 주금의 가장납입의 경우에도 주금납입의 효력을 부인할 수는 없는 것이므로, 설사 주주가 주금을 가장납입하였다 하더라도 그 주주를 실질상의 주식인수인에게 명의만을 빌려 준 차명주주와 동일시 할 수는 없다.

(나) 가장납입의 사법적 효력 : 견금에 의한 가장납입의 효력에 대해서 통설은 무효라고 하는데, 유효라는 반대 견해도 있다.[107] 한편 판례는 유효설을 취하면서 일정한 제한을 가하고 있다. 즉 판례는 주금납입에 있어서 진실한 납입의사의 유무는 주관적인 문제에 불과하고 실제 돈의 이동에 따른 현실의 납입이 있으므로 유효하지만, 이는 주주의 납입금을 회사가 체당한 것이므로 회사가 주주에 대해 납입금의 상환을 청구할 수 있고,[108] 아울러 발기인들이 공동불법행위를 구성하므로 회사에 대하여 연대하여 손해배상책임을 진다고 판시하고 있다.[109] 생각건대 견금에 의한 주금납입과 그에 따른 회사설립은 회사가 성립된 후에 밝혀지는 문제이다. 그런데도 이를 유효로 본다면 형식상 주금의 납입은 이루어졌으나 실제로 회사에는 납입금이 없게 되어 자본충실을 저해할 뿐만 아니라, 회사채권자에게 예상하지 못한 위험을 줄 수 있으며, 출자 없는 주주권을 발생시키는 문제가 있다. 따라서 견금에 의한 회사설립은 무효로 보는 것이 타당하다.

---

107) 김홍기, 362면; 서돈각/정완용, 327면; 정경영, 174면; 정찬형, 692면; 채이식, 423면.
108) 대법원 1985. 1. 29. 선고 84다카1823·1824 판결.
109) 대법원 1989. 9. 12. 선고 89누916 판결.

참고판례 **제3자로부터 자금을 차입하여 주금을 납입한 경우의 법적 성격(대법원 2007. 8. 23. 선고 2005두5574 판결)** : 주식회사의 이사이자 주주인 자가 제3자로부터 금원을 차용하여 주금을 가장납입한 후 납입은행으로부터 납입금액을 반환받아 제3자에게 변제한 경우, 회사가 주주나 이사에게 그 가장납입금을 무상으로 대여한 것이거나, 일시 차입금을 가지고 주주의 주금을 체당 납입한 것과 같이 볼 수 있다.

참고판례 **타인명의의 주식인수 및 주금납입의 효력(대법원 2004. 3. 26. 선고 2002다29138 판결)** : 주식회사를 설립하면서 일시적인 차입금으로 주금납입의 외형을 갖추고 회사 설립절차를 마친 다음 바로 그 납입금을 인출하여 차입금을 변제하는 이른바 가장납입의 경우에도 주금납입의 효력을 부인할 수는 없다고 할 것이어서 주식인수인이나 주주의 주금납입의무도 종결되었다고 보아야 [한다].

참고판례 **주금을 체당납입한 회사의 상환청구(대법원 1985. 1. 29. 선고 84다카1823,84다카1824 판결)** : 주금의 가장납입의 경우에도 주금납입의 효력을 부인할 수 없으므로 주금납입절차는 일단 완료되고 주식인수인이나 주주의 주금납입의무도 종결되었다고 보아야 하나, 이러한 가장납입에 있어서 회사는 일시 차입금을 가지고 주주들의 주금을 체당 납입한 것과 같이 볼 수 있으므로 주금납입의 절차가 완료된 후에 회사는 주주에 대하여 체당 납입한 주금의 상환을 청구할 수 있다.

㈐ 가장납입의 형사적 책임 : 견금에 의한 회사설립에 관여한 발기인이나 이사는 처음부터 진정한 주금납입의사 없이 형식적으로만 주금을 납입한 외형을 갖춘 후 납입금보관증명서를 발급받아 설립등기를 한 것이므로 상법 제628조 제1항의 납입가장죄와 형법 제228조 내지 제229조의 공정증서원본부실기재죄와 동 행사죄에 해당한다. 한편 과거의 판례는 업무상횡령죄도 된다고 하였으나, 현재는 납입가장죄가 인정되는 한 업무상횡령죄는 성립하지 않는다고 판단하고 있다.[110] 납입가장죄는 납입금이 없음을 그 전제로 하는 것이고 업무상횡령죄는 주금이 납입되어 회사의 재산을 이루고 있음을 전제로 하는 것인데도 불구하고 양 죄를 동시에 인정하는 것은 모순된 죄책 구성이기 때문이다.

참고판례 **납입가장죄의 주체(대법원 2006. 6. 2. 선고 2005도3431 판결)** : 상법 제628조의 납입가장죄는 상법 제622조 제1항에 규정된 자가 납입 또는 현물출자의 이행을 가장하는 행위를 한 때에 성립하는 이른바 신분범으로, 상법 제622조 제1항에는 납입가장죄의 주체를 회사의 발기인, 업무집행사원, 이사, 감사위원회 위원, 감사 또는 상법 제386조 제2항, 제407조 제1항, 제415조 또는 제567조의 직무대행자, 지배인 기타 회사영업에 관한 어느 종류 또는 특정한 사항의 위임을 받은 사용인으로 한정하고 있는데, 여기서 이사라 함은 상법상 회사의 적법한 이사나 대표이사의 지위에 있는 자를 의미하고, 기타 회사영업에 관한 어느 종류 또는 특정한 사항의 위임을 받은 사용인이라 함은 같은 조항 전단에 그 회사영업에 관한 포괄적 대리권을 가지는 지위에 있는 자들을 열거한 취지와 형법에 일반배임죄와 업무상배임죄를 규정한 외에 상법에 특별배임죄를 따로 규정하고 있는 취지로 보아 적어도 회사의 영업의 어떤 종류 또는 특정한 사항에 관하여

110) 대법원 2004. 6. 17. 선고 2003도7645 전원합의체 판결.

대외적으로 회사를 대리할 수 있는 부분적이기는 하나 포괄대리권을 가진 자만을 말하고 비록 그 회사의 영업에 관하여 어떤 사항을 위임받은 사용인이라 하더라도 그 위임받은 사항이 포괄적인 것이 아닌 개개의 구체적 사항에 불과한 것인 경우에는 이에 해당하지 않는다.

참고판례 **응납입가장죄의 성립요건 및 주금납입 가장의 업무상횡령죄 성립 여부(대법원 2004. 12. 10. 선고 2003도3963 판결)** : [1] 상법 제628조 제1항은 발기인이나 이사 등 회사 측 행위자의 납입가장행위를 처벌하는 조항이고 같은 조 제2항에서 규정하는 '제1항의 행위에 응한다'라는 것은 주금납입취급기관으로 지정된 금융기관의 임직원이 발기인이나 이사 등 회사 측 행위자의 부탁을 받고 주금의 입출금 및 주금납입증명서 발급업무를 해주는 것을 의미하는 것인바, 주금납입취급기관의 임직원이 회사 측 행위자의 부탁을 받고 실제 처음부터 주금이 입금된 사실조차 없는데도 허위로 납입증명서를 발급해 주거나 주금 자체를 대출해주는 경우뿐만 아니라 제3자로부터 차용한 돈으로 주금을 납입하여 주금납입증명서를 발급받은 다음 즉시 주금을 인출하여 차용금의 변제에 사용하는 방식으로 납입을 가장한다는 사정을 알면서 그 주금의 입출금 및 주금납입증명서 발급업무를 해주기로 회사 측 행위자와 통모한 경우에도 같은 조 제2항의 응납입가장죄가 성립한다. [2] 주식회사의 설립업무 또는 증자업무를 담당한 자와 주식인수인이 사전 공모하여 주금납입취급은행 이외의 제3자로부터 납입금에 해당하는 금액을 차입하여 주금을 납입하고 납입취급은행으로부터 납입금보관증명서를 발급받아 회사의 설립등기절차 또는 증자등기절차를 마친 직후 이를 인출하여 위 차용금채무의 변제에 사용하는 경우, 위와 같은 행위는 실질적으로 회사의 자본을 증가시키는 것이 아니고 등기를 위하여 납입을 가장하는 편법에 불과하여 주금의 납입 및 인출의 전과정에서 회사의 자본금에는 실제 아무런 변동이 없다고 보아야 할 것이므로, 그들에게 회사의 돈을 임의로 유용한다는 불법영득의 의사가 있다고 보기 어렵다 할 것이고, 이러한 관점에서 상법상 납입가장죄의 성립을 인정하는 이상 회사 자본이 실질적으로 증가됨을 전제로 한 업무상횡령죄가 성립한다고 할 수는 없다.

참고판례 **가장납입과 공정증서원본부실기재죄의 성립 여부(대법원 1987. 11. 10. 선고 87도2072 판결)** : 주금가장납입의 경우 현실적으로 주금액에 상당한 금원의 납입이라는 사실이 존재하기는 하나, 그 납입은 오로지 증자에 즈음하여 등기를 하기 위한 편법에 지나지 아니하고 실질적으로는 주금의 납입이 없는 가장납입으로서 이를 숨기고 마치 주식인수인에 의한 납입이 완료된 것처럼 등기공무원에 대하여 허위신고를 하여 증자를 한 취지의 등기신청을 함으로써 상업등기부 원본에 그 기재를 하게 하였다면 이는 공정증서원본불실기재 및 동 행사죄가 성립한다.

참고판례 **가장납입과 업무상배임죄의 성립 여부(대법원 2005. 4. 29. 선고 2005도856 판결)** : 주식회사의 설립업무 또는 증자업무를 담당한 자와 주식인수인이 사전 공모하여 주금납입취급은행 이외의 제3자로부터 납입금에 해당하는 금액을 차입하여 주금을 납입하고 납입취급은행으로부터 납입금보관증명서를 교부받아 회사의 설립등기절차 또는 증자등기절차를 마친 직후 이를 인출하여 위 차용금채무의 변제에 사용하는 경우, 위와 같은 행위는 실질적으로 회사의 자본을 증가시키는 것이 아니고 등기를 위하여 납입을 가장하는 편법에 불과하여 주금의 납입 및 인출의 전 과정에서 회사의 자본금에는 실제 아무런 변동이 없다고 보아야 할 것이므로 그들에게 불법이득의 의사가 있다거나 회사에 재산상 손해가 발생한다고 볼 수는 없으므로, 업무상배임죄가 성립한다고 할 수 없다.

3) 실권절차 : 모집설립에서 주식인수인이 주금을 납입하지 아니하면 발기인은 일정한 기일을 정해 그 기일 내에 납입하지 아니하면 권리를 잃는다는 뜻을 그 기일 2주간 전에 인

수인에게 통지해야 한다(상법 제307조 제1항). 따라서 통지를 받은 주식인수인이 그 기일 내에 납입의무를 이행하지 아니하면 인수인의 권리를 잃게 되는데, 이 경우 발기인은 그 스스로가 인수할 수도 있고 아니면 다시 그 주식을 인수할 주주를 모집할 수도 있다(상법 제307조 제2항). 그러므로 이러한 실권절차에 의하지 아니하고는 비록 주금을 납입하지 않았다 하더라도 주식인수인의 권리는 상실되지 아니한다.[111] 한편 실권절차와는 별도로 주식인수인에 대하여 손해배상을 청구할 수 있다(상법 제307조 제3항).

(4) 창립총회

1) 의 의 : 창립총회는 모집설립의 종결단계에서 주식인수인들로 구성된 의결기관인데, 성립 후의 주주총회의 전신이라고 할 수 있다. 따라서 창립총회의 소집절차, 의결권, 결의하자 등에 대해서는 주주총회에 관한 규정을 준용한다(상법 제308조 제2항).

2) 소 집 : 모집설립에서 인수주식의 주금납입과 현물출자의 이행이 모두 완료된 경우 발기인은 지체없이 창립총회를 소집해야 한다(상법 제308조 제1항).

3) 기 능 : 발기인은 주식인수와 주금납입에 관한 제반 상황 및 변태설립사항 등에 관한 실태를 정확히 기재한 서면으로 회사창립에 관한 사항을 창립총회에 보고해야 한다(상법 제311조 제1항, 제2항). 이 경우 창립총회의 주요 기능은 다음과 같다. 즉 ① 창립총회에서는 이사와 감사를 선임해야 한다(상법 제312조). 그리고 명문 규정은 없지만, 발기설립에서처럼 대표이사도 함께 선임해야 한다. ② 창립총회에서 변태설립사항이 부당하다고 인정한 때에는 이를 변경할 수 있는데, 여기서 「부당하다」는 것은 자본충실을 해한다는 뜻이므로 그 변경이란 현물출자자에 대한 배정주식수를 감소시키거나 설립비용을 감액하는 것처럼 회사의 부담을 줄이는 것을 의미한다. 물론 이 경우 그 변경에 불복하는 발기인은 주식인수를 취소할 수 있고, 더 나아가 정관을 변경하여 설립절차를 속행할 수도 있다(상법 제314조 제1항·제2항 → 제300조 제2항, 제3항). ③ 창립총회에서는 정관의 변경 또는 설립의 폐지를 결의할 수도 있는데(상법 제316조 제1항), 이는 소집통지서에 그러한 기재가 없는 경우에도 가능하다(상법 제316조 제2항).

4) 결 의 : 창립총회에서의 결의는 주주총회와 달리 「출석한 주식인수인의 의결권의 3분의 2 이상이며 인수된 주식 총수의 과반수」에 해당하는 다수로 한다(상법 제309조). 이처럼 창립총회의 결의요건은 주주총회의 특별결의 요건보다 강화되어 있는데, 이는 창립총회에서 결의의 신중을 기하면서 발기인의 영향력도 견제하기 위함이다.

---

111) 서울고등법원 1979. 6. 21. 선고 78나3263 판결.

3. 공통과정

(1) 설립경과의 조사

발기설립이든 모집설립이든 선임된 이사·감사는 취임 후 지체없이 설립경과를 조사하여 보고해야 하는데, 변태설립사항의 존부에 따라 다소의 차이가 있다([표 4] 참조).

[표 4] 설립경과의 조사

<table>
<tr><th>구 분</th><th colspan="3">주요 내용</th></tr>
<tr><td>변태설립사항(無)</td><td colspan="3">이사·감사가 조사하여 보고함(상법 제298조 제1항, 제313조 제1항)</td></tr>
<tr><td rowspan="6">변태설립사항(有)
(제290조)</td><td>원칙</td><td colspan="2">법원이 선임한 검사인이 조사·보고함(상법 제298조 제4항, 제310조 제1항)</td></tr>
<tr><td rowspan="4">대체
방법</td><td>발기인의 특별이익(제1호)</td><td rowspan="2">공증인의 조사·보고로 대체함(상법 제299조의2, 제310조 제3항)</td></tr>
<tr><td>발기인의 보수와 설립비용(제4호)</td></tr>
<tr><td>현물출자(제2호)</td><td rowspan="2">감정인의 감정으로 대체함(상법 제299조의2, 제310조 제3항)</td></tr>
<tr><td>재산인수(제3호)</td></tr>
<tr><td>예외</td><td colspan="2">검사인의 조사·보고를 생략함(상법 제299조 제2항)
[주의] : 모집설립에는 관련 규정이 없음(입법의 착오)</td></tr>
</table>

1) 변태설립사항이 없는 경우 : 이사와 감사는 취임 후 지체없이 그동안 행해진 회사의 설립에 관한 모든 사항이 법령이나 정관의 규정에 위반되지 아니하는지의 여부를 조사하여 발기인(발기설립)이나 창립총회(모집설립)에 보고해야 한다(상법 제298조 제1항, 제313조 제1항). 이 경우 이사와 감사 중 발기인이었던 자와 현물출자자 및 재산인수계약의 당사자인 자는 이러한 조사·보고에 참가하지 못하고, 만약 이사와 감사 전원이 그에 해당하는 때에는 이사는 공증인으로 하여금 조사·보고를 하도록 해야 하는데(상법 제298조 제2항·제3항, 제313조 제2항), 이는 조사의 공정성을 확보하기 위함이다. 한편 조사한 결과 설립과정에 위법하거나 정관에 위반한 사항이 있으면 이를 시정하여 설립절차를 속행할 수 있지만, 치유될 수 없는 흠이 있으면 회사의 불성립으로 그치게 된다.

2) 변태설립사항이 있는 경우 : 변태설립사항이 있는 경우의 설립경과조사절차는 발기설립과 모집설립에 있어서 다소 차이가 있는데, 주요 내용은 다음과 같다.

㈎ 발기설립 : 변태설립사항은 자본충실을 저해할 수 있으므로 상법은 이사·감사에 의한 조사 외에 원칙적으로 법원이 선임한 검사인의 조사를 받도록 하되, 예외적으로 이를 공

증인의 조사·보고나 감정인의 감정으로 대체할 수 있도록 허용하고 있다. 다만 실무에서는 대부분 후자에 의하고 있어 검사인 제도는 사실상 사문화되었다.

(ㄱ) 법원에 의한 조사·보고 : 변태설립사항이 있으면 이사는 이에 관한 조사를 하게 하기 위하여 검사인의 선임을 법원에 청구해야 하지만, 제299조의2의 경우에는 그러하지 아니하다(상법 제298조 제4항). 이 경우 선임된 검사인은 변태설립사항(상법 제290조)과 현물출자의 이행에 관한 사항(상법 제295조)을 조사하여 법원에 보고해야 하고(상법 제299조 제1항), 이 조사보고서의 등본을 각 발기인에게 교부해야 한다(상법 제299조 제3항). 주의할 것은 ① 검사인의 조사보고서는 설립등기시 첨부해야 할 서류이고(상업등기규칙 제129조 제6호), ② 만약 조사보고서에 사실과 다른 사항이 있는 때에는 발기인이 그에 관한 설명서를 법원에 제출할 수 있다는 점이다(상법 제299조 제4항). 한편 이때 선임된 검사인을 설립중회사의 기관으로 보는 견해도 있는데,[112] 검사인은 법원이 선임하므로 법원과 공법상의 위임관계만 있을 뿐 설립중회사와는 사법상 위임관계가 없다.[113]

(ㄴ) 공증인·감정인에 의한 조사·보고 : 변태설립사항이 ① 발기인에게 특별이익을 부여하는 경우(상법 제290조 제1호)나 회사가 부담할 설립비용과 발기인이 받을 보수액인 경우(동조 제4호)에는 공증인의 조사·보고로, ② 현물출자(동조 제2호)와 재산인수(동조 제3호)인 경우에는 감정인의 감정으로 법원이 선임한 검사인에 의한 조사를 갈음할 수 있다(상법 제299조의2 제1문). 이러한 예외를 둔 것은 전자의 경우에는 「법적 타당성」의 입장에서 심사해야 하지만, 후자의 경우에는 「경제적 합리성」의 입장에서 심사하면 되므로 각각 그에 적합한 전문가를 안배하기 위한 것이다. 주의할 것은 ① 공증인과 감정인은 발기인이 선임하므로 설립중회사와 위임관계에 있고, ② 공증인의 조사와 감정인의 감정으로 대체하더라도 법원에 의한 심사는 생략할 수 없다는 점이다. 이를 위해 공증인 또는 감정인은 조사 또는 감정 결과를 법원에 보고해야 한다(상법 제299조의2 제2문).

(ㄷ) 법원의 변경처분 : 법원은 검사인의 조사보고서 또는 공증인의 조사보고서나 감정인의 감정결과와 발기인의 설명서를 심사한 후 변태설립사항이 부당하다고 인정될 때에는 이를 변경하여 각 발기인에게 통고할 수 있다(상법 제300조 제1항). 여기서 「부당하다」는 것은 자본충실을 해한다는 것을 의미하고, 「변경」이란 현물출자자에게 배정할 주식수를 삭감하거나 회사가 부담할 설립비용을 감액하는 것처럼 자본충실의 입장에서 변태설립사항의 내용을 조정하는 것을 의미한다. 한편 이러한 법원의 변경처분이 있으면 발기인과 이사는

112) 최기원, 178면.
113) 이철송, 255면.

법원의 통고에 따라 정관을 변경하여 설립절차를 속행하든지 아니면 즉시항고(비송사건법 제75조 제3항)를 하거나 회사의 설립을 포기할 수 있다. 그리고 법원의 변경처분에 직접적인 이해관계가 있는 자(예: 현물출자자 등)는 주식의 인수를 취소할 수 있는데, 이때에는 정관을 변경하여 설립절차를 속행할 수 있다(상법 제300조 제2항). 한편 법원의 변경처분에 관한 통고가 있은 후 2주 내에 주식인수를 취소한 발기인이 없는 때에는 정관이 통고에 따라 변경된 것으로 본다(상법 제300조 제3항).

(ㄹ) 조사·보고의 면제 : 상법은 변태설립사항의 조사에 따른 부담을 줄여주기 위해 자본충실을 해할 위험이 적은 경우를 조사대상에서 제외하였다. 즉 2011년 개정 상법은 기존의 제299조 제2항과 제3항을 제3항과 제4항으로 수정한 후 제2항을 신설하여 법원이 선임한 검사인의 조사·보고를 생략할 수 있는 예외를 규정하였다([표 5] 참조). 주의할 것은 이러한 예외에 해당하는 때에도 검사인의 선임은 청구해야 하는 것으로 해석할 수 있는데, 검사인의 조사·보고가 필요하지 아니한 사항에 대해 검사인을 선임한다는 것은 무의미하므로 검사인의 선임 자체를 요하지 않는 것으로 해석해야 한다는 점이다.

[표 5] 조사·보고의 면제대상

구 분	주요 내용
제1호	제290조 제2호 및 제3호의 재산총액이 자본금의 5분의 1을 초과하지 아니하고 대통령령으로 정한 금액(5천만원)을 초과하지 아니하는 경우(상령 제7조 제1항). 여기서 「재산총액」이란 현물출자의 경우 출자재산에 부여하는 주식의 발행가액을 말하고, 재산인수의 경우에는 당해 재산에 대해 회사가 지급하는 대가를 의미함.
제2호	제290조 제2호 또는 제3호의 재산이 거래소에서 시세가 있는 유가증권인 경우로서 정관에 적힌 가격이 대통령령으로 정한 방법으로 산정된 시세를 초과하지 아니하는 경우. 여기서 「대통령령으로 정한 방법으로 산정된 시세」란 ① 상법 제292조에 따른 정관의 효력발생일부터 소급하여 1개월간의 거래소에서의 평균종가, 효력발생일부터 소급하여 1주일간의 거래소에서의 평균종가 및 효력발생일의 직전 거래일의 거래소에서의 종가를 산술평균하여 산정한 금액, ② 효력발생일 직전 거래일의 거래소에서의 종가 중 낮은 금액을 말함(상령 제7조 제2항).
제3호	그 밖에 제1호와 제2호에 준하는 경우로서 대통령령으로 정하는 경우. 구체적으로 제290조 제2호와 제3호의 재산에 그 사용, 수익, 담보제공, 소유권 이전 등에 대한 물권적 또는 채권적 제한이나 부담이 설정된 경우에 적용하지 아니함(상령 제7조 제3항)

(ㅁ) 조사절차를 생략한 경우의 효력 : 변태설립사항을 정관에 기재하지 않고 실행하면 당연히 무효이다. 그렇다면 변태설립사항을 정관에 기재하였으나 필요한 조사절차를 거치

지 아니한 경우의 효력은 어떠한가? 이에 관한 명문 규정이 없으므로 합리적인 해석이 필요하다. 생각건대 현물출자와 같은 변태설립사항에 검사인·공증인·감정인의 조사절차를 개입시킨 것은 각 사항의 법적 타당성이나 경제적 합리성을 판단할 때 전문가의 조력을 받도록 한 것이다. 그렇다면 검사인·공증인·감정인의 조사·감정은 절차적인 문제이지 그 자체가 변태설립사항의 효력을 좌우하는 것은 아니라고 보아야 한다.114) 다만 검사인·공증인·감정인의 조사·감정을 거치지 아니한 변태설립사항의 내용이 부당한 경우에는 입법 취지를 고려하여 그 효력을 부정해야 한다. 특히 부당함이 현저한 경우에는 출자나 설립의 무효사유로 보아야 한다. 참고로 판례는 신주발행에 있어 검사인의 조사절차를 거치지 아니한 현물출자도 당연히 무효인 것은 아니라고 판시하고 있다.115)

(나) 모집설립 : 설립과정에 변태설립사항이 있으면 발기인은 이에 관한 조사를 하게 하기 위하여 법원에 검사인의 선임을 청구해야 하고(상법 제310조 제1항), 이 경우 선임된 검사인은 창립총회에 조사보고서를 제출해야 한다(상법 제310조 제2항).

(ㄱ) 대체방법 : 발기설립에서와 마찬가지로 변태설립사항이 ① 발기인에게 특별이익을 부여하는 경우(상법 제290조 제1호)나 회사가 부담할 설립비용과 발기인이 받을 보수액인 경우(동조 제4호)에는 공증인의 조사·보고로, ② 현물출자(동조 제2호)와 재산인수(동조 제3호)인 경우에는 감정인의 감정으로 법원이 선임한 검사인에 의한 조사를 갈음할 수 있는데, 이 경우 공증인은 조사결과를 그리고 감정인은 감정결과를 법원에 보고해야 한다(상법 제310조 제3항 → 제298조 제4항, 제299조의2).

(ㄴ) 변태설립사항의 변경 : 창립총회에서 변태설립사항이 부당하다고 인정한 때에는 이를 변경할 수 있다(상법 제314조 제1항). 여기서 「부당하다」는 것은 자본충실을 해한다는 것이고, 「변경」이란 현물출자자에게 배정할 주식수를 삭감하거나 설립비용을 감액하는 것처럼 회사의 부담을 감소시키는 것을 의미한다. 이러한 변경에 불복하는 발기인은 그 주식의 인수를 취소할 수 있는데, 이 경우에는 정관을 변경하여 설립에 관한 절차를 속행할 수 있다(상법 제314조 제2항 → 제300조 제2항). 한편 창립총회의 변경 통고가 있은 후 2주 내에 주식의 인수를 취소한 발기인이 없는 때에는 정관은 통고에 따라서 변경된 것으로 본다(상법 제314조 제2항 → 제300조 제3항). 물론 어느 경우에는 손해가 있으면 별도로 발기인에 대하여 손해배상을 청구할 수 있다(상법 제315조).

---

114) 이철송, 256면.

115) 대법원 1980. 2. 12. 선고 79다509 판결(주식회사의 현물출자에 있어서 이사는 법원에 검사역의 선임을 청구하여 일정한 사항을 조사하도록 하고, 법원은 그 보고서를 심사하도록 되어 있으나, 이와 같은 절차를 거치지 아니한 신주발행 및 변경등기가 당연무효사유가 된다고는 볼 수 없[다]).

(2) 설립등기

1) 등기의 목적 : 주식회사는 설립등기에 의해 성립된다(상법 제172조). 주식회사의 설립과정에 변태설립사항이 없는 한 국가가 관여하는 바가 전혀 없고, 모든 절차의 이행은 설립자들의 자치에 맡겨져 있다. 그런데도 상법이 등기제도를 채택한 것은 ① 회사의 설립시기를 획일적으로 판단할 수 있고, ② 대외적으로 공시가 가능하며, ③ 설립에 관하여 준칙주의를 취하는 관계상 국가로 하여금 회사설립에 관한 법정 요건의 구비 여부를 심사하도록 하기 위함이다. 따라서 설립등기 제도는 현행법상 부실한 회사설립을 통제할 수 있는 유일한 장치라고 할 수 있다. 그런데 주식회사의 설립등기는 실제로 다음과 같이 이루어진다. 즉 ① 발기설립의 경우에는 이사·감사의 조사·보고가 종료한 날 또는 변태설립사항이 있는 경우에는 그 조사절차 및 법원의 변경처분절차가 종료한 때로부터 2주간 내에 등기해야 하고, ② 모집설립의 경우에는 창립총회가 종료한 날 또는 변태설립사항을 변경한 날로부터 2주간 내에 등기해야 한다(상법 제317조 제1항).

2) 등기할 사항 : 회사를 설립할 때 등기해야 할 사항은 ① 목적, 상호, 발행예정주식총수, 1주의 금액, 본점의 소재지, 회사가 공고하는 방법, ② 자본의 총액, ③ 발행주식의 총수, 그 종류와 각종 주식의 내용과 수, ④ 주식의 양도에 관하여 이사회의 승인을 얻도록 정한 때에는 그 규정, ⑤ 주식매수선택권을 부여하도록 정한 때에는 그 규정, ⑥ 지점의 소재지, ⑦ 회사의 존립기간 또는 해산사유를 정한 때에는 그 기간 또는 사유, ⑧ 주주에게 배당할 이익으로 주식을 소각할 것을 정한 때에는 그 규정, ⑨ 전환주식을 발행하는 경우에는 제347조 소정의 사항, ⑩ 사내이사, 사외이사, 그 밖에 상무에 종사하지 아니하는 이사, 감사의 성명과 주민등록번호, ⑪ 회사를 대표할 이사의 성명·주민등록번호·주소, ⑫ 공동대표이사를 둘 때에는 그 규정, ⑬ 명의개서대리인을 둔 때에는 그 상호 및 본점 소재지, ⑭ 감사위원회를 설치한 때에는 감사위원회 위원의 성명 및 주민등록번호이다(상법 제317조 제2항). 다만 위 사항 중 ①, ⑦, ⑪, ⑫은 지점에서도 등기해야 하고(상법 제317조 제3항), 지점의 설치나 본·지점의 이전도 등기사항이며, 위 사항 중 변경이 있는 때에는 변경등기를 하여야 한다(상법 제317조 제4항 → 제181조 내지 제183조).

3) 첨부할 서류 : 설립등기에 있어서 발기인으로 하여금 회사설립에 관한 제반 요건의 준수를 증명하도록 하고, 다른 한편으론 등기수리시 심사자료로 삼기 위하여 등기신청서에는 다음과 같은 정보를 제공하도록 규제하고 있다(상업등기규칙 제129조). 즉 ① 정관, ② 주식의 인수를 증명하는 정보, ③ 주식의 청약을 증명하는 정보, ④ 발기인이 정한 주식발행사항(상법 제291조)을 증명하는 정보, ⑤ 상법 제298조 및 제313조에 따른 이사와 감사 또는

감사위원회 및 공증인의 조사·보고에 관한 정보, ⑥ 상법 제299조, 제299조의2 및 제310조에 따른 검사인이나 공증인의 조사·보고 또는 감정인의 감정에 관한 정보, ⑦ 제6호(⑥)의 검사인이나 공증인의 조사·보고 또는 감정인의 감정결과에 관한 재판이 있은 때에는 그 재판이 있음을 증명하는 정보, ⑧ 발기인이 이사와 감사 또는 감사위원회 위원의 선임을 증명하는 정보, ⑨ 창립총회의사록, ⑩ 이사, 대표이사, 집행임원, 대표집행임원, 감사 또는 감사위원회 위원의 취임승낙을 증명하는 정보, ⑪ 명의개서대리인을 둔 때에는 명의개서대리인과의 계약을 증명하는 정보, ⑫ 주금의 납입을 맡은 은행, 그 밖의 금융기관의 납입금 보관을 증명하는 정보(다만 자본금 총액이 10억원 미만인 회사를 상법 제295조 제1항에 따라 발기설립하는 경우에는 은행이나 그 밖의 금융기관의 잔고를 증명하는 정보로 대체할 수 있다)를 제공해야 한다.

4) 등기의 효과 : 설립등기의 효과는 설립중회사가 법인격을 취득하여 회사로 성립하는 것이다(상법 제172조).[116] 즉 설립중회사는 설립등기와 동시에 소멸하고, 설립중회사가 취득한 권리·의무는 당연히 성립 후의 회사가 승계하며, 주식인수인은 주주가 된다. 또한 설립등기 후에는 주식인수의 무효·취소의 주장이 제한되고(상법 제320조 제1항), 권리주의 양도제한에 관한 규정이 적용되지 않으며(상법 제319조 참조), 회사는 주권을 발행할 수 있다(상법 제355조 제2항). 다만 설립과정에 하자가 있는 경우에는 설립등기 후 발기인 등의 자본충실책임과 손해배상책임(상법 제321조, 제322조)이 문제될 수 있다.

사례해결

(1) 상법상 주식회사의 발기설립은 [발기인 → 정관의 작성 → 주식발행사항의 결정 → 발기인의 주식인수 → 주금납입 → 임원의 선임 → 설립경과의 조사 → 설립등기]의 순으로 진행되는데, 이 과정에서 정관은 발기인이 작성하여 기명날인(또는 서명)을 해야 한다(상법 제289조 제1항). 다만 정관이 유효하려면 원칙적으로 공증인의 인증을 받아야 하지만(상법 제292조 본문), 소규모회사를 발기설립하는 경우에는 예외적으로 발기인들이 상법 제289조 제1항에 따라 정관을 작성하고 기명날인이나 서명을 함으로써 정관의 효력이 발생한다(상법 제292조 단서). 따라서 사안의 경우에는 자본금이 1억원인 주식회사의 발기설립이므로 발기인인 A·B·C·D의 기명날인(또는 서명)만 있는 정관이라도 유효한 정관이 된다.

(2) 회사설립시 작성하는 정관에는 일정한 사항이 기재되어야 하는데(절대적 기재사항), 그러한 사항으로는 ① 목적, ② 상호, ③ 회사가 발행할 주식의 총수, ④ 1주의 금액, ⑤ 회사의 설립시에 발행하는 주식의 총수, ⑥ 본점의 소재지, ⑦ 회사가 공고를 하는 방법, ⑧ 발기인의 성명·주민등록번호 및 주소가 있다. 이 중 ①의 경우 불법이거나 사회질서에 반하지 않는 한 영리를 실현할 수 있는 모든 사항을 규정할 수

116) 대법원 2009. 5. 14. 선고 2008두14067 판결[회사의 설립은 기본적으로 설립행위와 설립등기가 필요하고, 상법에 의하면 회사는 그 설립등기를 함으로써 성립하며(제172조), 법인격을 취득한다(제171조 제1항)].

있고, ⑤의 경우 과거에는 ③의 1/4 이상이어야 한다는 제한이 있었으나(상법 제289조 제2항) 2011년 개정상법이 동 제한을 철폐하였다. 따라서 사안의 경우 ① 정관에 10여 개의 목적사업을 나열한 것은 아무런 문제가 없고, ② 설립시에 발행한 주식수가 2만주에 불과하여 발행예정주식총수인 20만주의 1/4 이상이 되지 못하지만 역시 아무런 문제가 없다.

(3) 주식회사의 설립과정에서 작성하는 정관에는 회사가 공고를 하는 방법이 기재되어 있어야 하는데, 과거에는 관보 또는 시사에 관한 일간신문에만 공고를 하여야 했지만(상법 제289조 제3항 본문), 2009년 개정상법에 의해 정관이 정하는 바에 따라 전자적인 방법으로도 공고를 할 수 있게 되었다(상법 제289조 제3항 단서). 그런데 전자공고의 경우에는 전산장애 기타 부득이한 사유에 의해 공고를 할 수 없는 경우가 있어 상법은 이에 관한 보완 규정을 두고 있다. 즉 그러한 경우에는 정관에서 정한 관보 또는 시사에 관한 사항을 게재하는 일간신문에 공고해야 한다(상령 제6조 제4항). 따라서 사안의 경우처럼 회사가 하는 공고의 방법으로서 전자공고만을 정관에 정하여 등기한 것은 법적으로 문제가 있으므로, 정관에는 서면공고의 방법도 아울러 규정하는 것이 타당하다.

(4) 회사설립시 작성하는 정관의 경우 절대적 기재사항만 있으면 법적으로 아무런 문제가 없다. 그런데 정관의 효력에는 아무런 영향이 없지만 특정한 사항 그 자체의 법적인 보호를 위해서 정관에 기재되어야 하는 것이 있는데(상대적 기재사항), 가장 대표적인 것이 상법 제290조의 변태설립사항이다. 특히 제1호인 특별이익의 경우에는 발기인이 받을 특별이익과 이를 받을 자의 성명을 정관에 기재해야 하는데, 단순히 이러한 내용을 정관에 기재하였다고 하여 모두 유효한 것은 아니다. 즉 여기에도 내재적인 한계가 있는데, 발기인에 대한 우선적인 이익배당처럼 주식평등원칙에 반하는 것이나 장차 이사 등과 같은 일정한 지위를 약속하는 것처럼 단체법적인 질서에 어긋나는 것은 특별이익으로 부여할 수 없다. 따라서 사안의 경우처럼 발기인 전원이 동의하였다고 하더라도 대표발기인인 A에게 약속한 내용은 특별이익의 내재적 한계를 이탈한 것으로서 무효이고, 그러한 내용을 담고 있는 정관도 무효이며, 그에 근거한 회사의 설립등기도 역시 무효이다. 그러므로 유효하게 회사를 설립하려면 이러한 사항을 정관에서 삭제한 후 다시 설립절차를 진행하고 등기해야 한다.

(5) 발기인은 회사의 설립을 기획하고 그 절차를 주관하는 자로서 법적으로는 정관을 작성하고 기명날인(또는 서명)한 자로서 그 정관에 발기인으로 성명·주민등록번호 및 주소가 기재된 자를 의미한다(상법 제289조 제1항 제8호). 발기인의 권한 범위에 대해서는 ① 회사설립 그 자체를 직접적인 목적으로 하는 행위에만 국한된다는 견해, ② 회사설립을 위해 법률상·경제상 필요한 행위도 포함된다는 견해, ③ 회사성립 후의 개업준비행위도 포함된다는 견해가 있는데, 판례는 ③의 입장을 취하고 있다. 한편 상법 제290조의 변태설립사항 중 제3호인 재산인수란 발기인이 설립중회사를 대표하여 특정인과 회사성립 후 그 특정인으로부터 일정한 재산을 양수하기로 약정하는 것을 말하는데, 이러한 재산인수계약은 발기인이 설립중회사를 대표하여 체결해야 한다. 그러므로 설립 후에 대표이사가 체결한 것이거나 설립 전이라도 대표이사가 체결한 것은 여기서 말하는 재산인수에 해당하지 않는다(대법원 1989. 2. 14. 선고 87다카1128 판결). 따라서 사안의 경우처럼 대표이사의 지위에서 A가 F 인쇄소와 체결한 주권인쇄계약은 발기인의 권한 범위에 관한 학설 중 어느 것을 취하느냐에 따라 그 결론이 달라지지만, A가 G와 체결한 고가사다리차 구입계약은 상법상의 재산인수가 아니므로 무효이다.

제2관 설립책임

Ⅰ. 서 설

주식회사의 설립에는 실체를 구성하는 과정이 추가되는 등 절차가 매우 복잡하고 그에 참여하거나 관여하는 자도 다양하다. 더욱이 주식회사의 설립에는 준칙주의가 적용되고, 최저자본금이 없으며, 주주에게는 유한책임이 적용된다. 그리하여 설립절차의 단계별로 각종 위법행위가 자행되기 쉽고, 때로는 처음부터 사기적인 목적으로 회사가 설립되어 주식인수인이나 회사채권자를 해칠 뿐만 아니라 상법의 이념인 거래안전보호도 침해하게 된다. 그런데 민법상 일반원칙으로는 주식회사의 설립절차에 관여하는 다양한 이해관계자들을 충분히 보호할 수 없다. 이에 상법은 설립절차의 주관자인 발기인을 비롯하여 이사·감사·검사인·공증인·감정인 등에게도 매우 엄격한 책임을 부과하고 있는데, 구체적으로 이들은 설립절차와 관련하여 민사책임(상법 제321조 내지 제327조)과 형사책임(상법 제622조, 제625조, 제628조, 제630조) 및 행정책임(상법 제635조)을 부담한다.

Ⅱ. 발기인의 책임

1. 서 언

발기인은 설립중회사의 기관으로서 설립절차를 주관하므로 설립과정에서 발기인이 한 행위의 효과는 일단 설립중회사에 귀속되었다가 설립등기 후에 완성된 회사에 최종적으로 귀속된다. 그리하여 상법은 회사설립과 관련하여 발기인에게 엄격한 책임을 지우고 있다. 발기인의 책임은 회사가 성립한 경우와 불성립한 경우가 다른데, 특히 전자는 회사에 대한 책임과 제3자에 대한 책임으로 구분된다. 또한 회사에 대한 책임은 자본충실책임과 손해배상책임으로 나뉘는데, 전자는 인수담보책임과 납입담보책임으로 구분된다. 이는 회사설립의 무효를 방지하여 기업의 유지를 도모하고 설립에 관한 이해관계인의 신뢰를 보호하기 위함이다. 주의할 것은 발기인이 자본충실책임을 지더라도 발기인에 대한 회사의 손해배상청구에는 영향을 미치지 아니한다는 점이다(상법 제321조 제3항 → 제315조). 한편 발기인의 책임과 관련해서는 책임의 추궁과 면제가 함께 논의된다.

2. 회사가 성립한 경우

(1) 회사에 대한 책임

1) 인수담보책임 : 회사를 설립할 때 발행한 주식으로서 회사가 성립한 후에도 아직 인수되지 아니한 주식이 있거나 주식인수의 청약이 취소된 때에는 발기인이 이를 공동으로 인수한 것으로 본다(상법 제321조 제1항). 이를 발기인의 인수담보책임이라고 하는데, 자본충실을 확보하기 위한 법정책임으로서 무과실책임이다.

㈎ 책임의 형태 : 발기인이 「공동으로」 인수한 것으로 본다고 규정하고 있어 책임의 형태에 관한 의문이 생기는데, 주식공유에 관한 상법 제333조 제1항이 공동으로 인수한다는 용어를 사용하고 있는 점을 고려할 때 발기인들 간에 공유적으로 귀속하는 것으로 해석함이 타당하다. 따라서 발기인의 권리·의무에 대해서는 민법 제262조 이하의 공유 관련 규정과 상법 제333조가 적용되고, 발기인의 의사에 상관없이 인수한 것으로 의제되는 것이어서 별도의 인수행위는 필요하지 아니하나 납입의무는 부담한다.

㈏ 설립무효와의 관계 : 발기인의 인수담보책임은 이미 진행된 회사의 설립절차를 존중하고 기업유지의 이념을 위해서 자본의 경미한 흠결을 치유하고자 하는 것이므로, 미인수 또는 인수가 취소·무효된 부분이 워낙 중대하여 소수의 발기인에게만 책임을 부담시키는 것이 현실적으로 무리일 때에는 설립무효의 사유가 된다(통설). 그렇지만 이러한 판단은 설립무효소송의 사실심변론종결시를 기준으로 해야 하므로, 사실심의 변론종결시까지만 발기인의 인수담보책임이 이행되면 무효 판결을 할 수 없다.

2) 납입담보책임 : 회사를 설립할 때 발행한 주식으로서 회사가 성립한 후에도 납입이 완료되지 아니한 주식이 있는 때에는 발기인들이 연대하여 납입해야 하는데(상법 제321조 제2항), 이를 발기인의 납입담보책임이라고 한다.

㈎ 책임의 형태 : 발기인의 납입담보책임은 그 법적 성질이 무과실책임이고 책임의 형태는 연대책임이다. 따라서 발기인 각자의 부담부분은 균등한 것으로 추정해야 하고(민법 제424조), 자기의 부담부분을 초과하여 담보책임을 이행한 발기인은 다른 발기인에 대하여 구상권을 행사할 수 있다고 보아야 한다(민법 제425조).

㈏ 현물출자의 특례 : 변태설립사항 중 현물출자가 이행되지 아니한 경우에 대해서는 ① 현물출자 그 자체의 개성을 고려하여 발기인의 납입담보책임을 부정하고 설립무효의 사유로 보아야 한다는 견해,[117] ② 현물출자가 대체성 있는 급부를 목적으로 하는 경우에는

117) 김건식/노혁준/천경훈, 133면; 손주찬, 590면; 이범찬/임충희/이영종/김지환, 142면; 정경영, 189면;

발기인의 납입담보책임을 긍정해야 한다는 견해,[118] ③ 사업목적의 수행과 관련하여 그 효력을 다투는 것이 합리적이라는 견해[119] 등이 있다. 생각건대 현물출자는 그 자체의 개성이 매우 중요하지만, 현물출자가 이행되지 않았다고 하여 그것이 사업목적에 필수적인 것이 아니다. 그리고 대체물인 경우까지 모두 설립무효의 사유로 본다면, 이는 이미 완성된 회사를 사후적으로 무효화시키는 것으로서 비경제적일 뿐만 아니라 기업의 유지·강화라는 상법의 이념에도 반한다. 따라서 ③설이 타당하다.

㈐ 주식인수인과의 관계 : 발기인이 납입담보책임을 이행하더라도 주주가 되는 것은 아니다. 즉 발기인은 타인(주식인수인)의 납입채무를 대신 이행한 것이므로 그 타인에 대하여 회사를 대위하여 변제를 청구할 수 있을 뿐이다(민법 제481조).

3) 손해배상책임 : 발기인이 회사설립에 관하여 그 임무를 해태한 때에는 회사에 대하여 연대하여 손해를 배상할 책임이 있다(상법 제322조 제1항). 원래 발기인은 성립 후의 회사와 직접적인 책임관계를 형성하지 않지만, 설립중회사의 기관으로서 선관주의의무를 부담하므로 이에 위반하여 설립중회사에 손해를 입혔을 때에는 설립중회사가 발기인에 대하여 손해배상청구권을 가지며, 설립 후의 회사가 이를 승계하는 것이다. 발기인의 손해배상책임은 그 법적 성질이 계약책임이나 불법행위책임이 아니고 상법이 인정하는 특수한 손해배상책임인데(통설), 임무해태를 필요로 하기 때문에 과실책임이다. 따라서 설립을 위한 일체의 행위 중에 과실이 있으면 그에 상당인과관계가 있는 모든 손해에 대하여 발기인이 배상책임을 진다. 주의할 것은 회사설립이 무효로 되더라도 사실상의 회사가 존재하므로 발기인의 손해배상책임은 없어지지 않고, 발기인의 손해배상책임은 일반 민사채권과 같이 10년의 소멸시효(민법 제162조 제1항)에 걸린다는 점이다.

4) 책임의 추궁·면제 : 회사가 발기인의 인수·납입담보책임과 손해배상책임을 추궁하지 아니할 때에는 발행주식총수의 100분의 1 이상에 해당하는 주식을 가진 주주가 발기인의 책임을 추궁할 소를 제기할 것을 회사에 대하여 청구할 수 있고, 이러한 청구에도 불구하고 30일 내에 회사가 소를 제기하지 아니하면 주주가 회사를 위하여 직접 소를 제기할 수 있다(대표소송: 상법 제324조 → 제403조 내지 제406조). 그리고 회사가 다른 회사의 자회사인 경우에는 모회사의 발행주식총수 중 100분의 1 이상을 가진 주주도 발기인의 책임을 추궁할 수 있다(다중대표소송: 상법 제324조 → 제406조의2).[120] 한편 발기인의 손해배상책임은 총

정찬형, 701면; 최기원, 209면.
118) 권기범, 476면; 오성근, 244면; 정동윤, 425면.
119) 강위두/임재호, 560면; 이기수/최병규, 207면; 이철송, 272면; 임재연(Ⅰ), 296면; 임홍근, 154면.
120) 다중대표소송에 관한 자세한 내용은 이사의 책임 추궁에 관한 부분에서 설명한다.

주주의 동의로 면제할 수 있지만(상법 제324조→제400조 제1항), 자본충실책임은 회사 존립의 물적 기초에 관한 사항이므로 총주주의 동의로도 면제될 수 없다.

(2) 제3자에 대한 책임

1) 의 의 : 발기인이 회사의 설립에 관하여 악의 또는 중대한 과실로 인하여 그 임무를 해태한 때에는 제3자에 대해서도 연대하여 손해를 배상할 책임이 있다(상법 제322조 제2항). 발기인이 제3자와 재산인수계약을 체결하였으나 그 내용을 정관에 기재하지 않아 계약이 무효로 되고, 이로 인해 제3자가 손해를 입은 경우 등을 그 예로 들 수 있다.

2) 법적 성질 : 책임의 법적 성질에 대하여 통설은 회사설립과 관련된 제3자의 보호를 강화하기 위하여 인정된 회사법상 특수한 책임이라고 하지만, 특수한 불법행위책임이라는 견해[121]도 있다. 생각건대 피해자인 제3자에 대한 고의·과실 없이 불법행위책임이 성립할 수는 없고, 위법성의 충족 없이 불법행위책임이 성립할 수도 없으며, 손해배상책임을 굳이 채무불이행책임과 불법행위책임으로만 이원화할 필요가 없는 점을 고려할 때 통설이 타당하다. 따라서 발기인의 행위가 동시에 불법행위의 요건도 충족하는 때에는 불법행위로 인한 손해배상책임과 경합(청구권의 경합)하게 될 것이다.

3) 성립 요건 : 발기인의 제3자에 대한 책임은 발기인의 고의 또는 중대한 과실로 인한 임무해태에 의해 제3자가 손해를 입은 경우에 발생한다. 이 경우 발기인의 고의나 중과실은 임무해태에만 있으면 충분하고, 제3자의 손해에 관하여 있을 필요는 없다. 한편 경과실을 제외한 것은 제3자에 대한 직접적인 불법행위가 없음에도 불구하고 제3자의 보호를 위해 인정하는 것임을 고려할 때 발기인에게 너무 가혹하기 때문이다.

4) 제3자의 범위 : 제3자의 범위에 대하여 통설은 회사 이외의 모든 자라고 하므로 주식인수인과 주주도 이에 포함된다. 그런데 간접손해를 입은 주주가 제3자의 범위에 포함되는지에 관해서는 견해가 대립한다. 먼저 주주가 입은 간접손해의 경우에는 주주가 회사채권자에 우선하여 변제받는 문제가 있으므로 제외해야 한다는 견해[122]와 판례[123]가 있다. 이는 회사가 발기인의 손해배상책임을 추궁할 수 있고, 이에 대해서는 주주의 대표소송이 허용되므로, 이에 의해 회사의 손해가 회복됨으로써 결국 주주의 손해는 전보될 수 있음을 그 근거로 제시하고 있다. 다음으로 대표소송에서는 제소요건의 제한이 있을 뿐만 아니라

---

121) 서돈각/정완용, 335면.
122) 서돈각/정완용, 468면; 최준선, 572면.
123) 대법원 2012. 12. 13. 선고 2010다77743 판결; 1993. 1. 26. 선고 91다36093 판결 등.

담보제공을 요구받을 수도 있어 이용하기가 결코 쉽지 아니하므로 주주의 손해배상청구권을 인정할 실익이 있다는 견해[124]가 있다. 생각건대 회사가 발기인의 손해배상책임을 반드시 추궁한다는 보장이 없고, 주주의 대표소송이 인정되더라도 제소요건이나 제소절차 등에 관한 규제로 인해 현실적으로 이용하기가 쉽지 아니하며, 회사를 둘러싼 법률관계는 일정한 기준에 의해 획일적으로 처리하는 것이 결국 거래의 안전 등 상법상 이념을 충실히 보장할 수 있는 점을 종합할 때 후설이 타당하다.

3. 회사가 불성립한 경우

(1) 개 요

회사가 성립하지 못한 경우에는 발기인이 설립행위에 대하여 연대책임을 지고(상법 제326조 제1항), 회사설립을 위해 지급한 비용도 발기인이 부담한다(상법 제326조 제2항). 여기서 회사의 「불성립」이란 발행하는 주식 대부분이 인수되지 아니한 경우 등과 같이 설립절차에 착수하였으나 설립등기에 이르지 못할 것으로 확정된 것을 말하는데, 불성립의 사실상 확정 여부는 회사설립을 방해하고 있는 사유의 성격과 치유의 가능성 등을 종합적으로 고려하여 판단해야 한다. 주의할 것은 회사가 불성립한 경우의 발기인 책임은 원래 설립중회사 또는 설립되었다면 성립 후의 회사에 귀속될 책임이 발기인에게 전가된 것이므로 최소한 정관이 작성된 경우에만 관련 규정이 적용된다는 점이다. 정관의 작성에도 이르지 못한 경우에는 발기인이 없을 뿐만 아니라, 회사설립을 의도한 사람들과 제3자의 법률관계에는 개인법상의 책임원리가 적용될 것이기 때문이다.

(2) 책임의 근거

회사가 불성립한 경우에 그 책임을 발기인에게 묻는 법적 근거에 대해서는 ① 주식인수인과 회사채권자를 보호하기 위하여 법정책적으로 발기인에게 책임을 부담시키는 것이라는 견해,[125] ② 회사가 성립하지 아니한 경우에는 설립중회사가 법적으로 처음부터 존재하지 않은 것으로 되어 발기인이 형식적으로나 실질적으로나 권리·의무의 주체가 되기 때문이라는 견해[126]가 있다. 생각건대 발기인은 설립중회사의 기관이고, 주식인수인이나 회사채권자의 손해는 발기인이 주관하는 설립절차에 기인하며, 회사의 불성립으로 인해 설립중

124) 이철송, 833면.
125) 서돈각/정완용, 336면; 오성근, 250면; 이기수/최병규, 208면; 이철송, 276면; 정동윤, 428면; 정찬형, 707면.
126) 강위두/임재호, 565면; 김동훈, 120면; 정경영, 193면; 최기원, 214면.

회사는 목적을 달성하지 못하여 해산된다. 이를 종합할 때 ①설이 타당하다.

(3) 책임의 내용

회사가 불성립한 경우에 관한 발기인의 책임은 그 법적 성질이 무과실책임이므로 발기인의 고의나 과실을 요구하지 않지만, 발기인은 설립에 관한 행위에 대하여 연대책임을 지고 설립비용도 부담한다(상법 제326조 제1항, 제2항). 여기서 ①「설립에 관한 행위에 대한 책임」이란 주로 주식인수인에 대한 납입금의 반환이 될 것이고, ②「설립비용」은 변태설립사항으로서 정관에 기재된 것에 한정되지 아니하고 광고비·사무실임차비·인건비 등 설립사무와 관련하여 지출한 일체의 비용을 뜻한다. 주의할 것은 상법 제326조는 주식인수인이 설립중회사의 채무에 대하여 출자자로서의 책임을 지지 아니함을 밝힌 것이라는 점이다. 즉 설립중회사와 주식인수인 간에는 사단과 구성원의 책임관계가 생기지 않고, 주식인수인의 주식납입금은 설립중회사의 책임재산을 구성하지 않는다.

Ⅲ. 기타 관여자의 책임

1. 이사·감사의 책임

발기인에 의해 선임되거나(발기설립) 창립총회에서 선임된(모집설립) 이사와 감사가 그 임무인 설립절차에 대한 조사·보고의무를 게을리한 경우에는 회사 또는 제3자에 대하여 손해배상책임을 지고, 만약 발기인도 그 책임을 질 때에는 이사·감사와 연대하여 손해를 배상해야 한다(상법 제323조). 주의할 것은 ① 이는 과실책임으로서 총주주의 동의로 면제할 수 있지만(상법 제324조→제400조), ② 이사·감사의 제3자에 대한 책임에서도 발기인의 손해배상책임과의 균형상 악의·중과실이 있는 경우에만 한한다는 점이다.[127)]

2. 검사인 등의 책임

회사의 설립과정에 변태설립사항이 있으면 자본충실을 해할 수 있으므로 엄정한 조사가 필요하다. 이에 상법은 원칙적으로 법원이 선임한 검사인의 조사를 받도록 하되, 예외적으로 공증인의 조사·보고와 감정인의 감정으로 갈음할 수 있도록 허용하고 있다(상법 제299조, 제299조의2). 이 경우 법원이 선임한 검사인이 변태설립사항을 조사·보고함에 있어 악의 또는 중대한 과실이 있는 경우에는 회사 또는 제3자에게 손해를 배상할 책임이 있다(상법

127) 강위두/임재호, 566면; 송옥렬, 784면; 오성근, 251면; 이기수/최병규, 210면; 이철송, 276면; 정동윤, 429면; 정찬형, 705면; 최기원, 216면.

제325조). 이는 상법이 인정하는 특수한 법정책임이다.

그런데 변태설립사항에 대한 조사·보고와 관련하여 상법이 검사인의 대체자로서 규정한 공증인과 감정인의 경우에는 이러한 규정이 없다. 이는 명백한 입법의 불비이므로 이들에 대해서도 제323조를 유추적용하여 같은 책임을 물어야 할 것이다. 다만 주의할 것은 공증인이나 감정인은 회사의 수임인이므로 그들의 고의·과실로 회사가 손해를 입은 때에는 회사가 일반적인 채무불이행책임을 물을 수도 있다는 점이다.

3. 유사발기인의 책임

(1) 유사발기인

유사발기인이란 발기인이 아니면서 주식청약서 기타 주식모집에 관한 서면에 성명과 회사설립에 찬조하는 뜻을 기재할 것을 승낙한 자를 말한다(상법 제327조). 그런데 유사발기인의 회사설립에 찬조하는 뜻은 때때로 이해관계인들의 판단을 그르치게 하고 과장된 신뢰를 유발하므로, 상법은 그들에게도 외관창출에 대한 책임을 묻고 있다.

(2) 책임의 요건

유사발기인은 발기인이 아니면서 주식청약서 등에 회사설립에 찬조하는 뜻을 기재할 것을 승낙한 자여야 한다. 여기서 「주식모집에 관한 서면」이란 주주모집광고·설립안내문 등처럼 회사설립에 관하여 이해관계인들이 투자 여부를 결정할 때 그 판단을 유도할 수 있는 서면을 말하는 것이지만, 각종 매스미디어를 이용한 광고나 안내 등에도 유추적용할 필요가 있다. 그리고 「승낙」은 명시적인 경우만이 아니라 자신의 이름을 서면 등에 사용하는 것을 알면서 방치하는 것과 같은 묵시적 승낙도 포함한다.

(3) 책임의 내용

유사발기인은 발기인과 동일한 책임을 진다(상법 제327조). 이는 유사발기인이 창출한 외관을 신뢰한 자를 보호하기 위함이다. 그렇지만 유사발기인은 회사설립에 관한 임무가 없으므로 발기인의 임무해태를 전제로 한 상법 제315조 및 제322조의 손해배상책임은 지지 않는다. 즉 유사발기인은 자본충실책임(상법 제321조 제1항, 제2항)과 회사불성립으로 인한 청약증거금 또는 납입주금의 반환책임 및 설립비용에 대한 책임만 진다(통설).

제3관 설립무효

Ⅰ. 서 설

상법상 회사의 설립행위나 설립절차에 하자가 있는 경우에는 사원 등 이해관계인이 회사설립의 무효나 취소를 주장할 수 있는데, 이 경우에는 회사의 설립이 유효함을 전제로 형성된 다양한 법률관계가 파괴되는 문제가 발생한다. 그리하여 상법은 회사설립의 하자에 관한 주장에 대하여 여러 가지 단체법적인 고려를 하고 있다. 즉 ① 하자의 주장자를 제한하고, ② 하자의 주장은 소의 제기에 의해서만 할 수 있도록 하며(형성의 소), ③ 특히 주식회사에 있어서는 객관적인 하자로 인한 설립무효만을 인정하고, ④ 제소기간을 2년의 단기로 제한하며, ⑤ 소의 관할과 제소절차 등에 관한 특칙을 두고 있고, ⑥ 하자의 보완을 인정하여 기업의 유지를 꾀하며, ⑦ 패소한 원고에게 과중한 책임을 부과하여 남소를 억제하고, ⑧ 설립의 무효·취소 판결에 대세적 효력을 인정하는 한편 그 소급적 효력을 제한하며, ⑨ 일정한 경우에는 회사의 계속을 인정하고 있다.

Ⅱ. 설립무효의 원인

1. 규제내용

주식회사의 설립절차에 일련의 하자가 있음에도 불구하고 이를 간과한 상태에서 설립등기가 이루어진 때에는 당해 회사설립의 효력 문제가 제기된다. 그런데 주식회사에서는 주식인수인의 인수행위에 대한 무효·취소의 주장에 일정한 제한이 있고(상법 제320조), 비록 인수행위가 취소되더라도 인수인의 개성은 중요하지 아니함으로 인해 당해 인수행위가 효력을 상실하는 것에 그칠 뿐만 아니라 발기인의 자본충실책임에 의하여 보완되기 때문에 회사설립 그 자체에는 영향을 주지 않는다. 또한 발기인 각자의 설립행위에 무효의 원인이 있더라도 해당 발기인이 축출되는 데에 그치므로, 주식회사의 설립에 있어서는 인적회사와 달리 설립취소의 소나 주관적 무효원인이 인정되지 않는다.

2. 적용범위

설립무효의 소는 설립절차에 객관적 하자(예: 강행규정에 반하거나 선량한 풍속 기타 사회질서에 반하는 경우 및 주식회사의 본질에 반하는 경우 등)가 있는 경우에만 인정된다. 즉 인적

회사와 달리 설립취소나 주관적 하자는 인정되지 않는다. 그런데 상법은 설립무효의 사유에 관하여 규정하고 있지 아니하여 합리적인 해석으로 보완할 수밖에 없다. 이와 관련하여 그동안 논의된 내용은 다음과 같다. 즉 설립무효의 소는 ① 설립목적이 위법하거나 사회질서에 어긋날 때, ② 발기인이 존재하지 아니할 때, ③ 정관의 절대적 기재사항이 불비한 때, ④ 발기인의 기명날인(또는 서명) 또는 공증인의 인증이 없거나 무효인 때, ⑤ 주식발행사항(상법 제291조)의 결정이 없거나 그 내용이 위법한 때, ⑥ 설립시 발행주식총수의 인수 또는 납입의 흠결이 현저하여 발기인의 인수·납입담보책임만으로 자본충실을 기할 수 없을 때, ⑦ 창립총회를 소집하지 않았거나 조사·보고를 하지 아니한 때 또는 결의가 무효인 때, ⑧ 설립등기가 무효인 때 등에 인정된다. 주의할 것은 설립과정에서 일부 절차의 누락이 있더라도 곧바로 설립무효의 사유가 되는 것은 아니라는 점이다. 이와 관련하여 최근 대법원은 정관에 기재된 재산인수에 관한 검사인 등의 조사절차를 결한 점만으로는 설립무효사유를 구성하지 않는다고 판시하였다.128)

참고판례 **주식회사의 설립무효사유(대법원 2020. 5. 14. 선고 2019다299614 판결)** : 상법은 회사의 설립에 관하여 이른바 준칙주의를 채택하고 있으므로, 상법 규정에 따른 요건과 절차를 준수하여 회사를 설립한 경우에 회사의 성립이 인정된다. 그러나 다수의 이해관계인이 참여하는 회사의 설립에 관하여 일반원칙에 따라 제한 없이 설립의 무효를 주장할 수 있도록 허용하면 거래안전을 해치고 회사의 법률관계를 혼란에 빠지게 할 수 있으므로 상법은 회사 설립의 무효에 관하여 반드시 회사성립의 날로부터 2년 내에 소를 제기하는 방법으로만 주장할 수 있도록 하였다(상법 제184조, 제269조, 제287조의6, 제328조, 제552조). 또한 주식회사를 제외한 합명회사와 합자회사, 유한책임회사와 유한회사에 대해서는 설립취소의 소를 규정하고 있으나 주식회사에 대해서는 설립취소의 소에 관한 규정을 두지 않았는데(상법 제184조, 제269조, 제287조의6, 제552조), 이는 물적 회사로서 주주 개인의 개성이 중시되지 않는 주식회사에 있어서는 취소사유에 해당하는 하자를 이유로 해서는 회사 설립의 효력을 다툴 수 없도록 정한 것이다. 회사 설립을 위해 주식을 인수한 자는 일정한 요건을 갖추어 주식인수의 무효 또는 취소를 다툴 수 있으나, 이 역시 주식회사가 성립된 이후에는 그 권리행사가 제한된다(상법 제320조). 이러한 상법의 체계와 규정 내용을 종합해 보면, 주식회사의 설립과 관련된 주주 개인의 의사무능력이나 의사표시의 하자는 회사설립무효의 사유가 되지 못하고, 주식회사의 설립 자체가 강행규정에 반하거나 선량한 풍속 기타 사회질서에 반하는 경우 또는 주식회사의 본질에 반하는 경우 등에 한하여 회사설립무효의 사유가 된다고 봄이 타당하다.

128) 대법원 2020. 5. 14. 선고 2019다299614 판결.

Ⅲ. 설립무효의 소

1. 제소요건

(1) 제소권자

주식회사의 설립무효의 소는 주주와 이사 및 감사만이 제기할 수 있는데(상법 제328조 제1항), 회사를 피고로 한다. 이 경우 주주 등의 원고는 사실심의 변론종결시까지 그 자격을 유지해야 하는데, 주주의 경우에는 소유주식의 의결권 유무를 묻지 않는다. 그리고 주주가 주식을 양도하거나 이사·감사가 퇴임하여 원고적격을 상실한 경우에는 다른 주주나 이사·감사가 소송을 수계할 수 있다(민소법 제237조 제1항).

(2) 제소기간

회사설립의 무효는 회사성립의 날로부터 2년 내에 소만으로 이를 주장할 수 있다(상법 제328조 제1항). 이처럼 제소기간을 단기로 제한하는 것은 설립무효의 경우 문제된 법률사실을 기초로 하여 누적적으로 단체적 법률관계가 형성되기 때문에 분쟁 가능 상태를 신속히 종결하기 위함이다. 여기서 「회사성립의 날」이란 설립등기를 한 날을 의미하고, 2년이란 제소기간은 제척기간이다. 따라서 2년이 지난 후에는 그 누구도 설립무효를 주장하거나 새로운 무효사실을 추가할 수도 없으며, 설립의 하자는 치유된다.

2. 제소절차

(1) 소의 관할

주식회사의 설립무효의 소에는 합명회사의 설립무효의 소에 관한 규정이 준용된다. 그리하여 설립무효의 소는 회사의 본점 소재지를 관할하는 지방법원에 전속한다(상법 제328조 제2항 → 제186조). 이는 설립무효의 소에 있어서 피고가 회사이기 때문이지만, 동일한 사안에 대하여 다수의 소송이 다수의 법원에 계속되어 서로 다른 판결이 내려지는 것을 차단하기 위함이기도 하다. 그리하여 회사법상의 소에 있어서는 합의관할(민소법 제29조)이나 변론관할(민소법 제30조)이 허용되지 않는다.

(2) 후속 조치

설립무효의 소가 제기된 경우 회사는 지체없이 이를 공고해야 하고, 여러 개의 설립무효의 소가 제기된 때에는 법원은 이를 병합하여 심리해야 한다(상법 제328조 제2항 → 제187

조, 제188조). 그리고 설립무효의 소가 그 심리 중에 원인이 된 하자가 보완되고 회사의 현황과 제반 사정을 참작하여 설립을 무효로 하는 것이 부적당하다고 인정한 때에는 법원은 그 청구를 기각할 수 있다(상법 제328조 제2항→제189조).[129)]

Ⅳ. 판결의 효과

1. 원고가 승소한 경우

(1) 일반적 효력

원고(주주·이사·감사)가 승소하여 설립무효의 소에 관한 법원의 판결이 확정되면 회사는 본점과 지점의 소재지에서 이를 등기해야 한다(상법 제328조 제2항→제192조). 그리고 회사는 해산의 경우에 준하여 청산해야 하는데, 이 경우 법원은 이해관계인의 청구에 의하여 청산인을 선임할 수 있다(상법 제328조 제2항→제193조). 한편 설립무효의 판결에 대해서는 소급효가 인정되지 않지만, 판결의 효력은 원고와 피고(회사)만이 아니라 제3자에 대해서도 미친다. 따라서 판결 확정 후에는 다른 이해관계인이 새로이 설립무효의 소를 주장할 수 없고, 그 누구도 설립의 유효를 주장할 수 없다.

(2) 사실상의 회사

원래 설립무효의 소에 관한 법원의 판결이 확정되면 회사가 처음부터 존재하지 않았던 것으로 처리함이 원칙이다. 그런데 그렇게 하게 되면 판결의 확정 전까지 회사설립이 유효함을 믿고 이루어진 모든 거래가 무효로 되어 거래의 안전을 해칠 뿐만 아니라, 부당이득반환청구 등 매우 복잡한 법률문제가 발생한다. 그리하여 상법은 이러한 혼란을 방지하기 위하여 설립무효의 소에 관한 판결의 확정은 그 전에 생긴 회사와 사원 및 제3자 간의 권리·의무에 영향을 미치지 않는다고 규정하여 판결의 소급적 효력을 배제하고 있다. 그 결과 판결 확정 전에 마치 회사가 유효하게 존재하였던 것과 같은 법률상태가 생기는데, 이를 강학상 「사실상의 회사」라고 한다.

2. 원고가 패소한 경우

법원이 설립무효를 주장하는 원고의 청구를 기각하는 판결을 하더라도 그것은 원고에

129) 참고로 독일의 주식법 제276조는 일부의 하자에 관해 치유를 인정하고 있는데, 하자가 보완될 수 있을 때에는 제소권자는 먼저 회사에 대하여 그 보완을 최고하고, 회사가 3개월 내에 보완하지 아니한 때에만 무효의 소를 제기할 수 있도록 규제하고 있다.

관하여 형성요건의 부존재를 확정하는 효력만 갖는다. 따라서 특정한 원고가 패소하였더라도 다른 이해관계인이 다시 설립무효의 소를 제기할 수 있다. 한편 패소한 원고에게 악의 또는 중대한 과실이 있는 때에는 회사에 대하여 연대하여 손해를 배상해야 하는데, 이는 무모하게 소를 제기하여 회사를 둘러싼 법률관계를 혼란시킨 책임을 묻는 동시에 남소를 사전에 방지하기 위함이다. 주의할 것은「악의 또는 중과실」이란 무효 사유가 부존재하는 것을 악의 또는 중대한 과실로 알지 못한 경우를 의미하므로, 하자가 보완되어 법원이 재량으로 기각한 때에는 책임이 발생하지 않는다는 점이다.

제 2 장

주식과 주주의 관리

제1절 총 설

대표적인 자본단체이며 물적회사인 주식회사의 핵심은 자본금인데, 이는 작은 단위로 분할된 주식의 발행을 통해 형성된다. 그리고 주식회사의 사원인 주주는 이러한 주식의 매입 등을 통해 그 지위를 취득한다. 즉 투자자는 주식회사가 이미 발행하여 특정인이 소유하고 있는 주식을 양수하거나 회사가 새롭게 발행하는 주식을 인수함으로써 주주의 지위를 취득한다. 이처럼 주식은 회사가 필요한 자금을 시장에서 대규모로 조달할 때 그 중핵을 이루므로 합리적이고 실효적인 법제적 지원이 필요하다. 그리하여 상법은 기명주식을 근간으로 하여 액면주식과 무액면주식 중 어느 하나를 자율적으로 발행할 수 있도록 하고, 이익배당에 관한 종류주식을 비롯하여 다양한 유형의 종류주식을 발행할 수 있도록 지원하고 있다. 그리고 주식의 자유로운 유통을 위해 유가증권인 주권의 발행을 허용하고, 주권불소지 제도 등을 통해 권리 상실의 위험을 줄여주고 있으며, 주식의 담보를 비롯하여 분할·병합·소각 등 다양한 활용방안을 제도적으로 보장하고 있다.

주식회사의 사원인 주주는 주식을 양수하거나 인수함으로써 그 지위를 취득하는데, 여기에는 예외가 있을 수 없으므로 이와 다른 약정은 당연히 무효이다.[1] 이 경우 주주의 자격을 취득함에 있어서는 아무런 제한이 없으므로 자연인은 물론 법인도 될 수 있고, 자연인이라면 행위능력의 유무도 묻지 아니한다. 이렇게 주주가 취득한 회사에 대한 사원의 지위는 주주가 회사에 대하여 행사할 수 있는 개별적 권리의 원천을 이루는데, 이를 주주권이라고 한다. 한편 주식회사에 있어서 주주는 매우 많고 주식양도자유의 원칙에 의해 그 지위가 빈번하게 변하므로 합리적이고 실효적인 관리방안이 필요하다. 누가 주주인지를 회사가 언제든지 확인할 수 있어야만 그들의 주주권 행사에 응할 수 있기 때문이다. 이에 상법은 회사로 하여금 서면이나 전자적으로 주주명부를 작성하여 비치·공시하도록 하고, 주식양수인은 먼저 명의개서를 해야만 회사에 대하여 주주권을 행사할 수 있도록 하며, 주주명부의 폐쇄 등과 같은 주주의 확정방법도 규정하고 있다.

주식회사가 오늘날 회사의 유형 중 압도적 우위를 차지할 수 있었던 것은 세분된 자본구성단위인 주식을 통해 대중자본을 대규모로 흡수하여 상당한 경제력을 축적할 수 있고, 유한책임으로 인해 주주가 회사채무에 대하여 책임지지 아니하며, 주식양도의 자유성과 주식이 화체된 유가증권인 주권으로 인해 자본의 투자와 회수가 매우 자유롭기 때문이다. 이처럼 주식회사의 경우 주주의 지위는 주식양도를 통해 빈번하게 바뀌므로 양도의 방법도

1) 대법원 1967. 6. 13. 선고 67다302 판결 참조.

일정하게 유형화하여 관리할 필요가 있다. 이에 상법은 주권의 점유에 따른 권리추정력과 선의취득 및 명의개서 등에 관한 규정을 두고 있다. 한편 상법은 주식양도의 자유성을 전제로 하면서도 일정한 경우에는 주식의 양도를 제한하고 있는데, 이는 자율적 제한과 법령상 제한으로 구분할 수 있다. 전자의 예로는 정관에 의한 양도제한과 주주간 약정에 의한 양도제한을 들 수 있고, 후자의 예로는 권리주의 양도제한, 주권발행전주식의 양도제한, 자기주식의 취득·처분 규제, 상호주의 규제 등을 들 수 있다.

제2절 주식회사의 주식관리

제1관 주식의 의의와 종류

예시사례 학용품 제조업체인 ㈜甲은 각종 비용의 절감을 위해 그동안 중국에 있는 공장에서 주요 제품을 생산해 왔다. 그런데 최근에 중국 현지의 인건비가 크게 상승하였을 뿐만 아니라 현지에서 조달한 원재료에서 유해한 환경호르몬이 검출되었다는 방송보도로 인해 큰 경영 위기에 처해 있다. 이에 ㈜甲의 경영진은 인천에 새로이 공장을 건설하고, 판매가격은 다소 비싸지더라도 인체에 무해한 천연물질로만 제품을 생산하기로 하였다. 그런데 물가 상승으로 인해 공장을 신축하는데 들어가는 비용이 예상보다 많이 증가하고, 방송보도로 인해 금융권으로부터의 자금조달도 쉽지 않자 시일이 좀 더 걸리더라도 자기자본을 조달하여 각종 필요비용에 충당하기로 하였다. 이 사안과 관련하여 다음 설문에 답하시오!

(1) ㈜甲의 주식은 액면가 5,000원이다. 그런데 그동안 판매한 제품에서 인체에 유해한 환경호르몬이 검출되었다는 방송이 나간 후 주가가 급락하여 현재의 거래가격은 주당 3,000원 정도이다. 그리하여 ㈜甲의 이사회는 주당 2,500원에 무액면주식 50만주를 발행하고자 한다. 가능한가?

(2) ㈜甲의 이사회는 그동안 급락한 주가로 인해 신주의 발행이 쉽지 않게 되자, 보통주보다 10% 더 이익을 배당해 주는 우선주를 발행하기로 하였다. ㈜甲의 이러한 행위는 정당한가?

Ⅰ. 서 설

주식회사는 대표적인 자본단체로서 주식이라는 세분된 자본단위를 통해 대규모의 대중자본을 흡수함으로써 오늘날 엄청난 경제력을 축적하고 국민경제의 중핵이 되었다. 이처럼 주식은 주식회사의 자본금을 형성하는 단위이지만, 다른 한편으론 주식회사의 사원인 주주의 지위를 취득하는 매개체이기도 하다. 따라서 주식의 종류를 다양화하여 회사가 필요자금을 자유롭게 조달할 수 있도록 지원해야 하는데, 과거에는 보통주와 이익배당우선주 및 이를 전제로 한 무의결권주식·상환주식·전환주식만 발행할 수 있어 기대한 만큼 기능하지 못하였다. 그리하여 2011년 개정 상법은 기명주식을 근간으로 하면서 액면주식 외에 무액면주식도 정관으로 발행할 수 있도록 허용하고, 그동안 제한적이었던 주식의 유형을 종류주식 체제로 전환하며 이익배당 등에 관한 종류주식, 의결권 제한에 관한 종류주식, 주식의 상환에 관한 종류주식, 주식의 전환에 관한 종류주식을 발행할 수 있도록 허용하였다. 더욱이 이러한 종류주식의 다양한 연계·결합도 허용함으로써 필요자금의 조달상 편의성을 제고하고, 때로는 경영권의 안정적 관리도 가능하도록 하였다.

Ⅱ. 주식의 의의

1. 개 념

주식은 개념적으로 이중적인 속성을 지니고 있다. 즉 주식은 주식회사의 자본금을 구성하는 단위(상법 제329조)인 동시에 사원의 지위를 의미한다. 주식은 인적회사의 지분과 같지만, 지분복수주의를 취하는 점에서 인적회사의 지분과는 구분된다. 그런데 자본의 구성단위로서의 주식과 사원의 지위로서의 주식은 별개의 개념이 아니다. 주식회사의 자본은 주주들의 출자로 형성되고, 주주는 출자의 대가로 취득한 주주의 지위에서 회사에 대하여 각종 권리를 행사하기 때문이다. 한편 사원의 지위와 관련하여 주주가 회사에 대하여 의무도 부담하는가의 문제가 제기되는데, 결론적으로 주주는 회사에 대하여 아무런 의무를 부담하지 않는다. 물론 출자자로서의 주주는 주식인수 후 그 대가로서 주식대금을 납입해야 하지만, 이는 주식인수인의 지위에서 행해지기 때문이다. 이처럼 주식은 권리만으로 구성되어 있고 의무는 포함하지 않는데, 이로 인해 인적회사에서의 손실분담의무를 기초로 하는 소극지분이란 개념이 주식회사에서는 인정되지 않는다.

2. 본 질

주식의 본질이 무엇이냐에 대해서 과거에는 물권설·채권설·재단설·사원권설 등이 대립하였으나 오늘날에는 사원권설이 통설인데, 이를 「주주권」이라고 한다. 이러한 주주권의 내용과 관련하여 상법은 자익권(이익배당청구권, 잔여재산분배청구권 등)과 공익권(의결권, 각종 제소권 등)으로 구분하고 있다. 주의할 것은 주주권은 주식과 분리되지 않고 주식의 양도·상속 등과 함께 포괄적으로 이전한다는 점이다. 한편 사원권설도 주주권과 주주가 갖는 개개의 권리와의 관계에 있어서는 ① 주주권은 주주인 지위에서 갖는 권능과 의무가 합쳐져 단일의 권리를 이룬다는 설(단일권설), ② 주주권은 주주인 지위에서 갖는 다수의 권리의 집합을 뜻하고 단일의 권리를 뜻하는 것이 아니라는 설(권리집합설), ③ 주주권은 주주의 권리를 생기게 하는 법률상의 지위 또는 자격을 뜻하며 주주의 권리는 주주권의 결과이지 그 내용 자체가 될 수 없다는 설(지위설) 등으로 세분된다.

Ⅲ. 주식의 유형

1. 기명주식과 무기명주식

(1) 의 의

기명주식과 무기명주식은 주권과 주주명부에 주주의 성명이 기재되는지에 의해 구분된다. 즉 주주의 성명이 주권과 주주명부에 기재되는 것이 기명주식이고, 기재되지 아니하는 것이 무기명주식이다. 이 중 무엇을 원칙적인 주식 유형으로 할 것이냐는 입법정책의 문제인데, 과거에는 기명주식을 원칙으로 하고 무기명주식은 정관에 규정된 경우에만 발행할 수 있었다(개정 전 상법 제357조 제1항). 그런데 기업 실무에서 발행된 주식은 거의 예외 없이 기명주식이었고,[2] 이에 2014년 개정 상법은 무기명주식을 완전히 삭제하였다.[3] 따라서 이제는 회사가 기명주식만 발행할 수 있으나 이론적인 측면에서는 무기명주식도 살펴볼 필요가 있으므로 이하에서 양자의 차이점에 대하여 검토한다.

(2) 차이점

기명주식과 무기명주식의 차이점은 다음과 같다. 즉 ① 주주총회의 소집에 있어서 기명주식의 주주에게는 소집통지를 하고, 무기명주식의 주주에게는 소집공고를 한다(개정 전 상법 제363조 제1항, 제3항). ② 회사가 주주를 인식할 때 기명주식은 주주명부를 통해 인적 동일성만 확인하지만, 무기명주식은 주주가 주권을 소지해야만 권리를 행사할 수 있고 권리행사일 1주 전에 주권을 회사에 공탁해야 한다(개정 전 상법 제358조, 제368조 제2항). ③ 기명주식의 주주는 주권불소지제도를 이용할 수 있지만(개정 전 상법 제358조의2), 무기명주

2) 이에 반해 사채는 거의 무기명식이다.

3) 개정 전 상법 제357조(무기명식의 주권의 발행) 제1항은 "무기명식의 주권은 정관에 정한 경우에 한하여 이를 발행할 수 있다."라고 규정하였고, 제2항은 "주주는 언제든지 무기명식의 주권을 기명식으로 할 것을 회사에 청구할 수 있다."라고 규정하였다. 그리고 제358조(무기명주주의 권리행사)는 "무기명식의 주권을 가진 자는 그 주권을 회사에 공탁하지 아니하면 주주의 권리를 행사하지 못한다."라고 규정하였다. 그런데 2014년 5월 20일에 개정된 상법은 제357조와 제358조를 모두 삭제하였다.

식의 주주는 주권 없이 권리증명이 불가능하므로 이용할 수 없다. ④ 기명주식의 입질에는 주권의 교부만으로 하는 약식질과 주주명부에 질권을 등록하는 등록질이 있지만, 무기명주식은 주권의 교부에 의해서만 입질해야 한다. ⑤ 기명주식을 양도하는 때에는 명의개서가 회사에 대한 대항요건이므로 회사가 주식의 이동을 파악하기 쉽지만, 무기명주식은 주권의 교부만으로 족하고 별도의 대항요건이 필요 없으므로 회사가 주식의 이동을 파악하기 어렵다. ⑥ 무기명주식의 주주는 회사에 대하여 언제든지 기명식의 주권을 발행해 주도록 청구할 수 있지만, 그 반대는 인정되지 않는다.

2. 액면주식과 무액면주식

(1) 의 의

1) 액면주식 : 액면주식이란 1주의 금액이 정관에서 정해짐은 물론 주권에도 표시되는 주식을 말하는데, 액면가는 100원 이상으로 균일해야 한다(상법 제329조 제3항). 그리하여 액면주식의 경우 액면가에 발행주식수를 곱한 금액이 자본금이 되는데(상법 제451조 제1항), 회사의 순재산이 자본금을 초과하면 이익으로 처리되고 자본금에 미달하면 결손으로 처리된다. 한편 액면주식에서 액면가를 초과하여 발행하였을 때의 초과액(Premium)은 자본준비금으로 적립해야 한다(상법 제459조 제1항).

2) 무액면주식 : 무액면주식이란 1주의 금액이 주권에 표시되지 않고 주권에는 단지 주식의 수만이 기재되는 주식이다. 그리하여 무액면주식의 경우 발행가만이 존재하는데, 회사는 이 발행가액의 2분의 1 이상으로서 이사회가 정한 금액을 자본금으로 계상해야 하고 그 나머지 잔액은 자본준비금으로 계상해야 한다(상법 제451조 제2항).[4] 한편 회사는 무액면주식을 발행할 때마다 발행가를 새로이 정해야 하는데, 이로 인해 주주의 비례적 지위는 발행주식총수에서 주주가 소유하고 있는 주식수의 비율에 따라 정해진다.

(2) 수용 과정

무액면주식은 액면주식에서 액면가 미만으로 주식을 발행하였을 때 생길 수 있는 이사의 책임 문제를 해소하기 위하여 1912년에 미국 뉴욕주 회사법이 처음 채택하였다. 무액면주식은 액면가가 없어 할인발행의 문제가 생기지 않고, 발행가액 중 일부를 잉여금으로 사용할 수 있어 회사의 재무관리에도 편리하므로 지금은 거의 모든 주가 활용하고 있다. 더욱

4) 무액면주식에서 발행가액 중 자본준비금으로 계상하는 금액을 제한하는 것은 미국법에서 유래하는 것이다.

이 일본도 2001년 상법 개정을 통해 액면주식을 없애고 무액면주식으로 일원화하였다. 이에 액면주식만을 인정하였던 상법도 기업의 재무관리상 편의성을 제고하기 위해 2011년의 개정을 통하여 무액면주식을 도입하였는데,[5] 무액면주식은 주식의 분할이나 소각이 매우 용이하다. 무액면주식은 발행할 때 발행가의 전부나 일부를 자본금으로 계상하지만, 그 이후에는 주식의 수량이 자본금의 구속을 받지 아니하므로 주식의 분할이나 소각이 자유롭기 때문이다. 다만 2011년 개정 상법은 회사가 정관을 통해 액면주식과 무액면주식 중 어느 하나를 선택하여 발행할 수 있도록 하고(상법 제329조 제1항 본문), 양자의 병행 발행은 허용하지 않고 있다(상법 제329조 제1항 단서).

(3) 상호 전환

1) 규제내용 : 회사는 정관으로 액면주식과 무액면주식 중 어느 하나만을 선택하여 발행해야 하지만(상법 제329조 제1항), 액면주식을 무액면주식으로 전환하거나 그 반대의 전환(상법 제329조 제4항) 및 반복적 전환도 얼마든지 가능하다. 그렇지만 개정 전 상법에 기초한 실무의 주식발행현황을 고려할 때 당분간은 현재의 액면주식을 무액면주식으로 전환하는 경우가 일반적일 것이다. 한편 이러한 주식의 상호전환으로 인한 자본의 변동은 허용되지 아니하므로(상법 제451조 제3항), 채권자보호절차는 필요 없다.

2) 전환절차 : 회사가 주식을 전환할 경우에는 다음과 같은 절차에 따라야 한다. 즉 ① 정관을 변경해야 한다. 회사는 정관으로 액면주식과 무액면주식 중 어느 하나만을 선택해야 하므로(상법 제329조 제1항), 발행한 주식을 전부 교체하기 위해서는 당연히 정관을 먼저 변경해야 한다(상법 제289조 제1항 제4호). 이 과정에서 정관상 발행예정주식총수는 유효하지만, 변경할 수도 있다(예: 액면주식 100주를 무액면주식 200주로 변경). ② 1개월 이상의 기간을 정하여 전환한다는 뜻과 그 기간 내에 주권을 회사에 제출할 것을 공고하고, 주주명부에 기재된 주주와 질권자에 대해서는 각별로 통지해야 한다(상법 제329조 제5항 → 제440조). 이는 전환으로 인한 권리의 변동상황을 주주들에게 알리기 위함이므로 주권을 발행하지 아니한 회사도 같은 공고를 해야 한다.[6] 이 경우 회사는 이러한 공고와 함께 미리 주주를 확정하기 위하여 주주명부의 폐쇄절차를 밟을 수도 있다(상법 제354조). ③ 주주가 제출한 액면주권에 대하여 무액면주권을 그리고 무액면주권에 대하여 액면주권을 새로이 발행·교부해야 하는데, 이 경우 구주권을 회사에 제출할 수 없는 자가 있는 때에는 이해관계인의 이

---

5) 다만 당시에도 자본시장법상의 투자회사는 예외적으로 무액면주식을 발행할 수 있었다(제196조 제1항).

6) 이철송, 285면.

의 제출을 최고하는 일정한 절차를 거쳐서 새로운 주권을 청구자에게 교부할 수 있다(상법 제329조 제5항→제442조 제1항).

3) 전환효과 : 주식을 상호 전환할 때 그 효력은 회사가 주주에게 공고하거나 통지한 공고기간이 만료하는 때에 생긴다(상법 제329조 제5항→제441조 본문). 즉 일정한 공고기간의 만료와 함께 종전의 주식과 주권은 자동적으로 실효되고, 주주는 전환된 새로운 주식의 주주가 된다. 다만 주식이 전환되더라도 회사의 자본금에는 변동이 없다(상법 제451조 제3항). 한편 액면주식을 무액면주식으로 또는 무액면주식을 액면주식으로 전환하는 과정에 일정한 하자가 있더라도 상법에 명문 규정이 없으므로 일단은 신주발행무효의 소에 관한 규정을 유추적용해야 할 것이다. 전환무효의 효력은 모든 주주에게 획일적으로 확정되어야 하고, 전환무효판결이 소급효를 가져서는 아니 되기 때문이다.

Ⅳ. 주식의 종류

1. 서 언

(1) 규제 변화

상법은 과거에 주식의 종류와 관련하여 「수종의 주식」이란 용어를 사용하였는데, 이는 이익이나 이자의 배당 또는 잔여재산의 분배에 있어서 내용이 다른 주식을 의미하는 것으로서 보통주·우선주·후배주·혼합주로 구분할 수 있었다. 상법이 수종의 주식을 발행할 수 있도록 허용한 것은 투자유인동기를 다양하게 부여함으로써 회사의 자금조달과 주주모집이 용이하도록 지원하기 위함이었다. 그런데 2011년 개정 상법은 수종의 주식을 「종류주식」으로 변경하면서 “이익의 배당, 잔여재산의 분배, 주주총회에서의 의결권의 행사, 상환 및 전환 등에 관하여 내용이 다른 종류의 주식”이라고 규정하였다. 그리하여 기업 실무에서는 과거보다 훨씬 다양한 종류의 주식을 발행할 수 있게 되었다.

(2) 발행 방법

회사는 정관으로 각 종류주식의 내용과 수를 정한 경우에 한하여 종류주식을 발행할 수 있고(상법 제344조 제2항), 발행한 경우에는 등기해야 하며, 주식청약서·주주명부·주권에도 그 내용과 수를 기재하여 공시해야 한다. 종류주식의 발행은 주주들의 중대한 이해가 걸린 문제이고, 때로는 자본충실을 해할 수도 있기 때문이다. 한편 상법은 종류주식을 매우 다양하게 인정하고 있으므로 이들을 중복하여 연계 발행할 수도 있다. 예를 들어 우선주를 의결권 없는 우선주로 하면서 상환주식으로 발행할 수도 있다.

(3) 발행 특칙

회사가 종류주식을 발행한 때에는 정관에 다른 정함이 없는 경우에도 주식의 종류에 따라 신주의 인수, 주식의 병합·분할·소각, 합병·분할로 인한 주식의 배정에 관하여 특수하게 정할 수 있다(상법 제344조 제3항). 예를 들어 의결권 있는 주식과 의결권 없는 주식에 차등을 두어 소각하는 것 등이다. 상법이 이런 특칙을 둔 것은 종류주식의 경우 보통주식과 경제적 가치가 다르므로 양자를 주식평등원칙에 따라 항상 일률적으로 취급하면 오히려 실질적인 불평등이 생기기 때문이다. 여기서 「정관에 정함이 없는 경우」에도 할 수 있다는 것은 이사회 또는 주주총회의 결의에 따라 할 수 있음을 의미한다. 다만 그러한 특수한 정함에 의해 어느 종류의 주식을 가진 주주에게 손해를 끼칠 경우에는 특수한 내용을 정한 이사회나 주주총회의 결의 외에 그 종류주식을 가진 주주들만의 주주총회(종류주주총회)의 결의를 다시 얻어야 한다(상법 제435조, 제436조).[7)]

참고판례 상법 제435조 제1항의 입법취지 등(대법원 2006. 1. 27. 선고 2004다44575,44582 판결) : [1] 상법 제435조 제1항은 “회사가 수종의 주식을 발행한 경우에 정관을 변경함으로써 어느 종류의 주주에게 손해를 미치게 될 때에는 주주총회의 결의 외에 그 종류의 주주의 총회의 결의가 있어야 한다.”고 규정하고 있는바, 위 규정의 취지는 주식회사가 보통주 이외의 수종의 주식을 발행하고 있는 경우에 보통주를 가진 다수의 주주들이 일방적으로 어느 종류의 주식을 가진 소수주주들에게 손해를 미치는 내용으로 정관을 변경할 수 있게 할 경우에 그 종류의 주식을 가진 소수주주들이 부당한 불이익을 받게 되는 결과를 방지하기 위한 것이므로, 여기서의 ‘어느 종류의 주주에게 손해를 미치게 될 때’라 함에는, 어느 종류의 주주에게 직접적으로 불이익을 가져오는 경우는 물론이고, 외견상 형식적으로는 평등한 것이라고 하더라도 실질적으로는 불이익한 결과를 가져오는 경우도 포함되며, 나아가 어느 종류의 주주의 지위가 정관의 변경에 따라 유리한 면이 있으면서 불이익한 면을 수반하는 경우도 이에 해당된다. [2] 정관의 변경결의의 내용이 어느 종류의 주주에게 손해를 미치게 될 때에 해당하는지 여부에 관하여 다툼이 있는 관계로 회사가 종류주주총회의 개최를 명시적으로 거부하고 있는 경우에, 그 종류의 주주가 회사를 상대로 일반 민사소송상의 확인의 소를 제기함에 있어서는, 정관변경에 필요한 특별요건이 구비되지 않았음을 이유로 하여 정면으로 그 정관변경이 무효라는 확인을 구하면 족한 것이지, 그 정관변경을 내용으로 하는 주주총회결의 자체가 아직 효력을 발생하지 않고 있는 상태(이른바 불발효 상태)라는 관념을 애써 만들어서 그 주주총회결의가 그러한 ‘불발효 상태’에 있다는 것의 확인을 구할 필요는 없다.

---

7) 대법원 2006. 1. 27. 선고 2004다44575·44582 판결.

2. 이익배당 등에 관한 종류주식

(1) 의 의

회사는 이익의 배당이나 잔여재산의 분배에 있어서 내용이 다른 종류주식을 발행할 수 있다(상법 제344조의2 제1항, 제2항). 주의할 것은 과거에는 보통주와 우선주 등이 수종의 주식이었고 이익이나 이자의 배당 또는 잔여재산의 분배에 관하여 내용이 다른 주식만이 종류주식이었지만, 2011년 개정 상법에서는 후자도 종류주식의 하나일 뿐이라는 점이다. 여기서 「내용이 다르다」라는 것은 이익배당이나 잔여재산분배에 있어서 보통주보다 우선하는 권리 또는 후순위의 지위를 부여하는 것을 의미하지만, 배당의 순서만이 아니라 배당금액과 배당재산의 종류 등에 관한 내용을 달리 정할 수도 있다.

(2) 발행 절차

1) 이익배당에 관한 종류주식 : 회사가 이익배당에 관한 종류주식를 발행하려면 먼저 정관에 그 종류주식의 주주에게 교부할 배당재산의 종류, 배당재산 가액의 결정방법, 배당조건 등을 정해야 한다(상법 제344조의2 제1항). 이처럼 회사가 이익배당에 관한 종류주식을 발행하는 때에는 배당재산의 종류 등도 함께 정해야 하는데, 이는 2011년 개정 상법이 기존의 금전배당과 주식배당 외에 현물배당을 허용하였기 때문이다. 따라서 여기서 「배당재산의 종류 등」을 정하라는 것은 어떠한 재산으로 배당할 것인지와 현물배당을 하는 경우에는 재산의 가액을 결정하는 방법도 명시하라는 의미로 해석해야 한다.

2) 잔여재산분배에 관한 종류주식 : 잔여재산분배에 관한 종류주식을 발행하기 위해서는 정관에 잔여재산의 종류, 잔여재산의 가액결정방법, 그 밖에 잔여재산의 분배에 관한 사항을 정해야 한다(상법 제344조의2 제2항). 그런데 잔여재산의 분배에 있어서는 주식으로 분배하는 것 자체가 있을 수 없고 현물배당을 할 수도 없으므로 잔여재산의 종류와 가액의 결정방법을 정관으로 정하라는 것은 무의미한 규정이다. 따라서 잔여재산의 분배에 있어서는 종류주식에 대한 분배의 순위와 그 내용만을 명시하면 충분하다.

(3) 전제 조건

이익배당 등에 관한 종류주식을 발행할 때 표준이 되는 주식을 보통주라고 하고, 이익배당 등에 관하여 우선적 지위가 보장되는 주식을 우선주라고 하며, 이익배당 등에 있어 보통주보다 불리하게 차등을 주는 주식을 후배주 또는 열후주라고 한다. 이 중 기업 실무에서는 보통주와 우선주만 발행되었는데, 관련된 주요 내용은 다음과 같다.

1) 보통주 : 보통주란 이익이나 이자의 배당 또는 잔여재산의 분배에 있어서 어떠한 제한이나 우선권도 주어지지 않는 주식을 말한다. 상법은 보통주란 개념을 명문으로 규정하고 있지 않은데, 이는 보통주가 주식의 원형이기 때문이다. 물론 보통주도 종류주식이라는 견해가 있지만,[8] 현행법의 문리적 해석으로는 불가하다. 다만 현행법상 보통주는 종류주식이 아니어서 다음과 같은 불합리한 문제가 생기므로 향후 입법적으로 해결해야 한다. 즉 ① 보통주에 대해서는 상법 제344조 제3항에 따른 특수한 정함을 할 수 없고, ② 상환주식을 종류주식에 한하여 발행할 수 있도록 제한함으로써 보통주는 상환주식으로 발행할 수 없으며,[9] ③ 상법 제346조 제1항은 종류주식을 다른 종류주식으로 전환할 수 있다고 규정함으로써 종류주식으로 전환할 수 있는 보통주나 보통주로 전환할 수 있는 종류주식은 발행할 수 없는 현실적인 어려움이 있기 때문이다. 한편 보통주에 대한 배당금은 일반적으로 재무제표를 승인하는 주주총회의 결의로 결정되는데, 회사에 이익이 있다고 하여 반드시 배당해야 하는 것은 아니다. 그렇지만 보통주는 회사에 이익이 있는 한 무제한의 배당 가능성이 주어지는 개방적(open-ended)인 지분이다.

2) 우선주 : 우선주란 이익배당이나 잔여재산분배에 있어서 다른 주주에 우선하여 배당이나 분배를 받을 수 있는 주식을 말하는데, 우선적 배당의 경우에는 일반적으로 액면가에 대한 비율이나 1주당 금액으로 표시된다. 즉 우선주는 다른 주식보다 많은 배당을 받는 주식이 아니라, 다른 주식보다 먼저 소정의 배당을 받는 주식을 말한다.

(가) 누적적 우선주와 비누적적 우선주 : 우선주는 당기에 이익이 없거나 부족할 경우에 부족한 배당금을 차기로 이월시켜 차기의 배당금과 합산한 후 배당을 할 수 있느냐에 따라 누적적 우선주와 비누적적 우선주로 구분된다.

(나) 참가적 우선주와 비참가적 우선주 : 우선주의 경우 우선주로서 소정의 배당을 먼저 받고 난 후에 다시 잔여이익의 배당에 참가할 수 있느냐에 따라 참가적 우선주와 비참가적 우선주로 구분된다.[10] 이 경우 참가형태는 다양하게 정할 수 있지만, 보통은 우선주의 배당을 초과하는 보통주의 배당과 동률의 배당을 받게 한다.[11]

---

8) 권종호, "종류주식의 쟁점과 과제", 51면; 김순석, 28~29면; 박철영, "종류주식의 활용과 법적 과제 -의결권제한주식을 중심으로-", 36면; 이승환, "종류주식의 활용방안에 관한 고찰", 45면 등.

9) 다만 이 문제는 좀 더 신중히 결정해야 한다. 보통주에 대하여 상환조건을 붙일 수 있도록 허용하면 이른바 초기 형태의 포이즌 필로 악용될 수 있으므로 보통주는 상환주식으로 발행할 수 없도록 하려는 개정상법의 취지(법무부, 「상법 회사편 해설」, 148면)도 함께 고려해야 하기 때문이다.

10) 2011년에 상법이 개정되기 전에는 기업 실무에서 주로 배당금에 관한 우선주를 발행하였는데, 이러한 이익배당우선주에 대해서는 의결권을 부여하지 않을 수도 있었다(개정 전 상법 제370조).

11) 이철송, 292면.

(다) **구형 우선주와 신형 우선주** : 기업 실무상 우선주는 구형 우선주와 신형 우선주로 구분할 수 있다. 전자는 최저배당률을 정한 신형 우선주에 대비되는 것으로서 과거 기업 실무에서 발행하였던 1% 우선주 등을 그 예로 들 수 있는데, 이는 본래 의미의 우선주가 아닐 뿐만 아니라 주식평등의 원칙에도 반하였기에 1995년 개정 상법 제344조 제2항에 의해 그 발행이 금지되었다. 후자는 최저배당률을 그 전제로 하는 우선주인데, 회사채형 우선주라고도 한다. 그런데 이에 대해서는 그동안 ① 최저배당률의 의미가 불명확하여 변동배당률부 우선주의 발행이 금지되는 것으로 인식되는 점, ② 최저배당률을 높게 정한 경우에는 우선주의 발행이 사실상 불가능한 점, ③ 최저배당률을 정관에 정하도록 한 입법례를 찾기 어렵다는 점 등이 문제점으로 지적되었다.

참고자료 **트래킹 주식(Tracking Stock)**

1) 의 의 : 트래킹 주식이란 이익배당이나 잔여재산분배청구권 등이 특정한 사업부문(또는 발행회사의 자회사)의 업적에 연동하는 주식을 말한다. 현행법상 트래킹 주식의 발행이 가능한지에 대해서는 ① 상법 제344조 제1항에서 이익배당 및 잔여재산분배에 관하여 내용이 다른 주식의 발행을 허용하고 있으므로 현행법에서도 트래킹 주식을 발행할 수 있다는 견해, ② 상법에 명문 규정이 없는 이상 발행할 수 없다는 견해가 대립하는데, 이로 인해 실무에서는 트래킹 주식의 발행을 주저하고 있다. 그런데 복수의 사업부문을 가지고 있는 기업은 전체의 시장가치가 각 사업부문의 시장가치 총액보다 낮은 때에는 업적이 양호한 사업부문에 관하여 그 실적과 연동하는 일종의 배당우선주 형태로 트래킹 주식을 발행함으로써 유리한 조건으로 자금을 조달할 수 있고, 합병 등의 경우에는 당사회사 주주의 찬성을 이끌어 내는 수단으로 활용할 수 있으며, 경영자나 종업원에 대한 보수의 한 형태로도 이용할 수 있는 실제적 유용성이 있다. 그리하여 기업 실무에서는 동 제도의 도입 논의가 꾸준히 제기되고 있다.

2) 입법례 : 트래킹 주식에 관한 주요 입법례는 다음과 같다. 즉 ① 미국에서는 일찍부터 트래킹 주식이 활용되었는데, 특히 1990년대 말에는 인터넷 붐과 주식시장의 활황에 힘입어 트래킹 주식의 발행이 매우 활발하였다. 그러나 주식시장이 정상화되고 인터넷 붐이 사라지면서 투자자들과 증권분석가들은 트래킹 주식이 매력적인 투자대상인지에 대해 회의하기 시작하였고, SEC도 트래킹 주식 발행회사의 정보공시에 대하여 불만을 표시하였다. 그렇지만 트래킹 주식은 회사를 분리하는 데 있어서 회사분할과 자회사공개 방식에 대한 대체수단으로 유용한 기능을 하기 때문에 쉽게 철폐되지는 않을 전망이다. ② 독일에서는 대체로 트래킹 주식(Spartenaktien)의 발행이 허용된다고 보고 있다. 그러나 실제로는 트래킹 주식이 거의 이용되지 않는데, 그 이유는 트래킹 주식의 도입에 장애가 되는 요건(예: 종류주주총회의 특별결의, 이른바 가변적 의결권 제도의 불인정 등) 때문인 것으로 알려져 있다. ③ 이탈리아에서는 2003년 개정민법 제2350조 제2항에 의해 주식회사의 경우 이익배당이 회사가 특정한 사업 부문에서 얻은 이익과 손실에 직접적으로 의존하는 주식(트래킹 주식)을 발행할 수 있다. 참고로 이탈리아에서는 독일에서와 같은 문제점이 제기되지 않았는데, 독일과 달리 민법 제2376조에 의하여 주주총회의 결의가 종류주주의 권리를 직접적으로 침해하는 경우에만 특별결의가 요구되기 때문이다. ④ 일본의 2001년 개정상법은 구

상법에서 배당우선주식에 한해 인정되던 정관으로 우선배당금의 상한을 정하는 것을 ⓐ 배당우선주식이 아니라 배당에 관해 내용이 다른 주식으로 하고, ⓑ 정관으로 상한액을 정할 것을 요구하고 있던 것을 상한액 기타 산정기준의 요강을 정하면 되는 것으로 하였으며, ⓒ 정관으로 이러한 정함을 할 수 있는 것은 회사성립 후에 신주를 발행하는 경우로 한정하였다(동법 제222조 제3항). 이렇게 한 이유는 먼저 ⓒ의 경우 회사설립시에는 원칙으로 되돌아가서 구체적인 배당금액을 정관으로 정하도록 해도 별 지장이 없을 것이라고 판단하였기 때문이고, ⓐ와 ⓑ는 이른바 트래킹 주식의 발행을 용이하게 하기 위함이었다.

3. 의결권 제한에 관한 종류주식

(1) 의 의

회사는 의결권이 없거나 제한되는 종류주식을 모두 발행할 수 있다(상법 제344조의3 제1항). 최근에 주식투자가 중요한 자산증식의 수단으로 부각되면서 회사경영에는 관심이 없고 오직 투자수익만을 바라는 투자자들이 늘어나고 있는데, 회사가 이들을 필요자금의 조달원으로 삼을 때에는 일정률의 이익배당만 보장해 주면 비록 의결권을 박탈하거나 제한하더라도 주주의 모집에는 별다른 지장이 없다. 즉 회사의 경영자 또는 지배주주의 입장에서는 회사에 대한 지배력의 감소 없이 자본을 조달할 수 있는 것이다. 이처럼 의결권이 없거나 제한되는 종류주식은 회사관계자 모두에게 매우 매력적인 주식으로서 오늘날 주식회사에 있어서 소유와 경영의 분리를 더욱 재촉하는 중요한 요인이 되고 있다. 한편 상장회사의 경우에는 군소주주에게 의결권 없는 주식을 발행함으로써 정족수 미달로 인해 주주총회의 성립이 좌절되는 문제를 자율적으로 해결할 수도 있다.

(2) 유 형

1) 의결권 없는 주식 : 의결권 없는 주식이란 의결권이 전면적으로 배제되는 주식을 말하는데, 과거와 달리 우선주뿐만 아니라 보통주에 대해서도 발행할 수 있다.

2) 의결권제한주식 : 의결권제한주식이란 주주총회의 결의에 있어서 일부 안건에 대해서만 의결권이 없는 주식을 말하는데(예: 이사선임에 대한 의결권제한주식, 재무제표 승인에 관한 의결권제한주식 등), 이를 발행하려면 정관에 의결권을 인정하지 않는 의안의 구체적인 내용을 정해야 한다. 한편 이와 관련하여 의결권의 수량이 축소되는 주식의 발행도 생각할 수 있지만(예를 들어 3주에 대해 1개의 의결권만 부여하는 것 등), 상법의 취지는 당사자자치를 확대하여 의결권의 전면적인 배제 또는 구체적인 제한을 정관으로 규정하도록 하는 것이므

로 수량적 제한은 포함되지 않는 것으로 보아야 한다.[12)]

3) 주의할 점 : 회사가 의결권이 없거나 제한되는 종류주식을 발행하려면 먼저 정관에 그에 해당하는 주식의 내용과 수를 정해야 하고, 특히 의결권의 일부만 제한하는 때에는 제한되는 의안의 내용을 구체적으로 규정해야 한다(상법 제344조 제2항, 제344조의3 제1항). 그런데 의결권에 관한 종류주식은 상법상 두 개의 조문이 규정하고 있어서 그들의 상호관계가 문제된다. 즉 상법 제344조 제1항은 "주주총회에서의 의결권의 행사"라고 규정하고 있고 제344조의3 제1항은 "의결권이 없거나 제한되는 종류주식"으로 규정하고 있는데, 특히 전자의 경우에는 회사가 의결권에 대하여 가할 수 있는 변형의 폭이 매우 넓어 의결권을 제한하는 것만이 아니라 일정한 특권을 부여하는 것도 이론적으로 가능하기 때문이다. 그런데 상법상 의결권이란 주주의 가장 기본적인 주주권이므로 주식평등의 원칙이 준수되어야 하고, 가능한 엄격히 해석해야 한다. 따라서 이 부분은 상법 제344조의3에 따라 의결권이 없는 종류주식과 의결권이 제한되는 종류주식만 인정되는 것으로 해석해야 한다. 즉 실무에서 요구하는 이른바 거부권부주식(황금주식)[13)]과 복수의결권주식[14)] 및 차등의결권주식[15)]은 현행 상법상 발행할 수 없는 것이다.

참고자료 복수의결권주식에 관한 특례

1) 입법취지 : 상법상 복수의결권주식은 발행할 수 없지만, 벤처기업육성에 관한 특별조치법(이하 "벤처기업법"이라고 함)은 2023년 5월 개정을 통해 주식회사인 벤처기업이 일정한 요건을 충족하는 경우에 복수의결권주식의 발행을 허용한다. 이는 자금력이 미약한 벤처기업의 창업주가 경영권 상실에 관한 두려움 없이 창업에 전념할 수 있도록 지원하기 위함이다.
2) 발행대상 : 복수의결권주식은 일정한 요건(① 주식회사인 벤처기업 설립 당시 상법 제289조 제1항에 따라 작성된 정관에 기재된 발기인일 것, ② 상법 제382조 제1항에 따라 주주총회에서 선임되고 복수의결권주식 발행 당시 회사의 상무(常務)에 종사하는 이사일 것, ③ 금고 이상의 실형을 선고받고 그 집행이

---

12) 법무부, 「상법 회사편 해설」, 137면; 이철송, 296면.
13) 주주총회의 특정한 결의사항에 관하여 특정한 종류주식의 주주들의 결의가 있어야만 효력이 발생할 경우에 그 특정한 종류주식을 거부권부주식이라고 하는데, 이는 의결권의 배제나 제한에 포함되지 않기 때문이다.
14) 하나의 주식에 둘 이상의 의결권을 부여하는 주식인데, 비교법적으로 프랑스와 미국의 일부 주회사법에서 인정하고 있다. 이는 자국 기업의 소유권이 외국자본에 넘어가는 것을 방지하거나 주식을 장기적으로 보유하고 있는 주주에게 복수의결권을 부여하여 경영권의 안정을 도모하기 위한 목적에서 활용되고 있다.
15) 이는 주식수에 따라 차등적으로 의결권을 부여하는 방법이다. 예를 들어 1,000주까지는 1주당 1의결권을 부여하고 1,001주부터 10,000주까지는 1주당 0.8의결권을 그리고 10,001주 이상의 경우에는 0.5의결권을 부여하는 방법이다. 이는 주로 적대적 인수합병에 대한 방어방법으로 활용된다.

끝나거나(끝난 것으로 보는 경우를 포함함) 면제된 날부터 2년이 지나지 아니한 자에 해당하지 아니할 것, ④ 주식회사인 벤처기업 설립 당시부터 가장 나중의 투자를 받기 전까지 계속하여 의결권 있는 발행주식총수의 100분의 30 이상으로서 가장 많은 주식을 소유한 자일 것)을 모두 갖춘 주주(창업주)에게 발행할 수 있다(벤처기업법 제16조의11 제5항). 이때 ①에서 ③까지의 요건을 모두 갖춘 자가 둘 이상인 경우에는 그들이 소유한 주식을 합산하여 주식회사인 벤처기업 설립 당시부터 가장 나중의 투자를 받기 전까지 계속하여 의결권 있는 발행주식총수의 100분의 50 이상으로서 가장 많은 주식을 소유한 경우에는 그 각각을 제5항에 따른 창업주로 본다(동조 제6항).

3) 발행요건 : 주식회사인 벤처기업은 일정한 요건[① 대통령령으로 정하는 특수관계인에 해당하지 아니하는 자로부터 창업 이후 대통령령으로 정하는 금액 이상의 투자를 받았을 것. 이 경우 가장 나중에 받은 투자가 대통령령으로 정하는 금액 이상이어야 한다. ② ①의 후단의 투자를 받음에 따라 제16조의11 제5항에 따른 창업주가 같은 항 제4호에서 정하는 기준에 해당하는 주식을 소유하지 아니하게 될 것(제6항에 따른 창업주인 경우에는 같은 항에서 정하는 기준에 해당하는 주식을 소유하지 아니하게 될 것을 말함)]을 모두 갖춘 경우 상법 제369조에도 불구하고 존속기간을 10년 이내의 범위에서 정관으로 정하는 바에 따라 주주총회의 결의로 복수의결권주식을 발행할 수 있다(벤처기업법 제16조의11 제1항). 다만 이를 위하여 당해 벤처기업은 일정한 사항(① 일정한 경우 복수의결권주식을 발행할 수 있다는 뜻, ② 복수의결권주식을 받을 자의 자격요건, ③ 복수의결권주식의 발행절차, ④ 발행할 복수의결권주식의 총수, ⑤ 복수의결권주식의 1주당 의결권의 수, ⑥ 복수의결권주식의 존속기간, ⑦ 일정한 경우 복수의결권주식은 보통주식으로 전환된다는 뜻)을 정관으로 정해야 하고(동조 제2항), 발행에 관한 주주총회의 결의에서도 일정한 사항(① 복수의결권주식을 받을 자의 성명, ② 복수의결권주식을 받을 자에 대하여 발행할 수량, ③ 복수의결권주식 1주의 금액, ④ 복수의결권주식의 납입에 관한 사항)을 정해야 한다(동조 제3항). 이러한 정관의 변경이나 주주총회의 결의는 의결권 있는 발행주식총수의 4분의 3 이상의 수로써 하여야 한다(동조 제4항).

4) 의결권수 : 복수의결권주식에 있어서 의결권의 수는 1주마다 1개 초과 10개 이하의 범위에서 정관으로 정하여야 한다(벤처기업법 제16조의11 제7항). 그러나 일정한 사항(① 복수의결권주식의 존속기간 변경을 위한 정관의 변경에 관한 사항, ② 상법 제388조에 따른 이사의 보수에 관한 사항, ③ 상법 제400조에 따른 이사의 회사에 대한 책임의 감면에 관한 사항, ④ 상법 제409조 제1항, 제415조 및 제542조의10에 따른 감사의 선임 및 해임에 관한 사항, ⑤ 상법 제438조에 따른 자본금 감소의 결의에 관한 사항, ⑥ 상법 제462조 제2항에 따른 이익배당에 관한 사항, ⑦ 상법 제518조에 따른 해산의 결의에 관한 사항, ⑧ 상법 제542조의12에 따른 감사위원회위원의 선임 및 해임에 관한 사항) 중 어느 하나에 해당하는 사항을 결의하는 경우에는 1주마다 1개의 의결권만을 갖는다(벤처기업법 제16조의13).

5) 주식전환 : 복수의결권주식은 다음 중 어느 하나에 해당하는 경우 그 각각에서 정한 날에 같은 수의 보통주식으로 전환된다. 즉 ① 복수의결권주식의 존속기간이 만료된 경우에는 「만료일의 다음 날」, ② 창업주가 복수의결권주식을 상속하거나 양도한 경우에는 「상속일이나 양도일」, ③ 창업주가 제16조의11 제5항 제2호에 따른 이사의 직을 상실한 경우에는 「상실일」, ④ 주식회사인 벤처기업이 자본시장법 제8조의2 제4항 제1호에 따른 증권시장에 상장된 경우에는 「해당 벤처기업이 상장된 날부터 3년이 지난 날(복수의결권주식의 존속기간이 그 전에 만료되는 경우에는 그 만료일의 다음 날로 함)」, ⑤ 주식회사인 벤처기업이 공정거래법 제31조 제1항에 따라 공시대상기업집단 지정 사실의 통지를 받거나 같은 법 제32조

제1항에 따라 공시대상기업집단 국내 계열회사 편입의 통지(같은 법 제33조에 따라 공시대상기업집단의 국내 계열회사 또는 특수관계인으로 편입·통지된 것으로 보는 경우를 포함함)를 받은 경우에는 「통지일」, ⑥ 주식회사인 벤처기업이 공정거래법 제32조 제1항에 따라 공시대상기업집단의 국내 계열회사로 편입되어야 할 사유가 있음에도 불구하고 대통령령으로 정하는 경우에 해당하여 제외 통지를 받은 경우에는 「통지일」에 같은 수의 보통주식으로 전환된다(벤처기업법 제16조의12 제1항). 한편 복수의결권주식이 허위 또는 부정한 방법으로 발행된 경우에는 그 「발행일」에 같은 수의 보통주식으로 발행된 것으로 보는데(동조 제2항), 이는 허위 또는 부정한 방법으로 발행되었음을 누가 어떠한 방법과 절차에 따라 증명하는지와 그 증명이 이루어지기 전에 복수의결권주식을 전제로 행해진 결의의 효력은 어떻게 되는지 등에 관한 문제점이 내포되어 있어 합리적 해석과 입법적 보완이 필요하다.

6) 대체납입 : 창업주는 주주총회에서 총주주의 동의로 결의한 경우에는 대통령령으로 정하는 바에 따라 보통주식으로 복수의결권주식에 대한 납입을 할 수 있는데, 이 경우에는 자기주식의 취득에 관한 상법 제341조와 특정목적에 의한 자기주식의 취득에 관한 제341조의2 및 현물출자의 검사에 관한 제422조는 적용되지 아니한다(벤처기업법 제16조의11 제8항).

(3) 발 행

1) 발행방법 : 회사가 의결권이 없는 종류주식이나 의결권이 제한되는 종류주식을 발행하는 경우에는 정관에 의결권을 행사할 수 없는 사항과 의결권의 행사 또는 부활의 조건을 정한 경우에는 그 조건 등을 정해야 한다(상법 제344조의3 제1항). 주의할 것은 의결권이 없거나 제한되는 종류주식도 기타의 주주권은 제한 없이 행사할 수 있다는 점이다. 더욱이 상법은 일정한 경우 의결권 없는 주식을 가진 주주에게도 의결권의 행사를 인정하고 있다. 즉 ① 의결권 없는 주식을 가진 주주라도 해당 우선주의 종류주주총회에서는 의결권을 행사할 수 있고, ② 회사의 분할합병 승인결의에 있어서는 의결권 없는 주식을 가진 주주도 의결권을 행사할 수 있다(상법 제530조의3 제3항).

2) 발행제한 : 의결권이 없는 종류주식이나 의결권이 제한되는 종류주식은 발행주식총수의 4분의 1을 초과하여 발행할 수 없으므로, 초과하여 발행한 경우 회사는 지체없이 그 제한을 초과하지 않도록 필요한 조치를 해야 한다(상법 제344조의3 제2항). 즉 상법은 법정허용한도를 초과하여 발행한 의결권이 없거나 제한되는 종류주식도 무효가 아님을 그 전제로 하고 있다.[16] 여기서 「필요한 조치」란 회사가 의결권이 없거나 제한되는 주식의 일부를 소각하거나 새로이 의결권 있는 주식을 발행하여 의결권이 없거나 제한되는 주식의 비율을 발행주식총수의 4분의 1 이하로 줄이는 것을 의미한다. 이처럼 상법이 의결권이 없거나 제한되는 주식의 발행과 관련하여 그 한도를 규제하는 것은 만약 의결권이 없거나 제한되는

16) 송옥렬, 802면; 이철송, 298면; 임재연(Ⅰ), 401면; 정동윤, 451면.

종류주식을 지나치게 광범위하게 인정하게 되면 의결권 있는 소량의 주식만을 가지고 회사를 지배하는 폐단이 발생할 수 있기 때문이다.

3) 제한예외 : 상법은 의결권이 없거나 제한되는 주식의 발행 한도를 규제하고 있지만, 특별법령에는 이에 관한 중대한 예외가 있다. 즉 ① 상장회사나 신규로 상장하기 위하여 주권을 모집·매출하는 법인이 외국에서 주식을 발행하는 경우나 국민경제상 중요산업을 영위하는 법인이 금융위원회의 승인을 얻은 경우에는 예외적으로 발행주식총수의 2분의 1까지 의결권 없는 주식을 발행할 수 있다(자본시장법 제165조의15 제1항, 제2항). ② 정부가 일정한 금융기관(ⓐ 부실금융기관, ⓑ 부실금융기관을 합병하거나 그 영업을 양수하는 금융기관, ⓒ 금융산업의 구조개선에 관한 법률 제14조 제2항에 따른 금융위원회의 계약이전의 결정에 따라 계약이전을 받는 금융기관)에 출자하는 경우 그 금융기관은 상법 제370조 제2항 및 자본시장법 제165조의15 제2항에 따른 한도를 초과하여(사실상 무제한으로) 의결권 없는 주식을 발행할 수 있다(금융산업구조개선법 제13조).

(4) 조 건

상법 제344조의3 제1항은 "의결권의 행사 또는 부활의 조건을 정한 경우에는 그 조건을 정해야 한다."라고 규정하고 있다. 이는 반드시 조건을 정해야 한다는 것이 아니라, 정관으로 그러한 조건들을 둘 수 있다는 의미이다. 여기서 「행사의 조건」이란 의결권이 없거나 제한되는 주식을 가진 주주가 특정한 의안에 대하여 의결권을 행사할 수 있는 조건을 의미한다(예: 의결권 없는 우선주를 가진 주주가 우선적 이익배당을 포기하면 의결권을 행사할 수 있다는 것 등). 그리고 「부활의 조건」이란 과거에 상법 제370조 제1항 단서에서 규정하고 있던 의결권의 부활을 그 예로 들 수 있는데,[17] 현행법에서는 이러한 조건을 비롯하여 더욱 다양한 조건을 붙일 수도 있다.

4. 주식의 상환에 관한 종류주식

(1) 의 의

1) 개 념 : 상환주식(Redeemable Stock; Callable Stock)이란 주식을 발행할 때부터 장차 회사의 이익으로써 상환하여 소멸시킬 것이 예정된 종류주식을 말하는데(상법 제345조), 이

17) 구체적으로 의결권 없는 주식에 관하여 정관에서 정한 우선적 배당을 하지 않는다는 주주총회의 결의가 있으면 그 총회의 다음 총회부터 다시 우선적 배당을 한다는 결의가 있는 주주총회의 종료일까지는 의결권 없는 주식을 가진 주주도 의결권을 행사할 수 있었다(개정 전 상법 제370조 제1항 단서).

는 회사의 자금운용상 편의를 위해 마련된 제도이다. 즉 회사의 내부자(Insider)는 자금조달을 위해 국외자, 즉 경영권 밖에 있는 투자자를 상환주식을 통해 주주로 끌어들인 후에 자금사정이 호전되면 그를 축출하여 회사의 경영권을 안정시킬 수 있는 것이다. 그렇지만 경우에 따라서는 상환받는 것이 주주에게 이로울 수도 있다.

2) 특 징 : 상환주식의 주요 특징은 다음과 같다. 즉 ① 과거에는 이익배당우선주에 대해서만 상환주식을 발행할 수 있었지만, 현행법에서는 다른 종류주식에 대해서도 상환주식을 발행할 수 있다. ② 과거에는 회사가 상환권을 갖는 상환주식만 발행할 수 있었지만, 현행법에서는 주주가 상환청구권을 갖는 상환주식도 발행할 수 있다. ③ 과거에는 상환주식을 이익배당우선주에 상환권이 부가된 것으로만 취급하여 주식의 종류로 보지 않았지만, 현행법에서는 상환주식을 별도의 종류주식으로 규정하고 있으므로 그들만의 종류주주총회도 얼마든지 가능하다. ④ 상환주식은 종류주식에 국한하여(다만 상환주식과 전환주식은 제외함) 발행할 수 있으므로 보통주의 경우에는 상환주식으로 발행할 수 없는데, 이는 경영권의 방어를 위한 포이즌 필로 악용되는 것을 방지하기 위함이다. 그렇지만 배당에 관한 보통주식이 의결권이 없거나 제한되는 경우에는 예외적으로 상환주식으로 발행할 수 있는데,[18] 이는 상법 제345조 제5항에서 말하는 종류주식이기 때문이다.

> **참고자료 포이즌 필(Poison Pill)**
>
> 회사가 그 주주들에게 회사의 신주 또는 자기주식을 시가보다 저렴한 가격으로 매수할 수 있는 콜 옵션(Call Option)을 부여하는 것으로서 Shareholder Rights Plan이라고도 한다. 이는 주식과 분리하여 이전될 수 없으며 주로 경영권 방어방법으로서 유용하게 사용되는데, 보통 회사가 포이즌 필을 발행할 때에는 적대적 매수자가 이를 행사할 수 없는 조건을 붙이기 때문이다. 그리하여 적대적 매수자가 회사의 경영권에 위험을 줄 정도(보통 20%의 지분을 취득할 경우)로 주식을 취득한 경우(triggering event)에 포이즌 필을 부여받은 주주가 이를 행사하여 회사의 신주 또는 자기주식을 취득한다. 그런데 이러한 포이즌 필은 주주의 신주인수권을 해하고 주식평등의 원칙에 반하는 내용을 담고 있으므로 현행 상법에서는 발행할 수 없다(수원지방법원 안산지원 2010. 3. 25.자 2010카합50 결정 참조).

(2) 발행 방법

1) 대 상 : 상환주식은 상환주식과 전환주식을 제외한 다른 종류주식에 한하여 발행할 수 있다(상법 제345조 제5항). 즉 상환주식은 이익배당에 관한 종류주식과 잔여재산분배에 관한 종류주식 및 의결권의 배제·제한에 관한 종류주식의 경우에만 발행할 수 있다(구체적

---

18) 이철송, 300면.

으로 ① 회사가 상환권을 갖는 이익배당 또는 잔여재산분배에 관한 종류주식, ② 회사가 상환권을 갖는 의결권이 없거나 제한되는 종류주식, ③ 주주가 상환청구권을 갖는 이익배당 또는 잔여재산분배에 관한 종류주식, ④ 주주가 상환청구권을 갖는 의결권이 없거나 제한되는 종류주식 등 4가지 유형의 8가지 방법이 있음). 그런데 ②의 경우에는 회사가 굳이 상환할 필요가 없으므로 실제로는 거의 발행되기 어려울 것이다.

2) 유 형 : 상환주식은 회사가 상환권을 갖는 주식(회사상환주식)과 주주가 상환청구권을 갖는 주식(주주상환주식)으로 구분할 수 있는데, 각각의 경제적 기능이 다르다. 즉 전자의 경우 회사가 주식을 발행하여 자금을 조달한 후 자금사정이 호전되면 그 주식을 상환함으로써 종전의 소유구조를 회복하는 수단으로 활용할 수 있는데, 이는 특히 우선주를 상환주식으로 할 때 더욱 그러하다. 후자의 경우 주주는 상환청구기간 내에 회사의 경영상태를 확인한 후 투자를 용이하게 회수할 수 있으므로 주식투자에 대한 위험성을 줄일 수 있는데, 회사는 이 점을 이용하여 보다 쉽게 자금을 조달할 수 있다.

(3) 발행 절차

1) 발행요건 : 상환주식은 정관에 규정이 있어야 발행할 수 있는데, 정관에는 회사가 이익으로써 소각할 수 있다는 뜻과 상환가액·상환기간·상환방법 및 상환할 주식의 수를 정해야 한다(상법 제345조 제1항). 상환주식의 상환은 다른 주주들의 배당가능이익을 감소시키므로 정관에 의한 명문의 수권을 요구하는 것이다. 한편 정관에 규정이 있다면 상환주식도 일반 신주발행절차에 따라 이사회결의로 발행할 수 있다(상법 제416조).

2) 상환가액 : 상환가액이란 상환주식을 상환하는 대가로서 회사가 주주에게 지급하는 금액을 말한다. 상환가액은 특정한 금액으로 정할 수도 있고, 액면가액과 발행가액 및 상환시점에 있어서의 시가 등과 같은 일정한 기준으로 정할 수도 있다. 주의할 것은 상환가액이 지나치게 고액일 경우에는 다른 주주들의 이익배당청구권을 침해할 수 있으므로 당해 상환주식의 발행무효사유가 될 수 있다는 점이다.

3) 상환기간 : 회사는 상환기간(회사상환주식)과 상환청구기간(주주상환주식)을 정해야 한다. 이 중 전자는 회사에 의한 상환이 이루어져야 하는 기간으로서 대체로 시기와 종기를 정하지만, 실무적으로는 시기의 설정이 가장 중요하다. 후자의 경우에는 동 기간 내에 주주의 상환청구가 없으면 상환청구권이 소멸하지만, 주주가 상환청구를 하더라도 때로는 상환이 어려울 수 있다. 상환의 재원이 바로 배당가능이익이기 때문이다.

4) 상환방법 : 회사는 상환방법(강제상환 또는 임의상환)을 정해야 하는데, 이는 회사상환주식의 경우에만 적용된다. 이러한 제한을 둔 것은 상환주식의 상환은 다른 주주들의 배당가능이익을 감소시키므로 정관에 의한 명문의 수권이 필요하기 때문이다. 한편 회사는 상환재원에 관한 사항도 함께 정해야 하는데, 상법상 금전상환 외에 현물상환도 허용되므로 구체적으로 어떠한 재산으로 상환할 것인지를 정해야 한다.

5) 상환공시 : 상환주식은 주주들의 이해관계에 매우 중요한 의미가 있다. 따라서 회사가 상환주식을 발행할 때에는 주식청약서에 정관에서 정한 상환조항을 기재해야 하고(상법 제302조 제2항 제7호, 제420조 제2호), 등기해야 한다(상법 제317조 제2항 제6호).

(4) 상환 절차

1) 상환결정 : 상환주식의 경우에는 그 유형에 따라 상환결정절차가 다르다. 즉 ① 회사상환주식의 경우에는 정관에 의하는 한 이사회의 결의로 할 수 있지만, 그 재원을 이익처분안에 포함시켜 주주총회의 승인을 받아야 한다(상법 제449조 제1항, 제462조 제2항). ② 주주상환주식의 경우에는 주주의 상환청구가 있어야 하지만, 주주의 상환청구가 있다고 하여 회사가 무조건 상환해야 하는 것은 아니다. 회사가 상환자금으로 활용할 수 있는 배당가능이익이 사내에 유보되어 있어야 상환할 수 있기 때문이다.

2) 통지·공고 : 상환주식 중 회사상환주식의 경우에는 상환대상인 주식의 취득일부터 2주 전에 그 사실을 그 주식의 주주 및 주주명부에 적힌 권리자에게 따로 통지해야 하는데, 이는 공고로 갈음할 수 있다(상법 제345조 제2항). 여기서 「주식의 취득일」이란 상환의 효력발생을, 「그 주식의 주주」란 주주명부상의 주주를, 「주주명부에 적힌 권리자」란 등록질권자를 의미하는 것으로 해석해야 한다. 그런데 상법은 기명주식을 근간으로 주주명부를 통해 인식 가능한 주주와 질권자에 대해서는 통지하도록 하고, 명의개서 미필자 등에 대해서는 공고하도록 규정하고 있다(상법 제418조 제3항, 제419조 제1항, 제440조). 이를 고려할 때 주주와 주주명부에 적힌 권리자에 대한 통지를 공고로 대체할 수 있도록 한 것은 합리성이 부족하므로, 실무적으로는 통지하는 것이 바람직하다.

3) 상환시기 : 회사상환주식은 정관에서 정한 상환기간 내에 상환해야 하고, 주주상환주식은 주주가 청구한 때에 상환해야 한다. 그렇지만 이익이 없으면 상환할 수 없으므로 상환이 지연될 수도 있는데, 이 경우에는 회사나 이사가 손해배상책임을 지지 않는다. 다만 상환주식을 발행하면서 회사가 상환능력에 관하여 투자자를 기망하거나 부실한 정보를 제공한 때에는 회사가 불법행위책임을 지고, 이사가 상법 제401조에 의한 책임을 질 수도 있

다. 한편 상환할 경우에도 주금액의 일부에 대한 상환은 인정될 수 없고(주식불가분의 원칙), 상환주식 상호간에는 주식평등의 원칙이 적용되어야 한다.

4) 상환재원 : 상환주식에 있어서 상환은 그 유형에 상관없이 반드시 이익으로써만 해야 한다(상법 제345조 제1항). 그리하여 상환으로 인해 발행주식수는 감소하나 자본금에는 변동이 없으므로 상환할 때 자본금감소절차(상법 제438조 이하)나 채권자보호절차(상법 제232조)를 밟을 필요가 없다. 그런데 상법은 회사상환주식에 대해서만 상환재원에 관한 규정을 두고 있고, 주주상환주식에 대해서는 관련 규정을 두고 있지 않다. 그리하여 후자의 경우에는 회사의 일반재산으로도 상환할 수 있는 것으로 오해할 수 있는데, 만약 이렇게 상환한다면 자본금감소의 절차를 밟아야 하므로 상환주식 제도의 본지가 무색해진다. 따라서 후자의 경우도 이익으로써만 상환할 수 있다고 해석해야 한다. 한편 상환가액도 정관에서 정한 바에 따르는데, 반드시 금액으로 정할 필요는 없고 시가나 인수가액 등 구체적인 상환가액을 정할 수 있는 기준만 정해도 된다.

5) 현물상환 : 상환주식의 상환에는 현물상환도 허용된다. 즉 회사는 상환대가로 현금 외의 유가증권이나 그 밖의 자산(예: 발행회사의 사채, 모회사 또는 자회사의 주식과 사채, 계열회사의 주식과 사채 등)을 교부할 수 있다(상법 제345조 제4항 본문). 이 경우 현물은 발행회사의 종류주식을 제외하고는 제한이 없으므로, 자기주식인 보통주는 주주에게 상환대가로 교부할 수 있다. 또한 명문 규정은 없지만, 상환가액의 일부는 금전으로 나머지 일부는 현물로 교부하는 것도 가능하다. 다만 정관에 정하지 않은 상태에서 회사가 현물상환을 결정하거나 주주의 상환청구를 받은 단계에서 주주와의 협의를 통해 현물로 급부하는 것은 대물변제이지 상법 제345조 제4항의 현물상환이 아니다.

6) 준용규정 : 임의상환의 경우 회사는 상환을 원하는 주주들로부터 개별적으로 주식을 취득해야 하고, 강제상환의 경우에는 모든 주주에게 획일적으로 처리해야 하므로 자본금감소에서의 주식병합절차에 관한 규정을 준용해야 한다(상법 제440조, 제441조 본문). 다만 채권자보호절차는 필요하지 않으므로 상법 제441조 단서는 적용되지 않는다.

(5) 상환 효과

1) 효력의 발생시기 : 임의상환의 경우에는 회사가 상환을 위해 주주로부터 주식을 취득한 때에 그리고 강제상환의 경우에는 제440조를 준용하여 회사가 설정한 주권제출기간이 경과한 때(상법 제441조 본문)에 상환의 효력이 발생한다. 여기서 「상환의 효력이 발생한다」라는 것은 주식이 소멸함을 의미하므로 회사는 즉시 주주에게 상환대금을 지급해야 한다.

따라서 비록 상환절차가 종료되었다고 하더라도 상환대금이 지급될 때까지는 주주의 지위가 유지된다.[19] 주의할 것은 이처럼 상환으로 인해 주식이 곧바로 실효되므로, 과거처럼 회사가 자기주식을 취득·보유하는 일은 없다는 점이다.[20]

> **참고판례** **상환주식의 상환과 주주 지위의 존속 여부(대법원 2020. 4. 9. 선고 2017다251564 판결)** : 회사의 정관이나 계약에서 상환주주인 원고가 상환권을 행사한 경우 주주 지위를 상실하는 시기에 관하여 달리 정한 바가 없으므로, 원고는 상환권을 행사하였더라도 피고로부터 그 상환금을 지급받을 때까지는 여전히 회사의 주주라고 할 것이다. 따라서 상환청구권을 행사한 주주도 그 지위를 상실하기 전까지는 주주총회 결의취소의의 소를 제기할 당사자적격이 있다.

2) 미발행주식의 증가 : 회사가 상환주식을 상환하면 정관상 발행예정주식총수의 미발행 부분이 증가하는 외관이 생긴다. 그리하여 이를 다시 상환주식으로 발행할 수 있는지가 의문인데, 통설은 이를 인정하면 이중의 수권이 되고 다른 주주의 이익배당청구권을 침해하며 발행예정주식총수를 초과하는 자본이 정관변경 없이 생기는 결과가 발생하므로 허용할 수 없다고 한다. 즉 통설은 정관상 발행예정주식총수를 주주가 이사회에 그 발행을 수권한 주식수의 누적적 최대치로 보는 것이다.[21] 그런데 정관상 발행예정주식총수를 회사가 현시점에서 발행할 수 있는 주식수의 최대치로 보고, 현시점에서 발행 가능한 주식수를 계산하기 위해 발행예정주식총수로부터 차감해야 할 발행주식총수는 회사가 역사적으로 발행한 주식의 총수가 아니라 현재 발행한 주식의 총수를 의미하는 것으로 이해해야 한다며 미발행 부분의 재발행을 허용해야 한다는 견해도 있다.[22] 생각건대 통설의 우려도 일리가 있지만, 정관상 발행예정주식총수를 주주가 이사회에 발행을 수권한 주식의 누적적 최대치로 이해하면 그동안 회사가 발행하였다가 소각하거나 상환한 주식을 모두 조사하여 합산한 후 발행예정주식총수에서 차감하여 현시점에서 발행 가능한 주식수를 계산해야 하는데, 이는 현실적으로 쉽지 않다. 그리고 과거와 달리 회사를 설립할 때 발행하는 주식수를 기준으로 발행예정주식총수를 정해야 하는 제한도 없으므로 이제는 자유로이 발행예정주식총수를 정할 수 있다. 또한 과거에 발행하였던 주식을 계속하여 현존하는 것으로 가상하여 현시점에서 발행할 수 있는 주식수를 제약하는 요인으로 활용해야 할 법리적·현실적 필요성도 크지

---

19) 대법원 2020. 4. 9. 선고 2017다251564 판결.
20) 참고로 과거에는 회사가 상환주식의 상환으로 인하여 일시적으로 취득하게 되는 자기주식을 지체없이 소멸시켜야 했다(개정 전 상법 제341조 제1호, 제342조).
21) 따라서 일단 이사회가 발행하였던 주식수는 소각 등에 의해 소멸되었다고 하더라도 그 부분에 관한 수권은 기능을 다한 것이므로 재활용이 불가능하다는 것이다(鈴木竹雄, 93頁).
22) 이철송, 305면, 462~463면.

않다. 이런 점을 종합할 때 후설이 타당하다.

5. 주식의 전환에 관한 종류주식

(1) 의 의

1) 개 념: 전환주식(Convertible Share)이란 주주의 청구 또는 회사에 의해 다른 주식으로 전환할 수 있는 권리가 부여된 주식을 말하는데(상법 제346조 제1항), 여기서 「전환」이란 우선주를 보통주로 바꾸는 것처럼 주식의 종류를 교체하는 것을 의미한다. 따라서 회사가 정관의 규정에 따라 일정한 기한의 도래나 조건의 성취에 따라 다른 종류의 주식으로 자동 전환되는 주식도 발행할 수는 있지만, 이는 상법상 전환주식이 아니다.[23] 참고로 미국의 경우 대부분의 주 회사법은 우선주를 보통주로 전환하는 것만 허용하지만,[24] 상법에는 이러한 제한이 없으므로 어느 쪽이든 가능하다. 그러나 그동안 실무에서는 미국처럼 우선주를 보통주로 전환하는 경우만 발행되었다.

2) 기 능: 전환주식의 주요 기능은 다음과 같다. 즉 ① 주주전환주식은 주식시세의 변동이나 회사의 배당능력 변화에 따라 주주가 소유주식의 가치를 보존 또는 향상시키는 유용한 수단이 된다. 즉 주주는 회사의 경영실적과 주식시세를 고려하여 전환권 행사 여부를 결정할 수 있으므로 그 자체가 하나의 투자유인 동기를 제공한다. ② 회사전환주식은 회사의 자금조달을 용이하게 하고 재무관리를 탄력적으로 할 수 있도록 하며, 이익배당우선주 외의 종류주식에 대해서도 발행할 수 있으므로 때로는 유용한 경영권 방어수단으로 활용할 수도 있다. 예를 들어 의결권 있는 우선주를 무의결권주식으로 전환할 수 있는 권리를 회사가 갖는다면 적대적 매수자가 이를 취득하더라도 전환권을 행사하여 무력화시킬 수 있고, 반대로 무의결권주식을 우호세력에게 발행하였다가 경영권 다툼이 있을 때 이를 의결권 있는 주식으로 전환하여 경영권을 방어할 수도 있다.

3) 특 징: 전환주식의 주요 특징은 다음과 같다. 즉 ① 과거에는 회사가 주주전환주식만 발행할 수 있었지만, 현재는 회사전환주식도 발행할 수 있다. ② 과거에는 전환주식을 이익배당우선주에 전환권이 부가된 것으로만 이해하여 종류주식으로 보지 않았지만, 현행법은 이를 종류주식의 하나로 규정하고 있다. ③ 과거에는 전환주식의 대상이 보통주와 우

---

23) 오성근, 283면; 이철송, 305면; 임재연(Ⅰ), 419면; 정동윤, 457면; 정찬형, 736면.

24) 미국에서는 사채로 전환할 수 있는 전환주식도 발행할 수 있는데(MBCA §6.01(c)(2)(ⅱ)), 상법은 이에 관한 규정을 두고 있지 않다. 그렇지만 ① 액면주식을 사채로 전환하면 자본금 감소를 초래하고, ② 무액면주식을 사채로 전환하면 회사재산에 대한 후순위 권리(주식)를 선순위 권리(사채)로 전환하게 되므로 허용할 수 없다.

선주에 불과하였지만, 현재는 모든 종류주식을 그 대상으로 할 수 있다. 그리하여 회사는 재무관리를 탄력적으로 할 수 있게 되었고, 때로는 경영권의 유용한 방어수단으로도 활용할 수 있게 되었다. ④ 과거에는 전환주식만의 종류주주총회를 개최할 수 없었지만, 현행법에서는 전환주식만의 종류주주총회도 개최할 수 있다.

(2) 발행 절차

1) 발행요건 : 전환주식은 정관에서 종류주식을 발행할 것을 정한 경우에 한하여 이사회의 결의로 발행할 수 있다. 즉 ① 회사가 종류주식을 발행하는 경우에는 정관에서 정하는 바에 따라 주주가 인수주식을 다른 종류주식으로 전환할 것을 청구할 수 있는데(주주전환주식), 이 경우에는 전환조건과 전환청구기간 및 전환으로 인하여 발행할 주식의 수와 내용을 정해야 한다(상법 제346조 제1항). ② 회사가 종류주식을 발행하는 경우에는 정관에 일정한 사유가 발생할 때 회사가 주주의 인수주식을 다른 종류주식으로 전환할 수 있음을 정할 수 있는데(회사전환주식), 이 경우에도 회사는 전환사유·전환조건·전환기간 및 전환으로 인하여 발행할 주식의 수와 내용을 정해야 한다(상법 제346조 제2항). 주의할 것은 후자의 경우에는 정관에서 정한 사유가 발생해야만 회사가 전환할 수 있으므로 그러한 전환사유를 정관에 구체적으로 정해 두어야 한다는 점이다.

2) 발행방법 : 상법은 종류주식을 다양하게 인정하고 있으므로 회사는 이를 전제로 다양한 조합의 전환주식을 발행할 수 있다. 예를 들어 보통주의 경우에는 이익배당종류주식·잔여재산분배종류주식·의결권배제주식·의결권제한주식·회사상환주식·주주상환주식·회사전환주식·주주전환주식 등으로 다양한 전환주식을 발행할 수 있다. 즉 보통주의 경우 전환 후의 주식이 보통주만 아니라면 그 어떠한 종류주식에 대해서도 전환에 따른 신주식으로 발행할 수 있는데, 이러한 논리구조는 다른 종류주식의 경우에도 모두 동일하게 적용된다. 다만 상환주식을 전환주식의 대상으로 할 경우에는 "상환주식은 상환과 전환에 관한 것을 제외한 종류주식에 한하여 발행할 수 있다."라는 상법 제345조 제5항과 충돌되는데, 동 조항이 전환주식을 상환주식으로 발행할 수 없도록 하는 것은 전환주식을 상환주식으로 할 경우 전환권이 무의미해지기 때문이다. 그런데 상환권의 유무를 전환주식의 대상으로 하는 것은 이와 관계가 없으므로 허용해야 한다.

3) 전환조건 : 회사가 전환주식을 발행하는 때에는 전환조건을 정해야 하는데, 이와 관련하여 상법 제348조는 "전환으로 인하여 신주식을 발행하는 경우에는 전환 전의 주식의 발행가액을 신주식의 발행가액으로 한다."라고 규정하고 있다. 이는 전환전주식의 총발행가

액과 신주식(전환후주식)의 총발행가액이 같아야 한다는 것으로서 자본충실을 위해 「전환조건」을 제한하는 기준이 된다. 예를 들어 우선주를 전환전주식으로 하고 보통주를 신주식으로 하여 액면가 5,000원인 주식을 발행가 6,000원에 100주 발행하였다고 가정하면, 전환전주식의 총발행가액(발행가×주식수)은 600,000원이므로 [100주×전환조건(x)×발행가(y)]의 산식에 의해 산출되는 신주식의 총발행가액도 600,000원이어야 한다. 그리하여 회사가 ① 전환조건을 1로 정하면 발행가는 6,000원이 되고, ② 전환조건을 1.1로 정하면 발행가는 5,455원이 되며, ③ 전환조건을 1.2로 정하면 발행가는 5,000원이 되고, ④ 전환조건을 1.3 이상으로 정하면 발행가는 4,615원 이하가 된다. 그런데 ④의 경우에는 액면가에 미달하는 발행이 되므로 상법 제417조에서 인정하는 경우가 아니라면 실행할 수가 없다. 즉 회사가 아무리 전환조건을 자의적으로 정하고 싶어도 제348조에 의해 결국 전환주식의 전환조건은 1과 1.2 사이로 제한될 수밖에 없는 것이다.

4) 발행공시 : 회사가 전환주식을 발행하는 때에는 주식청약서 또는 신주인수권증서에 ① 주식을 다른 종류의 주식으로 전환할 수 있다는 뜻, ② 전환의 조건, ③ 전환으로 인하여 발행할 주식의 내용, ④ 전환청구기간 또는 전환의 기간을 기재해야 하고(상법 제347조), 등기해야 하며(상법 제317조 제2항 제7호), 주주명부와 주권에도 동일한 사항을 기재해야 한다(상법 제352조 제2항). 그리고 전환주식이 전환되면 회사는 다른 종류의 주식을 발행해야 하므로 각 종류별 발행예정주식총수 중 전환으로 인하여 발행할 주식의 종류와 그 수 부분은 전환청구기간 또는 전환의 기간 내에 그 발행을 유보해야 한다(상법 제346조 제4항). 즉 장래에 정관을 변경하여 발행예정주식총수를 늘릴 것을 예정하고 전환주식을 발행하는 것은 허용되지 않는다. 한편 2011년 개정 상법은 회사전환주식을 추가하면서 정관으로 정하는 일정한 사유가 발생한 때에 한하여 전환할 수 있다고 규정하면서도 주식청약서와 신주인수권증서에 기재할 사항이나 등기할 사항에서는 이를 누락하였다. 따라서 합리적인 해석이 필요한데, 회사가 전환권을 행사할 수 있는 사유는 주주에게 매우 중대한 이해가 걸려 있으므로 명문 규정이 없더라도 회사가 그러한 사유를 주식청약서와 신주인수권증서에 기재하고 등기해야 하는 것으로 해석해야 한다.

(3) 전환 절차

1) 주주전환주식 : 주주전환주식의 경우에는 주주의 전환청구에 따라 절차가 개시된다. 구체적으로 ① 전환주식의 전환을 청구하려는 주주는 청구서 2통에 전환하고자 하는 주식의 종류와 수 및 청구연월일을 기재하고 기명날인(또는 서명)을 한 후 주권을 첨부하여 회사에 제출해야 한다(상법 제349조 제1항, 제2항). 이러한 주주의 전환청구는 주주명부의 폐쇄기

간 중에도 가능하다. ② 전환청구기간에 대한 상법상 제한은 없으므로 정관에서 자유로이 정할 수 있지만, 보통 시기와 종기를 함께 정하고 있다. ③ 주주의 전환청구권은 그 법적 성질이 형성권이므로 전환청구를 한 때에 전환의 효력이 발생한다(상법 제350조 제1항). 즉 회사의 승낙이나 신주발행절차 등이 필요하지 않고 주주는 전환된 신주의 주주가 되는데, 이 경우 구주식은 소멸하고 구주권은 실효하므로 주주는 이를 회사에 제출해야 한다(상법 제349조 제1항). ④ 전환청구권은 주주의 권리이지 의무가 아니므로 주주는 전환청구기간이 되었어도 전환청구를 하지 않을 수 있다.

2) 회사전환주식 : 회사전환주식의 경우에는 회사의 전환결정에 의해 절차가 개시된다. 구체적으로 ① 회사는 정관에서 정한 사유가 발생한 경우에만 전환할 수 있는데, 상법이 전환사유를 제한하지 아니하므로 특별히 불합리하지 않고 확정성·객관성·명확성만 인정된다면 어떠한 사유라도 자유로이 정할 수 있다.[25] ② 정관에서 정한 전환사유가 발생하였다고 하여 반드시 전환해야 하는 것은 아니고 회사의 의사결정이 필요하다. 이와 관련하여 상법 제346조 제3항은 이사회가 주주 등에게 전환사실을 통지하라고 규정하고 있는데, 이는 이사회가 통지의 주체라는 의미가 아니라 이사회가 전환에 관한 결정을 하라는 취지로 해석해야 한다. ③ 회사가 전환을 결정하면 이사회는 전환주식의 주주 및 주주명부상의 권리자에게 ⓐ 전환할 주식, ⓑ 2주 이상의 일정한 기간 내에 그 주권을 회사에 제출해야 한다는 뜻, ⓒ 그 기간 내에 주권을 제출하지 아니하면 그 주권이 무효로 된다는 뜻을 통지해야 하는데, 이는 공고로 갈음할 수 있다(상법 제346조 제3항). 이 경우 전환의 효력은 ⓑ의 주권제출기간이 끝난 때에 발생한다(상법 제350조 제1항). 주의할 것은 회사가 전자등록 제도를 채택한 때에는 위의 ⓑ와 ⓒ를 적용할 수 없다는 점이다. 즉 이 경우에는 회사가 정한 일정한 날(전환기준일)에 전자등록된 종류주식이 다른 종류주식으로 전환된다는 뜻을 공고하고 주주명부에 주주나 질권자 그 밖의 이해관계자로 기재되어 있는 자에게 통지해야 한다(전자증권법 제64조 제1항). 물론 이 경우에는 전환의 효력도 회사가 정한 전환기준일에 발생한다(전자증권법 제64조 제2항).

참고판례 **금전소비대차에서의 전환권 부여 조항의 효력(대법원 2007. 2. 22. 선고 2005다73020 판결)** : 주식회사가 타인으로부터 돈을 빌리는 소비대차계약을 체결하면서 "채권자는 만기까지 대여금액의 일부 또는 전부를 회사 주식으로 액면가에 따라 언제든지 전환할 수 있는 권한을 갖는다"는 내용의 계약조항을 둔 경우, 달리 특별한 사정이 없는 한 이는 전환의 청구를 한 때에 그 효력이 생기는 형성권으로서의 전환권을 부여하는 조항이라고 보아야 하는바, 신주의 발행과 관련하여 특별법에서 달리 정한 경우를 제외하고 신주

25) 김순석, "주식제도의 개선-종류주식을 중심으로-", 160면; 이철송, 309면.

> 의 발행은 상법이 정하는 방법 및 절차에 의하여만 가능하다는 점에 비추어 볼 때, 위와 같은 전환권 부여 조항은 상법이 정한 방법과 절차에 의하지 아니한 신주발행 내지는 주식으로의 전환을 예정하는 것이어서 효력이 없다.

(4) 전환 효과

주주전환주식의 경우에는 주주의 전환청구시에 그리고 회사전환주식의 경우에는 제346조 제3항 제2호의 기간(2주 이상)이 끝난 때에 전환의 효력이 발생한다(상법 제350조 제1항). 그리고 전자의 경우에는 전환청구일이 속하는 달의 말일부터 후자의 경우에는 그 기간이 끝나는 날이 속하는 달의 마지막 날부터 2주 이내에 본점소재지에서 전환등기를 해야 한다(상법 제351조). 그런데 이러한 전환 효과와 관련해서는 주의할 점이 있다.

1) 의결권의 제한 : 주주전환주식에서 주주의 전환청구는 주주명부의 폐쇄기간 중에도 가능하지만, 주주는 전환된 신주식을 가지고 의결권을 행사할 수 없다(상법 제350조 제2항). 즉 주주는 구주식(전환전주식)을 가지고 의결권을 행사해야 하는데, 이는 주주명부의 폐쇄기간에 전환청구가 있으면 주주구성에 예상하지 못한 변화가 생기기 때문이다.

2) 자본금의 증감 : 주주전환주식이든 회사전환주식이든 전환조건이 1 : 1인 경우를 제외하고는 전환으로 인해 자본금의 증감이 생긴다. 즉 전환조건이 1:1을 초과하면 발행주식수가 증가하여 자본금이 증가하는 결과가 생기고, 전환조건이 1:1에 미달하면 발행주식수가 감소하여 자본금이 줄어드는 결과가 생긴다. 따라서 논리적으로 후자의 경우에는 회사가 일반적인 자본금 감소에서와 마찬가지로 내부적으로는 주주총회의 특별결의를 그리고 외부적으로는 채권자보호절차를 반드시 거쳐야 한다. 그런데 2011년 개정 상법이 결손전보를 위한 자본금 감소의 특례(상법 제438조 제2항, 제439조 제2항)를 신설하였으므로 채권자보호절차를 거치지 않고 주주총회의 보통결의만 있으면 가능한 것으로 해석해야 한다.

3) 미발행주식의 증가 : 전환으로 인해 전환전주식의 종류에 관해서는 전환된 주식수 만큼의 발행예정주식총수 중 미발행 부분이 증가한다. 그리하여 이 부분에 대하여 다시 신주를 발행할 수 있는지가 문제되는데, 재발행을 인정하더라도 이사회에 대한 수권주식의 한계는 준수되므로 발행할 수 있다는 것이 통설이다. 다만 그 발행은 종전의 전환전주식의 종류에 한정되고 재차 전환주식으로 발행할 수는 없다.[26]

4) 질권의 효력 : 전환주식에 설정된 질권의 효력은 전환으로 인해 발행된 신주식에도

---

26) 이철송, 312면.

당연히 미친다(상법 제339조).

5) 이익배당 : 과거에는 상법 제350조 제3항에 의해 이익이나 건설이자의 배당에 있어서는 전환청구를 한 때가 속하는 영업연도 말에 전환된 것으로 보되, 회사가 정관에 규정을 두어 전환청구가 있은 영업연도의 직전 영업연도 말에 전환된 것으로 볼 수도 있었고, 상법 제462조의3 제5항에 의해 이를 중간배당과 그 기준일에도 준용하였다. 그런데 2020년 개정 상법은 제350조 제3항을 삭제하고 이를 준용한 제462조의3 제5항을 개정하여 신주의 발행일에 상관없이 이익배당기준일을 기준으로 하여 구주식과 신주식 모두에 동등하게 이익배당을 할 수 있도록 하였다. 이는 일부 규정이 배당기준일과 영업연도 말이 같은 경우를 전제하고 있어 해석상·실무상 불편함과 논란을 야기하고 있고, 3월 말 주주총회 집중 현상의 주된 원인이 되어 왔으므로 구주식과 신주식에 대한 동등배당을 통해 이러한 혼란을 해소하고 주주총회의 분산 개최를 독려하기 위함이다.

사례해결

(1) 주식의 유형은 액면주식과 무액면주식으로 구분할 수 있는데, 상법은 액면주식을 근간으로 하면서(즉 주식은 100원 이상 균일해야 함) 정관에 의해 무액면주식도 발행할 수 있도록 허용하고 있다. 다만 양자의 병행 발행은 허용되지 아니하므로 정관으로 어느 하나만을 선택해 발행해야 하고, 정관변경 등 일정한 절차를 거쳐서 기존 주식을 새로운 주식으로 전환해야 한다. 따라서 사안의 경우 ㈜甲의 경우 비록 이사회의 결의가 있었다고 하더라도 발행가 2,500원의 무액면주식 50만주를 발행할 수는 없다. 즉 발행하려면 ㈜甲은 먼저 정관을 변경하고 상법상의 전환절차를 경료해야 한다.

(2) 개정 전 상법상 수종의 주식이란 보통주·우선주·후배주·혼합주를 말하였는데, 기업 실무에서는 대부분 보통주와 우선주만 발행되었다. 여기서 우선주란 보통주와 비교할 때 정해진 확정배당률에 의한 선순위의 배당을 받는 주식을 말하는 것으로서 다시 누적적 우선주와 비누적적 우선주 그리고 참가적 우선주와 비참가적 우선주로 세분되었다. 따라서 사안의 경우처럼 단지 보통주보다 10% 더 배당해 주는 형식의 우선주는 개정 전 상법상 발행할 수 없었는데, 이 경우에는 이익배당률이 미확정일 뿐만 아니라 배당 역시 보통주와 동순위로 이루어지기 때문이었다. 그렇지만 2011년 개정상법의 종류주식 체제에서는 이러한 주식도 이익배당에 관한 종류주식의 하나로 발행할 수 있다.

제2관 주식의 관리와 활용

예시사례 중견 건설회사인 ㈜甲의 대주주이며 대표이사인 A는 최근 건설경기가 침체되어 영업수익이 크게 줄어들자 상무를 팀장으로 한 TF팀을 만들어 새로운 활로를 모색하도록 지시하였고, 3개월 후 TF팀은 회사 소유의 유휴부동산에 가족이 반려견과 함께 야영할 수 있는 새로운 형태의 휴양소를 만들면 좋겠다는 의견을 개진하였다. 이에 ㈜甲의 이사회는 3회에 걸친 회의를 통해 반려견 동반 휴양소를 짓기로 하고, 그에 필요한 재원은 주주배정방식으로 신주를 발행하여 조달하기로 결의한 후 이를 각 주주에게 통지하였고, ㈜甲의 주주 1,000명은 모두 사업전망이 좋다고 판단하여 각자의 지분비율에 따라 신주를 인수한 후 주식대금도 납입하였다. 이 사안과 관련하여 다음 설문에 답하시오!

(1) 모든 주주가 주식인수대금을 완납하였으나 ㈜甲은 아직 주권을 발행하지 않고 있다. 그런데 어느 날 주주 B의 채권자 C가 ㈜甲에 대하여 주권을 발행하여 B에게 교부해 줄 것을 요구하였다. 이러한 채권자 C의 청구는 정당한가?

(2) ㈜甲의 대표이사 A는 주권을 작성한 후 관리부장 D에게 전달하며 곧바로 주주들에게 주권을 교부하도록 지시하였는데, D가 잠시 자리를 비운 사이에 사무실을 찾아온 D의 고향 후배 E가 100주권 5매를 훔쳐서 그러한 사실을 모르는 지인 F에게 양도하였다. 그리고 5일 후 F가 ㈜甲의 영업소를 찾아와 명의개서를 요구하였다. 이 경우 ㈜甲은 명의개서를 해 주어야 하는가?

(3) ㈜甲의 주주 G는 회사에 대하여 주권불소지신고를 하였고, 이에 관리부장 D는 주주명부에 그 사실을 기재한 후 당해 주권을 명의개서대리인 H에게 임치하였다. 그런데 H의 관리 부주의로 인해 동 주권이 분실되었고, 이 주권을 습득한 I가 그러한 사실을 모르는 J에게 당해 주권을 양도하였다. 이 경우 동 주권에 대한 소유권은 누구에게 있는가?

(4) ㈜甲의 주주 K는 회사로부터 교부받은 주권을 금고에 보관하고 있던 중 갑자기 이사를 하게 되면서 동 주권을 분실하였고, 곧바로 법원에 공시최고를 신청하여 제권판결까지 받았다. 이 경우 주주 K는 자신의 주식을 다른 사람에게 양도할 수 있을까?

Ⅰ. 서 설

주식회사의 자본을 구성하는 단위이며 사원의 지위를 의미하는 개념인 주식은 관념적이므로 거래의 대상이 되기 위해서는 유체물인 매개체가 필요하다. 그리고 주식회사의 가장 중요한 특징은 사원(주주)의 유한책임과 주식양도의 자유성인데, 양도의 명확성과 주식의 유통성을 확보·보장하기 위해서는 법적 보호가 필요하다. 그리하여 상법은 주식을 표창하는 유가증권인 주권(Share Certificate)의 발행을 의무화하고,[27] 주식양도에 주권의 교부를

27) 이처럼 주권은 주식을 표창하는 유가증권이지만, 어음·수표와는 다음과 같은 차이가 있다. 즉 ① 주권은 이미 존재하는 주식 또는 주주권을 표창하는 것이지 주권의 작성이나 발행에 의해 주주권이 생기는 것은 아니므로 비설권증권이다. ② 주권의 효력은 그 원인관계인 주주권의 존부나 유·무효에 의해 영향을 받는 요인증권이다. ③ 주권은 일정한 법정 사항을 기재한 후 대표이사가 기명날인을 해야 하는 요식증권이나 그 요식성은 어음·수표에 비해 상당히 완화되어 있다. ④ 기명주식의 경우에는 주주명부에 의해 주주가 인식되므로 제시증권이 아니다. ⑤ 주권은 주주의 권리행사에 항상 필요하므로 회사에 반환하지 않는 비상환증권이다.

요구하고 있다. 즉 회사는 성립 후 또는 신주의 납입기일 후 지체없이 일정한 사항(상법 제356조)이 기재된 주권을 발행해야 하고(상법 제355조 제1항), 주식양도를 위해서는 당사자의 합의와 주권의 교부가 필요하다(상법 제336조 제1항). 이러한 주권은 주주의 성명이 표시되는지에 따라 기명주권과 무기명주권으로, 주권이 표창하는 주식수에 따라 단일주권과 병합주권으로 구분된다.[28] 다만 회사는 주권을 발행하는 대신에 정관에서 정하는 바에 따라 전자등록기관(유가증권 등의 전자등록업무를 취급하도록 지정된 기관을 말함)의 전자등록부에 주식을 등록할 수도 있다(상법 제356조의2 제1항).

이처럼 주식양도에서 공시가 용이하지 않아 발생하는 법률관계의 불안정성을 해결하기 위해 안출된 것이 주권이지만,[29] 다른 한편으론 주주권의 증명수단이 되기도 한다. 주식회사에서는 주식의 인수와 주금의 납입에 의해 주주가 되지만, 이는 재산권의 증명수단으로서 매우 불안정하므로 유가증권인 주권을 통해 주주권의 소재를 명확히 하는 것이다. 한편 기명주식의 경우 주주의 권리행사는 주주명부의 기재에 의해 이루어지므로 주권의 소지가 오히려 불편할 수도 있다. 주권의 분실·도난 등으로 인한 재발행의 번거로움과 타인의 선의취득에 따른 권리 상실의 위험이 있기 때문이다. 그리하여 상법은 정관에 다른 규정이 없는 한 주주가 주권을 소지하지 않을 수 있도록 허용하고(상법 제358조의2), 상실된 주권을 둘러싸고 새로운 법률관계가 형성되는 것을 막기 위해 공시최고절차를 두고 있다(상법 제360조 제1항). 또한 회사의 주식관리상 편의성을 제고하고 상환주식의 상환 등을 위해 주식의 분할·병합·소각을 인정하고 있고, 재산적 가치가 있고 양도할 수 있는 주식의 교환가치를 활용하는 방법으로 입질과 같은 담보제도를 두고 있다.

---

28) 기업 실무상 보통은 10주권이나 100주권 등 주권의 발행단위를 정관에서 정하고 있지만, 이와 다른 주권을 발행하더라도 무효인 것은 아니다(대법원 1996. 1. 26. 선고 94다24039 판결).

29) 주권과 구분할 것으로서 증권예탁증권(Depositary Receipts: DR)이 있다. 이는 1927년에 미국의 Morgan Guaranty Trust Co.가 창안한 ADR(American Depository Receipt)에서 비롯된 것으로서 현재 각국에서 널리 이용되고 있다. 증권예탁증권이란 자본시장법에 의한 증권을 예탁받은 자가 그 증권이 발행된 국가 외의 국가에서 발행하는 것으로서 그 예탁받은 증권에 관련된 권리가 표시된 것을 말한다(자본시장법 제4조 제8항). 구체적으로 주권의 발행회사는 예탁기관(은행 등)과 예탁계약을 체결하고, 예탁기관은 다시 보관기관(예탁결제원 등)과 보관계약을 체결하여 주권을 보관시킨 후 이 주권을 근거로 동액의 예탁증서를 발행한다. 그리고 이 예탁증서를 주식에 갈음하여 외국에 유통시키는데, 발행회사와 예탁기관과의 계약에 따라 예탁증서의 소지자에게 주주의 권리를 인정한다. 그렇지만 주주명부에는 예탁기관이 단일주주로 기재되고, 예탁증서의 소유자에 대한 배당금은 예탁은행을 통해 지급된다.

Ⅱ. 주식의 유통관리

1. 주권의 발행·제한

(1) 발행 의무

회사는 성립 후 또는 신주의 납입기일 후 지체없이 주권을 발행해야 한다(상법 제355조 제1항). 주식의 양도에는 주권의 교부가 필요하므로(상법 제336조 제1항), 이를 제도적으로 보장하기 위해 주권의 발행을 강제하는 것이다. 이러한 회사의 주권발행의무에 대응하여 주주는 주권발행·교부청구권을 행사할 수 있는데, 이는 일신전속적인 권리가 아니므로 주주의 채권자가 대위하여 행사할 수도 있다.[30] 주의할 것은 주권의 발행은 대표이사의 권한이므로 이사회의 결의가 필요하지 않고,[31] 우리나라에서는 상장회사를 제외하고는 대부분 주식회사가 설립 후 수년이 지나도 주권을 발행하지 않고 있으며, 전자등록제를 채택한 회사는 주권을 발행할 수 없다는 점이다(상법 제356조의2).

> **참고판례** **이사회결의 없이 대표이사가 발행한 주권의 효력(대법원 1996. 1. 26. 선고 94다24039 판결)** : 대표이사가 주권 발행에 관한 주주총회나 이사회의 결의 없이 주주 명의와 발행연월일을 누락한 채 단독으로 주권을 발행한 경우, 특별한 사정이 없는 한 주권의 발행은 대표이사의 권한이라고 할 것이고, 정관의 규정상으로도 주권의 발행에 주주총회나 이사회의 의결을 거치도록 되어 있다고 볼 근거도 없으며, 기명주권의 경우에 주주의 이름이 기재되어 있지 않다거나 또한 주식의 발행연월일의 기재가 누락되어 있다고 하더라도 이는 주식의 본질에 관한 사항이 아니므로, 주권의 무효 사유가 된다고 할 수 없다.

(2) 발행 제한

회사의 성립 전이나 신주의 납입기일 전에는 주권을 발행하지 못한다(상법 제355조 제2항). 만약 권리주가 유가증권화 되어 유통된다면 투기를 조장할 우려가 있기 때문이다. 따라서 이에 위반하여 발행한 주권은 무효이지만(상법 제355조 제3항 본문), 주권을 발행한 자에 대한 손해배상의 청구에는 영향을 미치지 아니하고(상법 제355조 제3항 단서), 주권을 발행한 발기인이나 이사에게는 과태료의 제재가 가해진다(상법 제635조 제1항 제19호). 주의할 것은 회사의 성립 전 또는 신주의 납입기일 전에 발행하여 무효인 주권은 회사의 성립 또는 신주의 납입기일의 경과로 치유되지 않는다는 점이다. 만약 이를 인정하게 되면 그 전에 이루어진 모든 권리주의 양도가 소급적으로 유효해지기 때문이다. 따라서 이런 경우에 회사는 주

30) 대법원 1982. 9. 28. 선고 82다카21 판결.
31) 대법원 1996. 1. 26. 선고 94다24039 판결.

식인수인에게 새로이 주권을 발행해야 한다.

> **참고판례** **주권발행전주식의 양도 방법(대법원 2002. 9. 10. 선고 2002다29411 판결)** : 회사 성립 후 또는 신주의 납입기일 후 6월이 경과한 경우 주권발행 전의 주식은 당사자의 의사표시만으로 양도할 수 있고, 그 주식양도계약이 해제되면 계약의 이행으로 이전된 주식은 당연히 양도인에게 복귀한다.
>
> **참고판례** **주권발행전주식의 양도 효력(대법원 2000. 3. 23. 선고 99다67529 판결)** : 주권발행 전의 주식양도라 하더라도 회사 성립 후 6월이 경과한 후에 이루어진 때에는 회사에 대하여 효력이 있으므로 그 주식양수인은 주주명부상의 명의개서 여부와 관계없이 회사의 주주가 되고, 그 후 그 주식양도 사실을 통지받은 바 있는 회사가 그 주식에 관하여 주주가 아닌 제3자에게 주주명부상의 명의개서절차를 마치고 나아가 그에게 기명식 주권을 발행하였다 하더라도, 그로써 그 제3자가 주주가 되고 주식양수인이 주주권을 상실한다고는 볼 수 없다.

2. 주권의 기재사항

주권은 요식증권이므로 일정한 사항(① 회사의 상호, ② 회사의 성립연월일, ③ 회사가 발행할 주식의 총수, ④ 액면주식을 발행하는 경우 1주의 금액, ⑤ 회사의 성립 후 발행된 주식에 관하여는 그 발행 연월일, ⑥ 종류주식이 있는 경우에는 그 주식의 종류와 내용, ⑦ 주식의 양도에 관하여 이사회의 승인을 얻도록 정한 때에는 그 규정)을 주권에 기재하고 대표이사가 기명날인 또는 서명해야 한다(상법 제356조). 그렇지만 주권은 설권증권이 아니므로 대표이사의 기명날인과 같은 본질적인 사항이 아닌 한 기재사항의 일부를 흠결하더라도 유효하지만,[32] 주권에 기재할 사항이 기재되어 있지 않거나 부실하게 기재된 때에는 이사의 책임이 발생할 뿐만 아니라(상법 제399조) 과태료의 제재도 가해진다(상법 제635조 제1항 제6호). 한편 주권에는 주주의 성명과 주권이 표창하는 주식의 수량도 아울러 기재해야 하는데, 주의할 것은 주주의 성명이 기재되어 있지 아니한 주권이라도 무효인 것은 아니라는 점이다. 기명주식도 단지 주권의 교부만으로 양도할 수 있고(상법 제336조 제1항), 주권의 점유에는 권리추정력이 주어지므로(상법 제336조 제2항), 주주의 성명을 주권에 기재하는 것은 실제적인 의미가 거의 없기 때문이다.

3. 주권의 효력발생

(1) 문제 제기

주주는 주식을 자유롭게 양도할 수 있지만, 주식양도에는 당사자 간 양도의 합의와 주

32) 대법원 1996. 1. 26. 선고 94다24039 판결.

권의 교부가 필요하다. 그리하여 상법은 회사에 대하여 주권발행의무를 부과하고 있고, 주주에게는 주권발행교부청구권을 인정하고 있다. 그런데 주권이 발행되는 실제 과정을 살펴보면 [주권의 발행에 관한 회사의 내부적 의사결정→주권의 작성 및 인쇄→주주의 성명(기명주식) 및 일련번호 기재→대표이사의 기명날인(또는 서명)→주권의 교부]의 절차로 이루어진다. 그리하여 이 과정에서 외형이 완성된 주권이 불법적으로 유통된다면 이해관계인인 주주·채권자·선의취득자 등에게 매우 복잡한 법률문제가 발생한다.

(2) 학설과 판례

주권의 불법적 유통을 둘러싼 법적 분쟁을 예방하려면 먼저 주권의 효력발생시기를 명확히 해야 한다. 이에 대해서는 ① 회사가 주권을 작성하면 그 시점부터 주권의 효력이 발생하므로 주주에 대한 교부는 권리자에 대한 인도에 지나지 않는다는 작성시설(창조설), ② 회사가 주권을 작성한 후 교부의사로 누구에 대해서든지 교부하면 주권의 효력이 생긴다는 발행시설, ③ 회사가 그 의사에 의해 주권을 주주에게 교부한 때에 비로소 주권의 효력이 발생한다는 교부시설이 있다. 생각건대 주권의 효력발생시기에 관련된 법적 안정성을 고려할 때 통설과 판례[33]의 입장인 교부시설이 타당하다. 따라서 주권이 주주에게 교부되기 전에는 비록 주권의 외형이 완전히 갖추어졌더라도 제3자가 선의취득을 할 수 없고, 주주는 여전히 회사에 대하여 주권의 발행·교부청구권을 행사할 수 있으며, 주주의 채권자는 이러한 주주의 주권발행교부청구권을 압류할 수 있다.

참고판례 **주권발행전주식의 양수와 주권발행교부청구권(대법원 1981. 9. 8. 선고 81다141 판결)** : 주권발행 전의 주식의 양도는 회사에 대한 관계에 있어서는 효력이 없고, 주권발행교부청구권은 주식과 일체로 되어 있어 이와 분리하여 양도할 수 없는 성질의 권리이므로 주권발행 전에 한 주식의 양도가 주권발행교부청구권 이전의 효과를 생기게 하지 않는다. 따라서 주권발행전의 주식양수인은 직접 회사에 대하여 주권발행교부 청구를 할 수 없고, 양도인을 대위하여 청구하는 경우에도 주식의 귀속주체가 아닌 양수인 자신에게 그 주식을 표창하는 주권을 발행 교부해 달라는 청구를 할 수는 없다.

---

33) 대법원 1977. 4. 12. 선고 76다2766 판결; 대법원 2000. 3. 23. 선고 99다67529 판결(상법 제355조의 주권발행은 같은 법 제356조 소정의 형식을 구비한 문서를 작성하여 이를 주주에게 교부하는 것을 말하고 위 문서가 주주에게 교부된 때에 비로소 주권으로서의 효력을 발생하는 것이므로 회사가 주주권을 표창하는 문서를 작성하여 이를 주주가 아닌 제3자에게 교부하여 주었다 할지라도 위 문서는 아직 회사의 주권으로서의 효력을 가지지 못한다).

4. 주식의 전자등록

(1) 개 요

상법은 주권의 발행·이전과 관련하여 전자등록제도를 허용하고 있다. 따라서 회사는 주권을 발행하는 대신에 정관에서 정하는 바에 따라 전자등록기관(유가증권 등의 전자등록 업무를 취급하도록 지정된 기관을 말함)의 전자등록부에 주식을 등록할 수 있는데(상법 제356조의2 제1항), 이 경우 전자등록부에 등록된 주식의 양도나 입질은 전자등록부에 등록하여야 그 효력이 발생한다(상법 제356조의2 제2항). 한편 전자등록부에 주식을 등록한 자는 그 등록된 주식에 대한 권리를 적법하게 보유한 것으로 추정하며, 이러한 전자등록부를 선의로 그리고 중대한 과실 없이 신뢰하고 전자등록에 따라 권리를 취득한 자는 그 권리를 적법하게 취득한다(상법 제356조의2 제3항). 이러한 전자등록의 절차·방법·효과, 전자등록기관의 지정·감독 등 주식의 전자등록에 관하여 필요한 사항은 대통령령으로 정한다(상법 제356조의2 제4항). 한편 지난 2016년 3월 22일부터 「주식·사채 등의 전자등록에 관한 법률(전자증권법)」이 제정되어 2019년 9월 16일부터 시행되고 있는데, 10개의 장과 본문 75개 조문 및 부칙으로 이루어진 동법의 주요 내용은 다음과 같다.

(2) 전자등록제도의 관리구조

1) 전자등록의 개념 : 상법 제356조의2 제1항은 「전자등록」을 "주권을 발행하는 대신에 정관으로 정하는 바에 따라 전자등록기관의 전자등록부에 주식을 등록하는 것"으로 정의하고 있지만, 전자증권법에서는 "주식 등의 종류, 종목, 금액, 권리자 및 권리 내용 등 주식 등에 관한 권리의 발생·변경·소멸에 관한 정보를 전자등록계좌부에 전자적 방식으로 기재하는 것"으로 정의하고 있다(전자증권법 제2조 제2호).[34]

---

34) 여기서 「주식 등」이란 ① 주식, ② 사채(신탁법에 따른 신탁사채 및 자본시장법에 따른 조건부자본증권을 포함함), ③ 국채, ④ 지방채, ⑤ 법률에 따라 직접 설립된 법인이 발행하는 채무증권에 표시되어야 할 권리, ⑥ 신주인수권증서 또는 신주인수권증권에 표시되어야 할 권리, ⑦ 신탁법에 따른 수익자가 취득하는 수익권(受益權), ⑧ 자본시장법에 따른 투자신탁의 수익권, ⑨ 이중상환청구권부 채권 발행에 관한 법률에 따른 이중상환청구권부 채권, ⑩ 한국주택금융공사법에 따른 주택저당증권 또는 학자금대출증권에 표시되어야 할 권리, ⑪ 자산유동화에 관한 법률에 따른 유동화증권에 표시될 수 있거나 표시되어야 할 권리, ⑫ 자본시장법에 따른 파생결합증권에 표시될 수 있거나 표시되어야 할 권리로서 대통령령으로 정하는 권리, ⑬ 자본시장법에 따른 증권예탁증권에 표시될 수 있거나 표시되어야 할 권리로서 대통령령으로 정하는 권리, ⑭ 외국법인 등(자본시장법 제9조 제16항에 따른 외국법인 등을 말함)이 국내에서 발행하는 증권(證券) 또는 증서(證書)에 표시될 수 있거나 표시되어야 할 권리로서 ①부터 ⑬까지의 어느 하나에 해당하는 권리, ⑮ ①부터 ⑭까지의 규정에 따른 권리와 비슷한 권리로서 그 권리의 발생·변경·소멸이 전자등록계좌부에 전자등록되는 데에 적합한 것으로서 대통령령으로 정하는 권리 중 어느 하나에 해당하는 것을 말한다(전자증권법

2) 전자등록기관 : 전자등록기관은 전자등록제도의 운영상 최상위 기관으로서 금융위원회 및 법무부장관으로부터 전자등록업허가를 받은 자인데(전자증권법 제5조 제1항), 주식 등의 전자등록에 관한 업무를 수행한다.[35] 따라서 전자등록기관은 일정한 요건[① 상법에 따른 주식회사일 것, ② 100억원 이상으로서 전자등록업 허가업무 단위별로 대통령령으로 정하는 금액 이상의 자기자본을 갖출 것, ③ 사업계획이 타당하고 건전할 것, ④ 권리자의 보호가 가능하고 전자등록업을 수행하기에 충분한 인력과 전산설비, 그 밖의 물적 설비를 갖출 것, ⑤ 정관 및 전자등록업무규정이 법령에 적합하고 전자등록업을 수행하기에 충분할 것, ⑥ 임원(이사 및 감사)이 금융회사지배구조법 제5조에 적합할 것, ⑦ 대주주(자본시장법 제12조 제2항 제6호 가목의 대주주)가 충분한 출자능력, 건전한 재무상태 및 사회적 신용을 갖출 것, ⑧ 대통령령으로 정하는 사회적 신용을 갖출 것, ⑨ 이해상충방지체계를 구축하고 있을 것]을 모두 충족해야 한다(전자증권법 제5조 제2항). 참고로 현재 한국예탁결제원이 유일한 전자등록기관이다.

[표 6] 전자등록제도의 계좌체계도

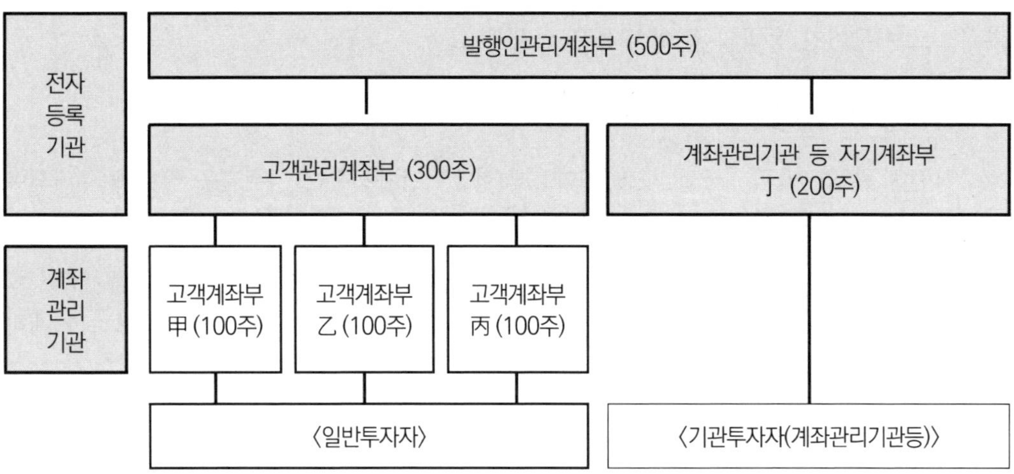

제2조 제1호).

35) 구체적으로 전자등록기관은 정관으로 정하는 바에 따라 일정한 업무[① 주식등의 전자등록에 관한 업무, ② 발행인관리계좌, 고객관리계좌 및 계좌관리기관등 자기계좌의 개설, 폐지 및 관리에 관한 업무, ③ 발행인관리계좌부, 고객관리계좌부 및 계좌관리기관등 자기계좌부의 작성 및 관리에 관한 업무, ④ 외국 전자등록기관(외국 법령에 따라 외국에서 전자등록기관의 업무에 상당하는 업무를 하는 자를 말함)과의 약정에 따라 설정한 계좌를 통하여 하는 주식등의 전자등록에 관한 업무, ⑤ 제37조에 따른 소유자명세의 작성에 관한 업무, ⑥ 전자등록주식등에 대한 권리 행사의 대행에 관한 업무, ⑦ 주식등의 전자등록 및 관리를 위한 정보통신망의 운영에 관한 업무, ⑧ 전자등록주식등의 발행 내용의 공개에 관한 업무, ⑨ 그 밖에 금융위원회로부터 승인을 받은 업무)]를 수행한다(전자증권법 제14조 제1항).

3) 계좌관리기관 : 계좌관리기관이란 전자증권법 제19조 각 호[① 자본시장법에 따른 금융투자업자로서 ⓐ 증권에 관한 투자매매업자 또는 투자중개업자, ⓑ 신탁업자(집합투자재산을 보관·관리하는 신탁업자로 한정함) 중 어느 하나에 해당하는 자, ② ⓐ 은행법에 따라 인가를 받아 설립된 은행(같은 법 제59조에 따라 은행으로 보는 자를 포함함), ⓑ 은행법 제5조에서 은행으로 보는 신용사업 부문, ⓒ 농업협동조합법에 따른 농협은행, ⓓ 한국산업은행법에 따른 한국산업은행, ⓔ 중소기업은행법에 따른 중소기업은행 중 어느 하나에 해당하는 자, ③ 한국은행법에 따른 한국은행, ④ 보험업법에 따른 보험회사, ⑤ 외국 전자등록기관, ⑥ 명의개서대행회사(자본시장법에 따른 명의개서대행회사를 말하며, 제29조에 따라 개설된 특별계좌를 관리하는 경우만 해당함), ⑦ 법령에 따른 업무를 하기 위하여 고객계좌를 관리할 필요가 있는 자로서 대통령령으로 정하는 자, ⑧ 그 밖에 업무의 성격 등을 고려하여 대통령령으로 정하는 자)]의 어느 하나에 해당하는 자로서 동법 제22조 제1항에 따른 고객계좌를 관리하는 자를 말한다(전자증권법 제2조 제7호).

4) 발행인과 권리자 : 발행인이란 전자등록의 대상이 되는 주식 등을 발행한 회사를 의미한다(전자증권법 제21조). 그리고 권리자란 전자등록된 주식 등의 주주, 사채권자, 질권자 등 이해관계를 전자등록해야 할 당사자를 말한다(전자증권법 제2조 제5호).

5) 전자등록계좌부 : 전자등록계좌부란 주식 등에 관한 권리의 발생·변경·소멸에 대한 정보를 전자적 방식으로 편성한 장부(① 전자증권법 제22조 제2항에 따라 작성되는 고객계좌부, ② 제23조 제2항에 따라 작성되는 계좌관리기관 등 자기계좌부)를 말한다(전자증권법 제2조 제3호). 따라서 전자등록기관이 작성·관리하는 발행인관리계좌부, 고객관리계좌부는 주식 등에 관한 권리의 발생·변경·소멸과 무관하므로 전자등록계좌부가 아니다.

(3) 전자등록제도의 채택절차

1) 채택방법 : 회사가 전자등록제도를 채택하려면 정관에 규정을 두어야 한다(상법 제356조의2 제1항). 즉 회사는 전자등록제도의 채택 여부를 자율적으로 정할 수 있다. 그렇다면 다양한 종류주식을 발행한 회사가 일부의 종류주식에 대해서만 전자등록제를 채택할 수 있을까? 이에 관한 명문 규정은 없지만, 주식거래의 안전을 위해 하나의 회사는 주권의 발행이든 전자등록제이든 하나의 방법만 채택할 수 있다고 보아야 한다. 한편 전자증권법에서도 전자등록제도는 원칙적으로 임의적이지만, 일정한 경우에는 그 채택이 강제된다. 즉 상장주식의 경우 대량으로 발행되고 빈번하게 유통되기 때문에 무권화의 필요성이 크므로 전자등록을 강제하고 있다(전자증권법 제25조 제1항 제1호).

2) 관리계좌의 신설 : 발행인이 전자등록의 방법으로 주식을 발행하거나 이미 발행한 주식을 주주 등 권리자로 하여금 전자등록의 방법으로 보유하게 하려면 먼저 등록기관에 발행인관리계좌를 개설해야 한다(전자증권법 제21조 제1항). 이 경우 전자등록기관은 발행인관리계좌부를 작성하는데, 동 계좌부에는 ① 발행인의 명칭 및 사업자등록번호, 그 밖에 발행인을 식별할 수 있는 정보로서 대통령령으로 정하는 정보, ② 전자등록주식등의 종류, 종목 및 종목별 수량 또는 금액, ③ 그 밖에 발행인관리계좌부에 기록할 필요가 있는 사항으로서 대통령령으로 정하는 사항을 기재해야 한다(전자증권법 제21조 제2항). 여기서 「대통령령으로 정하는 정보」란 ⓐ 발행인의 법인등록번호 또는 고유번호, ⓑ 발행인의 본점과 지점, 그 밖의 영업소의 소재지, ⓒ 발행인의 설립연월일, 업종 및 대표자의 성명, 그 밖에 이에 준하는 정보를 말하고(전자증권령 제12조 제3항), 「대통령령으로 정하는 사항」이란 ⓐ 전자등록의 사유, ⓑ 전자등록주식등의 발행일자 및 발행방법, ⓒ 전자증권법 제2조 제1호 나목 또는 마목에 따른 권리로서 동법 제59조 각 호의 요건을 모두 갖추고 전자등록된 것(단기사채등)인 경우 그 발행한도 및 미상환 발행잔액, ⓓ 그 밖에 전자등록기관이 동법 제15조에 따른 전자등록업무규정으로 정하는 사항을 말한다(전자증권령 제12조 제4항). 주의할 것은 발행인관리계좌부에 기록된 전자등록주식의 종목별 수량 또는 금액이 주주명부상 기재내용과 다를 경우에는 주주명부에 기재된 수량 또는 금액을 기준으로 한다는 점이다(전자증권법 제21조 제3항).

3) 전자등록의 신청 : 발행인은 발행인관리계좌의 개설과 함께 동 계좌에 기재된 주식이 전자등록에 의해 유통될 수 있도록 신규로 전자등록을 신청해야 한다. 주의할 것은 이러한 전자등록의 신규 신청은 회사가 최초로 전자등록제도를 채택할 때만이 아니라, 전자등록 후 신주를 발행하는 때에도 그 신주에 관해서는 신규로 전자등록을 해야 한다는 점이다(전자증권법 제25조 제1항). 이 경우 전자등록기관은 주식의 양도가 법으로 금지되어 있는 등 일정한 사유가 있으면 그 등록신청을 거부해야 한다(전자증권법 제25조 제6항. [표 7] 참조). 한편 신규로 전자등록이 이루어지면 그 이후부터 동 주식은 전자등록에 의해 거래가 이루어지므로 회사는 주권을 발행하지 못하고(전자증권법 제36조 제1항), 발행하더라도 무효이다(동조 제2항). 그리고 이미 발행된 주권은 신규 등록을 위해 정한 기준일로부터 그 효력을 잃고, 주권 상실로 공시최고절차가 진행 중인 주권은 제권판결 또는 이와 비슷한 사유가 발생한 날로부터 그 효력을 잃는다(동조 제3항).

[표 7] 전자등록기관의 등록신청 거부사유

구 분	규제 내용
제1호	① 해당 주식 등이 성질상 또는 법령에 따라 양도될 수 없거나 그 양도가 제한되는 경우, ② 같은 종류의 주식 등의 권리자 간에 그 주식 등의 권리 내용이 다르거나 그 밖에 해당 주식 등의 대체 가능성이 없는 경우, ③ 그 밖에 주식 등의 신규 전자등록이 적절하지 아니한 경우로서 대통령령으로 정하는 경우 중 어느 하나에 해당하는 경우. 여기서 「대통령령으로 정하는 경우」란 ⓐ 동법 제38조 제1항에 따른 전자등록기관을 통한 권리 행사가 곤란한 경우, ⓑ 일정한 구분(㉮ 상법 제356조의2, 제420조의4, 제478조 제3항 또는 제516조의7에 따라 전자등록하는 주식 등의 경우에는 해당 주식 등 발행인의 정관, ㉯ 그 밖의 주식 등의 경우에는 해당 주식 등의 발행과 관련된 계약·약관 또는 이에 준하는 것으로서 주식 등의 발행근거가 되는 것)에 따른 주식 등에 대하여 해당 각 목의 정관·계약·약관 등에서 양도가 금지되거나 제한되는 것으로 정하고 있는 경우, ⓒ 그 밖에 주식 등의 대체가능성이나 유통가능성, 권리행사방법 등을 고려할 때 주식 등의 신규 전자등록이 적절하지 않은 경우로서 금융위원회가 정하여 고시하는 경우 중 어느 하나에 해당하는 경우를 말함(전자증권령 제21조 제1항)
제2호	해당 주식 등을 새로 발행하거나 이미 주권 등이 발행된 주식 등을 권리자에게 보유하게 하거나 취득하게 하는 것이 법령에 위반되는 경우
제3호	이미 주권 등이 발행된 주식 등의 신규 전자등록이 신청된 경우로서 그 주권 등에 대하여 민사소송법에 따른 공시최고절차가 계속 중인 경우(이 경우 신규 전자등록의 거부는 공시최고절차가 계속 중인 주권 등에 대한 주식 등의 수량으로 한정함)
제4호	전자등록신청서 등을 거짓으로 작성한 경우
제5호	전자증권법 제26조 제4항 후단의 보완요구를 이행하지 아니한 경우
제6호	그 밖에 권리자 보호 및 건전한 거래질서 유지를 위하여 대통령령으로 정하는 경우. 여기서 「대통령령으로 정하는 경우」란 ① 주식의 신규 전자등록을 신청하는 발행인이 명의개서대행회사(자본시장법 제365조 제1항에 따라 등록한 자를 말함)를 선임하지 않은 경우, ② 그 밖에 주식 등의 발행 및 전자등록시에 발행인이 권리자 보호에 필요한 사항이나 절차를 이행하지 않는 경우 등 권리자 보호 및 거래질서 유지를 위해 필요한 경우로서 금융위원회가 정하여 고시하는 경우 중 어느 하나에 해당하는 경우를 말함(전자증권령 제21조 제2항)

4) 전자등록의 전환 : 이미 발행된 주권을 전자등록대상으로 전환할 경우에는 회사가 주권의 회수조치를 취해야 한다. 즉 회사는 신규로 전자등록을 하려는 날(기준일)의 직전 영업일을 말일로 1개월 이상의 기간을 정하여 일정한 사항(① 기준일부터 주권 등이 그 효력을 잃는다는 뜻, ② 권리자는 기준일의 직전 영업일까지 발행인에게 주식 등이 전자등록 되는 고객계좌 또는 계좌관리기관 등 자기계좌(전자등록계좌)를 통지하고 주권 등을 제출하여야 한다는 뜻, ③ 발

행인은 기준일의 직전 영업일에 주주명부 등에 기재된 권리자를 기준으로 제25조 제1항에 따라 전자등록기관에 신규 전자등록의 신청을 한다는 뜻)을 공고하고, 주주명부나 그 밖에 대통령령으로 정하는 장부(주주명부 등)에 권리자로 기재되어 있는 자에게 그 사항을 통지해야 한다(전자증권법 제27조 제1항). 여기서 「대통령령으로 정하는 장부」란 ⓐ 전자증권법 제21조 제3항 제3호에 따른 등록부, ⓑ 시행령 제13조 각 호에 따른 장부(상법 제488조에 따른 사채원부, 신탁법 제87조 제4항에 따른 신탁사채원부, 지방재정법 제12조에 따른 지방채증권원부), ⓒ 신탁법 제79조 제1항에 따른 수익자명부 중 어느 하나에 해당하는 것을 말한다(전자증권령 제22조 제1항).

(4) 전자등록계좌의 개설절차

1) 고객계좌와 고객계좌부의 개설 : 주식을 전자등록한 경우에 권리자가 되려는 자는 계좌관리기관에 고객계좌를 개설해야 한다(전자증권법 제22조 제1항). 전자등록된 주식은 주권 없이 전자등록을 통해 거래해야 하기 때문이다. 이 경우 고객계좌가 개설되면 계좌관리기관은 권리자별로 고객계좌부를 작성해야 하는데, 동 계좌부에는 일정한 사항(① 권리자의 성명 또는 명칭 및 주소, ② 발행인의 명칭, ③ 전자등록주식 등의 종류, 종목 및 종목별 수량 또는 금액, ④ 전자등록주식 등에 질권이 설정된 경우에는 그 사실, ⑤ 전자등록주식 등이 신탁재산인 경우에는 그 사실, ⑥ 전자등록주식 등의 처분이 제한되는 경우에는 그에 관한 사항, ⑦ 그 밖에 고객계좌부에 등록할 필요가 있는 사항으로서 대통령령으로 정하는 사항)을 기재해야 한다(전자증권법 제22조 제2항). 여기서 「대통령령으로 정하는 사항」이란 같은 항에 따른 고객계좌부에 전자등록된 전자등록주식 등의 수량 또는 금액이 증감하는 경우 그 증감 원인을 말한다(전자증권령 제14조).

2) 고객관리계좌와 고객관리계좌부의 개설 : 계좌관리기관은 고객계좌부에 전자등록된 전자등록주식 등의 총수량이나 총금액을 관리하기 위해 전자등록기관에 고객관리계좌를 개설해야 한다(전자증권법 제22조 제3항). 이때 고객관리계좌가 개설되면 전자등록기관은 일정한 사항(① 계좌관리기관의 명칭 및 주소, ② 전자등록주식 등의 종류, 종목 및 종목별 수량 또는 금액, ③ 그 밖에 고객관리계좌부에 등록할 필요가 있는 사항으로서 대통령령으로 정하는 사항)을 기록하여 계좌관리기관별로 고객관리계좌부를 작성해야 한다(전자증권법 제22조 제4항). 여기서 「대통령령으로 정하는 사항」이란 고객관리계좌부에 기록된 전자등록주식 등의 수량 또는 금액이 증감하는 경우 그 증감 원인을 말한다(전자증권령 제15조). 이처럼 전자등록기관이 관리하는 계좌관리기관의 고객관리계좌부에는 계좌관리기관의 개별 고객의 권리에 관

한 정보는 기재되지 않고 계좌관리기관이 고객으로부터 등록받은 주식의 종목별 수량만 기재된다. 그리하여 계좌관리기관의 고객의 권리변동은 계좌관리기관의 고객계좌에서 완결되나, 계좌관리기관이 고객으로부터 위탁받아 보유하는 수량은 전자등록기관의 고객관리계좌부의 계좌간대체에 의해 정산된다.

3) 계좌관리기관 등의 자기계좌의 개설 : 계좌관리기관인 금융투자업자 등은 고객의 위탁거래만 하는 것이 아니라, 그 자신의 계산으로 증권투자를 할 수도 있다. 따라서 계좌관리기관, 법률에 따라 설립된 기금, 그 밖에 전자등록기관에 주식 등을 전자등록할 필요가 있는 자로서 대통령령으로 정하는 자(계좌관리기관 등)가 전자등록된 주식 등의 권리자가 되려는 경우에는 전자등록기관에 계좌관리기관의 자기계좌를 개설할 수 있다(전자증권법 제23조 제1항). 이 경우 계좌관리기관의 자기계좌가 개설되면 전자등록기관은 일정한 사항(① 계좌관리기관의 성명 또는 명칭 및 주소, ② 동법 제22조 제2항 제2호부터 제6호까지의 규정에 따른 사항, ③ 그 밖에 계좌관리기관 등 자기계좌부에 등록할 필요가 있는 사항으로서 대통령령으로 정하는 사항)을 전자등록하여 계좌관리기관의 자기계좌부를 작성해야 한다(전자증권법 제23조 제2항). 여기서 「대통령령으로 정하는 자」란 ⓐ 법률에 따라 설립된 기금을 관리·운용하는 법인, ⓑ 개인, 법인 또는 단체로서 주식 등의 보유규모, 보유목적 및 해당 주식 등의 종류 등을 고려하여 금융위원회가 정하여 고시하는 자 중 어느 하나에 해당하는 자를 말하고(전자증권령 제16조), 「대통령령으로 정하는 사항」이란 계좌관리기관의 자기계좌부에 전자등록된 전자등록주식 등의 수량 또는 금액이 증감하는 경우 그 증감 원인을 말한다(전자증권령 제17조).

[표 8] 전자등록주식의 계좌개설 및 관리체계

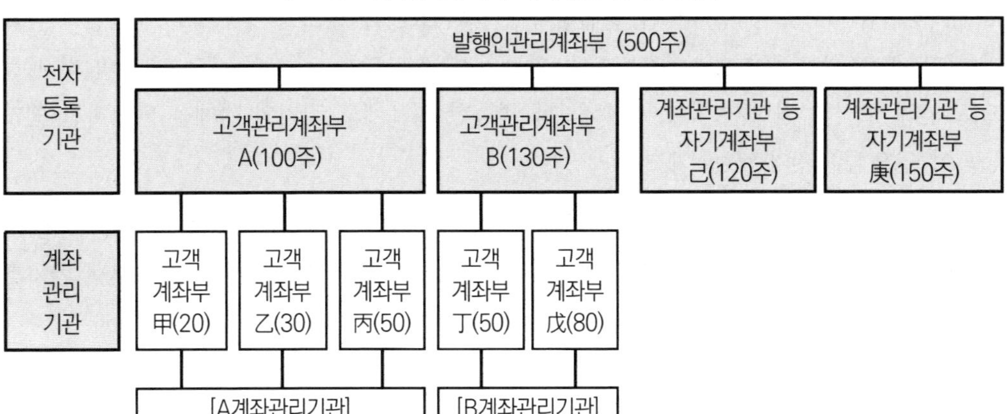

(5) 전자등록주식의 효력 등

1) 권리추정력 : 전자등록계좌부에 전자등록된 자는 해당 전자등록주식 등에 대하여 전자등록된 권리를 적법하게 갖는 것으로 추정한다(전자증권법 제35조 제1항). 이는 주권에 대하여 인정되는 권리추정력(상법 제336조 제2항)과 같은 효력이다.

2) 선의취득 : 선의로 중대한 과실 없이 전자등록계좌부의 권리내용을 신뢰하고 소유자 또는 질권자로 전자등록된 자는 해당 전자등록주식 등에 대한 권리를 적법하게 취득한다(전자증권법 제35조 제5항). 이 역시 주권의 선의취득과 같다.

(6) 전자등록주식의 권리변동

1) 주식의 양도 : 전자등록주식 등을 양도하는 경우에는 전자증권법 제30조에 따른 계좌간대체의 전자등록을 하여야 그 효력이 발생한다(전자증권법 제35조 제2항). 따라서 전자등록주식 등의 양도를 위하여 계좌간대체를 하려는 자는 해당 전자등록주식 등이 전자등록된 전자등록기관 또는 계좌관리기관에 계좌간대체의 전자등록을 신청해야 한다(전자증권법 제30조 제1항). 이처럼 현행법상 전자등록된 주식은 다른 방식으론 양도할 수 없으므로, 지명채권양도의 방식에 따른 주식양도 등은 무효이다.

2) 기타의 원인 : 상속·합병과 같은 포괄승계, 법원의 판결 기타 법률의 규정에 의해 권리가 이전되는 경우에는 그 원인된 사실의 발생으로 권리가 이전되지만, 그 권리를 승계한 자가 처분하기 위해서는 역시 자기명의의 전자등록이 필요하므로 계좌간대체를 신청해야 한다(전자증권법 제30조 제1항 제2호). 그리고 질권의 설정도 전자등록을 해야만 효력이 발생하고(전자증권법 제35조 제3항), 신탁의 경우에도 전자등록을 해야만 제3자에게 대항할 수 있다(전자증권법 제35조 제4항). 또한 질권이나 신탁의 표시를 말소할 경우에도 전자등록을 해야 한다(전자증권법 제31조, 제32조). 한편 회사의 합병과 분할, 주식의 전환, 회사의 청산 등으로 인해 주식의 권리가 이미 소멸하거나 변동한 경우에도 권리의 기재를 말소하는 전자등록이 필요하다(전자증권법 제33조).

3) 효력발생시기 : 주식양도의 경우에는 계좌간대체의 전자등록이 완료되어야 한다. 그렇다면 주식양도를 위한 계좌간대체의 전자등록은 언제 완료되는가? 이와 관련하여 전자증권법에 규정된 경우의 수는 다음과 같다(전자증권령 제25조 제4항).

㈎ 계좌관리기관의 자기계좌 간 계좌간대체의 전자등록 신청인 경우 : 이 경우 전자등록기관은 양도인의 계좌관리기관 자기계좌부에 감소의 전자등록을 해야 하고, 양수인의 계좌

관리기관 자기계좌부에 증가의 전자등록을 해야 한다(제1호).

㈏ 동일한 계좌관리기관에 개설된 고객계좌 간 계좌간대체의 전자등록 신청인 경우 : 이 경우 계좌관리기관은 양도인의 고객계좌부에 감소의 전자등록을 해야 하고, 양수인의 고객계좌부에 증가의 전자등록을 해야 한다(제2호).

㈐ 계좌관리기관의 자기계좌에서 고객계좌로의 계좌간대체의 전자등록 신청인 경우 : 이 경우 전자등록기관은 양도인의 계좌관리기관 자기계좌부에 감소의 전자등록을 해야 하고, 양수인이 고객계좌를 개설한 계좌관리기관(양수계좌관리기관)의 고객관리계좌부에 증가의 기록을 한 후 그 사실을 양수계좌관리기관에 지체없이 통지해야 한다. 그리고 양수계좌관리기관은 지체없이 통지내용에 따라 양수인의 고객계좌부에 증가의 전자등록을 해야 한다(제3호).

㈑ 고객계좌에서 계좌관리기관 자기계좌로의 계좌간대체의 전자등록 신청인 경우 : 이 경우 양도인이 고객계좌를 개설한 계좌관리기관(양도계좌관리기관)은 양도인의 고객계좌부에 감소의 전자등록을 한 후 그 사실을 전자등록기관에 지체없이 통지해야 한다. 이에 따라 전자등록기관은 지체없이 통지받은 내용에 따라 양도계좌관리기관의 고객관리계좌부에 감소의 기록을 해야 하고, 양수인의 계좌관리기관 자기계좌부에 증가의 전자등록을 해야 한다(제4호).

㈒ 서로 다른 계좌관리기관에 개설된 고객계좌 간 계좌간대체의 전자등록 신청인 경우 : 이 경우 양도계좌관리기관은 양도인의 고객계좌부에 감소의 전자등록을 한 후 그 사실을 전자등록기관에 지체없이 통지해야 하고, 전자등록기관은 지체없이 통지내용에 따라 양도계좌관리기관의 고객관리계좌부에 감소의 기록을 해야 한다. 한편 전자등록기관은 양수계좌관리기관의 고객관리계좌부에 증가의 기록을 한 후 그 사실을 양수계좌관리기관에 지체없이 통지해야 하고, 양수계좌관리기관은 지체없이 통지내용에 따라 양수인의 고객계좌부에 증가의 전자등록을 해야 한다(제5호).

(7) 전자등록주식의 권리행사

1) 집단적 권리행사 : 회사가 주주총회를 개최하는 등 주주 전원에게 획일적으로 권리를 인정해야 할 경우에는 주주명부를 폐쇄하거나 기준일을 정하여 주주를 확정하는데(상법 제354조 제1항), 전자등록된 주식의 경우에는 다음과 같이 확정한다.

㈎ 소유자명세의 요청 : 전자등록된 주식의 발행인은 전자등록기관에 일정한 날(기준일)

을 기준으로 해당 주식 소유자의 성명과 주소, 소유자가 가진 주식의 종류·종목·수량 등을 기록한 명세(소유자명세)의 작성을 요청해야 한다(전자증권법 제37조 제1항 본문).

(나) 소유자명세의 통지 : 전자등록주식의 발행인으로부터 요청을 받은 전자등록기관은 소유자명세를 작성하여 지체없이 발행인에게 통지해야 한다(전자증권법 제37조 제4항 전단). 이 경우 전자등록기관은 계좌관리기관에 소유자명세의 작성에 필요한 사항의 통보를 요청할 수 있는데, 그러한 요청을 받은 계좌관리기관은 그 사항을 지체없이 전자등록기관에 통보해야 한다(전자증권법 제37조 제4항 후단).

(다) 주주명부의 작성·비치 : 전자등록기관으로부터 소유자명세를 통지받은 발행인은 통지받은 사항과 통지 연월일을 기재하여 주주명부를 작성·비치해야 하는데, 당해 주식이 무기명주식인 경우에는 그러하지 아니하다(전자증권법 제37조 제6항).

(라) 소유자명세의 추가 요청 : 주주 전원의 집단적 권리행사를 위한 경우가 아니더라도 전자등록된 주식의 발행인은 ① 발행인이 법령 또는 법원의 결정 등에 따라 해당 전자등록주식 등의 소유자를 파악해야 하는 경우(제1호), ② 발행인이 대통령령으로 정하는 주기별로 해당 전자등록주식 등의 소유자를 파악하려는 경우(제2호),[36] ③ 자본시장법 제134조에 따라 공개매수신고서가 제출된 전자등록주식 등의 발행인(그 전자등록주식 등과 관련된 증권예탁증권에 표시된 권리, 그 밖에 대통령령으로 정하는 주식 등의 경우에는 대통령령으로 정하는 자를 말함)이 그 주식 등의 소유상황을 파악하기 위하여 일정한 날을 정하여 전자등록기관에 주주에 관한 사항의 통보를 요청하는 경우(제3호),[37] ④ 그 밖에 발행인이 해당 전자등록주식 등의 소유자를 파악할 필요가 있는 경우로서 대통령령으로 정하는 경우(제4호) 중 어느 하나에 해당하는 경우에도 전자등록기관에 소유자명세의 작성을 요청할 수 있다(전자증권법 제37조 제2항).[38]

---

36) 여기서 「대통령령으로 정하는 주기」란 분기(分期)를 말한다(전자증권령 제31조 제1항).

37) 여기서 「대통령령으로 정하는 주식 등」이란 ① 교환사채, ② 동법 제2조 제1호 타목의 권리 및 상법 제469조 제2항 제3호의 사채(이 경우 권리행사로 취득할 수 있는 기초자산이 자본시장법 시행령 제139조 각 호의 어느 하나에 해당하는 증권에 표시될 수 있거나 표시되어야 할 권리인 것에 한정함) 중 어느 하나에 해당하는 주식 등을 말하고(전자증권령 제31조 제2항), 「대통령령으로 정하는 자」란 ① 증권예탁증권에 표시된 권리의 경우에는 그 기초가 되는 주식 등(그 주식 등에 따른 권리의 행사로 취득할 수 있는 기초자산이 자본시장법 시행령 제139조 각 호의 어느 하나에 해당하는 증권에 표시될 수 있거나 표시되어야 할 권리인 것에 한정함)의 발행인, ② 교환사채의 경우에는 교환의 대상이 되는 주식 등의 발행인, ③ 제2항 제2호의 권리 및 사채의 경우에는 그 기초자산이 되는 주식 등의 발행인을 말한다(전자증권령 제31조 제3항).

38) 여기서 「대통령령으로 정하는 경우」란 ① 채무자회생법 제147조 제1항에 따라 관리인이 주주·지분권자의 목록을 작성하기 위한 경우, ② 주식의 발행인이 상장심사(자본시장법 제8조의2 제2항에 따

2) 개별적 권리행사 : 주주가 소수주주권이나 각종의 제소 등 개별적인 권리를 행사하려면 회사가 정한 기준일 등 외에 특정한 날에 자신이 주주임을 증명할 필요가 있는데, 전자등록된 주식의 경우에는 다음과 같은 절차를 통해 증명하고 행사할 수 있다.

(가) 소유자증명서의 신청 : 전자등록된 주식의 소유자는 자신의 권리를 행사하기 위하여 해당 전자등록주식의 전자등록을 증명하는 문서(소유자증명서)의 발행을 전자등록기관에 신청할 수 있는데, 계좌관리기관에 고객계좌를 개설한 전자등록주식의 소유자는 해당 계좌관리기관을 통해 신청해야 한다(전자증권법 제39조 제1항). 이 경우 계좌관리기관은 전자등록주식의 소유 내용과 행사하려는 권리의 내용 및 그 밖에 대통령령으로 정하는 사항(① 소유자의 성명 또는 명칭 및 주소, ② 소유자증명서 제출처, ③ 그 밖에 소유자의 지위 증명과 관련하여 전자등록업무규정으로 정하는 사항)을 지체없이 전자등록기관에 통지해야 한다(전자증권법 제39조 제2항; 전자증권령 제33조 제3항).

(나) 소유자증명서의 발행 : 전자등록기관은 대통령령으로 정하는 방법(① 전자등록기관에 전자등록된 주식의 소유자증명서는 계좌관리기관의 자기계좌부에 따라 증명내용을 작성해야 하고, ② 계좌관리기관에 전자등록된 주식의 소유자증명서는 해당 계좌관리기관이 전자등록기관에 통지한 고객계좌부에 따라 증명내용을 작성해야 함)에 따라 소유자증명서를 발행해야 한다(전자증권법 제39조 제1항; 전자증권령 제33조 제1항). 그리고 전자등록기관은 발행인과 그 밖에 대통령령으로 정하는 자에게 그 사실을 지체없이 통지해야 하는데(전자증권법 제39조 제3항), 여기서 「대통령령으로 정하는 자」란 소유자가 전자등록주식에 대한 권리를 행사하기 위해 법원에 신청이나 청구를 하거나 소송을 제기하려는 경우 해당 법원을 말한다(전자증권령 제33조 제4항). 한편 전자등록기관이 발행하는 소유자증명서에는 ① 전자등록주식 등 소유자의 성명 또는 명칭 및 주소, ② 전자등록주식 등의 종류·종목 및 수량 또는 금액, ③ 전자등록주식 등 소유자가 행사하려는 권리의 내용, ④ 소유자증명서 제출처, ⑤ 그 밖에 전자등록주식 등 소유자의 지위 증명과 관련하여 전자등록업무규정으로 정하는 사항이 기재되어야

른 거래소가 같은 법 제390조에 따른 증권상장규정에 따라 증권시장에 상장할 증권을 심사하는 것을 말함)를 받는 경우로서 주식 소유상황 파악 등을 위해 일정한 날을 정하여 전자등록기관에 주주에 관한 사항의 통보를 요청하는 경우, ③ 발행인이 일정한 구분(ⓐ 상법 제356조의2, 제420조의4, 제478조 제3항 또는 제516조의7에 따라 전자등록하는 주식 등의 경우에는 해당 주식 등 발행인의 정관, ⓑ 그 밖의 전자등록주식 등의 경우에는 해당 주식 등의 발행과 관련된 계약·약관 또는 이에 준하는 것으로서 주식등의 발행근거가 되는 것)에 따른 주식등의 발행근거에서 정하는 바에 따라 해당 전자등록주식 등의 소유자를 파악해야 하는 경우, ④ 그 밖에 권리자의 이익보호를 위해 필요한 경우 등 특별한 사정이 발생하여 해당 전자등록주식등의 소유자를 파악할 필요가 있는 경우로서 금융위원회가 정하여 고시하는 경우 중 어느 하나에 해당하는 경우를 말한다(전자증권령 제31조 제4항).

한다(전자증권령 제33조 제2항). 주의할 것은 ③과 ④의 경우에는 주식 소유자가 증명서를 신청할 때 소명해야 할 정보로서 동 증명서에 의한 권리행사의 범위를 제한하는 요소가 된다는 점이다.[39]

㈐ 소유자증명서의 제출 : 전자등록된 주식의 소유자가 전자등록기관으로부터 발행받은 소유자증명서를 발행인이나 그 밖에 대통령령으로 정하는 자(① 소유자가 전자등록주식에 대한 권리를 행사하기 위해 법원에 신청 또는 청구를 하거나 소송을 제기하려는 경우 해당 법원, ② 상법에 따른 사채관리회사, ③ 그 밖에 소유자증명서에 따라 전자등록주식의 소유자로서의 권리를 행사할 필요가 있는 자로서 금융위원회가 정하여 고시하는 자 중 어느 하나에 해당하는 자)에게 제출한 경우에는 그 자에 대하여 소유자로서의 권리를 행사할 수 있다(전자증권법 제39조 제5항; 전자증권령 제33조 제6항).

㈑ 대체방법(소유내용의 통지) : 전자등록된 주식의 소유자는 소유자증명서에 갈음하여 전자등록기관에 대하여 주식에 관한 자신의 소유 내용을 발행인에게 통지해 줄 것을 청구할 수 있는데, 이 경우 전자등록기관은 대통령령으로 정하는 방법(① 전자등록기관에 전자등록된 주식의 소유 내용은 계좌관리기관의 자기계좌부에 따라 그 내용을 작성해야 하고, ② 계좌관리기관에 전자등록된 주식의 소유 내용은 해당 계좌관리기관이 전자등록기관에 통지한 고객계좌부에 따라 그 내용을 작성해야 함)에 따라 그 내용을 통지해야 한다(전자증권법 제40조 제1항 전단; 전자증권령 제34조 제1항). 이러한 통지에 따라 전자등록주식의 소유자는 해당 전자등록주식의 발행인에게 소유자로서의 권리를 행사할 수 있다(전자증권법 제40조 제4항). 주의할 것은 소유자증명서나 전자등록기관의 소유내용통지에 따라 주주가 권리를 행사할 때에는 명의개서를 요하지 않는다는 점이다.

3) 전자등록기관의 대리행사 : 전자등록주식의 권리자는 전자등록기관을 통하여 배당금·원리금·상환금 등의 수령과 그 밖에 주식 등에 관한 권리를 행사할 수 있다(전자증권법 제38조 제1항). 이러한 권리를 행사하려는 전자등록주식의 권리자는 전자등록기관을 통하여 권리를 행사한다는 뜻과 권리 행사의 내용을 구체적으로 밝혀 전자등록기관에 신청해야 하는데, 이 경우 고객계좌부에 전자등록된 권리자는 계좌관리기관을 통하여 신청해야 한다(전자증권법 제38조 제2항). 한편 전자등록주식의 발행인은 제38조 제1항에 따른 전자등록기관을 통한 권리행사를 위하여 대통령령으로 정하는 사항을 지체없이 전자등록기관에 통지해야 한다(전자증권법 제38조 제3항). 여기서 「대통령령으로 정하는 사항」이란 ① 전자등록주식의 종류 및 발행 회차(回次), ② 전자등록주식의 권리의 종류·발생사유·내용 및 권리행사

---

39) 이철송, 355면.

일정, ③ 전자등록주식의 발행조건이 변경된 경우에는 그 변경 내역, ④ 그 밖에 전자등록주식의 권리행사와 관련하여 전자등록업무규정으로 정하는 사항을 말한다(전자증권령 제32조 제1항).

Ⅲ. 주식의 위험관리

1. 주권불소지제도

(1) 의 의

주식의 양도에는 주권이 필요하므로 상법은 회사에 대하여 반드시 주권을 발행하도록 규정하고 있다(상법 제355조 제1항). 그런데 기명주식의 경우에는 회사에 대한 주주의 권리행사가 실제로 주주명부의 기재에 의해 이루어지므로 주식을 장기간 보유하고 있는 주주의 경우에는 주권의 소지가 오히려 불편할 수 있다. 주권의 분실·도난 등으로 인한 재발행의 번거로움과 타인의 선의취득에 따른 권리 상실의 위험이 내포되어 있기 때문이다. 그리하여 정관에 다른 규정이 없는 한 주주의 희망에 따라 주권을 소지하지 않을 수 있도록 허용하고 있는데(상법 제358조의2), 이를 주권불소지제도라고 한다.

(2) 신고 절차

1) 전제조건 : 주주는 정관에 다른 정함이 있는 경우를 제외하고는 그 주식에 대하여 주권을 소지하지 않겠다는 뜻을 회사에 신고할 수 있다(상법 제358조의2 제1항). 즉 주주의 주권불소지 신고는 정관에 금하는 규정이 없어야 하는데, 주권불소지제도는 회사의 업무에 번잡함을 주므로 주주들의 동의하에 채택하지 않을 수 있도록 한 것이다.

2) 신고주체 : 주권불소지 신고는 주주명부에 기재해야 하므로 기명주식의 주주만이 할 수 있다. 다만 예탁결제원의 이름으로 명의개서된 상장주식은 예외적으로 예탁결제원이 주권불소지 신고를 할 수 있고(자본시장법 제314조 제3항), 회사의 설립이나 신주발행의 경우에는 주식인수인도 불소지 신고를 할 수 있다. 한편 주권이 입질된 때에는 불소지 신고가 현실적으로 불가능하기도 하지만, 질권자 보호를 위해서도 허용할 수 없다.

3) 신고범위 : 주주는 소유하고 있는 주식을 구분하여 관리할 필요가 있으므로 그 전부는 물론이고 일부에 대해서도 주권불소지 신고를 할 수 있다.

4) 신고시기 : 주주의 주권불소지 신고는 회사가 주권을 발행하기 전이든 발행한 후이

든 모두 할 수 있다. 다만 전자의 경우에는 회사에 대한 주주의 의사표시로 가능하지만, 후자의 경우에는 주주가 주권을 회사에 제출해야 한다(상법 제358조의2 제3항).

5) 신고의 상대방 : 주주의 주권불소지 신고는 원칙적으로 회사를 그 상대방으로 해야 하지만, 회사가 명의개서대리인을 둔 경우에는 명의개서대리인에게 해야 한다.

(3) 신고 효력

1) 주권발행 전 신고 : 주주의 주권불소지 신고가 있으면 회사는 지체없이 주권을 발행하지 않는다는 뜻을 주주명부와 그 복본에 기재하고, 그 사실을 주주에게 통지해야 한다(상법 제358조의2 제2항 전단). 이 경우에는 회사가 주권을 발행하지 못하므로(상법 제358조의2 제2항 후단), 발행하더라도 효력이 없고 선의취득도 성립하지 아니한다. 주의할 것은 회사의 주권발행이 금지되는 효력은 주주의 불소지 신고가 있을 때 발생하는 것이지, 회사가 주주에게 통지한 때에 발생하는 것이 아니라는 점이다.

2) 주권발행 후 신고 : 주권이 발행된 상태에서 주주가 불소지 신고를 하는 때에는 주권을 제출해야 하는데, 이 경우 회사는 제출된 주권을 무효로 하거나 명의개서대리인에게 임치해야 한다(상법 제358조의2 제3항). 그런데 다음과 같은 쟁점이 내포되어 있다. 즉 ① 제3항을 주주의 불소지 신고가 있으면 회사는 지체없이 주권을 발행하지 아니한다는 뜻을 주주명부와 그 복본에 기재해야 한다는 제2항과 어떻게 연계지을 것인지의 문제이다. 생각건대 회사의 의사결정으로 주권의 유·무효가 결정될 수 있는 것은 아니므로, 회사가 불소지 신고된 주권을 폐기함과 함께 주주명부에 주권을 발행하지 아니한다는 뜻을 기재해야 하는 것으로 해석해야 한다. 물론 이 경우 회사가 그 내용을 주주명부에 기재하기 전에는 주주가 불소지 신고 의사를 철회할 수 있다. ② 주권이 무효로 되는 효력은 주권이 회사에 제출될 것을 전제로 발생한다. 따라서 주권을 제출하지 아니하며 불소지 신고를 할 수는 없고, 회사가 주권을 회수하지 아니한 상태에서 주주명부에 주권 불발행을 기재한 때에는 당해 주권이 무효로 되지 않는다. ③ 회사가 제출된 주권을 명의개서대리인에게 임치한 경우에는 당해 주권이 여전히 유효하므로 주주명부에 주권을 발행하지 않는다는 뜻을 기재할 수 없다. 그리고 임치한 주권이 분실·도난되어 유통된다면 선의취득도 가능하다. 물론 주권을 명의개서대리인에게 임치할 경우에 드는 비용은 회사가 부담한다. ④ 명의개서대리인의 경우 상장회사에서는 강제되나 비상장회사에서는 강제되지 아니하는데, 불소지 신고된 주권을 회사가 명의개서대리인에게 임치해야 한다고 규정한 제3항이 적절한지 의문이다. 불소지 신고된 주권의 무효화와 재발행에 따른 비경제적 요인을 고려한 것임을 감안해도 주주가

분실·도난의 위험을 피하기 위해 불소지 신고한 주권을 회사가 일방적으로 명의개서대리인에게 임치할 수 있도록 하는 것은 분실·도난의 위험이 여전히 남아 있음을 고려할 때 바람직하지 않기 때문이다. 참고로 동 규정의 입법적 연원인 일본의 경우 2005년 회사법에서 임치제도를 삭제하였다(제217조 제5항 참조). 향후 우리나라도 임치제도의 삭제를 고려할 필요가 있다.

3) 주권의 재발행 : 주권의 발행 전이든 발행 후이든 불소지 신고를 한 주주가 그 주식을 양도하기 위해서는 역시 주권이 필요하다. 이 경우 주주는 언제든지 회사에 대하여 주권의 발행 또는 반환을 청구할 수 있다(상법 제358조의2 제4항).

2. 주권실효제도

(1) 의 의

주식을 표창하는 유가증권인 주권이 멸실·상실된 경우에는 제3자가 선의로 당해 주권을 취득할 수 있으므로 단지 멸실·상실이란 사유만으로는 주권을 실효시킬 수 없다. 그리하여 상법은 주권을 상실한 주주의 권리구제를 위해서 종전의 주권을 실효시키고 새로운 주권을 재발행받을 수 있도록 하면서, 상실된 주권을 둘러싸고 새로운 법률관계가 형성되는 것을 예방하기 위하여 공시최고절차도 두고 있다(상법 제360조 제1항).

(2) 공시최고

1) 신청절차 : 주주가 멸실·상실된 주권을 무효로 하기 위해서는 공시최고절차를 진행해야 하는데, 상법에 관련 규정이 없어 실제로는 민사소송법상 증서의 무효 선언을 위한 공시최고절차에 관한 규정에 따른다(민소법 제492조 제1항). 즉 멸실·상실된 주권을 최후에 소지하였던 주주는 당해 주권을 무효화 하기 위한 공시최고절차를 신청할 수 있는데(민소법 제493조), 이 경우 주주는 증서의 등본 등 필요한 사항을 제시하고 증서의 도난·분실·멸실과 공시최고절차를 신청할 수 있는 원인사실 등을 소명해야 하며(민소법 제494조), 아울러 제권판결을 청구하는 취지도 밝혀야 한다(민소법 제477조 제1항). 이 경우 관할은 회사의 본점소재지를 관할하는 지방법원에 속한다(민소법 제476조 제2항).

2) 공시최고의 허가 : 주주의 공시최고 신청이 있는 경우 그에 대한 허부의 재판은 법원의 결정으로 한다(민소법 제478조 제1항 전단). 이 경우 주주의 신청은 서면으로 해야 하고(민소법 제477조 제2항), 공시최고 신청이 여러 개일 경우 법원은 병합을 명할 수 있다(민소법 제477조 제3항). 한편 주주의 공시최고 신청을 법원이 허가한 때에는 대법원 규칙이 정하는 바

에 따라 공고해야 하고(민소법 제480조), 공시최고도 해야 한다(민소법 제479조 제1항). 이 경우 법원의 공시최고에는 ① 신청인의 표시, ② 공시최고기일까지 권리 또는 청구의 신고를 하여야 한다는 최고, ③ 신고를 하지 아니하면 권리를 잃게 될 사항, ④ 공시최고기일을 기재해야 하고(민소법 제479조 제2항), 공시최고의 기간은 공고 종료일로부터 3월 후로 정해야 한다(민소법 제481조). 또한 공시최고에는 공시최고기일까지 권리 또는 청구의 신고를 하고 그 증서를 제출하도록 최고하고, 이를 게을리하면 권리를 잃게 되어 증서의 무효가 선고된다는 것을 경고해야 한다(민소법 제495조). 한편 법원이 주주의 공시최고 신청을 허가하지 아니한 때에는 주주가 즉시항고를 할 수 있다(민소법 제478조 제1항 제2문).

3) 공시최고의 효과 : 주주가 멸실·상실된 주권을 무효로 하기 위한 공시최고절차를 진행하고 있더라도 당해 주권을 선의취득한 자는 회사에 대하여 주주의 권리를 행사할 수 있다. 따라서 주권을 제시하며 명의개서를 청구하는 자가 있는 경우에 회사는 공시최고가 있음을 이유로 하여 명의개서를 거절할 수 없다(이설 없음).[40]

(3) 제권판결

1) 판결의 효력 : 법원의 공시최고기간 동안 신청인이 주장하는 권리를 다투는 자는 그 취지 및 자기의 권리를 신고해야 한다. 만약 공시최고기간 내에 권리 등의 신고가 없으면 법원이 제권판결을 선고하지만, 신고가 있으면 법원은 그 권리에 대한 재판이 확정될 때까지 공시최고절차를 중지하거나 신고한 권리를 유보하고 제권판결을 해야 한다(민소법 제485조). 그리고 제권판결에서는 당해 주권의 무효를 선고해야 하는데(민소법 제496조), 이로 인해 주권은 그 효력을 상실하고(소극적 효력), 신청인은 회사에 대하여 주권에 대한 권리를 주장할 수 있다(적극적 효력: 민소법 제497조). 주의할 것은 법원의 제권판결은 단지 주권의 점유에 대신하는 효력을 주는 데 그치고, 신청인이 정당한 소지인이라거나 주권 또는 그 표창하는 주식의 내용을 확정하는 등의 실체적인 권리관계까지 창설 또는 확정하는 효력은 없다는 점이다(통설·판례).[41] 따라서 주주권의 내용이나 그 존재 또는 신청인의 정당한 소지인 여부는 별개의 소로 다투어야 한다.

참고판례 **제권판결의 효력 등(대법원 2007. 5. 31. 선고 2006도8488 판결)** : 주권을 교부한 자가 이를 분실하였다고 허위로 공시최고신청을 하여 제권판결을 선고받아 확정되었다면, 그 제권판결의 적극적 효력

40) 日本 最高裁判所 1954. 2. 19. 判決, 民集 第8卷 第2号, 523頁.
41) 대법원 1993. 11. 9. 선고 93다32934 판결; 대법원 1965. 7. 27. 선고 65다1002 판결.

에 의해 그 자는 그 주권을 소지하지 않고도 주권을 소지한 자로서의 권리를 행사할 수 있는 지위를 취득하였다고 할 것이므로, 이로써 사기죄에 있어서의 재산상 이익을 취득한 것으로 보기에 충분하고, 이는 제권판결이 그 신청인에게 주권상의 권리를 행사할 수 있는 형식적 자격을 인정하는 데 그치며 그를 실질적 권리자로 확정하는 것이 아니라고 하여 달리 볼 것은 아니다.

2) 선의취득 여부 : 제권판결은 멸실·상실된 주권의 무효를 선언하는 것이므로 그 이후에는 어떠한 경우라도 선의취득을 인정할 수 없다. 다만 제권판결 전에 주권을 선의취득한 자가 권리를 신고하지 아니한 경우에 제권판결에 의해 그 권리를 잃느냐 하는 점이 문제되는데, 이에 대해서는 ① 선의취득자도 권리 신고를 하지 않는 한 제권판결에 의하여 권리를 잃는다는 견해,[42] ② 선의취득자는 권리 신고를 하지 않더라도 그 권리를 잃지 아니한다는 견해[43]가 있는데, 판례는 ①설의 입장이다.[44] 참고로 ①설의 경우에는 제권판결이 주권의 무효를 선언하고 신청인에 대하여 주권의 점유를 회복시켜 주는 것과 같은 효과가 있는 이상 선의취득자는 주권을 반환한 것과 같은 상태가 되어 권리를 잃는다고 보아야 한다고 설명하기도 하고, 제권판결에 의하여 주권이 무효로 된 이상 선의취득자가 그 주권에 의하여 권리를 증명하는 것은 허용될 수 없기 때문이라고도 한다. 생각건대 이 문제에 있어서는 제권판결 제도와 선의취득 제도의 취지를 함께 고려한 합리적인 해석이 필요한데, 공시최고 절차라는 공적인 권리 상실 및 권리 신고에 관한 절차가 진행되었음에도 권리 신고를 하지 아니한 선의취득자를 우선적으로 보호하는 ②설은 오히려 법질서의 안정성을 저해할 수 있다. 따라서 멸실·상실된 주권의 소지인을 보호하면서도 선의취득자 및 유통성도 아울러 보호할 수 있는 ①설이 타당하다.

참고판례 **주권에 관한 선의취득의 성립요건(대법원 2000. 9. 8. 선고 99다58471 판결)** : 주권의 점유를 취득하는 방법에는 현실의 인도(교부) 외에 간이인도, 반환청구권의 양도가 있으며, 양도인이 소유자로부터 보관을 위탁받은 주권을 제3자에게 보관시킨 경우에 반환청구권의 양도에 의하여 주권의 선의취득에 필요한 요건인 주권의 점유를 취득하였다고 하려면, 양도인이 그 제3자에 대한 반환청구권을 양수인에게 양도하고 지명채권 양도의 대항요건을 갖추어야 한다. 주권의 취득이 악의 또는 중대한 과실로 인한 때에는 선의취득이 인정되지 않는바(상법 제359조, 수표법 제21조), 여기서 악의 또는 중대한 과실의 존부는 주권 취득의 시기를 기준으로 결정하여야 하며, 중대한 과실이란 거래에서 필요로 하는 주의의무를 현저히 결여한 것을

42) 김건식/노혁준/천경훈, 189면; 오성근, 317면; 이철송, 342면; 임재연(Ⅰ), 444면; 임홍근, 228면; 최기원, 313면.
43) 강위두/임재호, 607면; 권기범, 665면; 김동훈, 160면; 김정호, 217면; 김홍기, 464면; 손주찬, 640면; 이기수/최병규, 264면; 정경영, 295면; 정동윤, 471면.
44) 대법원 1993. 11. 9. 선고 93다32934 판결.

말한다.

참고판례 **주권 선의취득의 적용범위(대법원 1997. 12. 12. 선고 95다49646 판결)** : 주권의 선의취득은 양도인이 무권리자인 경우뿐만 아니라 무권대리인인 경우에도 인정된다.

3) 주권의 재발행 : 주권을 상실한 주주가 제권판결을 얻은 후에는 회사에 대하여 주권의 재발행을 청구할 수 있다(상법 제360조 제2항). 즉 상법은 멸실·상실된 주권에는 제3자의 권리가 관련되어 있을 수도 있으므로 회사가 임의로 주권을 재발행하는 것을 금지하면서, 상실된 주권의 재발행은 제권판결을 얻은 후에만 하도록 규제하는 것이다. 다만 주의할 것은 비록 회사가 주권을 보관하던 중에 분실하였어도 제권판결이 없는 한 주주는 회사에 대해서 주권의 재발행을 청구할 수 없다는 점이다.[45)]

참고판례 **주권의 재발행청구 요건(대법원 1981. 9. 8. 선고 81다141 판결)** : 주권이 상실된 경우에는 공시최고절차에 의하여 제권판결을 얻지 아니하는 이상 회사에 대하여 주권의 재발행을 청구할 수 없다. 따라서 주권을 분실한 것이 원고가 아니고 주권발행 회사라 하더라도 위 주권에 대한 제권판결이 없는 이상 동 회사에 대하여 주권의 재발행을 청구할 수 없다.

4) 제권판결의 취소 : 법원의 제권판결은 멸실·상실된 주권의 점유에 관한 확인판결일 뿐 그에 관한 실체적인 권리관계를 창설하는 효력은 없다. 그리고 제권판결에 대해서는 상소를 하지 못하지만, 일정한 경우(① 법률상 공시최고절차를 허가하지 아니할 경우일 때, ② 공시최고의 공고를 하지 아니하였거나, 법령이 정한 방법으로 공고를 하지 아니한 때, ③ 공시최고기간을 지키지 아니한 때, ④ 판결을 한 판사가 법률에 따라 직무집행에서 제척된 때, ⑤ 전속관할에 관한 규정에 어긋난 때, ⑥ 권리 또는 청구의 신고가 있음에도 법률에 어긋나는 판결을 한 때, ⑦ 거짓 또는 부정한 방법으로 제권판결을 받은 때, ⑧ 동법 제451조 제1항 제4호 내지 제8호의 재심사유가 있는 때)에는 신청인에 대한 소로써 최고법원에 불복할 수 있다(민소법 제490조 제2항). 이 경우에 제권판결을 취소하는 판결이 확정되면 그때부터 제권판결은 그 효력을 잃고 정당한 권리자가 소지하고 있던 증권 또는 증서도 소급하여 그 효력을 잃는다. 그리고 제권판결을 전제로 재발행된 주권은 소급하여 무효로 되고, 그 주권의 선의취득도 인정될 수 없다.[46)]

45) 대법원 1981. 9. 8. 선고 81다141 판결.
46) 대법원 2013. 12. 12. 선고 2011다112247,112254 판결.

참고판례 **제권판결에 대한 불복의 소(대법원 2013. 12. 12. 선고 2011다112247,112254 판결)** : 상법 제360조 제1항은 "주권은 공시최고의 절차에 의하여 이를 무효로 할 수 있다"라고 정하고, 같은 조 제2항은 "주권을 상실한 자는 제권판결을 얻지 아니하면 회사에 대하여 주권의 재발행을 청구하지 못한다"라고 정하고 있다. 이는 주권은 주식을 표창하는 유가증권이므로 기존의 주권을 무효로 하지 아니하고는 동일한 주식을 표창하는 다른 주권을 발행할 수 없다는 의미로서, 위 규정에 반하여 제권판결 없이 재발행된 주권은 무효라고 할 것이다. 한편 증권이나 증서의 무효를 선고한 제권판결의 효력은 공시최고 신청인에게 그 증권 또는 증서를 소지하고 있는 것과 동일한 지위를 회복시키는 것에 그치고 공시최고 신청인이 실질적인 권리자임을 확정하는 것은 아니다. 따라서 증권이나 증서의 정당한 권리자는 제권판결이 있더라도 실질적 권리를 상실하지 아니하고, 다만 제권판결로 인하여 그 증권 또는 증서가 무효로 되었으므로 그 증권 또는 증서에 따른 권리를 행사할 수 없게 될 뿐이다. 그리고 민사소송법 제490조, 제491조에 따라 제권판결에 대한 불복의 소가 제기되어 제권판결을 취소하는 판결이 확정되면 제권판결은 소급하여 효력을 잃고 정당한 권리자가 소지하고 있던 증권 또는 증서도 소급하여 그 효력을 회복하게 된다. 그런데 위와 같이 제권판결이 취소된 경우에도 그 취소 전에 제권판결에 기초하여 재발행된 주권이 여전히 유효하여 그에 대한 선의취득이 성립할 수 있다면, 그로 인하여 정당한 권리자는 권리를 상실하거나 행사할 수 없게 된다. 이는 실제 주권을 분실한 적이 없을 뿐 아니라 부정한 방법으로 이루어진 제권판결에 대하여 적극적으로 불복의 소를 제기하여 이를 취소시킨 정당한 권리자에게 가혹한 결과이고, 정당한 권리자를 보호하기 위하여 무권리자가 거짓 또는 부정한 방법으로 제권판결을 받은 때에는 제권판결에 대한 불복의 소를 통하여 제권판결이 취소될 수 있도록 한 민사소송법의 입법 취지에도 반한다. 또한 민사소송법이나 상법은 제권판결을 취소하는 판결의 효력을 제한하는 규정을 두고 있지도 아니하다. 따라서 기존 주권을 무효로 하는 제권판결에 기하여 주권이 재발행되었다고 하더라도 제권판결에 대한 불복의 소가 제기되어 제권판결을 취소하는 판결이 선고·확정되면, 재발행된 주권은 소급하여 무효로 되고, 그 소지인이 그 후 이를 선의취득할 수 없다고 할 것이다.

Ⅳ. 주식의 활용방법

1. 주식의 담보

(1) 개 요

주식은 재산적 가치가 있고 양도할 수 있으므로 당연히 채권의 담보가 될 수 있다. 더욱이 주식은 부동산이나 동산에 비하여 담보 설정이 신속하고 간편할 뿐 아니라, 상장주식의 경우에는 공개된 시장에서 언제든지 환가할 수 있다. 그리하여 오늘날 주식은 금융거래에 있어서 매우 유용한 담보수단으로 이용되고 있으며, 다른 한편으론 주주의 보충적인 투하자본 회수방법이 되고 있다. 주식의 담보방법으로는 상법에 제도화된 입질이 있지만, 관습상의 양도담보가 더 많이 이용되고 있다. 한편 주식의 담보는 주식의 양도 못지않게 거래안전이 요구되므로 상법은 일정한 규제를 하고 있다.

(2) 주식의 입질

1) 의 의 : 주식은 상법이 정하는 바에 따라 질권의 목적으로 할 수 있다(상법 제338조 제1항). 물론 권리질에 대해서는 민법 제345조 이하에서 자세히 규정하고 있어 주식의 입질도 민법의 규율을 받지만, 주식의 특성을 반영한 특별한 고려가 필요하다. 즉 주식의 양도와 공시는 주권의 교부와 명의개서처럼 특수한 수단과 절차에 의해 관리되므로 입질의 경우에도 이를 반영할 필요가 있고, 주식의 소각 등 회사의 자본거래에 따라 담보가치가 변동되므로 특별한 물상대위를 인정하는 등 질권자의 이익을 보호해야 한다.

2) 설정방법 : 주식에 질권을 설정하는 방법으로는 약식질과 등록질이 있지만, 양자는 그 효력과 설정방법이 다르다. 또한 회사가 주권을 발행한 경우와 주식을 전자등록한 경우에도 각각의 설정방법이 다른데, 이에 관한 주요 내용은 다음과 같다.

㈎ 주권발행의 경우

㈀ 약식질 : 약식질은 질권설정자(주주)와 질권자의 질권설정에 관한 합의와 주권의 교부에 의해 성립한다(상법 제338조 제1항). 여기서 「주권의 교부」는 현실인도만이 아니라 간이인도와 목적물반환청구권의 양도에 의해서도 가능하지만, 민법 제332조에 의해 점유개정에 의한 인도는 허용되지 않는다. 한편 질권자는 주권을 계속하여 점유하지 아니하면 회사를 포함하여 제3자에게 대항하지 못하므로(상법 제338조 제2항), 주권의 점유 없이는 질권설정자나 그의 채권자 등에 대하여 물상대위나 우선변제권을 주장할 수 없다. 그렇지만 주권의 점유를 상실하였더라도 질권을 상실하는 것은 아니므로 질권자가 다시 주권의 점유를 회복하면 제3자에게 대항할 수 있다.

참고판례 **간접점유한 주권의 질권설정(대법원 2012. 8. 23. 선고 2012다34764 판결)** : 상법 제338조는 기명주식을 질권의 목적으로 하는 때에는 주권을 질권자에게 교부하여야 하고(제1항), 질권자는 계속하여 주권을 점유하지 아니하면 그 질권으로써 제3자에게 대항하지 못한다고(제2항) 규정하고 있다. 여기에서 주식의 질권설정에 필요한 요건인 주권의 점유를 이전하는 방법으로는 현실 인도(교부) 외에 간이인도나 반환청구권 양도도 허용되고, 주권을 제3자에게 보관시킨 경우 주권을 간접점유하고 있는 질권설정자가 반환청구권 양도에 의하여 주권의 점유를 이전하려면 질권자에게 자신의 점유매개자인 제3자에 대한 반환청구권을 양도하여야 하고, 이 경우 대항요건으로서 제3자의 승낙 또는 질권설정자의 제3자에 대한 통지를 갖추어야 한다(대법원 2000. 9. 8. 선고 99다58471 판결 참조). 그리고 이러한 법리는 제3자가 다시 타인에게 주권을 보관시킴으로써 점유매개관계가 중첩적으로 이루어진 경우에도 마찬가지로 적용되므로, 최상위 간접점유자인 질권설정자는 질권자에게 자신의 점유매개자인 제3자에 대한 반환청구권을 양도하고 대항요건으로서 제3자의 승낙 또는 제3자에 대한 통지를 갖추면 충분하며, 직접점유자인 타인의 승낙이나 그에 대한 질권설정자 또는 제3자의 통지까지 갖출 필요는 없다.

(ㄴ) 등록질 : 등록질은 당사자의 질권설정에 관한 합의와 주권의 교부 외에 회사가 질권설정자의 청구에 따라 질권자의 성명과 주소를 주주명부에 덧붙여 쓰고 그 성명을 주권에 적음으로써 성립한다(상법 제340조 제1항). 이처럼 상법이 등록질의 설정방법을 약식질과 달리하는 것은 약식질은 주식의 교환가치만을 장악하려는 것이므로 주식의 양도방법인 주권의 교부만으로 충분하지만, 등록질은 주주가 회사에 대하여 갖는 권리에 대해서까지 그 효력을 미치려는 목적을 갖기 때문에 회사에 대한 대항요건으로서 주주명부에의 기재를 요구하는 것이다. 따라서 등록질권자는 주주명부의 자격수여적 효력에 의해 회사에 대하여 주권을 제시하거나 그 밖의 방법으로 권리를 증명할 필요 없이 질권자로서 권리를 행사할 수 있다. 한편 상법은 등록질의 경우 주권에도 질권자의 성명을 기재하도록 하지만, 그러한 기재가 없어도 질권이 성립한다는 것이 일반적 해석이다.[47]

(ㄷ) 주의사항 : 정관에 의해 양도가 제한된 주식(상법 제335조 제1항 단서)도 이사회의 승인 없이 입질할 수 있다. 그리고 약식질이든 등록질이든 모두 주권의 교부가 필요하므로 권리주나 주권불소지신고된 주식에 대해서는 질권을 설정할 수 없다. 다만 예탁결제원에 예탁된 주식의 경우에는 주권불소지신고가 되어 있더라도 계좌대체로써 질권을 설정할 수 있다(자본시장법 제311조 제2항). 한편 주권발행전주식도 주권이 없으므로 질권을 설정할 수 없지만, 회사성립 후 또는 신주의 납입기일 후 6월이 경과하도록 회사가 주권을 발행하지 아니한 때에는 양도할 수 있으므로 질권도 설정할 수 있다. 물론 이 경우 질권의 설정은 일반 권리질의 설정방법(민법 제345조)에 따라야 한다.[48]

(ㅂ) 전자등록의 경우

(ㄱ) 약식질 : 전자등록된 주식의 경우에도 질권을 설정하려면 당사자의 합의가 있어야 하지만, 주권의 교부에 갈음하여 질권설정의 전자등록을 함으로써 효력이 발생한다(전자증권법 제31조 제1항, 제35조 제3항 전단). 여기서 「질권설정의 전자등록」이란 질권설정자의 전자등록계좌부에 해당 주식이 질물이라는 사실과 질권자를 기재하는 것을 말한다(전자증권법 제31조 제2항). 따라서 질권설정자가 주식이 전자등록된 전자등록기관 또는 계좌관리기관에 신청해야 하지만, 질권설정자가 동의한 경우에는 질권자가 질권설정자의 동의서를 첨부하

47) 손주찬, 684면; 이철송, 451면; 정동윤, 518면; 정찬형, 834면; 최기원, 409면; 최준선, 331면.
48) 대법원 2000. 8. 16.자 99그1 결정.

여 질권설정의 전자등록을 신청할 수 있다(전자증권령 제26조 제1항). 또한 질권의 말소도 질권자의 신청으로 하지만, 질권자의 동의서를 첨부하여 질권설정자가 말소의 등록을 신청할 수 있다(전자증권령 제26조 제2항).

(ㄴ) 등록질 : 전자등록된 주식의 등록질의 경우에도 주권의 교부에 갈음하여 질권설정의 전자등록을 해야 하고, 주권발행시의 등록질과 마찬가지로 주주명부에 질권설정을 기재해야 한다(상법 제340조 제1항). 다만 주권에 등록질권자의 성명을 기재하는 것은 전자등록계좌부에 등록하는 것으로 갈음할 수 있다(전자증권법 제35조 제3항 후단).

3) 설정효과 : 주식의 입질에는 원칙적으로 일반 권리질에서와 같은 효력이 주어질 것이지만, 상법은 물상대위와 우선변제에 관한 특칙을 두고 있다.

(가) 물상대위

(ㄱ) 의 의 : 질권에는 물상대위가 인정되는데(민법 제342조), 상법은 특칙을 두고 있다. 즉 주식의 소각·병합·분할·전환이 있는 때에는 이로 인하여 종전의 주주가 받을 금전이나 주식에 대하여도 종전의 주식을 목적으로 한 질권을 행사할 수 있다(상법 제339조). 이런 주식이나 금전은 담보된 주식의 대표물 또는 변형물이라고 할 수 있기 때문이다.

(ㄴ) 일반적인 적용범위 : 약식질이든 등록질이든 관계없이 ① 주식의 포괄적 교환·이전으로 인해 자회사의 주주가 받는 모회사의 주식(상법 제360조의11 제2항, 제360조의22), ② 준비금의 자본전입에 의해 발행하는 신주(상법 제461조 제6항), ③ 신주발행의 무효판결이 확정되어 주주에게 환급하는 주식납입금(상법 제432조 제3항), ④ 합병에서 존속법인 또는 신설법인이 소멸법인의 주주에게 교부하는 합병교부금·신주·자기주식·기타재산(상법 제530조 제4항), ⑤ 주식의 포괄적 교환·이전의 무효판결이 확정되어 자회사의 주주에게 반환하는 자회사 주식(상법 제360조의14 제4항, 제360조의23 제4항 → 제339조), ⑥ 회사의 회생절차에 의한 권리변경으로 주주가 받을 금전·주식·물건·채권 등(채무자회생법 제252조 제2항)에 대해서는 질권의 효력이 미친다.

(ㄷ) 등록질의 적용범위 : 등록질의 경우에는 약식질보다 적용범위가 넓다. 즉 등록질의 경우에는 일반적 적용범위 외에 주주가 회사로부터 받을 이익배당, 잔여재산의 분배 및 주식배당에 대해서도 그 효력이 미친다(상법 제340조 제1항, 제462조의2 제6항).

(ㄹ) 쟁점사항의 검토 : 다음과 같은 경우에는 상법에 명문 규정이 없어 질권의 효력이 미치는지에 관한 견해의 대립이 있으므로 합리적인 해석이 필요하다.

① 이익배당청구권 : 상법은 등록질에 대해서만 이익배당청구권에도 질권의 효력이 미친다고 규정하고 있어(상법 제340조 제1항) 약식질의 경우에는 견해의 대립이 있다. 즉 ⓐ 이익배당을 주식의 과실에 준하는 것으로 보고 과실에도 질권의 효력이 미친다는 일반원칙에 따라 약식질의 효력이 이익배당청구권에도 미친다는 견해(긍정설),[49] ⓑ 약식질은 회사와 무관하게 이루어지고 단지 주식의 교환가치만을 담보로 한 것이기 때문에 이익배당청구권에는 질권의 효력이 미치지 않는다는 견해(부정설)[50]가 있다. 생각건대 실무에서 상장주식의 질권설정에 있어서는 주로 주식의 시가를 기준으로 담보가치를 정하고, 이익배당에 관하여 질권자가 권리를 행사하는 경우는 거의 없으며, 기관투자자들이 주식의 담보거래에서 특별히 이익배당청구권에 대해서도 권리를 행사하고자 할 경우에는 등록질의 방법을 택하고 있다. 이런 점을 종합할 때 부정설이 타당하다.

② 신주인수권 : 신주인수권을 행사하여 취득한 신주(상법 제416조, 제418조 제1항)에 대해서는 질권의 효력이 미치지 않는다는 다수설과 시가보다 낮은 가격으로 신주가 발행되는 때에는 입질된 주식의 담보가치를 감소시키므로 신주에 대해서도 질권의 효력이 미친다고 보아야 한다는 소수설이 있다.[51] 생각건대 신주인수권은 별도의 유상계약에 의해 일정한 대가를 지급하고 행사하는 것이므로 기존 주식의 대표물이나 변형물로 볼 수 없고, 만약 신주인수권에 대해서도 질권의 효력을 미치게 하면 사실상 질권설정자에게 추가적 담보를 요구하는 것이 된다. 더욱이 신주인수권은 주주가 포기할 수도 있는데, 이처럼 설정자의 의사에 따라 담보권의 효력이 달라지는 것은 법적 안정성에도 전혀 도움이 되지 않는다. 이런 점을 종합할 때 신주인수권을 행사하여 취득한 신주에 대해서는 질권의 효력이 미치지 않는다고 보는 것이 타당하다.

③ 잔여재산분배청구권 : 상법은 잔여재산분배청구권의 경우에도 등록질에 대해서만 인정하고 있다. 그런데 잔여재산분배청구권은 가장 전형적인 주식의 대체물 또는 변형물이므로 약식질의 경우에도 인정해야 한다(통설).

④ 기 타 : 비록 상법에 명문 규정은 없지만, ⓐ 회사를 분할하는 때에 분할회사의 주주에게 교부되는 신설회사의 주식이나 교부금(상법 제530조의1 제1항 제4호, 제5호), ⓑ 주식양도의 승인이 거부된 주주나 영업양도 등의 결의에서 반대한 주주가 회사에 대하여 주식매수청구권을 행사하여 받은 주식의 대금(상법 제335조의2 제4항, 제360조의5, 제374조의2 제1

---

49) 김동훈, 166면; 김정호, 283면; 이기수/최병규, 351면; 임홍근, 309면; 정동윤, 521면; 채이식, 673면; 최기원, 413면; 최준선, 331면.

50) 강위두/임재호, 671면; 서돈각/정완용, 391면; 서헌제, 256면; 손주찬, 686면; 오성근, 403면; 이철송, 453면; 임재연(Ⅰ), 558면; 장덕조, 204면; 정경영, 403면; 정찬형, 834면.

51) 박상조, 412면; 이기수/최병규, 324면; 정동윤, 522면.

항, 제522조의3 등), ⓒ 주식의 포괄적 교환·이전에 의해 자회사의 주주가 받는 모회사의 주식이나 교부금(상법 제360조의3 제3항 제2호·제4호, 제360조의16 제1항 제2호·제4호)에 대해서도 질권의 효력이 미친다고 해석해야 한다.

(ㅁ) 행사절차 : 등록질권자는 물상대위의 대상이 주식일 경우에는 압류할 필요 없이 회사에 대해 그 주권의 교부를 청구할 수 있고(상법 제340조 제3항), 금전인 경우에도 압류할 필요 없이 회사로부터 지급받아 직접 채권의 변제에 충당할 수 있다(상법 제340조 제1항). 그런데 약식질권자의 물상대위권 행사방법에 대해서는 상법에 명문 규정이 없어 합리적인 해석이 필요하다. 이와 관련하여 ① 물상대위에 관한 민법의 일반원칙(민법 제355조→제342조 후단)에 따라서 회사가 주주에게 주권 또는 금전을 교부하거나 지급하기 전에 압류해야 한다는 견해,[52] ② 물상대위의 목적물 중 주권과 교환해서 지급 또는 교부되는 것과 주주명부를 기초로 하여 지급 또는 교부되는 것으로 구분한 뒤, 전자의 경우에는 압류가 필요하지 않고 후자의 경우에만 압류가 필요하다는 견해[53]가 있다. 생각건대 물상대위의 목적물 중 주권과 교환해서 지급·교부되는 경우에는 주권이 없으면 주주라도 지급·교부를 받을 수 없으므로 주주의 일반재산에 혼입될 염려가 없을 뿐만 아니라 회사로서도 위험부담이 없지만, 주주명부를 기초로 지급·교부되는 경우에는 그러한 위험이 상존하므로 양자를 구분하여 처리하는 합리적이고, 따라서 ②설이 타당하다. 즉 주식의 소각·병합·전환 등의 경우에는 압류할 필요가 없지만, 주주명부를 전제로 배정되는 준비금의 자본금 전입으로 발행하는 신주는 압류가 필요하다고 해석해야 한다.

(ㅂ) 우선변제권 : 우선변제권의 경우에는 질물로부터의 우선변제권과 물상대위에 의한 우선변제권으로 구분할 수 있다. 즉 ① 질권자는 질권이 설정된 주식을 경매하여 우선변제를 받을 수 있는데(민법 제355조→제338조 제1항), 경매를 요하는 것은 약식질과 등록질 모두 같다. ② 물상대위의 목적물이 금전일 때에는 그것을 가지고 우선변제에 충당할 수 있지만, 주식일 때에는 일반 유가증권질과 같이 경매해야 한다. 이 점에서는 등록질과 약식질이 같지만, 등록질의 경우에 대위의 목적물이 금전인 때에는 변제기에 이르지 아니한 때에도 회사에 대하여 그 금전을 공탁하게 할 수 있으며 공탁금에 대하여 질권을 갖는다는 특칙이 있다(상법 제340조 제2항→민법 제353조 제3항).

52) 그 이유는 물상대위의 목적물이 주주의 일반재산에 혼입되고 나면 개성을 잃어버려 질권자에게 추급권을 주는 것이 적당하지 않을 뿐만 아니라 약식질은 회사와 관계없이 설정되므로 회사로서는 질권자의 식별이 어렵기 때문이라고 한다(김홍기, 468면; 서돈각/정완용, 391면; 서헌제, 255면; 손주찬, 685면; 이종훈, 117면; 임홍근, 310면; 정경영, 401면; 정찬형, 833면; 최기원, 411면; 최준선, 330면).

53) 권기범, 585면; 박상조, 413면; 송옥렬, 896면; 오성근, 405면; 이기수/최병규, 350면; 이철송, 454면; 임재연(Ⅰ), 559면; 정동윤, 520면.

㈐ 보조조치 등 : 상법은 질권자가 적시에 권리를 행사할 수 있도록 지원하기 위해 주식이 변형되어 물상대위할 사항이 발생하는 때에는 회사가 질권자에게 그 내용을 통지하도록 규제하고 있다(통지의무: 상법 제440조, 제461조 제5항, 제462조의2 제5항). 다만 이러한 통지는 등록질권자에 대해서만 하면 충분하다. 약식질권자는 회사가 알지 못하기 때문인데, 이 점에서 약식질은 등록질에 비해 질권자의 보호가 불완전하다. 한편 질권과 관련하여 주의할 것은 질권자의 경우 주식의 교환가치를 확보하는 것이지 주주권을 취득하는 것은 아니므로 의결권 등 주주의 권리는 행사하지 못한다는 점이다.

(3) 주식의 양도담보

1) 의 의 : 실무에서는 주식의 담보와 관련하여 질권을 설정하는 것보다 양도담보가 더 많이 이용되고 있는데, 이는 담보권 실행에서 편의성이 있기 때문이다. 양도담보에서도 질권의 설정에서와 마찬가지로 주권을 교부하면서도 명의개서는 하지 않는 약식양도담보와 명의개서까지 마치는 등록양도담보가 있는데, 이 중 전자의 경우에는 약식질과 구분하기 어렵다. 따라서 당사자의 의사해석을 통하여 입질인지 양도담보인지를 결정해야 하는데, 실정법적 근거를 고려하면 입질로 보는 것이 합리적이다.[54)]

2) 담보권자의 지위 : 양도담보권자는 대외적으로는 주식의 소유자이다. 따라서 명의개서를 마친 등록양도담보권자는 모든 주주권을 행사할 수 있고, 약식양도담보권자는 명의개서를 한 후에 주주권을 행사할 수 있다.[55)]

참고판례 **양도담보권자의 법적 지위(대법원 1992. 5. 26. 선고 92다84 판결)** : 환매특약부매매가 채권담보의 경제적 기능을 갖는 것은 사실이나, 그렇다고 하더라도 채권자(매수인)가 단순히 담보권만을 취득하는 것이 아니고 목적물의 소유권까지를 일단 취득하고 단지 채무자(매도인)가 환매기간 내에 환매할 수 있는 권리를 유보하는 부담을 갖는 데에 그치는 것이므로, 주식을 환매조건부로 취득하여 주주명부상의 명의개서까지 마친 매수인으로서는 주주로서의 의결권 기타의 공익권도 행사할 수 있고, 설사 주식의 양도가 양도담보의 의미로 이루어지고 양수인이 양도담보권자에 불과하더라도, 회사에 대한 관계에 있어서는 양도담보권자가 주주의 자격을 갖는 것이어서 의결권 기타의 공익권도 양도인에 대한 관계에서는 담보권자인 양수인에 귀속한다 할 것이다.

3) 담보권의 실행 : 양도담보에서 담보권자는 우선변제권을 갖지만, 항상 목적물을 환가

54) 참고로 일본의 다수설은 양도담보로 보고 있다(江頭憲治郎, 229頁; 北澤正啓, 232頁; 前田 庸, 207頁).
55) 대법원 2020. 6. 11.자 2020마5263 결정; 대법원 1995. 7. 28. 선고 93다61338 판결; 대법원 1993. 12. 28. 선고 93다8719 판결; 대법원 1992. 5. 26. 선고 92다84 판결.

하여 청산해야 하고, 목적물의 소유권을 취득하는 유담보는 허용되지 않는다는 것이 통설과 판례의 입장이다.[56] 따라서 주식의 양도담보에 있어서도 그 실행을 위해서는 청산절차를 거쳐야 한다. 다만 상행위로 인한 채권의 담보에 대해서는 유질계약이 허용되는데(상법 제59조), 이는 양도담보에도 유추적용해야 할 것이다.

(4) 주식담보의 특수문제

1) 주권발행전주식의 담보 : 주권발행전주식에 대해서도 양도담보가 가능하지만,[57] 이 경우에는 주권발행전주식의 양도와 동일한 절차를 거쳐야 한다. 즉 당사자의 양도합의와 회사에 대한 통지 또는 회사의 승낙이 있어야 한다. 그리하여 주권발행전주식의 양도담보는 대체로 약식양도담보이지만, 명의개서를 마치면 등록양도담보가 된다.

> **참고판례** **주권발행전주식의 양도담보계약(대법원 2018. 10. 12. 선고 2017다221501 판결)** : [1] 원고들은 주권발행 전 주식에 관하여 양도담보계약을 체결하고 삼정하우징으로부터 확정일자 있는 증서에 의한 승낙을 받음으로써 제3자에 대한 대항요건을 갖추었다. 원고들이 이러한 대항요건을 갖춘 이후에야 주식양도담보권설정자 소외인을 채무자로 하는 피고의 압류명령이 삼정하우징에게 송달된 이상, 원고들은 이 사건 주식에 관한 권리를 적법하게 행사할 수 있다고 보아야 한다. 따라서 원고들은 대외적으로 이사건 주식의 소유자이고, 원고들에게 이 사건 이익배당금 지급청구권을 포함한 주주권이 귀속된다. 이는 원고들이 주주명부상 명의개서를 마치지 않았다고 하더라도 마찬가지이다. [2] 회사성립 후 또는 신주의 납입기간 후 6월이 지나도록 주권이 발행되지 않아 주권 없이 채권담보를 목적으로 체결된 주식양도계약은 바로 주식양도담보의 효력이 생기고, 양도담보권자가 대외적으로는 주식의 소유자가 된다. 주권발행 전 주식의 양도담보권자와 동일 주식에 대하여 압류명령을 집행한 자 사이의 우열은 주식양도의 경우와 마찬가지로 확정일자 있는 증서에 의한 양도통지 또는 승낙의 일시와 압류명령의 송달일시를 비교하여 그 선후에 따라 결정된다. 이때 그들이 주주명부에 명의개서를 하였는지 여부와는 상관없다.

2) 예탁주식에 대한 질권의 설정 : 실무에서는 한국예탁결제원에 예탁된 주식을 담보로 제공하는 경우가 많은데, 주로 증권회사가 증권금융회사로부터 금융을 얻을 때 많이 이용한다. 이 경우 주권의 교부는 계좌대체로 갈음한다. 그런데 예탁주식에 대한 담보권 설정은 사실상 계좌설정자가 보관주식에 대해 가지고 있는 공유지분의 입질이라고 할 수 있다. 한편 기업 실무에서는 예탁주식에 대한 예치증을 담보로 제공하는 경우도 있는데, 이는 사실상 목적물반환청구권을 입질하는 것이다.

---

56) 대법원 1981. 7. 28. 선고 81다257 판결; 대법원 1971. 5. 24. 선고 71다669 판결.
57) 대법원 1995. 7. 28. 선고 93다61338 판결.

2. 주식의 소각

(1) 개 요

주식의 소각(Redemption of Shares)이란 회사가 존속 중에 발행주식의 일부를 소멸시키는 것인데, 존속 중 유일한 주식의 소멸원인이다. 액면주식의 경우 주로 자본금 감소를 위해 소각이 이루어지지만, 유통주식수의 감소나 합병비율의 조정 등을 위해서도 행해진다. 이에 비해 무액면주식의 소각은 주식수를 줄이기 위한 것이 그 목적이다. 상법은 과거에 주식소각의 종류로 ① 자본금 감소에 의한 소각(제343조 제1항 본문), ② 상환주식의 소각(제345조 제1항), ③ (원시)정관에 의한 이익소각(제343조 제1항 단서), ④ 주주총회의 특별결의에 의한 이익소각(제343조의2)을 규정하였는데, 2011년 개정 상법은 자본금 감소에 의한 소각과 상환주식의 소각만 두고 이익소각은 모두 삭제하였으며, 이사회결의에 의한 자기주식의 소각을 신설하였다. 즉 상법 제343조 제1항은 "주식은 자본금 감소에 관한 규정에 따라서만 소각할 수 있다. 다만, 이사회의 결의에 의하여 회사가 보유하는 자기주식을 소각하는 경우에는 그러하지 아니하다."라고 규정하고 있다. 그런데 상환주식의 소각은 그 재원이 배당가능이익이므로 자본금감소절차를 따를 필요가 없으며, 정관에 정해진 절차와 조건에 따라서 소각하므로 자기주식의 소각과도 절차를 달리한다. 따라서 이하에서는 자본금 감소에 의한 소각과 자기주식의 소각에 대해서만 검토한다.

(2) 자본금 감소에 의한 소각

1) 의 의 : 2011년 개정 전의 상법은 액면주식만을 두었으므로 주식을 소각하면 필연적으로 자본금이 감소한다. 그리하여 주식의 소각도 원칙적으로 자본금 감소에 관한 규정에 따르도록 규제하였는데, 이를 현행법도 그대로 답습하고 있다(상법 제343조 제1항 본문). 그렇지만 이는 명백히 잘못되었다. 2011년 개정 상법이 새로이 도입한 무액면주식의 경우에는 발행하는 때에 발행가액의 전부 또는 일부가 자본금으로 계상된 후부터는 자본금과 무관하게 존재하므로 주식을 소각하더라도 액면주식처럼 자본금이 감소하지 않기 때문이다. 따라서 주식소각에 관한 상법 제343조 제1항은 우선 액면주식과 무액면주식으로 나누어 각기 달리 해석하되, 향후 입법적으로 보완해야 한다.

2) 액면주식의 소각 : 주식은 자본금 감소에 관한 규정에 따라서만 소각할 수 있다는 상법 제343조 제1항 본문은 액면주식에만 적용되고 무액면주식에는 적용되지 아니하는 것으로 해석해야 한다. 무액면주식은 발행하는 때에만 자본금과 연계되고 발행된 후에는 소각하더라도 자본금이 감소하지 않기 때문이다. 따라서 액면주식을 소각하려면 자본금 감소에

관한 규정에 따라 ① 주주총회의 특별결의로 소각방법을 정해야 하고(상법 제438조, 제439조 제1항), ② 채권자보호절차를 경료해야 한다(상법 제439조 제2항, 제3항). 그런데 제343조 제1항의 「자본금 감소에 관한 규정」이란 주식병합에 관한 규정(제440조, 제441조)과 감자무효의 소에 관한 규정(제445조)도 포함하지만, 주식병합은 자본금 감소와 무관하게 이루어질 수 있으므로 제343조 제2항에서 별도로 주식병합에 관한 규정(제440조, 제441조)을 주식소각에 준용한 것이다. 따라서 액면주식의 소각에서는 ③ 주주들로부터 주권을 회수하기 위해 주권 제출을 공고해야 하고(상법 제440조), ④ 주권 제출과 채권자보호절차가 완료되었을 때 그 효력이 발생한다(상법 제441조).

3) 무액면주식의 소각 : 회사가 무액면주식을 발행하려면 발행가액의 1/2 이상의 금액으로서 이사회[58]가 정하는 금액을 자본금으로 계상해야 한다(상법 제451조 제2항 전단). 이처럼 무액면주식의 경우에는 발행할 때에만 자본금에 연계되고 발행한 후에는 사실상 자본금과 무관하게 존재하므로 주식소각의 경우에도 달리 해석해야 한다. 이와 관련하여 상법 제343조 제1항 본문은 자본금 감소에 관한 규정에 따라서만 주식을 소각할 수 있다고 규정하고 있는데, 여기서 「자본금 감소에 관한 규정」이란 ① 주주총회의 특별결의에 관한 규정, ② 채권자보호에 관한 규정, ③ 주식병합절차에 관한 규정, ④ 단주 처리에 관한 규정, ⑤ 자본감소무효의 소에 관한 규정을 말한다. 그런데 이 중 ②와 ⑤의 경우에는 무액면주식의 소각에 적용할 이유가 없으므로, 무액면주식의 소각에서는 이를 제외한 규정만을 의미하는 것으로 축소해석해야 한다. 향후 입법적 보완이 요망된다.

> **참고판례** **주식소각의 효력발생시기(대법원 2008. 7. 10. 선고 2005다24981 판결)** : [1] 주식의 강제소각의 경우와 달리, 회사가 특정 주식의 소각에 관하여 주주의 동의를 얻고 그 주식을 자기주식으로서 취득하여 소각하는 이른바 주식의 임의소각에 있어서는, 회사가 그 주식을 취득하고 상법 소정의 자본감소의 절차뿐만 아니라 상법 제342조가 정한 주식실효 절차까지 마친 때에 소각의 효력이 생긴다. [2] 주식 임의소각의 경우 그 소각의 효력이 상법 제342조의 주식실효 절차까지 마쳐진 때에 발생한다 하더라도, 주주가 주식소각대금채권을 취득하는 시점은 임의소각의 효력발생시점과 동일한 것은 아니며, 적어도 임의소각에 관한 주주의 동의가 있고 상법 소정의 자본감소의 절차가 마쳐진 때에는 주식소각대금채권이 발생하고, 다만 그때까지 주주로부터 회사에 주권이 교부되지 않은 경우에는 회사는 주주의 주식소각대금청구에 대하여 주권의 교부를 동시이행항변 사유로 주장할 수 있을 뿐이다.

(3) 자기주식의 소각

1) 의 의 : 주식은 원칙적으로 자본금 감소에 관한 규정에 따라서만 소각할 수 있지만,

58) 상법 제416조 단서에서 정한 주식발행의 경우에는 이사회가 아닌 주주총회에서 정한다.

이사회의 결의에 따라 회사가 보유하는 자기주식을 소각하는 때에는 그러하지 아니하다(상법 제343조 제1항 단서). 이는 2011년 개정 상법이 신설한 규정이다.

2) 적용범위 : 자기주식의 소각에 관한 상법 제343조 제1항 단서는 자본금 감소에 관한 규정에 따르지 않고 이사회의 결의만으로 주식을 소각할 수 있는 예외를 설정한 규정이지만, 이는 무액면주식의 경우에만 타당하고 액면주식의 경우에는 적용할 수 없다. 무액면주식의 경우에는 발행하는 때에만 자본금에 연계되고 발행한 후에는 자본금이 주식수에 연계되지 아니하므로 자기주식을 소각하더라도 자본금에 영향이 없지만, 액면주식의 경우에는 발행주식수의 액면가총액이 자본금을 구성하므로(상법 제451조 제1항) 주식의 소각은 당연히 자본금의 감소를 가져오기 때문이다. 더욱이 주주와 채권자의 이해관계에 직결되는 주식소각을 이사회결의만으로 실행할 수는 없다. 이런 점을 종합할 때 제343조 제1항 단서는 무액면주식에만 적용되고, 액면주식의 경우에는 원칙으로 되돌아가 본문의 자본금 감소에 관한 규정에 따라야 한다고 해석해야 한다.[59] 즉 내부적으로 주주총회의 특별결의가 필요하고 외부적으로 채권자보호절차를 경료해야 한다.

3) 포섭범위 : 자기주식의 소각에 관한 상법 제343조 제1항 단서는 자기주식의 포섭범위에 관하여 아무런 제한을 두고 있지 않다. 따라서 여기서 「자기주식」이란 상법 제341조 제1항에 의해 배당가능이익이란 취득재원의 규제를 받아 취득한 자기주식과 제341조의2에 해당하여 회사의 기본재산으로 취득한 자기주식을 모두 포함한다고 해석해야 한다. 즉 어느 경우에나 이사회의 결의로 소각할 수 있는 것이다.

4) 소각절차 : 상법은 자기주식의 소각절차를 별도로 규정하고 있지 않다. 그렇지만 회사가 이미 보유하고 있는 주식을 소각하는 것이므로 상법 제343조 제2항이 적용되지 아니

59) 물론 이와 다르게 해석하는 견해도 있다. 즉 ① 동 규정은 이사회결의만으로 할 수 있는 자본금 감소 방법을 인정하려는 입법정책적 관점에서 자본금감소절차에 대한 특례를 둔 것이라는 견해(권기범, 559면; 정동윤, 528면)가 있다. 그런데 자기주식의 소각도 다른 주식의 소각과 마찬가지로 자본금의 감소를 초래하여 주주와 채권자의 이해관계에 영향을 미치는데, 유독 자기주식의 소각만을 이사회 결의로 할 수 있도록 허용해야 할 합리적 근거가 없다. ② 상법 제343조 제1항 단서를 좁게 해석하여 제341조에 의해 배당가능이익으로 취득한 주식만 이사회결의로 소각할 수 있다는 견해가 있다(송옥렬, 901면; 임재연(Ⅰ), 587면; 정찬형, 839면). 그런데 배당가능이익으로 취득한 주식이라도 발행주식으로 존재하며 액면주식의 경우에는 자동적으로 자본금에 계상되므로, 이를 소각하면 특별한 규정이 없는 한 자본금이 감소할 수밖에 없다. 따라서 제343조 제1항 단서는 무액면주식에 대해서만 적용되는 것으로 해석함이 타당하다. ③ 자기주식을 소각하는 경우에는 상환주식의 상환과 마찬가지로 발행주식수는 감소하나 자본금은 변하지 아니하므로 제343조 제1항 단서는 당연한 규정이라는 견해도 있다(김건식/노혁준/천경훈, 237면). 그런데 상환주식의 상환에서는 이익으로 소각한다고 규정하고 있지만(상법 제345조 제1항), 자기주식의 소각에는 이익으로 소각한다는 규정이 없다. 즉 자기주식의 소각과 상환주식의 상환을 동일하게 취급하는 것은 무리이므로 찬동할 수 없다.

하여 소각을 위한 주권 제출의 공고(상법 제440조)나 채권자보호절차(상법 제441조→제232조)는 필요 없다. 따라서 이사회가 소각할 주식의 종류와 수를 결의하면서 그 효력발생일도 아울러 정해야 한다. 그리고 소각주식이 유통되지 않도록 폐기하고 주주명부에서 말소해야 하며, 전자등록된 주식인 경우에는 전자등록부에서 말소해야 한다.

5) 소각효과 : 자기주식이라도 발행한 주식으로서 존재하므로 액면주식을 소각하게 되면 소각한 주식수 만큼 자본금이 감소한다. 다만 무액면주식의 경우에는 발행 후 주식수와 자본금이 연계되지 아니하므로 소각하더라도 자본금이 감소하지 않는다. 한편 자기주식의 소각으로 인해 정관상 발행예정주식총수 중 미발행 부분이 증가한다. 그리하여 이 경우에도 소각주식을 통상의 신주발행절차에 따라 재발행할 수 있는지가 문제되는데, 이에 관해서는 상환주식의 상환효과에서 설명하였으므로 여기서는 생략한다.

3. 주식의 분할

(1) 의 의

주식의 분할이란 회사의 자본금을 증가시키지 아니하면서 발행주식수를 증가시키는 것을 말한다. 이 점에서 발행주식수의 변동 없이 1주권에 표창된 주식수를 세분하여 여러 매의 주권을 만드는 주권의 분할과도 구분된다. 한편 주식분할은 액면주식과 무액면주식의 경우에 그 의미를 달리한다. 즉 액면주식의 경우에는 주식분할이 액면분할을 뜻하지만, 무액면주식의 경우에는 주식분할이 자본금이나 자산과는 관계없는 단지 이미 발행한 주식을 세분화하여 그 수를 증가시키는 것을 의미한다. 이러한 주식분할은 주로 주가가 지나치게 높거나 주식의 유동성이 적은 상장회사가 실행한다.

(2) 요 건

1) 주주총회의 특별결의 : 주식을 분할하기 위해서는 먼저 주주총회의 특별결의가 있어야 한다(상법 제329조의2 제1항). 액면주식을 분할하면 당연히 정관변경이 필요하므로 주주총회의 특별결의를 거쳐야 한다. 그리고 무액면주식도 분할로 인해 발행주식수가 발행예정주식총수를 초과하게 되면 정관을 변경해야 하지만, 분할이 발행예정주식총수의 범위 내에서 이루어진 때에는 굳이 주주총회의 특별결의에 의할 필요가 없다. 그렇지만 상법은 이를 구분하지 않고 모두 주주총회의 특별결의를 요구하고 있다.

2) 정관의 변경 : 액면주식을 분할하는 때에는 액면가를 변경해야 하고, 발행예정주식총수의 미발행 부분이 충분하지 않으면 발행예정주식총수도 늘려야 하므로 당연히 정관을

변경해야 한다. 주의할 것은 ① 액면주식을 분할하는 경우 액면가는 자유롭게 인하할 수 있지만, 액면가의 최저가액인 100원 미만으로는 분할할 수 없다. ② 주식분할과 관련하여 단주가 생기는 것을 허용하므로(상법 제329조의2 제3항 → 제443조), 단주가 생기는 비율로의 분할도 가능하다(예: 액면가를 1,000원에서 300원으로 인하하는 것).

(3) 절 차

1) 통지·공고 : 주식을 분할하는 경우에 회사는 1월 이상의 기간을 정하여 주식분할을 한다는 뜻과 그 기간 내에 주권을 회사에 제출할 것을 공고하고 주주명부에 기재된 주주와 질권자에 대해서는 별도로 그 통지를 해야 한다(상법 제329조의2 제3항 → 제440조). 이는 주식분할에 따른 권리변동사항을 주주와 질권자에게 알려주기 위한 것이므로 주권을 발행하지 아니한 회사도 공고해야 한다. 물론 이 경우 회사는 분할된 주식을 취득할 자를 미리 확정하기 위해 주주명부를 폐쇄할 수도 있다(상법 제354조). 한편 회사가 전자등록주식을 분할하는 때에는 주권제출절차가 불필요하므로, 회사가 일정한 날을 정하여 그날에 분할의 효력이 생긴다는 뜻을 통지·공고하면 된다(전자증권법 제65조 제3항).

2) 주권의 교부 : 주식분할로 주권의 기재사항이 달라지므로 회사는 주주가 제출한 주권에 갈음하여 새로운 주권을 교부해야 하는데, 구주권을 회사에 제출할 수 없는 자가 있는 때에는 이해관계인의 이의제출을 최고하는 소정의 공고를 거쳐 새로운 주권을 청구자에게 교부할 수 있다(상법 제329조의2 제3항 → 제442조 제1항). 주의할 것은 ① 상법 제329조의2 제3항은 액면주식과 무액면주식을 구분하지 아니하지만, 액면주식에만 적용되는 것으로 해석해야 한다. 무액면주식의 경우에는 주권의 기재내용이 달라지지 아니하므로 주권을 제출할 필요가 없고, 회사가 분할로 인해 추가로 발행하는 주식수를 배정하면 충분하기 때문이다. ② 전자등록된 주식을 분할하는 때에는 액면주식이라도 이 절차가 불필요하다. ③ 단주가 생기는 경우에는 자본금감소에서와 같이 단주를 매각하여 그 대금을 단주의 주주에게 지급하면 된다(상법 제329조의2 제3항 → 제443조 제1항).

(4) 효 과

1) 효력범위 : 주식분할로 인해 회사의 발행주식총수가 증가하고 같은 비율로 각 주주의 소유주식수도 증가하지만, 회사의 자본과 재산 및 주주의 지분에는 실질적인 변동이 없다. 이처럼 분할 전후의 주식은 그 동질성이 유지되므로, 분할 전 주식에 대한 질권은 분할 후 신주식에도 그대로 효력이 미친다(상법 제339조). 한편 주식분할을 위한 주주총회의 결의에 하자가 있거나 분할절차에 하자가 있는 경우의 해결방법에 대해서는 상법이 규정하지

않아 합리적인 해석이 필요하다. 생각건대 주식분할이 무효로 되면 분할로 인해 발행한 주식의 전부가 무효로 되기 때문에 주주들에게 획일적 확정이 요구되고, 분할 후에 형성된 법률관계를 소급해서 부정해서는 아니 되므로 형성의 소에 의해 다투어야 한다. 따라서 우선은 신주발행무효의 소에 관한 제429조 이하의 규정을 유추적용하되, 추후 입법적으로 이를 보완해야 한다. 다만 주의할 것은 주금반환에 관한 규정(상법 제432조)은 주식분할의 무효와 무관하므로 유추적용할 수 없다는 점이다.

2) 발생시기 : 주식분할의 효력발생시기는 액면주식과 무액면주식으로 나누어 검토해야 한다. 즉 ① 액면주식의 경우에는 주주에 대한 공고기간이 만료한 때에 주식분할의 효력이 생긴다(상법 제329조의2 제3항 → 제441조 본문). 즉 공고기간의 만료에 의해 종전의 주식은 실효하고, 주주는 분할된 주식의 주주가 된다.[60] 이 점에서 공고기간 만료일은 권리변동의 기준일이 되는데, 회사는 이와 다른 별도의 기준일 설정할 수 없다(상법 제329조의2 제3항 → 제440조 내지 제443조). 한편 전자등록된 액면주식의 경우에는 회사가 정한 기준일에 분할의 효력이 생긴다(전자증권법 제65조 제2항, 제3항). ② 무액면주식을 분할하는 경우에는 주권의 제출이 필요 없으므로 제441조가 준용될 수 없다. 따라서 무액면주식을 분할할 때에는 이를 결의하는 주주총회에서 효력발생일도 정해야 한다.

4. 주식의 병합

주식의 병합이란 여러 개의 주식을 합하여 그보다 적은 수의 주식으로 변경하는 회사의 행위이다. 예컨대 10주를 합하여 3주로 하는 것과 같다. 그런데 이러한 주식병합은 단주를 발생시켜 각 주주의 이해에 중요한 영향을 끼칠 수 있으므로 예외적인 경우에 한하여 인정된다. 즉 주식은 자본금의 감소(상법 제440조)와 합병(상법 제530조 제3항) 및 분할(상법 제530조의11 제1항)의 경우에 한하여 주식을 병합할 수 있다.

참고판례 **주식병합의 효과(대법원 2005. 6. 23. 선고 2004다51887 판결)** : 주식병합의 효력이 발생하면 회사는 신주권을 발행하고(상법 제442조 제1항), 주주는 병합된 만큼 감소된 수의 신주권을 교부받게 되는 바, 이에 따라 교환된 주권은 병합 전의 주식을 여전히 표창하면서 그와 동일성을 유지한다.

참고판례 **주식병합의 무효 주장방법(대법원 2009. 12. 24. 선고 2008다15520 판결)** : [1] 상법 부칙(1984. 4. 10.) 제5조 제2항에 의하여 주식 1주의 금액을 5천 원 이상으로 하기 위하여 거치는 주식병합은

60) 상법 제329조의2 제3항이 제441조 단서도 준용하고 있어 주식분할의 경우에도 채권자보호절차가 종료해야만 그 효력이 발생하는 것으로 오해할 수 있다. 그러나 주식분할은 회사채권자의 이해관계와 무관하여 채권자보호절차가 필요하지 아니하므로 공고기간의 만료로 효력이 발생한다. 이 점 입법적 보완이 요망된다.

자본의 감소를 위한 주식병합과는 달리 자본의 감소가 수반되지 아니하지만, 주식병합에 의하여 구 주식의 실효와 신 주식의 발행이 수반되는 점에서는 자본감소를 위한 주식병합의 경우와 차이가 없다. 그런데 위와 같은 주식병합 절차에 의하여 실효되는 구 주식과 발행되는 신 주식의 효력을 어느 누구든지 그 시기나 방법 등에서 아무런 제한을 받지 않고 다툴 수 있게 한다면, 주식회사의 물적 기초와 주주 및 제3자의 이해관계에 중대한 영향을 미치는 주식을 둘러싼 법률관계를 신속하고 획일적으로 확정할 수 없게 되고, 이에 따라 주식회사의 내부적인 안정은 물론 대외적인 거래의 안전도 해할 우려가 있다. 따라서 이러한 경우에는 그 성질에 반하지 않는 한도 내에서 구 상법(1991. 5. 31. 법률 제4372호로 개정되기 전의 것) 제445조의 규정을 유추 적용하여, 주식병합으로 인한 변경등기가 있는 날로부터 6월 내에 주식병합 무효의 소로써만 주식병합의 무효를 주장할 수 있게 함이 상당하다. [2] 구 상법(1991. 5. 31. 법률 제4372호로 개정되기 전의 것) 제445조에서 규정하는 '소'라 함은 형성의 소를 의미하는 것으로서, 일반 민사상 무효확인의 소로써 주식병합의 무효확인을 구하거나 다른 법률관계에 관한 소송에서 선결문제로서 주식병합의 무효를 주장하는 것은 원칙적으로 허용되지 아니한다. 그러나 주식병합의 실체가 없음에도 주식병합의 등기가 되어 있는 외관이 존재하는 경우 등과 같이 주식병합의 절차적·실체적 하자가 극히 중대하여 주식병합이 존재하지 아니한다고 볼 수 있는 경우에는, 주식병합 무효의 소와는 달리 출소기간의 제한에 구애됨이 없이 그 외관 등을 제거하기 위하여 주식병합 부존재확인의 소를 제기하거나 다른 법률관계에 관한 소송에서 선결문제로서 주식병합의 부존재를 주장할 수 있다. [3] 상법 부칙(1984. 4. 10.) 제5조 제2항이 구 상법(1991. 5. 31. 법률 제4372호로 개정되기 전의 것) 제440조를 준용하여 주식병합에 일정한 기간을 두어 공고와 통지의 절차를 거치도록 한 취지는, 신 주권을 수령할 자를 파악하고 실효되는 구 주권의 유통을 저지하기 위하여 회사가 미리 구 주권을 회수하여 두려는 데 있다. 회사가 위와 같은 공고 등의 절차를 거치지 아니한 경우에는 특별한 사정이 없는 한 주식병합의 무효사유가 존재한다고 할 것이지만, 회사가 주식병합에 관한 주주총회의 결의 등을 거쳐 주식병합 등기까지 마치되 그와 같은 공고만을 누락한 것에 불과한 경우에는 그러한 사정만으로 주식병합의 절차적·실체적 하자가 극히 중대하여 주식병합이 부존재한다고 볼 수는 없다. 따라서 상법 부칙(1984. 4. 10.) 제5조 제2항의 주식병합에 관하여 공고누락의 하자만을 이유로 주식병합의 무효를 주장하기 위해서는 구 상법 제445조에 따라 주식병합의 등기일로부터 6월 내에 주식병합 무효의 소를 제기하지 않으면 아니된다.

참고판례 **주식병합에 관한 통지·공고의 입법취지(대법원 2005. 12. 9. 선고 2004다40306 판결)** : 구 상법(1991. 5. 31. 법률 제4372호로 개정되기 전의 것)상 주식병합에 있어서 일정한 기간을 두어 공고와 통지의 절차를 거치도록 한 취지는 신 주권을 수령할 자를 파악하고 실효되는 구 주권의 유통을 저지하기 위하여 회사가 미리 구 주권을 회수하여 두려는 데 있다 할 것인바, 사실상 1인 회사에 있어서 주식병합에 관한 주주총회의 결의를 거친 경우에는 회사가 반드시 위와 같은 공고 등의 절차를 통하여 신 주권을 수령할 자를 파악하거나 구 주권을 회수하여야 할 필요성이 있다고 보기는 어려우므로, 주식병합에 관한 주주총회의 결의에 따라 그 변경등기가 경료되었다면 위와 같은 공고 등의 절차를 거치지 않았다고 하더라도 그 변경등기 무렵에 주식병합의 효력이 발생한다고 봄이 상당하다.

사례해결

(1) 주식회사는 성립 후 또는 신주의 납입기일 후 지체없이 주권을 발행해야 하는데(상법 제355조 제1항), 이러한 회사의 주권발행의무에 대응하여 주주는 주권발행·교부청구권을 행사할 수 있다. 그런데

주주의 주권발행·교부청구권은 일신전속적인 권리가 아니므로 주주의 채권자가 대위하여 행사할 수도 있다. 따라서 채권자 C의 청구는 정당하다.

(2) 주권의 선의취득이 성립하려면 ① 당해 주권이 유효해야 하고, ② 양도인이 무권리자여야 하며, ③ 양도행위는 적법해야 하고, ④ 양수인이 선의이며 중대한 과실이 없어야 한다. 그리고 주권의 효력발생시기에 대해서는 작성시설·발행시설·교부시설이 있는데, 통설과 판례는 교부시설을 취하고 있다. 사안의 경우 관리부장 D는 아직 주주에게 주권을 교부하지 않았으므로 통설과 판례의 입장인 교부시설에 의하면 당해 주권은 유효한 주권이 아니고, 따라서 F는 선의취득자로서 보호받을 수 없다. 즉 F는 명의개서를 청구할 자격이 없으므로 ㈜甲은 F의 명의개서 청구를 거부할 수 있다.

(3) 기명주식의 경우에는 회사에 대한 주주의 권리 행사가 주주명부의 기재에 의해 이루어지므로 주권의 소지가 주주에게는 오히려 불편할 수 있다. 주권의 분실·도난 등으로 인한 재발행의 번거로움과 타인의 선의취득에 따른 권리 상실의 위험이 있기 때문이다. 그리하여 상법은 정관에 다른 규정이 없는 한 주주의 희망에 따라 주권을 소지하지 않을 수 있도록 허용하고 있다(상법 제358조의2). 한편 주권불소지신고를 받은 회사는 그 주권을 무효로 하거나 명의개서대리인에게 임치해야 하는데(상법 제358조의2 제3항), 후자의 경우에는 주권이 여전히 유효하므로 만약 유통된다면 선의취득이 가능하다. 사안의 경우 주주 G는 회사에 대하여 주권불소지신고를 하였으나 명의개서대리인 H의 과실로 인해 당해 주권이 분실되었고, J는 습득자 I를 통해 동 주권을 선의취득하였다. 따라서 동 주권의 소유권은 선의취득자 J에게 있고, 주주 G는 주권에 관한 권리를 상실한다. 다만 권리를 상실한 주주 G는 ㈜甲과 명의개서대리인 H를 상대로 하여 손해배상을 청구할 수 있다.

(4) 주주 K는 주권을 분실하였으나 공시최고절차를 신청하여 제권판결을 받았으므로 당해 분실된 주권의 점유를 취득하였다. 따라서 K는 ㈜甲에 대하여 제권판결문 정본을 제시하여 주권의 재발행을 요구할 수 있고, 이 재발행된 주권을 이용하여 타인에게 주식을 양도할 수 있다.

제3절 주식회사의 주주관리

제1관 주주의 의의와 확정

예시사례 특수유리제조업체인 ㈜甲은 주주의 수가 70명에 불과하고 자본금이 5억원인 소규모회사이다(1주당 액면가 5,000원). 그렇지만 ㈜甲이 생산하는 특수유리가 고층용 건축자재로서 높은 효용가치를 인정받으면서 나날이 급성장하고 있고, 수출도 매년 증가하고 있다. 그리하여 ㈜甲의 이사회는 건축용 특수유리에 대한 수요 증가에 탄력적으로 대응하기 위해 생산설비를 확충하기로 결정하고, 그에 필요한 재원은 신주 20만주를 발행하여 조달하기로 하였다. 그런데 ㈜甲의 정관에 기재된 발행예정주식총수는 25만주여서 신주 20만주는 사실상 발행이 불가능하다. 이 사안에서 다음 설문에 답하시오!

(1) ㈜甲의 이사회는 정관상 발행예정주식총수를 상향 조정하기 위하여 임시주주총회를 소집하였다. 그런데 그 직전에 경영진에 대해 적대적이던 주주 A가 보유주식을 모두 B에게 양도하였고, B는 명의개서를 하지 않고 있었다. 이에 그러한 사실을 안 ㈜甲의 이사회는 비록 명의개서가 안된 상태이지만 B의 주주권 행사를 인정하였다. ㈜甲의 이러한 행위는 정당한가?

(2) ㈜甲의 주주 중 C는 사실 문중이고, 현재의 문중 대표자는 D이다. 그런데 ㈜甲의 주주명부에는 아직 D가 문중 대표자로 등재되어 있지 않아 ㈜甲은 C 문중의 구성원 중 1인인 E에게만 주주총회 소집통지서를 발송하여 주주총회를 개최한 후 발행예정주식총수의 증액에 관한 정관변경안을 무사히 가결시켰다. 그런데 그 직후 D가 자신에게 주주총회 소집통지가 없었음을 이유로 법원에 주주총회결의취소의 소를 제기하였다. 이 경우 D의 주장은 정당한가?

(3) ㈜甲의 주주총회에서는 발행예정주식총수를 25만주에서 100만주로 확대하는 정관변경안을 가결하였다. 그리고 그에 근거하여 ㈜甲의 이사회는 추가로 발행하는 신주 20만주(발행가 1주당 10,000원)의 인수권을 모두 주주에게 부여하기로 결의하였다. 그런데 신주를 인수해야 할 주주 중 F와 G는 각각 인수할 수 있는 주식수가 3,000주에 달하지만, 현재 전혀 현금을 갖고 있지 않다. 그리하여 F는 자신이 ㈜甲에 납품한 물품의 가액 5,000만원 중 일부로 인수대금으로 상계하고자 하고, G는 자신이 보유하고 있는 부동산(시가 4,000만원)으로 인수대금을 대납하고자 한다. 주금납입에 관한 이러한 F와 G의 행위에 대하여 법적인 평가를 한다면?

(4) ㈜甲의 이사회는 일부 주주들의 인수 포기 등으로 인해 새로이 발행하는 신주 20만주 모두를 기존의 주주가 인수하기 어려워지자, 추가적으로 그 중 5만주는 정관의 근거 규정에 따라 제3자에게 배정하기로 결의를 하였다. 이에 현 경영진과 대립하고 있던 주주 H는 자신의 절친한 대학 후배이면서 동시에 현 경영진과 고향 선후배 관계에 있는 I·J·K의 명의를 도용하여 약 1만주에 가까운 신주를 인수하였다. 이 경우 주주 H는 ㈜甲에 대하여 주권의 발행을 청구할 수 있을까?

(5) 만약 ㈜甲이 2022년 8월 8일로 주주총회일을 예정하고 동년 5월 3일을 기준일로 정한 후 4월 16일에 공고하며 5월 4일부터 8월 8일까지 주주명부를 폐쇄하였고, 이로 인해 동년 5월 6일 주식을 양수한 L이 주주총회일에 의결권을 행사할 수 없었다면 주주 L은 어떠한 법적 조치를 할 수 있을까?

Ⅰ. 서 설

주주는 주식회사의 사원으로서 자본의 구성단위인 주식의 취득(원시취득 또는 승계취득)을 통하여 그 법적 지위를 취득한다. 이에 대해서는 예외가 있을 수 없고, 이와 다른 약정도 무효이다.[61] 이러한 주주의 자격에는 제한이 없으므로 자연인은 물론 법인도 될 수 있고, 내국인 외에 외국인도 될 수 있으며, 행위능력의 유무도 전혀 문제되지 않는다. 더욱이 인

61) 대법원 1967. 6. 13. 선고 67다302 판결.

원의 제한도 없어 주주가 1인인 주식회사도 가능하다. 다만 주주가 될 수 있는 자가 법적으로 제한되는 경우가 있다(상법 제341조, 자본시장법 제172조, 공정거래법 제7조 제1항). 상법상 주주는 일정한 분류기준에 따라 다양하게 유형화할 수 있는데, 명의주주와 실질주주, 단독주주와 공유주주, 대주주와 소액주주 등을 그 예로 들 수 있다.

상법상 주주는 소유한 주식의 수에 따라 회사와의 법률관계에서 평등한 권리를 갖는데, 이를 주식평등원칙이라고 한다. 그리고 주주는 주주권이라는 사원권을 원천으로 하여 회사에 대하여 여러 가지의 개별적인 권리를 행사할 수 있는데, 이러한 주주의 권리는 법률에 의해 주어지는 것이므로 정관의 규정이나 주주총회의 결의 또는 이사회의 결의로도 제한할 수 없다. 또한 주주는 회사에 대하여 인수한 주식가액의 전액납입의무를 지는데, 이는 사실상 주식인수인의 의무이다. 주의할 것은 이러한 출자의무가 상법에 규정된 주주의 의무 전부이므로 그 밖의 어떠한 의무도 지지 않는다는 점이다. 한편 주식인수인이 타인의 명의로 인수한 경우에는 납입의무의 주체와 주주의 확정이 필요하다.

Ⅱ. 주주의 의의

1. 주주의 유형

(1) 분류기준

주주는 ① 소유하는 주식의 종류에 의해 보통주주·우선주주·상환주주·전환주주 등으로, ② 보유주식수에 따라 대주주와 소액주주로, ③ 소유자에 따라 자연인주주와 법인주주로, ④ 실질적인 소유 여부에 의해 명의주주와 실질주주로, ⑤ 소유형태에 따라 단독소유주주와 공유주주로, ⑥ 주주권의 행사에 일정한 지분을 요하느냐에 따라 단독주주와 소수주주로 구분할 수 있다. 이 중 실질주주와 공유주주는 세밀히 검토할 필요가 있다.

(2) 실질주주

1) 의 의 : 실무에서 때때로 주주명부상 주주와 계산상 주주가 다를 경우가 발생하는데, 전자를 명의주주(형식주주)라고 하고 후자를 실질주주라고 한다. 실질주주의 의미는 광의와 협의로 나눌 수 있는데, 전자는 비록 주주명부상 주주는 아니나 당해 주식을 실질적으로 소유하고 있는 자(예: 명의개서미필주주, 명의차용자, 신탁주주 등)를 말하고, 후자는 주권예탁결제 제도에 의해 주권을 예탁함으로 인해 타인명의(예탁결제원)로 등재된 주식을 소유하고 있는 자를 말한다. 이 중 전자는 후술하는 타인명의에 의한 주식인수에서 자세히 살펴보

고, 여기에서는 후자에 대해서만 검토한다.

2) 인식방법 : 주권예탁결제 제도에서는 예탁결제원이 주주명부에 주주로 등재되기 때문에 발행회사가 주주명부를 통해서는 실질주주의 현황을 파악할 수 없다. 그리하여 자본시장법은 이를 위한 보완 규정을 두고 있다. 즉 ① 주권의 발행인이 상법 제354조에 따라 일정한 기간 또는 일정한 날을 정한 경우에는 예탁결제원에 이를 지체없이 통지해야 하고, 예탁결제원은 그 일정한 기간의 첫날 또는 그 일정한 날(주주명부폐쇄기준일)의 실질주주에 관하여 일정한 사항(성명, 주소, 실질주주가 갖는 공유지분에 상당하는 주식의 종류와 수)을 그 주권의 발행인 또는 명의개서를 대리하는 회사에 통지해야 한다(자본시장법 제315조 제3항). ② 예탁결제원으로부터 실질주주에 관련된 사항을 통지받은 발행회사 또는 명의개서대리인은 그 통지받은 사항과 통지 연월일을 기재하여 실질주주명부를 작성·비치해야 한다(자본시장법 제316조 제1항). 이 경우 실질주주명부는 상법상 주주명부와 동일한 법적 효력을 갖는다(자본시장법 제316조 제2항).

참고판례 **실질주주명부의 효력(대법원 2017. 11. 9. 선고 2015다235841 판결)** : 주주는 영업시간 내에 언제든지 주주명부의 열람 또는 등사를 청구할 수 있고(상법 제396조 제2항), 자본시장과 금융투자업에 관한 법률에서 정한 실질주주 역시 이러한 주주명부의 열람 또는 등사를 청구할 수 있다(자본시장법 제315조 제2항). 이는 주주가 주주권을 효과적으로 행사할 수 있게 함으로써 주주를 보호함과 동시에 회사의 이익을 보호하려는 데에 그 목적이 있다. 그와 함께 소수주주들로 하여금 다른 주주들과의 주주권 공동행사나 의결권 대리행사 권유 등을 할 수 있게 하여 지배주주의 주주권 남용을 방지하는 기능도 담당한다. 그런데 자본시장법에 따라 예탁결제원에 예탁된 상장주식 등에 관하여 작성되는 실질주주명부는 상법상 주주명부와 동일한 효력이 있으므로(자본시장법 제316조 제2항), 위와 같은 열람·등사청구권의 인정 여부와 필요성 판단에서 주주명부와 달리 취급할 이유가 없다. 따라서 실질주주가 실질주주명부의 열람 또는 등사를 청구하는 경우에도 상법 제396조 제2항이 유추적용된다. 열람 또는 등사청구가 허용되는 범위도 위와 같은 유추적용에 따라 '실질주주명부상의 기재사항 전부'가 아니라 그중 실질주주의 성명 및 주소, 실질주주별 주식의 종류 및 수와 같이 '주주명부의 기재사항'에 해당하는 것에 한정된다. 이러한 범위 내에서 행해지는 실질주주명부의 열람 또는 등사가 개인정보의 수집 또는 제3자 제공을 제한하고 있는 개인정보 보호법에 위반된다고 볼 수 없다.

3) 권리행사 : 예탁결제원은 자신의 이름으로 명의개서된 주식에 대하여 예탁자나 투자자의 신청이 없어도 주주의 권리(예: 주권의 병합·분할 청구, 합병 등으로 주권의 교체가 있는 경우 그 교체청구, 준비금의 자본전입, 주식배당, 신주인수권의 행사 등에 의해 발행되는 주권의 수령, 주권상실시 공시최고의 신청, 주권의 불소지신고 등)를 행사할 수 있다(자본시장법 제314조 제3항). 즉 이 경우에는 실질주주가 주주로서 그 권리를 행사할 수 없는데(자본시장법 제315

조 제2항 본문), 이러한 권리는 주주명부상의 주주 자격과 불가분의 관계에 있으므로 만약 권리 행사자를 분리시키면 회사의 주식관리에 큰 혼란을 주기 때문이다. 그렇지만 실질주주도 주주명부의 열람·등사 청구는 언제든지 할 수 있고(자본시장법 제315조 제2항 단서), 예탁결제원만이 행사할 수 있는 위의 권리를 제외하고는 모든 주주권(의결권·이익배당청구권·신주인수권 등)을 행사할 수 있다.

(3) 공유주주

1) 발생원인 : 주식불가분의 원칙에 의해 하나의 주식을 여러 명이 분할하여 소유하는 것은 불가능하지만, 일정한 사유로 인하여 주식을 수인이 공유하는 것은 가능하다(예: 주식의 공동인수·공동양수·공동상속 등). 더욱이 회사설립시 미인수주식에 대한 발기인의 인수담보책임(상법 제321조 제1항)과 신주발행시 미인수주식에 대한 이사의 인수담보책임(상법 제428조 제1항)처럼 상법이 명문으로 공유관계를 규정한 경우도 있다. 이러한 경우의 주주를 「공유주주」라고 하는데, 주의할 것은 비록 법문이 「공유」라고 규정하고 있더라도 공유만이 아니라 공동소유의 또 다른 형태인 합유와 총유의 경우에도 주식공유에 관한 상법 제333조가 적용된다고 해석해야 한다는 점이다.[62] 조합이나 권리능력 없는 사단도 그 자체의 명의로 주식을 소유할 수 있기 때문이다.

2) 법률관계 : 공유주주의 법률관계에 대해서는 민법 제262조 내지 제270조가 준용된다(준공유: 민법 제278조). 따라서 공유주주 중 1인은 주식이 아닌 그가 소유하는 공유지분만을 양도할 수 있으며(민법 제264조), 그러한 지분의 이동에 따라 명의개서를 신청할 수 있다.[63] 그런데 이러한 민법상 규정은 주로 공유주주의 내부관계만 다루고 있어 그들의 회사에 대한 관계에서 제기되는 문제는 충분히 해결할 수 없으므로 상법과 자본시장법은 특칙을 두고 있다. 즉 ① 수인이 공동으로 주식을 인수한 때에는 연대하여 납입할 책임이 있는데(상법 제333조 제1항), 이는 권리의 행사자를 별도로 정한 경우에도 같다. ② 상장주식을 예탁결제원에 예탁한 예탁자와 그의 투자자는 예탁한 주식의 종목별로 예탁한 수량에 따라 공유지분을 갖는 것으로 추정되지만(자본시장법 제312조 제1항), 예탁결제원이 실질주주의 명단을 발행회사에 통보하여 발행회사가 실질주주명부를 작성한 후에는 예탁자와 투자자가 공유관계로 주주권을 행사하는 것이 아니라 각자가 예탁한 주식의 수량대로 단독으로 주주권을 행사할 수 있다(자본시장법 제315조 제1항).

---

62) 이철송, 326면.
63) 서울민사지법 1968. 9. 5. 선고 68가7597 판결.

3) 권리행사 : 공유주주가 회사에 대하여 공유관계를 주장하려면 먼저 전원의 성명·주소 및 공유관계를 주주명부에 등재해야 한다.[64] 그리고 공유주주가 이익배당청구권·의결권·소제기권 등과 같은 각종의 주주권을 행사하기 위해서는 먼저 권리를 행사할 자 1인을 정해야 한다(상법 제333조 제2항). 따라서 공유주주가 권리의 행사자를 정하지 아니한 경우나 기타의 사유로 권리의 행사자가 없는 경우에는 회사가 공유자에 대한 통지나 최고를 그 중 1인에 대하여 하면 된다(상법 제333조 제3항). 이 경우 권리행사자의 자격에는 아무런 제한이 없으므로 공유주주가 아닌 외부인도 될 수 있다. 다만 정관에서 권리행사자의 자격을 주주로 제한하는 경우가 문제인데, 결론적으로 이는 무효라고 보아야 한다(자세한 것은 의결권의 대리행사 참조). 한편 주식공유에서 권리행사자는 공유주주의 합의로 선임되는데, 총유의 경우에는 사원 과반수의 출석과 출석사원 과반수의 찬성으로 선임하고,[65] 합유의 경우에는 조합원 2/3 이상의 찬성(업무집행자를 권리행사자로 선임할 경우) 또는 조합원이나 업무집행자의 과반수 찬성으로 선임(비업무집행자를 권리행사자로 정할 경우)하며, 공유의 경우에는 공유주주의 과반수로 선임한다.[66] 물론 어느 경우에나 권리행사자는 선량한 관리자의 주의의무를 기울여야 한다.

2. 주주평등의 원칙

(1) 의 의

주주평등의 원칙이란 주주가 회사로부터 평등한 취급을 받는 것을 의미하는데, 이를 엄밀히 말하면 「주식평등의 원칙」이다. 즉 주주는 그가 가진 주식의 수에 따라 회사와의 법률관계에서 평등한 권리를 갖는다는 주식평등의 원칙(1주 1의결권 원칙)을 그 귀속주체인 주주의 입장에서 표현한 것이 바로 「주주평등의 원칙」인 것이다. 따라서 이하에서는 주식평등의 원칙으로 통일하여 기술한다. 이러한 주식평등의 원칙은 주식회사의 일반적인 의사결정방법인 (자본)다수결의 오남용으로부터 소수자주주의 이익을 보호하는 기능을 한다.[67] 현

64) 이철송, 327면; 최기원, 264면.

65) 총유에서 총유물의 관리·처분은 사원총회의 결의에 의하는데, 다른 정함이 없는 한 사원총회의 결의는 민법 제75조 제1항에 따라 사원 과반수의 출석과 출석사원의 의결권의 과반수로 이루어지기 때문이다.

66) 조합에서 업무집행자는 조합원 2/3 이상의 찬성으로 선임되고(민법 제706조 제1항), 조합의 업무집행은 조합원 또는 업무집행자의 과반수로 결정하며(민법 제706조 제2항), 공유에서 공유물의 관리는 공유지분의 과반수로 결정하기 때문이다(민법 제265조).

67) 이와 관련하여 기업 실무에서는 현재의 주식평등의 원칙은 자금조달의 유연성을 저해한다는 점을 근거로 주식평등원칙을 제한해서라도 주식회사가 현재보다 더 다양한 종류주식을 발행하여 시장에 유통시킬 수 있도록 지원해 줌으로써 자금조달의 유연성을 높여야 한다는 주장도 제기되고 있다.

재 주식평등의 원칙을 직접적으로 천명하고 있는 상법상 규정은 없지만,[68] 주식평등의 원칙을 전제로 한 규정들은 다수 있다[예: 이익배당청구권(상법 제462조), 의결권(상법 제369조 제1항), 신주인수권(상법 제418조) 등].

> **참고판례** **주식매매약정상의 임원추천권 포기의 대가로 지급하는 금전과 주식평등의 원칙(대법원 2018. 9. 13. 선고 2018다9920(본소), 2018다9937(반소) 판결)** : 피고가 이 사건 지급약정에 기해 원고로부터 월정액을 받을 권리는 주주 겸 채권자의 지위에서 가지는 계약상의 특수한 권리인 반면, 피고가 원고에게 2억원을 지급하고 주식 40,000주를 매수한 때부터 현재까지 피고는 원고의 주주이고, 이러한 주주로서의 권리는 위 40,000주를 양도하지 않는 이상 변함이 없다. 따라서 피고가 원고로부터 적어도 6억원의 운영자금을 조달해준 대가를 전부 지급받으면, 피고는 원고의 채권자로서의 지위를 상실하고, 40,000주의 주주로서의 지위만을 가지게 된다고 봄이 상당하다. 그와 같이 채권자의 지위를 상실하여 주주에 불과한 피고에게 원고가 계속해서 이 사건 지급약정에 의한 돈을 지급한다면, 이는 회사인 원고가 다른 주주들에게 인정되지 않는 우월한 권리를 주주인 피고에게 부여하는 것으로 주주평등의 원칙에 위배된다.

(2) 실현 방법

일반적으로 주주의 평등이란 그 평등성을 어떠한 방법으로 실현하느냐에 따라 절대적 평등과 비례적 평등으로 구분할 수 있는데, 주주의 권리별로 절대적 평등의 원칙이 적용되기도 하고 비례적 평등의 원칙이 적용되기도 한다. 물론 이 중 절대적 평등의 원칙은 주식회사의 개념적 속성인 사단성에서 비롯되는 것이고, 비례적 평등의 원칙은 주식회사의 본질 중의 하나인 주주의 유한책임을 바탕으로 하는 자본단체적 성격에서 비롯되는 것이다. 그런데 사단이지만 자본단체의 성격이 농후한 주식회사에서는 비례적 권리가 보다 더 본질적이다. 주식회사에서는 주주가 그 출자액에 한정되는 유한책임을 지므로 주주의 권리 역시 출자액에 비례하여 부여되는 것이 공평하기 때문이다. 이런 점에서도 주주평등의 원칙보다는 주식평등의 원칙이 더 적합한 표현임을 알 수 있다.

(3) 적용 범위

1) 기존 입장 : 주식평등의 원칙은 주식회사가 자본을 구성함에 있어서 출자자에게 제시하는 권리부여의 규범적인 기준이고, 회사와 주주 간의 모든 법률관계에 적용되는 최고

---

68) 우리와 달리 주식평등의 원칙을 명문으로 규정한 입법례도 있다. 즉 미국의 모범사업회사법은 "주식을 회사에 대한 소유지분을 분할한 단위"로 정의하고 있고(MBCA §1.40(22)), 독일 주식법은 "주주는 동일한 조건 하에서는 평등하게 취급된다."라고 규정하고 있으며(AktG §53a), 일본 회사법은 "주식회사는 주주를 그 소유하는 주식의 내용 및 수에 따라 평등하게 취급해야 한다."라고 규정하고 있다(제109조 제1항).

의 원리이다. 그리고 이는 회사의 수익과 순재산 및 회사지배에 대한 비례적 권리로 구체화된다. 이처럼 주식평등의 원칙은 주주의 재산권을 보장하기 위한 강행규범이므로, 이에 반하는 정관의 규정이나 주주총회·이사회의 결의 그리고 업무집행 및 회사가 체결한 약정은 모두 무효이다.69) 또한 다른 주주에게는 인정되지 않는 우월한 권리를 회사가 일부 주주에게만 부여하는 약정도 주식평등의 원칙에 반하여 무효이다.70)

2) 최근 동향 : 회사가 일부 주주에게만 우월한 권리나 이익을 부여하기로 한 약정은 무효이지만, 법률이 허용하는 절차와 방식에 따르거나 그 차등적 취급을 정당화할 수 있는 특별한 사정이 있는 경우에는 이를 허용할 수 있다고 판시하며 매우 복잡·다양한 판단기준을 제시한 최근의 판례가 있다.71) 그런데 이는 판례가 적시한 것처럼 주주와 회사 전체의 이익이 된다고 하더라도 주식 소유에 따른 비례적 권리가 핵심인 주식평등의 원칙에 대한 예외로 인정하기에는 타당성은 물론 합리성도 부족하다. 상법에 내재된 강행규범인 주식평등의 원칙에 대한 사적자치적 제한을 허용하는 것이기 때문이고, 판례가 적시한 차등적 취급의 허용에 관한 판단기준이 너무 광범위하고 복잡하여 오히려 실무적 혼란을 초래할 수 있기 때문이다. 이런 점에서 동 판례는 재검토가 필요하다.

3) 적용 예외 : 종류주식(제344조), 감사의 선임(제409조), 소수주주권(제366조 등), 단주의 처리(제443조, 제530조 제3항) 등에 관한 규정처럼 주식평등의 원칙도 법에 규정을 두어 배제하거나 제한할 수 있다. 그렇지만 이는 주식평등의 원칙을 실질적으로 구현하기 위한 기술적·정책적인 것으로서 합리성을 부여할 수 있다. 주의할 것은 이러한 예외에 해당하는 때에도 그들 간에는 주식평등의 원칙이 지켜져야 한다는 점이다.

참고판례 **손실보전합의와 주식평등의 원칙(대법원 2007. 6. 28. 선고 2006다38161,38178 판결)** : [1] 회사가 직원들을 유상증자에 참여시키면서 퇴직시 출자 손실금을 전액 보전해 주기로 약정한 경우, 그러한 내용의 '손실보전합의 및 퇴직금 특례지급기준'은 유상증자에 참여하여 주주의 지위를 갖게 될 회사의 직원들에게 퇴직시 그 출자 손실금을 전액 보전해 주는 것을 내용으로 하고 있어서 회사가 주주에 대하여 투하자본의 회수를 절대적으로 보장하는 셈이 되고 다른 주주들에게 인정되지 않는 우월한 권리를 부여하는 것으로서 주주평등의 원칙에 위반되어 무효이다. 비록 그 손실보전약정이 사용자와 근로자의 관계를 규율하는 단체협약 또는 취업규칙의 성격을 겸하고 있다고 하더라도, 주주로서의 지위로부터 발생하는 손실에 대한 보상을 주된 목적으로 한다는 점을 부인할 수 없는 이상 주주평등의 원칙의 규율 대상에서 벗어날 수는 없

69) 대법원 2020. 8. 13. 선고 2018다236241 판결; 대법원 2018. 9. 13. 선고 2018다9920,9937 판결.
70) 대법원 2007. 6. 28. 선고 2006다38161,38178 판결.
71) 대법원 2023. 7. 13. 선고 2022다224986 판결.

을 뿐만 아니라, 그 체결 시점이 위 직원들의 주주자격 취득 이전이라 할지라도 그들이 신주를 인수함으로써 주주의 자격을 취득한 이후의 신주매각에 따른 손실을 전보하는 것을 내용으로 하는 것이므로 주주평등의 원칙에 위배되는 것으로 보아야 하고, 위 손실보전약정 당시 그들이 회사의 직원이었고 또한 시가가 액면에 현저히 미달하는 상황이었다는 사정을 들어 달리 볼 수는 없다. [2] 회사가 직원들을 유상증자에 참여시키면서 퇴직시 출자 손실금을 전액 보전해 주기로 약정한 경우, 직원들의 신주인수의 동기가 된 위 손실보전약정이 주주평등의 원칙에 위배되어 무효라는 이유로 신주인수까지 무효로 보아 신주인수인들로 하여금 그 주식인수대금을 부당이득으로서 반환받을 수 있도록 한다면 이는 사실상 다른 주주들과는 달리 그들에게만 투하자본의 회수를 보장하는 결과가 되어 오히려 강행규정인 주주평등의 원칙에 반하는 결과를 초래하게 될 것이므로, 위 신주인수계약까지 무효라고 보아서는 아니 된다.

참고판례 **일부 주주에게만 우월적 권리나 이익을 부여하기로 한 약정의 효력(대법원 2023. 7. 13. 선고 2021다293213 판결)** : [1] 주주평등 원칙이란, 주주는 회사와의 법률관계에서 그가 가진 주식의 수에 따라 평등한 취급을 받아야 함을 의미한다. 이를 위반하여 회사가 일부 주주에게만 우월한 권리나 이익을 부여하기로 하는 약정은 특별한 사정이 없는 한 무효이다. 다만 회사가 일부 주주에게 우월한 권리나 이익을 부여하여 다른 주주들과 다르게 대우하는 경우에도 법률이 허용하는 절차와 방식에 따르거나 그 차등적 취급을 정당화할 수 있는 특별한 사정이 있는 경우에는 이를 허용할 수 있다. 나아가 차등적 취급을 허용할 수 있는지 여부는, 차등적 취급의 구체적 내용, 회사가 차등적 취급을 하게 된 경위와 목적, 차등적 취급이 회사 및 주주 전체의 이익을 위해 필요하였는지 여부와 정도, 일부 주주에 대한 차등적 취급이 상법 등 관계 법령에 근거를 두었는지 아니면 상법 등의 강행법규와 저촉되거나 채권자보다 후순위에 있는 주주로서의 본질적인 지위를 부정하는지 여부, 일부 주주에게 회사의 경영참여 및 감독과 관련하여 특별한 권한을 부여하는 경우 그 권한 부여로 회사의 기관이 가지는 의사결정 권한을 제한하여 종국적으로 주주의 의결권을 침해하는지 여부를 비롯하여 차등적 취급에 따라 다른 주주가 입는 불이익의 내용과 정도, 개별 주주가 처분할 수 있는 사항에 관한 차등적 취급으로 불이익을 입게 되는 주주의 동의 여부와 전반적인 동의율, 그 밖에 회사의 상장 여부, 사업목적, 지배구조, 사업현황, 재무상태 등 제반 사정을 고려하여 일부 주주에게 우월적 권리나 이익을 부여하여 주주를 차등 취급하는 것이 주주와 회사 전체의 이익에 부합하는지를 따져서 정의와 형평의 관념에 비추어 신중하게 판단하여야 한다. [2] 회사가 자금조달을 위해 신주인수계약을 체결하면서 주주의 지위를 갖게 되는 자에게 회사의 의사결정에 대한 사전동의를 받기로 약정한 경우 그 약정은 회사가 일부 주주에게만 우월한 권리를 부여함으로써 주주들을 차등적으로 대우하는 것이지만, 주주가 납입하는 주식인수대금이 회사의 존속과 발전을 위해 반드시 필요한 자금이었고 투자유치를 위해 해당 주주에게 회사의 의사결정에 대한 동의권을 부여하는 것이 불가피하였으며 그와 같은 동의권을 부여하더라도 다른 주주가 실질적·직접적인 손해나 불이익을 입지 않고 오히려 일부 주주에게 회사의 경영활동에 대한 감시의 기회를 제공하여 다른 주주와 회사에 이익이 되는 등으로 차등적 취급을 정당화할 수 있는 특별한 사정이 있다면 이를 허용할 수 있다. [3] 회사가 주주의 지위를 갖게 되는 자와 사이에 주식인수대금으로 납입한 돈을 전액 보전해 주기로 약정하거나, 상법 제462조 등 법률의 규정에 의한 배당 외에 다른 주주들에게는 지급되지 않는 별도의 수익을 지급하기로 약정한다면, 이는 회사가 해당 주주에 대하여만 투하자본의 회수를 절대적으로 보장함으로써 다른 주주들에게 인정되지 않는 우월한 권리를 부여하는 것으로서 주주평등의 원칙에 위배되어 무효이다.

3. 주주의 권리·의무

(1) 주주의 권리

1) 의 의 : 상법상 주주는 주주권이라는 사원권을 원천으로 하여 회사에 대하여 여러 가지의 구체적·개별적인 권리를 행사할 수 있는데, 이를 「주주의 권리」라고 한다. 이러한 주주의 권리는 법률에 의하여 주어지는 것이므로 정관의 규정이나 주주총회의 결의 또는 이사회의 결의로도 제한할 수 없다. 그리고 주주의 권리는 주주의 지위를 그 전제로 하는 것이기 때문에 주식의 취득에 의해서만 취득할 수 있고, 그 자체로서는 독립적으로 양도되거나 담보의 목적이 될 수 없으며, 시효에도 걸리지 아니한다. 다만 주주의 권리가 구체적인 사안에서 채권적인 권리로 특정된 때에는 예외적으로 주주의 지위와 분리되어 독립적으로 양도될 수 있고, 압류의 대상이 되며, 시효에도 걸린다. 이러한 주주의 권리는 회사경영에 대한 참가 여부에 따라 공익권과 자익권으로, 주식의 수에 따라 비례적 권리와 비비례적 권리 및 단독주주권과 소수주주권으로 구분된다.

> **참고판례** **주주권의 상실원인(대법원 2002. 12. 24. 선고 2002다54691 판결)** : 주주권은 주식의 양도나 소각 등 법률에 정하여진 사유에 의하여서만 상실되고 단순히 당사자 사이의 특약이나 주주권 포기의 의사표시만으로 상실되지 아니하며 다른 특별한 사정이 없는 한 그 행사가 제한되지도 아니한다.

2) 공익권과 자익권 : 주주가 회사의 운영에 참가하는 것을 그 목적으로 하거나 이와 관련하여 행사하는 권리를 「공익권」이라고 하고, 주주가 회사로부터 일정한 경제적 이익이나 기타 편익을 받는 것을 그 목적으로 하는 권리를 「자익권」이라고 한다. 전자의 예로는 주주총회소집청구권(상법 제366조), 의결권(상법 제369조), 이사의 위법행위유지청구권(상법 제402조), 대표소송 제기권(상법 제403조), 이사·감사의 해임청구권(상법 제385조, 제415조), 신주발행무효의 소 제기권(상법 제429조), 회계장부열람권(상법 제466조) 등을 들 수 있고, 후자의 예로는 명의개서청구권(상법 제337조), 신주인수권(상법 제418조), 이익배당청구권(상법 제462조), 잔여재산분배청구권(상법 제538조) 등을 들 수 있다.

3) 비례적 권리와 비비례적 권리 : 주주가 소유하는 주식의 수에 비례하여 권리의 내용이 양적으로 증가하는 것을 「비례적 권리」라고 한다. 이는 주로 출자에 대한 대가적 의미를 갖는 권리로 구성되는 것으로서 의결권, 이익배당청구권, 신주인수권, 잔여재산분배청구권 등을 그 예로 들 수 있다. 이에 비해 일정한 기준 이상의 주식수에 대해서는 그 다과에 관계없이 균등하게 주어지는 권리를 「비비례적 권리」라고 하는데, 이는 차등이 불가능한 것으

로서 주주의 각종 소의 제기권을 그 예로 들 수 있다.

4) 단독주주권과 소수주주권 : 주주가 주주의 권리를 행사하기 위해 어느 정도의 주식을 갖고 있어야 하는지에 따라 단독주주권과 소수주주권으로 구분된다.

㈎ 개념정의 : 주주가 단 1주라도 가지고 있으면 행사할 수 있는 권리를 「단독주주권」이라고 하고, 주주가 일정한 수 이상의 주식을 가지고 있어야만 행사할 수 있는 권리를 「소수주주권」이라고 한다. 앞의 자익권은 모두가 단독주주권이고, 공익권도 원칙적으로 단독주주권이지만 예외적으로 소수주주권인 경우가 있다. 예컨대 주주총회소집청구권(상법 제366조)과 이사해임청구권(상법 제385조 제2항) 등은 발행주식총수의 100분의 3 이상을 가진 주주가 행사할 수 있고, 유지청구권(상법 제402조)과 대표소송 제기권(상법 제403조)은 발행주식총수의 100분의 1 이상을 가진 주주가 행사할 수 있다.

㈏ 입법취지 : 상법상 소수주주권은 그 대부분이 소유와 경영의 분리 원칙에 반하여 주주에게 일정한 경영간섭을 허용하는 것이다. 이처럼 상법이 소수주주권의 형태로 주주의 경영간섭을 허용하는 것은 의사결정의 기본인 (자본)다수결원칙에서 다수파주주의 전횡을 막고, 다른 한편으론 단독주주권으로 했을 때 개별 주주에 의한 주주권의 오남용을 막기 위함이다. 그리고 권리의 성질상 지나치게 영세한 주주에게는 인정할 실익이 없으므로 제도의 효율성을 높이기 위해 소수주주권으로 한 경우도 있다.

㈐ 상장회사 특례 : 상장회사의 자본 규모와 주식 분산도를 감안할 때 상법상 기준은 지나치게 높아 현실적으로 소수주주권을 행사하기가 쉽지 않다. 그리하여 과거에 증권거래법은 상장법인에 관한 특례를 두어 소수주주의 지분요건을 크게 완화하였는데(동법 제191조의13), 이러한 규정들이 2009년 개정 상법에 대부분 그대로 편입되었다.

㈀ 지분요건의 완화 : 상법상 소수주주권의 경우 지분요건이 너무 높아 이를 그대로 상장회사에 적용하면 사실상 소수주주권의 행사가 어렵게 된다. 그리하여 소수주주권이 유용한 경영통제수단이 되지 못하므로 과거의 증권거래법과 현재의 상법 모두 상장회사의 경우에는 지분요건을 크게 완화하였고, 특히 자본금 1천억원 이상인 대규모 상장회사의 경우에는 특례요건을 다시 1/2로 완화하였다. 예를 들어 주주제안권의 경우 의결권 있는 발행주식총수를 기준으로 비상장회사에서는 100분의 3 이상의 주식을 가진 주주(상법 제363조의2 제1항), 일반상장회사에서는 1,000분의 10 이상의 주식을 보유한 자가 그리고 자본금 1천억원 이상인 대규모 상장회사에서는 1,000분의 5 이상의 주식을 보유한 자(상법 제542조의6 제2항; 상령 제32조)가 행사할 수 있다([표 9] 참조).

[표 9] 소수주주권의 행사요건

소수주주권	일반 규정	특례 규정
주주제안권	100분의 3 (제363조의2)	1,000분의 10 (제542조의6 제2항)
대표소송	100분의 1 (제403조, 제408조의9, 제415조)	1만분의 1 (제542조의6 제6항)
다중대표소송	100분의 1 (제406조의2)	1만분의 50 (제542조의6 제7항)
이익공여 관련 대표소송	100분의 1 (제467조의2)	1만분의 1 (제542조의6 제6항)
불공정인수 관련 대표소송	100분의 1 (제424조의2)	1만분의 1 (제542조의6 제6항)
발기인 책임추궁 대표소송	100분의 1 (제324조)	1만분의 1 (제542조의6 제6항)
청산인 책임추궁 대표소송	100분의 1 (제542조)	1만분의 1 (제542조의6 제6항)
집중투표청구권	100분의 3 (제382조의2)	100분의 1 (제542조의7 제2항)
이사·감사해임청구권	100분의 3 (제385조제2항, 제415조)	1만분의 50 (제542조의6 제3항)
청산인해임청구권	100분의 3 (제539조 제2항)	1만분의 50 (제542조의6 제3항)
유지청구권	100분의 1 (제402조, 제408조의9, 제542조)	10만분의 50 (제542조의6 제5항)
회계장부열람청구권	100분의 3 (제466조)	1만분의 10 (제542조의6 제4항)
주주총회소집청구권	100분의 3 (제366조)	1,000분의 15 (제542조의6 제1항)
총회검사인선임청구권	100분의 1 (제367조 제2항)	-
업무검사권	100분의 3 (제467조)	1,000분의 15 (제542조의6 제1항)
해산판결청구권	100분의 10 (제520조)	-

(ㄴ) 보유기간의 추가 : 비상장회사의 경우에는 소수주주권을 행사할 시점에만 지분요건을 충족하면 되지만, 상장회사의 경우에는 소수주주권을 행사하는 시점으로부터 소급하여 「6개월 이상 계속하여」 지분요건을 유지해야 한다. 이는 주식의 대중분산성을 반영하여 지분요건을 크게 완화한 상장회사에 있어서 소수주주권의 오남용을 방지하기 위해 일정한 기간 이상 주식을 계속하여 보유함으로써 회사와의 이해관계가 성숙한 주주에 대해서만 소수주주권의 행사를 인정하기 위함이다. 이런 점에서 상장회사에서 지분요건의 완화와 보유기간의 추가는 일종의 상계적 기능을 한다고 할 수 있다.

(ㄷ) 일반규정과의 관계 : 소수주주권의 행사와 관련하여 상법은 비상장회사의 경우에는 지분요건만 요구하고, 상장회사의 경우에는 지분요건을 완화함과 동시에 일정한 기간 계속하여 지분요건을 유지하도록 규정하고 있다. 그리하여 소수주주권에 관한 일반규정과 특례규정의 관계가 문제되었는데, 특례규정의 적용범위에 관한 상법 제542조의2 제2항이 "이 절은 이 장 다른 절에 우선하여 적용한다."라고 규정함으로써 논란을 더욱 확대하였다. 이러한 논란의 핵심 쟁점은 상장회사의 주주가 비상장회사에 적용되는 일반규정에 따라서 소수주주권을 행사할 수 있는지인데, 배타적 적용설[72]과 선택적 적용설[73]이 대립하였다.

72) 특례규정은 동일한 사항에 있어 일반규정의 적용을 배제한다는 것으로서 ① 상법 제542조의2 제2항은 증권거래법상 특례규정에 관한 그동안의 논란을 종식시키고 상장법인 특례규정의 배타적인 적용

그리고 대법원의 확립된 판례는 없었으나 서로 다른 입장을 택한 다수의 하급심 판결이 있었다.[74] 그리하여 2020년 개정 상법은 이를 입법적으로 해결하기 위해 소수주주권에 관한 특례규정인 제542조의6에 제10항을 신설하여 "제1항부터 제7항까지는 제542조의2 제2항에도 불구하고 이 장의 다른 절에 따른 소수주주권의 행사에 영향을 미치지 아니한다."라고 규정하여 선택적 적용관계에 있음을 명확히 하였다.

> **참고판례** **일반규정과 특례규정의 관계(대법원 2004. 12. 10. 선고 2003다41715 판결)** : 증권거래법 제191조의13 제5항은 상법 제366조의 적용을 배제하는 특별법에 해당한다고 볼 수 없고, 주권상장법인 내지 협회등록법인 주주는 증권거래법 제191조의13 제5항이 정하는 6월의 보유기간요건을 갖추지 못한 경우라 할지라도 상법 제366조의 요건을 갖추고 있으면 그에 기하여 주주총회소집청구권을 행사할 수 있다.
>
> **참고판례** **회계장부열람청구권자의 지분보유기간(대법원 2017. 11. 9. 선고 2015다252037 판결)** : 발행주식총수의 100분의 3 이상의 주식을 가진 주주는 상법 제466조 제1항에 따라 이유를 붙인 서면으로 회계의 장부와 서류의 열람 또는 등사를 청구할 수 있다. 열람과 등사에 시간이 소요되는 경우에는 열람·등사를 청구한 주주가 전 기간을 통해 발행주식 총수의 100분의 3 이상의 주식을 보유하여야 하고, 회계장부의 열람·등사를 재판상 청구하는 경우에는 소송이 계속되는 동안 위 주식 보유요건을 구비해야 한다.

(2) 주주의 의무

1) 출자의무

㈎ 의 의 : 주주는 회사에 대하여 인수한 주식가액의 전액을 납입할 책임을 진다(상법 제295조, 제303조, 제305조, 제421조). 물론 주금의 납입은 회사의 설립 전 또는 신주의 발행 전에 이행해야 하는 것이므로 주식인수인의 의무이지 주주의 의무가 아니지만, 상법 제331

을 명문화하기 위하여 둔 것이라는 견해(김교창, "상장회사의 특례에 관한 2009년 개정상법의 논점", 62~63면, 69면), ② 상장법인에 대해서는 제13절의 규정이 우선 적용되고 이 규정에 저촉되지 않는 한 일반규정이 상장법인에도 적용된다고 보아야 하므로 결국 특례규정에 저촉되는 일반규정은 상장법인에 적용될 수 없다는 견해(정찬형, "2009년 개정상법중 상장회사에 대한 특례규정에 관한 의견", 271면, 274면) 등이 있었다.

73) 소수주주권의 입법 취지를 보면, 상법상 일반규정은 지분요건만을 규정하고 있으나 특례규정은 주식이 대중에 분산된 상장법인의 특성을 고려하여 지분요건을 완화하되 그 결과에 따른 남용을 방지하기 위해 6개월 이상이라는 주식보유기간요건을 설정한 것이므로 양자는 양자택일적 경합관계에 있다는 것이다(이철송, 11~13면; 임재연, "상장회사 주주의 소수주주권 행사 요건－서울중앙지방법원 2010카합3874 결정에 관하여－", 8면).

74) 즉 ① 이사의 직무집행정지가처분에 관한 사건(서울중앙지방법원 2011. 1. 13.자 2010카합3874 결정), 주주제안권에 관한 사건(인천지방법원 2010. 3. 4.자 2010카합159 결정), 유지청구권에 관한 사건(서울중앙지방법원 2015. 7. 1.자 2015카합80582 결정)에서는 배타적 적용을 긍정하였고, ② 주주총회소집청구권에 관한 사건(서울고등법원 2011. 4. 1.자 2011라123 결정)에서는 선택적 적용을 인정하였다.

조부터 제334조에 따라 여기서도 주주의 의무라고 한다. 주의할 것은 이러한 출자의무가 상법에 규정된 주주의 의무 그 전부이고(상법 제331조), 주주는 그 밖의 어떠한 의무도 지지 아니한다는 점이다. 이는 유한책임 제도를 취하는 주식회사의 본질적인 요소로서 정관이나 주주총회의 결의로도 달리 정할 수 없다. 다만 주주의 전원 또는 일부가 자발적으로 회사채무를 분담하기로 합의하는 것은 주주의 유한책임과 무관하게 행해지는 그들의 개인법적 약정이므로 유효하다.[75] 한편 주주의 출자는 재산출자에 한정되는데, 금전출자가 원칙이고 금전 이외의 재산출자, 즉 현물출자는 엄격한 절차에 따라서 예외적으로 인정된다. 또한 인적회사에서 허용되는 노무출자나 신용출자는 환가성이 없고 자본충실을 해할 우려가 있으므로 주식회사에서는 인정되지 않는다.

(나) 상계의 제한 : 과거에 주주는 주금납입과 관련하여 상계로써 회사에 대항하지 못하였다(개정 전 상법 제334조). 즉 주주가 회사에 대하여 갖는 채권을 자동채권으로 하고 회사가 주주에 대하여 갖는 주금납입청구권을 수동채권으로 하여 상계하는 것이 금지되었는데, 이는 주금납입을 반드시 현실적으로 이행하게 함으로써 자본충실을 기하기 위함이었다. 그런데 분할납입주의를 취하였던 구 상법(1963년 전 상법)과 달리 2011년 개정 전 상법은 전액납입주의를 취하고 있었으므로 회사의 설립 후에는 납입의무가 존재하지 않았고, 따라서 본조가 적용될 일도 사실상 없었다. 즉 본조는 신주발행에 있어서 주식인수인의 납입의무와 주식인수인이 회사에 대하여 갖는 채권의 상계를 금하는데 그 의의가 있었다. 그리하여 2011년 개정 상법은 회사설립시 주주의 주금납입의무에서 이를 삭제한 후 동 규정이 실효적으로 활용되던 신주발행에 관련 규정을 신설하였는데, 여기에는 그동안 정부가 계속하여 추진해온 정책인 기업구조조정을 촉진하기 위한 뜻도 내포되어 있다. 그렇지만 상계가 주주의 필요에 따라 활용되어서는 아니 되므로, 회사의 동의 없이는 상계할 수 없도록 하는 보완적 규정도 함께 두었다(상법 제421조 제2항).

(다) 대위변제·대물변제의 금지 : 회사는 주주의 주금납입의무를 대신하여 이행할 수 없다.[76] 만약 이를 인정하게 되면 회사가 주주의 납입의무를 대위하여 변제함으로써 주주의 납입의무는 소멸되고, 그 대가로 회사가 주주에 대하여 일반적인 금전채권을 갖게 되는데, 이를 통해서는 출자의 효과를 거둘 수 없기 때문이다. 한편 주주의 납입의무 이행에는 대물변제도 있을 수 없다. 만약 이를 허용한다면 법정 절차를 무시한 현물출자를 허용하는 것이 되기 때문이다. 특히 문제가 되는 것은 어음이나 수표로 주금을 납입하였을 때인데, 어떠한

75) 대법원 1989. 9. 12. 선고 89다카890 판결.
76) 대법원 1963. 10. 22. 선고 63다494 판결.

약정이 있더라도 「변제에 갈음하여(즉 대물변제로)」 한 것으로 보아서는 아니 되고, 「변제를 위하여」 한 것으로 보아야 한다. 즉 어음이나 수표의 경우에는 납입시가 아니라 현실로 지급된 때에 주금의 납입이 있다고 보아야 한다.[77]

2) 충실의무

(가) 의 의 : 주주의 충실의무란 주주가 그 권리를 행사함에 있어서는 회사 및 다른 주주들의 이익도 함께 고려해야 한다는 것인데, 이는 주로 지배주주[78]의 주식양도와 관련하여 논의되었다. 그리고 최근에는 소수주주의 소권남용에 대해서도 주주의 충실의무가 논의되고 있다. 그런데 주주의 충실의무를 일반적으로 인정하게 되면 주주가 회사와 거래하면서 회사에 대한 자신의 지위를 이용하여 회사의 이익을 침해하거나 주주총회에서의 의결권 행사를 통해 다른 주주들의 이익을 침해하는 때에는 충실의무를 위반한 것이 되어 손해배상책임이 발생하고, 당해 주주총회결의는 무효 또는 취소의 대상이 된다. 따라서 주주의 충실의무에 대해서는 보다 신중한 접근이 필요하다.

(나) 입법례 : 주주의 충실의무에 관한 주요 입법례를 살펴보면 다음과 같다. 즉 ① 미국은 판례에 의해 지배주주에게도 회사 및 다른 주주들에 대한 충실의무를 인정하고 있다.[79] 따라서 지배주주는 자신의 이익을 위해 회사의 이익을 희생시키는 쪽으로 권한을 행사하면 아니 되고,[80] 소수주주에 대해서도 합리적인 주의를 기울이며 그들의 이익을 함께 보호해야 한다.[81] 이러한 지배주주의 충실의무는 지배주식의 양도나 의결권의 행사 등에 관한 직접적인 충실의무와 지배주주가 이사에 대한 영향력을 행사하여 회사와 거래하는 경우 등에 관한 간접적인 충실의무로 구분할 수 있는데, 주된 논의 대상은 역시 전자이다. ② 독일의 경우 유한회사의 사원에게는 충실의무를 인정하는 반면에 주식회사의 주주에 대해서는 회사 및 다른 주주에 대한 충실의무를 인정하지 않았다. 다만 민법상 신의성실원칙은 적용된다는 것이 지배적인 견해였다.[82] 그러나 1995년에 독일 연방법원은 Girmes 사건에서 주주

---

77) 대법원 1977. 4. 12. 선고 76다943 판결.

78) 지배주주란 사회학적 개념으로서 회사의 중요한 의사결정과 일상적인 경영의사결정에 결정적인 영향을 미칠 수 있는 주주를 말한다. 따라서 이론적으로는 주주총회의 의사결정을 자신의 뜻대로 이끌어 낼 수 있을 정도의 지분율을 확보하고 있어야 한다(발행주식총수의 2/3 이상 또는 과반수). 그런데 상장회사의 경우 많은 군소주주가 있지만 그들의 주주총회에의 참석률이 저조하여 과반수보다 적은 주식으로도 얼마든지 주주총회의 의사결정을 지배할 수 있는데, 대체로 20~30% 정도의 지분율(내부지분율 포함)을 가지고 있다.

79) Southern Pacific v. Bogert, 250 U.S. 483, 39 S. Ct. 533, 63 L. ed. 1099(1919); Pepper v. Litton, 308 U.S. 295, 306, 60 S. Ct. 238, 245, 84 L. ed. 281(1939).

80) KDT Industries, Inc. v. Homes Ins. Co., 603 F. Supp. 961, 868 D. Mass(1985).

81) W. E. Knepper, §2.11.

82) Zöllner, S.335ff.

간에도 충실의무가 있다고 판시하였다.[83] 즉 경제적 위기에 처한 경영진이 채권단과 협의하여 마련한 재무구조개선안을 실행하기 위해 필요한 자본감소에 관한 의안을 주주총회에 상정하였으나 일부 주주에 의해 부결된 후 바로 회사가 파산한 사건에서, 연방법원은 주식회사의 주주 간에도 충실의무가 있다고 하며 당해 주주의 행동을 충실의무에 반하는 것으로 판단하였다.

(다) 수용 여부 : 주주의 충실의무는 주로 지배주식의 양도 등에 기초하여 인정되었다. 그리하여 최근 우리나라에서도 미국과 독일의 판례 및 학설을 참조하여 주주, 특히 지배주주에 대해서는 충실의무를 인정해야 한다는 주장이 제기되고 있다.[84] 물론 우리나라의 경우 대부분 주식회사가 오너십 체제에서 출발하였고, 주식이 대중에 널리 분산된 대형 상장회사에서도 여전히 강력한 영향력을 행사하는 지배주주가 있음을 고려할 때 주주의 충실의무에 대해서 입법론적으로 심도 있는 논의를 할 필요성은 충분히 있다. 그러나 주주의 충실의무를 인정하게 되면 지배주주의 행동에 대해서 일정한 제약을 가하거나 당해 행위의 효과를 무효로 하고 손해배상책임을 지우는 등의 사법적 효과도 함께 부여해야 하는데, 이는 명문의 근거 없이 해석만으로는 어려운 일이다.[85]

Ⅲ. 주주의 확정

1. 서 언

회사가 설립할 때 주식을 발행하는 경우와 성립 후 신주를 발행하는 경우에 주식인수인의 대부분은 자신의 실명을 사용한다. 그러나 때로는 여러 가지 사유로 인해 자신의 실명을 사용하지 아니하고 가족·친척·사용인 등과 같은 타인의 명의를 사용하거나 심지어는 사자나 허무인의 명의로도 주식을 인수하고 있는데, 이 경우에는 주식인수의 형식적인 주체와 실질적인 주체가 일치하지 아니하여 누구에게 주금납입의무를 부담시켜야 하는지와 누구를 주주로 보아 주주권 행사를 인정해야 하는지의 문제가 발생한다.

한편 상법의 기본원칙 중 하나는 주식양도의 자유성이고, 주식은 유가증권인 주권으로 화체되거나 전자적으로 등록되어 유통되고 있으며, 이로 인해 주주가 수시로 바뀌고 있다. 그리하여 회사는 주주총회를 소집할 경우나 이익배당을 할 때 실제로 누가 주주인지를 시

83) BGH, WM 1995, 882.
84) 권기범, 506면; 김홍기, 398면; 송종준, "회사법상 기업지배구조법제의 동향과 평가", 31면; 정동윤, 462면; 최기원, 287면; 홍복기/박세화, 243면.
85) 이철송, 325면.

기적으로 특정할 필요가 있는데, 이를 위한 기술적인 방법으로 고안된 것이 바로 주주명부의 폐쇄와 기준일 제도이다. 주주명부의 폐쇄와 기준일은 그 실행이 법적으로 강제되지 않지만, 일단 실시한 후에는 반드시 상법의 규정에 따라 운영해야 한다.

2. 타인명의의 주식인수

(1) 주금의 납입의무

주식인수인이 자신의 실명이 아닌 가족·친지·사용인 등의 명의로 인수하거나 사자나 허무인의 명의로 인수하는 사례가 있는데, 이 경우에는 누가 회사에 대하여 주금납입의무를 부담하느냐의 문제가 생긴다. 이와 관련하여 상법 제332조는 타인명의에 의한 주식인수를 ① 가설인 명의를 사용한 경우, ② 타인의 승낙 없이 그 명의를 사용한 경우, ③ 타인의 승낙을 얻어 그 명의를 사용한 경우로 구분한 후 그 각각에 대한 납입의무를 규정하고 있다. 즉 ① 가설인 명의로 주식을 인수하거나 타인의 승낙 없이 그 명의로 주식을 인수한 때에는 실질적인 주식인수인만이 주식인수인으로서의 책임(납입의무)이 있고(상법 제332조 제1항), ② 타인의 승낙을 얻어 그 명의로 주식을 인수한 때에는 명의를 대여한 자와 실질적인 주식인수인이 연대하여 납입할 책임이 있다(상법 제332조 제2항).[86] 주의할 것은 상법이 타인명의로 인수한 주식의 납입의무에 관한 규정을 두고 있는 것은 타인명의의 주식인수도 유효하다는 것을 그 전제로 한 것이므로, 발기인이나 이사의 인수담보책임(상법 제321조 제1항, 제428조 제1항)은 발생하지 않는다는 점이다.

(2) 주주권의 행사자

1) 문제 제기 : 주주가 타인명의로 주식을 인수하면 명의상 주식인수인과 실질적 주식인수인 중 누구를 주주로 보아야 하는가의 문제가 발생한다.[87] 물론 이는 명의주주와 실질주주가 개인법적으로 해결할 일이지만, 회사의 경우에는 이익배당청구권·신주인수권·의결권 등의 주주권을 누가 행사하느냐는 문제 그리고 회사는 누구를 주주로 보아야 하느냐의 문제가 여전히 남게 된다. 그리하여 오래전부터 다양한 논란이 있었다.

2) 학설의 검토 : 실질적인 주식인수인이 주주라는 실질설과 명의상의 주식인수인이 주주라는 형식설이 있다. 즉 ① 실질설은 상법 제332조 제1항에 의해 가설인 명의 또는 타인의 승낙 없이 타인의 명의로 주식을 인수한 때에는 실질적인 주식인수인이 주주로 되는 것

86) 대법원 2017. 12. 5. 선고 2016다26535 판결.

87) 가설인의 명의로 주식을 인수한 경우에는 이해관계인이 없으므로 누구를 주주로 보아야 하는 문제도 생기지 않는다. 따라서 이 문제는 실존하는 타인의 명의를 사용한 경우에만 발생한다.

이 명백하고, 타인의 승낙을 얻어 그 명의로 주식을 인수한 경우에 관한 제2항은 통모자의 연대책임을 규정한 것에 불과하므로 제1항과의 균형상 역시 실질적인 주식인수인을 주주로 보아야 한다고 주장한다.[88] ② 형식설은 아래와 같은 논거를 제시하며 실질설을 비판한다.[89] 즉 ⓐ 실질설에 의하면 회사가 명의주주와 실질주주를 구별해야 하는데, 이는 다수의 주주를 상대로 획일적으로 사무를 처리해야 하는 회사에게 큰 부담일 뿐만 아니라, 오히려 주주가 자의로 창출한 외관에 의해서 회사의 법률관계에 혼란이 초래되는 부당한 문제가 발생할 수 있다. ⓑ 실질주주가 오랫동안 명의주주의 이름으로 이루어진 모든 법률관계의 효력을 일시에 부정할 수도 있는데, 이 경우에는 회사의 법률관계가 더욱 불안정해진다. ⓒ 명의주주로부터 주식을 양수한 자나 질권을 취득한 자와 같은 제3자의 이해관계가 복잡하게 얽히게 되는 것을 생각하면, 형식설을 취할 때 이들의 보호가 더 완벽해지며 주식의 유통성도 저해되지 않는다. 생각건대 타인의 명의로 주식을 인수한 경우에 회사는 명의주주와 실질주주를 확인할 방법이나 권한이 없어 오히려 주식인수를 둘러싼 법률관계의 혼란을 초래할 수 있으며, 만약 실질주주를 주주로 본다면 개인적 법률관계와 단체적 법률관계를 엄격히 구분한 후 전자가 후자에 영향을 미치는 것을 차단하려는 상법의 입법 취지에 반하므로 형식설이 타당하다.

3) 판례의 검토 : 주주의 확정에 있어 그동안 판례는 실질설을 취하였다.[90] 그러나 2017년에 전원합의체 판결을 통해 형식설로 변경하였는데, 그 논거는 다음과 같다.[91] 즉 ① 상법이 주주명부 제도를 둔 이유는 주주권 행사가 회사와 주주를 둘러싼 다수의 이해관계인 간 법률관계에 중대한 영향을 줄 수 있음을 고려한 것이고, 단지 회사에 대한 주주의 권리행사에 관한 사무처리에서 회사의 편의만을 위한 것이 아니다. ② 회사에 대한 관계에서는 주주명부상 주주만이 의결권 등 주주의 권리를 행사할 수 있고, 회사도 주주명부상 주주 외에 실제로 주식을 인수하거나 양수한 사람이 있다는 사실을 알았건 몰랐건 간에 주주명부상 주주의 주주권 행사를 부인할 수 없다. ③ 주식을 인수하거나 양수하려는 자가 타인의 명의를 빌려 주식을 인수하거나 양수하고 그 타인의 명의로 주주명부에의 기재까지 마친 경우에도 회사에 대한 관계에서는 주주명부상 주주만이 주주로서 의결권 등 주주권을 적법하게 행사할 수 있다. ④ 회사가 주주명부상 주주와 실제의 주식소유자 중 주주권 행사자를

88) 강위두/임재호, 534면; 권기범, 488면; 박상조, 255면; 서돈각/정완용, 325면; 이종훈, 56면; 정경영, 265면; 정동윤, 399면; 정찬형, 746면; 최기원, 186면; 최준선, 189면.

89) 손주찬, 575면; 오성근, 305면; 이철송, 329면; 채이식, 593면.

90) 대법원 2011. 5. 26. 선고 2010다22552 판결; 대법원 2004. 3. 26. 선고 2002다29138 판결; 대법원 1998. 9. 8. 선고 96다45818 판결; 대법원 1975. 9. 23. 선고 74다804 판결.

91) 대법원 2017. 3. 23. 선고 2015다248342 전원합의체 판결. 이에 관한 자세한 평석은 정준우, "명의주주와 실질주주가 다른 경우에 있어서 주주의 확정", 799~841면 참조.

선택할 수 있게 하면 불합리하고 법률관계 전체를 불안정하게 할 수 있으므로, 주주명부상 주주만이 회사에 대한 관계에서 주주권을 행사할 수 있다는 법리는 주주에 대해서만이 아니라 회사에 대하여도 마찬가지로 적용된다.

참고판례 **명의주주와 실질주주가 다른 경우 주주의 확정기준(대법원 2017. 3. 23. 선고 2015다248342 전원합의체 판결)** : [1] 상법이 주주명부제도를 둔 이유는, 주식의 발행 및 양도에 따라 주주의 구성이 계속 변화하는 단체법적 법률관계의 특성상 회사가 다수의 주주와 관련된 법률관계를 외부적으로 용이하게 식별할 수 있는 형식적이고도 획일적인 기준에 의하여 처리할 수 있도록 하여 이와 관련된 사무처리의 효율성과 법적 안정성을 도모하기 위함이다. 이는 회사가 주주에 대한 실질적인 권리관계를 따로 조사하지 않고 주주명부의 기재에 따라 주주권을 행사할 수 있는 자를 획일적으로 확정하려는 것으로서, 주주권의 행사가 회사와 주주를 둘러싼 다수의 이해관계인 사이의 법률관계에 중대한 영향을 줄 수 있음을 고려한 것이며, 단지 해당 주주의 회사에 대한 권리행사 사무의 처리에 관한 회사의 편의만을 위한 것이라고 볼 수 없다.

[2] 회사에 대하여 주주권을 행사할 자가 주주명부의 기재에 의하여 확정되어야 한다는 법리는 주식양도의 경우뿐만 아니라 주식발행의 경우에도 마찬가지로 적용된다. 주식양도의 경우와 달리 주식발행의 경우에는 주식발행 회사가 관여하게 되므로 주주명부에의 기재를 주주권 행사의 대항요건으로 규정하고 있지는 않으나, 그럼에도 상법은 주식을 발행한 때에는 주주명부에 주주의 성명과 주소 등을 기재하여 본점에 비치하도록 하고(제352조 제1항, 제396조 제1항), 주주에 대한 회사의 통지 또는 최고는 주주명부에 기재한 주소 또는 그 자로부터 회사에 통지한 주소로 하면 되도록(제353조 제1항) 규정하고 있다. 이와 같은 상법 규정의 취지는, 주식을 발행하는 단계에서나 주식이 양도되는 단계에서나 회사에 대한 관계에서 주주권을 행사할 자를 주주명부의 기재에 따라 획일적으로 확정하기 위한 것으로 보아야 한다.

[3] 주식을 양수하였으나 아직 주주명부에 명의개서를 하지 아니하여 주주명부에는 양도인이 주주로 기재되어 있는 경우뿐만 아니라, 주식을 인수하거나 양수하려는 자가 타인의 명의를 빌려 회사의 주식을 인수하거나 양수하고 타인의 명의로 주주명부에의 기재까지 마치는 경우에도, 회사에 대한 관계에서는 주주명부상 주주만이 주주로서 의결권 등 주주권을 적법하게 행사할 수 있다. 이는 주주명부에 주주로 기재되어 있는 자는 특별한 사정이 없는 한 회사에 대한 관계에서 주식에 관한 의결권 등 주주권을 적법하게 행사할 수 있고, 회사의 주식을 양수하였더라도 주주명부에 기재를 마치지 아니하면 주식의 양수를 회사에 대항할 수 없다는 법리에 비추어 볼 때 자연스러운 결과이다. 또한 언제든 주주명부에 주주로 기재해 줄 것을 청구하여 주주권을 행사할 수 있는 자가 자기의 명의가 아닌 타인의 명의로 주주명부에 기재를 마치는 것은 적어도 주주명부상 주주가 회사에 대한 관계에서 주주권을 행사하더라도 이를 허용하거나 받아들이려는 의사였다고 봄이 합리적이다. 그렇기 때문에 주주명부상 주주가 주식을 인수하거나 양수한 사람의 의사에 반하여 주주권을 행사한다 하더라도, 이는 주주명부상 주주에게 주주권을 행사하는 것을 허용함에 따른 결과이므로 주주권의 행사가 신의칙에 반한다고 볼 수 없다.

[4] 주주명부상의 주주만이 회사에 대한 관계에서 주주권을 행사할 수 있다는 법리는 주주에 대하여만 아니라 회사에 대하여도 마찬가지로 적용되므로, 회사는 특별한 사정이 없는 한 주주명부에 기재된 자의 주주권 행사를 부인하거나 주주명부에 기재되지 아니한 자의 주주권 행사를 인정할 수 없다. 상법은 주식발행의 경우 주식인수인이 성명과 주소를 기재하고 기명날인 또는 서명한 서면에 의하여 주식을 인수한 후 그 인수가

액을 납입하도록 하면서, 회사로 하여금 주주명부에 주주의 성명과 주소, 각 주주가 가진 주식의 수와 종류 등을 기재하고 이를 회사의 본점에 비치하여 주주와 회사채권자가 열람할 수 있도록 하고 있다(제352조 제1항, 제396조). 이는 회사가 발행한 주식에 관하여 주주권을 행사할 자를 확정하여 주주명부에 주주로 기재하여 비치·열람하도록 함으로써 해당 주주는 물론이고 회사 스스로도 이에 구속을 받도록 하기 위한 것이다. 주식양도의 경우에는 주식발행의 경우와는 달리 회사 스스로가 아니라 취득자의 청구에 따라 주주명부의 기재를 변경하는 것이기는 하나, 회사가 주식발행 시 작성하여 비치한 주주명부에의 기재가 회사에 대한 구속력이 있음을 전제로 하여 주주명부에의 명의개서에 대항력을 인정함으로써 주식양도에 있어서도 일관되게 회사에 대한 구속력을 인정하려는 것이므로, 상법 제337조 제1항에서 말하는 대항력은 그 문언에 불구하고 회사도 주주명부에의 기재에 구속되어, 주주명부에 기재된 자의 주주권 행사를 부인하거나 주주명부에 기재되지 아니한 자의 주주권 행사를 인정할 수 없다는 의미를 포함하는 것으로 해석함이 타당하다.

[5] 따라서 특별한 사정이 없는 한, 주주명부에 적법하게 주주로 기재되어 있는 자는 회사에 대한 관계에서 주식에 관한 의결권 등 주주권을 행사할 수 있고, 회사 역시 주주명부상 주주 외에 실제 주식을 인수하거나 양수하고자 하였던 자가 따로 존재한다는 사실을 알았든 몰랐든 간에 주주명부상 주주의 주주권 행사를 부인할 수 없으며, 주주명부에 기재를 마치지 아니한 자의 주주권 행사를 인정할 수도 없다. 주주명부에 기재를 마치지 않고도 회사에 대한 관계에서 주주권을 행사할 수 있는 경우는 주주명부에의 기재 또는 명의개서 청구가 부당하게 지연되거나 거절되었다는 등의 극히 예외적인 사정이 인정되는 경우에 한한다. 자본시장과 금융투자업에 관한 법률(이하 '자본시장법'이라 한다)에 따라 예탁결제원에 예탁된 상장주식 등에 관하여 작성된 실질주주명부에의 기재는 주주명부에의 기재와 같은 효력을 가지므로(자본시장법 제316조 제2항), 이 경우 실질주주명부상 주주는 주주명부상 주주와 동일하게 주주권을 행사할 수 있다.

참고판례 **타인명의의 주식인수와 주주의 확정(대법원 2017. 12. 5. 선고 2016다26535 판결)** : 상법 제332조 제1항은 가설인(가설인)의 명의로 주식을 인수하거나 타인의 승낙 없이 그 명의로 주식을 인수한 자는 주식인수인으로서의 책임이 있다고 정하고, 제2항은 타인의 승낙을 얻어 그 명의로 주식을 인수한 자는 그 타인과 연대하여 납입할 책임이 있다고 정하고 있지만, 누가 주주인지에 관해서는 규정하고 있지 않다. 따라서 타인의 명의로 주식을 인수한 경우에 누가 주주인지는 결국 주식인수를 한 당사자를 누구로 볼 것인지에 따라 결정해야 하는데, 이러한 주식인수계약의 당사자 확정 문제는 다음과 같이 두 경우로 나누어 살펴보아야 한다. 즉 ① 가설인 명의로 또는 타인의 승낙 없이 그 명의로 주식을 인수하는 약정을 한 경우이다. 가설인은 주식인수계약의 당사자가 될 수 없다. 한편 타인의 명의로 주식을 인수하면서 그 승낙을 받지 않은 경우 명의자와 실제로 출자를 한 자 중에서 누가 주식인수인인지 문제 되는데, 명의자는 원칙적으로 주식인수계약의 당사자가 될 수 없다. 자신의 명의로 주식을 인수하는 데 승낙하지 않은 자는 주식을 인수하려는 의사도 없고 이를 표시한 사실도 없기 때문이다. 따라서 실제 출자자가 가설인 명의나 타인의 승낙 없이 그 명의로 주식을 인수하기로 하는 약정을 하고 출자를 이행하였다면, 주식인수계약의 상대방(발기설립의 경우에는 다른 발기인, 그 밖의 경우에는 회사)의 의사에 명백히 반한다는 등의 특별한 사정이 없는 한, 주주의 지위를 취득한다고 보아야 한다. ② 타인의 승낙을 얻어 그 명의로 주식을 인수하기로 약정한 경우이다. 이 경우에는 계약 내용에 따라 명의자 또는 실제 출자자가 주식인수인이 될 수 있으나, 원칙적으로는 명의자를 주식인수인으로 보아야 한다. 명의자와 실제 출자자가 실제 출자자를 주식인수인으로 하기로 약정한 경우에도 실제 출자자를 주식인수인이라고 할 수는 없다.

3. 통상적인 확정방법

(1) 주주명부의 폐쇄

1) 의 의 : 주주명부의 폐쇄(Closing of Transfer Book)란 회사가 의결권 등 주주의 권리를 행사할 자나 질권자로서 권리를 행사할 자를 확정하기 위하여 일정한 기간 주주명부에의 기재를 정지하는 것을 말한다(상법 제354조 제1항). 회사가 주주명부를 폐쇄하면 주식양도가 있더라도 명의개서가 금지되므로 특정한 주주권 등을 행사할 자는 폐쇄할 당시의 주주명부상 주주로 자동적으로 확정되기 때문이다. 이처럼 주주명부의 폐쇄는 모든 주주와 질권자의 이해관계가 걸린 중대한 문제이므로 상법에 명문 규정이 없더라도 이사회의 결의를 거쳐 대표이사가 집행해야 한다고 해석해야 한다.

2) 폐쇄사유 : 일반적으로 회사는 의결권의 행사나 이익배당의 청구 등에 있어서 주주 또는 채권자를 확정하기 위하여 주주명부를 일정한 기간 동안 폐쇄한다. 그러나 주주명부의 폐쇄는 이에 한정되지 아니하고, 신주인수권의 부여 등 주주권의 행사자를 확정할 필요가 있는 모든 경우에 허용된다. 다만 주주권이 획일적인 기준에 의해 모든 주주에게 일시에 주어지는 경우에만 한정되고, 소수주주권이나 각종 제소권처럼 그 행사 여부가 주주의 개별적인 의사에 달려 있거나 권리의 행사자를 특정하기 위한 경우에는 인정되지 아니한다. 그리고 단순히 회사의 실무적 편의나 적대적 기업매수에 대한 경영권의 방어와 같은 특정한 목적을 위한 경우에도 허용되지 아니한다.

3) 폐쇄기간 : 회사가 주주명부를 일정한 기간 폐쇄하면 그 기간에는 주식양도에 따른 명의개서가 불가능하므로 사실상 주식의 유통에 큰 제약을 준다. 그리하여 상법은 주주명부의 폐쇄기간에 대하여 3개월을 초과할 수 없도록 하고(상법 제354조 제2항),[92] 폐쇄기간 개시 2주간 전에 이를 공고하도록 규제하고 있다(상법 제354조 제4항 본문). 참고로 이러한 공고에는 폐쇄기간의 시기·종기·목적을 기재해야 하지만, 정관에 폐쇄기간이 정해져 있는 경우에는 공고할 필요가 없다(상법 제354조 제4항 단서). 그리고 정관에 구체적인 일자를 기재할 필요는 없고, 폐쇄기간을 특정할 수 있는 방법이면 충분하다.[93]

4) 폐쇄효과 : 회사가 주주명부를 폐쇄하면 그 기간에는 주주권 변동에 관한 사항을 주주명부에 기재할 수 없는데, 다음과 같이 주의할 사항이 있다.

---

92) 참고로 미국의 MBCA 제28조는 주주총회 전 10일 이상 50일 이내로, 일리노이주 회사법 제29조는 최대한 40일까지, 캘리포니아주 회사법 제2214조는 30일 이내로 주주명부를 폐쇄할 수 있다고 규정하고 있다.

93) 기업 실무에서는 매년 1월 1일부터 결산기에 관한 정기주주총회종료일까지 등으로 정하고 있다.

㈎ 명의개서의 금지와 예외 : 회사가 주주명부를 일정 기간 폐쇄되면 그 기간에는 주식양도에 따른 명의개서가 금지될 뿐만 아니라, 질권의 등록·말소나 신탁재산의 표시·말소처럼 주주나 질권자의 권리에 변동을 야기하는 기재도 할 수 없다. 다만 주주의 주소 변경처럼 주주권의 변동과 무관한 사항은 주주명부에 기재할 수 있으며(통설), 전환주식이나 전환사채에서의 전환청구와 신주인수권부사채권자의 신주인수권 행사도 폐쇄기간 중 가능하다(상법 제350조 제2항, 제516조 제2항, 제516조의9).

㈏ 회사의 자의적 기재 허용 : 주주명부가 일정한 기간 폐쇄되었으나 회사가 주주나 질권자의 청구를 받아들여 자의로 명의개서 기타 기재를 해 주었을 경우의 효력은 어떠한가? 이에 대해서는 주식평등의 원칙에도 반하고 일부 주주의 이익을 침해할 수 있으므로 무효라는 일부 견해가 있지만,[94] 통설은 명의개서 그 자체는 유효하지만 폐쇄기간 중에는 효력이 발생하지 않는다고 한다. 생각건대 주주명부의 폐쇄는 모든 주주의 이해관계가 걸린 문제이므로 회사의 자의적 기재는 허용하지 않는 것이 타당하지만, 소수설처럼 그러한 명의개서를 모두 무효로 본다면 양수인이 명의개서의 효력을 주장할 수 없게 되므로 동일한 명의개서를 주주명부의 폐쇄 후에 또다시 해야 하는 무의미한 번거로움이 있다. 또한 그러한 자에 대해 등록질권을 취득한 자의 권리보호에도 문제가 발생하므로, 명의개서는 인정하되 그 효력 발생을 부인하는 통설이 타당하다.

(2) 기준일

1) 의 의 : 회사는 주주명부를 폐쇄하지 아니하고 일정한 날에 주주명부에 기재된 주주 또는 질권자를 그 권리를 행사할 주주나 질권자로 볼 수도 있는데, 이때의 일정한 날을 「기준일」이라고 한다(상법 제354조 제1항).

2) 제 한 : 기준일은 주주명부의 폐쇄처럼 일정 기간 주식양도를 제한하지 않으면서 권리행사자를 확정할 수 있는 장점이 있다. 다만 회사가 기준일을 급박하게 설정하여 명의개서를 미루던 주주의 권리를 침해할 위험성이 있으므로 상법은 기준일에 대하여 일정한 제한을 두고 있다. 즉 기준일은 권리를 행사할 날에 앞선 3월 내의 날이어야 하고, 그 2주 전에 공고해야 한다(상법 제354조 제3항, 제4항 본문). 다만 정관에서 기준일을 정한 경우에는 공고할 필요가 없고(제4항 단서), 공고할 때에는 그 목적도 기재해야 한다. 그리고 주주명부의 폐쇄처럼 이사회의 결의에 따라 대표이사가 시행해야 한다.

---

94) 정동윤, 226면; 최기원, 388면.

3) 병 용 : 실무에서는 대체로 기준일과 주주명부의 폐쇄를 함께 사용하는데(보통 일정한 날을 기준일로 정한 후 그다음 날부터 일정한 기간 주주명부를 폐쇄한다), 주주총회의 개최와 배당금의 지급이 다른 때에 이루어지므로 주주총회에 참석하여 재무제표를 승인할 주주와 그에 따라 배당금을 받을 주주를 일치시키기 위함이다. 한편 주주명부의 폐쇄기간 도중에 회사가 신주를 발행하면서 그 신주의 주주를 주주총회결의에서 제외하고자 할 경우가 있는데, 이때에도 주주명부의 폐쇄 외에 기준일을 별도로 정해야 한다.

(3) 위법한 확정의 효과

1) 원 칙 : 주주명부의 폐쇄나 기준일은 회사가 권리행사자를 확정하는 중요한 절차이고 주주와 채권자 모두의 이해관계가 걸려 있는 중대한 문제이므로 그 실행은 반드시 상법에 따라야 한다. 그리고 이에 위반한 정관 규정이 있다면 무효로 보아야 한다.

2) 위반의 사항별 규제 : 회사가 상법 규정을 위반하여 주주명부를 폐쇄하거나 기준일을 정한 경우에 그 효력은 어떻게 되는가? 학설은 이를 사항별로 처리하고 있다. 즉 ① 주주명부의 폐쇄기간이 3개월을 초과한 경우에 그 시기가 분명한 때에는 그 초과하는 일부의 기간만 무효이지만, 시기가 불분명하다면 그 전부가 무효이다.[95] ② 기준일이 권리를 행사할 날보다 3월 이전의 날로 정해지거나 주주명부의 폐쇄와 기준일의 공고기간이 지켜지지 아니한 경우에는 그 전부가 무효이다.[96] 그러나 후자의 경우에는 일률적으로 무효로 볼 것이 아니라, 개별적인 사안에서 합리적으로 판단하여 공고기간의 위반이 경미한 경우에는 거래의 안전을 위해서 유효로 보아야 할 것이다.[97]

3) 위반시 권리자 확정 : 주주명부의 폐쇄나 기준일이 상법 규정에 위반되어 무효라면 누구를 주주나 질권자 같은 권리행사자로 보아야 하는가? 생각건대 주주명부의 폐쇄가 무효인 경우에는 주주명부의 폐쇄를 이유로 하여 명의개서를 거부당한 주주나 질권자를 권리행사자로 보아야 하고, 기준일이 무효인 때에는 권리를 행사할 날의 주주명부상 주주나 질권자를 실제적인 권리행사자로 보아야 할 것이다. 따라서 만약 이들 외의 주체가 주주총회에서 주주로서 권리를 행사하였다면 그것은 주주총회의 결의방법에 하자가 있는 것으로서 결의취소의 소나 결의부존재확인의 소의 대상이 될 수 있을 것이다. 그리고 당연한 논리적

95) 강위두/임재호, 612면; 김동훈, 219면; 서돈각/정완용, 366면; 손주찬, 645면; 이범찬/임충희/이영종/김지환, 187면; 이철송, 363면; 임재연(Ⅰ), 535면; 정찬형, 767면; 채이식, 617면; 최기원, 322면; 최준선, 276면.

96) 서돈각/정완용, 366~367면; 손주찬, 645면; 임재연(Ⅰ), 535면; 정경영, 330면; 최기원, 322면; 최준선, 276면.

97) 이철송, 364면.

귀결로서 그들에 대한 이익배당이나 신주배정도 무효가 된다.

사례해결

(1) 상법 제337조 제1항은 "주식의 이전은 취득자의 성명과 주소를 주주명부에 기재하지 아니하면 회사에 대항하지 못한다."라고 규정하고 있는데, 여기서 '회사에 대하여 대항하지 못한다'의 구체적인 의미에 대해서는 그동안 편면적 구속설과 쌍방적 구속설이 대립하고 있었고, 판례는 편면적 구속설을 취하고 있었다(대법원 1989. 10. 24. 선고 89다카14714 판결). 그런데 최근에 대법원은 전원합의체 판결을 통하여 회사가 주식양수인의 명의개서 청구를 부당하게 거부하는 등 특별한 사정이 없는 한 주주명부상의 주주가 아닌 실질주주의 주주권 행사를 인정할 수 없다고 판시하며 기존의 판례를 모두 변경하였다(대법원 2017. 3. 23. 선고 2015다248342 전원합의체 판결). 따라서 사안의 경우 ㈜甲의 이사회가 명의개서를 하지 아니한 주식양수인 B에게 주주권 행사를 인정한 것은 무효이다.

(2) 주식불가분의 원칙에 의해 1주의 주식을 수인이 분할하여 소유하는 것은 불가능하지만, 일정한 사유에 의해 주식을 수인이 공유하는 것은 가능하다(예: 주식의 공동인수나 공동상속, 발기인·이사의 주식인수담보책임 등). 이러한 공유주주의 법률관계에 대해서는 원칙적으로 민법 제262조 내지 제270조가 준용되므로 공유주주 중 1인은 주식이 아닌 그가 소유하는 공유지분만을 양도할 수 있고(민법 제264조), 그러한 지분의 이동에 따라서 명의개서를 할 수 있다. 그러나 공유주주가 회사에 대하여 공유관계를 주장하기 위해서는 먼저 공유자 전원의 성명·주소 및 공유관계를 주주명부에 등재해야 한다. 그리고 공유주주가 이익배당청구권·의결권·소제기권 등과 같은 각종 주주권을 행사하기 위해서는 먼저 권리를 행사할 자 1인을 정해야 한다(상법 제333조 제2항). 따라서 공유주주가 권리행사자를 정하지 아니한 경우나 기타의 사유로 권리행사자가 없는 경우에는 공유자에 대한 통지나 최고는 그 중 1인에 대하여 하면 된다(상법 제333조 제3항). 따라서 사안의 경우 D의 주장은 정당하지 않다.

(3) 신주발행의 경우에도 회사설립의 경우와 마찬가지로 주식인수인은 원칙적으로 금전으로 주금을 납입해야 한다. 즉 주주의 출자는 재산출자에 한정되고 금전출자가 원칙이므로 금전 이외의 재산출자, 즉 현물출자는 엄격한 절차에 따라서 예외적으로 인정된다. 한편 주식인수인은 회사의 동의 없이 주금납입에 관한 채무와 회사에 대한 채권을 상계할 수 없다(상법 제421조 제12항). 그리고 주주의 납입의무 이행에는 대물변제가 있을 수 없다. 만약 이를 허용하게 되면 법정 절차를 무시한 현물출자를 허용하는 것이 되기 때문이다. 특히 문제되는 것은 어음이나 수표로 주금을 납입하였을 때인데, 어떠한 약정이 있더라도 「변제에 갈음하여」(즉 대물변제로) 한 것으로 봐서는 아니되고, 「변제를 위하여」 한 것으로 보아야 한다. 따라서 어음이나 수표의 경우에는 납입시가 아니라 현실로 지급되는 때에 납입이 있다고 보아야 한다. 사안의 경우 F의 행위는 주금납입의무의 상계이므로 회사의 동의가 없는 한 허용되지 아니하고, G의 행위는 비록 회사에 이익이 되더라도 역시 법상 허용되지 아니하는 대물변제이고 현물출자의 편법적인 수단으로 악용될 소지가 크므로 정당하지 못하다.

(4) 신주발행은 기존 주주들의 이해관계에 중대한 영향을 끼친다. 그리하여 상법도 신주발행의 경우에는 원칙적으로 주주의 신주인수권을 먼저 보장하도록 규정하고 있다(상법 제418조 제1항). 다만 정관에

정하는 바에 따라 주주 외의 자에게도 신주를 배정할 수 있는데, 이 경우에는 신기술의 도입, 재무구조의 개선 등 회사의 경영상 목적을 달성하기 위하여 필요한 경우에 한한다(상법 제418조 제2항). 따라서 ㈜甲의 이사회가 정관의 근거 규정에 따라 제3자에게 신주를 배정하는 것은 주주들의 인수권 포기 등에 기인한 것이므로 경영상 목적달성을 위하여 필요한 경우로 볼 수 있다. 한편 신주발행에서의 주식인수에 있어서도 타인명의에 의한 주식인수가 행해질 수 있는데, 이 경우에는 주금납입의무의 주체와 주주의 확정에 관한 문제가 제기될 수 있다. 이와 관련하여 그동안 학설은 형식설과 실질설로 나뉘어 있었고, 판례는 일관하여 실질설의 입장을 취하였다. 그렇지만 최근 대법원 전원합의체 판결에 의해 이러한 판례가 모두 변경되었으므로, 이제는 회사에 대한 관계에서는 주주명부상 주주만이 주주권을 행사할 수 있다. 따라서 사안의 경우에 H는 ㈜甲에 대해 주권의 발행을 청구할 수 없다.

(5) 회사가 주주로서 권리를 행사할 자를 확정하는 방법에는 2가지가 있다. 즉 ① 주주명부의 폐쇄인데, 폐쇄기간은 사실상 주식의 양도를 제한하게 되므로 3개월을 초과할 수 없고, 그 초일 2주 전에 공고해야 한다. ② 기준일인데, 기준일은 권리를 행사할 날에 앞선 3월 내의 날이어야 하고, 그 2주 전에 공고해야 한다. 이러한 제한을 위반하면 모두 무효가 되는데, 다만 폐쇄기간의 경우에만 주식양도자유성을 유지하기 위하여 초과하는 부분만 무효로 보고 3개월까지는 유효로 처리한다. 한편 실무에서는 대부분 양자를 병용하는데, 권리를 행사할 자와 이익배당 등을 받을 자를 가능한 일치시키기 위함이다. 따라서 사안의 경우 예정된 주주총회일이 2022년 8월 8일이므로 기준일은 그에 앞선 3개월 내인 5월 8일부터 8월 8일 사이에 있어야 하는데, 이사회가 정한 기준일은 5월 3일이므로 위법하다. 그리고 기준일이 5월 3일이므로 그 2주 전인 4월 18일까지는 공고가 행해져야 하는데, 공고를 4월 16일에 하였으니 이는 적법하다. 한편 ㈜甲은 주주명부를 5월 4일부터 8월 8일까지 폐쇄하였는데, 이는 3개월이라는 폐쇄기간을 초과한 것이므로 3개월까지만 유효하고 나머지 초과 기간은 무효이다. 따라서 주주 L은 무효인 기간에 속하는 5월 6일에 주식을 취득하였으므로 당연히 명의개서 후 주주로서의 권리를 행사할 수 있었어야 하는데, 그러지 못하였다. 그리고 주주 L을 제외하고 행해진 주주총회의 결의 역시 절차적 하자를 내포하고 있다. 따라서 주주 L은 기준일 및 폐쇄기간이 위법하다는 점에 기초하여 일정한 지분요건을 갖추어 그러한 결의에 찬성한 이사들의 해임을 ㈜甲에 요구할 수 있고, 손해가 있는 경우에는 손해배상청구를 할 수 있으며, 당해 주주총회결의취소의 소를 제기할 수 있다.

제2관 주주의 실체적 관리

예시사례 배터리 제조업체인 ㈜甲이 최근 개발하여 판매 중인 소형배터리는 전동킥보드용으로 안전성과 효용가치가 커서 국내는 물론 해외에서도 판매량이 급증하고 있다. 이에 ㈜甲의 이사회는 생산량을 늘리기 위해 국내와 미국에 각각 공장을 신설하기로 결의하고, 그에 필요한 재원은 정관상 수권주식수를 늘린 후 신주발행을 통해 조달하기로 하였다. 이 사안과 관련하여 다음 설문에 답하시오!

(1) ㈜甲의 주주 A는 그동안 주권불소지신고를 하였고, 이번 신주인수시도 불소지신고를 하였다. 그리하여 ㈜甲은 당해 주권을 명의개서대리인 B에게 맡겼는데, B의 사용인 C가 이를 몰래 빼돌려 그러한 내용을 모르는 D에게 양도하였다. 그 후 D가 명의개서를 청구하자 ㈜甲은 현재 당해 주권에 대하여 도난을 이유로 한 공시최고절차가 진행 중이라며 D의 청구를 거절하였고, 그 직후 이사선임에 관한 안건으로 주주총회를 소집하여 E를 이사로 선임하였다. 이 경우 ㈜甲의 행위를 평가한다면?

(2) ㈜甲의 정관은 2019년에 개정되었는데, 주주명부도 전자적으로 작성할 수 있도록 규정하고 있다. 정관변경에 반대하는 주주 F는 같은 뜻을 가진 주주들을 모아야겠다고 생각하였고, 이에 주주명부를 열람하기 위하여 ㈜甲의 명의개서대리인 B의 영업소를 방문하였다. 그런데 B의 영업소에는 주주명부가 비치되어 있지 않았고, F가 이를 항의하자 B의 영업소장인 G는 자신의 집무실에 있는 컴퓨터에 주주명부가 있으니 그것을 찾아보라고 하였다. 이 경우 주주 F와 B 및 ㈜甲의 법률관계는?

Ⅰ. 서 설

주식회사에서는 주식양도가 자유로워 주주가 수시로 변동되므로 주주와 주권의 현황을 파악할 일정한 방안이 필요한데, 이는 상장회사의 경우에 더욱 그러하다. 그리하여 상법은 회사로 하여금 주주명부를 작성·비치하도록 규제하고 있다. 즉 주주명부는 회사가 주주를 상대로 하는 집단적·계속적인 법률관계를 통일적으로 처리함에 있어서 주식의 자유양도성으로 인해 수시로 변동되는 주주들을 정태적·안정적으로 파악하기 위하여 작성·비치하는 장부이고, 여기에는 일정한 사항(① 주주의 성명·주소, ② 주주가 가진 주식의 종류·수, ③ 주권의 번호, ④ 주식의 취득연월일)을 기재해야 한다(상법 제352조).[98]

이처럼 주주명부는 회사와 주주의 법률관계를 명확히 하는 기능을 한다. 즉 회사는 주주명부를 기초로 주주를 인식하고, 양수인은 명의개서를 통해 회사에 대하여 주주의 권리를 주장할 수 있다. 더욱이 주주명부는 회사 이외의 자들에게 누가 주주인지를 알려주는 공시기능도 부수적으로 수행한다. 그렇지만 주주명부에의 기재가 주주권을 확정하는 것은 아니다. 즉 주주명부는 누가 진정한 주주이냐는 「권리 소재의 근거」가 아니고, 누가 입증의 부담 없이 주주권을 주장할 수 있느냐는 「형식적 자격의 근거」에 불과하다. 주주의 확정에 관한 최근의 대법원 전원합의체 판결도 이 점을 명확히 하였다.[99]

---

98) 주주명부는 회사의 영업이나 재산의 상황을 보여주는 것이 아니므로 상업장부가 아니고, 회사가 주권을 기초로 하여 주권과 주주에 관한 사항을 기재하는 주권대장과도 구분된다.
99) 대법원 2017. 3. 23. 선고 2015다248342 전원합의체 판결.

Ⅱ. 주주명부의 작성

1. 작성의무

회사가 주식을 발행한 때에는 주주명부를 작성해야 하는데(상법 제352조), 주식의 병합과 소각 및 주권불소지신고 등이 있는 경우에는 그 변경 사실도 기재해야 한다. 주주명부의 작성방법에는 아무런 제한이 없으므로 회사는 카드식·분책식·가제식 등 다양한 방법으로 작성할 수 있다. 주주명부는 원칙적으로 서면으로 작성해야 하지만, 2009년 개정 상법에 의해 전자적으로도 작성할 수 있다(상법 제352조의2). 이처럼 상법이 주주명부의 작성을 의무화한 것은 주식회사에서는 투자자가 신주를 인수하거나 기발행된 주식을 양수함으로써 주주의 지위를 취득하고 주식양도의 자유성으로 인해 그 이동도 매우 잦지만, 그러한 내용이 인적회사처럼 정관에 기재되지 않기 때문이다. 즉 주식회사에서는 주식이라는 권리를 확실히 표창하고 그 이동을 안정적으로 공시할 필요가 있으며 회사가 실효적으로 주주를 인식할 수 있어야 하는데, 이를 위해 주주명부가 필요한 것이다.

2. 기재사항

회사가 주식을 발행한 때에는 ① 주주의 성명·주소, ② 각 주주가 가진 주식의 종류·수, ③ 각 주주가 가진 주식의 주권을 발행한 때에는 그 주권의 번호, ④ 각 주식의 취득연월일을 기재해야 한다(상법 제352조 제1항). 그리고 회사가 전자적으로 주주명부를 작성하는 때에는 주주의 성명·주소 외에 전자우편주소도 기재해야 하는데(상법 제352조의2 제2항), 이는 인터넷주소자원에 관한 법률 제2조 제1호가 규정하는 「인터넷주소」를 의미한다. 한편 회사가 전환주식을 발행한 때에는 위의 사항 외에도 상법 제347조에 기재한 사항(① 주식을 다른 종류의 주식으로 전환할 수 있다는 뜻, ② 전환의 조건, ③ 전환으로 인하여 발행할 주식의 내용, ④ 전환을 청구할 수 있는 기간)도 주주명부에 기재해야 한다(상법 제352조 제2항). 또한 회사는 질권의 등록(상법 제340조 제1항), 신탁재산의 표시(신탁법 제3조 제2항), 주식공유에서의 권리행사자의 표시(상법 제333조 제2항) 등도 주주명부에 기재해야 한다. 따라서 주주명부에 부실한 기재가 이루어진 때에는 발기인이나 이사 등에게 일정한 벌칙이 적용된다(상법 제635조 제1항 제9호).

3. 비치·공시

주주명부는 원칙적으로 회사의 본점에 비치해야 한다. 다만 회사가 명의개서대리인을 둔 때에는 대리인의 영업소에 주주명부 또는 복본을 둘 수도 있는데(상법 제396조 제1항 후단), 이처럼 주주명부나 그 복본을 명의개서대리인의 영업소에 두기로 한 때에는 본점에 비치하지 않아도 된다. 한편 주주나 회사채권자는 영업시간 내에 언제든지 주주명부나 그 복본의 열람 또는 등사를 청구할 수 있는데(상법 제396조 제2항),[100] 상법은 주주 등의 주주명부 열람청구와 관련하여 별도의 제한을 두고 있지 않으므로 주주 등은 열람의 목적이나 그 정당성을 입증할 필요가 없다. 이런 점에서 주주의 열람청구목적이 정당하지 아니함을 이유로 회사가 거부할 수 있다고 한 판례는 문제가 있다.

> **참고판례** **주주의 주주명부 열람청구에 대한 회사의 거부 여부(대법원 1997. 3. 19.자 97그7 결정)** : 상법 제396조 제2항에서 규정하고 있는 주주 또는 회사채권자의 주주명부 등에 대한 열람등사청구는 회사가 청구의 목적이 정당하지 아니함을 주장·입증하는 경우에는 이를 거부할 수 있다.

Ⅲ. 주주명부의 효력

1. 대항력

(1) 의 의

주주명부에는 주주의 성명·주소, 각 주주가 가진 주식의 종류·수, 주권의 번호, 각 주식의 취득연월일을 기재해야 하고(상법 제352조 제1항), 주식의 양도는 당사자의 합의 외에 주권의 교부에 의한다(상법 제336조 제1항). 따라서 주식양도의 경우 당사자 간에는 양수인이 양도인으로부터 주권을 받으면 곧바로 주주가 되지만, 회사에 대하여 주주권을 행사하려면 명의개서를 해야 한다. 주주명부에 주주의 성명과 소유주식 등이 기재되는 것은 회사에 대하여 주주권을 주장하기 위한 전제요건이기 때문이다(상법 제337조 제1항). 이를 「주식양도의 대항력」이라고 하는데, 주주명부의 가장 중요한 효력이다.[101]

(2) 판례의 동향

그동안 판례는 상법 제337조 제1항에 근거하여 주식이 양도되었더라도 양수인이 명의

---

100) 주주의 유한책임으로 인해 회사채권자의 경우에는 주주명부를 열람할 실익이 없으므로 입법론적으로는 독일 주식법 제67조 제5항과 프랑스 상사회사법 제169조처럼 주주명부열람청구권을 주주에게만 인정해야 한다는 견해도 있다(최기원, 321면).

101) 일본 회사법 제130조는 명의개서를 주권미발행회사의 경우에는 회사와 제3자에 대한 대항요건으로, 주권발행회사의 경우에는 회사에 대한 대항요건으로 규정하고 있다. 그리고 독일 주식법 제67조 제2항 제1문은 이를 좀 더 명확히 하여 "회사에 대한 관계에서는 주주등록부에 주주로서 등록되어 있는 자만을 주주로 본다."라고 규정하고 있다.

개서를 하지 아니하면 회사에 대한 관계에서는 여전히 양도인을 주주로 보았다.[102] 그리고 주식이 양도되고 양수인의 명의로 명의개서가 이루어진 후에 당해 주식양도계약이 해제되거나 취소되었더라도 주주명부상의 명의를 다시 양도인의 명의로 복구하지 않는 한 양도인은 회사에 대한 관계에서 주주권을 행사할 수 없다고 판시하였고,[103] 신주발행에서도 이사회나 주주총회의 결의로 인수권자를 주주명부상의 주주로 한정한 경우에는 그가 실질주주인지 여부에 관계없이 신주인수권은 회사가 정한 일정한 시점에 주주명부에 기재된 주주에게 귀속된다고 판시하였다.[104] 최근의 전원합의체 판결[105]도 회사에 대하여 주주권을 행사할 자가 주주명부의 기재에 의하여 확정되어야 한다는 법리는 주식양도의 경우뿐만 아니라 주식발행의 경우에도 마찬가지로 적용된다고 판시함으로써 기존의 입장을 그대로 유지하고 있다.[106] 그러나 이는 주식양도에 있어서 명의개서의 회사에 대한 대항요건이고, 양도당사자 간의 채권적 효력은 유효하므로 양수인이 명의개서를 하지 않았더라도 회사 외의 제3자에 대해서는 주주권을 주장할 수 있다.

참고판례 **명의개서 후 양도계약이 취소된 경우에 있어서 주주권의 귀속(대법원 2002. 12. 24. 선고 2000다69927 판결)** : 기명주식이 양도된 후 주식회사의 주주명부상 양수인 명의로 명의개서가 이미 이루어졌다면, 그 후 그 주식양도약정이 해제되거나 취소되었다 하더라도 주주명부상의 주주 명의를 원래의 양도인 명의로 복구하지 않는 한 양도인은 주식회사에 대한 관계에 있어서는 주주총회에서 의결권을 행사하기 위하여 주주로서 대항할 수 없다.

참고판례 **주권발행전주식양도에서 6개월이 지난 후 회사에 대한 대항 여부(대법원 2000. 3. 23. 선고 99다67529 판결)** : 주권발행 전의 주식양도라 하더라도 회사 성립 후 6월이 경과한 후에 이루어진 때에는 회사에 대하여 효력이 있으므로 그 주식양수인은 주주명부상의 명의개서 여부와 관계없이 회사의 주주가 되고, 그 후 그 주식양도 사실을 통지받은 바 있는 회사가 그 주식에 관하여 주주가 아닌 제3자에게 주주명부상의 명의개서절차를 마치고 나아가 그에게 기명식 주권을 발행하였다 하더라도, 그로써 그 제3자가 주주가 되고 주식양수인이 주주권을 상실한다고는 볼 수 없다.

참고판례 **명의개서를 아니한 주주에 대하여 주주총회소집통지를 하지 아니한 경우의 효력(대법원 1996. 12. 23. 선고 96다32768,32775,32782 판결)** : [1] 주식을 취득한 자가 회사에 대하여 의결권을 주장할 수 있기 위하여는 주주명부에 주주로서 명의개서를 하여야 하므로, 명의개서를 하지 아니한 주식양수인에 대하여 주주총회소집통지를 하지 않았다고 하여 주주총회결의에 절차상의 하자가 있다고 할 수 없다. [2] 주식을 취득한 자가 회사에 대하여 명의개서를 요구하였다 하더라도, 그 주식 취득자에 대한 주식양도의 효력

102) 대법원 1988. 6. 14. 선고 87다카2599,2600 판결.
103) 대법원 2002. 12. 24. 선고 2000다69927 판결.
104) 대법원 2010. 2. 25. 선고 2008다96963,96970 판결.
105) 대법원 2017. 3. 23. 선고 2015다 248342 전원합의체 판결.
106) 대법원 2010. 2. 25. 선고 2008다96963, 96970 판결.

> 이 다투어져 주주권확인소송 및 명의개서절차이행청구의 소가 제기되어 있었고, 그 주식 취득자가 명의개서를 청구할 수 있는 주식이 전체 주식의 43%에 불과한 경우에, 회사가 그 주식 취득자의 명의개서 요구에 불응하고 주주명부에 등재되어 있는 자에 대하여만 소집통지를 하여 주주총회를 개최하였다 하더라도 그러한 소집절차상의 하자는 주주총회결의의 무효나 부존재사유가 될 수 없다.

2. 권리추정력

(1) 의 의

주주명부에 주주로 기재된 자는 적법한 주주로 추정을 받기 때문에 회사에 대하여 자신의 실질적인 권리의 증명이나 주권의 제시 없이 단순히 그 기재만으로써 주주임을 주장할 수 있는데,[107] 이를 주주명부의 「권리추정력(또는 자격수여적 효력)」이라고 한다. 상법상 주주명부의 권리추정력에 관한 명문 규정은 없지만, 주권점유의 권리추정력(상법 제336조 제2항)과 명의개서의 대항력(상법 제337조 제1항)에 근거하여 주주명부의 권리추정력을 인정할 수 있다. 주의할 것은 이를 위해서는 주주명부에 주주로 등재되어 있다는 사실은 주주권을 주장하는 자가 입증해야 하고,[108] 반대로 주주명부에 주주로 기재된 자의 주주권을 부인하려는 자는 자신이 그 사실을 입증해야 한다는 점이다.[109]

(2) 판례의 동향

그동안 판례는 주주명부의 기재에 권리를 창설하는 효력은 없으므로 주주명부상의 주주(명의주주)가 무권리자라는 사실이 증명된다면 당연히 그의 주주권도 부인된다고 판시하였다.[110] 그리고 최근의 대법원 전원합의체 판결도 특별한 사정이 없는 한 명의주주는 회사에 대하여 주주권을 행사할 수 있고, 회사도 명의주주 외에 실제로 주식을 인수 또는 양수한 자(실질주주)가 따로이 존재한다는 사실을 알았든 몰랐든 관계없이 명의주주의 주주권 행사를 부인할 수 없을 뿐 아니라 실질주주의 주주권 행사를 인정할 수도 없다고 판시하면서도 명의자의 주주권 부인에 관한 위 판례는 변경하지 않았다.

그리하여 결국 양 판결이 충돌하게 되어 해석으로 보완해야 하는데, 전원합의체 판결에서 명의주주가 실질주주의 의사에 반하여 주주권을 행사하더라도 신의칙에 반하지 않는다고 판시한 것을 고려한다면 위의 판례도 변경되는 것으로 해석할 수밖에 없다. 그런데 이러한 해석에 의하면 사실상 명의주주의 권리 행사가 무제한으로 허용되고, 주주명부에 창

107) 대법원 2014. 12. 11. 선고 2014다218511 판결.
108) 대법원 1993. 1. 26. 선고 92다11008 판결.
109) 대법원 1985. 3. 26. 선고 84다카2082 판결.
110) 대법원 1989. 7. 11. 선고 89다카5345 판결.

설적 효력을 부여하게 되므로 결국 입법적으로 해결할 수밖에 없다.

한편 이와 관련하여 제기되는 또 다른 문제는 명의주주의 주주권 인정으로 인해 주주권을 상실한 실질주주가 자신의 주주권을 어떠한 방법으로 회복할 수 있는가 하는 점인데, 전원합의체 판결은 이에 대하여 언급하고 있지 않다. 생각건대 상법이 개인법적 법률관계와 단체법적 법률관계를 엄격히 구별한 후 전자에 의해 후자에 영향이 미치는 것을 엄격히 규제하고 있는 점과 회사도 주주명부에 기재하지 아니한 자의 주주권 행사를 인정할 수 없다는 전원합의체 판결의 판지를 고려할 때 결국 실질주주가 명의주주를 상대방으로 하여 주권을 인도받기 위한 소를 제기할 수밖에 없을 것이다.[111)]

참고판례 **명의개서의 효력과 주주권의 귀속(대법원 2020. 6. 11. 선고 2017다278385(본소), 2017다278392(반소) 판결)** : 상법은 주주명부의 기재를 회사에 대한 대항요건으로 정하고 있을 뿐 주식 이전의 효력발생요건으로 정하고 있지 않으므로 명의개서가 이루어졌다고 하여 무권리자가 주주가 되는 것은 아니고, 명의개서가 이루어지지 않았다고 해서 주주가 그 권리를 상실하는 것도 아니다(대법원 2018. 10. 12. 선고 2017다221501 판결 참조). 이와 같이 주식의 소유권 귀속에 관한 권리관계와 주주의 회사에 대한 주주권 행사국면은 구분되는 것이고, 회사와 주주 사이에서 주식의 소유권, 즉 주주권의 귀속이 다투어지는 경우 역시 주식의 소유권 귀속에 관한 권리관계로서 마찬가지라 할 것이다.

참고판례 **실질적으로 주식을 취득하지 못한 상태에서 한 명의개서의 효력(대법원 2006. 9. 14. 선고 2005다45537 판결)** : 주주명부에 기재된 명의상의 주주는 회사에 대한 관계에 자신의 실질적 권리를 증명하지 않아도 주주의 권리를 행사할 수 있는 자격수여적 효력을 인정받을 뿐이지 주주명부의 기재에 의하여 창설적 효력을 인정받는 것은 아니므로, 실질상 주식을 취득하지 못한 사람이 명의개서를 받았다고 하여 주주의 권리를 행사할 수 있는 것이 아니다. 따라서 주권발행 전 주식의 이중양도가 문제되는 경우, 그 이중양수인 중 일부에 대하여 이미 명의개서가 경료되었는지 여부를 불문하고 누가 우선순위자로서 권리취득자인지를 가려야 하고, 이 때 이중양수인 상호간의 우열은 지명채권 이중양도의 경우에 준하여 확정일자 있는 양도통지가 회사에 도달한 일시 또는 확정일자 있는 승낙의 일시의 선후에 의하여 결정하는 것이 원칙이다.

참고판례 **주주명부의 등재 사실에 관한 당사자의 주장이 없어도 법원이 판단할 수 있는지 여부(대법원 1993. 1. 26. 선고 92다11008 판결)** : 어떤 사람이 주식회사의 주주명부에 주주로 기재되었다는 점은 그가 기명주식의 이전을 회사에 대항할 수 있는 주주라는 사실을 주장하는 자가 주장 입증하여야 되므로, 상대방이 이 점에 관하여 주장을 하지 아니하였다 하더라도 법원이 그 점에 관하여 판단할 수 있다.

3. 면책적 효력

(1) 의 의

주주명부의 권리추정력(자격수여적 효력)의 반사효과로서 회사도 주주명부에 등재된 자

---

111) 정준우, "명의주주와 실질주주가 다른 경우에 있어서 주주의 확정", 825면.

(명의주주)를 주주로 보고 그에게 의결권 등 주주의 권리를 인정하면 비록 그가 진정한 주주(실질주주)가 아니더라도 면책되는데, 이를 주주명부의 「면책적 효력」이라고 한다. 이러한 면책적 효력은 주주의 확정에 있어서만이 아니라, 주주의 주소 등 다른 기재사항에 대해서도 주어지고, 회사의 주주나 질권자에 대한 통지·최고에도 미친다. 따라서 회사는 주주명부에 기재된 주주나 질권자의 주소로 각종 통지나 최고를 하면 되고(상법 제353조 제1항), 주소가 변경되거나 주주명부에 기재된 주소가 틀린 주소여서 주주나 질권자가 통지나 최고를 받지 못하더라도 회사는 아무런 책임을 지지 아니한다.

(2) 판례의 동향

그동안 판례는 ① 주식회사가 주주명부상의 주주에게 주주총회의 소집을 통지하고 그 주주로 하여금 의결권을 행사하게 하면, 그 주주가 단순히 명의만을 대여한 이른바 형식주주에 불과하여도 그 의결권 행사는 적법하지만, ② 주식회사가 주주명부상의 주주가 형식주주에 불과하다는 것을 알았거나 중대한 과실로 알지 못하였고 또한 이를 용이하게 증명하여 의결권 행사를 거절할 수 있었음에도 의결권 행사를 용인하거나 의결권을 행사하게 한 경우 그 의결권 행사는 위법하다고 판시하였다.[112] 즉 회사가 실질관계를 손쉽게 확인할 수 있는 경우에는 예외적으로 회사의 면책을 부인한 것이다. 그런데 최근의 전원합의체 판결은 특별한 사정이 없는 한 주주명부에 적법하게 주주로 기재되어 있는 자는 회사에 대한 관계에서 그 주식에 관한 의결권 등 주주권을 행사할 수 있고, 회사 역시 주주명부상 주주 외에 실제 주식을 인수하거나 양수하고자 하였던 자가 따로 존재한다는 사실을 알았든 몰랐든 간에 주주명부상 주주의 주주권 행사를 부인할 수 없다고 판시하며 위 판례를 변경하였다. 즉 회사가 실질관계를 손쉽게 파악할 수 있는 경우에도 면책적 효력이 적용되는 것이다.[113] 다만 주의할 것은 전원합의체 판결이 명의주주를 회사의 주주로 확정하고 있으므로 위 판례의 ① 부분은 그대로 유지된다는 점이다.

Ⅳ. 주주명부의 특례

1. 전자주주명부

(1) 의 의

주주명부는 오랫동안 서면으로 작성하였지만, 2009년 개정 상법은 전자주주명부도 도

112) 대법원 1998. 9. 8. 선고 96다45818 판결.
113) 박수영, "형식주주의 주주권", 81면.

입하였다. 즉 상법 제352조의2 제1항은 "회사는 정관으로 정하는 바에 따라 전자문서로 주주명부(전자주주명부)를 작성할 수 있다."라고 규정하였다. 다만 상법은 전자문서의 개념을 정의하지 아니하여 대체로 전자문서법상의 개념을 원용한 것으로 해석하는데, 동법 제2조 제1호는 전자문서를 "정보처리시스템에 의하여 전자적 형태로 작성, 송신·수신 또는 저장된 정보"라고 규정하고 있다. 그런데 최근 소수주주의 주주총회소집청구권과 관련하여 전자문서의 개념을 확대 적용한 판례가 나와 논란이 되고 있다.

(2) 작 성

1) 기재사항 : 회사는 정관으로 정하는 바에 따라 전자주주명부를 작성할 수 있다(상법 제352조의2 제1항). 전자주주명부에는 상법 제352조 제1항에서 규정하는 사항(① 주주의 성명과 주소, ② 각 주주가 가진 주식의 종류와 그 수, ③ 각 주주가 가진 주식의 주권을 발행한 때에는 그 주권의 번호, ④ 각 주식의 취득연월일) 외에 주주의 전자우편주소도 기재해야 한다(상법 제352조의2 제2항). 주의할 것은 전자우편주소는 위 ①에서의 주소와 주주명부의 면책적 효력에 관한 상법 제353조 제1항에서 말하는 주소가 아니라는 점이다. 즉 전자우편주소는 기존의 주소를 전면적으로 대체할 수 없다.

2) 작성방법 : 전자주주명부란 주주명부를 전자문서로 작성한 것인데, 여기서 「전자문서」란 "정보처리시스템에 의하여 전자적 형태로 작성·송신·수신·저장된 정보"를 말한다(전자문서법 제2조 제1호). 그런데 최근 전자문서의 개념을 확대해석한 판례가 나왔다. 즉 소수주주의 주주총회소집청구권에 관한 사건에서 대법원은 "상법 제363조 제1항에서 정한 전자문서란 정보처리시스템에 의하여 전자적 형태로 작성·변환·송신·수신·저장된 정보를 의미하고, 이는 작성·변환·송신·수신·저장된 때의 형태 또는 그와 같이 재현될 수 있는 형태로 보존되어 있을 것을 전제로 그 내용을 열람할 수 있는 것이어야 하므로, 이와 같은 성질에 반하지 않는 한 전자우편은 물론 휴대전화 문자메시지·모바일 메시지 등까지 포함된다."라고 판시하였다.[114] 그리하여 이러한 확대해석이 현행 법제상 가능한 것인지와 판례도 적시한 전자문서법상의 열람요건을 어떻게 충족할 것인지 등에 관한 논란이 있는데, 자세한 내용은 관련 부분에서 살펴본다(제3장 제2절 제2관 Ⅱ 참조).

(3) 공 시

회사는 주주명부를 본점 또는 명의개서대리인의 영업소에 비치해야 하는데(상법 제396조 제1항), 전자주주명부의 경우에는 다소 문제가 있다. 그리하여 전자주주명부의 비치·공

114) 대법원 2022. 12. 16.자 2022그734 결정.

시에 관한 세부 사항은 시행령에서 별도로 정하고 있다. 즉 ① 회사가 전자주주명부를 작성하는 경우에 회사의 본점 또는 명의개서대리인의 영업소에서 전자주주명부의 내용을 서면으로 인쇄할 수 있으면 상법 제396조 제1항에 따라 주주명부를 갖추어 둔 것으로 본다(상령 제11조 제1항). ② 주주와 회사채권자는 영업시간 내에 언제든지 서면 또는 파일의 형태로 전자주주명부에 기록된 사항의 열람 또는 복사를 청구할 수 있다. 이 경우 회사는 상법 제352조의2 제2항에 따라 기재된 다른 주주의 전자우편주소를 열람·복사의 범위에서 제외하는 조치를 하여야 한다(상령 제11조 제2항).

(4) 효 력

회사가 정관에 의해 주주명부를 전자문서로 작성할 수 있다는 것은 주주명부의 정본을 전자문서로 작성할 수 있다는 뜻이므로, 전자주주명부를 작성한 때에는 당해 전자주주명부가 유일한 주주명부로서의 효력을 갖는다. 따라서 회사가 주주분포를 체계적으로 파악하고 관리하기 위해 서면주주명부도 별도로 작성하고 있었는데, 양자의 기재내용이 다르다면 전자주주명부에 기재된 내용이 적법한 것으로서 자격수여적 효력이 발생한다.[115] 한편 전자우편주소는 기존의 주소를 전면적으로 대체할 수 없지만, 주주가 회사에게 자신이 통지받을 주소로 전자우편주소를 통지하였고, 그에 근거하여 회사가 전자우편주소로 일정한 사항을 통지하였다면 상법 제353조 제1항에 의해 면책된다고 보아야 한다.

2. 실질주주명부

(1) 의 의

상장회사의 주식거래는 대부분 증권회사 등 투자중개업자의 위탁매매 제도를 이용하는데, 거래당사자들은 현물의 주권을 주고받지 아니하며 명의개서도 하지 않는다. 즉 거래당사자들은 주권을 투자중개업자를 통하여 예탁결제원에 보관시킨 후 계좌이체라는 장부상의 거래만 한다.[116] 그리하여 자본시장법도 이를 주식양도의 요건인 주권 교부의 특수한 모습으로 인정하여 규율하고 있다. 즉 투자중개업자는 자신이 보유하고 있는 주권과 투자자로부터 예탁받은 주권을 투자자의 동의를 얻어 예탁결제원에 예탁할 수 있는데(자본시장법 제309조 제2항), 예탁결제원은 이 예탁받은 주권에 대하여 자신의 이름으로 명의개서를 청구할 수 있다(자본시장법 제314조 제2항).[117] 이 경우 예탁결제원은 당해 주식의 실질주주 명단

115) 이철송, 365면.

116) 구체적으로 양도인의 계좌에서 양도된 주식의 수만큼 차감하여 기재하고, 같은 수량을 양수인의 계좌에 가산하여 기재한다. 그리고 예탁결제원은 예탁자의 청구가 있으면 동종·동량의 주권을 반환한다.

117) 주의할 것은 법문이 "자기의 이름으로 명의개서를 청구할 수 있다."라고 규정하고 있지만, 예탁결

을 발행회사에 통지하는데, 이에 근거하여 발행회사가 작성하는 주주명부가 「실질주주명부」이다(자본시장법 제315조 제3항, 제316조 제1항). 그런데 2019년부터 전자증권법이 시행되며 상장회사의 경우에는 전자등록이 강제되므로(전자증권법 제25조 제1항 제1호), 상장주식은 예탁결제 제도의 적용대상이 아니다. 즉 이제는 비상장주식만 이용할 수 있어 과거에 비해 동 제도의 적용범위가 크게 줄어들었다.

(2) 작 성

1) 작성의무 : 예탁결제원으로부터 실질주주의 명단을 통보받은 발행회사는 그에 근거하여 실질주주명부를 작성하여 비치해야 한다. 즉 주권의 발행인은 상법 제354조에 따라 일정한 기간 또는 일정한 날을 정한 경우에는 예탁결제원에 이를 지체없이 통지해야 하는데, 이때 예탁결제원은 그 일정한 기간의 첫날 또는 그 일정한 날(주주명부폐쇄기준일)의 실질주주에 관하여 일정한 사항(① 실질주주의 성명 및 주소, ② 주식의 종류 및 수)을 지체없이 그 주권의 발행인 또는 명의개서대리인에게 통지해야 한다(자본시장법 제315조 제3항). 이 경우 발행인 또는 명의개서대리인은 통지받은 사항과 통지 연월일을 기재하여 실질주주명부를 작성하여 비치해야 한다(자본시장법 제316조 제1항).

2) 주식합산 : 실질주주명부를 작성할 때 발행인 또는 명의개서대리인은 주주명부에 주주로 기재된 자와 실질주주명부에 실질주주로 기재된 자가 동일인이라고 인정되는 때에는 주주로서의 권리행사에 있어서 주주명부의 주식수와 실질주주명부의 주식수를 합산해야 한다(자본시장법 제316조 제3항). 주주에 대한 권리 배정에 있어서는 가능한 단수가 발생하지 않도록 하는 것이 주주의 이익에 부합하기 때문이다.[118] 이 경우 동일인 여부는 ① 개인의 경우에는 성명과 주민등록번호, ② 법인의 경우에는 명칭과 사업자등록번호 또는 납세번호, ③ 외국인의 경우에는 명칭과 투자등록번호 또는 고유번호에 의하여 판단한다. 주의할 것은 동일인의 경우 주주명부의 주식과 실질주주명부의 주식을 합산하므로 주주는 의결권 불통일행사의 제한에 관한 상법 제368조의2 제2항의 적용을 받는다는 점이다. 한편 이러한 기준에 따라 동일인으로 인정되는 때에는 최근에 신고된 주소지의 실질주주에게 해당 주식수를 합산하여 통지해야 하는데, 이 경우 주소가 상이한 때에는 각각의 주소를 부기해야 한다

제원은 실질주주가 주주권 행사에 실기하지 않도록 지체없이 명의개서를 청구해야 한다고 해석해야 한다는 점이다. 참고로 보통약관의 성격을 갖는 예탁결제원의 「증권등 예탁업무규정」은 제47조에서 예탁증권 중 주권에 대하여는 예탁결제원의 명의로 명의개서를 해야 한다고 규정하고 있다.

118) 예를 들어 주주 A가 2개 증권회사의 명의로 ㈜甲의 주식을 각각 100주와 200주를 보유하고 있고, 주주명부상 본인 명의로 300주를 보유하고 있다고 가정하면, ㈜甲이 2.2%의 무상증자를 할 경우에 합산절차가 없으면 각각 2.2주와 4.4주 및 6.6주가 배정되어 단주를 처리한 후에는 실제로 12주만 배정받게 되지만, 합산하게 되면 단주를 처리한 후 13주를 배정받게 되기 때문이다.

(증권등예탁업무규정세칙 제31조 제4항).

(3) 효 력

1) 원 칙 : 실질주주명부에 기재되면 상법상 주주명부에 기재된 것과 동일한 효력이 있다(자본시장법 제316조 제2항). 즉 주주명부의 대항력과 자격수여적 효력 및 면책적 효력이 실질주주명부에도 동일하게 인정되므로 실질주주는 자신의 실질적인 권리의 입증 없이 주주권을 행사할 수 있고, 회사도 실질주주를 주주로 인정하면 면책된다. 이처럼 실질주주명부는 상법상 주주명부의 유일한 예외가 된다. 다만 주식예탁증서(DR)[119]는 해외 예탁기관이 실질주주명부에 주주로 기재되므로 자격수여적 효력과 면책적 효력은 이 해외 예탁기관에 대하여 발생하고, 주식예탁증서의 실질소유자에게는 미치지 않는다.[120]

> **참고판례** **주식예탁증서의 경우 주주총회 소집통지의 대상(대법원 2009. 4. 23. 선고 2005다22701,22718 판결)** : 구 증권거래법(2002. 1. 26. 법률 제6623호로 개정되기 전의 것) 제174조의8 제2항은 "예탁원에 예탁된 주권의 주식에 관한 실질주주명부에의 기재는 주주명부에의 기재와 동일한 효력을 가진다"고 규정하고 있으므로, 회사는 실질주주명부의 면책적 효력에 의하여 증권예탁원 이외에 실질주주에게 주주총회의 소집통지 등을 하면 이로써 면책된다. 한편, 해외예탁기관이 국내 법인의 신규 발행주식 또는 당해 주식발행인이 소유하고 있는 자기주식을 원주로 하여 이를 국내에 보관하고 그 원주를 대신하여 해외에서 발행하는 주식예탁증서(Depositary Receipts, DR)의 경우, 해외예탁기관이 발행회사의 실질주주명부에 실질주주로 기재되므로, 발행회사로서는 실질주주명부에 실질주주로 기재된 해외예탁기관에게 주주총회 소집통지 등을 하면 이로써 면책되고, 나아가 주식예탁증서의 실제 소유자의 인적 사항과 주소를 알아내어 그 실제 소유자에게까지 이를 통지할 의무는 없다.

2) 적용범위 : 주주의 주주명부열람·등사청구를 인정하는 상법 제396조 제2항은 실질주주명부에도 적용되는가? 아직 대법원의 확립된 판결은 없지만, 하급심 판결은 인정하는 경우[121]와 부정하는 경우[122]로 나뉘어져 있다. 생각건대 주주와 회사채권자가 주주명부를

---

119) 주식예탁증서(Depositary Receipts: DR)란 우리 기업이 외국에서 주식을 발행하는 경우에 발생하는 주권 수송의 위험을 예방하면서도 주식의 원활한 유통성을 확보·유지하기 위해 발행하는 예탁증서를 말하는데, 금융위원회의 금융투자업규정에 자세히 규정되어 있다. 참고로 주식예탁증서의 발행과정은 다음과 같다. 즉 먼저 발행회사가 은행 등의 예탁기관과 예탁계약을 체결하고, 예탁기관은 보관기관과의 보관계약에 따라 주식을 보관시킨 후 이를 근거로 동액의 예탁증서를 발행하며, 이를 주식에 갈음하여 유통시킨다. 그리고 주주명부에도 예탁기관을 단일주주로 기재하고, 예탁증서의 소유자에 대한 배당금 등은 예탁기관을 통해서 지급한다.

120) 대법원 2009. 4. 23. 선고 2005다22701·22718 판결.

121) 서울중앙지법 2007. 3. 15.자 2007카합654 결정; 서울남부지법 2007. 5. 22.자 2007카합1346 결정.

122) 서울중앙지법 2004. 3. 13.자 2004카합742 결정; 서울중앙지법 2006. 11. 2.자 2006카합3203 결정.

열람하려는 이유는 주주권 행사자를 알고자 함이고, 자본시장법 제316조 제2항은 실질주주명부에의 기재는 주주명부에의 기재와 같은 효력이 있다고 규정하고 있다. 따라서 상법 제396조의 주주명부에는 실질주주명부도 포함되는 것으로 해석하는 것이 타당하다. 다만 실질주주명부는 상법상 주주명부와 달리 실질주주의 주민등록번호 등 다양한 정보를 담고 있으므로 열람의 범위는 상법 제352조 제1항의 사항(① 주주의 성명과 주소, ② 각 주주가 가진 주식의 종류와 그 수, ③ 각 주주가 가진 주식의 주권을 발행한 때에는 그 주권의 번호, ④ 각 주식의 취득년월일)으로 제한하는 것이 바람직하다.

참고판례 **실질주주의 판단방법(대법원 2019. 5. 16. 선고 2016다240338 판결)** : 주주명부상의 주주가 아닌 제3자가 주식을 인수하고 그 대금을 납입한 경우 그 제3자를 실질상의 주주로 보기 위해서는 단순히 제3자가 주식인수대금을 납입하였다는 사정만으로는 부족하고 제3자와 주주명부상 주주 사이의 내부관계, 주식인수와 주주명부 등재에 관한 경위 및 목적, 주주명부 등재 후 주주로서의 권리행사 내용 등을 종합하여 판단해야 한다.

참고판례 **실질주주명부의 열람·등사청구권 행사와 열람범위(대법원 2017. 11. 9. 선고 2015다235841 판결)** : [1] 주주는 영업시간 내에 언제든지 주주명부의 열람 또는 등사를 청구할 수 있고(상법 제396조 제2항), 자본시장법에서 정한 실질주주 역시 이러한 주주명부의 열람 또는 등사를 청구할 수 있다(자본시장법 제315조 제2항). 이는 주주가 주주권을 효과적으로 행사할 수 있게 함으로써 주주를 보호함과 동시에 회사의 이익을 보호하려는 데에 그 목적이 있다. 그와 함께 소수주주들로 하여금 다른 주주들과의 주주권 공동행사나 의결권 대리행사 권유 등을 할 수 있게 하여 지배주주의 주주권 남용을 방지하는 기능도 담당한다. 그런데 자본시장법에 따라 예탁결제원에 예탁된 상장주식 등에 관하여 작성되는 실질주주명부는 상법상 주주명부와 동일한 효력이 있으므로(자본시장법 제316조 제2항), 위와 같은 열람·등사청구권의 인정 여부와 필요성 판단에서 주주명부와 달리 취급할 이유가 없다. 따라서 실질주주가 실질주주명부의 열람 또는 등사를 청구하는 경우에도 상법 제396조 제2항이 유추적용된다. 열람 또는 등사청구가 허용되는 범위도 위와 같은 유추적용에 따라 '실질주주명부상의 기재사항 전부'가 아니라 그중 실질주주의 성명 및 주소, 실질주주별 주식의 종류 및 수와 같이 '주주명부의 기재사항'에 해당하는 것에 한정된다. 이러한 범위 내에서 행해지는 실질주주명부의 열람 또는 등사가 개인정보의 수집 또는 제3자 제공을 제한하고 있는 개인정보 보호법에 위반된다고 볼 수 없다. [2] 주주 또는 회사채권자가 상법 제396조 제2항에 의하여 주주명부 등의 열람・등사청구를 한 경우 회사는 그 청구에 정당한 목적이 없는 등의 특별한 사정이 없는 한 이를 거절할 수 없고, 이 경우 정당한 목적이 없다는 점에 관한 증명책임은 회사가 부담한다. 이러한 법리는 상법 제396조 제2항을 유추적용하여 실질주주명부의 열람·등사청구권을 인정하는 경우에도 동일하게 적용된다.

사례해결

(1) 상법상 기명주식을 소유한 주주는 누구든지 주권불소지제도를 원용할 수 있다. 사안의 경우 주주 A는 주권불소지신고를 하였고, 이에 근거하여 ㈜甲이 주권을 발행한 후 그 주권을 명의개서대리인 B에게

맡겼는데, B의 사용인 C가 이를 빼돌려 그 정을 모르는 D에게 양도하였다. 따라서 사안의 경우에 유효한 주권이 불법적으로 유통되고, 그 과정에서 그 정을 모르는 D가 선의취득을 한 것이다. 즉 D는 선의취득에 의해 당해 주권을 원시취득한 것이므로 주권을 ㈜甲에 제시하며 명의개서를 요구할 수 있고, 이 경우 ㈜甲은 당해 주권이 분실·도난 등의 이유로 공시최고절차가 진행 중이라고 하더라도 D의 명의개서 청구를 거부할 수 없다. 따라서 ㈜甲이 당해 주권에 관한 공시최고절차가 진행중임을 이유로 하여 D의 명의개서 청구를 거부한 것은 부당하다. 한편 ㈜甲은 D의 명의개서를 거부한 상태에서 주주총회를 소집한 후 E를 새로운 이사로 선임하였는데, 이는 결론적으로 ㈜甲이 D의 정당한 주주권 행사를 침해한 것이다. 따라서 이 경우 주주 D는 당해 주주총회의 소집절차 및 결의방법의 하자를 이유로 주주총회결의취소의 소 또는 주주총회결의부존재확인의 소를 제기할 수 있다.

(2) 상법상 회사는 주주명부를 작성한 후 본점과 지점 그리고 명의개서대리인의 영업소에 비치하여 공시하여야 한다. 다만 회사가 전자주주명부를 작성한 때에는 그러한 영업소 등에 전산정보처리조직과 그에 내장된 정보를 출력할 수 있는 장치를 갖추어 두면 주주명부를 비치·공시한 것으로 본다. 한편 상법상 명의개서대리인은 일종의 회사의 이행보조자이다. 따라서 사안의 경우 ㈜甲의 명의개서대리인 B는 영업소에 주주명부를 비치하지 않았고, 또한 전자주주명부를 출력할 수 있는 시스템도 갖추어 놓지 않았으므로 이는 분명 위법하다. 따라서 그로 인해 전자주주명부를 열람할 수 없었던 주주 F는 ㈜甲에 대하여 그로 인한 손해배상을 청구할 수 있고, 명의개서대리인의 해임을 요구할 수 있다.

제3관 주주의 변동과 제한

예시사례 2009년 4월에 설립된 자동차 시트 생산업체인 비상장법인 ㈜甲은 주주가 100인에 불과하고 자본금이 100억원(액면가 5,000원, 발행주식수 200만주)인 중소기업이다. 그리고 ㈜甲에는 발행주식총수의 40%를 가지고 있으며 사실상 ㈜甲의 모든 중요한 의사결정을 직접 내리는 대주주 A가 있으며, 그 외에 일반 소액주주들이 다수 있다. 이 사안과 관련하여 다음 설문에 답하시오!

(1) ㈜甲의 주식 1,000주를 가지고 있는 주주 B는 2010년도 정기주주총회의 결의에 따라 주당 300원씩 이익배당을 받게 되었는데, 배당금을 받기 직전에 당해 주식을 모두 B-에게 양도하였다. 그 후 B-가 명의개서를 청구하기 전에 ㈜甲은 주주명부상 주주인 B에게 30만원을 이익배당금으로 지급하였고, 이에 B-가 B에게 부당이득의 반환을 청구하였다. 이 경우 B-의 주장은 정당한가?

(2) 대학생 C는 아르바이트 후 귀가하다가 우연히 길에서 가방을 주었는데, 그 안에는 C-의 주민등록증과 ㈜甲의 100주권 10매가 들어 있었다. 이에 다음 날 C는 ㈜甲의 영업소를 찾아가 주권을 제시하며 명의개서를 요구하였다. 이 경우에 ㈜甲은 명의개서를 해 주어야 하는가?

(3) ㈜甲의 정관에는 임원을 제외한 모든 주주는 주식을 양도할 때 사전에 이사회의 승인을 받도록 규정하고 있다. 그런데 어느 날 주주 D로부터 주식을 양수한 D-가 명의개서를 청구해 왔다. 이 경우 ㈜甲

은 사전에 이사회의 승인이 없었음을 이유로 D-의 명의개서를 거부할 수 있을까?

(4) 2011년에 ㈜甲은 정관을 변경하여 주식양도의 제한에 관한 규정을 삭제하였다. 그 후 ㈜甲의 이사회는 생산설비를 증축하기 위해 신주 10만주를 발행하기로 의결하면서 기존 주주들에게 각각의 지주비율에 따른 신주인수권을 보장하였다. 이에 따라 주주 중 E는 신주 100주의 인수권을 확보하였는데, 그 직후 고향 친구인 E-가 자신도 ㈜甲의 주주가 되고 싶으니 이번에 새로이 배정받은 신주 100주를 자신에게 양도해 달라고 요청하였고, 이에 E는 배정받은 신주 100주를 모두 E-에게 양도하였다. 이 경우 ㈜甲은 E-를 주주로 인정할 수 있는가?

(5) 신주를 인수한 모든 주주가 주식대금을 납입하였지만, ㈜甲은 주권을 발행하지 않았다. 이 과정에서 주주 F는 자신의 주식을 F-에게 양도하였는데, 신주발행 후 6개월이 지나도록 ㈜甲은 여전히 주권을 발행하지 않고 있다. 이 경우 F-는 ㈜甲에 대하여 주주의 권리를 행사할 수 있을까?

Ⅰ. 서 설

주주의 지위는 그가 회사에 대하여 행사할 수 있는 개별적 권리의 원천이 되는데, 이를 「주주권」이라고 한다. 주주의 지위는 주식을 취득함으로써 얻고 주식을 상실함으로써 소멸하는데, 이는 절대적인 원칙이므로 당사자의 약정이나 정관의 규정으로도 이와 다른 방법으로 주주권을 취득·상실하게 할 수 없다.[123] 여기서 「주식의 취득」은 원시취득과 승계취득으로 나눌 수 있는데, 전자의 예로는 회사설립과 신주발행에서의 주식인수와 선의취득 등을 들 수 있고, 후자는 예로는 상속·합병·포괄유증을 원인으로 한 포괄승계와 주식양도를 원인으로 한 특정승계를 들 수 있다. 그리고 「주식의 상실」은 절대적 상실과 상대적 상실로 나눌 수 있는데, 전자의 예로는 주식 그 자체의 소멸을 가져오는 회사의 해산, 주식의 소각(자본금 감소, 상환주식의 상환, 자기주식의 소각 등) 등을 들 수 있고, 후자의 예로는 주식양도를 원인으로 한 승계취득을 들 수 있다. 한편 주식을 표창하는 주권은 요인증권이므로 주주가 포기하거나 회사에 반환해도 주식이 소멸하거나 주주권이 상실되지 아니하고,[124] 더 나아가 주주가 주주권을 포기하는 의사표시를 하였어도 주주권은 상실되지 않는다.[125] 이처럼 주주의 지위와 주주권은 다양한 요인에 의해 수시로 변동되는데, 실무상 가장 빈번히 행해지는 것은 주식의 인수와 양도이다. 이 중 전자는 회사설립에서 살펴보았으므로, 이하에서는 주식양도를 중심으로 살펴본다.

---

123) 대법원 1967. 6. 13. 선고 67다302 판결; 대법원 1963. 11. 7. 선고 62다117 판결.
124) 대법원 1991. 4. 30.자 90마672 결정; 대법원 1999. 7. 23. 선고 99다14808 판결.
125) 대법원 2002. 12. 24. 선고 2002다54691 판결.

Ⅱ. 주주권의 변동

1. 주식양도

(1) 의 의

주식의 양도란 법률행위에 의하여 주식을 이전함을 뜻하는데, 이로 인해 양수인은 주주권을 승계취득한다. 즉 주식양도에 따라 주주의 지위가 이전하고, 주주의 권리는 공익권이든 자익권이든 포괄적으로 양수인에게 귀속한다. 다만 주주의 지위에 따른 권리라고 하더라도 이미 주주권으로부터 분리되어 구체화된 권리(예: 주주총회의 배당결의에 따라 발생한 특정 결산기에서의 배당금지급청구권 등과 같은 채권적 권리)는 주식양도에 따라 이전하지 아니한다. 이처럼 주식양도의 경우에는 주주권이 종국적으로 양수인에게 이전하고 다시 이행해야 하는 문제가 생기지 아니하므로 그 법적 성질은 준물권행위이다. 물론 주식양도의 경우에도 통상적으로는 매매·증여·교환 등과 같은 채권행위가 원인이 되고 그 이행으로써 행해지지만 이러한 원인행위와는 구분해야 한다.

참고판례 **주식매도의 법적 성격(대법원 2002. 12. 26. 선고 2001두6227 판결)** : [1] 주식의 매도가 자산거래인 주식의 양도에 해당하는가 또는 자본거래인 주식의 소각 내지 자본의 환급에 해당하는가는 법률행위 해석의 문제로서 그 거래의 내용과 당사자의 의사를 기초로 하여 판단하여야 할 것이지만, 실질과세의 원칙상 단순히 당해 계약서의 내용이나 형식에만 의존할 것이 아니라, 당사자의 의사와 계약체결의 경위, 대금의 결정방법, 거래의 경과 등 거래의 전체과정을 실질적으로 파악하여 판단하여야 한다. [2] 주식 매매가 거래의 과정을 전체적으로 살펴볼 때 단순한 주식의 양도가 아닌 주식소각방법에 의한 자본감소절차의 일환으로 이루어진 것으로서 주주에 대한 자본의 환급에 해당하므로 그로 인하여 주주가 얻은 이득은 의제배당소득에 해당한다.

(2) 양도 요건

1) 양도방법 : 주식의 양도는 대부분 선행하는 매매·증여·교환 등 채권거래의 이행으로 행해지는 준물권행위이다. 따라서 당사자의 양도합의가 있어야 하고, 주권의 교부가 필요하다(상법 제336조 제1항). 이는 강행규정으로서 정관으로도 달리 정하지 못한다. 주의할 것은 기명증권의 양도는 대체로 배서·교부에 의해 이루어지지만(민법 제508조, 제523조), 주식은 기명증권임에도 교부만으로 양도할 수 있다는 점이다. 한편 전자등록된 주식을 양도하는 때에는 주권의 교부에 갈음하여 양도인과 양수인이 계좌간 대체의 전자등록을 하여야 한다(상법 제356조의2 제2항; 전자증권법 제35조 제2항).

2) 교부방법 : 전자증권법에 의해 전자등록된 주식이 아닌 한 주식의 양도에는 주권의

교부가 필요한데, 이는 양도인이 양수인에게 주권을 인도하는 것이므로 현실의 인도가 가장 일반적이다(민법 제188조 제1항). 그렇지만 동산의 인도처럼 간이인도(민법 제188조 제2항), 점유개정(민법 제189조), 목적물반환청구권의 양도에 의한 인도(민법 제190조)도 가능하다. 이 중 목적물반환청구권의 양도에 의한 인도의 대표적인 사례가 바로 예탁결제원을 중심으로 이루어지는 대체결제제도이다(자본시장법 제311조 제2항).

3) 양도제한 : 주식회사의 경우에는 사원의 개성이 중요하지 않으므로 사원(주주)을 통제할 필요성도 인적회사에서처럼 강하지 않다. 특히 대중자본을 대량으로 흡수해야 하는 주식회사에서는 자본집중의 원활화와 투자자를 보호하는 방안이 필요한데, 이를 위해서는 지분양도가 자유로워야 한다. 그리하여 상법은 주식양도의 자유성을 원칙으로 하되(상법 제335조 제1항 본문), 예외적으로 법령과 정관에 의한 양도제한도 인정하고 있다. 따라서 법령 또는 정관에 주식양도를 제한하는 근거 규정이 없는 경우에는 회사가 주주총회결의나 이사회결의 기타의 다른 방법으로 주식양도를 제한할 수 없다.

(3) 적용 범위

1) 원 칙 : 상법 제336조 제1항은 주식의 양도에만 적용된다. 따라서 상속·합병 등 포괄적 승계의 경우에는 주권의 교부가 없어도 주식은 취득자에게 이전하지만, 취득자가 이를 회사에 대항하기 위해서는 명의개서를 해야 한다(상법 제337조 제1항). 또한 주식양도계약이 해제된 경우에는 양수인이 양도인에게 주권을 반환하지 않았더라도 양수인은 주주의 지위를 상실하고,[126] 주식명의신탁계약이 해지된 경우에는 양도의 합의나 주권의 교부가 없더라도 곧바로 신탁자가 주주권을 회복하지만[127] 이렇게 회복한 주주권을 회사에 대항하기 위해서는 역시 명의개서를 해야 한다.[128] 한편 주권불소지제도에 따라 주권을 소지하지 아니한 자가 주식을 양도하는 때에도 상법 제336조 제1항이 적용되므로, 주권불소지신고를 한 주주는 회사에 대하여 주권의 발행 또는 반환을 청구하여 주권을 다시 받은 후에 이를 양수인에게 교부함으로써 주식을 양도할 수 있다.

2) 예 외 : 예탁결제원이 투자중개업자 등의 고객으로부터 예탁받아 보관 중인 주식은 예탁결제원이 주권불소지신고를 할 수 있고, 그 상태에서 계좌대체의 방식으로 양도할 수도 있는데(자본시장법 제311조 제2항, 제314조 제3항), 이는 현행 법제상 주권 없이 주식을 양

126) 대법원 1994. 6. 28. 선고 93다44906 판결; 대법원 1995. 3. 24. 선고94다47728 판결.

127) 대법원 1992. 10. 27. 선고 92다16386 판결; 대법원 2013. 2. 14. 선고 2011다109708 판결.

128) 주의할 것은 명의개서는 주주의 소송법상 지위를 승계하기 위해서도 필요하다는 점이다. 예를 들어 신주발행무효의 소를 제기한 주주로부터 주식을 양수한 자가 민사소송법 제81조에 따라 승계참가를 하기 위해서는 먼저 명의개서부터 해야 한다(대법원 2003. 2. 26. 선고 2000다42786 판결).

도하는 중대한 예외이다. 한편 회사가 전자등록제도를 정관으로 채택한 경우에는 주식의 양도도 전자등록부에 등록하는 방법으로 해야 한다(상법 제356조의2 제2항). 또한 회사가 주권을 발행하지 않았으나 예외적으로 주식양도가 허용되는 경우(주권발행전주식의 양도: 상법 제335조 제3항)에는 주권이 없어 상법 제336조 제1항이 적용되지 아니하므로 당사자의 의사표시만으로 주식을 양도할 수 있다.

(4) 전제 조건

1) 권리추정력 : 주권의 교부에 의한 주식양도가 성립하려면 그 논리적 전제로서 주권의 점유를 권리의 외관으로 인정해야 한다. 그리하여 상법 제336조 제2항은 주권의 점유자를 적법한 소지인으로 추정하고 있는데, 그 결과 주권의 점유자는 자기가 실제의 권리자임을 증명할 필요 없이 회사에 대하여 주주권을 행사할 수 있다. 그렇지만 명의개서를 하지 아니한 양수인은 회사에 대항할 수 없으므로(상법 제337조 제1항), 주권의 단순한 점유만으로는 회사에 대한 주주권 행사가 불가능하다. 따라서 주권의 점유만으로 회사에 대하여 적법한 소지인으로서 권리를 행사한다는 것은 회사에 대하여 명의개서를 청구할 수 있는 자격이 있다는 의미로 해석해야 한다.

2) 추정의 범위 : 주권점유에 따른 권리추정력이란 주권을 점유하는 자를 적법한 소지인으로 추정한다는 형식적 자격을 부여하는 것이지, 실질적 권리까지 창설하는 것은 아니다. 따라서 회사가 주권점유자를 적법한 권리자로 보고 그의 권리행사에 응하면 그가 적법한 권리자가 아니더라도 책임을 면하게 되고(면책적 효력), 주권의 선의취득도 가능하다. 한편 회사가 정관으로 주식을 전자등록한 경우에는 전자등록계좌부에 주식을 취득한 것으로 등록된 자가 그 등록된 주식에 대한 권리를 적법하게 보유한 것으로 추정되는데(전자증권법 제35조 제1항), 이는 주권점유에 관한 권리추정력과 같은 것이다.

2. 명의개서

(1) 의 의

회사가 주식을 발행한 때에는 주주명부에 ① 주주의 성명과 주소, ② 각 주주가 가진 주식의 종류와 그 수, ③ 주권을 발행한 때에는 주권의 번호, ④ 각 주식의 취득연월일을 기재해야 한다(상법 제352조 제1항). 따라서 주식의 양도로 인해 주주가 변경된 때에는 취득자인 양수인을 주주명부에 주주로 기재해야 하는데, 이를 「명의개서」라고 한다. 주의할 것은 명의개서는 주주와 회사의 권리관계를 안정적으로 유지·관리하기 위해 둔 제도이므로, 주소의 변경이나 주권불발행의 기재 등은 명의개서가 아니라는 점이다.

(2) 절 차

1) 주권발행의 경우

㈎ 청구권자 : 주권의 교부에 의하여 주식을 양도받은 양수인은 단독으로 회사에 대하여 명의개서를 청구할 수 있다.[129] 따라서 양도인이 회사에 대하여 양수인의 이름으로 명의개서를 해 주도록 청구하는 것은 유효한 명의개서 청구가 아닌데,[130] 이는 회사가 주권을 발행하지 않아 주권 없이 주식을 양도한 때에도 같다.[131] 한편 양수인의 명의개서 청구는 회사를 상대로 하는 것이므로 양도인은 상대방이 될 수 없다.

㈏ 청구방법 : 양수인이 회사에 대하여 명의개서를 청구할 때에는 주권을 제시해야 한다. 따라서 회사에 대하여 양수사실을 통지하고 명의개서를 청구하는 것은 적법한 청구가 아니고,[132] 주권발행전주식의 양도에서는 주권의 제시가 불가능하므로 양수인은 다른 방법으로 취득사실을 증명해야 한다. 그러나 상속·합병 등의 포괄적 승계로 권리를 승계한 자는 예외적으로 주권의 제시 없이 포괄승계의 사실을 증명하여 명의개서를 청구할 수 있고, 주권을 상실한 자는 제권판결문으로 주권의 제시에 갈음할 수 있다.

㈐ 회사의 심사 : 주권을 점유하고 있는 자는 적법한 소지인으로 추정되므로(상법 제336조 제2항), 회사는 양수인으로부터 주권의 제시를 받아 그 주권 자체의 진정성 여부만 조사한 후 명의개서를 해 주면 된다. 즉 주권의 점유자인 양수인이 비록 무권리자이더라도 회사는 악의 또는 중대한 과실이 없는 한 책임을 면하는 것이다.[133] 이런 점에서 정관의 규정으로 명의개서를 청구하는 때에 양도인의 인감증명서를 첨부하게 하거나 기타 서류의 제출을 요구하는 것은 전혀 법적 구속력이 없다.[134]

참고판례 **주주확인과 명의개서의 적법성 여부(대법원 2019. 8. 14. 선고 2017다231980 판결)** : 주권의 점유자는 적법한 소지인으로 추정되므로(상법 제336조 제2항), 주권을 점유하는 자는 반증이 없는 한 그 권리자로 인정되고 이를 다투는 자는 반대사실을 입증하여야 한다. 주권이 발행되어 있는 주식을 양수한 자는 주권을 제시하여 양수사실을 증명함으로써 회사에 대해 단독으로 명의개서를 청구할 수 있다. 이때 회사는

129) 대법원 2019. 8. 14. 선고 2017다231980 판결.
130) 대법원 2010. 10. 14. 선고 2009다89665 판결.
131) 대법원 2019. 4. 25. 선고 2017다21176 판결.
132) 대법원 1995. 7. 28. 선고 94다25735 판결.
133) 대법원 1974. 5. 28. 선고 73다1320 판결.
134) 대법원 1995. 3. 24. 선고 94다47728 판결.

> 청구자가 진정한 주권을 점유하고 있는가에 대한 형식적 자격만을 심사하면 족하고, 청구자가 진정한 주주인가에 대한 실질적 자격까지 심사할 의무는 없다. 따라서 주권이 발행되어 있는 주식을 취득한 자가 주권을 제시하는 등 그 취득사실을 증명하는 방법으로 명의개서를 신청하고, 그 신청에 주주명부를 작성할 권한 있는 자가 형식적 심사의무를 다하였으며, 그에 따라 명의개서가 이루어졌다면 특별한 사정이 없는 한 적법한 것으로 보아야 한다.

2) 전자등록의 경우 : 주식이 전자등록된 경우에는 회사가 주주총회의 개최 등 주주 전원을 일시에 인식하기 위한 목적에서 전자등록기관에 소유자명세를 요구한 후 이를 근거로 주주명부를 작성한다(전자증권법 제37조 제6항). 이 경우 직전의 주주명부와 상이한 부분은 명의개서가 이루어진 것과 같은 효과가 생긴다. 그렇다면 전자등록된 주식을 양수한 자는 명의개서를 청구할 수 있을까? 양수인은 전자등록기관에 요청하여 받은 소유자증명서를 통해 자신이 주주임을 주장할 수는 있지만, 주주명부에서 말소해야 할 양도인을 특정하기 어렵기 때문에 현실적으로는 명의개서 청구가 불가능하다.

(3) 효 과

1) 대항력 : 기명주식의 이전은 명의개서를 하지 아니하면 회사에 대항하지 못한다(상법 제337조 제1항). 즉 주식이 양도되었어도 양수인이 명의개서를 하지 아니하면 회사에 대한 관계에서는 여전히 양도인이 주주이다. 따라서 명의개서를 아니한 양수인은 주주권을 행사할 수 없고, 단지 주식양도계약의 내용에 따라 양도인에 대하여 권리행사의 결과(예: 배당금, 신주 등)를 이전해 주도록 청구할 수 있는 채권자의 지위만 갖는다.[135)]

2) 추정력 : 양수인은 명의개서를 한 후 회사에 대하여 주주권을 행사할 수 있다(상법 제337조 제1항). 그렇지만 명의개서를 하였어도 무권리자가 주주로 되는 설권적 효력이 생기는 것은 아니다. 주권점유자는 적법한 소지인으로 추정되므로(상법 제336조 제2항), 양수인이 명의개서를 하여 주주명부에 주주로 기재되면 역시 적법한 주주로 추정받는 효력만 있을 뿐이다. 따라서 명의개서를 한 후라도 양수인이 무권리자임이 밝혀진다면 그간에 이루어진 주주권 행사는 모두 소급해서 그 효력을 잃는다. 그리고 주권을 제시하는 등 합리적으로 주주임을 증명하지 못한 자에게 회사가 명의개서를 해 주었더라도 명의개서로서의 효력은 없으며 종전의 명의주주가 여전히 주주의 지위를 유지한다.[136)]

---

135) 대법원 1991. 5. 28. 선고 90다6774 판결.
136) 대법원 2019. 8. 14. 선고 2017다231980 판결.

(4) 미필주주의 지위

1) 발생원인 : 주식을 양수하였거나 기타의 원인으로 주식을 취득하였음에도 취득자가 명의개서를 하지 아니한 경우에는 그 법적 지위가 문제된다. 명의개서를 하지 아니하면 취득자가 회사에 대하여 권리를 주장할 수 없지만(상법 제337조 제1항), 제3자와의 관계에서는 동 조항의 반대 해석상 취득자가 주주권을 주장할 수 있기 때문이다.

2) 쟁점사항 : 명의개서를 하지 아니한 취득자의 법적 지위와 관련하여 논의되는 주요 쟁점은 다음과 같다. 즉 ① 회사가 명의개서를 하지 아니한 실질주주에게 주주권 행사를 인정할 수 있는가? ② 회사가 부당하게 명의개서를 거절한 경우 취득자는 어떤 지위에 놓이는가? ③ 양수인이 명의개서를 하지 아니한 동안에 주주명부상 주주(양도인)가 주주권을 행사하여 이익배당을 받거나 신주를 인수하는 등 이익을 받았을 경우에 그 이익은 누구에게 귀속되는가? 이 중 특히 문제되는 것은 ①과 ②인데, ③의 경우에는 양도인과 양수인의 개인법적 문제이지 회사법적 문제가 아니기 때문이다.

㈎ 회사의 선택적 인정 여부 : 회사가 명의개서를 하지 아니한 실질주주에게 주주권 행사를 인정할 수 있는가에 대해서는 명의개서를 하지 아니하면 회사에 대항하지 못한다는 상법 제337조 제1항의 해석과 관련하여 그동안 견해의 대립이 있었다. 즉 취득자가 주주임을 주장하지 못할 뿐 회사가 그를 주주로 인정하는 것은 가능하다는 편면적 구속설(다수설)[137]과 취득자가 주주임을 주장할 수 없음은 물론이고 회사도 주주로 인정할 수 없다는 쌍방적 구속설(소수설)[138]이 있었다. 그리고 판례는 대부분 편면적 구속설을 취하였으나[139] 실질주주의 권리를 부정하면서 주주명부상 주주에게 권리를 귀속시킨 경우도 있어[140] 어느 입장을 취하는지 명확히 판단하기 어려웠다. 그러던 중 2017년에 대법원은 전원합의체 판결을 통하여 "회사가 주주명부상 주주와 실제 주식의 소유자 중 주주권 행사자를 선택할 수 있게 하면 불합리하고, 법률관계 전체를 불안정하게 할 수 있으므로, 주주명부상의 주주만이 회사에 대한 관계에서 주주권을 행사할 수 있다는 법리는 주주에 대하여만 아니라 회사에 대하여도 마찬가지로 적용되므로…"라고 판시하며 쌍방적 구속설의 입장을 취함과 동시에 기존의 판례를 모두 변경하였다.[141]

---

137) 권기범, 601면; 김동훈, 193면; 손주찬, 673면; 송옥렬, 841면; 이종훈, 68면; 임홍근, 300면; 정경영, 390면; 정동윤, 512면; 정찬형, 815면; 채이식, 659면.
138) 서헌제, 651면; 이철송, 379면; 최기원, 398면.
139) 대법원 1989. 10. 24. 선고 89다카14714 판결.
140) 대법원 1988. 6. 14. 선고 87다카2599·2600 판결.
141) 대법원 2017. 3. 23. 선고 2015다248342 전원합의체 판결.

(나) 회사의 명의개서 부당 거부 : 양수인의 명의개서 청구를 회사가 정당한 사유 없이 거부한 경우 양수인은 법원에 명의개서에 갈음하는 판결을 구할 수 있고(민법 제389조 제2항; 민사집행법 제263조 제1항), 회사에 대하여 손해배상을 청구할 수 있으며, 이사 등 명의개서 거부에 가담한 자에게는 일정한 벌칙이 적용된다(상법 제635조 제1항 제7호). 그렇다면 부당하게 명의개서를 거부당한 양수인이 명의개서 없이 주주권을 행사할 수 있을까? 이에 관한 명문 규정은 없지만, 신의칙상 긍정해야 할 것이다.[142] 이와 관련하여 주주확정에 관한 최근의 대법원 전원합의체 판결도 원칙적으로는 주주명부상의 주주만이 회사에 대하여 주주권을 행사할 수 있으며 회사도 실질주주의 주주권 행사를 인정할 수 없지만, 예외적으로 주주의 명의개서가 부당하게 거부되는 등 특별한 사정이 있는 경우에는 회사가 실질주주의 주주권 행사를 인정할 수 있다고 판시하였다.[143]

(5) 명의개서대리인

1) 의 의 : 명의개서는 회사가 해야 하지만, 회사는 정관이 정하는 바에 따라 명의개서대리인을 둘 수 있다(상법 제337조 제2항 전단). 명의개서대리인은 회사를 위해 명의개서사무를 대행하는 자로서 이사회결의로 선임되는데, 주식만이 아니라 명의개서가 필요한 기명사채에도 적용된다. 한편 명의개서대리인은 한국예탁결제원과 자본시장법에 따라 금융위원회에 등록한 주식회사만이 될 수 있는데(상령 제8조; 자본시장법 제365조 제1항, 제2항), 현재 국민은행과 하나은행이 명의개서업무를 수행하고 있다.

2) 선 임 : 명의개서대리인은 이사회결의로 선임하는데, 이 경우 회사와 명의개서대리인의 법률관계는 위임이다. 주의할 것은 상법상 명의개서대리인의 선임은 강제되지 않지만, 한국거래소의 유가증권상장규정은 명의개서대행계약서의 제출을 상장요건으로 규정하고 있으므로 상장회사의 경우에는 명의개서대리인의 선임이 사실상 강제되고 있다는 점이다(동 규정 제15조 제1항 제12호). 한편 회사가 명의개서대리인을 둘 경우에는 그 상호와 본점소재지를 등기해야 하고, 주식청약서와 사채청약서에도 기재해야 한다(상법 제317조 제2항 제11호, 제302조 제2항 제10호, 제420조 제2호, 제474조 제2항 제15호). 누가 명의개서대리인인지를 주주와 사채권자 및 그 양수인이 알아야 하기 때문이다.

3) 지 위 : 명의개서대리인은 회사를 대신하여 명의개서업무를 처리하므로 회사의 이행보조자적 지위에 있다. 따라서 명의개서업무를 수행하는 과정에서 명의개서대리인의 부

---

142) 김정호, 278면; 안택식, 268면; 이범찬/임충희/이영종/김지환, 208면; 이철송, 376면; 정동윤, 512면.
143) 대법원 2017. 3. 23. 선고 2015다248342 전원합의체 판결.

주의가 있었다면 회사가 이해관계인에게 손해배상책임을 져야 한다(민법 제391조).

4) 업 무 : 명의개서대리인의 주된 업무는 명의개서의 대행이지만, 증권의 배당과 이자·상환금의 지급을 대행하는 업무와 증권발행을 대행하는 업무도 영위할 수 있다(자본시장법 제366조). 다만 명의개서대리인이 이러한 업무를 수행하기 위해서는 회사로부터 별도의 수권이 있어야 한다. 한편 회사가 명의개서대리인을 둔 경우에는 주주명부나 사채원부를 본점에 비치하는 대신에 그러한 명부나 원부 및 그 복본을 명의개서대리인의 영업소에 비치할 수 있다(상법 제396조 제1항 후단). 이 경우 명의개서대리인이 취득자의 성명과 주소를 주주명부의 복본에 기재하면 회사의 주주명부에 명의개서가 있는 것으로 보기 때문에(상법 제337조 제2항 후단), 취득자는 주주권을 행사할 수 있다.

3. 선의취득

(1) 의 의

주식양도에서 양도인이 무권리자라고 하더라도 일정한 요건을 충족하면 양수인이 주권과 주주의 지위를 취득하는데, 이를 「선의취득」이라고 한다(상법 제359조→수표법 제21조). 주권의 선의취득은 주식의 유통성 강화를 위해 필요한 것이지만, 주권의 점유에 따른 권리추정력(상법 제336조 제2항)의 논리적 귀결이기도 하다. 그리고 주권의 선의취득은 취득자가 권리자로부터 승계하는 것이 아니므로 원시취득의 일종이다. 한편 전자등록된 주식의 경우에는 전자등록에 대하여 주권의 점유와 같이 권리추정력이 인정되고, 그 결과 전자등록계좌부의 기록을 중대한 과실 없이 신뢰하고 전자등록된 주식의 권리를 취득하여 등록한 자는 양도인 또는 질권설정자가 무권리자라고 하더라도 그 권리를 적법하게 취득한다(상법 제356조의2 제3항; 전자증권법 제35조 제5항).

(2) 요 건

1) 주권의 유효성 : 주권의 선의취득은 유효한 주권을 그 전제로 한다. 따라서 위조된 주권, 실효된 주권, 발행되지 아니한 예비주권, 주권불소지신고와 함께 회사에 제출되어 무효처리된 주권(상법 제358조의2 제3항)은 선의취득의 대상이 될 수 없다. 또한 주식의 특성이나 취득자의 신분에 의해 법률상 취득이 금지된 주식도 선의취득의 대상이 될 수 없다. 다만 그러한 법률상 제한이 단속규정에 불과할 때에는 위반에 따른 벌칙은 적용되나 사법적 효력은 유지되므로 예외적으로 선의취득이 인정된다.

2) 양도인의 무권리성 : 주권의 선의취득이 성립하려면 양도인이 무권리자여야 한다. 이

경우 양도인이 주권을 잃게 된 사유 등은 선의취득에 영향을 주지 않는다. 그리고 민법상 동산의 선의취득에서는 도품·유실물 특칙이 적용되지만, 주권의 경우에는 도품·유실물을 습득한 자로부터 양수한 때에도 선의취득이 가능한 점에서 다르다.

3) 양도행위의 유효성 : 거래의 안전을 보호하려는 제도인 선의취득은 주식의 양도에만 적용되고, 상속이나 합병에 의해 주식을 취득하는 때에는 선의취득이 인정되지 않는다. 그리고 선의취득이 성립하려면 양도인과 양수인의 거래행위 그 자체는 유효해야 한다. 또한 선의취득에서도 양도는 적법하게 이루어져야 하므로 양수인에게 주권이 교부되어야 하는데, 주권의 교부는 현실인도만이 아니라 간이인도와 목적물반환청구권의 양도에 의해서도 이루어질 수 있다. 다만 목적물반환청구권의 양도에 의한 주권의 선의취득이 인정되려면 양도인이 제3자에 대한 반환청구권을 양수인에게 양도하고 지명채권 양도의 대항요건(통지 또는 승낙: 민법 제450조)을 갖추어야 한다.[144] 한편 점유개정의 경우에는 외관상 종전의 권리 상태에 아무런 변화가 없으므로 통설과 판례는 동산의 선의취득을 부인한다.[145] 이런 점과 주식거래에서는 외관주의가 더욱 강하게 요청되는 점을 고려할 때 점유개정에 의한 주권의 선의취득도 부정하는 것이 타당하다.

4) 양수인의 선의성 : 양수인은 선의이며 중대한 과실이 없어야 한다(상법 제359조 → 수표법 제21조 단서). 즉 양수인은 양도인이 무권리자라는 사실을 알지 못해야 할 뿐만 아니라, 알지 못한 데에 중대한 과실이 없어야 한다. 이 경우 중과실의 유무는 당사자의 직업, 목적물의 성격, 거래의 규모, 거래방법 등에 따라 달라질 수 있다.

참고판례 **주권의 선의취득에서 양수인의 중과실 요건(대법원 2018. 7. 12. 선고 2015다251812 판결)** : 주권의 선의취득은 주권의 소지라는 권리외관을 신뢰하여 거래한 사람을 보호하는 제도이다. 주권 취득이 악의 또는 중대한 과실로 인한 때에는 선의취득이 인정되지 않는다(상법 제359조, 수표법 제21조). 여기서 악의 또는 중대한 과실이 있는지는 그 취득 시기를 기준으로 결정하여야 하며, '악의'란 교부계약에 하자가 있다는 것을 알고 있었던 경우, 즉 종전 소지인이 무권리자 또는 무능력자라거나 대리권이 흠결되었다는 등의 사정을 알고 취득한 것을 말하고, 중대한 과실이란 거래에서 필요로 하는 주의의무를 현저히 결여한 것을 말한다. 그리고 주권 등을 취득하면서 통상적인 거래기준으로 판단하여 볼 때 양도인이 무권리자임을 의심할 만한 사정이 있음에도 불구하고 이에 대하여 상당하다고 인정될 만한 조사를 하지 아니한 채 만연히 주권 등을 양수한 경우에는 양수인에게 상법 제359조, 수표법 제21조 단서에서 말하는 '중대한 과실'이 있다고 보아야 한다.

144) 대법원 2000. 9. 8. 선고 99다58471 판결; 대법원 1999. 1. 26. 선고 97다48906 판결.
145) 대법원 1964. 5. 5. 선고 63다775 판결.

(3) 효 과

선의취득의 요건을 갖춘 양수인은 적법하게 주권을 취득하고 주주권도 취득한다. 그리고 원래의 권리자는 주주권을 상실하고, 이에 따른 질권 등의 담보권도 소멸한다. 한편 위의 요건을 모두 충족한 때에는 선의취득자가 적법한 소지인으로 추정되므로(상법 제336조 제2항), 선의취득을 부인하는 자가 양수인의 악의·중과실을 입증해야 한다.

Ⅲ. 자율적 양도제한

1. 정관에 의한 양도제한

(1) 의 의

1) 입법취지 : 주식은 원칙적으로 자유롭게 양도할 수 있다(상법 제335조 제1항 본문). 그런데 비상장회사의 경우 대부분 주주가 소수이고, 그들은 인적회사 못지않은 끈끈한 유대관계를 형성하고 있다. 따라서 비상장회사에 대하여 주식의 절대적인 양도 자유성을 보장하는 것은 오히려 비현실적이므로, 상법은 정관에 규정을 두어 주식을 양도할 때 이사회의 승인을 받도록 규제하는 것을 허용하고 있다(상법 제335조 제1항 단서).[146] 즉 상법은 폐쇄적인 주주구성을 유지하려는 비상장회사들이 정관을 통해 자율적으로 주식양도를 제한할 수 있도록 함과 동시에 회사에 대한 매수인지정청구 또는 주식매수청구를 통해 주주들이 투하자본을 회수할 수 있는 길도 함께 보장하고 있다([표 10] 참조).

2) 적용범위 : 정관에 의한 주식양도의 제한은 주식의 양도에 한정하여 적용된다. 그러므로 상속이나 합병과 같은 포괄적 승계의 경우에는 적용되지 않고, 입질과 같은 주식의 담보제공행위도 승인 대상이 아니다. 주식에 질권이 설정되더라도 질권자가 주주권을 행사하는 것은 아니므로 이를 제한할 이유가 없기 때문이다. 그리고 같은 이유에서 주주의 채권자가 주식을 압류하는 때에도 이사회의 승인을 요하지 않는다. 다만 주식의 담보권자나 압류채권자가 그 채권의 실현을 위하여 대상 주식을 경매하는 때에는 이사회의 승인을 받아야 한다. 또한 양도가 제한된 주식도 선의취득은 할 수 있지만, 선의취득자가 주주가 되기 위해서는 이사회의 승인을 얻어야 한다.

---

146) 상장주식은 상장폐지를 하지 않는 한 정관으로 그 양도를 제한할 수 없다. 한국거래소의 유가증권상장규정이 상장요건으로서 정관에 주식양도를 제한하는 규정이 없을 것을 규정하고 있고(제32조 제1항 제14호), 주식양도제한을 위하여 정관을 변경하는 것을 상장폐지사유로 규정하고 있기 때문이다(제80조 제1항 제13호).

[표 10] 정관에 의한 주식양도제한 흐름도

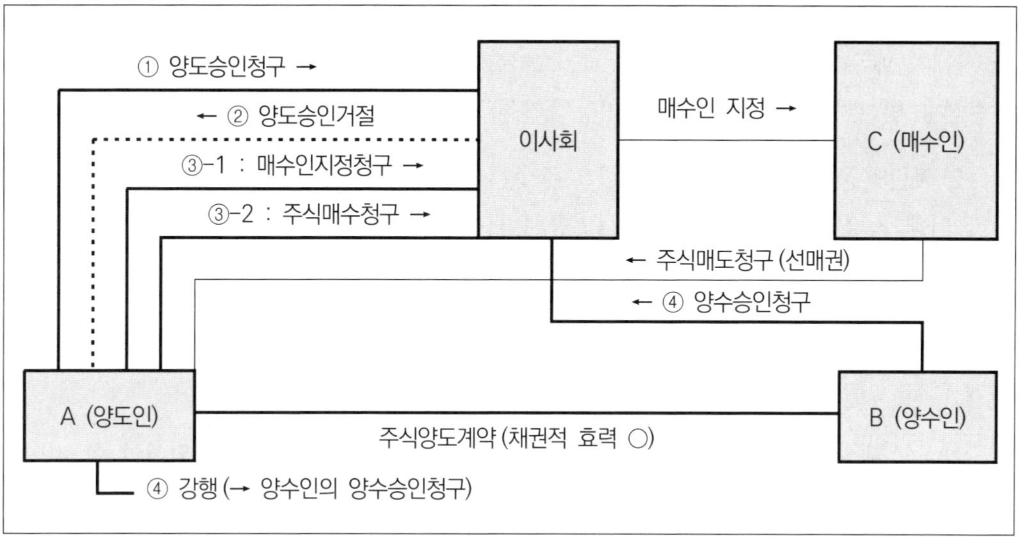

(2) 제한 방법

1) 정관의 규정 : 주식의 양도제한은 주주의 권리에 중대한 단체법적 구속을 가하는 것이므로 반드시 정관에 근거 규정이 있어야 한다(상법 제335조 제1항 단서).

(가) 규정방법 : 회사는 설립할 때 정관에 주식양도의 제한에 관한 규정을 둘 수도 있고, 존속 중에 정관을 변경하여 새로이 주식양도를 제한할 수도 있다.[147] 그렇지만 어느 경우에나 주식의 양도를 전면적으로 금지할 수는 없다.[148]

> **참고판례** **정관에 의한 양도제한의 한계(대법원 2000. 9. 26. 선고 99다48429 판결)** : 상법 제335조 제1항 단서는 주식의 양도를 전제로 하고, 이를 제한하는 방법으로서 이사회의 승인을 요하도록 정관에 정할 수 있다는 취지이지 주식의 양도 그 자체를 금지할 수 있음을 정할 수 있다는 뜻은 아니기 때문에, 정관의 규정으로 주식의 양도를 제한하는 경우에도 주식양도를 전면적으로 금지하는 규정을 둘 수는 없다.

(나) 적용제외 : 상장회사는 상장을 폐지하지 않는 한 정관에 의해 주식양도를 제한할 수 없다. 한국거래소의 유가증권시장상장규정이 상장요건으로서 정관에 주식양도를 제한하는

147) 이 경우에는 기존 주주들이 예상하지 못한 권리의 제한을 받기 때문에 일본 회사법은 정관변경에 반대하는 주주에게 주식매수청구권을 인정하고 있지만(제106조 제1항 제1호), 상법에는 이러한 보호조치가 없다.

148) 대법원 2000. 9. 26. 선고 99다48429 판결.

규정이 없을 것을 요구하고 있기 때문이다(제29조 제1항 제7호).[149] 그렇지만 이러한 제한이 없더라도 실무상 상장회사에서는 정관에 의해 주식양도를 제한하기 어렵다. 상장주식의 경우 거래가 매우 빈번하게 이루어지는데, 그러한 거래마다 일정한 절차를 거쳐 이사회의 사전승인을 받는다는 것은 사실상 불가능하기 때문이다.

2) 제한의 공시 : 주식의 양도제한은 주주는 물론 그와 주식을 거래하는 자 모두에게 중대한 이해가 걸려 있으므로 그 사실을 공시하는 것이 중요하다.

(가) 공시방법 : 회사는 주식의 양도제한에 관한 사실을 등기해야 한다(상법 제317조 제2항 제3호의2). 따라서 비록 정관에 주식양도의 제한에 관한 규정이 있더라도 등기하지 아니한 때에는 선의의 제3자에게 대항하지 못한다(상법 제37조 제1항).

(나) 공시대상 : 주식의 양도제한에 관한 사항은 주식취득시부터 공시되어야 할 것이므로 주식청약서에 기재해야 하고(상법 제302조 제2항 제5호의2), 주권에도 기재해야 한다(상법 제356조 제6호의2). 따라서 주식청약서에 양도제한의 사실을 기재하지 아니한 때에는 청약서의 요건 흠결로서 인수무효의 사유가 된다(상법 제320조, 제427조).

(다) 보완해석 : 상법은 회사설립에 있어서만 주식청약서에 기재할 사항에 관한 규정을 두고 있고(상법 제302조 제2항 제5호의2), 신주발행에서의 주식청약서에 대해서는 관련 규정을 두고 있지 아니할 뿐만 아니라 준용규정도 두고 있지 않다. 이는 명백한 입법적 불비이므로, 신주발행에서의 주식청약서에도 정관에 의한 양도제한의 사실을 기재해야 한다고 해석해야 한다.[150] 또한 전환사채나 신주인수권부사채의 청약서·채권·사채원부 및 신주인수권증권에도 양도제한에 관한 사실을 기재해야 한다(상법 제514조 제1항 제5호, 제516조의4 제4호, 제516조의5 제2항 제5호). 전환사채나 신주인수권부사채의 경우 주식으로 전환되거나 주식을 인수할 수 있어 양도제한 여부는 장래의 주식 가치는 물론 사채 가치를 결정하는 요소로서 인수 여부의 결정기준이 되기 때문이다.

3) 이사회의 승인 : 상법상 양도제한의 방법은 이사회의 승인을 얻도록 하는 것이다(상법 제335조 제1항 단서). 따라서 그 밖의 다른 제한 방법은 허용되지 아니한다.

(가) 제한방법 : 정관에 의한 주식양도의 제한은 모든 주식에 대하여 보편적으로 적용되어야 한다. 즉 특정한 주주의 주식양도나 특정한 수량의 주식양도에 국한하여 이사회의 승

---

149) 더욱이 동 규정 제48조 제1항 제13호는 주식의 양도제한을 위한 정관변경을 상장폐지사유로 규정하고 있다.

150) 이철송, 390면; 정찬형, 800면.

인을 얻도록 하는 것은 주식평등의 원칙에 반하므로 무효이다.[151] 그렇지만 주주 일반에 대하여 보편성이 지켜지는 한 양도제한의 사유를 특정하는 것은 무방하다(예: 외국인에게 주식을 양도하는 때에는 이사회의 승인을 얻어야 한다는 경우 등).

(나) 제한대상 : 특정한 종류주식의 양도에 대하여 이사회의 승인을 얻도록 하는 것이 가능하냐에 대해서는 긍정설[152]과 부정설[153]이 있다. 생각건대 정관에 의한 주식양도제한에서는 주식평등의 원칙에 따라 보편성이 지켜져야 하지만, 반드시 모든 주식에 엄격하게 적용할 필요는 없다. 더욱이 2011년 개정 상법이 개정 전과 달리 종류주식 체제로 전환하였으므로 종류주식 내에서 주식평등의 원칙만 지켜진다면 특정한 종류주식에 한하여 정관으로 양도를 제한하는 것도 가능하다고 보는 것이 타당하다.

(다) 제한한계 : 이사회가 양도인의 사전청구나 양수인의 사후청구를 승인하지 아니한 경우에 양도인이나 양수인이 회사에 대하여 행사할 수 있는 매수인지정청구권과 주식매수청구권에 관한 규정은 강행규정이므로 이를 제한하는 것은 무효이다.

(3) 승인 요건

1) 청구권자 : 회사에 대하여 승인을 청구할 수 있는 주체는 양도인과 양수인인데, 양수인의 경우에는 실제로 주식을 적법하게 취득한 자여야 한다.[154] 이처럼 상법은 양도인에 의한 양도승인청구와 양수인에 의한 양수승인청구를 모두 인정하는데, 실제의 효과에 있어서는 별 차이가 없다. 즉 양도인의 청구는 특정인에 대한 주식양도를 승인해 달라는 것이고, 양수인의 청구는 주주로부터 주식을 양수한 사실을 승인해 달라는 의미이다. 그러나 이사회가 승인하지 아니한 때에는 양자 간에 중대한 차이가 있다. 전자의 경우 양도인은 ① 양도 강행, ② 회사에 대한 매수인지정청구, ③ 회사에 대한 주식매수청구 중 어느 하나를 택하여 행사할 수 있지만, 후자의 경우 양수인은 ②와 ③의 방법에 따라 양수한 주식의 환가만 할 수 있을 뿐이지 주주가 될 수는 없기 때문이다.

2) 청구방법 : 주식을 양도하려는 주주(양도인)는 회사에 대하여 양도의 상대방 및 양도하고자 하는 주식의 종류와 수를 기재한 서면으로 양도의 승인을 청구할 수 있다(사전청구: 상법 제335조의2 제1항). 그리고 주식을 취득한 자(양수인)도 회사에 대하여 그 주식의 종류

151) 예를 들어 주식보유자인 임직원 중 직원만 주식을 양도할 때 회사의 승인을 얻도록 하는 것은 무효이다.

152) 김건식/노혁준/천경훈, 205면; 송옥렬, 853면; 이철송, 392면; 정동윤, 482면; 최기원, 331면; 최준선, 319면.

153) 임재연(Ⅰ), 455면; 정찬형, 800면; 한국상사법학회(Ⅰ)(윤영신 집필부분), 849면.

154) 대법원 2014. 12. 24. 선고 2014다221258 판결.

와 수를 기재한 서면으로 그 취득의 승인을 청구할 수 있다(사후청구: 상법 제335조의7 제1항). 이처럼 양도인의 사전적 승인청구와 양수인의 사후적 승인청구는 모두 서면으로 해야 하므로, 구두로 한 승인청구는 법적 효력이 없다.

3) 승인방법 : 양도인의 사전청구이든 양수인의 사후청구이든 승인 여부는 이사회의 결의로 정한다. 이 경우 승인 여부는 이사회의 재량이므로 합리성과 공정성 등이 요구되지 않는다. 그렇지만 이사로서의 주의의무는 부담하기 때문에 거절할 내용인데 승인하였거나 거절할 이유가 없는데 거절한 때에는 회사에 대한 책임(상법 제399조)이 발생할 수 있다. 이런 점에서 정관으로 승인거부사유를 규정하는 것도 한 방법이 된다.[155)]

4) 통지기간 : 주주(양도인)가 양도승인을 청구하거나 양수인이 양수승인을 청구하는 경우 회사는 그 청구일로부터 1월 이내에 주주 또는 양수인에게 서면으로 승인 여부를 통지해야 한다(상법 제335조의2 제2항, 제335조의7 제2항). 즉 회사가 이 기간 내에 주주나 양수인에게 거부의 통지를 하지 아니하면 양도에 관하여 이사회의 승인이 있는 것으로 본다(상법 제335조의2 제3항, 제335조의7 제2항). 여기서 「회사의 통지」는 도달주의로 이해해야 한다.[156)] 주식양도가 승인되지 아니한 경우에 주주가 주식매수청구 등의 후속 절차를 진행하기 위해서는 그 사실을 명확히 알아야 하기 때문이다.

(4) 후속 절차

회사로부터 양도·양수의 승인거부통지를 받은 주주나 양수인은 그 통지를 받은 날로부터 20일 내에 회사에 대하여 매수인지정청구 또는 주식매수청구를 할 수 있는데(상법 제335조의2 제4항, 제335조의7 제2항), 이 기간도 도달주의로 이해해야 한다.

1) 매수인지정청구

㈎ 당사자의 청구 : 회사가 양도·양수의 승인을 거부한 경우 양도인 또는 양수인은 회사에 대하여 매수인(양도상대방)의 지정을 청구할 수 있다. 이러한 청구는 구두로도 가능하지만,[157)] 청구의 사실 및 기간 준수의 사실은 청구인이 입증해야 한다.

㈏ 이사회의 지정 : 양도인이나 양수인의 매수인지정청구가 있으면 회사는 이사회결의로 매수인을 지정해야 하고(상법 제335조의3 제1항),[158)] 그 청구를 받은 날로부터 2주간 내에

155) 독일의 경우에는 정관으로 승인거부사유를 정할 수 있다(AktG §68 Abs. 2).

156) 이철송, 394면; 정동윤, 483면; 정찬형, 801면.

157) 이철송, 395면; 정동윤, 484면; 정찬형, 803면.

158) 이처럼 상법은 이사회 결의로 매수인을 정하라고만 규정할 뿐 매수인의 선정방법에 대해서는 언급하지 않고 있다. 그런데 매수인으로 지정되면 확정적으로 주주의 지위를 취득하므로 누가 매수인

청구인과 매수인으로 지정된 자에게 그 사실을 서면으로 통지해야 한다(도달주의: 상법 제335조의3 제1항, 제335조의7 제2항). 따라서 회사가 이 기간 내에 청구인에게 매수인의 지정에 관한 통지를 하지 아니하면 주식의 양도에 관하여 이사회의 승인이 있는 것으로 본다(상법 제335조의3 제2항). 이처럼 회사는 양도인이나 양수인의 매수인지정청구가 있으면 2주간 내에 이사회를 개최하여 그 결의로 매수인을 지정한 후 그 내용을 양도인 등에게 통지해야 하는데, 현실적으로 가능한 기간인지는 의문이다.[159)]

㈐ 매수인의 매도청구 : 이사회의 결의로 매수인으로 지정된 자는 그 통지를 받은 날로부터 10일 내에 청구인(양도인 또는 양수인)에 대하여 주식을 자신에게 매도할 것을 서면으로 청구할 수 있는데(상법 제335조의4 제1항, 제335조의7 제2항), 이는 일종의 「선매권」으로서 그 법적 성질은 형성권이다.[160)] 따라서 청구인은 매수인에 대하여 주식양도의 의무를 부담한다. 다만 매수인은 매도청구권을 포기할 수도 있는데, 이 경우에는 회사가 주식의 양도를 승인한 것으로 본다(상법 제335조의4 제2항).

㈑ 매도가액의 결정 : 매수인이 청구인(양도인 또는 양수인)에게 매도청구권을 행사한 때에는 매도가격을 결정해야 하는데, 매도가액은 원칙적으로 청구인과 매수인이 협의로 정해야 하지만(상법 제335조의5 제1항), 만약 청구일로부터 30일 내에 협의가 이루어지지 아니한 경우에는 각각 법원에 매도가액의 결정을 청구할 수 있다(상법 제335조의5 제2항 → 제374조의2 제4항). 이 경우 법원은 회사의 재산상태나 그 밖의 사정을 참작하여 공정한 가액을 산정해야 한다(상법 제335조의5 제2항 → 제374조의2 제5항).

2) 주식매수청구

㈎ 당사자의 매수청구 : 회사가 양도인이나 양수인의 매도 또는 매수에 관한 승인청구를 거부한 때에는 양도인이나 양수인이 회사에 대하여 매수인지정청구 외에 당해 주식의 매수를 직접 청구할 수도 있다(상법 제335조의2 제4항, 제335조의7 제2항). 이러한 청구가 있으면 회사는 그 청구를 받은 날로부터 2월 이내에 청구인(양도인 또는 양수인)으로부터 그 주식을 매수해야 한다(상법 제335조의6 → 제374조의2 제2항).

으로 지정되느냐는 것은 모든 주주에게 중대한 이해가 걸려 있다. 또한 이사회가 매수인을 선정함에 있어 재량권을 남용하여 회사의 지배구조를 인위적으로 조작할 수도 있다. 따라서 입법적 보완이 필요하다.

159) 상법상 이사회는 원칙적으로 회일 1주 전에 소집해야 한다. 따라서 회사가 매수인지정청구를 받은 날로부터 2주 내에 이사회를 소집하여 양도상대방을 지정하는 결의를 하고 그 내용을 청구인과 지정매수인에게 도달될 수 있도록 통지하라는 것은 매우 무리하기 때문이다.

160) 이철송, 397면; 정경영, 345면; 정동윤, 484면; 정찬형, 804면; 채이식, 635면; 최기원, 337면.

㈏ 매수가액의 결정 : 양도인이나 양수인이 회사에 대하여 주식매수를 청구한 경우 그 주식의 매수가액은 청구인(양도인 또는 양수인)과 회사가 협의로 결정해야 하지만(상법 제335조의6 → 제374조의2 제3항), 청구일로부터 30일 내에 협의가 이루어지지 아니한 때에는 회사 또는 청구인이 각각 법원에 대하여 매수가액의 결정을 청구할 수 있다(상법 제335조의6 → 제374조의2 제5항). 주의할 것은 ① 매수가액의 결정과 관련하여 이사회의 결의를 요구하는 상법상 규정은 없으나 주식매수가 회사재산에 미치는 영향을 고려하여 이사회결의가 필요하다고 해석해야 하고, ② 매수가액의 결정에 이사의 임무해태가 있으면 회사에 대한 손해배상책임(상법 제399조)이 발생하고, 회사재산이 감소된 때에는 제3자에 대한 손해배상책임(상법 제401조)도 발생할 수 있다는 점이다.

3) 양자의 선택 : 회사가 양도인이나 양수인의 승인청구를 거부한 경우의 후속 절차인 매수인지정청구 또는 주식매수청구와 관련해서는 다음과 같은 논란이 있다.

㈎ 선택의 주체 : 매수인지정청구나 주식매수청구에 대한 선택권을 주주나 회사 중 누가 갖느냐의 문제이다. 이와 관련하여 상법 제335조의2 제4항은 양도승인거부의 통지를 받은 주주는 통지받은 날로부터 20일 내에 회사에 대하여 매수인의 지정 또는 그 주식의 매수를 청구할 수 있다고 규정하고 있고, 제335조의3 제1항은 주주가 매수인의 지정을 청구한 경우의 절차를 규정하고 있으며, 제374조의2 제2항을 준용한 제335조의6에서는 회사가 청구기간이 경과한 후 2월 내에 매수하라고 규정하고 있다. 그리고 판례는 주식매수청구권을 형성권으로 이해하여 청구인이 이를 행사하면 회사의 승낙 여부에 상관없이 주식에 관한 매매계약이 성립한다고 판시하였다.[161] 이러한 규정과 판례의 내용을 고려하면 청구인(양도인 또는 양수인)이 매수인지정청구나 주식매수청구 중 어느 하나를 선택하여 행사해야 한다고 해석하는 것이 합리적이다.[162] 그런데 양도인이나 양수인의 주된 목적은 투하자금의 회수여서 주식의 환가만 제대로 이루어지면 충분하고, 누가 그 주식을 인수하는지는 전혀 중요하지 않다. 더욱이 주식매수청구의 경우에는 회사가 자기주식을 취득하게 되므로 자본충실의 문제가 발생할 수 있고, 때로는 주주가 출자금을 환급해 가는 합법적 수단으로 악용될 수도 있다. 따라서 주주는 물론 회사와 회사채권자를 함께 보호하기 위해서는 우선 청구인은 회사에 대하여 매수인을 지정해 주든지 아니면 주식을 매수해 줄 것을 청구할 수 있고,

161) 대법원 2014. 12. 24. 선고 2014다221258 판결.

162) 다수설은 상법 제335조의2 제4항의 문리적 해석과 주주의 출자금 회수를 보장하기 위함이라는 입법취지를 고려할 때 주주(양도인)가 자유롭게 선택할 수 있다고 해석함이 타당하다고 한다(권기범, 614면; 송옥렬, 856면; 장덕조, 196면; 정경영, 347면; 정동윤, 485면; 정찬형, 805면; 최기원, 340면; 홍복기/박세화, 263면).

이에 대해 승인거부통지를 하는 회사가 양자 중 어느 하나를 선택할 수 있다고 해석하되,[163] 향후 입법적으로 보완할 필요가 있다.

㈏ 선택의 방법 : 회사가 승인을 거부한 경우의 매수인지정청구 및 주식매수청구와 관련하여 주주 또는 회사가 선택권을 가질 때 양자 중 어느 하나를 자유롭게 선택할 수 있는지 아니면 매수인지정청구를 먼저 선택해야 하는지의 문제이다. 이와 관련해서는 ① 주주가 양자를 선택할 수 있다는 전제 하에 만약 주주가 주식매수청구를 먼저 할 수 있도록 허용하면 자기주식의 취득으로 인해 회사의 자본충실을 저해할 수 있을 뿐만 아니라 대주주가 이사들과 결탁하여 매수청구를 하는 때에는 매매가액이 과도하게 평가될 수 있으므로 매수인지정청구가 우선한다고 해석해야 한다는 견해,[164] ② 양도인(주주)의 목적인 투하자본의 회수는 어떠한 방법이든 주식의 환가만 보장되면 달성되므로 양도인이 아니라 회사가 양자의 선택권을 갖는다고 해석하면서 매수인을 지정할 수 있는 한 회사도 주식매수를 먼저 선택할 수는 없다는 견해[165]가 있다. 생각건대 주식매수청구의 경우에는 출자의 환급이나 자본금의 감소라는 문제가 생기므로 자본충실을 고려해야 할 뿐만 아니라 채권자보호절차도 필요한데, 동 조항은 이를 규정하고 있지 않다. 더욱이 주주의 목적은 투하자본의 회수이므로 그 방법은 사실상 중요하지 않다. 그렇다면 안정성과 편의성은 물론 신속한 해결도 함께 도모할 수 있는 ②의 견해가 타당하다.

(5) 위반 효과

정관에 의한 주식양도의 제한은 주식의 자유로운 양도와 주주의 권리에 중대한 단체법적 구속을 가하는 것이므로 반드시 법정 절차를 준수해야 한다. 그런데 규정 내용이 다소 미흡하여 다음과 같은 논란이 있으므로 합리적인 해석이 필요하다.

1) 양도승인에 관한 이사회의 결의 없이 대표이사가 주식양도의 승인통지를 한 경우의 효과인데, 상법은 이에 관하여 명확히 규정하고 있지 않다. 생각건대 주식거래의 안전을 위해 이 문제는 사안별로 달리 해석할 필요가 있다. 즉 ① 양도승인에 관한 이사회의 결의가 없다는 사실을 양도인과 양수인이 모두 몰랐다면(선의) 대표이사의 승인통지는 유효하다고 해석하고, ② 양도인은 악의이나 양수인이 선의라면 양수인을 보호하기 위해 역시 승인통지가 유효하다고 해석하며, ③ 양도인이 선의이나 양수인이 악의라면 승인통지의 효과가 없다고 해석하는 것이 바람직하다. 즉 ③의 경우에는 다시 양수인이 회사에 대하여 법정 기

163) 이철송, 399면.
164) 김홍기, 442면.
165) 이철송, 399면.

간 내에 양수승인을 청구해야 하는 것이다.[166]

2) 대표이사가 이사회의 결의 없이 양도나 양수를 거절하거나 하자 있는 이사회 결의에 따라 양도나 양수가 거절된 경우의 효과인데, 이 역시 상법상 명확하지 않다. 생각건대 이는 양도·양수 승인에 관한 법정 절차가 제대로 진행되지 아니한 것이므로, 회사가 법정 통지기간 내에 다시 적법한 거부의 통지를 하지 않는 한 양도·양수에 관하여 이사회의 승인이 있는 것으로 보아야 한다(상법 제335조의2 제3항, 제335조의7 제2항).

3) 회사로부터 양도·양수 승인의 거부통지를 받은 양도인이나 양수인은 그 통지를 받은 날로부터 20일 내에 회사에 대하여 매수인의 지정 또는 주식의 매수를 청구할 수 있는데(상법 제335조의2 제4항, 제335조의7 제2항), 양도인·양수인이 청구기간을 지키지 못한 경우의 효과가 문제된다. 이에 대해서는 ① 양도인 또는 양수인에게 발생한 매수인지정청구권이나 주식매수청구권은 소멸하지만, 양도인이나 양수인은 다시 승인을 청구하고 거절된 때에는 매수인지정청구나 주식매수청구를 할 수 있다는 견해,[167] ② 청구기간이 경과하면 양도인이나 양수인은 다시 승인청구를 할 수 없다는 견해[168]가 있다. 생각건대 규정의 엄격한 적용을 고려하면 ②설이 타당하지만, 이에 의하면 양도인이나 양수인은 양도 불가능한 주식을 영원히 소유해야 하는 불합리한 결과가 도출된다. 따라서 양도인이나 양수인은 법정 절차에 따라 다시 승인청구를 할 수 있다고 해석해야 한다.

2. 약정에 의한 양도제한

기업 실무에서는 주주들이 개별적 약정으로 주식양도를 제한하는 경우가 종종 있는데, 특히 내·외국인의 합작회사나 다수 기업의 출자로 이루어진 내국회사에서 주주관계의 안정적인 유지를 위해 많이 이용하고 있다. 이러한 주주들의 약정도 그 내용이 사회질서에 반하지 않는 한 당사자 간에 채권적 효력은 있지만,[169] 이를 가지고 회사에 그 효력을 주장할 수는 없고 회사도 그러한 약정을 원용할 수 없다. 참고로 판례는 일정한 기간 양도제한약정을 한 주주 중 1인이 그 약정에 위반하여 주식을 양도한 후 양수인이 명의개서를 요구하자 회사가 주주들의 약정 위반을 이유로 명의개서를 거부한 사건(신세기통신 사건)에서, 그러한 주주 간의 약정은 상법 제335조 제1항에 위반하는 것이므로 무효이고, 따라서 양수인에 대한 회사의 명의개서 거부는 부당하다고 판시하였다.[170]

166) 송옥렬, 854면; 이철송, 395면; 정경영, 342면; 정찬형, 801면.
167) 이철송, 395면.
168) 정동윤, 484면; 정찬형, 802면.
169) 대법원 2008. 7. 10. 선고 2007다14193 판결; 대법원 2013. 5. 9. 선고 2013다7608 판결.
170) 대법원 2000. 9. 26. 선고 99다48429 판결.

참고판례 **주주간 양도제한약정의 유효성(대법원 2008. 7. 10. 선고 2007다14193 판결)** : [1] 주식의 양도를 제한하는 방법으로서 이사회의 승인을 요하도록 정관에 정할 수 있다는 상법 제335조 제1항 단서의 취지에 비추어 볼 때, 주주들 사이에서 주식의 양도를 일부 제한하는 내용의 약정을 한 경우, 그 약정은 주주의 투하자본회수의 가능성을 전면적으로 부정하는 것이 아니고, 공서양속에 반하지 않는다면 당사자 사이에서는 원칙적으로 유효하다고 할 것이다. [2] 주식의 양도는 이사회의 승인을 얻도록 규정되어 있는 회사의 정관에도 불구하고 이사회의 승인을 얻지 아니하고 주식을 양도한 경우에 그 주식의 양도는 회사에 대하여 효력이 없을 뿐, 주주 사이의 주식양도계약 자체가 무효라고 할 수는 없다.

참고판례 **주주간 양도제한약정의 무효성(대법원 2000. 9. 26. 선고 99다48429 판결)** : 이 사건 약정은, 그 내용 자체에 의하더라도 그 양도에 이사회의 승인을 얻도록 하는 등 그 양도를 제한하는 것이 아니라, 설립 후 5년간 일체 주식의 양도를 금지하는 내용으로, 이와 같은 내용은 위에서 본 바와 같이 정관으로 규정하였다고 하더라도 이는 주주의 투하자본회수의 가능성을 전면적으로 부정하는 것으로서 무효라고 할 것이다. 그러므로 그와 같이 정관으로 규정하여도 무효가 되는 내용을 나아가 회사나 주주들 사이에서, 혹은 주주들 사이에서 약정하였다고 하더라도 이 또한 무효라고 할 것이다.

Ⅳ. 법령상 양도제한

1. 권리주의 양도제한

(1) 의 의

회사설립의 경우에는 설립등기를 마치기 전까지 주주가 없고 주식인수인만이 존재하며, 신주발행의 경우에는 납입기일 그 다음 날부터 주주가 되므로 납입기일까지는 역시 주식인수인만이 존재하는데, 이러한 주식인수인의 지위를 「권리주」라고 한다.

(2) 제한 이유

상법 제319조는 "주식의 인수로 인한 권리의 양도는 회사에 대하여 효력이 없다."라고 규정하고 있고, 상법 제425조 제1항은 이를 신주발행에 준용하고 있다. 더욱이 상법 제355조 제2항은 양도제한의 실효성을 확보하기 위해 권리주인 상태에서는 주권을 발행할 수 없도록 규제하고 있다. 이처럼 상법이 권리주의 양도를 제한하는 것은 권리주의 경우 미완성된 단체법적 권리여서 주식처럼 유통성을 인정하기 어렵고, 권리주의 양도방법을 제도화하기 어려운 현실 때문이다. 또한 회사의 영업과 이윤 등에는 관심이 없으며 단지 단기적 매매차익만 노리는 투자자의 투기적 행위를 억제하고, 회사설립절차나 신주발행절차가 권리주의 양도로 인해 혼잡해지는 것을 방지하며, 회사의 불성립으로 인한 위험으로부터 양수인을 보호함과 동시에 위험의 확산을 방지하기 위함이다.

(3) 양도 효력

상법은 권리주의 양도를 엄격히 금지하지만, 실무에서는 주금납입영수증이나 주식청약영수증에 백지위임장을 첨부하여 교부하는 방법으로 권리주를 양도하고 있다. 그리하여 다음과 같은 논란이 있다. 즉 ① 권리주의 양도는 어떠한 효력이 있는가? 권리주의 양도도 당사자 간에 채권적 효력은 있다는 데에 이설이 없지만, 법문이 "회사에 대하여 효력이 없다."라고 규정하고 있으므로 양도인이나 양수인이 회사에 대하여 양도(양수)의 효력을 주장하거나 양수인이 주주권을 행사할 수는 없다. ② 회사가 권리주 양도의 효력을 인정하는 것은 가능한가? 이와 관련하여 권리주의 양도제한은 주식인수인의 교체로 인해 설립절차나 신주발행절차가 번잡해지고 정체되는 것을 방지하기 위함이므로 회사가 그러한 불편함을 감수하고 권리주의 양도를 인정하는 것은 가능하다는 견해도 있지만,[171] 통설과 판례는 회사가 양도를 승인하더라도 효력이 없다고 한다.[172]

2. 주권발행전주식의 양도제한

(1) 의 의

회사는 성립 후 또는 신주의 납입기일 후 지체없이 주권을 발행해야 한다(상법 제355조 제1항). 상법이 회사에 대하여 주권의 발행을 강제하는 것은 주식양도에는 주권의 교부가 필요하므로(상법 제336조 제1항), 이를 제도적으로 보장하기 위함이다. 이처럼 회사설립의 경우에는 설립등기를 마친 때부터 주권을 발행하기 전까지 그리고 신주발행의 경우에는 신주의 효력발생일인 납입기일의 그 다음 날(상법 제423조 제1항)부터 주권을 발행하기 전까지의 상태에 있는 주식을 「주권발행전주식」이라고 한다.

(2) 제한 이유

상법 제335조 제3항은 "주권발행전주식의 양도는 회사에 대하여 효력이 없다. 그러나 회사성립 후 또는 신주의 납입기일 후 6월이 경과한 때에는 그러하지 아니하다."라고 규정하고 있다. 이처럼 주권발행전주식의 양도를 제한하는 것은 주권이 발행되지 아니한 경우에는 적법한 양도방법과 적절한 공시방법이 없어 주식거래의 안전을 확보할 수 없기 때문이다. 한편 주권발행전주식의 양도제한이 정당성을 부여받으려면 회사가 상법에 따라 성립 후 또는 신주발행 후 지체없이 주권을 발행해야 하지만, 비상장회사 대부분은 회사성립 후 오랫동안 주권을 발행하지 않고 있다. 따라서 이러한 회사에서는 주권발행전주식의 양도제

---

171) 강위두/임재호, 616면; 권기범, 618면.
172) 대법원 1965. 12. 7. 선고 65다2069 판결.

한에 관한 규정이 오히려 주주에게 환가의 기회를 부여함은 물론 그 주식을 양수한 자를 보호하는 기능도 수행한다. 회사성립 후 또는 신주의 납입기일 후 6월이 지나도록 회사가 주권을 발행하지 아니하면 주주가 주권 없이도 주식을 양도할 수 있고, 회사에 대해서도 대항할 수 있기 때문이다(상법 제335조 제3항 단서).

(3) 적용 범위

주권발행전주식의 양도제한은 회사성립 후 또는 통상의 신주발행만이 아니라, 전환주식이나 전환사채의 전환(상법 제350조, 제515조), 준비금의 자본금 전입으로 인한 신주발행(상법 제461조), 주식배당으로 인한 신주발행(제462조의2), 신주인수권부사채권자의 신주인수권 행사로 인한 신주발행(상법 제516조의9), 회사의 합병으로 인한 신주발행(상법 제523조 제3호) 등 신주를 발행하는 모든 경우에 적용된다. 다만 전자등록된 주식에 대해서는 주권의 발행을 전제로 한 동 조항이 적용되지 않는데, 문제는 제3항 단서가 적용되지 않아 발행인이 신주를 발행하고 6월 이상 계속하여 등록하지 않더라도 주주는 여전히 주식을 양도할 수 없다는 것이다. 따라서 조속한 입법적 보완이 필요하다.

(4) 양도 효력

1) 6월 경과 전 효력

㈎ 당사자 간의 효력 : 주권발행전주식의 양도라도 당사자 간에는 채권적 효력이 있다(통설/판례).[173] 따라서 양수인은 양도인의 주권발행교부청구권을 대위행사하여 회사에 대하여 양도인에게 주권을 발행하도록 청구할 수 있고,[174] 회사가 양도인에게 주권을 발행한 때에는 양수인이 그 주권의 교부를 양도인에게 요구할 수 있다.

㈏ 회사에 대한 효력 : 주권발행전주식의 양도는 회사에 대하여 대항하지 못한다(상법 제335조 제3항 본문). 즉 회사성립 후 또는 신주의 납입기일 후 6월이 경과하기 전에 행해진 주권발행전주식의 양도는 회사에 대하여 절대 무효이다. 따라서 회사가 양도를 승인하고 명의개서까지 마쳤더라도 무효이고, 양수인은 회사에 대하여 주권의 발행·교부를 청구할 수 없다.[175] 또한 회사가 양수인에게 주권을 발행해 주었더라도 그 효력이 없으므로,[176] 만약 양수인이 주주총회에 참석하여 의결권을 행사하였다면 그 정도에 따라 결의취소의 소나 결의부존재확인의 소의 원인이 된다. 한편 주식의 양도는 회사성립 후 또는 신주의 납입기

173) 대법원 2012. 2. 9. 선고 2011다62076,62083 판결.
174) 대법원 1982. 9. 28. 선고 82다카21 판결.
175) 대법원 1981. 9. 8. 선고 81다141 판결.
176) 대법원 1987. 5. 26. 선고 86다카982·983 판결.

일 후 6월이 경과하기 전에 행해졌으나 6월이 경과한 후에도 회사가 주권을 발행하지 않고 있는 경우에 대해서는 하자가 치유된다고 보는 견해(다수설)[177]와 치유되지 않는다고 하는 견해[178]가 있는데, 판례는 전자의 입장이다.[179]

> **참고판례** **주권발행전주식의 양도 효력(대법원 1982. 9. 28. 선고 82다카21 판결)** : 상법 제335조 제2항에 주권발행 전에 한 주식의 양도는 회사에 대하여 효력이 없다고 규정하고 있는 바 이는 주권발행 전의 주식의 양도는 회사에 대하여 대항할 수 없을 뿐 아니라 회사도 이를 승인하지 못하여 대 회사 관계에 있어서는 아무런 효력이 없다는 것이나 그렇다고 양도 당사자 사이에 있어서까지 양도양수의 효력을 부정하는 취지라고 해석되지 아니하니 그 당사자간에서는 유효하다고 할 것이다(당원 1975. 4. 22. 선고 75다174 판결 참조).

2) 6월 경과 후 효력

(가) 당사자 간의 효력 : 회사성립 후 또는 신주의 납입기일 후 6월이 경과하도록 회사가 주권을 발행하지 않고 있는 경우에는 주권이 없어도 주식을 양도할 수 있다(상법 제335조 제3항 단서). 즉 이때부터는 당사자의 합의만으로 주식양도가 가능하지만, 양도방법에 관한 규정이 없으므로 지명채권의 양도에 관한 일반원칙에 따라 당사자의 의사표시만으로 양도할 수밖에 없다(통설/판례).[180] 또한 질권의 설정도 가능하지만, 상법 제338조 제1항의 방법으로는 설정할 수 없으므로 권리질 설정의 일반원칙인 민법 제346조와 제349조에 따라 설정해야 한다(즉 당사자의 합의 외에 회사에 대한 통지가 필요함).[181] 한편 주의할 것은 ① 회사성립 후 또는 신주의 납입기일 후 6월이 지나도록 회사가 주권을 발행하지 않았으나 주식양도일 현재 주권이 발행된 상태라면 주권 없이는 주식을 양도할 수 없고,[182] ② 주권이 발행되기 전에 주식양도를 청구하는 소송에서 행해진 주식양도를 명하는 법원의 판결은 양도인의 의사표시에 갈음할 판결이라는 점이다.[183]

> **참고판례** **주권발행 전후의 주식양도의 효력발생요건(대법원 1993. 12. 28. 선고 93다8719 판결)** : 주권발행 전의 주식의 양도는 지명채권양도의 일반원칙에 따라 당사자 사이의 의사의 합치만으로 효력이 발생하는 것이지만 주권발행 후의 주식의 양도에 있어서는 주권을 교부하여야만 효력이 발생한다.

---

177) 김동훈, 172면; 오성근, 372면; 이기수/최병규, 321면; 이철송, 407면; 정경영, 354면; 정동윤, 489면; 정찬형, 776면; 채이식, 649면.
178) 강위두/임재호, 619면; 최기원, 345면.
179) 대법원 2012. 2. 9. 선고 2011다62076·62083 판결; 대법원 2002. 3. 15. 선고 2000두1850 판결.
180) 대법원 2003. 10. 24. 선고 2003다29661 판결; 대법원 1988. 10. 11. 선고 87누481 판결 등.
181) 대법원 2000. 8. 16.자 99그1 결정.
182) 대법원 1993. 12. 28. 선고 93다8719 판결.
183) 대법원 2021. 7. 29. 선고 2017다3222 판결.

참고판례 주권발행전주식의 양도를 명하는 판결의 의미(대법원 2021. 7. 29. 선고 2017다3222 판결) : 일반적으로 주식양도청구권의 압류나 가압류는 주식 자체의 처분을 금지하는 대물적 효력은 없고 채무자가 제3채무자에게 현실로 급부를 추심하는 것을 금지할 뿐이다. 따라서 채무자는 제3채무자를 상대로 그 주식의 양도를 구하는 소를 제기할 수 있고 법원은 가압류가 되어 있음을 이유로 이를 배척할 수 없다. 다만 주권발행 전이라도 회사성립 후 또는 신주의 납입기일 후 6개월이 지나면 주권의 교부 없이 지명채권의 양도에 관한 일반원칙에 따라 당사자의 의사표시만으로 주식을 양도할 수 있으므로, 주권발행 전 주식의 양도를 명하는 판결은 의사의 진술을 명하는 판결에 해당한다. 이러한 주식의 양도를 명하는 판결이 확정되면 채무자는 일방적으로 주식 양수인의 지위를 갖게 되고, 제3채무자는 이를 저지할 방법이 없으므로, 가압류의 해제를 조건으로 하지 않는 한 법원은 이를 인용해서는 안 된다. 이는 가압류의 제3채무자가 채권자의 지위를 겸하는 경우에도 동일하다.

참고판례 채권담보 목적의 주권발행전주식의 양도약정 효력(대법원 1995. 7. 28. 선고 93다61338 판결) : 채권담보의 목적으로 이루어진 주식양도 약정 당시에 회사의 성립 후 이미 6개월이 경과하였음에도 불구하고 주권이 발행되지 않은 상태에 있었다면, 그 약정은 바로 주식의 양도담보로서의 효력을 갖는다.

참고판례 채권담보 목적의 주권발행전주식의 양도와 대항요건(대법원 2006. 6. 2. 선고 2004도7112 판결) : 주권발행 전의 주식의 양도에 관하여 지명채권 양도의 일반원칙이 적용되는 결과, 주식양수인이 주권발행 전의 주식양도를 제3자에 대항하기 위하여는, 지명채권 양도의 경우와 마찬가지로 확정일자 있는 증서에 의하여 회사에게 주식양도사실을 통지하거나 회사로부터 확정일자 있는 증서에 의한 승낙을 얻어야 한다고 새겨야 하고, 이러한 법리는 채권담보의 목적으로 주식이 양도된 경우에도 마찬가지라고 할 것이다.

㈏ 회사에 대한 효력 : 회사성립 후 또는 신주의 납입기일 후 6월이 경과하도록 회사가 여전히 주권을 발행하지 않고 있는 경우에는 주권이 없어도 주식을 양도할 수 있고(상법 제335조 제3항 단서), 회사에 대해서도 그 효력이 있다.[184] 그리고 6월이 경과하기 전에 행해져 회사에 대항할 수 없었던 주식양도도 6월이 지난 후에는 그 하자가 치유된 것으로 본다.[185] 따라서 양수인은 회사에 대하여 단독으로 명의개서를 청구할 수 있지만,[186] 주권의 점유에 따른 권리추정력은 인정받을 수 없으므로 다른 방법으로 양수사실을 증명해야만 명의개서를 청구할 수 있다.[187] 구체적으로 ① 양도인의 통지 또는 회사의 승낙이라는 지명채권 양도의 대항요건을 갖추거나(민법 제450조 제1항), ② 적법하게 주식을 양수한 사실을 입증하는 방법이 있다. 특히 ①의 경우 대체로 확정일자 있는 증서에 의해 대항요건을 갖추지만, 회사에 대한 관계에서는 확정일자가 없어도 통지·승낙만으로 대항할 수 있고, 이중양도로 인해 2인 이상의 양수인이 모두 확정일자 없이 회사에 대한 통지·승낙의 요건을 충족한 때

---

184) 대법원 2016. 3. 24. 선고 2015다71795 판결.
185) 대법원 2000. 3. 23. 선고 99다67529 판결.
186) 대법원 2016. 3. 24. 선고 2015다71795 판결.
187) 대법원 1995. 5. 23. 선고 94다36421 판결; 대법원 1992. 10. 27. 선고 92다16386 판결; 대법원 1991. 8. 13. 선고 91다14093 판결.

에는 회사에 먼저 통지하거나 먼저 승낙을 받아서 명의개서를 한 자가 우선한다.188) 그리고 ②의 경우 양수사실을 증명한 양수인은 단독으로 명의개서를 청구할 수 있는데,189) 이 경우에는 회사도 양수인의 명의개서 청구를 거절할 수 없다.190) 한편 명의개서를 한 후에 양수인이 회사에 대하여 주권의 발행도 청구할 수 있는데, 이 경우 회사는 양수인에게 주권을 발행해야 한다. 따라서 회사가 양도인이나 기타 양수인이 아닌 제3자에게 주권을 발행한 경우에 그 주권은 무효이다.191)

참고판례 **주권발행전주식의 양도방법(대법원 1996. 6. 25. 선고 96다12726 판결)** : 상법 제335조 제2항 소정의 주권발행 전에 한 주식의 양도는 회사 성립 후 또는 신주의 납입기일 후 6월이 경과한 때에는 회사에 대하여 효력이 있는 것으로서, 이 경우 주식의 양도는 지명채권의 양도에 관한 일반원칙에 따라 당사자의 의사표시만으로 효력이 발생하는 것이고, 주권이 발행된 경우의 기명주식 양도의 절차를 밟지 아니하였다고 하여 주식양도의 효력이 없다고 할 수 없다.

참고판례 **주권발행전주식의 양도와 명의개서(대법원 2019. 4. 25. 선고 2017다21176 판결)** : 주권발행전 주식의 양도가 회사 성립 후 6월이 경과한 후에 이루어진 때에는 당사자의 의사표시만으로 회사에 대하여 효력이 있으므로, 주식양수인은 특별한 사정이 없는 한 양도인의 협력을 받을 필요 없이 단독으로 자신이 주식을 양수한 사실을 증명함으로써 회사에 대하여 명의개서를 청구할 수 있다.

참고판례 **주권발행전주식을 양수한 자의 주주권 행사방법 등(대법원 1995. 5. 23. 선고 94다36421 판결)** : 상법 제335조 제2항 소정의 주권발행 전에 한 주식의 양도는 회사성립 후 또는 신주의 납입기일 후 6월이 경과한 때에는 회사에 대하여 효력이 있는 것으로서, 이 경우 주식의 양도는 지명채권의 양도에 관한 일반원칙에 따라 당사자의 의사표시만으로 효력이 발생하는 것이고, 상법 제337조 제1항에 규정된 주주명부상의 명의개서는 주식의 양수인이 회사에 대한 관계에서 주주의 권리를 행사하기 위한 대항요건에 지나지 아니하므로, 주권발행 전 주식을 양수한 사람은 특별한 사정이 없는 한 양도인의 협력을 받을 필요 없이 단독으로 자신이 주식을 양수한 사실을 증명함으로써 회사에 대하여 그 명의개서를 청구할 수 있으므로, 주주명부상의 명의개서가 없어도 회사에 대하여 자신이 적법하게 주식을 양수한 자로서 주주권자임을 주장할 수 있다.

㈐ 제3자에 대한 효력 : 주권발행전주식을 양수한 양수인이 회사 이외의 제3자에게 양도사실을 대항하기 위해서는 양도인의 통지 또는 회사의 승낙이라는 지명채권 양도의 대항요건을 갖추어야 한다(통설/판례).192) 그런데 이에 의하면 양도시기가 불분명해지고 이중양도가 가능한 문제가 있으므로 가능한 확정일자 있는 증서로 해야 한다(민법 제450조 제2항).

188) 대법원 2010. 4. 29. 선고 2009다88631 판결.
189) 대법원 1991. 8. 13. 선고91다14093 판결; 대법원 1992. 10. 27. 선고 92다16386 판결; 대법원 1995. 5. 23. 선고 94다36421 판결.
190) 대법원 1995. 3. 24. 선고 94다47728 판결; 대법원 1992. 10. 27. 선고 92다16386 판결.
191) 대법원 1996. 8. 20. 선고 94다39598 판결.
192) 대법원 2003. 10. 24. 선고 2003다29661 판결; 대법원 1988. 10. 11. 선고 87누481 판결.

이 경우 ① 확정일자를 받은 통지나 승낙에 관한 서면은 원본이 아닌 사본이라도 무방하고,[193] ② 양도인은 회사에 양도통지를 함으로써 양수인이 제3자에 대한 대항요건을 갖출 수 있도록 처리해 줄 의무를 부담하며, ③ 확정일자에 의한 통지가 여러 개인 때에는 회사에 최초로 도달한 통지가 우선한다.[194] 이러한 제3자에 대한 효력은 주권발행전주식이 이중양도된 경우에 특히 문제되는데, 이는 아래에서 별도로 설명한다.

> **참고판례** **주권발행전주식의 양도와 제3자에 대한 대항요건(대법원 1995. 5. 23. 선고 94다36421 판결)** : 주권발행 전의 주식의 양도는 지명채권 양도의 일반원칙에 따르고, 신주인수권증서가 발행되지 아니한 신주인수권의 양도 또한 주권발행 전의 주식양도에 준하여 지명채권 양도의 일반원칙에 따른다고 보아야 하므로, 주권발행 전의 주식양도나 신주인수권증서가 발행되지 아니한 신주인수권 양도의 제3자에 대한 대항요건으로는 지명채권의 양도와 마찬가지로 확정일자 있는 증서에 의한 양도통지 또는 회사의 승낙이라고 보는 것이 상당하고, 주주명부상의 명의개서는 주식 또는 신주인수권의 양수인들 상호간의 대항요건이 아니라 적법한 양수인이 회사에 대한 관계에서 주주의 권리를 행사하기 위한 대항요건에 지나지 아니한다.
>
> **참고판례** **주권발행전주식의 이중양도와 제3자에 대한 대항요건(대법원 2010. 4. 29. 선고 2009다88631 판결)** : 주권발행 전 주식이 양도된 경우 그 주식을 발행한 회사가 확정일자 있는 증서에 의하지 아니한 주식의 양도 통지나 승낙의 요건을 갖춘 주식양수인(이하 '제1 주식양수인'이라 한다)에게 명의개서를 마쳐 준 경우, 그 주식을 이중으로 양수한 주식양수인(이하 '제2 주식양수인'이라 한다)이 그 후 회사에 대하여 양도통지나 승낙의 요건을 갖추었다 하더라도, 그 통지 또는 승낙 역시 확정일자 있는 증서에 의하지 아니한 것이라면 제2 주식양수인으로서는 그 주식 양수로써 제1 주식양수인에 대한 관계에서 우선적 지위에 있음을 주장할 수 없으므로, 회사에 대하여 제1 주식양수인 명의로 이미 적법하게 마쳐진 명의개서를 말소하고, 제2 주식양수인 명의로 명의개서를 하여 줄 것을 청구할 권리가 없다고 할 것이다. 따라서 이러한 경우 회사가 제2 주식양수인의 청구를 받아들여 그 명의로 명의개서를 마쳐 주었다 하더라도 이러한 명의개서는 위법하므로 회사에 대한 관계에서 주주의 권리를 행사할 수 있는 자는 여전히 제1 주식양수인이라고 봄이 타당하다.

3) 이중양도의 우열관계

주권이 발행된 때에는 당사자의 합의와 주권의 교부가 있어야만 주식양도가 이루어지므로 이중양도의 위험이 별로 없지만, 주권발행전주식의 양도는 당사자의 의사표시만으로 가능하므로 이중양도의 위험이 있다. 따라서 주권발행전주식이 이중으로 양도된 때에는 다음과 같은 방법으로 그 우열을 정할 수밖에 없다.

㈎ 확정일자 있는 대항요건이 구비된 경우 : 이 경우에는 ① 일방의 양수인만이 대항요건을 갖추었다면 그 양수인이 우선하고, ② 제1양수인과 제2양수인이 모두 대항요건을 갖추었다면 확정일자 있는 양도통지가 회사에 도달한 일시 또는 확정일자 있는 승낙의 일시

193) 대법원 2006. 9. 14. 선고 2005다45537 판결.
194) 대법원 2006. 9. 14. 선고 2005다45537 판결.

가 앞서는 양수인이 우선한다. 주의할 것은 비록 제2양수인이 확정일자 있는 대항요건을 먼저 갖추었다고 하더라도 양도인의 이중양도에 적극적으로 가담하였다면 그 양도계약 자체가 사회질서에 반하는 법률행위로서 무효가 되므로(민법 제103조), 회사에 대한 관계에서는 제2양수인이 아닌 제1양수인이 주주가 된다는 점이다.[195] 한편 이와 관련하여 제기되는 의문은 제1양수인에 대한 양도인의 배임죄 성부인데, 판례는 제1양수인이 제3자에 대한 대항요건을 갖출 수 있도록 통지해야 하는 양도인의 채무는 타인의 사무가 아닌 자기의 사무이므로 배임죄를 구성하지 않는다고 판시하였다.[196]

참고판례 **주권발행전주식의 이중양도에 제2양수인이 적극적으로 가담한 경우의 효력(대법원 2006. 9. 14. 선고 2005다45537 판결)** : 주권발행 전 주식의 양도는 당사자의 의사표시만으로 효력이 발생하고, 주권발행 전 주식을 양수한 사람은 특별한 사정이 없는 한 양도인의 협력을 받을 필요 없이 단독으로 자신이 주식을 양수한 사실을 증명함으로써 회사에 대하여 그 명의개서를 청구할 수 있지만, 회사 이외의 제3자에 대하여 양도 사실을 대항하기 위하여는 지명채권의 양도에 준하여 확정일자 있는 증서에 의한 양도통지 또는 승낙을 갖추어야 한다는 점을 고려할 때, 양도인은 회사에 그와 같은 양도통지를 함으로써 양수인으로 하여금 제3자에 대한 대항요건을 갖출 수 있도록 해 줄 의무를 부담한다. 따라서 양도인이 그러한 채권양도의 통지를 하기 전에 제3자에게 이중으로 양도하고 회사에게 확정일자 있는 양도통지를 하는 등 대항요건을 갖추어 줌으로써 양수인이 그 제3자에게 대항할 수 없게 되었고, 이러한 양도인의 배임행위에 제3자가 적극 가담한 경우라면, 제3자에 대한 양도행위는 사회질서에 반하는 법률행위로서 무효이다.

참고판례 **주권발행전주식이 이중양도된 경우 양도인의 배임죄 성부(대법원 2020. 6. 4. 선고 2015도6057 판결)** : 배임죄는 타인의 사무를 처리하는 자가 그 임무에 위배하는 행위로 재산상 이익을 취득하여 사무의 주체인 타인에게 손해를 가함으로써 성립하는 것이므로 그 범죄의 주체는 타인의 사무를 처리하는 지위에 있어야 한다. 여기에서 '타인의 사무'를 처리한다고 하려면 당사자 관계의 본질적 내용이 단순한 채권채무관계를 넘어서 그들 간의 신임관계에 기초하여 타인의 재산을 보호 또는 관리하는 데 있어야 하고, 그 사무가 타인의 사무가 아니고 자기의 사무라면 그 사무의 처리가 타인에게 이익이 되어 타인에 대하여 이를 처리할 의무를 부담하는 경우라도 그는 타인의 사무를 처리하는 자에 해당하지 아니한다(대법원 2011. 1. 20. 선고 2008도10479 전원합의체 판결; 대법원 2014. 8. 21. 선고 2014도3363 전원합의체 판결; 대법원 2020. 2. 20. 선고 2019도9756 전원합의체 판결 등 참조). 주권발행 전 주식의 양도는 양도인과 양수인의 의사표시만으로 그 효력이 발생한다. 그 주식의 양수인은 특별한 사정이 없는 한 양도인의 협력을 받을 필요 없이 단독으로 자신이 주식을 양수한 사실을 증명함으로써 회사에 대하여 그 명의개서를 청구할 수 있다(대법원 2019. 4. 25. 선고 2017다21176 판결 등 참조). 따라서 양도인이 양수인으로 하여금 회사 이외의 제3자에게 대항할 수 있도록 확정일자 있는 증서에 의한 양도통지 또는 승낙을 갖추어 주어야 할 채무를 부담한다 하더라도 이는 자기의 사무라고 보아야 하고, 이를 양수인과의 신임관계에 기초하여 양수인의 사무를 맡아 처리하는 것으로 볼 수 없다. 그러므로 주권발행 전 주식에 대한 양도계약에서의 양도인은 양수인에 대하

195) 대법원 2006. 9. 14. 선고 2005다45537 판결.
196) 대법원 2020. 6. 4. 선고 2015도6057 판결.

여 그의 사무를 처리하는 지위에 있지 아니하여, 양도인이 위와 같은 제3자에 대한 대항요건을 갖추어 주지 아니하고 이를 타에 처분하였다 하더라도 형법상 배임죄가 성립하는 것은 아니다.

(나) 확정일자 없는 통지 후 확정일자 있는 통지가 행해진 경우 : 양도인이 회사에 대하여 먼저 확정일자 없는 증서로 양도통지를 한 후에 다시 확정일자에 의한 양도통지를 한 경우에도 양수인은 제3자에 대한 대항력을 갖춘다. 다만 대항력은 확정일자 있는 증서로 통지한 때에 생기고, 확정일자 없는 통지시로 소급하지는 않는다.[197)]

(다) 양수인과 압류채권자 간의 우열관계 : 동일한 주식에 관한 양수인과 압류채권자 간의 우열은 확정일자 있는 양도통지와 압류명령 송달일시의 선후에 의해 정해진다.[198)]

(라) 확정일자 없이 통지·승낙의 요건만 충족한 경우 : 회사에 대해서는 확정일자가 없더라도 통지나 승낙만으로 대항할 수 있다. 따라서 이중으로 양도받은 복수의 양수인이 모두 확정일자 없이 회사에 대한 통지·승낙의 요건을 충족한 때에는 먼저 회사에 대하여 통지하거나 회사의 승낙을 받아서 명의개서를 마친 양수인이 우선한다.[199)]

(마) 주의할 사항 : 위와 같은 방법으로 주권발행전주식의 이중양수인 중 특정인을 주주로 취급하면 결국 명의주주와 실질주주가 분리되어 주주확정의 문제가 제기되는데, 대법원 전원합의체 판결은 특별한 사정이 없는 한 회사에 대한 관계에서는 명의주주만이 주주권을 행사할 수 있다고 판시하였다.[200)] 생각건대 대상판결은 회사에 대한 관계에서는 명의주주를 주주로 보되 특별한 사정이 있는 경우에는 실질주주를 주주로 인정할 수 있다고 판시하고 있으므로 가능한 제한적으로 처리해야 한다. 그리고 상법은 개인적 법률관계와 단체적 법률관계를 준별한 후 전자에 의해 후자에 영향이 미치는 것을 최대한 차단하고 있다. 더욱이 주식의 이중양도는 그 자체가 제1양수인에 대한 양도인의 채무불이행이 된다. 이런 점을 종합할 때 이 경우에도 회사에 대한 관계에서는 명의주주를 주주로 보는 것이 타당하다. 명의주주와 실질주주의 관계 및 이중양수인들의 관계는 개인적 법률관계이므로 특별한 사정을 인정하기가 쉽지 않기 때문이다.[201)]

---

197) 대법원 2010. 4. 29. 선고 2009다88631 판결.
198) 대법원 2018. 10. 12. 선고 2017다221501 판결.
199) 대법원 2010. 4. 29. 선고 2009다88631 판결.
200) 대법원 2017. 3. 23. 선고 2015다248342 전원합의체 판결.
201) 정준우, "명의주주와 실질주주가 다른 경우에 있어서 주주의 확정", 839~840면.

3. 자기주식의 취득·처분 규제

(1) 의 의

1) 자기주식의 개념 : 자기주식이란 회사가 발행한 주식을 그 스스로 소유하고 있는 상태를 말한다. 그리고 자기주식의 취득이란 회사가 주주로부터 주식을 양수하는 것으로서 취득재원의 규제를 받는 경우와 규제받지 아니하는 경우로 구분되고, 자기주식의 처분이란 회사가 소유하고 있는 자기주식을 타인에게 처분하는 것을 의미한다.

2) 자기주식의 특성 : 자기주식은 위험성과 효용성을 함께 내포하고 있다. 즉 회사가 자기주식을 취득하면 ① 회사가 그 자신의 구성원이 된다는 논리적인 모순이 생기고, ② 유상취득에 따른 자산의 감소로 인해 주주와 채권자의 이익을 침해하게 되며, ③ 평등하지 못한 취득을 통해 사실상 특정한 주주에게 출자를 환급해 주는 수단으로 악용될 수 있고, ④ 이사 등의 내부자거래를 촉발하여 자본시장의 건전성을 해할 위험성이 크며, ⑤ 경영진의 의결권 행사를 통해 출자 없는 회사지배와 경영권의 영속화까지 가능하게 할 수 있다. 반면에 경영진은 자기주식의 취득·처분을 통하여 ① 발행주식수를 적절하게 관리함으로써 주가를 안정적으로 유지할 수 있고, ② 안정적인 우호주주를 확보하여 경영권을 보전할 수 있으며,[202] ③ 발행주식수를 감소시켜 주식희석화와 배당압박을 줄일 수 있고, ④ 자기자본비율과 타인자본비율을 적절히 조절함으로써 합리적 변화를 도모할 수 있으며,[203] ⑤ 자기주식의 취득공시를 통해 저평가된 주식에 대한 투자를 유인하여 주가를 상승시킴은 물론 회사에 대한 신뢰도를 높일 수 있고,[204] ⑥ 적대적 M&A가 있는 경우에는 사실상 경영권 방어수단으로 활용할 수도 있다.[205] 그리하여 자기주식의 취득·처분을 통한 경영권과 주가의 안정적 관리에 대한 비판이 많음에도 불구하고 실무에서는 자기주식의 취득·처분을 중요한 재무관리전략 중 하나로 활용하고 있다.

3) 규제내용의 변화 : 자기주식의 취득과 처분은 효용성과 위험성을 함께 내포하고 있다. 그리하여 그동안 상법은 다른 대륙법계 국가처럼 자기주식이 자본충실에 미치는 폐해

---

202) 김원기, "자기주식취득규제의 완화론에 대한 일고찰", 187면; 송호신, "자기주식취득의 규제", 139면.

203) 액면주식의 경우 회사가 자기주식을 소각하면 감소된 주식의 수만큼 자본금도 감소하기 때문에 채권자보호절차를 경료해야 하는 현실적인 어려움은 있지만, 자본구조를 적절한 수준으로 조절할 수 있게 된다.

204) 자기주식의 취득 및 처분에 관한 공시가 시장과 주주들에게 미치는 영향에 대한 자세한 내용은 설원식/김수정, "자기주식 취득 및 처분 공시가 주주의 부에 미치는 영향", 37~69면 참조.

205) 자기주식의 취득 동기에 대해서는 이 외에도 주당 순이익의 증가, 자본구조의 변화, 배당금액의 절감, 잉여현금의 지급, 주가에 대한 시장공지, 방해주주의 축출 등의 6가지를 제시하는 견해도 있다(유영중, "자사주매입의 효과에 관한 연구", 108~109면).

를 고려하여 다른 제도의 운용을 위해 필요한 경우를 제외하고는 자기주식의 취득을 원칙적으로 금지하였고, 자기주식의 처분도 의무화하였다. 그런데 과거의 증권거래법과 현재의 자본시장법은 상장회사에 대하여 배당가능이익의 범위 내에서 자유롭게 자기주식을 취득할 수 있도록 허용하였고, 2011년 개정 상법도 자기주식의 취득과 처분에 관한 기존의 규제내용을 대폭 완화하였다. 다만 자기주식의 취득·처분에 관련된 규정에 일부 미비점과 문제점이 내포되어 있어 합리적 해석과 입법적 보완이 필요하다.206)

> **참고판례** **자기주식 취득의 예외적 허용(대법원 2006. 10. 12. 선고 2005다75729 판결)** : 상법은 주식회사가 자기의 계산으로 자기주식을 취득하는 것을 원칙적으로 금지하면서, 예외적으로 일정한 경우에만 그 취득이 허용되는 것으로 명시하고 있다. 따라서 상법 제341조, 제341조의2, 제342조의2 또는 증권거래법 등이 명시적으로 이를 허용하고 있는 경우 외에는, 회사의 자본적 기초를 위태롭게 하거나 주주 등의 이익을 해한다고 할 수 없는 것이 유형적으로 명백한 경우가 아닌 한 자기주식의 취득은 허용되지 아니하고, 위와 같은 금지규정에 위반하여 회사가 자기주식을 취득하거나 취득하기로 하는 약정은 무효이다(대법원 2003. 5. 16. 선고 2001다44109 판결 등 참조). 한편, 주식회사가 자기주식을 취득할 수 있는 경우로서 상법 제341조 제3호가 규정하고 있는 '회사의 권리를 실행함에 있어 그 목적을 달성하기 위하여 필요한 때'라 함은 회사가 그 권리를 실행하기 위하여 강제집행, 담보권의 실행 등을 함에 있어 채무자에게 회사의 주식 이외에 재산이 없을 때 회사가 자기주식을 경락 또는 대물변제로 취득하는 경우 등을 말한다(대법원 1977. 3. 8. 선고 76다1292 판결 참조).

(2) 자기주식의 취득규제

1) 개 요

㈎ 규제원칙 : 자기주식은 다양한 효용성을 내포하고 있어 미국에서는 오래전부터 자기주식의 취득을 관대하게 다루었지만, 독일을 비롯한 대륙법계 국가와 일본은 자기주식이 자본충실에 미치는 폐해를 고려하여 그 취득을 엄격히 규제하였다([표 11] 참조). 그런데 자기주식의 취득을 통한 유연한 재무관리와 이를 통한 대외경쟁력의 강화가 부각되면서 대륙법계 국가에서도 실무를 중심으로 규제 완화에 관한 요구가 증가하였다. 이런 과정에서 2011년 개정 상법도 이론적으로는 취득금지를 원칙으로 하되(상법 제341조 제1항, 제341조의2), 자기주식의 취득에 관한 규제내용을 대폭 완화하였다.

206) 자세한 내용은 정준우, "2011년 개정상법상 자기주식의 취득·처분과 그 규제", 242~243면 참조.

[표 11] 주요국의 자기주식 취득규제

국 가	규제 내용
독 일	[원칙] : 자기주식의 경제적 폐해를 중시하여 그 취득을 금지함(AktG §57 Abs.1). [예외] : 주주총회에서 사전에 18개월 이내의 취득기간과 가격범위를 정하여 승인한 때에는 특별한 목적이 없어도 자기주식의 취득을 허용하는데(AktG §71 Abs.1 Nr.8), 이는 EU의 회사법 제2지침의 권고를 따른 것임. 다만 회사는 자본금의 10%를 초과하여 자기주식을 취득하지 못하고, 자본충실을 위해 특별준비금을 적립해야 함(AktG §71 Abs.2).
프랑스	[원칙] : 자기주식의 인수를 명문으로 금지하고 있고(C. com. Art. L. 225−206 Ⅰ), 자기주식의 취득도 6가지 경우(주식을 소각하기 위한 때 등)를 제외하고는 원칙적으로 금지함(C. com. Art. L. 225−206 Ⅱ). [예외] : 주주총회의 수권을 받아 발행주식총수의 10% 내에서 자기주식의 취득을 허용함(C. com. Art. L. 225−209). 이는 EU의 회사법 제2지침의 권고를 따른 것임.
영 국	[원칙] : 증권시장의 교란성을 이유로 보통법상 자기주식의 취득을 금지해 왔는데,207) 이는 지금도 그대로 유지되고 있음(Companies Act 2006, s.658). [예외] : 정관에 규정이 있는 경우에는 자기주식을 취득할 수 있는데(Companies Act 2006, s.690), 그 재원을 잉여금으로 제한하는 등 취득절차와 취득재원에 관한 상세한 규정을 두고 있음(Companies Act 2006, ss.690−708).
미 국	[원칙] : 1930년대까지 영국 보통법의 영향을 강하게 받아 자기주식의 취득을 엄격히 규제하였지만, 그 이후 자기주식의 경제적 효용성을 중시하여 각 주의 회사법이 규제를 크게 완화하였으며, 주로 재무건전성의 측면에서 규율하고 있음. [제한] : 자기주식의 취득이 성실히 행해지고, 그로 인해 회사가 채무초과 상태에 빠지지 아니하며 다른 주주와 채권자의 이익을 침해하지 아니하면 허용하되, 다만 자기주식의 의결권을 제한하고 있음(MBCA §6.31(1); N.Y. Bus. Corp. Law §513, 515, 517; Del. Gen. Corp. Law §160(a); Penn. Corp. Law §1002, 1701, 1708).208)
일 본	[원칙] : 대륙법계의 영향으로 자기주식의 취득을 엄격히 규제하였음. [예외] : 최근에는 미국법의 영향을 강하게 받아 자기주식을 취득할 수 있는 허용범위를 크게 확대하고 있음(회사법 제155조).209)

(나) 적용범위 : 상법은 자기주식의 취득을 원칙적으로 금지하되, 배당가능이익을 재원으로 하여 절차·방법의 제한 하에 취득하는 경우와 상법 제341조의2에서 열거하는 취득을 예외적으로 허용한다. 이러한 규제원칙의 적용범위에 관한 주요 쟁점은 다음과 같다.

(ㄱ) 계산의 주체 : 과거의 상법 제341조에 의하면 회사는 자기의 계산으로 자기주식을

207) Michael C. Wyatt, p.5.

208) William L. Cary/Melvin A. Eisenberg, pp.1375~1383.

209) 일본 회사법상 가장 중요한 변화는 자기주식의 취득에 있어서 일종의 공개매수에 준하는 취득제도를 채택하고 있다는 점이다(岩原紳作, "自己株式取得, 株式の併合, 單元株, 募集新株等", 37~38頁).

취득할 수 없었다. 비록 2011년 개정 상법에서 이 표현은 없어졌지만, 회사가 제3자의 명의로 자기주식을 취득하였더라도 자기의 계산으로 취득하는 것은 금지되는데, 이는 자본충실의 원칙을 침해하기 때문이다. 다만 제3자의 명의로 취득한 것이 회사의 계산으로 취득한 것으로 인정되기 위해서는 주식취득을 위한 자금이 회사의 출연에 의한 것이어야 할 뿐만 아니라, 그 취득에 따른 손익이 회사에 귀속되어야 한다.[210)]

참고판례 회사가 제3자 명의로 취득한 주식의 자기주식성 여부(대법원 2007. 7. 26. 선고 2006다33685 판결) : 회사가 제3자의 명의로 회사의 주식을 취득하더라도, 그 주식취득을 위한 자금이 회사의 출연에 의한 것이고 그 주식취득에 따른 손익이 회사에 귀속되는 경우라면, 상법 기타의 법률에서 규정하는 예외사유에 해당하지 않는 한, 그러한 주식의 취득은 회사의 계산으로 이루어져 회사의 자본적 기초를 위태롭게 할 우려가 있는 것으로서 상법 제341조, 제625조 제2호, 제622조가 금지하는 자기주식의 취득에 해당한다(대법원 2003. 5. 16. 선고 2001다44109 판결 참조).

(ㄴ) 담보권의 취득 : 회사가 자기주식을 질권의 목적으로 취득하는 것도 자본충실의 원칙을 침해하기 때문에 원칙적으로 금지되고, 회사가 자기주식을 양도담보의 목적으로 받는 것도 같은 이유에서 금지된다. 그러나 약정담보권의 취득만 금지되므로, 유치권 등과 같은 법정담보권을 취득하는 것은 얼마든지 가능하다.

(ㄷ) 신주의 인수 등 : 비록 상법에 명문 규정은 없지만, 회사가 자기주식을 전제로 신주를 인수하는 것은 주금납입 가장의 일종으로서 자기주식의 취득규제와는 무관하므로 상법 제341조의2가 적용될 수 없다.[211)] 그리고 회사가 신주인수권증서나 신주인수권증권을 발행한 후 다시 이를 취득하여 신주인수권을 행사하는 것도 일반적인 신주인수와 마찬가지로 금지된다. 한편 상법이 자기주식의 취득만 금지하고 있으므로 회사는 신주인수권부사채나 전환사채를 취득할 수는 있으나 신주인수권이나 전환청구권은 행사할 수 없다. 이를 인정하게 되면 결국 회사가 자기주식을 취득하게 되기 때문이다.

(ㄹ) 무상취득 등 : 순수한 무상취득은 회사의 자본적 기초를 위태롭게 할 위험성이 없으므로 허용된다.[212)] 그러나 부담 있는 증여를 받는 것은 실질적으로 유상취득과 같으므로 금지되고, 회사에 유리한 유상취득이라도 대가가 지급되는 한 금지된다.

210) 대법원 2011. 4. 28. 선고 2009다23610 판결.
211) 대법원 2003. 5. 16. 선고 2001다44109 판결.
212) 대법원 1989. 11. 28. 선고 88누9268 판결.

2) 취득재원의 규제 있는 취득

㈎ 입법취지 : 회사는 자기주식의 취득가액이 직전 결산기 대차대조표상 순자산액에서 상법 제462조 제1항 각 호의 금액을 뺀 금액(배당가능이익)을 초과하지 않는 한 취득방법의 제한 하에 자기의 명의와 계산으로 자기주식을 자유롭게 취득할 수 있다(상법 제341조 제1항). 이처럼 상법이 자기주식의 취득규제를 크게 완화하면서 취득재원을 「배당가능이익」으로 제한한 것은 배당가능이익의 경우 이미 그 처분이 허용된 것이므로 자본충실을 저해하거나 주주와 채권자의 이익을 침해할 위험성이 없기 때문이다.

㈏ 취득재원 : 자기주식의 취득재원인 「배당가능이익」이란 직전 결산기의 대차대조표상 순자산액에서 ① 자본금의 액, ② 그 결산기까지 적립된 법정준비금(자본준비금과 이익준비금)의 합계액,[213] ③ 그 결산기에 적립해야 할 이익준비금의 액, ④ 대통령령으로 정하는 미실현이익을 공제한 금액을 말한다(상법 제462조 제1항).[214]

㈀ 산출방법 : 상법이 배당가능이익의 산출방식을 규제하는 이유는 다음과 같다. 즉 ① 순자산액(총자산－부채)을 기초로 한 것은 회사재산에 대한 제1차적 보호 대상자는 주주가 아니라 회사채권자임을 고려하여 그를 위한 책임재산을 먼저 확보한 후 배당하도록 하기 위함이다. ② 순자산액에서 자본금과 준비금을 공제하도록 한 것은 기업의 계속적 존립을 위한 재산적 기초를 확보한 후에 남은 잉여재산만이 배당대상이 됨을 명확히 하고자 함이다. ③ 미실현이익을 공제하도록 한 것은 과도한 배당을 방지하기 위함이다. 미실현이익이란 기업회계원칙에 따라 평가한 결과 증가한 대차대조표상의 순자산액으로서 미실현손실과 상계하지 아니한 금액을 말하는데(상령 제19조 제1항), 이는 자산의 평가익에 불과한 것으로서 회사의 지급능력을 의미하는 것이 아니기 때문이다.

㈁ 규제내용 : 상법 제341조 제1항 단서는 자기주식의 취득가액 총액은 직전 결산기 대차대조표상의 순자산액에서 제462조 제1항 각 호의 금액을 뺀 금액(배당가능이익)을 초과하지 못한다고 규정하고 있다. 즉 회사는 「배당가능이익의 범위 내」에서만 자기주식을 취득할 수 있는데, 그 의미가 명확하지 않아 논란이 있다. 즉 ① 이는 단지 배당가능이익의 총

213) 자본준비금이란 자본거래에서 발생한 잉여금을 대통령령으로 정하는 바에 따라 적립한 것을 의미하는데(상법 제459조 제1항), 문제는 상법에 자본거래에 관한 정의 규정이 없다는 점이다. 다만 개정 전 상법 제459조는 자본잉여금의 종류를 열거하고 있었다.

214) 상법 제462조 제1항은 배당가능이익을 계산할 때 그 기초가 되는 순자산액의 기준 재무제표로 대차대조표를 규정하고 있지만, 제447조에서는 대차대조표와 연결재무제표를 별도로 규정하고 있다. 따라서 상장법인의 경우에는 제462조 제1항의 대차대조표를 한국채택국제회계기준(K－IFRS)에 따른 개별 또는 별도 재무제표로 해석해야 한다(강경진, "개정상법상 배당가능이익의 계산시 유의사항", 106면).

액을 넘지 말라는 것이 아니라 배당가능이익을 사용해서 취득해야 한다는 것을 뜻한다는 견해,[215] ② 배당가능이익의 범위 내라면 구체적인 취득재원을 차입을 통해 마련하더라도 무방하다는 견해[216]와 판례[217]가 있다. 생각건대 상법이 자기주식의 취득재원을 배당가능이익으로 제한한 것은 이미 처분이 허용된 것이어서 자본충실의 원칙이나 주주와 채권자의 이익을 침해할 위험성이 없기 때문이다. 따라서 논리적으로는 배당가능이익을 가지고 자기주식을 취득함이 타당하지만, 문제는 배당가능이익의 경우 실무에서 별도의 계정으로 특별히 관리하는 것은 드물고 대부분 회사의 일반회계 계정에서 일반재산과 통합하여 관리되고 있어 계정상의 구체적 금액이 어떠한 내용인지를 확인하고 관리하기 어렵다는 점이다. 이러한 실무의 어려움을 고려한다면, 배당가능이익이 아니더라도 배당가능이익의 총액 그 범위 내에서 회사가 자기주식을 취득할 수 있다고 해석할 필요가 있지만, 판례처럼 회사가 자기주식을 취득하면 당기 순자산이 그 취득가액의 총액만큼 감소하는 결과 배당가능이익도 같은 금액만큼 감소하게 된다는 이유로 아무런 제한 없이 차입금에 의한 취득을 허용하는 것도 오남용의 우려가 있다. 따라서 이 문제는 법규의 명확성과 거래의 안정성을 확보하기 위해 입법적으로 해결할 필요가 있다.

참고판례 회사가 차입금으로 자기주식을 취득할 수 있는지 여부(대법원 2021. 7. 29. 선고 2017두63337 판결) : 배당가능이익은 채권자의 책임재산과 회사의 존립을 위한 재산적 기초를 확보하기 위하여 직전 결산기상의 순자산액에서 자본금의 액, 법정준비금 등을 공제한 나머지로서 회사가 당기에 배당할 수 있는 한도를 의미하는 것이지 회사가 보유하고 있는 특정한 현금을 의미하는 것이 아니다. 또한 회사가 자기주식을 취득하는 경우 당기의 순자산이 그 취득가액의 총액만큼 감소하는 결과 배당가능이익도 같은 금액만큼 감소하게 되는데, 이는 회사가 자금을 차입하여 자기주식을 취득하더라도 마찬가지이다. 따라서 상법 제341조 제1항 단서는 자기주식 취득가액의 총액이 배당가능이익을 초과하여서는 안 된다는 것을 의미할 뿐 차입금으로 자기주식을 취득하는 것이 허용되지 않는다는 것을 의미하지는 않는다.

(ㄷ) 위반효과 : 회사가 자기주식의 취득재원에 관한 규제를 위반한 경우와 그 효력은 다음과 같다. 즉 ① 회사가 배당가능이익이 없음에도 불구하고 자기주식을 취득한 경우인데, 이는 위법한 취득이므로 그에 관여한 이사·집행임원·감사 등에게 일정한 벌칙이 적용

215) 이철송, 416면.
216) 김건식/노혁준/천경훈, 685면.
217) 대법원 2021. 7. 29. 선고 2017두63337 판결. 반면에 원심은 "자본충실의 원칙과 주주평등의 원칙에 비추어 볼 때, 배당가능이익의 범위 내에서 자기주식을 취득할 수 있다는 것은 단순히 회계장부상 존재하는 배당가능이익의 금액 범위 내에서 자기주식을 취득할 수 있다는 의미가 아니라 배당가능이익을 재원으로 자기주식을 취득할 수 있다는 의미로 해석되므로…"라고 판시하였다(서울고등법원 2017. 8. 30. 선고 2017누35631 판결).

된다(상법 제625조, 제625조의2). 그리고 위반으로 발생한 회사의 손해에 대해서는 이사 등이 배상책임을 져야 한다(상법 제399조 제1항, 제408조의8 제1항, 제414조 제1항). ② 배당가능이익을 초과하여 자기주식을 취득한 경우인데, 상법에는 이에 관한 규정이 없으나 과거 자본시장법은 취득한 날로부터 대통령령으로 정하는 기간(3년) 내에 그 초과 부분을 처분해야 한다고 규정하였다(동법 제165조의2 제5항; 시행령 제176조의3). 이는 배당가능이익을 초과하여 취득한 부분만 무효로 보는 것으로서 학설도 동일하게 해석하였지만, 2013년 개정자본시장법은 이 규정을 삭제하였다. 생각건대 상법이 자기주식의 취득을 원칙적으로 금지하되 배당가능이익의 범위 내에서 회사가 자유롭게 자기주식을 취득할 수 있도록 한 것은 상장회사와 비상장회사의 차별을 시정하기 위한 것이다. 그렇다면 배당가능이익이 감소하여 사후적으로 한도를 초과하여 취득한 자기주식의 효과와 그 처분에 관한 내용도 아울러 규정했어야 한다. 이 점 명백한 입법적 불비이다.

㈐ 취득방법 : 회사는 배당가능이익의 범위 내에서 일정한 방법(① 거래소의 시세가 있는 주식을 거래소에서 취득하는 방법, ② 제345조 제1항의 주식상환에 관한 종류주식 외에 각 주주가 가진 주식 수에 따라 균등한 조건으로 취득하는 것으로서 대통령령으로 정하는 방법)에 따라 자기의 명의와 계산으로 자기주식을 취득할 수 있다(상법 제341조 제1항 본문). 이처럼 상법은 자기주식의 취득방법을 엄격히 규제하는데, 이는 모든 주주에게 매도기회의 평등성과 대가의 공정성을 제공하고, 이를 통해 취득에 있어서 주식평등의 원칙을 준수하도록 유도하기 위함이다. 이에 관한 주요 쟁점은 다음과 같다.

㈀ 상장주식의 취득방법 : 상법은 거래소의 시세가 있는 주식(상장주식)은 거래소(증권시장)에서 취득하도록 규제하고 있다. 상장주식을 거래소에서 취득하면 경쟁매매를 통해 계약이 체결되므로 주주 간 평등이 보장될 수 있고, 거래수량과 가격의 공표로 인해 거래의 공정성도 확보할 수 있기 때문이다. 그리하여 상장주식은 반드시 거래소를 통해서 취득해야 하는 것으로 오해할 수 있는데, 상법이 자기주식의 취득방법을 제한하는 것은 취득상의 불공평을 해결하기 위함이다. 따라서 회사가 자기주식을 취득할 때 모든 주주에게 공평한 매도기회를 부여한다면 상장주식이라도 반드시 거래소를 통해 취득할 필요는 없다. 한편 상장주식을 거래소에서 취득하더라도 실제로는 회사가 일부 주주의 주식만 집중적으로 매수할 수도 있다. 따라서 상장주식을 거래소에서 취득하는 때에는 형식적인 절차의 준수만이 아니라, 실질적으로 주주 모두에게 매도의 기회를 부여하는 것을 원칙으로 삼고 준수하도록 해야 한다.[218] 이 점 입법적 보완이 필요하다.

---

218) 이철송, 418면.

(ㄴ) 균등조건 취득방법 : 이는 모든 주주에게 공평한 매도기회를 부여하여 불공평한 문제가 생기지 않도록 하기 위한 제한이다. 회사가 ① 모든 주주에게 자기주식 취득의 통지·공고를 한 후에 취득하는 방법, ② 자본시장법 제133조부터 제146조까지의 규정에 따른 공개매수의 방법[219] 중 어느 하나에 의해 자기주식을 취득하면 제도적으로 주식평등의 원칙을 확보할 수 있기 때문이다(상령 제9조 제1항). 그런데 ②의 경우는 자본시장법의 처리절차에 따르면 되므로 별 문제가 없지만, ①의 경우는 다음과 같은 문제가 있다. 즉 ⓐ 회사는 양도신청기간이 시작하는 날의 2주 전까지 각 주주에게 일정한 사항(재무현황, 자기주식보유현황, 이사회결의사항 등)을 서면이나 각 주주의 동의를 받은 전자문서로 통지해야 하지만(상령 제10조 제2호), 회사에 대한 주주의 양도신청은 서면으로만 하도록 정하고 있어(상령 제10조 제3호) 불합리하다. 따라서 회사가 전자문서로 통지하는 때에는 주주도 전자문서로 양도신청을 할 수 있도록 해야 한다. ⓑ 주주가 회사에 주식양도를 신청하는 때에는 양도신청기간이 종료하는 날에 회사와 주주 간에 주식취득계약이 성립한 것으로 의제하고 있다(상령 제10조 제4호). 그렇다면 회사와 주주는 통지나 양도신청을 철회할 수 있을까? 이에 관한 규정이 없으므로 합리적 해석이 필요한데, 이는 상법이 계약체결을 의제하는 것이므로 철회할 수 없다고 봄이 타당하다.

(ㄷ) 특정 주주로부터의 취득 : 상법은 자기주식의 취득방법으로 ① 상장주식을 거래소에서 취득하는 방법, ② 모든 주주에게 주식취득의 통지·공고를 한 후 취득하는 방법, ③ 자본시장법상 공개매수의 방법을 규정하고 있다. 그리하여 회사가 배당가능이익의 범위 내에서 취득방법만 준수하면 특정한 주주로부터 자기주식을 취득할 수도 있다고 오해할 수 있다. 이는 일본 회사법 제160조 제1항이 특정한 주주로부터 자기주식을 취득할 수 있도록 정하고 있어 더욱 그러하다. 그런데 상법이 자기주식의 취득을 원칙적으로 금지하면서 배당가능이익의 범위 내에서 방법적 제한 하에 자유로운 취득을 허용하는 것은 결국 주식평등의 원칙을 준수하기 위함이다. 그렇다면 일본 회사법 제160조 제3항처럼 다른 주주에게도 동일 조건으로 매도에 참가할 수 있는 권리를 부여하고 있지 아니한 우리 법제에서는 특정 주주로부터의 자기주식 취득은 불가능하다고 보아야 한다.

(ㄹ) 제3자에 대한 취득자금 지원 : 회사가 자신의 주식을 취득하는 제3자에게 취득자금을 지원할 수 있을까? 이는 주로 비상장회사에서 자기의 주식을 취득하는 자에게 직접적으

---

219) 미국의 델라웨어주 회사법은 자기주식의 취득에 관한 규제로 잉여금규제와 자본침해금지원칙을 두고 있는데, 특히 공개매수의 경우에는 자기주식이 회사의 이익을 위한 것이라는 입증해야 한다 (Crane Co. v. Harsco Corp., 511 F. Supp. 194, 305 (D. Del. 1981)).

로 자금을 대여해 주거나 보증을 서주는 방법으로 행해지고 있는데, 이러한 자금지원이 자기주식의 우회적 취득인지에 관한 논란이 있다. 독일의 주식법과 영국의 회사법 및 프랑스의 상사회사법이 이를 자기주식 취득의 탈법행위로 보고 명문으로 금지하고 있기 때문이다.[220] 생각건대 상법에는 외국의 입법례와 같은 명문 규정이 없으므로 해석상 이를 자기주식의 취득으로 인정하려면 그러한 취득으로 인한 손익이 모두 회사에 귀속되어야 한다.[221] 따라서 회사의 제3자에 대한 자금지원은 원칙적으로 주금납입의 가장으로 보는 것이 합리적이다. 다만 그 과정에서 회사와 제3자가 환매특약과 같은 별도의 약정을 한 경우에는 우회적인 방법의 자기주식 취득으로 보아야 한다.

㈑ 취득절차 : 회사가 배당가능이익의 범위 내에서 자기주식을 취득하려면 먼저 주주총회의 결의를 거쳐야 하고, 이사회결의로 구체적인 실행방안을 마련해야 한다.

㈀ 주주총회의 결의 : 회사가 배당가능이익의 범위 내에서 자기주식을 취득하려면 먼저 주주총회를 소집하여 일정한 사항(① 취득할 수 있는 주식의 종류 및 수, ② 취득가액의 총액의 한도, ③ 1년을 초과하지 아니하는 범위에서 자기주식을 취득할 수 있는 기간)에 관한 결의(보통결의)를 해야 한다(상법 제341조 제2항 본문). 다만 정관에서 이사회결의로 이익배당을 할 수 있도록 정한 회사에서는 위의 사항도 이사회결의로 정할 수 있지만(상법 제341조 제2항 단서), 자본금 10억원 미만의 소규모회사가 이사를 1명 또는 2명만 둔 경우에는 언제나 주주총회의 결의에 의해야 한다(상법 제383조 제5항).

① 주주총회의 의미 : 배당가능이익의 산정과 그 처분은 대부분 정기주주총회에서 확정되므로(상법 제449조 제1항), 자기주식의 취득결의도 실무적으로는 정기주주총회에서 이루어진다. 그렇지만 회사 내에 유보된 전년도의 미처분잉여금을 활용하여 자기주식을 취득하는 때에는 임시주주총회에서 결의할 수도 있다. 물론 이 경우에도 이익배당을 이사회결의로 할 수 있는 회사에서는 이사회결의만 있으면 충분하다.

② 취득가액의 한도 등 : 상법은 회사가 자기주식을 취득할 때 주주총회의 결의로 취득할 주식의 종류와 수 및 취득가액의 총액의 한도를 정하도록 규정할 뿐 취득가액의 한도와 취득할 주식의 수에 대해서는 아무런 제한이 없다. 그리하여 이론적으로는 회사가 단 한 주만 남겨두고 발행한 주식 그 전부를 자기주식으로 취득하여 소각할 수도 있는데, 이는 주식회사의 본질에 반하므로 향후 입법적 보완이 필요하다.

㈁ 이사회의 결의 : 주주총회의 결의로 자기주식의 취득을 위한 일정한 사항을 정한

---

220) AktG §71a Abs.1; Companies Act 2006, s.678; C. com. Art. L. 225-216.
221) 대법원 2011. 4. 28. 선고 2009다23610 판결.

후 회사가 실제로 자기주식을 취득하려면 이사회결의로 일정한 사항[① 자기주식 취득의 목적, ② 취득할 주식의 종류 및 수, ③ 주식 1주를 취득하는 대가로 교부할 금전이나 그 밖의 재산(해당 회사의 주식 등을 제외함)의 내용 및 그 산정방법, ④ 주식취득의 대가로 교부할 금전 등의 총액, ⑤ 20일 이상 60일 내의 범위에서 주식양도를 신청할 수 있는 기간(양도신청기간), ⑥ 양도신청기간이 종료하는 날부터 1개월의 범위에서 양도의 대가로 금전 등을 교부하는 시기 및 기타 주식취득의 조건]을 확정해야 한다.

① 이사회결의의 개별성 : 회사가 여러 차례에 걸쳐 자기주식을 취득하는 경우에는 그 때마다 이사회결의를 별도로 얻어야 하는데, 이 경우 자기주식의 취득조건은 주식평등의 원칙에 따라 이사회가 결의할 때마다 균등하게 정해야 한다(상령 제10조 제1호). 주의할 것은 회사가 취득할 수 있는 자기주식의 수와 취득가액의 총액은 이미 주주총회에서 확정되었지만, 그 범위 내에서는 이사가 경영판단과 주식의 시세에 따라 취득할 구체적인 수와 금액을 재량으로 정할 수 있다는 점이다. 그렇지만 이 경우에도 주식의 취득가액은 거래 당시의 공정한 시장가치를 초과하지 않아야 한다.

② 취득방법의 결정주체 : 상법은 배당가능이익의 범위 내에서 자기주식을 취득할 수 있도록 하면서 주주총회와 이사회의 결의과정을 거쳐 일정한 사항을 정하도록 규제하고 있다. 그런데 취득방법을 어느 기관이 결정하는지를 규정하고 있지 않아 합리적인 해석이 필요하다. 생각건대 자기주식의 취득에 관한 주주총회의 결의가 있더라도 이사회는 경영판단(임의성)을 할 수 있다. 그렇다면 상장회사에서는 자기주식의 구체적인 취득방법을 정관에서 별도로 정하지 않는 한 이사회가 선택할 수 있다고 해석하는 것이 타당하다. 다만 비상장회사의 경우에는 취득방법이 사실상 하나(균등조건 취득방법)로 제한되므로 취득방법의 결정주체에 관한 부분이 문제되지 아니한다.[222] 참고로 상장회사가 자본시장법 제165조의3에 따라 자기주식을 취득하려는 경우에는 이사회가 일정한 사항(자기주식의 취득목적, 금액 및 방법, 주식의 종류 및 수, 그 밖에 금융위원회가 정하여 고시하는 사항[223])을 결의해야 한다(자본시장령 제176조의2 제1항 제1호).

---

222) 상법상 자기주식의 취득방법은 3가지이지만, 그 중 공개매수는 비상장회사에 적용될 수 없다. 공개매수는 상장회사를 그 전제로 한 것이고, 불특정 다수인에 대한 권유, 증권시장 외에서의 거래, 상장회사가 발행한 증권의 매수, 매수의 청약 또는 매도청약의 권유를 그 개념적 속성으로 하는 것이므로 비상장회사의 자기주식 공개매수라는 것은 현행법의 테두리 내에서 사실상 있을 수 없기 때문이다.

223) 증권발행공시규정 제5－1조에 의해 이사회의 결의로 자기주식의 취득목적, 취득예정금액, 취득할 주식의 종류와 수, 취득하고자 하는 주식의 가격, 취득방법, 취득하고자 하는 기간, 취득 후 보유하고자 하는 예상기간, 취득을 위탁할 투자중개업자의 명칭, 기타 투자자 보호를 위하여 필요한 사항을 정해야 한다.

③ 결의사항의 합리성 : 상법은 자기주식의 취득에 관한 주주총회의 결의가 있으면 이사회가 일정한 사항[ⓐ 자기주식의 취득목적, ⓑ 취득할 주식의 종류와 수, ⓒ 주식취득대가로 교부할 금전이나 그 밖의 재산(해당 회사의 주식은 제외함), ⓓ 주식취득대가로 교부할 금전 등의 총액, ⓔ 양도신청기간, ⓕ 양도신청기간이 끝나는 날부터 1개월의 범위 내에서 양도대가의 교부시기와 그 밖에 주식취득의 조건]을 결의하도록 규정하고 있다. 그런데 ⓒ의 경우에는 회사가 발행한 주식을 제외하고 있다. 물론 회사가 자기주식을 취득함에 있어서 다시 자기주식으로 그 대가를 지급하는 것은 의미가 없다고 판단할 수 있다. 그렇지만 현행 상법은 다양한 종류주식의 발행을 허용하고 있으므로 종류가 다른 주식을 지급하는 것도 의미가 있을 수 있다. 따라서 입법적 보완이 필요하다.

㈐ 통지 및 공고 : 회사가 일정한 절차를 거쳐 자기주식을 취득하는 때에는 이사회에서 정한 양도신청기간의 초일 2주 전까지 회사의 재무현황과 자기주식 보유현황 및 제1호의 사항[① 자기주식의 취득목적, ② 취득할 주식의 종류와 수, ③ 주식취득의 대가로 교부할 금전이나 그 밖의 재산(해당 회사의 주식은 제외함), ⓓ 주식취득의 대가로 교부할 금전 등의 총액, ⓔ 양도신청기간, ⓕ 양도신청기간이 끝나는 날부터 1개월의 범위 내에서 양도대가의 교부시기와 그 밖에 주식취득의 조건]을 각 주주에게 서면이나 각 주주의 동의를 받은 전자문서로 통지해야 한다(상령 제10조 제2호).

㈑ 주주의 양도신청과 계약체결 : 주식을 양도하려는 주주는 양도신청기간의 종료일까지 양도하려는 주식의 종류와 수를 기재한 서면으로 양도를 신청해야 한다(상령 제10조 제3호). 이 경우 양도신청기간이 종료하는 날에 회사와 주주 간에 주식취득계약이 성립한 것으로 본다. 다만 주주가 신청한 주식 수가 회사가 취득할 주식 수를 초과하는 때에는 취득할 주식수를 신청주식수로 나눈 숫자에 주주가 신청한 주식 수를 곱한 수(이 경우 단수는 버림)에 대하여 계약이 성립한 것으로 본다(상령 제10조 제4호).

㈒ 서류의 비치 및 열람 : 자기주식을 취득한 회사는 지체없이 취득내용을 적은 자기주식 취득내역서를 작성하여 본점에 6개월간 비치·공시해야 하는데, 주주와 회사채권자는 영업시간 내에 언제든지 자기주식 취득내역서를 열람할 수 있고, 회사가 정한 비용을 지급하고 그 서류의 등본이나 사본의 교부를 청구할 수 있다(상령 제9조 제2항).

㈓ 취득제한 : 회사는 배당가능이익의 범위 내에서 자유롭게 자기주식을 취득할 수 있지만, 해당 영업연도 결산기의 대차대조표상 순자산액이 상법 제462조 제1항 각 호의 금액 합계액에 미치지 못할 우려가 있는 경우에는 자기주식을 취득할 수 없다(상법 제341조 제3

항). 이러한 취득제한과 관련하여 주의할 사항은 다음과 같다.

(ㄱ) 위반효과 : 해당 영업연도 결산기의 대차대조표상 순자산액이 제462조 제1항 각호 금액의 합계액에 미치지 못함에도 불구하고 회사가 자기주식을 취득한 때에는 이사가 회사에 대하여 연대하여 그 미치지 못한 금액을 배상해야 한다(상법 제341조 제4항 본문). 다만 이사가 해당 영업연도 결산기의 대차대조표상 순자산액이 제462조 제1항 각호 금액의 합계액에 미치지 못할 우려가 없다고 판단하는 때에 주의를 게을리하지 아니하였음을 증명한 때에는 그러하지 아니하다(상법 제341조 제4항 단서). 한편 결산을 하기 전에 자기주식을 처분하고 처분손실이 발생하지 아니한 경우에는 비록 그 이후 결손이 나더라도 이는 자기주식의 취득과 무관한 것이므로 본조의 책임을 물을 수 없다.

(ㄴ) 배상범위 : 회사의 자기주식 취득에 관한 제한은 이사의 자본충실책임과 관련하여 주의할 점이 있다. 상법은 중간배당의 결과 결손이 생긴 때에는 이사에게 그 결손금액에 상당하는 손해배상책임을 지우고 있는데, 이 경우 배당금액이 결손금액보다 작으면 이사의 손해배상책임은 배당금액으로 제한된다(상법 제462조의3 제4항). 즉 이사의 손해배상책임은 중간배당과 인과관계가 있는 결손금으로 제한되는 것이다. 그런데 상법 제341조 제4항은 자기주식의 취득가액과 관계없이 결손금 그 전부에 대한 손해배상책임을 이사에게 부과하고 있는데, 이는 자기책임의 원칙에 반한다. 따라서 우선은 상법 제462조의3 제4항을 유추적용하여 이사는 자기주식의 취득금액을 한도로 하여 결손금액에 대하여 책임을 진다고 해석하되,[224] 추후 입법적으로 보완해야 한다.

3) 취득재원의 규제 없는 취득

(가) 입법취지 : 상법 제341조의2는 특정 목적에 의한 자기주식의 취득에 관하여 규정하고 있는데, 이는 배당가능이익을 그 재원으로 하지 않는다.[225] 각 경우는 그 속성상 자기주식의 취득이 불가피하고, 각각의 절차를 진행하는 과정에서 사실상 자기주식의 취득에 따른 폐해가 차단된다는 점을 고려한 것이다. 현재 상법과 특별법 및 해석상 회사가 취득재원의 규제 없이 자기주식을 취득할 수 있는 경우는 다음과 같다.

(나) 상법상 허용 : 상법 제341조의2는 회사가 취득재원(배당가능이익)의 규제를 받지 아

224) 이철송, 417면.

225) 현행 상법 제341조의2는 개정 전 상법 제341조가 자기주식 취득제한의 예외로 규정하였던 사항 중 주식을 소각하기 위한 때(제1호)만 삭제하고 그 나머지를 가져온 것이다. 개정 전 상법상 「주식을 소각하기 위한 때」란 자본금 감소에 의한 소각과 이익소각 및 상환주식의 상환을 의미하였는데, 개정상법은 이 중 이익소각을 삭제하였고 자본금 감소에 의한 소각과 상환주식의 상환은 각각의 근거 규정에 따라 이루어지므로 굳이 자기주식 취득의 예외로서 규정할 필요가 없었기 때문이다.

니하고 자기주식을 취득할 수 있는 4가지 경우를 규정하고 있고, 제341조의3은 일정한 범위에서 회사가 자기주식을 질권의 목적으로 받을 수 있도록 규정하고 있다.

(ㄱ) 회사의 합병 또는 다른 회사의 영업전부의 양수로 인한 경우(제1호) : 회사의 합병에서 소멸회사가 가진 재산 중에 존속회사의 주식이 포함되어 있으면 결국 존속회사가 자기주식을 취득하게 되고, 존속회사가 소멸회사의 주식을 가지고 있는 경우에도 이 주식에 대하여 합병비율에 따른 존속회사의 주식이 배정되므로 역시 존속회사가 자기주식을 취득하게 된다. 그리고 영업 전부의 양도에 있어서 양도목적인 영업재산에 양수회사의 주식이 포함되어 있으면 결국 양수회사가 자기주식을 취득하게 된다.

(ㄴ) 회사의 권리를 실행함에 있어서 그 목적달성을 위해 필요한 경우(제2호) : 회사가 권리의 실행을 통해 자기주식을 취득하는 경우인데, 채무자에게 회사 주식 외에 다른 재산이 없어 당해 주식을 대물변제로 받는 것이 전형적인 예이다. 즉 자기주식을 제외한 채무자의 무자력이 자기주식 취득의 허용요건이다. 그렇지만 채무자가 무자력이라도 회사가 경매절차를 통해 자기주식을 취득하는 것은 허용되지 않는다.[226)]

(ㄷ) 단주의 처리를 위하여 필요한 경우(제3호) : 주주가 회사로부터 원시취득한 주식에 단주가 있으면 회사는 이를 환가하여 금전으로 주주에게 지급해야 하므로, 회사가 일시적으로 단주를 자기주식으로 취득하게 된다. 다만 이는 통상의 신주발행이나 전환주식과 전환사채의 전환 및 신주인수권부사채권자의 신주인수권 행사로 인한 신주발행처럼 단주의 처리방법이 법정되어 있지 아니한 경우에만 적용된다. 자본금 감소, 합병, 준비금의 자본금 전입 및 주식배당의 경우에는 단주의 처리방법이 이미 법정되어 있기 때문이다(상법 제443조 제1항, 제461조 제2항, 제462조의2 제3항, 제530조 제3항).

(ㄹ) 주주가 주식매수청구권을 행사한 경우(제4호) : 정관에 의한 주식양도 제한에서 이사회로부터 승인 거부의 통지를 받은 양도인이나 양수인은 회사에 대하여 주식매수를 청구할 수 있는데, 이 경우에 회사는 2개월 내에 그 주식을 매수해야 하므로 결국 자기주식을 취득하게 된다(상법 제335조의2 제4항, 제335조의6, 제335조의7 제2항). 그리고 주식의 포괄적 교환이나 이전, 영업양도 등, 합병, 분할 등의 승인결의에 반대하는 주주가 주식매수청구권을 행사하는 경우에도 회사는 자기주식을 취득하게 된다(상법 제360조의5, 제360조의22, 제374조의2, 제522조의3, 제530조의11 제2항).

---

226) 이와 관련하여 판례는 자기주식이 경매될 때 회사가 그 주식을 경락받는 것은 상법 제341조의2 제2호에 포함되는 것으로 보고 있다(대법원 1977. 3. 8. 선고 76다1292 판결). 그러나 이는 회사가 새롭게 유상으로 자기주식을 취득하는 것이므로 입법 취지상 금지된다고 보아야 한다.

(ㅁ) 질 취 : 회사는 발행주식총수의 20분의 1의 범위 내에서 자기주식을 질권의 목적으로 받을 수 있다(상법 제341조의3 본문). 다만 합병에서 존속회사가 소멸회사가 가지고 있던 자기주식에 대한 질권을 승계하는 경우, 다른 회사의 영업 전부를 양수함으로 인해 양도회사가 가지고 있던 양수회사의 주식에 대한 질권을 승계하는 경우, 회사가 권리를 실행함에 있어 그 목적 달성을 위해 필요한 경우에는 예외적으로 그 한도를 초과하여 자기주식을 질권의 목적으로 할 수 있다(상법 제341조의3 단서).

(ㅂ) 소 결 : 상법은 제341조의2의 표제를 개정 전의 「주식매수선택권부여목적 등의 자기주식 취득」에서 「특정 목적에 의한 자기주식의 취득」으로 변경한 후 일정한 경우에는 상법 제341조에 관계없이 자기주식을 취득할 수 있도록 규정하고 있다. 즉 기존의 금지예외사유 중 「주식을 소각하기 위한 때」와 「주식매수선택권을 부여하기 위한 때」를 제외하고 있다. 전자의 경우에는 상법이 이익소각을 폐지하였고 자본금 감소와 상환주식의 경우에는 그 각각의 규정에 따라 행해지므로 예외로서 열거할 필요가 없다고 보았기 때문이지만, 후자의 경우에는 그 타당성은 물론 실무에서의 재무관리상 편의성 제고에 얼마나 도움이 될지 의문이다. 따라서 입법적 재고가 필요하다.

(ㄷ) 특별법상 허용 : ① 자본시장법에 의해 상장회사는 배당가능이익(상법 제462조 제1항)의 한도 내에서 자유롭게 자기주식을 취득할 수 있다(동법 제165조의3 제1항, 제2항). 이는 상장회사의 경영권 안정을 도모해 주기 위해 마련된 것이지만, 그 타당성은 여전히 의문이다. 경영자가 회사의 자금으로 경영권을 안정시킨다는 것은 불공정하기 때문이다. ② 벤처기업육성에 관한 특별조치법은 상장회사가 아닌 벤처기업에 대하여 전략적 제휴를 목적으로 정관에 규정을 두어 자기주식을 다른 회사의 주식 10% 이상 보유한 주요주주나 다른 벤처기업과 교환하여 소유하는 것을 허용하고 있다(벤처기업법 제15조 제1항). 다만 각 당사회사는 각각 주주총회의 특별결의를 얻어 주식교환계약을 체결해야 하고, 배당가능이익의 범위 내에서만 자기주식을 취득해야 하며(동법 제15조 제2항, 제3항), 반대주주의 주식매수청구권을 보장해야 한다(동법 제15조의2).

(ㄹ) 해석상 허용 : 상법이 자기주식의 취득을 원칙적으로 금지하는 입법취지를 고려하더라도 다음과 같은 경우에는 자기주식의 취득을 허용해야 한다. 즉 ① 회사가 무상으로 자기주식을 취득하는 경우, ② 위탁매매업자가 위탁자의 계산으로 자기주식을 매수하는 경우, ③ 신탁회사가 자기주식의 신탁을 인수하는 경우 등이다. 이런 경우에는 자기주식의 취득이 회사의 자본적 기초를 위태롭게 하지 않기 때문이다.

> **참고판례** **자기주식의 취득규제와 그 예외(대법원 2006. 10. 12. 선고 2005다75729 판결)** : [1] 상법은 주식회사가 자기의 계산으로 자기주식을 취득하는 것을 원칙적으로 금지하면서, 예외적으로 일정한 경우에만 그 취득이 허용되는 것으로 명시하고 있다. 따라서 상법 제341조, 제341조의2, 제342조의2 또는 증권거래법 등이 명시적으로 이를 허용하고 있는 경우 외에는, 회사의 자본적 기초를 위태롭게 하거나 주주 등의 이익을 해한다고 할 수 없는 것이 유형적으로 명백한 경우가 아닌 한 자기주식의 취득은 허용되지 아니하고, 위와 같은 금지규정에 위반하여 회사가 자기주식을 취득하거나 취득하기로 하는 약정은 무효이다(대법원 2003. 5. 16. 선고 2001다44109 판결 등 참조). [2] 주식회사가 자기주식을 취득할 수 있는 경우로서 상법 제341조 제3호가 규정하고 있는 '회사의 권리를 실행함에 있어 그 목적을 달성하기 위하여 필요한 때'라 함은 회사가 그 권리를 실행하기 위하여 강제집행, 담보권의 실행 등을 함에 있어 채무자에게 회사의 주식 이외에 재산이 없을 때 회사가 자기주식을 경락 또는 대물변제로 취득하는 경우 등을 말한다(대법원 1977. 3. 8. 선고 76다1292 판결).

4) 위법한 자기주식 취득의 효력

㈎ 위법한 취득유형 : 2011년에 개정되기 전의 상법에서는 제341조가 열거한 사항(① 주식을 소각하기 위한 때, ② 회사의 합병 또는 다른 회사의 영업전부의 양수로 인한 때, ③ 회사의 권리를 실행함에 있어 그 목적을 달성하기 위하여 필요한 때, ④ 단주의 처리를 위하여 필요한 때, ⑤ 주주가 주식매수청구권을 행사한 때)이 아닌 다른 목적을 위한 자기주식의 취득이 위법한 취득의 대표적인 유형이었지만, 현행 상법에서는 다양한 위법유형을 생각할 수 있다. 즉 ① 제341조의2에서 열거하지 아니한 목적을 위하여 취득하는 경우, ② 배당가능이익이 없음에도 불구하고 취득하는 경우, ③ 주주총회나 이사회의 결의 없이 취득하는 경우, ④ 자기주식의 취득에 관한 주주총회나 이사회의 결의내용이 적법하지 아니한 경우, ⑤ 제341조 제1항 제1호와 제2호가 열거하지 아니한 방법으로 취득하는 경우, ⑥ 주식평등의 원칙에 반하여 취득하는 경우, ⑦ 취득가격이 현저히 불공정하여 회사의 자본충실을 해하는 경우 등을 들 수 있다.

㈏ 관계자의 책임 : 자기주식의 취득에 위법한 사항이 있는 경우에 그에 관여한 이사·집행임원·감사 등에게는 위법한 내용에 따라 벌칙이 적용될 수 있고(상법 제625조, 제625조의2), 그로 인해 회사에 손해가 발생하면 이사 등이 회사에 대하여 연대하여 배상책임을 진다(상법 제399조 제1항). 한편 회사가 주주들의 주식매도기회를 차별한 때에는 기회를 얻지 못한 주주들이 이사 등에게 제401조에 의한 책임을 물을 수도 있다.

㈐ 채권행위의 효력 : 회사가 자기주식을 취득하는 때에는 일반적으로 그 원인행위로서 주주와 매매·교환 등의 채권적 합의를 하는데, 이는 강행법규에 반함은 물론 이행 불가

능한 것을 목적으로 하므로 무효이다. 같은 맥락에서 회사가 자기주식을 취득해야만 이행할 수 있는 계약의 경우에도 강행법규의 위반 또는 원시적 불능으로서 무효이다. 다만 회사가 임원에게 자기주식을 공로주로 교부하기로 한 후 특정한 주주에게 대가를 지급하고 당해 임원에게 주식을 양도하게 하는 것처럼 회사가 자기주식을 직접 취득하지 않고 제3자를 통해 취득하여 이행하도록 하는 약정은 유효하다.[227]

㈑ 취득행위의 효력 : 회사가 상법 제341조와 제341조의2 및 제341조의3에 위반하여 자기주식을 취득하거나 질취한 경우의 효력에 대해서는 견해가 나뉜다. 즉 ① 자기주식의 취득은 상대방(양도인)의 선의·악의를 불문하고 무효라는 견해(무효설),[228] ② 상법 제341조는 일종의 명령적 규정이므로 회사가 그에 위반하였을 때에는 이사 등의 책임을 추궁하는 데에만 그치고 취득 그 자체의 효력에는 영향이 없다는 견해(유효설),[229] ③ 원칙적으로는 무효이나 회사가 타인명의로 취득한 경우에는 상대방이 선의인 한 유효라는 견해(부분적 무효설),[230] ④ 자기주식의 취득은 양도인의 선의·악의를 묻지 않고 무효이나 선의의 제3자(전득자, 압류채권자 등)에게는 대항하지 못한다는 견해(상대적 무효설)[231]가 있다. 판례는 ①의 입장이고, 자기주식의 취득을 화해의 내용으로 한 경우에는 그 화해조항도 무효라고 판시하고 있다.[232] 생각건대 ①설에 의하면 자기주식 취득의 폐단은 규제할 수 있으나 거래의 안전을 해하게 되고, ②설에 의하면 거래의 안전을 기할 수는 있으나 상대방이 악의라도 자기주식의 취득이 유효하게 되어 부당하며, ③설에 의하면 회사가 타인명의로 자기주식을 취득하는 경우에는 상대방의 악의를 증명하지 못하는 한 대부분이 유효하게 되는 불합리함이 발생한다. 따라서 자기주식의 취득규제에 관한 입법취지를 고려하여 회사가 위법하게 자기주식을 취득한 경우에는 양도인의 선의·악의에 관계없이 무효로 보되, 전득자나 압류채권자 등 선의의 제3자가 개입된 때에는 거래안전의 보호를 위해서 그에게 무효로써 대항할 수 없다고 보는 것이 바람직하다.

---

227) 대법원 1963. 5. 30. 선고 63다106 판결(회사가 자기회사의 주식을 어떤 사람에게 공로주로 주기로 약정하였다 하더라도 반드시 회사가 자기주식을 취득하지 아니하면 위 약정을 이행할 수 없는 것은 아니고 회사가 주주인 제3자에게 대가를 지불하고 제3자로부터 직접 위 사람에게 주식을 양도케 할 수도 있는 것이므로 위 약정이 강행법규에 반하거나 원시적으로 이행이 불능한 것이라고 볼 수 없다).

228) 김동훈, 178면; 김정호, 238면; 서돈각/정완용, 373면; 송옥렬, 882면; 장덕조, 188면; 정동윤, 496면; 정찬형, 787면; 최기원, 362면; 최준선, 310면.

229) 서헌제, 238면; 채이식, 639면.

230) 강위두/임재호, 626면; 김건식/노혁준/천경훈, 692면; 임홍근, 259면.

231) 이철송, 421면.

232) 대법원 2021. 10. 28. 선고 2020다208058 판결; 대법원 2003. 5. 16. 선고 2001다44109 판결; 대법원 1964. 11. 12.자 64마719 결정.

> **참고판례** **회사와 주주의 주식매수약정에 의한 자기주식 취득행위의 효력(대법원 2021. 10. 28. 선고 2020다208058 판결)** : 2011. 4. 14. 법률 제10600호로 개정되어 2012. 4. 15.부터 시행된 개정 상법은 종래 자기주식 취득을 엄격히 불허하였던 것에서 이를 완화하여, 제341조에서 회사가 배당가능이익의 한도 내에서 거래소에서 취득하는 방법 등으로 자기의 명의와 계산으로 자기주식을 취득할 수 있도록 허용하고, 제341조의2에서는 각호에서 규정한 특정한 목적이 있는 경우에는 구 상법과 마찬가지로 배당가능이익이나 취득 방법 등의 제한 없이 자기주식을 취득할 수 있도록 허용하면서, 제4호에서 주주가 주식매수청구권을 행사한 경우를 들고 있다. 따라서 개정 상법 제360조의5 제1항, 제374조의2 제1항, 제522조의3 제1항 등에 따라 주주가 주식매수청구권을 행사하는 경우에는 개정 상법 제341조의2 제4호에 따라 회사가 제한 없이 자기주식을 취득할 수 있으나, 회사가 특정 주주와 사이에 특정한 금액으로 주식을 매수하기로 약정함으로써 사실상 매수청구를 할 수 있는 권리를 부여하여 주주가 그 권리를 행사하는 경우는 개정 상법 제341조의2 제4호가 적용되지 않으므로, 개정 상법 제341조에서 정한 요건하에서만 회사의 자기주식취득이 허용된다. 다만 이와 같이 개정 상법이 자기주식취득 요건을 완화하였다고 하더라도 여전히 법이 정한 경우에만 자기주식취득이 허용된다는 원칙에는 변함이 없고 따라서 위 규정에서 정한 요건 및 절차에 의하지 않은 자기주식취득 약정은 효력이 없다.

(3) 자기주식의 처분규제

1) 규제원칙

과거에는 회사가 예외적으로 자기주식을 취득하더라도 지체없이 또는 상당한 기간 내에 처분해야 했는데(의무성), 현행 상법은 자기주식의 처분을 강제하지 않고 보유기간도 제한하지 않아 회사가 자기주식을 이른바 「금고주」로 활용할 수 있게 되었다. 그런데 자본시장법에 근거한 금융위원회의 증권발행공시규정 제5-1조는 이사회가 자기주식을 취득한 후 보유하고자 하는 예상기간을 정하도록 규정하고 있다. 생각건대 자기주식의 취득은 이미 처분이 예정된 배당가능이익을 그 전제로 하므로 취득한 자기주식을 어떻게 운용하느냐는 회사의 경영판단에 속하므로 자기주식의 처분에 관한 재량권을 이사회에 준 것은 충분한 의미가 있다. 그렇지만 경제적인 측면에서 볼 때 자기주식은 그 교환가치가 사실상 사장되는 것이므로 지나치게 장기적인 보유를 제도적으로 보장하는 것도 문제가 있다. 따라서 입법론적으로는 보유기간에 관한 제한을 둘 필요가 있다.

2) 규제내용

㈎ 처분의 주체 : 상법은 자기주식의 처분에 관한 일정한 사항(① 처분할 주식의 종류와 수, ② 처분할 주식의 처분가액과 대가의 지급일, ③ 주식을 처분할 상대방 및 처분방법)을 열거하면서 정관에 규정이 없는 것은 이사회가 결정한다고 규정하고 있다(상법 제342조). 일반적으로 장차 취득하게 될 자기주식의 처분에 관한 구체적인 내용을 정관에 규정하기는 어려우

므로, 자기주식의 처분은 결국 이사회가 결정하게 될 것이다. 물론 개정 전 상법에서도 자기주식의 처분은 통상적인 손익거래로 취급하여 이사회나 대표이사가 업무집행사항으로서 결정할 수 있다고 해석하였지만, 극히 예외적인 경우에만 자기주식의 취득이 허용되었다. 그런데 현행 상법에서는 배당가능이익의 범위 내에서 자유롭게 자기주식을 취득할 수 있으므로 자기주식의 처분주체로 이사회를 명시한 것은 자기주식의 재무관리적 활용도를 고려할 때 그 의의가 매우 크다고 할 수 있다.

㈏ 처분의 의미 : 상법상 자기주식의 처분이란 일반적으로 매각을 의미하고, 질권의 목적으로 받은 자기주식의 처분이란 질권의 행사 또는 양도를 의미한다. 그런데 자기주식의 처분과 관련하여 개정 전 상법은 회사에 대하여 처분의 의무성을 부과하고 있었음에 반해,[233] 현행 상법은 배당가능이익의 범위 내에서 취득한 자기주식이나 취득재원의 규제를 받지 아니하고 특정한 목적(① 회사의 합병 또는 다른 회사의 영업 전부의 양수로 인한 경우, ② 회사의 권리를 실행함에 있어 그 목적을 달성하기 위하여 필요한 경우, ③ 단주의 처리를 위하여 필요한 경우, ④ 주주가 주식매수청구권을 행사한 경우)에 의해 취득한 자기주식이나 모두 회사에 대하여 처분을 강제하지 않고 있다. 그리하여 회사는 취득한 자기주식을 금고주로 장기간 보유할 수 있게 되었다.

㈐ 처분의 요건 : 회사가 자기주식을 처분하려면 정관의 규정 또는 이사회의 결의로 ① 처분할 주식의 종류와 수, ② 처분할 주식의 처분가액과 대가의 지급일, ③ 주식을 처분할 상대방 및 처분방법을 정해야 한다(상법 제342조). 여기서 「처분가액」이란 회사가 자기주식을 제3자에게 매각하면서 받게 될 금액을 의미하는 것으로서 공정한 주식가치가 반영되어야 하고, 「대가의 지급일」이란 회사가 자기주식을 처분하는 날이 아니라 자기주식을 처분하고 제3자 등으로부터 그 처분대가를 수령하는 날을 의미하며, 「처분할 상대방」이란 구체적으로 자기주식의 매수인이 될 자를 의미하고, 「처분방법」이란 자기주식의 처분에 관한 매매계약 및 그 이행의 요령을 의미한다.

3) 쟁점사항

㈎ 자기주식의 포섭범위 : 상법 제342조는 회사가 보유한 자기주식을 처분하는 경우라고만 규정하고 있을 뿐 자기주식의 포섭범위는 규정하지 않고 있지 않다. 그리하여 자기주식의 취득규제와 연계하여 처분의 대상이 되는 자기주식을 배당가능이익으로 취득한 주식

233) 개정 전 상법은 회사가 예외적으로 취득한 자기주식 중 주식소각을 위한 경우에는 지체없이 주식실효절차를 밟도록 하였고, 그 외의 경우에는 상당한 시기에 주식을 처분하도록 강제하고 있었다(동법 제342조).

만을 의미하는 것으로 해석할 수 있는데, 이에 의하면 특정 목적으로 취득한 자기주식은 처분에 관한 규제가 없게 된다. 따라서 입법론적으로는 특정 목적에 의해 취득한 자기주식의 처분에 관한 규정을 두어야 하겠지만, 우선은 취득재원의 규제 여부에 상관없이 회사가 보유하고 있는 자기주식 모두가 포함되는 것으로 해석해야 한다.

(나) 자기주식의 처분방법 : 회사는 자기주식을 처분하거나 소각할 수 있는데, 여기서 처분이란 일반적으로 매각을 의미한다. 그렇다면 자기주식을 다른 용도로 처분할 수 없을까? 2011년 개정 상법은 상환주식의 상환(상법 제345조 제4항), 이익배당(상법 제462조의4), 합병교부금(상법 제523조 제4호)의 경우 현물로도 지급할 수 있도록 허용하고 있음을 고려할 때 자기주식을 이러한 용도에 사용하는 것도 가능하다고 해석함이 타당하다. 그리고 자기주식도 경제적 교환가치가 있으므로 담보로 제공할 수도 있다.

(다) 처분의 공정성 확보 : 상법상 자기주식의 처분에 관한 제한은 없다. 그런데 자기주식의 취득과 처분에 관계된 경제적인 폐해와 오남용의 위험성을 종합적으로 고려하면 자기주식의 처분에 있어서도 가격결정의 공정성과 상대방 선택의 공평성은 확보되어야 한다. 이 중 특히 중요한 것은 상대방 선택에서의 공정성인데, 가격결정의 불공정성은 자본충실의 원칙에 반하므로 이사의 책임을 추궁할 수 있지만, 상대방 선택에서의 불공정성은 자기주식의 취득주체가 누구이냐에 따라 기존의 기업지배구조에 중대한 변화를 초래할 수 있음에도 불구하고 이사의 책임을 추궁할 수 없기 때문이다. 따라서 이는 입법적으로 해결해야 하겠지만, 우선은 자기주식의 처분에 있어서도 모든 주주에게 공평한 매수의 기회를 부여하여 주식평등의 원칙을 준수하도록 해야 한다.

참고자료 삼성물산과 제일모직의 합병

(구)삼성물산의 이사회는 제일모직과의 합병과정에서 2015년 6월 10일에 자사주 8,990,557주(발행주식총수의 5.76%)를 그 날의 종가인 주당 75,000원에 장외거래방식으로 우호세력인 KCC에 처분하기로 결의한 후, 그 다음 날인 6월 11일에 매도하였다. 이와 관련하여 엘리엇은 삼성물산이 자사주를 KCC에 처분한 것의 무효를 주장하였는데, 그 논거는 다음과 같다. 즉 ① 자기주식의 처분은 기존주주들의 지분율을 감소시키는 점에서 신주발행과 유사하므로 다른 주주들에게도 매수의 기회를 주어야 하는데, 제일모직과 그 대주주인 삼성그룹 총수일가에게 유리한 방향으로 의결권이 행사되도록 할 목적으로 다른 주주들에게는 매수의 기회를 주지 않고 제일모직의 주식 10.19%를 보유한 주요주주인 KCC에만 일방적으로 매도하였으므로 주식평등의 원칙에 반하여 무효이다. ② 비록 신주발행에 관한 법리를 자기주식의 처분에 유추적용할 수 없다고 하더라도 다른 주주들에게 전혀 매수의 기회를 주지 않은 상태에서 특정 주주에게만 일방적으로 자기주식을 매도하여 기존주주들의 이익과 회사의 경영권 또는 지배권에 중대한 영향을 미치는 경우에는 주식처분에 관

련된 거래의 안전과 주주 및 그 밖의 이해관계인의 이익 등을 종합적으로 고려할 때 합리성과 상당성을 벗어난 것으로서 현저히 불공정하고 사회질서에 위반되므로 무효이다. 그런데 서울중앙지방법원(제1심)과 서울고등법원(제2심)은 모두 피보전권리에 대한 소명이 부족하다며 엘리엇의 신청을 기각하였는데(서울중앙지방법원 2015. 7. 7.자 2015카합80597 결정; 서울고등법원 2015. 7. 16.자 2015라20503 결정), 주된 논거는 다음과 같다. 즉 ① 신주발행은 자본금과 기존주주들의 지분비율에 직접적으로 영향을 주지만, 자기주식의 처분은 자본금과 기존주주들의 지분비율에 영향을 주지 않는다. ② 신주발행은 단체법적 법률행위인 자본거래이지만, 자기주식의 처분은 주식매매로서 손익거래이다. ③ 상법과 자본시장법은 신주발행에 관하여 요건과 절차 및 무효의 소 등에 관하여 규정하고 있지만, 자기주식의 처분에 대해서는 이사회가 일정한 사항을 정하여 처분하도록 규정하고 있을 뿐 신주발행에 관한 규정을 준용하고 있지 않다. ④ 회사가 자기주식을 보유하고 있는 동안에는 다른 주주들이 일시적으로 보유주식에 비해 증대된 의결권을 갖게 되지만, 이는 자기주식의 의결권을 제한한 상법 제369조 제2항의 반사적 이익에 불과하다. ⑤ 자기주식의 취득에 대해서는 상법과 자본시장법 및 증권의 발행 및 공시 등에 관한 규정이 장내매수 등 취득방법을 제한하고 있지만, 처분에 대해서는 방식을 제한하고 있지 않다. ⑥ 상장회사가 처분일 무렵에 공개시장에서 형성된 주가를 기준으로 자기주식의 처분대금을 산정하였다면 특별한 사정이 없는 한 합리적이라고 봄이 타당하다. ⑦ 자기주식의 처분에는 신주발행에 관한 법리가 유추적용되지 않으므로 회사는 주주들에게 먼저 매수기회를 부여할 필요 없이 처분목적에 적합한 상대방을 선정하여 처분할 수 있다. ⑧ KCC가 제일모직의 주요주주라는 사정만으로는 의결권 행사가 제한되는 상법 제368조 제4항상의 특별이해관계자로 볼 수 없다. ⑨ 상법과 자본시장법이 자기주식의 처분방법에 관하여 규정하고 있지 않음에도 불구하고 주주에게 매수기회를 부여하도록 하는 것은 오히려 회사의 자산처분권한을 부당하게 침해하는 결과를 초래한다. ⑩ 명문 규정이 없음에도 불구하고 자기주식의 처분에 신주발행에 관한 규정을 유추적용하여 그 효력을 부인하면 주식거래의 법적 안정성을 저해할 수 있다. ⑪ 주주는 회사재산에 대하여 사실상·경제상의 일반적·추상적인 이해관계만을 가질 뿐 구체적·법률적인 이해관계는 갖고 있지 않는데, 이는 회사가 자기주식의 매도계약을 체결하는 경우에도 마찬가지이므로, 엘리엇이 (구)삼성물산과 KCC 간의 주식매매계약의 무효확인을 구할 이익이 없다. ⑫ 자기주식의 처분목적 등을 종합하면 대표이사 및 이사들이 선관주의의무나 충실의무를 위반하였다고 인정하기 어렵다.[234]

㈑ 자회사가 취득한 모회사 주식의 처분 : 자회사는 원칙적으로 모회사의 주식을 단 1주도 취득할 수 없지만, ① 주식의 포괄적 교환·이전, 회사의 합병, 다른 회사의 영업 전부의 양수로 인한 때, ② 회사의 권리를 실행함에 있어 그 목적을 달성하기 위하여 필요한 때에는 예외적으로 모회사의 주식을 취득할 수 있다(상법 제342조의2 제1항). 다만 자회사는 모회사의 주식을 취득한 날로부터 6월 내에 처분해야 한다(상법 제342조의2 제2항). 한편 상법은 모자관계에 있는 회사에서 자회사가 흡수합병을 하는 다른 회사의 주주에게 합병교부금을 지급하는 때에는 금전 외에 현물로도 지급할 수 있도록 하면서, 이 경우에는 예외적으로 자

234) 이 사건에 관한 자세한 분석 및 논평은 정준우, "삼성물산과 엘리엇간의 소송상 쟁점사항과 그에 관련된 현행 법제의 문제점 검토", 1518~1540면 참조.

회사가 그 지급을 위하여 모회사의 주식을 사전에 취득할 수 있도록 허용함으로써 사실상 「삼각합병」을 허용하고 있다. 이와 관련하여 그동안 상법은 자회사가 삼각합병을 위해 취득한 모회사의 주식 중 합병 후에도 계속 보유하고 있는 주식의 처분기간에 대한 제한을 두지 않았지만, 2015년 개정을 통해 합병의 효력이 발생하는 날부터 6월 내에 처분하도록 규정하였다(상법 제523조의2 제1항, 제2항).

(4) 자기주식의 지위

1) 규제내용 : 자기주식의 지위와 관련하여 상법 제369조 제2항은 "회사가 가진 자기주식은 의결권이 없다."라고 규정하고 있다. 그리고 자기주식은 의결정족수의 계산에 있어서 발행주식총수에 포함되지 않는다(상법 제371조 제1항). 이처럼 상법은 자기주식의 지위와 관련하여 자익권인 의결권을 행사할 수 없다고만 규정하고 있지만, 소수주주권 등 공익권의 경우에도 그 성질상 자기주식에는 인정될 수 없다는 것이 정설이다.

2) 쟁점사항 : 의결권을 제외한 자익권의 경우에는 다소 논란이 있다. 즉 다수설은 모든 자익권이 휴지된다고 해석하지만, 일부 학설이 이익배당청구권과 잔여재산분배청구권 등은 인정해야 한다고 주장하기 때문이다. 생각건대 ① 자기주식에 이익배당청구권을 인정하게 되면 결국 회사가 자기주식에 대해서도 배당을 해야 하는데, 이는 사실상 배당금을 사내에 유보하는 것과 같을 뿐만 아니라, 가공자본에 대한 배당이 된다. 자기주식의 취득은 사실상 출자의 환급이기 때문이다. 따라서 이익배당이든 주식배당이든 자기주식에 대해서는 허용하지 않는 것이 타당하다. ② 잔여재산분배청구권의 경우에도 자기주식을 전제로 곧 소멸할 회사가 취득한다는 것은 무의미하므로 허용하지 않는 것이 타당하다. ③ 자기주식에 신주인수권을 인정할 것인지에 대해서는 견해의 대립이 있다. 즉 ⓐ 통상적인 신주발행은 물론 준비금의 자본전입에 따른 신주발행에 대해서도 자기주식의 신주인수권을 인정하는 견해,[235] ⓑ 준비금의 자본전입에 따른 신주발행에 대해서만 신주인수권을 인정하는 견해[236]가 있다. 그런데 자기주식에 대하여 신주인수권을 인정하게 되면 자기주식의 증대를 초래하면서 사실상 허구자본에 대한 출자가 되고, 준비금의 자본금 전입은 그 실질이 이익배당과 같은 잉여금의 처분이다. 이런 점을 고려할 때 자기주식에 대해서는 어떠한 경우이든 신주인수권을 부여하지 않는 것이 타당하다.[237]

---

235) 서돈각/정완용, 447면; 채이식, 641면.

236) 이범찬/임충희/이영종/김지환, 195면; 정경영, 367면; 최기원, 359면; 최준선, 314면.

237) 권기범, 633면; 김정호, 240면; 송옥렬, 882면; 이철송, 430면; 장덕조, 188면; 정동윤, 495면; 정찬형, 788면.

4. 상호주의 규제

(1) 입법 취지

상법상 합명회사를 제외하고는 어떠한 유형의 회사이든지 2개 이상의 회사가 서로 상대방 회사에 대하여 출자를 할 수 있는데, 이를 일반적으로 「상호자본참가」 또는 「상호출자」라고 한다. 그렇지만 실제로는 대부분의 출자가 주식회사를 전제로 이루어지고 있고, 이 경우에 회사가 소유하는 상대방 주식을 「상호주」라고 한다. 한편 상호주란 좁게는 2개의 독립된 회사가 서로 상대방 회사에 대하여 출자하고 있는 상태를 말하지만(단순상호주), 넓게는 3개 이상의 회사가 연계되어 순환적 출자관계를 형성하고 있는 경우(고리형 상호주) 등도 포함한다. 이러한 상호주는 최소한의 자본으로 강력한 기업결합의 효과를 창출하는데, 이로 인해 우리나라에서는 계열기업의 확장이나 경영권의 안정성 확보 등을 위해 상호주를 많이 활용해 왔다. 그런데 상호주의 소유관계는 본질적으로 자기주식의 취득으로서 사단성을 파괴하고, 회사의 지배구조를 왜곡하며, 자본충실을 저해하는 문제점도 함께 내포하고 있다.[238] 그리하여 상법은 상호주의 소유규제에 관한 규정을 두고 있는데,[239] 그 특징은 상호주의 유형 중 단순상호주만을 그 전제로 하여 모자회사관계와 비모자회사관계로 구분하여 규제하고 있다는 점이다([표 12] 참조).

(2) 모자회사의 상호주 규제

1) 인정기준 : 두 회사가 어떠한 관계에 있을 때 모자회사로 인정하느냐는 것은 입법정책상 매우 중요하다. 모자회사 관계가 인정되면 자회사는 모회사의 주식을 취득할 수 없을 뿐만 아니라, 임원의 자격(상법 제382조 제3항, 제411조), 의결권의 행사(상법 제369조 제3항), 자기거래의 제한(상법 제398조 제4호) 등 각종 행위규제에 있어서 그 대상을 파악하는 기준이 되기 때문이다. 이와 관련하여 상법은 다른 회사(B)의 발행주식총수의 100분의 50을 초과하는 주식을 가진 회사(A)를 「모회사」, 그 다른 회사를 「자회사」로 보고 있다(상법 제342조의2 제1항 본문). 이처럼 상법은 「발행주식총수」의 100분의 50을 기준으로 하여 모자회사 관계를 설정하고 있는데, 문제는 의결권 없는 주식의 경우에는 사실상 회사지배와 무관하

238) 이에 관한 자세한 내용은 이철송, 432~433면 참조.

239) 참고로 ① 독일의 경우 일정한 종류의 회사가 상호간에 자본의 4분의 1을 초과하는 지분을 가지고 있으면 이를 상호출자기업이라고 하고(AktG §19 Abs.1), 자본의 4분의 1을 초과하는 지분을 취득한 때에는 상대방 회사에 대한 통지의무를 부과하며(AktG §21 Abs.1 Satz 1), 통지의무의 이행 여부 및 상호출자사실의 지득 여부에 따라 상대방 회사에 대한 권리행사를 제한한다(AktG §328). ② 프랑스의 경우 어느 회사(A)가 다른 회사(B)에 대하여 10%를 초과하는 출자를 하면 B회사에 대하여 출자사실을 통지해야 하는데(C. com. Art. L. 233－6), 이 경우 B회사는 A회사의 주식을 취득하지 못한다(C. com. Art. L. 233－29, al.1).

[표 12] 상호주의 대표적 유형

유 형	출자관계
단순상호주	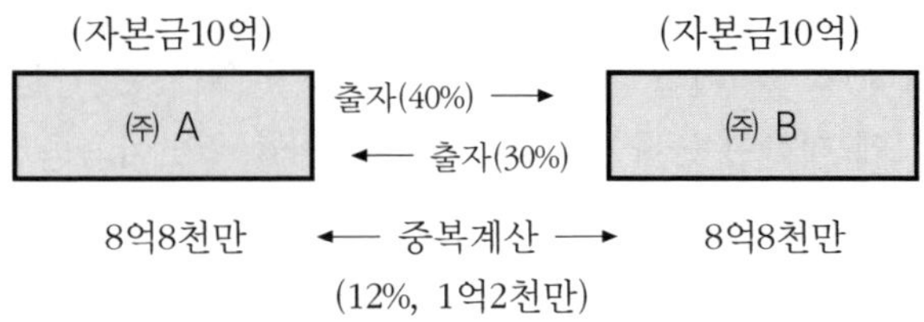
고리형(순환형) 상호주	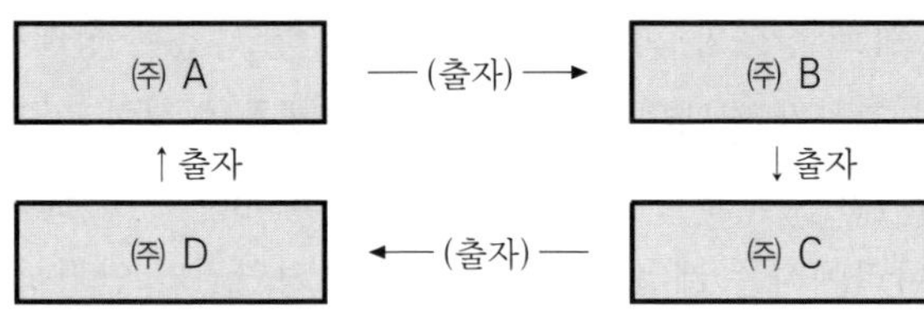
행렬식 상호주	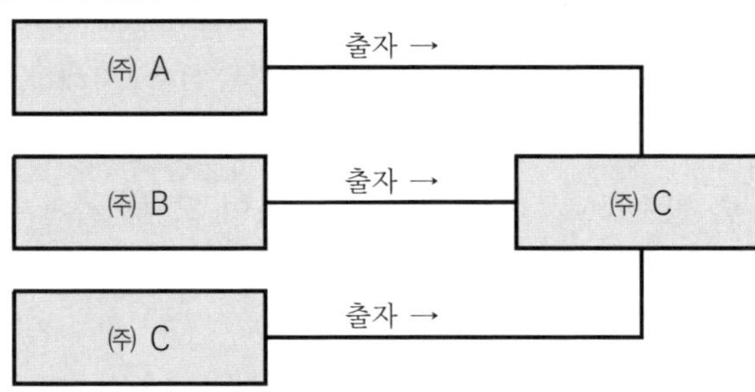

다는 점이다. 따라서 입법론적으로는 「의결권 있는 발행주식총수」를 기준으로 하여 모자회사 관계를 정하는 것이 바람직하다. 한편 다른 회사의 발행주식총수의 100분의 50을 초과하는 주식을 모회사 및 자회사 또는 자회사가 가지고 있는 경우 그 다른 회사는 모회사의 자회사로 본다(상법 제342조의2 제3항).

2) 규제내용 : 모자회사 관계가 인정되면 자회사(B)는 모회사(A)의 주식을 단 1주도 취득할 수 없다(상법 제342조의2 제1항 본문). 그리고 명문 규정은 없지만, 자기주식의 취득규제에서와 마찬가지로 누구의 이름으로 취득하든 자회사의 계산으로 취득하는 한 금지된다고 보아야 한다.[240] 이 경우 명의개서 여부는 묻지 않는다.[241] 그런데 질권의 취득에 대해서는 견해의 대립이 있다. 즉 ① 취득규제에 관한 명문 규정이 없으므로 자회사는 모회사의 주식을 질권의 목적으로 취득할 수 있다는 견해,[242] ② 자회사가 모회사의 주식을 질권의

240) 권기범, 644면; 이철송, 436면; 최기원, 369면.
241) 서돈각/정완용, 378면; 이철송, 436면.
242) 권기범, 644면; 손주찬, 666면; 이기수/최병규, 307면; 정동윤, 499면; 최준선, 307면.

목적으로 취득하는 것은 자기주식의 질취와 동질적이므로 상법 제341조의3의 적용을 받는다는 견해[243]가 있다. 생각건대 상호주의 소유관계는 실질적으로 자기주식의 취득과 같고, 자기주식의 취득에서는 질취의 경우에도 원칙적으로 금지하고 있다. 따라서 상법에 명문 규정이 없다고 하더라도 자회사가 모회사의 주식을 질취하는 경우는 당연히 제341조의3의 적용대상에 포함된다고 해석하는 것이 합리적이다.

3) 적용예외 : 원칙적으로 자회사는 모회사의 주식을 단 1주도 취득할 수 없지만, 예외적으로 ① 주식의 포괄적 교환·이전과 회사의 합병 또는 다른 회사의 영업 전부의 양수로 인한 때, ② 회사의 권리를 실행함에 있어 그 목적을 달성하기 위하여 필요한 경우에는 자회사가 모회사의 주식을 취득할 수 있다(상법 제342조의2 제1항 제1호, 제2호). 다만 이 경우 자회사는 그 취득일로부터 6월 내에 모회사 주식을 처분해야 한다(상법 제342조의2 제2항). 그렇다면 자회사가 취득 후 6월이 경과하도록 모회사 주식을 처분하지 아니한 경우에는 어떻게 하는가? 이와 관련하여 통설은 자기주식에서와 마찬가지로 자회사가 모회사 주식을 처분할 때까지는 당해 주식에 관한 모든 권리행사가 휴지된다고 해석한다. 한편 신탁회사 또는 회사인 위탁매매인이 그 영업상 모회사의 주식을 취득하는 경우도 자기주식의 취득규제에서와 같이 허용된다고 보아야 한다.

4) 삼각합병 : 2011년 개정 상법은 제523조 제4호에서 현물에 의한 합병교부금의 지급이 가능하도록 규정하고 있고, 제523조의2에서는 현물에 의한 합병교부금에는 모회사의 주식도 포함될 수 있음을 전제로 하여 존속회사로 하여금 모회사 주식의 취득을 허용하고 있다. 즉 원칙적으로 자회사는 모회사의 주식을 단 1주도 취득할 수 없지만(상법 제342조의2), 합병교부금의 용도로 사용하는 때에는 예외적으로 취득이 허용되는 것이다. 그리하여 미국에서 흔히 활용되어 온 「삼각합병」이 상법에서도 가능하게 되었다. 그런데 합병교부금으로서의 모회사 주식은 합병의 효력 발생과 동시에 지급되어야 하므로, 그 취득은 합병을 예정하고 이루어지는 사전취득이 된다. 그리하여 구체적으로 어느 시기에 취득할 수 있는지에 대한 의문이 제기되는데, 문제는 삼각합병이 자회사가 모회사의 주식을 취득하지 못하도록 규제하는 상법 규정의 탈법적 수단으로 활용될 가능성이 크다는 점이다. 따라서 자회사가 취득하는 모회사 주식의 용도가 분명해지는 시기, 즉 합병계약의 체결 이후에 취득할 수 있는 것으로 해석하는 것이 타당하다.

5) 위반효과 : 상법상 허용되는 경우를 제외하고 자회사가 모회사의 주식을 취득한 경우의 효력에 대한 일반적인 견해는 자기주식의 취득에서와 동일하다. 즉 무효설, 유효설, 부

---

243) 이철송, 436면; 최기원, 406면.

분적 무효설 및 상대적 무효설의 대립이 있는데, 자기주식의 취득규제에서 언급한 것과 같은 이유에서 상대적 무효설이 타당하다. 즉 자회사가 모회사의 주식을 취득하는 것은 상대방의 선의·악의를 불문하고 무효이지만, 이를 가지고 전득자 등과 같은 선의의 제3자에 대해서는 대항할 수 없다. 한편 자회사는 상법 규정을 위반하여 취득한 모회사 주식에 관하여 의결권을 행사할 수 없고, 자회사가 상법 규정을 위반하여 모회사의 주식을 취득하거나 취득한 후 처분하지 아니한 때에는 자기주식의 취득규제에서와 마찬가지로 이사와 감사에게 일정한 벌칙이 적용된다(상법 제625조의2).

(3) 비모자회사의 상호주 규제

1) 인정기준 : 어느 회사(A)가 다른 회사(B)의 발행주식총수의 10분의 1을 초과하는 주식을 가지고 있는 경우에 A회사를 「참가회사」, B회사를 「피참가회사」라고 한다. 이 경우 만약 참가회사의 자회사(AA)나 손회사(AAA)가 피참가회사의 주식을 소유하고 있다면 그 모두를 합산하여 참가회사의 소유주식수로 계산해야 한다. 상법 제342조의2 제3항이 손회사도 모회사의 자회사로 규정하고 있기 때문이다. 한편 참가회사가 소유한 피참가회사의 주식은 발행주식총수의 100분의 50 이하여야 한다. 만약 이를 초과하여 소유하게 되면 참가회사와 피참가회사의 관계가 모자회사 관계로 변하기 때문이다.

2) 규제내용 : 비모자회사 관계에서 피참가회사가 가진 참가회사의 주식은 의결권이 없는데, 이와 관련하여 논의되는 주요 쟁점은 다음과 같다. 즉 ① 피참가회사가 가진 참가회사의 주식은 발행주식총수의 10분의 1 이하여야 한다. 만약 피참가회사가 참가회사의 주식 10분의 1을 초과하여 취득하게 되면 서로 참가회사인 동시에 피참가회사가 되어 상호간에 의결권을 행사하지 못하기 때문이다.[244] 이 경우 취득의 선후는 불문한다. ② 피참가회사의 자회사나 손회사가 참가회사의 주식을 가지고 있는 경우에는 참가회사에서와 마찬가지로 이를 모두 피참가회사의 소유주식수로 계산해야 한다.[245] ③ 모자회사 관계의 상호주 규제

244) 예를 들어 1997년에 ㈜중원이 ㈜레이디가구의 경영권 매수를 선언하며 주식 10.97%를 취득하자, ㈜레이디가구는 ㈜중원이 소유하고 있는 주식의 의결권을 소멸시키기 위하여 ㈜중원의 주식을 10% 이상 취득하였다. 그 결과 쌍방 모두 의결권을 행사할 수 없게 되었고, 결국 양 회사는 합의하에 소유주식을 모두 처분하였다.

245) 이 경우 자회사를 포함하여 피참가회사가 가진 참가회사의 주식에 대해서는 의결권을 행사할 수 없다. 그리하여 이를 회피하기 위한 편법이 사용되는데, 대표적으로 [한라건설－만도] 사례를 들 수 있다. 당시 한라건설은 특수관계자와 함께 만도의 주식 30%를 보유하고 있었으나 만도의 출자가 필요하였다. 그렇지만 상호주 규제가 문제되자, 만도가 100% 자회사인 마이스타에 출자하고, 마이스타가 다시 한라건설에 출자하여 15%의 지분을 갖게 되었다. 그렇지만 이 역시 상호주로서 모두 의결권을 행사할 수 없게 되자, 결국 마이스타를 유한회사로 조직변경을 하였다. 상법상 상호주 규제는 주식회사를 그 전제로 하기 때문이다.

에서와 같이 발행주식총수의 10분의 1 이상이란 요건은 의결권 있는 주식을 그 기준으로 해야 한다. 상법상의 규제는 주식의 취득을 금지하는 것이 아니라, 의결권 행사를 제한하는 데 중점을 두고 있기 때문이다. 이 점 명백한 입법적 불비이므로 보완이 필요하다. ④ 참가회사와 피참가회사의 주식소유상황을 파악하는 것은 피참가회사의 의결권 행사를 차단하기 위한 것이므로 참가회사와 피참가회사의 주식소유상황은 주주총회일을 기준으로 하여 산출해야 한다.[246] 이와 관련하여 판례는 주주총회일 현재의 주주명부가 아닌 실제의 보유현황을 기준으로 하여 주주 여부를 판단하고 있는데,[247] 그 타당성은 여전히 의문이다. 이러한 판단은 법적 안정성을 저해할 뿐만 아니라, 사실상 주주에 관한 판단에 있어서 이중잣대를 사용하는 것이기 때문이다.[248]

3) 규제효과 : 비모자회사 관계에서 피참가회사가 가진 참가회사의 주식은 의결권 없으므로, 참가회사는 피참가회사에 대하여 주주총회의 소집통지를 할 필요도 없다. 그리고 피참가회사는 의결권만이 아니라, 의결권을 전제로 한 다른 권리(예: 소수주주권)도 행사할 수 없다. 또한 피참가회사의 소유주식은 참가회사의 주주총회결의에 있어서 정족수 계산에서 제외된다(상법 제371조 제1항). 그렇지만 그 밖의 주주권은 명문 규정이 없는 한 자익권이든 공익권이든 제한받지 않고 행사할 수 있다.

참고판례 **상호주 규제의 입법취지와 판단기준(대법원 2009. 1. 30. 선고 2006다31269 판결)** : 상법 제369조 제3항은 "회사, 모회사 및 자회사 또는 자회사가 다른 회사의 발행주식의 총수의 10분의 1을 초과하는 주식을 가지고 있는 경우 그 다른 회사가 가지고 있는 회사 또는 모회사의 주식은 의결권이 없다"고 규정하고 있다. 이와 같이 모자회사 관계가 없는 회사 사이의 주식의 상호소유를 규제하는 주된 목적은 상호주를 통해 출자 없는 자가 의결권 행사를 함으로써 주주총회결의와 회사의 지배구조가 왜곡되는 것을 방지하기 위한 것이다. 한편, 상법 제354조가 규정하는 기준일 제도는 일정한 날을 정하여 그 날에 주주명부에 기재되어 있는 주주를 계쟁 회사의 주주로서의 권리를 행사할 자로 확정하기 위한 것일 뿐, 다른 회사의 주주를 확정하는 기준으로 삼을 수는 없으므로, 기준일에는 상법 제369조 제3항이 정한 요건에 해당하지 않더

246) 이는 최근의 전원합의체 판결(대법원 2017. 3. 23. 선고 2015다248342 판결)에서도 그대로 유지되고 있다.

247) 대법원 2009. 1. 30. 선고 2006다31269 판결.

248) 예를 들어 A회사가 B회사의 발행주식총수의 15%를 취득한 후 명의개서를 하지 아니한 상태에서 B회사가 A회사의 발행주식총수의 15%를 취득한 후 명의개서까지 마쳤는데, A회사가 주주총회를 개최한 경우를 가정해 보자. 판례에 의하면 B회사에 대한 A회사의 지분은 실질적으로 판단해야 하므로 B회사는 의결권을 행사할 수 없다. 그런데 이는 A회사에 있어서 B회사가 주주이냐의 판단은 주주명부를 기준으로 하고, B회사에 있어서 A회사가 주주이냐의 판단은 실질을 기준으로 하는 것인데, 이처럼 동일한 문제에 대하여 이중적인 잣대를 사용하는 것은 법리적으로 결코 타당하지 않기 때문이다.

> 라도, 실제로 의결권이 행사되는 주주총회일에 위 요건을 충족하는 경우에는 상법 제369조 제3항이 정하는 상호소유 주식에 해당하여 의결권이 없다. 이때 회사, 모회사 및 자회사 또는 자회사가 다른 회사 발행주식 총수의 10분의 1을 초과하는 주식을 가지고 있는지 여부는 앞서 본 '주식 상호소유 제한의 목적'을 고려할 때, 실제로 소유하고 있는 주식수를 기준으로 판단하여야 하며 그에 관하여 주주명부상의 명의개서를 하였는지 여부와는 관계가 없다.

(4) 상호주 규제의 보완 : 주식취득통지의무

1) 입법취지 : 상호주 규제의 보완적 조치로 상법은 주식취득통지의무를 규정하고 있다. 즉 어느 회사(A)가 다른 회사(B)의 발행주식총수의 10분의 1을 초과하여 취득한 때에는 지체없이 취득사실을 그 다른 회사에 대하여 통지해야 한다(상법 제342조의3). 이처럼 상법이 주식취득통지의무를 강제하는 것은 상호주 규제의 실효적 운영을 위해 필요하기 때문이고, 다른 한편으론 경영권 경쟁에서의 기회균등을 보장하기 위함이다.

2) 적용범위 : 주식취득통지의무는 기습적인 의결권 행사를 방지하기 위한 것이므로 주식을 담보로 취득하는 때에는 적용되지 않지만, 타인의 주식을 신탁받은 경우에는 의결권 행사가 가능하므로 통지의 대상이 된다. 그리고 명문 규정은 없으나 제도의 취지를 고려하여 어느 회사가 자회사와 함께 다른 회사의 주식을 10% 초과하여 취득한 때에도 통지의무는 적용된다고 보아야 한다. 한편 주주로부터 의결권의 대리권을 취득한 경우에 대해서는 본조를 유추적용해야 한다는 견해[249]와 이에 반대하는 판례[250]가 있다. 생각건대 의결권의 대리행사에서는 대리인이 주주의 의사에 따르지 않고 의결권을 행사하더라도 회사의 의사결정에 아무런 장애가 되지 않고, 단지 대리인이 주주에게 채무불이행에 따른 책임을 질 뿐이다. 따라서 이 경우에도 본조를 유추적용함이 타당하다.

3) 통지방법 : 상법상 통지방법에는 제한이 없으므로 어떠한 방법이든 통지하면 되는데, 통지할 때에는 취득한 주식의 종류와 수를 알려야 하고, 통지에 관한 입증책임은 취득회사가 부담한다. 이러한 통지의무는 취득회사가 명의개서를 하지 않았더라도 이행해야 하는데, 이런 점에서 취득회사의 명의개서 청구는 통지의 한 방법으로 볼 수도 있다. 한편 통지의무는 취득회사가 피취득회사의 발행주식총수의 10%를 초과하여 취득함과 동시에 발생한다. 이 경우 발행주식총수의 10%를 초과하는지를 계산함에 있어서는 자기주식의 취득규제에서처럼 자회사와 손회사가 소유한 주식도 합산해야 한다. 본조는 상호주 규제의 실효

249) 이철송, 448면.
250) 대법원 2001. 5. 15. 선고 2001다12973 판결.

성을 제도적으로 확보하기 위한 것이기 때문이다.

4) 통지시기 : 상법 제342조의3에 의해 취득회사가 피취득회사의 발행주식총수의 10%를 초과하여 취득한 때에는 지체없이 이를 피취득회사에 통지해야 한다. 그렇다면 여기서 「지체없이」란 어느 정도의 기간인가? 규정상 명확하지 않으므로 통지 여부에 관한 분쟁을 방지하려면 합리적인 해석이 필요한데, 이에 관한 논의는 많지 않다. 생각건대 주식취득통지의무는 상호주 규제의 실효성과 경영권 경쟁에서의 기회균등을 보장하기 위한 것이므로 취득회사의 통지의무도 피취득회사가 취득회사의 주식을 취득하여 대응할 수 있는 시간, 즉 명의개서를 할 수 있는 시간 정도의 여유를 두라는 의미로 해석해야 한다. 물론 이 경우 취득회사의 주주명부가 폐쇄되기 전이야 함은 당연하다.[251)]

5) 위반효과 : 취득회사가 통지의무를 이행하지 않거나 게을리한 경우의 효력에 대하여 상법은 아무런 규정도 두고 있지 않은데, 이는 명백한 입법적 불비이다. 따라서 우선은 입법취지를 고려하여 통지하지 않거나 통지를 게을리한 때에는 취득회사가 의결권을 행사할 수 없다고 해석하되, 향후 입법적으로 보완해야 한다.

사례해결

(1) 주식의 양도에 의해 양수인은 양도인으로부터 주주권을 특정승계한다. 즉 주식양도로 인해 주주의 권리는 공익권이든 자익권이든 포괄적으로 양수인에게 귀속한다. 그러나 주주의 지위로 인해 생긴 권리라고 하더라도 이미 주주권으로부터 분리되어 구체화된 권리(예를 들어 주주총회에서의 배당결의에 의해 발생한 특정 결산기의 배당금지급청구권 등과 같은 채권적 권리)는 이전하지 아니한다. 따라서 당사자간의 특약이 없는 한 B-의 주장은 정당하지 않다.

(2) 주권의 교부를 요하는 주식양도의 경우에는 그 논리적 전제로서 주권의 점유를 권리의 외관으로 인정해야 한다. 그리하여 상법 제336조 제2항은 주권의 점유자를 적법한 소지인으로 추정하고 있고, 이러한 추정에 의해 주권의 점유자는 권리자임을 증명할 필요 없이 회사에 대하여 주주권을 행사할 수 있다. 다만 기명주식은 명의개서를 해야만 회사에 대하여 대항할 수 있으므로(상법 제337조 제1항), 주권의 점유만으로는 주주권 행사가 불가능하다. 따라서 주권의 점유만으로 회사에 대하여 적법한 소지인으로서 권리를 행사한다는 것은 명의개서를 청구할 수 있다는 뜻이다. 따라서 사안의 경우 ㈜甲은 C가 정당한 주권의 소지인이 아니라는 증명을 할 수 없는 한 C의 명의개서를 거부할 수 없다.

(3) 주식은 자유롭게 양도할 수 있지만(상법 제335조 제1항 본문), 비상장회사의 경우에는 주주가 소수이고 인적회사에 못지않은 끈끈한 유대관계를 형성하고 있다. 이러한 회사에 대하여 주식의 절대적 양도자유성을 보장하는 것은 오히려 비현실적이므로 상법은 정관에 규정을 두어 주식을 양도할 때 이사회

---

251) 자세한 내용은 이철송, 447면 참조.

의 승인을 받도록 함으로써(상법 제335조 제1항 단서) 폐쇄적인 주주구성을 유지하려는 비상장회사들이 자율적으로 주식양도를 제한할 수 있도록 하고 있다. 다만 상법이 허용하는 제한방법은 주식양도에 대해 이사회의 승인을 얻게 하는 것이므로(상법 제335조 제1항 단서), 그 밖의 다른 제한방법은 허용되지 않는다. 한편 정관에 의한 주식양도제한은 모든 주식에 대하여 보편적으로 적용되어야 하므로, 특정 주주나 특정 수량의 주식양도에 국한해서 이사회의 승인을 요하게 하는 것은 무효이다. 그렇지만 주주 일반에 대하여 보편성이 지켜지는 한 양도제한의 사유를 특정하는 것은 무방하다(예를 들어 외국인에게 주식을 양도할 경우에는 이사회의 승인을 얻어야 한다는 경우 등). 사안의 경우에는 임원을 제외한 주주의 주식양도에 대해서만 이사회의 사전승인을 받도록 한 것이므로 주식평등의 원칙에 반하여 무효이다. 따라서 ㈜甲은 D-의 명의개서를 거부할 수 없다.

(4) 상법 제319조는 "회사설립시의 주식의 인수로 인한 권리의 양도는 회사에 대하여 효력이 없다."라고 규정하고, 이를 신주발행에도 준용하고 있다(상법 제425조 제1항). 이처럼 상법이 권리주의 양도를 제한하는 이유는 기업의 영업과 이윤에는 관심 없이 단지 단기차익만을 노리는 투기적 행위를 억제하고, 회사설립절차나 신주발행절차가 권리주의 양도로 인해 혼잡해지는 것을 방지하며, 특히 회사설립시에는 회사의 불성립으로 인한 위험으로부터 양수인을 보호하기 위함이다. 그렇다면 권리주의 양도는 어떠한 효력이 있는가? 당사자간에 채권적 효력이 생긴다는 데에는 이설이 없지만, 법문이 "회사에 대하여 효력이 없다."라고 규정하고 있으므로 양도인과 양수인이 회사에 대하여 양도의 효력을 주장하거나 양수인이 주주권을 행사할 수는 없다. 그렇다면 권리주의 양도에 대하여 회사가 그 효력을 인정하는 것은 가능한가? 이에 대해서는 견해가 대립되고 있는데, 다수설과 판례는 회사가 그 양도를 승인하더라도 효력이 없다고 한다. 따라서 사안의 경우 E-는 권리주를 취득한 것이므로 회사에 대하여 주식양도를 주장할 수 없고, 회사 역시 E-를 주주로 인정할 수도 없다.

(5) 상법 제335조 제3항은 "주권발행전주식의 양도는 회사에 대하여 효력이 없다. 그러나 회사성립 후 또는 신주의 납입기일 후 6월이 경과한 때에는 그러하지 아니하다."라고 규정하고 있다. 이처럼 주권발행전주식의 양도는 회사에 대하여 효력이 없지만, 당사자간의 채권적 효력은 인정된다(통설). 그러므로 회사가 양도인에게 주권을 발행하면 양수인은 양도인에게 주권의 교부를 청구할 수 있고, 계약의 내용에 따라서는 양수인이 양도인에게 손해배상을 청구할 수도 있다. 한편 주식의 양도는 6월이 경과하기 전에 이루어졌으나, 6월이 경과하도록 회사가 여전히 주권을 발행하지 아니한 경우에는 그 하자가 치유된다고 보는 것이 판례의 입장이다. 따라서 사안의 경우 F-는 주권발행전주식을 양수한 것이지만 그 이후 6개월이 지나도록 ㈜甲이 주권을 발행하지 않았으므로 하자가 치유되었고, 따라서 F-는 ㈜甲에 대하여 주주로서의 권리를 행사할 수 있다.

제 3 장

기관의 구성과 운영

제1절 총 설

주식회사는 독립된 사회적 실재이므로 이론적으로는 그 스스로 일정한 의사를 가지고 일정한 행위를 할 수 있다. 그렇지만 주식회사는 법인이어서 실제로 자연적 의사를 결정하고 자연적 행위를 할 능력이 없고, 그러한 의사결정과 행위는 회사 조직상 일정한 지위에 있는 자에 의해 이루어지는데, 이를 「기관」이라고 한다. 현재 주식회사는 주주의 유한책임으로부터 촉발된 회사재산의 객관적·중립적 관리와 운영 등을 위해 기능을 달리하는 여러 개의 기관을 두고 있는데, 기관 중 주주총회는 주주의 자격을 그 전제로 하지만 그 외의 기관구성에 있어서는 주주의 자격을 전제로 하지 않는다(타인기관). 이 점에서 기관의 자격과 사원의 자격이 일치하는(자기기관) 인적회사와는 구분된다.

주식회사에서 기관의 구성과 운영이 특히 중요한 이유는 주주의 유한책임으로 인해 현존하는 회사재산만이 채권자의 담보가치가 있으므로, 채권자를 보호하려면 주주의 이기심에 영향받지 아니하고 객관성을 유지하며 회사를 경영하고 재산을 관리할 수 있는 제도적 방안이 필요하기 때문이다. 이에 부합하는 것이 「소유와 경영의 분리」인데, 이로 인해 주주와 채권자는 경영의 감시비용을 줄일 수 있으며 회사는 주주와 채권자로부터 신뢰를 얻어 용이하게 자금을 조달할 수 있다. 더욱이 회사의 운영을 전문경영인에게 위탁함으로써 경영의 효율성을 높일 수 있을 뿐만 아니라, 그로 인해 주주들의 이윤 동기를 보다 실효적으로 충족시킬 수 있는 부수적인 효과도 아울러 볼 수 있다.[1)]

또한 이사가 경영을 전담함으로써 출자자인 주주는 회사경영의 국외자가 됨에도 불구하고 이사가 항상 합법적·합리적으로 행동하리란 보장이 없기 때문이기도 하다. 그리하여 주주는 이사의 직무수행을 상시로 감독하며 견제할 수 있는 전문기구(감사기관)가 필요하였다. 한편 주식회사에는 수임자인 이사가 하기 어려운 처분적 업무(예: 정관변경·자본금감소·영업양도·회사해산·합병·결산승인 등)가 있는데, 이런 업무를 처리하려면 주주들의 의사결정이 반드시 있어야 한다. 그리고 이사·감사와 같은 기관조직에 대응하여 출자자인 주주들도 단체적 의사를 형성하여 반영할 필요가 있다. 그리하여 상법은 주주총회를 구성하여 그 결의를 통해 주주들이 단체의사를 표시할 수 있도록 규정하고 있다.

이처럼 상법은 기관의 구성과 권한의 안분 및 상호간의 견제와 균형을 통해 회사가 합

---

1) 만약 소유와 경영을 분리하지 않고 주주가 직접 경영에 개입하여 업무를 집행하게 되면 회사의 일상적 업무는 항상 (자본)다수결에 의해 결정될 수밖에 없는데, 그 과정에서 대주주의 횡포가 자행될 수 있을 뿐 아니라 때로는 주주들의 의사 분열로 인해 경영이 정체상태에 빠질 수 있기 때문이다.

리적이고 효율적으로 경영될 수 있도록 지원하고 있다. 구체적으로 ① 주주총회는 이사와 감사의 선임·해임 등 법률이나 정관에서 정한 사항을 결의하는 최고의 의사결정기관으로서 주주들이 회사경영에 직접 관여할 수 있는 유일한 통로가 되고 있다. ② 이사들이 이사회를 구성하고, 이사회는 회사의 업무집행에 관한 의사를 결정한다. 다만 회의체기관인 이사회는 의사결정만 하고, 현실적인 집행행위는 대표이사가 수행한다. ③ 상법은 이사회·대표이사·이사의 업무집행을 상시적으로 감사하는 기관으로서 감사와 감사위원회를 제시한 후 회사가 어느 하나를 선택하여 설치·운영하도록 규정하고 있다.

한편 주식회사의 기관이 자신의 권한을 행사하고 직무를 수행하기 위해서는 먼저 의사결정이 필요한데, 대표이사와 독임제적 감사기관인 감사는 그 스스로 의사를 결정하고 그 공정성은 각자의 책임으로 담보된다. 그런데 주주총회와 이사회는 복수의 인원으로 구성되는 회의체기관이어서 합의적 방법으로 공동의사를 결정해야 한다. 그리하여 주주총회와 이사회는 오늘날 민주사회의 대표적 의견수렴방법인 「다수결 원칙」을 채택하였는데, 실무적으로는 주주총회와 이사회의 경우 언제나 단일한 의제를 놓고 찬부를 묻는 방식을 취한다. 여기서 다수결이란 단순다수결이 아니고 과반수 결의이지만, 사안에 따라서는 특별결의라는 형식으로 과반수 이상(3분의 2 이상)의 다수를 요구한다.

제 2 절 주주총회

제 1 관 주주총회의 의의와 권한

예시사례 비상장 의류판매업체인 ㈜甲은 오랫동안 ㈜乙에 각종 원재료·기술·인력 등을 공급하던 군소업체들이 연합하여 설립한 회사로서 5가지의 종류주식을 발행하고 있다. 현재 ㈜甲의 주식 30%는 설립주관자였으며 대표이사인 A가 소유하고 있고, 공동설립자인 B1부터 B4까지가 40%를 가지고 있으며, 나머지 30%의 주식은 일반주주들이 갖고 있다. 이 사안과 관련하여 다음 설문에 답하시오!

(1) ㈜甲의 의류판매사업이 유행에 민감한 젊은이들의 호응을 얻어 크게 확대되자, 위기의식을 느낀 ㈜乙이 다양한 경로를 통해 ㈜甲의 주식을 매집하면서 경영 참여를 시도하였다. 이에 ㈜甲의 이사회는 향후 대비책 중 하나로 이사의 일상적 업무집행에 관한 감독권을 주주총회에 부여하기로 하고, 이에 관한 정관변경을 위해 주주총회를 개최하기로 하였다. 이러한 이사회의 결정은 적법한가?

(2) ㈜甲의 이사회는 그동안 지나치게 과도하다고 비판받아 온 이익배당주식의 배당률 7%를 4%로 줄이

기로 하였고, 2020년 5월 30일에 개최된 주주총회에서는 동 의안이 압도적 다수로 통과되었다. 그러자 이익배당우선주를 소유하고 있던 주주 C1~C10이 자신들의 동의가 없었다며 주주총회결의의 무효를 주장하는 결의취소의 소를 법원에 제기하였다. 주주 C1~C10의 주장은 정당한가?

Ⅰ. 주주총회의 의의

(1) 주주총회의 지위

주주총회(General Meeting of Shareholders)는 법률 또는 정관에서 정한 사항을 결의하는 (상법 제361조) 주식회사의 최고의 의사결정기관이며 필요적 상설기관이다. 물론 주주총회의 결의는 내부적인 것이므로 대외적인 법률관계를 직접 형성하는 일이 없지만, 주주총회의 결의가 필요한 대외적인 거래가 주주총회결의 없이 이루어진 때에는 거래 자체의 효력에 영향을 주므로 그 범위 내에서는 예외적으로 사실상 대외적인 구속력도 발휘한다고 볼 수 있다. 한편 회사가 다양한 종류주식을 발행한 때에는 각 종류별 주주들의 이해관계가 다를 수 있고, 때로는 수적으로 우세한 주주가 주주총회를 지배하여 열세한 주주에게 손해를 입힐 수도 있다. 그리하여 상법은 이런 경우에는 주주총회의 결의 외에 그 종류주식을 소유한 주주들의 주주총회(종류주주총회)도 거치도록 규제하고 있다.

(2) 주주총회의 구성

모든 회사는 사단법인이므로 그 운영에 있어서 사원들의 총의를 수렴할 수 있는 제도를 반드시 구축해야 하는데, 주식회사의 경우에는 주주총회가 그 기능을 담당한다. 이 경우 주주총회는 사원인 주주들로 구성되는데, 구체적인 내용에 있어서는 의결권 있는 주식을 소유한 주주만이 주주총회의 구성원이라는 견해[2)]와 의결권의 유무에 상관없이 모든 주주가 주주총회의 구성원이라는 견해[3)]가 있다. 생각건대 주주총회는 주주들의 다양한 의사를 수렴하여 회사의 의사를 형성하거나 결정하는 기관이고, 인적회사에서와 다르게 주식회사의 경우에는 업무집행을 타인기관(이사 등)에 맡겨두고 있으므로 사실상 주주총회는 주주들이 회사의 경영에 직접 관여할 수 있는 유일한 통로이다. 따라서 주주는 모두 의결권의 유무에 상관없이 주주총회의 구성원이 된다고 보는 것이 타당하다.

---

2) 박상조, 436면; 정동윤, 536면; 정찬형, 883면.
3) 권기범, 695면; 서헌제, 275면; 이기수/최병규, 516면; 이철송, 507면; 임재연(Ⅱ), 10면; 최기원, 421면.

Ⅱ. 주주총회의 권한

1. 상법상 권한

(1) 권한의 범위

주주총회의 권한에 관하여 상법 제361조는 "주주총회는 본법 또는 정관에 정하는 사항에 한하여 결의할 수 있다."라고 규정하고 있다. 그리고 상법은 주주들의 이해관계에 특히 중요한 영향을 미칠 수 있는 사항을 추려서 주주총회의 권한으로 규정하고 있다. 구체적으로 ① 이사·감사의 선임(상법 제382조 제1항, 제409조 제1항)과 재무제표의 승인(상법 제449조 제1항)처럼 출자자의 지위에서 행사해야 할 사항, ② 이사의 보수 결정(상법 제388조)처럼 이사의 자의를 막기 위한 감시기능에 관한 사항, ③ 영업양도(상법 제374조 제1항 1호), 정관변경(상법 제433조 제1항), 자본금 감소(상법 제438조), 합병·분할(상법 제522조, 제530조의3), 조직변경(상법 제604조 제1항), 회사해산(상법 제518조)처럼 회사의 기초 또는 영업의 기본에 중대한 변화를 가져오는 사항들로 이루어져 있다.

(2) 권한의 유형

상법에 규정된 주주총회의 권한은 그 법적 기능과 관련하여 다음과 같이 분류할 수 있다. 즉 ① 새로운 법률관계를 완결적으로 창설하는 효력이 있는 주주총회의 결의인데, 이사·감사의 선임 및 해임에 관한 결의(상법 제382조, 제385조, 제409조, 제415조), 정관변경결의(상법 제434조), 이익배당·주식배당결의(상법 제462조 제2항, 제462조의2 제1항), 해산결의(상법 제518조) 등이 이에 속한다. ② 이사회의 결정 또는 대표이사의 집행행위를 승인하는 효력이 있는 주주총회의 결의인데, 자기주식의 취득승인결의(상법 제341조 제2항), 주식의 포괄적 교환·이전의 승인결의(상법 제360조의3 제1항, 제360조의16 제1항), 영업양도의 승인결의(상법 제374조 제1항 제1호), 자본금감소결의(상법 제438조), 회사합병 승인결의(상법 제522조 제1항), 회사분할 승인결의(상법 제530조의3 제1항), 배당을 제외한 재무제표의 승인결의(상법 제449조 제1항, 제447조), 제3자에 대한 전환사채·신주인수권부사채의 발행승인결의(상법 제513조 제3항, 제516조의2 제4항) 등이 이에 속한다.

2. 정관상 권한

(1) 확대 가능성

주주총회의 권한은 법률로 정하지만, 때로는 정관에 의해 추가될 수 있다(상법 제361

조). 즉 상법은 이사회의 권한 중 일부에 대하여 정관 규정을 통해 주주총회의 권한으로 전환할 수 있도록 하는 유보조항을 두고 있다. 구체적으로 대표이사의 선정(상법 제389조 제1항), 준비금의 자본금 전입(상법 제461조 제1항), 신주발행(상법 제416조 단서), 전환사채의 발행(상법 제513조 제2항), 신주인수권부사채의 발행(상법 제516조의2 제2항)은 이사회의 권한에 속하지만, 정관의 규정을 통해 주주총회의 권한으로 전환할 수 있다.

(2) 학설의 검토

이러한 유보조항이 없는 다른 이사회의 권한도 정관에만 규정하면 주주총회의 권한으로 전환할 수 있는가 하는 의문이 제기되는데, 다음과 같은 견해가 있다. 즉 긍정설(확장설)은 이사회의 주주총회소집권(상법 제362조)을 제외한 다른 권한은 주주총회의 최고기관성 또는 권한 배분의 자율성을 이유로 전환할 수 있다고 하고,[4] 부정설(제한설)은 명문 규정이 없음을 이유로 전환할 수 없다고 한다.[5] 생각건대 ① 상법은 소유와 경영의 분리를 전제로 각종 기관을 둔 후 기관 간의 권한 안분을 통한 견제와 균형의 묘를 추구하는 점, ② 명문의 근거 없이 정관의 규정을 통하여 이사회의 권한을 주주총회의 권한으로 전환할 수 있도록 허용하면 상법상 유보조항의 의미가 없어지는 점, ③ 일정한 의사결정의 결과 회사가 손해를 입은 경우에 만약 그 결의가 이사회결의라면 상법 제399조에 따른 책임추궁을 통해 회사의 손해를 전보할 수 있으나 주주총회결의라면 회사의 손해를 전보할 수 있는 방법이 없는 점, ④ 중립적인 기관을 전제로 한 이사회의 권한을 정관의 규정을 통해 주주총회의 권한으로 전환한다면 회사재산에 관한 제1차적 보호대상자인 회사채권자의 이익을 침해할 수 있는 점 등을 고려할 때 부정설이 타당하다.

3. 권한의 특성

(1) 권한의 전속성

법률이 주주총회의 권한으로 규정한 사항은 반드시 주주총회의 결의가 있어야 집행할 수 있다. 이는 정관의 규정이나 주주총회의 특별결의로도 다른 기관이나 제3자에게 위임할 수 없다.[6] 즉 이사의 선임(상법 제382조 제1항)을 대표이사의 결정에 위임하거나 이사의 보

4) 권기범, 701면; 김동훈, 231면; 김정호, 299면; 김홍기, 503면; 서돈각/정완용, 413면; 손주찬, 700면; 손진화, 514면; 송옥렬, 918면; 이기수/최병규, 517면; 임홍근, 347면; 정동윤, 541면; 최기원, 435면; 홍복기/박세화, 338면.

5) 강위두/임재호, 710면; 박상조, 444면; 서헌제, 282면; 오성근, 434면; 이철송, 511면; 장덕조, 221면; 정경영, 451면; 정찬형, 887면.

6) 대법원 2020. 6. 4. 선고 2016다241515 판결.

수(상법 제388조)를 이사회에서 결정하도록 위임하는 것은 무효이다. 또한 주주총회 이외의 기관이나 개인의 의사결정을 가지고 주주총회의 결의가 있는 것으로 의제하거나 갈음할 수도 없다. 이런 점에서 발행주식총수의 80%를 소유한 대주주인 대표이사가 이사에게 한 보수지급약정에 대하여 주주총회가 개최되었더라도 같은 결의가 있었을 것이므로 그러한 약정은 주주총회결의와 같은 효력이 있다고 한 판례[7]는 문제가 있다.

> 참고판례 **대표이사가 한 보수약정의 효력(대법원 1979. 11. 27. 선고 79다1599 판결)** : 회사의 정관에 이사의 보수 및 퇴직금은 주주총회의 결의에 의하여 정하게 되어 있는 경우, 동 회사의 대표이사가 이사에 대한 보수 및 퇴직금에 관하여 한 약정은 그 대표이사가 동 회사의 전 주식 3,000주 중 2,000주를 가지고 있더라도 주주총회의 결의가 없는 이상 동 회사에 대하여 효력이 있다고 할 수 없다.

(2) 권한의 책임성

주주총회는 주주들의 의사를 결정하는 기관이고, 주주총회의 결의는 회사에 대하여 직접 구속력을 미치지만, 의결권을 행사한 주주가 회사에 대하여 책임지는 일은 없다. 때때로 주주총회에서 위법하거나 부당한 결의가 이루어질 수도 있지만, 이 경우에도 그러한 결의가 사후에 무효로 되는 것에 그칠 뿐 그러한 결의를 한 주주들의 책임이 발생하지는 않는다. 주주총회의 결의는 내부적인 것이라서 그 자체로서는 집행력이 없고, 이사회나 대표이사의 업무집행을 통해서 비로소 실현되기 때문이다. 즉 이 경우에도 잘못된 업무집행에 관여한 이사들이 책임을 지는 것이지 주주는 책임지지 않는다. 다만 주주가 이사와 공모하여 불법행위의 수단으로 의결권을 행사한 경우에는 주주도 예외적으로 불법행위에 따른 손해배상책임을 지지만, 이도 의결권 행사에 대한 책임은 아니다.

Ⅲ. 종류주주총회

1. 의 의

회사가 다양한 종류주식을 발행한 때에는 주주총회에 상정된 안건에 대하여 각 종류주식 주주들의 이해관계가 다를 수 있다. 그리고 때로는 수적으로 우세한 주식을 가진 주주들에 의해 열세인 주식을 가진 주주들이 예상하지 못한 손해를 입을 수도 있다. 그리하여 상

---

7) 대법원 1978. 1. 10. 선고 77다1788 판결(회사주식의 80%를 가진 대표이사가 주주총회결의에 의하지 않고 이사에게 공로상여금 지급을 약속한 경우에도 주주총회에서 이를 지급하기로 하는 결의가 이루어질 것은 당연하므로 주주총회의 결의가 있었음과 다름이 없다).

법은 주주총회의 특별결의사항 중 특히 이러한 위험이 있는 사안에 대해서는 주주총회의 결의 외에 그로 인해 손해를 입을 염려가 있는 주주들만의 결의에 의한 승인을 추가로 요구하고 있는데, 이를 「종류주주총회」라고 한다. 다만 이는 주주총회의 결의가 효력을 발생하기 위한 조건으로서 요구되는 것이므로 회사의 기관은 아니다.

2. 필요한 경우

상법 제435조 제1항과 제436조는 종류주주총회의 결의가 필요한 경우를 「어느 종류주식의 주주에게 손해를 미치게 될 때」라고 규정하고 있는데, 구체적인 내용은 다음과 같다. 주의할 것은 이는 특정한 종류주식의 권리를 강화하거나 신설함으로써 종류주식을 가진 주주들의 포괄적인 관계 변화를 초래하는 것을 의미하는 것이지, 특정한 종류주식의 주주에게 가해지는 구체적 손실의 유무는 판단기준이 될 수 없다는 점이다.[8)]

(1) 정관변경에 의한 경우

정관을 변경함으로써 어느 종류주식의 주주에게 손해를 미치게 될 경우에는 종류주주총회의 결의가 필요하다(상법 제435조 제1항). 회사가 우선주에 대한 배당률을 줄이는 것, 참가적 우선주를 비참가적 우선주로 변경하는 것 등이 이에 해당한다. 다만 이는 주주의 법적 지위의 변동을 그 전제로 한다. 따라서 주주의 법적 지위에 변동이 생기는 것이라면 형식적으로는 평등하나 실질적으로 불평등한 경우 또는 불리한 면과 유리한 면이 함께 있는 경우에도 반드시 종류주주총회의 결의가 필요하다.[9)]

(2) 특수한 정함에 의한 경우

상법 제344조 제3항에 의하여 주식의 종류에 따라 특수하게 정한 결과 어느 종류주식의 주주에게 손해를 미치게 될 때(상법 제436조)에는 종류주주총회의 결의가 필요하다. 우선주보다 보통주에 대하여 더 많은 신주를 배정하는 경우와 보통주보다 우선주의 병합비율을 불리하게 하는 경우 등을 그 예로 들 수 있다. 그런데 상법 제344조 제3항은 중대한 문제점을 내포하고 있다. 즉 동 조항의 적용대상 중 신주인수의 경우에는 신주발행을 그 전제로 하고, 이는 이사회의 권한이므로 정관에서 주주총회의 결의사항으로 정하지 않는 한 주주총회가 개입할 여지가 없다. 그런데도 주주총회의 결의를 전제로 종류주주총회의 결의가 필요하다고 정하는 것은 법리적으로 타당하지 않기 때문이다. 따라서 이런 경우에는 우선

8) 이철송, 658면.
9) 대법원 2006. 1. 27. 선고 2004다44575·44582 판결.

주주총회의 결의 없이 종류주주총회의 결의만 있으면 실행할 수 있는 것으로 해석하되, 향후 입법적으로 명확히 해결해야 할 것이다.10)

(3) 조직재편에 의한 경우

주식교환·주식이전·합병·분할·분할합병으로 인하여 어느 종류주식의 주주에게 손해를 미치게 될 경우(상법 제436조)에는 종류주주총회의 결의가 필요하다. 합병할 때 소멸회사에서 보통주보다 우선주에 대한 신주배정이 불리한 경우 등이 이에 해당한다.

> **참고판례 상법 제435조 제1항의 입법취지 등(대법원 2006. 1. 27. 선고 2004다44575,44582 판결)** : [1] 상법 제435조 제1항은 "회사가 수종의 주식을 발행한 경우에 정관을 변경함으로써 어느 종류의 주주에게 손해를 미치게 될 때에는 주주총회의 결의 외에 그 종류의 주주의 총회의 결의가 있어야 한다."고 규정하고 있는바, 위 규정의 취지는 주식회사가 보통주 이외의 수종의 주식을 발행하고 있는 경우에 보통주를 가진 다수의 주주들이 일방적으로 어느 종류의 주식을 가진 소수주주들에게 손해를 미치는 내용으로 정관을 변경할 수 있게 할 경우에 그 종류의 주식을 가진 소수주주들이 부당한 불이익을 받게 되는 결과를 방지하기 위한 것이므로, 여기서의 '어느 종류의 주주에게 손해를 미치게 될 때'라 함에는, 어느 종류의 주주에게 직접적으로 불이익을 가져오는 경우는 물론이고, 외견상 형식적으로는 평등한 것이라고 하더라도 실질적으로는 불이익한 결과를 가져오는 경우도 포함되며, 나아가 어느 종류의 주주의 지위가 정관의 변경에 따라 유리한 면이 있으면서 불이익한 면을 수반하는 경우도 이에 해당된다. [2] 어느 종류 주주에게 손해를 미치는 내용으로 정관을 변경함에 있어서 그 정관변경에 관한 주주총회의 결의 외에 추가로 요구되는 종류주주총회의 결의는 정관변경이라는 법률효과가 발생하기 위한 하나의 특별요건이라고 할 것이므로, 그와 같은 내용의 정관변경에 관하여 종류주주총회의 결의가 아직 이루어지지 않았다면 그러한 정관변경의 효력이 아직 발생하지 않는 데에 그칠 뿐이고, 그러한 정관변경을 결의한 주주총회결의의 자체의 효력에는 아무런 하자가 없다. [3] 정관의 변경결의의 내용이 어느 종류의 주주에게 손해를 미치게 될 때에 해당하는지 여부에 관하여 다툼이 있는 관계로 회사가 종류주주총회의 개최를 명시적으로 거부하고 있는 경우에, 그 종류의 주주가 회사를 상대로 일반 민사소송상의 확인의 소를 제기함에 있어서는, 정관변경에 필요한 특별요건이 구비되지 않았음을 이유로 하여 정면으로 그 정관변경이 무효라는 확인을 구하면 족한 것이지, 그 정관변경을 내용으로 하는 주주총회결의의 자체가 아직 효력을 발생하지 않고 있는 상태(이른바 불발효 상태)라는 관념을 애써 만들어서 그 주주총회결의가 그러한 '불발효 상태'에 있다는 것의 확인을 구할 필요는 없다.

3. 결의의 내용

(1) 결의방법

종류주주총회의 결의는 출석한 그 종류주식의 의결권의 3분의 2 이상의 수와 그 종류의 발행주식총수의 3분의 1 이상의 수로써 해야 하고(상법 제435조 제2항), 이와 다른 결의방

10) 일본에서도 과거에 같은 문제가 있었지만, 2005년 회사법이 관련 규정을 삭제하여 논란을 종식시켰다.

법을 정할 수는 없다.[11] 주의할 것은 이러한 종류주주총회의 결의에서는 의결권 없는 주식의 주주도 의결권을 행사할 수 있다는 점이다(상법 제435조 제3항).

(2) 운영방법

종류주주총회의 소집·운영 등에 대해서는 의결권 없는 종류주식에 관한 것을 제외하고 주주총회에 관한 규정을 준용한다(상법 제435조 제3항). 이와 관련하여 두 가지 주의할 점이 있다. 즉 ① 의결권 없는 종류주식의 의미인데, 이는 이익배당우선주를 전제로 한 개정 전 상법 제370조의 의결권 없는 주식을 말한다. 그런데 2011년 개정상법이 동 규정을 삭제하고 제344조의3을 신설하여 의결권의 배제·제한에 관한 종류주식으로 규제하고 있으므로, 이를 함께 의미하는 것으로 해석해야 한다. ② 종류주주총회의 결의에 하자가 있는 경우에 주주가 별도로 종류주주총회결의취소의 소 등을 제기할 수 있느냐에 대하여 긍정설[12]과 부정설[13]이 있는데, 종류주주총회의 결의하자는 주주총회의 결의하자에 포함하여 함께 처리하는 것이 바람직하다. 종류주주총회의 결의는 일정한 사항에 있어서 주주총회결의의 효력발생요건에 지나지 않고, 결의취소 등을 주장하더라도 결국은 주주총회의 결의하자를 다시 주장하여 승소해야 최종적으로 해결되기 때문이다.

4. 흠결의 효과

상법상 종류주주총회의 결의가 필요한 사항은 종류주주총회의 결의를 거쳐야만 주주총회결의의 효력이 발생한다. 그렇다면 종류주주총회의 결의가 필요한데도 회사가 주주총회의 결의나 이사회의 결의만으로 집행한 경우의 효력은 어떻게 되는가? 이에 대해서는 주주총회의 결의는 완전한 효력을 발생하지 못하고 부동적인 상태(不發效)에 있다는 견해,[14] 종류주주총회의 결의는 주주총회의 결의가 유효하기 위한 절차적 요건이므로 이를 흠결한 경우에는 결의취소의 사유로 보아야 한다는 견해[15]가 있다. 그리고 판례는 불발효라는 개념을 인정하지 아니하면서 민사소송법상 확인의 소의 형태로 주주총회결의의 무효를 구하면 된다고 판시하고 있다.[16] 생각건대 상법은 명문으로 일정한 사항의 경우에는 종류주주

---

11) 서헌제, 724면; 손주찬, 738면; 이철송, 660면; 정동윤, 576면; 정찬형, 940면; 최기원, 524면; 최준선, 405면.
12) 권기범, 802면; 김건식/노혁준/천경훈, 360면; 김홍기, 562면; 박상조, 940면; 손주찬, 739면; 송옥렬, 988면; 이기수/최병규, 569면; 채이식, 486면; 최기원, 525면.
13) 서헌제, 728면; 이철송, 661면.
14) 권기범, 802면; 손주찬, 739면; 이기수/최병규, 569면; 장덕조, 287면; 정동윤, 576면; 정찬형, 939면; 최기원, 525면.
15) 이철송, 662면.
16) 대법원 2006. 1. 27. 선고 2004다44575·44582 판결.

총회의 결의를 거치도록 규정하고 있고, 주주총회의 결의하자에 관한 소송에서 법원의 확정판결은 대세적 효력을 갖고 있다. 이런 점을 고려할 때 부동적인 상태라는 주장은 옳지 않고, 당사자마다 판결의 효력이 달라질 수 있는 민사소송법상 확인의 소에 의하는 것도 타당하지 않다. 따라서 법적 안정성을 위해서는 이 역시 결의방법 등에 관한 하자로 보아 결의취소의 소의 대상으로 보는 것이 합리적이다.

사례해결

(1) 주주총회의 권한은 정관에 의해 추가될 수 있다(상법 제361조). 즉 대표이사의 선정, 준비금의 자본금 전입, 신주발행, 전환사채·신주인수권부사채의 발행은 이사회의 권한이지만, 정관 규정을 통해 주주총회의 권한으로 전환할 수 있다. 그리하여 이런 유보조항이 없는 이사회의 권한도 정관에만 규정하면 주주총회의 권한으로 전환할 수 있는지가 의문인데, ① 긍정설은 이사회의 주주총회소집권(상법 제362조)을 제외한 다른 권한은 주주총회의 최고기관성 또는 권한 배분의 자율성을 이유로 전환할 수 있다고 하고, ② 부정설은 명문 규정이 없음을 이유로 전환할 수 없다고 한다. 생각건대 ① 상법은 소유와 경영의 분리를 전제로 각종 기관을 두고 그들 간의 권한 안분을 통한 견제와 균형의 묘를 추구하는 점, ② 명문 근거 없이 정관의 규정을 통하여 이사회의 권한을 주주총회의 권한으로 전환할 수 있도록 허용하면 상법상 유보조항의 의미가 없는 점, ③ 일정한 의사결정의 결과 회사가 손해를 입은 경우에 그 결의가 이사회결의라면 이사에 대한 상법 제399조의 책임추궁을 통해 회사의 손해를 전보할 수 있으나 주주총회결의라면 회사의 손해를 전보할 방법이 없는 점, ④ 중립적인 기관을 전제로 한 이사회의 권한을 정관 규정에 의해 주주총회의 권한으로 전환한다면 회사재산에 관한 제1차적 보호대상자인 회사채권자의 이익을 침해할 수 있는 점 등을 고려할 때 부정설이 타당하다. 또한 이사회의 업무집행결정권과 이사의 감독권은 상법상 이사회의 본질적이고 중심적인 권한이다. 따라서 이사회의 권한인 이사감독권을 주주총회의 권한으로 전환시키려는 이사회의 결정은 부적법하다.

(2) 상법상 종류주주총회의 결의가 필요한 사항은 종류주주총회의 결의를 거쳐야만 주주총회결의의 효력이 발생한다. 그리고 종류주주총회의 결의가 필요한데도 회사가 주주총회결의나 이사회결의만으로 집행한 경우의 효력에 대해서는 ① 주주총회의 결의는 완전한 효력을 발생하지 못하고 부동적인 상태(不發效)에 있다는 견해, ② 종류주주총회의 결의는 주주총회의 결의가 유효하기 위해 필요한 절차적 요건이므로 이를 흠결한 경우에는 결의취소의 사유로 보아야 한다는 견해가 있다. 이와 관련하여 판례는 불발효라는 개념을 인정하지 아니하면서, 민사소송법상 확인의 소의 형태로 주주총회결의의 무효를 구하면 된다고 판시하고 있다. 생각건대 상법은 명문으로 일정한 사항의 경우에는 종류주주총회의 결의를 거치도록 규정하고 있고, 주주총회의 결의하자에 관한 소송에서 법원의 확정판결은 대세적 효력을 갖고 있다. 이런 점을 고려할 때 부동적인 상태라는 주장은 옳지 않고, 당사자마다 판결의 효력이 달라질 수 있는 민사소송법상 확인의 소에 의하는 것도 타당하지 않다. 따라서 법적 안정성을 위해서는 결의방법 등에 관한 하자로 보아 결의취소의 소의 대상으로 보는 것이 합리적이다. 이런 점에서 종류주주총회의 결의가 없음을 이유로 한 주주 C1~C10의 소 제기는 정당하다.

제2관 주주총회의 소집과 운영

예시사례 의료기업체인 ㈜甲은 비상장법인으로서 대주주이며 대표이사인 A가 발행주식총수의 30%를 소유하고 있고, 나머지는 소액주주들이 보유하고 있다. 현재 ㈜甲의 자본금은 200억원이고, 인천과 안산 두 곳에 공장을 두고 있다. 한편 그동안 해외 영업망의 확충에 따른 심각한 자금난을 겪었던 ㈜甲은 최근에 들어와 외국으로부터의 주문량이 크게 늘면서 다시 경영상황이 호전되고 있는데, 이 과정에서 ㈜甲은 회사의 중요한 의사결정에 있어서는 사전적 자기시정이 중요하다는 것을 깨닫고 회사의 감사기구로 감사위원회를 설치하였다. 이 사안과 관련하여 다음의 설문에 답하시오!

(1) A는 자신의 회사에 대한 강력한 지배력을 이용하여 이사회결의가 없었음에도 주주총회를 개최하여 자신의 조카인 B를 이사로 선임하였다. 이에 대하여 법적 평가를 한다면?

(2) ㈜甲의 주주인 C1, C2, C3는 D를 이사로 선임하기 위하여 공동으로 주주총회의 소집을 ㈜甲에게 청구하였다. 그런데 ㈜甲은 주주인 C1(1.2%), C2(0.9%), C3(1%) 각자의 지분율이 3% 미만이라며 당해 주주총회의 소집청구를 거절하였다. 이 경우 ㈜甲의 행위는 정당한가?

(3) ㈜甲은 주주총회를 소집할 때 지난 4년간 한 번도 주주총회에 참석하지 아니한 주주 E에 대하여 통지를 하지 않았다. 그런데 주주 E가 주주총회결의 후 자신에게 주주총회의 소집통지가 없었음을 이유로 주주총회결의취소의 소를 제기하였다. 이 경우 ㈜甲의 대응방법은?

(4) ㈜甲의 의결권 있는 발행주식 3.5%를 소유한 주주 F는 G를 감사위원으로 선임하는 안건을 제출하였다. 그러자 ㈜甲은 주주의 제안권은 주주총회일 6주 전에 행사되어야 하는데, 아직 주주총회일이 정해지지 않았으므로 F의 제안은 부당하다며 거절하였다. 이러한 ㈜甲의 행위는 정당한가?

(5) ㈜甲의 이사회는 생산설비의 확충을 위한 재원 마련을 위해 신주발행을 결의하였는데, 정관상의 수권주식이 부족하여 먼저 수권주식의 증액을 위한 주주총회를 소집하기로 결의하였다. 그런데 주주총회일에 소액주주 H가 나타나 신주발행의 숨은 의도 및 무효성을 주장하며 회의 진행을 계속하여 방해하자 의장인 I가 직원을 시켜 H에게 100만원을 주며 회의장에서 나가 줄 것을 비밀리에 종용하였고, 이에 H가 퇴장하여 무사히 회의를 마칠 수 있었다. 이에 대한 법적 평가를 한다면?

Ⅰ. 서 설

주주총회는 주식회사의 최고의 의사결정기관이나 그 소집은 원칙적으로 이사회가 결정하는데, 이는 「소유와 경영의 분리」를 실질적으로 확보하는 중요한 장치가 된다. 이 경우 이사회는 목적사항·일시·장소 등을 정하여 법정 방식과 절차에 따라 주주들에게 소집통지를 해야 하는데, 일정한 예외가 있다. 그리고 일정한 요건을 충족하는 소수주주는 주주총회의 목적사항 등을 직접 제안할 수도 있는데, 이는 소외된 일반주주들이 회사의 의사결정에 참여할 수 있도록 하는 한편 지배주주와 그의 영향력 아래에 놓여 있는 경영진들을 견제하기 위하여 1998년 개정상법이 도입한 것이다. 한편 일정한 요건을 충족하는 소수주주와 감사기관도 예외적으로 주주총회소집청구권을 행사할 수 있고, 이사회가 지체없이 소집절차를 진행하지 아니하면 법원의 허가를 얻어 직접 주주총회를 소집할 수 있다. 이러한 주주총회는 보통 정기주주총회와 임시주주총회로 구분된다.[17]

주주총회의 의사진행과 결의는 공정하게 이루어져야 하는데, 이는 당연한 명제이므로 상법상 주주총회에 관련된 모든 규정은 이를 확보하기 위한 것이라고 할 수 있다. 특히 주식이 대중에 널리 분산되어 있어 경영자나 지배주주의 전횡이 가능한 상장회사의 경우에는 일반주주들을 보호하기 위하여 의사의 공정성이 특히 중요하다. 그리하여 상법은 주주총회의 공정한 진행을 위해 의장을 두고 의사정리권과 질서유지권을 부여하고 있을 뿐만 아니라, 의사의 공정성을 확보하기 위한 보완적 장치로서 이익공여금지에 관한 규정과 특별이해관계자의 의결권 제한 등에 규정도 두고 있다. 한편 주주총회의 의사결정방법에는 특별한 법적 제한이 없으므로 거수·기립·기명투표 등 어떠한 방법이라도 자유롭게 사용할 수 있지만, 찬반의 계산은 해야 하므로 무기명투표나 박수에 의한 결의는 허용될 수 없다. 그리고 주주가 직접 주주총회에 참석하기 어려운 실정을 고려하여 상법은 의결권 대리행사와 서면투표 및 전자투표에 관한 규정도 함께 두고 있다.

Ⅱ. 주주총회의 소집

1. 소집권자

(1) 원 칙

주주총회의 소집은 상법에 다른 규정이 있는 경우 외에는 이사회가 결정한다(상법 제362조). 이처럼 주주총회의 소집을 이사회가 결정한다는 것은 주주의 경영간섭을 차단하는 의미가 있으므로, 소유와 경영의 분리를 실질적으로 확보하는 중요한 기능을 한다. 따라서 정관의 규정으로도 이와 다르게 정할 수 없다. 한편 이사회가 주주총회를 소집하기 위해서는 먼저 목적사항(의안)과 일시·장소 등을 정해야 하지만, 구체적인 소집행위는 대표이사가 한다. 이 경우 의안은 반드시 이사회에서 정해야 하지만, 일시·장소는 이사회에서 대강의

17) 회사는 정기총회(annual general meeting)를 매년 1회 이상 일정한 시기에 소집해야 하는데(상법 제365조 제1항), 연 2회 이상의 결산기를 정한 경우에는 매기에 정기총회를 소집해야 한다(동조 제2항). 정기총회의 소집시기는 보통 정관에서 정하지만, 정관에서 정하지 않았더라도 재무제표의 승인이 필요하므로 결산종료일 후 상당한 기간 내에 이사회가 소집해야 한다. 한편 임시총회(special meeting)는 회사가 필요에 따라 수시로 소집할 수 있는데(동조 제3항), 권한과 결의의 효력에는 정기총회와 다름이 없다.

범위를 정하여 그 집행을 대표이사에게 위임할 수도 있다. 주의할 것은 ① 주주총회의 소집에 관한 규정은 강행규정이므로 이사회의 소집결정 없이 주주총회가 소집되어 결의가 이루어졌다면 그것은 하자 있는 결의이고, ② 이사회가 주주총회를 소집함에 있어서는 모든 주주의 의결권 행사가 자유롭게 이루어질 수 있도록 해야 하므로 그렇지 못한 경우에는 당해 이사회의 결의가 무효로 된다는 점이다.[18)]

(2) 예 외

1) 소수주주의 소집청구

㈎ 의 의 : 발행주식총수의 100분의 3 이상에 해당하는 주식을 가진 주주는 회의의 목적사항과 소집의 이유를 적은 서면 또는 전자문서를 이사회에 제출하여 임시총회의 소집을 청구할 수 있다(상법 제366조 제1항). 이는 회사 내에서 주주의 정당한 의사형성을 방해하는 경영진의 전횡을 견제하고, 지배주주의 강력한 지지를 받는 이사들에 대하여 군소주주가 대항할 수 있는 수단으로써 마련된 제도적 장치이다.

㈏ 청구요건 : 주주총회의 소집청구에 관한 소수주주의 요건은 이원화되어 있다. 즉 비상장회사에서는 발행주식총수의 100분의 3 이상을 가진 주주(상법 제366조 제1항), 상장회사의 경우에는 발행주식총수의 1,000분의 15 이상의 주식을 6개월 전부터 계속하여 보유하고 있는 주주(상법 제542조의6 제1항)가 주주총회의 소집을 청구할 수 있다.

㈀ 포섭범위 : 청구요건의 기준인 발행주식총수와 그의 100분의 3 이상 또는 1,000분의 15 이상에 자기주식은 포함되지 않지만, 의결권 없는 주식의 경우에는 견해가 대립한다. 즉 자기주식처럼 포함되지 않는다는 견해[19)]와 포함된다는 견해[20)]가 있는데, 전자가 타당하다. 의결권 없는 주식을 가진 주주는 주주총회를 소집할 실익이 거의 없고, 소수주주의 주주총회소집청구권과 관련하여 과거의 증권거래법 제191조의13 제5항은 명문으로 의결권 없는 주식을 제외한다고 규정하고 있었기 때문이다.

㈁ 상호관계 : 일반규정과 특례규정의 관계에 대하여 과거에는 배타적 적용설[21)]과 선

---

18) 대법원 2011. 6. 24. 선고 2009다35033 판결.

19) 김정호, 302면; 손주찬, 702면; 이철송, 514면; 임재연(Ⅱ), 14면; 채이식, 462면; 최준선, 360면.

20) 권기범, 707면; 송옥렬, 920면; 이기수/최병규, 520면; 이종훈, 121면; 장덕조, 222면; 정경영, 455면; 정동윤, 542면; 최기원, 447면.

21) 특례규정은 동일한 사항에 있어 일반규정의 적용을 배제한다는 것으로서 ① 상법 제542조의2 제2항은 증권거래법상 특례규정에 관한 그동안의 논란을 종식시키고 상장법인 특례규정의 배타적인 적용을 명문화하기 위하여 둔 것이라는 견해(김교창, "상장회사의 특례에 관한 2009년 개정상법의 논점", 62~63면, 69면), ② 상장법인에 대해서는 제13절의 규정이 우선 적용되고 이 규정에 저촉되지

택적 적용설[22]이 대립하였지만,[23] 이제는 논란의 여지가 없어졌다. 2020년 개정 상법이 소수주주권에 관한 특례규정인 제542조의6에 제10항을 신설하여 "제1항부터 제7항까지는 제542조의2 제2항에도 불구하고 이 장의 다른 절에 따른 소수주주권의 행사에 영향을 미치지 아니한다."라고 규정하며 선택적 적용설을 택하였기 때문이다.[24]

(ㄷ) 주의사항 : 주주총회소집청구권에 관한 입법취지를 고려할 때 청구자인 소수주주의 지분요건은 수인의 주주가 공동으로 충족할 수 있다고 보아야 한다. 그리고 같은 맥락에서 청구요건의 기준이 되는 발행주식총수의 경우에도 의결권 있는 발행주식총수로 해석하되, 향후 입법적으로 보완해야 한다. 이렇게 하면 의결권 없는 주식이 발행주식총수나 그 100분의 3 이상 등에 포함되는지에 관한 논란도 자연스럽게 해결된다.

(다) 청구방법 : 소수주주는 회의의 목적사항과 소집의 이유를 기재한 서면 또는 전자문서를 이사회에 제출하여 주주총회의 소집을 청구할 수 있다(상법 제366조 제1항).

(ㄱ) 기재사항 : 소수주주는 회의의 목적사항과 소집이유를 기재해야 한다. 목적사항은 주주총회의 권한에 속하는 결의사항이어야 하고, 소집이유는 주주총회의 결의가 필요하다

않는 한 일반규정이 상장법인에도 적용된다고 보아야 하므로 결국 특례규정에 저촉되는 일반규정은 상장법인에 적용될 수 없다는 견해(정찬형, "2009년 개정상법중 상장회사에 대한 특례규정에 관한 의견", 271면, 274면)가 있었다.

22) 소수주주권의 입법취지를 보면 상법상 일반규정은 지분요건만 규정하고 있으나 특례규정은 주식이 대중에 분산된 상장법인의 특성을 고려하여 지분요건을 완화하되 그 결과에 따른 남용을 방지하기 위해 6개월 이상이라는 주식보유기간요건을 설정한 것이므로 양자는 양자택일적 경합관계에 있다는 것이다(이철송, 11~13면; 임재연, "상장회사 주주의 소수주주건 행사 요건 – 서울중앙지방법원 2010카합3874 결정에 관하여 –", 8면).

23) 이러한 논란이 계속하여 진행된 것은 상장회사 특례규정의 적용범위를 규정한 상법 제542조의2 제2항이 "이 절은 이 장 다른 절에 우선하여 적용한다."라고 규정하고 있었고, 대법원의 확립된 판결은 없었으나 서로 다른 견해를 취한 하급심 판결이 다수 있었기 때문이다. 즉 이사의 직무집행정지가처분에 관한 사건(서울중앙지방법원 2011. 1. 13.자 2010카합3874 결정)과 주주제안권에 관한 사건(인천지방법원 2010. 3. 4.자 2010카합159 결정) 및 유지청구권에 관한 사건(서울중앙지방법원 2015. 7. 1.자 2015카합80582 결정)에서는 특례규정의 배타적 적용을 긍정하였지만, 주주총회소집청구권에 관한 사건(서울고등법원 2011. 4. 1.자 2011라123 결정)에서는 일반규정과 특례규정의 선택적 적용을 인정하였다.

24) 참고로 과거에는 소수주주의 주주총회소집청구권과 관련하여 상법에 일반규정 그리고 증권거래법에 특례규정을 두고 있었는데, 이러한 이원적인 규정 관계에 대하여 당시 대법원은 "상법 및 증권거래법의 해당 조항의 개정 연혁, 입법 취지, 각 그 조항의 내용 및 적용범위 등을 종합적으로 고려해 보면, 증권거래법 제191조의13 제5항은 상법 제366조의 적용을 배제하는 특별법에 해당한다고 볼 수 없고, 주권상장법인 내지 협회등록법인의 주주는 증권거래법 제191조의13 제5항이 정하는 6월의 보유기간요건을 갖추지 못한 경우라 할지라도 상법 제366조의 요건을 갖추고 있으면 그에 기하여 주주총회소집청구권을 행사할 수 있다고 봄이 상당하다."라고 판시하였다(대법원 2004. 12. 10. 선고 2003다41715 판결).

는 것을 소명하는 것으로서 이사·감사의 책임추궁 등에 한정되지 아니한다.

참고판례 **정관에서 주주총회의 결의사항으로 정하지 아니한 사안을 목적사항으로 할 수 있는지(대법원 2022. 4. 19.자 2022그501 결정)** : 소수주주가 상법 제366조에 따라 주주총회소집허가 신청을 하는 경우, 주주총회 결의사항이 아닌 것을 회의목적사항으로 할 수 없다. 주주총회는 상법 또는 정관이 정한 사항에 한하여 결의할 수 있고(상법 제361조), 대표이사는 정관에 특별한 정함이 없는 한 이사회 결의로 선임되므로(상법 제389조), 정관에서 주주총회 결의사항으로 '대표이사의 선임 및 해임'을 규정하지 않은 경우에는 이를 회의목적사항으로 삼아 상법 제366조에서 정한 주주총회소집허가 신청을 할 수 없다.

참고판례 **정관상 주주총회의 권한과 소수주주의 임시주주총회 소집허가신청(대법원 2022. 9. 7.자 2022마5372 결정)** : 소수주주가 상법 제366조에 따라 임시총회 소집에 관한 법원의 허가를 신청할 때 주주총회의 권한에 속하는 결의사항이 아닌 것을 회의 목적사항으로 할 수는 없다. 이때 임시총회소집청구서에 기재된 회의의 목적사항과 소집의 이유가 이사회에 먼저 제출한 청구서와 서로 맞지 않는다면 법원의 허가를 구하는 재판에서 그 청구서에 기재된 소집의 이유에 맞추어 회의의 목적사항을 일부 수정하거나 변경할 수 있고, 법원으로서는 위와 같은 불일치 등에 관하여 석명하거나 지적함으로써 신청인에게 의견을 진술하게 하고 회의 목적사항을 수정·변경할 기회를 주어야 한다.

(ㄴ) 전자문서 : 소수주주는 전자문서로도 이사회에 주주총회의 소집을 청구할 수 있는데, 여기서 전자문서란 원칙적으로 「정보처리시스템에 의하여 전자적 형태로 작성·송신·수신·저장된 정보」를 말한다(전자문서법 제2조 제1호). 그런데 최근 대법원은 "상법 제363조 제1항에서 정한 전자문서란 정보처리시스템에 의하여 전자적 형태로 작성·변환·송신·수신·저장된 정보를 의미하고, 이는 작성·변환·송신·수신·저장된 때의 형태 또는 그와 같이 재현될 수 있는 형태로 보존되어 있을 것을 전제로 그 내용을 열람할 수 있는 것이어야 하므로, 이와 같은 성질에 반하지 않는 한 전자우편은 물론 휴대전화 문자메시지·모바일 메시지 등까지 포함된다."라고 판시하였다.[25] 이는 정보사회의 특성을 반영하고[26] 소수주주권의 행사를 쉽게 하기 위함이지만, 현행 법령상 가능한지는 여전히 의문이다. 왜냐하면 ① 휴대전화를 사용하더라도 모바일앱인 카카오톡 등은 사용하지 않거나 필요할 때만 잠깐 확인하는 사람도 많은 점을 고려할 때 카카오톡 메시지를 통한 청구사항의 경우에는 누가 언제 어떻게 수신하였는지를 입증하는 것과 그 증명력 확보 등에 관한 논란이 발생할 수 있고,[27] ② 전자문서가 서면성을 부여받으려면 두 가지 요건(ⓐ 전자문서의 내용을 열람할 수

25) 대법원 2022. 12. 16.자 2022그734 결정.
26) 법무부, 「상법 회사편 해설」, 189면.
27) 다양한 전자매체의 활용을 적극적으로 인정하더라도 그것에 전통적인 문서와 모든 면에서 동일한 효력을 부여할 수 있는지는 계속적인 주의가 필요하다면서 회사가 통보한 업무상 계정으로의 전송 등과 같은 일정한 요건을 갖추어야 서면통지로 인정하는 등의 방안을 검토할 필요가 있다는 견해도

있을 것, ⓑ 전자문서가 작성·변환되거나 송신·수신·저장된 때의 형태 또는 그와 같이 재현될 수 있는 형태로 보존되어 있을 것)을 모두 충족해야 하는데(전자문서법 제4조의2), 개인의 휴대전화 메시지가 어떻게 이를 충족할 수 있는지 의문일 뿐만 아니라 현실적으로도 쉽지 않기 때문이다. 따라서 입법론적으로는 전자문서의 개념과 그 포섭범위를 상법이나 시행령에서 명확히 규정할 필요가 있다.[28)]

(ㄷ) 제출대상 : 소수주주는 주주총회의 소집을 청구하는 서면이나 전자문서를 「이사회」에 제출해야 한다. 그런데 이사회는 회의체기관이므로 주주의 소집청구를 실제로 받을 수 있는 상대방이 될 수 없다. 그리하여 최근 판례는 "이때 이사회는 원칙적으로 대표이사를 의미하고, 예외적으로 대표이사 없이 이사의 수가 1인 또는 2인인 소규모회사의 경우에는 각 이사를 의미한다(상법 제383조 제6항)."라고 판시하였다.[29)] 생각건대 상법이 명문으로 소집청구의 상대방을 이사회라고 규정하고 있음에도 불구하고 이를 대표이사나 이사로 변형하여 해석하는 것은 바람직하지 아니하므로, 제366조 제1항을 개정하여 이사회를 이사로 규정하고 제383조 제6항의 내용을 보완해야 한다.[30)]

㈑ 소집절차 : 소수주주의 주주총회 소집청구가 있으면 이사회는 지체없이 소집절차를 진행해야 하는데, 여기서 「지체없이」란 입법취지를 고려하여 주주총회를 소집하기 위해 소요되는 최소한의 기간이 지난 후 이사회의 소집결정을 거쳐서 개최해야 한다는 의미로 해석해야 한다. 한편 소수주주의 청구가 있음에도 불구하고 이사회가 지체없이 소집절차를 진행하지 아니하면 청구한 소수주주가 법원의 허가를 얻어 직접 주주총회를 소집할 수 있는데(상법 제366조 제2항 제1문),[31)] 법원의 소집허가 결정과 관련해서는 다음과 같이 주의할 점이 있다. 즉 ① 법원은 일반적으로 소집시기를 명기하지만, 소집시기를 정하지 아니하였어도 소수주주는 청구의 목적에 비추어 상당한 기간 내에 주주총회를 소집해야 한다.[32)] 장시간이 지나면 법원의 소집허가 결정의 기초가 된 사정에 변경이 생길 수 있기 때문이다.[33)]

있다(천경훈, "2022년 회사법 판례 회고", 90면).

28) 정준우, "ESG 경영에 따른 주주총회 관련 규정의 개선방안", 74~75면.

29) 대법원 2022. 12. 16.자 2022그734 결정.

30) 정준우, "ESG 경영에 따른 주주총회 관련 규정의 개선방안", 75~76면.

31) 기업 실무에서 때때로 법원의 허가에 의한 소수주주의 주주총회 소집을 저지하기 위하여 회사가 이사회의 결의로 별도의 주주총회를 소집하는 경우가 있다. 그런데 소수주주가 법원의 허가를 얻은 이상 동일한 안건에 대해서는 소수주주가 소집권자이므로, 이사회가 소집한 주주총회는 권한 없는 자가 소집한 것이 되어 부존재한 총회가 된다(수원지방법원 2007. 8. 30.자 2007카합392 결정).

32) 상당한 기간이 지났는지는 주주총회의 소집목적, 소집허가결정이 내려진 경위 및 주주총회 소집시점과의 기간, 소집허가결정의 기초가 된 사정의 변경 여부 등을 종합적으로 고려하여 판단해야 한다.

33) 대법원 2018. 3. 15. 선고 2016다275679 판결.

② 법원은 소수주주의 지분요건 등이 충족되었는지를 심사한 후 허가 여부를 결정해야 하고, 명백한 권리남용에 해당하는 때에는 소집을 불허해야 한다. ③ 법원의 소집허가 결정에 대해서는 회사가 불복하지 못하지만(비송사건법 제81조 제2항), 예외적으로 민사소송법 제449조에 의한 특별항고는 허용된다.[34)]

> **참고판례** **소수주주의 주주총회 소집청구에 관한 법원의 허가(대법원 2018. 3. 15. 선고 2016다275679 판결)** : 법원은 상법 제366조 제2항에 따라 총회의 소집을 구하는 소수주주에게 회의의 목적사항을 정하여 이를 허가할 수 있다. 이때 법원이 총회의 소집기간을 구체적으로 정하지 않은 경우에도 소집허가를 받은 주주는 소집의 목적에 비추어 상당한 기간 내에 총회를 소집하여야 한다. 소수주주에게 총회의 소집권한이 부여되는 경우, 총회에서 결의할 사항은 이미 정해진 상태이고, 일정기간이 경과하면 소집허가결정의 기초가 되었던 사정에 변경이 생길 수 있기 때문이다. 소수주주가 아무런 시간적 제약 없이 총회를 소집할 수 있다고 보는 것은, 이사회 이외에 소수주주가 총회의 소집권한을 가진다는 예외적인 사정이 장기간 계속되는 상태를 허용하는 것이 되고, 이사회는 소수주주가 소집청구를 한 경우 지체 없이 소집절차를 밟아야 하는 것에 비해 균형을 상실하는 것이 된다. 따라서 총회소집허가결정일로부터 상당한 기간이 경과하도록 총회가 소집되지 않았다면, 소집허가결정에 따른 소집권한은 특별한 사정이 없는 한 소멸한다. 소집허가결정으로부터 상당한 기간이 경과하였는지는 총회소집의 목적과 소집허가결정이 내려진 경위, 소집허가결정과 총회소집 시점 사이의 기간, 소집허가결정의 기초가 된 사정의 변경 여부, 뒤늦게 총회가 소집된 경위와 이유 등을 고려하여 판단하여야 한다.

(마) 후속절차 : 소수주주가 법원의 허가를 받아 직접 주주총회를 소집하는 것은 회사의 일시적 기관으로서 하는 것이므로 주주확정을 위한 기준일의 설정과 소집통지·공고 등 주주총회의 소집을 위해 필요한 모든 절차는 소수주주가 직접 처리할 수 있고, 회사에 대하여 소집비용도 청구할 수 있다.[35)] 그런데 이렇게 소집된 주주총회의 의장을 누가 어떻게 선임하는지에 관해서는 규정이 없어 그동안 일반적인 선임방법에 의하다 보니 절차 지연 등의 문제가 발생하였다. 그리하여 2011년 개정상법은 정관의 규정에 상관없이 법원이 이해관계인의 청구나 직권으로 주주총회의 의장을 선임할 수 있도록 함으로써 이러한 문제를 입법적으로 해결하였다(상법 제366조 제2항 후단). 한편 소수주주의 청구에 따라 또는 소수주주가 법원의 허가를 얻어 소집한 주주총회는 회사의 업무와 재산상태를 조사하도록 하기 위해 검사인을 선임할 수 있다(상법 제366조 제3항).

2) 감사기관의 소집청구

감사기관(감사 또는 감사위원회)도 소수주주와 같은 방법으로 주주총회의 소집을 청구

34) 대법원 2001. 12. 21.자 2001그121 결정; 대법원 1991. 4. 30.자 90마672 결정.
35) 김건식/노혁준/천경훈, 300면; 손주찬, 702면; 오성근, 443면; 이철송, 516면; 정동윤, 542면.

할 수 있고, 이 경우 이사회가 소집을 게을리하면 청구한 감사나 감사위원회가 법원의 허가를 받아 직접 주주총회를 소집할 수 있다(상법 제412조의3, 제415조의2 제7항). 그리고 주주확정 등에 관한 후속절차도 소수주주의 소집청구에서와 같다.

3) 법원의 소집명령

회사의 업무집행에 관하여 부정행위 또는 법령이나 정관에 위반한 중대한 사실이 있음을 의심할 사유가 있는 때에는 발행주식총수의 100분의 3 이상에 해당하는 주식을 가진 주주는 회사의 업무와 재산상태를 조사하게 하기 위하여 법원에 검사인의 선임을 청구할 수 있다(상법 제467조 제1항). 이 경우 검사인은 그 조사의 결과를 법원에 보고해야 하는데(동조 제2항), 법원이 검사인의 보고에 의하여 필요하다고 인정한 때에는 대표이사에게 주주총회의 소집을 명할 수 있다(동조 제3항). 그런데 이 경우에는 이사회의 소집결정을 요하지 아니하므로 대표이사가 곧바로 주주총회를 소집해야 한다.[36]

2. 소집절차

(1) 회사의 소집통지

1) 통지의무 : 이사회가 주주총회를 소집하기 위해서는 먼저 주주총회일을 정한 후 그 날의 2주 전까지 각 주주에게 서면 또는 전자문서로 주주총회의 소집을 통지해야 하는데(상법 제363조 제1항), 이 경우 실제적인 통지행위는 대표이사가 한다.

2) 통지대상 : 주주총회의 소집통지는 주주명부상의 주주에게 해야 한다. 따라서 주식을 취득하였어도 명의개서를 하지 아니한 주주에게는 소집통지를 할 필요가 없고,[37] 의결권 없는 주식을 소유한 주주에게도 소집통지를 하지 아니한다(상법 제363조 제7항). 즉 의결권이 배제된 주식과 당해 안건에 대하여 의결권이 제한되는 주식, 상호주 및 기타 상법이나 특별법에서 의결권을 제한하는 주식을 소유한 모든 주주에게 통지할 필요가 없다. 다만 의결권 없는 주식을 가진 주주도 주식매수청구권을 행사할 수는 있으므로(상법 360조의5, 제360조의22, 제374조의2, 제522조의3, 제530조의11), 안건이 주식매수청구권의 대상인 때에는 의결권 없는 주식을 소유한 주주에게도 소집통지를 해야 한다.

3) 통지방법 : 주주총회의 소집통지는 각 주주에게 서면으로 발송하거나 각 주주의 동의를 받아 전자문서로 발송해야 한다(상법 제363조 제1항). 이는 강행규정이므로 다른 방법

36) 김건식/노혁준/천경훈, 300면; 손주찬, 702면; 송옥렬, 922면; 오성근, 444면; 이철송, 517면; 정동윤, 542면; 정찬형, 890면; 최기원, 449면; 최준선, 363면.
37) 대법원 2012. 6. 14. 선고 2012다20925 판결.

(예: 구두, 안내방송 등)에 의한 소집통지는 허용되지 않는다. 그리고 상법에 명문 규정은 없으나 여기서 「전자문서」란 정보처리시스템에 의하여 전자적 형태로 작성·변환되거나 송신·수신·저장된 정보를 말한다(전자문서법 제2조 제1호). 그런데 최근 대법원은 소수주주의 주주총회소집청구권과 관련하여 전자우편은 물론 휴대전화 문자메시지나 모바일 메시지 등도 전자문서에 포함된다고 판시하였다.[38] 그렇다면 논리적으로 회사의 주주총회 소집통지도 휴대전화 문자메시지·모바일 메시지 등을 통해 할 수 있다고 해석해야 하지만, 위에서 지적한 문제점이 있으므로 향후 입법적 해결이 필요하다.

4) 통지기간 : 주주총회의 소집통지는 주주총회일 2주 전까지 해야 한다(상법 제363조 제1항). 이 기간은 정관의 규정으로 늘릴 수는 있으나 줄일 수는 없다(통설). 주의할 것은 통지기간의 경우 발신주의를 취하고 있으므로, 회사는 주주총회일의 2주 전에 소집통지를 발송하면 충분하고 실제로 주주에게 도달하였는지는 묻지 않는다는 점이다. 이처럼 주주총회의 소집통지에서 통지의 부도달에 따른 불이익은 주주가 받게 되므로, 통지하였는지 및 기간을 준수하였는지는 회사가 증명해야 한다. 즉 회사가 주주명부상의 주소 또는 주주가 회사에 통지한 주소로 소집통지를 발송하였음을 증명해야 한다.

5) 통지해태 : 회사가 주주총회의 소집통지를 게을리하거나 부적법하게 한 때에는 소집절차가 법령 또는 정관에 위반한 것이므로 주주총회결의취소의 사유가 되고(상법 제376조 제1항), 이사에게는 일정한 벌칙이 적용된다(상법 제635조 제1항 제2호).

(2) 소집통지의 내용

1) 목적사항 : 회사의 소집통지에는 반드시 회의의 목적사항이 기재되어야 한다. 이는 주주가 주주총회의 참석 여부를 결정할 때 가장 중요한 역할을 하므로 무엇을 결의하는지를 알 수 있을 정도로 기재해야 하는데, 상장회사에 관한 특례도 있다.

㈎ 기재방법 : 목적사항은 「이사 선임에 관한 건」이나 「재무제표 승인에 관한 건」 등으로 기재하면 되지만, 정관변경·자본금감소·합병 등처럼 주주총회의 특별결의가 필요한 사안일 경우에는 「의안의 요령」도 함께 기재해야 한다. 이 경우 소집통지서에 기재된 목적사항은 당해 주주총회에서 결의할 사항의 범위를 제약한다. 즉 주주총회는 통지된 목적사항 이외의 사항에 대해서는 결의할 수 없는데, 이는 참석한 주주 전원의 동의가 있더라도 마찬가지이다.[39] 한편 주주총회의 소집통지에 기재된 목적사항도 그 일부나 전부의 철회가 가

38) 대법원 2022. 12. 16.자 2022그734 결정.
39) 대법원 1979. 3. 27. 선고 79다19 판결(상법 제363조 제1항, 제2항의 규정에 의하면 주주총회를 소집

능하고, 목적의 동일성을 해하지 않는 한 수정도 가능하다.[40)]

㈏ 상장특례 : 주주총회 소집통지의 목적사항과 관련하여 상법은 다음과 같은 두 가지의 상장회사에 관한 특례를 두고 있는데, 다소 입법적 보완이 필요하다.

(ㄱ) 임원선임에 관한 특례 : 상장회사가 이사·감사의 선임에 관한 사항을 목적으로 하는 주주총회의 소집통지·공고를 하는 때에는 이사·감사 후보자의 성명, 약력, 추천인, 그 밖에 대통령령으로 정하는 후보자에 관한 사항을 통지·공고해야 한다(상법 제542조의4 제2항). 여기서 「대통령령으로 정하는 후보자에 관한 사항」이란 ① 후보자와 최대주주와의 관계, ② 후보자와 해당 회사와의 최근 3년간의 거래내역, ③ 주주총회 개최일 기준 최근 5년 이내에 후보자가 국세징수법 또는 지방세징수법에 따른 체납처분을 받은 사실이 있는지 여부, ④ 주주총회 개최일 기준 최근 5년 이내에 후보자가 임원으로 재직한 기업이 채무자회생법에 따른 회생절차 또는 파산절차를 진행한 사실이 있는지 여부, ⑤ 법령에서 정한 취업제한 사유 등 이사·감사 결격사유의 유무이다(상령 제31조 제3항). 이 중 ③ 내지 ⑤의 경우에는 2020년 개정 상법이 그동안 후보자와 회사의 관계에 대한 정보만 제공되고 후보자 개인의 업무적 적격성을 판단할 수 있는 정보는 제공되지 않았던 문제점을 개선하여 임원 후보자에 대한 보다 충실한 검증 기반을 주주들에게 제공하기 위하여 신설한 것이지만, 다소의 문제점도 내포되어 있어 보완이 필요하다.[41)]

(ㄴ) 통지내용에 관한 특례 : 상장회사가 주주총회의 소집통지나 공고를 하는 때에는 사외이사 등의 활동내역과 보수에 관한 사항, 사업개요 등 대통령령으로 정하는 사항을 통지해야 하지만, 상장회사가 그 사항을 대통령령으로 정하는 방법으로 일반인이 열람할 수 있도록 한 경우에는 그러하지 아니하다(상법 제542조의4 제3항). 여기서 「사외이사 등의 활동내역과 보수에 관한 사항, 사업개요 등 대통령령으로 정하는 사항」이란 ① 사외이사, 그 밖의 해당 회사의 상무에 종사하지 아니하는 이사의 이사회 출석률, 이사회 의안에 대한 찬반여부 등 활동 내역과 보수에 관한 사항, ② 상법 제542조의9 제3항 각 호에 따른 거래내역,

---

함에 있어서는 회의의 목적사항을 기재하여 서면으로 그 통지를 발송하게 되어 있으므로 주주총회에 있어서는 원칙적으로 주주총회 소집을 함에 있어서 회의의 목적사항으로 한 것 이외에는 결의할 수 없으며, 이에 위배된 결의는, 특별한 사정이 없는 한 상법 제376조 소정의 총회의 소집절차 또는 결의방법이 법령에 위반하는 것으로 보아야 하고, 다만 회사 정관에 주주 전원의 동의가 있으면 미리 주주에게 통지하지 아니한 목적 사항에 관하여도 결의할 수 있다고 되어 있는 때는 예외이나, 그 경우의 주주 전원이란 재적주주 전원을 의미한다고 보아야 할 것이며, 미리 주주에게 통지하지 아니한 사항에 관한 결의에 가담한 주주가 그 결의의 취소를 구함이 곧 신의성실의 원칙 및 금반언의 원칙에 반한다고 볼 수 없다).

40) 손주찬, 706면; 이철송, 524면; 정동윤, 545면.

41) 자세한 내용은 정준우, "지배구조 개선을 위한 개정 상법 시행령의 비판적 검토", 473~475면 참조.

③ 영업현황 등 사업개요와 주주총회의 목적사항별로 금융위원회가 정하는 방법에 따라 작성한 참고서류, ④ 자본시장법 제159조에 따른 사업보고서 및 외부감사법 제23조 제1항 본문에 따른 감사보고서(이 경우 해당 보고서는 주주총회 개최 1주 전까지 전자문서로 발송하거나 회사의 홈페이지에 게재하는 것으로 갈음할 수 있다)를 말한다(상령 제31조 제4항). 이 중 ④의 경우는 2020년에 개정된 상법 시행령이 신설한 것인데, 주주총회의 소집통지나 공고를 할 때에 사업보고서와 감사보고서도 함께 제공하도록 하여 주주가 주주총회일 전에 회사의 성과에 대한 정보를 충분히 확인할 수 있도록 하기 위함이다. 그리고 사업보고서와 감사보고서의 제공시한을 주주총회일 2주 전에서 1주 전까지로 완화한 것은 주주총회일 2주 이전에 해야 하는 소집통지·공고 전까지는 상장회사가 감사보고서와 사업보고서를 작성하기 어려운 실무적 어려움을 반영한 것이지만, 자본시장법과 외부감사법 등을 연계할 때 문제점도 있다.[42] 한편 「대통령령으로 정하는 방법」이란 상장회사가 위 사항을 기재한 서류를 회사의 인터넷 홈페이지에 게재하고 ① 상장회사의 본점 및 지점, ② 명의개서대행회사, ③ 금융위원회, ④ 한국거래소에 비치하여 일반인이 열람할 수 있도록 하는 방법을 말한다(상령 제31조 제5항).

2) 일시·장소 : 주주총회를 소집하는 때에는 일시·장소도 이사회가 정하여 소집통지에 기재해야 한다. 주주총회의 일시를 정함에 있어서는 건전한 상식에 따라 주주의 편의를 고려해야 하고, 총회의 장소는 정관에 다른 규정이 없는 한 본점 소재지 또는 그 인접지여야 한다(상법 제364조). 따라서 소집통지서에 기재된 회의의 일시·장소와 실제로 개최된 일시·장소에 상당한 괴리가 있는 때에는 주주총회의 소집절차가 현저히 불공정한 것으로서 결의취소의 사유가 된다.[43] 그렇다면 주주총회를 외국에서 개최할 수도 있을까? 이에 관한 논의는 많지 않지만, 정관의 규정이나 주주 전원의 동의가 있으면 가능하다.

참고판례 **주주총회 소집절차의 불공정성 판단기준(대법원 2003. 7. 11. 선고 2001다45584 판결)** : 주주총회의 개회시각이 부득이한 사정으로 당초 소집통지된 시각보다 지연되는 경우에도 사회통념에 비추어 볼 때 정각에 출석한 주주들의 입장에서 변경된 개회시각까지 기다려 참석하는 것이 곤란하지 않을 정도라면 절차상의 하자가 되지 아니할 것이나, 그 정도를 넘어 개회시각을 사실상 부정확하게 만들고 소집통지된 시각에 출석한 주주들의 참석을 기대하기 어려워 그들의 참석권을 침해하기에 이르렀다면 주주총회의 소집절차가 현저히 불공정하다고 하지 않을 수 없고, 또한 소집통지 및 공고가 적법하게 이루어진 이후에 당초의 소집장소에서 개회를 하여 소집장소를 변경하기로 하는 결의조차 할 수 없는 부득이한 사정이 발생한 경우,

---

42) 자세한 내용은 정준우, 위의 논문, 460~466면 참조.
43) 대법원 2003. 7. 11. 선고 2001다45584 판결.

소집권자가 대체 장소를 정한 다음 당초의 소집장소에 출석한 주주들로 하여금 변경된 장소에 모일 수 있도록 상당한 방법으로 알리고 이동에 필요한 조치를 다한 때에 한하여 적법하게 소집장소가 변경되었다고 볼 수 있다.

(3) 소집통지의 생략

1) 입법취지 : 주주에 대한 회사의 주주총회 소집통지는 주주명부에 기재된 주주의 주소 또는 주주가 회사에 통지한 주소로 하면 면책된다(상법 제353조 제1항). 그런데 소액주주들은 회사경영에 참여하는 것보다 양도차익에만 관심을 두고 있어 주주명부상 주소가 실제의 주소와 다른 경우가 많다. 특히 상장회사가 자본시장법에 따라 작성하는 실질주주명부는 주주가 바뀐 주소를 신고하지 않아 정확도가 떨어지는 경우가 많고, 이로 인해 회사는 무익한 소집통지를 계속하게 된다. 이에 상법은 장기간(3년 이상) 소집통지가 주주에게 부도달한 경우 회사의 통지의무를 면제해 주는데(상법 제363조 제1항 단서), 이는 사실상 비상장회사에서만 의미가 있다. 상장회사에서는 명의개서대리인이 실질주주명부에 근거하여 모든 주주에게 일괄적으로 소집통지서를 발송하고 있기 때문이다.

2) 적용요건 : 소집통지를 생략하려면 다음과 같은 요건을 충족해야 한다. 즉 ① 회사가 주주명부에 기재된 주주의 주소로 소집통지를 해야 하는데, 상장회사는 자본시장법에 근거한 실질주주명부상의 주소로 통지해야 한다. ② 소집통지가 3년간 계속하여 도달하지 않아야 한다. 여기서 「3년간」이란 최초로 부도달된 소집통지의 발송일로부터 최후의 부도달된 소집통지의 발송일까지를 의미하는데, 통지 횟수는 중요하지 않다. ③ 소집통지가 주주에게 도달하지 않았다는 사실은 통지의 반송에 의해 확인된다. 즉 주주가 소집통지를 받고 주주총회에 참석하지 않은 사실만으로는 도달하지 않았다고 할 수 없어 회사는 주주에 대한 3년분의 반송 우편물을 계속하여 보관해야 하는 불편함이 있다.

3) 적용한계 : 상법 제363조 제1항 단서는 주주총회의 소집통지에만 적용된다. 따라서 신주인수권자에 대한 신주인수최고통지(상법 제419조 제1항), 준비금의 자본금 전입으로 인한 신주배정통지(상법 제461조 제5항), 주식배당의 통지(상법 제462조의2 제5항), 전환사채와 신주인수권부사채의 인수권자에 대한 사채인수최고통지(상법 제513조의3 제1항, 제516조의3 제1항) 등의 경우에는 3년간 계속하여 부도달해도 생략할 수 없다.

(4) 소집통지의 특례

1) 소규모회사에 대한 특례 : 자본금 총액이 10억원 미만인 소규모회사가 주주총회를 소

집하는 때에는 ① 주주총회일의 10일 전까지 각 주주에게 서면으로 소집통지를 발송하거나 각 주주의 동의를 받아 전자문서로 소집통지를 발송할 수 있고(상법 제363조 제3항), ② 주주 전원의 동의가 있으면 소집절차 없이 주주총회를 개최할 수 있으며, 서면결의로써 주주총회의 결의를 갈음할 수 있고, 총회의 목적사항에 대하여 주주 전원이 서면으로 동의를 한 때에는 서면에 의한 결의가 있는 것으로 볼 수 있으며(동조 제4항), ③ 서면에 의한 결의에 대해서는 주주총회에 관한 규정을 준용한다(동조 제6항).

2) 상장회사에 대한 특례 : 상장회사가 주주총회를 소집함에 있어서는 의결권 있는 발행주식총수의 100분의 1 이하의 주식을 가진 주주들에 대하여 정관이 정하는 바에 따라 주주총회일 2주 전에 총회소집의 뜻과 목적사항을 2개 이상의 일간신문에 각각 2회 이상 공고하거나 전자적 방법으로 공고함으로써 소집통지에 갈음할 수 있다(상법 제542조의4 제1항; 상령 제31조 제1항). 여기서 「전자적 방법의 공고」란 금융감독원 또는 한국거래소가 운영하는 전자공시시스템에 공시하는 것을 의미한다(상령 제31조 제2항).

(5) 소집통지의 철회·변경

이사회가 주주총회의 소집통지를 한 후에 소집의 기초사정에 변경이 생긴 경우에 회사는 소집된 주주총회를 철회·변경할 수 있고, 소집장소의 변경도 가능하다고 보는 것이 합리적이다. 물론 이 경우에는 소집에 준하여 이사회결의를 거쳐 대표이사가 그 뜻을 주주들에게 통지·공고해야 한다.[44] 한편 주주총회의 철회·변경을 반드시 주주총회의 소집과 동일한 방법으로 할 필요는 없지만, 주주총회의 소집일을 변경할 때에는 주주총회의 소집과 마찬가지로 회일의 2주간 전이라는 기간을 준수하여 주주들에게 통지해야 한다. 따라서 주주총회의 개최일 전에 회사가 모든 주주에게 주주총회의 철회·변경이 있음을 알리는 통지가 도달할 수 있는 방법을 취한 때에는 철회·변경의 효력이 발생한다고 보아야 한다.[45] 그리고 주주총회의 철회가 적법하게 이루어진 때에는 비록 일부 주주가 주주총회에 참석하여 일정한 결의를 하였더라도 이는 결의부존재에 해당한다.

> **참고판례** **주주총회 소집통지의 철회·변경 방법1(대법원 2009. 3. 26. 선고 2007도8195 판결)** : 주주총회 소집의 통지·공고가 행하여진 후 소집을 철회하거나 연기하기 위해서는 소집의 경우에 준하여 이사회의 결의를 거쳐 대표이사가 그 뜻을 그 소집에서와 같은 방법으로 통지·공고하여야 한다.

44) 대법원 2009. 3. 26. 선고 2007도8195 판결.
45) 대법원 2007. 4. 12. 선고 2006다77593 판결.

> **참고판례** **주주총회 소집통지의 철회·변경 방법2(대법원 2011. 6. 24. 선고 2009다35033 판결)** : 원심이 인용한 제1심판결의 이유에 의하면, 원심은, 원고 회사의 대표이사인 소외 1이 2005. 7. 14. 이사회를 소집하여 원고 회사의 임시주주총회를 2005. 7. 29. 오전 11:00에 소집하기로 하는 내용의 이사회결의가 이루어진 후, 같은 날 주주들에게 그 임시주주총회 소집통지서를 발송한 사실, 그러나 소외 1은 2005. 7. 29.자로 예정된 임시주주총회의 소집을 철회하기로 계획한 후, 2005. 7. 28. 16:00에 이사회를 소집하여 2005. 7. 29.자 임시주주총회의 소집을 철회하기로 하는 내용의 이사회결의가 이루어지자마자 임시주주총회가 개최될 장소의 출입문에 2005. 7. 29.자 임시주주총회가 이사회결의로 철회되었다는 취지의 공고문을 부착하고, 이사회에 참석하지 않은 주주들(소외 2,3,4)에게는 퀵서비스를 이용하여 2005. 7. 29. 11:00 개최 예정이었던 임시주주총회가 이사회결의로 그 소집이 철회되었다는 내용의 소집철회통지서를 보내는 한편 전보와 휴대전화(직접 통화 또는 메시지 녹음)를 이용하여 같은 취지의 통지를 한 사실을 인정한 다음, 이 사건 2005. 7. 29.자 임시주주총회가 적법하게 철회되었다고 판단하였다. 원심이 인정한 사실관계에 비추어 볼 때, 이 사건 2005. 7. 29.자 임시주주총회의 소집을 철회하기로 하는 이사회결의를 거친 후, 소집통지와 같은 방법인 서면에 의한 소집철회통지를 한 이상, 위 임시주주총회의 소집이 적법하게 철회되었다고 볼 수 있으므로, 같은 취지의 원심 판단은 정당하다.

3. 주주제안

(1) 입법취지

주식회사의 지배구조를 살펴보면 경영자인 이사의 선임권은 주주총회에 있고, 주주총회의 의사는 (자본)다수결 원칙에 의해 실질적으로 지배주주가 좌지우지한다. 1997년 말에 시작된 IMF 외환위기를 극복하는 과정에서 진행된 기업지배구조 개선작업을 통해 이런 현상이 외형적으로 완화되었지만, 실제로는 계열회사의 지분증가를 통해 지배주주가 여전히 강력한 지배력을 행사하고 있다. 이처럼 지배주주는 경영에 강한 영향력을 행사하고 있지만, 분산된 다수의 일반주주는 경영에서 사실상 배제됨으로 인해 ① 주주 지위의 사채권자화, ② 주주총회의 기능 상실, ③ 지배주주의 전횡적 회사 운영, ④ 회사 내 견제세력의 부재로 인한 경영의 투명성 감소 등의 문제가 발생하였다.

그리하여 소외된 일반주주들이 회사의 의사결정을 촉구할 수 있는 기회를 부여하고, 이를 통해 지배주주와 그의 강한 영향력을 받는 경영진을 견제하기 위하여 1997년에 개정된 증권거래법이 먼저 상장회사에 대하여 주주제안 제도를 신설하였고, 1998년의 개정상법이 제363조의2에 주주제안권을 신설하여 모든 주식회사가 주주제안제를 이용할 수 있도록 하였다.[46] 주의할 것은 주주제안권은 주주총회의 소집청구를 포함하지 않는다는 점이다.

46) 참고로 미국의 경우 상장회사의 발행주식총수의 1% 이상의 주식 또는 시가 2,000달러 이상의 주식을 1년 이상 소유하고 있는 주주는 사전에 회사에 의안을 제출할 수 있는데, 이 경우 회사는 당해 의안이 위법하거나 기타 부적절한 것이 아닌 한 총회 당일에 의안으로 상정해야 한다. 그리고 제안

주주제안권은 장차 소집될 주주총회에서 제안내용으로 다루어 줄 것을 청구하는 권리이기 때문이다. 따라서 주주가 자신의 제안을 다룰 주주총회의 소집까지 요구하려면 상법 제366조의 소수주주에 의한 소집청구절차를 별도로 밟아야 한다.

(2) 제안요건

1) 제안권자 : 상법상 주주제안권은 삼원화되어 있다. 즉 의결권 있는 발행주식총수를 전제로 ① 비상장회사에서는 100분의 3 이상의 주식을 소유한 주주(상법 제363조의2 제1항), ② 일반상장회사에서는 6개월 전부터 계속하여 100분의 1 이상의 주식을 소유한 주주, ③ 최근 사업연도 말 자본금 1천억원 이상인 대규모 상장회사에서는 6개월 전부터 계속하여 1,000분의 5 이상을 소유한 주주가 제안할 수 있다(상법 제542조의6 제2항; 상령 제11조). 이러한 지분요건은 수인의 주주가 공동으로 충족할 수도 있고, 2020년 개정 상법에 의해 상장회사에서는 일반요건과 특례요건을 선택하여 행사할 수 있다.

2) 제안시기 : 주주는 주주총회일의 6주 전까지 이사에게 제안내용을 제출해야 한다. 그런데 대체로 주주는 주주총회일 2주 전에야 비로소 주주총회일을 알 수 있으므로 「6주 전」이란 요건은 달리 해석해야 한다. 즉 주주는 언제라도 제안할 수 있고, 회사는 주주의 제안일로부터 6주 이후에 열리는 주주총회에서 이를 안건으로 다루어야 한다고 해석해야 한다.[47] 이와 관련하여 정기주주총회는 일반적으로 주주가 예측할 수 있으므로, 상법도 정기주주총회에서 다룰 안건의 제안은 직전 연도의 정기주주총회일에 대응하는 그 해의 해당일 6주 전에 제출하도록 규정하고 있다(상법 제363조의2 제1항).

3) 제안방법 : 주주는 주주총회일의 6주 전까지 이사에게 「서면 또는 전자문서」로 제안을 할 수 있다(상법 제363조의2 제1항). 즉 다른 방법은 허용되지 않는다.

(3) 제안내용

주주제안이란 주주가 이사회에서 정한 주주총회의 목적사항에 안건의 추가를 요구하는 것인데, 여기에는 두 가지가 있다. 즉 ① 주주가 주주총회의 목적사항을 직접 제안하는 것(예: 이사선임에 관한 안건 등), ② 이사회에서 정한 목적사항에 구체적인 결의안을 제안하

자는 다른 주주들을 상대로 하여 의결권대리행사를 권유하는 서면(proxy statement)에 제안내용을 기재하여 줄 것을 회사에 청구할 수 있다(SEC Securities Exchange Act of 1934 Rule 14a－8).

47) 따라서 주주가 제안한 후 6주 전에 회사가 주주총회를 개최하면 주주의 제안을 다룰 필요가 없는데, 이 경우에는 주주의 제안이 6주 후에 열리는 주주총회까지 유효하게 존속한다(이철송, 528면; 임재연(Ⅱ), 59면).

는 것(예: ○○○을 이사로 선임하자는 안건 등)이 있는데, 전자를 「의제제안」이라고 하고 후자를 「의안제안」이라고 한다. 그렇지만 어느 경우에나 회사는 제안주주의 요청이 있는 경우 주주총회에서 당해 의안을 설명할 수 있는 기회를 주어야 한다(상법 제363조의2 제3항 후단). 그리고 주주가 의안제안을 하는 때에는 총회일 6주 전에 서면 또는 전자문서로 회의의 목적으로 할 사항에 추가하여 당해 주주가 제출하는 의안의 요령을 총회소집의 통지·공고에 기재할 것을 청구할 수 있다(상법 제363조의2 제2항).

(4) 제안의 제한

1) 제한사유 : 주주의 제안이 있는 경우 이사회는 당해 제안의 내용이 법령이나 정관에 위반하는 경우와 대통령령으로 정하는 경우에 해당하는 때에는 이를 거부할 수 있다(상법 제363조의2 제3항 전단 반대해석). 여기서 「대통령령으로 정한 경우」란 ① 주주총회에서 의결권의 100분의 10 미만의 찬성밖에 얻지 못하여 부결된 내용과 동일한 의안을 부결된 날부터 3년 내에 다시 제안하는 경우, ② 주주 개인의 고충에 관한 사항, ③ 주주가 권리를 행사하기 위해서 일정 비율을 초과하는 주식을 보유해야 하는 소수주주권에 관한 사항, ④ 임기 중에 있는 임원의 해임에 관한 사항(상법 제542조의2 제1항에 따른 상장회사만 해당함), ⑤ 회사가 실현할 수 없는 사항 또는 제안이유가 명백히 거짓이거나 특정인의 명예를 훼손하는 사항을 말한다(상령 제12조).

2) 문제점 검토 : 주주제안과 관련하여 상법 시행령이 정하고 있는 이사회가 거부할 수 있는 사유의 구체적인 내용과 그 문제점을 살펴보면 다음과 같다.

㈎ 제1호 : 주주총회에서 부결된 의안의 경우 단기간 내에는 가결될 전망이 거의 없으므로 이를 다시 제안하는 것은 사실상 주주제안권의 남용에 해당하여 이를 금지한 것이다. 주의할 것은 「의안의 동일성」이란 실질적인 동일성을 의미하므로 형식적으로는 동일하더라도 실질적으로 다른 내용이라면 해당하지 않는다는 점이다.

㈏ 제2호와 제3호 : 제2호는 주주총회에서 다룰 사항이 아니므로 불필요하고, 제3호는 소수주주권으로 행사할 사항을 주주제안권의 형식으로 행사함으로써 소수주주권의 요건을 잠탈하는 것을 방지하기 위해 규정한 것이다. 그런데 소수주주권에 속하는 권리는 그 성질상 주주제안과 무관하게 행사되어야 하므로 처음부터 제안의 실익이 없다.

㈐ 제4호 : 상법 제385조가 이사의 해임결의를 인정하고 있고 제363조의2 제3항에서 이를 배제하는 입법을 특정하여 위임하지 않았으므로, 시행령에서 해임결의에 관한 제안을

금지하는 것은 위임입법의 한계(헌법 제75조)를 벗어난 것이다. 또한 이를 상장회사에만 적용하는 것도 타당성이 없는데, 주주제안제의 도입 취지가 경영에서 소외된 일반주주에게 회사의 의사결정을 촉구할 수 있는 기회를 부여함과 함께 지배주주와 그의 영향력을 받는 경영진을 견제하도록 하기 위함임을 고려하면 임원의 해임에 관한 제안은 회사의 상장 여부에 상관없이 모두 허용되어야 하기 때문이다. 이런 점에서 이 제한은 평등의 원칙(헌법 제11조 제1항)에도 반하므로 삭제하는 것이 타당하다.

㈃ 제5호 : 먼저 「회사가 실현할 수 없는 사항」은 법률적인 경우와 사실상인 경우로 나눌 수 있는데, 전자는 상법 제363조의2 제3항의 법령 또는 정관을 위반한 경우에 해당하므로 사실상의 경우를 의미한다고 보아야 한다. 다만 사실상 실현 불가능한 경우인지에 관하여 주주와 회사 간의 분쟁이 발생할 수 있으므로 입법적 재고가 필요하다. 그리고 「제안 이유가 명백히 허위인 경우」란 주주가 제안할 때 그 이유를 밝히도록 규제하는 것이나 다름없는데, 주주제안에는 필요성과 합리성에 관한 소명이나 증명이 필요하지 않아 이는 명백한 입법 착오이므로 삭제해야 한다. 또한 「특정인의 명예를 훼손하는 경우」란 이사나 감사의 해임결의에서 그 이유를 적시할 때 일어날 수 있는 일인데, 이를 근거로 주주의 제안을 차단하는 것도 합리성이 없으므로 역시 삭제해야 한다.

(5) 후속적 조치

1) 회사의 조치 : 주주제안권이 행사된 경우 이사는 이를 이사회에 보고하고, 이사회는 제안내용이 법령 또는 정관을 위반하는 경우와 그 밖에 대통령령으로 정하는 경우를 제외하고는 이를 주주총회의 목적사항으로 하여야 하며, 제안자의 청구가 있는 때에는 주주총회에서 당해 의안을 설명할 기회를 주어야 한다(상법 제363조의2 제3항).

2) 제안을 무시한 결의의 효력 : 상법은 이에 관하여 규정하고 있지 아니하여 합리적 해석과 입법적 보완이 필요하다. 생각건대 ① 회사가 주주의 의제제안을 무시한 경우(예: 주주가 A를 감사로 선임하자고 제안했는데, 회사가 이를 무시하고 B를 이사로 선임하는 안건을 주주총회에 먼저 상정한 경우)에는 그에 상응하는 주주총회의 결의가 없으므로 회사가 처리한 의안에 관한 결의는 유효하다고 보아야 한다. 물론 이 경우에 당해 이사에 대해서는 과태료의 제재가 가해지고(상법 제635조 제1항 제21호), 주주는 이사에 대하여 손해배상을 청구할 수 있다. ② 회사가 주주의 의안제안을 무시하여 주주총회에서 주주가 한 제안내용과 상충하는 결의가 이루어진 경우(예: 주주가 A를 감사로 선임하자고 제안했는데 회사가 이를 무시하고 B를 감사로 선임하는 안건을 주주총회에 먼저 상정한 경우)에는 주주총회의 결의방법에 하자가

있는 것일 뿐만 아니라 주주의 제안권을 침해한 것이므로 사후적으로 결의취소의 소의 사유가 된다고 보아야 한다.[48]

4. 소집의 하자

(1) 소집결의의 하자

주주총회의 소집에 관한 이사회결의가 없거나 이사회의 소집결의가 무효인 경우에 그 효력은 어떠한가? 이와 관련하여 판례는 이사회의 소집결정에 흠이 있거나 더 나아가 이사회의 소집결의가 없더라도 주주 전원이 출석한 때에는 적법한 주주총회로 보고 있고,[49] 1인회사의 경우에는 1인주주의 출석으로 모든 하자가 치유된다고 한다. 더욱이 주주총회를 개최한 사실이 없어도 1인주주가 결의한 것으로 의사록이 작성되어 있다면 주주총회의 결의가 있는 것으로 보고 있다.[50] 그리고 학설도 대체로 판례와 같은 입장이다. 다만 판례는 법적인 의미의 1인회사에 대해서만 이러한 입장을 취하고 있고, 사실상의 1인회사의 경우에는 소집절차와 결의절차를 생략할 수 없다고 판시하고 있다.[51]

그런데 강행법적 권한인 이사회의 주주총회소집결정권을 주주들의 의사로 생략하는 것은 그 자체가 상법 위반이다. 그리고 이사회의 주주총회소집결정권은 소유와 경영의 분리를 실질적으로 확보하는 장치이고, 이는 주주의 편익을 위한 것이 아니라 상법상 기관의 구성과 권한의 안분에 관한 문제이다. 또한 만약 판례처럼 판단한다면 1인주주나 소수의 주주로 구성된 폐쇄회사가 많은 우리의 기업 현실에서는 형식만 주식회사일 뿐 개인기업과 다름없는 회사를 양산할 위험성이 있다. 더욱이 이는 주식회사 제도의 오남용을 제한하고자 하는 상법의 입법취지에도 반한다. 따라서 이사회의 소집결의가 없거나 결의가 무효인 상태에서 개최된 주주총회와 그 결의는 무효라고 보아야 한다.

> **참고판례** **1인회사에서 주주총회의 소집에 관한 이사회결의의 하자(대법원 1993. 6. 11. 선고 93다8702 판결)** : 주식회사에서 총 주식을 한 사람이 소유하고 있는 1인회사의 경우에는 그 주주가 유일한 주주로서 주주총회에 출석하면 전원총회로서 성립하고 그 주주의 의사대로 결의될 것임이 명백하므로 따로이 총회소집절차가 필요없다 할 것이고, 실제로 총회를 개최한 사실이 없다 하더라도 1인주주에 의하여 의결이 있었던 것으로 주주총회 의사록이 작성되었다면 특별한 사정이 없는 한 그 내용의 결의가 있었던 것으로 볼 수 있어 형식적인 사유에 의하여 결의가 없었던 것으로 다툴 수는 없다.

48) 일본의 통설이기도 하다.
49) 대법원 1993. 2. 26. 선고 92다48727 판결.
50) 대법원 1966. 9. 20. 선고 66다1187·1188 판결.
51) 대법원 2007. 2. 22. 선고 2005다73020 판결.

(2) 통지절차의 하자

주주총회의 소집절차에 관한 상법상 규정은 주주의 주주총회 참석권을 보호하기 위한 것이다. 따라서 주주에 대한 주주총회 소집통지에 하자가 있더라도(예: 2주간의 소집통지기간을 준수하지 않은 경우) 그 하자가 일부 주주에만 국한된 것이라면 당해 주주의 동의로 치유될 수 있다고 보는 것이 합리적이다. 그렇지만 이 경우에도 다른 주주들은 그 하자(예: 소집통지기간의 미준수 등)를 이유로 사후에 주주총회결의취소의 소를 제기할 수는 있다.[52] 다만 사전에 주주가 서면통지의 수령권을 포기하고 전화·구두 등에 의한 통지방법에 동의한 때에는 서면통지가 없더라도 하자가 인정되지 않는다.

Ⅲ. 주주총회의 운영

1. 의사의 주체와 진행

(1) 의사의 주체

1) 의장의 선임 : 주주총회에는 의사진행을 맡을 의장이 있어야 한다. 실무에서는 대부분 정관으로 의장은 대표이사가 하는 것으로 정하고 있지만, 정관에 이러한 정함이 없으면 주주총회의 보통결의로 의장을 선출해야 한다(상법 제366조의2 제1항). 이 경우 의장은 반드시 주주여야 할 필요가 없지만, 주주가 아닌 의장은 의사진행만 할 수 있고 의결권을 행사할 수는 없다. 한편 의장도 결의에 관하여 특별한 이해관계를 가질 수 있는데, 의장은 의사진행만 다룰 뿐 결의 그 자체와는 무관하므로 주주가 특별한 이해관계가 있을 때 의결권이 제한되는 것과는 달리 의사진행을 할 수 있다.

2) 의장의 권한 : 주주총회의 의사진행과 그 결의가 공정하게 이루어져야 한다는 것은 주주총회의 운영에 관한 당연한 명제이다. 특히 주식이 대중에 널리 분산되어 있어서 경영자 또는 지배주주의 경영상 전횡이 가능한 상장회사의 경우에는 일반주주의 보호를 위해 의사의 공정성 확보가 매우 중요하다. 그리하여 과거의 증권거래법은 상장회사의 효율적인 주주총회 운영을 지원하기 위해 의장에게 질서유지권을 부여하였는데(동법 제191조의9), 상법은 1999년의 개정을 통하여 이를 상법상 제도로 수용하였다.

㈎ 의사정리권 : 의장은 주주총회의 의사를 정리한다(상법 제366조의2 제2항). 즉 출석한

52) 대법원 2003. 7. 11. 선고 2001다45584 판결(주주는 다른 주주에 대한 소집절차의 하자를 이유로 주주총회결의 취소의 소를 제기할 수도 있다).

주주의 확인, 개회선언, 의사진행에 필요한 각종 발언의 정리, 동의의 처리, 찬·반표의 점검과 가결 또는 부결의 선언, 폐회선언 등은 모두 의장의 권한인 동시에 의무이다. 주의할 것은 ① 이 과정에서 주주 또는 대리인의 자격이 의심스러울 경우에는 주주총회의 결의를 얻어야 하는데, 주주나 대리인의 자격심사는 궁극적으로 주주총회의 권한이기 때문이다. ② 의장은 주주총회의 의사진행에 관한 권한만 있으므로 가부 동수인 의안에 대한 결정권을 행사하는 등으로 결의에 관여할 수는 없다. 의장이 주주일 경우에는 주식평등의 원칙에 반하고, 의장이 주주가 아닌 경우에는 주주 아닌 자가 의결권을 행사하는 위법한 상황이 발생하기 때문이다. 한편 의장은 주주총회의 의사를 회의의 일반원칙에 따라 합리적으로 공정하게 진행해야 하고, 찬반의 유도나 주주 발언의 봉쇄와 같은 편파적인 진행을 하면 결의방법이 현저하게 불공정한 경우에 해당되어 주주총회결의취소의 소의 사유가 된다(상법 제376조 제1항). 그렇다면 의장이 개회를 선언하기 전이나 폐회를 선언한 후에 주주들이 임의로 결의한 경우에 그 효력은 어떠한가? 의장이 부당하게 개회선언을 미루거나 부당하게 폐회를 서두른 경우라면 적법한 결의로 보아야 할 것이지만, 그 밖의 경우에는 역시 주주총회결의취소의 소의 사유로 보아야 한다.

참고판례 임시의장을 선출하여 진행된 주주총회결의의 효력(대법원 2001. 5. 15. 선고 2001다12973 판결) : 주주총회에서 의안에 대한 심사를 마치지 아니한 채 법률상으로나 사실상으로 의사를 진행할 수 있는 상태에서 주주들의 의사에 반하여 의장이 자진하여 퇴장한 경우 주주총회가 폐회되었다거나 종결되었다고 할 수는 없으며, 이 경우 의장은 적절한 의사운영을 하여 의사일정의 전부를 종료케 하는 등의 직책을 포기하고 그의 권한 및 권리행사를 하지 아니하였다고 볼 것이므로, 퇴장 당시 회의장에 남아 있던 주주들이 임시의장을 선출하여 진행한 주주총회의 결의도 적법하다고 할 것이다.

(나) 질서유지권 : 의장은 주주총회의 질서를 유지해야 할 직무가 있으므로(상법 제366조의2 제2항), 주주총회장에서 고의로 의사진행을 방해하기 위한 발언·행동을 하는 등 현저히 질서를 문란케 하는 자에 대하여 그 발언의 정지 또는 퇴장을 명할 수 있다(상법 제366조의2 제3항). 이는 국회의장의 질서유지권(국회법 제145조)을 본받은 것인데, 발언의 정지명령은 회의의 일반원칙에 속하는 것으로서 의장이 합리적 판단에 따라 토론을 중단시키거나 추가질문을 제한하는 것으로서 별다른 논란이 없다. 그런데 퇴장명령에 대해서는 사인(私人)의 회의체에 관한 한 위헌적 소지가 있다는 비판도 있다. 즉 의장의 퇴장명령은 재산권의 침해이며(헌법 제23조 제1항), 일반적인 행동의 자유에 대한 제한(헌법 제10조)이라는 것이다.[53] 생각건대 주주가 의결권을 행사하는 것은 재산권의 행사이고, 헌법상 재산권 행사에 대한

53) 이철송, 566~567면.

제한은 법률에 의하되 필요한 최소한에 그쳐야 하며, 기본권의 본질을 침해할 수 없다. 그런데 퇴장명령은 주주의 의결권 행사를 원천적으로 차단하는 것이고 규제의 일반원리에도 반하므로 위헌으로 보는 것이 타당하다.

3) 의장의 책임 : 주주총회의 의장과 회사의 관계는 위임에 준하는 것으로 보아야 한다. 따라서 의장은 선량한 관리자의 주의로써 의사를 진행해야 하며(민법 제681조), 이에 위반한 때에는 회사에 대하여 손해배상책임을 진다. 이처럼 의장과 회사의 관계가 위임에 준하므로 주주총회는 언제든지 의장을 해임할 수 있지만(상호해지의 자유: 민법 제689조 제1항), 정관으로 의장이 정해진 경우에는 정관의 변경이 선행되어야 한다.

(2) 주주의 질문권

주주총회에서 주주가 합리적인 의사결정을 하기 위해서는 무엇보다도 회사의 업무와 그 집행에 관련된 구체적인 정보가 있어야 한다. 특히 주주총회에 상정된 안건의 가부를 주주가 결정하기 위해서는 그 내용을 명확히 확인할 필요가 있다. 이를 위해 주주는 임원에 대하여 일정한 사항에 대한 설명을 요구할 수 있어야 하는데, 이를 주주의 「설명청구권」이라고 한다(임원의 입장에서는 이를 「설명의무」라고 함). 물론 상법에는 주주의 설명청구권이나 임원의 설명의무에 관한 명문 규정이 없다. 그렇지만 주주권의 내재적 권리로서 주주는 회사의 업무와 재산상태에 대하여 질문을 할 수 있고, 이에 대하여 임원은 설명의무를 진다는 점에 별다른 이견이 없다. 따라서 주주총회에서 주주의 정당한 설명청구가 무시된 때에는 주주가 임원 및 회사에 대하여 손해배상청구권을 행사할 수 있고, 주주의 설명청구가 무시된 상태에서 이루어진 주주총회결의는 현저하게 불공정한 결의라고 보아야 한다. 참고로 독일의 주식법은 주주의 설명청구권을 명문으로 인정하고 있고,[54] 일본의 회사법 제314조도 같은 내용을 규정하고 있다.

(3) 총회의 연기·속행

주주총회의 「연기」란 주주총회가 개최되었으나 제기된 의안을 모두 다루지 못하여 다시 회일을 후일로 정하는 것이고, 「속행」이란 주주총회에서 의안의 심의에는 착수하였으나 결의에 이르지 못하여 회일을 다시 정하여 동일의안을 계속하여 다루는 것을 의미한다. 이처럼 주주총회의 연기나 속행은 일단 주주총회가 성립한 후에 이루어지는 것인 점에서 주주총회의 소집철회나 변경과는 다르다. 한편 연기와 속행에 의하여 다시 열리는 주주총회를 「연기회」와 「계속회」라고 하는데, 연기회와 계속회는 그러한 결의를 한 원래 주주총회

54) Auskunftsrecht, §131 AktG.

의 연장이므로 그 동일성이 유지된다. 따라서 소집통지나 소집공고 등 별도의 주주총회 소집절차가 필요하지 않다(상법 제372조 제2항).[55] 그리고 원래의 주주총회에서의 대리인은 연기회와 계속회에서도 당연히 대리권을 갖는다. 주의할 것은 연기회와 계속회의 구체적인 일시와 장소를 연기와 속행을 결의하면서 정하지 아니하고 의장에게 일임한 때에는 출석주주에 대해서만 통지하면 된다는 점이다.

2. 의결권의 행사와 보완

(1) 개 요

상법은 주주의 의결권 행사를 특별히 규제하지 아니하므로 거수·기립·기명투표 등 어떠한 방법이라도 무방하지만, 안건에 관한 찬반의 계산을 해야 하므로 무기명투표나 박수에 의한 결의는 허용되지 아니한다. 한편 상법은 주주들이 직접 주주총회에 참석하여 의결권을 행사하는 것을 원칙적 방법으로 하면서도 모든 주주가 직접 주주총회에 참석할 수 없는 현실을 반영하여 의결권의 대리행사와 서면투표 및 전자투표를 보완적 방법으로 규정하고 있다. 그리고 주주의 특성과 의안의 성격 등을 고려하여 자기주식과 상호주 등 일정한 경우에는 일시적으로 주주의 의결권 행사를 제한하고 있다. 또한 주주가 2개 이상의 의결권을 가지고 있더라도 원칙적으로는 그 전부를 가지고 찬성 또는 반대의 의사표시를 해야 하지만, 예외적으로 주주가 주식의 신탁을 인수하였거나 기타 타인을 위하여 주식을 가지고 있는 경우에는 의결권의 불통일행사가 허용된다.

(2) 의결권의 대리행사

1) 의 의

의결권의 대리행사란 제3자가 특정한 주주를 위하여 주주총회에서 그의 의결권을 대신 행사하면 주주가 직접 의결권을 행사한 것으로 간주되는 제도를 말하는데, 이는 기명주식에서만 발생한다. 무기명주식의 경우에는 그 점유자가 주주로 추정되므로 대리권을 증명할 필요가 없고, 주주권의 행사는 업무집행행위가 아니므로 주주가 반드시 일신전속적으로 행사해야 할 이유도 없기 때문이다. 이처럼 의결권의 대리행사는 주주의 의결권 행사와 그 편의성을 보장·지원하기 때문에 상법도 명문으로 허용하고 있다(제368조 제2항). 따라서 의결권의 대리행사는 정관으로도 금지할 수 없다. 한편 의결권의 대리행사는 회사가 주주총회의 결의정족수를 용이하게 확보할 수 있도록 하는 효용성도 있다.

55) 대법원 1989. 2. 14. 선고 87다카3200 판결.

2) 대리행사의 요건

㈎ 대리인의 자격 : 대리인의 자격에는 특별한 제한이 없으므로 제한능력자나 법인도 될 수 있지만, 회사 자신은 의결권을 대리하여 행사할 수 없다. 이는 자기주식의 경우 의결권이 휴지되는 것과 같은 이유이다. 그렇다면 대리인의 자격을 실무에서처럼 주주로 한정하는 것은 어떠한가? 이에 대해서는 ① 획일적으로 유효라고 보아야 한다는 견해(유효설),[56] ② 일반적으로는 유효하나 공공단체나 법인인 주주가 직원을 대리인으로 선임하거나 개인주주가 질병·노령 등으로 가족을 대리인으로 선임하는 것은 제한되지 않는다는 견해(제한적 유효설),[57] ③ 획일적으로 무효라는 견해(무효설)[58]가 있다. 생각건대 상법이 대리인의 자격을 제한하고 있지 않음에도 불구하고 정관으로 자격을 제한하는 것은 자치규범의 한계를 일탈하는 것이고, 주주의 의결권 행사의 편의성 제고를 위한 제도가 오히려 의결권 행사를 어렵게 하는 요인으로 작용할 수 있다. 특히 주식이 대중에 분산되어 있으며 주주 사이에 지면이 거의 없는 상장회사의 경우에 대리인의 자격을 주주로 한정하면 주주는 사실상 의결권 행사를 포기하거나 회사에 대하여 백지위임을 할 수밖에 없는데, 이는 주주권 행사의 중대한 제약이 된다. 따라서 무효설이 타당하다.

참고판례 **대리인의 자격(대법원 2009. 4. 23. 선고 2005다22701·22718 판결)** : 상법 제368조 제3항의 규정은 주주의 대리인의 자격을 제한할 만한 합리적인 이유가 있는 경우 정관의 규정에 의하여 상당하다고 인정되는 정도의 제한을 가하는 것까지 금지하는 취지는 아니라고 해석되는바, 대리인의 자격을 주주로 한정하는 취지의 주식회사의 정관 규정은 주주총회가 주주 이외의 제3자에 의하여 교란되는 것을 방지하여 회사 이익을 보호하는 취지에서 마련된 것으로서 합리적인 이유에 의한 상당한 정도의 제한이라고 볼 수 있으므로 이를 무효라고 볼 수는 없다. 그런데 위와 같은 정관규정이 있다 하더라도 주주인 국가, 지방공공단체 또는 주식회사 등이 그 소속의 공무원, 직원 또는 피용자 등에게 의결권을 대리행사하도록 하는 때에는 특별한 사정이 없는 한 그들의 의결권 행사에는 주주 내부의 의사결정에 따른 대표자의 의사가 그대로 반영된다고 할 수 있고 이에 따라 주주총회가 교란되어 회사 이익이 침해되는 위험은 없는 반면에, 이들의 대리권 행사를 거부하게 되면 사실상 국가, 지방공공단체 또는 주식회사 등의 의결권 행사의 기회를 박탈하는 것과 같은 부당한 결과를 초래할 수 있으므로, 주주인 국가, 지방공공단체 또는 주식회사 소속의 공무원, 직원 또는 피용자 등이 그 주주를 위한 대리인으로서 의결권을 대리행사하는 것은 허용되어야 하고 이를 가리켜 정관 규정에 위반한 무효의 의결권 대리행사라고 할 수는 없다.

---

56) 서헌제, 322면; 손주찬, 721면; 임홍근, 376면; 정찬형, 908면.

57) 권기범, 746면; 김건식/노혁준/천경훈, 322면; 송옥렬, 941면; 이종훈, 143면; 정동윤, 556면; 최기원, 476면; 최준선, 377면; 대법원 2009. 4. 23. 선고 2005다22701·22718 판결.

58) 강위두/임재호, 717면; 김동훈, 243면; 오성근, 478면; 이범찬/임충희/이영종/김지환, 262면; 이철송, 550면; 장덕조, 246면; 정경영, 478면; 정무동, 448면; 채이식, 473면.

(나) 대리인의 수 : 상법은 대리인의 수에 관하여 정하고 있지 않다. 그리하여 증권회사처럼 다수인의 주식을 소유하는 경우 외에는 주주가 가진 총주식에 대하여 1인의 대리인만 선임해야 한다는 견해,[59] 일반적으로 공동대리가 허용되므로 의결권의 공동대리도 부정할 필요가 없다는 견해[60]가 있다. 생각건대 상법이 대리인의 수를 제한하지 아니한 점, 일반적으로 공동대리가 가능한 점, 의결권의 불통일행사에서 수인의 대리인 선임이 가능한 점 등을 고려할 때 후자가 타당하다. 그렇지만 주주총회의 질서를 문란케 할 목적으로 다수의 대리인을 선임하는 것은 권리남용으로서 허용될 수 없고, 주주가 일부 주식에 대해서는 직접 의결권을 행사하고 다른 일부 주식에 대해서는 대리인을 선임하여 의결권을 행사하게 하는 것은 상법 제368조의2에 반하여 허용되지 아니한다.[61]

참고판례 **회사의 의결권 대리행사 거부사유(대법원 2009. 4. 23. 선고 2005다22701·22718 판결)** : 주주의 자유로운 의결권 행사를 보장하기 위하여 주주가 의결권의 행사를 대리인에게 위임하는 것이 보장되어야 한다고 하더라도 주주의 의결권 행사를 위한 대리인 선임이 무제한적으로 허용되는 것은 아니고, 그 의결권의 대리행사로 말미암아 주주총회의 개최가 부당하게 저해되거나 혹은 회사의 이익이 부당하게 침해될 염려가 있는 등의 특별한 사정이 있는 경우에는 회사가 이를 거절할 수 있다.

참고판례 **의결권의 대리행사와 업무방해죄(대법원 2001. 9. 7. 선고 2001도2917 판결)** : 주주가 주주총회에 참석하면서 소유 주식 중 일부에 관한 의결권의 대리행사를 타인들에게 나누어 위임하여 주주총회에 참석한 그 의결권 대리인들이 대표이사의 주주총회장에서의 퇴장 요구를 거절하면서 고성과 욕설 등을 사용하여 대표이사의 주주총회의 개최, 진행을 포기하게 만든 경우, 그와 같은 의결권 대리행사의 위임은 위세를 과시하여 정상적인 주주총회의 진행을 저해할 의도이고 주주총회에서 그 의결권 대리인들이 요구한 사항은 의결권 대리행사를 위한 권한 범위에 속하지 않으므로, 대표이사는 그 대리인들이 주주총회에 참석하는 것을 적법하게 거절할 수 있었다는 이유로, 업무방해죄가 성립한다.

(다) 대리권의 수여 : 대리권의 수여방법에 대해서는 총회 단위별로 수여되고 증명되어야 한다는 견해,[62] 포괄적으로 대리권을 수여하는 것도 가능하다는 견해[63]가 있다. 그런데 후자에 의하면 1회의 대리권 수여만 있어도 대리인이 여러 개의 주주총회에서 의결권을 행사할 수 있게 되는데, 이는 우리 법상 인정될 수 없는 의결권의 신탁을 사실상 가능하게 한다.

59) 권기범, 747면; 손주찬, 721면; 정동윤, 556면.
60) 오성근, 479면; 이철송, 552면; 정경영, 479면; 정찬형, 908면; 채이식, 473면; 최기원, 478면; 최준선, 377면.
61) 대법원 2001. 9. 7. 선고 2001도2917 판결.
62) 오성근, 482면; 이기수/최병규, 535면; 이범찬/임충희/이영종/김지환, 263면; 이철송, 554면.
63) 권기범, 748면; 김건식/노혁준/천경훈, 323면; 김정호, 322면; 김홍기, 518면; 박상조, 476면; 서돈각/정완용, 405면; 손주찬, 722면; 송옥렬, 941면; 정경영, 477면; 정동윤, 555면; 정무동, 447면; 정찬형, 909면; 최기원, 478면; 최준선, 378면.

더욱이 대리권 행사의 기간이나 횟수에 대한 제한이 전혀 없는 경우에는 사실상 의결권을 주주의 지위에서 분리하여 양도할 수 있게 하는데, 이는 주식과 분리된 의결권을 인정하지 않는 상법의 입법취지에 반한다. 이런 점을 종합할 때 전자의 견해가 타당하다. 그렇지만 주주가 대리인에게 특정한 주주총회에 대한 대리권을 수여하면 충분하고, 개별 안건별로 찬반을 명시하여 대리권을 수여할 필요는 없다.[64]

3) 대리행사의 방법

㈎ 대리권의 증명 : 대리인은 대리권을 증명하는 서면을 주주총회에 제출해야 한다(상법 제368조 제2항 후단). 즉 법정대리인은 법정대리권의 발생원인인 사실을 입증할 수 있는 서면을 제출해야 하고, 임의대리인은 주주가 대리권을 수여하는 뜻을 담은 서면을 제출해야 한다. 이 경우 보통은 회사가 작성하여 주주에게 보낸 위임장을 통해 증명하지만, 다른 서면으로 증명해도 무방하다. 그러나 대리권을 증명하는 서면은 반드시 원본이어야 한다.[65] 한편 이와 관련하여 실무에서는 대리인이 의결권의 대리행사에 관한 서면의 원본을 제시하여도 추가로 신분증의 제시나 기타 신원확인을 요구하는 경우가 있는데, 이는 상법이 예정하지 아니한 제한을 가하는 것으로서 위법하다.[66]

참고판례 **대리권을 증명하는 서면의 요구 이유(대법원 2009. 4. 23. 선고 2005다22701·22718 판결)** : 상법 제368조 제3항이 규정하는 '대리권을 증명하는 서면'이라 함은 위임장을 일컫는 것으로서 회사가 위임장과 함께 인감증명서, 참석장 등을 제출하도록 요구하는 것은 대리인의 자격을 보다 확실하게 확인하기 위하여 요구하는 것일 뿐, 이러한 서류 등을 지참하지 아니하였다 하더라도 주주 또는 대리인이 다른 방법으로 위임장의 진정성 내지 위임의 사실을 증명할 수 있다면 회사는 그 대리권을 부정할 수 없다. 한편, 회사가 주주 본인에 대하여 주주총회 참석장을 지참할 것을 요구하는 것 역시 주주 본인임을 보다 확실하게 확인하기 위한 방편에 불과하므로, 다른 방법으로 주주 본인임을 확인할 수 있는 경우에는 회사는 주주 본인의 의결권 행사를 거부할 수 없다.

㈏ 의결권의 행사 : 대리인은 주주로부터 수권 받은 내용대로 의결권을 행사해야 한다. 따라서 이에 위반하여 기권하거나 주주의 의사와 다르게 의결권을 행사하면 주주에 대하여 손해배상책임을 진다. 다만 이 경우에도 주주총회결의의 효력에는 아무런 영향이 없다.[67] 그렇다면 주주가 대리권을 증명하는 서면에 안건에 대한 찬반의 의사를 표시하였는데, 대리인이 그에 반하여 의결권을 행사한 때에는 어떻게 처리해야 하는가? 이 역시 단체법적인

64) 대법원 1969. 7. 8. 선고 69다688 판결.
65) 대법원 1995. 7. 28. 선고 94다34579 판결.
66) 대법원 2004. 4. 27. 선고 2003다29616 판결.
67) 대법원 1969. 7. 8. 선고 69다688 판결.

법률관계의 안정성을 위하여 대리인의 의결권 행사가 유효하다고 보아야 한다. 만약 이를 무효로 본다면 회사가 대리권의 존재 여부만이 아니라 사실상 본인의 의사 존부와 그 내용까지 확인해야 하는 불편함이 있기 때문이다.

(다) 대리권의 재위임 : 대리인이 주주로부터 위임받은 의결권을 다시 제3자에게 위임할 수 있을까? 상법은 규정하고 있지 않지만, 판례는 대리인이 제3자에게 의결권 행사를 재차 위임하는 것도 적법하다고 판시하고 있다.[68] 생각건대 민법상 임의대리의 경우에는 본인의 승낙이 있거나 부득이한 사유가 있는 때가 아니면 대리인은 복대리인을 선임하지 못한다(민법 제120조). 더욱이 의결권의 대리행사에서 대리인이 행사한 의결권의 내용은 주주의 이해에 매우 중대한 영향을 끼치는데, 이를 대리인이 자유롭게 제3자에게 위임할 수 있도록 허용한다면 주주가 예측하지 못한 불이익을 입을 수도 있다. 따라서 특별한 사정이 없는 한 대리인의 복임권 행사는 불가하다고 보아야 한다.

(라) 수권행위의 철회 : 임의대리의 경우에는 주주총회에서 결의가 있기 전에 주주가 언제든지 수권행위를 철회할 수 있다(민법 제128조 후단). 이 경우 원인관계는 채무불이행이 되겠지만, 회사법적으로는 철회의 효력에 아무런 영향이 없다.[69]

4) 대리행사의 권유

(가) 의 의 : 의결권의 대리행사는 주주의 능력을 보충하거나 주주의 의결권 행사의 편의성을 제고하기 위하여 활용되는 사적자치의 확장이다. 이와 관련하여 상장회사의 경우에는 대주주·이사 등이 경영권을 쟁취하기 위해 주주들에게 집단적으로 의결권 행사의 위임을 권유할 때가 있는데, 이를 「대리행사의 권유」라고 한다. 의결권의 대리행사 권유는 사장된 의결권을 발굴하여 주주총회의 정족수를 유지하고 주주의 의사를 극대화함으로써 의결권의 효용을 높이는 장점이 있지만, 지나치게 성행하면 오히려 주주총회의 허구화를 재촉하고 기존의 경영자가 실적에 상관없이 안주하는 길을 열어 주는 문제점도 내포하고 있다. 따라서 대리행사의 권유에서는 주주의 능동적인 판단과 그에 의한 권리행사가 실효적으로 이루어질 수 있도록 보장하는 것이 무엇보다도 중요하다.

(나) 권유방법 : 의결권 대리행사의 권유는 권유자가 위임장을 주주에게 송부하면서 의결권의 대리행사를 권유하고, 주주가 그 위임장을 다시 권유자에게 반송함으로써 완결된다. 따라서 권유자의 위임장 송부에 의한 권유를 의결권 대리행사를 위한 「청약」으로 보고, 그에 대한 주주의 위임장 반송을 「승낙」으로 보아야만 권유자의 자의를 방지하여 주주의 의

68) 대법원 2009. 4. 23. 선고 2005다22701·22718 판결.
69) 대법원 2002. 1. 24. 선고 2002다54691 판결.

결권을 제대로 보호할 수 있다. 그렇다면 권유자가 의결권을 대리행사하기 전에 주주가 철회할 수 있을까? 민법상 위임계약의 당사자는 언제든지 계약을 해지할 수 있으므로(민법 제689조 제1항), 논리적으로는 철회할 수 있다. 그런데 이렇게 해석하면 1회적인 권리행사인 의결권의 대리행사가 실기하여 효용성을 상실할 수 있으므로,[70] 제도의 효용성을 보장하기 위해서는 철회할 수 없다고 해석하는 것이 타당하다.

㈐ 권유내용 : 의결권 대리행사의 권유란 ① 자기 또는 제3자에게 의결권의 행사를 대리시키도록 권유하는 행위, ② 의결권의 행사 또는 불행사를 요구하거나 의결권 위임의 철회를 요구하는 행위, ③ 의결권의 확보 또는 그 취소 등을 목적으로 주주에게 위임장 용지를 송부하거나, 그 밖의 방법으로 의견을 제시하는 행위 중 어느 하나에 해당하는 행위를 말하지만, 의결권피권유자의 수 등을 고려하여 대통령령으로 정하는 경우에는 의결권 대리행사의 권유로 보지 아니한다(자본시장법 제152조 제2항). 여기서 「대통령령으로 정하는 경우」란 ⓐ 해당 상장주권의 발행인(그 특별관계자를 포함함)과 그 임원(그 특별관계자를 포함함) 외의 자가 10인 미만의 의결권피권유자에게 그 주식의 의결권 대리행사의 권유를 하는 경우, ⓑ 신탁, 그 밖의 법률관계에 의하여 타인의 명의로 주식을 소유하는 자가 그 타인에게 해당 주식의 의결권 대리행사의 권유를 하는 경우, ⓒ 신문·방송·잡지 등 불특정 다수인에 대한 광고를 통하여 자본시장법 제152조 제2항 각 호의 어느 하나에 해당하는 행위를 하는 경우로서 그 광고내용에 해당 상장주권의 발행인의 명칭, 광고의 이유, 주주총회의 목적사항과 위임장 용지, 참고서류를 제공하는 장소만을 표시하는 경우 중 어느 하나에 해당하는 경우를 말한다(자본시장령 제161조).

㈑ 주주보호 : 의결권 대리행사의 권유는 다수의 주주를 상대로 집단적으로 행해지지만, 주주의 대부분은 권유자와 그 목적에 관한 정확한 정보를 갖고 있지 않다. 따라서 대리행사의 권유에서는 주주 보호가 중요한데, 이와 관련하여 자본시장법은 다음과 같이 규정하고 있다. 즉 ① 상장주권의 의결권 대리행사를 권유하려는 자(의결권권유자)는 그 권유에 있어서 상대방(의결권피권유자)에게 대통령령으로 정하는 방법에 따라 위임장 용지 및 참고서류를 교부해야 한다(제152조 제1항).[71] ② 위임장 용지는 주주총회의 목적사항 각 항목에

70) 이철송, 559면; 渉谷光子, "[委任狀]商法の規制と證券取引法の規制", 238頁.

71) 의결권권유자는 위임장 용지 및 참고서류를 일정한 방법[① 의결권권유자가 의결권피권유자에게 직접 내어주는 방법, ② 우편 또는 팩스에 의한 방법, ③ 전자우편을 통한 방법(의결권피권유자가 전자우편을 통하여 위임장 용지 및 참고서류를 받는다는 의사표시를 한 경우만 해당함), ④ 주주총회 소집통지와 함께 보내는 방법(의결권권유자가 해당 상장주권(그 상장주권과 관련된 증권예탁증권을 포함함)의 발행인인 경우만 해당함), ⑤ 인터넷 홈페이지를 이용하는 방법] 중 어느 하나에 해당하는 방법으로 의결권 대리행사의 권유 이전이나 그 권유와 동시에 의결권피권유자에게 내주어야 한

대하여 의결권피권유자가 찬반을 명기할 수 있도록 작성해야 한다(동조 제4항). ③ 위임장 용지 및 참고서류의 기재사항 등에 관하여 필요한 사항은 대통령령으로 정한다(동조 제6항).[72] ④ 의결권권유자는 위임장 용지에 나타난 의결권피권유자의 의사에 반하여 의결권을 행사할 수 없다(동조 제5항). ⑤ 국가기간산업 등 국민경제상 중요한 산업을 영위하는 법인으로서 대통령령으로 정하는 상장법인(공공적 법인)의 경우에는 그 공공적 법인만이 그 주식의 의결권대리행사의 권유를 할 수 있다(동조 제3항).[73]

㈒ **적용효과**: 권유자가 자본시장법상의 권유방식을 준수하지 아니한 경우(예: 찬반을 명기할 수 있도록 하지 못한 경우 등)에는 벌칙이 적용된다(동법 제445조 제21호). 그렇지만 자본시장법의 규정은 단속규정으로 보아야 하므로, 그에 위반하더라도 주주총회결의의 효력에는 아무런 영향이 없다고 보아야 한다. 한편 일반적인 의결권의 대리행사에서는 대리인이 주주의 의사에 반하여 의결권을 행사하더라도 대리인이 주주에게 손해배상책임을 부담할 뿐 결의의 효력에는 영향이 없다고 보지만, 회사가 대리행사의 권유자인 경우에는 달리 보아야 한다. 즉 이 경우에는 협의의 무권대리이론을 적용하여 의결권의 행사를 무효로 보아야 하고(민법 제130조), 더 나아가 주주총회결의의 취소사유가 된다고 보아야 한다. 회사에 의한 오남용의 위험성이 크기 때문이다.

다(자본시장령 제160조).

72) 구체적으로 ① 위임장 용지는 의결권피권유자가 일정한 사항[ⓐ 의결권을 대리행사하도록 위임한다는 내용, ⓑ 의결권권유자 등 의결권을 위임받는 자, ⓒ 의결권피권유자가 소유하고 있는 의결권 있는 주식 수, ⓓ 위임할 주식 수, ⓔ 주주총회의 각 목적사항과 목적사항별 찬반 여부, ⓕ 주주총회 회의시 새로 상정된 안건이나 변경 또는 수정 안건에 대한 의결권 행사 위임 여부와 위임 내용, ⓖ 위임일자와 위임시간(주주총회의 목적사항 중 일부에 대하여 우선 의결권을 대리행사하도록 위임하는 경우에는 그 위임일자와 위임시간을 말함), ⓗ 위임인의 성명과 주민등록번호(법인인 경우에는 명칭과 사업자등록번호를 말함)]에 대하여 명확히 기재할 수 있도록 작성되어야 한다(자본시장령 제163조 제1항). ② 참고서류에는 일정한 사항[ⓐ 의결권 대리행사의 권유에 관한 일정한 사항(㉠ 의결권권유자의 성명이나 명칭, 의결권권유자가 소유하고 있는 주식의 종류 및 수와 그 특별관계자가 소유하고 있는 주식의 종류 및 수, ㉡ 의결권권유자의 대리인의 성명, 그 대리인이 소유하고 있는 주식의 종류 및 수(대리인이 있는 경우만 해당함), ㉢ 의결권권유자 및 그 대리인과 해당 주권상장법인과의 관계), ⓑ 주주총회의 목적사항, ⓒ 의결권 대리행사의 권유를 하는 취지]이 기재되어야 한다(자본시장령 제163조 제2항). ③ 위임장 용지와 참고서류의 구체적인 기재내용, 서식과 작성방법 등에 관하여 필요한 사항은 금융위원회가 정하여 고시한다(자본시장령 제163조 제3항).

73) 여기서 「공공적 법인」이란 일정한 요건(① 경영기반이 정착되고 계속적인 발전가능성이 있는 법인일 것, ② 재무구조가 건실하고 높은 수익이 예상되는 법인일 것, ③ 해당 법인의 주식을 국민이 광범위하게 분산 보유할 수 있을 정도로 자본금 규모가 큰 법인일 것)을 모두 충족하는 법인 중에서 금융위원회가 관계 부처장관과의 협의와 국무회의에의 보고를 거쳐 지정하는 법인으로 한다(자본시장령 제162조).

(3) 서면투표와 전자투표

1) 서면투표

(가) 의 의 : 주주는 정관이 정하는 바에 따라 주주총회에 출석하지 아니하고 서면에 의하여 의결권을 행사할 수 있다(상법 제368조의3 제1항). 이처럼 상법이 서면투표제를 허용하는 것은 주주의 의결권 행사의 편의를 도모하고 다량의 사표를 방지하여 주주총회의 성립을 용이하게 하기 위함이다. 다만 서면투표는 정관에 규정한 경우에만 실시할 수 있고, 일단 정관에 규정하면 반드시 실시해야 한다.[74] 주의할 것은 ① 일부의 주주(예: 소액주주)에게만 서면투표를 허용하는 것은 주식평등의 원칙에 반하므로 정관에 규정을 두었더라도 무효이고, ② 정관에서 서면투표제를 채택하였더라도 물리적 장소를 전제로 한 주주총회의 소집은 생략할 수 없다는 점이다. 의결권을 서면에 의하여 행사할 것인지 아니면 출석하여 직접 행사할 것인지의 선택은 주주의 자유이기 때문이다.

(나) 실행방법 : 정관에서 서면투표를 채택한 때에는 주주총회의 소집통지서에 주주가 의결권을 행사하는 데 필요한 서면과 참고자료를 첨부해야 한다(상법 제368조의3 제2항). 따라서 이를 송부하지 아니하면 주총결의취소의 사유가 된다. 여기서 「의결권을 행사하는 데 필요한 서면」이란 주주가 출석에 갈음하여 찬반의 의사를 표현할 수 있는 서면을 말하는데, 의안을 특정하고 찬성 또는 반대의 의사를 표기할 수 있도록 양식화된 사항이 기재되어야 있어야 한다. 따라서 회사가 보낸 서면이 아닌 서면에 의해 의결권을 행사하거나 서면에 특정된 방법이 아닌 방법으로 의사를 표기하는 것은 무효이다. 한편 「참고자료」란 주주가 의사결정을 하는 데 고려할 만한 사항을 기재한 서면을 말하는데, 주주가 출석하지 않은 상태임을 고려하여 의안을 상정할 때 주주들에게 설명하는 정도의 정보를 기재하면 충분하다. 주의할 것은 상장회사의 경우에는 100분의 1 이하의 주식을 가진 주주에게 소집공고를 함으로써 소집통지를 갈음할 수 있지만(상법 제542조의4; 상령 제31조 제1항), 서면투표를 채택한 때에는 의결권을 행사하는 데 필요한 서면과 참고자료를 송부해야 하므로 공고로써 소집통지를 갈음할 수 없다는 점이다.

(다) 투표방법 : 서면으로 의결권을 행사하는 주주는 회사가 보낸 서면에 찬반의 의사를 표기하여 회사에 제출해야 한다. 이 경우 제출하는 방법에 관한 제한은 없으므로 직접 제출, 우편, 인편의 전달 등이 모두 가능하다. 다만 서면의 제출에는 회사의 주주총회 소집통지와 달리 도달주의가 적용되므로 서면의 부도달에 관해서는 제출한 주주가 위험을 부담한

---

74) 따라서 서면투표제를 상황에 따라 탄력적으로 운영하려면 정관에 주주총회의 소집을 결정하기 위한 이사회결의를 할 때 서면투표의 실시 여부를 결정할 수 있다고 규정해야 한다.

다. 한편 상법은 서면의 제출기한을 규정하고 있지 않지만, 서면은 주주총회의 결의 이전에 도달되어야 한다. 구체적으로 주주총회일의 1일 전까지는 서면이 회사에 도달해야 한다고 해석해야 하는데,[75] 만약 주주총회일 당일에 결의하기 직전까지 제출할 수 있다고 해석하게 되면 회사가 결의하기 직전까지 서면의 도달 여부(예컨대 우편물의 도착 여부)를 일일이 확인해야 하는 부담을 져야 하기 때문이다. 참고로 일본의 회사법은 주주총회일의 직전 영업시간의 종료시까지 의결권 행사의 서면을 회사에 제출해야 한다고 규정하고 있다(동법 제311조 제1항; 동 시행령 제69조).

㈑ **투표효과** : 주주가 의결권 행사에 관한 서면을 회사에 제출하면 그 주주의 의결권은 출석한 의결권에 가산되고, 서면에 한 의사표시의 내용대로 찬성 또는 반대에 가산된다. 그런데 이와 관련하여 두 가지의 의문이 제기된다. 즉 ① 주주가 서면에 찬성과 반대 등 아무런 의사표시를 하지 아니한 백지상태로 제출한 때에는 어떻게 처리해야 하는가? 이 경우에는 ⓐ 주주가 서면을 회사에 제출한 이상 기권한 것으로는 보기 어려우므로 결의에 찬성하지 아니한 것으로 처리하는 방법, ⓑ 찬성과 반대의 의사가 모두 표기되어 있지 아니함을 이유로 무효나 기권으로 처리하는 방법이 있을 수 있는데, 실무를 고려한다면 ⓑ의 방법이 합리적이다. ② 주주가 서면에 찬성이나 반대의 의사를 표시하지 아니한 경우에는 회사가 임의로 처리할 수 있다는 규정을 정관에 두고 그에 따라 처리하는 것은 가능한가? 생각건대 이는 의결권의 대리행사와 사실상 다름이 없을 뿐만 아니라, 회사에 의한 오남용의 위험성도 있으므로 부정하는 것이 타당하다.

㈒ **투표철회 등** : 서면투표를 한 주주가 그 후에 서면에 의한 의결권 행사를 철회하거나 변경할 수 있을까? 현재 이에 관한 논의는 많지 않지만, 주주가 주주총회에 직접 출석하여 철회하거나 변경하는 것은 인정하고, 그 밖의 수단에 의한 경우는 결의의 정형성에 반하므로 정관에 특별한 규정이 없는 한 허용하지 않아야 한다는 견해가 있다.[76] 생각건대 이 문제는 서면투표의 경우 언제든지 발생할 수 있으므로 향후 입법적으로 보완해야 하지만, 우선은 주주가 직접 출석하여 철회·변경하는 경우만 가능하다고 해석함이 합리적이다. 다른 방법(예: 대리행사, 서면투표 등)의 경우에는 어느 것이 주주의 진정한 의사인지를 회사가 일일이 확인해야 하는 현실적인 어려움이 있기 때문이다.

2) 전자투표

㈎ **의 의** : 회사는 이사회의 결의로 주주가 총회에 출석하지 아니하고 전자적 방법으

---

75) 기업 실무에서도 대체로 정관을 통해 주주총회일 하루 전까지는 서면이 회사에 도착해야 한다고 규정하고 있다(예: 국민은행 정관 제31조 제3항, 포스코 정관 제25조 제3항 등).

76) 이철송, 582면.

로 의결권을 행사할 수 있음을 정할 수 있다(상법 제368조의4 제1항). 이를 「전자투표」라고 하는데, 2009년 개정 상법이 이를 도입한 것은 우리나라의 발전된 IT 기술을 기업경영에 접목하여 주주가 인터넷 등 전자적 수단을 이용하여 의결권을 행사할 수 있도록 해줌으로써 주주들의 주주총회 참여를 활성화하고, 주주총회의 개최비용을 절감하며, 주주총회의 소집절차를 간소화하고, 총회에의 참석을 위한 관계자들의 이동을 최소화하기 위함이다.[77] 참고로 미국의 대표적 회사법인 델라웨어주 회사법은 2000년 개정을 통하여 인터넷을 통한 주주총회(이른바 사이버주주총회)의 개최도 허용하고 있다.[78]

(나) **시행방법** : 회사는 「이사회의 결의」로 전자투표를 실시할 수 있는데, 이사회결의는 포괄적이든 개별적이든 모두 가능하다. 다만 이사회결의로 전자투표를 실시하는 때에는 주주총회의 소집통지·공고에 그 내용을 기재해야 한다(상법 제368조의4 제2항). 구체적으로 전자투표를 할 인터넷 주소, 전자투표를 할 기간(전자투표의 종료일은 주주총회 전날까지로 해야 함), 기타 주주의 전자투표에 필요한 기술적인 사항을 기재해야 한다(상령 제13조 제2항). 그리고 회사는 의결권 행사에 필요한 양식과 참고자료를 주주에게 전자적 방법으로 제공해야 한다(상법 제368조의4 제3항 후단). 주의할 것은 ① 이사회결의로 전자투표를 실시하더라도 서면투표에서와 같이 주주총회의 소집은 생략할 수 없고, ② 전자투표는 서면투표와 달리 정관에 근거 규정이 없어도 이사회의 결의만으로 실시할 수 있으며, ③ 전자투표의 결과가 결의 전에 공개되면 주주총회결의의 공정성을 저해할 수 있으므로 회사 또는 전자투표의 운영을 담당하는 자는 주주총회에서 개표하기 전까지 전자투표의 결과를 누설하지 않아야 한다는 점이다(상령 제13조 제5항).

(다) **투표방법** : 회사가 전자투표를 시행하면 주주는 주주확인절차 등 대통령령으로 정하는 바에 따라 의결권을 행사해야 한다. 즉 주주는 ① 전자서명법 제8조 제2항에 따른 운영기준 준수사실의 인정을 받은 전자서명인증사업자가 제공하는 본인확인방법,[79] ② 정보통신망 이용촉진 및 정보보호 등에 관한 법률(이하 "정보통신망법"이라고 함) 제23조의3에 따른 본인확인기관에서 제공하는 본인확인방법 중 어느 하나에 해당하는 방법으로 본인임을 확인하고, 전자서명법 제2조 제2호에 따른 전자서명을 통하여 전자투표를 해야 한다(상령 제13조 제1항). 이 중 ②는 2020년 1월 29일에 개정된 상법 시행령이 신설한 것인데, 인증수

---

77) 전자투표제도는 공포 후 1년이 지난 2010년 5월 29일부터 시행되었다.

78) Del. Gen. Corp. Law §211(a)(1).

79) 이는 기존의 제1호(전자서명법 제4조 제1항에 따른 공인인증기관에서 제공하는 본인확인의 방법)를 2020년 12월 8일에 개정된 상법 시행령이 개정한 것인데, 전자서명법의 개정으로 인해 2020년 12월 10일부터 기존의 공인인증제도가 폐지되기 때문에 이를 보완하기 위함이다.

단의 확대를 통해 전자투표의 편의성을 높이기 위함이다. 따라서 이제 주주는 방송통신위원회가 지정한 이동통신사나 신용카드사 등을 통한 본인인증으로도 전자투표를 할 수 있다. 한편 동 개정에서는 기존의 "전자투표를 한 주주는 해당 주식에 대하여 그 의결권 행사를 철회하거나 변경하지 못한다."라는 제13조 제3항을 삭제하였으므로, 이젠 전자투표를 한 주주도 서면투표에서와 같이 의결권 행사를 변경하거나 취소할 수 있다. 주주가 직접 주주총회에 참석하여 의결권을 행사하는 것의 보완적 수단으로 도입된 것이 서면투표와 전자투표이고, 전자투표의 경우에는 실시간으로 투표결과를 확인할 수 있으며, 주주총회에서 최종적인 투표결과를 집계함에 있어서는 철회나 변경의 내용도 주주들에게 공지할 수 있는 점을 고려할 때 타당한 개정이다.

㈑ 투표관리 : 회사는 전자투표의 효율성과 공정성을 확보하기 위하여 전자투표관리기관을 지정하여 주주 확인절차 등 의결권 행사절차의 운영을 위탁할 수 있다(상령 제13조 제4항). 이 경우 회사와 전자투표관리기관 및 전자투표의 운영을 담당하는 자는 주주총회에서의 개표가 있을 때까지 전자투표의 결과를 누설하거나 직무상 목적 외에 이를 사용해서는 아니 된다(상령 제13조 제5항). 한편 상법 시행령은 2020년 1월 29일의 개정에서 제13조에 제6항을 신설하여 주주가 전자투표에 관한 인터넷 주소 등을 알지 못하여 의결권을 행사하지 못하는 경우를 방지할 수 있도록 하였다. 즉 회사 또는 전자투표관리기관으로 하여금 전자투표의 종료일 3일 전까지 주주에게 전자문서로 전자투표 관련 사항(동조 제2항)을 한 번 더 통지할 수 있도록 하였다. 이 경우 주주의 동의가 있으면 회사나 전자투표관리기관은 전화번호 등을 이용하여 통지할 수도 있다.

㈒ 병행실시 : 회사가 서면투표와 전자투표를 함께 시행하면 주주는 동일한 주식에 관하여 서면투표와 전자투표 중 어느 하나를 선택해야 한다(상법 제368조의4 제4항). 그렇다면 주주가 동일한 주식에 관하여 서면투표와 전자투표를 이중으로 한 경우에는 어떻게 처리해야 하는가? 상법에는 이에 관한 규정이 없으므로 향후 입법적으로 보완해야 하겠지만, 우선은 양 제도의 입법취지와 실무에서의 편의성을 종합적으로 고려하여 이원적으로 처리할 필요가 있다. 즉 투표의 내용이 같은 때에는 원칙적으로 주주가 먼저 행사한 방식을 유효한 의결권 행사로 보되, 그 구분이 어려운 때에는 회사에 선택권을 주는 것이다.[80] 물론 투표의 내용이 다르면 의결권의 불통일행사에서처럼 처리하면 될 것이다. 따라서 이사회결의로 서면투표와 전자투표를 함께 실시하는 때에는 중복하여 행사한 경우의 처리방안도 함께 정하고, 이를 주주총회 소집통지서에도 기재해야 한다.

80) 일본의 경우에는 회사법 시행규칙 제63조 제4호에서 이를 명문으로 규정하고 있다.

㈓ 기록보존 : 전자투표를 시행한 회사는 의결권 행사에 관한 전자적 기록을 주주총회가 끝난 날부터 3개월간 본점에 갖추어 두어 열람하게 하고, 주주총회가 끝난 날부터 5년간 보존해야 한다(상법 제368조의4 제5항). 그렇다면 누가 의결권 행사에 관한 전자적 기록을 열람할 수 있는가? 상법에는 이에 관한 규정이 없지만, 이는 주주총회의 결의에 관련된 것이고 향후 결의하자 등에 관련된 다툼이 있을 때 중요한 증빙자료가 되는 점을 고려하여 주주·이사·감사가 열람할 수 있다고 해석함이 타당하다.

(4) 의결권의 불통일행사

1) 의 의 : 주주는 원칙적으로 소유한 주식의 전량에 대하여 찬성 또는 반대로 표결해야 한다. 그렇지만 일정한 경우에는 주주가 통일하지 아니하고 의결권을 행사할 수 있는데(상법 제368조의2 제1항), 이를 「의결권의 불통일행사」라고 한다. 한편 1인이 수인의 주주를 대리하여 의결권을 행사하는 때에도 본인들의 뜻에 따라 불통일행사를 할 수 있지만, 이는 단순히 수인을 대리한 것에 불과하므로 본조의 적용대상은 아니다.

2) 적용요건 : 의결권의 불통일행사는 주주가 주식의 신탁을 인수하였거나 기타 타인을 위하여 주식을 가지고 있는 경우에만 허용된다(상법 제368조의2 제2항). 이처럼 의결권을 불통일하여 행사할 수 있는 경우는 두 가지이지만, 주식의 신탁을 인수한 것도 넓게는 타인을 위하여 주식을 가지고 있는 경우에 속하므로 후자가 가장 중요한 적용요건이라고 할 수 있다. 여기서 「타인을 위하여 주식을 가지고 있는 경우」의 예로는 위탁매매인이 위탁자의 주식을 가지고 있는 경우, 예탁기관이 주식예탁증서(DR)를 발행한 경우, 공유자 중 1인이 공유주식으로 의결권을 행사하는 경우[81] 등을 들 수 있다.

3) 행사절차 : 주주가 의결권을 불통일행사 하려면 주주총회일 3일 전에 회사에 대하여 서면이나 전자문서로 그 뜻과 이유를 통지해야 한다(상법 제368조의2 제1항 후단: 도달주의).[82] 여기서 「이유」란 불통일행사의 필요성을 말하는데, 주식의 신탁을 인수하였거나 기타 타인을 위하여 주식을 가지고 있다는 사실을 기재하면 충분하다. 물론 주주가 의결권의 불통일행사를 통지하였더라도 주주총회장에서 통일하여 행사하는 것은 무방하다(통설). 한편 1회의 통지로 수회의 주주총회에서 주주가 의결권을 계속하여 불통일행사 할 수 있는지에 대하여는 찬반의 견해가 있는데, 안건은 총회마다 다르고 그때마다 실질주주의 의사도 다를 수 있으므로 통지는 주주총회마다 이루어져야 할 것이다.

---

81) 손주찬, 717면; 송옥렬, 939면; 이철송, 547면; 정경영, 484면; 정동윤, 559면; 최기원, 491면.
82) 대법원 2009. 4. 23. 선고 2005다22701·22718 판결.

4) 거부사유 : 회사는 주주가 주식의 신탁을 인수하였거나 기타 타인을 위하여 주식을 가지고 있는 경우 외에는 의결권의 불통일행사를 거부할 수 있다(상법 제368조의2 제2항). 이 경우 회사의 거부는 주주총회의 결의 전에 해야 하고,[83] 불통일행사의 요건에 해당하지 아니함은 회사가 증명해야 한다. 이와 관련하여 주의할 점은 다음과 같다. 즉 ① 주주가 회사에 통지하지 아니하고 의결권을 불통일행사한 경우에 회사가 이를 승인할 수 있는지가 의문인데, 만약 이를 허용하게 되면 본조의 존재 의미가 없게 될 뿐만 아니라 회사가 결의의 성립 여부를 사후에 선택할 수 있게 되므로 부당하다. 따라서 회사는 사후에 주주의 의결권 불통일행사를 승인할 수 없고, 주주가 회사에 대한 통지 없이 의결권을 불통일행사한 경우에는 당해 주주총회결의를 하자 있는 결의로 보아야 한다.[84] ② 주주가 주주총회일 3일 전까지 불통일행사의 뜻을 통지하지 아니한 경우에 회사가 이를 거부할 수 있는지가 의문인데, 상법이 3일 전까지 통지하라고 규제하는 것은 회사의 주주총회 운영에 지장을 주지 않기 위함이다. 따라서 주주의 통지가 3일 후에 이루어졌어도 회사가 이를 받아들여 허용하였다면 주주평등의 원칙을 위반하거나 의결권 행사의 결과를 조작하기 위한 것이 아닌 한 적법하다고 보아야 한다.[85]

참고판례 **의결권의 불통일행사와 회사의 거부(대법원 2001. 9. 7. 선고 2001도2917 판결)** : 주주의 자유로운 의결권 행사를 보장하기 위하여 주주가 의결권의 행사를 대리인에게 위임하는 것이 보장되어야 한다고 하더라도 주주의 의결권 행사를 위한 대리인 선임이 무제한적으로 허용되는 것은 아니고, 그 의결권의 대리행사로 말미암아 주주총회의 개최가 부당하게 저해되거나 혹은 회사의 이익이 부당하게 침해될 염려가 있는 등의 특별한 사정이 있는 경우에는 회사는 이를 거절할 수 있다고 보아야 할 것이며, 주주가 자신이 가진 복수의 의결권을 불통일행사하기 위하여는 회일의 3일 전에 회사에 대하여 서면으로 그 뜻과 이유를 통지하여야 할 뿐만 아니라, 회사는 주주가 주식의 신탁을 인수하였거나 기타 타인을 위하여 주식을 가지고 있는 경우 외에는 주주의 의결권 불통일행사를 거부할 수 있는 것이므로, 주주가 위와 같은 요건을 갖추지 못한 채 의결권 불통일행사를 위하여 수인의 대리인을 선임하고자 하는 경우에는 회사는 역시 이를 거절할 수 있다.

참고판례 **의결권 행사의 방해가 업무방해죄에 해당하는지(대법원 2004. 10. 28. 선고 2004도1256 판결)** : 형법상 업무방해죄의 보호대상이 되는 '업무'라 함은 직업 기타 사회생활상의 지위에 기하여 계속적으로 종사하는 사무 또는 사업을 말하는 것인데, 주주로서 주주총회에서 의결권 등을 행사하는 것은 주식의 보유자로서 그 자격에서 권리를 행사하는 것에 불과할 뿐 그것이 '직업 기타 사회생활상의 지위에 기하여 계속적으로 종사하는 사무 또는 사업'에 해당한다고 할 수 없다.

---

83) 이철송, 543면; 정동윤, 559면.
84) 김정호, 321면; 송옥렬, 939면; 이철송, 543면; 정찬형, 907면; 최준선, 384면.
85) 대법원 2009. 4. 23. 선고 2005다22701·22718 판결.

5) 행사효과 : 주주가 불통일행사한 의결권은 모두 유효한 것이므로 그대로 정족수의 계산에 산입된다. 그렇다면 불통일행사의 의무를 지고 있는 명의주주가 실질주주의 의사에 반하여 표결한 때에는 어떻게 처리해야 하는가? 생각건대 의결권의 불통일행사에 관한 의무는 주주들의 내부적이고 개인법적인 문제이므로 단체법적인 효력을 부여할 수 없고, 따라서 의결권 행사의 효력에는 영향이 없다고 보아야 한다.

(5) 소규모회사의 서면결의

2009년 개정 상법은 소규모회사에 대하여 유한회사와 같이 서면결의를 허용하였다. 즉 소규모회사에서는 서면에 의한 결의로써 주주총회의 결의를 갈음할 수 있는데, 특히 주주 전원이 결의의 목적사항에 대하여 서면으로 동의를 한 때에는 서면에 의한 결의가 있는 것으로 본다(상법 제363조 제4항). 이 경우 서면에 의한 결의는 주주총회의 결의와 같은 효력이 있고(동조 제5항), 서면결의에 대해서는 주주총회에 관한 규정을 준용한다(동조 제6항). 다만 서면결의의 특성상 현실적 회의를 전제로 하는 규정(예: 주주총회의 소집통지, 소집지, 총회의 질서유지, 총회의 연기·속행 등에 관한 규정)은 준용될 수 없다. 즉 주주총회에 관한 규정 중 회의를 전제로 하지 않는 규정만 실제로 준용되는 것이다. 그리고 서면결의는 이사회의 결의로 주주총회 대신에 하는 것이므로 주주총회의 소집결정에 관한 상법 제362조도 준용된다. 또한 주주제안제 및 소수주주에 의한 주주총회소집청구권도 특정의 의안에 관한 결의를 얻고자 하는 것이므로 역시 준용된다.

3. 의결권의 제한과 계산

(1) 의결권의 제한

의결권은 주주권의 본질적 내용이고 그에 관한 상법 규정은 강행규정이므로 정관에 의해서도 박탈하거나 제한할 수 없다. 그렇지만 다수주주의 보편적 의사를 공정하게 창출할 수 없는 경우와 다수결 제도의 남용이 필연적인 경우 및 특정인의 의결권 행사가 결의내용의 공정성을 해할 우려가 있는 경우에는 별도의 조치가 필요하다. 그리하여 상법은 일정한 경우 주주의 의결권을 제한하는데, 주요 내용은 다음과 같다.

1) 자기주식과 상호주 : 회사가 가진 자기주식은 의결권이 없다(상법 제369조 제2항). 그리고 타인의 명의라도 회사의 계산으로 소유하는 주식과 자회사가 가진 주식도 넓게는 자기주식에 속하므로 의결권이 없다고 보아야 한다. 또한 같은 이유에서 회사가 자기주식을 가지고 타인에게 의결권을 대리행사하게 하는 것도 허용될 수 없다. 한편 어느 일방(참가회

사)이 타방(피참가회사)의 발행주식총수의 10분의 1을 초과하여 소유하는 경우 그 타방이 가진 일방의 주식은 의결권이 없다(상법 제369조 제3항). 이 경우 만약 쌍방이 서로 발행주식총수의 10분의 1을 초과하여 소유하게 되면 양 회사가 모두 의결권을 행사할 수 없다. 쌍방 회사가 참가회사인 동시에 피참가회사가 되기 때문이다.

> **참고판례** **상호주의 의결권 제한(대법원 2009. 1. 30. 선고 2006다31269 판결)** : 상법 제369조제3항은 "회사, 모회사 및 자회사 또는 자회사가 다른 회사의 발행주식의 총수의 10분의 1을 초과하는 주식을 가지고 있는 경우 그 다른 회사가 가지고 있는 회사 또는 모회사의 주식은 의결권이 없다"고 규정하고 있다. 이와 같이 모자회사 관계가 없는 회사 사이의 주식의 상호소유를 규제하는 주된 목적은 상호주를 통해 출자 없는 자가 의결권 행사를 함으로써 주주총회결의와 회사의 지배구조가 왜곡되는 것을 방지하기 위한 것이다. 한편, 상법 제354조가 규정하는 기준일 제도는 일정한 날을 정하여 그 날에 주주명부에 기재되어 있는 주주를 계쟁 회사의 주주로서의 권리를 행사할 자로 확정하기 위한 것일 뿐, 다른 회사의 주주를 확정하는 기준으로 삼을 수는 없으므로, 기준일에는 상법 제369조 제3항이 정한 요건에 해당하지 않더라도, 실제로 의결권이 행사되는 주주총회일에 위 요건을 충족하는 경우에는 상법 제369조 제3항이 정하는 상호소유 주식에 해당하여 의결권이 없다. 이때 회사, 모회사 및 자회사 또는 자회사가 다른 회사 발행주식 총수의 10분의 1을 초과하는 주식을 가지고 있는지 여부는 앞서 본 '주식 상호소유 제한의 목적'을 고려할 때, 실제로 소유하고 있는 주식수를 기준으로 판단하여야 하며 그에 관하여 주주명부상의 명의개서를 하였는지 여부와는 관계가 없다.

2) 특별이해관계자 : 주주총회의 결의에 관하여 특별한 이해관계가 있는 자는 의결권을 행사하지 못한다(상법 제368조 제3항). 왜냐하면 주주의 의결권 행사는 회사와 주주 전체의 이익 실현에 그 궁극의 목적이 있으므로, 만약 주주가 개인적 이익에 치우쳐 의결권을 행사한다면 주주총회결의의 공익적 본질을 해하게 되기 때문이다.

㈎ 특별이해관계의 의미 : 이에 대해서는 ① 주주총회의 결의에 따라 권리·의무의 득실이 생기는 등 법률상 특별한 이해관계가 생길 때를 의미한다는 견해(법률상이해관계설), ② 모든 주주에게 관계되지 않고 특정한 주주의 이해에 관계될 때를 의미한다는 견해(특별이해관계설), ③ 특정한 주주가 주주의 지위와 관계없이 개인적으로 이해관계를 가질 때를 의미한다는 견해(개인법설)가 있는데, 통설과 판례는 ③의 입장이다.[86] 따라서 예를 들어 영업양도에 관한 결의에서 거래상대방인 주주, 이사·감사의 책임면제에 관한 결의에서 이사·감사인 주주는 의결권을 행사할 수 없다. 그렇지만 이사·감사의 선임·해임에 관한 결의처럼 회사지배와 관련되는 결의에서는 당사자이며 주주인 이사·감사는 특별이해관계자라고 할 수

---

86) 대법원 2007. 9. 6. 선고 2007다40000 판결.

없다. 만약 이를 인정하게 되면 대주주일수록 회사의 경영에 참가하는 것이 어렵게 되는 매우 불합리한 문제가 발생하기 때문이다.

(나) 의결권 제한의 범위 : 특별이해관계자의 의결권 제한과 관련하여 주의할 점은 다음과 같다. 즉 ① 주주가 특별이해관계에 있는 경우는 물론이고, 의결권의 대리행사에서 대리인에게 특별이해관계가 있는 경우에도 적용된다.[87] 상법이 「특별한 이해관계가 있는 자」라고 규정하고 있어 주주로 한정할 이유가 없고, 의결권의 대리행사에서 대리인이 주주의 위임내용과 다르게 의결권을 행사하더라도 결의의 효력에는 영향을 주지 않기 때문이다. ② 특별이해관계를 가지고 있는 주주는 주식을 타인에게 신탁하여 의결권을 행사하도록 하지 못하고, 주식의 신탁을 받은 자가 특별이해관계에 있는 때에도 의결권을 행사하지 못한다. 특별이해관계자의 의결권 제한에 관한 규정의 회피수단으로 악용될 수 있기 때문이다. ③ 특별이해관계가 있는 주주의 의결권 수는 출석한 주주의 의결권 수에 산입하지 아니하다(상법 제371조 제2항). ④ 특별이해관계에 있는 자가 의결권을 행사한 때에는 주주총회결의의 취소사유가 된다(상법 제376조 제1항).

3) 감사의 선임 : 주주총회에서 감사를 선임하는 때에는 의결권 없는 주식을 제외한 발행주식총수의 100분의 3(정관에서 더 낮은 주식 보유비율을 정할 수 있으며, 정관에서 더 낮은 주식 보유비율을 정한 경우에는 그 비율로 함)을 초과하는 수의 주식을 가진 주주는 그 초과하는 수의 주식을 가지고 의결권을 행사하지 못한다(상법 제409조 제2항). 주식회사에서 감사마저 대주주의 의사에 따라 선임된다면 경영진에 대한 감사의 실효적인 업무감사와 효율적인 견제기능을 확보·유지하기 어렵기 때문에 감사의 선임단계에서부터 대주주의 영향력을 약화시킴으로써 감사 지위의 중립성과 독립성을 보장하기 위함이다. 그렇지만 2020년 개정상법에 의해 회사가 제368조의4 제1항에 따라 전자적 방법으로 의결권을 행사할 수 있도록 한 경우에는 제368조 제1항에도 불구하고 출석한 주주의 의결권의 과반수로써 감사의 선임을 결의할 수 있다(상법 제409조 제3항). 이는 그동안 실무에서 호소한 의결정족수의 부족에 따른 감사선임에서의 어려움을 해소하고 전자투표를 활성화하기 위함이라고 생각되지만, 선임결의의 대표성 부족 및 지배주주와 경영진에 의한 오남용의 위험성 등이 내포되어 있으므로 재검토가 필요하다.[88]

87) 강위두/임재호, 713면; 권기범, 735면; 이종훈, 138면; 이철송, 544면; 정동윤, 552면; 최기원, 495면.
88) 정준우, "ESG 경영에 따른 주주총회 관련 규정의 개선방안", 88면.

> **참고판례** **합산 3% Rule의 확대적용 가부(대법원 2009. 11. 26. 선고 2009다51820 판결)** : 상법 제409조 제2항· 제3항은 '주주'가 일정 비율을 초과하여 소유하는 주식에 관하여 감사의 선임에 있어서 그 의결권을 제한하고 있고, 구 증권거래법(2007. 8. 3. 법률 제8635호 자본시장과 금융투자업에 관한 법률 부칙 제2조로 폐지) 제191조의11은 '최대주주와 그 특수관계인 등'이 일정 비율을 초과하여 소유하는 주권상장법인의 주식에 관하여 감사의 선임 및 해임에 있어서 의결권을 제한하고 있을 뿐이므로, '최대주주가 아닌 주주와 그 특수관계인 등'에 대하여도 일정 비율을 초과하여 소유하는 주식에 관하여 감사의 선임 및 해임에 있어서 의결권을 제한하는 내용의 정관 규정이나 주주총회결의 등은 무효이다.

4) 특별법상 제한 : 주주의 의결권 행사를 제한하는 특별규제로는 다음과 같은 것이 있다. 즉 ① 채무자회생법에 의한 회생절차의 개시 당시 회사의 부채총액이 자산총액을 초과하는 때에는 주주는 의결권을 행사하지 못한다(동법 제146조). 이는 경제적으로 주주의 지분가치가 소진된 것을 법적 권리로 반영한 것이다.[89] ② 공정거래법상 일정한 대규모기업집단에 속하는 금융·보험회사는 자신이 소유하는 계열회사의 주식에 관해 의결권을 행사하지 못하는데(동법 제11조), 이는 금융·보험회사의 자금력을 이용한 기업집중을 막기 위함이다. ③ 자본시장법상 집합투자업자는 집합투자재산을 운용함에 있어 일정한 투자한도의 제한을 받고(동법 제81조 제1항), 자기의 계열회사가 발행한 증권은 일정한 한도를 초과하여 취득하지 못한다(동법 제84조 제4항). 이 경우 한도를 초과하여 취득한 주식을 가지고는 의결권을 행사할 수 없다(동법 제87조 제4항). 그리고 의결권 제한을 피하기 위하여 집합투자업자가 제3자와의 계약에 따라 의결권을 교차행사하는 것도 금지된다(동법 제87조 제5항). 또한 집합투자업자의 의결권 행사가 불공정해질 가능성이 있는 소정의 사정이 있는 경우에는 그림자투표(shadow voting) 방식으로 의결권을 행사해야 한다(동법 제87조 제2항). 이는 집합투자재산에 편입되어 있는 주식의 경우 실질적으로는 수익자의 재산이므로 이를 집합투자업자가 사적인 이익을 위해 이용하는 것을 방지하기 위함이다. 그러나 의안이 발행회사의 합병, 영업의 양수도, 임원의 선임 기타 이에 준하는 사항으로서 집합투자재산에 손실을 초래할 것이 명백히 예상되는 경우에는 예외이다(동법 제87조 제3항). 주의할 것은 특별법상 주식취득을 제한하는 경우에는 그에 위반하여 취득한 주식의 의결권도 제한하는 것이 일반적이라는 점이다.

5) 의결권구속계약 : 의결권구속계약(Voting Agreement)이란 주주들이 미리 합의한 내용에 따라 각자의 의결권을 행사하기로 한 약정을 말하는데, 이는 주로 내외합작회사의 투자계약에서 볼 수 있다. 이러한 의결권구속계약의 효력에 대하여 학설은 합의한 내용이 다른

89) 이철송, 540면.

주주의 권리를 해하거나 기타 불공정한 경우가 아니라면 유효하다고 해석하고 있고, 아직 대법원의 확립된 판결은 없으나[90] 학설과 같은 취지의 하급심 판결[91]이 있다. 그렇다면 일부 주주가 합의한 내용에 반하여 의결권을 행사한 경우에는 어떻게 처리해야 하는가? 이미 앞에서 설명한 것처럼 상법은 개인적 법률관계와 단체적 법률관계를 준별함과 아울러 전자에 의해 후자가 영향받는 것을 엄격히 규제하고 있다. 그리하여 통설도 주주들의 의결권구속계약은 회사에 대하여 구속력이 없다고 해석한다.[92]

(2) 의결권의 계산

1) 의 의 : 주주총회의 결의가 성립하려면 보통결의의 경우 출석한 의결권의 과반수이며 동시에 발행주식총수의 4분의 1 이상이 찬성해야 하고, 특별결의의 경우에는 출석한 의결권의 3분의 2 이상이며 동시에 발행주식총수의 3분의 1 이상이 찬성해야 하는데, 이를 「의결정족수」라고 한다. 이처럼 보통결의에서는 발행주식총수의 4분의 1 이상이 그리고 특별결의에서는 발행주식총수의 3분의 1 이상이 출석해야만 비로소 결의할 수 있으므로 사실상 이 요건은 「성립정족수」를 의미한다고 할 수 있다. 한편 주주총회결의의 성립 여부를 판단하기 위해서는 발행주식총수와 출석한 의결권 수 및 찬성한 의결권 수를 파악해야 하는데, 주의할 것은 의결권 행사가 제한되는 주식의 취급이다.

2) 발행주식총수의 계산 : 주주총회의 의결정족수 계산에 관한 상법 제371조 제1항은 의결권 없는 주식과 자기주식 및 의결권 없는 상호주의 수는 발행주식총수에 산입하지 아니한다고 규정하고 있다. 그런데 2011년 개정 상법에 따라 회사는 의결권이 제한되는 주식도 발행할 수 있으므로 주주총회에 상정된 의안이 당해 제한내용에 해당하는 때에는 역시 그 수도 발행주식총수에서 제외해야 한다. 또한 상장회사의 경우에는 자본시장법 제150조 제1항에 의해 의결권 행사가 제한되는 주식의 수도 발행주식총수에 산입하지 않아야 한다. 한편 신주발행무효의 소와 같이 주식의 존부 자체를 본안으로 하여 특정한 주식에 대하여 의결권 행사를 금지하는 가처분이 내려진 경우에도 상법 제371조 제1항을 유추적용하여 당해 주식을 발행주식총수에 산입하지 않아야 한다.[93]

---

90) 다만 대법원 2013. 9. 13. 선고 2012다80996 판결은 의결권구속계약의 채권적 효력을 그 전제로 하고 있다.

91) 서울북부지방법원 2007. 10. 25.자 2007카합1082 결정.

92) 주주가 중요사항에 대하여 의결권을 행사하는 때에는 질권자의 사전동의를 얻도록 약정한 후 질권자의 동의 없이 의결권을 행사한 최근의 사건에서 대법원은 주주와 질권자 간에 이러한 채권적 약정이 있다고 하여 주주의 의결권 행사가 제한받는 것은 아니라고 판시하였다(대법원 2017. 8. 18. 선고 2015다5569 판결).

93) 서울중앙지방법원 2019. 10. 10. 선고 2019카합21290 판결.

3) **출석주식수의 계산** : 그동안 상법은 주주총회의 결의에 있어서 특별이해관계자의 의결권 수는 출석한 주주의 의결권 수에 산입하지 않았다(상법 제371조 제2항). 그런데 2011년 개정 상법은 제409조 제2항과 제3항(감사선임에서의 대주주 의결권 제한) 및 제542조의12 제3항과 제4항(감사위원회의 구성 등에 관한 상장회사의 특례)에 따라 그 비율을 초과하는 주식으로서 의결권을 행사할 수 없는 주식도 출석한 의결권 수에 산입하지 아니한다고 규정하였다. 한편 2020년 개정 상법은 제409조 제2항과 제3항 그리고 제542조의12 제3항과 제4항을 개정한 후 제371조 제2항의 「제409조 제2항과 제3항 및 제542조의12 제3항과 제4항」을 「제409조 제2항과 제542조의12 제4항」으로 개정하였다.

㈎ **문제 제기** : 상법 제371조 제2항으로 인해 대주주의 수가 많거나 대주주의 지분이 큰 회사에서는 「발행주식총수의 4분의 1 이상」이란 보통결의 요건을 충족하지 못하여 감사를 선임하지 못할 수가 있는데, 이는 1인회사나 완전자회사의 경우에 특히 문제가 된다. 예를 들어 발행주식총수가 200주인 회사에서 대주주 A가 60주를 가지고 있을 때 감사선임을 위한 주주총회가 개최되었고 A를 포함하여 102주가 출석하였다면, 대주주 A의 경우에는 단 6주(3%)에 대해서만 의결권을 행사할 수 있으므로 결국 출석한 의결권 수는 48주에 불과하다. 그리하여 보통결의의 성립요건인 발행주식총수의 4분의 1 이상(즉 50주 이상)을 충족하지 못하여 감사를 선임할 수 없게 된다.

㈏ **학설·판례의 동향** : 학설의 경우에는 대체로 상법 제371조 제2항은 입법 착오이므로 이를 없는 것으로 보고, 감사선임에서의 3% 초과 주식은 발행주식총수에서도 차감하는 것으로 해석해야 한다고 주장한다.[94] 한편 이와 관련하여 최근의 판례는 상법 제371조 제2항의 경우 감사의 선임과 관련하여 중대한 오류가 있음을 인식하고 그 해결방안을 제시하고 있다. 즉 동 판례는 "만약 3% 초과 주식이 상법 제368조 제1항에서 말하는 '발행주식총수'에 산입된다고 보게 되면, 어느 한 주주가 발행주식총수의 78%를 초과하여 소유하는 경우와 같이 3% 초과 주식의 수가 발행주식총수의 75%를 넘는 경우에는 상법 제368조 제1항에서 말하는 '발행주식총수의 4분의 1 이상의 수'라는 요건을 충족하는 것이 원천적으로 불가능하게 되는데, 이러한 결과는 감사를 주식회사의 필요적 상설기관으로 규정하고 있는 상법의 기본입장과 모순된다. 따라서 감사의 선임에 있어서 3% 초과 주식은 위 제371조의 규정에도 불구하고 상법 제368조 제1항에서 말하는 '발행주식총수'에 산입되지 않는다고 보아야 한다."라고 판시하였다.[95]

---

94) 김건식/노혁준/천경훈, 337면; 송옥렬, 958면; 이철송, 587면; 한국상사법학회(Ⅱ)(정준우 집필부분), 1448~1450면.

95) 대법원 2016. 8. 17. 선고 2016다222996 판결.

(다) 소 결 : 상법 제371조는 입법적 미비점을 내포하고 있으므로 개정이 필요하다고 지적하면서 감사선임에 있어서 3% 초과 주식은 상법 제368조 제1항의 발행주식총수에 산입하지 않아야 한다는 판례의 결론은 타당하다. 그렇지만 현행 법령의 합리적인 해석을 통하여 해결해야 한다면서 상법 제371조를 무시하고 명확한 법적 근거도 없이 발행주식총수에서 3% 초과 주식을 제외하는 것은 논리적으로 다소 문제가 있다. 따라서 종국적으로는 상법을 개정하여 제371조 제1항에 감사선임에 관한 3% 초과 주식도 포함시켜야 하겠지만,[96] 우선은 주주총회결의에 있어서 의결권이 없거나 제한되는 주식 등을 발행주식총수에 산입하지 아니하는 상법 제371조 제1항을 유추적용하여 감사선임에서의 3% 초과 주식도 발행주식총수에 포함되지 않는 것으로 해석해야 하고, 자본시장법 등 특별법령에 의해 의결권이 제한되는 주식[97]도 동일하게 발행주식총수에 산입하지 않아야 하며, 특별이해관계자의 의결권 제한에 대해서도 동일하게 적용해야 한다.

참고판례 **의결정족수 규정의 문제점(대법원 2016. 8. 17. 선고 2016다222996 판결)** : 주주총회에서 감사를 선임하려면 우선 '출석한 주주의 의결권의 과반수'라는 의결정족수를 충족하여야 하고, 나아가 의결정족수가 '발행주식총수의 4분의 1 이상의 수'이어야 하는데, 상법 제371조는 제1항에서 '발행주식총수에 산입하지 않는 주식'에 대하여 정하면서 상법 제409조 제2항의 의결권 없는 주식(이하 '3% 초과 주식'이라 한다)은 이에 포함시키지 않고 있고, 제2항에서 '출석한 주주의 의결권 수에 산입하지 않는 주식'에 대하여 정하면서는 3% 초과 주식을 이에 포함시키고 있다. 그런데 만약 3% 초과 주식이 상법 제368조 제1항에서 말하는 '발행주식총수'에 산입된다고 보게 되면, 어느 한 주주가 발행주식총수의 78%를 초과하여 소유하는 경우와 같이 3% 초과 주식의 수가 발행주식총수의 75%를 넘는 경우에는 상법 제368조 제1항에서 말하는 '발행주식총수의 4분의 1 이상의 수'라는 요건을 충족시키는 것이 원천적으로 불가능하게 되는데, 이러한 결과는 감사를 주식회사의 필요적 상설기관으로 규정하고 있는 상법의 기본 입장과 모순된다. 따라서 감사의 선임에서 3% 초과 주식은 상법 제371조의 규정에도 불구하고 상법 제368조 제1항에서 말하는 '발행주식총수'에 산입되지 않는다. 그리고 이는 자본금 총액이 10억원 미만이어서 감사를 반드시 선임하지 않아도 되는 주식회사라고 하여 달리 볼 것도 아니다.

96) 정준우, "감사선임에 관한 대주주의 의결권 제한과 의결정족수의 계산", 706~707면.
97) 자본시장법상 공개매수의무에 위반하여 취득한 주식과 주식 등의 대량보유 또는 보유주식수의 변동사항에 대한 보고의무를 위반한 경우 및 중요한 사항을 거짓으로 보고하거나 중요한 사항의 기재를 누락한 경우에는 의결권 행사가 제한되고, 공정거래법상 공정거래위원회는 각종 경쟁제한행위로 인한 폐해를 시정하기 위한 조치의 하나로서 주식의 전부나 일부에 대한 처분을 명할 수 있는데, 이 경우에는 의결권 행사가 제한된다.

4. 의사의 공정과 증명

(1) 이익공여의 금지

1) 입법취지 : 상법은 주주총회의 의사의 공정성을 위해 이익공여를 금지하고 있다. 즉 회사는 누구에게든지 주주의 권리행사와 관련하여 재산상의 이익을 공여할 수 없으며(상법 제467조의2 제1항), 이에 위반하여 이익을 얻은 자는 그 이익을 회사에 반환해야 한다(상법 제467조의2 제3항). 이는 이른바 「총회꾼」과 회사의 불건전한 거래를 근절시키기 위함인데, 총회꾼에 대한 이익의 공여는 회사의 재산과 이익의 부당한 일실을 초래하고 다른 주주의 정당한 권리행사를 방해하여 주주총회의 형해화를 재촉하는 원인이 되기 때문이다. 물론 이에 대한 벌칙 규정이 별도로 있지만(상법 제631조), 총회꾼 등에게 제공된 이익을 회사로 환수하는 사법적 구제수단이 필요했기 때문이기도 하다.

2) 금지요건 : 회사는 주주총회의 의사 공정성을 위해 누구에게든지 주주의 권리행사와 관련하여 재산상의 이익을 공여할 수 없는데, 주요 내용은 다음과 같다.

㈎ 이익공여의 주체 : 회사의 계산으로 이익이 제공되는 것을 금지한다. 따라서 회사 외의 자가 이익을 제공하는 것은 주주권 행사와 관련이 있어도 적용되지 않는다.

㈏ 이익공여의 상대방 : 상법 제467조의2 제1항은 「누구에게든지」라고 규정하여 이익공여의 상대방을 폭넓게 정하고 있다. 따라서 주주는 물론이고 주주권을 대리행사하는 자와 장차 주식을 취득하지 않을 것을 조건으로 이익을 받는 자도 포함된다.

㈐ 이익공여의 내용 : 회사는 「재산상의 이익」을 공여할 수 없는데, 이는 금전·물품·신용·용역의 제공이나, 채무의 면제, 채권의 포기, 신주인수권의 부여, 재산상의 이익이 따르는 지위의 부여 등을 모두 포함한다. 주의할 것은 회사가 무상으로 이익을 제공한 경우는 물론이고 일정한 대가를 받았다고 하더라도 회사가 제공한 이익이 더 큰 경우에는 본조가 적용되고, 비록 회사가 상당한 대가를 받았다고 하더라도 당해 거래 자체가 이권의 대상이 되는 경우(예: 납품 등)에도 본조가 적용된다는 점이다.

㈑ 주주권 행사와의 관련성 : 재산상의 이익은 주주권 행사와 관련하여 공여되어야 한다. 즉 회사가 총회꾼 등과 주주권의 행사나 불행사 및 행사방법 등을 합의하고, 그 대가로 일정한 이익이 공여되어야 한다. 주의할 것은 ① 본조의 주된 적용대상은 의결권의 행사이지만, 이에 국한되지 않고 다른 주주권의 행사(예: 주주총회결의취소의 소의 불제소 등)에도 적용된다. 상법이 「주주의 권리행사」라고 규정하고 있기 때문이다. ② 동조의 적용에 있어

서 주주권의 행사 또는 불행사가 위법함을 요하지는 않는다.

3) 위반효과 : 회사가 본조를 위반하여 이익을 공여한 때에는 이사의 책임이 발생하지만(상법 제399조), 상법은 공여된 이익의 반환 등을 별도로 규정하고 있다.

(가) 이익의 반환 : 회사가 특정한 자에게 주주권 행사와 관련하여 재산상의 이익을 공여한 경우 그 이익을 공여받은 자는 이를 회사에 반환해야 하는데, 이 경우 회사에 대하여 대가를 지급한 것이 있는 때에는 그 반환을 받을 수 있다(상법 제467조의2 제3항). 즉 대가와 이익의 반환은 동시이행의 관계에 있는 것이다. 원래 본조에 위반한 이익공여는 무효이므로 공여받은 이익은 민법 제741조의 부당이득이 되지만, 부당이득에 관한 일반적인 법리를 그대로 적용하면 회사의 이익공여는 불법원인급여(민법 제746조) 또는 비채변제(민법 제742조)가 되어 그 반환을 청구할 수 없으므로 상법이 이런 특칙을 둔 것이다. 한편 이익반환의 청구는 회사가 해야 하지만, 회사 스스로가 이익을 공여하였기 때문에 청구를 게을리할 수 있다. 그리하여 상법은 이익반환청구에 있어 주주의 대표소송을 허용하고 있다(동조 제4항). 이 경우 그 절차는 일반 대표소송에서와 같다.

(나) 주주권 행사의 효력 : 주주권 행사와 관련하여 이익이 공여되었더라도 주주권 행사 자체의 효력에는 아무런 영향이 없다. 본조는 주주권 행사와 관련된 불공정한 거래를 방지하기 위한 것일 뿐 주주권 행사의 위법·불공정을 요구하진 않기 때문이다.

(다) 주주총회결의의 효력 : 회사가 주주의 의결권 행사와 관련하여 이익을 공여한 상태에서 주주총회의 결의가 성립한 경우에 당해 결의의 효력은 어떠한가? 상법은 이에 관하여 아무런 규정도 두고 있지 않다. 그리하여 그동안 이 부분은 특별히 다루어지지 않았는데, 2014년에 이에 관한 중요한 판례가 나왔다. 즉 회원제로 운영되는 골프장을 경영하는 회사가 임원의 선임에 관한 주주총회를 개최하면서 주주들에게 타인에게 양도 가능한 골프장 예약권과 상품권을 제공한 사건에서 대법원은 주주들에게 일정한 경제적 이익이 공여된 상태에서 이루어진 주주총회의 결의는 결의방법이 법령에 위반한 것이므로 무효라고 판시하였다.[98] 즉 주주총회결의취소의 소의 대상이 되는 것이다.

98) 대법원 2014. 7. 11.자 2013마2397 결정. 이 사건의 사실관계는 다음과 같다. 즉 주식회사 창원컨트리클럽은 2012. 11. 13. 이사회를 개최하여, ① 2013. 3. 25. 정기주주총회에서 차기 임원들을 선임하고, ② 위 임원선임결의에 관한 사전투표의 시기를 주주총회일로부터 '2주 전'에서 '24일 전'으로 연장하여 2013. 3. 1.부터 2013. 3. 24.까지 24일간 사전투표를 실시하기로 결의하였다. 한편 이 사건 회사는 2013. 2. 5. 이사회를 다시 개최하여, ① 이 사건 사전투표에 참여하는 주주들에게 주주당 1회에 한하여 양도 가능한 골프장 예약권을 부여하고, ② 사전투표에 참여하거나 주주총회에서 직접 의결권을 행사하는 주주들에게 20만원 상당의 상품교환권을 지급하기로 결의하였다. 그 후 실제 사

참고판례 **이익공여된 상태의 주주총회결의의 효력(대법원 2014. 7. 11.자 2013마2397 결정)** : 甲 주식회사가 이사회를 개최하여 정기주주총회에서 실시할 임원선임결의에 관한 사전투표 시기(시기)를 정관에서 정한 날보다 연장하고 사전투표에 참여하거나 주주총회에서 직접 의결권을 행사하는 주주들에게 골프장 예약권과 상품교환권을 제공하기로 결의한 다음 사전투표 등에 참여한 주주들에게 이를 제공하여 주주총회에서 종전 대표이사 乙 등이 임원으로 선임되자, 대표이사 등 후보자로 등록하였다가 선임되지 못한 주주 丙 등이 주주총회결의의 부존재 또는 취소사유가 존재한다고 주장하면서 乙 등에 대한 직무집행정지가처분을 구한 사안에서, 위 주주총회결의는 정관을 위반하여 사전투표기간을 연장하고 사전투표기간에 전체 투표수의 약 67%에 해당하는 주주들의 의결권행사와 관련하여 사회통념상 허용되는 범위를 넘어서는 위법한 이익이 제공됨으로써 주주총회결의 취소사유에 해당하는 하자가 있으므로, 위 가처분신청은 乙 등에 대한 직무집행정지가처분을 구할 피보전권리의 존재가 인정되는데도, 이와 달리 보아 가처분신청을 기각한 원심결정에는 주주총회결의 취소사유에 관한 법리오해의 위법이 있다.

참고판례 **주식매매약정과 이익공여의 금지(대법원 2017. 1. 12. 선고 2015다68355·68362 판결)** : 甲 주식회사가 운영자금을 조달하기 위해 乙과 체결한 주식매매약정에서 乙이 甲 회사의 주식을 매수하는 한편 甲 회사에 별도로 돈을 대여하기로 하면서 乙이 '甲 회사의 임원 1명을 추천할 권리'를 가진다고 정하였는데, 주식매매약정 직후 乙이 임원추천권을 행사하지 아니하는 대신 甲 회사가 乙에게 매월 돈을 지급하기로 하는 내용의 지급약정을 체결한 사안에서, 乙이 가지는 임원추천권은 주식매매약정에 정한 계약상의 특수한 권리이고 이를 주주의 자격에서 가지는 공익권이나 자익권이라고 볼 수는 없으므로 상법 제467조의2 제1항에서 정한 '주주의 권리'에 해당하지 아니하고, 지급약정은 乙이 甲 회사에 운영자금을 조달하여 준 것에 대한 대가를 지급하기로 한 것일 뿐 주주의 권리행사에 영향을 미치기 위하여 돈을 공여하기로 한 것이라고 할 수 없으므로, 지급약정이 상법 제467조의2 제1항에 위배된다고 볼 수 없다.

참고판례 **주주의 권리행사에 관한 이익공여죄(대법원 2018. 2. 8. 선고 2015도7397 판결)** : 상법상 주주의 권리행사에 관한 이익공여의 죄는 주주의 권리행사와 관련 없이 재산상 이익을 공여하거나 그러한 관련성에 대한 범의가 없는 경우에는 성립할 수 없다. 피고인이 재산상 이익을 공여한 사실은 인정하면서도 주주의 권리행사와 관련 없는 것으로서 그에 대한 범의도 없었다고 주장하는 경우에는, 상법 제467조의2 제2항, 제3항 등에 따라 회사가 특정 주주에 대해 무상으로 또는 과다한 재산상 이익을 공여한 때에는 관련자들에게 상당한 법적 불이익이 부과되고 있음을 감안하여야 하고, 증명을 통해 밝혀진 공여행위와 그 전후의 여러 간접사실들을 통해 경험칙에 바탕을 두고 치밀한 관찰력이나 분석력에 의하여 사실의 연결상태를 합리적으로 판단하여야 한다. 한편 주주의 권리행사와 관련된 재산상 이익의 공여라 하더라도 그것이 의례적인 것이라거나 불가피한 것이라는 등의 특별한 사정이 있는 경우에는, 법질서 전체의 정신이나 그 배후에 놓여 있는

전투표나 주주총회에서 직접 의결권을 행사한 주주들은 이 사건 회사로부터 위 이사회 결의내용대로 이 사건 예약권과 상품권을 제공받았다. 한편 선거관리위원회의 임원 입후보자 등록 공고에 따라 甲(당시의 대표이사)과 乙이 1명을 선임하는 대표이사의 후보자로, 丙 외 14명이 10명을 선임하는 이사 후보자로, 그리고 丁과 戊는 2명을 선임하는 감사 후보자로 등록하였다. 그리고 주주총회의 결과 A가 대표이사로, 丙을 제외한 10명이 이사로, 丁과 戊가 투표 없이 전원 감사로 선임되었다. 이에 주주회원으로서 대표이사 후보자였던 乙과 이사 후보자였던 丙이 회사를 상대로 주주총회결의 무효확인의 소 및 결의취소의 소를 제기하였고, 동시에 원고는 이 사건을 본안으로 하여 대표이사와 일부 이사의 직무집행정지 및 직무대행자의 선임 가처분을 신청하였다.

> 사회윤리 내지 사회통념에 비추어 용인될 수 있는 행위로서 형법 제20조에 정하여진 '사회상규에 위배되지 아니하는 행위'에 해당한다. 그러한 특별한 사정이 있는지 여부는 이익공여의 동기, 방법, 내용과 태양, 회사의 규모, 공여된 이익의 정도 및 이를 통해 회사가 얻는 이익의 정도 등을 종합적으로 고려하여 사회통념에 따라 판단하여야 한다.

㈑ 입증책임 : 회사 또는 대표소송을 제기한 주주가 이익공여를 받은 자에게 그 반환을 청구하는 때에는 회사와 특정인 사이에 주주권 행사와 관련하여 일정한 경제적 이익이 공여되었다는 사실을 입증해야 한다. 그런데 사실상 그 입증이 매우 어려우므로 상법은 일정한 경우에 입증책임을 전환하고 있다. 즉 ① 이익공여의 상대방이 주주이고, ② 회사가 그 주주에 대하여 무상으로 이익을 공여하였거나 비록 유상으로 공여하였더라도 회사가 얻은 이익이 주주에게 공여한 이익에 비하여 현저하게 적을 때에는 주주의 권리행사와 관련하여 공여한 것으로 추정한다(상법 제467조의2 제2항). 따라서 이 경우에는 이익공여를 받은 자가 주주권 행사와 관련이 없음을 입증해야 한다.

㈒ 불공정한 신주인수와의 관계 : 회사가 특정한 자에게 현저하게 불공정한 발행가액으로 신주를 인수시키는 것을 내용으로 상법 제424조의2 제1항의 요건을 충족시킬 경우에는 제467조의2와의 관계가 문제된다. 즉 제424조의2 제1항에 의해 공정한 발행가액과의 차액을 회사에 지급하도록 해야 하는지, 제467조의2에 의해 이익을 회사에 반환하도록 해야 하는지, 아니면 양자의 경합을 인정할 것인지가 문제된다. 생각건대 제467조의2는 이익공여 그 자체를 무효로 보기 때문에 신주발행이 공여된 이익의 내용이라면 당연히 당해 신주발행도 무효가 된다. 즉 이 경우에는 제467조의2가 배타적으로 적용된다. 제424조의2 제1항은 불공정한 신주인수가 유효함을 그 전제로 하기 때문이다.

㈓ 벌 칙 : 상법은 본조에 위반하여 이익이 공여된 경우에 대한 벌칙을 규정하고 있다. 즉 회사의 이사, 집행임원, 감사위원회 위원, 감사, 제386조 제2항과 제407조 제1항 또는 제415조의 직무대행자, 지배인, 그 밖의 사용인이 주주의 권리 행사와 관련하여 회사의 계산으로 재산상의 이익을 공여한 경우에는 1년 이하의 징역 또는 300만원 이하의 벌금에 처한다(상법 제634조의2 제1항). 이 경우 위의 재산상 이익을 수수하거나 제3자에게 이를 공여하게 한 자도 동일하게 처벌된다(상법 제634조의2 제2항).

(2) 검사인의 선임

1) 서류검사인 : 주주총회는 이사가 제출한 서류와 감사의 보고서를 조사하게 하기 위

하여 검사인을 선임할 수 있는데(상법 제367조 제1항), 이를 강학상 「서류검사인」이라고 한다. 즉 서류검사인 제도는 주주총회가 이사나 감사로부터 제출받은 서류나 보고서의 타당성과 정확성을 검증하거나 그 내용을 판단함에 있어서 전문가의 조력을 구하는 것이다. 주의할 것은 비록 법문이 「이사가 제출한 서류와 감사의 보고서」라고 규정하고 있지만, 반드시 그에 국한되지 않는다는 점이다. 즉 주주총회가 전문적인 판단을 구할 필요가 있는 경우라면 어떠한 서류나 보고서도 검사인의 선임대상이 된다. 다만 법문이 조사의 대상을 「서류와 보고서」로 규정하고 있으므로, 서류검사인도 그에 국한하여 선임해야 한다. 따라서 회사의 업무나 재산상태를 조사하기 위해서는 서류검사인을 선임할 수 없고, 법정 절차에 따라 별도의 검사인을 선임해야 한다(상법 제467조).

2) 총회검사인 : 회사 또는 발행주식총수의 100분의 1 이상에 해당하는 주식을 가진 주주는 주주총회의 소집절차나 결의방법의 적법성을 조사하기 위하여 주주총회 전에 법원에 검사인의 선임을 청구할 수 있다(상법 제367조 제2항).

㈎ 도입취지 : 총회검사인 제도는 위법한 주주총회의 운영을 예방하고 결의에 관한 분쟁에 필요한 증거의 보전을 위하여 일본 회사법 제306조를 본받은 것으로서 미국 회사법상의 표결검사인(Inspectors of Elections) 제도에 그 연원을 두고 있다. 이는 경영편의주의의 강화에 따라 주주총회의 형해화가 심해지는 경향을 고려할 때 특히 상장회사에서 경영자의 편익 추구를 제어하는 장치로서 기능하게 될 것이다.

㈏ 청구권자 : 총회검사인의 선임은 회사 또는 발행주식총수의 100분의 1 이상의 주식을 가진 주주가 청구할 수 있다. 이 경우 소수주주의 요건은 총회검사인의 선임을 청구하는 때에 충족해야 하지만, 선임한 후에는 비록 법정 요건에 미달하더라도 선임의 효력에 영향이 없다. 총회검사인의 직무는 주주 개인의 이익을 위한 것이 아니라 회사와 주주 전체의 이익을 위한 것이므로 적법하게 청구가 이루어진 이상 공익적 절차가 개시된 것이기 때문이다. 그리고 소수주주의 지분요건은 수인의 주주가 공동으로 충족해도 된다. 한편 회사의 경우에는 그 적격성과 관련하여 다소 의문이 있을 수 있지만, 회사도 주주총회의 효력에 관련된 주주들과의 다툼이 생길 경우를 대비하여 미리 그 증명수단을 마련해 둘 필요가 있으므로 이 제도를 이용할 실익이 충분히 있다.

㈐ 청구시기 : 회사 또는 소수주주의 총회검사인 선임청구는 주주총회 전에 이루어져야 한다. 총회검사인의 직무가 주주총회의 소집절차와 결의방법이 적법하게 이루어지고 있는지를 실시간으로 관찰하고 조사하는 것이기 때문이다.

㈑ 조사대상 : 총회검사인은 주주총회의 소집절차와 결의방법의 적법성을 조사한다. 이 점에서 표결의 적법성만 조사하는 미국의 표결검사인보다 조사의 범위가 넓다. 주의할 것은 비록 법문이 「적법성」이라고 규정하고 있지만, 결의효력에 관한 다툼에서의 증거를 미리 확보해 두는 것도 제도의 목적이므로 결의취소의 사유가 되는 소집절차나 결의방법이 「현저히 불공정한」 경우도 조사대상으로 보아야 한다는 점이다.[99)]

㈒ 후속조치 : 상법은 총회검사인 제도를 수용하면서도 선임된 총회검사인이 해야 할 후속조치에 대해서는 규정하지 아니하여 도입의 실효성이 반감되고 있다. 이에 비해 일본의 경우에는 선임된 총회검사인이 조사한 결과를 서면으로 작성하여 법원에 보고해야 하고(회사법 제306조 제5항), 총회검사인의 보고서를 제출받은 법원이 필요하다고 판단하는 때에는 이사로 하여금 주주들에게 검사인의 보고를 통지하게 하거나 주주총회의 소집을 명할 수 있다(회사법 제307조). 따라서 입법론적으로는 일본과 같이 총회검사인에 관련된 후속조치도 상법에 정하여 규정의 실효성을 제고해야 한다.

(3) 의사록의 작성

1) 작성·비치의무 : 회사는 주주총회의사록을 작성해야 하는데(상법 제373조 제1항), 의사록에는 의사의 경과요령과 그 결과를 기재한 후 의장과 출석한 이사가 기명날인 또는 서명을 해야 한다(상법 제373조 제2항). 따라서 의사록에 기재할 사항을 기재하지 않았거나 부실한 기재를 한 때에는 벌칙이 적용된다(상법 제635조 제1항 제9호). 한편 회사는 의사록을 본점과 지점에 비치해야 하고(상법 제396조 제1항), 주주와 채권자는 영업시간 내에 언제든지 의사록의 열람 또는 등사를 청구할 수 있다(상법 제396조 제2항).

2) 의사록의 인증 : 주주총회에서 이루어진 결의내용이 등기사항인 때(예: 이사·감사의 선임 등)에는 등기신청서에 의사록을 첨부해야 하는데(상업등기규칙 제128조 제2항), 이 경우 의사록은 공증인의 인증을 받아야 한다(공증법 제66조의2 제1항). 이는 주주총회의사록의 진실성을 확보하기 위한 것이므로, 공증인은 의사록에 기재된 결의절차와 내용이 진실에 부합하는가를 확인해야 한다(공증법 제66조의2 제2항). 구체적으로 공증인이 직접 결의장소에 참석하여 검사하거나, 결의를 한 자 중 정족수 이상인 자 또는 그 대리인의 촉탁을 받아 그 촉탁인으로부터 의사록의 내용이 진실에 부합하는지 여부에 관한 진술을 듣고 촉탁인으로 하여금 공증인의 면전에서 의사록에 서명 또는 기명날인을 자인하게 한 후 그 사실을 기재함으로써 확인한다(공증법 제66조의2 제3항).

---

99) 이종훈, 134면; 이철송, 537면; 임재연(Ⅱ), 42면.

3) 의사록의 기능 : 주주총회의사록은 주주총회의 성립과 그 결의에 관한 중요한 증거자료가 되지만, 그것이 유일한 증거이거나 창설적 효력이 있는 것은 아니다. 따라서 주주총회의사록에 부실하게 기재된 때에는 다른 방법으로 입증하여 진실을 주장할 수 있고, 비록 의사록을 작성하지 않았더라도 주주총회결의의 효력에는 영향이 없다(통설). 그런데 이와 달리 판례는 일단 주주총회결의가 있는 것으로 의사록이 작성된 이상 결의의 외관을 창출한 것이므로 이를 믿고 거래한 제3자에 대해서는 주주총회결의가 없었음을 이유로 대항할 수 없다고 판시하였지만,[100] 이는 주주총회결의의 본질을 오해한 것이다. 한편 주주총회의사록의 경우 주주총회의 절차적 요건에 관한 증명력은 인정되어야 하므로 반대의 사실을 주장하는 자가 그에 대한 입증책임을 진다고 보아야 한다.[101]

4) 의사록의 보존 : 상법은 주주총회의사록의 보존기간에 관한 명문 규정을 두고 있지 않다. 따라서 합리적 해석에 의할 수밖에 없는데, 일반적인 상업장부의 보존기간(상법 제33조 제1항 본문)을 유추적용하여 10년간 보존해야 한다고 보는 것이 타당하다.

사례해결

(1) 주주총회의 소집은 원칙적으로 이사회가 결정한다(상법 제362조). 이는 강행규정이므로 만약 이사회의 소집결정 없이 주주총회가 소집되어 결의가 이루어졌다면 그 결의는 하자 있는 결의로서 취소의 소의 대상이 된다. 이처럼 주주총회의 소집을 이사회가 결정한다는 것은 주주의 경영간섭을 차단하는 의미가 있으므로 소유와 경영의 분리를 실질적으로 확보하는 장치가 된다. 한편 이사회는 주주총회의 일시·장소·의안 등을 정하고 구체적인 소집은 대표이사가 한다. 따라서 사안의 경우 이사회의 소집결의 없이 A가 단독으로 주주총회를 개최하여 B를 이사로 선임한 것이므로 당해 주주총회의 결의는 취소의 소의 대상이 되고, 따라서 B는 이사가 될 수 없다.

(2) 주주총회는 원칙적으로 이사회가 소집하지만, 예외적으로 발행주식총수의 3% 이상을 소유한 주주도 주주총회의 소집을 청구할 수 있다. 즉 소수주주는 회의의 목적사항과 소집의 이유를 기재한 서면이나 전자문서를 이사회에 제출하여 주주총회의 소집을 청구할 수 있다(상법 제366조 제1항). 이 경우 이사회는 지체없이 주주총회의 소집절차를 밟아야 하는데, 만약 이사회가 소집절차를 밟지 아니한 때에는 소집을 청구한 소수주주가 법원의 허가를 얻어 직접 주주총회를 소집할 수 있다(상법 제366조 제2항). 이는 소수주주가 회사의 일시적 기관으로서 주주총회를 소집하는 것이므로 기준일의 설정과 소집의 통지·공고 등 주주총회의 소집을 위하여 필요한 모든 법정 절차는 소수주주가 주관할 수 있으며, 회사에 대하여 소집비용을 청구할 수 있다. 한편 소수주주의 지분요건은 수인의 주주가 공동으로 충족할 수도 있다. 따라서 사안의 경우 C1, C2, C3의 지분은 합계 3% 이상이고 소집청구를 할 때에 모

---

100) 대법원 1993. 9. 14. 선고 91다33926 판결.
101) 대법원 2011. 10. 27. 선고 2010다88682 판결.

두 충족하였으므로 유효하고, 이에 대한 ㈜甲의 거절은 부당하다.

(3) 회사가 주주총회의 소집을 통지라는 때에는 주주명부에 기재된 주주의 주소로 해야 한다. 그런데 전매차익을 노리는 주주 대부분이 명의개서를 게을리하고, 또한 증권회사를 통해 작성되는 실질주주명부상의 부정확한 주소로 인해 회사가 무익한 통지를 계속해야 하는 현실적인 어려움이 있다. 그리하여 상법은 주주에 대한 주주총회의 소집통지가 주주명부에 기재된 주주의 주소에 계속하여 3년간 도달하지 아니한 때에는 회사가 당해 주주에 대하여 주주총회의 소집을 통지하지 아니할 수 있도록 규정하였다(상법 제363조 제1항 단서). 다만 여기서 「3년간」은 최초의 부도달된 통지의 발송일로부터 최후의 부도달된 통지의 발송일까지로 계산해야 하고, 부도달에 대한 입증책임은 회사가 진다. 따라서 ㈜甲은 주주 E에게 계속하여 3년 이상 주주총회의 소집통지를 하였음에도 불구하고 주주 E에게 도달하지 않았음을 증명하여 당해 주주총회의 유효성을 주장할 수 있다.

(4) 주주는 주주총회일의 6주 전까지 이사에게 제안내용을 제출해야 한다. 그런데 일반적으로 주주는 주주총회일 2주 전에야 비로소 주주총회일을 알 수 있다. 따라서 여기서 「6주 전」이란 법문은 언제라도 주주의 제안이 있으면 회사는 그날로부터 6주 이후에 열리는 주주총회에서 이를 안건으로 다루어야 한다는 의미로 해석해야 한다. 다만 정기주주총회의 경우에는 주주의 예측이 가능하므로, 상법도 정기총회에서 다룰 안건의 제안은 직전 연도의 정기총회일에 대응하는 그 해의 해당일 6주 전에 제출하도록 규정하고 있다(상법 제363조의2 제1항). 따라서 사안의 경우 F의 제안내용이 법령이나 정관의 규정에 반하지만 않는다면 ㈜甲은 그 제안일로부터 6주 이후에 개최되는 주주총회의 안건으로 상정해야 한다. 따라서 6주 전이란 요건의 불비를 이유로 한 ㈜甲의 거절은 위법하다.

(5) 회사는 누구에게든지 주주의 권리행사와 관련하여 재산상의 이익을 공여할 수 없다(상법 제467조의2 제1항). 이는 이른바 총회꾼과 회사의 불건전한 거래를 근절시키기 위한 것인데, 총회꾼에 대한 이익공여는 회사의 재산·이익의 부당한 일실을 초래하고 다른 주주의 정당한 권리행사를 방해하여 주주총회의 형해화를 재촉하기 때문이다. 여기서 「재산상의 이익」이란 금전·물품·신용·용역의 제공이나, 채무의 면제, 채권의 포기, 신주인수권의 부여, 재산상의 이익이 따르는 지위의 부여 등을 모두 포함하고, 「주주권의 행사와 관련한 이익공여」란 주주권의 행사·불행사·행사방법 등을 회사와 총회꾼이 합의하며 이익이 공여됨을 뜻한다. 다만 주주권의 행사 또는 불행사가 위법함을 요하진 않는다. 한편 본조에 위반하여 이익이 공여된 경우 이사의 책임(상법 제399조)이 발생함은 당연하나, 상법은 공여된 이익의 반환에 관한 규정도 두고 있다. 즉 회사가 주주권 행사와 관련하여 재산상의 이익을 공여한 때에는 그 이익을 공여받은 자가 이를 회사에 반환해야 하고(상법 제467조의2 제3항 전단), 회사가 이익공여의 대가를 받은 때에는 그 대가를 반환해야 한다(동조 동항 후단). 즉 대가와 이익의 반환은 동시이행의 관계에 있는 것이다. 한편 이 경우 이익반환의 청구는 회사가 해야 하지만, 회사 스스로가 이익공여를 하였기 때문에 반환청구를 게을리할 수도 있다. 그리하여 상법은 이익반환의 청구에 대해서는 주주의 대표소송도 허용하고 있다(상법 제467조의2 제4항). 사안의 경우 ㈜甲은 H에게 공여한 이익의 반환을 청구할 수 있지만, 실제로 이를 기대하기는 어렵다. 그러므로 ㈜甲의 주주가 대표소송을 제기할 수 있고, 이익을 공여한 ㈜甲과 의장 I에 대해서는 일정한 벌칙이 적용된다.

제3관 주주총회의 결의와 하자

예시사례 제과업체인 상장회사 ㈜甲은 그동안 시장지배적사업자의 지위를 유지해 왔지만, 국민의 식성과 생활이 크게 바뀌고 새로운 사업자가 계속 등장함으로 인해 점차 그 지위를 잃어가고 있다. 이에 위기를 느낀 대표이사 A(지분 35% 보유)는 업종의 전환 및 다각화를 추구함과 동시에 시장성이 없는 영업의 폐지 등 전사적으로 영업조직을 개편하고 경영조직을 효율적으로 재편하기로 하였다. 그리고 이를 위해 A는 주주총회를 소집하여 주주들의 동의를 얻기로 하였다. 이와 관련하여 다음 설문에 답하시오!

(1) 대표이사 A는 이사회의 결의에 따라 2021년 10월 7일에 차남 B를 이사로 선임하기 위한 임시주주총회를 소집하면서 평소 적대적이었던 C를 비롯한 50명의 소액주주(합산지분 11%)에 대해서는 소집통지를 하지 않았고, 동 주주총회에서는 무사히 B가 이사로 선임되었다. 이 과정에서 주주 D도 안건에 찬성하였다. 그런데 그 직후 주주 D는 소액주주 50명에게 주주총회의 소집통지가 없었음을 알게 되었고, 이에 결의부존재확인의 소를 제기하였다. 이러한 주주 D의 소 제기는 정당한가?

(2) 대표이사 A는 주주 E에 대한 주주총회 소집통지를 주주총회일 2주 전까지 하지 못하였지만, E가 양해하여 무사히 주주총회를 마쳤다. 그런데 주주총회에 참석하여 의안에 찬성한 주주 F가 E에 대한 통지 하자를 이유로 결의취소의 소를 제기하였다. 이러한 주주 F의 청구는 정당한가?

I. 서 설

주주총회의 의사결정은 결의를 통해 이루어지는데, 결의는 주주들이 표시한 개별적인 의사가 다수결의 원칙에 의해 단일한 집단적 의사로 형성된 것이다. 따라서 주주총회의 결의는 주주 전원과 회사의 각 기관을 구속하는데, 이는 결의 후 주주나 기관이 된 경우에도 같다. 주주총회의 결의는 회사의 대내적·대외적 활동을 구속하는 사단적 법률행위이므로 다루는 의안의 경중에 따라 그 요건을 달리한다. 즉 일반적인 안건이라면 보통결의가 원칙적으로 적용되지만, 사안이 중요하거나 소수자주주의 보호가 특히 중요한 경우에는 특별결의에 의하고, 다수결의 원칙마저 허용될 수 없는 이례적인 경우에는 주주 전원의 찬성이 요구되는 특수결의에 의한다. 이처럼 주주와 기관 등 다양한 주체의 이해관계가 복합적으로 연계된 단체적 법률관계를 형성하는 주주총회의 결의는 무엇보다도 그 형성과정의 명확성이 중요하므로 상법은 매우 엄격한 절차를 규정하고 있다.

그런데 주주총회의 결의가 다수결 원칙에 의해 형성됨으로 인해 다수자주주의 의사는 중시되고 강하게 반영되지만, 소수자주주는 예상하지 못한 경제적 손실을 볼 수도 있다. 그리하여 상법은 주주들의 이해관계에 특히 중대한 영향을 미치는 일정한 의안이 주주총회에서 결의된 때에는 이례적으로 반대주주의 회사에 대한 주식매수청구권도 인정하고 있다.

한편 주주들의 다양한 개별적 의사를 회사의 단일한 단체적 의사로 수렴하는 것이 주주총회의 결의이므로 당연히 그 내용은 물론 절차도 적법하고 공정하게 이루어져야 하고, 그렇지 못하다면 주주총회의 결의를 정당한 단체의사로 인정할 수 없으므로 그 효력이 부정되어야 한다. 그런데 이를 일반적 법리에 따라 해결하면 오히려 단체적 법률관계의 불안정을 초래할 수 있으므로 상법은 결의의 효력을 부인할 수 있는 하자의 유형을 법정하고 원칙적으로 소만으로 주장하게 하며 소송의 유형도 정하고 있다.

Ⅱ. 주주총회의 결의

1. 결의의 의의

(1) 결의방식

주주총회의 결의는 주주들의 의결권 행사에 의해 이루어진다. 여기서 「의결권」이란 주주가 주주총회에서의 의사표시를 통해 회사의 단체적 의사결정에 지분적으로 참가할 수 있는 권리를 말하는데, 주식평등의 원칙에 따라 1주마다 1개만이 주어진다(상법 제369조 제1항). 이러한 「1주 1의결권 원칙」은 주주들의 출자 및 위험부담과 회사에 대한 영향력 행사에 있어서 비례적 균등을 제도적으로 실현하기 위해 정해진 강행규정이므로 정관으로도 달리 정할 수 없고, 이와 다른 주주들의 합의도 무효이다. 다만 주주가 의결권을 행사하려면 주주총회일 현재의 주주명부에 주주로 등재되어 있어야 하고, 기준일을 정한 때에는 그 기준일에 주주로 등재되어 있어야 한다.[102] 한편 주주가 자연인이라면 본인이 의결권을 행사하지만, 법인인 경우에는 그 대표기관이 의결권을 행사한다.

> 참고판례 **1주 1의결권 원칙의 의미(대법원 2009. 11. 26. 선고 2009다51820 판결)** : 상법 제369조 제1항에서 주식회사의 주주는 1주마다 1개의 의결권을 가진다고 하는 1주 1의결권의 원칙을 규정하고 있는바, 위 규정은 강행규정이므로 법률에서 위 원칙에 대한 예외를 인정하는 경우를 제외하고, 정관의 규정이나 주주총회의 결의 등으로 위 원칙에 반하여 의결권을 제한하더라도 효력이 없다.

(2) 법적 성질

주주총회의 결의는 주주들의 표결을 통해 형성된 주주총회의 의사표시이다. 따라서 주

102) 기업 실무에서는 주주총회일에 소집통지서(참석장을 겸함)를 휴대한 자를 주주로 보고 총회장에의 참석을 허용하고 있다.

주총회의 결의는 주주 개개인의 의사에 상관없이 주주 전원을 구속하고 회사의 각 기관도 구속하는데, 이는 결의 후에 주주나 기관이 된 경우에도 같다. 이러한 주주총회결의의 법적 성질에 대해서는 합동행위라는 견해[103]와 독자적인 성질의 법률행위라는 견해[104]가 있다. 생각건대 합동행위는 수인의 당사자 간에 방향을 같이하는 의사표시가 합치되어 성립하는 법률행위이므로 주주의 의사표시가 찬반으로 나뉘는 것이 대부분인 주주총회의 결의와는 다르고, 주주총회의 결의는 주주만이 아니라 회사의 조직에 대해서도 직접 구속력을 가지므로 단독행위나 계약과도 다르다. 이런 점에서 주주총회의 결의는 상법이 규정하는 독자적인 법률행위라고 보는 것이 타당하고, 따라서 주주총회의 결의에 대해서는 의사표시와 법률행위에 관한 일반원칙의 적용이 배제된다. 즉 주주총회의 결의에 대해서는 비진의표시(민법 제107조)와 허위표시(민법 제108조)임을 이유로 무효를 주장하거나 착오(민법 제109조)나 사기·강박(민법 제110조)을 이유로 취소할 수 없다.

2. 결의의 종류

(1) 보통결의

1) 결의요건 : 주주총회의 결의는 상법 또는 정관에 다른 정함이 있는 경우를 제외하고는 출석한 주주의 의결권의 과반수와 발행주식총수의 4분의 1 이상의 수로써 하여야 하는데(상법 제368조 제1항), 이를 「보통결의」라고 한다. 이 경우 가부동수이면 부결로 보아야 한다. 때때로 실무에서 가부동수이면 의장이 결정한다고 정관에 규정하는데, 이는 무효이다. 의장이 주주가 아니라면 주주 아닌 자가 주주총회결의에 참가한 것이므로 무효이고, 의장이 주주라면 주식평등의 원칙에 반하여 무효이기 때문이다. 한편 전자투표를 실시하는 회사에서 감사기관을 선임하는 때에는 발행주식총수의 4분의 1에 미달하더라도 출석한 의결권의 과반수만으로 가능하다(상법 제409조 제3항, 제542조의12 제8항).

2) 요건의 변경 : 법문이 「정관에 다른 정함이 있는 경우를 제외하고는」이라고 규정하고 있어 결의요건을 정관으로 변경할 수 있는지의 논란이 있다. 즉 ① 결의요건의 강화와 관련하여 현재의 요건은 과거에 비해 완화된 것이므로 회사 스스로가 법정 요건보다 강화하는 것은 가능하다는 데에 이견이 없다. 그렇지만 강화하는 때에도 일정한 한계는 있다고 보아야 한다(예: 3분의 2 이상 또는 4분의 3 이상 등). 만약 최대한 가중하여 주주들의 만장일치를 요구한다면 일상적인 업무에 관련된 사안이라도 주주총회의 의사결정은 사실상 불가

103) 강위두/임재호, 739면; 정경영, 492면; 정찬형, 918면: 최준선, 396면.

104) 권기범, 769면; 김건식/노혁준/천경훈, 332면; 김정호, 348면; 서헌제, 304면; 송옥렬, 950면; 오성근, 491면; 이기수/최병규, 550면; 이철송, 571면; 정동윤, 566면.

능해질 수 있기 때문이다. ② 결의요건의 완화와 관련하여 「출석한 의결권의 과반수」라는 요건은 결의의 본질상 완화가 불가능하다는 점에 이견이 없다. 다만 「발행주식총수의 4분의 1 이상」이란 요건의 경우에는 법문상 4분의 1 이상이란 요건도 특별한 근거가 있는 것은 아니므로 정관으로 얼마든지 완화할 수 있다는 견해가 있다.[105] 그렇지만 4분의 1 이상이란 요건은 조리상 허용될 수 있는 단체적 의사결정의 최소요건을 규정한 것으로서 그 이상의 완화는 불가능하다고 보아야 한다.[106]

(2) 특별결의

1) 결의요건 : 특별결의는 출석한 주주의 의결권의 3분의 2 이상의 수와 발행주식총수의 3분의 1 이상의 수로써 하는 결의이다(상법 제434조). 상법은 회사의 법적 기초에 구조적 변화를 초래하는 경우로서 대주주의 전횡과 그로 인한 소수자주주의 불이익이 우려되는 사항들에 대하여 예외적으로 주주총회의 특별결의를 요구한다.

2) 요건의 변경 : 보통결의와 달리 특별결의에는 정관에 의한 가중·감경에 관한 규정이 없으므로 합리적 해석이 필요하다. 즉 ① 특별결의의 요건은 정관으로도 완화하지 못한다는 것이 통설이다. 특별결의는 다수결의 남용을 방지하고 소수자주주를 보호하기 위한 것으로서 강행법적으로 관철해야 할 법익이기 때문이다. 다만 3분의 2 이상의 찬성이라는 결의요건을 강제하는 것은 오히려 다수자주주가 원하는 변화를 가로막는 비효율을 발생시킬 가능성이 있다면서 사적자치에 의한 결의요건의 감경을 허용하는 방향으로 법을 개정할 필요가 있다는 견해도 있다.[107] ② 특별결의의 요건을 정관으로 가중할 수 있다는 데에는 이견이 없다. 다만 강화하더라도 최대한도는 1995년 개정 전의 특별결의요건과 같이 과반수 출석에 3분의 2 이상의 찬성이라는 견해가 있다.[108] 생각건대 보통결의에서처럼 특별결의의 요건을 강화하는 것은 가능하지만, 강화하더라도 일정한 한계는 있다고 보는 것이 합리적이다. 그렇지 아니하면 지나치게 높은 결의요건을 정관에 규정하여 과거에 비해 요건을 완화한 상법의 입법취지에 반하기 때문이다.[109]

---

105) 권기범, 776면; 송옥렬, 952면; 정경영, 496면; 정동윤, 568면; 최준선, 398면.

106) 강위두/임재호, 740면; 김동훈, 253면; 이종훈, 156면; 이철송, 574면; 임재연(Ⅱ), 161면; 장덕조, 256면; 정찬형, 922면; 최기원, 434면.

107) 김건식/노혁준/천경훈, 335면.

108) 이철송, 576면.

109) 이와 관련하여 주주총회의 안건이 적대적 인수합병을 위한 것임을 총회 소집 전에 이사회가 결의로 확인한 후 주주총회의 결의요건을 출석한 주주의 의결권의 100분의 90 이상과 발행주식총수의 100분의 70 이상으로 강화하는 정관 변경안이 문제된 사건에서 "상법은 주주총회의 보통결의요건에 관하여 정관 등에 의한 가중을 허용하고 있는 것과 달리(상법 제368조 제1항), 특별결의요건에

3) 결의의 대상 : 상법상 주주총회의 특별결의가 필요한 경우로는 정관변경(제434조), 주식분할(제329조의2 제1항), 주식의 포괄적 교환·이전(제360조의3 제2항, 제360조의16 제2항), 영업의 전부나 중요한 일부의 양도 등(제374조 제1항), 사후설립(제375조), 이사와 감사의 해임(제385조 제1항, 제415조), 액면 미달의 신주발행(제417조 제1항), 자본금의 감소(제438조 제1항), 회사해산(제518조), 회사계속(제519조) 등을 들 수 있다. 이러한 결의사항 대부분은 각각 관련된 곳에서 세밀히 살펴볼 것이므로, 이하에서는 상법총칙에 관련된 상법 제374조와 회사설립에 관련된 제375조에 대해서만 검토한다.

㈎ 영업의 양도·양수

㈀ 의 의 : 회사가 영업의 전부나 중요한 일부를 양도하거나 회사의 영업에 중대한 영향을 미치는 다른 회사의 영업의 전부나 일부를 양수하는 때에는 주주총회의 특별결의를 얻어야 한다(상법 제374조 제1항 제1호, 제3호). 여기서 「영업의 양도」란 상법 제41조의 영업양도처럼 회사의 사업목적을 위하여 조직된 유기적 일체인 재산 그 전부를 유상으로 이전함과 아울러 영업활동의 승계가 이루어지는 계약을 의미한다.[110)]

㈁ 영업양도 : 상법이 영업양도에 대하여 주주총회의 특별결의를 요구하는 것은 ① 영업 전부의 양도는 주주들의 출자목적이었던 사업의 수행이 어려워지고 회사의 수익원천이 변동하며 주주들이 새로운 위험을 부담하는 것이어서 정관변경과 같은 중대성이 있고, ② 영업의 중요한 일부의 양도는 이사회가 영업 전부를 양도할 때 받게 되는 각종의 법적 제약을 회피하기 위한 탈법적 수단으로 활용될 가능성이 있으므로 주주의 보호가 필요하기 때

관하여는 이러한 가중을 허용하는 명시적인 규정을 두고 있지 않는데(상법 제434조 참조), 만일 입법자가 특별결의요건에 관하여도 보통결의요건과 같이 정관에 의한 가중을 허용할 의사였다면 이에 관한 명시적인 규정을 두었을 것임에도 그렇지 않은 것은 이를 허용하지 않을 의사가 있었기 때문이라고 해석하는 것이 합리적이다. 주식회사의 주주총회 특별결의요건에 관한 상법 제434조는 1995. 12. 29. 개정되었는데, 개정 전의 특별결의요건은 '발행주식총수의 과반수에 해당하는 주식을 가진 주주의 출석으로 그 의결권의 3분의 2 이상'이었다가 개정 후에는 '출석한 주주의 의결권의 3분의 2 이상의 수와 발행주식총수의 3분의 1 이상의 수'로 그 요건이 완화되었다. 당시 이러한 개정의 취지는 주식이 다수의 주주에게 폭넓게 분산되어 있는 주식회사의 경우 종전 규정에 따른 특별결의요건을 갖추기 위한 의사정족수를 충족시키기가 현실적으로 어렵다는 점을 고려하여 이러한 의사정족수의 제한을 없애기 위함이었는데, 특별결의요건을 다시 강화하는 내용의 초다수결의제는 이러한 상법 개정의 취지에도 반한다."라고 판시한 하급심 판결이 있다(전주지방법원 2020. 10. 29. 선고 2017가합2297 판결).

110) 대법원 1994. 5. 10. 선고 93다47615 판결; 대법원 1987. 6. 9. 선고 86다카2478 판결. 주의할 것은 영업양도의 주체는 회사이므로 비록 대주주가 자신의 지분을 매각함으로써 회사의 경영권이 이전되더라도 이는 어디까지나 개인법적 거래이지 영업양도가 아니라는 점이다. 따라서 주식양도에 수반하여 주주총회의 특별결의를 얻기로 약정하였더라도 이는 구속력이 없다(대법원 1999. 4. 23. 선고 98다45546 판결).

문이다. 여기서 「영업의 중요한 일부」인지는 양도대상인 영업의 자산·매출액·수익 등이 전체 영업에서 차지하는 비중, 일부 영업의 양도가 장차 회사의 영업규모·수익성 등에 미치는 영향 등을 종합적으로 고려하여 판단해야 한다.[111] 한편 상장회사의 영업양도에 대해서는 자본시장법이 별도의 규정을 두고 있다. 즉 상장회사가 그 영업의 전부나 중요한 일부를 양도하는 때에는 공시하도록 하며 양도가액도 규율하고 있는데, 구체적으로 자산총액의 100분의 10 이상 또는 매출액의 100분의 10 이상에 해당하는 영업의 양도인 때에는 중요한 일부의 영업양도로 본다(자본시장법 제161조 제1항 제7호, 제165조의4 제1항 제2호; 자본시장령 제171조 제2항 제1호 내지 제3호).

참고판례 **영업양도의 의미와 결의요건(대법원 1998. 3. 24. 선고 95다6885 판결)** : 상법 제374조 제1호 소정의 주주총회의 특별결의를 요하는 '영업의 전부 또는 중요한 일부의 양도'라 함은 일정한 영업 목적을 위하여 조직되고 유기적 일체로서 기능하는 재산의 전부 또는 중요한 일부를 양도하는 것을 의미하고, 회사의 영업 그 자체가 아닌 영업용 재산의 처분이라고 하더라도 그로 인하여 회사의 영업의 전부 또는 중요한 일부를 양도하거나 폐지하는 것과 같은 결과를 가져오는 경우에는 그 처분행위를 함에 있어서 그와 같은 특별결의를 요한다.

참고판례 **주주총회의 특별결의가 없었음을 이유로 영업양도의 무효를 주장하는 것이 신의칙에 반하는지(대법원 2018. 4. 26. 선고 2017다288757 판결)** : 상법 제374조 제1항 제1호는 주식회사가 영업의 전부 또는 중요한 일부의 양도행위를 할 때에는 제434조에 따라 출석한 주주의 의결권의 3분의 2 이상의 수와 발행주식총수의 3분의 1 이상의 수로써 결의가 있어야 한다고 규정하고 있는데 이는 주식회사가 주주의 이익에 중대한 영향을 미치는 계약을 체결할 때 주주총회의 특별결의를 얻도록 하여 그 결정에 주주의 의사를 반영토록 함으로써 주주의 이익을 보호하려는 강행법규이므로, 주식회사가 영업의 전부나 중요한 일부를 양도한 후 주주총회의 특별결의가 없었다는 이유를 들어 스스로 그 약정의 무효를 주장하더라도 주주 전원이 그와 같은 약정에 동의한 것으로 볼 수 있는 등 특별한 사정이 인정되지 않는다면 위와 같은 무효주장이 신의성실 원칙에 반한다고 할 수는 없다.

참고판례 **주식양도를 통해 경영권을 인수한 경우 영업양도에 해당하는지(대법원 1999. 4. 23. 선고 98다45546 판결)** : 주식회사가 양도·양수에 관련되어 있는 경우에 그 양도·양수가 영업주체인 회사로부터 영업 일체를 양수하여 회사와는 별도의 주체인 양수인이 양수한 영업을 영위하는 경우에 해당한다면 상법 제374조 제1항 제1호에 따라 회사의 양도·양수에 반드시 주주총회의 특별결의를 거쳐야 하는 것이지만, 회사의 주식을 그 소유자로부터 양수받아 양수인이 회사의 새로운 지배자로서 회사를 경영하는 경우에는 회사의 영업이나 재산은 아무런 변동이 없고 주식만이 양도될 뿐이므로 주주총회의 특별결의는 이를 거칠 필요가 없으며, 설사 당사자가 그 경우에도 회사재산의 이전이 따르는 것으로 잘못 이해하여 양도계약 후 즉시 주주총회의 특별결의서를 제출하기로 약정하고 있더라도, 당사자가 그러한 약정에 이르게 된 것은 계약의 법적 성격을 오해한 데서 비롯된 것이므로, 그 약정은 당사자를 구속하는 효력이 없다.

111) 대법원 2014. 10. 15. 선고 2013다38633 판결.

(ㄷ) 영업양수 : 회사가 다른 회사의 영업을 양수하는 때에는 회사의 영업에 중대한 영향을 미치는 경우에만 주주총회의 특별결의가 필요하다. 즉 회사가 다른 회사의 영업을 양수하는 경우에만 적용되므로 개인영업을 양수하는 때에는 특별결의를 요하지 않는다. 그런데 상법이 영업양수를 규제하는 것은 회사의 대가지급에 의해 유동성이 감소하고, 그로 인해 회사의 영업에 영향을 주기 때문이다. 그렇다면 양도의 주체가 회사이든 개인이든 구분하지 말고 그러한 영향을 줄 수 있는 영업양수라면 모두 주주총회의 특별결의를 얻도록 규제하는 것이 타당하다. 한편 회사가 경쟁제한을 목적으로 다른 회사의 영업을 양수하면 공정거래법의 적용을 받는다(동법 제9조 제1항 제4호).

(나) 중요재산의 처분

(ㄱ) 의 의 : 상법 제374조 제1항 제1호는 영업양도만을 주주총회의 특별결의사항으로 규정하고 있다. 그리하여 영업양도가 아니라면 비록 회사의 전부나 다름없는 재산이라도 주주총회의 결의 없이 이사회의 업무결정권이나 대표이사의 대표권에 의하여 양도할 수 있어 회사·주주·회사채권자에게 손해를 입힐 위험성이 있다. 반면에 중요재산의 양도를 주주총회의 특별결의사항에 포함시키면 주주총회의 결의 없이 양도한 재산의 경우에는 사후에 무효화 됨으로써 양수인에게 예견하지 못한 불이익을 줄 수 있다. 따라서 회사의 중요재산 처분에 대해서는 보다 엄밀한 해석과 적용이 필요하다.

(ㄴ) 학설의 검토 : 중요재산의 처분에 대해서는 ① 다른 재산의 양도와 같이 주주총회의 결의가 필요 없다는 견해(불요설),[112] ② 중요재산의 처분은 영업양도와 마찬가지로 주주총회의 특별결의가 필요하다는 견해(필요설[113])가 있다. 전자는 동일한 법전 중의 동일한 용어는 동일한 뜻으로 해석해야 하므로 상법 제374조상의 영업양도도 제41조상 영업양도의 의미로 보아야 한다는 점을 그 논거로 제시하고 있다. 그리고 후자는 전자에 의하면 회사의 존립 기초가 되는 중요재산의 처분을 대표이사의 자의에 맡기게 되어 주주보호나 기업유지의 요청에 어긋나므로 이와 같은 예외적인 사항의 경우에는 동적인 안정보다 정적인 안정을 더 우선시해야 한다는 점을 그 논거로 제시하고 있다. 중요재산의 경우에는 비록 영업 그 자체는 아니나 회사의 계속성을 유지하는 영업의 기초가 되는 재산이므로 보다 엄격한 규제가 필요하고, 따라서 후자가 타당하다.

(ㄷ) 판례의 검토 : 판례는 제374조 제1항 제1호의 영업양도를 제41조의 영업양도와 같은 뜻으로 이해하여 원칙적으로 불요설의 입장에 있다.[114] 그렇지만 양도재산이 회사의 존

112) 김동훈, 257면; 송옥렬, 955면; 최기원, 430면.
113) 권기범, 243면; 이기수/최병규, 555면; 정동윤, 540면; 채이식, 491면.
114) 대법원 1994. 5. 10. 선고 93다47615 판결; 대법원 1987. 6. 9. 선고 86다카2478 판결.

속 기초가 되는 경우에는 그 재산의 양도로 인해 사실상 영업의 폐지나 중단을 초래하게 되므로 예외적으로 주주총회의 특별결의가 필요하다고 한다. 즉 판례는 관광호텔업을 위해 설립된 회사가 호텔의 신축부지를 처분한 경우,[115] 흄관의 제작·판매를 업으로 하는 회사가 흄관의 제작에 꼭 필요한 흄관 몰드를 처분한 경우,[116] 광산업을 하는 회사가 광업권을 양도한 경우,[117] 시장의 점포 임대를 업으로 하는 회사가 시장건물을 양도한 경우,[118] 특허권이 자산의 대부분인 회사가 그 특허권을 양도한 경우[119]에는 사실상 영업의 폐지나 중단을 초래할 수밖에 없으므로 예외적으로 주주총회의 특별결의가 필요하다고 한다. 영업양도나 해산 등 영업의 폐지나 중단을 초래하는 사항의 경우에는 상법이 주주총회의 특별결의를 거치도록 규정하고 있기 때문이다.

㈐ 영업의 임대 등

㈀ 영업의 임대 : 영업의 임대란 영업조직과 영업재산을 타인이 이용하도록 하고 그 대가를 받는 것을 의미한다. 이는 영업조직과 영업재산에 대한 권리가 이전하지 않는 점에서 영업양도와 다르고, 임차인이 자신의 이름과 계산으로 영업을 하는 점에서 경영의 위임과 다르다. 이처럼 영업의 임대는 영업을 처분하는 것이 아니므로 회사의 존립에는 영향이 없지만, 회사재산이 제3자의 점유에 놓이게 되어 회사의 재산적 기초를 불안하게 하므로 주주총회의 특별결의를 얻도록 규제하는 것이다. 주의할 것은 ① 영업의 임대만이 아니라 그 변경이나 해약의 경우에도 동일하고, ② 영업의 일부 임대의 경우에는 적용되지 않으며, ③ 경쟁을 제한하기 위하여 다른 회사의 영업을 임차하는 경우에는 공정거래법의 특별규제를 받는다는 점이다(공정거래법 제9조 제1항 제4호).

㈁ 경영의 위임 : 이는 회사의 경영을 타인에게 위임하는 것이지만, 단체법적 효력이 있는 사항(예: 임원의 선임, 신주의 발행, 합병 등)은 위임대상에서 제외된다. 경영위임에서는 영업활동의 명의와 손익의 계산이 모두 위탁회사에 귀속되고, 수임인은 통상적으로 보수를 받는다.[120] 주의할 것은 ① 경영의 일부 위임은 주주총회의 특별결의사항이 아니고, ② 경쟁을 제한하기 위하여 다른 회사의 경영을 수임하는 경우에는 공정거래법의 특별규제를 받는다는 점이다(공정거래법 제9조 제1항 제4호).

115) 대법원 1988. 4. 12. 선고 87다카1662 판결.
116) 대법원 1987. 4. 28. 선고 86다카553 판결.
117) 대법원 1969. 11. 25. 선고 64다569 판결.
118) 대법원 1977. 4. 26. 선고 75다2260 판결.
119) 대법원 2004. 7. 8. 선고 2004다13717 판결.
120) 채무자회생법 제200조 제1항 제2호는 경영위임을 회생계획의 하나로 할 수 있음을 규정하고 있다.

(ㄷ) 손익공통계약 : 이는 여러 개의 기업 간에 일정한 계산기간 내의 영업손익을 합산하여 투하자본 또는 약정비율에 따라 분배하기로 하는 계약이다. 이러한 손익공통계약은 당사회사로 하여금 영업에 관한 경제적 일체를 형성하게 하여 사실상 합병과 유사한 효과를 발생시키므로 특별결의를 얻도록 한 것이다. 주의할 것은 영업상의 손익 일부만을 공통으로 하는 때에는 적용대상이 아니라는 점이다. 참고로 실무에서는 손익공통계약의 구체적인 이행방법 중 하나로 새로운 회사를 설립하는 경우도 있다.

(ㄹ) 그 밖에 이에 준하는 계약 : 이에 준하는 계약의 포섭범위에 대해서는 ① 손익공통계약에 준하는 계약만을 의미한다는 견해,[121] ② 영업의 임대와 경영의 위임 및 손익공통계약에 준하는 모든 계약을 의미한다는 견해[122]가 있다. 특히 후자는 각종 트러스트·콘체른·판매카르텔, 회사가 자기의 영업을 타인의 계산으로 경영할 것을 인수하는 계약 또는 이익협동관계의 형성을 위한 계약 중 회사경영의 기초에 중대한 영향을 주는 것을 이에 준하는 계약으로 이해하고 있다. 생각건대 법규의 해석·적용에 있어서 가장 중요한 방법은 문리적 해석이다. 이에 의할 때 상법 제374조 제1항 제2호는 후자의 방법으로 해석하는 것이 타당하고, 또 그렇게 해석해야만 기업 실무에서 행해지고 있는 다양한 유형의 계약관계를 효과적이고 체계적으로 규율할 수 있다.

㈑ 사후설립

(ㄱ) 의 의 : 사후설립이란 회사가 성립된 후 비교적 가까운 시기에 성립 전부터 존재하는 것으로서 영업을 위하여 계속 사용하여야 할 재산을 취득하는 계약을 말하는데, 회사성립 후 2년 내에 자본금의 100분의 5 이상[123]에 해당하는 대가로 이러한 계약을 체결하는 때에는 주주총회의 특별결의를 얻어야 한다(상법 제375조). 이처럼 상법이 사후설립을 규제하는 것은 변태설립사항으로서 엄격한 규제를 받는 현물출자와 재산인수를 회피하기 위한 수단으로써 사후설립을 이용할 수 있기 때문이다. 즉 자본충실의 입장에서 볼 때 사후설립은 변태설립사항의 경우와 그 위험성이 대동소이하기 때문이다.

(ㄴ) 성립요건 : 사후설립이 인정되려면 ① 회사성립 후 2년 내 이루어진 것이어야 하고, ② 회사성립 전부터 존재하는 재산이어야 하며, ③ 재산은 회사의 영업을 위하여 계속 사용할 것이어야 하고, ④ 자본금의 100분의 5 이상의 대가로 취득한 것이어야 한다. 즉 이런 요건만 충족되면 충분하고 회사에 손해를 끼쳤음을 요하진 않는데, 몇 가지 검토해야 할

121) 정동윤, 537면; 서울고등법원 1965. 3. 24. 선고 64나1253 판결.
122) 이철송, 602면.
123) 자본금의 100분의 5 이상이란 재산취득 당시의 자본금을 기준으로 계산한다.

사항이 있다. 즉 ②와 관련하여 회사성립 후에 제작·창출되는 재산이 사후설립의 대상인지에 대해서는 긍정설[124]과 부정설[125]이 있다. 생각건대 사후설립은 변태설립사항인 현물출자 등의 회피수단으로 이용될 위험성이 있어 규제하는 것이므로 제한적으로 해석하여 회사성립 전부터 존재하는 재산을 그 전제로 하는 것이 바람직하다. ③의 경우에는 영업을 위하여 계속하여 사용되는 한 영업용 고정자산에 한하지 않고 모든 재산이 그 대상이라고 보아야 하지만, 상품이나 원자재처럼 영업행위의 목적인 재산은 해당하지 않는다고 보아야 한다. ④의 경우에 자본금의 100분의 5 이상인지는 원칙적으로 개별계약을 기준으로 계산해야 하나, 동일한 양도인으로부터 한도 미만의 금액으로 세분하여 수차례에 걸쳐 양수하는 때에는 그 전체를 하나의 거래로 보아야 한다.

㈒ 간이영업양도 등의 특례

㈀ 의 의 : 상법 제374조 제1항 각 호의 경우에는 그 실행을 위하여 주주총회의 특별결의를 얻어야 한다. 그런데 2015년 개정 상법은 간이합병처럼 영업양도 등에 있어서도 주주총회의 특별결의를 생략할 수 있는 특례(간이제도)를 신설하였다.

㈁ 성립요건 : 어느 회사가 ① 영업의 전부 또는 중요한 일부를 양도하거나, ② 영업 전부의 임대 또는 경영위임, 타인과 영업의 손익 전부를 같이 하는 계약, 그 밖에 이에 준하는 계약을 체결·변경·해약하거나, ③ 회사의 영업에 중대한 영향을 미치는 다른 회사의 영업 전부 또는 일부를 양수하는 경우에는 주주총회의 특별결의를 얻어야 한다. 그렇지만 그 회사의 총주주가 동의하였거나 그 회사의 발행주식총수의 100분의 90 이상을 해당 행위의 상대방이 소유하고 있는 경우에는 주주총회의 특별결의에 의한 승인은 이를 이사회의 승인으로 갈음할 수 있다(상법 제374조의3 제1항).

㈂ 후속조치 : 회사는 영업의 양도·양수·임대 등의 계약서 작성일로부터 2주 이내에 주주총회의 승인을 받지 아니하고 영업의 양도·양수·임대 등을 한다는 뜻을 공고하거나 주주에게 통지해야 하는데, 다만 총주주의 동의가 있는 경우에는 그러하지 아니하다(상법 제374조의3 제2항). 한편 이러한 공고나 통지를 한 날부터 2주 이내에 회사에 대하여 서면으로 영업의 양도·양수·임대 등에 반대하는 의사를 통지한 주주는 그 기간이 경과한 날부터 20일 이내에 주식의 종류와 수를 기재한 서면으로 회사에 대하여 자기가 소유하고 있는 주식의 매수를 청구할 수 있는데, 이 경우에는 반대주주의 주식매수청구권에 관한 상법 제374조의2 제2항부터 제5항까지의 규정을 준용한다(상법 제374조의3 제3항).

124) 손주찬, 562면; 최기원, 224면.
125) 이철송, 604면; 정동윤, 570면.

(3) 특수결의

주주총회의 특수결의란 의결권 없는 주식을 포함하여 총주주의 동의를 요하는 결의를 말한다. 발기인의 회사설립에 관한 손해배상책임을 면제하는 것(상법 제324조 → 제400조), 이사·감사·청산인이 회사에 대하여 부담하는 손해배상책임을 면제하는 것(상법 제400조 제1항, 제408조의9, 제415조, 제542조 제2항), 주식회사를 유한회사로 조직을 변경하는 것(상법 제604조 제1항) 등이 이에 해당한다. 이러한 사항은 모든 주주의 지분적 처분권을 인정해야 할 사안이므로 이례적으로 총주주의 동의를 요구하는 것이다.

3. 결의의 성립

(1) 성립 시기

주주총회의 결의는 구체적으로 언제 성립하는가? 일반적으로 주주총회결의의 성립은 의사록의 작성과 무관하고, 총회에서 의안이 가결된 때에는 의장이 가결을 선언하는 것이 통례이나 의장의 선언에 의해 총회결의가 성립하는 것도 아니다. 따라서 주주총회의 결의는 주주들의 의사를 동시에 묻는 표결에 들어가 상법상의 결의요건을 충족하는 의결권의 수가 확인되는 순간 결의가 이루어진 것으로 보는 것이 타당하다.

(2) 효력 발생

주주총회결의의 효력은 일반적으로 결의의 성립과 동시에 발생하지만, 주주총회의 결의로 효력발생시기를 별도로 정할 수도 있다. 즉 결의의 내용을 불안정하게 하는 것이 아닌 한 시기부나 종기부의 조건부 결의도 가능하다.[126] 주의할 것은 ① 결의내용이 이사·감사의 선임처럼 등기를 요하는 경우에도 그 효력은 결의가 이루어진 때부터 발생하는 것이지 등기에 의해 발생하지 않는다는 점, ② 원시정관은 공증인의 인증에 의해 효력이 발생하나(상법 제292조) 설립 후의 정관은 주주총회의 특별결의를 얻는 순간부터 곧바로 유효하게 변경되고 공증인의 인증이나 서면의 변경 및 등기 등을 요하지 않는다는 점이다.[127] 참고로 독일 주식법상 주주총회의 결의는 그 결과가 의장에 의해 선언되고 의사록에 기재되어 공증을 받음으로써 비로소 확정된다.[128] 그러나 상법은 이런 규정을 두고 있지 아니하므로 단

126) 원시정관은 공증인의 인증에 의해 효력이 발생하지만(상법 제292조), 설립 후의 정관은 주주총회의 특별결의로 유효하게 변경되고 공증인의 인증과 서면의 변경 및 등기 등은 필요하지 않다(대법원 2007. 6. 28. 선고 2006다62362 판결).

127) 대법원 2007. 6. 28. 선고 2006다62362 판결.

128) AktG §130 Abs.1.

체적 의사결정의 일반원칙에 따라 해석하면 충분하다.

4. 반대주주의 보호

(1) 개 요

1) 의 의 : 주주총회의 특별결의사항 중 합병 등은 주주들의 이해관계에 중대한 영향을 미친다. 그리하여 상법은 이러한 안건이 주주총회에서 다수자주주에 의해 결의되었을 경우 그에 반대하는 소수자주주가 경제적 손실 없이 자신의 투하자본을 회수하여 회사를 떠날 수 있도록 지원하기 위해 그가 소유한 주식을 공정한 가격으로 매수해 줄 것을 회사에 대하여 청구할 수 있는 권리를 인정하고 있는데,[129] 이를 「반대주주의 주식매수청구권」이라고 한다. 이는 19세기 중반에 미국 펜실베니아주 법원의 판례[130]를 통해 최초로 인정된 후 현재 대부분의 주회사법에 수용되어 있는데, 다수파로부터 소수파를 보호하려는 정치적 민주주의의 원리가 회사법에 반영된 것이라고 할 수 있다.[131]

2) 효용성 : 반대주주의 주식매수청구권은 소수자주주의 이익을 보호하기 위해 1982년 개정 증권거래법이 상장회사를 대상으로 도입하였고, 그 후에 1995년 개정 상법에 수용되면서 비상장회사에도 적용되었다. 그런데 반대주주의 주식매수청구권은 주식회사에서 인정할 수 없는 퇴사나 출자의 환급을 광범위하게 허용하는 것이어서 자본충실을 저해하고 채권자의 이익을 침해할 수 있다. 더욱이 매수청구된 주식이 많으면 매수자금의 부족으로 인해 회사가 합병 등을 포기해야 할 수도 있다. 이처럼 반대주주의 주식매수청구권은 위험성도 함께 내포하고 있어 합병 등과 같이 주주들의 이해관계에 중대한 영향을 미치는 사항에 관한 회사의 의사결정에 있어서 신중성과 공정성을 담보할 수 있다.

(2) 매수청구의 요건

1) 청구대상 : 주주의 이해관계에 중대한 영향을 미치며 회사의 구조적 변화를 초래하는 사항 중 어느 경우에 반대주주의 주식매수청구권을 인정하느냐는 입법정책의 문제인데, 상법은 영업양도 등, 합병, 분할합병, 주식의 포괄적 교환·이전의 승인을 위한 주주총회의

---

129) 한국증권법학회, 862면.

130) Lauman v. Lebanon Valley R. Co., 30 Pa. 42. 1858 WL 7710(Pa. 1858).

131) 다수자주주가 기업의 구조적 변화를 시도할 수 있는 권능을 갖고 있음에 비해 소수자주주는 그러한 변화에의 추종을 거부할 수 있는 권리로써 주식매수를 청구할 수 있다(Richard W. Jennings · Richard M. Buxbaum, p.1066). 다시 말하자면 주식매수청구권은 새로운 상황변화에 적응하려는 다수자주주와 이에 따르기를 거부하는 소수자주주의 이해가 충돌할 경우에 있어서 그 타협안으로 마련된 것이다(Melvin A. Eisenberg, p.78).

결의에 대해서만 반대주주의 주식매수청구권을 인정하고 있다.[132] 주의할 것은 ① 정관에 의한 주식양도제한에서 이사회의 승인을 받지 못한 주주에게도 회사에 대한 주식매수청구권이 인정되지만(상법 제335조의6), 이는 주식의 환가방법으로 인정된 것이므로 합병 등에 인정되는 주식매수청구권과는 입법취지가 다르다. ② 회사가 해산한 후에 영업을 양도하는 때에는 반대주주의 주식매수청구권을 인정할 수 없다. 주주는 잔여재산을 분배받음으로써 투하자본을 회수할 수 있을 뿐만 아니라, 만약 이를 인정하면 주주가 회사채권자보다 우선하여 출자의 환급을 받는 결과가 되기 때문이다.[133]

2) 명시의무 : 이사회가 합병 등의 결의를 한 후 주주총회를 소집하는 때에는 소집통지서에 반대주주가 주식매수청구권을 행사할 수 있음과 그 내용 및 행사방법을 명시해야 한다(상법 제374조 제2항, 제360조의5 제3항, 제360조의16 제3항, 제530조 제2항, 제530조의11 제2항). 따라서 회사가 주주에게 주주총회 소집통지를 하면서 주식매수청구권의 내용 및 행사방법을 명시하지 아니한 때에는 주주가 사전반대 없이도 주식매수청구권을 행사할 수 있고,[134] 사후에 이를 근거로 주주총회결의취소의 소를 제기할 수도 있으며, 이사 등에게는 일정한 벌칙이 적용된다(상법 제635조 제1항 제23호). 주의할 것은 의결권이 없거나 제한되는 주식을 가진 주주도 주식매수청구권은 행사할 수 있으므로(상법 제374조의2 제1항), 그들에게도 같은 내용을 반드시 통지해야 한다는 점이다.

3) 사전반대 : 주식매수청구권은 주주총회의 안건이 반대주주의 반대에도 불구하고 가결되었을 때 인정되므로, 반대주주는 주주총회 전에 회사에 대하여 서면으로 결의에 반대하는 의사를 통지해야 한다(상법 제360조의5 제1항, 제360조의22, 제374조의2 제1항, 제522조의3 제1항, 제530조의11 제2항). 이러한 주주의 반대의사통지는 회사에 대하여 주주총회결의에 대비하고 매수를 준비하도록 하는 예고의 의미를 내포하고 있으므로 주주총회일 전에 회사에 도달해야 하고, 통지사실은 주주가 증명해야 한다.[135] 주의할 것은 사전반대 그 자체도 주주권의 행사이므로 통지 역시 당시에 주주권을 행사할 수 있는 주주명부 또는 실질주주명부에 등재된 주주만이 할 수 있다는 점이다.

132) 미국의 몇몇 주에서는 신주인수권을 배제하거나 의결권을 제한하는 것처럼 주주의 이익에 중요한 영향을 미치는 사항을 내용으로 한 원시정관의 변경에 대해서도 반대주주의 주식매수청구권을 인정하고 있다(William L. Cary/Melvin A. Eisenberg, p.1105).

133) 이런 이유에서 채무자회생법은 회사가 회생절차로서 영업양도, 주식의 포괄적 교환·이전, 합병, 분할을 하는 경우에는 반대주주의 주식매수청구권을 인정하지 않는다(동법 제261조 제2항, 제269조 제3항, 제270조 제3항, 제271조 제5항, 제272조 제4항).

134) 대법원 2014. 12. 9.자 2012마11 결정.

135) 이철송, 609면; 정찬형, 934면.

(3) 매수청구의 절차

1) 청구권자 : 주식매수청구권에 있어서 사전반대와 매수청구는 모두 동일한 주주에 의해 이루어져야 한다. 만약 그 중간시점에 주식을 양수한 주주에게도 이를 인정하게 되면 사실상 주식매수청구권의 취득이 되어 제도의 입법취지에 반하기 때문이다.136) 한편 상장회사의 경우에는 합병 등에 관한 이사회결의의 사실이 공시되기 전에 주식을 취득하였음을 증명하는 주주만이 주식매수청구권을 행사할 수 있다(자본시장법 제165조의5 제1항). 그렇다면 비상장회사의 경우에는 어떠한가? 비상장회사에서도 같은 이유에서 이사회결의가 공시된 후에 주식을 취득한 주주에 대해서는 주식매수청구권을 인정하지 않아야 한다는 견해가 있을 수 있지만, 비상장회사의 경우에는 상장회사와 달리 정형화된 공시방법이 없을 뿐 아니라 투자자가 회사의 공시내용을 모두 안다고 의제할 수도 없으므로 이러한 해석은 타당하지 않다.137) 즉 비상장회사에서는 합병 등에 관한 이사회결의가 있음을 알고 주식을 취득한 주주도 주식매수청구권을 행사할 수 있다고 보아야 한다. 주의할 것은 매수를 청구한 주주라도 회사로부터 대금을 받기 전까지는 주주의 지위를 잃지 않는다는 점이다. 매수의 효과는 회사가 그 대금을 지급할 때 생기기 때문이다.

참고판례 **주식매수청구권을 행사한 주주가 회계장부열람청구권을 행사할 수 있는지 여부(대법원 2018. 2. 28. 선고 2017다270916 판결)** : 상법 제466조 제1항에서 규정하고 있는 주주의 회계장부와 서류 등에 대한 열람·등사청구가 있는 경우 회사는 청구가 부당함을 증명하여 이를 거부할 수 있고, 주주의 열람·등사권 행사가 부당한 것인지는 행사에 이르게 된 경위, 행사의 목적, 악의성 유무 등 제반 사정을 종합적으로 고려하여 판단하여야 한다. 특히 주주의 이와 같은 열람·등사권 행사가 회사업무의 운영 또는 주주 공동의 이익을 해치거나 주주가 회사의 경쟁자로서 취득한 정보를 경업에 이용할 우려가 있거나, 또는 회사에 지나치게 불리한 시기를 택하여 행사하는 경우 등에는 정당한 목적을 결하여 부당한 것이라고 보아야 한다. 한편 주식매수청구권을 행사한 주주도 회사로부터 주식의 매매대금을 지급받지 아니하고 있는 동안에는 주주로서의 지위를 여전히 가지고 있으므로 특별한 사정이 없는 한 주주로서의 권리를 행사하기 위하여 필요한 경우에는 위와 같은 회계장부열람·등사권을 가진다. 주주가 주식의 매수가액을 결정하기 위한 경우뿐만 아니라

---

136) 이와 관련하여 사전에 반대통지를 한 주주로부터 주식을 양수한 자가 그러한 사실을 증명할 수 있다면 주식매수청구권을 행사할 수 있다고 보되, 다만 채권양도에 준하여 회사에 대한 양도인의 통지 또는 회사의 승낙이 필요하다는 견해도 있다(김건식/노혁준/천경훈, 866면). 그렇지만 회사에 대하여 주식매수를 청구할 수 있는 주주는 사전에 반대의사를 통지한 주주여야 하고, 주주는 주주총회를 소집하기 위해 미리 기준일 등에 의해 확정한 주주명부상의 주주여야 하며, 판례(대법원 2017. 3. 23. 선고 2015다248342 전원합의체 판결)에 의하면 회사는 실질주주가 누구임을 알았더라도 특별한 사정이 없으면 주주명부상의 주주가 아닌 실질주주의 주주권 행사를 인정할 수 없는 점 등을 종합적으로 고려할 때 동 견해에는 찬동할 수 없다.

137) 김건식/노혁준/천경훈, 863면; 송옥렬, 962면; 이철송, 609면; 최기원, 437면.

> 회사의 이사에 대하여 대표소송을 통한 책임추궁이나 유지청구, 해임청구를 하는 등 주주로서의 권리를 행사하기 위하여 필요하다고 인정되는 경우에는 특별한 사정이 없는 한 그 청구는 회사의 경영을 감독하여 회사와 주주의 이익을 보호하기 위한 것이므로, 주식매수청구권을 행사하였다는 사정만으로 청구가 정당한 목적을 결하여 부당한 것이라고 볼 수 없다.

2) 청구기간 : 주주가 회사에 대하여 사전에 반대의사를 통지한 경우에는 주주총회의 결의일로부터 「20일 내」에 주식의 종류와 수를 기재한 서면으로 소유주식의 매수를 청구할 수 있다(상법 제374조의2 제1항, 제522조의3 제1항; 자본시장법 제165조의5 제1항). 이는 회사와 반대주주 간의 불안정한 상태를 조속히 해결하기 위함이다. 다만 간이합병의 경우에는 주주총회결의 대신에 이사회결의에 의하므로 주주에게 통지나 공고를 한 날로부터 2주 내에 반대의 통지를 하고 그 기간이 경과한 날로부터 20일 이내에 주식매수를 청구해야 한다(상법 제522조의3 제2항; 자본시장법 제165조의5 제1항).

3) 청구방법 : 사전에 반대의사를 통지한 주주는 주식의 종류와 수를 기재한 「서면」으로 소유한 주식의 매수를 회사에 대하여 청구할 수 있다(상법 제374조의2 제1항). 이 경우 반대주주는 회사에 대하여 소유한 주식의 일부에 대해서만 매수를 청구할 수도 있을까? 비록 상법에 명문 규정은 없지만, 반대주주는 소유한 주식의 일부에 대해서도 매수를 청구할 수 있다고 해석해야 할 것이다. 주식매수청구권은 다수자주주로부터 소수자주주를 보호하기 위해 인정한 권리이므로 그 일부나 전부의 포기 역시 반대주주의 자유를 인정함이 타당하기 때문이다. 참고로 반대주주는 이 방식을 통해 분산투자의 효과를 거둘 수도 있다. 주의할 것은 ① 주식매수를 청구한 주주는 주주총회에 참석하여 다시 반대할 필요가 없고, ② 주주총회의 소집통지를 주주의 동의를 받아 전자문서로도 할 수 있음(상법 제363조 제1항)을 고려할 때 입법론적으로는 회사에 대한 반대주주의 주식매수청구도 「전자문서」로 할 수 있도록 허용할 필요가 있다는 점이다.

4) 청구철회 : 사전에 반대의사를 통지한 후 주주총회의 결의일로부터 20일 내에 회사에 대하여 주식의 종류와 수를 기재한 서면으로 소유주식의 매수를 청구한 주주는 그러한 매수청구를 철회할 수도 있다. 주식매수청구권은 원래 주주의 이익을 보호하기 위한 제도이므로, 그 행사나 불행사에 회사가 반대의 이해관계를 갖는다고 볼 수 없기 때문이다.[138] 다만 이처럼 매수청구의 철회를 자유롭게 인정하게 되면 때로는 주주에 의한 오남용과 같은 불합리한 문제가 발생할 수도 있다. 그리하여 일본의 회사법 제116조 제7항은 주식매수

138) 이철송, 611면.

를 청구한 주주는 회사의 승낙을 얻은 경우에 한정하여 그러한 주식매수청구를 철회할 수 있다고 규정하고 있는데, 입법론적으로 참조할 필요가 있다.

5) 매수의무 : 반대주주가 주주총회의 결의일로부터 20일 내에 주식의 종류와 수를 기재한 서면으로 회사에 대하여 소유주식의 매수를 청구하면[139] 회사는 매수청구기간(주주총회의 결의일로부터 20일)이 종료하는 날로부터 2월 이내에 그 주식을 매수해야 한다(상법 제374조의2 제2항). 이와 관련하여 주주의 매수청구는 회사에 매수가격을 협의할 의무를 생기게 할 뿐이라는 견해도 있지만,[140] 매수청구권은 그 법적 성질이 형성권이므로 회사는 2월 내에 매매대금의 지급까지 완료해야 하는 것으로 해석해야 한다.[141]

(4) 매수가격의 결정

매수가격은 원칙적으로 당사자의 협의로 정하지만(1단계), 주주의 매수청구일로부터 30일 이내에 협의가 성립하지 아니한 경우에는 회사 또는 청구한 주주가 법원에 매수가액의 결정을 청구할 수 있다(2단계: 상법 제360조의5 제3항, 제374조의2 제4항, 제530조 제2항). 이 경우 법원은 회사의 재산상태 그 밖의 사정을 참작하여 공정한 가액으로 매수가액을 산정해야 하지만(상법 제374조의2 제5항), 상장회사에 관한 특례도 있다.

1) 당사자의 협의 : 주식의 매수가격은 원칙적으로 반대주주와 회사의 협의로 결정하는데(상법 제360조의5 제3항, 제374조의2 제3항, 제530조 제2항), 여기서 「협의」란 쌍방의 의사가 있을 때만 가능하므로 어느 일방이라도 의사가 없으면 생략할 수 있다. 그렇다면 반대주주와 회사는 어떠한 방법으로 협의해야 하는가? 상법은 규정하고 있지 않지만, 주식매수청구권은 주주의 이익을 보호하기 위한 것이고 그 행사 여부도 주주의 개별적 의사에 달려 있으므로 협의 역시 개별적인 것으로 이해함이 타당하다. 참고로 실무에서는 대부분 회사가 먼저 매수가격을 제시한 후 반대주주들이 개별적으로 그 매수가격의 수용 여부를 결정하는 형태로 절차가 진행된다. 이는 회사가 반대주주들과 개별적으로 협의하기 어려운 현실을 고려한 것이지만, 문제는 이런 방식으로 매수가격을 결정하게 되면 사실상 협의절차가 무의미해진다는 점이다.[142] 주주는 단지 회사가 제시한 매수가격에 응할 것인지만 결정하면

---

139) 이런 점에서 주주가 처음에 투자할 당시의 회사와는 동일성이 상실된 회사로부터 투자를 회수할 수 있도록 하면서 동시에 기업에 대해서는 새로운 변화를 촉진할 수 있는 기회를 주는 것이 주식매수청구권의 핵심이라고 할 수 있다(Robert B. Thompson, “Exit, Liquidity, and Majority Rule: Appraisal's Role In Corporate Law,” 84 *Geo. L. J.* 1, 4(1995)).

140) 정찬형, 930면.

141) 권기범, 814면; 서헌제, 755면; 손주찬, 731면; 송옥렬, 960면; 이기수/최병규, 563면; 이철송, 611면; 임재연(Ⅱ), 199면; 정동윤, 574면; 최기원, 438면; 대법원 2011. 4. 28. 선고 2009다72667 판결.

142) 정준우, “주식매수청구권에 있어서 매수가격의 결정에 관련된 쟁점사항 검토”, 415면.

되기 때문이다. 따라서 협의단계를 실효화하려면 반대주주도 회사에 대하여 주식매수를 청구할 때 매수가격과 그 산정근거 등을 제시할 수 있도록 하든지, 아니면 회사가 매수가격을 제시하고 반대주주가 수용할 것인지를 결정하도록 하되 회사가 제시한 매수가격의 산정근거 등을 명확히 밝히도록 규제해야 한다.

2) 가액결정의 청구 : 반대주주가 회사에 대하여 주식매수를 청구한 날로부터 30일 내에 협의가 성립하지 아니하면 반대주주 또는 회사는 법원에 매수가액의 결정을 청구할 수 있다(상법 제360조의5 제3항, 제374조의2 제4항, 제530조 제2항).

(가) 청구기간 : 상법에는 이에 관한 규정이 없다. 그리하여 상법 제374조의2 제2항이 규정하고 있는 회사의 매수기간(2개월)을 반대주주의 권리행사기간도 함께 의미하는 것으로 해석하여 그 기간 내에 가격결정을 청구해야 한다는 견해가 있다.[143] 생각건대 합병 등과 같이 주주의 이해관계에 중대한 영향을 끼치는 사항이 진행될 때 주식매수청구권은 소수자주주의 이익을 보호함과 동시에 다수자주주의 변화 추구에 힘을 실어 주는 것이므로, 그에 관련된 회사와 주주의 분쟁도 조속한 시일 내에 종결되도록 하는 것이 기업의 유지·강화와 거래안전의 보호라는 상법의 이념에 부합한다. 따라서 주주 또는 회사가 법원에 매수가격의 결정을 청구할 수 있는 기간도 상법에 명시할 필요가 있다. 이와 관련하여 일본의 회사법은 제470조 제2항에서 "매수가격의 결정에 있어서 효력발생일로부터 30일 내에 협의가 성립하지 않으면 주주 또는 회사는 그 기간 만료 후 30일 내에 법원에 매수가격의 결정을 신청할 수 있다."라고 규정하고 있다. 회사의 주식매수기간과 균형을 이룰 수 있고 분쟁을 조기에 해결할 수도 있으므로[144] 참조할 필요가 있다.

(나) 미청구시 처리방법 : 반대주주가 주식매수를 청구한 후 30일 내에 회사와의 협의가 성립하지 않았음에도 불구하고 주주가 법원에 매수가격의 결정을 청구하지 아니한 경우에는 어떻게 해야 하는가? 상법은 이에 관한 규정을 두고 있지 않아 합리적 해석과 입법적 보완이 필요하다. 생각건대 주식매수청구권의 행사에 관련된 주주와 회사의 분쟁이 장기화하는 것은 바람직하지 아니하므로, 입법론적으로는 위에서 언급한 것처럼 반대주주가 법원에 매수가액의 결정을 청구할 수 있는 기간을 상법에 명시하고, 그 기간 내에 반대주주가 청구하지 아니한 때에는 주식매수의 청구를 철회한 것으로 의제할 필요가 있다. 참고로 일본의 회사법 제470조 제3항은 60일 내에 신청이 없는 경우에는 그 기간 만료 후 주주가 언제든지 주식매수의 청구를 철회할 수 있다고 규정하고 있다.

143) 이철송, 612면.
144) 정준우, "주식매수청구권에 있어서 매수가격의 결정에 관련된 쟁점사항 검토", 421면.

3) 법원의 가액결정 : 매수가액에 대한 반대주주와 회사의 협의가 매수청구기간이 종료하는 날로부터 30일 이내에 성립하지 아니하여 반대주주 또는 회사가 법원에 매수가액의 결정을 청구한 때에 법원은 일정한 기준에 따라 매수가액을 산정한 후 법정기간 내에 주주의 주식을 매수해야 하는데, 상법과 자본시장법이 별도로 규제하고 있다.

㈎ 비상장회사 : 비상장회사에서 반대주주 또는 회사가 법원에 매수가액의 결정을 청구하면 법원은 회사의 재산상태 그 밖의 사정을 참작하여 공정한 가액을 산정해야 한다(상법 제374조의2 제5항). 이처럼 상법은 비상장회사의 경우 매수가액의 결정과 관련하여 추상적으로 규정하고 있어서 다음과 같은 해석상 논란을 야기하고 있다.

㈀ 산정방법 : 주식매수청구권은 다수자주주에게 회사의 변화를 추구할 수 있는 기회를 주고, 소수자주주에게는 경제적 손실 없이 투하자본을 회수할 수 있는 기회를 제공한다.[145] 따라서 주식매수청구권의 실효성을 확보하려면 매수가액의 산정에 있어서 「공정성」이 확보되어야 하는데, 상법은 추상적인 내용만 규정하고 있다.

㈁ 산정기준 : 매수가액의 산정에 있어서 「공정한 매수가액」은 어떻게 산정해야 하는가? 이에 관한 학설로는 ① 매수가액은 주식이 회사의 객관적인 가치에 대하여 갖는 비례적인 몫을 금전으로 환산한 것이어야 한다는 견해,[146] ② 합병 등의 영향을 받기 전의 주식가치를 기준으로 하여 산정한 가격으로서 시장가치(market value), 자산가치(asset value), 수익가치(earnings value), 배당가치(dividend value) 등을 종합적으로 고려하여 결정해야 한다는 견해[147]가 있다.[148] 그리고 판례는 원칙적으로 시장가치·자산가치·수익가치를 종합하여 매수가격을 정하되, 주식의 객관적 교환가치가 적정하게 반영된 실제의 거래가 있는 경우에는 예외적으로 시장가치를 기준으로 매수가격을 정하도록 판시하였다.[149] 따라서 현재로서는 주식매수청구권의 대상이 된 사안이 외부에 알려지기 전의 가치를 기준으로 각 요소

145) 이런 점에서 주식매수청구권은 주주가 합병 등과 같은 기본적인 사항의 변경 그 자체를 좌절시킬 수 있었던 거부권에 대한 대체물(quid pro quo) 또는 잔존물(residuum)이라는 견해도 있다(김정호, "주식매수청구권에 관한 연구", 163면; Jeffrey J. Haas, p.123).

146) 양기진, "반대주주의 주식매수청구권에 관한 연구", 196~197면.

147) 이철송, 608면.

148) 이 중 ②의 평가방법은 미국의 델라웨어주 판례에 의해 형성된 것으로서 델라웨어 가중평균방식(Delware block approach)이라고 하는데, 매사추세츠주를 비롯하여 많은 주에서 수용하고 있다(Piemonte v. New Boston Carden Corp. Supreme Court, 377 Mass. 719. 389 N.E. 2d 1145(1979)). 구체적으로 이 방식은 자산가치·수익가치·시장가치라는 3가지 기준을 설정한 후 각 기준별로 부여할 가중치를 결정하여 해당 주식의 가치를 평가한다(Jay W. Eisenhofer / John L. Reed, "VALUATION LITIGATION," p.112~115).

149) 대법원 2006. 11. 24.자 2004마1022 결정; 대법원 2005. 10. 28. 선고 2003다69638 판결; 대법원 2005. 4. 29. 선고 2005도856 판결.

를 복합적으로 고려하여 매수가액을 결정할 수밖에 없다. 물론 보완책으로서 시장가치·자산가치·수익가치를 효과적으로 평가할 수 있는 일정한 가이드라인을 제시할 필요가 있고,[150] 1983년의 Weinberger v. UOP 사건[151]에서 미국 델라웨어주 대법원이 새롭게 채택한 현금흐름할인법(discounted cash flow) 등과 같은 평가방법을 고려할 필요도 있다. 현재 판례가 취하고 있는 평가방식의 경우에는 각 요소에 대한 가중치 부여 기준이 명확하지 않아 평가과정에서 광범위한 재량권을 발휘할 수 있고, 그로 인해 때로는 회사의 가치가 평가절하되는 경우도 발생할 수 있기 때문이다.[152]

(ㄷ) 가액조정 : 상법 제374조의2 제5항은 "법원은 회사의 재산상태 그 밖의 사정을 참작하여 공정한 가액을 산정해야 한다."라고 규정하고 있다. 그리하여 법원이 시장가치 등을 종합하여 공정한 매수가격을 산정한 후 다시 회사의 재산상태 그 밖의 사정을 참작하여 매수가액의 가감조정을 할 수 있는 것으로 해석할 수도 있다. 그런데 이렇게 해석하게 되면 각 평가요소에 대한 가중치 부여 기준이 없어 법원의 재량범위가 넓게 되는 점, 그리고 상대적으로 시장가치에 대하여 강한 신뢰를 부여하는 판례의 경향을 고려할 때 오히려 잘못된 매수가액이 산정될 위험성이 있다. 더욱이 합병 등을 추진하는 다수자주주들을 위해 소수자인 반대주주들의 이익을 희생시키는 결과를 야기할 수도 있다. 따라서 우선은 법원이 공정한 매수가격을 산정하면서 시장가치 등을 종합적으로 고려할 때 함께 참작해야 하는 것으로 해석하되, 입법론적으로는 이런 해석상 논란을 차단하기 위해 동 문언을 삭제해야 한다. 참고로 일본의 회사법 제469조 제1항은 "공정한 가격으로 매수해 줄 것을 청구할 수 있다."라고 간단히 규정하고 있다.

참고판례 **비상장주식의 가액결정방법(대법원 2020. 4. 9. 선고 2016다32582 판결)** : 비상장주식의 거래에서 그 주식에 대하여 회사의 객관적 가치가 적정하게 반영된 정상적인 거래의 실례가 있으면 그 거래가격을 기준으로 하여 비상장주식의 가액을 정하여야 한다. 그러한 거래사례가 없으면 비상장주식의 평가에 관하여 보편적으로 인정되는 시장가치방식, 순자산가치방식, 수익가치방식 등 여러 가지 평가방법을 활용하되, 회사의 상황이나 업종의 특성 등을 종합적으로 고려하여 비상장주식의 가액을 산정하여야 한다(대법원 2005. 10. 28. 선고 2003다69638 판결; 대법원 2018. 12. 17.자 2016마272 결정 등 참조). 감정인의 감정 결과는 감정방법 등이 경험칙에 반하거나 합리성이 없는 등 현저한 잘못이 없는 한 이를 존중하여야 한다. 감정은 법원이 어떤 사항을 판단하면서 특별한 지식과 경험칙을 필요로 하는 경우에 그 판단의 보조수

150) 각 가치의 평가방법에 관한 세부내용은 박수영, "주식매수청구시 주식매수가액의 결정", 57~62면 참조.

151) Weinberger v. UOP, Inc., 457 A.2d 701 (Del. 1983).

152) 송옥렬, "회사법상 비상장주식 평가의 쟁점과 대안", 321면 참조.

> 단으로서 그러한 지식과 경험을 이용하는 것이다. 나아가 동일한 사항에 관하여 상이한 여러 개의 감정 결과가 있을 때 그 감정방법 등이 논리와 경험칙에 반하거나 합리성이 없다는 등의 잘못이 없는 한, 그 중 어느 감정 결과를 채택할 것인지는 원칙적으로 사실심 법원의 전권에 속한다(대법원 2012. 11. 29. 선고 2010다93790 판결; 대법원 2018. 10. 12. 선고 2016다243115 판결 등 참조).

(나) 상장회사 : 상장회사에서도 매수가격은 원칙적으로 반대주주와 회사가 협의로 결정하지만, 협의가 이루어지지 아니한 때에는 이사회의 결의일 이전에 증권시장에서 거래된 당해 주식의 거래가격을 기준으로 하여 대통령령으로 정하는 방법에 따라 산정된 금액을 매수가격으로 하여[153] 매수청구기간이 종료하는 날부터 1개월 이내에 당해 주식을 매수해야 한다. 다만 당사자가 이에 반대하는 때에는 법원에 매수가격의 결정을 청구할 수 있다(자본시장법 제165조의5 제1항 내지 제3항). 이처럼 상장회사의 경우에는 매수가격이 3단계로 결정되는데, 다음과 같은 사항에 대한 논란이 있다.

(ㄱ) 매수가격의 결정과정 : 비상장회사에서는 2단계[당사자의 협의 → 법원의 결정]로 매수가격이 결정되지만, 상장회사에서는 3단계[당사자의 협의 → 법정 매수가격 → 법원의 결정]로 매수가격이 결정된다. 그런데 회사의 상장 여부에 따라 매수가격의 결정절차를 다르게 규정할 필요가 있는지 의문이다. 매수가격의 결정에 있어서는 당사자의 협의가 성립하지 않으면 곧바로 각 당사자가 법원에 매수가격의 결정을 청구할 수 있도록 하는 것이 일반사법의 처리원칙에 부합하기 때문이다.[154] 물론 상장회사의 경우에는 주식의 시장가치가 형성되어 있으므로 굳이 법원에 매수가격의 결정을 청구하여 상당한 시간과 비용을 들일 필요가 있느냐는 의문이 제기될 수도 있다. 그렇지만 주식의 시장가치는 다양한 요인의 영향을 받기 때문에 기업의 실제가치를 제대로 반영하고 있다고 보기 어렵고, 더욱이 합병 등의 경우에는 목적 달성을 위하여 인위적인 가격조정이 이루어지기도 하고 때로는 사전에 정보가 유출되어 정상적인 가격이 형성되지 아니한 경우도 여러 있다.[155] 따라서 입법론적으로는 상장회사에서도 2단계로 단순화할 필요가 있다.

(ㄴ) 법정가격의 산정방법 : 자본시장법 시행령 제176조의7 제3항은 법정 매수가격의 산정과 관련하여 합병 등을 위한 이사회 결의일 이전에 증권시장에서 거래된 당해 주식의 2개월간, 1개월간 및 1주일간의 가중산술평균가격을 다시 산술평균하는 결정방법을 규정하

153) 다만 법원은 이에 구속되지 않고 합리적인 방식을 선택할 수 있다(대법원 2011. 10. 13.자 2008마264 결정).

154) 한국증권법학회, 870~871면.

155) 정준우, "주식매수청구권에 있어서 매수가격의 결정에 관련된 쟁점사항 검토", 416면.

고 있다.156) 즉 자본시장법은 주식의 시가를 기준으로 하여 매수가격을 정하되,157) 공정한 가치를 산정하기 위해 합병 등의 계획이 반영되지 아니한 이사회 결의일 이전의 평균가격을 그 기준으로 삼고 있다. 그런데 시장가치는 외부적 요인에 매우 민감하게 반응하고 가변성이 커서 기업의 가치를 제대로 반영하고 있다고 보기 어렵다. 더욱이 특정한 목적이 개입된 합병 등의 경우에는 이사회 결의일 이전에 이미 관련 정보가 시장에 유포되었거나 추진주체가 미리 가격조정 등을 할 위험성도 있으므로 더욱 그러하다.158) 따라서 법정 매수가격의 산정방법에 대해서는 입법론적 재검토가 필요하다.

(ㄷ) 가격결정의 청구기간 : 자본시장법 제165조의5 제3항은 주주나 회사가 법정 매수가격에 반대하는 때에는 법원에 매수가격의 결정을 청구할 수 있다고 정하면서도 청구기간에 대해서는 규정하고 있지 않다. 생각건대 법원의 가격결정은 비송사건으로 다루어지므로159) 소송보다는 빠르겠지만 상당한 시일이 소요된다. 따라서 주주로 하여금 매수청구 후 30일 내에 회사와 협의를 하든지 아니면 회사가 제시한 매수가격의 수용 여부를 결정하도록 하고, 만약 그 기간 내에 협의가 성립하지 않거나 회사가 제시한 매수가격에 반대하는 때에는 30일이 종료한 날로부터 일정한 기간 내에 법원에 매수가격의 결정을 청구하도록 해야 한다.160) 다만 이 과정에서는 주주가 주식매수를 청구하면 상장회사는 주주총회의 결

---

156) 구체적으로 ① 이사회 결의일 전일부터 과거 2개월(같은 기간 중 배당락 또는 권리락으로 인하여 매매기준가격의 조정이 있는 경우로서 배당락 또는 권리락이 있은 날부터 이사회 결의일 전일까지의 기간이 7일 이상인 경우에는 그 기간)간 공표된 매일의 증권시장에서 거래된 최종시세가격을 실물거래에 의한 거래량을 가중치로 하여 가중산술평균한 가격, ② 이사회 결의일 전일부터 과거 1개월(같은 기간 중 배당락 또는 권리락으로 인하여 매매기준가격의 조정이 있는 경우로서 배당락 또는 권리락이 있은 날부터 이사회 결의일 전일까지의 기간이 7일 이상인 경우에는 그 기간)간 공표된 매일의 증권시장에서 거래된 최종시세가격을 실물거래에 의한 거래량을 가중치로 하여 가중산술평균한 가격, ③ 이사회 결의일 전일부터 과거 1주일간 공표된 매일의 증권시장에서 거래된 최종시세가격을 실물거래에 의한 거래량을 가중치로 하여 가중산술평균한 가격을 다시 산술평균한 가격을 말한다(자본시장령 제176조의7 제3항 제1호).

157) 실무에서도 대부분 회사가 자본시장법에 따라 산정한 매수가격을 먼저 제시하고 있는데, 이 경우 매수가격의 적정성에 의문이 있어도 소액주주들은 비용과 시간을 들여 법원에 매수가격의 결정을 청구하기가 쉽지 않다. 이처럼 법정 매수가격은 소액주주들에게 부담을 주고 해석상 혼란을 초래하며 헌법에 보장된 공정하고 신속한 재판을 받을 권리를 침해할 위험성도 내포하고 있으므로 폐지하는 것이 타당하다.

158) 예를 들어 삼성물산과 제일모직의 합병에서 엘리엇은 삼성물산이 별다른 목적 없이 합병을 추진하는 것은 이재용 등 3남매의 경영권 승계와 삼성그룹에 대한 지배권을 강화하려는 데에 그 목적이 있다고 주장하였고, 양 회사의 합병이 있을 것이라는 이야기는 이미 오래전부터 시장에 유포되어 있었다.

159) 비송사건법 제72조 제1항. 그런데 이처럼 법원이 매수가격을 결정하게 되면 그로 인해 적극적 또는 소극적으로 출연을 해야 하는 반대의 이해관계자(회사와 반대주주)가 존재하므로 입법론적으로는 소송사건으로 처리하는 것이 옳다는 견해도 있다(이철송, 613면).

160) 정준우, “주식매수청구권에 있어서 매수가격의 결정에 관련된 쟁점사항 검토”, 427면.

의일로부터 20일 내라는 매수청구기간이 만료한 날로부터 1개월 내에 당해 주식을 매수해야 한다(자본시장법 제165조의5 제2항)는 점을 고려해야 한다.

(ㄹ) 가격산정의 공정성 : 상법과 달리 자본시장법은 매수가격의 산정방법과 산정금액의 공정성에 관한 규정을 두고 있지 않다. 그런데 당사자가 법원에 매수가격의 결정을 청구한다는 것은 결국 법원이 매수가격의 공정성을 확보하는 규범조정자로서 기능해야 한다는 것을 의미한다.[161] 그런데도 이에 관한 내용을 규정하지 아니한 것은 명백한 입법적 불비이다. 그리하여 법원은 자본시장법상의 매수가격 산정방법을 고려하여 다양한 기업가치 평가요소 중 특히 시장가치에 강한 신뢰를 부여하고 있는데, 그 대표적인 사례가 두산산업개발사건[162]이다. 생각건대 우선은 일반규정인 상법 제374조의2 제5항과 판례에 따라 시장가치·자산가치·수익가치를 종합적으로 고려하여 공정한 매수가격을 산정해야 한다고 해석하되, 입법론적으로는 이러한 혼란을 방지하고 법체계적 정합성을 확보하며 규정의 체계를 합리화하기 위해 관련 규정을 상법으로 일원화해야 한다.[163]

(ㅁ) 입증책임 : 법원은 매수가격의 결정에 있어서 주주나 회사가 제출한 각종 자료에 근거할 수밖에 없다. 따라서 주주와 회사는 공정한 매수가격의 산정을 위해 법원에 관련 자료를 충실히 제출해야 한다. 그런데 상장회사의 경우에는 대체로 자본시장법에 근거하여 산정한 일정한 매수가격을 회사가 먼저 제시하고 이에 반대하는 주주가 법원에 매수가격의 결정을 청구하는데, 상대적으로 열악한 지위에 있으며 정보가 부족한 주주가 매수가격의 불공정성을 입증하기란 거의 불가능하다. 따라서 입법론적으로는 회사로 하여금 제시한 매수가격의 공정성을 입증하도록 규제할 필요가 있다.[164]

(5) 기타 사항

1) 효력의 발생시기 : 반대주주의 주식매수청구에 의해 회사는 일정한 기간(비상장회사는 2개월, 상장회사는 1개월) 내에 주식을 매수해야 하는데, 상법은 이러한 매수의 효력발생시기는 규정하고 있지 않다. 그런데 주식강제매도·매수청구 제도에 관한 상법 제360조의26 제1항은 지배주주가 소수주주의 주식을 매수하는 때에는 매수대금을 지급하는 시기에 주식이

161) 최승재, "주식가치 평가와 공정한 가액에 대한 고찰", 179면.
162) 대법원 2011. 10. 13.자 2008마264 결정. 당시에 증권거래법은 상장회사의 주식매수청구에 있어서 시가를 바탕으로 한 가격산정방식을 규정하고 있었다.
163) 이를 위해 동 규정은 특례규정에 관한 통합절인 제13절에 둘 것이 아니라 일반규정인 제374조의2 바로 아래에 두어야 한다(정준우, "주식매수청구권에 있어서 매수가격의 결정에 관련된 쟁점사항 검토", 417~418면).
164) 정준우, "주식매수청구권에 있어서 매수가격의 결정에 관련된 쟁점사항 검토", 430면.

이전되는 것으로 보고 있다. 따라서 반대주주의 주식매수청구권에서도 우선은 이 규정을 유추적용하여 회사가 반대주주에게 매수대금을 지급하는 때에 동시이행적으로 주식이 회사에 이전된다고 해석하되, 향후 입법적으로 보완해야 한다.

> **참고판례** **주식매수청구권을 행사한 주주가 회계장부의 열람을 청구할 수 있는지(대법원 2018. 2. 28. 선고 2017다270916 판결)** : 주식매수청구권을 행사한 주주도 회사로부터 그 주식의 매매대금을 지급받지 아니하고 있는 동안에는 주주로서의 지위를 여전히 가지고 있으므로 특별한 사정이 없는 한 주주로서의 권리를 행사하기 위하여 필요한 경우에는 위와 같은 회계장부열람·등사권을 가진다. 주주가 주식의 매수가액을 결정하기 위한 경우뿐만 아니라 회사의 이사에 대하여 대표소송을 통한 책임추궁이나 유지청구, 해임청구를 하는 등 주주로서의 권리를 행사하기 위하여 필요하다고 인정되는 경우에는 특별한 사정이 없는 한 그 청구는 회사의 경영을 감독하여 회사와 주주의 이익을 보호하기 위한 것이므로, 주식매수청구권을 행사하였다는 사정만으로 청구가 정당한 목적을 결하여 부당한 것이라고 볼 수 없다.

2) 매수주식의 처분 : 반대주주의 주식매수청구권 행사에 따라 회사가 그 주식을 매수하게 되면, 결국 회사는 자기주식을 취득하게 된다. 이 경우 회사는 자기주식의 처분에 관한 일반원칙에 따라 당해 주식을 처분할 수 있다(상법 제342조).

3) 채권자의 보호 : 반대주주의 주식매수청구에 의해 회사가 주식을 매수하게 되면 결국 상당한 회사재산이 유출된다. 그런데도 상법은 합병 등에서처럼 채권자보호절차에 관한 규정을 두고 있지 아니하여 때로는 대주주가 투하자본을 회수해 나가는 편법적인 방법으로 활용할 수도 있다. 이는 명백한 입법적 불비이므로 보완이 필요하다.

Ⅲ. 주총결의의 하자

1. 서 언

주주총회의 결의는 주주들의 개별적 의사를 단일한 단체의사로 수렴하는 것이므로 그 절차나 내용 모두 적법하고 공정하게 이루어져야 한다. 따라서 주주총회결의의 절차나 내용에 흠이 있는 때에는 정당한 단체의사로 인정할 수 없으므로 당연히 그 효력이 부정되어야 한다. 그런데 사단적 법률행위인 주주총회결의가 이루어지면 그 유효성을 전제로 다양한 후속 행위가 이루어지는데, 만약 이를 법률행위의 무효·취소에 관한 일반 법리에 따라 처리하면 오히려 단체적 법률관계의 불안정을 초래할 뿐 아니라 그 결의에 관여한 다수인의 이익을 해하게 된다. 그리하여 상법은 주주총회의 결의하자는 소송에 의해서만 그 효력이 부인될 수 있도록 규제하고 있는데, 하자의 구체적인 내용이 무엇이냐에 따라 결의취소의 소(상법 제376조), 결의무효 및 결의부존재확인의 소(상법 제380조), 부당결의취소·변경의 소(상법 제381조)의 4가지 유형이 있다. 이 중 결의절차에 경미한 흠이 있는 경우에는 결의취소의 소에 의하고, 결의절차상의 흠이 지나쳐 결의 그 자체가 성립되었다고 볼 수 없는 경우에는 결의부존재확인의 소에 의하며, 결의내용에 흠이 있는 경우에는 결의무효확인의 소에 의한다. 주의할 것은 이러한 주주총회결의의 하자를 다투는 각종 소에 관한 규정은 적극결의(가결)에 대해서만 적용된다는 점이다.

[표 13] 주주총회의 결의하자에 관한 소의 비교

구 분	절차상 하자		내용상 하자	
	취소소송	부존재확인소송	무효확인소송	부당결의취소·변경의 소
제소원인	• 소집절차나 결의방법이 법령·정관을 위반하거나 현저하게 불공정한 경우 • 결의내용의 정관 위반	취소원인이 지나쳐 결의가 존재한다고 볼 수 없는 경우	결의내용이 법령·사회질서 및 주식회사의 본질에 위반될 때	특별이해관계 있는 주주를 배제하고 한 결의내용이 현저히 부당할 때
제소권자	주주, 이사, 감사	소익이 있는 자		의결권을 행사하지 못한 특별이해관계 있는 주주
제소기간	결의일로부터 2월	없음		결의일로부터 2월
소의 성질	형성의 소	형성소송설 or 확인소송설		형성의 소
피 고	회사			
법원의 재량기각	가능	불가		
기판력 범위	대세적 효력			
소급효 여부	소급효			
패소원고 책임	악의·중과실이 있는 경우에 회사에 대하여 연대책임을 짐			

2. 절차상 하자

(1) 결의취소의 소

1) 개 요

㈎ 의 의 : 결의취소의 소란 주주총회의 소집절차나 결의방법이 법령이나 정관에 위반하거나 현저하게 불공정한 때 또는 결의내용이 정관에 위반한 때에 주주·이사·감사가 주

주총회의 결의일로부터 2개월 내에 제기할 수 있는 소를 말한다(상법 제376조 제1항).

(나) 성 질 : 결의취소의 소는 법적 성질이 형성의 소이다. 따라서 주주총회의 결의는 법원의 판결에 따라 취소되기 전까지 유효한 것으로 다루어지므로,[165] 소에 의하지 아니하고는 다른 청구의 공격이나 방어의 방법으로 주장할 수 없다. 더욱이 결의취소의 소에서는 제소권자·제소원인·제소절차·판결효력 등이 모두 법에 정해진 바에 따라야 하므로 반소(민소법 제269조)나 중간확인의 소(민소법 제264조)로써 주장할 수도 없다.

2) 제소원인

(가) 소집절차의 하자

(ㄱ) 소집결의 관련 하자 : 주주총회의 소집에 관한 이사회의 결의는 있었지만, 그 효력에 다툼의 여지가 있는 경우에는 결의취소의 사유가 된다.[166] 이와 관련하여 판례는 이사회의 결의 없이 소집된 주주총회라도 정당한 소집권자에 의해 소집되었다면 결의취소의 사유라고 판시하고 있지만,[167] 결의부존재 사유로 보아야 한다는 견해도 있다.[168] 생각건대 주주총회는 이사회결의로 소집되어야 하고, 이는 소유와 경영의 분리를 실질적으로 확보하는 장치가 된다는 점을 고려할 때 후자의 견해가 타당하다.

참고판례 **1인회사에서 주주총회를 개최하지 않고 작성한 총회의사록의 효력(대법원 2007. 2. 22. 선고 2005다73020 판결)** : 주식회사에 있어서 총 주식을 한 사람이 소유한 1인 회사의 경우 그 주주가 유일한 주주로서 주주총회에 출석하면 전원 총회로서 성립하고 그 주주의 의사대로 결의가 될 것임이 명백하므로 따로 총회소집절차가 필요 없으며, 실제로 총회를 개최한 사실이 없었다 하더라도 그 1인 주주에 의하여 의결이 있었던 것으로 주주총회 의사록이 작성되었다면 특별한 사정이 없는 한 그 내용의 결의가 있었던 것으로 볼 수 있고, 이 점은 한 사람이 다른 사람의 명의를 빌려 주주로 등재하였으나 총 주식을 실질적으로 그 한 사람이 모두 소유한 경우에도 마찬가지라고 할 수 있으나, 이와 달리 주식의 소유가 실질적으로 분산되어 있는 경우에는 상법상의 원칙으로 돌아가 실제의 소집절차와 결의절차를 거치지 아니한 채 주주총회의 결의가 있었던 것처럼 주주총회 의사록을 허위로 작성한 것이라면 설사 1인이 총 주식의 대다수를 가지고 있고 그 지배주주에 의하여 의결이 있었던 것으로 주주총회 의사록이 작성되어 있다 하더라도 도저히 그 결의가 존재한다고 볼 수 없을 정도로 중대한 하자가 있는 때에 해당하여 그 주주총회의 결의는 부존재하다고 보아야 한다.

(ㄴ) 소집권자 관련 하자 : 주주총회를 소집하기 위한 이사회의 결의는 있었으나 대표이

165) 대법원 1965. 11. 16. 선고 65다1683 판결.
166) 대법원 1980. 10. 27. 선고 79다1264 판결.
167) 대법원 2009. 5. 28. 선고 2008다85147 판결; 대법원 1987. 4. 28. 선고 86다카553 판결.
168) 이철송, 619면.

사 또는 정관상의 소집권자 아닌 자가 주주총회를 소집한 때에는 결의취소의 소를 제기할 수 있다.169) 주의할 것은 소수주주나 감사의 소집청구에 의해 주주총회를 소집하는 때에도 주주총회는 정당한 소집권자가 소집해야 한다는 점이다.170)

(ㄷ) 소집통지 관련 하자 : 일부 주주에게 소집통지를 하지 아니한 경우, 통지기간을 준수하지 아니한 경우, 통지방법이 잘못된 경우,171) 통지내용에 하자가 있는 경우(소집장소나 소집시간의 누락 등처럼 통지사항 중 일부가 미비한 경우, 주주가 참석하기 어려운 장소와 시간을 정한 경우 등)에는 결의취소의 소를 제기할 수 있다. 한편 판례는 회사가 양수인의 명의개서 신청을 거부하고 그에게 소집통지를 하지 아니한 경우,172) 소집통지에 하자가 있더라도 정족수가 넘는 주주가 출석하고 출석한 주주 전원의 찬성으로 결의가 이루어진 경우173) 등도 결의취소의 사유로 판단하고 있다. 그렇지만 전자의 경우에 양수인의 소유주식이 대다수를 이루거나, 후자의 경우에 출석한 주식 수가 너무 적다면 주주총회결의의 대표성에 문제가 있으므로 결의부존재의 사유로 보는 것이 타당하다.

참고판례 **이사회 결의 없는 주주총회 결의의 효력(대법원 2008. 6. 26. 선고 2008도1044 판결)** : 주식회사의 임시주주총회가 법령 및 정관상 요구되는 이사회의 결의 및 소집절차 없이 이루어졌다 하더라도, 주주명부상의 주주 전원이 참석하여 총회를 개최하는 데 동의하고 아무런 이의 없이 만장일치로 결의가 이루어졌다면 그 결의는 유효하다.

참고판례 **주주총회의 소집이 직무대행자의 상무에 속하는지(대법원 2007. 6. 28. 선고 2006다62362 판결)** : 상법 제408조 제1항이 규정하는 회사의 '상무'라 함은 일반적으로 회사에서 일상 행해져야 하는 사무, 회사가 영업을 계속함에 있어서 통상 행하는 영업범위 내의 사무 또는 회사경영에 중요한 영향을 주지 않는 통상의 업무 등을 의미하고, 어느 행위가 구체적으로 이 상무에 속하는가 하는 것은 당해 회사의 기구, 업무의 종류·성질, 기타 제반 사정을 고려하여 객관적으로 판단되어야 할 것인바, 직무대행자가 정기주주총회를 소집함에 있어서도 그 안건에 이사회의 구성 자체를 변경하는 행위나 상법 제374조의 특별결의사항에 해당하는 행위 등 회사의 경영 및 지배에 영향을 미칠 수 있는 것이 포함되어 있다면 그 안건의 범위에서 정기총회의 소집이 상무에 속하지 않는다고 할 것이고, 직무대행자가 정기주주총회를 소집하는 행위가 상무에 속하지 아니함에도 법원의 허가 없이 이를 소집하여 결의한 때에는 소집절차상의 하자로 결의취소사유에 해당한다.

참고판례 **명의개서를 아니한 주주에게 소집통지를 하지 않은 주주총회결의의 효력 등(대법원 1996. 12. 23. 선고 96다32768,32775,32782 판결)** : [1] 주식을 취득한 자가 회사에 대하여 의결권을 주장할 수 있

169) 대법원 1993. 9. 10. 선고 93도698 판결; 대법원 1962. 11. 11. 선고 4294민상490 판결.
170) 대법원 1975. 7. 8. 선고 74다1969 판결.
171) 대법원 1993. 10. 12. 선고 92다21692 판결; 대법원 1981. 7. 28. 선고 80다2745 판결.
172) 대법원 1996. 12. 23. 선고 96다32768 판결.
173) 대법원 2012. 6. 14. 선고 2012다20925 판결; 대법원 1993. 10. 12. 선고 92다21692 판결.

기 위하여는 주주명부에 주주로서 명의개서를 하여야 하므로, 명의개서를 하지 아니한 주식양수인에 대하여 주주총회소집통지를 하지 않았다고 하여 주주총회결의에 절차상의 하자가 있다고 할 수 없다. [2] 주식을 취득한 자가 회사에 대하여 명의개서를 요구하였다 하더라도, 그 주식 취득자에 대한 주식양도의 효력이 다투어져 주주권확인소송 및 명의개서절차이행청구의 소가 제기되어 있었고, 그 주식 취득자가 명의개서를 청구할 수 있는 주식이 전체 주식의 43%에 불과한 경우에, 회사가 그 주식 취득자의 명의개서 요구에 불응하고 주주명부에 등재되어 있는 자에 대하여만 소집통지를 하여 주주총회를 개최하였다 하더라도 그러한 소집절차상의 하자는 주주총회결의의 무효나 부존재사유가 될 수 없다. [3] 주주총회가 소집권자에 의하여 소집되어 개최된 이상 정족수에 미달한 결의가 이루어졌다고 하더라도 그와 같은 하자는 결의취소의 사유에 불과하고, 무효 또는 부존재한 결의라고 할 수 없다.

(ㄹ) 목적사항 관련 하자 : 주주총회에서 소집통지서에 기재하지 않은 사항을 결의하였다면 아무리 긴급한 사안이라도 결의취소의 사유가 되고,[174] 법원의 소집허가를 얻어 소집한 주주총회에서 허가받은 목적 외의 사항을 결의하면 결의취소의 사유가 된다.[175]

(나) 결의방법의 하자

(ㄱ) 권리행사 관련 하자 : 주주(또는 대리인) 아닌 자가 주주총회에 출석하여 결의에 참가한 경우,[176] 결의사항의 특별이해관계자가 의결권을 행사한 경우,[177] 회사가 자기주식을 가지고 의결권을 행사한 경우, 자회사가 소유한 모회사의 주식을 가지고 의결권을 행사한 경우, 피참가회사가 의결권이 제한되는 참가회사의 주식을 가지고 의결권을 행사한 경우, 감사의 선임결의에서 3%를 초과하는 주식을 가지고 의결권을 행사한 경우, 주주가 부적법하게 의결권을 불통일행사한 경우 등을 그 예로 들 수 있다.

(ㄴ) 결의요건 관련 하자 : 주주총회의 특별결의가 필요한 사항을 보통결의로 또는 보통결의가 필요한 사항을 특별결의로 가결한 경우, 출석한 의결권 수 중 보통결의에서 과반수 그리고 특별결의에서 3분의 2 이상이 찬성하지 않았음에도 불구하고 가결한 경우,[178] 발행주식총수를 기준으로 출석한 주식 수가 보통결의에서 4분의 1 그리고 특별결의에서 3분의 1 미만임에도 불구하고 가결한 경우, 특별이해관계자의 보유주식 등 출석한 주식 수에 산입하지 않아야 할 주식을 산입한 경우, 절차적 요건으로 종류주주총회의 결의가 필요한데도 불구하고 그 종류주주총회의 결의 없이 주주총회의 결의만으로 정관의 변경이나 합병계약을 승인한 경우 등을 그 예로 들 수 있다.

174) 대법원 1969. 2. 4. 선고 68다2284 판결.
175) 서울고등법원 2008. 7. 30. 선고 2007나66271 판결.
176) 대법원 1983. 8. 23. 선고 83도748 판결; 대법원 1962. 1. 31. 선고 4924민상452 판결.
177) 대법원 1965. 11. 16. 선고 65다1683 판결.
178) 대법원 1996. 12. 23. 선고 96다32768 판결.

(ㄷ) 의사진행 관련 하자 : 의장이 부당하게 주주의 발언을 제지하거나 주주를 퇴장시킨 경우, 회사가 총회꾼을 동원하여 불안정한 분위기를 조성한 후 결의한 경우, 주주가 회사로부터 이익을 공여받고 의결권을 행사하여 결의한 경우,[179] 특정 주주의 출석을 의도적으로 지연시킨 상태에서 가결한 경우, 표결이 주주의 의사표시를 왜곡하는 방법으로 이루어진 경우,[180] 주주의 찬반 의사를 왜곡하여 집계한 경우,[181] 종류주주총회의 결의가 필요한 사항임에도 불구하고 이를 거치지 않고 가결한 경우 등을 그 예로 들 수 있다. 한편 주주총회의 의사진행자인 의장의 자격과 관련하여 판례는 다양한 입장을 취하고 있다. 즉 정당한 의장을 제지하고 주주 중 1인이 스스로 의장이 되어 진행한 사건에서는 결의취소의 사유에 해당한다고 판시하였지만,[182] 의장이 부당하게 사회를 거부하여 주주들이 임시로 의장을 선임하여 진행한 사안에서는 적법하다고 판시하였다.[183]

(다) 결의내용의 정관 위반 : 과거에는 결의무효의 사유였으나 1995년 개정 상법이 결의취소의 사유로 변경하였다. 정관에서 정한 자격에 미달하는 자를 이사로 선임하는 경우, 정관이 정한 정원을 초과하여 이사를 선임하는 경우, 정관에서 정한 보수액을 초과하여 이사에게 보수를 지급하는 경우 등을 그 예로 들 수 있다. 그러나 당해 결의내용이 정관에 위반하면서 동시에 법령에도 위반하는 때에는 결의무효의 사유가 된다.

3) 제소요건

(가) 제소권자 : 결의취소의 소는 주주·이사·감사만이 제기할 수 있다(상법 제376조 제1항). 즉 상법은 결의취소판결의 단체적 효과를 고려하여 제소권자를 한정하고 있다.

(ㄱ) 주 주 : 주주는 결의취소의 소를 제기할 그 당시에 주주이면 충분하고(통설), 당해 주주총회의 결의로 인해 개별적인 불이익을 입었느냐는 묻지 아니한다.[184] 또한 하자와 무관한 주주도 다른 주주에 대한 소집절차 등의 하자를 이유로 결의취소의 소를 제기할 수 있고,[185] 단독주주라도 제소할 수 있다. 다만 여기서 주주란 주주명부상의 주주를 의미하므로 명의개서를 하지 아니한 주식양수인은 제소권이 없다.[186] 한편 의결권 없는 주식을 소유한 주주도 소를 제기할 수 있느냐에 대해서는 긍정설이 통설이다.

179) 대법원 2014. 7. 11. 선고 2013마2397 판결.
180) 대법원 1996. 12. 20. 선고 96다39998 판결.
181) 대법원 2001. 12. 28. 선고 2001다49111 판결.
182) 대법원 1977. 9. 28. 선고 76다2386 판결.
183) 대법원 2001. 5. 15. 선고 2001다12973 판결; 대법원 1983. 8. 23. 선고 83도748 판결.
184) 대법원 1998. 5. 12. 선고 98다4569 판결.
185) 대법원 2003. 7. 11. 선고 2001다45584 판결.
186) 대법원 1991. 5. 28. 선고 90다6774 판결.

(ㄴ) 이사·감사 : 이사와 감사의 경우에는 원칙적으로 결의취소의 소를 제기할 그 당시의 이사·감사여야 하지만, 예외적으로 퇴임한 이사와 감사도 결의취소의 소를 제기할 수 있다. 즉 그들의 후임자가 취임할 때까지 이사·감사로서의 권리·의무가 있는 경우에는 제소할 수 있고,[187] 제소할 당시에는 이사·감사가 아니더라도 하자 있는 주주총회의 결의에 따라 해임당한 이사·감사도 제소권이 있다고 보아야 한다.[188] 한편 청산 중의 회사에서는 청산인과 감사가 제소할 수 있다(상법 제542조 제2항→제376조).

(ㄷ) 지위의 유지 : 결의취소의 소를 제기한 주주·이사·감사는 소 제기 후 변론종결시까지 그 자격을 유지해야 한다. 따라서 제소 후 주주가 사망하거나 주식을 양도하여 그 지위를 잃은 경우, 이사나 감사가 사망하거나 퇴임한 때에는 법원이 제소권 소멸을 이유로 소를 각하해야 한다. 그렇다면 이 경우에 다른 주주나 이사·감사가 당해 소송을 수계할 수 있을까? 이에 대해서는 ① 주주를 전제로 하여 일본의 통설과 판례[189]처럼 주주가 사망한 때에는 상속인이 소송을 수계할 수 있지만, 주식을 양도한 경우에는 수계할 수 없다는 견해,[190] ② 주주는 자신의 권리행사 외에 회사의 기관이라는 병행적 지위에서 제소한 것으로 보아 소송수계를 허용해야 한다는 견해[191]가 있다. 생각건대 이들의 소송수계에 관한 실정법적 근거가 없으므로 논리적으로는 소를 각하해야 한다. 그런데 결의취소의 소는 단체적 법률관계의 안정과 회사의 이익을 위한 공익적 성격의 소이고, 만약 이들의 소송수계를 인정하지 않는다면 제소기간의 제한으로 인해 소 제기 그 자체가 불가능해질 우려도 있다. 따라서 우선 민사소송법 제237조 제1항을 유추적용하여 다른 주주·이사·감사가 수계할 수 있다고 해석하되, 향후 입법적으로 보완해야 한다.

(ㅂ) 피 고 : 상법에 명문 규정은 없지만, 회사가 피고라는 데에는 이설이 없다.[192] 회사 외의 자를 피고로 한다면 회사의 법률관계가 타인 간의 소송으로 변질될 수 있기 때문이다. 이 경우 일반적으로는 대표이사가 회사를 대표하여 소송을 수행하지만, 이사가 결의취소의 소를 제기한 때에는 예외적으로 감사가 회사를 대표하여 소송을 수행한다(상법 제394조 제1항). 주의할 것은 대표이사가 비록 취소소송의 대상인 주주총회결의에 의해 선임되었다고 하더라도 회사의 대표자임에는 변함이 없다는 점이다.[193] 한편 결의취소의 소에 대하여 제

187) 대법원 1992. 8. 14. 선고 91다45141 판결; 대법원 1985. 12. 10. 선고 84다카319 판결.
188) 강위두/임재호, 760면; 권기범, 788면; 손주찬, 742면; 이철송, 626면; 최기원, 541면.
189) 江頭憲治郎, 370頁; 日最高裁 1970. 7. 15. 民集 第24卷 第7號, 804頁.
190) 임재연(Ⅱ), 240면; 최기원, 541면.
191) 이철송, 627면.
192) 참고로 독일 주식법은 회사를 피고로 한다는 명문 규정을 두고 있다(AktG §246 Abs.2 Satz.1).
193) 대법원 1983. 3. 22. 선고 82다카1810 판결.

3자가 반대의 이해를 가질 때(예: 영업양도결의의 취소소송이 제기된 경우의 양수인 등)에는 그러한 이해관계인에게도 소송참가를 허용해야 한다.194)

㈐ 제소기간 : 결의취소의 소는 주주총회의 결의가 있은 날로부터 2개월 내에 제기해야 한다(상법 제376조 제1항). 이와 관련하여 판례는 결의무효확인의 소나 결의부존재확인의 소가 제기된 이후에 결의취소의 소로 변경하는 때에는 결의무효·부존재확인의 소가 제기된 시점에 결의취소의 소가 제기된 것으로 다루고 있다.195) 주의할 것은 동일한 주주총회에서 여러 개의 결의가 이루어졌다면 다투고자 하는 결의 단위별로 제소기간을 준수해야 한다는 점이다.196) 한편 제소기간이 경과한 후에 제소권자가 다른 제소사유를 주장할 수 있는지가 실무상 문제되는데, 상법은 이에 관한 규정을 두고 있지 않다. 그런데 신주발행무효의 소와 감자무효의 소에서는 제소기간의 경과 후 새로운 주장을 허용하지 않고 있다. 상법이 결의취소의 소에서 제소기간을 단기로 제한한 것은 경미한 하자에 따른 불안정한 상태가 장기간 방치되는 것을 방지하기 위함이다. 그렇다면 제소기간이 경과한 후에 새롭게 제기하는 주장은 이를 허용하지 않는 것이 타당하다.

참고판례 **결의취소의 소의 제소기간(대법원 2007. 9. 6. 선고 2007다40000 판결)** : 주주총회결의취소의 소는 상법 제376조에 따라 결의의 날로부터 2월 내에 제기하여야 하나, 동일한 결의에 관하여 무효확인의 소가 상법 제376조 소정의 제소기간 내에 제기되어 있다면, 동일한 하자를 원인으로 하여 결의의 날로부터 2월이 경과한 후 취소소송으로 소를 변경하거나 추가한 경우에도 무효확인의 소 제기시에 제기된 것과 동일하게 취급하여 제소기간을 준수하였다고 보아야 한다(2003. 7. 11. 선고 2001다45584 판결 참조).

참고판례 **결의부존재확인의 소가 제기된 경우 결의취소의 소로 변경할 수 있는지 등(대법원 2003. 7. 11. 선고 2001다45584 판결)** : [1] 주주총회결의 취소의 소는 상법 제376조에 따라 결의의 날로부터 2월 내에 제기하여야 할 것이나, 동일한 결의에 관하여 부존재확인의 소가 상법 제376조 소정의 제소기간 내에 제기되어 있다면, 동일한 하자를 원인으로 하여 결의의 날로부터 2월이 경과한 후 취소소송으로 소를 변경하거나 추가한 경우에도 부존재확인의 소 제기시에 제기된 것과 동일하게 취급하여 제소기간을 준수한 것으로 보아야 한다. [2] 주주총회의 개회시각이 부득이한 사정으로 당초 소집통지된 시각보다 지연되는 경우에도 사회통념에 비추어 볼 때 정각에 출석한 주주들의 입장에서 변경된 개회시각까지 기다려 참석하는 것이 곤란하지 않을 정도라면 절차상의 하자가 되지 아니할 것이나, 그 정도를 넘어 개회시각을 사실상 부정확하게

194) 이철송, 628면.
195) 대법원 2003. 7. 11. 선고 2001다45584 판결.
196) 대법원 2010. 3. 11. 선고 2007다51505 판결(주주총회결의 취소의 소는 상법 제376조 제1항에 따라 그 결의의 날로부터 2개월 내에 제기하여야 하고, 이 기간이 지난 후에 제기된 소는 부적법하다. 그리고 주주총회에서 여러 개의 안건이 상정되어 각기 결의가 행하여진 경우 위 제소기간의 준수 여부는 각 안건에 대한 결의마다 별도로 판단되어야 한다).

만들고 소집통지된 시각에 출석한 주주들의 참석을 기대하기 어려워 그들의 참석권을 침해하기에 이르렀다면 주주총회의 소집절차가 현저히 불공정하다고 하지 않을 수 없고, 또한 소집통지 및 공고가 적법하게 이루어진 이후에 당초의 소집장소에서 개회를 하여 소집장소를 변경하기로 하는 결의조차 할 수 없는 부득이한 사정이 발생한 경우, 소집권자가 대체 장소를 정한 다음 당초의 소집장소에 출석한 주주들로 하여금 변경된 장소에 모일 수 있도록 상당한 방법으로 알리고 이동에 필요한 조치를 다한 때에 한하여 적법하게 소집장소가 변경되었다고 볼 수 있다. [3] 주주는 다른 주주에 대한 소집절차의 하자를 이유로 주주총회결의 취소의 소를 제기할 수도 있다. [4] 주주총회결의 취소의 소에 있어 법원의 재량에 의하여 청구를 기각할 수 있음을 밝힌 상법 제379조는, 결의의 절차에 하자가 있는 경우에 결의를 취소하여도 회사 또는 주주에게 이익이 되지 않든가 이미 결의가 집행되었기 때문에 이를 취소하여도 아무런 효과가 없든가 하는 때에 결의를 취소함으로써, 회사에 손해를 끼치거나 일반거래의 안전을 해치는 것을 막고 결의취소의 소의 남용을 방지하려는 취지이며, 또한 위와 같은 사정이 인정되는 경우에는 당사자의 주장이 없더라도 법원이 직권으로 재량에 의하여 취소청구를 기각할 수도 있다.

(2) 결의부존재확인의 소

1) 개 요

㈎ 의 의 : 결의부존재확인의 소는 주주총회결의의 절차상 하자가 현저하게 중대하여 결의의 존재조차 인정할 수 없는 경우에 인정된다(상법 제380조). 주주총회의 소집절차와 결의방법에 있어서의 하자를 제소원인으로 하는 점에서 결의취소의 소와 같지만, 제소권자와 제소기간의 제한을 받지 않는 점에서 결의취소의 소와 다르다. 더욱이 최근에 판례에 의해 인정되고 있는 표현결의에 해당하면 아예 회사법상 소의 대상이 되지 않는다는 특성도 내포하고 있다. 한편 결의부존재확인의 소는 주주총회결의 그 자체의 존부에 관한 다툼이므로 주주총회의 결의가 있었다는 사실은 회사가 증명해야 하고, 그 결의에 부존재로 볼 만한 중대한 하자가 있었다는 점은 주주가 증명해야 한다.[197)]

㈏ 성 질 : 상법 제380조는 결의부존재확인의 소에 관하여 소송절차에 관한 제186조 내지 제188조와 판결의 대세적 효력에 관한 제190조를 준용하고 있다. 그런데 제소권자와 제소기간은 정하지 아니하여 소의 성질에 관한 확인소송설(다수설/판례)과 형성소송설의 논란이 있다. 전자는 상법이 제소권자와 제소기간에 대한 제한을 두지 않았으므로 확인의 소로 보는 것이 타당하고, 만약 형성의 소로 보아 결의부존재를 소송으로만 주장할 수 있게 하면 공익이나 자본충실을 해하는 결의나 주식회사의 본질에 반하는 결의라도 일단 유효하게 되어 부당하다고 한다.[198)] 후자는 상법 제380조가 소송절차에 관하여 정하고 있고 판결

197) 대법원 2010. 7. 22. 선고 2008다37193 판결.
198) 대법원 1992. 8. 18. 선고 91다39924 판결.

의 효력에 대세적 효력을 부여하고 있으므로 형성의 소로 보아야 하고, 그렇게 보아야만 단체적 법률관계의 획일화를 기할 수 있다고 한다.[199] 생각건대 회사의 업무집행은 이사가 담당하나 그에 의해 형성된 법률관계는 회사가 책임을 지므로 회사의 손해를 최소화하려면 당해 이사를 최대한 빨리 회사에서 축출해야 한다. 그리고 회사의 법률관계에는 다양한 이해관계인이 존재하므로 상법은 통일적 기준에 의한 획일적 처리를 통해 단체적 법률관계의 안정을 추구하고 있다. 그렇다면 비록 이중의 제소절차라는 비경제적인 측면이 있더라도 형성의 소로 보는 것이 합리적이다.

2) 제소원인

결의부존재확인의 소의 제소원인은 주주총회의 소집절차나 결의방법에 주주총회의 결의가 존재하지 않는다고 볼 수 있을 정도의 중대한 하자가 있는 경우인데, 판례에서 인정한 주요 사례는 다음과 같다. 즉 ① 소집권한 없는 자가 이사회의 소집결의 없이 주주총회를 소집한 경우,[200] ② 결의부존재인 결의에 의하여 선임된 이사들로 구성된 이사회에서 소집한 주주총회에서 이루어진 결의,[201] ③ 주주 대부분에게 주주총회의 소집통지를 하지 아니한 경우,[202] ④ 불가항력적인 사유로 인해 대표이사를 비롯한 이사 전원이 주주총회에 불참한 경우,[203] ⑤ 대부분 주주 아닌 자들이 모여서 결의한 경우,[204] ⑥ 주주총회가 종료된 후 일부의 주주들이 다시 모여 결의한 경우,[205] ⑦ 주주총회를 개최한 사실이 전혀 없음에도 불구하고 주주총회의사록을 작성한 경우[206] 등이다.

3) 제소요건

㈎ 제소권자 : 결의부존재확인의 소에서는 제소권자를 주주·이사·감사로 한정하지 아니하므로 소의 이익이 있는 자는 누구나 제소할 수 있다. 그러나 판례를 살펴보면, 주로 주주·임원·채권자에 관계된 것이다. 즉 ① 주주의 경우 결의에 찬성한 주주도 제기할 수 있고,[207] 주권발행전주식을 양도한 원시 주주는 양수인들에 의한 주주총회결의의 부존재를

---

199) 이시윤, 207면; 이철송, 635면; 한충수, 183면.

200) 대법원 2022. 11. 10. 선고 2021다271282 판결; 대법원 2010. 6. 24. 선고 2010다13541 판결; 대법원 1973. 6. 9. 선고 73다326 판결; 대법원 1962. 12. 27. 선고 62다473 판결.

201) 대법원 1989. 7.11 선고 89다카5345 판결; 대법원 1975. 7. 8. 선고 74다1969 판결.

202) 대법원 1980. 12. 9. 선고 80다128 판결; 대법원 1978. 11. 14. 선고 78다1269 판결; 대법원 1973. 6. 9. 선고 72다2611 판결. 그런데 발행주식총수의 41%를 소유한 주주에게 소집통지를 하지 아니하고 개최한 주주총회의 결의는 취소의 사유라는 판례도 있다(대법원 1993. 1. 26. 선고 92다11008 판결).

203) 대법원 1964. 5. 26. 선고 63다670 판결.

204) 대법원 1968. 1. 31. 선고 67다2011 판결.

205) 대법원 1993. 10. 12. 선고 92다28235 판결.

206) 대법원 2007. 2. 22. 선고 2005다73020 판결; 대법원 1969. 9. 2. 선고 67다1705·1706 판결.

207) 대법원 1977. 4. 26. 선고 76다1440·1441 판결.

주장할 수 있다.[208] ② 임원의 경우 퇴임한 이사·감사도 후임 이사·감사가 취임할 때까지는 이사·감사의 권리·의무를 보유하므로 결의부존재를 주장할 수 있고,[209] 부존재인 결의로 해임된 이사는 그 결의의 부존재를 주장할 수 있으며,[210] 하자 있는 결의에 따라 선임된 이사라도 재임 중에 있었던 주주총회결의의 부존재는 주장할 수 있다.[211] ③ 채권자도 소익이 있는 경우에는 결의부존재를 주장할 수 있지만, 이는 주주총회의 결의가 채권자의 권리나 법적 지위를 구체적으로 침해하고 또한 이에 영향을 미치는 경우에 한정하여 인정된다. 따라서 채권자는 이사를 선임하거나 정관에 사업목적을 추가하는 것처럼 회사의 대내적 사항에 관한 결의에 대해서는 부존재를 주장할 수 없다.[212]

㈏ 피고와 제소기간 : 결의부존재확인의 소는 회사를 피고로 해야 하고, 제소기간의 제한을 받지 않는다. 따라서 소익이 있는 자는 언제라도 제기할 수 있다.

4) 표현결의

㈎ 의 의 : 판례는 상법 제380조의 결의부존재확인의 소와 구분하여 주주총회의 의사결정 그 자체가 존재하지 아니하는 경우를 인정하고 있는데,[213] 이를 「표현결의」라고 한다. 상법 제380조가 규정하는 결의의 부존재란 주주총회가 개최되어 일정한 결의를 하였지만, 그 소집절차나 결의방법에 중대한 하자가 있는 것임에 비하여 표현결의는 처음부터 주주총회의 결의 그 자체가 존재하지 않는 점에서 구분된다.

㈏ 실 익 : 표현결의는 결의부존재확인의 소에 대하여 소급효를 제한하던 1995년 개정상법 이전에 유익하였던 것이기 때문에 소급효가 부여된 현재에는 그 의미가 많이 감소하였다. 그렇지만 표현결의는 상법 제380조의 제약을 받지 않고 자유롭게 소를 제기할 수 있다는 장점이 있어 여전히 인정할 실익이 있다.

㈐ 효 력 : 표현결의에 해당하면 주주총회의 결의 그 자체를 인정할 수 없으므로 그로 인한 법률관계가 형성될 수 없다. 따라서 회사도 그에 대하여 책임지지 아니하고, 결의의 효력은 상법 제380조의 결의부존재확인소송이 아닌 일반 확인의 소에 의해 다투어야 한다. 한편 판례는 표현결의가 있는 경우에 의사록을 작성하는 등 그 외관을 창출한 자가 과반수

208) 대법원 1970. 3. 10. 선고 69다1812 판결.
209) 대법원 1992. 8. 14. 선고 91다451 판결; 대법원 1985. 12. 10. 선고 84다카319 판결.
210) 대법원 1962. 1. 25. 선고 4924민상525 판결.
211) 대법원 1969. 9. 27. 선고 66다980 판결.
212) 대법원 1992. 8. 14. 선고 91다45141 판결; 대법원 1980. 1. 29. 선고 79다1322 판결; 대법원 1980. 10. 27. 선고 79다2267 판결.
213) 대법원 1992. 8. 18. 선고 91다39924 판결; 대법원 1992. 8. 18. 선고 91다14369 판결.

의 주식을 보유한 자이거나 사실상 회사 운영을 지배하는 주주인 때에는 그 외관 창출에 회사가 관여한 것으로 보아야 하므로 이에 따라 행해진 대외적 행위를 유효한 것으로 믿고 거래한 제3자에 대해서는 회사가 책임을 진다고 판시하였다.[214] 그렇지만 이는 주주총회결의의 본질에 어긋난 해석이므로 동의할 수 없다. 주주총회의 결의를 요건으로 하는 거래에 있어서 만약 결의 그 자체가 없다면 이는 회사의 의사가 없는 거래여서 상법이 제3자 보호를 고려하고 있지 않기 때문이다.

3. 내용상 하자

(1) 결의무효확인의 소

1) 의 의

주주총회의 결의내용이 법령에 위반되는 경우 소익이 있는 자는 누구나 무효확인의 소를 제기할 수 있는데(상법 제380조), 이 경우에는 제소기간의 제한도 없다.

> **참고판례** **소의 이익 존부 판단기준(대법원 2008. 8. 11. 선고 2008다33221 판결)** : 주주총회의 임원선임결의의 부존재나 무효확인 또는 그 결의의 취소를 구하는 소에 있어서 그 결의에 의하여 선임된 임원들이 모두 그 직에 취임하지 아니하거나 사임하고 그 후 새로운 주주총회 결의에 의하여 후임 임원이 선출되어 그 선임등기까지 마쳐진 경우라면 그 새로운 주주총회의 결의가 무권리자에 의하여 소집된 총회라는 하자 이외의 다른 절차상, 내용상의 하자로 인하여 부존재 또는 무효임이 인정되거나 그 결의가 취소되는 등의 특별한 사정이 없는 한 설사 당초의 임원선임결의에 어떠한 하자가 있었다고 할지라도 그 결의의 부존재나 무효확인 또는 그 결의의 취소를 구할 소의 이익은 없는 것이라고 보아야 한다(대법원 1995. 2. 24. 선고 94다50427 판결 등 참조).

2) 소의 성질

㈎ 문제 제기 : 상법 제380조는 결의무효확인의 소에 관하여 전속관할 등 소송절차에 관한 제186조 내지 제188조와 판결의 대세적 효력에 관한 제190조를 준용하고 있다. 그런데 제소권자와 제소기간은 규정하지 아니하여 소의 성질에 관한 논란이 있다.

㈏ 확인소송설 : 이는 상법이 제소권자와 제소기간에 대한 제한을 두지 않고 있으므로 확인의 소로 보는 것이 타당하고, 만약 형성의 소로 보아 결의무효를 소송으로만 주장할 수 있게 하면 공익과 자본충실을 해하는 결의나 주식회사의 본질에 반하는 결의라도 일단 유효하게 되어 부당하다고 한다. 현재 다수설과 판례의 입장이다.[215]

---

214) 대법원 1992. 8. 18. 선고 91다14369 판결.
215) 대법원 1963. 5. 17. 선고 4294민상1114 판결; 대법원 1992. 9. 22. 선고 91다5365 판결.

㈐ 형성소송설 : 이는 상법 제380조가 소송절차에 관하여 규정하고 있고 판결의 효력에 대세적 효력도 부여하고 있으므로 형성의 소로 보아야 하고, 또한 그렇게 보아야만 회사를 둘러싼 단체적 법률관계의 획일화를 기할 수 있다고 한다.[216)]

㈑ 소 결 : 양자의 차이는 결의무효의 주장을 소만으로 해야 하느냐 아니면 항변 등과 같은 방법으로도 할 수 있느냐에 있다. 예를 들어 무효인 주주총회결의로 선임된 이사가 받은 그동안의 보수에 대하여 감사가 부당이득반환을 청구하는 경우, 전자에 의하면 부당이득반환청구소송을 제기하며 그 이유로 이사선임에 관한 주주총회결의의 무효를 주장하면 되지만, 후자에 의하면 결의무효확인의 소를 제기하여 승소 판결을 받은 후 다시 그를 근거로 부당이득반환청구소송을 제기해야 한다. 생각건대 회사의 업무집행은 이사가 담당하나 그에 따른 법률관계에 대해서는 회사가 책임을 지기 때문에 회사의 손해를 최소화하려면 당해 이사를 최대한 빨리 회사에서 축출해야 한다. 그리고 회사를 둘러싼 법률관계에는 다양한 이해관계인이 존재하므로 상법은 통일적 기준에 의한 획일적 처리를 통해 단체적 법률관계의 안정성을 추구하고 있다. 그렇다면 이중의 제소절차라는 다소 비경제적인 측면이 있더라도 형성의 소로 보는 것이 명확하고 합리적이다.

3) 제소원인

㈎ 법령의 위반 : 주주총회의 결의내용이 법령을 위반한 경우에는 결의무효확인의 소를 제기할 수 있다. 여기서 결의내용이 법령을 위반하는 경우로는 ① 주주총회의 권한에 속하는 사항이 아닌 때, ② 주식평등의 원칙에 반하는 때, ③ 유한책임의 원칙에 반하는 때, ④ 주주총회의 권한에 속하는 사항을 타인이나 다른 기관에 일임한 때, ⑤ 강행법규나 사회질서(민법 제103조)에 반하는 때 등을 들 수 있다.

㈏ 불공정한 경우 : 상법에 명문 규정은 없지만, 주주총회의 결의내용이 매우 불공정한 경우에도 무효확인의 소를 제기할 수 있다고 보아야 하는데, 다수결의 남용이 대표적이다.[217)] 구체적으로 이사의 직무내용에 비추어 지나치게 과다한 보수를 결정한 경우, 회사에 매우 불리한 조건으로 영업양도를 승인한 경우, 소수주주의 해임청구에 의해 법원의 해임판결을 받은 이사를 다시 이사로 선임하는 경우, 대주주가 지배하는 다른 회사와의 경쟁을 피하기 위해 회사의 목적사항을 변경하는 경우 등을 들 수 있다.

---

216) 이철송, 633~634면; 정동윤, 584면. 현재 민사소송법에서는 형성소송설이 다수설이다(송상현/박익환, 265면; 이시윤, 207면; 정동윤/유병현, 64면; 한충수, 183면).

217) 다만 다수결의 남용에 의한 결의를 특별이해관계 있는 주주가 의결권을 행사한 경우와 같이 결의취소의 사유로 보아야 한다는 견해도 있다(정동윤, 578면).

4) 제소요건

㈎ 제소권자 : 상법은 결의무효확인의 소에 대하여 제소권자를 별도로 규정하고 있지 않다. 따라서 소로써 다툴 이익이 있는 자는 누구나 제기할 수 있다.

㈏ 피 고 : 결의취소의 소에서와 마찬가지로 회사가 피고가 된다.[218]

㈐ 제소기간 : 상법은 제소기간에 대한 제한을 두고 있지 않은데, 이는 하자의 성격을 고려할 때 단기간의 경과로 하자의 치유를 인정하는 것은 강행법규나 사회질서에 어긋나기 때문이다. 따라서 다툴 소익이 있는 자는 언제라도 제기할 수 있다.

(2) 부당결의취소·변경의 소

1) 의 의

부당결의취소·변경의 소란 주주총회의 결의에 관하여 특별이해관계가 있어 의결권을 행사하지 못한 주주가 그 결의의 부당함을 이유로 취소나 변경을 구하는 소이다(상법 제381조 제1항). 이는 특별이해관계가 있는 주주가 의결권을 행사하지 못하는 것을 악용하여 일부 주주가 전횡하는 경우 그 결의의 공정성을 회복하기 위한 것인데, 특히 결의의 변경까지 인정한 것은 취소판결을 하더라도 주주들에 의해 같은 결의가 반복될 우려가 있기 때문이다. 이러한 부당결의취소·변경의 소도 그 법적 성질은 형성의 소이다.

2) 제소요건

㈎ 제소사유 : 부당결의취소·변경의 소는 ① 주주총회의 결의사항에 특별한 이해관계가 있는 주주가 의결권을 행사하지 못하였을 것,[219] ② 결의내용이 법령이나 정관에 위반되지는 않지만 현저하게 부당할 것(예: 회사의 영업을 매우 부당한 염가로 타인에게 양도한 결의 등),[220] ③ 특별이해관계가 있는 주주가 의결권을 행사하였더라면 그 결의를 저지할 수 있었을 것 등의 사유가 모두 충족되었을 때 비로소 제기할 수 있다.

㈏ 제소권자 : 부당결의취소·변경의 소는 주주총회의 결의에 특별한 이해관계가 있어 의결권을 행사할 수 없었던 주주가 회사를 상대로 하여 제기하는 소송이다.

㈐ 제소기간 : 부당결의취소·변경의 소는 결의취소의 소와 마찬가지로 주주총회의 결의일로부터 2개월 내에 제기해야 한다.

---

218) 대법원 1982. 9. 14. 선고 80다2425 전원합의체 판결.
219) 다만 상법 제368조 제3항의 제한으로 인해 의결권을 행사하지 못한 경우여야 한다.
220) 손주찬, 753면; 이철송, 650면; 임재연(Ⅱ), 275면.

4. 제소절차와 판결

(1) 제소절차

1) 관할·소가 : 주주총회결의의 취소·부존재확인·무효확인의 소는 회사의 본점소재지를 관할하는 지방법원에 전속한다(상법 제376조 제2항, 제380조→제186조). 이 경우 소가는 1억원인데(민사소송 등 인지법 제2조 제4항; 동 규칙 제15조 제2항, 제18조의2 단서), 이는 결의취소의 소 등을 재산권을 목적으로 하지 않는 소로 보기 때문이다.

2) 제소공고 : 결의취소의 소 등이 제기된 때에는 회사가 지체없이 이를 공고해야 한다(상법 제376조 제2항, 제380조→제187조). 이는 현존하는 이해관계인들과 잠재적인 이해관계인들에게 회사의 법률관계에 관한 가변성을 예고하기 위함이다.

3) 병합심리 : 여러 개의 주주총회결의취소의 소가 제기된 경우 법원은 이를 병합하여 심리해야 한다(상법 제376조 제2항, 제380조→제188조). 주주총회결의취소의 소에 관한 판결은 대세적 효력이 있으므로 회사의 모든 당사자에 대하여 동일하게 확정할 필요가 있기 때문이다. 그리하여 결의의 효력을 다투는 여러 개의 소는 민사소송법 제67조가 적용되는 필수적 공동소송이 된다.[221] 한편 동일한 주주총회의 결의에 대하여 결의취소의 소 외에 결의부존재확인의 소와 결의무효확인의 소가 동시에 제기될 수도 있는데, 상법 제188조가 회사의 설립무효소송과 설립취소소송의 병합을 허용하고 있는 점 및 법적 안정성을 위해서는 동일한 주주총회의 결의에 관하여 판결이 충돌해서는 아니 된다는 점을 고려할 때 이 역시 병합을 허용하는 것이 타당하다. 참고로 독일 주식법 제249조 제2항은 결의취소소송과 결의무효소송의 병합을 명문으로 규정하고 있다.

4) 담보제공 : 결의취소의 소 등이 제기된 때 회사는 주주가 악의임을 소명하여 주주의 담보 제공을 청구할 수 있고, 이 경우 법원은 주주에게 상당한 담보의 제공을 명할 수 있는데(상법 제377조 제1항 본문, 제2항, 제380조→제176조 제4항), 이는 주주의 남소를 억제하기 위함이다. 그러나 주주가 이사나 감사인 때에는 담보제공의무가 없다(상법 제377조 제1항 단서). 여기서 「악의」란 주주총회결의에 취소·부존재·무효의 사유가 없음을 알면서 소를 제기한 경우를 의미한다. 이처럼 법원에 의한 담보제공명령은 소 제기로 인해 회사가 받았거나 장차 받게 될 손해를 담보하는 것이 주된 목적이므로 그 가액은 회사가 받게 될 불이익을 표준으로 하여 법원이 재량으로 정한다.[222]

---

221) 대법원 2021. 7. 22. 선고 2020다284977 판결.
222) 대법원 1963. 2. 28. 결정 63마2 판결.

5) 화 해 : 주주총회결의취소의 소 등은 단체적 법률관계를 그 대상으로 하는 것이고 판결의 효과가 회사와 제3자에 대해서도 미치기 때문에 제소권자가 임의로 처분할 수 있는 이익이 아니다. 따라서 결의취소의 소 등에 있어서 제소권자는 화해를 할 수 없고, 동일한 이유에서 회사가 청구를 인낙하는 것도 허용될 수 없다.[223)]

> **참고판례** **결의하자소송에서 이루어진 인낙조서 등의 효력(대법원 2004. 9. 24. 선고 2004다28047 판결)** : 주주총회결의의 부존재·무효를 확인하거나 결의를 취소하는 판결이 확정되면 당사자 이외의 제3자에게도 그 효력이 미쳐 제3자도 이를 다툴 수 없게 되므로, 주주총회결의의 하자를 다투는 소에 있어서 청구의 인낙이나 그 결의의 부존재·무효를 확인하는 내용의 화해·조정은 할 수 없고, 가사 이러한 내용의 청구인낙 또는 화해·조정이 이루어졌다 하여도 그 인낙조서나 화해·조정조서는 효력이 없다.

(2) 판 결

1) 재량기각 : 주주총회의 결의하자에 관련된 소송 중 특히 결의취소의 소에 있어서는 법원이 결의의 내용과 회사의 현황 및 제반 사정을 참작하여 취소가 부적당하다고 인정한 때에는 그 청구를 기각할 수 있다(상법 제379조). 이는 결의의 하자가 경미할 경우 가능한 그 결의의 효력을 유지하여 기존의 이해관계를 보호함은 물론 기업의 유지를 도모하기 위함이다. 다만 이는 위법하거나 부당한 주주총회의 운영을 사실상 용인하는 결과를 가져오기 때문에 매우 엄격한 기준에 따라 행해져야 한다. 따라서 법원이 결의취소의 소를 재량기각할 때에는 원고의 제소원인인 하자의 성질과 그 정도 및 회사에서 이미 형성된 단체적 법률관계의 공익성을 종합적으로 비교·형량해야 한다.[224)] 주의할 것은 이 경우 법원은 당사자의 청구가 없더라도 직권으로 기각할 수 있다는 점이다.[225)]

2) 승소판결 : 주주총회결의의 취소·부존재확인·무효확인의 소를 제기한 원고가 승소한 경우의 효력은 다음과 같다. 즉 ① 판결의 효력은 제소권자와 회사는 물론 제3자에 대해서도 미친다(대세적 효력: 상법 제376조 제2항, 제380조 → 제190조 본문). 이처럼 판결에 대세적 효력을 인정하는 것은 주주총회결의에 따라 다수인이 회사와 동종의 법률관계를 맺는 단체법적 특성이 발현되므로 거래의 안전을 위해서는 이들 모두에 대한 획일적인 확정이 필요하기 때문이다. ② 판결이 확정되면 당해 주주총회결의의 유효를 전제로 행해졌던 모든 법률행위는 소급하여 그 효력을 잃는다(소급효). 예를 들어 임원의 보수결정에 관한 주주총회

---

223) 대법원 1993. 5. 27. 선고 92누14908 판결.
224) 대법원 1987. 9. 8. 선고 86다카2971 판결.
225) 대법원 2003. 7. 11. 선고 2001다45584 판결.

결의가 취소되면 그에 의해 임원이 받았던 그동안의 보수는 부당이득이므로 이를 회사에 반환해야 한다. 이처럼 주주총회의 결의하자에 관한 법원의 판결에 대해서는 소급효가 주어지므로 퇴임한 이사에 경우에도 그 선임결의의 효력을 다툴 실익이 있다. 즉 회사가 이사로 선임된 때부터 퇴임할 때까지 지급한 보수의 반환을 청구하거나 당해 이사의 대외적인 거래행위의 효력을 부정하는 경우 등을 그 예로 들 수 있다. ③ 주주총회의 결의사항이 등기된 때에는 결의취소의 소 등에 관한 판결이 확정된 후 본점과 지점의 소재지에서 이를 변경하여 등기해야 한다(상법 제378조).

참고판례 **해임된 대표이사가 주주총회결의부존재확인의 소를 제기할 이익이 있는지(대법원 2007. 4. 26. 선고 2005다38348 판결)** : 이사회의 결의로써 대표이사직에서 해임된 사람이 그 이사회 결의가 있은 후에 개최된 유효한 주주총회 결의에 의하여 이사직에서 해임된 경우, 그 주주총회가 무권리자에 의하여 소집된 총회라는 하자 이외의 다른 절차상, 내용상의 하자로 인하여 부존재 또는 무효임이 인정되거나 그 결의가 취소되는 등의 특별한 사정이 없는 한 대표이사 해임에 관한 이사회결의에 어떠한 하자가 있다고 할지라도, 그 결의의 부존재나 무효확인 또는 그 결의의 취소를 구하는 것은 과거의 법률관계 내지 권리관계의 확인을 구하는 것에 귀착되어 확인의 소로서 권리보호요건을 결여한 것으로 보아야 한다.

참고판례 **선임에 관한 주주총회결의가 취소된 경우 대표이사가 한 행위의 효력 등(대법원 2004. 2. 27. 선고 2002다19797 판결)** : [1] 이사 선임의 주주총회결의에 대한 취소판결이 확정된 경우 그 결의에 의하여 이사로 선임된 이사들에 의하여 구성된 이사회에서 선정된 대표이사는 소급하여 그 자격을 상실하고, 그 대표이사가 이사 선임의 주주총회결의에 대한 취소판결이 확정되기 전에 한 행위는 대표권이 없는 자가 한 행위로서 무효가 된다. [2] 이사 선임의 주주총회결의에 대한 취소판결이 확정되어 그 결의가 소급하여 무효가 된다고 하더라도 그 선임 결의가 취소되는 대표이사와 거래한 상대방은 상법 제39조의 적용 내지 유추적용에 의하여 보호될 수 있으며, 주식회사의 법인등기의 경우 회사는 대표자를 통하여 등기를 신청하지만 등기신청권자는 회사 자체이므로 취소되는 주주총회결의에 의하여 이사로 선임된 대표이사가 마친 이사 선임 등기는 상법 제39조의 부실등기에 해당된다.

3) 패소판결 : 결의하자에 관한 소송에서 제소권자가 패소한 경우에 그 각하 또는 기각판결은 취소판결과 달리 대세적 효력이 없다. 따라서 다른 제소권자가 새로운 소를 제기할 수는 있지만, 실제로는 대부분 제소기간이 경과하여 소 제기 그 자체가 불가능할 것이다. 한편 패소한 제소권자에게 악의 또는 중과실이 있는 때에는 회사에 대하여 연대하여 손해를 배상해야 한다(상법 제376조 제2항, 제380조 → 제191조).

(3) 다른 소송과의 관계

주주총회결의의 하자를 다투는 각종 소와 관련하여 함께 검토할 사항은 주주총회의 결의에 근거하여 이루어진 다양한 후속행위의 효력을 다투는 방법과의 관계이다. 특히 후속행위의 무효 등을 다투는 별도의 소가 인정되는 경우에 주주총회결의의 하자에 관한 소와의 관계가 문제된다. 예를 들어 자본금감소나 조직재편(합병, 분할, 주식교환·이전) 등의 경우에는 주주총회의 특별결의가 필요하고, 후속행위의 효력을 다투는 방법으로는 각각 자본금감소무효의 소, 합병무효의 소, 분할무효의 소 등이 인정된다. 그리하여 이러한 안건에 대한 주주총회의 결의에 하자가 있으면 결의취소의 소 등의 사유가 됨은 물론이고 합병무효의 소 등의 사유도 되므로 어떠한 소를 제기해야 하는지가 문제된다. 이와 관련하여 과거에는 견해의 대립이 있었지만, 현재의 통설은 그러한 분쟁은 후속행위에 주어진 효력에 의해 궁극적으로 해결되기 때문에 주주총회결의의 하자는 후속행위의 하자에 흡수되고, 따라서 후속행위의 무효를 주장하는 소만 제기할 수 있다고 해석하고 있으며, 판례도 같은 입장이다.[226] 주의할 것은 이러한 경우에 후속행위의 무효를 다투지 않고 주주총회결의의 하자를 다투는 소를 제기하면 각하된다는 점이다.

사례해결

(1) 주주총회결의의 부존재확인의 소는 결의의 성립과정상 하자가 현저하게 중대하여 그 존재조차 인정하기 어려운 경우에 인정된다(상법 제380조). 결의부존재확인에 관한 소는 주주·이사·감사에 한하지 않고, 소의 이익이 있는 자는 누구나 제소할 수 있다. 또한 비록 결의에 찬성한 주주라도 결의부존재확인의 소를 제기할 수 있다(대법원 1977. 4. 26. 선고 76다1440·1441 판결). 주주총회결의의 하자는 결의의 공정성에 관계된 것이기 때문이다. 따라서 원칙적으로 주주 D의 제소는 정당하다. 그런데 판례는 비록 소집통지에 하자가 있더라도 정족수가 넘는 주주의 출석과 출석주주 전원의 찬성에 의해 이루어진 결의라면 결의부존재의 사유가 아니라 결의취소의 사유로 보아야 한다는 입장이다(대법원 2012. 6. 14. 선고 2012다20925 판결; 대법원 1993. 10. 12. 선고 92다21692 판결). 따라서 이러한 판례에 의하면 주주 D의 결의부존재확인의 소 제기는 부적법하므로 결의취소의 소로 변경해야 하는데, 이 경우에는 이미 제소기간이 경과한 후가 일반적이다. 그리하여 판례는 "주주총회결의의 취소의 소는 상법 제376조에 따라 결의의 날로부터 2월 내에 제기하여야 하나, 동일한 결의에 관하여 무효확인의 소가 상법 제376조 소정의 제소기간 내에 제기되어 있다면, 동일한 하자를 원인으로 하여 결의의 날로부터 2월이 경과한 후 취소소송으로 소를 변경하거나 추가한 경우에도 무효확인의 소 제기시에 제기된 것과 동일하게 취급하여 제소기간을 준수하였다고 보아야 한다(대법원 2003. 7. 11. 선고 2001다45584 판결 참조)."라고 판시하여 이러한 현실적인 어려움을 해소해 주고 있다.

(2) 주주총회의 소집통지는 주주 개개인의 주주총회 참석권을 보장하기 위한 것이다. 따라서 비록 특정한 주주에 대한 소집통지에 절차적 하자가 있더라도 당해 주주의 동의가 있다면 그 하자는 치유된다고

---

226) 특히 판례는 신주발행과 자본금감소 및 합병에 관하여 후속행위의 무효를 다투는 소에 의해야 한다고 판시하고 있다(대법원 2010. 2. 11. 선고 2009다83599 판결; 대법원 2004. 8. 16. 선고 2003다9636 판결; 대법원 1993. 5. 27. 선고 92누14908 판결 등).

보아야 한다. 그러나 주주총회결의취소의 소는 주주총회의 의사형성과정의 공정성과 적법성을 회복시킴으로써 회사조직의 건전성을 유지하기 위한 제도이므로 모든 주주가 이해관계를 갖고 있으며, 그 결의에 따라 주주가 개별적으로 불이익을 입었느냐도 묻지 아니하며(대법원 1998. 5. 12. 선고 98다4569 판결), 하자와 무관한 주주도 다른 주주에 대한 소집절차의 하자를 이유로 소를 제기할 수 있다(대법원 2003. 7. 11. 선고 2001다45584 판결). 따라서 주주 F의 제소는 정당하다.

제3절 경영기관

제1관 이사와 대표이사

예시사례 자본금 100억원의 의류업체(비상장회사)인 ㈜甲에는 A·B·C·D·E가 이사로 있는데, A가 대표이사를 맡고 있고, 이사 C·D·E는 사외이사이다. 그리고 대표이사 A는 ㈜甲의 주식 35%를 가지고 있으며, 그의 친인척들이 약 25%의 주식을 보유하고 있다. 한편 ㈜甲은 생산비를 절감하고 중국 내 판매를 확대하기 위해 중국 현지 2곳에 새로운 생산공장을 짓고 있다. 이 사안과 관련하여 다음 설문에 답하시오!

(1) 소액주주들의 요구로 개최된 ㈜甲의 임시주주총회에서는 소액주주의 대표자인 F를 이사로 선임하는 안건이 무사히 결의되었다. 그런데 그 직후 개최된 ㈜甲의 이사회에 F가 출석하자, A는 자신과의 임용계약이 체결되지 않았음을 이유로 F의 이사회장 출입을 막았다. 이 경우 A의 행위는 정당한가?

(2) 이사 B는 연구개발책임자로서 그동안의 공로를 인정받아 ㈜甲으로부터 주식매수선택권 1만주(행사가액은 주당 1만원)를 받았다. 그런데 1년 3개월 후 ㈜甲은 판매망 확장을 위해 미국 뉴욕에 자회사를 설립하며 B를 대표이사로 임명하였다. 그 후 1년간 열심히 일하며 판매망을 확장하던 B는 선택권 행사요건이 충족되었음을 알고 곧바로 ㈜甲에 대하여 주식매수선택권을 행사하였는데, ㈜甲은 B가 2년의 재임기간을 충족하지 못하였다면서 그 청구를 거부하였다. 이러한 ㈜甲의 조치는 정당한가?

(3) C의 경우 등기부에도 등기되어 있으나 실제는 C가 이사 취임을 승낙한 사실이 없고, ㈜甲의 임직원 중 누군가가 C의 도장을 사용하여 등기한 것이다. 이 경우 C는 어떠한 법적 조치를 할 수 있는가?

(4) 대표이사 A의 친구인 E는 사외이사로 등재되어 있으나 실제로 활동하진 않았다. 그런데도 ㈜甲은 A의 지시를 받아 매년 2억원의 보수를 E에게 지급해 왔는데, 담당자의 실수로 인해 2020년에는 보수를 지급하지 못하였다. 이 경우 E는 ㈜甲에 대하여 2억원의 보수를 청구할 수 있을까?

(5) 만약 ㈜甲의 정관에 A와 A-가 공동대표로 정해져 있는데(등기부도 동일하다고 가정함), 어느 날 A가 단독으로 ㈜甲을 대표하여 연대보증행위를 하였다면 그 보증행위는 회사에 대하여 유효한가?

Ⅰ. 서 설

주식회사는 소유와 경영의 분리를 그 전제로 하므로 회사경영에 관한 의사는 주주총회에서 보통결의로 선임된 이사들로 구성되는 이사회에서 결정한다. 그리고 이사는 이사회의 구성원으로서 회사의 경영의사를 결정하고 그 업무집행에 관한 감독권을 행사하는 회사의 수임인이다. 상법은 이사를 사내이사와 사외이사 및 그 밖에 상무에 종사하지 아니하는 이사로 구분한 후 원칙적으로 3인 이상 선임하도록 규제하고 있는데, 이는 이사회를 구성하도록 함과 동시에 의사결정에 있어서 가부동수를 피하기 위함이다. 상법상 이사의 자격에는 원칙적으로 특별한 제한이 없으므로 정관으로 자격을 제한하더라도 그 내용이 사회질서에 반하지 않는다면 유효하다. 다만 사외이사의 경우에는 상법이 모든 사외이사를 전제로 한 일반적 결격사유와 상장회사의 사외이사에게만 적용되는 추가적 결격사유를 규정하고 있는데, 이는 사외이사의 독립성을 확보·유지하기 위함이다.

한편 회사의 업무집행결정권은 이사회가 갖고 있지만, 회의체기관인 이사회는 현실적인 집행행위를 할 수 없으므로 회사의 자연적 의사를 결정하고 실제의 업무집행을 담당할 주체가 필요하다. 그리하여 상법은 대표이사를 선임하도록 하여 대내적인 업무집행권과 대외적인 회사대표권을 함께 부여하고 있다. 따라서 대표이사는 주식회사의 업무집행권을 보유·행사하는 필요적 상설기관이라고 할 수 있다. 다만 이러한 대표권도 일정한 경우에는 제한할 수 있지만, 특별한 규제를 받는다. 대표이사는 원칙적으로 이사회가 이사 중에서 선정하나 정관에 의해 주주총회에서 선임할 수도 있는데, 자격에 관한 제한은 없으므로 회사가 정관으로 대표이사의 자격을 정하는 것은 무방하다. 한편 회사는 대표이사와 관련하여 다양한 이유에 근거하여 공동대표이사를 둘 수 있도록 하고, 때로는 거래의 안전을 위해 표현대표이사의 행위에 대하여 회사의 책임을 인정하고 있다.

Ⅱ. 이 사

1. 의 의

(1) 법적 지위

이사는 주주총회에서 선임되는(상법 제382조 제1항) 회사의 수임인이다. 따라서 주주총회에서 선임되지 아니한 자는 그 명칭이나 등기 여부에 상관없이 상법상 이사가 아니므로[227)]

227) 실무에서는 주주총회에서 선임된 이사를 「등기이사」라고 하고, 종업원 중 상위직에 있는 자를 이

이사의 권한을 행사할 수 없고, 이사로서 책임도 부담하지 않는다.228) 다만 이들이 상법 제401조의2에 해당하는 때에는 상법상 이사와 같은 책임을 진다. 이러한 이사가 주식회사의 기관인지에 대해서는 긍정설과 부정설(다수설)이 있는데, 이론적으로는 이사도 이사회의 구성원으로서 회사의 업무를 집행하는 주식회사의 필요적 상설기관이라고 본다. 이사는 이사회의 구성원으로서 회사의 경영의사를 결정함은 물론 업무감독권도 행사하므로 주주총회에서 이사로 선임되는 순간부터 그 지위가 이사회의 구성원인 지위와 동시성을 갖게 되고, 이사는 각종 제소권 등 상법상의 독자적인 권한을 행사하며 실제적인 업무를 집행하고 각종 의무를 부담하고 있기 때문이다. 그렇지만 이사의 지위는 상법상 명확히 정해져 있으므로 기관으로 보든 그렇지 않든 실제적인 차이는 없다.

참고판례 **형식적으로 이사라는 직함을 부여받은 자의 지위 등(대법원 2003. 9. 26. 선고 2002다64681 판결)** : [1] 상법상 이사와 감사는 주주총회의 선임 결의를 거쳐 임명하고 그 등기를 하여야 하며, 이사와 감사의 법정 권한은 위와 같이 적법하게 선임된 이사와 감사만이 행사할 수 있을 뿐이고 그러한 선임절차를 거치지 아니한 채 다만 회사로부터 이사라는 직함을 형식적·명목적으로 부여받은 것에 불과한 자는 상법상 이사로서의 직무권한을 행사할 수 없다. [2] 근로기준법의 적용을 받는 근로자에 해당하는지 여부는 계약의 형식에 관계없이 그 실질에 있어서 임금을 목적으로 종속적 관계에서 사용자에게 근로를 제공하였는지 여부에 따라 판단하여야 할 것이므로, 회사의 이사 또는 감사 등 임원이라고 하더라도 그 지위 또는 명칭이 형식적·명목적인 것이고 실제로는 매일 출근하여 업무집행권을 갖는 대표이사나 사용자의 지휘·감독 아래 일정한 근로를 제공하면서 그 대가로 보수를 받는 관계에 있다거나 또는 회사로부터 위임받은 사무를 처리하는 외에 대표이사 등의 지휘·감독 아래 일정한 노무를 담당하고 그 대가로 일정한 보수를 지급받아 왔다면 그러한 임원은 근로기준법상의 근로자에 해당한다.

(2) 회사와의 관계

이사는 주주총회에서 선임되지만, 주주의 수임인이 아닌 회사의 수임인이다. 따라서 이사는 주주에 대하여 직접적인 의무를 부담하지 않고, 회사에 대해서만 의무를 부담하고 책임을 진다. 더욱이 이사와 회사의 관계에는 민법상 위임에 관한 규정이 준용되므로(상법 제382조 제2항), 이사는 회사에 대하여 선관주의의무를 기본의무로 하여 이사회출석의무·감시의무 등의 각종 부수의무를 부담하며 그 위반시 엄격한 책임을 진다.

(3) 이사의 종류

상법은 이사를 사내이사, 사외이사, 그 밖에 상무에 종사하지 않는 이사로 구분하여 등

사회의 결의나 대표이사의 지시에 따라 대우이사 등으로 부르는 자들을 「비등기이사」라고 한다.
228) 대법원 2003. 9. 26. 선고 2002다64681 판결.

기하도록 규정하고 있다(상법 제317조 제2항 제8호). 여기서 「사내이사」는 회사의 일상적인 업무를 직접 담당하여 집행하는 자, 「사외이사」는 회사의 상무(常務)에 종사하지 않는 자(상법 제382조 제3항 본문), 「그 밖에 상무에 종사하지 아니하는 이사」란 회사의 상무에 종사하지 않는 사외이사가 아닌 자를 의미한다. 이 중 세 번째 유형은 그동안 실무에서 비상근이사 또는 평이사라고 부르며 사외이사와 무관하게 두어 온 이사를 법제화한 것인데, 사외이사에 관련된 규정이 적용되지 않아 법적 규율에 있어서는 사내이사와 차이가 없다. 따라서 입법론적으로는 먼저 사내이사와 사외이사로 구분하고, 사내이사의 경우 다시 업무담당이사와 비업무담당이사로 구분하는 것이 더 합리적이다.

2. 이사의 선임

(1) 자격요건

1) 원 칙 : 상법은 이사의 자격을 원칙적으로 제한하지 않기 때문에 회사가 정관으로 이사의 자격을 제한하더라도 그 내용이 사회질서에 반하지 아니하면 유효하다. 이와 관련하여 정관에 이사가 가져야 할 주식(자격주)의 수를 정할 수도 있는데, 다른 규정이 없는 한 이사는 그 주권을 감사에게 공탁해야 한다(상법 제387조). 이는 이사의 내부자거래(자본시장법 제172조, 제174조)와 같은 불공정한 거래행위를 차단하기 위함이다.

2) 예 외 : 상법은 사외이사의 경우 일정한 결격사유를 규정하고 있고, 사외이사가 재임 중 그에 해당하면 그 직을 상실하도록 규제하고 있으며, 상장회사의 사외이사에 대해서는 추가적 결격사유를 규정하고 있다. 이는 사외이사에게 기대하는 경영감시기능을 위해 지배주주나 경영진으로부터 그 독립성을 확보·유지하기 위함이다.

[표 14] 사외이사의 결격사유

구 분	규제 내용
일반적 결격사유	사외이사는 해당 회사의 상무(常務)에 종사하지 아니하는 이사로서 다음 각 호의 어느 하나에 해당하지 아니하는 자를 말한다. 사외이사가 다음 각 호의 어느 하나에 해당하는 경우에는 그 직을 상실한다(상법 제382조 제3항). 1. 회사의 상무에 종사하는 이사·집행임원 및 피용자 또는 최근 2년 이내에 회사의 상무에 종사한 이사·감사·집행임원 및 피용자 2. 최대주주가 자연인인 경우 본인과 그 배우자 및 직계 존속·비속 3. 최대주주가 법인인 경우 그 법인의 이사·감사·집행임원 및 피용자 4. 이사·감사·집행임원의 배우자 및 직계 존속·비속

일반적 결격사유	5. 회사의 모회사 또는 자회사의 이사·감사·집행임원 및 피용자 6. 회사와 거래관계 등 중요한 이해관계에 있는 법인의 이사·감사·집행임원 및 피용자 7. 회사의 이사·집행임원 및 피용자가 이사·집행임원으로 있는 다른 회사의 이사·감사·집행임원 및 피용자
상장회사 추가적 결격사유	상장회사의 사외이사는 제382조 제3항 각 호뿐만 아니라 다음 각 호의 어느 하나에 해당되지 아니하여야 하며, 이에 해당하게 된 경우에는 그 직을 상실한다(상법 제542조의8 제2항).[229] 1. 미성년자, 피성년후견인 또는 피한정후견인 2. 파산선고를 받고 복권되지 아니한 자 3. 금고 이상의 형을 선고받고 그 집행이 끝나거나 집행이 면제된 후 2년이 지나지 아니한 자 4. 대통령령으로 별도로 정하는 법률을 위반하여 해임되거나 면직된 후 2년이 지나지 아니한 자 5. 상장회사의 주주로서 의결권 없는 주식을 제외한 발행주식총수를 기준으로 본인 및 그와 대통령령으로 정하는 특수한 관계에 있는 자(특수관계인)가 소유하는 주식의 수가 가장 많은 경우 그 본인(최대주주) 및 그의 특수관계인 6. 누구의 명의로 하든지 자기의 계산으로 의결권 없는 주식을 제외한 발행주식총수의 100분의 10 이상의 주식을 소유하거나 이사·집행임원·감사의 선임과 해임 등 상장회사의 주요 경영사항에 대하여 사실상의 영향력을 행사하는 주주(주요주주) 및 그의 배우자와 직계 존속·비속 7. 그 밖에 사외이사로서의 직무를 충실하게 수행하기 곤란하거나 상장회사의 경영에 영향을 미칠 수 있는 자로서 대통령령으로 정하는 자
	법 제542조의8 제2항 제7호에서 "대통령령으로 정하는 자"란 다음 각 호의 어느 하나에 해당하는 자를 말한다(상령 제34조 제5항).[230] 1. 해당 상장회사의 계열회사의 상무에 종사하는 이사·집행임원·감사 및 피용자이거나 최근 3년 이내에 계열회사의 상무에 종사하는 이사·집행임원·감사 및 피용자였던 자 2. 다음 각 목의 법인 등의 이사·집행임원·감사 및 피용자[사목에 따른 법무법인, 법무법인(유한), 법무조합, 변호사 2명 이상이 사건의 수임·처리나 그 밖의 변호사 업무수행 시 통일된 형태를 갖추고 수익을 분배하거나 비용을 분담하는 형태로 운영되는 법률사무소, 합작법무법인, 외국법자문법률사무소의 경우에는 해당 법무법인 등에 소속된 변호사, 외국법자문사를 말함]이거나 최근 2년 이내에 이사·집행임원·감사 및 피용자였던 자 가. 최근 3개 사업연도 중 해당 상장회사와의 거래실적의 합계액이 자산총액(해당 상장회사의 최근 사업연도 말 현재의 대차대조표상의 자산총액을 말함) 또는

229) 결격사유 중 제1호 내지 제4호의 경우에는 사외이사로서 최소한의 자질을 법적으로 확보하기 위한 것이고, 제5호 내지 제7호의 경우에는 사외이사의 독립성을 확보하기 위함이다.

230) 2020년에 개정된 상법 시행령이 제1호의 냉각기간을 2년에서 3년으로 확대하고 제7호를 신설한 것은 장기간 재직함으로 인해 사외이사의 독립성이 약화되는 것을 방지하기 위함이다.

상장회사 추가적 결격사유	매출총액(해당 상장회사의 최근 사업연도 말 현재의 손익계산서상의 매출총액을 말함)의 100분의 10 이상인 법인 나. 최근 사업연도 중에 해당 상장회사와 매출총액의 100분의 10 이상의 금액에 상당하는 단일의 거래계약을 체결한 법인 다. 최근 사업연도 중에 해당 상장회사가 금전, 유가증권, 그 밖의 증권 또는 증서를 대여하거나 차입한 금액과 담보제공 등 채무보증을 한 금액의 합계액이 자본금(해당 상장회사의 최근 사업연도 말 현재의 대차대조표상의 자본금을 말함)의 100분의 10 이상인 법인 라. 해당 상장회사의 정기주주총회일 현재 그 회사가 자본금(해당 상장회사가 출자한 법인의 자본금을 말함)의 100분의 5 이상을 출자한 법인 마. 해당 상장회사와 기술제휴계약을 체결하고 있는 법인 바. 해당 상장회사의 감사인으로 선임된 회계법인 사. 해당 상장회사와 주된 법률자문·경영자문 등의 자문계약을 체결하고 있는 법무법인, 법무법인(유한), 법무조합, 변호사 2명 이상이 사건의 수임·처리나 그 밖의 변호사 업무수행 시 통일된 형태를 갖추고 수익을 분배하거나 비용을 분담하는 형태로 운영되는 법률사무소, 합작법무법인, 외국법자문법률사무소, 회계법인, 세무법인, 그 밖에 자문용역을 제공하고 있는 법인 3. 해당 상장회사 외 2개 이상의 다른 회사의 이사·집행임원·감사로 재임 중인 자 4. 해당 상장회사에 대한 회계감사 또는 세무대리를 하거나 그 상장회사와 법률자문·경영자문 등의 자문계약을 체결하고 있는 변호사(소속 외국법자문사를 포함한다), 공인회계사, 세무사, 그 밖에 자문용역을 제공하고 있는 자 5. 해당 상장회사의 발행주식총수의 100분의 1 이상에 해당하는 주식을 보유(자본시장법 제133조 제3항에 따른 보유를 말함)하고 있는 자 6. 해당 상장회사와의 거래(약관규제법 제2조 제1호의 약관에 따라 이루어지는 해당 상장회사와의 정형화된 거래는 제외함) 잔액이 1억원 이상인 자 7. 해당 상장회사에서 6년을 초과하여 사외이사로 재직했거나 해당 상장회사 또는 그 계열회사에서 각각 재직한 기간을 더하면 9년을 초과하여 사외이사로 재직한 자

[표 15] 특수관계인의 범위(상령 제34조 제4항)

본 인	특수관계인
개 인 (제1호)	가. 배우자(사실상의 혼인관계에 있는 사람을 포함함) 나. 6촌 이내의 혈족 다. 4촌 이내의 인척 라. 본인이 단독으로 또는 본인과 가목부터 다목까지의 관계에 있는 사람과 합하여 100분의 30 이상을 출자하거나 그 밖에 이사·집행임원·감사의 임면 등 법인 또는 단체의 주요 경영사항에 대하여 사실상 영향력을 행사하고 있는 경우에는 해당 법인 또는 단체와 그 이사·집행임원·감사

개 인 (제1호)	마. 본인이 단독으로 또는 본인과 가목부터 라목까지의 관계에 있는 자와 합하여 100분의 30 이상을 출자하거나 그 밖에 이사·집행임원·감사의 임면 등 법인 또는 단체의 주요 경영사항에 대하여 사실상 영향력을 행사하고 있는 경우에는 해당 법인 또는 단체와 그 이사·집행임원·감사
법인(단체) (제2호)	가. 이사·집행임원·감사 나. 계열회사 및 그 이사·집행임원·감사 다. 단독으로 또는 제1호 각 목의 관계에 있는 자와 합하여 본인에게 100분의 30 이상을 출자하거나 그 밖에 이사·집행임원·감사의 임면 등 본인의 주요 경영사항에 대하여 사실상 영향력을 행사하고 있는 개인 및 그와 제1호 각 목의 관계에 있는 자 또는 단체(계열회사는 제외한다)와 그 이사·집행임원·감사 라. 본인이 단독으로 또는 본인과 가목부터 다목까지의 관계에 있는 자와 합하여 100분의 30 이상을 출자하거나 그 밖에 이사·집행임원·감사의 임면 등 단체의 주요 경영사항에 대하여 사실상 영향력을 행사하고 있는 경우 해당 단체와 그 이사·집행임원·감사

3) 쟁점사항 : 이사의 자격요건과 관련하여 논의되는 주요 쟁점은 다음과 같다.

(가) 행위능력 : 이사의 행위능력이 필요한지와 관련하여 제한능력자도 이사가 될 수 있다는 견해[231]와 될 수 없다는 견해[232]가 있다. 그리고 등기실무에서는 의사능력이 있는 한 미성년자의 이사선임 등기신청을 수리하고 있다. 생각건대 상법이 사외이사가 아닌 이사의 경우 특별한 자격제한을 두고 있지 아니하므로 논리적으로는 제한능력자도 이사가 될 수 있다고 보아야 한다. 그렇지만 이사는 회사에 대하여 선관주의의무를 부담하고, 때로는 직접 일정한 업무를 담당하며 그 집행에 있어서 전문적인 경영판단을 해야 하며, 일정한 경우 회사나 제3자에 대하여 엄격한 손해배상책임을 진다. 이를 종합할 때 이사는 행위능력자여야 하는데, 이는 이사의 종류나 회사의 상장 여부와 관계없다. 따라서 미성년자·피성년후견인·피한정후견인은 이사가 될 수 없다는 요건은 상장회사의 사외이사에 한정한 상법 제542조의8 제2항이 아니라, 이사선임에 관한 일반규정인 상법 제382조에 두는 것이 타당하다. 같은 이유에서 파산선고를 받은 자도 이사가 될 수 없다.

(나) 법인이사 : 법인이 이사가 될 수 있는가에 대해서는 긍정설[233]과 부정설[234]이 있다.

231) 강위두/임재호, 779면; 권기범, 824면; 김동훈, 278면; 서돈각/정완용, 427면; 손주찬, 759면; 임홍근, 448면; 정찬형, 969면; 최기원, 583면.

232) 이철송, 667면.

233) 강위두/임재호, 779면; 김홍기, 570면; 서돈각/정완용, 427면; 정경영, 544면; 정동윤, 594면.

234) 권기범, 825면; 김건식/노혁준/천경훈, 367면; 김정호, 425면; 서헌제, 797면; 손주찬, 759면; 오성근, 586면; 이범찬/임충희/이영종/김지환, 302면; 이철송, 667면; 임홍근, 448면; 정찬형, 969면; 최기원, 582면.

그런데 이사는 회사의 업무를 실제로 집행하는 자이고, 자연인임이 분명한 대표이사의 피선자격이 있어야 한다. 따라서 법인은 이사가 될 수 없다고 봄이 타당하다.

㈐ 결격사유 : 상장회사 사외이사의 추가적 결격사유와 관련하여 다음과 같은 논란이 있다. 즉 ① 냉각기간의 연장인데, 2020년에 개정된 상법 시행령은 기존의 2년인 냉각기간을 3년으로 연장하였다. 이는 사외이사의 독립성을 강화하기 위함이지만, 실효성은 여전히 의문이다. 단순히 냉각기간을 1년 늘린다고 하여 사외이사의 독립성이 강화되는 것은 아니고, 냉각기간이 길면 오히려 사외이사의 업무능력이 떨어질 수도 있기 때문이다. ② 재직기간의 제한이다. 시행령 제34조 제5항 제7호는 상장회사에서 6년을 초과하여 사외이사로 재직하였거나 해당 상장회사나 그 계열회사에서의 사외이사 재직기간이 합산하여 9년을 초과하는 자는 당해 상장회사의 사외이사가 될 수 없도록 규제하고 있는데, 이도 사외이사의 독립성을 강화하기 위함이다.[235] 그렇지만 재직기간의 제한에 관한 위헌성의 논란도 함께 고려해야 한다.[236] 직업선택의 자유는 헌법에 보장된 기본권이므로 제한하려면 법률에 근거해야 하고, 제한하더라도 본질적인 내용은 침해할 수 없다. 그런데 재직기간의 제한은 사실상 직업선택의 자유를 제한하는 것이 될 수 있으므로 법률에 근거해야 하는데, 이를 시행령으로 제한하는 것은 문제가 있기 때문이다.[237] 더욱이 상장회사와 그 계열회사에서 겸직하는 사외이사의 경우에는 기간 합산의 불합리성이 발생할 수도 있다.[238] 따라서 재직기간에 관한 제한은 입법적 재검토가 필요하다.

㈑ 특수관계인 : 상법 시행령이 규정하고 있는 특수관계인을 살펴보면 모호한 개념이 많아 법규의 명확성 원칙에 반하며 규제의 실효성을 반감시키고 있다. 구체적으로 ① 상법은 주로 혈연관계에 기초하여 특수관계인의 범위를 정하고 있는데, 이는 「실질적인 경제적 동일체」라는 점에 근거하여 특수관계인을 정한 입법취지에 역행한다. 특수관계인은 지배주주와 경제적 이해를 함께 하거나 경제적 이익을 무상으로 나눌 정도로 밀접한 관계를 형성

---

235) 이를 근거로 2020년에 개정된 상법 시행령이 사외이사의 재직기간을 제한한 것은 글로벌 추세에서 벗어나지 않은 것으로 사외이사가 보다 독립적인 의사결정을 내릴 수 있는 기업환경이 조성될 것이라는 견해도 있다(김소정/김우찬, "사외이사 장기재직 현황과 재직기간 제한정책의 실효성 분석", 4면).

236) 한국상장회사협의회, 「상법 시행령 일부개정령안에 대한 의견」, 8면.

237) 정준우, "지배구조 개선을 위한 개정 상법 시행령의 비판적 검토", 470~472면.

238) 이에 관한 실무의 질의에 대하여 법무부는 기간 자체가 늘어나는 것은 아니므로 겸직기간을 중복하여 산입하지 않는 것이 타당하다는 유권해석을 내렸다. 그런데 계열회사에서의 재직기간까지 합산하는 것은 사외이사가 상장회사 및 그 계열회사와의 업무상 유관관계를 맺는 기간을 제한하기 위한 것이라는 개정 취지를 고려할 때 이러한 유권해석은 다소 모순된다(법무부, 「상법 시행령 일부개정령 관련 질의응답」, 2면 참조).

하고 있음을 그 전제로 하는 것임을 고려할 때 더욱 그러하다. ② 「주요 경영사항」의 경우 이사·집행임원·감사의 임면을 예시하고 있지만, 구체적으로 무엇이 이에 속하는지를 확정하기 어렵다. ③ 「사실상의 영향력」이란 업무집행지시자 등의 책임에 관한 상법 제401조의2에서 연원하는 것으로서 사회학적인 개념이다. 그리하여 지배주주, 회사채권자, 계속적 거래에서 우월적 지위를 갖는 자, 공법적·정치적으로 우월한 힘을 갖는 자 등을 모두 포함한다.[239] ④ 「피용자」의 의미가 모호함에도 포섭범위에 관한 제한이 없어 오히려 법적 안정성을 해할 우려가 있다.[240] 따라서 특수관계인 규정의 실효적이고 합리적인 운용을 위해서는 수범자들에게 예견가능성을 부여해야 하고, 이를 위해서는 각종 불명확한 용어는 물론 그 포섭범위를 명확히 규정해야 한다.[241]

(2) 선임 절차

1) 선임기관 : 이사는 회사설립의 경우 발기인이나 창립총회에서 선임하지만(상법 제296조 제1항, 제312조), 설립 후에는 주주총회에서 선임한다(상법 제382조 제1항). 이사의 선임은 주주총회의 고유권한에 속하므로 정관의 규정이나 주주총회의 결의에 의해서도 다른 기관에 선임권을 위임할 수 없고, 이사 후보를 특정인이 추천하는 자로 제한하는 등 이사의 선임을 특정인의 의사에 연계시키는 것도 허용되지 않는다.

2) 선임방법 : 이사는 주주총회의 보통결의로 선임하는데, 주의할 점이 있다. 즉 ① 집중투표에 의하지 않는 한 이사 각인별로 선임해야 한다.[242] ② 상장회사의 사외이사는 사내이사와 자격요건 및 선임절차를 달리하므로 양자를 구분해서 선임해야 하고, 주주총회의 소집통지에도 구분하여 기재해야 한다. 그러나 비상장회사에서는 주주총회의 소집통지를 할 때 사내이사와 사외이사 등으로 구분할 필요가 없다.[243] ③ 상장회사에서 이사를 선임하는 때에는 상법 제542조의4 제2항에 따라 주주들에게 통지·공고한 후보자 중에서만 선임해야 한다(상법 제542조의5). 따라서 주주총회의 소집통지에는 후보자의 성명·약력·추천인과 대통령령으로 정하는 사항이 기재되어야 한다. ④ 최근 사업연도 말 자산총액이 2조원 이상인 대규모 상장회사는 사외이사가 총 위원의 2분의 1 이상이 되는 사외이사후보추천위원회

---

239) 이철송, 837~838면.

240) 문상일, "상법 회사편상 특수관계인 범위의 합리적 재조정을 위한 제언", 93면; 안수현, "상장회사 특례규정상의 주요주주 등 이해관계자와의 거래에 관한 규제 재검토", 19면.

241) 상법상 특수관계인 제도의 문제점에 대해서는 정준우, "개정상법상 특수관계인제도의 현황과 그 문제점", 1680~1688면 참조.

242) 1회의 결의로 수인의 이사를 선임하는 것은 위법하다(서울중앙지방법원 2015. 3. 12.자 2015카합80191 결정).

243) 서울고등법원 2010. 11. 15.자 2010라1065 결정.

를 설치해야 하고(상법 제542조의8 제4항), 주주총회에서는 동 위원회의 추천을 받은 자 중에서만 사외이사를 선임해야 한다. 이 경우 주주가 상장회사의 주주제안절차(상법 제542조의6 제2항)에 따라 추천한 사외이사 후보자가 있으면 사외이사후보추천위원회는 이를 포함하여 추천해야 한다(상법 제542조의8 제5항).[244)]

3) 이사의 동의 : 상법상 이사의 선임은 회사와의 위임계약관계를 형성하는 행위이므로 당연히 이사가 될 자의 동의가 필요한데, 동의는 묵시적이라도 무방하다.

4) 임용계약 요부 : 이사의 선임과 관련하여 그동안 ① 주주총회에서 특정인을 이사로 선임하였더라도 대표이사가 그 피선임자에 대하여 임용계약의 청약을 하고 피선임자가 승낙해야만 비로소 피선임자가 이사가 된다는 견해, ② 상법은 이사를 주주총회에서 선임한다고 단정하고 있어 이사선임에 관한 주주총회결의는 그 자체가 창설적 효력이 있으므로 주주총회에서의 선임결의가 있으면 피선임자가 그에 동의함으로써 곧바로 이사의 지위를 취득한다고 보아야 한다는 견해가 있었다. 그런데 최근 대법원은 전원합의체 판결을 통하여 "이사·감사의 지위는 주주총회의 선임결의가 있고 선임된 사람의 동의가 있으면 취득된다고 보는 것이 옳다."라고 판시하며 기존의 판례를 변경하였다.[245)] 이는 제3자의 보호에 중점을 둔 것이지만, 회사가 주주총회에서 선임된 이사의 선임등기를 거부하는 때에는 여전히 문제가 있으므로 향후 입법적 보완이 필요하다.

참고판례 **이사의 선임에서 임용계약의 요부(대법원 2017. 3. 23. 선고 2016다251215 전원합의체 판결)** : 이사·감사의 지위가 주주총회의 선임결의와 별도로 대표이사와 사이에 임용계약이 체결되어야만 비로소 인정된다고 보는 것은, 이사·감사의 선임을 주주총회의 전속적 권한으로 규정하여 주주들의 단체적 의사결정 사항으로 정한 상법의 취지에 배치된다. 또한 상법상 대표이사는 회사를 대표하며, 회사의 영업에 관한 재판상 또는 재판 외의 모든 행위를 할 권한이 있으나(제389조 제3항, 제209조 제1항), 이사·감사의 선임이 여기에 속하지 아니함은 법문상 분명하다. 그러므로 이사·감사의 지위는 주주총회의 선임결의가 있고 선임된 사람의 동의가 있으면 취득된다고 보는 것이 옳다. 상법상 이사는 이사회의 구성원으로서 회사의 업무집행에 관한 의사결정에 참여할 권한을 가진다(제393조 제1항). 상법은 회사와 이사의 관계에 민법의 위임에 관한 규정을 준용하고(제382조 제2항), 이사에 대하여 법령과 정관의 규정에 따라 회사를 위하여 그 직무를 충실하게 수행하여야 할 의무를 부과하는 한편(제382조의3), 이사의 보수는 정관에 그 액을 정하지 아니한 때에는 주주총회의 결의로 이를 정한다고 규정하고 있는데(제388조), 위 각 규정의 내용 및 취지에 비추어

244) 그런데 이러한 제한은 주주총회의 소집을 이사회가 결정하는 점과 주주총회에서 사외이사를 선임할 때 사실상 사외이사후보추천위원회의 구속을 받게 되는 점을 고려할 때 헌법상의 재산권 보호와 기업의 자유 및 평등의 원칙에 반하여 위헌이라는 견해도 있다(이철송, 670면).

245) 대법원 2017. 3. 23. 선고 2016다251215 전원합의체 판결.

보아도 이사의 지위는 단체법적 성질을 가지는 것으로서 이사로 선임된 사람과 대표이사 사이에 체결되는 계약에 기초한 것은 아니다. 또한 주주총회에서 새로운 이사를 선임하는 결의는 주주들이 경영진을 교체하는 의미를 가지는 경우가 종종 있는데, 이사선임결의에도 불구하고 퇴임하는 대표이사가 임용계약의 청약을 하지 아니한 이상 이사로서의 지위를 취득하지 못한다고 보게 되면 주주로서는 효과적인 구제책이 없다는 문제점이 있다. 한편 감사는 이사의 직무의 집행을 감사하는 주식회사의 필요적 상설기관이며(제412조 제1항), 회사와 감사의 관계에 대해서는 이사에 관한 상법 규정이 다수 준용된다(제415조, 제382조 제2항, 제388조). 이사의 선임과 달리 특히 감사의 선임에 대하여 상법은 제409조 제2항에서 "의결권 없는 주식을 제외한 발행주식총수의 100분의 3을 초과하는 수의 주식을 가진 주주는 그 초과하는 주식에 관하여는 의결권을 행사하지 못한다."라고 규정하고 있다. 따라서 감사선임결의에도 불구하고 대표이사가 임용계약의 청약을 하지 아니하여 감사로서의 지위를 취득하지 못한다고 하면 위 조항에서 감사 선임에 관하여 대주주의 의결권을 제한한 취지가 몰각되어 부당하다. 이사의 직무집행에 대한 감사를 임무로 하는 감사의 취임 여부를 감사의 대상인 대표이사에게 맡기는 것이 단체법의 성격에 비추어 보아도 적절하지 아니함은 말할 것도 없다. 결론적으로, 주주총회에서 이사나 감사를 선임하는 경우, 그 선임결의와 피선임자의 승낙만 있으면, 피선임자는 대표이사와 별도의 임용계약을 체결하였는지 여부와 관계없이 이사나 감사의 지위를 취득한다고 보아야 한다. 이와 달리, 이사나 감사의 선임에 관한 주주총회의 결의는 피선임자를 회사의 기관인 이사나 감사로 한다는 취지의 회사 내부의 결정에 불과한 것이므로, 주주총회에서 이사나 감사 선임결의가 있었다고 하여 바로 피선임자가 이사나 감사의 지위를 취득하게 되는 것은 아니고, 주주총회의 선임결의에 따라 회사의 대표기관이 임용계약의 청약을 하고 피선임자가 이에 승낙을 함으로써 비로소 피선임자가 이사나 감사의 지위에 취임하여 그 직무를 수행할 수 있게 된다는 취지의 대법원 1995. 2. 28. 선고 94다31440 판결, 대법원 2005. 11. 8.자 2005마541 결정, 대법원 2009. 1. 15. 선고 2008도9410 판결은 이와 저촉되는 한도에서 변경한다.

5) 집중투표제 : 집중투표(Cumulative Voting)란 주주총회에서 이사를 선임할 때 주식 1주당 선임하려는 이사 수에 상당하는 복수의 의결권을 부여하는 것으로서 누적투표라고도 한다. 이는 지배주주의 경영독점으로 인한 폐해가 두드러지자 경영에 대한 감시장치를 강화할 목적으로 1998년 개정 상법이 도입하였고(제382조의2), 2009년 개정 상법은 일부 내용을 보완하면서 상장회사에 대한 특례를 신설하였다(상법 제542조의7).

㈎ 규정방식 : 상법은 집중투표의 채택을 강제하지 않고, 회사가 배제할 수 있도록 하였다(opt-out 방식). 즉 집중투표를 원하지 않는 회사는 정관에 집중투표를 허용하지 않는다고 규정함으로써 제도의 적용을 배제할 수 있다(상법 제382조의2 제1항).

㈏ 실행요건 : 주주총회에서 집중투표의 방법으로 이사를 선임하려면 다음과 같은 요건을 충족해야 한다. 즉 ① 집중투표는 2인 이상의 이사를 동시에 선임하는 경우에만 채택할 수 있는데(상법 제382조의2 제1항), 선임할 이사가 1인이라면 집중투표에 의한 의결권의

집중행사가 무의미하기 때문이다. 따라서 주주총회의 소집통지에는 선임할 이사의 수가 기재되어야 한다. ② 의결권 있는 발행주식총수의 100분의 3 이상에 해당하는 주식을 소유한 주주가 집중투표에 의할 것을 청구해야 하는데(상법 제382조의2 제1항), 이는 이사선임을 위한 주주총회일의 7일 전까지 서면 또는 전자문서로 해야 한다(상법 제382조의2 제2항). 이 경우 집중투표를 청구하는 서면이나 전자문서는 주주총회가 종결될 때까지 본점에 비치하여 주주가 영업시간 내에 열람할 수 있도록 해야 하고(상법 제382조의2 제6항),[246] 주주총회의 의장은 주주총회에서 이사의 선임결의를 하기 전에 집중투표의 청구가 있다는 취지를 알려야 한다(상법 제382조의2 제5항).

㈐ 선임방법 : 집중투표로 이사를 선임할 때 주주는 1주당 선임할 이사 수와 동일한 수의 의결권을 가진다.[247] 즉 주주는 소유한 주식 수에 선임하려는 이사 수를 곱한 의결권을 가지고 후보자 1인 또는 수인에게 집중하여 투표하는 방법으로 행사할 수 있다(상법 제382조의2 제3항). 그 결과 최다수의 표를 얻은 자의 순으로 이사가 된다(상법 제382조의2 제4항). 예를 들어 이사 3명을 선임하는 경우 주주는 소유한 주식 수의 3배에 해당하는 의결권을 가지고 특정인에게 집중하여 투표함으로써 자신들이 원하는 이사를 선임할 수 있고, 이를 통해 주로 대주주에 의해 선임되는 이사들을 견제할 수 있게 되는 것이다. 주의할 것은 집중투표의 경우에는 누적된 의결권 수의 다수로 이사를 선임하기 때문에 개별적인 이사의 선임에 관한 상법 제368조 제1항의 결의요건(출석한 주식 수의 과반수와 발행주식총수의 4분의 1 이상)은 적용되지 않는다는 점이다.

㈑ 상장특례 : 집중투표에 관한 상장회사 특례는 다음과 같다. 즉 ① 상장회사의 주주는 주주총회일(정기주주총회의 경우에는 직전 연도의 정기주주총회일에 해당하는 그 해의 해당일)의 6주 전까지 집중투표의 방법으로 이사를 선임할 것을 청구해야 한다(상법 제542조의7 제1항). ② 자산총액 2조원인 이상인 대규모 상장회사의 경우에는 집중투표를 청구할 수 있는 소수주주의 요건이 완화되어 의결권 있는 발행주식총수의 100분의 1 이상이면 되고(상법 제542조의7 제2항), 집중투표를 배제하기 위하여 정관을 변경할 경우에는 의결권 있는 발행주식총수의 100분의 3을 초과하는 주식을 소유한 주주의 의결권은 100분의 3까지로 제한되며(상법 제542조의7 제3항), 집중투표를 배제하는 정관변경안은 다른 정관변경안과 분리하여

246) 2009년 개정 상법이 제382조의2 제2항을 개정하면서 집중투표의 청구방식으로 기존의 서면 외에 전자문서를 추가하였지만, 이에 연계된 제6항을 개정하지 않아 동 항은 여전히 서면만을 비치·공시하도록 규정하고 있다. 즉 이는 입법 실수이므로 여기서 서면은 전자문서도 포함하는 것으로 해석해야 한다.

247) 주의할 것은 이는 1주 1의결권 원칙의 예외가 아니라 변형이라는 점이다.

표결해야 한다(상법 제542조의7 제4항).

6) 선임등기 : 이사를 선임한 때에는 본점소재지에서 2주간 내, 지점소재지에서 3주간 내에 등기해야 한다(상법 제317조 제2항 제8호, 제4항→제183조). 앞의 임용계약에서 설명한 바와 같이 이사선임의 효력은 주주총회의 결의와 이사의 동의로 발생하는 것이므로 등기의 유무와 무관하지만, 법인등기부에 이사로 등재되어 있는 경우에는 특단의 사정이 없는 한 정당한 절차에 의해 선임된 적법한 이사로 추정된다.[248)]

(3) 정원·결원·임기

1) 이사의 정원 : 이사는 3명 이상이어야 한다(상법 제383조 제1항 본문). 상법이 이사를 3인 이상 선임하도록 규제하는 것은 복수의 이사로 구성될 수밖에 없는 이사회의 특성을 반영하면서도 가부동수를 피하기 위함이다. 다만 다음과 같은 점을 주의해야 한다. 즉 ① 자본금 총액이 10억원 미만인 소규모회사에서는 이사를 1명 또는 2명만 선임할 수 있다(상법 제383조 제1항 단서). ② 상장회사에서는 대통령령으로 정하는 경우[249)]를 제외하고는 이사 총수의 4분의 1 이상을 사외이사로 선임해야 한다(상법 제542조의8 제1항 본문). ③ 자산총액이 2조원 이상인 대규모 상장회사에서는 사외이사를 3명 이상 선임하되 이사 총수의 과반수가 되도록 하여야 한다(상법 제542조의8 제1항 단서; 상령 제34조 제2항). ④ 상장회사는 사외이사의 사임·사망 등의 사유로 사외이사의 수가 위에서 규정한 이사회 구성요건에 미달하게 되면 그 사유가 발생한 후 처음으로 소집되는 주주총회에서 요건에 합치되도록 사외이사를 선임해야 한다(상법 제542조의8 제3항).

2) 이사의 결원 : 이사의 결원에 관련된 쟁점은 퇴임이사와 일시이사인데, 가처분에 의해 선임된 직무대행자는 그 권한이 회사의 상무로 제한되지만(상법 제408조 제1항), 퇴임이사나 일시이사는 정상적인 이사의 모든 권리를 행사하고 의무를 부담한다.[250)]

---

248) 대법원 1983. 12. 27. 선고 83다카331 판결.

249) 구체적으로 ① 벤처기업육성법에 따른 벤처기업 중 최근 사업연도 말 현재의 자산총액이 1천억원 미만으로서 코스닥시장(자본시장법 제9조 제13항 제2호에 따른 코스닥시장을 말함)에 상장된 주권을 발행한 벤처기업, ② 채무자회생법에 의한 회생절차가 개시되었거나 파산선고를 받은 상장회사, ③ 유가증권시장(자본시장법 제9조 제13항 제1호에 따른 유가증권시장을 말함) 또는 코스닥시장에 주권을 신규로 상장한 상장회사(신규상장 후 최초로 소집되는 정기주주총회 전일까지만 해당함. 그렇지만 유가증권시장에 상장된 주권을 발행한 회사로서 사외이사를 선임하여야 하는 회사가 코스닥시장에 상장된 주권을 발행한 회사로 되는 경우 또는 코스닥시장에 상장된 주권을 발행한 회사로서 사외이사를 선임하여야 하는 회사가 유가증권시장에 상장된 주권을 발행한 회사로 되는 경우에는 그러하지 아니함), ④ 부동산투자회사법에 의한 기업구조조정부동산투자회사, ⑤ 해산을 결의한 상장회사 중 어느 하나에 해당하는 경우를 말한다(상령 제34조 제1항).

250) 대법원 1968. 5. 22.자 68마119 결정.

㈎ 퇴임이사 : 법률 또는 정관에서 정한 이사의 인원수를 결한 경우에는 임기의 만료 또는 사임으로 인하여 퇴임한 이사는 새로이 선임된 이사가 취임할 때까지 이사의 권리·의무가 있는데(상법 제386조 제1항), 이를 「퇴임이사」라고 한다. 따라서 일정한 사유로 이사가 상법상 최소인원인 3명 미만으로 된 경우에는 자본금 10억원 미만의 소규모회사를 제외하고는 당연히 본조가 적용되지만, 정관상의 이사 수를 일부 결하였더라도 회사의 운영에 장애가 없는 경우에는 적용할 필요가 없다.[251] 본조는 이사의 결원으로 인해 회사가 정상적인 활동을 할 수 없게 된 경우를 대비한 것이기 때문이다. 주의할 것은 사망·해임에 의해 퇴임한 이사나 법률·정관상의 자격을 결한 이사는 퇴임이사가 될 수 없지만,[252] 임기만료나 사임으로 퇴임한 이사는 퇴임이사가 될 수 있다는 점이다.

참고판례 **퇴임이사로 있던 중 유죄판결이 확정된 경우 그 지위의 상실 여부(대법원 2022. 11. 10. 선고 2021다271282 판결)** : 법률 또는 정관에 정한 이사의 원수를 결한 경우에는 임기의 만료 또는 사임으로 인하여 퇴임한 이사(이하 '퇴임이사'라 한다)는 새로 선임된 이사가 취임할 때까지 이사의 권리의무가 있고, 이는 대표이사의 경우에도 동일하며(이하 '퇴임대표이사'라 한다), 필요하다고 인정할 때에는 법원은 이사, 감사 기타의 이해관계인의 청구에 의하여 일시 이사 또는 대표이사의 직무를 행할 자를 선임할 수 있다(상법 제386조, 제389조 제3항). 이는 이사 정원에 결원이 발생한 경우 새로운 이사를 선임할 때까지 업무집행의 공백을 방지하여 회사 운영이 계속되도록 하기 위함이다. 특정경제범죄법 제14조 제1항에 의하면, 이득액 5억원 이상의 사기, 횡령 등 특정경제범죄법 제3조에 의하여 가중처벌되는 특정재산범죄로 유죄판결을 받은 사람은 법무부장관의 승인을 받은 경우가 아닌 한 유죄판결이 확정된 때부터 특정경제범죄법 제14조 제1항 각호의 기간 동안 유죄판결된 범죄행위와 밀접한 관련이 있는 기업체에 취업할 수 없다. 이는 유죄판결된 범죄사실과 밀접하게 관련된 기업체에 대한 취업을 제한함으로써 중요 경제범죄의 재발을 방지하고 이를 통하여 건전한 경제질서를 확립하며 나아가 국민경제 발전에 이바지하고자 하는 데 그 취지가 있다. 이러한 특정경제범죄법 제14조 제1항의 규정 내용과 입법 취지 및 상법 제386조, 제389조 제3항의 입법 취지를 종합하여 보면, 임기 만료 당시 이사 정원에 결원이 생기거나 후임 대표이사가 선임되지 아니하여 퇴임이사 또는 퇴임대표이사의 지위에 있던 중 특정재산범죄로 유죄판결이 확정된 사람은 유죄판결된 범죄행위와 밀접한 관련이 있는 기업체의 퇴임이사 또는 퇴임대표이사로서의 권리의무를 상실한다고 보아야 한다.

㈏ 일시이사 : 이사의 정원을 결한 경우에 법원이 필요하다고 인정할 때에는 이사, 감사 기타의 이해관계인의 청구에 의하여 일시적으로 이사의 직무를 대행할 자를 선임할 수 있는데(상법 제386조 제2항 전단), 이를 「일시이사 또는 가(假)이사」라고 한다. 이처럼 법원에 의해 일시이사가 선임된 때에는 회사의 본점소재지에서 그 등기를 해야 하는데(상법 제386

251) 대법원 1988. 3. 22. 선고 85누884 판결.
252) 대법원 2022. 11. 10. 선고 2021다271282 판결.

조 제2항 후단), 다음과 같은 점을 주의해야 한다. 즉 ① 법원이 일시이사를 선임함에 있어서는 청구인의 추천에 구속받지 아니하므로 비록 청구인이 추천한 자 아닌 다른 자를 선임하더라도 불복사유가 되지 않는다.[253] ② 상법 제386조 제2항이 제1항의 퇴임이사를 대체하는 수단으로 일시이사를 선임하도록 규정하고 있어 결원의 사유가 임기의 만료와 사임에 국한되는 것으로 오해할 수 있는데, 이에 한정되지 않고 사망·해임 등 정원을 결한 모든 경우를 포함하는 것으로 해석해야 한다.[254] ③ 이사가 중병을 앓고 있거나 장기간 부재 중인 경우처럼 퇴임이사를 통하여 그 직무를 수행하게 하는 것이 불가능하거나 부적당한 경우에도 일시이사를 선임해야 한다.[255] ④ 일시이사도 결원의 보충을 위한 것이므로 후임이사가 취임하면 곧바로 그 지위를 상실한다.[256]

3) 이사의 임기 : 이사의 임기는 원칙적으로 3년을 초과할 수 없지만(상법 제383조 제2항), 정관에 규정을 두어 임기 중의 최종의 결산기에 관한 정기주주총회의 종결에 이르기까지 연장할 수 있다(상법 제383조 제3항).

㈎ 입법취지 : 상법이 이사의 임기를 제한하는 것은 임기를 지나치게 장기로 정할 때 발생할 수 있는 주주의 감시기능과 경영통제기능의 무력화를 제도적으로 방지하기 위함이다. 그리고 정관에 의한 임기의 연장을 허용하는 것은 이사가 임기 중의 결산에 대하여 책임을 지도록 함과 동시에 정기주주총회를 앞두고 이사를 선임하기 위한 임시주주총회를 먼저 열어야 하는 번거로움을 덜어주기 위함이다. 다만 임기의 연장은 이사의 임기가 최종 결산기의 말일과 당해 결산기에 관한 정기주주총회 사이에 만료되는 때에 적용된다.[257] 주의할 것은 ① 3년이라는 기간은 회사가 정하는 임기의 한계를 의미하는 것이지, 임기를 정하지 아니한 경우에 그 임기를 3년으로 본다는 뜻이 아니다.[258] ② 이사의 임기를 정관에서 정하지 않고 주주총회에서 정할 수도 있다. ③ 이사의 임기를 정하지 않을 수도 있고, 이사별로 달리 정할 수도 있다. ④ 이사가 결원되어 보궐 선임을 통해 선임한 후임이사의 임기를 전임자의 잔여기간으로 정하는 것도 유효하다.

---

253) 대법원 1985. 5. 28.자 85그50 결정.

254) 대법원 1964. 4. 28. 선고 63다518 판결.

255) 그렇지만 퇴임이사가 주주나 이사와 분쟁상태에 있다고 하여 그 퇴임이사에 갈음하여 일시이사를 선임해야 하는 것은 아니다(대법원 2001. 12. 6.자 2001그113 결정; 대법원 2000. 11. 17.자 2000마5632 결정).

256) 이런 점에서 법원의 선임가처분이 취소되지 않는 한 이사의 권한을 행사할 수 있는 직무대행자와 다르다.

257) 대법원 2010. 6. 24. 선고 2010다13541 판결.

258) 대법원 2001. 6. 15. 선고 2001다23928 판결.

> **참고판례** **상법 제383조 제3항의 의미(대법원 2010. 6. 24. 선고 2010다13541 판결)** : 상법 제383조 제3항은 이사의 임기는 3년을 초과할 수 없도록 규정한 같은 조 제2항에 불구하고 정관으로 그 임기 중의 최종의 결산기에 관한 정기주주총회의 종결에 이르기까지 이를 연장할 수 있다고 규정하고 있는바, 위 규정은 임기가 만료되는 이사에 대하여는 임기 중의 결산에 대한 책임을 지고 주주총회에서 결산서류에 관한 주주들의 질문에 답변하고 변명할 기회를 주는 한편, 회사에 대하여는 정기주주총회를 앞두고 이사의 임기가 만료될 때마다 임시주주총회를 개최하여 이사를 선임하여야 하는 번거로움을 덜어주기 위한 것에 그 취지가 있다. 위와 같은 입법 취지 및 그 규정 내용에 비추어 보면, 위 규정상의 '임기 중의 최종의 결산기에 관한 정기주주총회'라 함은 임기 중에 도래하는 최종의 결산기에 관한 정기주주총회를 말하고, 임기 만료 후 최초로 도래하는 결산기에 관한 정기주주총회 또는 최초로 소집되는 정기주주총회를 의미하는 것은 아니므로, 위 규정은 결국 이사의 임기가 최종 결산기의 말일과 당해 결산기에 관한 정기주주총회 사이에 만료되는 경우에 정관으로 그 임기를 정기주주총회 종결일까지 연장할 수 있도록 허용하는 규정이라고 보아야 한다.

(나) 임기의 기산 : 이사의 임기는 언제부터 시작되는가? 이에 대해서는 ① 주주총회에서 이사선임에 관한 결의를 할 때 임기의 개시일을 정한 경우에는 그 개시일부터 시작하고 정하지 아니한 경우에는 선임결의일로부터 시작한다는 견해,[259] ② 본인이 승낙하지도 않은 상태에서 임기가 개시된다는 것은 불합리하므로 이사로 취임한 날(동의한 날)부터 임기가 시작된다는 견해[260]가 있다. 생각건대 이사선임에 관한 주주총회의 결의는 창설적 효력이 있고, 실무에서는 대부분 사전에 이사후보자의 동의를 받은 후 주주총회에 이사선임에 관한 안건을 상정하고 있으며, 만약 동의한 날로부터 시작하는 것으로 하면 이사별로 그 임기가 달라지는 문제가 발생한다. 따라서 ①설이 타당하다.

> **참고판례** **후임이사가 취임하기 전에 퇴임이사의 퇴임등기를 따로 할 수 있는지 여부 등(대법원 2007. 6. 19.자 2007마311 결정)** : [1] 대표이사를 포함한 이사가 임기의 만료나 사임에 의하여 퇴임함으로 말미암아 법률 또는 정관에 정한 대표이사나 이사의 원수(최저인원수 또는 특정한 인원수)를 채우지 못하게 되는 결과가 일어나는 경우에, 그 퇴임한 이사는 새로 선임된 이사(후임이사)가 취임할 때까지 이사로서의 권리의무가 있는 것인바(상법 제386조 제1항, 제389조 제3항), 이러한 경우에는 이사의 퇴임등기를 하여야 하는 2주 또는 3주의 기간은 일반의 경우처럼 퇴임한 이사의 퇴임일부터 기산하는 것이 아니라 후임이사의 취임일부터 기산한다고 보아야 하며, 후임이사가 취임하기 전에는 퇴임한 이사의 퇴임등기만을 따로 신청할 수 없다고 봄이 상당하다. [2] 상법 제635조 제1항 제8호는 '법률 또는 정관에 정한 이사 또는 감사의 원수를 궐한 경우에 그 선임절차를 해태한 때'에 그 선임을 위한 총회소집절차를 밟아야 할 지위에 있는 자에 대하여 과태료의 제재를 가하고 있지만, 여기서 선임의 대상이 되는 '이사'에 '대표이사'는 포함되지 아니하므로,

259) 손주찬, 760면; 이철송, 678면; 채이식, 547면.
260) 이기수/최병규, 369면; 이범찬/임충희/이영종/김지환, 306면; 장덕조, 293면; 정동윤, 595면; 정찬형, 974면; 최기원, 581면; 최준선, 464면.

> 대표이사가 퇴임하여 법률 또는 정관에 정한 대표이사의 수를 채우지 못하여 퇴임한 대표이사에게 후임 대표이사가 취임할 때까지 대표이사로서의 권리의무가 있는 기간동안에 후임 대표이사의 선임절차를 해태하였다고 하여 퇴임한 대표이사를 과태료에 처할 수는 없다.

3. 이사의 보수

(1) 보수의 결정

1) 입법취지 : 이사와 회사의 관계는 위임이므로(상법 제382조 제2항) 무상이 원칙이나(민법 제686조 제1항), 실무에서는 매 결산기에 통상적으로 이사에게 업무집행의 대가로서 보수를 지급하고 있다. 그리고 상법 제388조도 이사의 보수와 관련하여 "정관에 그 액을 정하지 아니한 때에는 주주총회의 결의로 이를 정한다."라고 규정하여 보수결정을 전적으로 회사의 자치에 맡기고 있다.[261] 원래 보수의 책정도 업무집행의 일부이므로 이사회나 대표이사가 정할 수 있어야 하지만, 상법은 주주들의 정책적 결정사항으로 특별히 규정하고 있다. 이사의 보수는 경영성과에 대한 평가와 보상의 의미가 있을 뿐만 아니라, 이사들이 스스로 보수를 결정하는 것은 이해상충의 우려가 있기 때문이다.

2) 결정방법 : 상법은 이사의 보수를 정관에서 정하지 아니한 경우에는 주주총회의 결의로 정한다고 규정하고 있지만, 실무에서는 물가 변동 등의 이유로 대부분 정관에서 정하지 않고[262] 주주총회의 결의로 보수총액이나 상한액을 정한 후 이사의 개별적인 보수는 이사회가 결정하도록 위임하고 있다. 그리고 대부분의 학설과 판례도 이러한 결정방식이 가능하다고 판단하고 있다.[263] 그런데 상법이 이사의 보수를 정관이나 주주총회의 결의로 정하도록 한 것은 회사의 자율성을 보장하면서도 이사 스스로가 결정할 경우에 발생할 수 있는 이해충돌의 우려와 과도한 보수책정의 위험성을 방지하기 위함이다. 따라서 주주총회에

261) 미국과 영국에서는 이사의 보수 결정을 업무집행의 일환으로 보아 이사회의 권한으로 하면서 엄격한 공시 규제와 법원의 사후적 심사를 통해 그 남용을 규제하고 있고, 일본에서는 위원회의 설치 여부에 따라 달리 규제하고 있다. 즉 위원회를 설치하지 않은 회사의 경우에는 우리와 같이 정관에서 정하지 않은 한 주주총회에서 정하도록 규정하고 있지만(일본 회사법 제361조 제1항), 위원회를 설치한 회사의 경우에는 보수위원회가 이사 등의 개인별 보수 등의 내용에 관한 결정방침을 정하고(동법 제409조 제1항), 이 방침에 따라 개인별 보수 등의 내용을 결정한다(동법 제404조 제3항, 제409조 제2항).

262) 실무에서 정관이 거의 활용되지 않는 것은 정관으로 이사의 보수를 정하려면 주주총회의 특별결의가 필요하지만, 주주총회의 결의로 정하는 때에는 특별한 제한이 없어 보통결의로도 가능하기 때문이다.

263) 윤영신, "이사 보수의 회사법적 문제", 42면: 대법원 2020. 6. 4. 선고 2016다241515,241522 판결; 대법원 2012. 3. 29. 선고 2012다1993 판결.

서 보수총액이나 상한액을 정한 후에 개별적인 보수결정을 이사회에 위임하는 경우에도 정해진 보수총액이나 상한액은 합리적인 기준에 근거한 것이어야 하고, 과도한 보수지급의 통제가 가능할 정도의 구체성을 지녀야 한다.[264)]

> **참고판례** **이사보수의 결정방법(대법원 2020. 6. 4. 선고 2016다241515,241522 판결)** : 상법 제361조는 "주주총회는 본법 또는 정관에 정하는 사항에 한하여 결의할 수 있다."라고 규정하고 있는데, 이러한 주주총회 결의사항은 반드시 주주총회가 정해야 하고 정관이나 주주총회의 결의에 의하더라도 이를 다른 기관이나 제3자에게 위임하지 못한다(대법원 2017. 3. 23. 선고 2016다251215 전원합의체 판결). 따라서 정관 또는 주주총회에서 임원의 보수총액 내지 한도액만을 정하고 개별 이사에 대한 지급액 등 구체적인 사항을 이사회에 위임하는 것은 가능하지만, 이사의 보수에 관한 사항을 이사회에 포괄적으로 위임하는 것은 허용되지 아니한다. 그리고 주주총회에서 이사의 보수에 관한 구체적 사항을 이사회에 위임한 경우에도 이를 주주총회에서 직접 정하는 것도 상법이 규정한 권한의 범위에 속하는 것으로서 가능하다.

3) 결정단위 : 회사는 어느 정도의 기간을 단위로 하여 이사의 보수를 정해야 하는가? 이사의 보수도 선임계약의 내용을 이루는 것이므로 원칙적으로는 선임결의에서 임기 중의 보수를 책정해야 하지만, 실무에서는 매년 정기주주총회에서 이사의 보수를 정하고 있다. 따라서 만약 이사를 선임하는 때에 보수가 정해지지 않았다면 당해 이사가 묵시적으로 위 방법에 따른 보수의 결정에 동의한 것으로 보아야 한다. 한편 이사의 보수는 직무수행의 대가만이 아니라, 경영성과에 대한 보상의 의미도 내포하고 있다. 따라서 이사를 선임하는 때에 보수를 정하였더라도 임기 중의 확정보수가 아닌 한 임용 첫해의 보수로 보고, 제2차 연도부터는 경영성과를 고려하여 정기주주총회에서 보수를 결정할 수 있도록 할 필요가 있다. 이렇게 하면 선임할 때 정해진 보수액으로 인해 경영성과가 저조한데도 불구하고 계속하여 거액의 보수를 지급해야 하는 문제점도 함께 해결할 수 있다. 한편 이에 관련된 또 다른 문제는 이사의 보수에 변동이 없더라도 매년 주주총회의 결의를 얻어야 하는가 하는 점이다. 이에 대해서는 반드시 매 결산기 주주총회의 승인을 받도록 강제되는 것이 아니므로 일단 주주총회에서 결의가 이루어지면 개정·변경이 없는 한 매년 결의할 필요가 없다는 견해가 있다.[265)] 그러나 이사의 보수는 경영성과에 대한 평가이고, 경영성과는 회계연도 단위로 이루어지는 것이 바람직하므로, 비록 보수액에 변동이 없더라도 이사의 보수는 매년 정기주

264) 김동근, "기업의 임원보수 규제에 관한 고찰", 348면; 이철송, 687면; 서울중앙지방법원 2008. 7. 24. 선고 2006가합98304 판결; 日本最高裁判所判決 1974. 12. 11. 民集 第18卷 第10號, 2143頁. 참고로 독일 주식법 제87조 제1항은 이사의 보수를 감사회가 결정하도록 하면서 보수액은 각 이사별로 정하도록 규제하고 있다.

265) 윤영신, "이사 보수의 회사법적 문제", 43면.

주총회에서 정해야 한다.

4) 쟁점사항 : 이사의 보수 결정과 관련하여 논의되는 주요 쟁점은 보수의 적정성, 보수의 감액·변경, 이사인 주주의 보수 결정에 관한 특별이해관계자 여부, 대표이사 등에 대한 보수 결정의 재위임 여부, 지배주주가 한 보수약정의 효력 등이다.

㈎ 보수의 적정성 : 이사의 보수는 직무수행의 대가인 동시에 경영성과에 대한 보상이므로[266] 이사의 업무능력과 경영성과에 대한 기여도 등을 종합적으로 고려하여 적정한 수준으로 지급되어야 한다.[267] 그런데 상법상 관련 규정이 없어 보수의 적정성을 담보할 수 있는 입법적 지원이 필요하다. 이와 관련하여 최근에 판례는 "상법이 정관이나 주주총회의 결의로 이사의 보수를 정하도록 한 것은 이사들의 고용계약과 관련하여 사익 도모의 폐해를 방지함으로써 회사와 주주 및 채권자의 이익을 보호하기 위한 것이므로, 비록 보수와 직무의 상관관계가 상법에 명시되어 있지 않더라도 이사가 회사에 대하여 제공하는 직무와 지급받는 보수 사이에는 합리적 비례관계가 유지되어야 하며, 회사의 채무상황이나 영업실적에 비추어 합리적인 수준을 벗어나서 현저히 균형성을 잃을 정도로 과다해서는 아니 된다."라고 판시하였다.[268] 따라서 정관의 규정이나 주주총회의 결의로 정한 이사의 보수가 과다한 경우에는 그 규정이나 결의가 자본충실의 원칙에 반하여 무효이고, 회사는 이러한 과도한 보수의 지급을 거절할 수 있으며, 이미 보수가 지급된 때에는 회사가 이사에게 그 반환을 청구할 수 있다.[269]

㈏ 보수의 감액·변경 : 정관이나 주주총회의 결의로 정해진 이사의 보수를 사후에 감액하거나 변경할 수 있을까? 이는 이원적으로 검토해야 한다. 즉 ① 이사를 선임할 때 정관이나 주주총회의 결의로 보수액을 정했다면 이는 선임계약의 내용을 이루므로 주주총회의 결의에 의해서도 박탈하거나 감액할 수 없고,[270] 만약 보수의 내용에 퇴직금에 관한 사항이 포함되어 있다면 이 역시 박탈하거나 감액할 수 없다. 이런 점에서 퇴직금에 관한 정관 규정이 이사의 재임 중에 변경된 때에는 변경된 규정에 따라 퇴직금을 지급해야 한다는 판례[271]는 타당성이 없다. ② 이사를 선임하는 때에 보수에 관한 약정이 없었다면 회사는 매

---

266) 이와 관련하여 연간 매출액 10억 달러 이상인 회사를 기준으로 CEO의 평균적인 보수현황을 살펴보면, 미국은 300만 달러, 영국은 200만 달러, 독일은 170만 달러, 일본은 80만 달러 정도이다(神田秀樹外, "グローバルCEO報酬比較－新春座談會役員報酬改革の新潮流と今後の諸□点(上)－", 12~13頁).
267) 한국상사법학회(Ⅱ)(문상일 집필부분), 532면.
268) 대법원 2016. 1. 28. 선고 2014다11888 판결.
269) 대법원 2015. 9. 10. 선고 2015다213308 판결.
270) 대법원 1977. 11. 22. 선고 77다1742 판결.
271) 대법원 2006. 5. 25. 선고 2003다16092·16108 판결.

년 주주총회의 결의로 보수를 정할 수 있고, 이 과정에서 감액 등을 할 수 있다. 다만 이사의 보수는 직무수행의 대가 외에 경영성과에 대한 보상이기도 하므로 그 결정에 있어서는 주주들의 통제가 가능해야 하고, 이를 통해 보수의 적정성이 확보되어야 한다. 따라서 어느 경우에나 매년 정기총회에서 보수총액이나 이사의 개별적인 보수액을 감액 또는 증액할 수 있도록 하는 입법적 지원이 필요하다.[272)]

참고판례 **이사의 보수 감액 여부(대법원 2017. 3. 30. 선고 2016다21643 판결)** : 유한회사에서 상법 제567조, 제388조에 따라 정관 또는 사원총회 결의로 특정 이사의 보수액을 구체적으로 정하였다면, 보수액은 임용계약의 내용이 되어 당사자인 회사와 이사 쌍방을 구속하므로, 이사가 보수의 변경에 대하여 명시적으로 동의하였거나, 적어도 직무의 내용에 따라 보수를 달리 지급하거나 무보수로 하는 보수체계에 관한 내부규정이나 관행이 존재함을 알면서 이사직에 취임한 경우와 같이 직무내용의 변동에 따른 보수의 변경을 감수한다는 묵시적 동의가 있었다고 볼 만한 특별한 사정이 없는 한, 유한회사가 이사의 보수를 일방적으로 감액하거나 박탈할 수 없다. 따라서 유한회사의 사원총회에서 임용계약의 내용으로 이미 편입된 이사의 보수를 감액하거나 박탈하는 결의를 하더라도, 이러한 사원총회 결의는 결의 자체의 효력과 관계없이 이사의 보수청구권에 아무런 영향을 미치지 못한다.

㈐ 이사의 특별이해관계자 여부 : 주주총회의 결의에서 특별이해관계자는 의결권을 행사할 수 없으므로(상법 제368조 제3항), 주주총회에서 이사의 보수를 결정할 때 주주인 이사가 의결권을 행사할 수 있는지가 문제된다. 생각건대 이사의 보수는 직무수행의 대가이고 경영성과에 대한 보상이므로 회사지배와는 관련이 없다. 따라서 보수결정에 관한 주주총회 결의에서 주주인 이사는 특별이해관계자로서 의결권을 행사할 수 없고,[273)] 주주총회에 이사의 개별적 보수에 관한 여러 개의 안건을 상정한 후 주주인 이사들이 자신이 아닌 다른 이사의 보수결정에 참가하는 것도 잠재적 동지애가 발휘될 수 있으므로 의결권 행사를 허용할 수 없다.[274)] 그리고 이사회의 결의방법에 관한 상법 제391조 제3항이 제368조 제3항을 준용하고 있으므로 주주총회의 결의로 위임받아 이사회에서 이사의 개별적 보수를 정하는 때에도 주주인 이사는 의결권을 행사할 수 없다고 보아야 한다. 비록 이사 전원이 공통된 이해관계를 갖고 있다고 하더라도 대주주나 그의 특수관계인이 이사를 겸하고 있는 현실을

---

272) 이와 관련하여 2009년 6월에 제정된 독일의 「이사의 보수의 적정화에 관한 법률」은 제87조 제2항에서 "이사의 보수는 통상적인 보수를 특별한 근거 없이 초과할 수 없으며, 회사의 경영사정이 악화되어 보수가 적정하지 않게 된 경우에는 감사위원회가 보수를 감액할 수 있다."라고 규정하고 있다.

273) 이에 대한 반대의 견해로는 김화진, "주식회사 이사의 보수와 상법 제368조 제3항의 해석", 54면 이하.

274) 미국에서도 이러한 경우의 상호투표는 주주인 이사 간에 서로 가려운 곳을 긁어 주는 것과 같으므로 이해관계가 없는 결의로 볼 수 없다고 한다(Franklin A. Gevurtz, p.379).

고려할 때 합리적 결정을 담보할 수 없기 때문이다.

㈑ 대표이사에 대한 재위임 가부 : 주주총회에서 이사들의 보수총액이나 상한액을 정한 후 이사의 개별적인 보수는 이사회에서 결정하도록 위임한 경우에 이사회가 그 보수결정권을 다시 대표이사에게 재위임할 수 있을까? 이에 대해서는 ① 주주총회에서 정한 내규에 따라 이사회가 보수결정권을 위임받고 이를 다시 대표이사에게 재위임하는 결의를 하는 것은 허용되지만 주주총회가 이사회를 거치지 않고 곧바로 대표이사에게 개별 이사에 관한 보수결정권을 일임하는 것은 허용되지 않는다는 견해,[275] ② 대표이사에 대한 위임은 효과적인 업무집행감독이 유명무실해질 수 있는 문제가 있지만 기업 실무를 고려할 때 일률적으로 위임이 금지된다고 보아야 할지는 의문이라는 견해[276]가 있다. 생각건대 주주총회의 수권을 받은 이사회가 다시 대표이사에게 이사의 개별적 보수에 관한 결정권을 위임하게 되면 사실상 대표이사에 대한 이사회의 업무감독권은 실효성이 없게 된다. 따라서 우선은 이사회가 이사의 개별적인 보수결정권을 대표이사에게 재위임할 수 없다고 해석하되, 향후 이를 상법에 명시할 필요가 있다.[277]

㈒ 지배주주의 보수약정의 효력 : 이사의 보수는 정관에서 정하지 아니하면 주주총회의 결의로 정해야 한다. 그런데 이와 관련하여 상반된 판례가 있다. 즉 ① 회사의 주식 80%를 가진 대표이사가 주주총회의 결의에 의하지 않고 이사에게 공로상여금의 지급을 약속한 때에도 주주총회에서 이를 지급하기로 하는 결의가 이루어질 것은 당연하므로 주주총회의 결의가 있었음과 다름이 없다는 판례,[278] ② 주식의 양도가 임원의 직무집행의 대가로서 공로주 명목의 특별보수인 이상 이사의 보수에 관한 상법 제388조가 적용되어 주주총회의 결의가 있어야 효력이 발생하지만, 대표이사가 95%의 주식을 소유하고 있어서 그가 임원에게 주식을 양도하겠다고 할 경우에는 주주총회에서도 동일한 내용의 결의가 이루어질 것이 당연하므로 회사의 임원에 대한 주식양도도 유효하다는 판례[279]가 있다. 반면에 ③ 정관에 이사의 보수 및 퇴직금은 주주총회의 결의에 의한다고 규정된 경우에 대표이사가 전체 주식 3,000주 중 2,000주를 가지고 있더라도 그가 이사에게 한 보수 및 퇴직금에 관한 약정은 주

275) 임재연(Ⅱ), 298면; 최기원, 588면.
276) 윤영신, "이사 보수의 회사법적 문제", 43면 참조.
277) 정준우, "이사의 보수에 관한 쟁점사항의 입법론적 검토", 92면. 참고로 일본의 경우에 다수설은 전체 이사의 동의를 조건으로 재위임을 인정하고 있지만, 이사회의 감독을 받아야 할 대표이사가 이사회의 구성원인 이사들의 보수를 결정하게 되면 효과적인 업무집행감독을 기대할 수 없으므로 부정해야 한다는 견해도 있는데(上柳克郎 外, 391頁), 판례는 재위임을 인정하고 있다(名古屋古金澤地判 1954. 11. 22. 下民 第5卷 第11號, 1902頁; 東京地判 1969. 6. 16. 金商 第175號, 16頁).
278) 대법원 1978. 1. 10. 선고 77다1788 판결.
279) 대법원 1995. 9. 15. 선고 95누4353 판결.

주총회의 결의가 없는 한 회사에 대하여 효력이 없다는 판례[280]도 있다. 생각건대 상법이 정관이나 주주총회결의로 이사의 보수를 정하도록 한 것은 경영성과에 대한 평가 및 보상의 의미가 있는 보수를 이사들이 스스로 결정할 때 발생할 수 있는 이해상충의 우려를 방지하기 위함이고, 다른 기관이나 개인의 의사결정을 주주총회의 결의로 의제할 수도 없다. 만약 의제하게 되면 기관의 분화와 권한의 안분에 관한 상법의 입법취지에 반하게 되고, 개인적 법률관계에 의해 단체적 법률관계가 영향을 받게 되어 법적 안정성을 저해할 수 있으며, 지배주주라고 하더라도 기관이 아니므로 회사재산에 대한 처분권은 없기 때문이다.[281] 따라서 지배주주가 이사에게 한 보수지급약정도 주주총회의 결의를 얻지 아니하는 한 무효로 보아야 한다.[282]

(2) 보수의 범위

1) 규제내용 : 상법은 이사의 보수에 관하여 구체적인 내용을 규정하고 있지 아니하므로 관련 법령과 그에 관한 학설 및 판례에 따라 해석하며 그 내용을 정립할 수밖에 없다. 현재 학설과 판례는 월급·연봉·상여금 등 그 명칭에 상관없이 이사의 직무수행에 대한 보상으로서 정기적·부정기적으로 지급되는 일체의 대가를 보수라고 판단한다.[283] 이 경우 보수의 형태는 금전에 한하지 않고 현물급여 및 기타 이익을 포함한다. 한편 보수의 규정방식과 관련하여 독일 주식법 제87조 제1항처럼 보수에 포함되는 유형을 구체적으로 예시하는 방법이나[284] 일본 회사법 제361조 제1항처럼 일단 직무수행의 대가로서 회사로부터 받는 재산상 이익이라고 추상적으로 정한 후 고정보수로서의 현금보수·불확정보수, 금전 이외의 보수로 세분하는 방법을 고려할 수 있다는 견해가 있다.[285] 생각건대 이사의 보수에 관련된 소득세법상의 내용과 상법상의 내용이 반드시 일치할 수는 없지만, 현실적으로 세법상의

280) 대법원 1979. 11. 27. 선고 79다1599 판결.

281) Heller v. Boylan, Supreme Court of New York, 29 N.Y.S. 2d 653 (1941).

282) 정준우, "이사의 보수에 관한 쟁점사항의 입법론적 검토", 94면.

283) 대법원 2020. 4. 9. 선고 2018다290436 판결(이사의 보수에는 월급, 상여금 등 명칭을 불문하고 이사의 직무수행에 대한 보상으로 지급되는 대가가 모두 포함되고(대법원 2018. 5. 30. 선고 2015다51968 판결 등 참조), 회사가 성과급, 특별성과급 등의 명칭으로 경영성과에 따라 지급하는 금원이나 성과 달성을 위한 동기를 부여할 목적으로 지급하는 금원도 마찬가지이다).

284) 독일 주식법 제87조 제1항 제1문은 "감사회는 각 이사의 보수총액 확정시에 그 보수총액이 이사의 업무와 업적 및 회사의 상황과 적정한 관계에 있도록 하고 특별한 사유 없이 통상의 보수를 초과하지 않도록 주의해야 한다."라고 규정하면서 보수총액에 포함되는 것으로서 급여, 이익참가, 비용보상, 보험료, 수수료, 신주인수권과 같은 성과유인적 보수약속 및 각종 부수적 급여를 규정하고 있다. 그리고 제2문에서는 제1문의 규정을 퇴직연금과 유족급여 및 이와 유사한 종류의 급여에 준용한다고 규정하고 있다.

285) 김동근, "기업의 임원보수 규제에 관한 고찰", 175면.

내용이 중요한 판단 근거가 될 수밖에 없으므로 이를 고려하여 이사보수의 포섭범위를 정하되 회사·주주·채권자의 이익을 함께 고려해야 한다.

> **참고판례** **이사의 보수의 포섭범위(대법원 2020. 6. 4. 선고 2016다241515,241522 판결)** : 상법 제388조는 "이사의 보수는 정관에 그 액을 정하지 아니한 때에는 주주총회의 결의로 이를 정한다."라고 규정하고 있고, 위 규정의 보수에는 연봉, 수당, 상여금 등 명칭을 불문하고 이사의 직무수행에 대한 보상으로 지급되는 모든 대가가 포함된다. 이는 이사가 자신의 보수와 관련하여 개인적 이익을 도모하는 폐해를 방지하여 회사와 주주 및 회사채권자의 이익을 보호하기 위한 강행규정이다.
>
> **참고판례** **이사의 보수청구권 행사 여부(대법원 2020. 4. 9. 선고 2018다290436 판결)** : 상법 제388조는 이사의 보수는 정관에 그 액을 정하지 아니한 때에는 주주총회의 결의로 이를 정한다고 규정한다. 이는 이사가 자신의 보수와 관련하여 개인적 이익을 도모하는 폐해를 방지하여 회사와 주주 및 회사채권자의 이익을 보호하기 위한 강행규정이다. 따라서 정관에서 이사의 보수에 관하여 주주총회의 결의로 정한다고 규정한 경우 그 금액·지급방법·지급시기 등에 관한 주주총회의 결의가 있었음을 인정할 증거가 없는 한 이사는 보수청구권을 행사할 수 없다(대법원 2014. 5. 29. 선고 2012다98720 판결; 대법원 2019. 7. 4. 선고 2017다17436 판결 등 참조).

2) 쟁점사항 : 상법은 이사의 보수를 정하는 방법만 규정할 뿐 보수의 내용에 관한 규정은 두고 있지 않다. 그런데 이사가 회사에 대하여 손해배상책임을 지는 때에도 정관에 의해 배상액을 제한할 수 있는데, 그 기준이 되는 것이 보수이다. 따라서 보수의 의미와 포섭범위를 명확히 할 필요가 있는데, 이에 관련된 주요 쟁점은 다음과 같다.

㈎ 사용인겸무이사의 보수 : 실무에서는 이사가 지배인이나 부서의 장 등을 겸하는 경우가 있는데, 이러한 사용인겸무이사가 회사로부터 받는 대가에는 이사의 보수와 사용인의 급여가 함께 포함되어 있다. 그리하여 ① 이사의 보수와 사용인의 급여를 어떻게 구분하는지, ② 대가 중 이사의 보수만 구분하여 정관이나 주주총회결의로 정해야 하는지, ③ 사용인분의 급여 수령으로 인해 정관이나 주주총회결의로 정해진 이사의 보수한도를 초과하는 때에는 어떻게 처리해야 하는지 등이 문제된다. 이와 관련하여 ① 사용인분의 급여는 근로계약의 대가로서 이사의 보수와는 법적 성질이 다르므로 이에 포함되지 않는다는 견해,[286] ② 이사의 보수는 사용인분의 급여를 포함하지 아니하나 보수를 결정할 때 사용인분 급여의 액이 주주총회에 보고되어야 한다는 견해,[287] ③ 이사의 보수를 정관이나 주주총회결의로 정하도록 한 것은 이사의 사익 추구 위험성을 방지하기 위함인데, 사용인분 보수를 별도로 인정하면 이사가 주주의 통제를 벗어나 과도한 보수를 책정할 염려가 있으므로 이사의

---

286) 손주찬, 803면; 송옥렬, 1005면; 장덕조, 304면; 정찬형, 985면; 최준선, 474면.
287) 권기범, 908면; 이기수/최병규, 384면; 정동윤, 598면.

보수에 포함된다고 보아야 한다는 견해[288]가 있다. 생각건대 실무에서는 사용인겸무이사의 보수를 총액으로 지급하고 있어 이사로서의 보수와 사용인으로서의 급여를 구분하기 어렵고,[289] 양자를 별도로 인정하게 되면 이사가 주주들의 통제를 받지 않는 사용인분 급여를 과도하게 책정할 위험성이 있다.[290] 따라서 사용인겸무이사의 보수에는 사용인으로서의 급여도 포함된 것으로 보는 것이 타당하다.

(나) 상여금 : 현재 학설과 판례는 상여금도 이사의 보수에 포함되는 것으로 본다. 그렇지만 보수는 이익의 유무에 상관없이 회사의 경비로써 지급되지만, 상여금은 이익이 발생한 경우에만 처분이 가능한 이익 중에서 지급되고 정기주주총회의 이익처분안승인결의에 의하여 정해지므로 보수와는 다르다는 견해[291]가 있다. 생각건대 법인세법은 법인이 임원에게 지급하는 상여금 중 정관이나 주주총회·이사회의 결의로 결정된 급여지급기준에 따라 지급하는 때에는 손금산입을 인정하고(법인세령 제43조 제2항), 일본의 회사법도 제361조의 제목을 「이사의 보수등」으로 변경한 후 상여금을 보수에 포함시키고 있어 위 견해는 타당하지 않다. 한편 2011년 개정 상법은 정관으로 재무제표의 승인을 이사회결의로 할 수 있도록 한 회사에서는 이익배당도 이사회결의로 할 수 있도록 하였다(상법 제449조의2 제1항, 제462조 제2항). 따라서 만약 상여금을 이익배당으로 본다면 이사회결의만으로 이사에 대한 상여금을 정할 수 있어 결국 이사의 보수는 정관이나 주주총회결의에 의해야 한다는 상법 제388조를 침해하게 된다. 이러한 점을 종합할 때 이사에게 지급되는 상여금은 보수에 포함되는 것으로 보는 것이 타당하다.[292]

(다) 퇴직금·퇴직위로금 : 이사는 근로자가 아니므로 근로기준법상의 퇴직금지급청구권이 없다.[293] 그런데 실무에서는 이사가 퇴직할 때 회사의 규정 등에 근거하여 퇴직금이나 퇴직위로금을 지급하고 있고, 퇴직금과 퇴직위로금도 이사로서 재직할 때 직무수행의 대가로 지급되는 보수라는 것이 학설과 판례[294]의 입장이다. 따라서 이사에게 퇴직금이나 퇴직

288) 김정호, 594면; 이범찬/임충희/이영종/김지환, 309면; 이철송, 690면.
289) 참고로 기업공시서식 작성기준은 제9-2-1조 제2항에 관한 작성지침에서 이사·감사가 지배인 기타 사용인을 겸직하는 경우에 사용인분 급여는 개인별 보수지급금액 중 보수총액에 합산하여 기재하고, 사용인분 급여의 내역을 주석으로 표시하도록 규제하고 있다.
290) 일본에서는 이사가 사용인을 겸하는 경우가 많은데, 대부분 이사로서의 보수가 적어 수입의 대부분을 사용인으로서의 급여로 충당하고 있다(江頭憲治郎, 451頁).
291) 권오성, "이사의 보수에 관한 연구", 187면.
292) 정준우, "이사의 보수에 관한 쟁점사항의 입법론적 검토", 105면.
293) 대법원 1988. 6. 14. 선고 87다카2268 판결.
294) 대법원 2003. 9. 26. 선고 2002다64681 판결; 대법원 2000. 6. 8.자 2000마1439 결정(퇴직위로금이나 명예퇴직수당은 그 직에서 퇴임하는 자에 대하여 그 재직 중 직무집행의 대가로서 지급되는 후불적 임금으로서 보수의 성질을 아울러 갖고 있다고 할 것이므로 퇴직금과 유사하다고 볼 것이다).

위로금을 지급하려면 논리적으로 상법 제388조에 따라 정관의 규정이나 주주총회의 결의가 있어야만 하나,[295] 이와 다른 입장의 판례가 있다. 즉 ① 이사회결의만으로 작성된 이사의 퇴직금지급규정에 대하여 재임 중의 보수지급근거규정이나 종래 다른 퇴임이사에 대한 퇴직금지급사실 여부 등에 관한 심리와 판단 없이 단지 주주총회의 승인이 없다고 하여 그 효력을 부인한 것은 심리미진으로 인한 이유불비의 위법이 있다는 판례,[296] ② 임원퇴직금지급규정에 관하여 주주총회의 결의가 있거나 의사록이 작성된 적은 없으나 동 규정에 따른 퇴직금이 사실상 1인회사에서 1인 주주의 결재·승인을 거쳐 관행적으로 지급되었다면 동 규정에 대하여 주주총회결의가 있었던 것으로 볼 수 있다는 판례[297]가 있다. 생각건대 이사의 보수 결정에 관한 상법 제388조는 강행규정이므로[298] 정관이나 주주총회결의에 의하지 아니한 보수의 지급이나 그에 관한 약정은 무효이고, 퇴직금이나 퇴직위로금은 이사로서 재직하면서 수행한 직무에 대한 대가로서 지급되는 것이다. 따라서 정관이나 주주총회결의 없이 이사회결의만으로 작성한 퇴직금지급규정은 상법 제388조에 위반하여 무효이고, 1인회사에서 1인 주주의 의사라도 이를 주주총회의 결의와 동일시할 수는 없다. 이런 점을 종합할 때 위의 판례는 타당하지 않다.

참고판례 **임원에게 지급하는 퇴직금의 의미(대법원 2003. 9. 26. 선고 2002다64681 판결)** : 주식회사의 이사, 감사 등 임원은 회사로부터 일정한 사무처리의 위임을 받고 있는 것이므로, 사용자의 지휘·감독 아래 일정한 근로를 제공하고 소정의 임금을 받는 고용관계에 있는 것이 아니며, 따라서 일정한 보수를 받는 경우에도 이를 근로기준법 소정의 임금이라 할 수 없고, 회사의 규정에 의하여 이사 등 임원에게 퇴직금을 지급하는 경우에도 그 퇴직금은 근로기준법 소정의 퇴직금이 아니라 재직중의 직무집행에 대한 대가로 지급되는 보수에 불과하다.

참고판례 **이사회가 정관에서 정한 이사의 퇴직금액을 감액할 수 있는지 여부 등(대법원 2006. 5. 25. 선고 2003다16092,16108 판결)** : [1] 회사가 정관에서 퇴직하는 이사에 대한 퇴직금액의 범위를 구체적으로 정한 다음, 다만 재임 중 공로 등 여러 사정을 고려하여 이사회가 그 금액을 결정할 수 있도록 하였다면, 이사회로서는 퇴직한 이사에 대한 퇴직금액을 정하면서, 퇴임한 이사가 회사에 대하여 배임 행위 등 명백히 회사에 손해를 끼쳤다는 등의 특별한 사정이 없는 한, 재임 중 공로의 정도를 고려하여 정관에서 정한 퇴직금액을 어느 정도 감액할 수 있을 뿐 퇴직금 청구권을 아예 박탈하는 결의를 할 수는 없으므로, 이사회가 퇴직한 이사에 대한 퇴직금을 감액하는 등의 어떠한 결의도 하지 않았을 경우 회사로서는 그와 같은 이사회 결의가 없었음을 이유로 퇴직한 이사에 대하여 정관에 구체적으로 정한 범위 안에서의 퇴직금 지급을 거절할 수는 없다. [2] 회사의 직원으로 근무하면서 맺은 근로관계는 이사로 취임함으로써 종료되고 이후로는 회사와 새

295) 대법원 2006. 5. 25. 선고 2003다16092·16108 판결.
296) 대법원 1969. 5. 27. 선고 69다327 판결.
297) 대법원 2004. 12. 10. 선고 2004다25123 판결.
298) 대법원 2020. 6. 4. 선고 2016다241515,241522 판결.

로이 위임관계를 맺었다고 할 것이지만, 이사로 취임할 때 회사가 직원으로 근무한 데에 대한 퇴직금을 지급하지 아니하였고 퇴직한 다른 이사에게 퇴직금을 지급하면서 직원으로 근무한 기간까지 정관에 정하여진 근속연수에 계산하여 퇴직금을 산정하여 지급한 사례 등을 고려하여, 퇴직한 이사에 대하여 직원으로 근무한 기간과 이사로 근무한 기간을 합쳐서 퇴직금을 산정한 원심의 판단은 정당하[다]. [3] 이사의 퇴직금은 상법 제388조에 규정된 보수에 포함되어 정관으로 정하거나 주주총회의 결의에 의하여 정할 수 있고 이러한 퇴직금 청구권은 이사가 퇴직할 때 유효하게 적용되는 정관의 퇴직금 규정에 의하거나 주주총회의 퇴직금 지급결의가 있을 때 비로소 발생하는 것인바, 회사가 정관으로 퇴직하는 이사에 대한 퇴직금의 구체적 액수를 일정 범위의 퇴직 당시 급여액과 지급률, 근속연수를 기초로 산정하도록 정하였다가 그 정관을 변경하여 지급률을 감축한 경우라도, 퇴직하는 이사에 대한 퇴직금을 산출할 때에는 전체 근속 기간에 대하여 퇴직 당시 적법하게 변경된 정관의 퇴직금 규정에 따른 지급률을 적용하여야 하지 퇴직금에 관한 정관 규정 변경 전후의 기간을 나누어서 변경 전 근속 기간에 대하여 변경 전의 정관 규정에 따른 지급률을 적용할 것은 아니다.

참고판례 **퇴직금의 중간정산과 주주총회결의의 요부(대법원 2019. 7. 4. 선고 2017다17436 판결)** : 상법 제388조에 의하면 주식회사의 이사의 보수는 정관에 그 액을 정하지 아니한 때에는 주주총회의 결의로 이를 정한다고 규정되어 있다. 이는 이사가 자신의 보수와 관련하여 개인적 이익을 도모하는 폐해를 방지하여 회사와 주주 및 회사채권자의 이익을 보호하기 위한 강행규정이다. 따라서 정관 등에서 이사의 보수에 관하여 주주총회의 결의로 정한다고 규정되어 있는 경우 그 금액·지급방법·지급시기 등에 관한 주주총회의 결의가 있었음을 인정할 증거가 없는 한 이사의 보수 청구권을 행사할 수 없다. 이사의 퇴직금은 상법 제388조에 규정된 보수에 포함되고, 퇴직금을 미리 정산하여 지급받는 형식을 취하는 퇴직금 중간정산금도 퇴직금과 성격이 동일하다. 다만 이사에 대한 퇴직금은 성격상 퇴직한 이사에 대해 재직 중 직무집행의 대가로 지급되는 보수의 일종이므로, 이사가 재직하는 한 이사에 대한 퇴직금 지급의무가 발생할 여지가 없고 이사가 퇴직하는 때에 비로소 지급의무가 생긴다. 그런데 퇴직금 중간정산금은 지급시기가 일반적으로 정해져 있는 정기적 보수 또는 퇴직금과 달리 권리자인 이사의 신청을 전제로 이사의 퇴직 전에 지급의무가 발생하게 되므로, 이사가 중간정산의 형태로 퇴직금을 지급받을 수 있는지 여부는 퇴직금의 지급시기와 지급방법에 관한 매우 중요한 요소이다. 따라서 정관 등에서 이사의 퇴직금에 관하여 주주총회의 결의로 정한다고 규정하면서 퇴직금의 액수에 관하여만 정하고 있다면, 퇴직금 중간정산에 관한 주주총회의 결의가 있었음을 인정할 증거가 없는 한 이사는 퇴직금 중간정산금 청구권을 행사할 수 없다.

참고판례 **회사가 이사를 피보험자로 한 퇴직보험계약을 체결할 때 이사회의 승인이 필요한지 여부 등(대법원 2010. 3. 11. 선고 2007다71271 판결)** : [1] 주식회사의 이사가 자신을 피보험자 및 수익자로 하여 회사 명의로 퇴직보험에 가입한 사안에서, 회사가 이사를 피보험자로 하여 퇴직보험계약을 체결한 것은 임원퇴직금지급규정상 임원의 보수를 지급하기 위한 수단에 불과하고, 회사에게 퇴직금을 조성하기 위한 일반적인 자금 운영의 범위를 넘는 실질적인 불이익을 초래할 우려가 없으므로, 이에 관하여 이사회의 승인을 얻을 필요가 없다. [2] 회사가 임원이나 근로자를 피보험자 및 수익자로 하여 퇴직보험에 가입하였더라도, 이는 임원이나 근로자가 퇴직할 경우 회사가 퇴직금 관련 규정에 따라 지급하여야 할 퇴직금을 보험금 또는 해약환급금에서 직접 지급받도록 함으로써 회사의 재무 사정에 영향을 받지 않고 퇴직금 지급이 보장되도록 하기 위한 것일 뿐 그 퇴직금을 넘는 금원을 임원이나 근로자에게 지급하기 위한 것은 아니다. 따라서 비록 임원이나 근로자가 퇴직보험에서 정한 바에 따라 직접 보험금 또는 해약환급금을 수령하였다고 하더라도, 회사에 대한 관계에서는 회사가 지급하여야 하는 퇴직금의 범위 내에서만 보험금 또는 해약환급금을 보유할 수 있는 권리를 가질 뿐이며, 임원이나 근로자가 퇴직보험에 의하여 수령한 금원 중에서 위 퇴직금을 초과하는 금원은 회사가 출연한 보험료를 기초로 하여 법률상 원인 없이 이득을 얻은 것이 되어 회사에게 반환할 의무가 있다.

㈑ 임원배상책임보험료 : 미국이나 영국과 달리 임원배상책임보험에서 보험료를 회사가 지급할 수 있다는 규정이 없는 우리나라에서는 그 허용 여부에 관한 논란이 제기된다. 구체적으로 이사의 제3자에 대한 책임을 담보하는 보험료는 이사가 위임사무를 처리하는 데에 필요한 비용이므로 회사가 부담할 수 있다는 견해가 지배적이지만,[299] 주주대표소송의 대상이 되는 회사에 대한 책임의 경우에는 부정하는 견해[300]와 긍정하는 견해[301]가 있다. 생각건대 임원배상책임보험은 이사가 제3자에게 거액의 손해배상책임을 지게 되는 경우 그에 필요한 재원을 보험금으로 처리하기 위한 것이므로, 이는 이사 그 자신의 위험을 담보하는 것이다. 더욱이 여기서 제3자에는 회사도 포함되는데, 이사가 회사에 대하여 손해배상책임을 지는 때에 필요한 책임보험의 보험료를 회사가 부담한다는 것은 논리적으로도 타당하지 않다. 따라서 임원배상책임보험에서 보험료를 회사가 부담하는 때에는 그 금액만큼 이사의 보수로 보아야 하고, 정관이나 주주총회에서 전체 이사의 보수총액이나 이사의 개인별 보수액을 정하는 때에도 이를 반영해야 한다.

㈒ 보조자에 대한 급여 등 : 실무에서는 대표이사 등 주요 임원에게 보수 외에 다양한 경제적 혜택(예: 골프장회원권 등)을 부여하고 있고, 일정한 경우에는 사택과 그 관리인까지 제공하고 있다. 그리하여 이러한 혜택과 보수의 관계가 문제되는데, 판례는 대표이사의 사저에서 일하는 사람들에게 회사가 급여를 준 사건에서 이사의 보수에 포함된다고 하며 이를 허용하려면 주주총회의 결의가 필요하다고 판시하였다.[302] 생각건대 회사가 대표이사 등에게 부여하는 경제적 혜택은 이원적으로 처리해야 한다. 즉 대표이사 등의 기업 내 업무활동에 관련된 경우와 그렇지 않은 경우를 구분하여, 전자의 경우에는 대표이사 등의 업무효과를 제고하기 위한 것이므로 회사의 비용으로 처리하고, 후자의 경우에는 대표이사 등의 사적 활동에 관계된 것이므로 보수에 포함해야 한다.[303]

㈓ 주식매수선택권 : 주식매수선택권은 미국의 대표적인 성과연동형보수인 스톡옵션을

---

299) 김건식/최문희, "이사의 배상책임보험", 128면; 김홍식, "회사법적 관점에서 본 임원배상책임보험", 242면.
300) 김선정, "D&O 보험에 관한 연구", 296면.
301) 김영선, 269면.
302) 대법원 2007. 10. 11. 선고 2007다34746 판결.
303) 정준우, "이사의 보수에 관한 쟁점사항의 입법론적 검토", 104면.

도입한 것이다.[304] 상법은 이를 인센티브 형태의 보수로 이해하고 있고,[305] 자본시장법상의 사업보고서 제출대상법인에 적용되는 [기업공시서식 작성기준]도 주식매수선택권의 행사로 인한 이익을 공시해야 할 임원의 보수에 포함시키고 있다. 그런데 주식매수선택권을 보수로 본다면 이사에게 주식매수선택권을 부여할 때 상법 제388조에 따라 정관이나 주주총회의 결의를 얻어야 하는가? 이에 관한 논의는 많지 않지만 ① 상법 제340조의2 제1항이 이사에게 주식매수선택권을 부여할 때에는 주주총회의 특별결의를 거치도록 규정하여 더 엄격히 통제하고 있고, ② 특히 상장회사의 경우에는 발행주식총수의 100분의 20의 범위 내에서 대통령령으로 정하는 한도까지는 이사회결의로 당해 회사의 이사를 제외한 집행임원·감사·피용자 외에 관계회사의 이사·집행임원·감사·피용자에게도 부여할 수 있도록 하되 사후적으로 주주총회의 승인을 받도록 규정하고 있는 점을 고려할 때 상법 제388조의 절차를 거칠 필요가 없다는 견해가 있다.[306] 생각건대 이사에게 주식매수선택권을 부여하는 것과 이를 보수로 취급하는 것은 다른 문제이다. 즉 이사에게 주식매수선택권을 부여하는 것은 사실상 주주의 신주인수권을 침해하는 것이고 남용의 우려가 있으므로 주주총회의 특별결의를 얻도록 하면서 발행주식총수의 10% 내로 제한하는 것이다. 그런데 이사는 주식매수선택권을 포기할 수 있고, 행사하기 전에는 보수로 취급할 이익이 없다. 그리고 이익이 실현된 주식매수선택권을 보수에 포함시키면 때로는 그 합산액이 정관이나 주주총회에서 정한 보수총액을 초과할 수도 있다.[307] 따라서 비록 절차적으로 조금 복잡하겠지만, 이 경우에도 상법 제388조의 절차를 거치게 해야 한다.

㈓ 해직보상금 : 실무에서는 회사가 이사와 임용계약을 체결하며 때때로 이사가 해임될 때 일정한 보상금을 지급하기로 약정하는 경우가 있다. 이를 「해직보상금」이라고 하는데, 이사의 보수에 포함되는지에 관한 논란이 있다. 이와 관련하여 판례는 "해직보상금을 보수에 해당하지 않는다고 하면 이사들이 고용계약을 체결하는 과정에서 개인적 이득을 위해 과다한 해직보상금을 약정하는 것을 막을 수 없게 되어 상법 제388조의 입법취지가 잠탈되고, 해직보상금액이 거액일 경우 회사의 자유로운 이사해임권 행사를 저해하는 기능을 하게 되므로 이사의 보수에 관한 상법 제388조를 준용 내지 유추적용하여 이사는 해직보상금에 관하여도 정관에서 그 액을 정하지 않는 한 주주총회 결의가 있어야만 회사에 대하여

304) 다만 스톡옵션의 경우에는 임원의 재산증식을 극대화할 목적으로 과도하게 리스크를 부담하는 폐해가 나타날 수 있다(Bengt Holmstrom/Steven N. Kaplan, "The State of U.S. Corporate Governance: What's Right and What's Wrong?," 15 *J. App. Corp. Fin.* 8, 13 (2003)).

305) 예를 들어 이사의 책임 감경에 관한 상법 제400조 제2항은 책임 제한의 기초를 이사의 보수액으로 하면서 보수액에는 주식매수선택권의 행사로 인한 이익을 포함시키고 있다.

306) 권오성, "이사의 보수에 관한 연구", 193면; 윤영신, "이사 보수의 회사법적 문제", 46~47면.

307) 정준우, "이사의 보수에 관한 쟁점사항의 입법론적 검토", 108면.

이를 청구할 수 있다."라고 판시하였고,[308] 이에 찬동하는 견해도 있다.[309] 그런데 해직보상금은 해임되었을 경우의 보상이므로 일종의 손해배상액의 예정이지,[310] 상법 제388조상 보수의 일종으로는 볼 수 없다. 물론 이사가 회사와 과도한 해직보상금에 관한 약정을 하여 주주총회에서 해임할 수도 없는 문제가 발생할 수는 있지만, 이는 별도의 규제를 설정하는 등 입법적으로 해결해야지 상법 제388조를 인위적으로 유추적용하여 해결할 사항이 아니다. 이 점에서 동 판례는 타당하지 않다.[311]

참고판례 **이사의 해직보상금에 상법 제388조가 적용되는지 여부(대법원 2006. 11. 23. 선고 2004다49570 판결)** : 주식회사와 이사 사이에 체결된 고용계약에서 이사가 그 의사에 반하여 이사직에서 해임될 경우 퇴직위로금과는 별도로 일정한 금액의 해직보상금을 지급받기로 약정한 경우, 그 해직보상금은 형식상으로는 보수에 해당하지 않는다 하여도 보수와 함께 같은 고용계약의 내용에 포함되어 그 고용계약과 관련하여 지급되는 것일 뿐 아니라, 의사에 반하여 해임된 이사에 대하여 정당한 이유의 유무와 관계없이 지급하도록 되어 있어 이사에게 유리하도록 회사에 추가적인 의무를 부과하는 것인바, 보수에 해당하지 않는다는 이유로 주주총회 결의를 요하지 않는다고 한다면, 이사들이 고용계약을 체결하는 과정에서 개인적인 이득을 취할 목적으로 과다한 해직보상금을 약정하는 것을 막을 수 없게 되어, 이사들의 고용계약과 관련하여 그 사익 도모의 폐해를 방지하여 회사와 주주의 이익을 보호하고자 하는 상법 제388조의 입법 취지가 잠탈되고, 나아가 해직보상금액이 특히 거액일 경우 회사의 자유로운 이사해임권 행사를 저해하는 기능을 하게 되어 이사선임기관인 주주총회의 권한을 사실상 제한함으로써 회사법이 규정하는 주주총회의 기능이 심히 왜곡되는 부당한 결과가 초래되므로, 이사의 보수에 관한 상법 제388조를 준용 내지 유추적용하여 이사는 해직보상금에 관하여도 정관에서 그 액을 정하지 않는 한 주주총회 결의가 있어야만 회사에 대하여 이를 청구할 수 있다.

(3) 보수의 공시 등

1) 보수의 공시 : 상장회사 등 사업보고서 제출대상법인은 임원의 보수총액과 5억원 이상의 보수를 받는 임원 개인별 보수와 그 구체적인 산정기준 및 방법을 사업보고서에 기재해야 한다(자본시장법 제159조 제2항; 자본시장령 제168조 제1항 내지 제2항). 이에 더하여 2015년에 개정된 금융감독원의 「기업공시서식 작성기준」은 개인별 보수총액과 함께 보수의 종류, 지급근거, 산정항목, 산출과정 등도 명확히 기재하도록 요구하고 있다.[312] 그러나 사업

308) 대법원 2006. 11. 23. 선고 2004다49570 판결.
309) 김건식/노혁준/천경훈, 475면; 한국상사법학회(Ⅱ)(문상일 집필부분), 526면; 송옥렬, 1006면; 윤영신, "이사 보수의 회사법적 문제", 49면.
310) 오성근, 613면; 이철송, 691면.
311) 정준우, "이사의 보수에 관한 쟁점사항의 입법론적 검토", 107면.
312) 특히 보수총액의 경우에는 근로소득·퇴직소득·기타소득으로 분류하고, 특히 근로소득의 경우에는 급여, 상여, 주식매수선택권 행사이익, 기타의 근로소득으로 구분하고 있다.

보고서 제출대상법인이라도 5억원 미만의 보수를 받는 임원의 개인별 보수는 공시하지 않고 있으며, 비상장회사의 임원에 대해서는 아무런 규제가 없어 여전히 보수총액을 전제로 주주총회의 결의가 이루어지고 있다. 그렇다면 어떠한 방법으로 이사의 보수를 공시해야 하는가? 생각건대 다음과 같은 방안이 복합적으로 강구되어야 한다. 즉 ① 임원의 보수총액이 아닌 개별 이사의 보수가 공시되어야 한다.[313] ② 공시대상이 되는 이사의 범위를 정해야 한다.[314] ③ 이사의 보수를 산정하는 원칙과 방식 및 산정대상에 어떤 항목이 포함되는지를 명확히 해야 한다.[315] ④ 이사의 보수산정에 있어서 기업성과와의 연동성에 대한 공시를 강화해야 한다.[316] 오늘날의 투자자들은 보수액보다 보수와 기업성과의 연동성에 더 관심을 두기 때문이다.[317]

2) 과도한 보수의 구제 : 학설과 판례[318]는 상법상 절차를 거쳤더라도 이사의 보수가 지나치게 과도한 때에는 자본충실의 원칙에 반하고 배임행위가 되므로 당연히 무효라고 한다. 그렇다면 이사의 보수가 과도한 경우에 활용할 수 있는 구제방법은 무엇인가? 이는 다음과 같이 나누어 살펴볼 수 있다. 즉 ① 정관으로 보수를 정한 경우에는 소익이 있는 자 누구나 정관무효확인의 소나 정관변경무효확인의 소를 제기할 수 있다. 과도한 보수는 자본충실의 원칙과 사회질서에 반하여 무효이기 때문이다. ② 같은 맥락에서 주주총회의 결의로 보수를 정한 경우에도 소익이 있는 자는 누구나 주주총회결의무효확인의 소를 제기할 수 있는데, 이 경우 제소권자는 소송제기와 함께 보수지급금지가처분을 신청할 수 있다. ③ 이사회가 보수를 정한 경우에는 이사회결의의 하자를 주장할 수 있지만, 이 경우에는 일반무효의 법리에 의해야 한다. 즉 순수한 내부 문제이면 당연히 무효이지만, 제3자와 연계된 때에는 거래의 안전을 위하여 그의 선의 여부에 따라 유효나 무효로 보아야 한다.[319] 그런데 이사

---

313) 이사의 보수를 공시하게 되면 경영정보의 투명성이 제고되어 주주와 경영자의 대리인 비용도 감소할 수 있다(송기신/송학준, "우리나라 임원보상 공시제도의 문제점 및 개선방안에 관한 연구", 387면). 이와 관련하여 일본의 경우 그동안 임원의 보수총액만 공시하였지만, 2010년 3월 31일에 「기업내용 등의 공시에 관한 내각부령」을 개정하여 2010년 4월 1일부터 유가증권 보고서 제출대상회사는 임원의 보수를 세분하여 공시하도록 규제하고 있다.

314) 금융감독원의 기업공시서식 작성기준은 이사를 등기이사와 사외이사로 구분하여 보수내역을 기재하도록 규정하고 있다.

315) 현재에는 상임이사와 사외이사에 대해 지급총액과 1인당 평균지급액, 이사 개인별 주식매수선택권 부여 현황과 같은 정량적인 정보만 제공되고 있어 보수가 어떤 기준과 원칙에 의해 어떤 절차를 밟아 누구에 의해 결정되는지를 명확히 알 수 없다(김동근, "기업의 임원보수 규제에 관한 고찰", 373~374면).

316) 정준우, "이사의 보수에 관한 쟁점사항의 입법론적 검토", 100면.

317) 즉 투자자들은 고액의 보수라고 하더라도 그에 합당하게 회사의 성과가 발생하고 주주의 이익을 증가시켰다면 합리적인 것으로 평가한다(염미경, "미국법상 임원보수 규제에 관한 검토", 252면).

318) 대법원 2016. 1. 28. 선고 2014다11888 판결.

319) 대법원 2005. 7. 28. 선고 2005다3649 판결.

회결의의 무효는 회사만이 주장할 수 있어 사실상 실효성이 없다. 따라서 이러한 문제를 합리적·실효적으로 해결할 수 있도록 상법에 과도한 보수의 효력과 그 구제에 관련된 규정을 신설할 필요가 있다.

> **참고판례** **과도한 이사보수의 유효성 여부(대법원 2016. 1. 28. 선고 2014다11888 판결)** : 경영권 상실로 퇴직을 앞둔 이사가 최대한 많은 보수를 받기 위하여 다른 이사와 함께 직무내용·재무상황·영업실적 등에 비추어 지나치게 과다하며 합리적 수준을 현저히 벗어난 보수지급기준을 마련한 후 주주총회에 영향력을 행사하여 소수주주의 반대에도 불구하고 결의가 성립되도록 하였다면, 이는 상법 제382조의3에서 규정하고 있는 충실의무를 위반하여 회사재산의 부당한 유출을 야기하고 회사와 주주의 이익을 침해하는 것으로서 회사에 대한 배임행위에 해당하고, 따라서 주주총회의 결의를 거쳤다고 하더라도 그러한 위법행위가 유효하다고 할 수 없다.

3) 명목상 이사의 보수청구권 : 실무에서는 회사가 일정한 목적을 위해 형식적으로 이사를 선임하고 보수를 책정해 두는 경우가 있다. 이때 명목상 이사가 회사에 대하여 보수를 청구할 수 있을까? 이와 관련하여 판례는 "법적으로는 이사의 지위를 갖지만 회사와의 명시적 또는 묵시적 약정에 따라 이사로서의 실질적인 직무를 수행하지 않는 이른바 명목상 이사도 회사의 기관으로서 회사가 사회적 실체로서 성립하고 활동하는데 필요한 기초를 제공함과 아울러 상법이 정한 권한과 의무를 갖고 의무 위반에 따른 책임을 부담하는 것은 일반적인 이사와 다를 바 없으므로, 오로지 보수의 지급이라는 형식으로 회사의 자금을 개인에게 지급하기 위한 방편으로 이사로 선임한 것이라는 등의 특별한 사정이 없는 한, 회사에 대하여 상법 제388조에 따라 정관의 규정 또는 주주총회의 결의에 의하여 결정된 보수의 청구권을 갖는다."라고 판시하였다.[320] 생각건대 회사가 특수한 목적을 위해 명목상으로만 이사를 선임하여 법적 형식을 갖추는 경우 등을 방지할 수 있는 점에서 판례의 입장이 타당하지만, 이사의 보수는 직무수행의 대가라는 점에서 아무런 직무를 수행하지 아니한 이사에게 보수를 지급하는 문제가 있다. 따라서 이는 명의대여로 이해하여 처리함이 합리적일 수 있다. 향후 입법적 보완이 요망된다.

4. 이사의 퇴임

(1) 퇴임 사유

이사의 일반적인 퇴임 사유는 다음과 같다. 즉 ① 이사는 임기만료로 퇴임한다. 다만

320) 대법원 2015. 7. 23. 선고 2014다236311 판결.

이사의 퇴임으로 인하여 이사의 법정 인원수가 부족하게 된 때에는 후임 이사가 취임할 때까지 이사의 권리·의무가 있다(상법 제386조 제1항). ② 이사는 언제든지 사임할 수 있다. 이는 단독행위이므로 회사에 대한 일방적 의사표시만으로 효력이 발생하고, 회사 또는 주주총회의 승낙을 요하지 아니하며, 변경등기를 하지 않더라도 자격을 상실한다.[321] 다만 이 경우 사임의 의사표시는 대표이사에게 해야 하고, 대표이사에게 도달함으로써 효력이 발생하는데, 이는 철회할 수 없다.[322] ③ 이사는 법률과 정관에서 정한 자격상실사유가 발생하거나 회사가 해산한 경우 및 이사의 사망·파산 또는 성년후견개시심판을 받은 경우처럼 위임의 일반적 종료 사유가 있는 때에도 퇴임한다(민법 제690조).

참고판례 **이사의 퇴임등기 기산일(대법원 2007. 6. 19.자 2007마311 결정)** : 대표이사를 포함한 이사가 임기의 만료나 사임에 의하여 퇴임함으로 말미암아 법률 또는 정관에 정한 대표이사나 이사의 원수(최저인원수 또는 특정한 인원수)를 채우지 못하게 되는 결과가 일어나는 경우에, 그 퇴임한 이사는 새로 선임된 이사(후임이사)가 취임할 때까지 이사로서의 권리의무가 있는 것인바(상법 제386조 제1항, 제389조 제3항), 이러한 경우에는 이사의 퇴임등기를 하여야 하는 2주 또는 3주의 기간은 일반의 경우처럼 퇴임한 이사의 퇴임일부터 기산하는 것이 아니라 후임이사의 취임일부터 기산한다고 보아야 하며, 후임이사가 취임하기 전에는 퇴임한 이사의 퇴임등기만을 따로 신청할 수 없다고 봄이 상당하다.

(2) 이사의 해임

1) 주주총회의 해임결의 : 회사는 주주총회의 특별결의로 언제든지 이사를 해임할 수 있다(상법 제385조 제1항 본문). 이사는 주주의 출자로 형성된 회사재산을 관리하는 자이므로 그 지위의 유지 여부도 주주가 정책적으로 결정할 문제이기 때문이다.

㈎ 해임방법 : 이사는 주주총회의 특별결의에 의해서만 해임할 수 있다. 이는 소유와 경영의 분리 원칙 하에서 주주의 이익을 보호하기 위한 강행적인 제도이므로 정관으로도 이사회결의나 대표이사에게 위임할 수 없고, 이사를 선임할 때 특약으로 동 규정의 적용을 배제할 수도 없다. 따라서 정관으로 이사의 해임사유를 제한하면 이는 곧 동 규정의 적용을 제한하기 때문에 당연히 무효이다. 주의할 것은 ① 해임결의의 대상인 이사가 주주일 경우에도 특별이해관계자는 아니므로 의결권을 상실하지 않는다. ② 해임된 이사는 해임결의의 하자를 다툴 수 있지만, 해임의 부당성은 다투지 못한다. 이사의 경영이 적정하지 아니할 때 주주가 신속히 자기재산을 방어하는 방법이 해임이기 때문이다. ③ 제386조 제1항의 퇴

321) 대법원 2013. 9. 9.자 2013마1273 결정.
322) 대법원 2011. 9. 8. 선고 2009다31260 판결.

임이사는 해임결의의 대상이 될 수 없다.[323] 퇴임이사는 후임이사가 선임되면 즉시 지위를 상실하므로 해임결의를 거칠 필요가 없기 때문이다.

참고판례 **해임결의의 대상인 이사에 퇴임이사가 포함되는지(대법원 2021. 8. 19. 선고 2020다285406 판결)** : 주식회사의 이사는 임기가 만료됨에 따라 이사의 지위를 상실하는 것이 원칙이지만, 소유와 경영의 분리를 원칙으로 하는 주식회사에 있어 경영자 지위의 안정이라는 이사의 이익뿐만 아니라 주주의 회사에 대한 지배권 확보라는 주주의 이익 또한 보호되어야 하므로, 위와 같은 주주와 이사의 이익을 조화시키기 위해 상법 제385조 제1항은 회사가 언제든지 주주총회의 결의로 이사를 해임할 수 있도록 하는 한편 이사를 선임할 때와 달리 이사를 해임할 때에는 주주총회의 특별결의를 거치도록 하고, 임기가 정해진 이사가 임기만료 전에 정당한 이유 없이 해임된 때에는 회사에 대하여 손해배상을 청구할 수 있도록 하고 있다. 한편 임기만료로 퇴임한 이사라 하더라도 상법 제386조 제1항 등에 따라 새로 선임된 이사의 취임 시까지 이사로서의 권리의무를 가지게 될 수 있으나(이하 '퇴임이사'라고 한다), 그와 같은 경우에도 새로 선임된 이사가 취임하거나 상법 제386조 제2항에 따라 일시 이사의 직무를 행할 자가 선임되면 별도의 주주총회 해임결의 없이 이사로서의 권리의무를 상실하게 된다. 이러한 상법 제385조 제1항의 입법 취지, 임기만료 후 이사로서의 권리의무를 행사하고 있는 퇴임이사의 지위 등을 종합하면, 상법 제385조 제1항에서 해임대상으로 정하고 있는 '이사'에는 '임기만료 후 이사로서의 권리의무를 행사하고 있는 퇴임이사'는 포함되지 않는다고 보아야 한다.

참고판례 **퇴임이사를 상대로 직무집행정지가처분을 신청할 수 있는지(대법원 2009. 10. 29.자 2009마1311 결정)** : 상법 제386조 제1항은 법률 또는 정관에 정한 이사의 원수를 결한 경우에는 임기의 만료 또는 사임으로 인하여 퇴임한 이사로 하여금 새로 선임된 이사가 취임할 때까지 이사의 권리의무를 행하도록 규정하고 있는바, 위 규정에 따라 이사의 권리의무를 행사하고 있는 퇴임이사로 하여금 이사로서의 권리의무를 가지게 하는 것이 불가능하거나 부적당한 경우 등 필요한 경우에는 상법 제386조 제2항에 정한 일시 이사의 직무를 행할 자의 선임을 법원에 청구할 수 있으므로, 이와는 별도로 상법 제386조 제1항에 정한 바에 따라 이사의 권리의무를 행하고 있는 퇴임이사를 상대로 해임사유의 존재나 임기만료·사임 등을 이유로 그 직무집행의 정지를 구하는 가처분신청은 허용되지 않는다.

(나) 손해배상 : 임기가 정해진 이사가 그 임기 중에 정당한 이유 없이 해임된 때에는 회사에 대하여 손해배상을 청구할 수 있다(상법 제385조 제1항 단서). 여기서 「정당한 이유」란 소수주주의 해임청구사유인 「부정행위, 법령·정관에 위반한 중대한 사실」에 한정되지 않고, 직무의 현저한 부적임도 포함한다.[324] 다만 다음과 같이 주의할 점이 있다. 즉 ① 손해배상의 청구는 이사가 주주총회의 적극적인 해임결의로 해임된 경우에만 인정되고, 이사가 한 사임의 의사표시를 수리하는 뜻으로 해임한 때에는 인정되지 않는다.[325] ② 손해배상의

323) 대법원 2021. 8. 19. 선고 2020다285406 판결.
324) 대법원 2004. 10. 15. 선고 2004다25611 판결.
325) 대법원 1993. 8. 24. 선고 92다3298 판결.

범위는 이사가 재임기간에 받을 수 있는 보수이지만,[326] 해임으로 인해 이사가 받은 정신적 고통에 대한 위자료는 이에 포함되지 않고, 과실상계의 법리도 적용되지 않는다.[327] 이사의 해임은 적법행위이고, 그에 따른 손해배상은 채무불이행책임이나 불법행위책임이 아닌 법정책임이기 때문이다. ③ 판례는 이사에 대한 손해배상에 손익상계의 법리를 적용하고 있는데,[328] 해임과 손해 사이에 인정되는 인과관계와 등가적인 법적 인과관계를 인정할 수 없으므로 동 법리의 적용대상이 아니라는 반대의 견해도 있다.[329] 생각건대 원래 손익상계의 법리는 근로기준법이 적용되는 근로자의 부당해고에서 인정된 것이다. 즉 해고된 근로자가 부당해고라는 법원의 판결을 받으면 당연히 복직하게 되고 회사는 그동안 밀린 임금을 근로자에게 지급해야 하는데, 이 과정에서 손익상계의 법리가 인정된 것이다. 그런데 이사의 해임에서는 부당한 해임이라고 하더라도 판결 후 당연히 복직되지 않고 밀린 임금의 지급도 없다. 더욱이 이사와 회사의 법률관계는 근로계약관계가 아닌 위임계약관계이다. 이런 점을 종합할 때 이사의 부당한 해임에 관한 손해배상에 대하여 손익상계의 법리를 적용한 판례는 타당하지 않다. ④ 임기가 정해지지 않은 이사의 경우에는 언제든지 회사가 해임할 수 있는데, 이 경우에는 민법 제689조 제2항이 적용되지 않으므로 손해배상을 할 필요가 없다.[330]

> **참고판례** **이사의 해임에서 정당한 이유의 존부에 관한 증명책임(대법원 2006. 11. 23. 선고 2004다49570 판결)** : 주식회사 이사의 임기를 정한 경우에 주식회사가 정당한 이유 없이 임기만료 전에 이사를 해임한 때에는 그 이사는 회사에 대하여 해임으로 인한 손해의 배상을 청구할 수 있는데(상법 제385조 제1항 후문), 이러한 경우 '정당한 이유'의 존부에 관한 입증책임은 손해배상을 청구하는 이사가 부담한다.

2) 소수주주의 해임청구 : 이사가 그 직무에 관하여 부정행위 또는 법령이나 정관에 위반한 중대한 사실이 있음에도 불구하고 주주총회에서 그 해임이 부결된 때에는 소수주주가 그 이사의 해임을 법원에 청구할 수 있다(상법 제385조 제2항).

㈎ 청구권자 : 청구권자인 소수주주의 내용은 다음과 같다. 즉 ① 비상장회사의 경우에는 의결권의 유무에 관계없이 발행주식총수의 100분의 3 이상의 주식을 가진 소수주주가 청구할 수 있고, ② 상장회사의 경우에는 의결권의 유무에 관계없이 발행주식총수의 10,000분의 50(자본금이 1,000억원 이상인 상장회사는 10,000분의 25) 이상의 주식을 6개월 이상 계속

326) 서울고등법원 1978. 7. 6. 선고 77나2669 판결.
327) 서울고등법원 1990. 7. 6. 선고 89나46297 판결.
328) 대법원 2013. 9. 26. 선고 2011다42348 판결.
329) 이철송, 680~681면.
330) 대법원 2001. 6. 15. 선고 2001다23928 판결.

하여 보유한 소수주주가 청구할 수 있다(상법 제542조의6 제3항).[331] 이처럼 상법은 대주주의 비호하에 부정행위를 한 이사의 해임이 주주총회에서 부결된 경우에도 소수주주가 이를 적극적으로 시정할 수 있는 길을 열어 주고 있다.

(나) 청구원인 : 이사의 부정행위 또는 법령·정관의 위반행위가 있어야 한다. 따라서 단순한 임무해태의 경우에는 해임을 청구할 수 없다. 여기서 「부정행위」란 의무를 위반하여 회사에 손해를 발생시키는 고의의 행위를 말하고, 「법령·정관의 위반행위」란 경업금지의무의 위반 등 특정한 위법행위를 말한다.[332] 주의할 것은 이러한 사유는 이사의 재임 중에만 있으면 충분하고 해임을 청구할 때 현존할 필요는 없다는 점이다.

(다) 청구대상 : 소수주주의 해임청구의 대상은 임기 중에 있는 이사이므로 퇴임이사는 적용대상이 아니다. 퇴임이사가 부적합할 때에는 상법 제386조 제2항에 의해 법원에 일시이사(가이사)의 선임을 청구할 수 있으므로 해임청구를 인정할 실익이 없기 때문이다.[333] 그렇다면 소수주주의 해임청구의 소가 제기된 후에 당해 이사가 사임하고 주주총회에서 다시 동일인을 이사로 선임하였다면 당초의 해임청구의 소는 그 이익을 상실하는가? 생각건대 소수주주의 해임청구의 소는 특정한 이사의 선임결의에 관한 위법성을 다투는 것이 아니라, 선임된 자의 이사로서의 부적격성을 이유로 하는 것이다. 따라서 이 경우에는 당초의 청구이유가 그대로 유지되는 적법한 소로 보아야 한다.[334]

(라) 청구기간 : 법정 요건을 갖춘 소수주주는 이사의 해임을 부결한 주주총회의 결의일로부터 1개월 내에 법원에 당해 이사의 해임을 청구할 수 있다.

(마) 관할 등 : 이사의 해임에 관한 소수주주의 청구는 회사의 본점소재지를 관할하는 지방법원에 전속하는데(상법 제385조 제3항 → 제186조), 이는 이사와 회사 간의 위임관계 해소를 구하는 형성의 소이므로 이사와 회사를 공동피고로 해야 한다. 물론 법원은 해임판결을 내리기 전에 당사자의 신청에 따라 가처분으로써 이사의 직무집행을 정지할 수 있고, 직무대행자를 선임할 수도 있다(상법 제407조 제1항 전단).

참고판례 **상법 제385조 제2항의 입법취지(대법원 2010. 9. 30. 선고 2010다35985 판결)** : 직무에 관한 부정행위 또는 법령이나 정관에 위반한 중대한 사실이 있어 해임되어야 할 이사가 대주주의 옹호로 그 지위

331) 상장회사의 소수주주는 2020년 개정상법에 따라 일반규정을 선택적으로 원용할 수도 있다.
332) 대법원 1990. 11. 2.자 90마745 결정.
333) 서울지방법원 서부지원 1998. 6. 12. 선고 97가합11348 판결.
334) 이철송, 683면; 부산지방법원 2004. 4. 14. 선고 2002가합16791 판결.

에 그대로 머물게 되는 불합리를 시정함으로써 소수주주 등을 보호하기 위한 상법 제385조 제2항의 입법 취지 및 회사 자본의 충실을 기하려는 상법의 취지를 해치는 행위를 단속하기 위한 상법 제628조 제1항의 납입가장죄 등의 입법 취지를 비롯한 위 각 규정의 내용 및 형식 등을 종합하면, 상법 제628조 제1항에 의하여 처벌 대상이 되는 납입 또는 현물출자의 이행을 가장하는 행위는 특별한 다른 사정이 없는 한, 상법 제385조 제2항에 규정된 '그 직무에 관하여 부정행위 또는 법령에 위반한 중대한 사실'이 있는 경우에 해당한다고 보아야 한다.

Ⅲ. 대표이사

1. 의 의

(1) 법적 지위

대표이사는 회사를 대표하고 업무를 집행하는 권한을 가진 주식회사의 필요적 상설기관이다. 대표이사는 회사의 영업에 관하여 재판상·재판외의 모든 행위를 할 권한이 있는데, 이 점에서 대표권은 회사의 능력범위와 일치한다. 원래 경영에 관한 의사결정은 이사회가 하지만, 이는 회의체기관이어서 현실적인 업무집행을 하기에는 적합하지 않다. 그리하여 자연적 의사를 가진 누군가의 구체적인 실행행위와 이를 회사의 행위로 의제할 필요성이 있는데, 이를 위해 상법은 대표이사를 둔 것이다. 즉 상법은 대내적인 업무집행권과 대외적인 대표권을 분리하지 아니하고 모두 대표이사에게 집중시키고 있다.

(2) 이사회와의 관계

대표이사는 영업에 관한 재판상 또는 재판외의 모든 행위를 할 수 있다(상법 제389조 제3항 → 제209조 제1항). 그리하여 이사회와 대표이사의 관계를 어떻게 정립하는가의 문제가 제기된다. 이에 대해서는 ① 회의체기관인 이사회는 직접 업무를 수행하기 어렵기 때문에 그 권한을 대표이사에게 맡긴 것이므로 결국 대표이사는 이사회의 파생기관에 불과하다는 견해(파생기관설),[335] ② 대표이사는 이사회와는 독립된 권한을 갖는 기관이라는 견해(독립기관설)[336]가 있다. 생각건대 대표이사는 이사회만이 아니라 주주총회에서도 선임할 수 있고, 부분적인 의사결정권을 가지면서 대내외적인 업무를 직접 수행하므로 이사회로부터 독립된 별개의 기관이라고 본다. 그러나 대표이사는 주주총회와 이사회가 결의한 사항을 집

335) 서돈각/정완용, 437면; 손주찬, 783면; 채이식, 517면.
336) 강위두/임재호, 807면; 권기범, 954면; 김동훈, 310면; 김정호, 370면; 임홍근, 485면; 정경영, 515면; 정무동, 487면; 정동윤, 612면; 정찬형, 1008면; 최기원, 624면.

행할 권한과 의무가 있고, 또한 일상적인 업무사항에 대해서는 독자적으로 의사결정을 할 수 있으므로 실제적으로는 양 견해의 차이가 거의 없다.[337)]

2. 대표이사의 임면

(1) 선 임

대표이사는 원칙적으로 이사회의 결의로 이사 중에서 선정한다(상법 제389조 제1항 본문). 그러나 정관의 규정으로 주주총회에서 대표이사를 선임하도록 정할 수도 있는데(상법 제389조 제1항 단서), 이때의 주주총회 결의요건은 보통결의이다. 이처럼 대표이사의 지위는 이사회결의 또는 주주총회결의로 주어지므로[338)] 어느 이사가 장기간 대표이사의 직무를 수행하였더라도 대표이사의 행위로 볼 수 없고,[339)] 거래를 통하여 회사의 경영권을 인수한 자라도 대표이사의 선정절차를 거치지 아니한 경우에는 대표이사가 아니다.[340)] 한편 대표이사는 보통 1인을 선정하지만, 그 수에 대한 제한이 없으므로 수인을 대표이사로 선정해도 무방하다.[341)] 그렇지만 대표이사를 선정한 경우에는 그 성명·주민등록번호·주소를 반드시 등기해야 한다(상법 제317조 제2항 제9호).

(2) 퇴 임

1) 개 요 : 대표이사도 다른 이사와 마찬가지로 임기만료·사임·해임에 의하여 퇴임한다. 그리고 대표이사는 이사임을 그 전제로 하므로 이사직에서 퇴임하면 당연히 대표이사의 지위도 잃는다. 다만 사임과 해임의 경우에는 주의할 사항이 있다.

2) 사 임 : 대표이사는 언제든지 사임할 수 있지만, 다음과 같은 의문이 제기된다. 즉 ① 대표이사는 누구에게 사임의 의사표시를 해야 하는가? 명문 규정은 없지만, 판례는 대표이사의 사임에 관한 의사표시가 권한을 대행할 자에게 도달한 때에 그 효력이 생긴다고 한다.[342)] 그렇지만 대표이사가 사임하는 때에는 경영상 안정과 법률관계의 명확성을 위해 이사회를 소집하여 사임의 의사표시를 하거나 이사 전원에게 사임의 의사표시를 해야 하는 것으로 해석하는 것이 바람직하고, 향후 입법적 보완이 필요하다. ② 대표이사는 사임의 의

---

337) 이철송, 730면.
338) 따라서 일단 대표이사로 선정된 이상 그러한 결의의 부존재 등이 문제되더라도 판결이 나기까지는 대표이사의 지위를 유지한다(대법원 1985. 12. 10. 선고 84다카319 판결).
339) 대법원 1989. 10. 24. 선고 89다카14714 판결.
340) 대법원 1994. 12. 2. 선고 94다7591 판결.
341) 이사 전원을 대표이사로 선정해도 무방하다.
342) 대법원 2007. 5. 10. 선고 2007다7256 판결.

사표시를 철회할 수 있을까? 이에 관한 논의는 별로 없지만, 판례는 이원적으로 판단한다. 즉 사임의 의사표시가 권한대행자에게 도달하여 효력이 발생한 후에는 철회할 수 없지만, 대표이사가 사임서를 제출할 당시에 권한대행자에게 그 처리를 일임한 때에는 권한대행자의 수리행위가 있어야 효력이 발생하므로 그 전에는 철회할 수 있다고 한다.[343] 그런데 이에 의하면 사임의 의사표시가 확정적인지 유동적인지에 따라 효력이 좌우되어 불안정할 뿐 아니라, 오히려 또 다른 분쟁을 야기할 수 있다. 따라서 대표이사의 사임에 관한 의사표시는 철회할 수 없다고 보아야 한다. ③ 이사와 달리 대표이사는 부득이한 사유 없이 회사에 불리한 시기에 사임하면 그로 인한 회사의 손해를 배상해야 한다(상법 제382조 제2항 → 민법 제689조 제2항). ④ 대표이사가 사임하면 그 자체로 대표권이 소멸하므로 등기를 요하진 않지만, 등기를 게을리한 때에는 선의의 제3자에게 대항하지 못한다(상법 제37조 제1항). ⑤ 소송절차가 진행 중인 경우에는 대표권의 소멸사실을 상대방에게 통지하지 아니하면 대표권 소멸의 효력을 주장하지 못한다. 즉 상대방에게 퇴임사실을 통지하지 않으면 퇴임한 대표이사가 행한 소송행위도 유효한데(민소법 제63조 제1항, 제64조), 이는 상대방이 악의인 경우에도 동일하다.[344]

3) 해 임 : 대표이사를 선정한 이사회나 주주총회는 언제든지 대표이사를 해임할 수 있는데, 주주총회에서 해임할 때 이사의 자격까지 박탈하려면 특별결의가 필요하지만(상법 제385조 제1항) 단지 대표권만을 박탈하는 때에는 보통결의로 족하다. 그렇다면 회사가 정당한 사유 없이 대표이사를 해임한 경우에 대표이사는 회사에 대하여 손해배상을 청구할 수 있을까? 이와 관련하여 이사의 손해배상청구권에 관한 상법 제385조 제1항 단서의 유추적용 여부가 문제되는데, 판례는 ① 상법 제385조 제1항은 지배권의 확보라는 주주의 이익과 경영자 지위의 안정이라는 이사의 이익을 조화하려는 제도이지 이사의 보수청구권을 보장하려는 취지의 제도가 아닌 점, ② 대표이사는 이사회가 선정·해임하는 것이 원칙이고 통상 임기를 정하지 않는다는 점을 근거로 대표이사에 대한 유추적용을 부정하고 있다.[345] 생각건대 이는 임기를 정하지 않은 대표이사를 그 전제로 한 것이므로 임기를 정한 대표이사의 경우에는 적합하지 않고, 대표이사와 회사는 위임계약관계에 있으므로 위임 해지의 경우에도 민법상 일반원칙에 따라야 하며, 부당한 해임에 관한 손해배상청구권에 있어서 대표이사와 일반이사를 구분하여 달리 취급할 법적 근거도 없다. 따라서 부당한 해임에 대해서는 대표이사의 손해배상청구권을 인정해야 하고, 이 경우에도 배상액은 대표이사의 보수

343) 대법원 2007. 5. 10. 선고 2007다7256 판결.
344) 대법원 1998. 2. 19. 선고 95다52710 전원합의체 판결.
345) 대법원 2004. 12. 10. 선고 2004다25123 판결.

를 그 기준으로 해야 한다.

(3) 결 원

대표이사가 퇴임하여 대표이사가 없게 되거나 정관에서 규정하는 정원을 결한 경우에 퇴임한 대표이사는 새로운 대표이사가 취임할 때까지 대표이사로서의 권리·의무가 있다(상법 제389조 제3항→제386조 제1항). 그리고 법원이 필요하다고 인정하는 때에는 이해관계인의 청구에 따라 일시적으로 대표이사의 직무를 수행할 자를 선정할 수도 있다(상법 제389조 제3항→제386조 제2항 전단). 이와 관련하여 실무에서는 정관에 "대표이사의 유고시에는 부사장·전무이사·상무이사의 순으로 그 직무를 대행한다." 또는 "대표이사의 유고시에는 대표이사가 지명하는 이사가 대표이사의 직무를 대행한다."라고 정하는 경우가 있다. 상법에 특별한 제한이 없고, 회사의 일상적인 업무를 집행하는 대표이사가 질병 등으로 그 직무를 수행하지 못하면 결국 경영에 공백이 생기는 점 등을 고려할 때 정관으로 직무대행에 관한 사항을 정하는 것은 가능하다고 본다. 다만 「유고시」란 개념은 그 포섭범위와 관련하여 또 다른 분쟁 발생의 여지가 있으므로 가능한 제한적으로 해석해야 하고,[346] 직무대행자도 일상적인 관리업무만 할 수 있다고 보아야 한다.

3. 대표이사의 권한

(1) 업무집행권

대표이사는 회사를 대표하며 영업에 관한 재판상 또는 재판외의 모든 행위를 할 수 있다(상법 제389조 제3항→제209조). 이처럼 상법은 대표이사의 업무집행권을 포괄적으로 규정하고 있으므로 대표이사는 주주총회 또는 이사회가 결의한 사항을 집행하며 회사의 일상적인 내부관리업무를 수행한다. 그렇지만 때로는 상법이 명문으로 대표이사의 권한임을 명시하기도 하는데, 주권·채권에 대한 기명날인 또는 서명(상법 제356조, 제478조 제2항)을 그 예로 들 수 있다. 한편 법문이 주체를 이사로 규정하고 있지만, 대표이사를 의미하는 경우도 있다. 즉 정관·의사록·주주명부·사채원부의 비치(상법 제396조 제1항), 주식청약서·사채청약서의 작성(상법 제420조, 제474조), 현물출자시 검사인의 선임청구(상법 제422조 제1항), 재무제표 등의 작성·제출·비치·공시·공고(상법 제447조 내지 제449조) 등의 경우에는 그 주체가 이사로 규정되어 있지만, 대표이사가 해야 한다.

---

346) 이철송, 729면.

참고판례 **대표이사의 권한과 책임의 범위(대법원 2009. 12. 10. 선고 2007다58285 판결)** : 대표이사는 회사의 영역에 관하여 재판상·재판 외의 모든 행위를 할 권한이 있으므로(상법 제389조 제3항, 제209조 제1항 참조) 모든 직원의 직무집행을 감시할 의무를 부담하는 한편, 이사회의 구성원으로서 다른 대표이사를 비롯한 업무담당이사의 전반적인 업무집행을 감시할 권한과 책임도 있어, 다른 대표이사나 업무담당이사의 업무집행이 위법하다고 의심할 만한 사유가 있음에도 불구하고 감시의무를 위반하여 이를 방치한 때에는 이로 말미암아 회사가 입은 손해에 대하여 배상책임을 면할 수 없다(대법원 1985. 6. 25. 선고 84다카1954 판결; 대법원 2004. 12. 10. 선고 2002다60474 판결; 대법원 2008. 9. 11. 선고 2006다68834 판결 등 참조). 같은 취지에서 형식상 원고 회사의 대표이사 겸 부회장으로 재직하였으나 내부적 상무나 부외자금의 조성 및 사용에 관여하지 아니하였으므로 이 사건 책임이 없다는 피고 1의 주장을 배척한 원심의 판단은 정당하고, 거기에 상고이유에서 주장하는 바와 같이 상법 제399조 제1항의 손해배상책임에 관한 법리를 오해하거나 채증법칙에 관한 법령을 위반한 위법은 없다.

참고판례 **대표이사의 의무 위반(대법원 2009. 5. 14. 선고 2008다94097 판결)** : 상법 제399조는 이사가 법령 또는 정관에 위반한 행위를 하거나 그 임무를 해태한 때에는 회사에 대하여 손해배상책임을 지도록 규정하고 있는데, 대표이사가 대표이사로서의 업무 일체를 다른 이사 등에게 위임하고, 대표이사로서의 직무를 전혀 집행하지 않는 것은 그 자체가 이사의 직무상 충실 및 선관의무를 위반하는 행위에 해당한다(대법원 2003. 4. 11. 선고 2002다70044 판결; 대법원 2007. 12. 13. 선고 2007다60080 판결 등 참조).

(2) 대표권

1) 의 의 : 대표이사는 회사의 영업에 관한 재판상·재판외의 모든 행위를 할 권한이 있다(상법 제389조 제3항 → 제209조 제1항). 그리고 대표권은 대리와 달리 사실행위나 불법행위에도 미친다. 주의할 것은 주권의 발행(상법 제355조 제1항)과 신주인수권자에 대한 통지(상법 제419조 제1항) 등의 경우에는 상법이 "회사는 … 하여야 한다."라고 규정하고 있고, 이사의 회사에 대한 손해배상책임(상법 제399조 제1항)처럼 "회사에 대하여…하여야 한다."라고 규정하는 경우가 있는데, 이러한 행위는 대표이사의 권한에 속하는 것이므로 대표이사의 행위 또는 대표이사에 대한 행위로 집행된다는 점이다.

2) 대표권의 행사 : 대표이사가 수인 있는 때에도 원칙적으로 대표이사 각자가 회사를 대표한다. 그리고 어음·수표행위처럼 서면의 요식행위의 경우에는 현명주의의 요청에 따라 반드시 대표자격을 표시하고 대표이사가 기명날인 또는 서명을 해야 한다. 그렇다면 다른 행위의 경우에는 어떠한가? 다수의 이해관계인이 존재하는 회사의 법률관계에서 획일적으로 현명주의를 배제할 수는 없지만, 상법 제48조를 유추적용하여 현명하지 않았더라도 상대방이 회사와 거래할 의사를 가지고 또한 대표이사란 사실을 알고 거래한 때에는 회사에 대하여 그 효력이 있는 것으로 해석해야 한다.[347]

---

347) 대법원 1990. 3. 23. 선고 89다카555 판결.

3) 대표권의 제한 : 대표이사의 대표권도 상법 등 법률이 제한하는 경우가 있고, 정관이나 이사회결의 등 회사의 자율적 통제에 의해 제한되는 경우도 있다. 전자를 「법률상 제한」이라고 하고, 후자를 「내부적 제한」이라고 하는데, 주의할 점이 있다.

㈎ 법률상 제한 : 대표이사의 대표권을 법률로 제한하는 경우이다. 예를 들어 회사의 조직법적 행위(합병, 분할, 주식의 포괄적 교환·이전 등)나 이해관계의 중대성이 있는 개인법적 행위(영업양도, 사채발행 등)에 대해서는 상법상 일정한 제한이 가해진다. 구체적으로 ① 영업양도·신주발행·사채발행의 경우에는 대표이사가 주주총회나 이사회의 결의를 얻어야 대표행위를 할 수 있다. ② 일정한 행위는 법률상 대표권의 범위에서 제외된다. 즉 ⓐ 이사와 회사 간의 소에서는 대표이사가 회사를 대표하지 못하고 감사가 회사를 대표한다(상법 제394조 제1항 전단).[348] ⓑ 감사에 갈음하여 감사위원회를 둔 경우에는 이사와 회사 간의 소에서 감사위원이 회사를 대표한다(상법 제415조의2 제7항 → 제394조 제1항). ⓒ 감사위원이 회사와의 소의 당사자인 때에는 감사위원회 또는 이사가 법원에 회사를 대표할 자를 선임해 줄 것을 신청해야 한다(상법 제394조 제2항).

㈏ 내부적 제한 : 대표이사의 권한에 속하는 사항이라도 회사는 정관이나 이사회결의 등으로 일정한 제한을 가할 수 있다. 예를 들어 일정한 금액 이상의 채무를 부담하는 때에는 이사회의 결의를 거치도록 하는 것처럼 원래 대표이사의 전권에 속하는 일상적인 업무집행에 관한 사항이지만 정관 등 회사의 내부적 규율로 제한하는 것이다. 다만 이러한 대표권의 내부적 제한은 선의의 제3자에게 대항하지 못하는데(상법 제389조 제3항 → 제209조 제2항), 이는 거래의 안전을 위함이다. 이 경우 상대방의 선의는 거래 당시를 기준으로 판단해야 하고, 상대방의 악의는 회사가 입증해야 한다.

㈐ 위반의 효과 : 대표이사가 법률상 제한이나 내부적 제한을 위반하여 대표행위를 한 경우를 강학상 「전단적(專斷的) 대표행위」 또는 「전단(專斷)행위」라고 하는데, 실무상 논의되는 주된 유형과 그 효력 및 관련된 판례의 동향은 다음과 같다.

㈀ 논의의 대상 : 대표이사의 대표권에 관한 제한은 법률상 제한과 내부적 제한이 있다. 법률상 제한은 ① 주주총회결의를 얻도록 한 경우, ② 개별적으로 이사회결의를 얻도록 한 경우, ③ 포괄적으로 이사회결의를 얻도록 한 경우로 구분할 수 있고, 내부적 제한은 정

348) 따라서 대표소송을 제기하려는 소수주주의 제소청구도 감사를 상대로 해야 하지만(상법 제394조 제1항 후단, 제403조 제1항, 제406조의2 제1항), 퇴임한 이사를 상대로 한 소송에서는 감사가 아닌 대표이사가 회사를 대표한다(대법원 2013. 9. 9.자 2013마1273 결정; 대법원 2002. 3. 15. 선고 2000다9086 판결).

관이나 이사회 규정 등에 의해 일정한 대표이사의 행위는 이사회결의를 거치도록 규제하는 것이다. 이러한 제한 중 ①에 속하는 행위(예: 상법 제374조의 영업양도 등)를 대표이사가 주주총회결의 없이 단독으로 처리한 경우, 비록 명문 규정은 없으나 회사의 의사 그 자체가 흠결된 것으로 보아 무효라는 것이 통설과 판례의 입장이다.[349] 따라서 이 경우에는 선의의 제3자도 보호받지 못한다.[350] ②의 경우(예: 자기거래, 신주발행, 사채발행 등)를 대표이사가 이사회결의 없이 집행한 경우의 효력은 각각의 행위별로 다르게 검토하는 것이 통설과 판례의 입장이다. 즉 이사회결의가 없는 이사의 자기거래는 상대적 무효설에 기초하여 설명하고, 신주발행은 원칙적으로 유효하게 다루고 있다. 그리하여 대표이사의 전단행위가 문제되는 경우는 결국 대표이사가 법률상 제한 중 ③의 경우와 내부적 제한을 위반한 경우이다. 왜냐하면 ③의 경우는 상법 제393조 제1항처럼 「중요한」이나 「대규모」 등의 법문을 통해 포괄적으로 이사회결의를 거치도록 한 행위를 대표이사가 이사회결의 없이 집행한 경우로서 그 효력에 관한 견해가 나뉘어 있고, 내부적 제한의 경우에는 대표이사가 위반하더라도 그러한 제한은 선의의 제3자에게 대항하지 못한다고 상법이 규정하고 있기 때문이다(제389조 제3항 → 제209조 제2항).

(ㄴ) 판례의 변경 : 대표이사의 대표권에 관한 법률상 제한과 내부적 제한은 그 법적 근거가 다르고 내용상으로도 차이가 있다. 그런데도 그동안 판례는 이를 구분하지 아니하고 "대표이사가 이사회결의를 거쳐야 할 대외적 거래행위에 관하여 이를 거치지 아니하고 한 경우라도 위와 같은 이사회의 결의사항은 회사의 내부적 의사결정에 불과하다 할 것이므로 그 거래상대방이 그와 같은 이사회결의가 없었음을 알거나 알 수 있었을 경우가 아니라면 그 거래행위는 유효하다고 해석함이 상당하고, 상대방의 악의는 이를 주장하는 회사가 입증해야 한다."라고 판시하였다.[351] 그러다가 2021년의 전원합의체 판결을 통해 "일정한 대외적 거래행위에 관하여 이사회결의를 거치도록 대표이사의 권한을 제한한 경우에도 이사

---

349) 대법원 2012. 4. 12. 선고 2011다106143 판결.

350) 다만 판례의 경우 위와 같은 원칙을 견지하면서도 예외적으로 "외형상 주주총회의 존재를 인정하기 어려운 경우에도 의사록을 작성하는 등 주주총회결의의 외관을 현출시킨 자가 회사의 과반수(문제로 된 주주총회결의가 상법 제434조 소정의 특별결의인 경우에는 2/3 이상) 주식을 보유하거나 과반수(또는 2/3 이상)의 주식을 보유하지 않더라도 사실상 회사의 운영을 지배하는 주주인 경우와 같이 주주총회결의의 외관현출에 회사가 관련된 것으로 보아야 할 경우에는 그와 같은 회사 내부의 의사결정을 거친 회사의 외부적 행위를 유효한 것으로 믿고 거래한 자에 대하여는 회사의 책임을 인정함이 타당하다."라고 판시하기도 하였다(대법원 1995. 9. 15. 선고 95다13302 판결; 대법원 1993. 9. 14. 선고 91다33926 판결; 대법원 1991. 8. 18. 선고 91다14369 판결). 그런데 정상적인 회사의 의사가 없음에도 불구하고 지배주주나 다수자주주가 창출한 주주총회의 결의가 있는 듯한 외관에 대하여 회사가 책임지도록 구속하는 것은 결국 지배주주나 다수자주주를 위하여 회사의 이익 또는 주주 전체의 이익을 침해하는 것이므로 정당성을 부여하기 어렵다.

351) 대법원 1978. 6. 27. 선고 78다389 판결; 대법원 1963. 8. 31. 선고 63다254 판결.

회결의는 회사의 내부적 의사결정절차에 불과하고, 특별한 사정이 없는 한 거래상대방으로서는 회사의 대표자가 거래에 필요한 내부절차를 마쳤을 것으로 신뢰하였다고 보는 것이 경험칙에 부합한다. 따라서 정관이나 이사회 규정 등에서 이사회결의를 거치도록 대표이사의 대표권을 제한한 경우(내부적 제한)에도 선의의 제3자는 상법 제209조 제2항에 따라 보호된다. 거래행위의 상대방인 제3자가 상법 제209조 제2항에 따라 보호받기 위하여 선의 이외에 무과실까지 필요하지는 않지만, 중대한 과실이 있는 경우에는 제3자의 신뢰를 보호할 만한 가치가 없다고 보아 거래행위가 무효라고 해석함이 타당하다."라고 판시하며 기존의 판례를 변경하였다. 즉 기존의 판례에 의하면 제3자가 선의·무과실인 경우에만 유효하므로 선의라도 과실(중과실과 경과실)이 있는 경우에는 무효였지만, 새로운 판례에 의하면 제3자에게 악의나 중과실이 있는 경우에만 무효로 되므로 선의이며 경과실이 있는 경우에는 기존과 달리 유효하게 된다.

(ㄷ) 소 결 : 대표이사가 대표권에 관한 법률상 제한과 내부적 제한을 위반한 경우 학설도 대체로 기존의 판례처럼 판단하였다.[352] 그런데 상법이 내부적 제한의 경우 선의의 제3자에게 대항하지 못하도록 한 것은 영업에 관한 대표이사의 포괄적인 대표권(상법 제389조 제3항 → 제209조 제1항)을 고려하여 제한의 위험이 상대방에게 전가되는 불공평함을 방지하기 위함이고, 이는 지배권의 제한(상법 제11조 제3항)에서와 같다. 지배권의 내부적 제한에서도 제3자의 선의만 요구할 뿐 과실 여부는 묻지 않지만, 상대방에게 중과실이 있는 경우에는 악의처럼 보호받지 못한다는 것이 판례의 입장이었기 때문이다.[353] 이런 점에서 제3자에게 악의나 중과실이 있는 경우에만 무효로 보고 선의이며 경과실이 있는 경우에는 유효하게 보는 새로운 판례의 판지는 정당하지만, 법률상 제한과 내부적 제한을 구분하지 않고 동일하게 판단한 것은 문제가 있다. 법문이 추상적이어서 당해 행위가 그에 해당하는지를 상대방이 판단하기 어려운 현실을 고려하더라도 상법이 명확히 이사회의 결의를 거쳐 집행하도록 한 행위라면 이사회 결의를 거쳤는지 정도는 확인하는 것이 거래당사자로서의 최소한의 주의이기 때문이다. 또한 양자에 있어서 상대방이 기울여야 하는 주의의 정도는 다를 수밖에 없고, 특히 법률상 이사회 결의가 필요한 경우에는 상대방이 알지 못한 데에 대한 비난이 더 강할 수밖에 없기 때문이다.

---

352) 그러나 대표이사가 법률적 제한을 위반한 때에는 상대방이 선의·무과실인 경우에만 유효하고, 내부적 제한을 위반한 때에는 상법 제209조 제2항이 선의의 제3자에게 대항할 수 없다고 규정할 뿐 무과실을 요구하지 아니하므로 상대방이 선의라면 유효로 보아야 한다는 견해도 있었다(권기범, 1008면; 김건식/노혁준/천경훈, 401면; 이철송, 735면).

353) 대법원 1997. 8. 26. 선고 96다36753 판결.

참고판례 **대표이사의 대표권 제한 위반행위의 효력(대법원 2021. 2. 18. 선고 2015다45451 전원합의체 판결)** : (가) 주식회사의 대표이사는 대외적으로는 회사를 대표하고 대내적으로는 회사의 업무를 집행할 권한을 가진다. 대표이사는 회사의 행위를 대신하는 것이 아니라 회사의 행위 자체를 하는 회사의 기관이다. 회사는 주주총회나 이사회 등 의사결정기관을 통해 결정한 의사를 대표이사를 통해 실현하며, 대표이사의 행위는 곧 회사의 행위가 된다. 상법은 대표이사의 대표권 제한에 대하여 선의의 제3자에게 대항하지 못한다고 정하고 있다(상법 제389조 제3항, 제209조 제2항). 대표권이 제한된 경우에 대표이사는 그 범위에서만 대표권을 갖는다. 그러나 그러한 제한을 위반한 행위라고 하더라도 그것이 회사의 권리능력을 벗어난 것이 아니라면 대표권의 제한을 알지 못하는 제3자는 그 행위를 회사의 대표행위라고 믿는 것이 당연하고 이러한 신뢰는 보호되어야 한다. 일정한 대외적 거래행위에 관하여 이사회결의를 거치도록 대표이사의 권한을 제한한 경우에도 이사회결의는 회사의 내부적 의사결정절차에 불과하고, 특별한 사정이 없는 한 거래상대방으로서는 회사의 대표자가 거래에 필요한 회사의 내부절차를 마쳤을 것으로 신뢰하였다고 보는 것이 경험칙에 부합한다. 따라서 회사 정관이나 이사회 규정 등에서 이사회결의를 거치도록 대표이사의 대표권을 제한한 경우(이하 '내부적 제한'이라 한다)에도 선의의 제3자는 상법 제209조 제2항에 따라 보호된다. 거래행위의 상대방인 제3자가 상법 제209조 제2항에 따라 보호받기 위하여 선의 이외에 무과실까지 필요하지는 않지만, 중대한 과실이 있는 경우에는 제3자의 신뢰를 보호할 만한 가치가 없다고 보아 거래행위가 무효라고 해석함이 타당하다. 중과실이란 제3자가 조금만 주의를 기울였더라면 이사회 결의가 없음을 알 수 있었는데도 만연히 이사회 결의가 있었다고 믿음으로써 거래통념상 요구되는 주의의무를 현저히 위반하는 것으로, 거의 고의에 가까운 정도로 주의를 게을리하여 공평의 관점에서 제3자를 구태여 보호할 필요가 없다고 볼 수 있는 상태를 말한다. 제3자에게 중과실이 있는지는 이사회 결의가 없다는 점에 대한 제3자의 인식가능성, 회사와 거래한 제3자의 경험과 지위, 회사와 제3자의 종래 거래관계, 대표이사가 한 거래행위가 경험칙상 이례에 속하는 것인지 등 여러 가지 사정을 종합적으로 고려하여 판단하여야 한다. 그러나 제3자가 회사 대표이사와 거래행위를 하면서 회사의 이사회결의가 없었다고 의심할 만한 특별한 사정이 없다면, 일반적으로 이사회결의가 있었는지를 확인하는 등의 조치를 취할 의무까지 있다고 볼 수는 없다. (나) 대표이사의 대표권을 제한하는 상법 제393조 제1항은 그 규정의 존재를 모르거나 제대로 이해하지 못한 사람에게도 일률적으로 적용된다. 법률의 부지나 법적 평가에 관한 착오를 이유로 그 적용을 피할 수는 없으므로, 이 조항에 따른 제한은 내부적 제한과 달리 볼 수도 있다. 그러나 주식회사의 대표이사가 이 조항에 정한 '중요한 자산의 처분 및 양도, 대규모 재산의 차입 등의 행위'에 관하여 이사회의 결의를 거치지 않고 거래행위를 한 경우에도 거래행위의 효력에 관해서는 위에서 본 내부적 제한의 경우와 마찬가지로 보아야 한다.[354]

---

354) 이러한 다수의견에 대한 [대법관 박상옥/민유숙/김상환/노태악의 반대의견]은 다음과 같다. 즉 ① 주식회사의 대표이사가 '이사회결의를 거쳐야 하는 경우'가 모두 대표이사의 대표권에 대한 제한에 해당한다는 전제 하에 상법 제209조 제2항이 전면적으로 적용된다고 보는 것은 부당하다. 대표권의 법률상 제한이 존재하는 주식회사와 그렇지 않은 합명회사의 구조적 차이 등을 고려해 보면, 정관 등 내부 규정에 의해서만 대표권이 제한될 것이 예정되어 있는 합명회사의 대표사원에 관한 상법 제209조 제2항을 상법 제389조 제3항에 따라 주식회사의 대표이사에 준용하더라도, 대표이사의 대표권 제한에 관한 모든 경우에 그대로 준용할 것이 아니라 성질상 준용이 가능한 범위에서만 준용되어야 하므로, 상법 제393조 제1항에 따라 이사회결의로 회사의 의사결정을 하여야만 하는 경우에까지 적용되어야 한다고 볼 수는 없다. ② 거래상대방을 보호하는 기준을 '선의·무과실'에서 '선의·무중과실'로 변경하는 것은 거래안전 보호만을 중시하여 회사법의 다른 보호가치를 도외시

참고판례 이사회 결의를 거쳐야 할 대표이사의 행위인지 여부와 그 판단기준(대법원 2010. 1. 14. 선고 2009다55808 판결) : 상법 제393조 제1항은 주식회사의 중요한 자산의 처분 및 양도, 대규모 재산의 차입 등 회사의 업무집행은 이사회의 결의로 한다고 규정함으로써 주식회사의 이사회는 회사에 업무집행에 관한 의사결정권한이 있음을 밝히고 있으므로, 주식회사의 중요한 자산의 처분이나 대규모 재산의 차입행위뿐만 아니라 이사회가 일반적·구체적으로 대표이사에게 위임하지 않은 업무로서 일상 업무에 속하지 아니한 중요한 업무에 대해서는 이사회의 결의를 거쳐야 하고, 여기에서 말하는 중요한 자산의 처분이나 대규모 재산의 차입 등 일상 업무에 속하지 아니한 중요한 업무인지 여부는 당해 재산의 가액, 총자산에서 차지하는 비율, 회사의 규모, 회사의 영업 또는 재산의 상황, 경영상태, 그 업무행위의 목적, 회사의 일상적 업무와의 관련성, 당해 회사에서의 종래의 취급 등에 비추어 대표이사의 결정에 맡기는 것이 상당한지 여부에 따라 판단하여야 한다.

참고판례 지배인이 내부적 제한을 위반한 경우의 효력과 입증책임(대법원 1997. 8. 26. 선고 96다36753 판결) : 지배인의 어떤 행위가 그 객관적 성질에 비추어 영업주의 영업에 관한 행위로 판단되는 경우에 지배인이 영업주가 정한 대리권에 관한 제한 규정에 위반하여 한 행위에 대하여는 제3자가 위 대리권의 제한 사실을 알고 있었던 경우뿐만 아니라 알지 못한 데에 중대한 과실이 있는 경우에도 영업주는 그러한 사유를 들어 상대방에게 대항할 수 있다고 할 것이고, 이러한 제3자의 악의 또는 중대한 과실에 대한 주장·입증책임은 영업주가 부담한다고 할 것이다.

4) 대표권의 남용 : 대표이사는 회사의 수임인으로서 선관주의의무를 부담하므로 대표행위를 할 경우에도 고도의 주의를 기울여 회사의 최선의 이익을 추구해야 한다. 따라서 대표이사가 사익을 위해 법률행위를 한 경우에는 이를 「대표권의 남용」으로 보아 대표이사에게 책임(해임이나 손해배상청구 등)을 추궁할 수 있을 뿐만 아니라, 그 대표행위의 사법적 효력도 함께 부인할 수 있는데, 이를 분설하면 다음과 같다.

㈎ 의 의 : 대표권의 남용이란 외관상으로는 대표이사의 권한에 속하는 적법한 행위이지만, 주관적으로는 대표이사의 자기 또는 제3자의 이익을 위한 행위로서 회사에 손실을 끼

하는 것일 뿐더러 '전부 아니면 전무'의 결과가 되어 개별 사건을 해결할 때 구체적이고 합리적인 타당성을 기하기 어렵다. 지금까지의 판례는 선의·무과실의 거래상대방을 보호한다는 원칙 하에 주식회사의 여러 다양한 실질관계에 따라 보호되는 '과실'의 범위를 해석하는 데에 집중하는 한편, 보호되지 않는 경과실의 거래상대방은 회사에 대한 손해배상청구가 가능하도록 제도를 운용함으로써 과실상계를 통한 손해의 공평·타당한 분담을 도모하고 있다. 이러한 관점에서 지금까지의 판례가 보호기준으로 삼고 있는 '선의·무과실'은 단순한 '선의·무과실'이라는 표현에 그치는 것은 아니다. 다수의견과 같이 거래상대방의 보호기준을 '선의·무중과실'로 판례를 변경하는 것은 강학적인 의미에서 '무과실'을 '무중과실'이라는 용어로 대치하는 것 외에 재판실무에 큰 변화를 가져올 것으로 보이지 않는다. 오히려 판례를 변경한다면, 거래상대방의 과실의 정도가 큰 경우에도 중과실에 해당하지 않는 한 그 거래행위를 유효하다고 보게 될 것이어서, 특히 보증과 같은 거래행위를 한 경우에는 회사의 재정건전성을 악화시키는 결과를 가져올 수 있다. 결론적으로 구체적 타당성과 쌍방의 이해관계 조정에 있어 지금까지의 판례가 더 우월하기 때문에 판례 변경의 필요성이 없다.

치는 것을 말한다. 예를 들어 공동대표이사 중 1인이 단독으로 대표행위를 하는 경우(상법 제389조 제2항)는 대표권의 남용이 아니고 위법행위이지만, 대표이사가 개인 채무를 변제하기 위하여 회사의 명의로 어음을 발행하거나,[355] 친지가 발행한 어음에 대하여 회사의 명의로 보증하여 주는 것[356]은 대표권의 남용에 해당한다.[357]

(나) 효 력 : 대표이사가 대표권 남용행위를 한 경우의 효력과 관련하여 통설은 상대방이 안 때에는 무효이고 알지 못한 때에는 유효라고 하지만, 구체적인 근거에 대해서는 견해가 나뉜다. 즉 ① 대표권 남용행위를 일종의 비진의표시로 보고 대표권을 남용하고자 하는 대표이사의 진의를 상대방이 알았거나 알 수 있었을 때에는 민법 제107조 제1항 단서를 유추적용하여 거래를 무효로 보는 견해(비진의표시설),[358] ② 남용행위도 객관적으로는 대표권에 속하는 행위이므로 상대방이 악의인 경우에도 그 행위는 유효하되 그로 인해 얻은 권리를 악의인 상대방이 회사에 대해 행사하는 것은 권리남용이 되거나 신의칙에 반하므로 허용될 수 없다는 견해(권리남용설),[359] ③ 남용행위는 선관주의의무를 위반한 것이므로 기본적으로 무효이나 거래안전을 위해 선의의 상대방에게는 무효를 주장할 수 없다는 견해(이익교량설, 상대적 무효설),[360] ④ 남용행위를 대표권에 대한 내부적 제한을 위반한 행위와 동일하게 해결하려는 입장, 즉 상대방이 권한남용의 사실을 알았을 때에는 회사가 무효를 주장할 수 있지만, 상대방이 선의인 때에는 무효를 주장하지 못한다는 견해(내부적 권한제한설)[361]가 있다. 한편 판례는 대표권 남용에 대하여 처음에 권리남용설의 입장이었지만,[362] 그 이후에는 비진의표시설의 입장이다.[363]

355) 대법원 1990. 3. 13. 선고 89다카24360 판결.
356) 대법원 1988. 8. 9. 선고 86다카1858 판결.
357) 어음행위의 경우에는 주의할 점이 있다. 즉 대표이사가 자기나 제3자의 이익을 위하여 회사의 명의로 발행·배서·보증 등의 어음행위를 한 경우에 상대방에 대해서는 동일하게 적용되지만, 그 이후의 취득자에 대한 관계에서는 대표권의 남용이 인적 항변이 되기 때문에 선의의 소지인에게 대항하지 못한다(어음법 제17조).
358) 김건식/노혁준/천경훈, 404면; 서헌제, 832면; 채이식, 535면; 최기원, 639면.
359) 권기범, 1005면; 김홍기, 598면; 손주찬, 786면; 오성근, 657면; 이범찬/임충희/이영종/김지환, 362면; 이철송, 741면; 임홍근, 493면; 장덕조, 336면; 정동윤, 618면; 정찬형, 1025면; 최준선, 506면; 홍복기/박세화, 466면.
360) 北澤正榮, 363頁.
361) 前田 鏞, 481頁.
362) 대법원 1987. 10. 13. 선고 86다카1522 판결.
363) 대법원 2021. 4. 15. 선고 2017다253829 판결; 대법원 2016. 12. 15. 선고 2015다214479 판결; 대법원 2004. 3. 26. 선고 2003다34045 판결; 대법원 1993. 6. 25. 선고 93다13391 판결; 대법원 1990. 3. 13. 선고 89다카24360 판결; 대법원 1988. 8. 9. 선고 86다카1858 판결. 다만 일시적으로 다시 권리남용설을 취한 판례도 잠깐 있었다(대법원 2016. 8. 24. 선고 2016다222453 판결).

(다) 소 결 : 대표권 남용행위도 외형은 대표이사의 적법한 행위이다. 따라서 이를 본래부터 당연히 무효라고 주장하는 것은 논리에 맞지 않고, 행위의 내용이나 성질에 근거하여 적법성 여부를 객관적으로 측정할 수 있는 내부적 제한 위반행위와 동일시하는 것도 적당하지 않다. 또한 비진의표시설에 의하더라도 과실 있는 선의의 상대방이 악의의 상대방과 동일하게 취급된다는 점을 제외하고는 선의의 상대방에게는 유효하고 악의의 상대방에게는 무효이다. 다만 문제되는 것은 행위자의 불법적인 동기와 그것을 알고 있는 상대방의 비난가능성이다. 그렇다면 대표권 남용행위에 있어서는 악의의 상대방이 당해 거래로 인한 이익을 향유하지 못하도록 하는 것이 가장 적절한 해결방법이 될 것이고, 따라서 대표권의 남용행위는 권리남용으로 보는 것이 타당하다.

참고판례 **대표권 남용행위의 효력 등(대법원 2008. 5. 15. 선고 2007다23807 판결)** : [1] 대표이사의 대표권한 범위를 벗어난 행위라 하더라도 그것이 회사의 권리능력의 범위 내에 속한 행위이기만 하면 대표권의 제한을 알지 못하는 제3자가 그 행위를 회사의 대표행위라고 믿은 신뢰는 보호되어야 하고, 대표이사가 대표권의 범위 내에서 한 행위는 설사 대표이사가 회사의 영리목적과 관계없이 자기 또는 제3자의 이익을 도모할 목적으로 그 권한을 남용한 것이라 할지라도 일단 회사의 행위로서 유효하고, 다만 그 행위의 상대방이 대표이사의 진의를 알았거나 알 수 있었을 때에는 회사에 대하여 무효가 되는 것이다(대법원 2004. 3. 26. 선고 2003다34045 판결; 대법원 2005. 7. 28. 선고 2005다3649 판결 등 참조). [2] 상법 제393조 제1항은 주식회사의 대규모 재산의 차입 등은 이사회의 결의로 한다고 규정하고 있는바, 여기서 대규모 재산의 차입에 해당하는지 여부는 당해 차입재산의 가액, 회사의 규모, 회사의 영업 또는 재산의 상황, 경영상태, 당해 재산의 차입목적 및 사용처, 회사의 일상적 업무와 관련성, 당해 회사에서의 종래의 취급 등 여러 사정에 비추어 대표이사의 결정에 맡기는 것이 상당한지 여부에 따라 판단하여야 할 것이다. [3] 주식회사의 대표이사가 이사회의 결의를 거쳐야 할 대외적 거래행위에 관하여 이를 거치지 아니한 경우라도, 이와 같은 이사회 결의사항은 회사의 내부적 의사결정에 불과하다 할 것이므로, 그 거래 상대방이 그와 같은 이사회 결의가 없었음을 알았거나 알 수 있었을 경우가 아니라면 그 거래행위는 유효하다 할 것이고, 이 경우 거래의 상대방이 이사회의 결의가 없었음을 알았거나 알 수 있었음은 이를 주장하는 회사 측이 주장·입증하여야 한다(대법원 1995. 4. 11. 선고 94다33903 판결; 대법원 2005. 7. 28. 선고 2005다3649 판결 등 참조).

4. 대표이사의 활용과 제한

(1) 개 요

상법상 회사는 대표이사의 위법하거나 부적정한 대표행위의 사전적 예방이나 사후적 시정 등 일정한 목적을 위하여 공동대표이사 제도를 활용할 수 있다. 반면에 상법은 신속성을 특징으로 하는 상거래에서 대표이사의 행위를 신뢰한 제3자를 보호하기 위해 표현대표이사 제도를 두고 있고, 대표이사가 업무의 집행과 관련하여 타인에게 손해를 입힌 때에는 회사가 대표이사와 연대하여 배상책임을 지도록 규제하고 있다.

(2) 공동대표이사

1) 의 의

㈎ 개 념 : 공동대표이사란 2인 이상이 공동으로써만 회사를 대표할 수 있는 경우의 대표이사를 말한다. 일반적으로 회사는 그 규모가 커지고 영업의 범위가 확대되면 대외적인 거래활동을 확충하기 위해 여러 사람의 대표이사를 두게 되는데, 이 경우에는 내부적인 의사결정을 신중히 하면서도 대외적인 업무집행의 통일성을 기하기 위해 공동대표이사를 활용하게 된다. 그리하여 상법도 주식회사가 수인의 대표이사를 두는 때에는 이들을 공동대표이사로 정할 수 있도록 허용하고 있다(상법 제389조 제2항).

㈏ 본 질 : 공동대표이사의 본질에 대해서는 ① 공동대표이사는 단독대표의 원칙에 따라 각자 대표기관을 구성하지만, 그 권한의 행사만은 공동으로 하는 것이라는 견해(행사방법공동설), ② 공동대표이사는 공동으로 1개의 대표기관을 구성하고 1개의 대표권이 그들 간에 합유적으로 귀속하는 것이라는 견해(대표권합유설)[364]가 있다. 그런데 회사가 수인의 대표이사를 선정한 때에도 상법상 원칙은 각자대표이고, ②설에 의하면 공동대표이사의 결원이 생긴 경우에는 공동대표이사 전원의 대표권이 소멸하게 되어 회사경영의 정체상태가 발생할 수 있다. 이런 점을 고려할 때 ①설이 타당하다.

㈐ 기 능 : 공동대표이사 제도는 대표이사의 위법하거나 부적정한 대표행위를 사전적으로 예방하고 사후적으로 시정할 수 있는 장점이 있다. 원래 대표이사의 행위에 대해서는 회사가 모든 책임을 져야 하므로 주주의 입장에서 대표이사란 위험부담이 매우 큰 주체이다. 그런데 대표이사를 2인 이상 선정하여 그들을 공동대표이사로 하면 그들 간에 상호견제가 가능할 뿐만 아니라, 그에 위반한 단독의 대표행위는 무효가 되기 때문에 대표이사의 전횡으로 인한 회사의 손해를 효과적으로 차단할 수 있게 된다. 더욱이 지배주주가 있으면서 전문경영인을 둔 회사에서는 양자를 공동대표이사로 묶은 후 일상적인 업무는 전문경영인 출신의 대표이사에게 맡기고, 중요한 업무에 대해서는 지배주주가 공동대표권을 행사함으로써 전문경영인의 독주를 견제할 수 있는 장점도 있다.

2) 선정절차

㈎ 선임결의 : 대표이사를 여러 명 선임하여도 이들은 원칙적으로 각자 회사를 대표한다. 따라서 이들을 공동대표이사로 정하려면 대표이사의 선임 외에 이들을 공동대표이사로

---

364) 우리나라와 일본의 다수설이며 독일의 통설이다.

하는 별도의 결의가 필요하다. 공동대표이사 제도는 이미 선임된 대표이사의 권한 행사에 구속을 가하는 것이기 때문이다. 즉 이사회 또는 주주총회에서 대표이사를 선임한 후 이를 다시 공동대표이사로 정하는 별도의 결의를 해야 한다(상법 제389조 제1항). 이처럼 대표이사의 선임과 공동대표이사로의 정함은 기본적으로 별개의 결의이지만, 상법상 특별한 제한이 없으므로 하나의 결의에서 동시에 처리해도 무방하다.

(나) 선정방법 : 회사가 공동대표이사를 정하는 가장 전형적인 방법은 수인의 대표이사 그 전원이 공동으로 대표권을 행사하게 하는 것이다(진정공동대표). 그렇지만 여러 명의 대표이사 중 일부만 공동대표이사로 정할 수도 있고, 더 나아가 단독대표이사와 공동대표이사를 병존시켜 운영하는 방법도 가능하다(부진정공동대표). 그리고 상법상 공동으로 묶는 시기에 대한 특별한 제한은 없으므로 처음에는 단독대표이사로 회사를 운영하다가 추후에 공동대표이사로 전환할 수도 있고, 그 반대의 경우도 가능하다.

(다) 선임등기 : 회사가 공동대표이사를 정한 때에는 그 내용을 등기해야 한다(상법 제317조 제2항 제10호). 따라서 이를 등기하지 아니한 경우에는 선의의 제3자에게 대항하지 못하고(상법 제37조 제1항), 등기하였어도 제3자가 정당한 사유로 그 사실을 알지 못한 경우에는 역시 대항하지 못한다(상법 제37조 제2항). 즉 공동대표이사 중 1인의 대표이사가 단독으로 회사를 대표하여 거래하였어도 등기하지 아니한 회사는 그 무효를 주장할 수 없는데, 이는 회사가 정관에서 공동대표이사를 정한 경우에도 같다.[365]

3) 적용범위

(가) 능동대표 : 회사가 제3자에게 하는 의사표시(능동대표)의 경우에는 공동대표이사가 공동으로써만 회사를 대표할 수 있다(상법 제389조 제2항). 따라서 공동대표이사 중 1인이 단독으로 대표행위를 한 경우에는 회사의 완성된 대표행위를 이루지 못하므로 당해 거래는 무효가 되는데, 이 경우 상대방의 선의·악의는 불문한다. 이 점은 소송행위에서도 같다.[366] 그렇지만 여기서 「공동」이란 공동대표이사가 반드시 동시에 대표행위를 해야 하는 것을 의미하지는 않는다. 즉 먼저 1인의 대표이사가 의사를 표시하고, 그 후에 나머지 대표이사의 의사가 보충되어도 무방하다. 다만 어느 경우에나 공동대표이사 각각의 의사가 상대방에게 표시되어야 한다. 한편 어음행위와 같은 서면행위의 경우에는 공동대표이사 전원의 기명날인이나 서명이 있어야 하므로 대표이사 중 1인이 타방에게 그 권한을 위임한 때에는 그러한 대리관계가 서면에 표시되어야 한다.

365) 대법원 2014. 5. 29. 선고 2013다212295 판결.
366) 인천지방법원 1997. 8. 22. 선고 97가합7505 판결.

㈏ 수동대표 : 상대방의 회사에 대한 의사표시는 공동대표이사 중 1인에게만 하여도 그 효력이 있다(상법 제389조 제3항→제208조 제2항). 즉 수동대표의 경우 공동대표이사 각자가 할 수 있다. 공동대표이사 제도는 대표이사의 권한 남용을 방지하기 위한 것인데, 의사표시의 수령에는 권한 남용의 여지가 없기 때문이다. 또한 의사표시의 수령에도 공동성을 요구하면 오히려 상거래의 신속성을 저해할 수 있기 때문이다.

㈐ 불법행위 : 공동대표이사 제도는 적법한 거래행위에만 적용되고 불법행위에는 적용되지 않는다. 공동대표이사 제도는 대표이사의 대표권 행사를 회사가 통제하려는 것이고, 불법행위책임은 회사의 통제를 무시한 대표이사의 행위에 대하여 회사의 책임을 인정하는 것이므로 양자는 서로 연결하여 운영될 수 없기 때문이다. 따라서 공동대표이사 중 1인의 불법행위라도 그 행위가 업무를 집행한 것으로서 타인에게 손해를 입힌 때에는 회사가 연대하여 배상책임을 진다(상법 제389조 제3항→제210조).

4) 추인·위임

㈎ 추 인 : 공동대표이사 중 1인이 단독으로 회사를 대표해서 한 행위는 원칙적으로 무효이지만, 이를 추인할 수는 있다(민법 제59조 제2항→제130조). 이 경우 추인은 나머지 공동대표이사가 해야 하는데, 거래상대방에게 할 수도 있고 단독의 대표행위를 한 공동대표이사에게 할 수도 있다.[367] 그리고 추인은 묵시적으로도 할 수 있다.[368]

㈏ 위 임 : 비록 상법에 명문 규정은 없지만, 공동대표이사 제도에서는 해석상 1인의 단독 대표행위에 대한 추인을 인정한다. 그리하여 공동대표권의 위임이 가능한지가 의문인데, 이는 포괄적 위임과 개별적 위임으로 구분하여 검토해야 한다.

㈀ 포괄적 위임 : 공동대표이사 중 일부가 다른 공동대표이사에게 대표권의 행사를 포괄적으로 위임하는 것은 실질적으로 단독 대표를 가능하게 하는 것으로서 공동대표이사 제도의 입법취지에 반하므로 허용될 수 없다.[369] 그리고 회사의 업무집행에 있어서 부분적으로 포괄 위임하는 것도 같은 이유에서 허용될 수 없다(예: 업무집행에 관한 행위 중 구매업무 등 특정한 업무의 집행을 포괄적으로 위임하는 것 등).

㈁ 개별적 위임 : 공동대표이사가 다른 공동대표이사에게 특정한 거래에 관하여 개별적인 위임을 할 수 있을까? 이에 대해서는 ① 공동대표이사 간에 내부적인 의사합치만 있으

367) 대법원 1992. 10. 27. 선고 92다19033 판결.
368) 대법원 2010. 12. 23. 선고 2009다37718 판결.
369) 대법원 1989. 5. 23. 선고 89다카3677 판결.

면 개별적인 위임이 가능하고 어음·수표행위와 같은 요식행위도 내부적 합의만 있으면 1인의 공동대표이사가 단독으로 할 수 있다는 견해(적극설),[370] ② 대외적인 의사표시를 하는 것만이 아니라 거래내용까지도 위임할 수 있다는 견해(백지위임설),[371] ③ 공동대표이사 제도는 업무집행에 있어서 대표이사 간의 통일성을 대외적으로 확보하기 위한 것이므로 단지 내부적인 의사합치만 있는 것으로는 부족하고 대외적으로도 공동으로 의사표시를 해야 한다는 견해(소극설),[372] ④ 공동대표이사 중 1인에게 개별적인 행위를 위임하는 것은 가능하다고 보되 위임관계를 행위할 때에 현명하게 하면 공동대표이사 제도의 운영에 관한 사항을 대내·외적으로 통일하여 명시할 수 있을 뿐만 아니라 거래의 신속과 조직 운영의 효율을 기할 수 있다는 견해(표시행위위임설)[373]가 있다. 생각건대 ①설은 거래의 대외적인 효과를 상대방이 알기 어려운 공동대표이사 간 내부적 합의의 유무에 의존시키므로 거래의 안전을 침해할 우려가 있고, ②설은 사실상 단독대표 또는 포괄적 위임과 같으므로 공동대표이사 제도의 본지에 반하며, ③설은 공동대표이사 제도의 취지를 가장 충실히 반영하고는 있으나 공동대표이사가 모든 대표행위에 공동으로 참여해야 하므로 상거래의 신속성과 조직 운영의 효율성을 저해할 우려가 있다. 따라서 공동대표이사의 경우에도 개별적인 사항에 대한 위임은 가능하도록 해석하면서 거래의 안전을 위하여 그 내용을 상대방이 알 수 있도록 하는 ④설이 타당하다.

(3) 표현대표이사

1) 의 의

㈎ 개 념 : 대표이사의 대외적 행위는 회사의 행위가 되고 회사가 책임을 진다. 이에 상법도 대표이사의 성명을 등기하도록 강제하여 적법한 상대자인지를 거래상대방이 식별할 수 있도록 지원하고 있다. 한편 대표이사 아닌 자가 회사의 명시적·묵시적 승인 아래 대표이사로 오인할 만한 명칭을 사용하여 대표행위를 한 때에도 그의 대표행위를 믿고 거래한 상대방을 보호할 필요가 있다. 그리하여 상법 제395조는 "사장, 부사장, 전무, 상무 기타 회사를 대표할 권한이 있는 것으로 인정할 만한 명칭을 사용한 이사의 행위에 대하여는 그 이사가 회사를 대표할 권한이 없는 경우에도 회사는 선의의 제3자에 대하여 그 책임을 진다." 라고 규정하고 있는데, 이를 「표현대표이사」라고 한다.

---

370) 권기범, 1014면; 송옥렬, 1032면; 오성근, 663면; 이범찬/임충희/이영종/김지환, 365면; 정경영, 628면; 정동윤, 620면; 정찬형, 1014면; 최기원, 641면; 최준선, 511면.

371) 손주찬, 788면.

372) 채이식, 536면.

373) 이철송, 748면.

(나) 근 거 : 표현대표이사 제도의 법리적 근거에 대한 학설로는 ① 영미법상의 금반언(Estoppel by Representation)의 법리에서 찾는 견해,[374] ② 독일법상의 외관법리(Rechtsscheintheorie)에서 찾는 견해,[375] ③ 양 이론의 접근 경향에 발맞추어 양 이론 모두에서 찾는 견해[376]가 있는데, 판례는 이 중 ③설의 입장이다.[377] 그런데 양 이론 모두 외부에 표현된 것에 대하여 법적 효과를 부여하려는 것이고, 외관이나 표시에 당사자의 유책을 요구하고 있으므로 운용상 실제적인 차이는 거의 없다.[378]

(다) 상업등기와의 관계 : 상법 제37조에 의하면 등기할 사항이 등기된 후에는 그 사항에 대하여 제3자의 악의가 의제되므로 상법 제395조와의 관계가 문제된다. 이에 대해서는 ① 제395조를 제37조의 예외로 보는 견해,[379] ② 양 규정은 보호법익을 달리하는 것이므로 예외로 볼 수 없다는 견해[380]가 있는데, 판례는 ②설의 입장이다.[381] 생각건대 상업등기는 상인에게 일정한 사항의 공시를 강제하되 공시된 후에는 상대방의 희생 아래 공시자의 면책을 보장함으로써 당사자 간의 이해를 조정하려는 제도이고, 표현대표이사는 부진정한 외관을 창출한 자에게 그 외관대로 법적 효과를 부여하여 상거래의 신속성과 안정성을 보호하려는 제도이다. 따라서 양자는 별개의 제도로 보아야 한다.

2) 적용요건

(가) 표현적 명칭의 사용 : 대표이사가 아닌 자가 회사를 대표할 만한 권한이 있는 것으로 인정할 만한 명칭(표현적 명칭)을 사용하였어야 한다. 구체적으로 어음행위와 같은 요식행위에서는 표현적 명칭과 그 이름이 표시되어야 하고, 그 밖의 불요식행위에서는 상대방에게 자신이 대표자라는 인식을 주어야 한다.

(ㄱ) 표현적 명칭의 의미 : 표현적 명칭과 관련하여 상법이 규정하고 있는 「사장·부사장·전무·상무」 등의 경우에는 예시적인 열거에 불과하므로, 표현적 명칭이 표현대표이사의 명칭에 해당하는지는 구체적인 상황과 거래통념에 따라 결정해야 한다.[382] 그리고 영업

---

374) 박준용, "표현대표이사제도", 164~165면.
375) 정경영, 631면.
376) 김정호, 408면; 서돈각/정완용, 444면; 채이식, 537면; 최기원, 645면.
377) 대법원 1998. 3. 27. 선고 97다34709 판결.
378) 이철송, 749면; 장덕조, 341면; 정찬형, 1026면.
379) 권기범, 1017면; 서헌제, 838면; 장덕조, 347면; 정찬형, 1028면; 채이식, 543면; 최기원, 645면; 최준선, 526면.
380) 김홍기, 604면; 송옥렬, 1035면; 이범찬/임충희/이영종/김지환, 366면; 이기수/최병규, 441면; 이철송, 750면; 정경영, 632면.
381) 대법원 1979. 2. 13. 선고 77다2436 판결.
382) 대법원 1999. 11. 12. 선고 99다19797 판결.

담당상무 등처럼 회사의 업무 중 일부에 관하여 대표권이 있다고 인정될 만한 명칭을 사용하는 때에도 그 부분적 업무에 관련되는 한 제395조가 적용된다.[383)]

(ㄴ) 이사의 자격 요부 : 표현대표이사와 관련하여 상법 제395조가 「명칭을 사용한 이사의 행위에 대하여는」이라고 규정하고 있어 표현적 명칭을 사용하는 자가 최소한 이사의 지위에는 있어야 하는 것으로 오인할 수 있지만, 이사가 아닌 자가 대표행위를 한 경우에도 유추적용해야 한다. 이 규정은 외관법리에 근거한 것이고, 이사 자격의 유무는 표현적 지위의 형성에 현실적인 차이를 주지 않기 때문이다. 이와 관련하여 판례는 부존재한 주주총회 결의로 선임된 이사[384)]와 이사로 선임된 사실조차 없는 자[385)]의 행위에 대하여 제395조를 유추적용하여 표현대표이사로 판단하였다.

참고판례 **표현대표이사에게 대표권이 있는 것으로 믿은 데 중대한 과실이 있는 경우에 회사의 책임 유무 등(대법원 1999. 11. 12. 선고 99다19797 판결)** : [1] 상법 제395조가 규정하는 표현대표이사의 행위로 인한 주식회사의 책임이 성립하기 위하여 법률행위의 상대방이 된 제3자의 선의 이외에 무과실까지도 필요로 하는 것은 아니다(대법원 1973. 2. 28. 선고 72다1907 판결 참조). 그러나 상법 제395조의 표현대표이사책임에 관한 규정의 취지는 회사의 대표이사가 아닌 이사가 외관상 회사의 대표권이 있는 것으로 인정될 만한 명칭을 사용하여 거래행위를 하고, 이러한 외관이 생겨난 데에 관하여 회사에 귀책사유가 있는 경우에 그 외관을 믿은 선의의 제3자를 보호함으로써 상거래의 신뢰와 안전을 도모하려는 데에 있다 할 것인바(대법원 1988. 10. 11. 선고 86다카2936 판결; 1995. 11. 21. 선고 94다50908 판결 등 참조), 그와 같은 제3자의 신뢰는 보호할 만한 가치가 있는 정당한 것이어야 할 것이므로 설령 제3자가 회사의 대표이사가 아닌 이사가 그 거래행위를 함에 있어서 회사를 대표할 권한이 있다고 믿었다 할지라도 그와 같이 믿음에 있어서 중대한 과실이 있는 경우에는 회사는 그 제3자에 대하여 책임을 지지 아니한다고 보아야 할 것이다(대법원 1992. 7. 28. 선고 91다35816 판결; 1994. 12. 2. 선고 94다7591 판결 등 참조). [2] 상법 제395조가 표현대표이사의 명칭으로 사장·부사장·전무·상무 등의 명칭을 나란히 예시하고 있더라도, 그 각 명칭에 대하여 거래통념상 제3자가 가질 수 있는 신뢰의 정도는 한결같다고 할 수 없으므로 위와 같은 각 명칭에 대하여 제3자가 그 명칭을 사용한 이사가 회사를 대표할 권한이 있다고 믿었는지 여부, 그와 같이 믿음에 있어서 중과실이 있는지 여부 등은 거래통념에 비추어 개별적·구체적으로 결정하여야 할 것이다. 특히 규모가 큰 주식회사에 있어서 '대표이사 전무' 또는 '대표이사 상무' 등의 명칭을 사용하지 아니하고, 단지 '전무이사' 또는 '상무이사' 등의 명칭을 사용하는 이사에 대하여는 제3자가 악의라거나 중과실이 있다는 회사측의 항변을 배척함에 있어서는 구체적인 당해 거래의 당사자와 거래 내용 등에 관하여 신중한 심리를 필요로 하고, 함부로 그 항변을 배척하여서는 아니된다 할 것이다.

참고판례 **표현대표이사의 행위에 대한 회사의 책임이 성립하기 위한 요건(대법원 2003. 2. 11. 선고 2002다62029 판결)** : 상법 제395조에 정한 표현대표이사의 행위로 인한 회사의 책임이 성립하기 위하여는 회사

383) 서울고등법원 1972. 12. 30. 선고 72나2141 판결.
384) 대법원 1992. 7. 28. 선고 91다35816 판결.
385) 대법원 1985. 6. 11. 선고 84다카963 판결.

> 의 대표이사가 아닌 이사가 외관상 회사의 대표권이 있는 것으로 인정될 만한 명칭을 사용하여 거래행위를 하여야 하고, 그와 같은 명칭이 표현대표이사의 명칭에 해당하는지 여부는 사회 일반의 거래통념에 따라 결정하여야 할 것인데, 원고 주장에 의하더라도 '경리담당이사'는 회사를 대표할 권한이 있는 것으로 인정될 만한 명칭에 해당한다고 볼 수 없다고 하여 피고 회사가 상법 제395조에 따라 소외인의 행위에 대하여 책임이 있다는 원고의 주장을 배척하였는바, 관계법리와 기록에 비추어 살펴보면 원심의 위와 같은 판단은 정당한 것으로 수긍이 가고, 거기에 채증법칙을 위배하여 사실을 잘못 인정하거나 표현대표이사에 관한 법리를 오해한 위법이 있다고 할 수 없[다].

(나) 회사의 귀책사유 : 표현대표이사가 성립하려면 회사에게도 일정한 귀책사유가 있어야 한다. 따라서 회사의 원인 부여 없이 자의적으로 표현적 명칭을 사용한 자의 행위에 대해서는 회사가 책임을 지지 않는데, 이를 분설하면 다음과 같다.

(ㄱ) 회사의 허용 : 대표이사가 아닌 자의 표현적 명칭 사용을 회사가 명시적 또는 묵시적으로 허용해야 한다. 이 중 후자의 예로는 대표이사가 아닌 자의 표현적 명칭 사용을 회사가 알면서도 제지하지 아니하고 방치한 경우,[386] 적법한 대표이사가 장기간 회사업무를 방치하고 이사 1인이 실질적인 대표이사로서 대외거래를 한 경우,[387] 지배주주인 대표이사가 타인에게 주식을 양도하며 경영을 위임하여 그 타인이 수 개월간 사실상 경영권을 행사한 경우[388] 등을 들 수 있다. 한편 판례는 회사가 과실로 표현적 명칭 사용을 방치한 경우에는 본조의 적용을 부정하고 있는데,[389] 제395조의 입법취지를 고려할 때 그러한 과실이 묵인에 비유될 정도일 경우에는 본조를 적용해야 할 것이다.

(ㄴ) 허락의 주체 : 표현적 명칭의 사용을 회사가 허용하였다고 보기 위해서는 주주총회나 이사회의 결의 또는 대표이사의 허락이 있어야 한다.[390] 이 경우 표현적 명칭의 부여가 이사회나 대표이사의 권한에 속하는 것인지는 묻지 아니한다. 한편 판례는 이에 더하여 이사회의 결의에 의한 표현적 명칭의 사용 허락이 없더라도 이사회결의에 필요한 이사의 수 또는 최소한 이사의 정원 과반수가 명시적·묵시적으로 표현적 명칭의 사용을 허락한 때에는 회사가 허락한 것으로 보아야 한다고 판단하고 있다.[391]

(다) 표현대표이사의 대표행위 : 상법 제395조가 적용되려면 표현대표이사가 대표이사

386) 대법원 2005. 9. 9. 선고 2004다17702 판결.
387) 대법원 1988. 10. 11. 선고 86다카2936 판결.
388) 대법원 1998. 3. 27. 선고 97다34709 판결; 대법원 1994. 12. 2. 선고 94다7591 판결.
389) 대법원 1975. 5. 27. 선고 74다1366 판결.
390) 대법원 1992. 9. 22. 선고 91다5365 판결.
391) 대법원 2011. 7. 28. 선고 2010다70018 판결; 대법원 1992. 9. 22. 선고 91다5365 판결.

의 권한에 속하는 대표행위를 대외적으로 하여야 한다. 따라서 표현대표이사의 대내적인 업무집행행위와 대표이사가 할 수 없는 행위는 본조의 적용대상이 아니다.

㈀ 대표행위의 포섭범위 : 표현대표이사의 대표행위는 단독행위·계약·합동행위와 같은 법률행위는 물론이고 준법률행위와 의사표시의 수령(수동대표)에도 적용되지만, 불법행위와 소송행위에는 적용되지 않는다.[392] 불법행위의 경우에는 그 특성상 거래의 안전을 고려할 필요가 없고, 소송행위의 경우에는 실체적 진실규명이 우선이기 때문이다. 이와 관련하여 판례는 전무이사가 한 소의 취하를 표현대표이사의 행위로 판단하였는데,[393] 동일한 내용을 규정하고 있는 상법 제14조(표현지배인) 제1항 단서가 재판상의 행위를 예외로 규정하고 있는 점을 고려할 때 이는 타당하지 않다.

㈁ 대표이사의 권한 내 행위 : 표현대표이사의 행위가 대표이사의 권한에 속하는 것이어야 한다. 따라서 대표이사가 할 수 없는 행위의 경우에는 표현대표이사가 성립하지 아니하고, 이사회 또는 주주총회의 결의가 필요한 사항의 경우에는 그러한 결의가 있어야 표현대표이사가 성립할 수 있다. 이와 관련하여 판례는 이사회의 결의가 필요한 행위를 결의 없이 표현대표이사가 단독으로 한 경우에는 상대방이 이사회결의가 없었음을 과실 없이 알지 못했다는 요건을 충족해야 표현대표행위의 효력을 주장할 수 있다고 판시하였고,[394] 표현대표이사가 회사의 유일한 재산인 부동산을 양도담보로 제공한 경우에는 주주총회의 결의가 없었음을 이유로 제395조의 적용을 배척하였다.[395] 주의할 것은 회사가 대표이사의 대표권을 내부적으로 제한하더라도 그러한 제한은 선의의 제3자에게 대항할 수 없으므로(상법 제389조 제3항→제209조 제2항) 대표권이 제한된 행위에 대해서는 제395조에 따른 표현대표이사의 행위가 성립할 수 없다는 점이다.

㈑ 제3자의 신뢰 : 상법상 표현대표이사가 성립하려면 그가 사용하는 표현적 명칭에 대한 제3자의 신뢰가 있어야 한다. 즉 회사는 선의의 제3자에게만 책임을 진다.

㈀ 제3자의 범위 : 상법 제395조에서의 제3자는 표현대표이사가 한 행위의 직접적인 상대방만이 아니라 표현적 명칭을 신뢰한 모든 당사자를 포함한다. 따라서 표현대표이사가 한 어음행위를 신뢰하고 동 어음을 취득한 제3자도 보호를 받는다.[396]

---

392) 김동훈, 325면; 이철송, 753면; 정동윤, 623면; 정찬형, 1038면; 최기원, 646면.
393) 대법원 1970. 6. 30. 선고 70후7 판결.
394) 대법원 1998. 3. 27. 선고 97다34709 판결.
395) 대법원 1964. 5. 19. 선고 63다293 판결.
396) 대법원 1988. 10. 25. 선고 86다카1228 판결.

(ㄴ) 선의의 의미 : 상법 제395조의 적용에 있어서 제3자의 선의는 요구되지만,[397] 무과실은 요하지 않는다는 것이 통설과 판례의 입장이다.[398] 그렇지만 중과실이 있는 자까지 보호하는 것은 오히려 더 불공평하므로 표현적 명칭에 대한 제3자의 신뢰에 중과실이 있는 경우에는 본조를 적용할 수 없다고 보아야 한다.[399] 여기서 「선의」란 표현대표이사에게 대표권이 없음을 제3자가 알지 못한다는 것이지, 법상 대표이사가 아니라는 것을 제3자가 알지 못해야 함을 뜻하는 것은 아니다.[400] 또한 「중과실」이란 제3자가 조금만 주의를 기울였더라면 표현대표이사의 행위가 대표권에 기한 것이 아니라는 사정을 알 수 있었음에도 만연히 이를 대표권에 기한 행위라고 믿음으로써 거래통념상 요구되는 주의의무를 현저히 위반한 것으로서 공평의 관점에서 제3자를 보호할 필요가 없다고 봄이 상당하다고 인정되는 상태를 말한다.[401] 한편 이 경우 표현적 명칭을 신뢰한 제3자의 선의 여부에 대한 입증책임은 회사가 부담한다(악의를 증명해야 함).[402]

참고판례 **상법 제395조의 입법취지 등(대법원 2009. 3. 12. 선고 2007다60455 판결)** : [1] 상법 제395조의 규정은 표시에 의한 금반언의 법리나 외관이론에 따라 대표이사로서의 외관을 신뢰한 제3자를 보호하기 위하여 그와 같은 외관의 존재에 관하여 귀책사유가 있는 회사로 하여금 선의의 제3자에 대하여 그들의 행위에 관한 책임을 지도록 하려는 것으로, 회사가 이사의 자격이 없는 자에게 표현대표이사의 명칭을 사용하게 허용한 경우는 물론, 이사의 자격도 없는 사람이 임의로 표현대표이사의 명칭을 사용하고 있는 것을 알면서도 아무런 조치를 취하지 아니한 채 그대로 방치하여 소극적으로 묵인한 경우에도 위 규정이 유추적용되는 것으로 해석함이 상당하다(대법원 1998. 3. 27. 선고 97다34709 판결 등 참조). [2] 주주총회를 소집, 개최함이 없이 의사록만을 작성한 주주총회결의로 대표자로 선임된 자의 행위에 대하여 의사록 작성으로 대표자격의 외관이 현출된 데에 대하여 회사에 귀책사유가 있음이 인정될 경우 상법 제395조에 따라 회사에게 그 책임을 물을 수 있고(대법원 1992. 8. 18. 선고 91다14369 판결 등 참조), 이 경우 의사록을 작성하는 등 주주총회결의의 외관을 현출시킨 자가 사실상 회사의 운영을 지배하는 자인 경우와 같이 주주총회결의의 외관 현출에 회사가 관련된 것으로 보아야 할 경우에는 회사에 귀책사유가 있다고 인정할 수 있을 것이다.

참고판례 **대표권의 제한과 제3자의 신뢰 등(대법원 2008. 5. 15. 선고 2007다23807 판결)** : 대표이사의 대표권한 범위를 벗어난 행위라 하더라도 그것이 회사의 권리능력의 범위 내에 속한 행위이기만 하면 대표권의 제한을 알지 못하는 제3자가 그 행위를 회사의 대표행위라고 믿은 신뢰는 보호되어야 하고, 대표이사가 대표권의 범위 내에서 한 행위는 설사 대표이사가 회사의 영리목적과 관계없이 자기 또는 제3자의 이익

397) 여기서 제3자의 「선의」란 대표이사가 아니라는 것을 알지 못한 것이 아니라, 표현대표이사가 대표권을 갖고 있지 않다는 것을 알지 못한다는 의미이다(대법원 1998. 3. 27. 선고 97다34709 판결).
398) 대법원 1973. 2. 28. 선고 72다1907 판결.
399) 대법원 1999. 11. 12. 선고 99다19797 판결.
400) 대법원 1998. 3. 27. 선고 97다34709 판결.
401) 대법원 2013. 2. 14. 선고 2010다91985 판결; 대법원 2003. 7. 22. 선고 2002다40432 판결.
402) 대법원 1971. 6. 29. 선고 71다946 판결.

을 도모할 목적으로 그 권한을 남용한 것이라 할지라도 일단 회사의 행위로서 유효하고, 다만 그 행위의 상대방이 대표이사의 진의를 알았거나 알 수 있었을 때에는 회사에 대하여 무효가 되는 것이다(대법원 2004. 3. 26. 선고 2003다34045 판결; 대법원 2005. 7. 28. 선고 2005다3649 판결 등 참조).

3) 적용범위

(가) **표현대표이사가 대표이사의 이름으로 한 행위** : 표현대표이사가 진정한 대표이사의 이름으로 한 행위의 경우 과거의 판례는 이를 「표현대리 또는 무권대리」의 문제로 보았다.[403] 그런데 현재의 판례는 이 경우에도 상법 제395조를 적용하고 있으며,[404] 다수설[405]도 판례와 같다. 이처럼 행위자가 표현대표이사인 이상 다른 대표이사의 명칭을 사용한 행위에 대해서도 제395조가 적용되므로, 제3자의 악의나 중과실의 유무도 표현대표이사에게 대표권이 아니라 대표이사를 대리할 권한이 있는지 여부에 관하여 판단해야 한다.[406] 생각건대 현재의 판례와 다수설에 따르면 제3자는 사실상 2단계의 오인(대표권에 관한 오인과 대리권에 관한 오인)을 모두 보호받게 되는데, 이는 제395조가 의도하는 바가 아니다. 더욱이 이 경우 제3자의 신뢰는 표현대표이사의 대표행위가 아니라 대리권이 있는 듯한 외관에 있는 것이므로 엄밀히 말하자면 본조의 보호대상도 아니다. 따라서 우선은 이론적으로 적합한 표현대리(민법 제125조)의 법리로 이 문제를 처리하되,[407] 향후 입법적으로 보완해야 한다. 보호대상자인 제3자와 관련하여 표현대리의 경우에는 거래의 직접적인 상대방으로 제한되지만,[408] 제395조의 경우에는 직접적인 상대방만이 아니라 표현적 명칭을 신뢰한 모든 당사자를 포함하기 때문이다.[409]

---

403) 대법원 1968. 7. 30. 선고 68다127 판결.

404) 대법원 2011. 3. 10. 선고 2010다100339 판결; 대법원 1998. 3. 27. 선고 97다34709 판결; 대법원 1979. 2. 13. 선고 77다2436 판결.

405) 김건식/노혁준/천경훈, 410면; 김동훈, 325면; 송옥렬, 1042면; 정경영, 634면; 정동윤, 621면; 최준선, 520면.

406) 대법원 2011. 3. 10. 선고 2010다100339 판결; 대법원 2003. 7. 22. 선고 2002다40432 판결.

407) 오성근, 677면; 이철송, 757면.

408) 대법원 2002. 12. 10. 선고 2001다58443 판결(표현대리에 관한 민법 제126조의 규정에서 제3자라 함은 당해 표현대리행위의 직접 상대방이 된 자만을 지칭하는 것이고, 약속어음의 보증은 발행인을 위하여 그 어음금채무를 담보할 목적으로 하는 보증인의 단독행위이므로 그 행위의 구체적, 실질적인 상대방은 어음의 제3취득자가 아니라 발행인이라 할 것이어서 약속어음의 보증 부분이 위조된 경우, 동 약속어음을 배서, 양도받는 제3취득자는 위 보증행위가 민법 제126조 소정의 표현대리행위로서 보증인에게 그 효력이 미친다고 주장할 수 있는 제3자에 해당하지 않는다).

409) 대법원 2003. 9. 26. 선고 2002다65073 판결(회사를 대표할 권한이 없는 표현대표이사가 다른 대표이사의 명칭을 사용하여 어음행위를 한 경우, 회사가 책임을 지는 선의의 제3자의 범위에는 표현대표이사로부터 직접 어음을 취득한 상대방뿐만 아니라, 그로부터 어음을 다시 배서양도받은 제3취득자도 포함된다).

> **참고판례** **표현대표이사가 대표이사의 이름으로 한 행위에 제395조가 적용되는지(대법원 2011. 3. 10. 선고 2010다100339 판결)** : 상법 제395조는 표견대표이사의 행위로 인한 주식회사의 책임에 대하여 정한다. 위 법규정에 의한 주식회사의 책임은 행위의 상대방이 악의이거나 선의라도 그에 관하여 중대한 과실이 있는 경우에는 발생하지 아니한다. 여기서 '중대한 과실'이라고 함은 표견대표이사가 자신의 이름으로 행위한 경우에 있어서는 상대방이 조금만 주의를 기울였더라면 표견대표이사가 회사를 대표할 권한 없이 행위함을 알 수 있었음에도 주의를 게을리하여 그 권한 없음을 알지 못함으로써 거래통념상 요구되는 주의의무를 현저히 위반하는 것으로서, 공평의 관점에서 상대방을 구태여 보호할 필요가 없다고 봄이 상당하다고 인정되는 상태를 말한다(대법원 1999. 11. 12. 선고 99다19797 판결 등; 대법원 2003. 7. 22. 선고 2002다40432 판결 등 참조). 한편 위 상법 규정은 표견대표이사가 자신의 이름으로 행위한 경우는 물론이고 대표이사의 이름으로 행위한 경우에도 적용된다(대법원 1979. 2. 13. 선고 77다2436 판결 등 참조). 그리고 이 경우에 상대방의 악의 또는 중대한 과실은 표견대표이사의 대표권이 아니라 대표이사를 대리하여 행위를 할 권한이 있는지에 관한 것이다(대법원 2003. 7. 22. 선고 2002다40432 판결 참조).

(나) 공동대표이사가 단독으로 회사를 대표한 행위 : 공동대표이사는 그 권한을 공동으로 행사해야 한다. 그렇다면 공동대표이사 중 1인이 단독으로 회사를 대표한 행위를 한 경우에 상법 제395조가 적용될 수 있는가? 이와 관련하여 통설과 판례는 공동대표이사 중 1인이 「대표이사 사장」처럼 단독대표권이 있는 것으로 인식되는 명칭을 회사의 허락을 받아 사용하며 단독으로 회사를 대표한 경우에는 제395조를 적용하고 있다. 그런데 공동대표이사 중 1인이 회사의 허락을 받아 단순히 「대표이사」란 명칭만 사용한 때에는 견해가 나뉘어 있다. 즉 ① 회사의 대표는 단독대표가 원칙이고(공동대표는 예외임) 대표이사란 명칭은 그 자체가 가장 뚜렷한 대표권의 외관이므로 제395조가 당연히 적용된다는 견해(확장설),[410] ② 대표이사란 명칭은 법이 인정하는 것이므로 공동대표이사라고 명시하지 않았다면 회사의 귀책사유가 될 수 없다는 점을 이유로 적용을 부정하는 견해(한정설)[411]가 있는데, 판례는 ①설의 입장이다.[412] 생각건대 공동대표이사 제도는 대표이사의 위법하거나 부적정한 대표행위나 전횡을 차단하여 회사의 이익을 보호하기 위한 것이고, 표현대표이사 제도는 대표이사가 아닌 자가 회사의 명시적·묵시적 승인 아래 대표권이 있는 것으로 오인할 만한 명칭을 사용하여 대표행위를 한 경우에 그러한 대표행위를 믿고 거래한 상대방을 보호하기 위한 것이다. 그리고 대표이사란 명칭은 일반적으로 대표권이 있는 것으로 인식되므로[413] 회사

410) 권기범, 1023면; 송옥렬, 1041면; 이종훈, 322면; 이기수/최병규, 441면; 정경영, 639면; 정동윤, 624면; 정찬형, 1032면; 최기원, 654면; 최준선, 523면; 홍복기/박세화, 475면.

411) 이철송, 755면.

412) 대법원 1993. 12. 28. 선고 93다47653 판결; 대법원 1992. 10. 27. 선고 92다19033 판결.

413) 대표이사란 명칭은 상법상 명칭이고, 대표이사는 회사의 영업에 관하여 재판상·재판외의 모든 행위를 할 수 있는 권한이 있기 때문이다(상법 제389조 제3항 → 제209조 제1항).

가 공동대표이사에게 그 사용을 허락하였다면 그의 단독 대표행위가 있을 수 있다는 점을 인식하였다고 봄이 현실적이다. 따라서 논리적으로는 이 경우에도 제395조를 적용하여 회사의 책임을 인정함이 합리적이다. 그런데 공동대표이사는 등기사항이고, 등기한 후에는 제3자의 악의가 의제되므로(적극적 공시력) 공동대표이사 중 1인이 단독으로 대표행위를 한 경우에 회사는 선의의 제3자에게도 그 무효를 주장할 수 있다.[414] 그리고 표현대표이사는 대표이사가 아닌 자가 사장·전무·상무 등 대표권이 있는 것으로 오인할 만한 표현적 명칭을 사용하여 정상적인 대표이사의 권한에 속하는 행위를 한 경우에 적용된다. 더욱이 대표이사란 명칭은 표현적 명칭이 아니라, 상법상 명칭이다. 이런 점을 종합할 때 현재로서는 공동대표이사가 단독으로 대표한 행위에 대하여 제395조를 적용하여 회사의 책임을 인정하기 어렵다.

> **참고판례** **법원의 지급명령에 대한 이의신청을 공동대표이사 중 1인이 한 경우의 효력(인천지방법원 1997. 8. 22. 선고 97가합7505 판결(확정))** : 수인의 대표이사가 공동으로 회사를 대표할 것을 정하고 이를 법인등기부에 등재하여 공시한 경우 회사측의 소송행위는 원칙적으로 공동으로 하지 아니하면 그 효력이 없다 할 것이고, 지급명령에 대한 이의 신청도 공동대표이사들이 공동으로 하여야 할 소송행위에 해당한다고 볼 것인바, 피고 회사의 법인등기부등본의 기재에 의하면 1995. 7. 31. 피고 회사의 공동대표이사로 소외 1과 일본국인 소외 2가 선임되어 같은 해 8. 7. 등기를 마친 사실이 인정되고, 이 사건 소송으로 이행되기 전의 이 법원 97차3615호 손해배상금청구독촉사건에서 이 법원이 발한 지급명령에 대하여 피고 회사의 공동대표이사 중의 한 사람인 소외 1만이 이의신청을 한 사실은 기록상 명백하므로 이 사건 이의신청은 부적법하여 무효임을 면할 수 없[다].

㈐ 선임결의가 무효·취소된 대표이사의 대표행위 : 대표이사의 선임에 관한 이사회 또는 주주총회의 결의가 무효인 경우에 그 선임 후 무효판결시까지 대표이사가 한 각종 대표행위의 효력이 문제된다. 이와 관련하여 일부 판례는 이를 부실등기에 관한 상법 제39조의 문제로 보고 선의의 제3자에게 대항하지 못하는 것으로 다루었지만,[415] 오래전부터 판례는 하자 있는 주주총회에서 선임된 이사들로 구성된 이사회에서 선임한 대표이사를 표현대표이사로 보아 그와 거래한 제3자를 보호하였다.[416] 생각건대 1995년 개정으로 인해 주주총회결의취소의 소 등에 관한 판결에 소급효가 인정되므로(상법 제376조 제2항 → 제190조 본

414) 앞에서 살펴본 것처럼 상법 제395조와 제37조의 관계에 대하여 판례는 "상법 제395조와 상업등기와의 관계를 헤아려 보면, 본조는 상업등기와는 다른 차원에서 회사의 표현책임을 인정한 규정이라고 해야 옳으리니 이 책임을 물음에 상업등기가 있는 여부는 고려의 대상에 넣어서는 아니된다." 라고 판시하며 양자를 별개의 규정으로 보고 있다(대법원 1979. 2. 13. 선고 77다2436 판결).

415) 대법원 2004. 2. 27. 선고 2002다19797 판결.

416) 대법원 1985. 6. 11. 선고 84다카197 판결; 대법원 1992. 7. 28. 선고 91다35816 판결.

문), 이는 표현대표이사에 관한 문제로 처리함이 합리적이다.

(4) 불법행위책임

대표이사가 그 업무집행으로 인하여 타인에게 손해를 가한 때에는 회사는 대표이사와 연대하여 그 손해를 배상할 책임이 있다(상법 제389조 제3항→제210조). 여기서 「업무집행으로 인하여」란 「대표행위로 인하여」란 뜻이므로, 회사의 업무집행과 관련이 있고 대표행위가 가능하며 행위의 외형상 객관적으로 대표이사의 직무에 속하는 것으로 보여지는 때에는 모두 회사의 불법행위책임이 성립할 수 있다.[417] 따라서 비록 대표이사의 개인적 이익을 도모하기 위한 것이거나 법령을 위반한 행위더라도 그 외형상 정상적인 대표이사의 업무집행으로서 인정될 수 있다면 회사의 손해배상책임이 인정된다.[418] 다만 상대방인 피해자가 그 행위가 대표이사의 직무에 속하지 아니함을 알았거나 중대한 과실로 알지 못한 때에는 회사에 대하여 손해배상책임을 물을 수 없다. 여기서 「중대한 과실」이란 거래상대방이 조금만 주의를 기울였더라면 대표자의 행위가 그 직무권한 내에서 적법하게 행하여진 것이 아니라는 사정을 알 수 있었음에도 만연히 이를 직무권한 내의 행위라고 믿음으로써 일반인에게 요구되는 주의의무에 현저히 위반하는 것으로 거의 고의에 가까운 정도의 주의를 결여하고, 공평의 관점에서 상대방을 구태여 보호할 필요가 없다고 봄이 상당하다고 인정되는 상태를 말한다.[419] 주의할 것은 대표이사가 아닌 이사의 행위로 인해서는 회사의 불법행위라는 것이 있을 수 없으므로 그 책임도 논의되지 않지만, 이 경우에도 사용자배상책임(민법 제756조)은 문제될 수 있다는 점이다.

참고판례 **대표이사의 불법행위책임(대법원 2017. 9. 26. 선고 2014다27425 판결)** : 상법 제389조 제3항, 제210조에 의하여 주식회사가 대표이사의 불법행위로 손해배상책임을 지는 것은 대표이사가 '업무집행으로 인하여' 타인에게 손해를 입힌 경우이어야 한다. 여기에서 '업무집행으로 인하여'라는 것은 대표이사의 업무 그 자체에는 속하지 않으나 행위의 외형으로부터 관찰하여 마치 대표이사의 업무 범위 안에 속하는 것으로 보이는 경우도 포함한다. 행위의 외형상 주식회사의 대표이사의 업무집행이라고 인정할 수 있는 것이라면 설령 그것이 대표이사의 개인적 이익을 도모하기 위한 것이거나 법령의 규정에 위배된 것이라고 하더라도 주식회사의 손해배상책임을 인정하여야 한다.

417) 대법원 1990. 11. 13. 선고 89다카26878 판결.
418) 대법원 2017. 9. 26. 선고 2014다27425 판결.
419) 대법원 2004. 3. 26. 선고 2003다34045 판결; 대법원 2003. 7. 25. 선고 2002다27088 판결.

Ⅳ. 주식매수선택권

1. 의 의

(1) 도입 취지

주식매수선택권이란 미국에서 기원하여 전 세계적으로 널리 활용되고 있는 이른바 스톡옵션(Stock Option) 제도를 도입한 것이다. 이는 회사가 그의 임원 또는 종업원에게 장래의 일정한 시기에 이르러 예정된 가격으로 회사가 보유하고 있는 자기주식을 취득하거나 회사가 발행하는 신주를 인수할 수 있는 권리(그러한 권리를 행사하지 않을 수 있는 권리를 포함함)를 부여하는 제도이다. 현재 주식매수선택권은 회사가 그 주식을 기초자산으로 하는 콜옵션, 즉 워런트(Warrant)를 발행할 수 없는 상법상 신주인수권부사채와 함께 중요한 예외를 이룬다. 이러한 주식매수선택권은 1997년에 개정된 증권거래법이 상장회사를 전제로 먼저 도입한 후 1999년 개정 상법에도 도입되었다.

(2) 주요 기능

회사가 임직원에게 주식매수선택권을 부여한다는 것은 사실상 주주의 신주인수권을 희생시키는 것이지만, 종국적으로는 회사와 주주 모두에게 이익을 가져온다. 일반적으로 주식매수선택권을 부여받은 자는 주가가 오르는 것을 바라게 되는데, 주가가 오르려면 무엇보다도 회사의 영업실적이 개선되어야 한다. 그러므로 주식매수선택권을 부여받은 자는 선택권을 행사하여 이득을 얻기 위해서라도 그 직무에 더욱 충실하게 된다. 이런 점에서 주식매수선택권은 회사에 필요한 임직원들에게 주식매수로 인한 이득의 동기를 부여함으로써 근무에 충실하도록 유도하기 위한 제도라고 할 수 있다. 즉 임직원에 대한 인센티브와 주주의 이익을 일치시키기 위한 수단으로 활용되는 것이다.420)

(3) 부여 유형

1) 자기주식양도형 : 회사가 보유한 자기주식을 예정된 가격(행사가액)으로 양수할 수 있는 권리를 선택권자에게 부여하는 방법이다(상법 제340조의2 제1항 본문). 예를 들어 행사가액을 현재의 시가인 주당 10,000원으로 정해 놓고, 장래의 주가 변동에 상관없이 선택권자가 회사에 대하여 주당 10,000원에 부여받은 수량의 주식을 양도할 것을 청구할 수 있도록 한 방법이다. 따라서 이 방법으로 선택권을 부여한 때에는 회사가 주식매수선택권의 행사

420) 김건식/노혁준/천경훈, 480면.

에 대비하여 예외적으로 자기주식을 취득할 수 있다.

2) 신주발행형 : 이는 선택권자의 주식매수선택권 행사에 응하여 회사가 예정된 행사가액을 발행가액으로 하여 신주를 발행하는 방법이다(상법 제340조의2 제1항 본문). 즉 행사가액을 주당 10,000원으로 정해 놓고, 장래의 주가가 얼마로 변동하든지 관계없이 선택권자가 신주발행을 요구하면 주당 10,000원에 소정 수량의 신주를 발행해 주는 방법이다. 주의할 것은 이러한 선택권의 행사로 인한 신주발행에 있어서는 불공정한 가액에 의한 신주발행을 제한하는 상법 제424조의2가 적용되지 않는다는 점이다.

3) 차액정산형 : 자기주식양도형과 신주발행형 중 어느 유형으로 주식매수선택권을 부여하든지 관계없이 회사는 선택권자의 주식매수선택권 행사에 응하여 자기주식의 양도나 신주발행에 갈음하여 주식의 실질가액과 행사가액의 차액을 정산하는 방법을 택할 수도 있다. 즉 주식매수선택권의 행사시점에 있어서 주식의 실질가액이 행사가액을 상회할 경우에 그 차액을 회사가 선택권자에게 금전으로 지급하거나 차액 상당액의 자기주식을 이전해 주는 것이다. 주의할 것은 이 경우 이전해 주는 자기주식은 주식매수선택권을 행사한 시점의 실질가액으로 평가해야 한다는 점이다(상법 제340조의2 제1항 단서).

2. 부여요건과 절차

(1) 부여요건

1) 정관의 규정 : 회사가 특정한 임직원에게 주식매수선택권을 부여하려면 먼저 정관에 그 근거 규정을 두어야 한다(상법 제340조의2 제1항). 이 경우에 회사가 정관에 규정해야 할 사항은 ① 일정한 경우 주식매수선택권을 부여할 수 있다는 뜻, ② 주식매수선택권의 행사로 발행하거나 양도할 주식의 종류와 수, ③ 주식매수선택권을 부여받을 자의 자격요건, ④ 주식매수선택권의 행사기간, ⑤ 일정한 경우 이사회결의로 주식매수선택권의 부여를 취소할 수 있다는 뜻이다(상법 제340조의3 제1항).

2) 선택권자의 자격 : 회사가 주식매수선택권을 부여할 수 있는 상대방은 회사의 설립·경영·기술혁신 등에 기여하거나 기여할 수 있는 이사·집행임원·감사 또는 피용자이다(상법 제340조의2 제1항 본문). 그리고 상장회사의 경우에는 관계회사(상령 제30조 제1항)의 이사·집행임원·감사 또는 피용자에게도 주식매수선택권을 부여할 수 있다(상법 제542조의3 제1항). 여기서 설립 등에 「기여하거나 기여할 수 있는」이라는 요건은 정관으로 정하는 선택권자의 자격요건과 그에 따라 주주총회에서 주식매수선택권을 부여할 상대방을 선정하는 때

에 합리성을 기하기 위한 지침이다.[421] 다만 이 요건에 법적 구속력을 인정하기는 어려우므로 주식매수선택권 제도의 취지를 밝힌 것으로 이해해야 한다.

3) 선택권자의 제한 : 상법은 주식매수선택권 제도가 대주주 등에 의해 오남용되는 것을 방지하기 위하여 소정의 회사지배력을 가진 자에 대해서는 주식매수선택권을 부여할 수 없도록 제한하고 있다. 이에 해당하는 자는 ① 의결권 없는 주식을 제외한 발행주식총수의 100분의 10 이상의 주식을 가진 주주, ② 이사·집행임원·감사의 선임과 해임 등 회사의 주요 경영사항에 대하여 사실상 영향력을 행사하는 자, ③ ①과 ②에 해당하는 자의 배우자와 직계존·비속이다(상법 제340조의2 제2항). 또한 상장회사의 경우에는 최대주주 등 대통령령으로 정하는 자에게도 주식매수선택권을 부여할 수 없는데, 여기서 「대통령령으로 정하는 자」란 ① 상법 제542조의8 제2항 제5호에 따른 최대주주 및 그 특수관계인, ② 상법 제542조의8 제2항 제6호에 따른 주요주주 및 그 특수관계인 중 어느 하나에 해당하는 자를 말한다(상법 제542조의3 제1항 단서; 상령 제30조 제2항).

4) 부여주식의 제한 : 선택권자가 주식매수선택권을 행사하는 때에 회사가 발행해야 할 신주 또는 양도해야 할 자기주식은 회사가 발행한 주식 총수의 100분의 10을 초과할 수 없는데(상법 제340조의2 제3항), 이는 주식매수선택권이 주주들의 희생 하에 특정한 임직원에게 경제적 이익을 부여하는 제도인 점을 고려하여 주주를 보호함과 동시에 자본충실을 기하기 위함이다. 따라서 회사가 정관에 규정해야 하는 「주식매수선택권의 행사로 발행하거나 양도할 주식의 종류와 수」(상법 제340조의3 제1항 제2호)도 회사가 정관에 주식매수선택권을 도입할 그 당시 발행주식총수의 100분의 10이라는 한도를 넘을 수 없다. 그리고 회사가 특정한 임직원에게 실제로 주식매수선택권을 부여하는 시점에 있어서도 발행주식총수의 10%라는 한도는 동일하게 유지되어야 한다.

(2) 부여절차

1) 주주총회의 특별결의 : 회사가 특정한 임직원에게 일정한 행사가액으로 주식매수선택권을 부여하려면 먼저 주주총회의 특별결의를 거쳐야 하는데(상법 제340조의2 제1항), 이 결의에서는 다음과 같은 사항을 정해야 한다(상법 제340조의3 제2항).

㈎ 선택권자의 성명 : 정관에서 정하고 있는 자격요건을 충족하는 임원이나 피용자 중에서 실제로 주식매수선택권을 부여받는 자를 특정해야 한다.

---

421) 이철송, 696면.

㈏ 선택권의 부여방법 : 선택권자의 주식매수선택권 행사에 응하여 신주를 발행할 것인지 아니면 회사가 보유한 자기주식을 양도할 것인지를 정해야 한다.

㈐ 행사가액과 그 조정에 관한 사항 : 선택권자가 선택권을 행사하여 신주를 인수할 때의 인수가액 또는 회사의 자기주식을 양수할 때 지급하는 대가를 「행사가액」이라고 한다. 그런데 회사가 특정인에게 주식매수선택권을 부여할 때 이러한 행사가액을 매우 낮게 책정하여 자본충실을 해하거나 특정인에게 제도의 취지와 무관한 이익을 줄 위험이 있으므로 상법은 일정한 규제를 하고 있다. 즉 ① 신주발행형에 있어서 ⓐ 액면주식의 경우에는 주식매수선택권의 부여일을 기준으로 한 실질가액과 주식의 권면액 중 높은 금액 이상으로 행사가액을 정해야 하고, ⓑ 무액면주식의 경우에는 자본으로 계상되는 금액 중 1주에 해당하는 금액을 권면액으로 보므로 이 금액과 실질가액 중 높은 금액 이상으로 행사가액을 정해야 한다(상법 제340조의2 제4항 제1호). ② 자기주식양도형의 경우에는 주식매수선택권의 부여일을 기준으로 한 주식의 실질가액 이상으로 행사가액을 정해야 한다(상법 제340조의2 제4항 제2호). 그런데 상법이 「실질가액」의 의미에 대하여 정하고 있지 아니하므로 우선 상장주식의 경우에는 시가로, 비상장주식의 경우에는 주식의 순자산가치와 수익력을 반영한 평가액으로 해석하되, 향후 입법적으로 보완해야 한다. 한편 「행사가액의 조정」이란 행사가액을 증액하거나 감액하는 것을 의미하는데, 이는 주식매수선택권을 부여한 후 회사가 유·무상으로 신주를 발행하거나 자본거래를 하게 되면 주식의 실질가치에 변동이 생기고 그에 따라 주식매수선택권의 가치도 함께 변동되기 때문에 행사가액의 변경을 인정한 것이다. 주의할 것은 신주발행형의 경우 증액은 무방하지만, 감액할 경우에 액면가 이하로는 감액할 수 없다는 점이다.

㈑ 선택권의 행사기간 : 선택권자가 주식매수선택권을 행사할 수 있는 기간을 말하는데, 상법은 일정한 사항을 정하여 주식매수선택권을 부여하는 주주총회결의일로부터 2년 이상 재임 또는 재직해야만 선택권자가 주식매수선택권을 행사할 수 있다고 규정하고 있다(상법 제340조의4 제1항). 다만 상장회사에서 이사회의 결의로 주식매수선택권을 부여하는 때에는 이사회결의일로부터 2년 이상 재임 또는 재직해야 행사할 수 있다(상법 제542조의3 제4항). 이처럼 상법이 주식매수선택권의 행사기간을 규제하는 것은 조기에 행사할 수 있도록 하면 선택권자가 시가의 변동에 따른 차익만 취하고 직무를 충실히 수행하지 않을 수 있기 때문이다. 그리하여 판례도 2년 이상 재임 또는 재직해야 하는 규정을 강행규정으로 보아 정관이나 주주총회의 특별결의로도 변경할 수 없다고 판시하고 있다.[422] 한편 상법은 주

422) 대법원 2011. 3. 24. 선고 2010다85027 판결.

식매수선택권의 행사기간과 관련하여 시기만 정하고 있고, 종기는 정하지 아니하고 회사의 자율에 맡기고 있다.

참고판례 **주식매수청구권의 행사기간의 의미(대법원 2011. 3. 24. 선고 2010다85027 판결)** : 상법 제340조의4 제1항과 구 증권거래법 및 그 내용을 이어받은 상법 제542조의3 제4항이 주식매수선택권 행사요건에 있어서 차별성을 유지하고 있는 점, 위 각 법령에 있어서 '2년 이상 재임 또는 재직' 요건의 문언적인 차이가 뚜렷한 점, 비상장법인, 상장법인, 벤처기업은 주식매수선택권 부여 법인과 부여 대상, 부여 한도 등에 있어서 차이가 있는 점, 주식매수선택권 제도는 임직원의 직무의 충실로 야기된 기업가치의 상승을 유인동기로 하여 직무에 충실하게 하고자 하는 제도라는 점, 상법의 규정은 주주, 회사의 채권자 등 다수의 이해관계인에게 영향을 미치는 단체법적 특성을 가진다는 점 등을 고려하면, 상법 제340조의4 제1항에서 규정하는 주식매수선택권 행사요건을 판단함에 있어서 구 증권거래법 및 그 내용을 이어받은 상법 제542조의3 제4항을 적용할 수 없고, 정관이나 주주총회의 특별결의를 통해서도 상법 제340조의4 제1항의 요건을 완화하는 것은 허용되지 않는다고 해석함이 상당하다. 따라서 본인의 귀책사유가 아닌 사유로 퇴임 또는 퇴직하게 되더라도 퇴임 또는 퇴직일까지 상법 제340조의4 제1항의 '2년 이상 재임 또는 재직' 요건을 충족하지 못한다면 위 조항에 따른 주식매수선택권을 행사할 수 없다고 할 것이다.

참고판례 **주식매수청구권의 행사기간 조정 등(대법원 2018. 7. 26. 선고 2016다237714 판결)** : 주식매수선택권에 관한 주주총회 결의에서는 주식매수선택권을 부여받을 자의 성명, 부여방법, 행사가액과 조정에 관한 사항, 주식매수선택권의 행사기간, 주식매수선택권의 행사로 발행하거나 양도할 주식의 종류와 수를 정하여야 하고, 선택권자와 계약을 체결하고 상당한 기간 내에 그에 관한 계약서를 작성하여야 한다. 이처럼 주식매수선택권 부여에 관한 주주총회 결의는 회사의 의사결정절차에 지나지 않고, 특정인에 대한 주식매수선택권의 구체적 내용은 일반적으로 회사가 체결하는 계약을 통해서 정해진다. 따라서 회사는 주식매수선택권을 부여받은 자의 권리를 부당하게 제한하지 않고 정관의 기본취지나 핵심내용을 해치지 않는 범위에서 주주총회결의와 개별계약을 통해서 주식매수선택권을 부여받은 자가 언제까지 선택권을 행사할 수 있는지를 자유롭게 정할 수 있다고 보아야 한다. 그런데 주주총회결의시에 해당 사항의 세부적인 내용을 빠짐없이 정하도록 예정한 것으로 보기는 어렵다. 따라서 회사가 주식매수선택권 부여계약을 체결할 때 행사기간 등을 일부 변경하거나 조정한 경우에도 그것이 주식매수선택권을 부여받은 자, 기존 주주 등 이해관계인들 사이의 균형을 해치지 않고 주주총회 결의에서 정한 본질적인 내용을 훼손하는 것이 아니라면 유효하다고 보아야 한다.

㈑ 발행하거나 양도할 주식의 종류와 수 : 선택권을 부여받은 당사자가 선택권을 행사할 수 있는 주식의 종류와 수를 정해야 한다. 이 경우 주식의 종류는 정관에서 정하고 있는 종류에 한정되고, 주식의 수는 정관이 정하고 있는 수의 범위 내이어야 한다.

2) 부여계약의 체결 : 주주총회에서 특정한 임원이나 피용자에 대하여 주식매수선택권을 부여하는 결의가 이루어지면 회사는 그 결의의 내용에 따라 주식매수선택권을 부여받은 자와 계약을 체결하고, 상당한 기간 내에 그에 관한 계약서를 작성하여야 한다(상법 제340조

의3 제3항). 즉 주식매수선택권을 부여하는 주주총회의 특별결의는 회사의 의사결정절차에 지나지 아니하고, 주식매수선택권 그 자체는 계약에 의해 주어지는 것이다. 한편 회사는 이 계약서를 주식매수선택권의 행사기간이 종료할 때까지 본점에 비치하고 주주로 하여금 영업시간 내에 이를 열람할 수 있도록 해야 한다(상법 제340조의3 제4항). 이는 주식매수선택권 행사의 경우 주식가치를 변동시키므로 주식거래에 임하는 자들에게 주식가치의 변동 가능성에 관한 예측 가능성을 부여하기 위함이다.

3. 행사절차와 제한

(1) 선택권의 행사

1) 법적 성질 : 주주총회의 결의와 그에 따라 체결된 계약에 의해 주식매수선택권을 취득한 자는 계약에서 정한 조건에 따라 정해진 기간 내에 선택권을 행사할 수 있다. 그렇지만 선택권의 행사와 동시에 회사의 자기주식 양도의무가 발생하거나 신주발행의 효과가 생기는 것은 아니다. 회사가 자기주식의 양도나 신주의 발행에 갈음하여 차액정산을 할 수도 있기 때문이다(상법 제340조의2 제1항 단서). 따라서 선택권자의 주식매수선택권 행사는 회사에 대하여 자기주식의 양도, 신주의 발행, 차액정산의 선택적 이행을 청구하는 것으로 보아야 하고, 그 법적 성질은 형성권으로 이해해야 한다.

2) 행사절차 : 주식매수선택권은 [선택권자의 청구 → 회사의 결정 → 행사가액의 납입]이란 절차를 거쳐 행사되는데, 이에 관련된 주요 쟁점은 다음과 같다.

㈎ 선택권자의 청구 : 주식매수선택권을 행사하려는 자는 청구서 2통에 행사할 주식의 종류와 수를 기재하고 기명날인 또는 서명을 한 후 회사에 제출해야 한다(상법 제340조의5 → 제516조의9 제1항). 그런데 상법 제340조의5가 신주인수권부사채권자가 신주인수권을 행사할 때에 적용되는 제516조의9 제1항을 주식매수선택권의 행사에 준용함으로 인해 주식매수선택권을 행사하는 자는 청구와 동시에 행사가액의 전액을 납입해야 하는 것으로 오해할 소지가 있다. 그러나 회사가 자기주식의 양도나 신주발행에 갈음하여 차액정산을 할 수도 있으므로 청구서의 제출과 동시에 납입해야 하는 것은 아니다.

㈏ 회사의 결정 : 주식매수선택권의 내용(신주발행형 또는 자기주식양도형)은 주주총회의 결의로 정해지지만(상법 제340조의3 제2항), 회사는 이에 갈음하여 차액을 정산할 수도 있다. 따라서 선택권자가 청구서를 통해 그 권리를 행사하면 회사는 이사회의 결의로 자기주식을 양도할 것인지 아니면 신주를 발행할 것인지 또는 차액을 정산할 것인지를 결정해야 한다. 주식매수선택권의 실행은 중요한 자본거래이므로 당연히 이사회의 결의가 필요하기 때문이

다(상법 제393조). 물론 이에 의해 선택권자의 권리내용도 확정된다. 그런데 회사가 언제까지 차액정산 등에 관한 결정을 해야 하는지를 상법이 정하고 있지 않아 합리적인 해석이 필요하다. 생각건대 우선은 회사가 상당한 기간 내에 결정하지 아니하면 선택권자의 권리는 자기주식양도청구권 또는 신주인수권으로 확정되고 행사가액의 납입의무가 발생한다고 해석하되, 향후 입법적으로 보완해야 한다.

㈐ 행사가액의 납입 : 회사의 결정에 의해 주식매수선택권의 행사가 자기주식양도청구권 또는 신주인수권으로 확정되면 선택권자는 행사가액 전액을 납입해야 한다(상법 제340조의5 → 제516조의9 제1항). 이 경우 행사가액의 납입은 회사가 정한 납입금보관은행에 해야 하고(상법 제340조의5 → 제516조의9 제3항), 납입금보관은행은 납입금보관증명서를 발급해야 하며, 납입의 부실로 대항할 수 없다(상법 제340조의5 → 제516조의9 제4항 → 제318조). 그러나 이는 신주발행형에만 적용되고 자기주식양도형의 경우에는 무의미하다. 즉 자기주식양도형의 경우에는 행사가액을 회사에 납입하면 그것으로 충분하다.

3) 행사가액 : 회사의 설립·경영·기술혁신 등에 기여하거나 기여할 수 있는 이사·감사·집행임원 또는 피용자에게 주식매수선택권을 부여함에 있어서 행사가액은 그 유형에 따라 일정한 가액 이상이어야 한다(상법 제340조의2 제4항). 즉 ① 신주를 발행하는 경우에는 주식매수선택권의 부여일을 기준으로 한 주식의 실질가액과 주식의 권면액 중 높은 금액 이상이어야 하고(다만 무액면주식을 발행한 경우에는 자본으로 계상되는 금액 중 1주에 해당하는 금액을 권면액으로 본다), ② 자기주식을 양도하는 경우에는 주식매수선택권의 부여일을 기준으로 한 주식의 실질가액 이상이어야 한다.

4) 행사효과 : 선택권자가 회사에 청구서를 제출하며 주식매수청구권을 행사한 경우에 상법 제340조의5는 제516조의10을 준용하고 있는데, 주요 내용은 다음과 같다.

㈎ 주주가 되는 시점 : 상법 제340조의5가 제516조의10을 준용하고 있으므로 선택권자는 행사가액을 납입한 때에 회사의 주주가 된다는 결론에 이르게 되는데, 이러한 논리는 신주발행형의 경우에만 타당하다. 자기주식양도형의 경우에 아직 회사로부터 주권을 이전받지 못한 상태에서 단지 행사가액을 납입하였다고 하여 주주가 된다고 해석하는 것은 주식양도에 관한 일반적 법리(상법 제336조 제1항)에 반하기 때문이다. 따라서 자기주식양도형의 경우에는 선택권자가 회사로부터 주권을 이전받음으로써 비로소 주주가 된다고 해석해야 한다. 한편 주주명부의 폐쇄기간 중에도 선택권자는 주식매수선택권을 행사할 수 있지만, 그로 인해 취득한 주식을 가지고 의결권을 행사할 수는 없는데(상법 제340조의5 → 제350조

제2항), 이 역시 신주발행형의 경우에만 적용된다.

(나) **변경등기** : 신주발행형에 있어서 선택권자가 주식매수선택권을 행사하여 신주를 인수하는 때에는 발행주식수와 자본금이 변동된다. 따라서 회사는 주식매수선택권을 행사한 날로부터 2주간 내에 변경등기를 해야 한다(상법 제340조의5 → 제351조).

(다) **부여한도의 재활용 여부** : 선택권의 행사와 관련하여 함께 검토할 사항은 회사가 정관에 선택권의 부여한도를 정한 경우(예: 발행주식총수의 10% 등)에 행사기간 내에 선택권자가 부여받은 선택권을 행사하였다면 회사가 그 한도를 다시 활용할 수 있는가 하는 점이다. 이에 관한 학자들의 논의는 많지 않지만, 실무에서는 상당한 혼선이 있다. 생각건대 주식매수선택권을 임직원에게 부여하는 것은 사실상 주주들에게 귀속될 이익을 임직원에게 나누어 주는 것이고, 이로 인해 상법도 주주를 보호함은 물론 회사의 자본충실을 기하기 위해 정관에 「주식매수선택권의 행사로 발행하거나 양도할 주식의 종류와 수」를 정하게 하고 그 오남용을 방지하기 위해 일정한 자에게는 주식매수선택권을 부여할 수 없도록 제한하고 있다. 이러한 규정의 내용과 입법취지를 종합적으로 고려할 때 정관상의 부여한도를 모두 활용하였다면(즉 선택권자가 선택권을 행사하였다면) 그것은 완전히 종결된 것으로 보아야 한다.[423] 즉 정관상의 부여한도는 일회적인 것으로서 재차 활용할 수 없다고 보아야 한다. 그렇지 아니하면 제도의 도입취지가 무색해짐은 물론 오남용의 위험성도 커지게 되기 때문이다. 따라서 다른 임직원에게 동일한 한도의 주식매수선택권을 다시 부여하려면 정관을 변경해야 한다. 다만 부여받은 자가 없거나 부여받은 자가 포기하는 등의 사유로 소멸된 경우에는 위와 같은 위험성이 없으므로 정관변경 없이 다시 선택권을 부여하면 된다.[424] 만약 이 경우에도 정관변경을 요하게 되면 불필요한 절차만 추가되어 오히려 제도의 실효성을 떨어뜨리게 되기 때문이다.

(2) 선택권의 제한

1) 양도의 금지 : 주식매수선택권은 타인에게 양도할 수 없다(상법 제340조의4 제2항 본문). 주식매수선택권은 임직원의 직무충실을 유도해 내기 위하여 부여하는 것인데, 이를 타인에게 양도할 수 있도록 한다면 주식매수선택권을 부여받은 자의 직무충실을 유도해 낼 동기가 없어지기 때문이다. 이처럼 주식매수선택권의 양도가 제한되는 결과 주식매수선택권에 대해서는 입질이나 압류도 불가능하다. 다만 주식매수선택권을 행사할 수 있는 자가

423) 다시 말하면 정관에 발행주식총수의 10%를 임직원에게 주식매수선택권으로 부여할 수 있도록 정하였는데, 실제로 부여받은 임직원이 이를 행사하였다면 당해 한도는 모두 사용되었기 때문이다.
424) 이철송, 697면.

사망한 때에는 그 상속인이 이를 행사할 수 있다(상법 제340조의4 제2항 단서). 이와 관련하여 상법 제340조의4 제2항은 "동조(제340조의2) 제2항의 규정에 의하여 주식매수선택권을 행사할 수 있는 자가"라고 표현하고 있으나, 제340조의2 제2항은 주식매수선택권의 무자격자를 열거한 조문이므로 이는 입법의 착오이다. 한편 선택권자가 주식매수선택권을 행사하여 취득한 주식은 타인에게 자유로이 양도할 수 있다.

2) 선택권의 상실 : 선택권자는 주식매수선택권을 부여하는 주주총회의 결의일로부터 2년 이상 재임 또는 재직해야 행사할 수 있으므로(상법 제340조의4 제1항), 주주총회결의일 후 2년 내에 선택권자인 임직원이 퇴임 또는 퇴직하면 주식매수선택권을 상실한다. 다만 상장회사의 경우에는 선택권자가 사망하거나 그 밖에 본인의 귀책사유가 아닌 사유로 퇴임 또는 퇴직하더라도 선택권이 상실되지 않는데(상법 제542조의3 제4항; 상령 제30조 제5항), 이러한 특례가 제도의 취지에 부합하는지는 의문이다.[425] 주의할 것은 비상장회사의 경우에는 정관에 이러한 특례를 두거나 주주총회결의로 부여할 수 없다는 점이다.[426] 한편 회사는 정관에 「일정한 경우 이사회결의로 선택권을 취소할 수 있다는 뜻」을 기재할 수 있으므로(상법 제340조의3 제1항 제5호) 자치적으로 선택권의 취소사유를 규정할 수 있고, 그 사유가 발생하여 이사회가 선택권을 취소하면 선택권이 소멸한다. 다만 그 사유는 합리적이어야 한다. 주의할 것은 법문이 「취소」할 수 있다고 규정하고 있지만, 이는 주식매수선택권의 부여를 「철회」한다는 의미라는 점이다.

(3) 선택권의 무효

주식매수선택권의 부여에 무효의 원인이 있는 경우에는 어떻게 해결해야 하는가? 아직 선택권자가 주식매수선택권을 행사하지 아니한 상태라면 주식매수선택권의 부여에 관한 주주총회결의의 무효 또는 취소의 소로 다투어야 할 것이다. 그러나 주식매수선택권의 행사로 인해 신주가 발행된 경우에는 주주총회결의의 흠은 신주발행무효의 원인으로 흡수되기 때문에 신주발행무효의 소(상법 제429조)로 다투어야 한다.

4. 상장회사 등 특례

(1) 상법상 특례

1) 부여대상의 확대 : 상장회사는 상법 제340조의2 제1항 본문에 규정된 자 외에 대통령

425) 상법상 주식매수선택권은 주주들의 희생 하에 선택권을 부여받은 임직원의 직무충실을 유도하기 위한 제도이지, 임직원의 후생복리를 위한 제도가 아니기 때문이다.

426) 대법원 2011. 3. 24. 선고 2010다85027 판결.

령으로 정하는 관계회사의 이사·집행임원·감사·피용자에게도 주식매수선택권을 부여할 수 있다(상법 제542조의3 제1항 본문). 여기서 「대통령령으로 정하는 관계회사」란 ① 해당 회사가 총출자액의 100분의 30 이상을 출자하고 최대출자자로 있는 외국법인, ② ①의 외국법인이 총출자액의 100분의 30 이상을 출자하고 최대출자자로 있는 외국법인과 그 법인이 총출자액의 100분의 30 이상을 출자하고 최대출자자로 있는 외국법인, ③ 해당 회사가 금융지주회사법에서 정하는 금융지주회사인 경우 그 자회사 또는 손자회사 가운데 상장회사가 아닌 법인을 말한다. 다만 ①과 ②의 법인은 주식매수선택권을 부여하는 회사의 수출실적에 영향을 미치는 생산 또는 판매 업무를 영위하거나 그 회사의 기술혁신을 위한 연구개발활동을 수행하는 경우에 한한다(상령 제30조 제1항 단서).

2) 제한범위의 확대 : 상장회사는 상법 제542조의8 제2항 제5호의 최대주주 등 대통령령으로 정하는 자에게 주식매수선택권을 부여할 수 없다(상법 제542조의3 제1항 단서). 여기서 「최대주주 등 대통령령으로 정하는 자」란 ① 상법 제542조의8 제2항 제5호의 최대주주 및 그 특수관계인, ② 상법 제542조의8 제2항 제6호의 주요주주 및 그 특수관계인을 의미한다. 다만 해당 회사 또는 관계회사의 임원이 됨으로써 특수관계인에 해당하게 된 자[그 임원이 계열회사(공정거래법에 따른 계열회사를 말함)의 상무에 종사하지 아니하는 이사·감사인 경우를 포함함]를 제외한다(상령 제30조 제2항).

3) 부여한도의 확대 : 상장회사는 상법 제340조의2 제3항에도 불구하고 발행주식총수의 100분의 20의 범위 내에서 대통령령으로 정하는 한도까지 주식매수선택권을 부여할 수 있다(상법 제542조의3 제2항). 여기서 「대통령령으로 정하는 한도」란 발행주식총수의 100분의 15에 해당하는 주식수를 말하는데, 이를 산정하는 경우에는 상법 제542조의3 제3항에 따라 부여한 주식매수선택권을 포함하여 계산한다(상령 제30조 제3항).

4) 부여절차의 완화 : 상장회사는 상법 제340조의2 제1항 본문에도 불구하고 정관에서 정하는 바에 따라 발행주식총수의 100분의 10의 범위 내에서 대통령령으로 정하는 한도까지는 이사회가 제340조의3 제2항 각 호의 사항을 결의함으로써 해당 회사의 집행임원·감사 또는 피용자 및 제1항에 따른 관계회사의 이사·집행임원·감사 또는 피용자에게 주식매수선택권을 부여할 수 있다. 이 경우에는 주식매수선택권을 부여한 후 처음으로 소집되는 주주총회의 승인을 받아야 한다(상법 제542조의3 제3항). 여기서 「대통령령으로 정하는 한도」란 ① 최근 사업연도 말 현재의 자본금이 3천억원 이상인 법인은 발행주식총수의 100분의 1에 해당하는 주식 수, ② 최근 사업연도 말 현재의 자본금이 1천억원 이상 3천억원 미만인 법인은 발행주식총수의 100분의 3에 해당하는 주식수와 60만주 중 적은 수에 해당하는 주

식 수, ③ 최근 사업연도 말 현재의 자본금이 1천억원 미만인 법인은 발행주식총수의 100분의 3에 해당하는 주식 수를 말한다(상령 제30조 제4항).

5) 행사요건의 완화 : 상장회사의 주식매수선택권을 부여받은 자는 상법 제340조의4 제1항에도 불구하고 대통령령으로 정하는 경우를 제외하고는 주식매수선택권을 부여하기로 한 주주총회 또는 이사회의 결의일부터 2년 이상 재임하거나 재직하여야 주식매수선택권을 행사할 수 있다(상법 제542조의3 제4항). 여기서 「대통령령으로 정하는 경우」란 주식매수선택권을 부여받은 자가 사망하거나 정년이나 그 밖에 본인의 귀책사유가 아닌 사유로 퇴임 또는 퇴직한 경우를 말하는데, 이 경우 정년에 따른 퇴임이나 퇴직은 본인의 책임이 아닌 사유에 포함되지 아니한다(상령 제30조 제5항). 한편 주식매수선택권의 행사기한을 해당 이사·감사 또는 피용자의 퇴임일 또는 퇴직일로 정하는 경우 이들이 본인의 책임이 아닌 사유로 퇴임하거나 퇴직하였을 때에는 그 날로부터 3개월 이상의 행사기간을 추가로 부여하여야 한다(상령 제30조 제7항).

6) 취소사유의 명시 : 상장회사의 주식매수선택권의 부여, 취소 및 그 밖에 필요한 사항은 대통령령으로 정한다(상법 제542조의3 제5항). 즉 상장회사는 일정한 경우(① 주식매수선택권을 부여받은 자가 본인의 의사에 따라 사임하거나 사직한 경우, ② 주식매수선택권을 부여받은 자가 고의 또는 과실로 회사에 중대한 손해를 입힌 경우, ③ 해당 회사의 파산 등으로 주식매수선택권 행사에 응할 수 없는 경우, ④ 그 밖에 주식매수선택권을 부여받은 자와 체결한 주식매수선택권 부여계약에서 정한 취소사유가 발생한 경우) 중 어느 하나에 해당하는 경우에는 정관에서 정하는 바에 따라 이사회의 결의에 의하여 주식매수선택권의 부여를 취소할 수 있다(상령 제30조 제6항).

(2) 벤처기업법상 특례

1) 선택권의 부여요건 : 주식회사인 벤처기업은 정관에서 정하는 바에 따라 주주총회의 특별결의로 기업의 설립 또는 기술·경영의 혁신 등에 기여하였거나 기여할 능력을 갖춘 일정한 자에게 주식매수선택권을 부여할 수 있다(벤처기업법 제16조의3 제1항).

㈎ 부여대상 : 벤처기업의 설립 또는 기술·경영의 혁신 등에 기여하였거나 기여할 능력을 갖춘 일정한 자란 ① 벤처기업의 임직원(대통령령으로 정하는 자는 제외함), ② 벤처기업이 인수한 기업(해당 기업 발행주식총수의 100분의 30을 초과하는 주식을 가진 벤처기업의 경우에만 해당함)의 임직원(대통령령으로 정하는 자는 제외함), ③ 해당 기업이 필요로 하는 전문성을 보유한 자로서 대통령령으로 정하는 자를 말한다. 한편 ①과 ②에서의 「대통령령으로 정

하는 자」란 상법 시행령 제30조 제2항[427]에 따른 자를 말하고(벤처기업령 제11조의3 제3항), ③에서의 「대통령령으로 정하는 자」란 ⓐ 벤처기업이 필요로 하는 분야에서 10년 이상의 실무경력을 갖춘 자, ⓑ 벤처기업이 필요로 하는 분야에서 박사학위를 취득한 자 또는 석사학위 취득 후 5년 이상의 실무경력을 갖춘 자, ⓒ 변호사, 공인회계사, 기술사 등 중소벤처기업부령으로 정하는 전문자격을 갖춘 자, ⓓ 중소벤처기업부령으로 정하는 외국법인의 임직원 또는 외국 연구소의 연구원, ⓔ 국공립 연구기관 등 중소벤처기업부령으로 정하는 연구기관 또는 연구소를 말하는데, 상법 시행령 제30조 제2항에 따른 자는 제외한다(벤처기업령 제11조의3 제4항).

㈏ 부여한도 : 벤처기업이 주식매수선택권으로 부여하는 주식은 당해 회사의 발행주식총수의 100분의 50을 초과할 수 없다. 다만 벤처기업법 제16조의3 제1항 제3호(해당 기업이 필요로 하는 전문성을 보유한 자로서 대통령령으로 정하는 자)에 해당하는 경우에는 발행주식총수의 100분의 10을 초과할 수 없다(벤처기업법 제16조의3 제2항).

㈐ 부여방법 : 벤처기업은 그의 임직원 등에게 일정한 방법[① 주식매수선택권의 행사가격(벤처기업법 제16조의3 제1항 각호 외의 부분 전단에 따른 행사가격을 말함)으로 신주를 발행해서 주거나 자기주식을 주는 방법, ② 주식매수선택권의 행사가격과 주식매수선택권을 행사한 날을 기준으로 평가한 해당 주식의 시가와의 차액(행사가격이 시가보다 낮은 경우의 차액을 말함)을 현금이나 자기주식으로 주는 방법]으로 주식매수선택권을 부여할 수 있다(벤처기업령 제11조의3 제1항). 한편 벤처기업이 임직원 등의 주식매수선택권 행사로 신주를 발행하는 때에는 상법 제350조 제2항, 제351조, 제516조의9 제1항·제3항·제4항 및 제516조의10 전단을 준용한다(벤처기업법 제16조의6 제2항).

2) 선택권의 부여절차 : 벤처기업이 임직원 등에게 주식매수선택권을 부여하려면 정관에 규정을 두고, 주주총회의 특별결의를 얻어야 한다(벤처기업법 제16조의3 제1항).

㈎ 정관의 기재사항 : 벤처기업이 정한 주식매수선택권에 관한 정관의 규정에는 ① 일정한 경우 주식매수선택권을 부여할 수 있다는 뜻, ② 주식매수선택권의 행사로 내줄 주식의 종류와 수, ③ 주식매수선택권을 부여받을 자의 자격요건, ④ 주식매수선택권의 행사기간, ⑤ 일정한 경우 주식매수선택권의 부여를 이사회의 결의에 의하여 취소할 수 있다는 뜻이 포함되어 있어야 한다(벤처기업법 제16조의4 제1항).

---

427) 구체적으로 ① 상법 제542조의8 제2항 제5호에 따른 최대주주 및 그 특수관계인, ② 상법 제542조의8 제2항 제6호에 따른 주요주주 및 그 특수관계인 중 어느 하나에 해당하는 자를 말한다.

(나) 주주총회의 특별결의 : 벤처기업이 임직원 등에게 주식매수선택권을 부여하려면 주주총회의 특별결의를 얻어야 하는데, 동 결의에서는 일정한 사항(① 주식매수선택권을 부여받을 자의 성명이나 명칭, ② 주식매수선택권의 부여방법, ③ 주식매수선택권의 행사가격과 행사기간, ④ 주식매수선택권을 부여받을 자 각각에 대하여 주식매수선택권의 행사로 내줄 주식의 종류와 수)을 정해야 한다(벤처기업법 제16조의4 제2항). 다만 벤처기업법 제16조의4 제1항 제2호에 따른 주식 총수의 100분의 20 이내에 해당하는 주식을 제16조의3 제1항 제3호에 해당하는 자에게 부여하는 때에는 주주총회의 특별결의로 제2항 제1호(주식매수선택권을 부여받을 자의 성명이나 명칭) 및 제4호(주식매수선택권을 부여받을 자 각각에 대하여 주식매수선택권의 행사로 내줄 주식의 종류와 수)의 사항을 그 벤처기업의 이사회에서 정하게 할 수 있다. 이 경우 주식매수선택권을 부여한 후 처음으로 소집되는 주주총회의 승인을 받아야 한다(벤처기업법 제16조의4 제3항).

(다) 계약의 체결 등 : 벤처기업이 주식매수선택권을 부여하는 때에는 그 주식매수선택권을 부여받는 자와 계약을 체결하고 상당한 기간 내에 그에 관한 계약서를 작성해야 한다. 이 경우 벤처기업법 제16조의3 제1항에 따른 주주총회의 특별결의에 의해 주식매수선택권을 부여한 경우 그 계약의 체결 및 계약서 작성에 관하여는 상법 제340조의3 제3항에서 정하는 바에 따른다(벤처기업령 제11조의6 제1항). 이 경우 계약서의 본점 비치 및 주주 열람에 필요한 조치에 관하여는 상법 제340조의3 제4항을 준용한다(벤처기업령 제11조의6 제2항). 한편 주식매수선택권을 부여한 벤처기업의 주식매수선택권 부여 취소에 관하여는 상법 시행령 제30조 제6항을 준용한다(벤처기업령 제11조의6 제3항).

3) 선택권의 행사와 규제 : 벤처기업이 그의 임직원 등에게 주식매수선택권을 부여한 경우 임직원 등은 다음과 같은 방법으로 행사해야 하고, 일정한 제한도 받는다.

(가) 행사요건 : 벤처기업법 제16조의3 제1항에 따라 주식매수선택권을 부여받은 자는 대통령령으로 정하는 경우를 제외하고는 같은 항에 따른 결의가 있는 날 또는 제16조의4 제3항에 따라 이사회에서 정한 날부터 2년 이상 재임하거나 재직하여야 이를 행사할 수 있다. 다만 제16조의3 제1항 제3호에 해당하는 자에게 부여된 주식매수선택권은 그 결의가 있는 날 또는 제16조의4 제3항에 따라 이사회에서 정한 날부터 2년이 경과하고 대통령령으로 정한 요건을 충족한 경우에만 이를 행사할 수 있다(벤처기업법 제16조의5 제1항). 여기서 「대통령령으로 정하는 경우」란 주식매수선택권을 부여받은 자가 사망하거나 그 밖에 본인의 책임이 아닌 사유로 퇴임 또는 퇴직한 경우를 말하는데, 이 경우 정년에 따른 퇴임 또는 퇴직은 본인의 책임이 아닌 사유에 포함되지 않는다(벤처기업령 제11조의4 제1항). 그리고 「대

통령령으로 정한 요건」이란 주식매수선택권을 부여받은 자가 벤처기업과 주식매수선택권의 부여와 관련된 용역계약을 체결하고 이를 이행한 경우를 말한다(벤처기업령 제11조의4 제2항).

(나) 행사가격 : 벤처기업이 임직원 등에게 부여하는 주식매수선택권의 행사가격은 다음과 같은 기준에 의한 가격 그 이상이어야 한다. 즉 ① 신주를 발행하는 경우에는 주식매수선택권의 부여일을 기준으로 한 주식의 시가와 주식의 권면액 중 높은 금액, ② 현금이나 자기주식을 양도하는 경우에는 부여일을 기준으로 한 주식의 시가 이상이어야 한다(벤처기업법 제16조의3 제3항). 다만 ① 벤처기업의 임직원(대통령령으로 정하는 자는 제외함)과 ② 벤처기업이 인수한 기업(해당 기업 발행주식총수의 100분의 30을 초과하는 주식을 가진 벤처기업의 경우에만 해당함)의 임직원(대통령령으로 정하는 자는 제외함)에게 신주를 발행하는 경우로서 대통령령으로 정하는 요건을 갖춘 경우에는 시가보다 낮은 가격(다만 권면액 이상이어야 함)으로 정할 수 있다(벤처기업법 제16조의3 제4항). 여기서 주식매수선택권의 행사가격(주식매수선택권을 부여한 후 그 행사가격을 조정하는 경우를 포함함) 설정에 필요한 주식의 시가와 주식매수선택권을 행사한 날을 기준으로 한 주식의 시가는 상속세 및 증여세법 제60조 및 동법 시행령 제49조를 준용하여 평가하는데, 이 경우 시행령 제49조 중 「평가기준일 전후 6개월」은 각각 「평가기준일 전 6개월」로 본다(벤처기업령 제11조의3 제2항). 한편 「대통령령으로 정하는 요건」이란 주식매수선택권을 부여받는 자가 부여일을 기준으로 한 주식의 시가보다 낮은 행사가격으로 부여받았거나 부여받을 각 주식매수선택권에 대하여 일정한 계산식[(부여일 기준 주식의 시가－행사가격)×주식매수선택권 행사대상 주식수]에 따라 계산한 금액의 합계가 5억원 이하인 것을 말한다(벤처기업령 제11조의3 제5항).

(다) 각종 규제 : 벤처기업의 주식매수선택권은 타인에게 양도할 수 없다. 다만 주식매수선택권을 부여받은 자가 사망한 때에는 그 상속인이 이를 부여받은 것으로 본다(벤처기업법 제16조의5 제2항). 한편 벤처기업의 주식매수선택권에 관하여는 상법 제340조의2부터 제340조의5까지에 우선하여 이 법을 적용하되, 이 법에서 규정하지 아니한 사항에 관하여는 상법을 적용한다(벤처기업법 제16조의6 제3항).

사례해결

(1) 이사는 주주총회에서 보통결의로 선임하는데(상법 제382조 제1항), 이는 주주총회의 고유권한으로서 정관이나 주주총회결의에 의해서도 다른 기관에 위임할 수 없다. 다만 이사의 선임은 위임관계를 형성하는 행위이므로 당연히 이사가 될 자의 동의가 필요한데, 이사의 동의는 묵시적인 것이라도 무방하

다. 이와 관련하여 그동안 판례(대법원 1995. 2. 28. 선고 94다31440 판결)와 일부 학설은 이사의 취임을 위해서는 임용계약이 필요하다는 전제 하에 주주총회에서 특정인을 이사로 선임하였더라도 대표이사가 피선임자에 대하여 임용계약의 청약을 하고 피선임자가 승낙하여야 비로소 이사가 된다는 논리를 펴왔다. 반면에 이사의 선임에 관한 주주총회의 결의는 창설적인 효력이 있으므로 그 자체에 청약의 효력이 있는 것으로 보아야 한다는 견해도 있었다. 그런데 최근 전원합의체 판결(대법원 2017. 3. 23. 선고 2016다251215 전원합의체 판결)은 「상법 제361조는 "주주총회는 본법 또는 정관에 정하는 사항에 한하여 결의할 수 있다."라고 규정하고 있고, 제382조 제1항과 제409조 제1항은 "이사·감사는 주주총회에서 선임한다."라고 규정하고 있는데, 이는 이사·감사의 선임권한을 주주총회에 전속적으로 부여하기 위함이다. 따라서 주주총회의 선임결의 외에 별도의 임용계약이 필요하다는 견해는 이러한 상법의 입법취지에 배치된다.」라고 판시하며 기존 판례를 모두 변경하였다. 따라서 사안의 경우에 F는 이미 선임된 이사이므로 ㈜甲 대표이사 A의 거부행위는 부당하다.

(2) 주주총회의 결의 및 그에 따른 계약에 의해 주식매수선택권을 취득한 임직원은 계약으로 주어진 조건에 따라 정해진 기간 내에 주식매수선택권을 행사할 수 있다. 이 경우 선택권은 「선택권자의 청구 → 회사의 결정 → 행사가액의 납입」이란 절차를 거쳐 행사되는데, 다만 주식매수선택권을 부여한 주주총회 결의일 후 2년 내에 선택권자가 퇴임하거나 퇴직하면 주식매수선택권을 상실하게 된다(상법 제340조의4 제1항). 그리고 판례도 "정관이나 주주총회의 특별결의를 통해서도 상법 제340조의4 제1항의 요건을 완화하는 것은 허용되지 않는다고 해석함이 상당하다. 따라서 본인의 귀책사유가 아닌 사유로 퇴임 또는 퇴직하게 되더라도 퇴임 또는 퇴직일까지 상법 제340조의4 제1항의 '2년 이상 재임 또는 재직' 요건을 충족하지 못한다면 위 조항에 따른 주식매수선택권을 행사할 수 없다고 할 것이다."라고 판시하였다(대법원 2011. 3. 24. 선고 2010다85027 판결). 따라서 사안의 경우에 이사 B는 비자발적이지만 2년 이상 재임해야 한다는 요건을 충족하지 못하였으므로 주식매수선택권을 행사할 수 없다. 그렇지만 입법론적으로는 자발적인 것인지와 비자발적인 것인지를 구분하여 후자의 경우에는 예외적으로 주식매수선택권의 행사를 인정하는 것이 제도의 취지를 고려할 때 바람직하다.

(3) 상법상 이사는 주주총회의 보통결의로 선임되는데, 이는 주주총회의 고유권한이므로 정관이나 주주총회결의에 의해서도 다른 기관에 위임할 수 없다. 다만 상법상 이사의 선임은 회사와 위임계약관계를 형성하는 행위이므로 이사가 될 자의 동의가 필요한데, 동의는 묵시적이라도 무방하다. 즉 사안에서도 C가 ㈜甲의 이사로 선임되려면 그의 동의 하에 주주총회에서 C를 이사로 선임하는 결의가 있어야 한다. 따라서 적법한 선임결의가 없었거나 취임의 승낙이 없었으면 그 어느 경우에도 위임관계는 성립되지 아니한다. 사안의 경우에 적법한 선임결의가 있었는지는 불분명하지만 적어도 C의 취임 승낙이 없었으므로 위임관계는 성립되지 아니한다. 따라서 C는 ㈜甲의 등기부상에 자신이 이사로 선임되었다는 기재 부분의 말소를 구하는 소를 제기하여야 한다. 그런데 현행법에는 이러한 말소를 구하는 제도가 마련되어 있지 않다. 그러므로 우선 C는 편의상 ㈜甲을 상대로 하여 자신이 이사의 지위에 있지 아니하다는 이사지위부존재확인소송을 제기하여 이에 따른 판결을 받아 해결할 수밖에 없다.

(4) 실무에서는 때때로 회사가 일정한 목적을 위하여 형식적으로 이사를 선임하고 보수를 지급하는 경우

가 있다. 이 경우에 명목상 이사가 회사에 대하여 보수를 청구할 수 있을까? 이와 관련하여 최근의 판례는 "법적으로는 이사의 지위를 갖지만 회사와의 명시적 또는 묵시적 약정에 따라 이사로서의 실질적인 직무를 수행하지 않는 이른바 명목상 이사도 회사의 기관으로서 회사가 사회적 실체로서 성립하고 활동하는 데 필요한 기초를 제공함과 아울러 상법이 정한 권한과 의무를 갖고 의무 위반에 따른 책임을 부담하는 것은 일반적인 이사와 다를 바 없으므로, 오로지 보수의 지급이라는 형식으로 회사의 자금을 개인에게 지급하기 위한 방편으로 이사로 선임한 것이라는 등의 특별한 사정이 없는 한, 회사에 대하여 상법 제388조에 따라 정관의 규정 또는 주주총회의 결의에 의하여 결정된 보수의 청구권을 갖는다."라고 판시하며 이를 긍정하고 있다(대법원 2015. 7. 23. 선고 2014다236311 판결). 생각건대 회사가 특수한 목적을 위하여 명목상으로만 이사를 선임하여 법적 형식을 갖추는 경우 등을 방지할 수 있다는 점에서 판례의 입장이 타당하다. 그렇지만 이사의 보수는 직무수행의 대가라는 점에서 실제로 아무런 직무를 수행하지 아니한 이사에게 보수를 지급하는 문제가 있다. 따라서 이는 명의대여로 이해하여 처리하는 것이 더 합리적일 수 있다. 향후 입법적 보완이 요망된다.

(5) 정관에 공동대표이사 제도를 규정하고 있고 실제로 회사가 공동대표이사를 선임하여 등기까지 경료하였다면, 회사의 대외적인 업무를 집행함에 있어서 공동대표이사 중 1인이 회사를 대표하여 단독으로 법률행위를 할 수는 없고, 그러한 법률행위의 효력은 원칙적으로 회사에 영향을 미치지 아니한다. 즉 공동대표이사 중 1인이 단독으로 회사를 대표해서 한 행위는 원칙적으로 무효이지만, 예외적으로 이를 추인할 수는 있다(민법 제59조 제2항 → 제130조). 이 경우 추인은 나머지 공동대표이사가 해야 하는데, 거래상대방에게 할 수도 있고 단독의 대표행위를 한 공동대표이사에게 할 수도 있다(대법원 1992. 10. 27. 선고 92다19033 판결). 그리고 추인은 묵시적으로도 할 수 있다(대법원 2010. 12. 23. 선고 2009다37718 판결). 따라서 사안의 경우에 공동대표이사인 A-의 명시적 또는 묵시적 추인이 없는 한 A가 한 연대보증행위는 회사에 대하여 효력이 없다. 다만 제3자가 그런 사정을 알지 못하였고 회사도 그 1인의 대표이사가 단독으로 대표이사의 명칭을 사용하여 행위하는 것을 묵인 또는 방임하여 왔다면 예외적으로 A의 보증행위는 회사에 대하여 효력이 있다.

제2관 이사회

예시사례 전동 킥보드 제조업체인 비상장회사 ㈜甲의 대주주이며(지분 25% 보유) 대표이사인 A는 안정적인 배터리 수급을 위해 2020년 4월 1일 배터리 생산업체인 비상장회사 ㈜乙로부터 소형 배터리를 생산하는 공장과 그 부지 일체를 5억원에 양수하였고, ㈜乙의 1인 주주인 B를 이사로 영입하였다. ㈜甲의 이사는 A와 B 외에 사외이사 C와 D가 있는데, 이들은 모두 A의 창업 조력자들이다. 한편 2020년 8월에 B는 공장과 부지의 평가액이 지나치게 적었다며 그 차액의 지급을 A에게 요구하였고, 이에 A는 동년 9월에 이사회를 개최하여 이사 전원이 참석한 가운데 B를 제외한 만장일치로 배터리 공장을 회사 인근으로 이전하고 당해 공장과 부지는 매각하되, 매각대금이 이전비용(약 6억원)을 상회하는 경우에는 그 초과액을 ㈜乙의 1인 주주인 B에게 지급하기로 결의하였다. 이 사안과 관련하여 다음 설문에 답하시오!

(1) 위 이사회결의의 무효를 주장하는 소액주주들의 요구로 2020년 10월 말에 개최된 임시주주총회에서는 B에 대한 이사회의 초과금액 지급결의는 무효라고 결의하였다. 그런데 공장과 부지는 그 직후 8억원에 ㈜丙에게 매도되었고, 이에 B는 ㈜甲에 대하여 차액 2억원의 지급을 청구하였다. 이 경우 ㈜甲은 이사회결의가 무효라는 주주총회결의를 이유로 2억원의 지급을 거절할 수 있을까?

(2) 주주 E와 채권자 F는 최근에 개최된 이사회의사록을 보기 위하여 ㈜甲에 대해 이사회의사록의 열람·등사를 청구하였으나 거절당하였다. E와 F에 대한 ㈜甲의 열람 거절은 정당한가?

Ⅰ. 서 설

이사회(Board of Directors)는 이사 전원으로 구성되어 업무집행에 관한 의사결정을 하는 주식회사의 필요적 상설기관이다. 다만 회의체인 이사회가 업무를 직접 집행할 수는 없으므로, 결국 이사회는 업무집행에 관한 의사결정만 하고 구체적인 실행은 대표이사가 담당한다. 그리하여 업무집행의 적정성을 담보하기 위해 이사회는 대표이사를 비롯한 모든 이사의 직무집행을 감독한다(상법 제393조 제2항). 한편 이사회는 주주총회에서 선임된 이사들로 구성되므로 주주총회의 하부기관으로서 인식되기 쉽다. 그러나 이사회는 상법이 정한 고유의 권한을 가진 독립기관이므로 그 권한에 속하는 사항에 관해서는 주주총회의 지시·감독을 받지 아니하고, 각 이사가 자기책임 하에 직무를 수행한다. 따라서 이사회가 결의한 사항은 주주총회의 결의로도 번복하거나 무효로 할 수 없다.

참고자료 이사회의 구성과 양성의 평등

자산총액 또는 자본금액이 2조원 이상인 대규모 상장회사의 경우에는 이사 전원이 동일한 성(性)이면 아니된다(자본시장법 제165조의20). 즉 이사 중 최소한 1인 이상은 다른 이사와 다른 성(性)이어야 하는 것이다. 이는 2020년 2월 4일 개정을 통하여 신설된 것인데, 남녀평등의 이념에 기초한 것으로서 적용대상회사는 2022년 8월 4일 이내에 이 요건을 구비해야 한다(부칙 제2조).

Ⅱ. 이사회의 권한

1. 서 언

상법상 이사회의 주된 권한은 업무집행결정권과 업무집행감독권이다. 그렇지만 이 외에도 상법상 ① 이사회는 지배인의 선임·해임과 지점의 설치·이전·폐지에 관한 권한을 행사하는데, 이는 대표이사의 일상적인 업무집행권에 포함되는 것으로 이해될 소지가 있으므로 이사회의 결의가 없는 한 대표이사가 단독으로 처리할 수 없음을 주의적으로 규정한 것이다. ② 이사회는 재산의 처분과 자금의 차입에 관한 권한을 행사할 수 있는데, 이는 기본적으로 대표이사의 권한에 속하는 것이지만, 특히 중요한 재산의 처분이나 대규모 자금의 차입은 일상적인 업무가 아니므로 이사회의 결의를 얻어 집행해야 함을 주의적으로 규정한 것이다.[428] ③ 이사회는 정관에 의한 주식양도제한에서의 승인(상법 제335조 제1항 단서), 주주총회의 소집(상법 제362조), 자기거래의 승인(상법 제398조), 재무제표의 승인(상법 제447조), 사채발행(상법 제469조) 등에 관한 권한도 행사하는데, 이 역시 "이사회가 결정한다."라고 규정하고 있으므로 이사회의 고유한 권한으로 보아야 한다. 물론 이러한 권한사항에 속하지 아니하는 업무라고 하더라도 일상적인 업무에 속하지 아니하는 중요한 업무는 반드시 이사회의 결의가 필요하다.[429] 이 경우 중요한 업무에 해당하는지 여부에 관한 판단은 당해 업무가 회사에 미치는 효과, 일상적인 업무와의 관련성 등을 기초로 종합적으로 이루어져야 한다.[430] 한편 이사회의 권한에 속하는 사항 중에는 정관 규정에 따라 주주총회의 권한으로 전환할 수 있는 것이 있는데, 이미 주주총회에서 정관에 의한 권한 확대 사유로 살펴보았던 대표이사의 선정(상법 제389조 제1항), 신주발행(상법 제416조), 준비금의 자본금 전입(상법 제461조 제1항), 전환사채의 발행(상법 제513조 제2항), 신주인수권부사채의 발행(상법 제516조의2 제2항)이 그 예이다.

2. 업무집행결정권

회사의 업무집행은 이사회의 결의로 한다(상법 제393조 제1항). 여기서 「업무집행」이란 회사의 운영에 관계된 모든 사무를 의미하지만, 주주의 의사가 반영되어야 하는 것도 있다. 상법이 이처럼 포괄적인 규정을 둔 것은 입법 기술상의 한계로 인해 이사회의 권한을 모두 나열하지 못하기 때문이다. 따라서 이 규정은 주주총회와 이사회 그리고 감사에게 각기 최소한의 본질적인 불가침의 권한을 배분한 뒤 「소유와 경영의 분리」라는 대전제 아래 회사의 운영에 관한 사항을 이사회에 수권하려는 취지로 이해해야 한다.

428) 대법원 2005. 7. 28. 선고 2005다3649 판결.
429) 대법원 1997. 6. 13. 선고 96다48282 판결.
430) 대법원 2005. 7. 28. 선고 2005다3649 판결.

3. 업무집행감독권

(1) 의 의

이사회는 이사의 직무집행을 감독한다(상법 제393조 제2항). 따라서 이사회와 감독의 대상인 이사는 동일한 사항에 있어서 상하급기관의 관계를 갖는다. 그런데 회사의 일상적인 업무집행은 대표이사가 행하므로 결국 이사회의 주된 감독대상도 대표이사의 업무집행행위가 될 것이다. 다만 이사회의 결의에 따라 대내적인 업무집행을 이사들이 분담하는 경우에는 각 이사가 담당하는 업무집행도 이사회의 감독대상이다.

(2) 감독권의 행사

1) 포섭범위 : 이사회의 「감독」이란 특정한 이사에게 질문하고 그 보고를 청취하는 것만이 아니라, 이사들이 수행한 업무집행의 방법이나 내용 등이 위법하거나 정관의 규정 또는 이사회의 결의를 위반하거나 부당한 때에 그러한 행위의 중단 또는 정지를 명하는 것도 당연히 포함된다. 그런데 상법상 이사회는 업무집행결정권을 갖고 있으므로 이사회의 「감독권」이란 결국 일종의 자기시정을 위한 행위라고 할 수 있다. 따라서 이사회는 위법·부당한 행위의 견제처럼 소극적인 시정목적에서만이 아니라, 합목적성·능률성 등을 이유로 한 경영정책적 목적을 위해서도 감독권을 행사할 수 있다.[431)]

2) 행사방법 : 이사회는 회의체기관이므로 감독권을 행사하기 위해서는 먼저 이사회를 소집해야 한다.[432)] 그러나 감독권의 행사를 위한 별도의 이사회 소집이 필요한 것은 아니고, 다른 의안을 위해 소집된 이사회에서 추가로 감독권을 발동할 수도 있다. 주의할 것은 이 과정에서 이사의 보고를 청취하거나 질문하는 것은 개별적인 이사의 자격으로도 충분히 할 수 있지만, 그들에게 일정한 행위의 중지나 시정 등을 지시하는 능동적인 감독행위는 반드시 이사회의 결의가 필요하다는 점이다.

(3) 감독권의 보완

1) 필요성 : 이사회가 이사들의 직무집행에 대한 감독권을 실효적으로 행사하려면 먼저 그 구성원인 이사가 회사의 업무에 관하여 충분한 정보를 갖고 있어야 하고, 더 나아가 대표이사를 비롯한 다른 이사들에게 필요한 정보를 언제든지 요구할 수 있어야 한다. 그런데 업무를 담당하고 있는 사내이사에 비해 사외이사나 상무에 종사하지 않는 이사는 회사

431) 김정호, 444면; 손주찬, 774면; 송옥렬, 1012면; 이철송, 708면; 장덕조, 314면; 정동윤, 605면; 정찬형, 996면; 최기원, 620면; 최준선, 482면.
432) 손주찬, 774면; 송옥렬, 1012면; 이철송, 708면; 정동윤, 606면.

의 경영사항 등에 대한 정보가 매우 부족하다.[433] 그런데도 이들은 이사회의 구성원으로서 감독권을 실제로 행사해야 하고, 그 결과에 대하여 엄격한 책임을 부담한다. 따라서 업무감독권의 실효성을 위해서는 이러한 문제부터 해결해야 한다.

2) 보완내용 : 이사회의 업무감독권과 이사의 감시권을 실효적으로 제고하기 위해 2001년 개정 상법은 「이사의 정보요구권」을 주의적으로 신설하였다. 즉 이사는 대표이사로 하여금 다른 이사 또는 피용자의 업무에 관해 이사회에 보고할 것을 요구할 수 있고(상법 제393조 제3항), 대표이사는 3월에 1회 이상 업무의 집행상황을 이사회에 보고해야 한다(상법 제393조 제4항). 주의할 것은 이러한 이사의 정보요구에 대하여 대표이사는 기업비밀임을 이유로 거절하지 못하고, 기업비밀임을 이유로 이사회에 대한 보고에서 제외할 수도 없다는 점이다. 물론 정보 제공으로 인해 기업비밀이 외부에 누설될 수도 있지만, 이는 이사의 비밀준수의무(상법 제382조의4)에 의해 차단될 수 있다.

3) 개선방안 : 이사는 정보요구권을 행사할 수 있지만, 이는 불완전 규정이다. 즉 대표이사가 이사의 정보요구에 응하지 아니한 경우에 대한 명확한 처벌 규정이 없으므로 추후 손해배상책임을 추궁하는 수밖에 없는데, 이는 사후적이어서 감독권을 행사해야 하는 이사의 의사결정에는 실질적으로 아무런 도움이 되지 않는다. 더욱이 기업 실무에서는 상법의 입법취지와 다르게 이사회의 감독을 받아야 할 주된 대상인 대표이사가 대주주나 그 특수관계자로서 오히려 이사회를 강력하게 지배하고 있다. 이러한 현실적인 어려움을 고려할 때 사외이사와 같은 비상근이사 및 사내이사라고 하더라도 회사의 일상적 업무집행에서 배제된 이사들의 원활하고도 효과적인 직무수행을 지원하기 위해서는 그들의 회사정보에 대한 접근권을 보다 실효적으로 보호하고 강화할 필요가 있다.

(4) 위반행위의 효력

이사회가 감독권을 실행하여 일정한 지시 등을 하였음에도 불구하고 대표이사가 그에 어긋나게 업무를 집행한 때에는 임무해태가 되므로 회사에 대하여 손해배상책임을 지고(상법 제399조), 회사가 손해배상 없이 이사의 지위마저 해임할 수 있는 정당한 사유가 된다(상법 제385조 제1항). 한편 이사회가 대표이사에게 특정한 행위의 중지를 요구하였음에도 불구하고 대표이사가 그대로 감행한 때에는 대표권에 대한 내부적 제한을 위반한 것으로 보아

433) 미국에서 사외이사의 효용성에 관한 중요한 근거로 제시되는 것 중의 하나가 사외이사는 그 직업시장에서 스스로의 상품가치를 높이기 위해 회사에 대한 감시기능을 충실히 수행할 것이라는 점이다(E. Fama/M. Jensen, “Separation of Ownership and Control”, p.315). 따라서 사외이사의 정보부족은 사외이사제도의 효용성을 크게 반감시킬 수 있는 매우 중요한 요인이 된다.

같은 법리를 적용해야 한다(상법 제389조 제3항→제209조 제2항).[434]

Ⅲ. 이사회의 운영

1. 이사회의 소집

(1) 소집권자

이사회의 소집은 원칙적으로 각 이사가 한다(상법 제390조 제1항 본문). 그러나 이사회의 결의로 소집할 이사를 따로 정한 때에는 그 이사가 소집한다(상법 제390조 제1항 단서). 물론 다른 이사도 소집권자인 이사에게 언제든지 이사회의 소집을 요구할 수 있으며, 소집권자인 이사가 정당한 이유 없이 이사회 소집을 거절하는 경우에는 다른 이사가 이사회를 소집할 수 있다(상법 제390조 제2항). 참고로 실무에서는 대부분 정관에서 대표이사를 이사회의 의장으로 정하고 그가 이사회를 소집하도록 규정하고 있다.

(2) 소집절차

이사회를 소집하려면 먼저 회일을 정한 후 그 1주간 전에 각 이사에게 통지를 발송해야 한다(상법 제390조 제3항 본문). 그런데 감사도 이사회에 출석할 권한이 있으므로 감사에게도 소집통지를 해야 하지만(상법 제391조의2, 제390조 제3항), 감사의 출석이 이사회결의의 유효요건인 것은 아니다.[435] 이 경우 통지기간은 정관으로 단축할 수 있고(상법 제390조 제3항 단서), 통지방법에 제한이 없으므로 서면이나 구두 외에 이메일(e-mail)로도 할 수 있다. 그리고 소집통지에는 소집일시와 장소가 기재되어야 하지만, 미리 통지하지 아니하면 이사회의 심의·의결에 현저한 지장을 초래하는 등의 특별한 사정이 없는 한 회의의 목적사항을 통지할 필요는 없다.[436] 한편 이사회는 이사·감사 전원의 동의가 있으면 소집절차 없이 회의를 개최할 수 있다(상법 제390조 제4항). 주의할 것은 일부 이사에게 소집통지를 하지 아니하고 개최한 이사회의 결의는 무효이고, 이는 그 이사가 출석하여 반대하였더라도 결의에 영향이 없었을 경우에도 같다는 점이다.[437]

---

434) 이철송, 709면.

435) 대법원 1992. 4. 14. 선고 90다카22698 판결.

436) 대법원 2011. 6. 24. 선고 2009다35033 판결.

437) 다만 이사 3명 중 회사의 경영에 전혀 참여하지 않고 경영에 관한 모든 사항을 다른 이사들에게 위임하여 놓고 그들의 결정에 따르며 필요시 이사회 회의록 등에 날인만 하여 주고 있는 이사에 대한 소집통지 없이 열린 이사회에서 한 결의는 위 이사가 소집통지를 받고 참석하였다 하더라도 그 결과에 영향이 없었다고 보여지므로 유효하다고 한 판례도 있다(대법원 1992. 4. 14. 선고 90다카22698 판결).

(3) 시기와 장소

1) 소집시기 : 상법에 명문 규정은 없지만, 이사회는 긴급한 상황이 아닌 한 모든 이사가 출석할 수 있는 시기에 소집해야 한다. 즉 특정한 목적을 위해 일정한 이사가 출장 등으로 자리를 비운 사이에 이사회를 소집하여 결의하는 것 등은 무효이다.

2) 소집장소 : 이사회의 소집장소에 대한 법적 제한은 없으므로 회사 내부이든 외부이든 상관이 없지만, 이 경우에도 조리상의 제한은 있다. 즉 합리적인 이유 없이 일부 이사들이 참석하기 어려운 장소를 택하여 이사회를 소집하는 것은 위법이다.

2. 이사회의 결의

(1) 결의요건

1) 원 칙 : 이사회의 결의는 원칙적으로 「이사 과반수의 출석과 출석이사의 과반수」로 해야 한다(상법 제391조 제1항 본문). 여기서 「이사 과반수」란 재임 이사 전원의 과반수를 말하는데, 퇴임이사(상법 제386조 제1항)와 일시이사(상법 제386조 제2항) 및 직무대행자(상법 제407조 제1항)는 포함되나 직무집행이 정지된 이사(상법 제407조 제1항)는 이에 포함되지 않는다. 그리고 「이사 과반수의 출석」이라는 이사회의 성립요건은 이사회의 전 과정을 통해 유지되어야 하는 기본요건이다. 이러한 이사회의 결의요건은 정관의 규정으로 높일 수는 있지만(상법 제391조 제1항 단서), 완화하는 것은 허용되지 아니한다.[438] 한편 이사회에서의 의결권은 이사 1인에 대하여 1개씩 주어진다.

2) 예 외 : 2011년 개정 상법은 이사회의 결의요건을 강화한 특별규정을 두었다. 즉 이사의 회사의 기회 및 자산의 유용금지에 제397조의2를 신설하고, 또한 이사의 자기거래 제한에 관한 제398조의 적용대상을 크게 확대하면서 그 전제인 이사회의 사전승인과 관련하여 승인요건을 「이사 3분의 2 이상의 찬성」으로 강화하였다. 따라서 이제는 이사회의 결의요건이 보통결의와 특별결의로 이원화되었다고 할 수 있다.

3) 가부동수의 처리 : 이사회의 결의가 가부동수인 경우에 회사가 정관의 규정이나 이사회결의로 특정인에게 결정권을 부여할 수 있을까? 현재 이에 대해서는 긍정설[439]과 부정설[440]이 대립한다. 생각건대 이는 다수결의 일반원칙에도 반할 뿐만 아니라, 아무런 법적

---

438) 대법원 1995. 4. 11. 선고 94다33903 판결.

439) 서돈각/정완용, 435면; 서헌제, 820면; 임홍근, 475면; 정동윤, 607면.

440) 강위두/임재호, 800면; 권기범, 982면; 김정호, 374면; 박상조, 583면; 손주찬, 776면; 송옥렬, 1015

근거 없이 특정인에게 의사결정에서의 우월적 지위를 부여하는 것이고, 이로 인한 오남용의 위험성이 크므로 부정하는 것이 타당하다. 주의할 것은 이사회의 결의가 대주주 등 특정인의 동의를 얻어야 발효될 수 있도록 하는 것도 상법이 규정한 회사의 권한 배분에 관한 원칙에 반하므로 무효로 보아야 한다는 점이다.[441]

(2) 의결권 제한

이사회의 결의사항에 대하여 특별한 이해관계가 있는 이사(예: 상법 제398조에 의해 자기거래의 사전승인을 요청한 이사 등)는 의결권을 행사할 수 없다(상법 제391조 제3항 → 제368조 제3항).[442] 다만 대표이사나 이사의 선임·해임에 있어서 그 대상자인 대표이사 또는 이사는 특별이해관계자에 포함되지 아니한다. 한편 특별이해관계자로서 의결권을 행사할 수 없는 이사는 이사회의 성립정족수에는 포함되지만, 의결정족수에는 포함되지 않는다(상법 제391조 제3항 → 제371조 제2항).[443] 따라서 특별이해관계자인 이사는 이사회결의에 앞서 당해 결의에 특별한 이해관계가 있음을 밝혀야 한다.

(3) 결의방법

1) 원 칙 : 이사는 의결권의 행사에 대하여 책임을 진다(상법 제399조 제2항). 따라서 ① 이사는 직접 의결권을 행사해야 하고 타인에게 의결권을 위임할 수 없다(대리행사금지). ② 이사회는 회사 경영상 여러 가지로 변환 가능한 의안을 놓고 상호 의견교환을 하며 최적의 결론을 내야 하므로, 이사들의 구체적인 회합이 필요하고 서면결의가 인정되지 아니한다(통설). ③ 이사회에서의 결의에 대해서는 이사가 책임을 져야 하므로 각자의 찬반 의사가 밝혀져야 하고, 따라서 무기명투표도 허용될 수 없다. 한편 이사의 의결권 행사는 적극(찬성)이나 소극(비찬성)으로만 표시되므로 기권이나 중립의 경우에는 소극으로 분류되어야 한다. 최근의 판례도 이와 같은 입장을 취하고 있다.[444]

참고판례 **이사회결의에서 기권한 이사의 책임(대법원 2019. 5. 16. 선고 2016다260455 판결)** : 상법 제399조 제1항은 "이사가 고의 또는 과실로 법령 또는 정관에 위반한 행위를 하거나 그 임무를 게을리한 경

면; 이범찬/임충희/이영종/김지환, 349면; 이기수/최병규, 409면; 이철송, 714면; 정경영, 581면; 정무동, 486면; 정찬형, 1001면; 채이식, 521면; 최기원, 610면; 최준선, 486면.

441) 이철송, 714면; 정동윤, 607면.

442) 대법원 1992. 4. 14. 선고 90다카22698 판결.

443) 대법원 1991. 5. 28. 선고 90다20084 판결.

444) 대법원 2019. 5. 16. 선고 2016다260455 판결.

우에는 그 이사는 회사에 대하여 연대하여 손해를 배상할 책임이 있다."라고 규정하고, 같은 조 제2항은 "전항의 행위가 이사회의 결의에 의한 것인 때에는 그 결의에 찬성한 이사도 전항의 책임이 있다.", 같은 조 제3항은 "전항의 결의에 참가한 이사로서 이의를 한 기재가 의사록에 없는 자는 그 결의에 찬성한 것으로 추정한다."라고 규정하고 있다. 이와 같이 상법 제399조 제2항은 같은 조 제1항이 규정한 이사의 임무 위반행위가 이사회 결의에 의한 것일 때 결의에 찬성한 이사에 대하여도 손해배상책임을 지우고 있고, 상법 제399조 제3항은 같은 조 제2항을 전제로 하면서, 이사의 책임을 추궁하는 자로서는 어떤 이사가 이사회 결의에 찬성하였는지를 알기 어려워 증명이 곤란한 경우가 있음을 고려하여 증명책임을 이사에게 전가하는 규정이다. 그렇다면 이사가 이사회에 출석하여 결의에 기권하였다고 의사록에 기재된 경우에 그 이사는 "이의를 한 기재가 의사록에 없는 자"라고 볼 수 없으므로, 상법 제399조 제3항에 따라 이사회 결의에 찬성한 것으로 추정할 수 없고, 따라서 같은 조 제2항의 책임을 부담하지 않는다고 보아야 한다.

2) 예 외 : 이사회의 회의는 이사들이 동일한 장소에서 대면하여 의견을 교환하는 방법으로 행해져야 한다. 그러나 회사의 규모가 커지면서 이사 수도 많아지고, 국제거래가 활발해지면서 지역적으로 사업장이 분산된 회사에서는 이사들이 일시에 한 장소에 모여 회의를 하기도 어렵다. 그리하여 1999년 개정 상법은 제391조 제2항을 신설하여 이사회는 이사의 전부 또는 일부가 직접 회의에 출석하지 아니하더라도 모든 이사가 「동영상 및 음성을 동시에 송·수신하는 통신수단」에 의하여 결의에 참가하는 것을 허용할 수 있다고 규정하였다. 즉 이 경우에는 당해 이사가 이사회에 출석한 것으로 보는 것이다(상법 제391조 제2항 제2문). 주의할 것은 회의에 참석한 이사들이 음성을 「동시에」 송·수신해야 하므로 일부 이사들의 발언이 송신만 되거나 중앙에서 이사들의 발언을 중개해 주는 방식은 허용되지 않는다는 점이다. 그런데 2011년 개정 상법은 이를 「음성을 동시에 송·수신하는 원격통신수단」으로 축소하였다. 주의할 것은 음성을 동시에 송·수신해야 하므로 화상회의는 허용되나 단순한 문자회의는 허용되지 않는다는 점이다.

(4) 결의하자

1) 하자의 해결법리 : 이사회결의의 하자도 주주총회결의의 하자와 마찬가지로 그 유형을 ① 이사회의 소집절차나 결의방법이 법령 또는 정관에 위반하거나 현저하게 불공정한 때, ② 결의내용이 법령·정관·사회질서에 반하거나 불공정한 때로 나눌 수 있다. 그런데 주주총회결의의 하자와는 다르게 이사회결의의 하자에 있어서는 아무런 법적 제한이 없으므로 결국 일반적인 무효의 법리에 따라 해결할 수밖에 없다. 즉 하자의 주장방법에 대한 제한이 없고, 판결의 효력도 기판력의 일반원칙(민소법 제204조)에 따르므로 대세적 효력이 없으며,[445] 소

445) 대법원 1988. 4. 25. 선고 87누399 판결.

급효도 제한되지 않는다. 한편 이사회의 결의내용이 아닌 소집절차나 결의방법에 하자가 있는 경우에는 추인이 가능하다고 보아야 하지만,[446] 이 경우 추인의 효력은 소급하지 않고 새로운 결의가 있는 것으로 보아야 한다.[447]

2) 후속행위의 효력 : 특정한 업무집행에 있어서 이사회결의가 필요한데도 불구하고 결의가 없거나 그 결의에 하자가 있는 경우에 후속행위의 효력은 어떠한가? 이에 관한 상법 규정은 없으므로 구체적 사안별로 합리적인 해석이 필요하다. 즉 ① 후속행위의 효력을 다투는 별도의 소가 인정되는 때에는 이사회결의의 하자는 그 후속행위의 하자로 흡수되어 그 행위 자체의 효력 문제로 다투어지게 된다(예: 하자 있는 이사회결의에 따라 소집된 주주총회결의취소의 소 등). ② 그 밖의 후속행위는 거래안전을 고려하여 ⓐ 순수하게 내부적인 문제에 그치는 경우(예: 지배인의 선임, 이사의 업무분담 등)에는 무효이고, ⓑ 대외적인 거래의 경우에는 상대방이 선의이면 유효이고, 악의 또는 과실이 있으면 무효라는 것이 통설과 종전의 판례[448]이다. 여기서 「상대방의 악의 또는 과실」이란 당해 거래가 이사회결의를 요한다는 사실이나 이사회결의가 없었거나 무효인 사실을 알고 있거나 알 수 있었음을 말하는데, 이는 회사가 입증해야 한다.[449] 이 경우 이사회결의가 필요하다는 사실을 상대방이 알 수 있었느냐를 판단함에 있어서는 거래의 성질상 일상성을 인정할 수 있는지가 기준이 될 수 있다.[450] 그런데 이러한 판례이론은 대표이사의 대표권 제한에 관한 새로운 판례에 의해 변경되었다. 즉 이사회의 결의가 필요함에도 결의 없이 이루어진 대표행위는 상대방이 선의이면 과실의 유무와 관계없이 유효이지만, 악의이거나 중과실이 있으면 무효라는 것이다.[451] 한편 대표이사가 이사회결의가 필요한 사항인데도 결의 없이 거래한 때에 그 상대방은 불법행위책임에 기초하여 회사에 대하여 손해배상의 연대책임을 추궁할 수 있다(상법 제389조 제3항 → 제210조).[452]

3) 무효의 주장 : 상법이 대표이사의 중요한 업무집행에 관하여 이사회의 결의를 요구하는 것은 회사재산이 대표이사의 독단적 행위에 의해 처분되는 것을 방지하여 회사의 이익을 보호하기 위한 것이다. 따라서 이사회결의가 흠결되었거나 무효인 결의에 기초하여 후속행위가 이루어졌고 그에 상대방의 악의나 과실이 있는 경우에는 회사만이 그 무효를

446) 이철송, 721면.
447) 대법원 2011. 6. 24. 선고 2009다35033 판결.
448) 대법원 2005. 7. 28. 선고 2005다3649 판결.
449) 대법원 1999. 10. 8. 선고 98다2488 판결; 대법원 1996. 1. 26. 선고 94다42754 판결.
450) 대법원 1997. 6. 13. 선고 96다48282 판결.
451) 대법원 2021. 2. 18. 선고 2015다45451 전원합의체 판결.
452) 대법원 2009. 3. 26. 선고 2006다47677 판결.

주장할 수 있고, 상대방은 주장할 수 없다고 보아야 한다.

Ⅳ. 이사회의 관리

1. 이사회의 의사록

(1) 의사록의 작성

이사회의 의사에 관하여는 의사록을 작성해야 한다(상법 제391조의3 제1항). 이사회결의에 따라 곧바로 실행행위가 이어지고 집행자들의 책임이 따르는데, 의사록은 결의에 관한 중요한 증거가 되기 때문이다(상법 제399조 제3항). 따라서 이사회의사록에는 의사의 안건, 경과요령, 그 결과, 반대하는 자와 그 반대이유를 기재하고 출석한 이사 및 감사가 기명날인 또는 서명해야 한다(상법 제391조의3 제2항). 여기서 「안건」이란 이사회결의에 상정한 사항을, 「경과요령」이란 개회와 의안의 상정과 토의 및 표결 그리고 폐회에 이르는 절차의 진행과정을, 「결과」란 상정한 의안의 가결 여부를 말한다. 한편 「반대하는 자와 반대이유」는 1999년 개정 상법에서 추가된 것인데, 이사회 결의의 집행행위에 대한 이사의 책임을 추궁하는 때에는 그 결의에 찬성한 이사에게도 책임을 물을 수 있는데, 이때에는 의사록의 기재가 찬성 여부의 추정 근거가 되기 때문이다. 주의할 것은 여기서 「반대」에는 기권이나 중립의 표명도 포함된다는 점이다.[453)]

(2) 의사록의 공시·제한

주주총회에서 살펴본 것처럼 회사는 주주총회의사록을 작성하여 비치·공시해야 하고, 주주와 채권자는 영업시간 내에 언제든지 주주총회의사록을 열람하거나 등사할 수 있다(상법 제396조 제1항, 제2항). 같은 맥락에서 과거에 회사는 이사회의사록을 작성하여 본점에 비치·공시해야 하였으며,[454)] 주주와 채권자는 영업시간 내에 언제든지 이사회의사록의 열람과 등사를 청구할 수 있었다. 그런데 주주총회결의와 달리 이사회결의는 업무집행에 관한 의사결정이어서 기업비밀에 속하는 사항들이 다수 있고, 따라서 이를 주주와 채권자에게 항시 공개하게 하면 때로는 기업의 경쟁력에 치명적인 장애를 초래할 수 있다. 그리하여 1999년 개정 상법은 이사회의사록의 공시를 제한함과 동시에 회사가 사안에 따라 주주의 열람청구를 거절할 수 있는 길도 열어 주었다.

---

453) 대법원 2019. 5. 16. 선고 2016다260455 판결.
454) 1999년 개정 전 상법 제396조 제1항은 이사회의사록도 비치·공시할 서류로 규정하고 있었다.

(3) 의사록의 열람청구

1) 청구권자 : 회사는 이사회의사록을 비치할 의무가 없지만, 주주는 영업시간 내에 이사회의사록의 열람 또는 등사를 청구할 수 있다(상법 제391조의3 제3항). 주의할 것은 주주가 이사회의사록의 열람·등사를 청구함에 있어서는 이유 개시를 요하지 않고, 의사록에 첨부되어 인용되는 서류의 열람·등사도 아울러 청구할 수 있다는 점이다.[455)]

2) 열람거절 : 주주가 이사회의사록의 열람이나 등사를 청구한 경우에 회사는 이유를 붙여 이를 거절할 수 있다(상법 제391조의3 제4항 제1문). 이 경우 회사가 주주의 열람·등사 청구를 거절하는 이유는 당연히 정당해야 하는데, 여기서 「정당한 이유」란 기업비밀의 유지나 기타 회사의 이익을 위해서 필요한 것을 뜻한다.

3) 열람허가 : 주주가 한 이사회의사록의 열람·등사 청구를 회사가 거절한 때에도 주주는 법원의 허가를 얻어 이사회의사록을 열람 또는 등사할 수 있다(상법 제391조의3 제4항 제2문). 주의할 것은 이는 비송사건이므로 민사소송의 방법으로는 이사회의사록의 열람·등사를 청구할 수 없다는 점이다.[456)] 한편 회사채권자도 이사에게 손해배상을 청구하기 위해서는(예: 상법 제401조의 책임추궁) 이사회의사록을 열람할 필요가 있는데, 법원에 대하여 열람·등사의 허가를 청구할 수 있는 권리마저 인정하지 않은 것은 의문이다. 법원의 허가를 통해 기업비밀을 보호할 수 있으므로 향후 입법적 보완이 요망된다.

2. 이사회의 위원회

(1) 개 요

1999년 개정 상법은 미국 회사법상의 위원회 중 먼저 감사위원회를 감사의 대체기관으로 도입하였지만(상법 제415조의2), 그 외의 업무에 관해서도 하나 또는 수개의 위원회를 두어 이사회의 권한을 위임할 수 있도록 허용하였다(상법 제393조의2). 이는 이사회의 업무를 세분하여 각 업무에 기능적으로 가장 적합한 이사를 배치하고, 그에 이사회의 일정한 업무를 위임함으로써 의사결정의 전문성과 신속성을 도모하기 위함이다.

(2) 위원회의 설치

1) 설치근거 : 이사회는 정관이 정하는 바에 따라 각종 위원회를 둘 수 있다(상법 제393조의2 제1항). 이처럼 정관으로 위원회를 설치하는 경우에 어느 정도의 구체적인 근거 규정

---

455) 대법원 2014. 7. 21.자 2013마657 결정.
456) 대법원 2013. 11. 28. 선고 2013다50367 판결.

을 정관에 두어야 하는지는 명확하지 않지만, 각종 위원회의 기능과 중요성을 고려할 때 단지 정관에 위원회를 둘 수 있다는 형식적인 근거 규정만 있어서는 아니 되고, 위원회의 권한과 구성방법 및 운영방법 등을 명기해야 한다.[457]

2) 구성요건 : 이사회 내 위원회는 원칙적으로 2인 이상의 이사로 구성되는데(상법 제393조의2 제3항), 이 경우 위원회의 위원은 이사회에서 선임한다. 그리고 정관에 다른 규정이 없는 한 이사회는 언제든지 위원회의 위원을 해임할 수 있다고 보아야 한다. 한편 이사가 퇴임하면 위원의 자격도 함께 상실한다. 다만 위원의 퇴임으로 위원회의 인원이 2인 이하 또는 정관이 정한 정원에 미달하게 된 때에는 퇴임한 위원이 새로운 위원의 취임시까지 위원으로서의 권리·의무를 갖는다(상법 제393조의2 제5항 → 제386조 제1항).

(3) 위원회의 권한

상법은 이사회가 위원회에 수권할 수 있는 사항을 매우 폭넓게 규정하고 있다. 즉 이사회는 ① 주주총회의 승인을 요하는 사항의 제안(예: 정관변경, 재무제표의 승인, 합병 등), ② 대표이사의 선임·해임, ③ 위원회의 설치와 위원의 선임·해임, ④ 정관에서 정하는 사항을 제외하고는 그 권한을 위원회에 위임할 수 있다(상법 제393조의2 제2항). 이 중 ④의 「정관으로 정하는 사항」이란 정관으로 위임을 불허한 사항을 뜻한다. 따라서 이사회는 신주의 발행(상법 제416조 제1호), 사채의 발행(상법 제469조, 제513조 제2항, 제516조의2 제2항), 이사의 경업이나 자기거래의 승인(상법 제397조, 제398조), 지배인의 선임을 포함한 업무집행의 결정(상법 제393조 제1항) 등에 대해서도 포괄적으로 위원회에 위임할 수 있다. 그리하여 운영하기에 따라서는 이사회를 허구화시킬 위험성도 있다. 그러나 주주총회의 소집권이나 이사에 대한 이사회의 감독권은 그 성질상 위원회에 위임할 수 없는 사항이므로 명문 규정이 없더라도 위임이 불가하다고 해석해야 한다.

(4) 위원회의 운영

위원회가 위임받은 사항을 수행하기 위해서는 위원회를 소집하여 결의해야 하는데, 위원회의 소집과 결의에 관한 세부적인 사항에 대해서는 이사회의 소집과 결의에 관한 절차가 준용된다(상법 제393조의3 제5항 → 제390조, 제391조, 제391조의3, 제392조). 그런데 이사회가 그 권한을 위원회에 위임한다는 것은 위임사항에 관한 위원회결의에 이사회결의와 같은 효력이 있음을 뜻하는 것이다. 따라서 이사회가 위원회결의를 변경하는 새로운 결의를 하지 않는 한 위원회의 결의는 이사회결의로서의 효력이 있다.

---

457) 이철송, 723면.

(5) 위원회의 결의

1) 결의내용의 통지 : 위원회가 위임받은 사항에 관하여 결의를 한 경우에는 그 결의된 사항을 각 이사에게 통지해야 한다(상법 제393조의2 제4항 제1문). 이는 위원회의 결의가 부당할 경우에 이사회가 번복할 수 있는 기회를 주기 위함이다. 그러므로 통지의 대상이 되는 각 이사란 위원회의 위원인 이사가 아니라 회사의 이사 전부를 뜻한다. 한편 위원회의 통지를 받은 각 이사는 이사회의 소집을 요구할 수 있다(상법 제393조의2 제4항 제2문). 즉 모든 이사는 이사회의 소집권자에 대해서 이사회 소집을 요구할 수 있는데, 만약 소집권자인 이사가 이사회를 소집하지 않는다면 이사 각자가 이사회를 소집할 수 있다. 원칙적으로 이사는 각자 이사회를 소집할 권한이 있기 때문이다.

2) 이사회의 재결의 : 이사의 요구에 의해 소집된 이사회에서는 위원회가 결의한 사항에 대하여 다시 결의를 할 수 있는데(상법 제393조의2 제4항 제2문), 이 경우 위원회의 결의는 그 효력을 잃는다. 따라서 통지받은 이사가 이사회를 소집할 수 있는 상당한 기간 내에는 위원회결의의 효력이 정지된다고 해석해야 하고, 만약 집행을 요하는 결의라면 이사가 이사회를 소집하는데 필요한 상당한 기간 내에는 대표이사가 그 집행을 해서는 아니 된다. 상법이 이사회가 다른 결의를 할 수 있도록 규정하고 있고, 이사회의 다른 결의는 위원회결의를 통지받은 이사의 이사회 소집에 의해 실현되기 때문이다.

3) 예 외 : 이사회는 위원회의 결의에 대하여 재결의를 할 수 있지만, 예외적으로 감사위원회의 결의사항에 대해서는 이사회가 재결의를 할 수 없다. 만약 이를 허용하게 되면 이사의 직무집행을 감사하는 기관인 감사위원회의 지위와 업무상의 독립성·공정성을 침해할 위험이 크기 때문이다. 그리하여 2009년 개정 상법은 감사위원회의 결의사항에 대해서는 이사회가 재결의를 할 수 없도록 규정하였다(상법 제415조의2 제6항).

3. 이사회의 감독과 특례

(1) 이사회의 감독책임

위원회의 결의는 이사회가 결정할 사항을 위임받아 처리하는 것이므로, 각 이사가 감시의무를 지고 이사회가 감독권을 갖는다. 물론 이사의 감시의무는 부당한 위원회결의가 있는 경우에 이사가 이사회를 소집함으로써 실행되고, 이사회의 감독권은 부당한 위원회결의에 대하여 이사회가 번복결의를 하는 방법으로 표현된다. 그러므로 위원회의 결의사항이 부당한데도 불구하고 그 통지를 받은 이사가 이사회의 소집을 게을리하거나, 소집된 이사회에서 위원회결의와 다른 결의를 하는 데 반대하는 것은 임무해태에 해당하여 회사 또는 제3자에 대하여 손해배상책임을 진다(상법 제399조 제1항, 제2항).

(2) 소규모회사의 특례

자본금 총액이 10억원 미만인 소규모회사는 이사회의 구성의무가 없으므로 이사회의 기능은 다른 기관에 맡겨져야 한다. 이와 관련하여 상법은 이사회의 권한 중 어떤 것은 이사의 단독결정에 맡기고, 어떤 것은 주주총회에 맡기고 있는데, 대체로 이사의 권한 남용이 우려되는 사항들을 주주총회의 권한으로 정하고 있다. 구체적으로 ① 이사의 단독결정에 속하는 것으로는 이사회의 업무집행권, 주주총회의 소집결정권, 주주제안의 수리, 전자투표 등이 있고(상법 제383조 제6항→제362조, 제363조의2, 제366조, 제368조의4 제1항, 제393조 제1항, 제412조의3), ② 주주총회의 권한에 속하는 사항으로는 주식양도에서의 이사회 승인, 부여된 주식매수선택권의 취소, 경업 및 자기거래의 승인, 신주 및 사채의 발행 결정, 준비금의 자본금 전입, 중간배당 등이 있다(상법 제383조 제4항→제335조 제1항 단서, 제340조의3 제1항 제5호, 제397조 제1항, 제398조, 제416조 본문, 제469조, 제513조 제2항 본문, 제516조의2 제2항 본문, 제461조 제1항, 제462조의3 제1항). 주의할 것은 이사회가 없는 소규모회사에 대해서는 합병에서의 보고총회나 창립총회를 이사회의 공고로 갈음할 수 있는 제도와 흡수합병에서 이사회결의로 주주총회결의에 갈음할 수 있는 간이합병과 소규모합병 등에 관한 규정은 적용되지 않는다는 점이다.

사례해결

(1) 이사회의 결의는 원칙적으로 이사 과반수의 출석과 출석이사 과반수의 찬성으로 하는데(상법 제391조 제1항 본문), 이사회결의에 특별한 이해관계가 있는 이사는 의결권을 행사할 수 없다(상법 제391조 제3항→제368조 제3항). 즉 특별이해관계가 있는 이사는 의사정족수에는 가산되지만, 의결정족수에는 가산되지 아니하는데, 여기서 「특별이해관계」란 이사가 개인적으로 갖는 경제적 이해관계를 의미한다. 한편 이사회는 상법이 정한 고유권한을 가진 독립기관이므로 그 권한에 속하는 사항에 관해서는 주주총회의 지시·감독을 받지 아니하고, 각 이사가 자기책임 하에 임무를 수행한다. 따라서 이사회가 결의한 사항은 주주총회결의로도 번복하거나 무효로 할 수 없다. 사안에서 ㈜甲의 이사회에는 이사 4명 전원이 출석하였고, 특별이해관계자인 이사 B를 제외한 전원이 만장일치로 찬성하여 공장 이전과 초과금액지급에 관한 결의를 하였으므로 상법상 이사회의 결의요건은 충족되었다. 그리고 부동산 매매대금 중 공장이전비용을 제외한 초과금액을 B에게 지급하기로 한 결정은 주주총회의 결의사항이 아니므로 그러한 지급결정에 관한 이사회결의를 무효라고 한 주주총회결의는 그 효력이 없다. 더욱이 이사회가 결의한 사항은 주주총회결의로도 번복하거나 무효로 할 수 없다. 이런 점을 종합할 때 ㈜甲의 주주총회결의는 무효이고, 따라서 이를 근거로 한 ㈜甲의 지급 거절은 부당하다.

(2) 상법상 이사회의사록은 주주만이 열람하거나 등사를 청구할 수 있다(상법 제391조의3 제3항). 일반적으로 이사회결의는 업무집행에 관한 의사결정이므로 기업기밀에 속하는 사항들이 다수 있고, 이를 주주와 채권자에게 항시 공개하게 하면 때로는 기업의 경쟁력에 치명적인 장애를 초래할 수 있기 때문이다. 그러나 주주의 열람청구가 있더라도 회사는 이유를 붙인 서면으로 이사회의사록의 열람이나 등사를 거부할 수 있는데(상법 제391조의3 제4항 제1문), 다만 거절이유는 정당해야 한다. 한편 이사회의사록의 열람이나 등사를 거부당한 주주는 법원의 허가를 얻어 이사회의사록의 열람이나 등사를 할 수 있다(상법 제391조의3 제4항 제2문). 따라서 사안의 경우 주주 E는 위의 절차에 따라 법원의 허가를 받아 이사회의사록을 열람할 수 있지만, 채권자 F는 열람할 수 없다.

제3관 이사의 의무와 책임

예시사례 학습용 의자 제조업체인 비상장회사 ㈜甲의 지분 60%를 보유한 대주주이며 대표이사인 A는 2020년 5월 10일에 임시주주총회를 개최하여 오랫동안 회사의 홍보업무를 전담해 온 B를 이사로 선임하였다. 그동안 시행한 B의 홍보전략이 수험생 부모들로부터 호응을 받아 회사의 매출액이 증가하였기 때문이다. 한편 당시에 A는 회사의 이미지를 제고한다는 명목으로 매년 3억원을 회사와 전혀 연고가 없는 자신의 모교인 C 대학에 기부하였다(당시에 ㈜甲의 자본금은 20억원, 연간 영업이익은 30억원 정도이고, A의 최근 3년간 기부액은 9억원임). 이 사안과 관련하여 다음 설문에 답하시오!

(1) 주주총회에 참석하여 B의 이사선임에도 찬성한 주주 D(㈜甲의 주식 3.5%를 보유하고 있음)는 주주총회가 끝난 직후 C 대학에 대한 대표이사 A의 기부행위는 회사법을 위반한 것으로서 무효라고 주장하며 법원에 A의 해임과 함께 직무집행정지가처분을 청구하였고, A에게 그동안의 기부액(9억원)에 대한 손해배상청구소송을 제기할 것을 감사 E에게 요구하였다. 이러한 주주 D의 청구는 정당한가?

(2) 새로이 이사로 선임된 B는 2020년 6월 15일 자회사 ㈜乙의 대표이사인 F와 회의하던 중 ㈜乙이 사옥 건축을 위해 매입해 둔 토지가 인근의 재개발로 인해 가격이 크게 올랐으므로 회사의 부족한 유동성을 해결하기 위해 매도해야겠다는 이야기를 들었다. 그 직후 B는 향후 가치가 더 상승될 것으로 판단하고 ㈜乙과 당해 토지의 매매계약을 체결하였다(당시 매매가액은 공정하였음). 그런데 이런 사실을 안 대표이사 A가 B와 ㈜乙의 거래는 무효라고 주장하였다. 이러한 A의 주장은 정당한가?

Ⅰ. 서 설

회사와 이사의 관계는 위임이므로 이사는 회사에 대하여 선관주의의무를 부담한다. 이는 고도의 인적 신뢰를 기초로 한 매우 높은 수준의 주의의무이므로 이사는 직무수행에 있어서 법령을 준수해야 함은 물론 항상 회사에 최선의 이익이 되는 결과를 추구해야 한다. 이러한 이사의 선관주의의무는 의무로 규정된 직무의 수행에만 미치는 것이 아니라, 의결권의 행사와 소 제기 및 기타 상법상 명문화된 권한의 행사에도 미친다. 즉 이사의 선관주의의무는 상근과 비상근 및 보수의 유무에 상관없이 모든 이사에게 주어지는 기본적인 의무이고, 이를 전제로 하여 감시의무와 이사회출석의무 등 각종 부수의무가 주어진다. 더욱이 상법은 이사의 의무와 관련하여 회사와의 이해상충을 방지하기 위한 특별의무(경업금지의무, 사업기회유용금지의무, 자기거래금지의무)도 규정하고 있다.

이처럼 이사는 선관주의의무를 바탕으로 각종 부수의무와 특별의무도 부담하므로 이사가 고의 또는 과실로 법령이나 정관에 위반한 행위를 하거나 그 임무를 게을리한 때에는 회사에 대하여 연대하여 손해배상책임을 지는데, 통설과 판례는 이를 위임계약의 불이행으로 인한 책임으로 보고 있다.[458] 그리고 이사가 고의 또는 중대한 과실로 인하여 그 임무를 해태한 때에는 제3자에 대해서도 연대하여 손해배상책임을 진다. 이사가 주식·사채·어음을 발행한 때에는 필연적으로 다수인과 복잡한 이해관계를 맺게 되는데, 이 과정에서 이사가 기업내용을 부실하게 공시하게 되면 다수의 제3자에게 손해를 끼치기 때문이다. 즉 상법은 이사의 업무수행과 관련하여 제3자를 보호함은 물론 그 직무수행에 있어서 신중하도록 하기 위해 제3자에 대한 이사의 직접적인 책임을 규정한 것이다.

그런데 문제는 이사의 직무집행이 항상 합법적·합리적으로 그리고 회사의 이익을 위해 최선을 다해 행해진다는 보장이 없다는 점이다. 따라서 이사의 업무집행에 대해서는 주주에 의한 적절한 감시장치나 견제수단이 필요한데, 이와 관련하여 상법은 이사에 대한 적극적인 견제 및 책임추궁 수단으로서 이사해임(상법 제385조 제1항), 손해배상청구(상법 제399조), 주주대표소송(상법 제403조) 등을 규정하고 있다. 그런데 이들은 모두 사후적인 구제수단이므로, 상법은 사전적인 예방을 위한 유지청구 제도도 함께 규정하고 있다. 주의할 것은 이 중에서 특히 소수주주에 의한 이사의 해임청구와 유지청구 및 대표소송에 관련된 규정들은 소수주주가 지배주주와 그의 비호를 받는 경영진에 대항하여 회사조직 전체를 건전하게 유지·관리하도록 한다는 뜻도 내포되어 있다는 점이다.

Ⅱ. 이사의 의무

1. 기본의무

(1) 선관의무

회사와 이사의 관계에는 위임에 관한 민법 규정이 준용되므로, 이사는 회사에 대하여

458) 대법원 1985. 6. 25. 선고 84다카1954 판결.

선량한 관리자의 주의로써 사무를 처리해야 할 의무를 진다(상법 제382조 제2항→민법 제681조). 이는 고도의 인적 신뢰를 기초로 한 매우 높은 수준의 주의의무이므로 이사는 직무수행에 있어서 법령을 준수(소극적 의무)해야 함은 물론 항상 회사에 최선의 이익이 되는 결과를 추구(적극적 의무)해야 한다. 이러한 이사의 선관주의의무는 의무로 규정된 직무의 수행에만 미치는 것이 아니라, 의결권의 행사와 소 제기 및 기타 상법상 명문화된 권한의 행사에도 미친다. 이사의 권한은 보수청구권과 같은 채권적인 권리를 제외하고는 모두 회사조직의 운영을 위해서 주어지는 것이어서 의무의 성격도 아울러 내포하고 있기 때문이다. 한편 이사의 선관주의의무는 상근과 비상근을 가리지 않고 보수의 유무에도 관계없이 모든 이사에게 주어지는 의무이므로 이사가 이에 위반하였을 때에는 회사와 제3자에 대하여 엄격한 손해배상책임을 진다(상법 제399조, 제401조).[459]

참고판례 **이사의 선관주의의무 위반과 그 책임(대법원 2007. 10. 11. 선고 2007다34746 판결)** : 이사 내지 대표이사가 개인적으로 지급의무를 부담하여야 할 사저(私邸) 근무자들의 급여를 회사의 자금으로 지급하도록 한 행위는 이사로서의 선관주의의무를 위반하여 회사로 하여금 그 급여액 상당의 손해를 입게 한 것이므로 위 이사는 상법 제399조 제1항에 따라 회사가 입은 손해를 배상할 책임이 있다).

참고판례 **채무변제능력을 상실한 계열회사에 대한 자금지원과 이사의 배임죄 성부(대법원 2006. 11. 10. 선고 2004도5167 판결)** : 배임죄는 타인의 사무를 처리하는 자가 그 임무에 위배하는 행위로써 재산상 이익을 취득하거나 제3자로 하여금 이를 취득하게 하여 본인에게 손해를 가함으로써 성립하는바, 이 경우 그 '임무에 위배하는 행위'라 함은 사무의 내용, 성질 등 구체적 상황에 비추어 법률의 규정, 계약의 내용 혹은 신의칙상 당연히 할 것으로 기대되는 행위를 하지 않거나 당연히 하지 않아야 할 것으로 기대되는 행위를 함으로써 본인과 사이의 신임관계를 저버리는 일체의 행위를 포함하고, '재산상의 손해를 가한 때'라 함은 현실적인 손해를 가한 경우뿐만 아니라 재산상 실해 발생의 위험을 초래한 경우도 포함되므로, 회사의 이사 등이 타인에게 회사자금을 대여함에 있어 그 타인이 이미 채무변제능력을 상실하여 그에게 자금을 대여할 경우 회사에 손해가 발생하리라는 정을 충분히 알면서 이에 나아갔거나, 충분한 담보를 제공받는 등 상당하고도 합리적인 채권회수조치를 취하지 아니한 채 만연히 대여해 주었다면, 그와 같은 자금대여는 타인에게 이익을 얻게 하고 회사에 손해를 가하는 행위로서 회사에 대하여 배임행위가 되고, 회사의 이사는 단순히

459) 때로는 회사에 대한 이사의 배임죄가 성립할 수도 있다. 예를 들어 재벌그룹에 속하는 甲회사가 골프장 건설 사업을 진행 중인 비상장회사 乙의 주식 전부를 보유하고 乙회사를 위해 수백억원의 채무보증을 한 상태에서 甲회사의 대표이사와 이사들이 乙회사의 주식 전부를 주당 1원으로 계산하여 그룹 회장인 위 대표이사와 그룹 계열사에 매도한 사안에서, 대법원은 "당시 乙회사의 채무상태는 부채가 자산을 근소하게 초과하고 있었다 하더라도 회원권이 분양되기 전에는 수입을 기대할 수 없는 골프장 사업의 특성상 이는 당연한 것이고 향후 골프장 사업계획을 실행하여 수익을 내고 기업의 가치도 상승할 가능성이 충분하므로, 위 주식 매도행위는 甲회사에 주식의 내재된 가치를 포기하면서 신용위험만을 부담시키는 것으로서 甲회사에 주식의 적정한 거래가격과 매도가격의 차액 상당에 해당하는 손해를 가한 배임행위에 해당한다."라고 판시하였다(대법원 2008. 5. 15. 선고 2005도7911 판결).

> 그것이 경영상의 판단이라는 이유만으로 배임죄의 죄책을 면할 수는 없으며, 이러한 이치는 그 타인이 자금 지원 회사의 계열회사라 하여 달라지지 않는다(대법원 1999. 6. 25. 선고 99도1141 판결; 2000. 3. 14. 선고 99도4923 판결; 2003. 4. 8. 선고 2002도6020 판결 등).

(2) 충실의무

1) 의 의 : 상법 제382조의3은 "이사는 법령과 정관의 규정에 따라 회사를 위하여 그 직무를 충실하게 수행하여야 한다."라고 규정하여 이사에 대하여 선관주의의무 외에 충실의무도 부과하고 있다. 이는 일본 회사법 제355조를 본받은 것으로서 영미 보통법상 이사의 신인의무(Fiduciary Duties)를 성문법적으로 표현한 것이다.[460] 그런데 일본의 통설과 판례는 충실의무를 단지 선관주의의무를 부연하여 설명한 것이지 이사에게 새로운 의무를 부여한 것은 아니라고 한다.[461] 우리나라에서는 일본과 같이 선관주의의무를 부연 설명한 것이라는 동질설[462]과 선관주의의무와는 다른 영미법상의 충실의무(Duty of Loyalty)를 수용한 것이라는 이질설[463]이 있는데, 판례는 전자의 입장이다.[464]

2) 기 능 : 원래 영미법상의 신인의무는 주의의무(Duty of Care)와 충실의무(Duty of Loyalty)로 구분된다. 전자는 이사에게 자신이 합리적으로 생각하여 회사에 최선의 이익이 되고 또한 평균인이 같은 상황에서라면 취했을 것과 동일한 방법으로 성실히 사무를 처리할 것을 요구하는 것으로서 주로 경영판단원칙(Business Judgement Rule)과 관련된다.[465] 후자는 회사와의 경쟁금지, 회사기회의 유용금지, 과도한 임원보수의 지급금지, 내부자거래의 금지, 소수자주주에 대한 공정의무, 지배주식매각에서의 충실의무 등을 포함하여 매우 광범위하게 적용되는데, 이사만이 아니라 임원과 주주에 대해서도 요구된다. 따라서 상법 제382조의3에서 「충실하게」라는 문언을 두었다고 하여 곧 영미법상의 충실의무를 규정한 것이라

---

460) 영미법상의 신인의무는 원래 판례를 통하여 인정된 의무로서 그 적용범위가 매우 넓은데, 내부적으로는 다시 주의의무(duty of care)와 충실의무(duty of loyalty)로 나뉜다(Harry G. Henn/John R. Alexander, pp.621~625; William L. Cary/Melvin. A. Eisenberg, pp.471, 556).

461) 江頭憲治郎, 435頁; 森本滋, 242頁; 龍田節, 87頁; 最高裁判所 1970. 6. 24 判決(民集 第24卷 第6號), 625頁.

462) 김동훈, 326면; 손주찬, 795면; 송옥렬, 1045면; 오성근, 683면; 이범찬/임충희/이영종/김지환, 317면; 이종훈, 232면; 이철송, 772면; 장덕조, 353면; 정찬형, 1048면; 최기원, 660면; 최준선, 531면.

463) 강위두/임재호, 836면; 권기범, 866면; 김홍기, 609면; 박상조, 625면; 안택식, 395면; 이기수/최병규, 444면; 임홍근, 501면; 정경영, 654면; 정동윤, 628면; 홍복기/박세화, 489면.

464) 대법원 2011. 11. 10. 선고 2011다51069 판결.

465) 경영판단의 원칙이란 이사의 행위에 불성실(bad faith)·사기(fraud)·위법(illegal)이 있거나 회사와의 이익충돌(conflict of interest)과 같은 사실의 증명이 없는 한 원칙적으로 이사의 경영판단은 존중되어야 하고, 따라서 비록 이사의 행위로 인하여 회사에 손해가 발생하였더라도 그 책임을 추궁할 수 없다는 판례법상의 원칙이다.

고 보기는 어렵지만, 선관주의의무를 규범적으로 운영함에 있어서 영미법상 신인의무에 관한 규범원리를 원용하는 근거로는 삼을 수 있다.

> **참고자료 충실의무(Duty of Loyalty)**
>
> 영미법상 신인의무(信認義務, Fiduciary Duty)에 근거한 충실의무는 매우 광범위하게 적용되는데, 판례에 나타난 주요 내용은 다음과 같다. 즉 ① 이사는 회사와 부당하게 경쟁할 수 없고, 회사의 인력·시설·자금 등을 자신의 이익을 위해 유용할 수 없으며, 회사가 비용을 들인 영업상의 기회를 자신의 이익을 위해 가로채어서는 아니 된다. ② 이사회가 이사나 임원의 보수를 과다하게 책정하거나 일부 주주에게 보수의 형식으로 이익을 주는 것은 충실의무에 반하여 무효이다. ③ 지배주주가 지배권을 강화하기 위해 소수자주주를 축출하거나 상대적으로 열세로 만들거나 또는 이익분배에 있어 소수자주주를 차별하는 것은 충실의무에 반하여 무효이다. ④ 지배주주는 회사는 물론 소수자주주에 대하여 충실의무를 지므로 지배주식을 매각하는 때에는 거래상대방에 대하여 상당한 주의를 기울여 회사재산을 탈취하는 등의 불법적인 목적을 가진 자는 아닌지 등을 조사하여 거래상대방을 선택해야 한다.

2. 부수의무

(1) 감시의무

1) 의 의 : 이사의 선관주의의무에 따른 구체적 의무 중 하나로 감시의무가 오랫동안 논의되어 왔는데,[466] 이는 이사의 경우 다른 이사나 경영진의 업무집행이 법령·정관에 위반되지 않고 적절하게 이루어지고 있는지를 감시함은 물론 부적절한 행위가 이루어지지 않도록 필요한 조치를 해야 한다는 것이다.[467] 이사의 감시의무는 실정법상 명시된 개념은 아니지만,[468] 그동안 학설과 판례는 이를 법적 의무로 이해하였으며,[469] 이러한 경향은 오늘날 점차 강화되고 있다. 이와 관련하여 2001년 개정 상법은 "이사는 대표이사로 하여금 다

---

466) 다만 이사회의 경영감독기능이 제대로 작동하기 위한 전제로서 이사의 감시의무를 인정하는 견해(권기범, 853면), 이사회의 구성원으로서 직무위반행위를 방지하기 위하여 이사에게 인정되는 다른 이사의 업무집행에 대한 감독의무로 이해하는 견해(홍복기/박세화, 483면)도 있다.

467) 김건식/노혁준/천경훈, 432면.

468) 물론 이사회의 감독권(상법 제393조 제2항)과 대표이사에 대한 이사의 정보요구권(상법 제393조 제3항)을 이사의 감시의무에 관한 실정법상 근거로 제시하는 견해도 있다(김건식/노혁준/천경훈, 432면). 그렇지만 이사의 감시의무는 대등한 이사 상호 간에 이루어지고, 주로 업무집행의 위법성을 감시하는 것에 국한되며, 개별적인 이사 차원에서 이루어진다는 것을 전제한 뒤, ① 상하관계에서 행사되고, ② 업무집행의 타당성 또는 합목적성까지도 감독의 대상이 되며, ③ 이사회를 소집하여 그 결의로써 하는 이사회의 감독권과는 다르다는 견해도 있다(송옥렬, 1055면; 황현영, "이사의 감시의무와 내부통제시스템에 관한 연구", 456~457면).

469) 대법원 2011. 4. 14. 선고 2008다14633 판결; 대법원 2008. 12. 11. 선고 2005다51471 판결; 대법원 2007. 12. 13. 선고 2007다60080 판결; 대법원 2004. 12. 10. 선고 2002다60467,60474 판결; 대법원 1985. 6. 25. 선고 84다카1954 판결 등.

른 이사 또는 피용자의 업무에 관하여 이사회에 보고할 것을 요구할 수 있다."라는 규정을 신설하였는데(상법 제393조 제3항), 이사의 권한은 의무의 성격도 아울러 갖는다고 이해해야 하므로 이를 감시의무의 근거 규정으로 볼 수도 있다.

2) 의무의 내용 : 상법상 이사는 사내이사와 사외이사 및 기타 상무에 종사하지 않는 이사로 유형화되고, 이사의 감시의무에 관한 실정법상 근거로 제시되는 상법 제393조 제2항은 이사회가 이사의 직무집행을 감독한다고 규정하고 있으나 실제로 감독업무를 수행하는 것은 개별이사이다. 즉 모든 이사는 이사회의 구성원으로서 다른 이사들의 직무집행을 감시·감독해야 하는데, 그 내용에 있어서는 다음과 같이 다소 차이가 있다.

㈎ 대표이사 : 대표이사는 대외적으로 회사를 대표할 뿐만 아니라, 회사의 영업에 관하여 재판상 또는 재판외의 모든 행위를 할 권한이 있다(상법 제389조 제3항 → 제209조 제1항). 이처럼 대표이사는 회사의 영업을 비롯한 모든 업무를 총괄하는 주체이기 때문에 이사 전체의 업무집행을 항시 감시·감독할 의무를 진다. 이런 점에서 대표이사의 감시의무는 일반적인 의미의 감시만이 아니라, 그 자체가 대표이사로서의 직무집행의 내용을 이루는 특성을 내포하고 있다고 할 수 있다. 한편 공동대표이사 제도를 채택한 회사에서는 공동대표이사 그 상호 간에도 감시의무가 인정되고, 수인의 대표이사가 내부적인 사무분장에 따라 각자의 분야를 전담하여 처리하는 경우에는 다른 대표이사가 담당하는 업무와 그 집행에 대해서도 전반적으로 감시·감독할 의무를 진다.[470)]

> **참고판례** **대표이사의 감시의무(대법원 2009. 12. 10. 선고 2007다58285 판결)** : 대표이사는 회사의 영역에 관하여 재판상·재판 외의 모든 행위를 할 권한이 있으므로(상법 제389조 제3항, 제209조 제1항 참조) 모든 직원의 직무집행을 감시할 의무를 부담하는 한편, 이사회의 구성원으로서 다른 대표이사를 비롯한 업무담당이사의 전반적인 업무집행을 감시할 권한과 책임도 있어, 다른 대표이사나 업무담당이사의 업무집행이 위법하다고 의심할 만한 사유가 있음에도 불구하고 감시의무를 위반하여 이를 방치한 때에는 이로 말미암아 회사가 입은 손해에 대하여 배상책임을 면할 수 없다(대법원 1985. 6. 25. 선고 84다카1954 판결; 대법원 2004. 12. 10. 선고 2002다60474 판결; 대법원 2008. 9. 11. 선고 2006다68834 판결 등 참조).

㈏ 사내이사 : 우리나라와 일본에서는 비록 대표권이 없더라도 회사의 업무를 직접적으로 담당하는 사내이사의 경우에는 대체로 대표이사와 같은 수준의 감시의무를 인정하고 있다.[471)] 사내이사도 자신이 담당하는 직무의 범위 내에서는 당연히 대표이사와 같은 정도

470) 대법원 2012. 7. 12. 선고 2009다61490 판결.
471) 上柳克郎 外, 新版注釋會社法(4), 445頁.

의 감시의무를 지고,[472] 회사 내 직제와 담당업무 등으로 인해 상대적으로 다른 이사를 감시할 기회도 많기 때문이다.[473] 이처럼 사내이사는 자신이 담당하는 업무에만 그치지 않고 다른 이사의 직무집행도 전반적으로 감시할 의무를 지며, 다른 사내이사의 직무집행이 위법하다고 의심할 사유가 있음에도 불구하고 이를 방치한 때에는 회사가 입은 손해를 배상할 책임이 있다.[474] 대표이사에서와 마찬가지로 회사 내 업무분장이 이루어지더라도 이사로서의 감시의무는 완화되지 않고,[475] 효율적인 감시체계를 구축하여 실효적으로 작동하도록 하는 등 오히려 의무와 책임이 강화되기 때문이다.[476]

참고판례 **사내이사의 감시의무 위반과 그 책임(대법원 2008. 9. 11. 선고 2007다31518 판결)** : 이사의 임무는 단지 이사회에 상정된 의안에 대하여 찬부의 의사표시를 하는 데에 그치지 않으며 대표이사를 비롯한 업무담당이사의 전반적인 업무집행을 감시할 수 있는 것이므로, 대표이사나 다른 업무담당이사의 업무집행이 위법하다고 의심할 만한 사유가 있음에도 악의 또는 중대한 과실로 인하여 감시의무를 위반하여 이를 방치한 때에는 이로 말미암아 제3자가 입은 손해에 대하여 배상책임을 면할 수 없으며, 일정한 업무분장하에 회사의 일상적인 업무를 집행하는 업무집행이사는 회사의 업무집행을 전혀 담당하지 아니하는 평이사에 비하여 보다 높은 주의의무를 부담한다고 보아야 한다. 감시의무의 구체적인 내용은 회사의 규모나 조직, 업종, 법령의 규제, 영업상황 및 재무상태에 따라 크게 다를 수 있는바, 주식회사 대우(이하 '대우'라고만 한다)와 같이 고도로 분업화되고 전문화된 대규모의 회사에서 공동대표이사 및 업무담당이사들이 내부적인 사무분장에 따라 각자의 전문 분야를 전담하여 처리하는 것이 불가피한 경우라 할지라도 그러한 사정만으로 다른 이사들의 업무집행에 관한 감시의무를 면할 수는 없고, 그러한 경우 무엇보다 합리적인 정보 및 보고시스템과 내부통제시스템을 구축하고 그것이 제대로 작동하도록 배려할 의무가 이사회를 구성하는 개개의 이사들에게 주어진다는 점에 비추어 볼 때, 그러한 노력을 전혀 하지 아니하거나 위와 같은 시스템이 구축되었다 하더라도 이를 이용한 회사 운영의 감시·감독을 의도적으로 외면한 결과 다른 이사의 위법하거나 부적절한 업무집행 등 이사들의 주의를 요하는 위험이나 문제점을 알지 못한 경우라면, 다른 이사의 위법하거나 부적절한 업무집행을 구체적으로 알지 못하였다는 이유만으로 책임을 면할 수는 없고, 위와 같은 지속적이거나 조직적인 감시 소홀의 결과로 발생한 다른 이사나 직원의 위법한 업무집행으로 인한 손해를 배상할 책임이 있다고 보아야 한다.

㈐ **평이사** : 사외이사를 비롯하여 회사의 일상적인 업무에 종사하지 않는 이사를 총칭하여 「평이사」라고 한다. 평이사도 이사회의 구성원으로서 업무감독권을 행사하지만, 회사의 일상적인 업무에서는 배제되어 있으므로 사내이사와 같은 정도의 감시의무를 인정할 수

472) 송옥렬, 1051면.
473) 이철송, 756면; 대법원 2008. 9. 11. 선고 2006다68636 판결.
474) 대법원 2004. 12. 10. 선고 2002다60467,60474 판결; 대법원 2007. 12. 13. 선고 2007다60080 판결.
475) 대법원 2008. 9. 11. 선고 2007다31518 판결.
476) 정준우, "이사의 감시의무와 그 적용범위", 234면.

있는지는 의문이다. 이와 관련하여 이사회에 부의된 사항에 대해서는 평이사도 감시의무(수동적 감시의무)를 진다는데 이론이 없지만, 이사회에 부의되지 아니한 회사의 전반적인 업무에 대하여 일반적인 감시의무(능동적 감시의무)를 지느냐에 대해서는 찬반의 논란이 있다. 현재 우리나라와 일본의 통설과 판례는 평이사도 이사회의 구성원이고 선관주의의무와 충실의무를 진다는 점을 근거로 일반적·능동적인 감시의무를 인정한다.[477] 다만 구체적인 내용에 있어서는 ① 평이사도 업무담당이사의 직무위반행위를 명백히 안 경우에는 이사회에 대한 상정 여부에 상관없이 회사의 손해를 방지하기 위한 노력을 해야 하지만, 회사경영 그 전반에까지 적극적으로 감시·감독할 의무는 없다는 견해(소극설),[478] ② 평이사가 다른 이사들의 직무위반행위를 알게 된 경우는 물론 더 나아가 회사의 업무집행을 수시로 파악하며 회사의 업무집행이 위법·부당하게 이루어질 위험성이 있는 경우에는 이를 적극적으로 시정해야 할 의무도 진다는 견해(적극설),[479] ③ 평이사는 업무담당이사의 부정을 의심할 만한 사유가 있음에도 불구하고 이를 방치한 때에만 감시의무 위반에 대한 책임을 진다는 견해(절충설)[480]로 나뉜다. 생각건대 회사의 업무를 직접 담당하지 않고 내부정보에의 접근성도 낮은 사외이사 등에게 대표이사를 비롯한 업무담당이사와 같은 정도의 능동적 감시의무를 부여한다는 것은 현실성이 없으며, 오히려 이로 인해 적격성을 갖춘 사외이사를 선임하기 어려운 문제가 생길 수도 있다. 따라서 사외이사 등의 감시의무는 절충설의 입장에서 논의하는 것이 바람직하다. 이사의 감시의무를 내부통제시스템의 구축·운영에까지 확대한 최근의 판례[481]가 업무담당이사는 평이사보다 높은 주의의무를 부담한다고 판시한 것도 이러한 현실을 반영한 것이다.

참고판례 **비상근이사의 감시의무(대법원 2008. 12. 11. 선고 2005다51471 판결)** : 주식회사의 이사는 이사회의 일원으로서 이사회에 상정된 의안에 대하여 찬부의 의사표시를 하는데 그치지 않고, 담당업무는 물론 다른 업무담당 이사의 업무집행을 전반적으로 감시할 의무가 있고 이러한 의무는 비상근 이사라고 하여 면할 수 있는 것은 아니므로 주식회사의 이사가 이사회에 참석하지도 않고 사후적으로 이사회의 결의를 추인하는 등으로 실질적으로 이사의 임무를 전혀 수행하지 않은 이상 그 자체로서 임무해태가 된다고 할 것이다.

---

477) 대법원 1986. 6. 25. 선고 84다카1954 판결; 日本 最高裁 1973. 5. 22. 判決, 民集 第27卷 第5号, 655頁.
478) 管原菊志, 122頁.
479) 김재범, “평이사의 감시의무 위반과 주주총회의 동의”, 351~352면; 오성근, “비상근이사의 감시의무”, 129면; 정동윤, 603면; 神崎克郎, “取締役の注意義務”, 2~6頁; 坂田桂三, “取締役會の監督的機能”, 204頁.
480) 이범찬/임충희/이영종/김지환, 318면; 이철송, 766면; 대법원 2019. 11. 28. 선고 2017다244115 판결; 대법원 2007. 9. 20. 선고 2007다25865 판결; 대법원 2004. 3. 26. 선고 2002다29138 판결; 대법원 1986. 6. 25. 선고 84다카1954 판결 등.
481) 대법원 2021. 11. 11. 선고 2017다222368 판결.

3) 이행의 한계 : 상법상 모든 이사는 회사의 수임인으로서 회사에 대하여 선관주의의무를 부담하므로 스스로 법령과 정관을 준수하여 직무를 성실히 수행해야 할 뿐만 아니라, 다른 이사들의 직무집행도 법령과 정관을 준수하여 이루어지는지를 감시해야 하며, 그들의 위법·부당한 업무집행을 발견한 때에는 즉각 감독·감사기관에 알려 시정할 수 있도록 조치해야 한다. 그런데 이사가 이러한 감시의무를 제대로 이행하려면 회사의 사업내용과 구체적인 집행상황 등에 관한 정보를 정확히 파악하여 인지하고 있어야 하고, 때로는 회사의 각종 장부나 서류 등을 열람·조사하여 관련된 내용을 숙지해야 하는데,[482] 업무를 담당하지 않는 평이사는 사실상 이러한 조치를 할 수 없다. 물론 상법 제393조 제3항이 이사의 정보요구권을 규정하고 있고, 제4항에서 대표이사의 정기적 보고의무를 규정하고는 있지만, 모두 그 위반에 대한 처벌이 없는 불완전 규정이어서 실효성이 별로 없다. 따라서 이사의 감시의무를 실효적으로 가동시킬 수 있는 제도적 보완이 필요하다.

4) 내부통제와의 관계 : 최근에 이사의 감시의무를 내부통제시스템의 구축과 운용에 대해서까지 확대 적용한 다수의 판례가 나오면서 양자의 관계에 대한 논란이 있다.

㈎ 내부통제의 의미 : 상법에는 내부통제 또는 내부통제시스템이란 개념이 없다. 그리고 이사의 감시의무를 실효적으로 지원하고 강화하기 위해 논의되고 있는 내부통제시스템이란 용어는 원래 경영관리 측면에서 논의되던 것으로서[483] 법적 개념이 아니다. 그렇지만 내부통제 제도의 원류인 「1992년 COSO보고서」에 따라 "회사의 자산 보호, 회계자료의 정확성 및 신뢰성 확보, 조직 운영의 효율성 증진, 경영방침 및 법규의 준수를 위하여 회사의 전 구성원들에 의해서 지속적으로 실행되는 일련의 통제과정"을 의미하는 것으로 이해되고 있다.[484] 즉 기업이 그 운영과 관련하여 재무보고의 신뢰성(Reliability of financial reporting), 사업운영의 실효성과 효율성(Effectiveness and Efficiency of operations), 법규의 준수(Compliance with applicable laws and regulations) 등을 주요 목적으로 설정한 후 이를 효과적으로 달성하기 위해 5가지의 구성요소[통제환경(Control Environment), 위험평가(Risk Assessment), 통제행위(Control Activities), 정보와 소통(Information and Communication), 감시(Monitoring)]를 유기적으로 연결한 체계적인 통제시스템을 회사 내에 구축하는 일련의 과정이 바로 내부통제시스템이다.[485] 우리나라에서 내부통제란 개념은 2000년대 초반에 금융관련법령이 내부통제기준

482) 이사가 회사의 업무와 그 집행상황을 정확히 알아야만 적시에 적절한 시정조치를 할 수 있고, 이사회의 감독기능을 발휘시킬 수 있기 때문이다(황영목, "이사의 감시의무", 653면).

483) 최수정, "상법상 준법지원인제도에 관한 소고", 303면.

484) 김건식/노혁준/천경훈, 435면; 송옥렬, 1057면. 그렇지만 실질적으로 기업들이 내부통제제도를 통한 통합적인 위험관리체계를 구축·운용함에 있어서 실효적인 지침이 된 것은 「2004년의 COSO보고서」이다.

485) 박세화, "내부통제제도에 관한 한국 기업법제의 현황과 과제", 41면.

이나 준법감시인에 관한 사항을 도입하면서 나타나기 시작하였다. 현재 내부통제에 관련된 제도로는 외부감사법상의 내부회계관리제도(제8조)와 금융사지배구조법상의 내부통제기준(제24조)과 준법감시인(제26조) 및 상법상 준법통제기준과 준법지원인(제542조의13) 등을 들 수 있다.

㈏ **관련 판례의 검토** : 내부통제에 관련된 주요 판례는 대부분 대규모 회사를 전제로 이사의 감시의무와 연계하여 인정하고 있는데,[486] 주요 내용은 다음과 같다. 즉 ① 감시의무의 구체적인 내용은 회사의 규모·조직·업종, 법령의 규제, 영업상황 및 재무상태에 따라 크게 다를 수 있다. ② 고도로 분업화되고 전문화된 대규모 회사에서 공동대표이사와 업무담당이사들이 내부적인 사무분장에 따라 각자의 전문 분야를 전담하여 처리하는 것이 불가피한 경우라도 그러한 사정만으로는 다른 이사들의 업무집행에 관한 감시의무를 면할 수 없다. ③ 합리적인 내부통제시스템을 구축하고 제대로 작동되도록 하는 노력을 전혀 하지 않거나 그러한 시스템이 구축되었더라도 회사의 업무 전반에 대한 감시·감독의무의 이행을 의도적으로 외면함으로써 다른 이사의 위법하거나 부적절한 업무집행 등 이사들의 주의를 요하는 위험이나 문제점을 알지 못했다면 감시의무의 위반으로 인한 손해배상책임을 진다. ④ 내부통제시스템은 회계부정을 방지하기 위한 회계관리제도에 국한되지 않고 회사가 사업상 준수해야 하는 제반 법규를 체계적으로 파악하여 그 준수 여부를 관리하고, 위반사실을 발견하면 그 즉시 신고나 보고를 하여 시정조치를 강구할 수 있는 형태로 구현되어야 한다. ⑤ 대표이사는 회계의 부정이나 오류를 사전적으로 예방하고 사후적으로 적발·시정할 수 있는 내부통제시스템을 구축하고 제대로 작동하도록 노력을 다해야 한다. 만일 대표이사가 이러한 노력을 전혀 하지 않거나 감시·감독의무의 이행을 의도적으로 외면하여 다른 이사의 회계업무에 관한 위법한 업무집행을 방지하지 못하였다면 대표이사로서의 감시의무를 게을리한 것이다. ⑥ 내부통제시스템이 합리적으로 구축되고 정상적으로 운영되었는지는 어떠한 제도가 도입되었는지나 어떠한 직위가 존재하는지가 아니라, 그러한 제도가 실질적으로 운영되고 있고 직위의 임무가 정상적으로 수행되었는지를 살펴서 판단해야 한다. 이는 외부감사법에 따른 내부회계관리제도가 도입되거나 재무담당임원(CFO)이 임명되어 있는 경우에도 마찬가지이다.

참고판례 **이사의 감시의무의 포섭범위(대법원 2021. 11. 11. 선고 2017다222368 판결)** : [1] 이사가 고

486) 대법원 2022. 7. 28. 선고 2019다202146 판결; 대법원 2022. 5. 12. 선고 2021다279347 판결; 대법원 2021. 11. 11. 선고 2017다222368 판결; 대법원 2008. 9. 11. 선고 2006다68636 판결 등.

의 또는 과실로 법령 또는 정관에 위반한 행위를 하거나 그 임무를 게을리한 경우에는 그 이사는 회사에 대하여 연대하여 손해를 배상할 책임이 있다(상법 제399조 제1항). 주식회사의 이사는 담당업무는 물론 다른 업무담당이사의 업무집행을 감시할 의무가 있으므로 스스로 법령을 준수해야 할 뿐 아니라 다른 업무담당이사들도 법령을 준수하여 업무를 수행하도록 감시·감독하여야 할 의무를 부담한다. 특히 대표이사는 회사의 영업에 관하여 재판상 또는 재판 외의 모든 행위를 할 권한이 있으므로(상법 제389조 제3항, 제209조 제1항), 모든 직원의 직무집행을 감시할 의무를 부담함은 물론, 이사회의 구성원으로서 다른 대표이사를 비롯한 업무담당이사의 전반적인 업무집행을 감시할 권한과 책임이 있다. 따라서 다른 대표이사나 업무담당이사의 업무집행이 위법하다고 의심할 만한 사유가 있음에도 고의 또는 과실로 인하여 감시의무를 위반하여 이를 방치한 때에는 이로 말미암아 회사가 입은 손해에 대하여 상법 제399조 제1항에 따른 배상책임을 진다. [2] 이사의 감시의무의 구체적인 내용은 회사의 규모나 조직, 업종, 법령의 규제, 영업상황 및 재무상태에 따라 크게 다를 수 있는데, 고도로 분업화되고 전문화된 대규모 회사에서 대표이사 및 업무담당이사들이 내부적인 사무분장에 따라 각자의 전문 분야를 전담하여 처리하는 것이 불가피한 경우라 할지라도 그러한 사정만으로 다른 이사들의 업무집행에 관한 감시의무를 면할 수는 없다. 그러한 경우 합리적인 정보 및 보고시스템과 내부통제시스템(이하 '내부통제시스템'이라고 한다)을 구축하고 그것이 제대로 작동되도록 하기 위한 노력을 전혀 하지 않거나 위와 같은 시스템이 구축되었다 하더라도 회사 업무 전반에 대한 감시·감독의무를 이행하는 것을 의도적으로 외면한 결과 다른 이사의 위법하거나 부적절한 업무집행 등 이사들의 주의를 요하는 위험이나 문제점을 알지 못하였다면, 이사의 감시의무 위반으로 인한 손해배상책임을 진다. 이러한 내부통제시스템은 비단 회계의 부정을 방지하기 위한 회계관리제도에 국한되는 것이 아니라, 회사가 사업운영상 준수해야 하는 제반 법규를 체계적으로 파악하여 그 준수 여부를 관리하고, 위반사실을 발견한 경우 즉시 신고 또는 보고하여 시정조치를 강구할 수 있는 형태로 구현되어야 한다. 특히 회사 업무의 전반을 총괄하여 다른 이사의 업무집행을 감시·감독하여야 할 지위에 있는 대표이사가 회사의 목적이나 규모, 영업의 성격 및 법령의 규제 등에 비추어 높은 법적 위험이 예상되는 경우임에도 이와 관련된 내부통제시스템을 구축하고 그것이 제대로 작동되도록 하기 위한 노력을 전혀 하지 않거나 위와 같은 시스템을 통한 감시·감독의무의 이행을 의도적으로 외면한 결과 다른 이사 등의 위법한 업무집행을 방지하지 못하였다면, 이는 대표이사로서 회사 업무 전반에 대한 감시의무를 게을리한 것이라고 할 수 있다.

㈐ 소 결 : 내부통제에 관련된 최근의 주요 판례는 대규모 회사를 전제로 이사의 감시의무와 연계하여 인정하고 있는데, 대표이사만이 아니라 모든 이사를 대상으로 하여 합리적인 내부통제시스템의 구축 및 운영에 대해서까지 확대 적용하고 있다. 원래 내부통제시스템은 회사의 업무집행과 관련된 것이므로 대표이사를 비롯한 업무담당이사들이 구축·운영할 제도이지만, 판례는 이사의 감시의무와 연계하여 사외이사 등 평이사에게도 인정하고 그 위반에 대한 책임을 묻고 있다. 모든 이사는 회사와 위임관계에 있어 회사에 대하여 선관주의의무를 기본의무로 하여 감시의무를 파생의무로 부담하고, 모든 이사는 이사회의 구성원으로서 이사들에 대한 이사회의 업무감독권을 실질적으로 집행하는 주체이기 때문이다. 생각건대 사외이사 등의 평이사는 회사의 업무를 직접 담당하여 집행하지 않기 때문에

내부정보에 대한 접근성이 업무담당이사들에 비해 열악하다. 그런데도 이들에게 업무담당이사들과 대등한 수준의 감시의무를 내부통제시스템의 구축·운영과 연계하여 인정하는 것은 비현실적이며 바람직하지도 않다. 따라서 평이사의 경우에는 대표이사를 비롯한 업무담당이사들이 내부통제시스템을 구축·운용하지 않고 있음을 알면서 방관한 경우에만 감시의무의 위반에 따른 책임을 묻는 것이 타당하다.[487]

(2) 이사회출석의무

상법상 명문 규정은 없지만, 이사는 이사회출석의무를 진다. 이사가 이사회의 구성원으로서 충실히 그 기능을 수행해야만 정상적인 업무집행이 이루어질 수 있고, 이사들 간의 감시와 견제가 가능해질 것이기 때문이다. 그러나 단순히 이사가 이사회에 불출석했다고 하여 임무해태로 볼 수는 없고,[488] 정당한 사유 없이 출석하지 아니한 경우에만 임무해태로 보아야 한다. 따라서 이사가 장기간 정당한 사유 없이 출석하지 아니하면 우선 해임의 사유(상법 제385조)가 되고, 장기간이 아니더라도 정당한 사유 없이 출석하지 아니하여 이사회의 성립을 어렵게 함으로써 중요한 의사결정의 때를 놓치게 하거나 위법·부당한 결의를 저지하지 못한 경우에는 임무해태에 따른 손해배상책임을 져야 한다. 특히 위법·부당한 결의를 방치한 때에는 감시의무도 게을리한 것으로 이해해야 한다.[489]

(3) 기업비밀준수의무

1) 의 의 : 기업비밀(Trade Secret)이란 기업조직 또는 사업에 관한 공지되지 아니한 정보로서 당해 기업이 배타적으로 관리할 수 있고, 그 기업 또는 제3자가 경제적 가치를 가지고 이용할 수 있는 것이라고 정의할 수 있다. 그리하여 2001년 개정 상법도 제382조의4를 신설하여 "이사는 재임 중 뿐만 아니라 퇴임 후에도 직무상 알게 된 회사의 영업상 비밀을 누설하여서는 아니 된다."라고 규정하였는데, 이는 기업비밀을 지킬 의무(수비의무)와 기업비밀을 사익을 위해 이용하지 않을 의무(비밀이용금지의무)로 나뉜다.

2) 수비의무 : 이사는 자신이 알고 있는 기업비밀을 공개하지 않아야 함은 물론 타인에 의해서도 공개되지 않도록 주의를 베풀어야 한다. 이 경우 어떠한 사항이 기업비밀에 해당하는지는 경영자로서 성실하고 합리적으로 판단해야 하는데,[490] 비록 법률상 공시해야 하는 정보라도 공시하기 전까지는 기업비밀에 속하고, 회계장부도 극히 제한된 경우에만 소

---

487) 정준우, "이사의 감시의무와 그 적용범위", 241면.
488) 서울고등법원 2003. 11. 20. 선고 2002나6595 판결.
489) 대법원 2008. 12. 11. 선고 2005다51471 판결.
490) 이철송, 769면.

수주주가 열람·등사를 할 수 있으므로(상법 제466조 제1항) 기업비밀에 속한다. 물론 법률상 공시의무가 부과된 사항(예: 정관, 주주총회의사록, 주주명부, 재무제표 등)은 기업비밀이 아니다(상법 제396조 제1항, 제448조 제1항). 이러한 이사의 수비의무는 적법한 권리나 사실관계에 대해서만 발생하므로, 범죄행위나 기타 위법한 행위(예: 탈세)에 대하여 수비하는 것은 위법이다. 한편 일반적으로 이사 상호 간 그리고 이사와 감사 간에는 수비의무가 적용되지 않는다고 보지만, 기업비밀의 종류와 성격에 따라서는 일정한 시기까지 다른 이사나 감사에게도 공개하지 않아야 하는 경우가 있다(예: 영업비밀, 회사와 이사 간의 법적 분쟁 등). 주의할 것은 주주도 회사와 무관한 제3자처럼 이사가 수비해야 할 상대방인데, 이는 지배주주라고 하더라도 마찬가지라는 점이다.

3) 비밀이용금지의무 : 기업비밀의 종류와 내용에 따라서는 이사가 사적 이익을 위해 이용할 수 있는 것이 있다. 상법이 제397조 내지 제398조에서 이사의 경업과 회사기회유용 및 자기거래를 제한하고 있는 것도 이사가 기업비밀을 이용할 가능성이 있음을 고려한 것이다. 이사가 기업비밀을 이용하여 사익을 추구하는 전형적인 예로는 자본시장법상의 내부자거래를 들 수 있는데, 구체적으로 이사가 공개되지 아니한 기업정보를 이용하여 증권을 매매하거나 타인으로 하여금 증권의 매매에 이용하게 한 때에는 벌칙이 적용되고(자본시장법 제443조 제1항 제1호), 6월 내의 단기매매로 차익을 얻은 때에는 회사에 그 차익을 반환해야 한다(자본시장법 제172조). 물론 이러한 제한과 별도로 내부자거래는 상법상 선관주의의무와 비밀준수의무의 위반이 된다(상법 제399조 제1항).

3. 특별의무

(1) 개 요

상법은 이사의 의무와 관련하여 특별히 제397조에서 경업과 겸직을 금지하고, 제397조의2에서 회사의 기회 및 자산의 유용을 금지하며, 제398조에서 자기거래를 금지하고 있는데, 이는 회사의 이해와 충돌할 수 있는 이사의 행위를 금지하거나 제한하기 위함이다. 물론 모든 이사는 회사에 대하여 기본적으로 선관주의의무를 부담하고 그 위반에 대해서는 엄격한 손해배상책임을 지지만, 이 경우에는 회사의 손해와 이사의 과실을 회사나 대표소송을 제기하는 주주가 입증해야 하는 어려움이 있다. 그런데 제397조와 제397조의2 및 제398조의 경우에는 이러한 증명의 어려움 없이 이사의 책임을 추궁할 수 있고, 때로는 보다 엄중한 책임추궁이 가능하므로 별도로 규제하는 것이다.

(2) 경업(겸직)금지

1) 의 의 : 이사는 이사회의 승인이 없으면 자기 또는 제3자의 계산으로 회사의 영업부류에 속하는 거래를 하거나 동종영업을 목적으로 하는 다른 회사의 무한책임사원이나 이사가 되지 못하는데(상법 제397조 제1항), 이를 「경업(겸직)금지의무」라고 한다. 즉 상법은 이사가 회사의 비용으로 얻어진 영업기회를 자신의 이익을 위해 유용하는 것을 제한함과 동시에 이사는 회사의 업무에 전념해야 한다는 당위성을 규범화하기 위하여 경업(겸직)금지의무라는 특별한 법적 의무를 이사에게 부과하고 있다.

2) 승인요건 : 이사회의 승인을 얻으면 이사도 경업과 겸직을 할 수 있는데, 승인은 이사 과반수의 출석과 출석이사 과반수의 찬성에 의한다(상법 제391조 제1항 본문). 이러한 이사회의 승인은 주주총회의 승인으로 갈음하지 못하지만, 예외적으로 자본금 10억원 미만의 소규모회사가 이사회를 두지 아니한 때에는 주주총회의 결의로 승인해야 한다(상법 제383조 제4항). 주의할 것은 ① 이사회의 승인은 「사전승인」이어야 한다. 사후승인(추인)은 책임면제의 효과가 있는데, 이는 이사의 책임면제에 총주주의 동의를 요하는 상법 제400조 제1항과 균형이 맞지 않기 때문이다. ② 본조는 이사의 경업이나 겸직에 따른 이해충돌의 추상적인 위험성을 예방하려는 점에 중점을 두고 있으므로 이사회는 경업이나 겸직으로 야기될 회사의 손해를 예측한 후 그 승인 여부를 판단해야 한다. 한편 이사회의 승인과정에서 경업이나 겸직을 하고자 하는 이사는 특별이해관계자에 해당하므로(상법 제391조 제3항 → 제368조 제3항) 의결권을 행사하지 못한다.

3) 금지내용 : 이사의 경업(겸직)금지의무의 주요 내용은 다음과 같다. 즉 ① 이사는 이사회의 승인이 없으면 자기 또는 제3자의 계산으로 회사의 영업부류에 속하는 거래를 하지 못한다(경업금지). 여기서 「경업」이란 이사가 회사의 영업부류에 속하는 거래를 하는 것이다. 따라서 계산의 주체가 중요할 뿐 누구의 이름으로 거래당사자가 되느냐는 중요하지 않으므로 이사가 별도의 회사를 설립하여 그 회사로 하여금 경업을 하게 한 경우와 이사가 이미 경업 상태에 있는 회사의 주식을 취득하여 지배주주가 된 경우에도 본조가 적용된다.[491] 그리고 「영업부류에 속하는 거래」란 정관상의 사업목적에 국한되지 않기 때문에 사실상 회사의 영리활동의 대상이 되는 것은 모두 포함하고, 제한되는 경업의 범위는 반드시 동종영업에 국한된다고 해석할 필요가 없다. 즉 회사의 영업과 대체재 또는 시장분할의 효과가 있는 영업도 회사의 이익 실현을 방해할 수 있으므로 영업부류에 속하는 거래의 범주에 넣어야 한다. 또한 「거래」는 일회적이든 계속적이든 묻지 않는다. ② 이사는 이사회의 승인이

---

491) 대법원 2013. 9. 12. 선고 2011다57869 판결.

없으면 동종영업을 목적으로 하는 다른 회사의 무한책임사원이나 이사가 되지 못한다(겸직금지). 여기서 「동종영업」은 경업금지에서의 「회사의 영업부류」와 같다. 그리고 「동종영업을 목적으로 하는 다른 회사」란 실제로 영업을 수행하는 회사뿐만 아니라 개업준비단계에 있는 회사도 포함한다.[492]

참고판례 **이사가 경업 대상 회사의 지배주주가 되는 경우에도 제397조가 적용되는지(대법원 2018. 10. 25. 선고 2016다16191 판결)** : 상법 제397조 제1항은 "이사는 이사회의 승인이 없으면 자기 또는 제3자의 계산으로 회사의 영업부류에 속한 거래를 하거나 동종영업을 목적으로 하는 다른 회사의 무한책임사원이나 이사가 되지 못한다."라고 규정하고 있다. 이 규정의 취지는, 이사가 그 지위를 이용하여 자신의 개인적 이익을 추구함으로써 회사의 이익을 침해할 우려가 큰 경업을 금지하여 이사로 하여금 선량한 관리자의 주의로써 회사를 유효적절하게 운영하여 그 직무를 충실하게 수행하여야 할 의무를 다하도록 하려는 데 있다(대법원 1993. 4. 9. 선고 92다53583 판결 참조). 따라서 이사는 경업 대상 회사의 이사, 대표이사가 되는 경우뿐만 아니라 그 회사의 지배주주가 되어 그 회사의 의사결정과 업무집행에 관여할 수 있게 되는 경우에도 자신이 속한 회사 이사회의 승인을 얻어야 한다(대법원 2013. 9. 12. 선고 2011다57869 판결 참조).

참고판례 **개업준비단계에 있는 경우에도 제397조의 동종영업을 목적으로 하는 다른 회사에 해당하는지(대법원 1993. 4. 9. 선고 92다53583 판결)** : 이사의 경업금지의무를 규정한 상법 제397조 제1항의 규정취지는 이사가 그 지위를 이용하여 자신의 개인적 이익을 추구함으로써 회사의 이익을 침해할 우려가 큰 경업을 금지하여, 이사로 하여금 선량한 관리자의 주의로써 회사를 유효적절하게 운영하여 그 직무를 충실하게 수행하여야 할 의무를 다하도록 하려는 데 있으므로, 경업의 대상이 되는 회사가 아직 영업을 개시하지 못한 채 공장의 부지를 매수하는 등 영업의 준비작업을 추진하고 있는 단계에 있다 하여 위 규정에서 말하는 "동종영업을 목적으로 하는 다른 회사"가 아니라고 볼 수는 없다.

4) 위반효과 : 이사회의 사전승인 없이 이사가 경업이나 겸직을 하면 곧바로 본조가 적용된다. 이 경우 회사에 손해가 발생하였는지는 묻지 않는다. 본조는 회사의 손해를 회복시켜 주는 것만을 목적으로 하는 것이 아니라, 경쟁적 이익 추구를 단념시킴으로써 이사가 회사의 업무에 전념하도록 하는 뜻도 포함되어 있기 때문이다. 따라서 이사의 경업(겸직)행위로 인해 회사에 손해가 발생한 때에는 이사가 배상책임을 져야 하고(상법 제399조), 경업이나 겸직은 상법 제385조 제2항상의 「법령에 위반한 중대한 사실」이 되므로 회사가 손해배상 없이 이사를 해임할 수 있으며(상법 제385조 제1항), 소수주주가 법원에 그 해임을 청구할 수도 있는데(상법 제385조 제2항), 이는 이사가 겸직을 사임했더라도 마찬가지이다.[493] 다만 주의할 것은 ① 손해가 발생하지 아니한 경우에는 회사가 손해배상청구만을 할 수 없을 뿐

492) 대법원 1990. 11. 2.자 90마745 결정.
493) 대법원 1990. 11. 2.자 90마745 결정.

다른 효과는 그대로 주장할 수 있고, ② 경업금지의무에 위반한 거래도 그 자체는 유효하며, ③ 이사의 경업금지의무 위반은 경우에 따라서 상법상의 특별배임죄(상법 제622조 제1항)를 구성할 수도 있다는 점이다.[494]

> **참고판례** **상법상 특별배임죄의 성립요건(대법원 1998. 2. 24. 선고 97도183 판결)** : 구 상법(1995. 12. 29. 법률 제5053호로 개정되기 전의 것) 제622조 제1항이 정하는 특별배임죄는 회사의 이사 등 같은 항에서 규정하는 지위에 있는 사람이 그 임무에 위배한 행위로써 재산상의 이득을 취득하거나 제3자로 하여금 이득을 취득하게 하여 회사에 손해를 가한 때에 성립하고, 여기에서 '회사에 손해를 가한 때'라 함은 회사에 현실적으로 재산상의 손해가 발생한 경우뿐만 아니라 회사 재산 가치의 감소라고 볼 수 있는 재산상 손해의 위험이 발생한 경우도 포함되는 것이며, 일단 회사에 대하여 재산상 손해의 위험을 발생시킨 이상 사후에 피해가 회복되었다고 하더라도 특별배임죄의 성립에 영향을 주지 못한다(당원 1995. 2. 17. 선고 94도3297 판결; 1995. 12. 22. 선고 94도3013 판결 등 참조).

5) 개입권의 행사 : 이사가 경업금지의무를 위반한 때에는 위의 일반적 위반 효과 외에 회사가 「개입권(탈취권)」을 행사할 수도 있다. 구체적으로 ① 이사가 자신의 계산으로 경업행위를 한 경우에는 이를 회사의 계산으로 한 것으로 볼 수 있고, ② 이사가 제3자의 계산으로 경업행위를 한 때에는 회사가 이사에 대하여 그로 인한 이득의 양도를 청구할 수 있다(상법 제397조 제2항). 이러한 개입권의 법적 성질은 형성권이므로 이사에 대한 회사의 의사표시만으로 효력이 발생한다. 다만 개입권을 행사하려면 이사회 결의가 있어야 하지만, 행사는 대표이사가 해야 한다. 따라서 대표이사가 이를 게을리하면 주주가 대표소송을 제기할 수 있다(상법 제403조). 한편 개입권은 그 거래가 있은 날로부터 1년을 경과하면 소멸하는데(상법 제397조 제3항), 이는 제척기간이다. 참고로 독일 주식법은 회사로 하여금 손해배상청구권과 개입권 중 하나를 선택하도록 규제하고 있지만,[495] 상법은 그러한 제한을 두고 있지 않으므로 회사가 양자를 동시에 행사할 수도 있다.

(3) 회사기회유용금지

1) 의 의 : 2011년 개정 상법은 그동안 논란의 핵심이었던 이사의 회사기회유용금지에 관한 규정을 신설하였는데, 이는 미국 판례법이 이사의 충실의무 일부로 요구하는 회사기회유용금지의 원칙(Usurpation of Corporate Opportunity Doctrine)을 본받은 것이다. 즉 상법은 이사의 회사기회유용에 대한 인식을 새롭게 정립하고, 충실의무를 부담하는 이사가 회

494) 서울고등법원 1982. 1. 13. 선고 82노2105 판결.
495) AktG §88 Abs.2.

사에 귀속되어야 할 영업기회를 자기나 제3자의 이익을 위해 편취하는 것을 금지하고 있다. 그동안 일부 기업에서 대표이사나 지배주주가 회사의 사업기회를 유용하여 자신의 회사에 대한 지배력을 강화하는 수단이나 경영권의 편법적인 승계방법 등으로 악용하였지만, 기존의 충실의무나 경업금지의무 및 자기거래금지의무 등에 관한 규정의 적용을 통해서는 해결하기 어려운 측면이 있었기 때문이다. 즉 이사의 회사기회유용금지에 관한 명문 규정을 두어 위법행위에 대한 책임 근거로 활용하기 위한 것이다.

2) 승인요건 : 이사는 이사회의 승인을 얻으면 회사의 사업기회를 얼마든지 이용할 수 있다(상법 제397조의2 제1항 전단). 이사회의 승인은 「사전승인」인데, 승인요건이 「이사 전원의 3분의 2 이상의 찬성」으로 강화되어 있다(상법 제397조의2 제1항 후단). 이 경우 승인을 청구한 이사는 특별이해관계자이므로 이사회의 승인과정에서 의결권을 행사할 수 없다. 한편 자본금 10억원 미만의 소규모회사가 이사회를 두지 아니한 때에는 이사의 사업기회 유용을 주주총회의 결의로 승인하는데(상법 제383조 제4항), 승인요건과 관련하여 주의할 점이 있다. 즉 상법 제383조 제4항이 "제397조의2 제1항 중 「이사회」는 「주주총회」로 보며"라고 규정하고 있어 이사 전원의 3분의 2 이상의 찬성과 연계하여 특별결의를 얻어야 하는 것으로 오인할 수 있지만, 양자는 결의방법의 본질이 다르므로[496] 주주총회의 보통결의에 의한 승인이면 충분하다고 보아야 한다.

3) 금지내용 : 이사는 이사회의 사전승인을 얻지 아니하면 현재 또는 장래에 회사의 이익이 될 수 있는 회사의 사업기회를 자기 또는 제3자의 이익을 위하여 이용할 수 없는데(상법 제397조의2 제1항 전단), 주요 내용은 다음과 같다.

㈎ 사업기회의 유형 : 이사가 유용할 수 없는 것은 ① 「직무를 수행하는 과정에서 알게 되거나 회사의 정보를 이용한 사업기회」이다. 이는 회사의 비용으로 얻은 사업기회[497]를 의미하는데, 회사의 영업부류에 속하는지는 묻지 않는다. ② 「회사가 수행하고 있거나 수행할 사업과 밀접한 관계가 있는 사업기회」인데, 이는 상법 제397조의 경업과 유사하므로 회사의 영업부류에 속하는 거래에 준하여 판단하면 된다. 이 경우 회사가 수행하거나 수행할 사업의 경우에는 목적사업에 국한하지 않고, 회사의 영리활동의 대상이 되는 것은 사실상 모두 포함한다. 그런데 상법이 회사의 사업기회로 예시하고 있는 「직무를 수행하는 과정에서 알게 되거나 회사의 정보를 이용한 사업기회[498] 및 회사가 수행하고 있거나 수행할 사

---

496) 이사회의 결의는 두수주의에 의하고, 주주총회의 결의는 자본다수결에 의한다.

497) 부품공급업체의 채무에 대해 보증을 선 회사의 이사가 당해 부품공급업체의 소유주가 염가에 회사를 넘기려고 하는 사실을 알고 이를 인수하는 경우 등을 그 예로 들 수 있다.

498) 이는 회사의 영업부류에 속하는지를 묻지 않는다는 것으로서 회사의 비용으로 얻은 사업기회를 의

업과 밀접한 관계가 있는 사업기회」의 구체적인 의미와 그러한 사업기회를 이용한다는 것이 구체적으로 무엇을 말하는지는 여전히 명확하지 않다. 따라서 향후 입법적으로 명확히 규정하여 법리적·이론적 혼란을 방지해야 한다.

㈏ 회사의 이익 가능성 : 상법은 이사의 사업기회유용금지의 대상을 현재 또는 장래에 회사의 이익이 될 수 있는 사업기회로 한정하고 있다. 따라서 비록 회사의 사업기회(위의 ①과 ②)라고 하더라도 회사의 이익이 될 수 없는 것은 금지의 대상이 되지 않는다. 주의할 것은 「회사에 이익이 된다」는 것은 회계학적으로 회사에 수익을 가져올 수 있다는 것이 아니라, 회사의 영리 추구의 대상이 되는 것으로 이해해야 한다는 점이다. 이 점에서 회사의 이익 가능성은 「직무를 수행하는 과정에서 알게 되거나 회사의 정보를 이용한 사업기회」란 광범위한 적용기준의 보완적 해석원리가 될 수 있다.

4) 위반효과 : 상법은 이사가 이사회의 사전승인 없이 회사의 사업기회를 이용한 행위의 효력에 대하여 명확히 규정하고 있지 아니하여 합리적인 해석이 필요하다.

㈎ 해석기준 : 이사의 회사기회이용행위는 경업금지의무에서처럼 다루는 것이 합리적이다. 하자는 회사와 이사 간에 있는 것이지 이사와 제3자의 거래행위에 있는 것이 아니고, 경업의 경우에는 거래로 인한 이득의 귀속이 불공정할 뿐이지 거래당사자에게는 거래의 효력을 좌우할 어떠한 하자도 없기 때문이다. 따라서 이사가 이사회의 사전승인 없이 회사의 사업기회를 유용하였더라도 거래의 효력에는 영향이 없다.

㈏ 손해배상책임 : 이사가 이사회의 사전승인 없이 회사기회를 이용하여 회사에 손해를 끼쳤다면 배상책임을 져야 하는데, 이 경우 회사의 손해는 책임을 추궁하는 자(회사 또는 대표소송 제기자)가 증명해야 한다. 그런데 회사의 손해는 이론적인 일실이익이어서 그 증명이 쉽지 아니하므로 상법 제397조의2 제2항은 기회의 이용으로 인해 이사 또는 제3자가 얻은 이익을 회사의 손해로 추정하고 있다. 다만 이 경우 이사는 두 가지의 반증을 할 수 있다. 즉 이사는 자신에게 이익이 발생하였으나 회사의 손실과는 무관함을 입증하거나 자신이나 제3자에게 이익이 없었음을 증명하여 면책을 주장할 수 있다.

㈐ 개입권 등의 적용 : 이사회의 사전승인 없이 한 이사의 사업기회유용은 제397조의 경업과 매우 유사하다. 그렇지만 상법은 회사기회유용금지에 있어서 이사의 손해배상책임만 인정할 뿐 경업에서의 개입권이나 이익반환제도는 두고 있지 않다.

미하는데, 미국에서는 이를 기회유용행위의 가장 뚜렷한 징표로 삼고 있다.

㈑ 주의사항 : 이사가 이사회의 사전승인을 받아 유용한 사업기회로 인하여 회사에 손해가 발생한 때에는 주의해야 할 점이 있다. 이와 관련하여 상법은 「이사회의 승인 없이 사업기회를 이용한 이사」와 「승인해 준 이사」를 책임의 주체로 규정하고 있어 이사회의 승인을 받고 이용한 사업기회로 인한 회사의 손해는 승인한 이사만 책임지고 사업기회를 이용한 이사는 책임지지 않는 문제가 발생한다. 생각건대 이는 균형이 맞지 않는 법리구성이므로 승인받은 이사도 제397조의2 제2항에 따른 책임을 진다고 해석해야 한다. 물론 제399조에 따른 책임이 있으므로 제397조의2에 의한 책임은 제외해도 된다는 견해가 있을 수 있지만, 양자는 증명책임이 달라 별도로 인정할 실익이 있다.

(4) 자기거래금지

1) 의 의 : 원래 자기거래란 이사가 회사를 상대방으로 하여 자기 또는 제3자의 계산으로 하는 거래를 말한다(상법 제398조). 일반적으로 이사가 회사와 거래를 하게 되면 본인의 이익을 위해 회사의 손실을 개의치 않는 불공정한 거래를 할 소지가 있는데, 특히 이사가 지배주주이거나 그의 특수관계자라면 자기거래를 회사재산의 흡인을 위한 도관으로 활용함으로써 다른 주주들의 배당기회와 회사채권자의 담보재산을 탈취하는 비행도 가능하기 때문이다. 그러므로 회사재산을 건전하게 유지하고 회사채권자와 주주를 효과적으로 보호하기 위해서는 자기거래를 엄격히 규제해야 하는데, 상법은 「이사회의 승인」이란 절차를 통해 자기거래의 폐단을 예방하는 방법을 취하고 있다. 즉 자기거래는 이사회의 사전승인을 받게 함으로써 자기거래임을 공개하도록 하고, 이에 대한 이사회의 사전적 감시 및 사후적 책임추궁(상법 제399조)을 용이하게 하는 것이다. 이처럼 자기거래는 회사의 이익과 이사의 이익이 상충하는 가장 전형적인 거래이기 때문에 대부분의 입법례에서도 이를 제한하고 있다([표 16] 참조). 한편 상법은 2011년 개정을 통해 자기거래의 적용대상을 지배주주와 집행임원 및 그들의 특수관계자까지 확대하였다.

2) 자기거래의 주체 : 상법 제398조에 의해 오랫동안 자기거래의 제한을 받은 주체는 이사였지만, 2011년 개정 상법은 주요주주와 집행임원 및 특수관계자까지 확대하였다.

㈎ 이 사 : 자기거래의 제한을 받는 전통적인 주체는 이사인데, 상근과 비상근 및 보수의 유무에 관계없이 모든 이사가 포함된다. 그리고 청산인(상법 제542조 제2항 → 제398조), 이사와 동일한 권한을 갖는 퇴임이사(상법 제386조 제1항)와 일시이사(상법 제386조 제2항), 법원의 가처분에 의해 선임된 직무대행자(상법 제407조 제1항)도 포함된다. 다만 이사의 지위에서 물러난 자는 이에 해당하지 않고, 재임시에 투자한 것을 반환받는 것도 제한받지 아

[표 16] 자기거래 규제에 관한 주요 입법례

국 가	규제 내용
독 일	비교적 자기거래에 대한 규제가 관대한데, 이사에 대한 융자에 대해서만 감사회의 승인을 받도록 규제할 뿐 그 밖의 자기거래에 대해서는 제한하지 않고 있음.[499]
프랑스	이사와 그의 특수관계자가 직·간접적으로 이해를 갖는 회사와의 거래에 대하여 감사회의 사전승인을 받도록 하고, 이사 등이 소유자나 임원으로 관여하고 있는 다른 기업과의 거래 및 회사가 이사 등에게 자금을 대여하거나 담보로 제공하는 것도 동일한 방법으로 제한하고 있음.[500]
영 국	과거에는 공정한 자기거래라고 하더라도 무효로 취급하였지만, 현재는 주주총회의 승인을 얻어야 할 수 있는 자기거래와 승인 없이 할 수 있는 자기거래를 열거하는 방식을 취하고 있음.[501]
미 국	자기거래를 일반적으로 허용하되, 회사에 대하여 불공정하게 이루어졌을 경우에는 취소할 수 있도록 규제하고 있음.[502]
일 본	자기거래를 경업금지와 함께 주주총회의 결의사항으로 규정하면서 간접거래도 자기거래에 포함시키고 있음.[503]

니한다.[504] 한편 상법 제401조의2는 업무집행관여자도 제399조·제401조·제403조의 적용에 있어 이사로 본다고 규정하고 있어[505] 그가 회사와 거래하는 때에도 제398조가 적용되는지에 관한 논란이 있다. 생각건대 업무집행지시자는 제398조의 적용대상이 아니다.[506] 본조가 명문으로 제399조·제401조·제403조만을 규정하고 있고, 사회학적 개념인 영향력의 광범위성으로 인해 제398조의 적용범위가 크게 확대될 우려가 있으며, 자기거래에 대한 사전적 가치판단을 요하는 제398조는 특정 주체의 행위에 대한 사후적 책임추궁에 관련된 제401조의2와 법체계적으로 부합하지 않기 때문이다.

㈏ 주요주주 : 주요주주란 발행주식총수의 100분의 10 이상을 소유하는 자 또는 이사·감

---

499) AktG §89 Abs.1.
500) C. com, Art. L 225−86, 225−91.
501) Companies Act 2006 s.190.
502) 미국 각 주의 회사법상 자기거래는 ① 이사회 또는 주주들의 성실한 결의에 의한 승인을 받아야 하고, ② 승인받을 때에는 이사와 문제된 거래의 이해관계를 개시해야 하며, ③ 공정 또는 공정하고 합리적인 거래여야 한다(Del. Gen Corp. Law §144; Calif. Corp. Code §820).
503) 일본 회사법 제356조.
504) 대법원 1989. 9. 13. 선고 88다카9098 판결.
505) 이는 회사에 대한 자신의 영향력을 행사하여 특정한 업무집행의 실질적인 주체가 됨에도 불구하고 법적인 책임에서는 자유로운 자를 책임의 주체로 끌어올리기 위함이다(정준우, “상법 제398조와 제542조의9의 적용대상에 있어서의 상관관계 검토”, 243면).
506) 정준우, “자기거래제한규정의 적용요건에 관한 입법론적 재검토”, 239면.

사의 선임·해임 등 상장회사의 주요 경영사항에 대하여 사실상 영향력을 행사하는 자를 말한다(상법 제542조의8 제2항 제6호). 이처럼 상법은 상장회사 사외이사의 결격사유에 관한 제542조의8 제2항 제6호를 준용하여 주요주주를 정의하고 있다. 그리하여 ① 제398조가 명백히 「제542조의8 제2항 제6호에 따른 주요주주」라고 규정하고 있으므로 비상장회사의 주요주주는 제외되어야 한다는 견해,[507] ② 자기거래의 규제대상을 상장회사의 주요주주에 한정하고 비상장회사의 주요주주는 배제하려는 것이 입법자의 의도는 아니겠으나 상장회사 특례규정상의 주요주주의 개념을 제398조에서 준용함으로써 해석상으로는 비상장회사의 주요주주는 규제의 대상에서 제외된다는 견해[508]가 있다. 그런데 2011년 개정 상법이 주요주주를 제398조의 적용대상에 포함시킨 것은 그가 자신의 이익을 위해 회사에 영향력을 행사하여 회사재산을 위태롭게 함으로써 다른 주주의 배당기회를 침해하거나 회사채권자의 책임재산을 탈취하는 것을 방지하기 위함이다. 그렇다면 이는 명백한 입법적 불비이므로 우선은 제398조가 제542조의8 제2항 제6호상의 주요주주가 아닌 단지 주요주주라는 개념 그 자체만을 준용하는 것으로 해석하고,[509] 향후 법을 개정하여 회사의 상장 여부에 상관없이 주요주주는 모두 동일하게 취급해야 한다.[510]

㈐ 특수관계자 : 상법 제398조의 특수관계자란 ① 이사 또는 주요주주의 배우자 및 직계존·비속(제2호), ② 이사 또는 주요주주의 배우자의 직계존·비속(제3호), ③ 이사와 주요주주 및 ①과 ②에 속하는 자들이 단독 또는 공동으로 의결권 있는 발행주식총수의 100분의 50 이상을 가진 회사 및 그 자회사(제4호), ④ 이사와 주요주주 및 ①과 ②에 속하는 자가 ③의 회사와 합하여 의결권 있는 발행주식총수의 100분의 50 이상을 가진 회사(제5호)를 말한다. 주의할 것은 여기서 「배우자」란 법률상의 배우자를 말하므로 사실상의 배우자는 포함되지 않는다는 점이다. 한편 이사 등의 특수관계자 중 ④의 구체적인 의미 및 포섭범위와 관련하여 다음과 같은 해석상 논란이 있다.

㈀ 「공동으로」의 의미 : 법문의 포섭범위가 명확하지 않아 ① 제1호의 각 주체가 개별적으로 제2호 내지 제3호의 관계에 있는 자들과 공동으로 소유하는 경우만을 의미한다는 견해,[511] ② 제1호 내지 제4호의 각 주체가 가진 지분을 모두 합산하여 50% 이상에 해당하면 향후 공동보유자로서 기능할 수 있으며 회사와 이해가 상충될 우려도 있으므로 그들 모

507) 최준선, 「2011 개정상법 회사법 해설」, 132면.
508) 임재연(Ⅱ), 408면.
509) 정준우, "상법 제398조와 제542조의9의 적용대상에 있어서의 상관관계 검토", 245면.
510) 한국상사법학회(Ⅱ)(권윤구 집필 부분), 834면; 송옥렬, 1066면; 이철송, 792면; 천경훈, "개정상법상 자기거래 제한 규정의 해석론에 관한 연구", 71면.
511) 한국상사법학회(Ⅱ)(권윤구 집필 부분)」, 836면.

두를 포함한다는 견해[512]가 있다. 생각건대 여기서 「공동으로」란 법문은 제398조 제1호 내지 제3호에 해당하는 각각의 주체들을 모두 포함하는 것으로 해석·적용하는 것이 합리적이다.[513] 각각의 주체가 때로는 개별적으로 때로는 공동보유자로서 회사에 대하여 영향력을 행사하여 불공정한 거래를 할 위험성이 있기 때문이다.

(ㄴ) 「손자회사」의 포함 여부 : 제398조 제4호의 자회사에 손자회사도 포함되는지가 논란이다. 규정의 문리적 해석상 주요주주가 자연인일 경우에는 손자회사가 포함되지 않지만, 주요주주가 법인일 때에는 손자회사도 포함되기 때문이다.[514] 생각건대 상호주의 규제에 관한 상법 제342조의2 제3항은 "다른 회사의 발행주식총수의 100분의 50을 초과하는 주식을 모회사 및 자회사 또는 자회사가 가지고 있는 경우 그 다른 회사는 이 법의 적용에 있어 그 모회사의 자회사로 본다."라고 규정하고 있고, 손자회사는 모회사와 자회사의 절대적인 영향력 아래에 있어 손자회사와 당해 회사와의 거래도 자기거래의 위험성이 있다. 따라서 여기의 자회사에는 손자회사도 포함되는 것으로 해석해야 한다.

(라) 집행임원과 특수관계자 : 집행임원과 그의 특수관계자도 이사 및 주요주주와 동일한 내용으로 자기거래의 제한을 받는다(상법 제408조의9 → 제398조).

3) 자기거래의 범위 : 현재까지 논의되고 있는 이사 등의 자기거래금지의 구체적인 내용과 포섭범위 및 적용이 배제되는 경우 등에 관한 주요 내용은 다음과 같다.

(가) 거래의 의미 : 거래란 모든 재산상의 행위를 뜻하므로, 채권계약과 물권계약만이 아니라 채무면제와 같은 단독행위도 포함하고, 채권양도의 승인과 채무승인 및 사무관리와 같은 준법률행위도 포함한다. 다만 이사 등이 회사를 상대로 하는 단독행위는 회사의 손실발생 가능성이 없으므로 제398조의 적용대상이 아니다. 한편 본조의 거래는 일반적으로 손익거래를 의미하지만, 자본거래라고 하더라도 이사 등이 ① 신주 등을 제3자배정방식으로 인수하는 것, ② 실권주를 인수하는 것, ③ 사채를 인수하는 것 등은 회사와 이해상충의 우려가 있으므로 자기거래에 포함된다고 보는 것이 타당하다.

---

512) 천경훈, "개정상법상 자기거래 제한 규정의 해석론에 관한 연구", 73면.

513) 정준우, "자기거래제한규정의 적용요건에 관한 입법론적 재검토", 242면.

514) 즉 주요주주가 자연인일 경우에는 제4호의 문언상 자기거래의 제한을 받는 회사는 제1호 내지 제3호상의 각 주체들이 단독 또는 공동으로 의결권 있는 발행주식총수의 50% 이상을 소유하는 회사와 그 자회사이므로 손자회사는 포함되지 않지만, 주요주주가 법인일 경우에는 제4호상의 "발행주식총수의 50% 이상을 가진 회사 및 그 자회사"는 주요주주인 법인의 자회사와 손자회사를 의미하고, 따라서 제5호상의 회사는 증손자회사를 의미하기 때문이다(정준우, "상법 제398조와 제542조의9의 적용대상에 있어서의 상관관계 검토", 251~252면).

참고판례 **자기거래의 포섭범위(대법원 2006. 3. 9. 선고 2005다65180 판결)** : 주식회사의 대표이사가 회사를 대표하여 회사의 제3자에 대한 채권을 대표이사 자신에게 양도하는 행위는 상법 제398조 소정의 이사의 자기거래행위에 해당하여 이사회의 결의를 거쳐야 할 것인바, 위 채권양도행위에 대하여 이사회의 결의가 있었다거나 그것이 회사의 기존채무 이행을 위하여 행해진 것으로 이사회의 승인을 요하지 않는다는 점에 대하여는 당해 이사가 스스로 주장·입증하여야 할 것이다.

참고판례 **주주 전원의 동의에 의한 자기거래의 효력(대법원 2002. 7. 12. 선고 2002다20544 판결)** : 회사의 채무부담행위가 상법 제398조 소정의 이사의 자기거래에 해당하여 이사회의 승인을 요한다고 할지라도, 위 규정의 취지가 회사 및 주주에게 예기치 못한 손해를 끼치는 것을 방지함에 있다고 할 것이므로, 그 채무부담행위에 대하여 사전에 주주 전원의 동의가 있었다면 회사는 이사회의 승인이 없었음을 이유로 그 책임을 회피할 수 없다.

(나) 거래의 유형 : 이사 등과 또는 이와 위탁·대리·대표 등의 일정한 관계에 있는 제3자가 직접 회사의 상대방이 된 경우(직접거래)만이 아니라, 회사의 거래로 인한 결과적인 이득이 이사 등에게 귀속되는 경우(간접거래)도 자기거래에 포함된다(예: 회사가 이사의 채권자와 채무에 대한 보증 또는 담보설정계약을 체결하거나 그 채무를 인수하는 것,[515] A와 B의 대표이사를 겸하는 자가 A를 대표하여 B에게 채무보증을 한 경우[516] 등).

참고판례 **2개 회사의 대표이사를 겸하고 있는 자가 일방 회사의 채무에 관하여 나머지 회사를 대표하여 연대보증을 한 경우에도 제398조가 적용되는지(대법원 1984. 12. 11. 선고 84다카1591 판결)** : 상법 제398조에서 말하는 거래에는 이사와 회사 사이에 직접 성립하는 이해상반하는 행위뿐만 아니라 이사가 회사를 대표하여 자기를 위하여 자기 개인 채무의 채권자인 제3자와 사이에 자기개인채무의 연대보증을 하는것과 같은 이사개인에게 이익이 되고 회사에 불이익을 주는 행위도 포함하는 것이라 할 것이고 이런 의미에서 볼 때 원판시 두회사의 대표이사를 겸하고 있던 소외인이 위 회사의 채무에 관하여 피고회사를 대표하여 연대보증을 한 경우에는 역시 상법 제398조의 규정이 적용되는 것으로 보아야 할 것이다(당원 1965. 6. 22. 선고 65다734 판결; 1969. 11. 2. 선고 69다1374 판결 참조).

(다) 거래의 방식 : 상법은 「자기 또는 제3자의 계산으로」라고 규정하고 있어 누구의 이름으로 회사의 상대방이 되어 거래하였느냐는 묻지 않는다. 따라서 이사 등이 ① 제3자의 대리인으로서 회사와 거래하는 것, ② 제3자의 위탁을 받아 회사와 거래하는 것, ③ 제3자와 회사의 거래를 중개하는 것, ④ 제3자에게 위탁하여 회사와 거래하는 것 등이 모두 자기거래에 속한다. 더욱이 다음과 같은 경우도 자기거래에 해당한다.

---

515) 대법원 1974. 1. 15. 선고 73다955 판결.
516) 대법원 1984. 12. 11. 선고 84다카1591 판결.

참고판례 **이사가 상대방의 대리인이나 대표자로서 거래할 때에도 제398조가 적용되는지(대법원 2017. 9. 12. 선고 2015다70044 판결)** : 구 상법(2011. 4. 14. 법률 제10600호로 개정되기 전의 것, 이하 '구 상법'이라고 한다) 제398조에 의하면 "이사는 이사회의 승인이 있는 때에 한하여 자기 또는 제삼자의 계산으로 회사와 거래를 할 수 있다."라고 규정하고 있다. 여기서 이사회의 승인이 필요한 이사와 회사의 거래에는 이사가 거래의 상대방이 되는 경우뿐만 아니라 상대방의 대리인이나 대표자로서 회사와 거래를 하는 경우와 같이 특별한 사정이 없는 한 회사와 이사 사이에 이해충돌의 염려 내지 회사에 불이익을 생기게 할 염려가 있는 거래도 해당된다(대법원 1996. 5. 28. 선고 95다12101, 12118 판결 참조).

(ㄱ) 임원의 겸임 : 기업결합의 방법 중 하나는 임원의 겸임이다. 그렇다면 특정인이 2개 회사의 이사를 겸한 상태에서 이루어진 회사 간의 거래는 어떻게 처리해야 하는가? 사안을 나누어 살펴보면 다음과 같다. 즉 ① 甲이 A회사와 B회사의 대표이사를 겸하고 있는 상태에서 A와 B가 거래를 한다면 이는 당연히 쌍방 회사 모두에 대하여 자기거래가 된다.[517] ② 甲이 A회사의 대표이사와 B회사의 이사를 겸하고 있는 상태에서 A와 B가 거래를 한 경우 B에 대하여 자기거래가 되는 것은 분명하지만, 사실상 A에 대해서도 자기거래가 된다.[518] ③ 甲이 A회사와 B회사의 이사를 겸하고 있는 상태에서 A와 B가 거래를 한 경우에도 자기거래라고 보아야 한다. 이 경우에도 이사의 영향력 행사로 인해 당해 거래가 불공정해질 수 있는 가능성을 배제할 수 없기 때문이다.[519]

참고판례 **2개 회사의 대표이사를 겸하는 자가 두 회사 간 매매계약을 체결할 때 제398조가 적용되는지(대법원 1996. 5. 28. 선고 95다12101,12118 판결)** : 甲, 乙 두 회사의 대표이사를 겸하고 있던 자에 의하여 甲 회사와 乙 회사 사이에 토지 및 건물에 대한 매매계약이 체결되고 乙 회사 명의로 소유권이전등기가 경료된 경우, 그 매매계약은 이른바 '이사의 자기거래'에 해당하고, 달리 특별한 사정이 없는 한 이는 甲 회사와 그 이사와의 사이에 이해충돌의 염려 내지 甲 회사에 불이익을 생기게 할 염려가 있는 거래에 해당하는데, 그 거래에 대하여 甲 회사 이사회의 승인이 없었으므로 그 매매계약의 효력은 乙 회사에 대한 관계에 있어서 무효이다.

(ㄴ) 기관장의 겸임 : 이사가 비영리기관이나 공익기관 또는 정부기관의 장을 겸하고 있는 상태에서 이들 기관이 회사와 거래하는 경우에도 제398조가 적용된다.[520]

---

517) 대법원 1996. 5. 28. 선고 95다12101,12118 판결; 대법원 1969. 11. 11. 선고 69다1374 판결.
518) 서울지방법원 1996. 8. 20. 선고 96나2858 판결.
519) 이철송, 793면.
520) 대법원 2007. 5. 10. 선고 2005다4284 판결(㈜대한생명의 대표이사가 자신이 이사장을 겸하고 있는 신동아학원에 대해 회사의 계산으로 매년 기부를 하였는데, 법원은 이를 자기거래로 판단하였다).

(ㄷ) 어음행위 : 이사의 자기거래가 어음행위일 때에도 제398조가 적용되느냐에 대해서는 견해가 나뉘어 있다. 그렇지만 어음행위는 원인관계와는 다른 새로운 채무를 발생시키고, 인적 항변의 절단과 채무의 독립성 등으로 인해 더욱 엄격한 법적 책임이 따르는 점을 고려할 때 이사회의 승인이 필요하다고 보는 것이 합리적이다(통설/판례).[521]

참고판례 **대표이사가 본인의 보증채무를 담보하기 위해 본인 앞으로 발행한 회사명의의 어음을 은행이 취득할 때 중과실의 존재 여부(대법원 2004. 3. 25. 선고 2003다64688 판결)** : 은행은 일반인의 경우보다 어음거래 및 취득에 있어 더욱 신중하고도 치밀한 대처가 요구되는 금융기관으로서, 피고 회사가 원고 은행에 대하여 어음금채무를 부담하여야 할 아무런 원인관계가 없이 단지 대표이사인 위 소외 3의 개인채무를 담보하기 위하여 이 사건 어음을 위 대표이사 앞으로 발행하여 원고 은행에게 배서·양도하게 한다는 사정을 알면서도 이사회의 승인이 있었는지 여부를 확인해 보지도 않고 취득하였다고 할 것이므로, 원고 은행은 이 사건 어음을 취득함에 있어 피고 회사의 이사회 승인이 없음을 알았거나 또는 적어도 이를 알지 못한 데 중대한 과실이 있었다고 할 것이다.

(ㄹ) 1인주주 : 주식 100%를 보유한 1인주주가 제398조의 적용을 받는지가 논란인데, 이에 대해서는 긍정설[522]과 부정설[523] 및 제한적 부정설[524]이 있다. 생각건대 상법이 자기거래를 제한하는 것은 회사는 물론이고 주주의 이익도 함께 보호하기 위함이고,[525] 1인회사라고 하더라도 1인주주와 회사의 이해관계가 완전히 일치한다고는 할 수 없으며, 회사재산에 대해서는 주주보다 회사채권자가 우선적으로 보호되어야 하고, 누구의 명의로 하든지 자기의 계산으로 의결권 있는 발행주식총수의 100분의 10 이상을 소유하면 주요주주가 되므로 100%를 보유한 경우도 동일하게 취급해야 한다.[526] 이런 점을 종합할 때 1인주주와 회사의 거래도 제398조의 적용대상으로 보고 규제해야 한다.

(ㅁ) 적용의 배제 : 상법이 이사 등의 자기거래를 엄격히 규제하는 것은 회사의 이익을

---

521) 대법원 2004. 3. 25. 선고 2003다64688 판결; 대법원 1994. 10. 11. 선고 94다24626 판결.

522) 이철송, 796면.

523) 송옥렬, 1071면; 정동윤, 634면; 최준선, 551면.

524) 이에 의하면 원칙적으로는 1인주주와 회사의 거래에는 자기거래제한에 관한 규정이 적용되지 않지만, 예외적으로 파탄지경에 있는 자회사에 대해 모회사의 자산을 이전하는 거래를 할 경우에는 이익상반관계가 있으므로 모회사의 주주 보호를 위해 모회사 이사회의 승인이 필요하다고 한다(落合誠一 編, 82頁).

525) 대법원 2007. 5. 10. 선고 2005다4284 판결(상법 제398조 전문이 이사와 회사 사이의 거래에 관하여 이사회의 승인을 얻도록 규정하고 있는 취지는 이사가 그 지위를 이용하여 회사와 거래를 함으로써 자기 또는 제3자의 이익을 도모하고 회사 나아가 주주에게 불측의 손해를 입히는 것을 방지하고자 함에 있다).

526) 정준우, "자기거래제한규정의 적용요건에 관한 입법론적 재검토", 241~242면.

보호하기 위함이므로, 다음과 같은 경우에는 제398조가 적용되지 않는다.

(ㄱ) 이익충돌의 우려가 없는 경우 : 상법이 자기거래를 규제하는 것은 회사와 이사 등의 이익이 충돌되었을 때 회사의 이익이 희생되는 것을 방지하기 위함이다. 따라서 회사와 이사 등의 이익이 충돌할 우려가 있는 거래는 당연히 이사회의 승인을 받아야 하지만, 거래의 성질상 회사의 이익과 충돌할 염려가 없는 경우에는 이사회의 승인을 요하지 않는다(통설). 그리고 회사에 대한 무이자·무담보의 자금대여, 회사채무의 보증, 회사의 명의로 해 두었던 명의신탁의 해지 등처럼 행위의 객관적 성질로 보아 회사에 대하여 불이익이 없는 거래도 제한을 받는 제398조의 자기거래에 포함되지 아니한다.

> **참고판례** **회사에 불이익이 없는 자기거래의 효력(대법원 2010. 3. 11. 선고 2007다71271 판결)** : 상법 제398조 전문이 이사와 회사 사이의 거래에 관하여 이사회의 승인을 얻도록 규정하고 있는 취지는, 이사가 그 지위를 이용하여 회사와 직접 거래를 하거나 이사 자신의 이익을 위하여 회사와 제3자 간에 거래를 함으로써 이사 자신의 이익을 도모하고 회사 및 주주에게 손해를 입히는 것을 방지하고자 하는 것이므로, 이사와 회사 사이의 거래라고 하더라도 양자 사이의 이해가 상반되지 않고 회사에 불이익을 초래할 우려가 없는 때에는 이사회의 승인을 얻을 필요가 없다.

(ㄴ) 당해 회사와의 거래가 아닌 경우 : 상법 제398조는 이사 등이 자기 또는 제3자의 계산으로 당해 회사와 거래하는 것을 자기거래로 규제하고 있다. 이와 관련하여 판례는 모회사의 이사가 자회사와 하는 거래는 제398조가 규율하는 거래에 해당하지 않는다고 판시하였는데, 모회사 이사의 자회사에 대한 영향력을 고려할 때 타당하지 않다. 이에 의하면 이사 등이 직접 속하는 당해 회사를 제외하고는 그 모회사나 자회사 더 나아가 손자회사와의 거래 그 모두가 제398조의 적용을 받지 않게 되는데, 이는 규제의 취지와 수직적·수평적 계열관계가 심화된 실무를 고려할 때 바람직하지 않기 때문이다.

> **참고판례** **모회사의 이사가 자회사와 거래할 때 제398조가 적용되는지(대법원 2013. 9. 12. 선고 2011다57869 판결)** : 구 상법(2011. 4. 14. 법률 제10600호로 개정되기 전의 것, 이하 '구 상법'이라 한다) 제398조가 이사와 회사 간의 거래에 대하여 이사회의 승인을 받도록 정한 것은 이사가 그 지위를 이용하여 회사와 직접 거래를 하거나 이사 자신의 이익을 위하여 회사와 제3자 간에 거래를 함으로써 이사 자신의 이익을 도모하고 회사 또는 주주에게 손해를 입히는 것을 방지하고자 하는 것이므로(대법원 2010. 3. 11. 선고 2007다71271 판결 참조), 위 규정이 적용되기 위하여는 이사 또는 제3자의 거래상대방이 이사가 직무수행에 관하여 선량한 관리자의 주의의무 또는 충실의무를 부담하는 당해 회사이어야 한다. 한편 자회사가 모회사의 이사와 거래를 한 경우에는 설령 모회사가 자회사의 주식 전부를 소유하고 있더라도 모회사와 자

회사는 상법상 별개의 법인격을 가진 회사이고, 그 거래로 인한 불이익이 있더라도 그것은 자회사에게 돌아갈 뿐 모회사는 간접적인 영향을 받는 데 지나지 아니하므로, 자회사의 거래를 곧바로 모회사의 거래와 동일하게 볼 수는 없다. 따라서 모회사의 이사와 자회사의 거래는 모회사와의 관계에서 구 상법 제398조가 규율하는 거래에 해당하지 아니하고, 모회사의 이사는 그 거래에 관하여 모회사 이사회의 승인을 받아야 하는 것이 아니다. (신세계백화점 사건)

4) 자기거래의 승인 : 이사 등이 자기거래를 하려면 이사회의 승인을 받아야 하는데, 2011년 개정상법은 승인요건을 강화하고 공정성 요건 등을 새로이 추가하였다.

(가) 승인기관 : 이사 등의 자기거래에 대한 승인기관은 「이사회」이다. 이 경우 이사회는 승인 결정을 대표이사에게 위임할 수 없다. 그렇지만 상법은 승인기관과 관련하여 소규모회사에 대한 특례를 두고 있고, 승인기관의 변경 등에 논란도 있다.

(ㄱ) 소규모회사의 특례 : 자본금 총액이 10억원 미만인 회사는 이사를 1명 또는 2명만 선임할 수도 있는데(상법 제383조 제1항 단서), 이는 소규모회사의 경우 이사회의 구성의무가 없다는 뜻이다. 따라서 소규모회사가 이사회를 두지 아니한 경우에 이사 등의 자기거래는 주주총회의 승인을 받아야 한다(상법 제383조 제4항). 물론 이때에도 자기거래를 하려는 이사 등은 주주총회에 미리 당해 거래에 관한 중요사실을 밝혀야 하고, 주주총회의 결의는 실제로 이루어져야 한다.[527] 이와 관련하여 판례는 1인회사가 아닌 한 주주총회의 의결정족수를 충족하는 주식을 가진 주주들이 동의하였거나 승인하였다는 사정만으로는 주주총회에서 그러한 내용의 결의가 이루어질 것이 명백하다거나 그러한 내용의 결의가 있었던 것과 마찬가지라고 볼 수는 없다고 판시하였다.[528]

참고판례 **소규모회사에서 이사 등의 자기거래에 대한 주주총회의 승인절차와 그 위반효과(대법원 2020. 7. 9. 선고 2019다205398 판결)** : 상법 제398조는 이사 등이 그 지위를 이용하여 회사와 거래를 함으로써 자기 또는 제3자의 이익을 도모하고 회사와 주주에게 예기치 못한 손해를 끼치는 것을 방지하기 위한 것으로, 이사와 지배주주 등의 사익추구에 대한 통제력을 강화하고자 적용대상을 이사 외의 주요주주 등에게까지 확대하고 이사회 승인을 위한 결의요건도 가중하여 정하였다. 다만 상법 제383조에서 2인 이하의 이사만을 둔 소규모회사의 경우 이사회의 승인을 주주총회의 승인으로 대신하도록 하였다. 이 규정을 해석·적용하는 과정에서 이사 등의 자기거래를 제한하려는 입법 취지가 몰각되지 않도록 해야 한다. 일반적으로 주식회사에서 주주총회의 의결정족수를 충족하는 주식을 가진 주주들이 동의하거나 승인하였다는 사정만으로 주

527) 대법원 2020. 7. 9. 선고 2019다205398 판결.
528) 대법원 2020. 6. 4. 선고 2016다241515,241522 판결.

주총회에서 그러한 내용의 주주총회 결의가 있는 것과 마찬가지라고 볼 수 없다. 따라서 자본금 총액이 10억원 미만으로 이사가 1명 또는 2명인 회사의 이사가 자기 또는 제3자의 계산으로 회사와 거래를 하기 전에 주주총회에서 해당 거래에 관한 중요사실을 밝히고 주주총회의 승인을 받지 않았다면, 특별한 사정이 없는 한 그 거래는 무효라고 보아야 한다.

(ㄴ) 승인기관의 변경 : 자기거래의 승인기관을 변경할 수 있을까? 이와 관련하여 정관에 의해 이사회의 승인을 주주총회의 승인이나 주주 전원의 동의 또는 1인주주의 동의로 변경할 수 있다는 견해[529]와 판례[530]가 있다.[531] 이는 상법이 자기거래를 제한하는 것은 주주의 이익을 보호하기 위한 것이므로 주주의 의사로 대체할 수 있다는 점, 주주총회는 주식회사의 최고기관이라는 점, 상법 제361조가 정관으로 주주총회의 권한을 확장할 수 있도록 한 점 등을 그 근거로 제시한다. 그리고 이 견해는 1인회사에서 1인주주인 이사가 하는 자기거래는 이사회의 승인조차 필요 없다고 한다. 생각건대 제398조는 주주의 이익 보호 외에 회사재산의 건전한 유지 및 채권자의 보호에도 그 목적이 있고, 회사재산에 대한 제1차적인 보호대상자는 회사채권자이다. 더욱이 상법은 이사회의 권한 중 일부(대표이사의 선정, 준비금의 자본금 전입, 신주의 발행, 전환사채의 발행, 신주인수권부사채의 발행)에 대해서만 정관 규정을 통해 주주총회의 권한으로 전환할 수 있도록 정하고 있으므로, 이러한 유보조항이 없는 자기거래의 승인을 이사회가 아닌 주주총회의 권한으로 전환할 수는 없다. 부당한 이사회결의에 의한 회사의 손해는 제399조 제2항에 따른 책임추궁을 통해 전보할 수 있지만, 주주총회의 부당한 승인의 경우에는 이러한 보완장치가 없기 때문이다. 또한 1인주주나 총주주의 동의에 의한 경우에는 주주의 책임 그 자체를 추궁할 수 없으므로 손해의 전보가 불가능하다. 따라서 주주총회의 승인이나 주주 전원의 동의 또는 1인주주의 동의로는 이사회의 승인에 갈음할 수 없다.[532]

---

529) 강위두/임재호, 846면; 김건식/노혁준/천경훈, 448면; 김정호, 448면; 송옥렬, 1070면; 정동윤, 442면; 최기원, 676면; 최준선, 551면; 한국상사법학회(Ⅱ)(권윤구 집필 부분), 851면.

530) 대법원 2017. 8. 18. 선고 2015다5569 판결; 대법원 2007. 5. 10. 선고 2005다4284 판결; 대법원 2002. 7. 12. 선고 2002다20544 판결; 대법원 1992. 3. 31. 선고 91다16310 판결.

531) 다만 세부적으로는 ① 주주총회의 승인으로 변경할 경우에는 승인요건이 발행주식총수의 3분의 2 이상이 되어야 한다는 견해(송옥렬, 1070면), ② 주주총회의 결의로 이사회의 승인을 갈음할 수는 있으나 주주 전원이나 1인주주의 동의로는 이사회의 승인을 갈음할 수 없다는 견해(임재연(Ⅱ), 531면)가 있다.

532) 권기범, 897면; 김홍기, 626면; 오성근, 715면; 이기수/최병규, 462면; 이종훈, 247면; 이철송, 797면; 정경영, 675면; 정찬형, 1066면; 홍복기/박세화, 502면.

> **참고판례** **이사회의 승인 없는 이사의 자기거래에 대한 주주 전원의 동의 효과(대법원 2002. 7. 12. 선고 2002다20544 판결)** : 회사의 채무부담행위가 상법 제398조 소정의 이사의 자기거래에 해당하여 이사회의 승인을 요한다고 할지라도, 위 규정의 취지가 회사 및 주주에게 예기치 못한 손해를 끼치는 것을 방지함에 있다고 할 것이므로, 그 채무부담행위에 대하여 사전에 주주 전원의 동의가 있었다면 회사는 이사회의 승인이 없었음을 이유로 그 책임을 회피할 수 없다(대법원 1992. 3. 31. 선고 91다16310 판결 참조).

㈂ 위원회에의 위임 : 이사회가 이사 등의 자기거래에 대한 승인 결정을 정관에서 정한 위원회에 위임할 수 있을까? 이러한 의문이 제기되는 것은 상법 제393조의2 제2항이 일정한 사항을 제외하고는 이사회의 권한을 위원회에 위임할 수 있다고 정하고 있고, 계열회사 간의 거래에 대한 공정거래법상 규제와 관련하여 내부거래위원회를 둔 회사가 많기 때문이다. 이에 대한 논의는 많지 않지만, ① 상법 제393조의2에 의해 일반적으로 이사회의 결의사항은 정관에 정한 소위원회에 위임할 수 있으나 상법이 이사 3분의 2 이상의 찬성을 요한다고 명시하고 있어 사실상 위임이 어렵다는 견해,[533] ② 제398조가 이사회의 승인요건을 이사 전원의 3분의 2 이상으로 하였다는 점에서 위임이 허용되지 않는다고 볼 여지도 있으나 결의요건의 가중은 보다 신중히 결정하라는 취지에 불과하다고 해석하는 것이 타당하므로 이사회가 하부 위원회에 승인결정을 위임하는 것도 허용된다는 견해[534]가 있다. 생각건대 집단화 또는 계열화가 일반적인 기업 실무에서 제398조의 적용대상이 크게 확대됨으로써 계열회사 간의 거래 상당 부분이 자기거래에 해당할 수 있게 된 점, 위원회는 의사결정의 신속성과 전문성 부족이라는 이사회의 단점을 해결할 수 있으므로 그 활성화가 필요한 점 등을 고려할 때 자기거래의 승인에 관한 결정권을 정관 등을 통해 위원회에 위임할 필요성은 충분히 있다. 그렇지만 이는 입법적으로 해결해야 할 문제이지 현행법의 해석상으로는 불가하다. 상법 제398조가 이사 등 일정한 자가 회사와 거래를 하려면 미리 이사회에 해당 거래의 중요사실을 밝히고 이사회의 승인(이사 전원의 3분의 2 이상의 찬성)을 받아야 한다고 명시하고 있기 때문이다.

㈏ 승인요건 : 이사 등이 자기거래를 하려면 이사회에 미리 해당 거래에 관한 중요사실을 밝히고 「사전승인」을 받아야 하는데, 다음과 같은 논란이 있다.

㈀ 결의요건 : 이사회의 승인은 이사 전원의 3분의 2 이상의 찬성으로 해야 하는데, 이 경우 승인을 청구한 이사는 특별이해관계자에 해당하여 의결권을 행사하지 못한다(상법

533) 김건식/노혁준/천경훈, 448면.

534) 송옥렬, 1070면. 다만 제398조상 결의요건의 가중을 고려할 때 위원회의 승인결의도 이사 전원의 3분의 2 이상의 찬성으로 이루어져야 하는데, 이로 인해 사실상 위임의 실익은 크지 않다고 한다.

제391조 제3항→제368조 제3항)(통설). 그렇다면「이사 전원」에 특별이해관계자인 승인을 청구한 이사도 포함되는가? 상법은 명확히 규정하고 있지 않지만, 주주총회의 의결정족수 계산에 관한 제371조 제2항은 제368조 제3항에 따라 행사할 수 없는 의결권의 수는 출석한 의결권의 수에 산입하지 아니한다고 규정하고 있다. 이를 고려할 때 이사 전원이란 자기거래의 승인을 청구한 이사를 제외한 나머지 이사를 의미하고, 그 나머지 이사의 3분의 2 이상의 찬성이 있어야만 자기거래를 할 수 있다고 해석해야 한다.[535]

(ㄴ) 승인방식 : 상법 제398조는 이사 등의 자기거래에 관하여 단순히 이사회의 승인을 받아야 한다고 규정하고 있지만, 그동안 통설은 이사회의 승인은 사전승인이므로 사후승인(추인)은 허용되지 않는다고 보았다. 그런데 일부 판례가 "이사회의 승인을 얻지 아니하고 회사와 거래를 한 이사의 행위는 일종의 무권대리인의 행위로 볼 수 있고 무권대리인의 행위에 대하여 추인이 가능한 점에 비추어 보면, 상법 제398조 전문이 이사와 회사 사이의 이익상반거래에 대하여 이사회의 사전승인만을 규정하고 사후승인을 배제하고 있다고 볼 수는 없다."라고 판시함으로써 잠시 혼란이 있었다.[536] 그렇지만 2011년 개정 상법이「미리」라는 문언을 추가함으로써 이를 입법적으로 해결하였다. 그러나 현재에도 자기거래의 무효는 회사만이 주장할 수 있으므로 회사가 주장하지 아니하면 자기거래를 추인한 결과가 되고, 이사회가 자기거래를 승인하더라도 이사 등의 책임이 면제되지 아니하므로 사후승인의 효력을 반드시 부정할 필요는 없다는 견해도 있다.[537] 생각건대 법문이 사전승인임을 명확히 밝힌 점, 자기거래의 위험을 미리 예방하려는 본조의 입법취지가 사후승인에서는 실현될 수 없는 점, 사전승인과 사후승인 모두에서 이사의 책임이 면제되지 않더라도 위반으로 인한 손해의 정도는 일반적으로 사후승인의 경우에 더 클 수밖에 없는 점 등을 고려할 때 동 견해에는 찬동할 수 없다. 즉 현행법의 해석상 이사 등의 자기거래에 대한 이사회의 사후승인은 불가하고, 하더라도 무효이다.

(ㄷ) 승인방법 : 이사 등의 자기거래에 관한 이사회의 승인은「개별적으로」이루어져야 하고, 포괄적인 승인은 허용되지 않는다(통설). 그런데 소유와 경영의 집중화와 기업의 수평적·수직적 계열화가 심화된 우리나라에서는 계열회사 간의 거래가 빈번하게 이루어지고

535) 같은 맥락에서 일반적인 이사회결의에서 특별이해관계자는 의사정족수의 분모에는 포함되고 의결정족수의 분모에는 포함되지 않지만, 승인요건이 재적이사의 3분의 2 이상으로 가중되었으므로 특별이해관계자는 의사정족수의 분모에서도 제외해야 한다며 그 이유로 특별이해관계가 없는 이사가 재적이사의 3분의 2에 미달하는 때에는 자기거래의 승인을 할 수 없기 때문이라는 견해도 있다(송옥렬, 1071면).

536) 대법원 2007. 5. 10. 선고 2005다4284 판결.

537) 김건식/노혁준/천경훈, 449면; 송옥렬, 1071면.

있는데, 상법 제398조가 그 적용대상을 크게 확대함으로 인해 이러한 거래의 상당 부분이 자기거래에 해당하여 이사회의 승인이 필요하다. 생각건대 상법 제398조상 이사회의 승인은 입법취지를 고려할 때 1회적 거래를 그 전제로 한 것으로 볼 수 있고, 따라서 계열회사 간의 거래도 원칙적으로 건별로 이사회의 사전승인을 받아야 한다. 그렇지만 이렇게 엄격하게 해석하게 되면 계열회사 간의 거래에 있어서 당사회사들의 이사회는 엄청난 부담을 안을 수밖에 없는데, 이는 비상설의 회의체기관인 이사회의 속성상 기대하기 어렵다. 따라서 우선은 거래의 조건이나 금액 등 중요사항에 대한 변화가 없는 동종의 거래가 계열회사 간에 계속적·반복적으로 행해지는 경우에는 어느 정도의 포괄적인 승인이 가능하다고 해석하되, 향후 입법적으로 보완해야 한다.[538]

㈑ 추가요건 : 2011년 개정 상법은 제398조에 "미리 이사회에서 해당 거래에 관한 중요사실을 밝히고…그 거래의 내용과 절차는 공정해야 한다."라고 새롭게 규정하였다.[539] 따라서 이사 등이 사전에 중요사실을 밝히지 아니하거나 자기거래가 공정하지 못한 경우에는 당해 거래를 한 이사 등이 회사에 대하여 손해배상책임을 지는데,[540] 이 경우에는 승인한 이사들도 연대하여 배상책임을 진다(상법 제399조 제2항).

㈀ 사전적 개시의무 : 자기거래를 하려는 이사 등은 미리 이사회에 당해 거래에 관한 중요사실을 밝혀야 한다(개시의무). 이는 자기거래의 경우 이사회에 참가한 이사들이 자기거래라는 사실을 숙지한 상태에서 그 승인 여부를 결정하라는 의미이므로, 청구자가 누구인지 그리고 누구의 계산으로 거래를 하는지 등을 개시하여야 한다. 따라서 자기거래임이 밝혀지지 않거나 중요사실이 개시되지 아니한 상태에서 거래승인결의가 있었다면 그 자기거래에 대해서는 이사회의 승인이 없다고 보아야 한다.[541] 그리고 이 경우 자기거래의 당사자인 이사를 제외한 다른 이사들은 감시의무 위반의 책임을 질 수 있다.

---

538) 정준우, "자기거래제한규정의 적용요건에 관한 입법론적 재검토", 245면.

539) 이미 미국의 경우에는 이사의 이해상충거래에 대하여 이사회의 승인이라는 요건 외에 당해 거래가 공정하고 합리적일 것을 요구하였고, 일본의 경우에도 이사의 자기거래가 공정하지 못할 경우에는 비록 이사회의 승인이 있었다고 하여도 무효라고 해석함으로써 미국과 동일한 결론을 내고 있었다(山口正義, 364頁).

540) 참고로 미국의 델라웨어주 대법원은 공정성의 내용으로 ① 절차상의 공정성(이는 언제 거래가 시작되고 협상되었는지, 이사들에게 거래의 내용이 공개되었는지, 이사 또는 주주로부터 거래의 승인을 받았는지 등에 관한 거래의 공정성(Fair Dealing)을 의미함), ② 거래내용의 공정성(이는 경제적인 문제로서 가격결정에 있어서는 자산·시장가격·수익·미래전망 등 회사의 주가에 영향을 미치는 모든 요소를 고려해야 한다는 가격의 공정성(Fair Price)을 의미함)을 제시하였다(Weinberber v. UOP, Inc., 457 A.2d 701,711 (1983)).

541) 대법원 2017. 9. 12. 선고 2015다70044 판결; 대법원 2007. 5. 10. 선고 2005다4284 판결.

(ㄴ) 공정성 판단기준 : 이사회가 자기거래의 공정성을 판단함에 있어서는 승인을 청구한 이사 등이 사전에 개시한 당해 거래의 중요사실을 기초로 하여 절차적 요건과 실체적 요건을 모두 검토해야 한다. 그리고 자기거래가 공정하지 못한 경우에는 자기거래를 한 이사가 회사에 대하여 손해배상책임을 지고, 이를 승인한 이사들도 연대책임을 진다(상법 제399조 제2항). 그런데 이사 외의 주체, 즉 주요주주 등이 거래상대방이 된 경우에는 그 거래가 불공정하더라도 그들에게 손해배상책임을 추궁할 근거가 없다. 이런 점에서 공정성 요건은 이사가 거래상대방일 경우에만 그 의미가 있다. 한편 공정성 요건은 사전규제의 기준으로 적합하지 아니하므로 이사가 거래의 내용과 절차를 공정하게 하여 회사에 손해가 생기지 않도록 해야 한다는 이사의 책임에 관한 법리로 이해함이 타당하다는 견해,[542] 공정성과 관련하여 문제되는 것은 거래조건 특히 가격의 공정성이므로 자기거래의 가격은 독립당사자가 거래한 경우보다 회사에 불리하지 않아야 한다는 견해[543]도 있다. 주의할 것은 거래의 공정성을 확보하기 위해서는 소유와 경영의 집중화가 심화된 실무의 특성을 고려할 때 이사회의 독립성부터 확보해야 한다는 점이다.[544]

(ㄷ) 불공정한 경우의 효력 : 자기거래에 관하여 이사회의 사전승인은 받았으나 거래의 내용이 공정하지 못한 경우의 효력이 문제된다. 이에 대해서는 ① 승인이 없었던 것과 동일하게 취급하여 거래의 효력을 부인하는 견해,[545] ② 공정성을 확보하지 못한 이사의 책임만이 발생한다는 견해,[546] ③ ⓐ 이사회결의에 중대한 절차적 하자가 있는 경우에는 무효로 보고, ⓑ 자기거래의 불공정성이 지나쳐서 공서양속에 위반되거나(민법 제103조) 불공정한 법률행위(민법 제104조) 등의 무효사유가 있다면 당해 거래를 무효로 보며, ⓒ 이에 해당하지 않는다면 자기거래의 효력에는 영향이 없고 이사들의 책임만 발생한다고 보아야 한다는 견해[547]가 있다. 생각건대 상법 제398조가 이사 등의 자기거래에 대하여 이사회의 사전승인을 얻도록 규제하는 것은 불공정한 자기거래로 인하여 회사와 주주의 이익이 침해되는 것을 사전에 방지하고 사후에 책임추궁의 근거를 확보하기 위함이다. 따라서 자기거래의 내용과 절차가 불공정하다면 비록 당해 거래가 이사회의 사전승인을 받았다고 하여도 무효로 보는 것이 타당하다. 즉 당해 자기거래는 이사회의 승인 없는 거래와 동일하게 다루어져야 한다. 그리고 불공정한 자기거래를 승인한 이사와 불공정한 자기거래를 한 이사는 회사

542) 송옥렬, 1074면.
543) 김건식/노혁준/천경훈, 450면.
544) 최호진/최준선, "개정 상법 제398조의 자기거래에 있어서 공정성 요건에 관한 연구", 789면.
545) 이철송, 799면.
546) 송옥렬, 1074면.
547) 천경훈, "개정상법상 자기거래 제한 규정의 해석론에 관한 연구", 86면.

에 대하여 연대하여 손해배상책임을 져야 하고(상법 제399조 제2항), 회사는 당해 이사를 의무 위반에 근거하여 해임할 수도 있다.

> **참고판례** **상법 제398조의 입법취지와 중요사항 개시의무 등(대법원 2007. 5. 10. 선고 2005다4291 판결)** : [1] 상법 제398조 전문이 이사와 회사 사이의 거래에 관하여 이사회의 승인을 얻도록 규정하고 있는 취지는, 이사가 그 지위를 이용하여 회사와 거래를 함으로써 자기 또는 제3자의 이익을 도모하고 회사 나아가 주주에게 불측의 손해를 입히는 것을 방지하고자 함에 있는바, 이사회의 승인을 얻은 경우 민법 제124조의 적용을 배제하도록 규정한 상법 제398조 후문의 반대해석상 이사회의 승인을 얻지 아니하고 회사와 거래를 한 이사의 행위는 일종의 무권대리인의 행위로 볼 수 있고 무권대리인의 행위에 대하여 추인이 가능한 점에 비추어 보면, 상법 제398조 전문이 이사와 회사 사이의 이익상반거래에 대하여 이사회의 사전 승인만을 규정하고 사후 승인을 배제하고 있다고 볼 수는 없다 할 것이지만, 어느 경우에나 이사와 회사 사이의 이익상반거래가 비밀리에 행해지는 것을 방지하고 그 거래의 공정성을 확보함과 아울러 이사회에 의한 적정한 직무감독권의 행사를 보장하기 위해서는 그 거래와 관련된 이사는 이사회의 승인을 받기에 앞서 이사회에 그 거래에 관한 자기의 이해관계 및 그 거래에 관한 중요한 사실들을 개시하여야 할 의무가 있다고 할 것이고, 만일 이러한 사항들이 이사회에 개시되지 아니한 채 그 거래가 이익상반거래로서 공정한 것인지 여부가 심의된 것이 아니라 단순히 통상의 거래로서 이를 허용하는 이사회의 결의가 이루어진 것에 불과한 경우 등에는 이를 가리켜 상법 제398조 전문이 규정하는 이사회의 승인이 있다고 할 수는 없다. [2] 상법 제398조 전문이 이사와 회사 사이의 이익상반거래를 이사회의 승인사항으로 규정하고 있는 취지에는 그 거래로 말미암아 회사 나아가 주주가 손해를 입은 경우 그 거래와 관련된 이사뿐만 아니라 그 거래를 승인한 다른 이사들도 연대하여 손해배상책임을 질 수 있으므로, 이사회에서 회사 등의 이익을 위하여 그 승인 여부를 보다 신중하고 공정하게 심의·의결할 것이라는 고려도 포함되어 있는 것인바, 만일 단순히 특정 이사와 회사 사이의 거래가 있은 후 회사가 이에 대하여 적극적으로 이의를 제기하지 아니하였다는 사정 등만으로 묵시적 추인을 쉽게 인정하게 되면, 원래 무효인 거래행위가 유효로 전환됨으로써 회사 등은 불측의 손해를 입게 되고 그 거래와 관련된 이사나 악의·중과실 있는 제3자 등은 이익을 얻게 되는 반면, 묵시적 추인의 주체나 책임소재가 불분명하여 그 책임 추궁이 어렵게 되는 불합리한 사태가 발생할 수 있으므로, 회사가 이익상반거래를 묵시적으로 추인하였다고 보기 위해서는 그 거래에 대하여 승인 권한을 갖고 있는 이사회가 그 거래와 관련된 이사의 이해관계 및 그와 관련된 중요한 사실들을 지득한 상태에서 그 거래를 추인할 경우 원래 무효인 거래가 유효로 전환됨으로써 회사에 손해가 발생할 수 있고 그에 대하여 이사들이 연대책임을 부담할 수 있다는 점을 용인하면서까지 추인에 나아갔다고 볼만한 사유가 인정되어야 한다.

5) 위반의 효과 : 이사 등이 이사회의 사전승인을 받지 않고 자기거래를 한 경우에는 당연히 그 거래의 효과가 부인되어야 하지만, 다소 주의해야 할 점이 있다.

(가) 이사의 자기거래 : 이사가 이사회의 사전승인을 받지 않고 자기거래를 하면 정당한 해임의 사유가 되고(상법 제385조 제1항 본문, 제2항), 이사는 회사에 대하여 손해배상책임을 진다(상법 제399조). 그렇다면 제398조를 위반한 자기거래의 사법적 효력은 어떠한가? 일부

유효설과 무효설도 있지만,[548] 이사와 회사 간에는 무효이나 자기거래에 관련된 선의의 제3자에 대해서는 유효라는 상대적 무효설이 통설과 판례의 입장이다.[549] 다만 판례는 제3자가 선의이더라도 이사회결의가 필요한 사실과 이사회결의가 없었다는 사실을 알지 못한 데에 중대한 과실이 있는 경우에는 악의인 경우와 마찬가지로 그 위반거래는 제3자에 대해서도 무효라고 판시하였다.[550] 물론 이 경우 이사회의 승인이 없었다는 점과 그 점에 대한 상대방의 악의는 회사가 입증해야 한다.[551] 주의할 것은 자기거래의 무효를 주장할 수 있는 자는 회사에 한정되므로, 거래상대방인 이사 스스로가 본조 위반을 내세워 자기거래의 무효를 주장하는 것은 허용되지 않는다는 점이다.[552]

(나) 주요주주 등의 자기거래 : 자기거래의 위반 효과는 그동안 이사를 중심으로 논의되어 왔고, 2011년 개정 상법이 추가한 제2호 내지 제5호에 열거된 주요주주 등은 비록 회사와 불공정한 거래를 하였더라도 그들에게 손해배상책임을 추궁할 마땅한 근거가 없다. 그리하여 주요주주 등이 이사회의 승인 없이 자기거래를 한 경우의 효과가 문제된다. 생각건대 현재로선 이들이 한 거래의 효력을 부인하는 수밖에 없으므로 우선 상대적 무효설의 입장에서 위반거래를 무효로 보되, 향후 입법적으로 보완해야 한다.

(다) 이사의 책임 확장 : 이사회의 승인이 있더라도 자기거래를 한 이사의 책임이 없어지는 것은 아니다. 제398조상 이사회의 승인은 자기거래의 제한을 해제하기 위한 요건일 뿐이고, 제399조의 취지로 보아 이사회의 승인이 이사의 행위에 대한 일반적인 면책사유는 될 수 없기 때문이다. 따라서 이사회의 승인을 얻어 거래를 하였더라도 그 결과 회사에 손해를 입힌 경우에는 이사가 제399조 제1항에 따라 손해배상책임을 지고, 그러한 승인결의에 찬성한 이사도 연대하여 책임을 진다(상법 제399조 제2항, 제3항).

6) 상장회사의 특례 : 과거에 이사의 자기거래는 상법 제398조에 의해 규제되었지만, 주요주주 등의 자기거래는 전혀 규제받지 않았다. 그리하여 증권거래법은 상장회사에 한정하여 주요주주 등 이해관계자와의 거래제한에 관한 규정을 두고 있었는데, 동 규정이 자본시장법의 시행과 함께 개정된 2009년 개정 상법에 그대로 수용되었다.

---

548) 유효설은 제398조를 거래의 안전에 중점을 두고 업무집행의 결정방법을 정한 명령적 규정으로 해석하여 그 위반거래도 유효하고, 다만 이사의 대내적 책임문제만 생긴다고 한다(서정갑, 548면). 반면에 무효설은 회사의 이익 보호에 중점을 두고 위반거래는 무효라고 한다(최기원, 681면).
549) 대법원 1994. 10. 11. 선고 94다24626 판결; 대법원 1973. 10. 31. 선고 73다954 판결.
550) 대법원 2004. 3. 25. 선고 2003다64688 판결.
551) 대법원 1973. 10. 31. 선고 73다954 판결 외 다수.
552) 대법원 2015. 7. 23. 선고 2015다1871 판결; 대법원 2012. 12. 27. 선고 2011다67651 판결.

(가) 의 의 : 상장회사에서 일정한 주체[① 주요주주와 그의 특수관계자, ② 이사(업무집행관여자를 포함함)와 집행임원, ③ 감사]가 회사와 거래를 하는 경우에는 상법 제398조 외에 제542조의9도 함께 적용될 수 있다. 그런데 제398조는 이사와 주요주주 및 그들의 특수관계자와 회사의 거래를 제한하고 있지만, 제542조의9는 소정의 대주주와 감사 및 업무집행관여자(상법 제401조의2)와 회사의 거래도 제한하고 있으며, 특히 신용공여는 이사회의 승인과 무관하게 엄격하게 금지하고 있다. 이처럼 제542조의9는 이사에게도 당연히 적용되지만, 규제의 내용은 제398조보다 훨씬 강화되어 있다.

(나) 상장회사 일반에 대한 제한 : 상장회사는 주요주주와 그의 특수관계자, 이사와 집행임원 및 업무집행관여자, 감사를 상대방으로 하거나 그를 위하여 신용공여를 하여서는 아니 된다(상법 제542조의9 제1항). 여기서 「신용공여」란 ① 금전 등 경제적 가치가 있는 재산의 대여, ② 채무이행의 보증, ③ 자금지원적 성격의 증권매입, ④ 그 밖에 거래상의 신용위험이 따르는 직접적·간접적인 거래로서 대통령령으로 정하는 거래를 말한다.[553] 상법이 신용공여에 대하여 이처럼 엄격히 규제하는 것은 일반적으로 신용공여는 다른 거래에 비하여 회사의 자본충실과 재무의 건전성을 해할 위험이 크기 때문이다. 따라서 이에 위반하여 신용공여를 한 자에게는 일정한 벌칙이 적용된다(상법 제624조의2). 그렇지만 ① 복리후생을 위한 이사·집행임원 또는 감사에 대한 금전대여 등으로서 대통령령으로 정하는 신용공여,[554] ② 다른 법령에서 허용하는 신용공여, ③ 그 밖에 상장회사의 경영 건전성을 해칠 우려가 없는 금전대여 등으로서 대통령령으로 정하는 신용공여[555]의 경우에는 예외적으로 허용된다(상법 제542조의9 제2항).

553) 구체적으로 ① 담보를 제공하는 거래, ② 어음(전자어음을 포함함)을 배서(어음법 제15조 제1항에 따른 담보적 효력이 없는 배서는 제외함)하는 거래, ③ 출자의 이행을 약정하는 거래, ④ 상법 제542조의9 제1항 각 호의 자에 대한 신용공여의 제한(금전·증권 등 경제적 가치가 있는 재산의 대여, 채무이행의 보증, 자금 지원적 성격의 증권 매입, ①부터 ③까지의 어느 하나에 해당하는 거래의 제한을 말함)을 회피할 목적으로 하는 거래로서 자본시장법 시행령 제38조 제1항 제4호 각 목의 어느 하나에 해당하는 거래, ⑤ 자본시장법 시행령 제38조 제1항 제5호에 따른 거래 중 어느 하나에 해당하는 거래를 말한다(상령 제35조 제1항).

554) 대통령령으로 정하는 신용공여란 학자금, 주택자금 또는 의료비 등 복리후생을 위하여 회사가 정하는 바에 따라 3억원의 범위에서 금전을 대여하는 행위를 말한다(상령 제35조 제2항).

555) 대통령령으로 정하는 신용공여란 회사의 경영상 목적을 달성하기 위하여 필요한 경우로서 일정한 자[① 법인인 주요주주, ② 법인인 주요주주의 특수관계인 중 회사(자회사를 포함함)의 출자지분과 해당 법인인 주요주주의 출자지분을 합한 것이 개인인 주요주주의 출자지분과 그의 특수관계인(해당 회사 및 자회사는 제외함)의 출자지분을 합한 것보다 큰 법인, ③ 개인인 주요주주의 특수관계인 중 회사(자회사를 포함함)의 출자지분과 ① 및 ②에 따른 법인의 출자지분을 합한 것이 개인인 주요주주의 출자지분과 그의 특수관계인(해당 회사 및 자회사는 제외함)의 출자지분을 합한 것보다 큰 법인]를 상대로 하거나 그를 위하여 적법한 절차에 따라 이행하는 신용공여를 말한다(상령 제35조 제3항).

㈐ 대규모 상장회사에 대한 제한 : 자산규모 2조원 이상인 상장회사가 최대주주와 그의 특수관계인 및 그 상장회사의 특수관계인으로서 대통령령으로 정하는 자[556]를 상대방으로 하거나 그를 위하여 일정한 거래(① 단일 거래규모가 대통령령으로 정하는 규모 이상인 거래, ② 해당 사업연도 중에 특정인과의 해당 거래를 포함한 거래총액이 대통령령으로 정하는 규모 이상이 되는 경우의 해당 거래)를 하려는 경우에는 이사회의 승인을 받아야 하고, 이사회의 승인 결의 후 처음으로 소집되는 정기주주총회에 해당 거래의 목적, 상대방, 그 밖에 대통령령으로 정하는 사항[557]을 보고하여야 한다(상법 제542조의9 제3항, 제4항; 상령 제35조 제4항 내지 제8항). 다만 상장회사가 경영하는 업종에 따른 일상적인 거래로서 일정한 거래(① 약관에 따라 정형화된 거래로서 대통령령으로 정하는 거래,[558] ② 이사회에서 승인한 거래총액의 범위 안에서 이행하는 거래)는 이사회의 승인을 받지 아니하고 할 수 있으며, 특히 ②에 해당하는 거래에 대하여는 그 거래내용을 주주총회에 보고하지 아니할 수 있다(상법 제542조의9 제5항).

㈑ 위반의 효과 : 주요주주 등 이해관계자와의 거래제한을 위반한 경우의 효과에 대하여 상법은 아무런 규정도 두고 있지 않아 합리적 해석에 의할 수밖에 없다. 참고로 이 규정의 연원인 증권거래법 제191조의19를 위반한 사건에서 하급심은 동 규정을 단속규정으로 보고 거래의 사법적 효과에는 영향이 없다고 판단하였다.[559] 그렇지만 이제는 동 규정이 상법에 편입되었으므로 효력규정으로 보아야 한다. 즉 상장회사가 주요주주 등과 제542조의9 제1항에 위반한 거래를 하거나 제3항에 속하는 거래를 이사회의 승인 없이 한 경우에는 그 거래를 무효로 보아야 한다. 다만 그 효과는 거래의 안전을 위해 제한적으로 보는 것이 합리적이다(상대적 무효). 즉 동 조항의 위반 여부를 중대한 과실 없이 알지 못한 제3자에 대해서는 무효를 주장하지 못한다고 해석해야 한다.[560]

㈒ 규정의 경합 : 이사 등의 자기거래 금지에 관한 상법 제398조상의 이사나 주요주주 이외의 자들은 대체로 상법 제542조의9 제1항상의 주요주주의 특수관계자에 해당한다. 그리하여 이들에 대한 신용공여는 그 대부분이 상법 제398조상의 자기거래에 해당하는데, 이로 인해 양 규정이 충돌하게 된다. 생각건대 상법 제542조의9 제1항은 제398조와 달리 신용

556) 대통령령으로 정하는 자란 상법 시행령 제34조 제4항의 특수관계인을 말한다(상령 제35조 제5항).
557) 대통령령으로 정하는 사항이란 ① 거래의 내용, 날짜, 기간 및 조건, ② 해당 사업연도 중 거래상대방과의 거래유형별 총거래금액 및 거래잔액을 말한다(상령 제35조 제8항).
558) 대통령령으로 정하는 거래란 약관의 규제에 관한 법률 제2조 제1호의 약관에 따라 이루어지는 거래를 말한다(상령 제35조 제9항).
559) 서울중앙지방법원 2009. 6. 2. 선고 2009가합414 판결.
560) 대법원 2021. 4. 29. 선고 2017다261943 판결.

공여를 원천적으로 금지하고 있으므로, 양 규정이 충돌할 경우에는 제542조의9 제1항이 배타적으로 적용된다고 해석하는 것이 합리적이다.

Ⅲ. 이사의 책임

1. 회사에 대한 책임

(1) 의 의

이사가 고의 또는 과실로 법령 또는 정관에 위반한 행위를 하거나 그 임무를 게을리한 경우에는 회사에 대하여 연대하여 손해를 배상할 책임을 진다(상법 제399조 제1항). 이를 통설과 판례[561]는 위임계약의 불이행으로 인한 책임으로 보고 있다. 그런데 제399조와 관련하여 이사의 책임을 주장하는 자가 이사의 과실에 관한 입증책임을 지는 점, 이사의 유책행위에 대하여 찬성한 이사들도 연대책임을 지는 점(동조 제2항), 이사회 의사록에 이의를 한 기재가 없는 이사는 찬성한 것으로 추정되어 연대책임을 지는 점(동조 제3항), 이사의 책임을 면제하려면 총주주의 동의라는 특별한 절차가 필요한 점(상법 제400조 제1항) 등은 단체법적 특성이 강하여 위임계약으로는 설명하기 어렵다.[562] 생각건대 이사가 회사에 손해를 끼쳤으면 민법상의 일반원칙에 따라 위임계약의 불이행으로 인한 손해배상책임을 지거나 불법행위로 인한 손해배상책임을 져야 한다. 그런데도 상법이 별도로 이사의 손해배상책임을 규정한 것은 이사라는 지위의 특수성을 고려하여 민법상의 채무불이행책임이나 불법행위책임과는 다른 특수한 책임을 인정한 것으로 보아야 한다.

(2) 책임의 원인

1) 개 요 : 상법 제399조 제1항은 이사가 회사에 대하여 손해배상책임을 지는 원인으로 법령·정관의 위반행위와 임무해태를 규정하고 있는데, 주요 내용은 다음과 같다.

2) 법령·정관의 위반 : 이사가 법령 또는 정관에 위반한 행위를 하여야 한다. 즉 이사가 법령이나 정관의 개별적이고 구체적인 규정을 위반하는 행위를 한 경우인데, 이도 넓게는 임무를 게을리한 경우에 포함되나 주의의무를 위반한 정도가 심하므로 별도로 규제하는 것이다. 여기서 「법령」이란 이사의 의무를 규정하고 있는 상법 등의 제 규정과 회사가 기업활동상 준수해야 하는 각종 법령상 제 규정을 말한다.[563]

---

561) 대법원 1985. 6. 25. 선고 84다카1954 판결.
562) 이철송, 804~805면.
563) 대법원 2005. 10. 28. 선고 2003다69638 판결.

참고판례 **이사의 법령위반과 손해배상책임(대법원 2007. 9. 20. 선고 2007다25865 판결)** : 상법 제399조는 이사가 법령 또는 정관에 위반한 행위를 하거나 그 임무를 해태한 때에는 회사에 대하여 손해배상책임을 지도록 규정하고 있는데, 이사가 회사에 대하여 손해배상책임을 지는 사유가 되는 법령에 위반한 행위는 이사로서 임무를 수행함에 있어서 준수하여야 할 의무를 개별적으로 규정하고 있는 상법 등의 제 규정과 회사가 영업활동을 함에 있어서 준수하여야 할 제 규정을 위반한 경우가 이에 해당하고, 이사가 임무를 수행함에 있어서 위와 같은 법령에 위반한 행위를 한 때에는 그 행위 자체가 회사에 대하여 채무불이행에 해당하므로 이로 인하여 회사에 손해가 발생한 이상 손해배상책임을 면할 수 없다.

참고판례 **뇌물공여와 이사의 책임 등(대법원 2009. 12. 10. 선고 2007다58285 판결)** : [1] 회사가 기업활동을 함에 있어서 형법상의 범죄를 수단으로 하여서는 안 되므로 뇌물 공여를 금지하는 형법 규정은 회사가 기업활동을 함에 있어서 준수하여야 할 것으로서 이사가 회사의 업무를 집행하면서 회사의 자금으로서 뇌물을 공여하였다면 이는 상법 제399조에서 규정하고 있는 법령에 위반된 행위에 해당된다고 할 것이다(대법원 2005. 10. 28. 선고 2003다69638 판결 참조). [2] 회사의 대표이사가 보관 중인 회사 재산을 처분하여 그 대금을 정치자금으로 기부한 경우 그것이 회사의 이익을 도모할 목적으로 합리적인 범위 내에서 이루어졌다면 그 이사에게 횡령죄에 있어서 요구되는 불법영득의 의사가 있다고 할 수 없을 것이나, 그것이 회사의 이익을 도모할 목적보다는 후보자 개인의 이익을 도모할 목적이나 기타 다른 목적으로 행하여졌다면 그 이사는 회사에 대하여 횡령죄의 죄책을 면하지 못한다고 할 것이다(대법원 1999. 6. 25. 선고 99도1141 판결; 대법원 2005. 5. 26. 선고 2003도5519 판결 등 참조).

㈎ 위반의 유형 : 이사의 법령 또는 정관 위반행위는 그 유형을 3가지로 구분할 수 있다. 즉 이사가 단독으로 위반행위를 한 경우(예: 이사회의 사전승인 없는 경업행위 등), 이사가 이사회의 구성원으로서 위반행위를 한 경우(예: 위법한 신주발행 등), 대표이사가 위반행위를 한 경우(예: 정관상의 제한을 위반한 업무의 집행 등)로 구분할 수 있는데, 어느 경우에나 그 위반에 따른 손해배상책임이 발생한다.

㈏ 책임의 성질 : 법령·정관 위반행위의 법적 성질에 관하여 과거에는 무과실책임설과 과실책임설이 있었고, 판례는 후자의 입장이었다. 그런데 2011년 개정 상법은 제399조 제1항에 「고의 또는 과실로」라는 문언을 추가함으로써 이사의 법령·정관 위반행위에 따른 회사에 대한 손해배상책임은 과실책임임을 명확히 하였다.[564] 이 경우 법령·정관의 내용은 이사가 알고 있다고 보거나 혹시 모르더라도 과실로 인한 것으로 추정해야 하므로 결국 법령·정관의 위반행위를 한 이사가 무과실의 증명책임을 지게 된다.

3) 임무의 해태 : 이사의 임무해태에 관한 판단은 이사의 주의의무에 기초하여 이루어져야 한다. 즉 이사가 직무수행과 관련하여 선관주의의무를 게을리함으로써 회사에 손해를

564) 여기서 「법령」이란 법률과 법규명령으로서의 대통령령, 총리령, 부령을 의미하는 것이므로 행정기관의 행정지도적 성격의 지침은 포함되지 않는다(대법원 2006. 11. 9. 선고 2004다41651·41668 판결).

입혔거나 손해를 방지하지 못했어야 한다. 따라서 이는 명확히 과실책임이다.[565)]

㈎ 주의의 정도 : 영리단체의 경영자인 이사가 기울여야 할 주의는 보통 일반인의 주의보다 그 정도가 높지만, 회사의 업종과 규모 및 사업지역의 제한 여부 등 각종 여건에 따라 그 정도를 달리 이해해야 한다. 그리고 이사는 회사의 영리성을 실현하기 위하여 임용된 자이므로 그의 주의의무는 업무의 적법성에만 그치지 않고 합리성·효율성에까지 미친다. 따라서 이사의 업무미숙이나 무능도 비난이나 해임의 대상이 된다.

참고판례 **할인되지 않은 가격으로 물품을 납품받은 이사의 책임 여부(대법원 2009. 10. 15. 선고 2009도5655 판결)** : 이사는 회사에 대하여 법령과 정관의 규정에 따라 성실하게 회사에 최선의 이익이 되도록 직무를 수행하여야 할 선관주의의무 내지 충실의무를 부담하는 것이므로, 회사에 필요한 물품을 납품받음에 있어 할인된 가격으로 납품가격을 정할 수 있었음에도 납품과정에서 자신이 이익을 취득할 의도로 납품업자에게 가공의 납품업체를 만들게 한 뒤 그 납품업체로부터 할인되지 않은 가격으로 납품을 받았다면 이는 회사와의 신임관계를 저버리는 행위로서 임무에 위배하는 행위라고 할 것이다. 다만, 구체적 사정에 비추어 할인받을 수 있는 가격을 특정할 수 없는 등의 특별한 사정이 있다면 이사가 취득한 이익 전체를 회사에 발생한 재산상 손해액이라고 할 수는 없고, 회사에는 가액을 산정할 수 없는 손해가 발생하였다고 봄이 상당하다.

참고판례 **비상근이사의 감시의무 위반과 그 책임(대법원 2008. 12. 11. 선고 2006다5550 판결)** : 주식회사의 이사는 이사회의 일원으로서 이사회에 상정된 의안에 대하여 찬부의 의사표시를 하는데 그치지 않고, 담당업무는 물론 다른 업무담당 이사의 업무집행을 전반적으로 감시할 의무가 있고 이러한 의무는 비상근이사라고 하여 면할 수 있는 것은 아니므로 주식회사의 이사가 이사회에 참석하지도 않고 사후적으로 이사회의 결의를 추인하는 등으로 실질적으로 이사의 임무를 전혀 수행하지 않은 이상 그 자체로서 임무해태가 된다고 할 것이다.

㈏ 의무의 범위 : 임무해태는 이사가 선관주의의무를 게을리한 것인데, 이는 작위의 업무집행에 대해서만 요구되는 것이 아니라 회사에 손해를 가하지 않아야 할 부작위의무도 포함한다. 따라서 이사의 임무해태는 법령·정관의 개별 규정에 반하지 않더라도 직무수행과 관련하여 흔히 발생할 수 있다(예: 대표이사가 주주총회의 승인을 얻어 영업을 양도하였지만 불공정하여 회사에 손해가 발생한 경우 등). 그리고 이사가 감시의무를 게을리하여 다른 이사의 위법행위나 임무해태행위를 막지 못한 경우도 임무해태에 해당한다. 그렇다면 기업집단에 속하는 회사의 이사는 다른 계열회사와 관련된 직무를 수행하는 때에도 선관주의의무를 부담할까? 최근의 판례는 이를 긍정하는데, 그 타당성은 의문이다. 지배주주의 지배권 확보와 계열회사의 이익이 일치한다고 보기 어렵기 때문이다.

---

565) 대법원 1996. 12. 23. 선고 96다30465·30472 판결.

참고판례 **대주주의 지시에 의한 분식회계에 관한 임직원의 책임(대법원 2007. 11. 30. 선고 2006다19603 판결)** : 회사와 회사의 대주주 겸 대표이사는 서로 별개의 법인격을 갖고 있을 뿐만 아니라, 회사의 대주주 겸 대표이사의 지시가 위법한 경우 회사의 임직원이 반드시 그 지시를 따라야 할 법률상 의무가 있다고 볼 수 없으므로, 회사의 임직원이 대주주 겸 대표이사의 지시에 따라 위법한 분식회계 등에 고의·과실로 가담하는 행위를 함으로써 회사에 손해를 입힌 경우 회사의 그 임직원에 대한 손해배상청구가 신의칙에 반하는 것이라고 할 수 없고, 이는 위와 같은 위법한 분식회계로 인하여 회사의 신용등급이 상향 평가되어 회사가 영업활동이나 금융거래의 과정에서 유형·무형의 경제적 이익을 얻은 사정이 있다고 하여 달리 볼 것은 아니다.

참고판례 **기업집단 내 계열회사의 이사는 다른 계열회사와 관련된 직무를 수행할 때에도 선관주의의무를 부담하는지 여부(대법원 2023. 3. 30. 선고 2019다280481 판결)** : 기업집단을 구성하는 개별 계열회사들은 각자 독립된 법인격을 가진 별개의 회사이므로, 개별 계열회사의 이사는 기업집단이나 다른 계열회사와 관련된 직무를 수행할 때에도 선관주의의무와 충실의무를 부담한다. 소속 회사가 법령에 위반됨이 없이 동일한 기업집단에 속한 계열회사 주식을 취득하거나 제3자가 계열회사 주식을 취득하게 하는 계약을 체결하는 경우, 이사는 소속 회사의 입장에서 주식 취득의 목적이나 계약 내용에 따라 다음과 같은 사항을 검토하고 필요한 조치를 하여야 한다. ① 계열회사가 실시하는 유상증자에 참여하여 그 발행 신주를 인수하는 경우, 이사는 계열회사의 소속 회사 영업에 대한 기여도, 유상증자 참여가 소속 회사에 미치는 재정적 부담의 정도, 계열회사의 재무상태 및 경영상황, 유상증자 참여로 소속 회사가 얻을 수 있는 영업상 또는 영업 외의 이익, 유상증자에 참여하는 경우와 그렇지 않은 경우 계열회사에 미치는 영향 및 그로 인하여 소속 회사에 예상되는 이익 및 불이익의 정도 등을 객관적 자료를 바탕으로 구체적으로 검토하여야 한다. ② 순환출자구조를 가진 기업집단에 속한 소속 회사가 자신이 이미 지배하고 있는 계열회사에 대하여 적대적 M&A가 시도되거나 시도될 우려가 있는 상황에서 이를 저지하기 위해 계열회사 주식을 추가로 취득하는 경우, 소속 회사의 계열회사에 대한 경영권이 방어되는 한편 이를 통해 기업집단이 유지되면서 지배주주의 소속 회사나 기업집단에 대한 지배권도 전과 같이 유지되게 된다. 이 경우 이사는 소속 회사와 계열회사 사이의 영업적·재무적 관련성 유무와 정도, 소속 회사의 계열회사에 대한 경영권 유지와 상실에 따른 이익과 불이익의 정도, 기업집단의 변경이나 지배주주의 지배권 상실에 따른 소속 회사의 사업지속 가능성, 소속 회사의 재무상황과 사업계획을 고려한 주식취득 비용의 적정성 등을 객관적 자료를 바탕으로 구체적으로 검토하여야 한다.

(다) 입증책임 : 이사가 임무를 해태한 사실과 회사의 손해 및 양자 간의 인과관계에 대해서는 이사의 책임을 주장하는 자가 입증해야 한다.[566]

참고판례 **이사의 손해배상책임의 포섭범위(대법원 2007. 7. 26. 선고 2006다33609 판결)** : 이사의 법령·정관 위반행위 혹은 임무위반행위로 인한 상법 제399조 소정의 손해배상책임과 감사의 임무위반행위로 인한 상법 제414조 소정의 손해배상책임은 그 위반행위와 상당인과관계 있는 손해에 한하여 인정될 뿐이므로, 비록 이사나 감사가 그 직무수행과정에서 법령·정관 위반행위 혹은 임무위반행위를 하였다고 하더라도, 그 결

566) 대법원 1996. 12. 23. 선고 96다30465·30472 판결.

과로서 발생한 손해와의 사이에 상당인과관계가 인정되지 아니하는 경우에는 이사나 감사의 손해배상책임이 성립하지 아니한다.

참고판례 **부실대출에 관한 이사의 책임(대법원 2007. 5. 31. 선고 2005다56995 판결)** : 부실대출이 실행된 후 여러 차례 변제기한이 연장된 끝에 최종적으로 당해 대출금을 회수하지 못하는 손해가 발생한 경우, 그에 대한 손해배상책임은 원칙적으로 최초에 부실대출 실행을 결의하거나 이를 추인한 이사들만이 부담하고, 단순히 변제기한의 연장에만 찬성한 이사들은 그 기한 연장 당시에는 채무자로부터 대출금을 모두 회수할 수 있었으나 기한을 연장함으로써 채무자의 자금사정이 악화되어 대출금을 회수할 수 없게 된 경우가 아닌 한 손해배상책임을 부담하지 않는다.

4) 경영판단의 원칙 : 이사의 업무집행의 적법성 여부는 행위시에 판단되지만, 효율성 여부는 상당한 시간이 경과한 후에 판단되는 경우가 많다. 그리하여 이사의 책임 및 그 한계와 관련하여 「경영판단의 원칙(Business Judgement Rule)」이 자주 거론되고 있다.

(가) 의 의 : 경영판단의 원칙은 미국의 판례법에서 연원하는데,[567] 현재는 모범사업회사법(MBCA)[568]을 비롯하여 대부분의 주 회사법에 명문으로 도입되어 있다. 이는 "회사의 목적 범위 내이며 이사의 권한에 속하는 사항에 관하여 이사가 내린 의사결정에 합리적 근거가 있고, 이사가 회사의 이익을 위한다는 믿음으로 합리적 주의를 다하여 내린 결정이라면 법원이 이에 개입하여 그러한 판단에 따른 거래를 무효로 하거나 그로 인한 회사의 손해에 대하여 이사에게 책임을 묻지 아니한다."라는 원칙이다.

(나) 효용성 : 경영판단의 원칙은 이사가 필요한 주의를 다하여 독립적이고 합리적인 판단에 근거하여 내린 의사결정에 대해서는 사후적으로 책임을 추궁하지 않는다는 것이다. 즉 경영판단의 원칙은 이사가 회사의 목적 범위 내에서 회사의 이익을 위한다는 정직한 믿음으로 합리적인 주의를 다하여 내린 의사결정이라는 추정을 하는 것이므로 소송법적인 측면에서 효용성이 매우 크다. 예를 들어 주주대표소송에서 주주가 이사의 책임을 추궁하려면 원고인 주주가 이러한 추정을 깨는 사실을 주장하고 증명해야 하기 때문이다. 그리하여 실무에서도 이사의 책임에 관련된 소송이 제기되면 대체로 피고인 이사가 본안전항변으로써 원고의 주장에는 소인(Cause of Action)이 결여되어 있다고 주장하며 각하를 청구하거나 아니면 본안전 약식판결을 구하고 있다.

(다) 도입논의 : 경영판단의 원칙에 대해서는 이사의 책임을 합리적으로 제한하는 법적

567) 미국의 판례에서 경영판단의 원칙이란 용어가 처음으로 나타난 것은 United Copper Securities Co. v. Amalgamed Copper Co.(244 U.S. 261, 37 S. Ct. 509, 61 L. Ed. 1119(1917) 사건이다.
568) MBCA §8.31.

도구로 도입해야 한다는 견해와 그에 반대하는 견해가 있다. 생각건대 경영판단의 원칙에 관련된 내용은 우리의 법체제 내에서 이사의 선관주의의무에 관한 해석론으로도 얼마든지 도출할 수 있고, 외국과 달리 대부분 강력한 지배주주가 존재하고 이들을 중심으로 소유와 경영의 집중화가 심화된 기업 현실을 고려할 때 경영판단의 원칙을 도입하게 되면 오히려 그들에게 책임을 면할 수 있는 황금의 다리를 하나 더 놓아주는 결과가 될 수도 있다. 따라서 동 원칙의 도입 여부를 결정함에 있어서는 이러한 기업 현실을 고려하여 신중할 필요가 있다. 물론 최근에 판례에서 경영판단이라는 용어를 자주 사용하고 있지만, 이는 미국법상의 경영판단의 원칙을 그대로 도입한 것이 아니라 이사의 책임에 관한 해석론으로서 경영판단의 원칙에 관련된 내용을 원용한 것으로 보아야 한다.

참고판례 **이사의 경영판단에 관한 재량과 그 책임(대법원 2023. 3. 30. 선고 2019다280481 판결)** : 이사는 법령 또는 정관에 정해진 목적 범위 내에서 회사의 경영에 관한 판단을 할 재량권을 가지고 있다. 기업의 경영은 장래의 불확실한 상황을 전제로 이루어지는 경우가 많으므로 거기에는 다소의 모험과 그에 따른 위험이 수반될 수밖에 없다. 따라서 이사가 법령에 위반됨이 없이 임무를 수행하는 과정에서 합리적으로 이용 가능한 범위 내에서 필요한 정보를 충분히 수집·조사하고 검토하는 절차를 거친 다음, 이를 근거로 회사의 최대 이익에 부합한다고 합리적으로 신뢰하고 신의성실에 따라 경영상의 판단을 내렸고, 그 내용이 현저히 불합리하지 않은 것으로서 통상의 이사를 기준으로 할 때 합리적으로 선택할 수 있는 범위 안에 있는 것이라면, 비록 사후에 회사가 예상했던 이익을 얻지 못하고 손해를 입게 되는 결과가 발생하였다 하더라도 이사의 행위는 허용되는 경영판단의 재량 범위 내에 있는 것이어서 해당 회사에 대하여 손해배상책임을 부담한다고 할 수 없다. 이사가 임무를 수행하면서 검토할 사항은 거래를 하는 목적이나 동기, 거래의 종류와 내용, 상대방과의 관계, 소속 회사의 재무적 상황 등에 따라 달라지므로, 사안마다 개별적으로 판단되어야 한다. 또한 이사의 경영판단을 정당화할 수 있는 이익은 원칙적으로 회사가 실제로 얻을 가능성이 있는 구체적인 것이어야 하고, 일반적이거나 막연한 기대에 불과하여 회사가 부담하는 비용이나 위험에 상응하지 않는 것이어서는 아니 된다.

㈑ 적용범위 : 경영판단의 원칙은 법원 등의 사후적인 판단으로 이사의 합리적인 의사결정과 그에 따른 경영행위를 비난하거나 그 책임을 추궁할 수 없다는 것이므로, 이는 이사의 임무해태에만 적용되고 법령·정관의 위반행위에는 적용될 수 없다.[569] 그렇지만 법령·정관을 위반한 행위를 한 이사는 언제나 손해배상책임을 져야 한다는 것을 의미하진 않는다. 이사가 한 법령·정관의 위반행위로 인해 회사에 손해가 발생하였더라도 그에 상응하는 이익이 발생하거나 기대된다면 손해로 인식할 수 없기 때문이다.[570] 이처럼 경영판단의 원

569) 대법원 2006. 11. 9. 선고 2004다41651·41668 판결; 대법원 2005. 10. 28. 선고 2003다69638 판결.
570) 대법원 2006. 7. 6. 선고 2004다8272 판결.

칙은 회사의 업무를 집행할 때 요구되는 이사의 신중하고도 합리적인 판단을 그 전제로 하므로,[571] 단지 회사의 영업에 이익이 될 것이라는 일반적·추상적인 기대 하에 이사가 업무를 처리한 결과 회사에 손해가 발생하였다면 이는 경영판단의 재량범위를 벗어난 것이다.[572] 그렇다면 공기업의 이사가 정부의 행정지도에 따라서 내린 의사결정으로 인해 당해 기업에 손해가 발생하였다면 기업은 그 이사에게 책임을 추궁할 수 있을까? 이에 관한 대법원의 판례는 아직 없지만, 하급심은 이사의 책임을 부정하였다.[573] 주의할 것은 경영판단의 원칙은 이사의 행위가 주의의무를 위반하였는지 판단하는 것이므로 이사의 주의의무가 미치는 모든 행위가 적용대상이라는 점이다.

참고판례 **경영판단원칙의 적용범위(대법원 2007. 7. 26. 선고 2006다33609 판결)** : 상법 제399조는 이사가 법령에 위반한 행위를 한 경우에 회사에 대하여 손해배상책임을 지도록 규정하고 있는데, 이사가 임무를 수행함에 있어서 위와 같이 법령에 위반한 행위를 한 때에는 그 행위 자체가 회사에 대하여 채무불이행에 해당하므로, 그로 인하여 회사에 손해가 발생한 이상 특별한 사정이 없는 한 손해배상책임을 면할 수 없다. 한편 이사가 임무를 수행함에 있어서 선량한 관리자의 주의의무를 위반하여 임무위반으로 인한 손해배상책임이 문제되는 경우에도, 통상의 합리적인 금융기관의 임원이 그 당시의 상황에서 적합한 절차에 따라

---

571) 삼성전자의 이천전기 인수사건에서 대법원은 "이사가 회사의 자산을 인수함에 있어서 그 인수 여부나 거래가액을 결정하는 데에 필요한 정보를 합리적인 정도로 수집하여 충분히 검토를 한 다음 회사의 이익에 합당한 상당성 있는 판단을 하였다면 회사에 대하여 선량한 관리자의 주의의무를 다한 것이라고 할 것이다."라고 판시하였다(대법원 2005. 10. 28. 선고 2003다69638 판결).

572) 대법원 2007. 10. 11. 선고 2006다33333 판결(회사의 이사가 경영상의 부담에도 불구하고 관계회사의 부도 등을 방지하는 것이 회사의 신인도를 유지하고 회사의 영업에 이익이 될 것이라는 일반적·추상적인 기대하에 일방적으로 관계회사에 자금을 지원하게 하여 회사에 손해를 입게 한 경우 등에는, 그와 같은 이사의 행위는 허용되는 경영판단의 재량범위 내에 있는 것이라고 할 수 없다).

573) 서울중앙지방법원 2012. 10. 5. 선고 2011가합80239 판결. 당시에 한국전력공사는 지식경제부장관에게 전기요금에 관한 총괄원가와 필요인상률을 보고하면서 연료비 상승 등을 이유로 전기요금이 인상되어야 한다고 보고하였으나, 지식경제부장관은 전기요금 인상에 따른 물가상승이 우려되고 일부 전기요금 인상요인은 한국전력공사의 비용절감 노력으로 흡수할 수 있다는 등의 판단 하에 한국전력공사가 보고한 필요인상률에 미치지 못하는 수준에서 전기요금 인상률을 산정하여 한국전력공사에 통보하였다. 이와 관련하여 법원은 지식경제부장관은 전기요금에 대한 인가권뿐만 아니라 한국전력공사의 업무에 대한 지도·감독권까지 가지고 있어 한국전력공사가 위와 같은 행정지도와 다르게 전기요금을 산정하여 인가신청하는 것은 현실적으로 기대하기 어려웠을 것으로 보이는 점, 피고가 독자적으로 산정한 전기요금에 대한 인가신청을 고집할 경우 한국전력공사의 인가신청과 지식경제부장관의 거부처분이 반복될 것으로 예상되는 점, 피고는 한국전력공사의 대표자로서 한국전력공사의 이익뿐만 아니라 전기요금이 국가의 경제와 국민의 생활에 미치는 영향까지도 고려할 임무를 부담하고 있는 것으로 볼 수 있는 점 등을 종합하여 보면 피고가 지식경제부장관이 통보한 전기요금 인상률을 그대로 반영하여 한국전력공사의 이사회에서 전기요금에 대해 심의·의결하도록 하고, 이를 다시 그대로 지식경제부장관에게 인가신청하도록 하였다 하더라도, 이러한 점만으로는 피고가 선관주의의무 또는 충실의무를 위반하여 그 임무를 해태한 것으로 인정하기에 부족하다고 판시하였다.

회사의 최대이익을 위하여 신의성실에 따라 직무를 수행하였고 그 의사결정과정 및 내용이 현저하게 불합리하지 않다면, 그 임원의 행위는 경영판단이 허용되는 재량범위 내에 있다고 할 것이나, 위와 같이 이사가 법령에 위반한 행위에 대하여는 원칙적으로 경영판단의 원칙이 적용되지 않는다.

참고판례 **이사의 경영판단과 재량범위(대법원 2010. 1. 14. 선고 2007다35787 판결)** : 회사의 이사가 법령에 위반됨이 없이 관계회사에게 자금을 대여하거나 관계회사의 유상증자에 참여하여 그 발행 신주를 인수함에 있어서, 관계회사의 회사 영업에 대한 기여도, 관계회사의 회생에 필요한 적정 지원자금의 액수 및 관계회사의 지원이 회사에 미치는 재정적 부담의 정도, 관계회사를 지원할 경우와 지원하지 아니할 경우 관계회사의 회생가능성 내지 도산가능성과 그로 인하여 회사에 미칠 것으로 예상되는 이익 및 불이익의 정도 등에 관하여 합리적으로 이용가능한 범위 내에서 필요한 정보를 충분히 수집·조사하고 검토하는 절차를 거친 다음, 이를 근거로 회사의 최대 이익에 부합한다고 합리적으로 신뢰하고 신의성실에 따라 경영상의 판단을 내렸고, 그 내용이 현저히 불합리하지 않은 것으로서 통상의 이사를 기준으로 할 때 합리적으로 선택할 수 있는 범위 안에 있는 것이라면, 비록 사후에 회사가 손해를 입게 되는 결과가 발생하였다 하더라도 그 이사의 행위는 허용되는 경영판단의 재량범위 내에 있는 것이어서 회사에 대하여 손해배상책임을 부담한다고 할 수 없다. 그러나 회사의 이사가 이러한 과정을 거쳐 이사회 결의를 통하여 자금지원을 의결한 것이 아니라, 단순히 회사의 경영상의 부담에도 불구하고 관계회사의 부도 등을 방지하는 것이 회사의 신인도를 유지하고 회사의 영업에 이익이 될 것이라는 일반적·추상적인 기대 하에 일방적으로 관계회사에 자금을 지원하게 하여 회사에 손해를 입게 한 경우 등에는, 그와 같은 이사의 행위는 허용되는 경영판단의 재량범위 내에 있는 것이라고 할 수 없다.

(3) 책임의 내용

1) 책임의 범위 : 이사는 손해배상의 일반원칙(민법 제393조)에 따라 법령·정관의 위반행위 또는 임무해태와 상당인과관계가 있는 손해에 한하여 책임을 진다(통설/판례).[574)]

㈎ 배상액의 제한 : 이사의 책임 여부를 판단하고 손해배상액을 정함에 있어서는 당해 사업의 내용과 성격, 당해 이사의 임무 위반의 경위와 행위 태양, 회사의 손해 발생 및 확대에 관여된 객관적인 사정이나 그 정도, 평소 이사의 회사에 대한 공헌도, 임무 위반행위로 인한 당해 이사의 이득 유무, 회사의 조직체계 흠결 유무 및 위험관리체제의 구축 여부 등 제반 사정을 참작하여 손해 분담의 공평이라는 손해배상 제도의 이념에 비추어 그 배상액을 제한할 수 있다.[575)] 주의할 것은 비록 단기적으로는 회사에 손해를 끼쳤다고 하더라도 충분히 예측할 수 있으며 합리적으로 기대되는 이익이 있다면 이를 이사의 책임이 문제되는 손해로 판단해서는 아니 된다는 것이다.[576)]

---

574) 대법원 2007. 7. 26. 선고 2006다33609 판결.
575) 대법원 2007. 7. 26. 선고 2006다33609 판결.
576) 예를 들어 1985년 1월 25일에 한국무역협회가 서울의 삼성동에 무역센터빌딩을 건설하기 위해 실시한 입찰에 극동건설이 단돈 1원에 응모하였다. 즉 당시 극동건설의 경영진은 무역센터빌딩의 건축

> **참고판례** **이사의 손해배상책임 산정기준(대법원 2007. 11. 30. 선고 2006다19603 판결)** : 이사나 감사가 법령 또는 정관에 위반한 행위를 하거나 그 임무를 해태함으로써 회사에 대하여 손해를 배상할 책임이 있는 경우에 그 손해배상의 범위를 정함에 있어서는, 당해 사업의 내용과 성격, 당해 이사나 감사의 임무위반의 경위 및 임무위반행위의 태양, 회사의 손해 발생 및 확대에 관여한 객관적인 사정이나 그 정도, 평소 이사나 감사의 회사에 대한 공헌도, 임무위반행위로 인한 당해 이사나 감사의 이득 유무, 회사의 조직체계의 흠결 유무나 위험관리체제의 구축 여부 등 제반 사정을 참작하여 손해분담의 공평이라는 손해배상제도의 이념에 비추어 그 손해배상액을 제한할 수 있[다].
>
> **참고판례** **뇌물을 공여한 이사가 배상할 손해의 범위(대법원 2005. 10. 28. 선고 2003다69638 판결)** : 회사가 기업활동을 함에 있어서 형법상의 범죄를 수단으로 하여서는 안 되므로 뇌물 공여를 금지하는 형법규정은 회사가 기업활동을 함에 있어서 준수하여야 할 것으로서 이사가 회사의 업무를 집행하면서 회사의 자금으로서 뇌물을 공여하였다면 이는 상법 제399조에서 규정하고 있는 법령에 위반된 행위에 해당된다고 할 것이고 이로 인하여 회사가 입은 뇌물액 상당의 손해를 배상할 책임이 있다.

㈏ 손해액의 변동 : 이사(A)의 임무해태가 있더라도 그 이후에 다른 이사(B)의 행위가 개입되어 손해가 발생하거나 확장된 때에는 당해 이사(A)가 책임지지 않는다. 그렇지만 일단 이사의 임무해태로 인해 회사에 일정한 손해가 발생한 때에는 그 이후 관리하는 과정에서 손해액이 변동되더라도 이미 발생한 이사의 손해배상책임에는 아무런 영향이 없다. 예를 들어 금융기관에서 부실대출이 실행된 후 여러 차례 변제기한이 연장된 끝에 최종적으로 당해 대출금을 회수하지 못하는 손해가 발생한 경우에 그에 대한 손해배상책임은 원칙적으로 최초에 부실대출 실행을 결의하거나 이를 추인한 이사들만이 부담하고, 단순히 변제기한의 연장에만 찬성한 이사들은 그 기한 연장 당시에는 채무자로부터 대출금을 모두 회수할 수 있었으나 기한을 연장함으로써 채무자의 자금사정이 악화되어 대출금을 회수할 수 없게 된 경우가 아닌 한 손해배상책임을 부담하지 않는다.[577)]

2) 책임의 확장 : 이사의 법령·정관을 위반한 행위나 임무해태가 이사회결의에 따른 경우일 때에는 그 결의에 찬성한 이사도 연대하여 책임을 진다(상법 제399조 제2항). 이사의 경우 의결권의 행사도 선관주의의무가 미치는 직무수행이기 때문이다.

㈎ 적용범위 : 이사회결의에 찬성한 이사가 연대책임을 지는 것은 결의사항 그 자체가 법령·정관을 위반하거나 임무해태로 볼 수 있는 경우에 한정된다. 따라서 결의사항 자체에는 그러한 흠이 없으나 이사가 집행하는 과정에서 법령·정관을 위반하거나 임무를 게을리

을 통해 50층 이상의 초고층빌딩에 관한 시공실적을 쌓은 후 이를 기반으로 향후 국내 초고층빌딩의 건설시장에서 우위를 확보하기 위하여 약 600억원의 손실을 감수하면서까지 입찰에 응모한 것이다.

577) 대법원 2007. 7. 26. 선고 2006다33609 판결; 대법원 2007. 5. 31. 선고 2005다56995 판결.

한 때에는 그 결의에 찬성한 이사에게 연대책임을 물을 수 없다.

(나) 면책방법 : 이사회결의에 참여한 이사로서 이의를 한 기재가 이사회 의사록에 없는 자는 결의에 찬성한 것으로 추정되므로(상법 제399조 제3항), 이사는 결의에 참여하지 아니한 사실 또는 반대한 사실을 입증해야만 책임을 면할 수 있다. 여기서 「이의」란 의안에 반대한 것만이 아닌 기권 등 찬성이 아닌 의사도 포함한다.[578)]

(다) 추인결의 : 회사에 손해를 입힌 이사의 행위에 대하여 이사회가 추인결의를 한 경우 그에 찬성한 이사에게도 동 규정이 적용되는가? 이에 관한 논의는 많지 않지만, 회사에 손해를 입힌 이사의 행위를 이사회가 추인하였다는 것은 결국 이사회가 업무감독권을 제대로 실행하지 않았다는 것이고, 이러한 이사회의 추인결의에 찬성하였다는 것은 이사가 감시의무를 게을리한 것이다. 따라서 동 규정의 적용대상이 된다.[579)]

> **참고판례** **기권한 이사의 연대책임 여부 등(대법원 2019. 5. 16. 선고 2016다260455 판결)** : [1] 상법 제399조 제1항은 "이사가 고의 또는 과실로 법령 또는 정관에 위반한 행위를 하거나 그 임무를 게을리한 경우에는 그 이사는 회사에 대하여 연대하여 손해를 배상할 책임이 있다."라고 규정하고, 같은 조 제2항은 "전항의 행위가 이사회의 결의에 의한 것인 때에는 그 결의에 찬성한 이사도 전항의 책임이 있다.", 같은 조 제3항은 "전항의 결의에 참가한 이사로서 이의를 한 기재가 의사록에 없는 자는 그 결의에 찬성한 것으로 추정한다."라고 규정하고 있다. 이와 같이 상법 제399조 제2항은 같은 조 제1항이 규정한 이사의 임무 위반행위가 이사회 결의에 의한 것일 때 결의에 찬성한 이사에 대하여도 손해배상책임을 지우고 있고, 상법 제399조 제3항은 같은 조 제2항을 전제로 하면서, 이사의 책임을 추궁하는 자로서는 어떤 이사가 이사회 결의에 찬성하였는지를 알기 어려워 증명이 곤란한 경우가 있음을 고려하여 증명책임을 이사에게 전가하는 규정이다. 그렇다면 이사가 이사회에 출석하여 결의에 기권하였다고 의사록에 기재된 경우에 그 이사는 "이의를 한 기재가 의사록에 없는 자"라고 볼 수 없으므로, 상법 제399조 제3항에 따라 이사회 결의에 찬성한 것으로 추정할 수 없고, 따라서 같은 조 제2항의 책임을 부담하지 않는다고 보아야 한다. [2] 주식회사 이사들이 이사회에서 회사의 주주 중 1인에 대한 기부행위를 결의하면서 기부금의 성격, 기부행위가 회사의 설립 목적과 공익에 미치는 영향, 회사 재정상황에 비추어 본 기부금 액수의 상당성, 회사와 기부상대방의 관계 등에 관해 합리적인 정보를 바탕으로 충분한 검토를 거치지 않았다면, 이사들이 결의에 찬성한 행위는 이사의 선량한 관리자로서의 주의의무에 위배되는 행위에 해당한다.

(4) 책임의 감면

1) 책임의 면제 : 이사의 손해배상책임도 의결권 없는 주식을 포함한 총주주의 동의가

---

578) 대법원 2019. 5. 16. 선고 2016다260455 판결.
579) 대법원 2007. 5. 31. 선고 2005다56995 판결.

있으면 면제할 수 있다(상법 제400조 제1항).[580] 이 경우 주주의 동의는 주주 각자로부터 개별적으로 얻어도 무방하고, 명시적 동의 외에 묵시적인 동의도 가능하다.[581] 다만 대표이사가 일반적 채무면제절차(민법 제506조)에 의하는 방법으로는 면제할 수 없다.[582]

> **참고판례 이사의 책임면제 요건(대법원 2008. 12. 11. 선고 2006다5550 판결)** : 이사의 회사에 대한 책임은 '상법' 제400조, 제415조의 규정에 따라 총주주의 동의로 이를 면제할 수 있는데, 이 때 총주주의 동의는 반드시 명시적·적극적으로 이루어질 필요는 없고 회사의 주식 전부를 양수도하는 과정에서 묵시적 의사표시의 방법으로 할 수 있으나, 이는 주식 전부의 양수인이 이사의 책임으로 발생한 부실채권에 대하여 그 발생과 회수불능에 대한 책임을 이사에게 더 이상 묻지 않기로 하는 의사표시를 하였다고 볼만한 사정이 있어야 할 것이다.

(가) 면제의 범위 : 이사의 임무해태가 동시에 불법행위의 요건을 충족할 때에는 상법 제399조의 책임과 불법행위책임이 경합하게 된다. 따라서 총주주의 동의로 이사의 책임을 면제하더라도 이는 상법 제399조의 책임만 면제하는 것이므로, 불법행위책임까지 면제하려면 일반 채무면제(민법 제506조)에 관한 절차를 별도로 밟아야 한다.[583] 이처럼 양 책임은 그 법적 성질이 다르므로 어느 하나의 책임을 추궁하는 소의 제기는 다른 책임추궁에 관련된 소송에서 시효를 중단시키는 효력이 없다.[584]

(나) 일부의 면제 : 회사는 책임을 지는 이사가 여러 명 있을 때 그 일부의 책임을 면제할 수도 있다. 그렇다면 이 경우 면제받은 이사가 부담하는 부분은 다른 이사들에게 어떠한 영향을 끼치는가? 이와 관련하여 판례는 부진정연대채무에 있어서 채무면제에 절대적 효력을 인정하지 아니한다.[585] 따라서 일부 이사의 책임을 면제하더라도 다른 이사들의 책임액은 감소하지 않는다. 물론 다른 이사들은 전액을 배상한 후에 자신들의 부담부분을 넘어 변제한 부분에 대해서는 면제받은 이사에게 구상할 수 있다.

2) 책임의 제한 : 이사의 책임은 매우 엄격하여 경영활동과 직무수행을 위축시킬 수 있

580) 상법 제399조에 따른 이사에 대한 회사의 손해배상청구권은 이미 발생하여 모든 주주가 지분적 이익을 갖는 회사의 재산권이므로 그 성질상 다수결로 포기할 수 있는 것이 아니기 때문이다(이철송, 823면). 그리하여 판례도 주주의 96.25%가 이사의 책임을 면제하는 의사표시를 한 사건에서 총주주의 동의가 아니라는 이유로 면제의 효과가 없다고 판시하였다(대법원 2004. 12. 10. 선고 2002다60467,60474 판결).

581) 대법원 2008. 12. 11. 선고 2005다51471 판결.

582) 대법원 2004. 12. 10. 선고 2002다60467·60474 판결.

583) 대법원 1989. 1. 31. 선고 87누760 판결.

584) 대법원 2002. 6. 14. 선고 2002다11441 판결.

585) 대법원 2006. 1. 27. 선고 2005다19378 판결.

다. 더욱이 최근에 이사의 책임을 추궁하는 대표소송이 빈번해지고 있는데, 이런 경향은 향후 더욱 심화될 것으로 예상된다. 대표소송의 경우에는 대체로 손해배상액이 거액이므로 이사가 과중한 부담을 두려워하여 소극적인 경영활동을 하는 경향도 늘어나고 있다. 그런데도 그동안 외국의 입법례처럼 이사의 책임을 제한하거나 감경하는 규정이 상법에 없어 이사의 손해배상책임을 일정 한도로 제한해야 한다는 주장이 기업 실무를 중심으로 강하게 제기되었고, 현실적인 필요성 또한 인정되었다. 그리하여 2011년 개정 상법은 이사의 책임을 제한하는 규정을 신설하였다(상법 제400조 제2항).

참고판례 **이사의 손해배상책임의 산정방법(대법원 2008. 12. 11. 선고 2006다5550 판결)** : 이사가 법령 또는 정관에 위반한 행위를 하거나 그 임무를 해태함으로써 회사에 대하여 손해를 배상할 책임이 있어 그 손해배상의 범위를 정할 때에는 손해분담의 공평이라는 손해배상제도의 이념에 비추어 그 손해배상액을 제한할 수 있고, 원고가 손해배상청구액 중 일부청구를 하고 있는 경우에 손해배상액을 제한함에 있어서는 손해의 전액에서 책임감경사유나 책임제한비율을 적용하여 산정한 손해배상액이 일부청구액을 초과하지 않을 경우에는 손해배상액을, 일부청구액을 초과할 경우에는 일부청구액을 인용하여 줄 것을 구하는 것이 당사자의 통상적인 의사라고 보아야 할 것이다(대법원 1976. 6. 22. 선고 75다819 판결 참조).

(가) 제한의 주체 : 상법 제400조 제2항은 이사의 회사에 대한 손해배상책임을 일정한 한도로 제한할 수 있음을 규정하고 있지만, 구체적으로 어느 기관이 어떠한 방법으로 제한할 수 있는지는 규정하고 있지 않다. 그리하여 ① 이사회의 결의로 제한할 수 있다는 견해,[586] ② 주주총회의 보통결의로 경감할 수 있다는 견해,[587] ③ 책임 감경은 회사의 권리를 포기하는 결정이므로 중요한 의사결정의 일반적인 절차인 주주총회의 특별결의로 결정할 수 있다는 견해,[588] ④ 정관에 근거를 두고 사안별로 주주총회나 이사회의 결의에 맡길 수 있다는 견해[589]가 있다. 생각건대 책임면제에 관한 상법 제400조 제1항과 달리 제2항의 경우에는 「정관에서 정하는 바에 따라」라고 규정하고 있으므로 정관에서 정하기만 한다면 다른 요건을 설정할 수 있다고 해석해야 하는데, 이는 결국 정관변경에 해당하므로 주주총회의 특별결의만 있으면 얼마든지 가능하다. 또한 책임 제한은 주주의 이해관계에 직결되므로 그들의 의사가 최대한 반영되도록 해야 한다. 이런 점을 종합할 때 책임의 제한은 주주총회의 특별결의로 할 수 있다고 해석해야 한다.

586) 송옥렬, 1090면; 최준선, 562면.
587) 이종훈, 259면; 임재연(Ⅱ), 566면.
588) 이철송, 826~827면; 장덕조, 381면.
589) 김건식/노혁준/천경훈, 496면.

(나) 제한의 범위 : 회사는 정관에서 정하는 바에 따라 제399조에 따른 회사에 대한 이사의 손해배상책임을 그 원인된 행위를 한 날 이전 최근 1년간 보수액의 6배를 초과하는 금액에 대하여 면제할 수 있다. 다만 사외이사의 경우에는 정보접근성의 부족과 업무집행상의 소외 그리고 책임원인에 있어서의 주변적인 사유로 인해 연간 보수액의 3배까지로 제한하고 있다(상법 제400조 제2항 본문). 한편 제400조 제2항은 보수의 범위와 관련하여 상여금과 주식매수선택권의 행사로 인한 이익도 포함한다고 규정하고 있는데, 상여금은 당연히 보수에 포함되는 것이고 주식매수선택권도 성과급여의 일종이므로 역시 보수에 포함되는 것으로 보아야 한다. 따라서 이 규정은 사실상 무의미하다. 이와 관련하여 한 가지 주의할 것은 「주식매수선택권의 행사로 인한 이익」이란 손해의 원인된 행위 이전 최근 1년간에 행사하여 실제로 취득한 이익을 의미하는 것이고, 미행사로 인한 평가이익은 이에 포함되지 않는다고 보아야 한다는 점이다.

(다) 제한의 한계 : 상법이 이사의 책임을 제한하는 것은 그들의 적법한 직무수행상 위험을 일정한 경우 사실상 회사가 분담해 준다는 의미이다. 그리하여 상법도 이사의 고의 또는 중대한 과실에 의한 손해는 책임 제한의 대상에서 제외하고 있다(상법 제400조 제2항 단서). 더욱이 상법은 제397조(경업금지의무)와 제397조의2(회사의 기회 및 자산의 유용 금지의무) 및 제398조(자기거래)의 경우도 책임 제한의 대상에서 제외하고 있는데, 이들의 경우에는 이사의 사익 추구에 해당하기 때문이다. 이 경우 책임 감경이 제한되는 것은 이사의 경업과 기회이용 및 자기거래 그 자체로 보아야 하는데, 이들의 경우에는 회사가 입은 손해가 곧 이사가 얻은 이익이기 때문이다. 한편 회사가 실제로 이사의 책임을 제한하기 위해서는 정관에 그 내용은 물론이고 구체적인 면제 규모나 면책금액도 아울러 정해야 하는데, 이 과정에서 제도의 도입 취지와 강행법규 및 사회질서에 반하지 않는 한 엄격한 관리를 위해서 구체적인 기준을 정할 수도 있다.

(5) 책임의 시효

이사의 회사에 대한 손해배상책임은 법정책임으로 보든 계약책임으로 보든 모두 채권의 일반시효(민법 제162조 제1항)가 적용되어 10년의 소멸시효에 걸린다.[590] 이 경우 시효는 회사가 이사에 대하여 손해배상의 청구를 할 수 있는 때부터 진행하는데, 실제로는 대표이사가 안 때로부터 진행한다. 이사에 대한 소의 제기는 감사가 하지만, 대표이사도 이사에 대하여 손해배상의 이행을 청구할 수는 있기 때문이다. 한편 불법행위책임에서도 소멸시효의 기산점이 되는 「손해 및 가해자를 안 날(민법 제766조 제1항)」이란 일반적으로 대표이사

590) 대법원 1985. 6. 25. 선고 84다카1954 판결.

가 안 날을 의미하지만, 대표이사도 그에 관련된 때에는 법인의 이익을 정당하게 보전할 권한을 가진 다른 대표자 또는 임직원이 안 날을 기산점으로 해야 한다.[591] 따라서 제399조의 책임에 있어서도 동일하게 다른 임직원이 대표이사에게 책임을 추궁하는 조직법적 의사형성이 가능해진 때를 시효의 기산점으로 보아야 한다.

> **참고판례** **이사의 회사에 대한 손해배상책임의 시효1(대법원 2008. 12. 11. 선고 2005다51471 판결)** : 상법 제399조 제1항, 제414조 제1항에서 규정하고 있는 주식회사의 이사 또는 감사의 회사에 대한 임무해태로 인한 손해배상책임은 위임관계로 인한 채무불이행책임이므로 민법 제766조 제1항의 단기소멸시효가 적용되지 않는다고 할 것이므로(대법원 1985. 6. 25. 선고 84다카1954 판결 참조), 원심이 피고들의 단기소멸시효 주장을 배척한 것은 정당하고 달리 소멸시효에 관한 법리오해의 위법이 없다.
>
> **참고판례** **이사의 회사에 대한 손해배상책임의 시효2(대법원 2006. 8. 25. 선고 2004다24144 판결)** : 주식회사의 이사의 회사에 대한 임무해태로 인한 손해배상책임은 일반불법행위 책임이 아니라 위임관계로 인한 채무불이행 책임이므로 그 소멸시효기간은 일반채무의 경우와 같이 10년이라고 보아야 한다(대법원 1985. 6. 25. 선고 84다카1954 판결 참조).

2. 제3자에 대한 책임

(1) 의 의

1) 입법취지 : 이사가 고의 또는 중대한 과실로 그 임무를 게을리한 때에는 제3자에 대하여 연대하여 손해를 배상할 책임이 있다(상법 제401조 제1항). 이는 제3자와 직접적인 법률관계를 형성하지 아니하는 이사에게 임무해태를 이유로 그 책임을 묻는 대단히 이례적인 규제여서 여러 가지 복잡한 쟁점을 내포하고 있다. 그런데 회사가 필요자금을 조달하기 위해 주식·사채를 발행하거나 대금의 지급과 관련하여 어음을 발행하면 다수인과 복잡한 이해관계를 맺게 되는데, 이 과정에서 이사가 기업내용을 부실하게 공시하면 다수의 제3자에게 손해를 끼치므로 그들에 대한 이사의 직접적인 책임을 인정할 필요도 있다.[592] 그리하여 상법은 이사의 업무수행과 관련하여 제3자에게 손해가 발생한 때에는 이사가 그 손해를 전보하게 함으로써 제3자를 보호하고, 이사가 직무를 수행할 때 보다 신중하도록 하기 위해 이사의 제3자에 대한 직접적인 책임을 규정한 것이다.[593]

---

591) 대법원 2012. 7. 12. 선고 2012다20475 판결; 대법원 2002. 6. 14. 선고 2002다11441 판결.

592) 이사의 제3자에 대한 책임은 회사채권자가 회사로부터 채권을 회수하지 못한 경우에 이사에게 그 책임을 추궁하는 수단이 되는데, 이는 같은 목적을 가졌으나 실제로 채권자가 보호받기 어려운 법인격부인론의 대체적 기능을 수행할 수 있다고 한다(권기범, 696면; 김정호 545면; 손진화, 621면; 송옥렬, 1097면; 이종훈, 260면; 정동윤, 647면; 장덕조, 383면; 정찬형, 1095면; 최기원, 695면; 최준선, 564면).

593) 대법원 1985. 11. 12. 선고 84다카2490 판결.

2) 법적 성질 : 이사의 제3자에 대한 손해배상책임의 법적 성질에 대해서는 불법행위와 무관한 상법이 인정하는 특별한 책임발생원인이라는 견해(법정책임설)가 통설이지만, 이사의 책임은 본질적으로 불법행위책임이나 그 요건상 경과실은 제외되고 위법성이 배제되는 특수한 불법행위책임이라는 견해(특수불법행위설)도 있다.[594] 이러한 논란이 있는 것은 일반 불법행위와는 다르게 법문상 이사의 고의 또는 중과실이 회사에 대한 임무해태에 관하여 요구되고, 제3자의 손해에 대하여 위법성을 요하지 않으며, 경과실이 배제되기 때문이다. 그런데 개별적인 문제를 해결함에 있어서 양설은 대부분 같은 결론을 도출하고 있어 실질적인 차이가 없을 뿐만 아니라, 법정책임설에 의할 때 논의되는 불법행위책임과의 경합을 특수불법행위책임설도 인정하고 있다. 생각건대 제3자에 대한 고의·과실 없이 이사의 불법행위책임이 성립한다는 것은 법리상 있을 수 없고, 복잡·다양하게 전개·발전하는 회사를 둘러싼 법률관계를 채무불이행책임과 불법행위책임으로만 해석하려는 것도 적절하지 않다. 따라서 상법이 인정하는 특별한 책임이라고 해석해야 한다.

(2) 책임의 내용

1) 책임원인 : 이사의 제3자에 대한 손해배상책임의 발생원인에 관하여 상법은 「고의 또는 중대한 과실로 인하여 그 임무를 게을리한 때」라고 규정하고 있다. 여기서 임무를 게을리한 때란 이사의 회사에 대한 책임에서와 달리 이사가 법령·정관의 위반행위를 한 경우도 포함한다. 이처럼 이사의 제3자에 대한 책임이 인정되려면 회사의 임무에 관하여 이사의 고의 또는 중과실이 있어야 한다.[595] 이 점에서 대표이사가 회사의 제3자에 대한 채무이행을 게을리하여 그 제3자에게 손해를 끼친 사건[596]에서 제401조의 요건인 임무해태로 볼 수 없다고 적시한 판례는 잘못이다. 주의할 것은 상법 제401조는 제3자의 손해를 야기한 행위를 악의 또는 중과실로 행한 이사만이 아니라, 그러한 이사의 행위에 대한 감시의무를 중대한 과실로 소홀히 한 이사들에게도 적용된다는 점이다.[597] 물론 이 경우 이사의 고의 또는 중과실은 피해자인 제3자가 입증해야 한다.

참고판례 **이사의 제3자에 대한 책임의 발생 요건(대법원 2002. 3. 29. 선고 2000다47316 판결)** : 상법 제401조 제1항에 규정된 주식회사의 이사의 제3자에 대한 손해배상책임은 이사가 악의 또는 중대한 과실로

594) 서돈각/정완용, 455면.
595) 대법원 1985. 11. 12. 선고 84다카2490 판결.
596) 대법원 1985. 11. 12. 선고 84다카2490 판결.
597) 대법원 2008. 9. 11. 선고 2006다68636 판결.

인하여 그 임무를 해태한 것을 요건으로 하는 것이어서 단순히 통상의 거래행위로 인하여 부담하는 회사의 채무를 이행하지 않는 것만으로는 악의 또는 중대한 과실로 그 임무를 해태한 것이라고 할 수 없지만, 이사의 직무상 충실 및 선관의무 위반의 행위로서 위법성이 있는 경우에는 악의 또는 중대한 과실로 그 임무를 해태한 경우에 해당한다.

2) 책임범위 : 이사가 고의나 중과실로 그 임무를 게을리한 때에는 제3자에 대해서도 손해배상책임을 지는데, 제3자 및 손해의 범위에 관하여 논란이 있다.

참고판례 **이사의 제3자에 대한 책임에 책임해제에 관한 상법 제450조가 적용되는지(대법원 2009. 11. 12. 선고 2007다53785 판결)** : 주주총회에서 재무제표 등의 승인을 한 후 2년 내에 다른 결의가 없으면 회사는 이사와 감사의 책임을 해제한 것으로 본다고 한 상법 제450조는 이사 등의 회사에 대한 책임에 관한 규정으로서 이사 등의 제3자에 대한 책임에 대하여는 적용되지 아니한다.

(가) 제3자의 범위 : 손해배상청구권자인 「제3자」의 범위와 관련하여 통설적 견해는 회사채권자나 기타 이해관계인만이 아니라 주주도 포함된다고 보지만, 손해의 유형 중 간접손해와 관련하여 주주는 제외해야 한다는 소수설과 판례[598]도 있다. 주주가 입은 간접손해를 포함시키면 주주가 회사채권자에 우선하여 변제를 받는 결과가 되고,[599] 주주의 간접손해는 주주가 대표소송을 제기하여 회사의 손해를 회복함으로써 전보될 수 있다[600]는 점을 논거로 제시하고 있다. 생각건대 제401조가 제3자에 관하여 특별히 규제하지 아니하므로 널리 회사 이외의 자를 의미한다고 보는 것이 합리적이고, 대표소송의 경우에는 제소요건의 제한이 있을 뿐만 아니라 담보가 요구될 수도 있으며 때로는 구제받지 못할 손해도 있다. 이런 점을 종합할 때 주주의 손해배상청구를 별도로 인정할 실익이 있으므로 제401조의 제3자에는 주주도 포함된다고 해석함이 타당하다.

(나) 손해의 범위 : 제3자의 「손해」에는 직접손해와 간접손해가 있다. 전자는 이사의 임무해태로 인해 제3자가 직접적으로 입은 손해를 말하고(예: 이사가 허위로 작성한 주식청약서를 믿고 제3자가 주식을 인수하였다가 손해를 본 경우 등), 후자는 이사의 임무해태로 인해 회사가 입은 손해에 의하여 제3자가 다시 입게 되는 손해를 말한다(예: 이사가 임무해태로 회사재산을 감소시켜 회사채권자의 채권 회수를 어렵게 한 경우 등). 생각건대 이사의 제3자에 대한 책임의 법적 성질을 법정책임으로 본다면 손해의 유형에 제한을 둘 필요가 없으므로 이사

598) 대법원 2012. 12. 13. 선고 2010다77743 판결.
599) 서돈각/정완용, 468면.
600) 최준선, 572면.

의 임무해태와 상당인과관계가 있는 제3자의 손해라면 모두 포함하는 것으로 해석함이 타당하다. 참고로 불법행위책임설에서도 제3자의 직접손해는 물론이고 간접손해에 대해서까지 이사의 책임을 인정하고 있다.

> **참고판례** **이사의 제3자에 대한 책임에서 손해의 범위(대법원 2003. 10. 24. 선고 2003다29661 판결)** : 주식회사의 주주가 이사의 악의 또는 중대한 과실로 인한 임무해태행위로 직접 손해를 입은 경우에는 이사에 대하여 상법 제401조에 의하여 손해배상을 청구할 수 있으나, 이사가 회사재산을 횡령하여 회사재산이 감소함으로써 회사가 손해를 입고 결과적으로 주주의 경제적 이익이 침해되는 손해와 같은 간접적인 손해는 상법 제401조 제1항에서 말하는 손해의 개념에 포함되지 아니하므로 이에 대하여는 위 법조항에 의한 손해배상을 청구할 수 없다.

(3) 책임의 확장 등

1) 책임의 확장 : 상법 제401조 제2항은 제399조 제2항과 제3항을 준용하고 있다. 따라서 이사의 제3자에 대한 책임이 이사회결의에 따른 행위로 인한 것인 경우 그 결의에 찬성한 이사는 물론이고 의사록에 이의의 기재가 없는 이사도 찬성한 것으로 추정되어 연대책임을 진다. 다만 이사회의사록에 기권하였다고 기재된 경우 그 이사는 이의를 한 기재가 의사록에 없는 자라고 볼 수 없고, 상법 제399조 제3항에 따라 이사회결의에 찬성한 것으로도 추정할 수 없으므로 제399조 제2항의 책임을 부담하지 않는다.[601)]

2) 책임의 시효 : 이사의 제3자에 대한 손해배상책임도 이사의 회사에 대한 손해배상책임과 마찬가지로 10년의 소멸시효에 걸린다(민법 제162조 제1항).[602)]

> **참고판례** **이사의 제3자에 대한 손해배상책임의 시효(대법원 2008. 2. 28. 선고 2005다60369 판결)** : 상법 제401조에 기한 이사의 제3자에 대한 손해배상책임이 제3자를 보호하기 위하여 상법이 인정하는 특수한 책임이라는 점을 감안할 때 일반 불법행위책임의 단기소멸시효를 규정한 민법 제766조 제1항은 적용될 여지가 없고, 일반 채권으로서 민법 제162조 제1항에 따라 그 소멸시효기간은 10년이며(대법원 2006. 12. 22. 선고 2004다63354 판결 참조), 제3자가 상법 제401조에 기한 이사의 제3자에 대한 손해배상책임만을 묻는 손해배상청구 소송에 있어서 주식회사의 외부감사에 관한 법률 제17조 제7항이 정하는 단기 소멸시효는 적용될 여지가 없다.

3) 특별법상의 책임 : 자본시장법상 증권신고서와 투자설명서 중 중요사항에 관하여 거

---

601) 대법원 2019. 5. 16. 선고 2016다260455 판결.
602) 대법원 2008. 1. 18. 선고 2005다65579 판결.

짓의 기재 또는 표시가 있거나 중요사항이 기재 또는 표시되지 아니함으로써 증권의 취득자가 손해를 입은 경우에 그 증권신고서의 신고인과 신고 당시 발행인의 이사는 그 손해에 관하여 배상책임을 진다(동법 제125조 제1항). 또한 동법 제159조 제1항의 사업보고서·반기보고서·분기보고서·주요사항보고서 및 그 첨부서류 중 중요사항에 관하여 거짓의 기재 또는 표시가 있거나 중요사항이 기재 또는 표시되지 아니함으로써 사업보고서 제출대상법인이 발행한 증권의 취득자 또는 처분자가 손해를 입은 경우에 그 사업보고서 등의 제출인과 제출 당시의 그 사업보고서 제출대상법인의 이사는 그 손해에 관하여 배상책임을 진다(동법 제162조 제1항). 이는 이사의 임무해태와 인과관계가 있는 제3자의 손해에 대하여 이사의 배상책임을 인정하는 것으로서 상법 제401조와 매우 유사하다.

3. 업무집행관여자의 책임

(1) 개 요

기업 실무에서는 회사의 기관은 아니나 지배주주처럼 이사에 대한 사실상의 영향력을 이용하여 적정하지 않은 방법으로 회사의 업무를 집행하거나 이사로 하여금 집행하게 함으로써 회사에 손해를 끼치는 경우가 종종 있다. 특히 대부분 오너십 체제에서 출발하여 여전히 강한 주인의식을 가진 지배주주가 존재하는 우리의 기업 현실에서 지배주주는 이사선임권 등을 이용하여 이사의 업무집행을 자신의 사익을 위해 유도하는 경우가 많다(예: 지배주주가 직접 회사의 임원이 되어 사익을 추구하는 경우, 지배주주가 주주총회에서 다수결의 원칙을 남용하여 자신을 위한 불공정한 결의를 도출하는 경우 등). 그리하여 상법은 이러한 지배구조의 왜곡 현상을 방지하기 위하여 제401조의2 제1항에서 회사에 대한 자신의 영향력을 이용하여 이사에게 업무집행을 지시하거나 이사의 이름으로 직접 회사의 업무를 집행한 자는 그 지시하거나 집행한 업무에 관하여 제399조, 제401조 및 제403조의 적용에 있어서 이사로 본다고 규정하고 있다. 즉 이들은 이사처럼 회사와 제3자에 대하여 손해배상책임을 짐은 물론이고 대표소송의 상대방도 되는 것이다.

(2) 업무집행지시자

1) 의 의 : 회사에 대한 자신의 영향력을 이용하여 이사에게 업무집행을 지시한 자는 그 지시한 업무에 관하여 이사로 본다(상법 제401조의2 제1항 제1호). 이를 「업무집행지시자」라고 하는데, 이는 업무집행에 있어서 실질적인 주체로서 기능하면서도 책임에서는 배제되는 자를 조직법적인 책임주체로 끌어내기 위함이다. 다만 이사가 아닌 자를 이사로 간주하여 그 책임을 묻는 것이므로 엄격하고 제한적으로 해석해야 한다.

2) 요 건 : 이사가 아닌 자가 회사에 대한 자신의 영향력을 행사하여 이사에게 업무집행을 지시해야 하는데, 구체적인 내용과 그에 관련된 쟁점은 다음과 같다.

(가) 회사에 대한 영향력 : 회사에 대한 「영향력」이란 법적 개념이 아니고 사회학적 개념이다. 즉 이는 행위자가 타인으로 하여금 자신의 의도대로 그 의사를 결정하도록 하는 사실상의 힘을 말하는데, 그 범위가 매우 넓어 구체적인 의미 및 해당 여부와 관련하여 분쟁이 발생할 위험이 있으므로 입법적 보완이 필요하다. 이처럼 업무집행지시자의 경우에는 회사에 대한 영향력을 그 요건으로 하므로 업무를 집행하는 이사와의 개인적인 이해관계에 의한 영향력 행사는 본조의 적용대상이 될 수 없다.

(나) 영향력의 행사자 : 회사에 대한 「영향력 행사자」의 가장 전형적인 예는 본조의 입법이유이기도 한 지배주주이다. 그렇지만 회사에 대하여 사실상의 힘을 행사할 수 있는 자를 의미하므로 회사채권자, 계속적 거래상의 우월적 지위를 갖는 자, 회사에 대하여 거액의 대출채권을 가진 은행 등 금융기관, 공법적·정치적으로 우월한 힘을 가진 자도 적용대상이 될 수 있다. 또한 자연인만이 아니라 법인도 적용대상이 될 수 있다.[603] 이 경우 「영향력의 보유」는 계속적일 필요가 없으므로 일시적이라도 무방하다.

(다) 업무집행의 지시 : 지배주주 등이 회사에 대한 자신의 영향력을 이용하여 이사에게 업무집행을 지시해야 하는데, 지시는 직접적이든 간접적이든 불문한다.

(ㄱ) 지시의 의미 : 지배주주 등은 회사의 조직체계 내에서 이사와 업무상 지휘·감독의 지위에 있지 않기 때문에 업무집행에 관한 지시란 사실상 있을 수 없다. 따라서 여기서 「지시」란 지배주주 등이 이사에게 그의 영향력을 행사하는 것을 의미하는데, 이와 관련하여 그 지시는 1회성이 아니라 통상적이고 관행적이어야 한다는 견해가 있다.[604] 생각건대 상법이 본조를 도입하게 된 취지는 지배주주 등과 같은 영향력 보유자가 이사로 하여금 적정하지 아니한 방법으로 회사의 업무를 집행하게 함으로써 회사에 손해를 끼치는 경우를 차단하기 위함이다. 그렇다면 지시의 빈도는 그 대상이 아니라고 봄이 타당하다.[605] 더욱이 한번 지시하여 생긴 회사의 손해에 대해서는 지배주주 등이 책임지지 아니하고 여러 번 반복적으로 지시한 경우에만 책임진다고 해석하는 것은 아무런 법적 근거 없이 본조의 적용을 부당하게 제한하는 것이므로 합리성을 부여할 수 없다.

---

603) 당해 회사의 모회사 또는 지배적 지분을 가진 회사를 그 예로 들 수 있다(대법원 2006. 8. 25. 선고 2004다26119 판결).

604) 정동윤, 649면; 최준선, 576면; 한국상사법학회(Ⅱ)(최수정 집필 부분), 1270면.

605) 권기범, 953면; 이철송, 840면.

(ㄴ) 지시의 대상 : 상법은 지배주주 등이 회사의 업무집행과 관련하여 이사에게 하는 지시의 대상에 관하여 별다른 제한을 두지 않고 있다. 그런데 영업양도나 합병 등과 같은 회사의 조직변경에 관한 행위는 주주총회의 특별결의가 필요하므로 지시의 대상이 아니라는 견해가 있다.[606] 생각건대 이 견해에 따르면 합병 등과 같은 조직변경에 대해서는 지배주주 등이 이사에게 부당한 지시를 하더라도 제401조의2에 따른 책임을 전혀 지지 않는다는 것인데, 이는 본조의 입법취지에 반한다. 더욱이 영업양도나 합병 등과 같은 회사의 조직변경에 있어서는 다수자주주인 지배주주가 자신의 의사를 관철하기 위해 더 강한 영향력을 행사할 수 있다(예: 지배주주가 자신이 지배하는 다른 회사에 영업을 염가로 양도하게 하는 경우 등). 따라서 이사에게 제399조 제1항의 책임을 추궁할 수 있는 임무해태에 관계된 것이라면 모두 지시의 대상이 될 수 있다고 보아야 한다.[607] 즉 본조가 적용되려면 지배주주 등의 지시에 따라 행해진 이사의 구체적 업무집행이 임무해태에 해당하고 회사에 손해를 끼치는 등 상법 제399조 제1항의 요건을 충족해야 한다.

(ㄷ) 지시의 목적 : 회사의 업무집행과 관련하여 지배주주 등이 이사에게 하는 지시에 지배주주 등의 사익 추구의 목적이 필요한가? 이에 관한 논의는 많지 않지만, 상법 제401조의2 제1항은 사익 추구를 요구하고 있지 아니하고, 만약 이를 인정하게 되면 오히려 면책의 가능성을 넓혀줄 수 있으므로 부정하는 것이 타당하다.

3) 책 임 : 지배주주 등이 회사에 대한 자신의 영향력을 행사하여 이사에게 업무집행에 관한 지시를 한 경우에는 상법 제399조와 제401조 및 제403조의 적용에 있어서 이를 이사로 간주한다. 즉 지배주주 등도 이사처럼 회사와 제3자에 대하여 책임을 진다.

(가) 회사에 대한 책임 : 상법 제401조의2 제1항이 제399조의 적용에 있어서는 업무집행지시자를 이사로 본다고 규정하고 있으므로 그의 지시에 따른 이사의 업무집행으로 인해 생긴 회사의 손해는 업무집행지시자에게 그 책임을 추궁할 수 있다.

(ㄱ) 책임의 성격 : 제401조의2 제1항이 제399조 등의 적용에 있어서는 업무집행지시자 등을 이사로 본다고 규정하고 있음을 근거로 다수설은 업무집행지시자의 책임을 이사로서의 기관책임이라고 하지만,[608] 상법이 특별히 인정한 책임이라는 견해도 있다.[609] 이와 관련하여 최근에 판례는 업무집행지시자 등의 회사에 대한 손해배상책임의 법적 성질을 이사

606) 정동윤, 649면; 정경영, 703면; 최준선, 576면; 한국상사법학회(Ⅱ)(최수정 집필 부분), 1271면.
607) 권기범, 952면; 이철송, 839면; 최기원, 709면.
608) 서헌제, 881면; 손주찬, 817면; 송옥렬, 1103면; 정동윤, 649면; 최기원, 707면.
609) 이철송, 841면.

처럼 위임계약의 불이행 책임으로 보고 있다. 그런데 다수설이나 최근 판례처럼 해석하게 되면 업무집행지시자에게 제399조를 적용하기 위해서는 이사와 마찬가지로 임무해태가 그 전제가 되어야 하는데, 업무집행지시자는 회사의 조직체계상 지위가 없으므로 회사에 대한 임무해태도 있을 수 없다. 더욱이 규정의 취지상 이사의 업무집행이 회사에 대한 임무해태가 되면 곧바로 업무집행지시자의 책임요건도 함께 충족된다. 따라서 업무집행지시자의 회사에 대한 책임은 후자와 같이 해석함이 합리적이다.

> **참고판례** **업무집행지시자 등의 손해배상책임에 불법행위책임에 관한 민법상 단기시효가 적용되는지(대법원 2023. 10. 26. 선고 2020다236848 판결)** : 상법 제401조의2 제1항은 회사에 대한 자신의 영향력을 이용하여 이사에게 업무집행을 지시한 자(제1호), 이사의 이름으로 직접 업무를 집행한 자(제2호) 또는 이사가 아니면서 명예회장·회장·사장·부사장·전무·상무·이사 기타 회사의 업무를 집행할 권한이 있는 것으로 인정될 만한 명칭을 사용하여 회사의 업무를 집행한 자(제3호)가 그 지시하거나 집행한 업무에 관하여 제399조, 제401조, 제403조 및 제406조의2를 적용하는 경우에는 그 자를 "이사"로 본다고 규정하고 있다. 이는 주식회사의 이사가 아니지만 이사에게 업무집행을 지시하거나 이사처럼 업무를 집행하는 등으로 회사의 업무에 관여한 자에 대하여 그에 상응하는 책임을 묻기 위함이다. 이러한 법률 문언 내용과 입법 취지에 비추어 보면, 상법 제401조의2 제1항 각호에 해당하는 자는 회사의 이사는 아니지만 상법 제399조에서 정한 손해배상책임을 적용함에 있어 그가 관여한 업무에 관하여 법령준수의무를 비롯하여 이사와 같은 선관주의의무와 충실의무를 부담하고, 이를 게을리하였을 경우 회사에 대하여 그로 인한 손해배상책임을 지게 되는 것이다. 이와 같이 상법 제401조의2 제1항이 정한 손해배상책임은 상법에 의하여 이사로 의제되는 데 따른 책임이므로 그에 따른 손해배상채권에는 일반 불법행위책임의 단기소멸시효를 규정한 민법 제766조 제1항이 적용되지 않는다.

(ㄴ) 책임의 확장 : 업무집행지시자와 그의 지시에 따라 회사의 업무를 직접 집행한 이사는 회사에 대하여 연대하여 손해배상책임을 진다(상법 제401조의2 제2항).

(ㄷ) 책임의 감면 : 제401조의2 제1항이 제400조 제1항을 준용하지 아니하므로 업무집행지시자의 책임은 주주 전원의 동의로도 면제할 수 없다. 그런데 이사의 책임은 감면하면서 이사로 의제되는 업무집행지시자의 책임은 감면할 수 없다고 하는 것은 비례의 원칙에 어긋나므로 업무집행지시자의 책임에도 제400조를 적용해야 한다는 견해,[610] 업무집행지시자의 책임에는 제400조가 준용되지 아니하므로 이사회결의로 면제할 수 있다는 견해[611]가 있다. 그렇지만 다음과 같은 이유에서 이러한 견해에는 찬동할 수 없다. 즉 ① 상법이 이사의 책임을 감면해 준다는 것은 기업생활에 내재하는 위험을 이사와 회사가 분담함으로써

610) 송옥렬, 1107면; 임재연(Ⅱ), 590면; 장덕조, 392면.
611) 김건식/노혁준/천경훈, 509면.

이사의 안정적인 경영활동을 지원하기 위함이고, ② 제400조는 이사가 회사에 대한 선관주의의무 등을 위반한 채무불이행책임을 그 전제로 함에 비해 업무집행지시자의 책임은 일종의 회사에 대한 불법행위책임이므로 그 성질을 달리하며, ③ 특히 책임감경의 경우에는 이사의 보수를 그 전제로 감경액을 계산하는데 업무집행지시자의 경우에는 보수가 없어 감경액을 계산할 수 없고,[612] ④ 업무집행지시자의 회사에 대한 책임을 이사회결의로 면제할 수 있다고 하면 업무집행지시자의 이사에 대한 영향력을 고려할 때 사실상 책임을 추궁할 수 있는 경우는 거의 없게 될 것이기 때문이다.

(나) 제3자에 대한 책임 : 이사가 업무집행지시자로부터 지시받은 회사에 관한 업무를 집행하는 과정에서 제3자에게 손해를 입힌 때에는 업무집행지시자도 그 이사와 연대하여 배상책임을 진다(상법 제401조의2 제2항). 이 경우에 업무집행지시자의 임무해태를 요하지 아니함은 위의 회사에 대한 책임에서 설명한 바와 같다.

(3) 무권대행자

1) 의 의 : 상법 제401조의2 제1항 제2호는 이사의 이름으로 직접 업무를 집행한 자를 책임주체의 하나로서 규정하고 있는데, 이를 「무권대행자」라고 한다. 주의할 것은 제1호와 달리 제2호는 영향력 행사를 요건으로 규정하고 있지 않지만, 제1호상 업무집행지시자의 요건을 충족하는 자가 이사에게 지시하는 것 대신에 자신의 영향력을 이용하여 이사의 이름으로 직접 업무를 집행하는 경우를 의미한다고 해석해야 한다는 점이다.[613] 이 경우 업무집행에 관하여 이사의 개인적인 위임이 있었는지는 묻지 아니한다.

2) 책 임 : 상법은 무권대행자를 업무집행지시자와 동일하게 취급하여 제399조와 제401조 및 제403조의 적용에 있어서 이사로 간주한다. 그런데 무권대행자의 경우에는 회사내 조직법상 지위가 없어 임무해태가 있을 수 없으므로 제399조의 적용에 있어서 문제가 발생하는데, 이는 입법의 착오라고 봐야 한다. 따라서 법문에도 불구하고 이는 무권대행자가 회사에 대하여 불법행위책임을 진다는 것을 밝힌 것으로 해석해야 한다.[614] 주의할 것은 이사가 아닌 자가 이사의 이름으로 직접 회사의 업무를 집행하면 그 자체가 불법행위를 구성하므로 이는 무권대행자에게 특별히 새로운 책임을 부여한 것이 아니고, 위와 같은 내용은 제3자에 대한 무권대행자의 책임에도 적용된다는 것이다.

---

612) 권기범, 957면; 이철송, 841면.
613) 대법원 2009. 11. 26. 선고 2009다39240 판결.
614) 이철송, 842면.

(4) 표현이사

1) 의 의 : 상법 제401조의2 제1항 제3호는 「이사가 아니면서 명예회장·회장·사장·부사장·전무·상무·이사 기타 회사의 업무를 집행할 권한이 있는 것으로 인정될 만한 명칭을 사용하여 회사의 업무를 집행한 자」도 그 집행한 업무에 관하여 이사로서 책임을 져야 한다고 규정하고 있는데, 이를 강학상 「표현이사」라고 한다. 주의할 것은 표현이사의 경우에는 업무집행지시자에서와 달리 영향력의 행사라는 요건을 별도로 요구하지 않고,[615] 실제로 그에게 이사와 동등한 권한이 있었는지도 묻지 않는다는 점이다.[616]

2) 책 임 : 표현이사도 회사의 조직상 기관인 이사는 아니므로 상법 제399조와 제401조를 적용함에 있어서는 역시 임무해태가 없다는 문제가 발생한다. 따라서 이 경우에도 표현이사는 회사에 대하여 불법행위책임을 진다고 해석해야 한다. 주의할 것은 표현이사가 회사 내에서 일정한 조직을 관리하면서 그 업무를 집행하는 자인 때에는 그 조직 내에 있는 종업원들의 임무해태는 곧 표현이사의 과실이 되므로, 그들에 대한 관리·감독을 소홀히 한 데 대해서는 본조의 책임을 물을 수 있다는 점이다.[617]

참고판례 **상법상 이사로 의제되는 자의 범위(대법원 2009. 11. 26. 선고 2009다39240 판결)** : 상법 제399조·제401조·제403조의 적용에 있어 이사로 의제되는 자에 관하여, 상법 제401조의2 제1항 제1호는 '회사에 대한 자신의 영향력을 이용하여 이사에게 업무집행을 지시한 자', 제2호는 '이사의 이름으로 직접 업무를 집행한 자', 제3호는 '이사가 아니면서 명예회장·회장·사장·부사장·전무·상무·이사 기타 업무를 집행할 권한이 있는 것으로 인정될 만한 명칭을 사용하여 회사의 업무를 집행한 자'라고 규정하고 있는바, 제1호 및 제2호는 회사에 대해 영향력을 가진 자를 전제로 하고 있으나, 제3호는 직명 자체에 업무집행권이 표상되어 있기 때문에 그에 더하여 회사에 대해 영향력을 가진 자일 것까지 요건으로 하고 있는 것은 아니다.

Ⅳ. 이사의 견제와 책임추궁

1. 서 언

이사는 주주총회에서 보통결의로 선임되는 회사의 수임인이므로 회사에 대하여 선관주의의무를 부담한다. 그렇지만 이사의 직무수행이 항상 회사의 이익을 위해 최선으로 행해진다는 보장이 없으므로 주주에 의한 감시 또는 견제의 수단이 필요하다. 넓게 보면 주주

---

615) 대법원 2009. 11. 26. 선고 2009다39240 판결.
616) 서울중앙지방법원 2009. 1. 9. 선고 2006가합78171 판결.
617) 대법원 2009. 11. 26. 선고 2009다39240 판결.

총회가 이사의 선임권을 갖고, 업무의 사안에 따라 주주총회의 결의를 얻도록 하며, 지배주주의 영향력을 억제한 가운데 선임하는 상설의 감사와 임시로 선임하는 검사인 등이 총체적인 감시·평가를 하도록 하고, 회사와의 이익충돌을 방지하기 위하여 경업·자기거래를 원칙적으로 금지하는 것 등은 모두 이사를 견제하기 위한 수단이다. 한편 이사에 대한 적극적인 견제 및 책임추궁의 수단으로는 이사의 해임(상법 제385조 제1항), 손해배상의 청구(상법 제399조), 주주에 의한 대표소송(상법 제403조) 등의 제도가 있는데, 이들은 모두 사후적인 구제수단이므로 상법은 사전적인 예방을 위하여 유지청구권도 인정하고 있다. 이 중에서 소수주주에 의한 이사해임청구(상법 제385조 제2항)와 유지청구 및 대표소송은 소수주주가 지배주주와 그의 비호를 받는 이사로 구성되는 경영상 내부자들에 대항하여 회사조직 전체의 건강을 유지시킬 수 있도록 한다는 뜻이 내포되어 있다. 한편 이사해임청구소송이 제기된 때에는 이사가 조만간 퇴진할 것을 예상하여 업무를 게을리할 수 있고, 때로는 부정을 저지를 수도 있다. 따라서 이사의 지위에 관한 분쟁이 있으면 그의 부적절한 권한 행사를 배제할 수 있어야 하는데, 이를 위한 제도가 바로 「직무집행정지가처분」이고 이와 함께 선임된 당사자를 「직무대행자」라고 한다.

2. 유지청구권

(1) 의 의

이사의 법령 또는 정관에 위반한 행위로 인하여 회사에 회복할 수 없는 손해가 생길 염려가 있는 경우에는 감사(감사위원회) 또는 소수주주는 회사를 위하여 이사에 대하여 그 행위를 유지할 것을 청구할 수 있다(상법 제402조, 제415조의2 제7항). 이를 감사 또는 주주의 「유지청구권」이라고 하는데, 영미법상 소에서 인정되는 법원의 유지명령제도(Injunction)를 본받은 것이다. 이 중 특히 소수주주의 유지청구권은 회사를 위하여 행사하는 것이므로 공익권에 속한다. 한편 유지청구 제도는 일종의 보전행위라는 점에서 상법 제407조의 직무집행정지 제도와 유사하지만, 전자는 소에 의하지 않고 행사할 수 있고 또 후자처럼 이사의 권한을 일반적으로 정지시키는 것이 아니라 개별적인 행위를 저지하는 것이라는 점에서 다르다. 그리고 유지청구권은 소수주주 등이 회사의 대표기관적 지위에서 이사를 상대로 행사한다는 점에서 대표소송과 유사하지만, 사전적 예방수단이라는 점에서 이미 발생한 손해의 사후적 구제수단인 대표소송과 다르다.

(2) 행사요건

1) 법령 또는 정관에 위반한 행위 : 소수주주나 감사기관이 이사에 대하여 유지청구권을

행사하려면 이사의 법령 또는 정관에 위반한 행위가 있어야 한다(상법 제402조). 이 경우 이사의 「법령·정관의 위반행위」는 목적 범위의 내외에 상관없고, 대내적·대외적 행위를 불문하며, 불법행위는 물론 법률행위나 준법률행위 및 사실행위도 포함한다. 그리고 원인행위와 그 이행행위가 분리되어 있는 경우에는 원인행위의 유지도 청구할 수 있다. 다만 이행행위의 경우에는 유지청구를 할 수 없다는 견해[618]와 할 수 있다는 견해[619]가 있는데, 소수주주나 감사기관의 유지청구권은 긴급한 상황에서 회사에 발생할 회복할 수 없는 손해를 방지하기 위하여 행사하는 비상적 수단이므로 이행행위의 유지도 당연히 청구할 수 있다고 보는 것이 합리적이다. 주의할 것은 이사의 행위가 법령이나 정관에 위반하면 충분하므로 이사의 고의·과실은 묻지 않지만, 법령이나 정관에 위반되지 않는 한 비록 이사의 임무해태가 있더라도 유지청구의 원인이 될 수 없다는 점이다.

2) 회복할 수 없는 손해발생의 염려 : 소수주주나 감사기관이 이사에게 유지청구권을 행사하려면 이사의 법령·정관에 위반한 행위로 인하여 회사에 회복할 수 없는 손해가 발생할 염려가 있어야 한다(상법 제402조).[620] 여기서 「회복할 수 없는 손해」는 사회통념에 따라 판단하는데, 회복이 법률적으로 불가능한 경우만이 아니라 회복을 위한 비용·절차 등으로 인해 그 회복이 곤란하거나 상당한 시일을 요하는 경우도 포함된다(통설).

> **참고판례** **회복할 수 없는 손해가 생길 염려의 의미(대법원 2010. 4. 15. 선고 2009다98058 판결)** : 상법 제403조 제1항, 제3항, 제4항에 의하면, 발행주식 총수의 100분의 1 이상에 해당하는 주식을 가진 주주는 회사에 대하여 이사의 책임을 추궁할 소의 제기를 청구할 수 있는데, 회사가 위 청구를 받은 날로부터 30일 내에 소를 제기하지 아니하거나 위 기간의 경과로 인하여 회사에 회복할 수 없는 손해가 생길 염려가 있는 경우에는 발행주식 총수의 100분의 1 이상에 해당하는 주식을 가진 주주가 즉시 회사를 위하여 소를 제기할 수 있다는 취지를 규정하고 있는바, 이는 주주의 대표소송이 회사가 가지는 권리에 바탕을 둔 것임을 고려하여 주주에 의한 남소를 방지하기 위해서 마련된 제소요건에 관한 규정에 해당한다. 따라서 회사에 회복할 수 없는 손해가 생길 염려가 없음에도 불구하고 회사에 대하여 이사의 책임을 추궁할 소의 제기를 청구하지 아니한 채 발행주식 총수의 100분의 1 이상에 해당하는 주식을 가진 주주가 즉시 회사를 위하여 소를 제기하였다면 그 소송은 부적법한 것으로서 각하되어야 한다. 여기서 회복할 수 없는 손해가 생길 염려가 있는 경우라 함은 이사에 대한 손해배상청구권의 시효가 완성된다든지 이사가 도피하거나 재산을 처분하려는 때와 같이 이사에 대한 책임추궁이 불가능 또는 무익해질 염려가 있는 경우 등을 의미한다.

---

618) 손주찬, 819면; 안택식, 446면; 임홍근, 512면; 채이식, 572면.
619) 이철송, 845면.
620) 다만 감사기관에 대해서도 「회복할 수 없는 손해가 생길 염려가 있는 경우」라는 엄격한 기준을 적용하는 것에 의문을 제기하는 견해도 있다(김건식/노혁준/천경훈, 524면). 참고로 일본 회사법 제385조 등은 「현저하게 손해가 생길 염려가 있는 때」라고 규정하고 있다.

(3) 행사절차

1) 청구권자 : 이사의 법령·정관에 위반한 행위에 대한 유지청구는 감사(감사위원회) 또는 발행주식총수의 100분의 1 이상의 주식을 소유한 소수주주가 할 수 있는데, 상장회사의 경우에는 발행주식총수의 100,000분의 50(자본금 1,000억원 이상인 상장회사에서는 100,000분의 25) 이상의 주식을 6개월 전부터 계속하여 보유한 주주만이 청구할 수 있다(상법 제402조, 제542조의6 제5항; 상령 제32조). 주의할 것은 ① 제542조의6 제10항에 의해 상장회사의 소수주주는 청구요건을 선택할 수 있고, ② 소수주주의 자격은 유지청구를 할 당시에만 충족하면 충분하며, ③ 소수주주가 소유한 주식수를 계산함에 있어서는 의결권 없는 주식도 포함한다는 점이다. 한편 소수주주의 경우에는 이사에 대한 유지청구가 임의적이지만 감사기관의 경우에는 요건이 충족되면 반드시 이사에게 유지청구를 해야 한다. 따라서 유지청구의 요건이 충족되었는데도 불구하고 감사기관이 유지청구를 하지 아니하면 임무해태가 되어 회사에 대하여 손해배상책임을 진다.

2) 청구방법 : 이사에 대한 감사(감사위원회) 또는 소수주주의 유지청구는 의사표시나 소로써 할 수 있는데, 특히 소를 제기하는 때에는 가처분으로 이사의 행위를 중지시킬 수도 있다(민사집행법 제300조 제2항).[621] 이 경우 유지청구를 위한 소는 회사를 위하여 제기하는 것이므로 판결의 효과가 당연히 회사에 미친다(통설). 또한 유지청구는 대표소송처럼 주주가 회사의 대표기관적 지위에서 행사하는 것이므로 소의 관할과 참가, 패소주주의 책임 등에 대해서는 대표소송에 관한 규정을 유추적용해야 한다(통설). 그렇다면 대표소송에서 인정되는 제소주주에 대한 담보제공명령 제도를 유지청구에도 준용할 수 있을까? 상법은 이에 관하여 규정하지 않아 논란이 있고, 아직 대법원의 확립된 판례는 없으나 이를 인정하지 아니한 하급심 판결은 있다.[622] 생각건대 대표소송에서 제소주주의 악의성과 연계하여 담보제공명령 제도를 두고 있는 것은 원고인 주주가 패소한 때에 피고인 이사가 입은 손해를 배상하기 위함인데, 이러한 문제는 유지청구에서도 발생할 수 있으므로 일단은 준용된다고 해석하되 향후 입법적으로 보완해야 한다.

(4) 행사효과

1) 개 요 : 감사기관이나 소수주주의 유지청구가 소로써 행해진 때에는 그에 관한 판결에 따라서 효과가 주어질 것이다. 그렇다면 유지청구를 이사에 대하여 의사표시로 한 경우에는 어떠한가? 생각건대 감사기관이나 소수주주의 유지청구가 정당하지 않을 수도 있으므

621) 소를 제기할 경우에는 이행의 소 또는 장래의 이행의 소가 된다(민소법 제251조).
622) 서울고등법원 1997. 11. 4.자 97라174 결정.

로 이사는 그에 무조건 따를 필요가 없다. 즉 감사기관이나 소수주주의 유지청구가 있으면 이사는 자신의 행위가 법령이나 정관에 위반한 것인지를 신중하게 검토한 후 그 유지 여부를 결정할 의무를 지는데, 다음과 같이 주의해야 할 점이 있다.

2) 이사가 유지한 경우 : 감사기관이나 소수주주의 유지청구가 정당한 경우에 이사는 당연히 당해 행위를 유지(중단)해야 한다. 따라서 감사기관이나 소수주주의 유지청구가 정당한데도 불구하고 이사가 그에 따르지 아니한 경우 또는 그들의 유지청구가 부당한데도 불구하고 이사가 그에 따른 경우에는 오히려 법령이나 정관에 위반하거나 임무해태가 되어 회사에 대한 손해배상책임이 발생할 수 있다(상법 제399조 제1항).

3) 이사가 유지하지 아니한 경우 : 이사가 감사기관이나 소수주주의 정당한 유지청구를 받고도 법령·정관에 위반한 행위를 유지하지 아니한 경우에는 그 행위로 인하여 회사가 입은 손해에 대하여 상법 제399조에 따른 배상책임을 져야 한다. 주의할 것은 이는 법령·정관을 위반한 행위의 효과이지 유지청구 그 자체의 효과는 아니라는 점이다. 그렇다면 이사가 감사기관이나 소수주주의 유지청구를 무시하고 한 법령·정관의 위반행위가 유효한 경우에 그 사법적 효력은 어떻게 되는가? 아직 이에 관한 판례는 없지만, 학설로는 ① 신주발행이나 사채발행과 같은 단체법적 행위는 상대방이 유지청구의 사실을 알든 모르든 유효하지만, 매매나 대차와 같은 개인법적 거래행위는 상대방이 유지청구의 사실을 안 경우에만 회사가 그 무효를 주장할 수 있다는 견해,[623] ② 유지청구의 유무 및 상대방의 선의 여부는 당해 행위의 효력에 영향을 주지 아니한다는 견해[624]가 있다. 생각건대 ①설과 같이 해석하면 감사기관이나 소수주주의 유지청구는 적법성의 추정을 받고 반대로 이사의 행위는 위법성의 추정을 받게 되는데, 이는 법적 근거가 없을 뿐만 아니라 유지청구권자를 지나치게 보호하는 것이 된다. 따라서 ②설이 합리적이다.

4) 소 결 : 의사표시에 의하여 유지청구를 하든 소를 제기하여 유지청구를 하든 가처분제도를 함께 활용하지 않는 한 유지청구권은 실효성이 별로 없다. 이러한 문제가 발생하는 것은 영미법상의 유지청구 제도가 보전처분의 성격을 갖는 것임을 고려하지 않고 실체법상의 권리로 수용하였기 때문이다. 따라서 향후 입법적 보완이 요망된다. 한편 상법은 유지청구권의 행사와 관련하여 주주와 이사 간에 불공정한 거래가 이루어질 수 있음을 고려하여 이를 제재하기 위한 벌칙도 두고 있다(상법 제631조 제1항 제3호).

---

623) 강위두/임재호, 881면; 박상조, 658면; 손주찬, 821면; 최준선, 580면.
624) 권기범, 960면; 송옥렬, 1110면; 이범찬/임충희/이영종/김지환, 337면; 이철송, 848면; 정경영, 713면; 정동윤, 653면.

3. 대표소송

(1) 의 의

1) 개 념 : 대표소송이란 회사가 이사에 대한 책임추궁을 게을리할 경우에 주주가 회사를 위하여 이사의 책임을 추궁하기 위해 제기하는 소를 말한다(상법 제403조). 원래 주주는 회사재산에 대하여 일반적이고 추상적인 이해만 갖고 있으므로 회사의 대외적 권리를 직접 또는 대위하여 소송을 제기할 수 있는 지위에 있지 않다. 더욱이 이사의 책임을 추궁하는 소의 제기는 회사의 권리이므로 대표이사가 해야 한다. 그런데 같은 이사로서의 동료의식이 발휘되어 대표이사가 책임추궁을 하지 않거나 책임추궁을 지연시키는 가운데 이사의 고의적인 무자력화 또는 권리 그 자체의 시효소멸 등의 문제가 발생할 수 있다. 대표소송은 바로 이러한 위험을 방지하고 회사의 권리실현을 위해 마련된 제도이다.[625] 이처럼 대표소송은 주주가 개인적인 이익이 아닌 회사와 주주 전체의 이익을 위하여 회사의 대표기관적 지위에서 제기하는 것이므로 공익권의 일종이다.

2) 기 능 : 대표소송의 핵심 기능은 주주가 일실위기에 있는 회사의 권리를 직접적으로 회복시키는 것이지만, 다른 중요한 기능도 있다. 즉 제도적인 측면에서 이사의 적정한 직무수행을 직접적으로 담보할 수 있는 것은 이사의 회사에 대한 손해배상책임인데(상법 제399조), 이러한 손해배상 제도가 그 기능을 제대로 발휘하려면 이사의 임무해태 등이 있는 경우에 회사가 즉각적으로 손해배상을 청구해야 한다. 그런데 실제로는 회사의 권리행사가 매우 소홀한데, 이는 주인의식을 가진 지배주주가 있고 그의 강력한 영향을 받는 이사들이 경영을 전담하는 경우가 일반적이기 때문이다. 따라서 대표소송은 회사 운영의 건전성을 확보하는 최후의 담보가 되는 동시에 이사들의 임무해태를 예방하는 기능을 수행하는데, 현실적으로는 이것이 가장 중요한 기능이라고 할 수 있다.

(2) 제소요건

1) 제소원인 : 대표소송은 주주가 「이사의 회사에 대한 책임」을 추궁하기 위하여 제기하는 것이다. 따라서 이사의 제3자에 대한 책임을 추궁하기 위해서나 주주 자신의 손실회복을 위해서는 제기할 수 없다. 이러한 책임추궁의 범위에 관하여 통설은 회사와 이사 간의 거래상의 채무이행청구에 대해서도 대표소송을 제기할 수 있다고 하지만, 상법 제399조에

---

625) 이처럼 대표소송은 회사의 이익이 침해되었음에도 불구하고 회사가 그 회복을 위한 조치를 게을리한 경우에 주주가 회사를 대표하여 직접 제기하는 것이라는 점에서 미국법상의 derivative suit와 같다. 그러나 미국의 derivative suit는 이사에 대한 책임추궁만이 아니라 지배주주나 기타 제3자의 책임추궁을 위해서도 이용될 수 있는 점에서 우리의 대표소송과는 다르다.

의한 책임과 제428조에 의한 책임 등 이사의 지위에 기한 책임을 추궁하기 위해서만 대표소송을 제기할 수 있다는 견해도 있다.[626] 생각건대 대표소송은 이사의 행위에 의한 회사의 손실이 동료 임원의 비호 아래 방치되는 것을 방지하기 위하여 주주에게 인정된 제도이므로 책임의 종류에 따라 다르게 취급하는 것은 바람직하지 않다. 즉 이사의 지위에 있는 동안에 발생한 모든 책임에 대하여 주주가 대표소송을 제기할 수 있다고 보는 것이 타당하다.[627] 그리고 이미 발생한 책임은 이사가 퇴임하였더라도 추궁할 수 있고(통설), 이사가 취임하기 전에 부담한 채무에 대해서도 취임 후에 회사가 권리행사를 게을리할 수 있으므로 대표소송의 대상이 된다고 해석하는 것이 타당하다.[628]

2) 제소권자 : 대표소송은 의결권 없는 주식을 포함한 발행주식총수의 100분의 1 이상의 주식을 가진 주주(소수주주)가 제기할 수 있다(상법 제403조 제1항). 다만 상장회사의 경우에는 6개월 전부터 계속하여 발행주식총수의 10,000분의 1 이상을 보유한 주주가 제기할 수 있는데(상법 제542조의6 제6항), 이는 영세한 주주들도 대표소송을 제기할 수 있도록 제소요건을 완화함과 동시에 대표소송의 오남용을 방지하기 위함이다. 한편 상법 제542조의2 제2항은 일반규정(제403조 제1항)과 관련하여 특례규정을 「우선하여 적용한다」라고 규정함으로써 그동안 배타적 적용설과 선택적 적용설이 대립하였고, 상반된 입장을 택한 다수의 하급심 판결이 있었다.[629] 그런데 2020년 개정 상법이 제542조의6에 제10항을 신설하여 선택적 적용설을 취하였으므로 이제는 논란의 여지가 없어졌다.

㈎ 자격요건의 충족·유지 : 발행주식총수의 「100분의 1 이상」이란 지분요건은 수인의 주주가 공동으로 충족해도 무방하고, 제소 당시에만 구비하면 충분하다. 즉 제소한 후에는 주식의 수가 100분의 1 미만으로 떨어지더라도 무방한데(상법 제403조 제5항), 상장회사에서 10,000분의 1 미만으로 떨어지는 경우에도 마찬가지이다.[630] 이러한 제소자격의 충족 및 유지와 관련하여 주의할 점은 다음과 같다. 즉 ① 제소주주가 주식을 전혀 보유하지 않게 된 경우에는 당사자적격이 없으므로 소를 각하해야 하고, 수인의 주주가 공동으로 제소한 후 일부 주주가 주식을 보유하지 않게 된 경우에는 그만이 당사자적격을 상실하며,[631] 제소주

626) 강위두/임재호, 881면.
627) 손주찬, 822면; 이철송, 851면; 최기원, 720면.
628) 김정호, 565면; 서돈각/정완용, 472면; 이범찬/임충희/이영종/김지환, 341면; 이철송, 851면; 정동윤, 655면; 채이식, 575면.
629) 예를 들어 이사직무집행정지가처분에 관한 사건(서울중앙지방법원, 2010카합3874 결정)에서는 특례규정의 배타적 적용을 인정하였지만, 주주총회소집청구권에 관한 사건(서울고등법원, 2011라123 결정)에서는 일반규정과 특례규정의 선택적 적용을 인정하였다.
630) 서울고등법원 2011. 6. 16. 선고 2010나70751 판결.
631) 대법원 2013. 9. 12. 선고 2011다57869 판결.

주가 본인의 의사에 반하여 주주의 지위를 상실하였더라도 역시 제소자격이 없다.[632] ② 회사가 파산한 때에는 파산관재인이 당사자적격을 가지므로 주주가 대표소송을 제기할 수 없다.[633] ③ 상장회사에서는 「제소요건을 구비한 자」에 주식의 소유자만이 아니라 주주권 행사에 관한 위임을 받은 자와 2인 이상 주주의 주주권을 공동으로 행사하는 자도 포함된다(상법 제542조의6 제8항). ④ 제소주주 그 전원이 자격을 상실하였어도 다른 주주나 회사가 이미 공동소송참가를 한 경우에는 그 참가인에 의해 소송은 계속되고, 제소주주가 제소요건을 결한 경우에도 각하판결이 선고되기 전에는 회사가 공동소송참가를 할 수 있다.[634] ⑤ 대표소송의 제기권은 공익권이므로 주주가 주식을 양도하더라도 양수인이 소송에 참가하거나 인수하는 것은 아니다.

㈏ 제소권자의 포섭범위 : 상법은 제소권자에 관하여 비상장회사에서는 「주식을 가진 주주」, 상장회사에서는 「주식을 보유한 자」라고 규정하고 있다. 그리고 후자의 경우에는 ① 주식을 소유한 자, ② 주주권 행사에 관한 위임을 받은 자, ③ 2명 이상 주주의 주주권을 공동으로 행사하는 자를 포함시키고 있다. 생각건대 제소청구는 주주의 자격에서 회사를 위하여 하는 것이고, 주주 자격의 전제는 주식취득이다. 그렇다면 주주는 대가를 지급하고 주식을 취득한 자(주식소유자)로 해석해야 하고, 이 점에서 비상장회사에서의 주식을 가진 자와 상장회사에서의 ①은 같다. 그런데 ②와 ③의 경우는 상장회사에서 제소주체의 수에 상관없이 요건주식수를 파악하기 위한 것이므로 일반적인 위임에 의해서도 얼마든지 처리될 수 있다.[635] 더욱이 대표소송에서의 지분요건은 수인이 공동으로 충족해도 된다. 그렇다면 주식보유자란 개념은 불필요하므로, 제소권자는 회사의 상장 여부에 상관없이 모두 주식소유자인 주주란 개념으로 통일해야 한다.[636]

㈐ 제소권자의 확정방법 : 제소권자의 경우 그동안 주주명부상의 주주(명의주주)인가 아니면 실질주주인가의 논란이 있었는데, 학설은 실질주주설과 명의주주설이 대립하였고 판례는 전자의 입장이었다.[637] 그리고 명의개서 미필주주의 지위에 대해서는 다수설과 판례

632) 대법원 2019. 5. 10. 선고 2017다279326 판결; 대법원 2018. 11. 29. 선고 2017다35717 판결.
633) 대법원 2002. 7. 12. 선고 2001다2617 판결.
634) 대법원 2002. 3. 15. 선고 2000다9086 판결.
635) 다만 ②에서의 위임받은 자란 위임인의 의사에 상관없이 수임인이 자신의 의사에 따라 일정한 행위를 할 수 있는 자여야 하므로, 여기서의 위임은 백지위임으로 보아야 한다.
636) 정준우, "주주대표소송의 제소요건에 관한 쟁점의 비판적 검토", 285면.
637) 대법원 2011. 5. 26. 선고 2010다22552 판결(주주명부에 기재된 명의상 주주는 회사에 대한 관계에서 자신의 실질적 권리를 증명하지 않아도 주주 권리를 행사할 수 있는 자격수여적 효력을 인정받을 뿐이지 주주명부 기재에 의하여 창설적 효력을 인정받는 것은 아니므로, 주식을 인수하면서 타인의 승낙을 얻어 그 명의로 출자하여 주식대금을 납입한 경우에는 실제로 주식을 인수하여 대금

가 편면적 구속설을 취하였다.[638] 그런데 회사의 단체적 법률관계가 명의주주와 실질주주의 개인적 법률관계에 의해 영향을 받게 되면 기존에 명의주주가 행한 모든 법률관계가 실질주주에 의해 사후적으로 무효로 될 수 있으므로 법률관계의 불안정이 심화된다. 그리하여 최근 대법원은 "특별한 사정이 없는 한, 주주명부에 적법하게 주주로 기재되어 있는 자는 회사에 대한 관계에서 그 주식에 관한 의결권 등 주주권을 행사할 수 있고, 회사 역시 주주명부상 주주 외에 실제 주식을 인수하거나 양수하고자 하였던 자가 따로 존재한다는 사실을 알았든 몰랐든 간에 주주명부상 주주의 주주권 행사를 부인할 수 없다."라며 편면적 구속설에 근거한 기존 판례를 모두 변경하였다.[639] 따라서 이제는 특별한 사정이 없으면 주주명부상의 주주만이 대표소송을 제기할 수 있다.[640]

> **참고판례** **제소권자의 확정방법(대법원 2017. 3. 23. 선고 2015다248342 전원합의체 판결)** : [1] 주식을 양수하였으나 아직 주주명부에 명의개서를 하지 아니하여 주주명부에는 양도인이 주주로 기재되어 있는 경우뿐만 아니라, 주식을 인수하거나 양수하려는 자가 타인의 명의를 빌려 회사의 주식을 인수하거나 양수하고 그 타인의 명의로 주주명부에의 기재까지 마치는 경우에도, 회사에 대한 관계에서는 주주명부상 주주만이 주주로서 의결권 등 주주권을 적법하게 행사할 수 있다. 이는 주주명부에 주주로 기재되어 있는 자는 특별한 사정이 없는 한 회사에 대한 관계에서 그 주식에 관한 의결권 등 주주권을 적법하게 행사할 수 있고(대법원 1985. 3. 26. 선고 84다카2082 판결; 대법원 2010. 3. 11. 선고 2007다51505 판결 참조), 회사의 주식을 양수하였더라도 주주명부에 기재를 마치지 아니하면 그 주식의 양수를 회사에 대항할 수 없다(대법원 1991. 5. 28. 선고 90다6774 판결 참조)는 법리에 비추어 볼 때 자연스러운 결과이다. [2] 주주명부상의 주주만이 회사에 대한 관계에서 주주권을 행사할 수 있다는 법리는 주주에 대하여만 아니라 회사에 대하여도 마찬가지로 적용되므로, 회사는 특별한 사정이 없는 한 주주명부에 기재된 자의 주주권 행사를 부인하거나 주주명부에 기재되지 아니한 자의 주주권 행사를 인정할 수 없다.

㈑ 제소권자의 확대적용 : 주주는 소유주식에 질권을 설정할 수 있고(상법 제338조, 제340조) 양도담보의 목적으로 제공할 수도 있는데,[641] 전자의 경우에는 질권자에게 물상대위권이 인정된다(상법 제339조). 그리하여 등록질권의 목적인 주식을 발행한 회사에서 이사의

을 납입한 명의차용인만이 실질상 주식인수인으로서 주주가 되고 단순한 명의대여인은 주주가 될 수 없으며, 이는 회사를 설립하면서 타인 명의를 차용하여 주식을 인수한 경우에도 마찬가지이다. 또한 상법 제403조 제1항은 '발행주식의 총수의 100분의 1 이상에 해당하는 주식을 가진 주주'가 주주대표소송을 제기할 수 있다고 규정하고 있을 뿐, 주주의 자격에 관하여 별도 요건을 규정하고 있지 않으므로, 주주대표소송을 제기할 수 있는 주주에 해당하는지는 위 법리에 따라 판단하여야 한다).

638) 대법원 1989. 10. 24. 선고 89다카14714 판결.
639) 대법원 2017. 3. 23. 선고 2015다248342 전원합의체 판결.
640) 정준우, "명의주주와 실질주주가 다른 경우에 있어서 주주의 확정", 833면.
641) 대법원 1993. 12. 28. 선고 93다8719 판결.

책임 있는 사유로 인해 질권자의 권리가 침해되었을 경우 그가 자신의 권리를 보호하거나 회복하기 위해 대표소송을 제기할 수 있는지가 문제된다. 이에 대해서는 ① 발행주식총수의 100분의 1 이상인 경우의 질권자는 대표소송을 제기할 수 있다는 견해,[642] ② 질권자도 경제적 관점에서 주주와 다르지 않으므로 대표소송의 원고가 될 수 있다는 견해[643]가 있다. 그리고 ①의 경우에는 의결권의 포괄위임을 인정한 판례[644]와 담보권의 경우에 담보제공자의 권리를 형해화하는 등의 특별한 사정이 없는 한 담보권자가 담보권 실행에 관한 약정에 따라 그 재산적 가치나 권리를 확보할 목적으로 담보제공자인 주주로부터 의결권을 위임받아 약정범위 내에서 의결권을 행사하는 것도 허용된다는 판례[645]를 근거로 제시하고 있다. 그런데 대표소송에서의 제소권자는 주식의 소유자이고, 등록질권자라도 주식의 교환가치만을 보유·지배할 뿐 주주권을 취득하지는 못하므로 비록 질권자의 권리가 이사의 책임 있는 사유로 침해되었더라도 공익적인 주주권 행사인 대표소송을 제기할 수는 없다. 즉 이는 질권의 목적인 주식의 가치감소에 관계된 것이므로 질권자가 주주에게 추가로 담보를 요구하거나 손해배상을 통해서 권리침해상태를 회복해야 한다. 더욱이 발행주식총수의 100분의 1 이상의 주식을 질권의 목적으로 한 등록질권자에 대해서만 대표소송을 인정할 근거도 명확하지 않으므로 찬성하기 어렵다.[646]

3) 제소청구 : 주주가 대표소송을 제기하려면 먼저 이유를 기재한 서면으로 회사에 대하여 이사의 책임을 추궁할 소의 제기를 청구해야 한다(상법 제403조 제1항, 제2항). 이러한 제소청구는 주주의 권리인 동시에 대표소송의 제기요건이기도 하다. 상법이 대표소송에 있어서 사전절차로서 회사에 대한 주주의 제소청구를 요구하는 것은 회사가 대표소송에 관련된 사항을 점검하여 적절한 조치를 하도록 유도함은 물론 소송당사자들과 계쟁법원의 시간과 노력을 절감해 주기 위함이다. 따라서 이에 관한 규정은 강행규정인데, 일부 명확하지 아니한 부분이 있어 그동안 논의된 주요 쟁점은 다음과 같다.

㈎ 제소청구의 상대방 : 이사와 회사 간의 소송에서는 대표이사가 아닌 감사(감사위원회)가 회사를 대표하므로 소수주주의 제소청구도 감사(감사위원회)를 그 상대방으로 해야 한다(상법 제394조 제1항, 제415조의2 제7항). 다만 감사를 두지 아니한 자본금 10억원 미만의 소규모회사(상법 제409조 제4항)에서는 대표이사에게 청구해야 한다.

---

642) 권재열, "주주대표소송제도의 개선방안", 145면.
643) 권병민, "지배·종속관계에 있는 회사의 주주대표소송", 55면; 양석완, "주주의 대표소송·대위소송", 446면.
644) 대법원 2002. 12. 24. 선고 2002다54691 판결.
645) 대법원 2014. 1. 23. 선고 2013다56839 판결.
646) 정준우, "주주대표소송의 제소요건에 관한 쟁점의 비판적 검토", 288~289면.

(나) 제소청구의 대상 : 주주가 물권적 청구권에 대해서도 제소청구를 할 수 있을까? 이에 관하여 판례는 "주주권은 어떤 특정된 구체적인 청구권을 내용으로 하는 것이 아니므로 특별한 사정이 없는 한 주주의 주주권에 기하여 회사가 제3자에 대하여 가지는 특정물에 대한 물권적 청구권 등의 재산상의 청구권은 직접 또는 대위하여 행사할 수 없다."라고 판시하였지만,[647] 주주가 대표소송의 방식으로 물권적 청구권을 대위하여 행사할 수 있다는 견해도 있다.[648] 생각건대 주주의 대표소송은 회사의 권리로부터 유래하는 것이고, 회사의 손실을 회복하기 위한 적극적인 조치이다. 따라서 이사의 법적 또는 거래상의 책임 및 그에 따른 회사의 손실을 회복하기 위한 것이라면 주주가 대표소송에 의하여 물권적 청구권을 대위하여 행사하는 것도 가능하다고 보는 것이 타당하다.

(다) 대기기간의 적정성 : 제소청구를 받은 감사(감사위원회)가 그날로부터 30일 내에 이사의 책임을 추궁하는 소를 제기하지 아니한 때에는 소수주주가 즉시 회사를 위하여 소를 제기할 수 있다(상법 제403조 제3항). 다만 그 기간의 경과로 인해 회사에 회복할 수 없는 손해가 생길 염려가 있는 경우에는 30일의 대기기간에 상관없이 즉시 소를 제기할 수 있다(상법 제403조 제4항). 여기서 「회복할 수 없는 손해가 생길 염려」가 있다는 것은 권리의 시효가 완성된다든지 이사가 재산을 처분하거나 도피하려고 하는 등 법률상 또는 사실상 이사에 대한 책임추궁이 불가능해지거나 무익해질 위험성이 있는 경우를 의미한다. 이러한 대기기간의 적절성과 관련하여 미국에서는 이사회의 제소거부결정을 법원이 경영판단의 원칙을 적용하여 존중하기 때문에 제소청구가 중요한 절차이지만, 상법상의 제소청구는 사실상 회사에 대한 제소 통지에 불과하므로 30일이 적절하다는 견해가 있다.[649] 그런데 이에 의하면 대기기간은 사실상 의미가 없고, 이사의 책임 유무와 그에 대한 책임추궁 여부에 관한 판단의 기회를 회사에 제공하고자 한 상법의 입법취지에도 반한다. 따라서 회사가 충분히 판단할 수 있도록 대기기간을 좀 더 늘릴 필요가 있다.[650] 한편 제소청구를 받은 회사가 제소하지 않기로 결정했더라도 현재로서는 30일이 지나야 주주가 대표소송을 제기할 수 있는데, 이는 시간의 낭비에 불과하다. 따라서 이 경우에는 회사가 그 내용을 주주에게 서면이나 전자적 방법으로 지체없이 통지하도록 해야 하고, 통지받은 주주는 곧바로 대표소송을 제기할 수 있도록 해야 한다.[651]

---

647) 대법원 1998. 3. 24. 선고 95다6885 판결; 대법원 1978. 4. 25. 선고 78다90 판결.

648) 송옥렬, 1112면; 한국상사법학회(Ⅱ)(최승재 집필부분), 1199면.

649) 임재연(Ⅱ), 481면.

650) 제소청구 후의 대기기간에 대하여 미국은 90일(MBCA §7.42; FRCP §23.1; New York Business Corporation Law §626(c)), 일본은 60일(회사법 제847조 제3항)을 규정하고 있다.

651) 정준우, "주주대표소송의 제소요건에 관한 쟁점의 비판적 검토", 282면.

㈑ **제소청구 없는 대표소송 :** 주주가 회사에 제소청구를 하지 않고 곧바로 대표소송을 제기한 경우에 대해서는 ① 각하해야 한다는 견해,[652] ② 특별한 사정이 없는 경우에 한하여 각하해야 한다는 견해[653]가 있고, 상법상 요건 미비를 이유로 각하한 하급심 판결도 있었다.[654] 그런데 최근 대법원은 "주주가 상법 제403조 제2항에 따른 서면(제소청구서)을 제출하지 않은 채 대표소송을 제기하거나 제소청구서를 제출하였더라도 대표소송에서 제소청구서에 기재된 책임발생 원인사실과 전혀 무관한 사실관계를 기초로 청구를 하였다면 그 대표소송은 상법 제403조 제4항의 사유가 있다는 등의 특별한 사정이 없는 한 부적법하다."라고 판시하였다.[655] 참고로 미국에서는 주주가 대표소송을 제기하기 전에 회사가 취할 수 있는 모든 구제수단을 강구하도록 해야 한다는 점을 제소청구의 목적으로 보고 있고,[656] 일본의 법원도 제소청구 없는 대표소송은 원칙적으로 부적법하다고 판단하고 있는데,[657] 제소 여부에 관한 판단의 기회를 회사에 부여하지 않았다는 것이 주된 이유이다.[658] 생각건대 상법이 제소청구를 요구하는 것은 원래의 권리자인 회사가 제반 사정을 검토하여 이사에 대한 제소 여부를 결정할 수 있는 기회를 부여하기 위한 것이고, 그 반사효과로서 주주의 위협소송 등을 예방하는 기능도 수행한다. 그렇다면 이 경우에도 제403조 제4항의 예외에 해당하지 않는 한 법원이 각하해야 한다.

참고판례 **사전적 제소청구 없는 대표소송의 효력(대법원 2021. 7. 15. 선고 2018다298744 판결)** : 만약 회사가 이사의 책임을 추궁하지 않는다면, 발행주식의 총수의 100분의 1 이상에 해당하는 주식을 가진 주주는 회사를 위하여 직접 이사의 책임을 추궁할 소를 제기할 수 있다(상법 제403조 제3항). 주주는 소를 제기하기 전에 먼저 회사에 대하여 소의 제기를 청구해야 하는데, 이 청구는 이유를 기재한 서면(이하 '제소청구서'라 한다)으로 하여야 한다(상법 제403조 제1항, 제2항). 제소청구서에 기재되어야 하는 '이유'에는 권리귀속주체인 회사가 제소 여부를 판단할 수 있도록 책임추궁 대상 이사, 책임발생 원인사실에 관한 내용이 포함되어야 한다. 다만 주주가 언제나 회사의 업무 등에 대해 정확한 지식과 적절한 정보를 가지고 있다고

---

652) 권재열, "주주대표소송제도의 개선방안", 155면; 송옥렬, 1112면; 정동윤, 656면.
653) 이태종, "주주의 대표소송에 관한 연구", 199면.
654) 대전지방법원 2005. 7. 14. 선고 2004가합4236 판결; 창원지방법원 2002. 9. 6. 선고 2001가합4231 판결.
655) 대법원 2021. 7. 15. 선고 2018다298744 판결.
656) Daniel R. Fischel, "The Demand and Standing Requirements in Stockholder Derivative Actions," 44 *University of Chicago Law Review* 168, 169(1976). 참고로 MBCA 제7.42조도 제소청구 후 회사가 거절하는 통지를 주주에게 하지 않는 한 그 날로부터 90일이 경과해야만 대표소송을 제기할 수 있다고 규정함으로써 간접적으로 제소청구가 없는 대표소송은 부적법함을 밝히고 있다.
657) 大阪地方裁判所判決 1966年 12月 16日, 下級裁判所民事裁判例集, 17巻 11-12号, 1237頁.
658) 江頭憲治郎, 497頁.

> 할 수는 없으므로, 제소청구서에 책임추궁 대상 이사의 성명이 기재되어 있지 않거나 책임발생 원인사실이 다소 개략적으로 기재되어 있더라도, 회사가 제소청구서에 기재된 내용, 이사회의사록 등 회사 보유 자료 등을 종합하여 책임추궁 대상 이사, 책임발생 원인사실을 구체적으로 특정할 수 있다면, 그 제소청구서는 상법 제403조 제2항에서 정한 요건을 충족하였다고 보아야 한다(대법원 2021. 5. 13. 선고 2019다291399 판결 참조). 주주가 아예 제소청구서를 제출하지 않은 채 대표소송을 제기하거나 제소청구서를 제출하였더라도 대표소송에서 제소청구서에 기재된 책임발생 원인사실과 전혀 무관한 사실관계를 기초로 청구를 하였다면 그 대표소송은 상법 제403조 제4항의 사유가 있다는 등의 특별한 사정이 없는 한 부적법하다. 반면 주주가 대표소송에서 주장한 이사의 손해배상책임이 제소청구서에 적시된 것과 차이가 있더라도 제소청구서의 책임발생 원인사실을 기초로 하면서 법적 평가만을 달리한 것에 불과하다면 그 대표소송은 적법하다. 따라서 주주는 적법하게 제기된 대표소송 계속 중에 제소청구서의 책임발생 원인사실을 기초로 하면서 법적 평가만을 달리한 청구를 추가할 수도 있다.

㈒ 대기기간 내의 대표소송 : 주주가 제소청구 후 30일의 대기기간 내에 대표소송을 제기한 경우에 대해서는 법원이 먼저 특별사유의 존재 여부를 심리해야 하지만, 그러한 사정이 없더라도 청구일로부터 30일이 경과한 때에는 하자가 치유된다는 견해가 있다.[659] 그리고 상법 제403조가 제소청구를 하도록 규정한 것은 회사가 이사에게 직접 책임을 추궁할 기회를 사전에 부여하기 위한 것에 불과하므로 주주가 제소 바로 전날 회사에 대하여 제소를 요구하였더라도 그 후 30일이 지나도록 회사가 대표소송에 참가하는 등 제소의사를 표명하지 않았다면 대기기간을 준수하지 않은 하자는 치유되었다고 보아야 한다는 하급심 판결[660]도 있다. 그런데 이처럼 해석하면 주주의 제소청구는 대표소송을 제기하겠다는 의사를 회사에 사전에 통지하는 의미만 있게 되고 대기기간의 존재가치는 없게 되므로 제403조 제4항의 예외에 해당하지 않는 한 부적법을 이유로 각하해야 한다.[661] 이사에 대한 책임추궁은 원래 회사의 권리이므로 회사가 책임추궁을 게을리할 경우에만 대표소송이 인정되어야 하고, 제소청구의 입법취지가 제반 사정을 고려하여 제소 여부를 결정할 수 있는 시간적 여유를 회사에 주기 위한 것이기 때문이다.

㈓ 대표소송 후의 제소청구 : 주주가 대표소송을 제기한 후 회사에 대하여 제소청구를 한 경우에 대해서는 상반된 하급심 판결(① 주주가 사전에 제소청구를 하지 않았더라도 대표소송의 계속 중에 회사에 서면으로 통지한 경우와 대표소송에 회사가 참가한 경우 및 사실심의 변론종결시까지 회사가 소를 제기하지 아니한 경우에는 하자가 치유된 것으로 보아야 한다는 판결,[662]

659) 오세빈, “주주의 대표소송에 관한 몇 가지 문제”, 183면.
660) 서울지방법원 1998. 7. 24. 선고 97가합39907 판결.
661) 강대섭, “이사의 책임과 경영판단의 원칙”, 84면; 김지환, “주주대표소송에서의 이사의 책임”, 260면.
662) 서울중앙지방법원 2006. 11. 30. 선고 2005가합97694 판결; 서울고등법원 2003. 6. 27. 선고 2003나

② 대표소송을 제기한 후에 회사에 제소를 청구하고 회사가 30일 내에 소를 제기하지 않았더라도 이는 치유할 수 없는 부적법한 소라는 판결[663])이 있다.[664] 생각건대 주주가 사후에라도 제소청구를 하여 그 의사를 표명하였고, 회사가 대표소송에 참가하였다면 사후적으로 추인한 것으로 볼 수도 있다. 그렇지만 제소청구의 취지가 사전에 회사에 대하여 이사의 책임과 제소 여부에 관한 판단의 기회를 제공하기 위한 것이므로, 이를 위반한 경우에 대하여 사후적으로 치유적 효력을 인정하는 것은 법적 안정성을 고려할 때 바람직하지 않다. 따라서 법원이 각하하는 것이 타당하다.

(사) 불법행위에 의한 손해 : 이사가 회사의 이익을 위하여 뇌물을 제공하거나 담합을 하여 과징금 부과 처분 등을 받았을 때 이를 회사의 손해로 보아 주주가 제소청구를 할 수 있을까? 먼저 뇌물의 경우에는 법원이 "이사가 업무를 집행하면서 회사의 자금으로 뇌물을 공여하였다면 상법 제399조에서 규정하고 있는 법령에 위반된 행위에 해당하고,[665] 이로 인하여 회사가 입은 뇌물액 상당의 손해를 배상할 책임이 있다."라고 판시하였으므로[666] 제소청구의 대상이 되지만, 담합의 경우에는 대표소송의 사례가 거의 없어 판단하기 어렵다. 참고로 일본에서는 회사가 담합에 따른 과징금 처분을 받자 주주들이 경영진을 상대로 대표소송을 제기한 경우가 있는데, 담합에 의한 회사의 이익이 부과된 과징금보다 더 클 경우에도 과징금 납부액을 손해로 볼 수 있는지가 주된 쟁점이었다.[667] 생각건대 이사는 업무집행에 있어서 단기의 이익도 중요하지만, 회사의 신용도 유지 등 장기적인 이익도 고려해야 하고, 회사의 경영에 직·간접적으로 관계되는 법령을 준수해야 한다. 따라서 이사가 뇌물을 공여하거나 담합을 하여 일정 부분 회사에 이익을 주었다 하더라도 이는 명백히 법령의 위반행위이고, 그에 따른 과징금 부과 처분 등에 의해 회사가 경제적 손실을 입었다면 주주가 제소청구를 할 수 있다고 보아야 한다.

5360 판결.

663) 서울고등법원 2019. 9. 26. 선고 2016나2063874 판결.

664) 주주가 제소청구를 하지 않고 대표소송을 제기하였어도 그 후에 회사가 원고 측이나 피고 측의 소송에 참가한 때에는 하자가 치유된다고 한 일본의 하급심 판결도 있다(東京地方裁判所判決 1964年 10月 12日, 下級裁判所民事裁判例集, 第15巻 第10号, 2432頁; 東京高等裁判所判決 2014年 4月 24日, 金融·商事判例, 第1451号, 8頁).

665) 여기서 「법령」이란 법률과 법규명령으로서의 대통령령·총리령·부령 등을 의미하고, 회사 내부의 관리규정 등은 이에 해당하지 않는다(대법원 2006. 11. 9. 선고 2004다41651, 41668 판결).

666) 삼성그룹의 이건희 회장이 1988년부터 1992년까지 삼성전자로부터 갹출한 75억원을 비롯하여 총 250억원을 계열사로부터 조성하여 노태우 대통령에게 뇌물로 공여한 것이 밝혀지자, 주주들이 이건희 회장의 뇌물공여는 형법상의 범죄행위로서 상법 제399조상의 법령에 위반된 행위에 해당한다고 주장하며 이건희 회장을 상대로 대표소송을 제기하였는데, 동 판결은 이에 대한 것이다(대법원 2005. 10. 28. 선고 2003다69638 판결).

667) 이상훈, "담합사건에 대한 주주대표소송 가능성 검토", 1~2면.

(3) 소송절차

1) 소의 관할 : 대표소송은 회사의 본점소재지를 관할하는 지방법원에 전속한다(상법 제403조 제7항→제186조). 따라서 본래 회사가 직접 제기할 경우의 관할은 무시되지만, 소의 성질은 원래 회사가 이사에 대하여 제기할 수 있었던 이행의 소 그대로이다.

2) 소송고지와 참가 : 대표소송의 실질적 당사자는 회사이고, 제소주주와 이사의 통모에 의해 대표소송이 부당하게 수행될 위험성도 있다. 그리하여 상법은 회사의 소송참가를 허용하고(상법 제404조 제1항), 이를 제도적으로 보장하기 위해 소송고지 제도를 두고 있다. 즉 주주가 대표소송을 제기한 때에는 지체없이 회사에 대하여 그 소송의 고지를 해야 하는데(상법 제404조 제2항), 이는 일반적인 소송고지와 달리 법적 의무이다. 이 경우 회사가 대표소송에 참가하는 때에는 감사(감사위원회)가 회사를 대표한다(상법 제394조 제1항 전단). 이러한 소송참가의 법적 성격을 공동소송적 보조참가로 보는 견해도 있지만, 대표소송은 제3자 소송담당의 형태이나 회사가 기판력을 받으며 당사자적격을 가지고 있고 재심을 청구할 수 있으므로 공동소송참가(민소법 제83조)로 보는 것이 타당하다.[668] 따라서 회사가 적법하게 참가한 후에는 주주가 소를 취하하거나 원래의 대표소송이 각하되더라도 참가인인 회사는 대표소송을 계속하여 수행할 수 있다.

한편 회사의 소송참가와 관련해서는 다음과 같은 2가지 쟁점이 논의되고 있다. 즉 ① 회사가 대표소송에 참가하는 대신에 이사를 상대로 별도의 소를 제기할 수 있을까? 만약 이를 허용하면 중복제소(민소법 제259조)를 허용하는 것과 마찬가지이므로 회사는 별도의 소를 제기할 수 없다고 보아야 한다.[669] ② 회사가 대표소송의 피고인 이사를 위해 보조참가를 할 수 있을까? 이런 의문이 드는 것은 주주가 대표소송을 제기하면 회사가 이사 개인의 임무해태가 아니라 회사에 대한 공격으로 받아들이는 경우가 많기 때문이다. 생각건대 대표소송의 소송물에 관하여 회사는 이사와 이익상반관계에 있으므로 이사 측에 보조참가를 할 필요성이 거의 없을 뿐만 아니라, 이를 허용하면 오히려 대표소송의 실효성을 약화시킬 우려가 있다. 따라서 회사는 이사를 위하여 보조참가를 할 수 없을 뿐만 아니라, 그 외의 방법으로도 이사를 보조할 수 없다고 해석해야 한다.[670]

3) 주주의 담보 제공 : 이사가 대표소송을 제기한 주주의 악의를 소명한 때에는 법원은 주주에게 상당한 담보의 제공을 명할 수 있다(상법 제403조 제7항→제176조 제3항, 제4항).

---

668) 대법원 2002. 3. 15. 선고 2000다9086 판결.
669) 김건식/노혁준/천경훈, 517면; 이철송, 854면.
670) 참고로 법인의 대표자가 당사자인 민사·형사 사건의 변호사비용은 특별한 사정이 없는 한 법인의 비용으로 지출할 수 없다고 한 판례가 있다(대법원 2008. 6. 26. 선고 2007도9679 판결).

여기서 「주주의 악의」란 주주가 피고인 이사를 해하게 됨을 알면서 제소함을 의미한다. 이처럼 상법이 제소주주에 대한 법원의 담보제공명령을 규정한 것은 원고인 주주가 패소한 경우에 피고인 이사가 입은 손해를 배상하기 위함이다. 따라서 이 경우 손해의 담보범위는 소송비용을 포함하여 피고가 주주의 제소로 인해 입게 된 손해 전부를 포함하는 것으로 보아야 한다.[671] 주의할 것은 피고가 소송비용의 담보제공을 신청한 때에는 담보액의 산정을 위해 먼저 소송물의 가격부터 산정해야 한다는 점이다.[672]

4) 소의 취하, 화해 등 : 제소주주는 소송물에 관한 처분권이 없으므로 법원의 허가가 없으면 소의 취하, 청구의 포기·인락·화해를 할 수 없다(상법 제403조 제6항). 법문은 청구의 인락도 할 수 없다고 규정하고 있지만, 이는 원래 이사가 하는 것이어서 금지할 이유가 없으므로 입법의 착오로 봐야 한다. 그리고 화해를 제한한 것은 주주가 피고인 이사와 통모하여 이사에게 책임이 없거나 가벼운 배상책임만을 지우고 소송을 종료할 염려가 있기 때문이다.[673] 한편 그동안 상법 제403조 제6항이 「주주가 대표소송을 제기한 경우의 당사자」로 규정하고 있어 회사가 이사의 책임추궁에 관한 소를 제기한 때에도 법원의 허가가 없으면 소의 취하, 청구의 포기·인락·화해를 할 수 없는지가 명확하지 않았다. 그리하여 2011년 개정상법은 「회사가 제1항의 청구에 따라 소를 제기하거나 주주가 제3항과 제4항의 소를 제기한 경우」라고 규정하며 이를 입법적으로 해결하였다.

5) 재 심 : 대표소송에서 원고(주주)와 피고(이사)가 공모하여 소송목적인 회사의 권리를 사해할 목적으로 판결을 하게 한 때에는 회사 또는 주주가 확정된 종국판결에 대하여 재심의 소를 제기할 수 있다(상법 제406조 제1항). 대표소송은 타인인 주주와 이사 간의 소송을 통하여 회사의 권리를 확정하는 것이므로 그들의 결탁으로 인해 오히려 회사의 권리가 침해될 위험성도 있기 때문에 이를 구제하기 위해 인정된 제도이다. 이러한 재심에서의 제소권자는 회사와 주주인데, 상법상 주주의 자격에는 아무런 제한이 없으므로 소수주주가 아니어도 무방하고 재심청구를 할 당시에만 주주이면 충분하다.

6) 기 타 : 일반적인 재산권에 관한 소에서와 같은 방법으로 대표소송의 소가를 계산하면 거액이 될 수밖에 없는데, 이는 오히려 주주의 대표소송을 억제하는 요인으로 작용한다. 그리하여 「민사소송 등 인지법」은 제소주주의 부담을 덜어주기 위해 대표소송의 경우 소가

671) 김건식/노혁준/천경훈, 517면.
672) 판례는 소송물 가격의 경우 피고가 대표소송에서 전부 패소할 경우에 실제로 지급할 의무가 생기는 손해배상액이 아니라, 인지규칙상의 대표소송의 소가를 말한다고 한다(대법원 2009. 6. 25.자 2008마1930 결정).
673) 이철송, 856면.

를 알 수 없는 소송으로 보아 청구금액에 상관없이 소가를 1억원으로 보고 인지대(455,000원)를 계산한다(인지법 제2조 제4항; 인지규칙 제15조 제1항, 제18조의2). 한편 대표소송에 관한 확정판결의 기판력은 주주에게도 미치므로 주주는 집행채권자가 될 수 있다.[674] 그리고 대표소송에 관하여 부정한 청탁을 받고 재산상의 이익을 수수, 요구 또는 약속한 경우에는 벌칙이 적용된다(상법 제631조 제1항 제2호, 제2항).

(4) 제소주주의 권리·의무

1) 제소주주가 승소한 경우 : 대표소송이나 재심의 소에서 주주가 승소한 때에는 소송비용 외에 「소송으로 인하여 지출한 비용 중 상당한 금액」의 지급을 회사에 대하여 청구할 수 있다(상법 제405조 제1항 전단, 제406조 제2항). 이 경우 주주에게 소송비용을 지급한 회사는 이사에게 구상권을 행사할 수 있다(상법 제405조 제1항 후단). 그런데 규정의 내용 중 명확하지 아니한 부분이 있어 다음과 같은 해석상 논란이 있다.

㈎ 비용의 의미 : 주주가 소송으로 인하여 지출한 「비용」의 구체적인 의미에 대해서는 ① 변호사 보수로 보는 견해,[675] ② 회사가 직접 소송을 제기하였더라면 지출되었을 모든 유형의 비용으로 보는 견해[676]가 있다. 생각건대 대표소송을 제기한 주주가 지출한 비용은 회사의 이익을 위한 것이고, 변호사 보수는 대법원의 「변호사보수의 소송비용 산입에 관한 규칙」이 정하는 범위 내에서 당연히 소송비용으로 취급된다(민소법 제109조 제1항). 그런데도 이를 ①과 같이 변호사비용으로 제한하게 되면 제405조 제1항이 무의미해질 뿐만 아니라, 오히려 제소주주가 불이익을 입게 된다. 이는 대표소송의 입법취지를 고려할 때 결코 바람직하지 아니하므로 ②처럼 해석하는 것이 타당하다.

㈏ 상당한 금액의 범위 : 주주가 지출한 비용 중 「상당한 금액」의 포섭범위와 관련하여 특히 변호사비용이 문제된다. 현재 이에 관한 논의는 많지 않으며 아직 대법원의 확립된 판례도 없지만, "주주대표소송의 경우 증권거래법 제191조의13 제6항에 따라 회사에게 청구할 수 있는 변호사보수비용의 상당액이란 구체적으로 약정보수액을 기준으로 하여, 개별적·구체적인 소송에 있어서 그 청구액, 당사자의 수, 사안의 난이도, 절차의 복잡성의 정도(변론기일의 횟수, 제출한 소송자료의 내용, 증거조사의 내용, 사건의 종료에 이르게 된 경위와 기간 등), 소제기 전에 취한 조치, 소송의 결과 회사가 얻은 이익 등 제반 사정을 종합적으로 고려하여 그것이 변호사가 행한 소송수행의 대가로서 상당한가라는 관점에서 객관적으로

---

674) 대법원 2014. 2. 19.자 2013마2316 결정.
675) 강위두/임재호, 885면.
676) 서헌제, 891면; 송옥렬, 1119면; 이철송, 857면; 장덕조, 401면.

판단하여야 한다."라고 한 하급심 판결이 있다.[677] 생각건대 대표소송은 주주가 회사의 권리를 대신 실현하는 것이고 승소한 경우의 이익도 회사에 귀속하므로, 그에 들어가는 비용은 회사가 직접 수행할 때 들어갈 모든 비용(인지대, 변호사비용, 증인과 감정인 비용, 각종 자료수집비, 교통비 등)을 의미한다고 보아야 한다. 다만 주주가 변호사에게 약정한 성공보수 등이 과도할 수 있으므로 대법원규칙 등에 의해 어느 정도 조정할 필요는 있지만, 보수가 대표소송을 수행하는 변호사에게 인센티브로 작용하는 점을 고려하여 너무 엄격히 규제하는 것은 바람직하지 않다.[678]

㈐ 변호사비용의 상환청구 : 대표소송을 제기한 주주가 승소한 경우에 회사에 대하여 변호사비용의 지급을 미리 청구할 수 있을까? 이에 관한 대법원의 확립된 판례는 아직 없지만, 위의 하급심은 "주주대표소송의 소송비용 중 적어도 변호사보수에 있어서는 승소한 주주가 이를 현실적으로 지급하기 전에도 증권거래법 제191조의13 제6항에 따라 회사에게 소송비용으로 그 상환을 청구할 수 있다."라고 판시하였다. 대표소송을 활성화하려면 주주의 경제적 부담을 최소화해야 하고, 이를 위해서는 승소한 주주가 변호사비용을 지급하기 전에 미리 회사에 대하여 그 상환을 청구할 수 있도록 해야 한다.

2) 제소주주가 패소한 경우 : 제소주주가 대표소송에서 패소하더라도 그는 원칙적으로 회사에 대하여 손해배상책임을 지지 않는다(상법 제405조 제2항). 만약 이를 인정하게 되면 주주가 대표소송을 제기하는 동기를 위축시켜 오히려 대표소송의 효용성을 크게 반감시키고 그 활성화를 저해할 위험성이 있기 때문이다. 그러나 제소주주가 악의인 경우에는 회사에 대하여 손해배상책임을 지는데(상법 제405조 제2항), 여기서 제소주주의 「악의」란 회사를 해함을 알면서 부적당하게 소송을 수행한 경우를 의미한다. 따라서 주주가 승산이 없는 소송임을 알면서 대표소송을 제기하였거나 불성실하게 소송을 수행하여 패소판결을 받은 때에는 당연히 회사에 대하여 손해배상책임을 져야 한다.

(5) 다중대표소송

1) 의 의 : 상법은 대표소송의 제소권자에 관하여 「주주」라고만 규정하고 있어 그동안 모회사의 주주가 자회사의 이사를 상대로 제기할 수 있는지가 논의되었고, 이에 대해서는 긍정설[679]과 부정설[680]이 있었다. 그러던 중 ㈜성담사건에서 서울고등법원이 이중대표소송

677) 서울중앙지방법원 2008. 6. 20. 선고 2007가합43745 판결.
678) 김건식/노혁준/천경훈, 519면.
679) 송옥렬, "현행 상법상 이중대표소송의 허용여부", 554면; 이태종, "미국 회사법상의 이중대표소송", 510면; 정병석, "이중대표소송의 허용가능성", 365~366면.
680) 권재열, "이중대표소송의 허부", 425~426면; 손영화, "모회사 주주의 대표소송과 이사의 경영판단",

을 인정하였지만,[681] 대법원은 "지배회사와 종속회사는 상법상 별개의 법인격을 가진 회사이고, 대표소송의 제소자격은 책임추궁을 당해야 하는 이사가 속한 당해 회사의 주주로 한정되어 있으므로, 종속회사의 주주가 아닌 지배회사의 주주는 상법 제403조, 제415조에 의하여 종속회사의 이사에 대하여 책임을 추궁하는 이른바 이중대표소송을 제기할 수 없다."라며 동 판결을 파기 환송하였다.[682] 그런데도 관련 논의가 계속하여 진행되었고, 그 결과 2020년 개정 상법이 「다중대표소송」을 도입하였다. 이는 주인의식을 가진 대주주가 기업을 강력하게 지배하고 있으므로 일반주주들을 보호할 수 있는 제도적 방안이 필요하다는 사회적 요청과 기업들이 사업다각화의 수단으로써 자회사를 만들어 이용하는 경향 등을 종합적으로 고려한 것이지만, 문제점도 내포하고 있다.

2) 적용범위 : 대표소송은 회사가 이사에 대한 책임추궁을 게을리할 때 주주가 회사의 이익을 위하여 이사의 책임을 추궁하기 위해 제기하는 소이다. 즉 대표소송은 피고가 될 이사가 속한 당해 회사의 주주만이 제기할 수 있는데, 2020년 개정 상법은 모회사의 주주가 자회사의 이사를 상대로 해서도 대표소송을 제기할 수 있도록 하였다(이중대표소송). 더욱이 모회사의 주주는 자회사의 이사 외에 발기인·업무집행관여자·집행임원·감사·청산인 등의 자회사에 대한 책임을 추궁하기 위해서도 대표소송을 제기할 수 있고(상법 제324조, 제401조의2 제1항, 제408조의9, 제415조, 제542조 제2항), 손자회사의 이사 등을 상대방으로 하여 대표소송을 제기할 수도 있다(삼중대표소송). 그리하여 이를 「다중대표소송」이라고 한다. 그런데 일반적인 대표소송의 경우에는 현저히 불공정한 가액으로 신주를 인수한 자의 차액반환책임이나 주주의 권리행사와 관련하여 회사로부터 경제적 이익을 공여받은 자의 반환책임을 추궁하기 위해서도 제기할 수 있지만(상법 제424조의2 제2항, 제467조의2 제4항 → 제403조), 다중대표소송에서는 이를 제기할 수 없다.

3) 제소권자 : 다중대표소송은 모회사의 발행주식총수의 100분의 1 이상에 해당하는 주식을 가진 주주가 자회사의 이사를 상대방으로 하여 제기할 수 있는데, 상장회사에서는 발행주식총수의 10,000분의 50 이상의 주식을 6개월 전부터 계속하여 보유한 주주만이 제기할 수 있다(상법 제406조의2 제1항, 제542조의6 제7항: 양자는 선택적 적용관계). 이러한 다중대표소송의 제소권자와 관련해서는 다음과 같은 쟁점이 논의된다.

㈎ 지분요건의 문제 : 다중대표소송은 모회사의 발행주식총수의 100분의 1 이상을 가

38~39면; 이동원, "지주회사에 있어서의 여러 법적 분쟁의 해결방안에 관한 연구", 158~160면.

681) 서울고등법원 2003. 8. 22. 선고 2002나13746 판결.

682) 대법원 2004. 9. 23. 선고 2003다49221 판결.

진 주주가 자회사의 이사 등을 상대방으로 하여 제기할 수 있는데, 현재 상법상 모자회사의 판단기준이 [발행주식총수의 50% + 1주 이상 소유]인 점을 고려할 때 중요한 문제점이 내포되어 있다. 예를 들어 보통주 100주를 발행한 모회사(A)가 역시 보통주 100주를 발행한 자회사(B)의 주식 60%(60주)를 소유하고 있다고 가정하며, 자회사의 주주는 1주 이상의 자회사 주식을 소유해야만 그 이사를 상대로 대표소송을 제기할 수 있다. 그런데 모회사의 주주는 모회사의 주식 1주 이상만 갖고 있으면 자회사의 이사를 상대로 대표소송을 제기할 수 있는데, 이는 자회사에 대한 모회사의 지분을 고려할 때 사실상 자회사 주식의 0.6주밖에 되지 않는다. 즉 모회사의 주주가 항상 절대적인 선(善)이 아닌 이상 주식평등의 원칙 등을 고려할 때 이는 타당하지 않다. 따라서 현재의 다중대표소송은 외국의 입법례처럼 완전한(100%) 모자회사 관계를 전제로 재편할 필요가 있다.

(나) 모자회사의 의미 : 상법은 제342조의2에서만 모회사와 자회사의 개념을 정의하고 있다. 이에 따를 때 어느 회사(A)가 다른 회사(B)의 발행주식총수의 100분의 50을 초과하는 주식을 소유할 때 그 소유한 회사(A)를 모회사 그리고 소유된 회사(B)를 자회사라고 한다(동조 제1항). 한편 제342조의2 제3항에서는 모회사가 자회사와 함께 또는 자회사가 단독으로 다른 회사(C)의 발행주식총수의 100분의 50을 초과하여 가진 경우에는 그 다른 회사도 모회사의 자회사로 본다고 규정하고 있다. 따라서 제406조의2에서의 자회사도 손자회사까지 포함하는 개념으로 이해해야 한다. 그런데 이러한 논리구조에 따르면 다음과 같은 불합리한 문제가 생긴다. 즉 ① 모회사의 주주를 자회사의 주주에 비해 불평등하게 우대하는 결과가 발생한다(위 지분요건의 문제 참조). ② 손자회사에 있어서는 1% 이상이라는 모회사 주주의 지분요건이 사실상 4분의 1로 줄어드는 어려운 문제가 발생한다.[683] 이런 점에서도 본조는 완전모자회사를 전제로 재편할 필요가 있다.

4) 제소절차 : 모회사의 주주가 다중대표소송을 제기하기 위해서는 먼저 자회사에 대하여 이사의 책임을 추궁하는 소를 제기하도록 청구해야 한다(상법 제406조의2 제1항). 이 경우 자회사가 그 제소청구를 받은 날로부터 30일 내에 이사의 책임을 추궁하는 소를 제기하지 아니하면 제소청구한 모회사의 주주가 자회사를 위하여 직접 그 이사를 상대로 책임추궁에 관한 소를 제기할 수 있다(상법 제406조의2 제2항).

683) 모회사·자회사·손자회사가 모두 보통주 100주씩을 발행하고 있는데, 모회사는 자회사의 주식 51주를 그리고 자회사는 손자회사의 주식 51주를 가지고 있다고 가정하자. 이 경우 모회사의 주식 1주를 가진 주주가 ① 자회사의 이사를 상대로 대표소송을 제기하는 때에는 사실상 자회사의 주식 0.51주밖에 되지 않고, ② 손자회사의 이사를 상대로 대표소송을 제기하는 때에는 사실상 손자회사의 주식 0.26주밖에 되지 않는다.

(가) 제소청구 : 다중대표소송의 경우에도 일반대표소송에서와 같이 주주가 대표소송을 제기하려면 먼저 회사에 대하여 제소청구부터 해야 한다. 즉 모회사의 발행주식총수의 100분의 1 이상을 가진 주주(상장회사에서는 10,000분의 50 이상을 6개월 전부터 계속하여 보유한 주주)는 자회사에 대하여 서면으로 이사의 책임추궁에 관한 소의 제기를 청구해야 한다. 이 경우 자회사가 청구받은 날로부터 30일 내에 소를 제기하지 아니하면 청구한 주주가 즉시 자회사를 위하여 이사를 상대로 소를 제기할 수 있다. 다만 이 기간의 경과로 인해 회사에 회복할 수 없는 손해가 생길 염려가 있는 경우에는 자회사에 대한 청구 없이 곧바로 제기할 수 있다(상법 제406조의2 제3항 → 제403조 제4항).

(나) 소송의 유지 : 상법 제406조의2 제4항은 "제1항의 청구를 한 후 모회사가 보유한 자회사의 주식이 자회사 발행주식총수의 100분의 50 이하로 감소한 경우(발행주식을 보유하지 않게 된 경우를 제외함)에도 제1항 및 제2항에 따른 제소의 효력에는 영향이 없다."라고 규정하고 있는데, 그 해석과 관련하여 주의할 점이 있다. 즉 ① 모회사의 주주가 자회사에 대하여 제소청구를 한 후에는 모자회사 관계가 해소되더라도 구 모회사가 구 자회사의 주식을 단 1주라도 보유하는 한 다중대표소송의 효력은 그대로 유지되는데, 이는 매우 불합리하므로 우선은 「다중대표소송을 제기한 후」라고 해석하되 향후 입법적으로 보완해야 한다. ② 모자회사 관계가 해소된 경우에 있어서 모회사의 포섭범위가 문제된다. 예를 들어 [모회사(A) – 자회사(B) – 손자회사(C)]의 관계에서 A회사의 주주(A –)가 C회사의 이사를 상대로 대표소송을 제기하였다고 가정하면, 다음과 같은 보완적 해석이 필요하다. 즉 ① A회사가 B회사의 주식 과반수만을 그리고 B회사가 C회사의 주식 과반수만을 소유한 상태라면 B회사를 모회사로 보아야 한다. ② A회사가 B회사와 합하여 C회사의 주식 과반수를 가지고 있는 경우에는 A회사와 B회사를 모두 모회사로 보아야 한다. ③ A회사의 주주(A –)가 C회사의 이사를 상대로 대표소송을 제기한 후에 A회사가 보유한 B회사의 지분이 50% 미만으로 줄어든 때에는 A회사와 B회사 사이에 모자관계가 해소되었으므로 C회사에 있어서는 B회사만이 모회사가 된다. 따라서 이 경우에 모회사의 주식 감소란 B회사를 그 전제로 한 것으로 해석해야 하고, 주주(A –)의 다중대표소송은 제소요건을 흠결한 부적법한 소[684]로 다루어 각하하는 것이 타당하다.

(다) 기타의 절차 : 모회사 주주의 다중대표소송은 자회사의 본점소재지의 지방법원의 관할에 전속한다(상법 제406조의2 제5항)는 점을 제외하고는 일반대표소송에서의 제소절차와 대동소이하다. 즉 ① 제소주주는 자회사에 대하여 소송을 고지해야 하지만(상법 제406조

684) 이철송, 862면.

의2 제3항→제404조), 자회사는 이에 상관없이 다중대표소송에 참가할 수 있다. ② 자회사는 제소주주가 악의임을 소명하면서 법원에 대하여 제소주주에게 담보제공을 명하도록 청구할 수 있다(상법 제406조의2 제3항→제176조 제3항, 제4항). ③ 제소주주는 법원의 허가 없이 소의 취하, 청구의 포기·인락·화해를 할 수 없다(상법 제406조의2 제3항→제403조 제6항). ④ 제소주주가 승소한 때에는 자회사에 대하여 소송비용을 청구할 수 있다(상법 제406조의2 제3항→제405조). ⑤ 다중대표소송이 원고와 피고의 공모로 회사의 권리를 사해할 목적으로 제기된 때에는 자회사 또는 모회사의 다른 주주 또는 자회사의 다른 주주가 재심의 소를 제기할 수 있다(상법 제406조의2 제3항→제406조).

4. 직무집행정지

(1) 개 요

이사의 지위에 관한 다툼이 있는 특정한 이사가 계속하여 회사의 업무를 수행한다면 집행의 적정성을 유지하기 쉽지 않다. 그리하여 상법은 일시적으로 이사의 직무수행권한을 정지시키고 있는데, 이를 「직무집행정지가처분」이라고 한다. 또한 이 경우에는 회사의 정상적인 운영을 위해 이사의 직무를 대행할 자를 선임하는데, 이를 「직무대행자」라고 한다. 상법은 이에 관한 규정을 두고 감사와 청산인 등에게도 준용하고 있다.

(2) 직무집행정지가처분

1) 의 의

㈎ 필요성 : 이사의 해임청구소송이 제기된 경우 그 이사는 조만간 퇴진할 것을 예상하여 업무를 게을리할 수 있고, 심지어는 현재의 지위를 남용하여 또 다른 부정을 저지를 수도 있다. 따라서 이사의 지위에 관한 다툼이 있는 때에는 그의 부적정한 권한 행사를 배제할 수 있어야 하는데, 이를 위한 제도가 「직무집행정지가처분」이다.

㈏ 법적 성질 : 상법 제407조가 규정하고 있는 이사의 직무집행정지가처분의 법적 성격에 관하여 통설과 판례는 보전소송으로서 민사집행법상 통상적인 임시의 지위를 정하기 위한 가처분의 하나로 보고 있다.[685] 따라서 이사의 직무집행정지가처분의 경우에도 보전의 필요성이 있어야 하고, 민사집행법상의 가처분 절차에 따라야 한다.

2) 가처분 요건

㈎ 가처분의 당사자 : 본안소송 중에 가처분을 신청할 수 있는 자는 본안소송의 원고이

685) 대법원 1972. 1. 31. 선고 71다2351 판결.

지만, 본안소송 전에는 본안소송의 원고가 될 자도 가처분을 신청할 수 있다. 이 경우 피신청인은 신청인의 주장에 의해 그 지위가 다투어지는 자(예: 이사)이므로, 회사는 피신청인이 될 수 없다.[686] 그런데 이로 인해 본안소송의 피고와 가처분 신청에서의 피신청인이 달라지고, 당사자가 아닌 회사가 기판력을 받게 되는 모순도 발생한다.

(나) 본안소송의 제기 : 이사의 직무집행정지가처분을 신청하려면 원칙적으로 이사의 지위를 다투는 본안소송이 먼저 제기되어 있어야 한다. 이처럼 이사의 지위를 다투어야 하므로 이사에 대한 손해배상청구와 같은 채권적 권리를 소송물로 한 본안소송에 의해서는 직무집행정지가처분을 신청할 수 없다.[687] 또한 상법 제386조 제1항의 퇴임이사도 가처분 신청의 대상이 될 수 없는데, 이 경우에는 동조 제2항에 따라 법원에 일시적으로 이사의 직무를 수행할 자의 선임을 청구하면 충분하기 때문이다.[688] 현재 상법은 직무집행정지가처분에 관한 본안소송으로서 이사선임에 관한 주주총회결의취소의 소(제376조 제1항)와 결의무효확인의 소(제380조), 이사해임의 소(제385조 제2항)를 열거하고 있다(제407조 제1항 본문). 그렇지만 이사선임에 관한 주주총회결의부존재확인의 소(상법 제380조)도 직무집행정지가처분에서의 본안소송에 포함해야 하고,[689] 대표이사가 직무집행정지가처분의 대상인 때에는 그 대표이사를 선임한 이사회결의 또는 주주총회결의의 효력을 다투는 소도 가처분 신청의 전제가 되는 본안소송으로 보아야 한다.[690] 한편 예외적으로 급박한 사정이 있는 때에는 본안소송의 제기 전이라도 가처분을 할 수 있는데(상법 제407조 제1항), 여기서 「급박한 사정」이란 본안소송이 제기되지는 않았으나 가처분을 해야 할 사정을 의미한다. 이와 관련하여 판례는 "특별히 급박한 사정이 없는 한 해임의 소를 제기할 수 있을 정도의 절차요건을 거친 흔적이 소명되어야 비로소 피보전권리의 존재가 소명되는 것이고, 그 가처분의 보전의 필요성도 인정될 수 있다."라고 판시하며 보전의 필요성을 인정함에 있어서는 보다 신중할 것을 강조하고 있다.[691] 물론 이처럼 급박한 사정이 있어서 본안 전에 가처분이 신청되었더라도 법원은 일반적인 보전소송의 예에 따라서 신청인에게 상당한 기간 내에 본안에 관한 소의 제기를 명해야 하고(민사집행법 제301조 → 제287조 제1항), 만약 그 기간 내에 소 제기가 없으면 피신청인의 신청에 의해 그 가처분을 취소해야 한다(민사집행법 제301조 → 제287조 제3항).

686) 대법원 1982. 2. 9. 선고 80다2424 판결; 대법원 1972. 1. 31. 선고 71다2351 판결.
687) 대전지방법원 강경지원 1989. 3. 15.자 88카608 결정.
688) 대법원 2009. 10. 29.자 2009마1311 결정.
689) 대법원 1989. 5. 23. 선고 88다카9883 판결.
690) 강봉수, "이사등의 직무집행정지·직무대행자 선임의 가처분", 222면; 이철송, 864면.
691) 대법원 1997. 1. 10.자 95마837 결정.

참고판례 **소수주주의 해임청구의 대상인 이사에 퇴임이사가 포함되는지(대법원 2021. 8. 19. 선고 2020다285406 판결)** : 주식회사의 이사는 임기가 만료됨에 따라 이사의 지위를 상실하는 것이 원칙이지만, 소유와 경영의 분리를 원칙으로 하는 주식회사에 있어 경영자 지위의 안정이라는 이사의 이익뿐만 아니라 주주의 회사에 대한 지배권 확보라는 주주의 이익 또한 보호되어야 하므로, 위와 같은 주주와 이사의 이익을 조화시키기 위해 상법 제385조 제1항은 회사가 언제든지 주주총회의 결의로 이사를 해임할 수 있도록 하는 한편 이사를 선임할 때와 달리 이사를 해임할 때에는 주주총회의 특별결의를 거치도록 하고, 임기가 정해진 이사가 임기만료 전에 정당한 이유 없이 해임된 때에는 회사에 대하여 손해배상을 청구할 수 있도록 하고 있다. 한편 임기만료로 퇴임한 이사라 하더라도 상법 제386조 제1항 등에 따라 새로 선임된 이사의 취임시까지 이사로서의 권리의무를 가지게 될 수 있으나(이하 '퇴임이사'라고 한다), 그와 같은 경우에도 새로 선임된 이사가 취임하거나 상법 제386조 제2항에 따라 일시 이사의 직무를 행할 자가 선임되면 별도의 주주총회 해임결의 없이 이사로서의 권리의무를 상실하게 된다. 이러한 상법 제385조 제1항의 입법 취지, 임기만료 후 이사로서의 권리의무를 행사하고 있는 퇴임이사의 지위 등을 종합하면, 상법 제385조 제1항에서 해임대상으로 정하고 있는 '이사'에는 '임기만료 후 이사로서의 권리의무를 행사하고 있는 퇴임이사'는 포함되지 않는다고 보아야 한다.

참고판례 **직무집행정지의 기간이 없는 가처분의 효력존속기간(대법원 1989. 5. 23. 선고 88다카9883 판결)** : 주식회사 이사의 직무집행을 정지하고 그 대행자를 선임하는 가처분은 민사소송법 제714조 제2항에 의한 임시의 지위를 정하는 가처분의 성질을 가지는 것으로서, 본안소송의 제1심판결 선고시 또는 확정시까지 그 직무 집행을 정지한다는 취지를 결하였다 하여 당연무효라 할 수 없으나, 가처분에 의해 직무집행이 정지된 당해 이사 등을 선임한 주주총회결의의 취소나 그 무효 또는 부존재확인을 구하는 본안소송에서 가처분채권자가 승소하여 그 판결이 확정된 때에는 가처분은 그 직무집행 정지 기간의 정함이 없는 경우에도 본안승소판결의 확정과 동시에 그 목적을 달성한 것이 되어 당연히 효력을 상실한다.

㈐ 이사지위의 유지 : 직무집행정지가처분의 신청대상인 이사가 법원의 가처분시까지 그 지위를 유지해야 한다. 따라서 가처분 전에 이사가 사임하거나 기타의 사유로 퇴임한 때에는 피보전권리가 없어진 것이므로 법원은 가처분 신청을 각하해야 한다. 특히 이사가 사임한 때에는 동일인이 새로운 주주총회에서 다시 이사로 선임되었다고 하더라도 본안소송에 관련된 피보전권리가 없으므로 신청을 기각해야 한다.[692]

㈑ 권리보전의 필요 : 민사집행법상 가처분을 신청하기 위해서는 먼저 권리보전의 필요성이 있어야 하는데, 임시의 지위를 정하는 가처분에서 「보전의 필요성」이란 특히 계속하는 권리관계에 현저한 손해를 피하거나 급박한 위험을 막기 위하여 또는 그 밖의 필요한 이유를 의미한다(민사집행법 제300조 제2항 단서). 따라서 임시의 지위를 정하는 가처분 중의 하나인 이사의 직무집행정지가처분에 있어서도 당해 이사의 직무수행으로 인해 회사에 현저히 큰 손해가 초래된다든지, 직무수행의 내용을 고려할 때 그대로 방치한다면 본안판결

692) 대법원 1982. 2. 9. 선고 80다2424 판결.

을 받더라도 무익하게 될 경우 등과 같이 보전의 필요성이 있어야 한다.[693] 주의할 것은 이 경우 보전의 필요성은 일반적인 가처분에서와 다르게 가처분채권자의 손해가 아닌 회사의 손해를 기준으로 하여 판단해야 하고, 보전의 필요성은 가처분을 신청하는 자가 소명해야 한다는 점이다(민사집행법 제301조→제279조 제2항).

3) 가처분 절차

㈎ 관할 등 : 이사의 직무집행정지가처분은 본안소송의 관할에 속하므로(민사집행법 제303조) 구체적인 절차는 민사집행법상의 가처분 절차에 따른다.

㈏ 가처분의 취소 : 법원은 당사자의 신청에 의하여 가처분을 변경하거나 취소할 수 있다(상법 제407조 제2항). 이 경우 변경 또는 취소의 절차는 민사집행법에 따라야 한다(민사집행법 제301조, 제307조, 제309조→제286조, 제288조).[694]

㈐ 등 기 : 이사의 직무집행정지가처분 또는 그러한 가처분의 변경이나 취소가 있는 때에는 회사의 본점과 지점의 소재지에서 이를 등기해야 한다(상법 제407조 제3항). 이사의 직무집행정지가처분은 제3자의 이해관계에 대해서도 영향을 끼치므로 공시할 필요성이 있기 때문이다. 따라서 이사의 직무집행정지가처분이나 직무대행자의 선임이 있음에도 이를 등기하지 아니한 때에는 선의의 제3자에게 대항하지 못한다.[695]

4) 가처분 효력

가처분에 의해 직무집행이 정지된 이사는 일체의 직무를 집행할 수 없으므로 그에 위반한 직무집행은 절대 무효인데, 이는 가처분이 취소되더라도 소급하여 유효로 되지 아니한다.[696] 그리고 직무집행이 정지된 이사가 주주총회에서 다시 이사로 선임되더라도 가처분이 취소되지 않는 한 이사의 권한을 행사할 수 없다.[697] 한편 직무집행정지가처분은 기간을 정한 경우 그 기간이 만료함으로써 효력을 상실하고, 기간을 정하지 아니한 경우에는 본안소송의 판결이 확정됨과 동시에 그 효력을 상실한다.[698] 주의할 것은 직무집행정지가처분이 있더라도 이사는 직무집행에서만 제외될 뿐 그 지위를 잃지 않는다는 점이다. 즉 가처분으로 인해 임기가 정지되거나 가처분기간만큼 임기가 연장되는 것이 아니다.[699] 따라서

---

693) 따라서 비록 이사의 선임에 관한 주주총회의 결의에 하자가 있더라도 보전의 필요성이 없으면 가처분을 신청할 필요가 없다(대법원 1991. 3. 5.자 90마818 결정).
694) 손주찬, 767면; 이철송, 867면; 정동윤, 603면.
695) 대법원 2014. 3. 27. 선고 2013다39551 판결.
696) 대법원 2008. 5. 29. 선고 2008다4537 판결.
697) 대법원 2014. 3. 27. 선고 2013다39551 판결.
698) 대법원 1989. 9. 12. 선고 87다카2691 판결; 대법원 1989. 5. 23. 선고 88다카9883 판결.
699) 대법원 2020. 8. 20. 선고 2016다249148 판결.

이사는 사임할 수 있고, 주주총회는 이사를 해임할 수도 있다.

> **참고판례** **가처분결정이 있기 전에 직무집행이 정지된 이사가 대표이사로 취임하는 등기가 이루어진 경우 직무대행자의 권한이 유효하게 존속하는지 등(대법원 2014. 3. 27. 선고 2013다39551 판결)** : 주식회사 이사의 직무집행을 정지하고 직무대행자를 선임하는 가처분은 성질상 당사자 사이뿐만 아니라 제3자에 대한 관계에서도 효력이 미치므로 가처분에 반하여 이루어진 행위는 제3자에 대한 관계에서도 무효이므로 가처분에 의하여 선임된 이사직무대행자의 권한은 법원의 취소결정이 있기까지 유효하게 존속한다. 또한 등기할 사항인 직무집행정지 및 직무대행자선임 가처분은 상법 제37조 제1항에 의하여 이를 등기하지 아니하면 위 가처분으로 선의의 제3자에게 대항하지 못하지만 악의의 제3자에게는 대항할 수 있고, 주식회사의 대표이사 및 이사에 대한 직무집행을 정지하고 직무대행자를 선임하는 법원의 가처분결정은 그 결정 이전에 직무집행이 정지된 주식회사 대표이사의 퇴임등기와 직무집행이 정지된 이사가 대표이사로 취임하는 등기가 경료되었다고 할지라도 직무집행이 정지된 이사에 대하여는 여전히 효력이 있으므로 가처분결정에 의하여 선임된 대표이사 및 이사 직무대행자의 권한은 유효하게 존속하고, 반면에 가처분결정 이전에 직무집행이 정지된 이사가 대표이사로 선임되었다고 할지라도 그 선임결의의 적법 여부에 관계없이 대표이사로서의 권한을 가지지 못한다.

(3) 직무대행자

1) 선 임

㈎ 자격요건 : 직무대행자의 자격에는 특별한 제한이 없지만, 직무집행정지가처분에 의하여 직무집행이 정지된 이사나 감사는 다시 직무대행자로 선임될 수 없다.[700]

㈏ 선임권자 : 법원은 이사의 직무집행정지가처분과 함께 직무대행자를 선임할 수 있으므로(상법 제407조 제1항 본문), 직무집행정지 없이 직무대행자만 선임할 수는 없다. 그리고 직무대행자는 이사의 직무집행정지로 인한 회사운영의 공백을 메우기 위해 선임하는 것이므로, 나머지 이사만으로도 회사운영에 지장이 없다면 선임할 필요가 없다.

㈐ 선임방법 : 직무대행자의 선임에 관한 재판은 이유를 붙인 결정으로 하는데, 이에 대해서는 불복할 수 없다(비송사건법 제84조 → 제81조 제1항, 제2항). 이 경우 법원은 직무대행자의 선임에 있어서 신청인의 추천에 구속받지 않는다.[701] 물론 법원이 직무대행자를 선임한 때에는 본점과 지점의 소재지에서 등기해야 한다(상법 제407조 제3항).

㈑ 선임효력 : 법원이 직무대행자를 선임하면 가처분에 의해 직무집행이 정지된 이사는 퇴임하고, 후임이사가 선임되더라도 가처분이 취소되기 전까지는 직무대행자의 권한이

700) 대법원 1990. 10. 31.자 90그44 결정.
701) 대법원 1985. 5. 28.자 85그50 결정.

존속한다. 따라서 직무집행이 정지된 이사나 그 후임자가 한 대외적인 행위는 무효가 되는데, 이는 상대방이 선의라고 하더라도 유효를 주장하지 못한다.[702] 그렇다면 직무대행자가 그 권한을 타인에게 위임할 수는 있을까? 생각건대 만약 이를 허용하면 가처분명령의 취지에 반하므로 허용될 수 없다.[703] 한편 법원이 직무대행자를 선임한 후에 회사가 해산하면 동 대행자가 청산인의 직무대행자가 되므로(상법 제531조 제1항), 그 선임이 취소되지 않는 한 새로이 청산인의 직무대행자를 선임할 수 없다.[704]

> **참고판례** **회사의 해산 전에 법원의 가처분에 의해 선임된 이사의 직무대행자가 해산시 당연히 청산인의 직무대행자가 되는지(대법원 1991. 12. 24. 선고 91다4355 판결)** : [1] 회사의 이사에 대한 직무집행을 정지하고 그 직무대행자를 선임하는 법원의 가처분이 있는 경우 해산 당시의 이사의 직무는 그 직무대행자에 의하여 이루어지고 직무대행자의 직무행위의 내용은 직무집행이 정지된 이사의 그것과 일응 동일하므로 상법 제531조 제1항에 따라 해산 전 가처분에 의하여 선임된 이사 직무대행자는 회사가 해산하는 경우 당연히 청산인 직무대행자가 된다. [2] 주식회사 이사의 직무집행을 정지하고 그 직무대행자를 선임하는 가처분은 그 성질상 당사자 사이뿐만 아니라 제3자에게도 효력이 미치며 가처분에 반하여 이루어진 행위는 제3자에 대한 관계에 있어서도 무효인 한편 가처분에 의하여 선임된 이사 직무대행자의 권한은 법원의 취소판결이 있기까지 유효하게 존속하고 그 판결이 있어야만 소멸한다 할 것이며 따라서 이사 직무대행자가 선임된 회사가 해산되고 해산 전의 가처분이 실효되지 않은 채 새로운 가처분에 의하여 해산된 회사의 청산인 직무대행자가 선임되었다 하더라도 선행가처분의 효력은 그대로 유지되어 그 가처분에 의하여 선임된 직무대행자만이 청산인 직무대행자로서의 권한이 있다.

2) 권 한

㈎ 권한의 범위 : 직무대행자는 가처분에 의해 직무집행이 정지된 이사의 권한을 행사한다. 이 경우 직무대행자는 임시적 지위이므로 법원의 가처분명령에 다른 정함이 있는 경우 외에는 회사의 상무에 속하지 아니한 행위를 하지 못하지만, 법원의 허가를 얻은 경우에는 그러하지 아니하다(상법 제408조 제1항). 여기서 「회사의 상무」란 회사의 일상적인 업무를 말하는데, 이와 관련하여 판례는 "회사의 영업을 계속함에 있어서 통상의 업무범위 내의 사무, 즉 회사의 경영에 중요한 영향을 미치지 않는 보통의 업무"라고 정의하고 있다.[705] 생각건대 직무대행자는 가처분에 따라 직무집행이 정지된 이사의 지위를 임시로 관리하는 주체이므로 그 권한도 회사의 정상적인 운영에 있어서 최소한의 불가피한 관리업무로 한정해야 한다.[706]

---

702) 대법원 1992. 5. 12. 선고 92다5638 판결.
703) 대법원 1984. 2. 14. 선고 83다카875,876,877 판결.
704) 대법원 1991. 12. 24. 선고 91다4355 판결.
705) 대법원 1991. 12. 24. 선고 91다4355 판결.
706) 대법원 1989. 9. 12. 선고 87다카2691 판결; 대법원 1970. 4. 14. 선고 69다1613 판결.

따라서 신주발행과 사채발행처럼 회사에 조직법적 변경을 초래하는 행위나 중요한 재산의 처분처럼 비일상적인 위험을 수반하는 행위는 할 수 없다. 주의할 것은 상법 제408조 제1항은 직무대행자의 업무집행만이 아니라, 이사회의 의사결정에도 적용된다는 점이다. 따라서 직무대행자는 회사의 상무에 속하지 않는 사항에 대한 이사회의 결의에서 의결권을 행사할 수 없다.

> **참고판례** **대표이사 직무대행자의 변호사선임행위가 회사의 상무에 속하는지(대법원 1989. 9. 12. 선고 87다카2691 판결)** : 가처분에 의하여 대표이사 직무대행자로 선임된 자가 변호사에게 소송대리를 위임하고 그 보수계약을 체결하거나 그와 관련하여 반소제기를 위임하는 행위는 회사의 상무에 속하나, 회사의 상대방 당사자의 변호인의 보수지급에 관한 약정은 회사의 상무에 속한다고 볼 수 없으므로 법원의 허가를 받지 않는 한 효력이 없다.

㈏ 위반의 효력 : 직무대행자가 법원의 허가 없이 회사의 상무에서 벗어난 행위를 한 경우에도 회사는 선의의 제3자에 대하여 책임을 진다(상법 제408조 제2항). 이 경우에는 제3자가 자신의 선의를 입증해야 한다.[707] 그리고 이로 인하여 회사에 손해가 생긴 경우에는 상법 제399조를 유추적용하여 직무대행자가 회사에 손해배상책임을 져야 한다.[708] 직무대행자의 회사에 대한 책임은 그 본질이 이사의 책임과 동일하기 때문이다.

3) 기타 지위에 준용

이사의 직무집행정지가처분과 직무대행자의 선임 및 그 변경·취소 등에 관한 상법 제407조는 ① 주식회사의 감사와 청산인, ② 유한회사의 이사와 감사 및 청산인에 대하여 준용된다. 그리고 이들 중 감사를 제외한 주체에 대해서는 상법 제408조도 준용된다(상법 제415조, 제415조의2 제7항, 제542조 제2항, 제567조, 제570조, 제613조 제2항).

> **사례해결**
>
> (1) 사안의 쟁점은 두 가지이다. 즉 ① 주주 D가 법원에 신청한 A의 직무집행정지가처분의 정당성에 관한 문제이다. 이사는 회사에 대하여 선관주의의무를 지고(상법 제382조 제2항 → 민법 제681조), 법령·정관에 위반한 행위를 하거나 그 임무를 해태한 때에는 회사에 대하여 연대하여 손해배상책임을 진다(상법 제399조 제1항). 한편 대표이사는 사회적 책임의 한 방법으로서 일정한 기부행위를 할 수 있지만, 정당성을 인정받으려면 회사의 목적에 부합해야 하고 기부액이 회사의 규모에 비할 때 적정해야 한다.

707) 대법원 1965. 10. 26. 선고 65다1677 판결.
708) 손주찬, 766면; 이철송, 870면; 정동윤, 603면; 최기원, 596면.

그렇지 아니하면 역시 회사에 대하여 손해배상책임을 져야 한다. 이와 관련하여 판례는 "대표이사가 제3자에게 회사의 자산으로 거액의 기부를 한 경우 그 기부액수가 회사의 재정상태 등에 비추어 기업의 사회적 역할을 감당하는 정도를 넘는 과도한 규모로서 상당성을 결여한 것이고 특히 그 기부의 상대방이 대표이사와 개인적 연고가 있을 뿐 회사와는 연관성이 거의 없다면, 그 기부는 대표이사의 선량한 관리자로서의 업무상 임무에 위배되는 행위에 해당한다고 할 것이다."라고 판시하며 대표이사의 업무상 배임죄도 인정하였다(대법원 1983. 12. 13. 선고 83도2330 전원합의체 판결; 대법원 2005. 6. 10. 선고 2005도946 판결; 대법원 2011. 3. 10. 선고 2008도6335 판결 등). 사안에서 A는 회사와 전혀 연고가 없는 C 대학에 매년 3억원씩 기부하였는데, 이는 회사의 영업이익 등 재무상태를 고려할 때 상당성을 일탈한 것으로 볼 수 있다. 즉 A는 이사로서의 의무를 위반하였고, 판례에 의하면 배임의 죄책도 인정될 수 있다. 따라서 회사의 추가적 손실을 차단하기 위해 주주 D가 법원에 A의 직무집행정지가처분을 신청할 수 있는데, 문제는 가처분을 신청하려면 먼저 이사의 지위를 다투는 본안소송이 제기되어야 한다는 점이다. 사안에서 주주 D는 비상장회사인 ㈜甲의 주식 3.5%를 소유하고 있어 법원에 이사해임을 청구할 수 있고(상법 제385조 제2항), 이를 바탕으로 A의 해임에 관한 소를 제기함과 함께 직무집행정지가처분을 신청하였다. 즉 주주 D는 A의 직무집행정지가처분을 신청할 수 있는 요건을 모두 충족하였으므로 그의 청구는 정당하다. ② 주주 D의 대표소송에 관한 제소청구의 정당성 여부에 관한 문제이다. 대표소송이란 회사가 이사에 대한 책임추궁을 게을리할 때 주주가 회사를 위하여 이사에게 제기하는 소이다(상법 제403조). 즉 대표소송은 발행주식총수의 100분의 1 이상을 가진 주주가 제기할 수 있는데, 지분요건은 제소 당시에만 충족하면 충분하고 수인이 공동으로 구비해도 무방하다. 그런데 주주는 대표소송을 제기하기 전에 먼저 이유를 기재한 서면으로써 회사에 대하여 이사의 책임을 추궁할 소를 제기할 것을 청구해야 한다(상법 제403조 제1항, 제2항). 이 경우 이사와 회사 간의 소송에서는 감사(감사위원회)가 회사를 대표하므로 당해 청구도 감사에게 해야 한다(상법 제394조 제1항 후단). 사안의 경우 A는 회사의 재무상태에 비추어 볼 때 상당성을 초과하는 금액을 회사와 아무런 연고도 없는 C 대학에 기부하였으므로 이사로서 선관주의의무를 위반하였음은 물론이고, 판례에 의하면 배임의 죄책도 성립한다. 따라서 ㈜甲은 A에 대하여 손해배상을 청구할 수 있는데, 이는 대주주이며 대표이사인 A의 지위를 고려할 때 기대하기 어렵다. 따라서 지분 3.5%를 보유한 주주 D는 회사를 위하여 A의 책임을 추궁하기 위한 대표소송을 제기할 수 있고, 그 사전절차로서 ㈜甲의 감사인 E에게 서면으로 제소청구를 할 수 있다. 따라서 주주 D의 청구는 정당하다.

(2) 사안은 이사의 자기거래에 관한 문제이다. 자기거래란 이사가 자기 또는 제3자의 계산으로 회사와 하는 거래를 말하는데(상법 제398조), 이를 위해서는 다음과 같은 요건이 충족되어야 한다. 즉 ① 이사회의 사전승인을 받아야 하고, ② 이사회에 미리 해당 거래에 관한 중요사실을 밝혀야 하며, ③ 이사회의 승인은 「이사 3분의 2 이상의 찬성」으로 해야 하고, ④ 승인과정에서 승인을 청구한 이사는 특별이해관계자에 해당하여 의결권을 행사하지 못하며(상법 제391조 제3항 → 제368조 제4항)(통설), ⑤ 이사회의 승인은 개별적으로 이루어져야 하고 포괄적인 승인은 허용되지 않는다(통설). 그리고 이사의 자기거래는 그 내용과 절차도 공정해야 하고 그렇지 못한 경우에는 이사가 회사에 대하여 손해

배상책임을 지는데, 이 경우에는 자기거래를 승인한 이사들도 연대하여 책임을 진다(상법 제399조 제2항). 사안의 경우에 만약 B와 ㈜乙의 거래가 자기거래라면 B는 사전에 당해 거래의 중요사실을 개시하며 이사회의 사전승인을 받아야 하고 그 거래의 내용과 절차도 공정해야 한다. 사안에서 당해 거래가액이 공정하므로 공정성 요건은 충족하였지만, B는 사전에 이사회의 승인을 받지 못하였다. 따라서 회사 내부적으로는 무효이지만, 제3자와의 사이에서는 견해의 대립이 있다. 그렇지만 현재의 정설이며 판례(대법원 1994. 10. 11. 선고 94다24626 판결)의 입장인 상대적 무효설에 의하면 제3자가 선의이고 중대한 과실이 없으면 당해 거래는 유효하게 된다(대법원 2004. 3. 25. 선고 2003다64688 판결). 한편 사안에서 상법 제398조가 적용되려면 거래상대방이 이사가 직무수행에 관하여 선관주의의무 또는 충실의무를 부담하는 당해 회사여야 한다. 즉 자회사가 모회사의 이사와 거래를 한 경우에는 설령 모회사가 자회사의 주식 그 전부를 소유하고 있더라도 모회사와 자회사는 상법상 별개의 법인격을 가진 회사이고, 그 거래로 인한 불이익이 있더라도 그것은 자회사에 돌아갈 뿐 모회사는 간접적인 영향을 받는데 지나지 아니하므로, 자회사와의 거래를 곧바로 모회사와의 거래와 동일하게 볼 수는 없다. 따라서 모회사의 이사와 자회사의 거래는 모회사와의 관계에서 상법 제398조가 규율하는 거래에 해당하지 아니하고, 모회사의 이사는 그 거래에 관하여 모회사 이사회의 사전승인을 받아야 하는 것이 아니다(대법원 2013. 9. 12. 선고 2011다57869 판결). 그러므로 사안의 경우 이사 B는 ㈜乙과 거래함에 있어서 ㈜甲의 이사회로부터 사전승인을 받을 필요가 없다. 따라서 ㈜甲의 이사회의 사전승인이 없었음을 이유로 당해 거래가 무효라는 대표이사 A의 주장은 정당하지 않다.

제4관 집행임원

예시사례 비상장회사인 ㈜甲의 자본금은 50억원이고, 현재 90%의 지분을 가진 주주 이사 7인이 회사를 공동으로 경영하고 있다. 그리하여 이사회의 의사결정이 늦어지고, 경영권을 둘러싼 주주 이사 상호 간의 경쟁이 심하여 법적 분쟁이 끊이지 않고 있다. 그러던 중 2020년 3월 3일 개최된 이사회에서 주주 이사 중 지분이 가장 많고(20%) 현재 대표이사인 A가 회사의 지배구조를 미국식으로 전환하여 이사회는 업무감독기관으로 정립하고 회사의 업무집행은 집행임원에게 맡기자는 제안을 하였고, 그동안의 분쟁에 지쳐 있던 대부분의 주주 이사가 이에 동의하였다. 그리고 동년 4월 5일 개최된 이사회에서는 B1, B2, B3를 집행임원으로, A를 이사회 의장으로 선임하였다. 이와 관련하여 다음 설문에 답하시오!

(1) 2020년 3월 3일에 개최된 ㈜甲의 이사회에서 대표이사 A의 제안에 따라 회사의 지배구조를 기존의 대표이사 체제에서 미국식의 집행임원 체제로 변경하는 결의를 한 것은 정당한가?

(2) ㈜甲의 이사회는 그동안 이사들의 보수 결정과 관련하여 다툼이 많았던 전례를 고려하여 집행임원 B1, B2, B3의 보수를 모두 이사회 의장인 A가 정하도록 위임하였다. 이는 가능한가?

(3) ㈜甲의 업무집행과 관련하여 집행임원 B1, B2, B3는 이사처럼 상호 간에 감시의무를 부담하는가?

Ⅰ. 서 설

(1) 집행임원의 의의

집행임원이란 회사의 자율적 선택에 따라 대표이사에 갈음하는 기구로 설치되어 회사의 업무집행과 대표에 관한 권한을 행사할 수 있는 기관을 말한다(상법 제408조의2 제1항, 제408조의4). 과거에는 집행임원에 관한 규정이 상법에 없었고, 단지 상장회사의 정관이나 내규 및 일부의 특별법에서 집행임원에 관련된 규정을 두고 있었다. 그러던 중 IMF 외환위기를 맞아 이를 극복하는 과정에서 지배구조개선책의 일환으로써 이사회 내부의 견제기능을 제고하기 위해 등기이사 수를 기준으로 하여 일정한 비율 이상의 사외이사를 선임하도록 상법을 개정하였는데, 기업 실무에서는 사외이사의 선임에 관한 부담을 줄이기 위해 등기이사를 줄이고 그 대신에 정관이나 내규로 이른바 경영임원을 두어 이사의 직무를 수행시켰다. 그런데 이들의 경우에는 권한과 책임 등에 관한 법적 근거가 없어 논란이 되었고, 이에 2011년 개정 상법은 의무와 책임을 명확히 하고 경영활동의 안정화를 기함은 물론 제3자 보호에도 충실하기 위해 집행임원 제도를 도입하였다.

이러한 집행임원의 개념과 관련해서는 그동안 ① 대표이사의 지휘·감독을 받으며 회사업무를 담당하는 상급사용인이라는 견해,[709] ② 이사가 아닌 집행임원은 대표이사의 복대리인이며 단순한 사용인이 아니고 중요한 위임관계에 있는 사용인으로서 하위에 있는 다른 사용인을 지휘·감독하는 지위에 있는 자라는 견해,[710] ③ 집행임원이란 직함이 있고 일정한 대리권을 부여받아 회사의 업무를 집행할 권한을 가지고 있으며 종업원에 대한 임면 등을 포함한 인사결정에도 직접 관계하는 권한을 가진 자라는 견해,[711] ④ 이사회에 의해 선임되고 대표이사의 지휘 아래 회사의 업무집행을 분담하여 행하는 책임자인 상급사용인이라는 견해[712] 등이 있었다. 그런데 2011년 개정 상법도 집행임원의 개념에 관한 규정은 두고 있지 아니하여 집행임원 관련 규정을 해석·적용함에 있어 다소의 논란이 있다. 상법상의 집행임원은 회사와 위임관계에 있는 기관이지만, 기존 실무상의 부사장·전무·상무 등과 같은 집행임원(경영임원)은 그 법적 신분이 사용인이기 때문이다.

(2) 집행임원의 설치

상법 제408조의2 제1항은 집행임원의 설치 여부를 회사의 자율적 선택에 맡기고 있고,

709) 강희갑, "미국법상의 집행임원제도의 도입에 관한 연구", 699면.
710) 양동석, "임원제도 도입에 따른 법적 문제", 145면.
711) 浜辺陽一郎, 72~73頁.
712) 西村發言, "執行役員制度の諸問", 36頁.

집행임원을 둔 경우에는 대표이사를 두지 못하도록 규제하고 있다. 즉 회사는 기존의 대표이사와 집행임원 중 어느 하나만을 업무집행기구로 선택할 수 있다. 그리하여 실무상 경영임원을 상법상 기관으로 격상시켜 그 권한과 책임을 조직법적으로 관리하려는 원래의 취지가 많이 퇴색하여 실효성이 반감되었고, 이에 실무에서도 채택한 회사가 많지 않다. 더욱이 다음과 같은 미비점도 내포하고 있어 합리적 해석이 필요하다.

첫째, 집행임원의 설치 여부는 어느 기관이 결정하는가? 상법은 이에 관하여 규정하지 아니하고, 제408조의2 제3항에서 집행임원 설치회사 이사회의 권한사항 중 하나로 집행임원과 대표집행임원의 선임·해임을 규정하고 있을 뿐이다. 따라서 논리적으로는 이사회의 결의만으로 대표이사 체제에서 집행임원 체제로 변경하거나 그 반대도 가능하게 되는데, 이는 지배구조에 관한 상법의 규제내용을 고려할 때 타당하지 않다. 즉 이는 말 그대로 집행임원의 선임과 해임을 이사회가 할 수 있다는 것으로만 해석하고, 지배구조의 변화를 초래하는 집행임원제의 채택 여부는 정관에서 정하도록 함이 바람직하다.[713] 실무에서 대부분 회사가 정관에 대표이사의 선임과 이사회의 관계 등을 규정하고 있음과, 집행임원을 두면 대표이사를 둘 수 없다는 상법 제408조의2 제1항 제2문을 고려할 때 정관의 개정 없이 단지 이사회의 결의만으로 집행임원을 선임할 수는 없기 때문이다.

둘째, 집행임원은 모든 회사가 설치할 수 있는가? 이러한 의문이 생기는 것은 상법 제383조 제5항이 제408조의2 제3항과 제4항을 소규모회사에는 적용하지 않는다고 규정하면서도 제1항은 언급하고 있지 않기 때문이다. 그리하여 상법상 집행임원을 둘 수 있는 회사에 대한 제한은 없으므로 대규모 상장회사는 물론 자본금 10억원 미만의 소규모회사도 집행임원을 둘 수 있다는 견해,[714] 이는 입법의 착오이므로 소규모회사에서는 집행임원을 둘 수 없다고 해석해야 한다는 견해[715]가 있다. 생각건대 우선은 다음과 같이 이원적으로 해석하되 향후 입법적으로 보완해야 한다. 즉 소규모회사가 이사를 3인 이상 선임한 때(이사회를 구성한 때)에는 집행임원을 선임할 수 있지만, 이사를 1인 또는 2인만 선임한 때에는 집행임원을 선임할 수 없다고 해석하는 것이다. 상법은 집행임원을 이사회가 선임하도록 규정하고(제408조의2 제3항 제1호) 있을 뿐 그 대체기구에 대해서는 정하고 있지 않아 이사회가 없으면 집행임원을 선임할 기구 그 자체가 없기 때문이다.

---

713) 이철송, 875면; 최준선, 599면. 그러나 설치 근거에 별다른 제한이 없으므로 주주총회결의나 이사회결의로도 설치할 수 있다는 견해도 있다(홍복기/박세화, 573면).
714) 김건식/노혁준/천경훈, 413면; 송옥렬, 1122면.
715) 이철송, 759면; 최준선, 601면.

Ⅱ. 집행임원의 임면

1. 집행임원의 지위

(1) 회사의 임원

상법은 제정·시행될 때부터 「임원」의 의미에 관하여 명확히 규정하지 않았지만, 전통적으로 「이사와 감사」를 의미하는 것으로 해석하였다. 이에 비해 자본시장법과 공정거래법 등 특별법은 임원의 범위를 다양하게 규정하고 있었다.[716] 그러던 중 2011년 개정 상법은 집행임원을 신설하며 등기사항에 포함시키고(상법 제317조 제2항 제8호), 회사와 집행임원의 관계에는 민법상 위임에 관한 규정을 준용하며(상법 제408조의2 제2항), 집행임원을 둔 경우에는 대표이사를 두지 못하도록 하고(상법 제408조의2 제1항), 대표집행임원에게는 대표이사에 관한 규정을 준용하였다(상법 제408조의5 제2항). 이를 종합할 때 상법상 집행임원은 대표이사의 대체기구로서 도입된 경영기관이며 임원이다.[717]

(2) 범위의 한정

상법상 집행임원은 미국식 지배구조를 선택지 중 하나로 도입한 일본 회사법의 집행역(執行役)을 참조한 것인데,[718] 집행역은 미국법상의 임원(Officer) 중 최고경영자(CEO) 등처럼 경영자의 지위에 있는 주요 상급 임원(Principal Senior Officer)을 의미한다.[719] 그동안 기업 실무에서는 회사의 직제 중 회장·부회장·사장·부사장·전무·상무·상무보를 집행임원

---

716) 자본시장법 제9조 제2항은 임원을 이사와 감사로 명시하고 있고, 공정거래법 제2조 제6호는 임원을 ① 이사, ② 대표이사, ③ 업무집행을 하는 무한책임사원, ④ 감사, ⑤ ①부터 ④까지의 규정 중 어느 하나에 준하는 자, ⑥ 지배인 등 본점이나 지점의 영업 전반을 총괄적으로 처리할 수 있는 상업사용인으로 규정하고 있다.

717) 따라서 상법에 이사·감사·집행임원을 포함하는 「임원」에 관한 규정을 두고, 자본시장법 등 특별법은 특별한 예외를 제외하고는 임원에 관한 규정을 두지 않고 상법상 규정을 준용하는 것이 바람직하다. 주식회사의 지배구조에 관한 기본법은 상법이고, 동일한 법률용어는 동일한 의미로 사용되는 것이 법적 안정성을 위해 바람직하기 때문이다(정준우, "2011년 개정상법상 집행임원의 법적 지위에 관한 비판적 검토", 453면).

718) 일본의 경우에는 집행역과 구분해야 할 개념으로서 집행역원(執行役員)이 있는데, 이는 사실상 임원이기는 하지만 법률적으로 대표이사의 지휘·명령을 받는 회사의 사용인이며 이사회의 구조조정 수단에 불과하다(大柳康司/關口了祐, "コーポレート・ガバナンスと企業業績と關係', 15頁; 森本滋, "委員會設置會社制度の理念と機能[上]－監査委員會と監査役制度の比較を中心に－", 7頁).

719) 미국법상 집행임원은 이사회에 의해 선임되어 회사의 업무를 집행하는 회사의 대리인이고, 여기에는 대리에 관한 일반적인 법원칙이 적용된다(James D. Cox/Tomas Lee Hazen/F. Hodge O'Neal, pp.127~128). 이에 비해 영국법상의 임원은 이사까지도 포함하는 개념이고, 회사의 대리인으로서 신인의무(Fiduciary Duty)도 부담한다(William T. Allen, Kraakman, Reinier and Subramanian, Guhan, p.110; Jennings v. Pittsburgh Merchantile Co., 202 A. 2d 51(PA 1964)).

으로 하였는데, 그 수는 회사마다 다양하였다. 생각건대 집행임원과 회사의 관계에는 민법의 위임에 관한 규정이 준용되고, 집행임원은 사실상 대표이사와 동등한 권한을 행사하며 의무와 책임을 부담한다. 더욱이 미국에서도 임원은 직급제의 개념이 아니라, 최고집행임원(Chief Executive Officer: CEO)과 최고재무위원(Chief Financial Officer: CFO) 등 기능별로 명확히 구분된 조직체의 담당자 또는 책임자를 말하는 명칭으로서 사용되고 있다. 따라서 상법상의 집행임원도 회사업무의 특정한 부문이나 사항에 대하여 실제적인 권한을 행사하고 책임자로서 기능하는 자 정도로 그 범위를 한정할 필요가 있다.

(3) 임원의 겸직

1) 이사의 겸직 : 집행임원이 이사를 겸직할 수 있는가에 대하여 다수설은 상법이 겸직을 금지하고 있지 아니하므로 가능하다고 보지만(긍정설),[720] 업무집행기구와 업무감독기구의 분리라는 상법의 입법취지를 고려할 때 집행임원은 이사를 겸할 수 없다는 견해(부정설)도 있다.[721] 그런데 상법 제382조 제3항에 의하면 사외이사는 집행임원이 아니어야 하고, 사외이사가 집행임원에 해당하면 그 직을 상실한다. 이처럼 상법상 집행임원은 사외이사를 겸할 수 없으므로 겸직 문제는 사실상 사내이사를 전제로 하여 논의해야 한다. 생각건대 집행임원은 사내이사를 겸직할 수 없다는 상법 규정은 없으므로 이사회의 효율적이고 유기적인 업무감독을 위하여 정관 등에 의해 집행임원을 이사 중에서 선임하도록 규제하는 것도 논리적으로 얼마든지 가능하다. 또한 양자의 겸임을 허용하면 집행임원이 현장의 목소리를 적시에 전달하여 이사회의 경영의사결정에 신속히 반영할 수 있고,[722] 이사회의 의사를 곧바로 업무집행에 반영할 수도 있다. 그렇지만 이사회의 업무감독권의 실효성을 확보하려면 우선 그 구성원인 이사가 업무감독의 대상인 집행임원을 겸하는 것을 최소한으로 제한해야 하고, 종국적으로는 이사회의 객관적이고 공정한 업무감독권의 실행을 위하여 집행임원은 이사를 겸직하지 못하도록 규제해야 한다.

2) 이사회 의장의 겸직 : 집행임원을 설치한 회사는 이사회의 회의를 주관하기 위하여 이사회 의장을 두어야 하는데, 이 경우 이사회 의장은 정관에 규정이 없으면 이사회 결의로

---

720) 권기범, 1028면; 서완석, "집행임원제도의 도입에 따른 문제점 및 개선방안 연구", 408면; 송옥렬, 1124면; 이철송, 875면; 정찬형, "2011년 개정상법에 따른 준법경영제도 발전방향", 14면; 홍복기/박세화, 574면.

721) 정화정, "집행임원제도에 관한 상법개정안의 문제점", 247면; 정쾌영, "집행임원제도에 관한 상법개정안의 문제점 검토", 113면.

722) 같은 맥락에서 집행임원이 이사를 겸할 수 있다고 보지만, 집행임원을 겸하는 이사가 많을수록 업무집행과 업무감독을 분리하는 집행임원 제도의 취지는 퇴색할 것이라는 견해도 있다(김건식/노혁준/천경훈, 414면).

선임한다(상법 제408조의2 제4항). 그렇다면 집행임원이 이사회 의장을 겸직할 수 있는가? 상법은 이를 금지하지 아니하므로 논리적으로는 집행임원이 이사회 의장도 겸직할 수 있다. 그렇지만 대외적으로 회사를 대표하여 업무를 집행하는 집행임원이 자신의 업무집행을 감독하는 이사회의 의장이 된다는 것은 기관의 구성과 권한의 분배에 관한 상법의 기본원칙과 이사회의 업무감독권의 실효성을 고려할 때 바람직하지 않다. 따라서 입법론적으로는 집행임원이 이사회 의장을 겸직할 수 없도록 규제해야 한다.

3) 감사(감사위원)의 겸직 : 상법 제411조에 의하면 감사는 회사 및 자회사의 이사 또는 지배인 기타 사용인의 직무를 겸하지 못한다. 즉 집행임원은 겸직금지의 대상에 포함되어 있지 아니하여 논리적으로는 집행임원이 감사를 겸직할 수도 있는데, 이는 입법의 불비로 보아야 한다. 업무집행의 주체인 집행임원이 업무감사의 주체인 감사를 겸직할 수 있다면 사실상 실효성 있는 감사를 기대하긴 어렵기 때문이다. 더욱이 사용인의 직무도 겸하지 못하는 감사가 그 상위직인 집행임원을 겸한다는 것은 논리적으로도 성립하기 어렵다. 그렇다면 집행임원이 감사위원은 겸직할 수 있는가? 이에 관한 논의는 많지 않지만, 감사위원회는 회의체기관이어서 모든 감사위원이 독립적일 필요는 없으며 이미 업무집행을 담당하는 사내이사도 감사위원이 될 수 있으므로 집행임원의 감사위원 겸임도 허용된다는 견해가 있다.[723] 그리고 상법상 금지하는 규정이 없으므로 집행임원이 이사를 겸직할 수 있다는 다수설에 따르면 당연히 집행임원이 감사위원도 겸직할 수 있다. 그렇지만 업무집행기관인 집행임원이 이사회의 실효성 있는 업무감독기능을 제고하기 위해 감사의 대체기관으로서 도입된 감사위원회의 구성원(감사위원)을 겸직할 수 있다는 것은 감사업무의 공정성·객관성·실효성 등을 고려할 때 바람직하지 않다. 이런 점에서도 집행임원의 이사나 감사(감사위원)의 겸직을 규제하는 규정을 상법에 둘 필요가 있다.

2. 집행임원의 선임

(1) 자격요건

상법은 집행임원의 자격을 특별히 규제하지 아니하므로 회사가 정관으로 집행임원의 자격을 제한하더라도 그 내용이 사회질서에 반하지 않는다면 유효하다. 한편 집행임원의 행위능력에 대해서는 다소 논란이 있지만, 집행임원은 회사에 대하여 선관주의의무를 부담하며(상법 제408조의2 제2항) 직접 일정한 업무를 집행하는 경영판단의 주체일 뿐 아니라, 일정한 경우에는 회사나 제3자에 대하여 손해배상책임을 져야 하므로(상법 제408조의8) 행위

723) 송옥렬, 1124면.

능력자여야 한다. 그리고 같은 이유에서 파산선고를 받은 자도 집행임원이 될 수 없다. 또한 법인이 집행임원을 할 수 있는가의 의문도 제기되지만, 법인은 관념적인 존재인 회사의 업무를 실제로 집행하는 집행임원이 될 수 없다고 보아야 한다.[724]

(2) 선임절차

1) 선임기관 : 집행임원은 이사회에서 선임한다(상법 제408조의2 제3항 제1호). 이러한 이사회의 집행임원 선임권을 주주총회의 권한으로 전환할 수 있을까? 이에 대하여 ① 긍정설은 이사회가 집행임원을 선임하는 것은 회사의 소유자인 주주를 대신하는 것이므로 회사가 정관에서 집행임원의 선임을 주주총회의 권한으로 정하는 것은 얼마든지 가능하다고 주장하고,[725] ② 부정설은 집행임원의 도입목적이 경영진에 대한 이사회의 감독권 강화에 있음을 근거로 만약 집행임원 선임권을 주주총회로 넘긴다면 경영진에 대한 이사회의 감독권이 약화된다고 주장하며,[726] ③ 절충설은 원칙적으로 집행임원의 선임권을 주주총회에 위임하는 것은 가능하나 그 후보자는 이사회가 추천하는 자에 한한다고 주장한다.[727] 생각건대 대표이사의 선정처럼 이사회의 권한이지만 정관의 규정으로 주주총회의 권한으로 전환할 수 있는 사항도 있으나(상법 제389조 제1항), 이러한 유보조항이 집행임원의 선임에 관한 규정에는 없다. 더욱이 집행임원제는 기존에 이사회가 담당하던 업무집행기능을 분리하여 집행임원에게 맡기고, 이사회는 업무감독기능에 충실하도록 하기 위하여 도입되었다.[728] 그렇다면 집행임원에 대한 실질적인 통제권이 이사회에 있어야 하고, 이를 위해서는 이사회가 선임권을 행사해야 하므로 부정설이 타당하다.

2) 선임방법 : 집행임원은 이사회에서 선임하는데, 이 경우 이사회의 선임결의는 「이사 과반수의 출석과 출석이사 과반수」에 의한다. 그렇다면 이사 중에서 집행임원을 선임하는 경우 당해 이사는 의결권을 행사할 수 있을까? 이와 관련하여 주주가 주주총회의 안건에 대하여 개인적이고 경제적인 특별한 이해관계를 가지고 있는 때에는 의결권을 행사할 수 없

724) 김태진, “개정 상법하의 집행임원제 운용을 위한 법적 검토”, 348면.

725) 심재한, “상법개정안에서의 회사지배구조와 집행임원제도”, 151면; 양동석, “집행임원의 역할과 법적 지위”, 167면; 양만식, “집행임원제도의 도입에 따른 지배구조론의 전개”, 186면; 황근수, “한국에 있어서 집행임원제도의 현황과 향후의 운용방향”, 152면; 元木 伸, “商法からみた執行役員”, 31頁.

726) 김병기, “집행임원의 책임과 제한에 관한 연구”, 195면; 원동욱, “기업지배구조 관련 상법개정안의 주요내용 및 향후과제”, 237면; 정찬형, “한국 주식회사에서의 집행임원에 대한 연구”, 57면; 石山卓磨, “日本の企業改革と執行役員制度”, 43면.

727) 김광록, “최근 일본의 기업지배구조변화를 통해 본 한국상법상 집행임원제도의 도입에 관한 고찰”, 141면; 차대운/정쾌영, “집행임원제도의 도입 필요성과 입법론적 과제”, 158면.

728) 이를 전제로 하여 이사회의 감독기능을 살리기 위해서는 이사회가 선임하는 것이 맞겠지만 구태여 주주총회에서 임면하는 것을 금지할 이유는 없다는 견해도 있다(김건식/노혁준/천경훈, 414면).

지만(상법 제368조 제4항), 당해 안건이 회사지배에 관련된 경우에는 의결권을 행사할 수 있다는 것이 현재의 통설이다. 따라서 이사인 집행임원의 선임에 있어서도 우선은 위와 같이 해석하되, 입법론적으로는 이사회의 업무감독기능의 공정성과 실효성을 위하여 이사 중에서는 집행임원을 선임하지 못하도록 규제할 필요가 있다.

3) 회사와의 관계 : 집행임원과 회사의 관계에는 이사처럼 위임에 관한 민법 규정이 준용된다(상법 제408조의2 제2항). 따라서 집행임원은 회사의 수임인이고, 사용인이 아니다. 다만 집행임원을 실무에서 사용하는 명칭에만 근거하여 규제하는 것은 오히려 적합하지 않으므로 그 포섭범위를 CEO나 CFO 등 일정한 주체로 제한해야 하고, 그에 해당하는 집행임원만을 위임계약에 근거한 회사의 수임인으로 보아야 한다.

(3) 선임내용

1) 원 수 : 회사는 집행임원으로 1명 또는 수인을 선임할 수 있는데(상법 제408조의5 제1항), 집행임원을 여러 명 선임하면서 그 직무 분담에 관한 이사회 결의가 없는 경우에는 각자가 업무를 집행한다. 그렇다면 결원이 생긴 경우에는 어떻게 하는가? 상법상 집행임원은 대표이사의 대체기구로서 그와 동등한 권한을 행사하고, 회사가 이사회를 소집하려면 사전에 모든 이사·감사가 동의하지 않은 한 일정한 절차를 준수해야 하며(최소 1주일 정도 소요됨), 회사의 업무집행은 영속적으로 이루어져야 한다. 따라서 이사의 결원에 관한 상법 제386조 같은 규정이 집행임원에 대해서도 있어야 하지만, 상법은 준용하는 규정조차 두고 있지 않다. 이는 명백한 입법적 불비이므로 제386조 같은 규정을 별도로 두든지 아니면 제408조의9에서 제386조를 준용해야 한다. 한편 상법은 집행임원의 회의체 구성에 대해서도 규정하고 있지 않은데, 이사회결의로 또는 집행임원들이 자율적으로 업무집행방법 중 하나로서 집행임원회의를 구성하여 운영할 수도 있다.

2) 임 기 : 판례는 그동안 집행임원을 위임계약에 의한 임원이 아니라 고용계약에 따른 근로자라고 판시하였고, 회사가 집행임원을 실적 부진 등을 이유로 해임한 때에는 부당해고의 문제도 발생하였다. 그리하여 실무에서 집행임원을 1년 단위로 선임하고 집행임원들이 단기 실적에만 치중하자, 집행임원의 안정적인 업무수행을 위해서는 임기를 정해야 한다는 주장이 계속하여 제기되었다. 이에 2011년 개정 상법은 집행임원의 임기에 대하여 "정관에 다른 규정이 없는 한 2년을 초과하지 못한다."라고 규정하였다(상법 제408조의3 제1항). 즉 회사는 집행임원의 임기를 2년 내의 기간으로 자유로이 정할 수 있다. 다만 이 경우 임기는 정관에 그 임기 중의 최종 결산기에 관한 정기주주총회가 종결한 후 가장 먼저 소집하

는 이사회의 종결시까지로 정할 수도 있다(동조 제2항).

3) 보 수 : 상법은 이사·감사와 달리 집행임원의 보수에 관해서는 매우 간단히 규정하고 있다. 따라서 합리적 해석으로 보완해야 하는데, 주요 내용은 다음과 같다.

(가) 결정주체 : 상법 제408조의2 제3항 제6호는 정관에 규정이 없거나 주주총회의 승인이 없는 경우에는 이사회가 집행임원의 보수를 결정한다고 정하고 있다. 집행임원은 대표이사의 대체기구로서 도입되었고, 집행임원의 업무를 감독하는 이사의 보수는 정관에서 정하지 아니하면 주주총회의 결의(보통결의)로 정한다(상법 제388조). 그리고 미국의 서브프라임 모기지 사태로 시작된 글로벌 금융위기를 극복하는 과정에서 제기된 중요 쟁점 중의 하나도 임원의 과다한 보수였다.[729] 따라서 집행임원의 보수도 정관에 규정이 없는 한 주주총회에서 보통결의로 그 총액을 정하도록 하고, 집행임원의 개인별 구체적인 보수액은 이사회에 위임할 수 있도록 하는 것이 집행임원의 과다한 보수책정을 예방하면서도 이사회의 업무감독권을 실효적으로 강화하는 방법이 될 것이다.[730]

(나) 결정방법 : 상법은 「주주총회의 승인이 없는 경우」에는 이사회가 집행임원의 보수를 결정한다고 규정하고 있는데, 그 의미가 명확하지 않아 분쟁을 야기할 수 있다. 이에 해당하는 경우로는 ① 주주총회의 승인사항인데 특정한 사유로 인해 승인받지 못한 경우, ② 정관에서 주주총회의 승인사항으로 정하지 아니한 경우, ③ 집행임원을 선임하기 전에 이사회가 사전에 정한 보수액을 주주총회에서 사후적으로 승인받지 못한 경우 등을 들 수 있다. 이 중 ①은 주주총회의 권한을 이사회가 침범하는 것이므로 상법상 기관의 구성과 권한의 안분에 관한 원칙에 반하여 허용될 수 없고, ③은 미국의 서브프라임 모기지 사태에서 본 것처럼 업무성과에 연계되지 아니한 과다한 보수책정이라는 문제를 초래할 수 있으므로 역시 허용할 수 없다. 그렇다면 결국 주주총회의 승인이 없는 경우란 ②의 경우로만 제한되므로 향후 입법적 보완이 요망된다.

(다) 겸임보수 : 상법은 집행임원이 이사를 겸할 수 없도록 규제하지 아니하므로 논리적으로는 집행임원이 이사를 겸직할 수 있다. 그런데 보수의 결정기관이 다르므로 이사 겸임 집행임원의 경우에는 별도의 규정이 필요하나 상법은 전혀 고려하지 않고 있다. 그리하여

729) 미국의 경우 임원의 보수가 업무의 성과에 관계없이 사전에 정해지는 문제점과 스톡옵션으로 부여받은 주식의 가치상승을 위해 단기적인 성과에만 몰입하는 임원들로 인해 각종 회계부정사건이 발생하였다. 그런데 그 경우 위법하게 과다한 보수를 수령한 임원을 사베인즈옥슬리법(SOX법)과 같은 특별법으로 처벌할 수는 있었지만, 정작 각 주 회사법에는 임원의 의무위반책임에 관한 명문 규정이 없다는 문제가 있었다.

730) 정준우, "2011년 개정상법상 집행임원의 법적 지위에 관한 비판적 검토", 463면.

회사로부터 수령한 보수가 이사로서 받은 것인지 집행임원으로서 받는 것인지에 따라 각각의 절차에 따라야 한다는 주장도 있다.[731] 그러나 실무적으로 이사 겸임 집행임원이 회사로부터 받는 다양한 형태의 보수가 이사로서 받은 것인지 아니면 집행임원으로서 받은 것인지를 구분하는 것은 매우 어렵고, 오히려 다른 분쟁을 야기할 수도 있다. 따라서 이사 겸임 집행임원이 회사로부터 받는 보수는 집행임원으로서 받는 것으로 보는 것이 법적 안정성과 이사회의 실효적인 감독권을 위해서 바람직할 것이다.

㈑ 공시규제 : 경영진의 보수액은 주주나 투자자에게 매우 중요한 정보 중의 하나이고, 경영성과에 연계되지 않는 과도한 보수는 지급하지 못하도록 규제할 필요도 있다. 그런데 상법은 정관의 규정이나 주주총회의 결의로 임원의 보수총액을 정하도록 규정하고 있고, 실무에서도 개별 사업보고서에 그 총액만을 공시하고 있다. 따라서 장기적으로는 일정한 금액 이상의 보수를 받는 상장회사의 이사와 집행임원의 경우에는 그 개별적인 보수액을 공시하도록 규제하는 방안을 보다 적극적으로 검토할 필요가 있다.[732]

3. 집행임원의 해임

(1) 해임방법

집행임원은 이사회에서 선임하고 이사회의 위임에 따라 회사의 업무를 집행하는 기관이므로 이사회의 보통결의만 있으면 언제라도 해임할 수 있다(상법 제408조의2 제3항 제1호). 그런데 상법은 이사의 경우(상법 제385조 제1항 단서)와 달리 부당한 해임에 따른 손해배상청구 등에 관하여 규정하지 않고 있다. 따라서 집행임원의 법적 지위를 보호하기 위해서는 이사회가 정당한 이유 없이 해임한 때에는 집행임원이 회사에 대하여 손해배상을 청구할 수 있도록 해야 하고,[733] 더 나아가 회사가 집행임원에게 배상해야 할 손해의 산정방법과 그 범위에 관한 최소한의 내용이라도 규정할 필요가 있다.

---

731) 김태진, "개정 상법하의 집행임원제 운용을 위한 법적 검토", 365면.

732) 미국은 엔론사의 회계부정사건 이후 연방증권거래위원회(SEC)의 규칙을 개정하고(Regulation S-K) 기업개혁법(Sarbanes-Oxley Act, 2002)을 제정하여 임원 보수의 공시에 관한 규정을 두었다. 즉 시가총액 7억 달러 이상인 상장회사의 이사 또는 CEO를 포함한 보수액 상위 5인의 집행임원이 참여하는 보수계약 및 계획(스톡옵션, 퇴직보수 등을 포함함)을 공시해야 하고, 새로운 CEO를 선임하며 보수에 관한 합의를 한 때에는 그 내용을 계약체결일로부터 4영업일 이내에 제출하는 임시보고서에 공시해야 한다(김환일, "일본 임원보수의 공시 규제에 관한 연구", 220면; 윤민원, "기업지배구조이론상 임원보수규정에 관한 연구", 326~327면 참조).

733) 이 경우에 정당한 이유가 없다는 점에 대한 입증책임은 이사에서와 마찬가지로 집행임원이 부담한다(대법원 2006. 11. 23. 선고 2004다49570 판결 참조).

(2) 해임청구

상법상 이사가 그 직무에 관하여 부정행위 또는 법령이나 정관에 위반한 중대한 사실이 있음에도 불구하고 주주총회에서 그 해임을 부결한 때에는 발행주식총수의 100분의 3 이상에 해당하는 주식을 가진 주주가 주주총회의 결의가 있은 날부터 1월 내에 그 이사의 해임을 법원에 청구할 수 있다(상법 제385조 제2항). 그런데 이러한 소수주주권에 관한 규정이 집행임원의 해임에는 없다. 따라서 [주주총회－이사회－집행임원]에 이르는 기업지배구조의 합리적인 조합과 운영을 위해서는 집행임원의 부정행위 등이 있음에도 불구하고 이사회가 해임안을 부결시킨 경우에 주주가 그 해임을 법원에 직접 청구할 수 있도록 하든지 아니면 상법 제385조 제2항을 준용하는 규정을 둘 필요가 있다.

Ⅲ. 집행임원의 직무

1. 집행임원의 권한

(1) 업무집행권

1) 권한의 내용 : 상법 제408조의4는 집행임원의 권한으로 ① 회사의 업무집행, ② 정관이나 이사회의 결의에 의하여 위임받은 업무집행에 관한 의사결정을 규정하고 있다. 이 중 ①은 대표이사의 권한인 회사의 관리업무를 말하는 것으로서 집행임원이 대표이사와 같은 권한을 갖고 있음을 의미하지만, ②는 상법 제408조의2 제3항 제4호와 연계하여 해석해야 한다. 제4호는 이사회의 권한으로 집행임원에게 업무집행에 관한 의사결정의 위임을 규정하면서 괄호 안에 이 법에서 이사회의 권한사항으로 정한 경우는 제외한다고 규정하고 있기 때문이다. 여기서 「이 법에서 이사회의 권한사항으로 정한 경우」란 상법이 구체적인 사항에서 이사회를 의사결정의 주체로 정하고 있는 경우로서 신주발행의 결정(상법 제416조 본문), 경업의 승인(상법 제397조), 재무제표의 승인(상법 제447조) 등을 그 예로 들 수 있다. 따라서 이사회가 집행임원에게 위임할 수 있는 업무집행에 관한 의사결정이란 제393조 제1항의 포괄적인 업무집행결정사항 중 다른 조항에서 명문으로 규정하고 있는 이사회의 권한사항을 제외한 나머지를 의미하게 된다.

2) 권한의 범위 : 집행임원의 권한과 관련해서는 다음과 같은 논란이 있어 합리적 해석이 필요하다. 즉 ① 상법 제393조 제1항은 “중요한 자산의 처분 및 양도, 대규모 재산의 차입, 지배인의 선임 또는 해임과 지점의 설치·이전 또는 폐지 등 회사의 업무집행은 이사회

의 결의로 한다."라고 규정하고 있다. 이러한 사항도 상법 제408조의2 제3항 제4호 괄호 안의 위임할 수 없는 권한사항에 포함되는가? 생각건대 제393조 제1항의 각 행위는 회사의 업무집행에 속하는 것이지만 그 중요성을 감안하여 대표이사가 단독으로 처리할 수 없도록 제한하는 것이므로 집행임원에게 위임할 수 없다고 보아야 한다. ② 상법 제408조의4 제2호는 정관으로 일정한 권한을 집행임원에게 위임할 수 있도록 규정하고 있는데, 여기에 위의 위임할 수 없는 사항도 포함되는가? 생각건대 정관은 자율적 규범이므로 강행법규를 위반할 수 없고, 동 조항상 위임할 수 없는 사항이란 회사의 자율적인 권한 배분에 한계를 설정하기 위한 강행규정이라고 보아야 한다. 그렇다면 이는 정관의 규정으로도 집행임원에게 위임할 수 없다고 해석함이 합리적이다.

3) 의사결정방법 : 상법은 집행임원의 권한으로 정관의 규정이나 이사회의 결의로 위임받은 업무집행에 관한 의사결정을 규정하고 있을 뿐 구체적인 의사결정방법에 대해서는 정하고 있지 않다. 그리하여 2인 이상의 집행임원을 둔 경우에는 문제가 발생할 소지가 있다. 집행임원 각자가 단독으로 결정할 수 있는지, 집행임원 중 특정인이 결정하는지, 집행임원 회의체를 구성하여 결정해야 하는지가 명확하지 않기 때문이다. 물론 상법 제408조의5에서 2명 이상의 집행임원이 선임된 경우에는 이사회의 결의로 대표집행임원을 선임해야 하고, 대표집행임원에게는 대표이사에 관한 규정을 준용한다고 규정하고 있으므로 대표집행임원이 결정한다고 볼 수도 있다. 그러나 이렇게 하려면 사전에 집행임원 간 내부적 서열화를 어느 정도는 구축해야 한다. 상법상 대표이사도 일정한 경우를 제외하고는 대부분 이사회에서 결정한 사항을 집행하고 있기 때문이다. 이런 점에서 상법상 집행임원의 업무집행권에 관한 규정과 그 내용은 입법적 재검토가 필요하다.

(2) 이사회소집청구권

집행임원은 필요하면 회의의 목적사항과 소집이유를 적은 서면을 이사(소집권자가 있는 경우에는 소집권자를 말함)에게 제출하여 이사회의 소집을 청구할 수 있다(상법 제408조의7 제1항). 이러한 소집청구 후 이사가 지체없이 이사회의 소집절차를 밟지 아니하면 소집을 청구한 집행임원이 법원의 허가를 받아 직접 이사회를 소집할 수 있는데, 이 경우 법원은 이해관계자의 청구에 의하여 또는 직권으로 이사회 의장을 별도로 선임할 수 있다(상법 제408조의7 제2항). 이러한 집행임원의 이사회소집청구권은 업무집행의 실행력을 확보하기 위한 것이다. 따라서 여기서 「필요하면」이란 문언도 사채발행을 위해 이사회의 결의가 필요한 경우 또는 영업양도를 위한 주주총회의 결의가 필요하여 이사회의 주주총회소집결의가 필요한 경우 등 집행임원의 업무집행에 필요한 경우를 의미하는 것으로 해석해야 한다. 한편 상법은 집행임원의 이사회소집청구권의 행사방법과 관련하여 전통적인 서면만을 규정하고 있는데, 경영에 관한 의사결정기능과 업무감독기능을 수행하는 이사회와 그에 따라 업무를 집행하는 집행임원은 모두 경영기관이면서 상호 밀접한 연계조직이다. 따라서 입법론적으로는 현대사회의 특성을 반영하여 집행임원도 전자문서로 이사회의 소집을 청구할 수 있도록 허용함이 바람직하다.[734)]

(3) 회사대표권

회사는 2인 이상의 집행임원을 선임할 수 있는데, 이 경우에는 이사회의 결의로 회사를 대표할 대표집행임원을 선임해야 한다(상법 제408조의5 제1항 본문). 이 경우 대표집행임원은 수인을 선임할 수도 있고, 집행임원 그 전원을 대표집행임원으로 선임할 수도 있다. 다만 집행임원이 1인인 경우에는 그가 대표집행임원이 된다(상법 제408조의5 제1항 단서). 한편 대표집행임원에 대해서는 상법에 다른 규정이 없으면 대표이사에 관한 규정을 준용한다(상법 제408조의5 제2항). 따라서 ① 대표집행임원은 회사의 영업에 관한 재판상 또는 재판외의 모든 행위를 할 수 있고, 이러한 대표권에 관한 내부적 제한은 선의의 제3자에게 대항하지 못한다(상법 제408조의5 제2항 → 제389조 제3항 → 제209조 제1항). ② 대표집행임원을 여러 명 선임하였더라도 원칙적으로 각자가 회사를 대표하지만, 공동으로 대표권을 행사하도록 정할 수 있는데, 그 경우에는 공동대표이사에 관한 법리가 적용된다(상법 제408조의5 제2항 → 제389조 제2항). ③ 표현대표이사의 책임에 관한 상법 제395조도 대표집행임원의 경우에 준용된다(상법 제408조의5 제3항).

2. 집행임원의 의무

(1) 기본의무

집행임원과 회사의 관계에 대해서는 그동안 위임계약관계라는 견해, 고용계약관계라는 견해, 양자의 혼합계약관계라는 견해가 있었다. 그런데 2011년 개정 상법은 집행임원과 회사의 관계에는 위임에 관한 민법 규정을 준용한다고 정함으로써 위임계약관계임을 명확히 하였다(상법 제408조의2 제2항). 따라서 집행임원도 이사와 마찬가지로 회사에 대하여 선관주의의무를 기본의무로 부담한다(상법 제408조의2 제2항 → 민법 제681조).

---

734) 정준우, "2011년 개정상법상 집행임원의 법적 지위에 관한 비판적 검토", 469면.

(2) 부수의무

상법은 이사의 선관주의의무에 기한 각종 부수의무를 집행임원에게도 준용하고 있다. 따라서 집행임원도 이사와 마찬가지로 충실의무(상법 제382조의3), 비밀유지의무(상법 제382조의4), 정관 등의 비치·공시의무(상법 제396조)를 지고, 회사와의 이익충돌 방지를 위한 경업금지의무(상법 제397조)와 회사의 기회 및 자산의 유용금지의무(상법 제397조의2) 및 자기거래금지의무(상법 제398조)를 부담한다(상법 제408조의9). 한편 집행임원은 이와 별도로 이사회에 대한 보고의무도 부담한다. 즉 집행임원은 3개월에 1회 이상 업무의 집행상항을 이사회에 보고해야 하고, 이사회의 요구가 있으면 언제든지 이사회에 출석하여 요구한 사항을 보고해야 하며, 이사는 대표집행임원으로 하여금 다른 집행임원 또는 피용자의 업무에 관하여 이사회에 보고할 것을 요구할 수 있다(상법 제408조의6).

(3) 감시의무

집행임원의 의무와 관련하여 제기되는 의문은 집행임원이 여러 명 있는 경우에 그들 상호 간에 감시의무를 지느냐 하는 점이다. 이와 관련하여 이사는 회사의 업무집행 전반에 대한 감독(감시)의무를 부담하는 자로서 주주총회에서 선임되지만, 집행임원은 직무를 분장한 상태로 이사회에서 선임되며 이사회의 실효적인 감독을 받고 있다는 점을 근거로 집행임원의 경우에는 다른 집행임원에 대한 감시의무가 없다는 견해가 있다.[735] 그런데 집행임원은 대표이사처럼 포괄적인 업무집행권을 행사하므로 업무 전반에 관한 주의의무를 부담한다. 따라서 집행임원도 원칙적으로 이사처럼 감시의무를 부담한다고 보는 것이 합리적이다. 다만 업무분장의 경우에는 의무의 정도가 완화될 수 있을 것이다.

3. 집행임원의 책임

(1) 책임의 원인

집행임원은 정관이나 이사회의 위임에 따라 회사의 업무를 집행하므로 그에 관련된 책임은 대체로 이사의 책임과 같다. 즉 집행임원이 고의 또는 과실로 법령이나 정관을 위반한 행위를 하거나 그 임무를 게을리한 경우에는 회사에 대하여 손해배상책임을 져야 하고(상법 제408조의8 제1항), 고의 또는 중대한 과실로 그 임무를 게을리한 경우에는 제3자에 대해서도 손해배상책임을 져야 한다(상법 제408조의8 제2항). 또한 집행임원이 회사 또는 제3자에게 손해를 배상할 책임이 있는 경우에 다른 집행임원·이사 또는 감사도 그 책임이 있으면

735) 김태진, "개정 상법하의 집행임원제 운용을 위한 법적 검토", 338면; 武井一浩, "委員會設置會社の實務的觀點からの檢討(下)", 12頁.

다른 집행임원·이사 또는 감사와 연대하여 배상할 책임이 있다(상법 제408조의8 제3항). 그런데 이에 대해서는 ① 집행임원의 경우에는 이사회의 결의 같은 절차가 없으므로 특별한 사유가 없는 한 연대책임을 인정하지 말아야 한다는 견해,[736] ② 책임을 강화하면 집행임원이 소극적으로 회사를 경영하여 결국 회사의 발전기회를 사장시킬 우려가 있으므로 책임을 완화해야 한다는 견해[737]도 있다. 생각건대 상법상 집행임원은 이사회의 업무집행기능을 실제로 담당하고, 회사의 업무집행이란 완전히 분리·독립된 별개의 것이 아니라 동일한 내부통제 시스템 아래 상호 밀접하게 연계되어 있으며, 그 과정에서 업무감독의 실제적 주체인 이사와 감사기관인 감사도 일정한 책임이 있을 수 있고, 집행임원의 책임을 완화하면 오히려 그들의 도덕적 해이와 그로 인한 사회적·경제적 혼란을 초래할 위험성이 크다. 따라서 이러한 주장은 타당하지 않다.

(2) 책임의 감면

이사의 책임감면에 관한 규정은 집행임원에게 그대로 적용된다(상법 제408조의9 → 제400조). 따라서 회사에 대한 집행임원의 손해배상책임은 주주 전원의 동의로 면제할 수 있고, 집행임원이 고의 또는 중대한 과실로 손해를 발생시킨 경우 및 경업금지의무·회사기회유용금지의무·자기거래금지의무를 위반한 경우를 제외하고는 집행임원의 손해배상책임도 정관에 의해 일정한 기간(6년)의 보수액으로 제한할 수 있다. 그런데 이러한 책임감면은 문제가 있다는 주장도 있다.[738] 즉 미국에서 대부분의 주회사법은 책임감면 규정을 두고 있으나 그 대상을 이사로만 한정하고 집행임원에게는 적용하지 아니하며, 회사의 업무집행을 전담하는 집행임원은 그 권한이 막중하고 최근의 환경변화로 인해 점차 확대될 것이므로 책임감면은 좀 더 신중해야 한다는 것이다. 생각건대 집행임원은 대표이사의 대체기구로 도입되어 회사의 업무집행을 전담하므로 그 책임이 매우 무겁다. 따라서 집행임원이 회사의 장기적 발전을 위해 적극적·능동적으로 업무를 집행하도록 하려면 회사에 대한 책임을 감면해 줄 현실적인 필요성이 있지만, 책임면제의 요건을 총주주의 동의로 한 것과 배상책임한도액을 이사와 동일하게 규정한 것은 다소 문제가 있다. 특히 총주주의 동의를 얻는다는 것은 소규모회사를 제외하고는 사실상 거의 불가능하고, 책임의 면제 여부는 그 임면권과 연계하는 것이 합리적인데, 집행임원의 선임·해임은 이사회의 권한이기 때문이다. 따라서 동 조항의 경우 입법적인 재검토가 필요하다.

---

736) 정찬형, "한국 주식회사에서의 집행임원에 관한 연구", 63면.
737) 송양호/김영, "집행임원의 책임완화에 대한 고찰", 91~93면.
738) 김태진, "개정 상법하의 집행임원제 운용을 위한 법적 검토", 341~342면; 정쾌영, "집행임원제도에 관한 상법 개정안의 문제점 검토", 114~115면.

(3) 업무집행관여자의 책임

회사에 대한 자신의 영향력을 이용하여 집행임원에게 업무집행을 지시한 자, 집행임원의 이름으로 직접 업무를 집행한 자, 업무를 집행할 권한이 있는 것으로 인정될 만한 명칭을 사용하여 회사의 업무를 집행한 자는 그 지시하거나 집행한 업무에 관하여 집행임원으로 보고 그에 관한 책임을 추궁한다(상법 제408조의9 → 제401조의2).

(4) 대표소송

주주는 집행임원의 책임을 추궁하기 위해 회사에 소 제기를 청구할 수 있고, 대표소송을 제기할 수도 있다. 이 경우의 절차는 이사에 대한 대표소송에 관한 규정에 따른다(상법 제408조의9 → 제403조 내지 제406조). 한편 대표소송 기타 회사와 집행임원 간의 소송에서는 이사회가 회사를 대표할 자를 선임해야 한다(상법 제408조의2 제3항 제3호).

Ⅳ. 집행임원의 감독

1. 이사회의 업무감독

(1) 이사회의 권한

집행임원을 설치한 회사의 이사회는 ① 집행임원과 대표집행임원의 선임·해임, ② 집행임원의 업무집행 감독, ③ 집행임원과 집행임원 설치회사의 소송에서 집행임원 설치회사를 대표할 자의 선임, ④ 집행임원에게 업무집행에 관한 의사결정의 위임(이 법에서 이사회 권한사항으로 정한 경우는 제외함), ⑤ 집행임원이 여러 명인 경우 집행임원의 직무 분담 및 지휘·명령관계, 그 밖에 집행임원의 상호관계에 관한 사항의 결정, ⑥ 정관에 규정이 없거나 주주총회의 승인이 없는 경우 집행임원의 보수 결정에 관한 권한을 행사할 수 있다(상법 제408조의2 제3항). 한편 집행임원을 설치한 회사의 경우에는 이사회의 회의를 주관하기 위하여 이사회 의장을 두어야 하는데, 이 경우 의장은 정관의 규정이 없으면 이사회 결의로 선임한다(상법 제408조의2 제4항).

(2) 업무감독의 강화

이사회는 집행임원의 업무집행을 감독하는데(상법 제408조의2 제3항 제2호), 이는 대표이사에 대한 이사회의 업무감독(상법 제393조 제2항)과 대동소이하다. 다만 상법은 집행임원의 관리에 관하여 다음과 같은 특별규정을 두어 감독을 강화하고 있다.

1) 집행임원의 업무관리 : 회사가 여러 명의 집행임원을 선임한 경우에는 이사회가 집행임원의 직무 분담과 지휘·명령관계 및 그 밖에 집행임원의 상호관계에 관한 사항을 결정할 수 있다(상법 제408조의2 제3항 제5호). 여기서 「직무 분담」이란 회사의 업무를 횡적으로 분할하여 각 집행임원이 관장하도록 하는 것이고, 「지휘·명령관계」란 집행임원 상호 간에 상명하복의 관계를 설정하는 것을 말한다.

2) 집행임원의 보수결정 : 상법은 집행임원의 보수에 관하여 정관에 규정이 없거나 주주총회의 승인이 없는 경우에는 이사회가 정하도록 규정하고 있는데(상법 제408조의2 제3항 제6호), 이 역시 이사회가 집행임원의 실적을 평가하여 보수를 정하도록 함으로써 이사회가 집행임원을 감독·통제할 수 있도록 하기 위함이다. 집행임원의 선임·해임의 권한이 이사회에 있으므로 실제로 집행임원의 보수도 이사회에서 정하게 될 것이다.

3) 집행임원의 보고의무 : 대표이사의 이사회에 대한 보고의무와 이사의 대표이사에 대한 보고요구와 동일한 내용이 집행임원에도 마련되어 있다. 즉 집행임원은 3개월에 1회 이상 업무의 집행상황을 이사회에 보고해야 하고(상법 제408조의6 제1항), 이 외에도 이사회의 요구가 있으면 언제든지 이사회에 출석하여 요구한 사항을 보고해야 한다(상법 제408조의6 제2항). 물론 이사는 대표집행임원으로 하여금 다른 집행임원 또는 피용자의 업무에 관하여 이사회에 보고할 것을 요구할 수 있다(상법 제408조의6 제3항).

2. 감사의 업무감사

회사가 집행임원을 설치한 경우에는 집행임원이 대표이사 및 이사를 대체하여 회사의 업무를 집행하므로 감사의 업무감사의 주된 대상도 집행임원이 된다. 그리하여 상법은 이사에 대한 감사의 업무감사에 관련된 규정(상법 제412조 및 제412조의2)을 집행임원에게 그대로 준용하고 있다. 즉 감사는 집행임원의 업무집행을 감사하고, 집행임원에게 업무에 관한 보고를 요구하거나 업무와 재산상태를 조사할 수 있다(상법 제408조의9 → 제412조). 그리고 집행임원은 회사에 현저한 손해를 미칠 염려가 있는 사실을 발견한 때에는 즉시 감사에게 보고해야 한다(상법 제408조의2 → 제412조의2).

3. 감사·소수주주의 유지청구

이사에 관한 유지청구 제도가 집행임원에 대해서도 준용된다. 따라서 집행임원이 법령 또는 정관에 위반한 행위를 하여 회사에 회복할 수 없는 손해가 생길 염려가 있는 경우에는 감사 또는 발행주식총수의 100분의 1 이상에 해당하는 주식을 가진 주주는 집행임원에 대하여 그 행위를 유지할 것을 청구할 수 있다(상법 제408조의9 → 제402조). 그런데 이 중 유지청구의 주체인 감사의 경우에는 다소 문제가 있다. 감사기관으로서 강화된 감사위원회를 의무적으로 설치해야 하는 자산총액 2조원 이상인 대규모 상장회사의 경우에는 감사가 없기 때문이다. 따라서 제408조의9에서 집행임원에게 제402조를 준용함에 있어서는 상법 제415조의2 제7항처럼 감사위원회를 설치한 회사의 경우에는 「감사」를 「감사위원회」로 본다는 보완규정을 두어야 한다. 이 경우 집행임원에 대한 실제적인 유지청구는 감사위원회의 결의를 거쳐 대표감사위원이 해야 할 것이다.

사례해결

(1) 상법은 제408조의2 제3항에서 이사회의 권한사항 중 하나로 집행임원과 대표집행임원의 선임·해임(제1호)을 규정하고 있을 뿐 집행임원 제도의 채택에 정관의 근거나 주주총회의 결의를 요구하고 있지는 아니하다. 그리하여 회사는 정관에 근거가 없더라도 이사회의 결의만 있으면 대표이사 체제에서 집행임원 체제로 교체할 수 있다고 오해할 수 있다. 그런데 집행임원의 선임과 해임은 집행임원과 이사회의 역학관계를 고려할 때 이사회 결의로 할 수 있지만, 회사의 지배구조를 변경하는 것은 중대한 사안이므로 좀 더 상위규범적인 결정이 필요하다. 더욱이 대부분 회사의 정관을 보면 대표이사의 선임과 임기 및 이사회와의 관계 등을 규정하고 있는데, 이러한 상태에서는 이사회의 결의만으로는 집행임원 체제로 변경할 수 없다. 이는 명백한 입법적 불비이므로 조속한 보완이 필요하다. 이러한 점을 종합적으로 고려할 때 ㈜甲의 경우처럼 주주총회의 결의 등이 없이 이사회의 결의만으로 기존의 대표이사 체제에서 집행임원 체제로 지배구조를 변경하는 것은 정당하지 않다.

(2) 상법 제408조의2 제3항 제6호는 정관에 규정이 없거나 주주총회의 승인이 없는 경우에는 이사회가 집행임원의 보수를 결정한다고 정하고 있다. 집행임원은 대표이사의 대체기구로 도입되었고, 집행임원의 업무를 감독하는 이사의 보수는 정관에서 정하지 아니하면 주주총회의 결의(보통결의)로 정한다(상법 제388조). 그리고 미국의 서브프라임 모기지 사태로 시작된 글로벌 금융위기를 극복하는 과정에서 제기된 중요 쟁점 중의 하나도 임원의 과다한 보수였다. 따라서 집행임원의 보수도 정관에 규정이 없으면 주주총회에서 보통결의로 그 총액을 정하도록 하고, 집행임원의 개인별 구체적인 보수액은 이사회에 위임할 수 있도록 하는 것이 집행임원의 과다한 보수책정을 예방하면서도 이사회의 감독권을 실효적으로 강화하는 방법이 될 수 있다. 사안의 경우 ㈜甲의 정관에는 집행임원의 보수에 관련된 규정이 있을 수 없고, 주주총회의 결의도 없었다고 볼 수밖에 없다. 그렇다면 결국 집행임원 B1, B2, B3의 보수는 이사회에서 정해야 하는데, 이를 이사회 의장 A에게 위임한 것이므로 타당하지 않다.

(3) 상법은 집행임원과 회사의 관계에 대하여 위임에 관한 민법 규정을 준용한다고 규정함으로써 위임계약관계임을 명확히 하였다(상법 제408조의2 제2항). 따라서 집행임원도 이사와 마찬가지로 회사에 대하여 선관주의의무를 기본의무로 부담한다(상법 제408조의2 제2항 → 민법 제681조). 그렇다면 집행임원이 수인 있는 경우에 이사처럼 상호 간에 감시의무를 부담하는가? 이와 관련하여 이사는 회사의

업무집행 전반에 대한 감독(감시)의무를 부담하는 자로서 주주총회에서 선임되지만, 집행임원은 직무를 분장한 상태로 이사회에서 선임되며 이사회의 실효적인 감독을 받고 있다는 점을 근거로 집행임원의 경우에는 다른 집행임원에 대한 감시의무가 없다는 견해가 있다. 그런데 집행임원도 대표이사처럼 포괄적인 업무집행권을 행사하므로 업무 전반에 관한 주의의무를 부담하고, 따라서 집행임원도 원칙적으로 이사처럼 감시의무를 부담한다고 보아야 한다. 다만 업무분장의 경우 의무의 정도가 완화될 수는 있을 것이다. 사안에서 B1, B2, B3의 경우에도 이처럼 해석해야 할 것이다.

제 4 절 감사기관

제1관 감 사

예시사례 중견 제조업체인 상장회사 ㈜甲(자본금 1,500억원)의 경우 대표이사 A가 15%, A의 경쟁자인 B와 C가 각각 10%, A가 절대적 지배력을 행사하는(A의 지분율은 약 70%) 비상장회사들이 20%, 기관투자자와 소액주주들이 45%의 주식을 소유하고 있는데, 그동안 상근감사로 근무하던 D의 임기가 만료되어 새로운 감사를 선임해야 한다. 이와 관련하여 다음 설문에 답하시오! (각 설문은 별개임)

(1) A는 E를 후보자로 제안하며 그 선임을 위한 임시주주총회의 소집을 청구하였다. 이에 ㈜甲의 이사회는 주주총회를 소집하였는데, A와 친분이 있는 기관투자자들이 그 보유지분 10%에 관한 의결권 행사를 모두 A에게 위임하며 E의 감사선임 안건에 찬성하는 의사표시를 하였다. 그러자 B는 E의 감사선임 안건에 있어서 A는 위임받은 10%를 합한 총 45%의 주식 중 3%를 제외한 나머지 42%의 주식은 의결권을 행사할 수 없다고 주장하였다. 이러한 B의 주장은 정당한가?

(2) 감사 D의 후임자를 선임하기 전에 A가 긴급히 개최한 ㈜甲의 이사회는 감사 형태를 기존의 상근에서 비상근으로 변경하는 결의를 하였다. ㈜甲 이사회의 이러한 결의는 정당한가?

(3) B와 C는 소액주주들의 지분 35%를 위임받아 자신들이 지원하는 F를 감사로 선임하였다. 그런데 그 후 A가 감사해임에 관한 안건을 제안하였고, 개최된 주주총회에서 A는 자신의 지분과 우호지분을 합한 45%의 지분을 가지고 해임안에 찬성하였으며, B와 C의 경우에는 소액주주들이 이탈하면서 그 지분이 30%로 떨어졌다. 그러자 B와 C는 A의 경우에는 감사해임에 대해서도 그 의결권이 제한된다고 주장하였고, 이에 A는 상법상 아무런 문제가 없다고 항변하였다. 누구의 주장이 정당한가?

Ⅰ. 서 설

주식회사의 감사는 업무감사와 회계감사로 구분할 수 있다. 전자는 회사의 업무집행과 대표행위의 적법성과 합목적성 등을 감사하는 것이고, 후자는 회계에 관한 각종 장부나 기록이 회사의 재무상태와 경영실적을 적법하고도 진실하게 표시하고 있는지를 감사하는 것이다. 이러한 감사업무를 전담할 필요적 상설기관으로서 상법은 감사를 두고 있지만, 사실상 회사 내부에서는 다양한 주체들이 직·간접적으로 감사 관련 업무를 수행하고 있다. 예를 들어 출자자인 주주는 ① 이사의 선임과 해임(상법 제382조, 제385조), 영업의 양도 등(상법 제374조), 사후설립(상법 제375조) 등에 관한 주주총회의 결의를 통하여 업무감사 기능을 하고, ② 회사의 업무와 재산상태를 조사하기 위한 임시주주총회의 소집청구 또는 검사인의 선임청구(상법 제366조, 제467조 제1항), 유지청구(상법 제402조), 대표소송(상법 제403조) 등을 통하여 회사경영의 위법성 유무를 가리는 업무감사 기능을 수행하고 있으며, ③ 회계상태의 조사를 위한 임시주주총회의 소집청구(상법 제366조 제1항), 회계장부의 열람청구(상법 제466조), 각종 서류와 장부의 열람청구(상법 제396조 제2항, 제448조 제2항) 등을 통해 회계감사 기능도 아울러 수행하고 있다.

이처럼 감사는 회계감사를 포함한 업무감사를 주된 직무로 하는 필요적 상설기관이지만, 상법이 상근 여부를 명확히 규정하지 않아 실무에서는 감사를 비상근으로 운영하는 경우가 많았고, 그로 인해 법이 기대한 만큼의 역할을 다하지 못하는 경우가 많았다. 그러던 중 1997년의 IMF 외환위기를 극복하는 과정에서 상장회사의 경영감시기능을 강화하기 위해 증권거래법이 제191조의12에서 자산총액 1천억원 이상인 상장회사에 대하여 감사위원회를 두지 않는 한 1인 이상의 상근감사를 두도록 하였고, 동 규정이 2009년 개정 상법에 그대로 수용되었다(상법 제542조의10; 상령 제36조). 한편 주식회사에서는 누가 감사로 선임될 수 있고, 어떠한 방법으로 선임되는지가 매우 중요하다. 그리하여 상법은 감사의 독립성을 확보하기 위해 주주총회에서 선임하도록 하되 대주주의 의결권을 3%로 제한하고, 상장회사의 상근감사에 대해서는 일정한 결격사유도 규정하고 있으며, 감사업무의 공정성과 객관성을 확보하기 위하여 감사의 겸임을 제한하고 있다. 이러한 감사와 회사의 관계는 위임이므로 감사는 회사에 대하여 선관주의의무를 기본으로 하여 다양한 부수의무를 부담하고, 그 위반에 대해서는 엄격한 손해배상책임을 진다.

Ⅱ. 감사의 의의

1. 감사의 개념

감사는 업무감사(회계감사를 포함함)를 주된 직무로 하는 주식회사의 필요적 상설기관이다. 감사가 수인이면 각자가 독립하여 그 권한을 행사하고, 자본금 총액이 10억원 미만인 소규모회사에서는 감사를 두지 않을 수 있다(상법 제409조 제4항). 그런데 1990년대에 와서 상장회사의 경영비리가 자주 발생하자, 1996년 개정 증권거래법은 감사의 지위와 업무의 독립성을 강화하기 위해 ① 감사를 선임할 때 지배주주의 영향력을 배제하기 위한 특칙을 두었고, ② 상근감사를 의무적으로 두도록 하였으며, ③ 상근감사의 자격을 제한하였는데, 2009년 개정 상법이 이를 대부분 수용하였다.[739] 한편 감사와 회사의 관계는 위임에 관한 민법 규정에 따르며, 그 보수도 정관 또는 주주총회의 결의로 정한다(상법 제415조→제388조). 그러나 감사는 이사처럼 회사의 업무집행에 직접 관여하지는 않으므로 이사와 달리 경업금지의무가 없고, 회사와의 거래도 제한받지 않는다.

2. 감사의 지위

(1) 감사의 상근성

상법은 감사를 필요적 상설기관으로 규정하면서도 상근 여부에 대해서는 명확히 정하고 있지 않다. 그리하여 기업 실무에서는 감사를 비상근으로 운영하는 경우가 많아 법이 기대한 만큼의 역할을 다하지 못하였으며, 결국 형식적인 장식물로 전락하게 되었다. 그러던 중 1997년 말부터 시작된 IMF 외환위기를 정부 주도로 극복해 가는 과정에서 상장회사의 경영감시기능을 강화하기 위해 증권거래법이 제191조의12에서 자산총액 1천억원 이상인 상장회사에 대해 감사위원회를 두지 않는 한 1인 이상의 상근감사를 두도록 하였고, 동 규정이 2009년 개정 상법에 수용되었다(상법 제542조의10; 상령 제36조).

이러한 감사의 상근성과 관련하여 ① 상법 제412조 제2항을 전제로 회계감사가 아닌 업무감사에서는 비상근감사가 논리적으로 있을 수 없다는 견해,[740] ② 감사는 상근일 필요가 없다는 견해[741]가 있다. 판례의 경우 대법원의 확립된 입장은 없지만, "상법이 감사를 상근과 비상근으로 구분하며 그 자격요건을 달리 정하고 있는 이상 양자는 서로 다른 기관으로서의 신분을 갖는다고 보아야 하므로 기존의 상근감사를 비상근감사로 교체하거나 비상근감사를 상근감사로 교체하는 것은 새로운 기관의 선임이므로 주주총회의 결의를 거쳐

739) 2009년 개정 상법에 의해 주식회사의 감사형태는 매우 다양해졌다. 즉 ① 자산총액 2조원 이상의 대규모 상장회사는 강화된 감사위원회를 의무적으로 설치해야 하고, ② 자산총액 2조원 미만 1천억원 이상의 상장회사는 강화된 감사위원회를 둔 경우가 아니면 반드시 1인 이상의 상근감사를 두어야 하며, ③ 자산총액 1천억원 미만의 상장회사와 자본총액 10억원 이상의 비상장회사는 원칙적으로 감사를 두되 정관의 규정으로 감사위원회를 설치할 수 있고, ④ 자본금 10억원 미만의 소규모회사는 감사를 두지 않을 수 있다.

740) 이철송, "우리나라 감사관련 법제의 개정방향", 240면.

741) 송옥렬, 1129면.

야 한다."라고 판시하며 간접적으로 비상근감사를 인정한 하급심 판결이 있다.[742] 생각건대 소규모회사가 절대다수인 우리의 기업 현실상 모든 주식회사에 대하여 상근감사를 요구하는 것은 무리이지만, 상장회사의 경우에는 경영의 투명성을 제고하고 일반투자자를 보호하기 위해서라도 가능한 상근감사를 두는 것이 바람직하다.

(2) 감사의 겸임 제한

감사는 당해 회사 및 자회사의 이사 또는 지배인 기타 사용인의 직무를 겸하지 못한다(상법 제411조). 이처럼 상법이 감사의 겸임을 제한하는 것은 업무감사의 공정성을 확보하기 위함이다. 그렇다면 모회사의 이사나 감사가 자회사의 감사를 겸임할 수 있을까? 상법은 이에 관하여 규정하고 있지 않지만, 감사의 자격 제한과 관련하여 법문이 회사 및 자회사의 이사 또는 지배인 기타 사용인의 직무를 겸하지 못한다고 규정하고 있으므로 이론적으로 얼마든지 가능하다는 견해가 있다.[743] 생각건대 경제적 동일체로 취급되는 모자회사의 특수성과 모회사 감사의 자회사조사권을 고려할 때 모회사의 감사가 자회사의 감사를 겸하는 것은 어느 정도 합리성을 부여할 수 있지만, 모회사의 이사가 자회사의 감사를 겸하는 것은 공정성의 측면에서 문제가 있다. 특히 모회사가 자회사를 재산 유출의 도관으로 이용하는 경우와 모자회사 간의 가격이전거래 등을 고려할 때 더욱 그러하다. 따라서 모회사의 이사가 자회사의 감사를 겸하는 것은 금지해야 한다.

(3) 감사와 회사의 관계

1) 위임관계 : 감사와 회사의 관계에는 민법상 위임에 관한 규정이 준용되므로(상법 제415조→제382조 제2항), 감사는 직무수행에 있어서 선관주의의무를 부담한다. 다만 감사가 부담하는 선관의무의 구체적인 내용은 회사의 종류·규모·업종, 지배구조와 내부통제 시스템, 재정상황, 법령상 규제의 정도, 감사의 능력·경력·근무여건 등에 따라 각기 다를 수밖에 없다.[744] 한편 감사의 보수도 정관 또는 주주총회결의로 정해야 한다(상법 제415조→제388조). 이런 점에서 감사와 회사의 관계는 기본적으로 이사와 같다.

2) 복수 감사의 권한 행사 : 감사가 복수인 경우에 감사(A)가 이사를 상대로 제기한 손해배상청구소송을 다른 감사(B)가 취하할 수 있을까? 상법상 감사는 각자가 권한을 행사하므로 권한 충돌 문제가 발생할 수 있다. 물론 감사의 권한 행사는 후속적인 법률효과를 발생

---

742) 서울고등법원 2007. 3. 8. 선고 2006나66885 판결.
743) 김건식/노혁준/천경훈, 528면; 송옥렬, 1131면; 오성근, 803면; 정찬형, 1124면; 최준선, 606면.
744) 대법원 2008. 9. 11. 선고 2006다68636 판결.

시키지 아니하므로 충돌되더라도 사실상 별다른 문제가 없지만, 때로는 감사의 권한 행사를 무력화할 위험성이 있다. 이와 관련하여 판례는 "상법 제394조는 수인의 감사가 각자 소송에서 대표권을 가짐을 전제로 한 것이고, 각자의 대표권을 달리 제한할 근거가 없으므로 B의 취하는 유효하다."라고 하였고, 이로 인하여 발생하는 문제점은 감사의 손해배상책임으로 해결해야 한다고 판시하였다.[745)]

3) 감사의 경업금지의무 : 감사는 이사와 달리 업무집행에 직접 관여하지 않으므로 충실의무, 경업금지의무, 회사기회유용금지의무, 자기거래금지의무를 부담하지 않는다(상법 제415조). 다만 상장회사에서는 원칙적으로 회사가 감사를 상대방으로 하거나 그를 위하여 신용공여(금전 등 경제적 가치가 있는 재산의 대여, 채무이행의 보증, 자금지원적 성격의 증권 매입, 그 밖에 거래상의 신용위험이 따르는 직접적·간접적 거래로서 대통령령으로 정하는 거래를 말함)를 할 수 없다는 제한이 있다(상법 제542조의9 제1항).[746)] 생각건대 감사도 회사의 내부정보에 접근할 수 있고, 이사의 업무집행에 일정한 영향력을 행사할 수 있으므로 입법론적으로는 경업이나 자기거래 등을 금지할 필요가 있다.

Ⅲ. 감사의 임면

1. 감사의 자격

(1) 일반적 자격요건

감사의 자격과 관련하여 상법은 특별히 규제하지 않지만, 감사는 회계감사를 포함한 업무감사권을 실행하는 주체이므로 그 자격과 관련하여 다음 사항을 주의해야 한다.

1) 감사의 행위능력 : 상법은 원칙적으로 감사의 행위능력을 요구하지 않지만, 상장회사의 상근감사에 대해서는 제한능력을 결격사유로 규정하고 있다(상법 제542조의10 제2항 제1호 → 제542조의8 제2항 제1호). 생각건대 감사는 이사의 직무집행을 감사하는 주체이므로 경영사항을 이해하고 합리적인 판단을 내릴 수 있어야 하며, 때로는 감사 결과에 대하여 회사와 제3자에게 손해배상책임을 져야 한다. 또한 감사의 행위능력 유무에 있어서 비상장회사와 상장회사를 구분하여 법적 취급을 달리할 합리적인 이유도 없다. 그렇다면 감사는 행위

---

745) 대법원 2003. 3. 14. 선고 2003다4112 판결.

746) 다만 ① 복리후생을 위한 감사에 대한 금전대여 등으로서 대통령령으로 정하는 신용공여, ② 다른 법령에서 허용하는 신용공여, ③ 그 밖에 상장회사의 경영건전성을 해칠 우려가 없는 금전대여 등으로서 대통령령으로 정하는 신용공여는 예외적으로 할 수 있다(상법 제542조의9 제2항).

능력자여야 한다고 해석하고, 향후 입법적으로 보완해야 한다.

2) 법인의 감사자격 : 법인의 감사자격 여부에 대해서는 ① 우수한 경리사원을 다수 확보하고 있어 감사업무의 실효성을 높일 수 있고 대외적인 자력·신용에서도 자연인보다 훨씬 유리한 위치에 있음을 이유로 긍정하는 견해,[747] ② 감사는 회사와의 고도의 인적 신뢰를 바탕으로 직무를 수행하는 기관이므로 법인은 적합하지 않다는 견해,[748] ③ 이론적으로는 법인도 감사가 될 수 있지만 실제로 누가 감사업무를 수행하는지 알 수 없으므로 법인을 대표하여 감사업무를 수행할 자까지 지명하여 선임하지 않는 한 법인은 감사가 될 수 없다는 견해[749]가 있다. 생각건대 감사는 이사의 직무집행의 적법성 여부를 상시적으로 판단해야 하므로 행위능력이 있어야 하는 점, 감사선임을 위한 주주총회에서는 후보자의 인적 사항과 대주주와의 관계 등이 매우 중요한 판단기준이 되는 점, 감사는 주주의 대표자로서 고도의 인적 신뢰관계를 바탕으로 직무를 수행해야 하며 그 선임과 해임이 등기사항인 점을 고려할 때 법인은 감사가 될 수 없다고 봄이 타당하다.[750]

3) 주주로의 감사자격 제한 : 정관으로 감사의 자격을 주주로 한정할 수 있는가에 대해서는 부정설[751]과 긍정설[752]이 있다. 생각건대 상법이 감사 자격에 특별한 제한을 두지 않은 점, 정관도 강행법규와 법의 일반정신에 위반하지 아니하는 때에만 합법성이 인정되는 점, 감사는 직무집행의 중립성·공정성·객관성의 확보가 중요한 점, 이사의 내부자거래를 차단하기 위하여 자격주를 공탁하도록 한 규정(상법 제387조)이 감사에게는 준용되지 않는 점을 종합할 때 감사의 자격을 주주로 제한하는 것은 타당하지 않다.[753]

(2) 상근감사의 자격요건

자산총액 1천억원 이상 2조원 미만인 상장회사는 강화된 감사위원회를 두지 않는 한 1인 이상의 상근감사를 두어야 하는데(상법 제542조의10 제1항), 그 자격에 일정한 제한이 있다. 즉 제한능력자, 파산선고를 받고 복권되지 않은 자, 금고 이상의 형을 선고받고 그 집행

---

747) 정동윤, 476면; 임홍근, 555면.

748) 권기범, 1037면(→825면); 서헌제, 451면; 이범찬/오욱환, 95면; 정찬형, 1123면. 한편 자연인이 반드시 법인보다 전문성이 떨어진다고 볼 수 없을 뿐만 아니라, 권한과 책임의 소재를 명확히 한다는 점에서는 자연인이 더 낫다는 점을 근거로 법인은 감사가 될 수 없다는 견해도 있다(김건식/노혁준/천경훈, 528면).

749) 권종호, 68면.

750) 일본 회사법도 법인은 감사가 될 수 없다고 규정하고 있다(제335조 제1항 → 제331조 제1항).

751) 이범찬/오욱환, 96면.

752) 권종호, 69면; 정찬형, 1123면.

753) 일본 회사법도 제331조 제2항과 제335조 제1항에서 동일한 내용을 규정하고 있다.

이 끝나거나 면제된 후 2년이 지나지 아니한 자 등은 상근감사가 되지 못하며, 상근감사가 된 후에 이에 해당하면 그 직을 상실한다(상법 제542조의10 제2항. [표 17] 참조). 그런데 이러한 상근감사의 자격요건과 관련해서는 주의해야 할 사항이 있다.

[표 17] 상장회사 상근감사의 결격사유

구 분	결격사유
상 법 (제542조의10 제2항)	① 미성년자·피성년후견인·피한정후견인 ② 파산선고를 받고 복권되지 아니한 자 ③ 금고 이상의 형을 선고받고 그 집행이 끝나거나 집행이 면제된 후 2년이 지나지 아니한 자 ④ 대통령령으로 별도로 정하는 법률을 위반하여 해임되거나 면직된 후 2년이 지나지 아니한 자 ⑤ 누구의 명의로 하든지 자기의 계산으로 의결권 없는 주식을 제외한 발행주식총수의 100분의 10 이상의 주식을 소유하거나 이사·집행임원·감사의 선임과 해임 등 상장회사의 주요 경영사항에 대하여 사실상의 영향력을 행사하는 주주(주요주주) 및 그의 배우자와 직계 존·비속 ⑥ 회사의 상무에 종사하는 이사·집행임원 및 피용자 또는 최근 2년 이내에 회사의 상무에 종사한 이사·집행임원 및 피용자(특례규정상의 감사위원회 위원으로 재임 중이거나 재임하였던 이사는 제외함) ⑦ ①에서 ⑥까지에 규정한 자 외에 회사의 경영에 영향을 미칠 수 있는 자로서 대통령령으로 정하는 자
상법 시행령 (제36조 제2항)	① 해당 회사의 상무에 종사하는 이사·집행임원의 배우자 및 직계존속·비속 ② 계열회사의 상무에 종사하는 이사·집행임원 및 피용자이거나 최근 2년 이내에 상무에 종사한 이사·집행임원 및 피용자

1) 상근성의 부여기관 : 이에 관한 학설은 별로 없는데, 주주총회에서 감사의 상근 여부를 정하지 않고 감사를 선임한 후 이사회가 상근 여부를 결정하도록 하는 것은 부적법하므로 반드시 주주총회의 결의로 상근 여부를 결정해야 한다는 하급심 판례가 있다.[754] 감사와 이사회의 관계 및 감사의 법적 지위를 고려할 때 타당하다.

2) 최대주주와 상근감사 : 상근감사의 결격사유에 관한 상법 제542조의10 제2항은 상장회사 사외이사의 결격사유에 관한 제542조의8 제2항 제1호 내지 제4호 및 제6호만을 준용하고 있으므로 제5호(최대주주와 그의 특수관계인)는 논리적으로 상근감사가 될 수 있다. 그

754) 서울고등법원 2007. 3. 8. 선고 2006나66885 판결.

런데 상법이 감사선임에 있어서 대주주의 의결권을 제한하는 것은 그의 강력한 영향력 아래 선임되는 이사들의 직무집행을 감사하는 감사의 지위와 업무수행상의 독립성·공정성·객관성을 확보·유지하기 위함이다. 그런데도 상장회사에서 최대주주와 그의 특수관계인이 상근감사가 될 수 있다는 것은 결코 바람직하지 아니하고 입법취지에도 반한다. 따라서 상법 제542조의10 제2항 제1호는 「제542조의8 제1항 제1호부터 제6호까지에 해당하는 자」로 개정해야 하고, 우선은 동일하게 해석하는 것이 타당하다.

3) 이사의 포섭범위 : 회사의 상무에 종사하거나 최근 2년 내에 회사의 상무에 종사한 이사는 상근감사가 될 수 없다(상법 제542조의10 제2항). 이처럼 상법은 상근감사의 결격사유인 「이사」를 회사의 상무에 종사하거나 종사한 자로 한정하고 있다. 이는 과거의 증권거래법 제191조의12 제3항 제6호의 「상근임원」을 구체화한 것으로서 현재의 사내이사를 의미한다. 그리하여 증권거래법에 익숙한 기업 실무에서는 「사외이사와 그 밖에 상무에 종사하지 않는 이사」는 상근감사가 될 수 있는 것으로 오해할 수 있다. 그렇지만 여기에서의 이사는 상법상의 모든 이사를 의미한다고 보아야 한다.

2. 감사의 선임

(1) 선임절차

감사는 주주총회에서 보통결의로 선임하는데(상법 제409조 제1항, 제368조 제1항), 선임한 후에는 그 성명과 주민등록번호를 등기해야 한다(상법 제317조 제2항 제8호). 주주총회의 감사선임권은 이사회나 대표이사에게 위임할 수 없으며, 이들의 승인을 추가적인 요건으로 요구하는 것도 허용되지 않는다. 그리고 상장회사에서 주주총회의 목적사항으로 감사선임안을 상정하는 때에는 이사선임안과 별도로 상정하여 의결해야 하는데(상법 제542조의12 제5항), 이는 비상장회사에서도 사실상 동일하므로 주의적인 규정에 불과하다. 그런데 이러한 감사의 선임절차와 관련해서는 주의해야 할 점이 있다.

> **참고판례** **감사를 이사로 선임하는 결의의 의미(대법원 2007. 12. 13. 선고 2007다60080 판결)** : 감사가 회사 또는 자회사의 이사 또는 지배인 기타의 사용인에 선임되거나 반대로 회사 또는 자회사의 이사 또는 지배인 기타의 사용인이 회사의 감사에 선임된 경우에는 그 선임행위는 각각의 선임 당시에 있어 현직을 사임하는 것을 조건으로 하여 효력을 가지고, 피선임자가 새로이 선임된 지위에 취임할 것을 승낙한 때에는 종전의 직을 사임하는 의사를 표시한 것으로 해석하여야 한다.

1) 상장회사의 감사선임 : 그동안 상장회사에서 감사선임을 위한 주주총회를 소집할 때

에는 통지·공고에 후보자의 ① 성명, ② 약력, ③ 추천인, ④ 후보자와 최대주주의 관계, ⑤ 후보자와 해당 회사의 최근 3년간 거래내역을 기재해야 하였는데(상법 제542조의4 제2항; 상령 제31조 제3항), 이는 선임절차의 투명성을 확보하기 위함이었다. 따라서 주주총회에서 이미 통지·공고된 후보자가 아닌 자를 감사로 선임하면 결의취소의 소의 대상이 되고(상법 제376조), 그런 행위를 한 이사 등에게는 500만원 이하의 과태료 처분이 가해진다(상법 제635조 제1항 제30호). 그런데 2020년에 개정된 상법 시행령은 제31조 제3항에서 감사후보자에 관한 사항으로 ① 주주총회 개최일 기준 최근 5년 이내에 후보자가 국세징수법 또는 지방세징수법에 따른 체납처분을 받은 사실이 있는지 여부, ② 주주총회 개최일 기준 최근 5년 이내에 후보자가 임원으로 재직한 기업이 채무자회생법에 따른 회생절차 또는 파산절차를 진행한 사실이 있는지 여부, ③ 법령에서 정한 취업제한 사유 등 이사·감사 결격사유의 유무를 추가하였다. 이는 후보자의 업무적 적격성에 관한 주주들의 판단을 지원하기 위함이지만, 문제점이 있어 입법적 보완이 필요하다.[755)]

2) 감사선임과 임용계약 : 감사의 선임에 회사의 대표기관과 체결하는 임용계약이 필요한가? 상법은 이에 관하여 규정하고 있지 않지만, 학설로는 긍정설과 부정설이 있었고, 판례는 긍정설의 입장이었다. 그런데 최근 대법원은 전원합의체 판결을 통하여 "주주총회에서 감사를 선임하는 경우, 그 선임결의와 피선임자의 승낙만 있으면, 피선임자는 대표이사와 별도의 임용계약을 체결하였는지 여부와 관계없이 감사의 지위를 취득한다고 보아야 한다."라고 판시하며[756)] 기존의 판례[757)]를 모두 변경하였다.

3) 감사선임과 사정변경 : 상장회사에서 감사후보자의 인적 사항 등 법정 요건을 준수하여 선임을 위한 주주총회를 소집한 후 후보자가 사망하는 등 사정이 변경된 경우에 어떻게 처리해야 하는가? 상법은 이에 관하여 정하고 있지 않지만, 회사가 주주총회일에 다른 후보자를 선임할 수 없다면 후일에 다시 임시주주총회를 소집하여 감사를 선임해야 하는데, 이는 시간과 비용이 소요되므로 주주총회일에 회사가 다른 후보자를 의안으로 상정하여 선임하는 것이 바람직하다는 견해가 있다.[758)] 그런데 이에 의하면 회사의 필요성에 의해 상법의 원칙이 침해될 수 있다. 상법상 주주총회는 소집통지·공고에 기재된 사항에 대해서만 결의할 수 있기 때문이다. 따라서 이때에는 비록 시간과 비용의 소요는 있겠지만, 감사선임에

755) 이에 관한 자세한 내용은 정준우, "2020년 개정상법상 감사기관에 관한 개정내용 검토", 126~129면 참조.

756) 대법원 2017. 3. 23. 선고 2016다251215 전원합의체 판결.

757) 대법원 1995. 2. 28. 선고 94다31440 판결; 대법원 2005. 11. 8.자 2005마541 결정; 대법원 2009. 1. 15. 선고 2008도9410 판결.

758) 김교창, "상장회사의 특례에 관한 2009년 개정상법의 논점", 65면.

관한 주주들의 이해를 존중하여 후일에 별도의 임시주주총회를 소집하여 다시 감사를 선임해야 한다. 참고로 판례도 회의의 목적사항 이외의 결의는 비록 참석한 주주 전원의 동의가 있더라도 허용될 수 없다고 판시하고 있다.759)

4) 감사의 근무형태 변경 : 과거에 상장회사에서는 감사를 비상근으로 함으로써 회사업무에 관한 정보접근이 어려워 실효적 감사가 불가능하였다. 그리하여 상법은 2009년과 2011년의 개정을 통해 자산총액 1천억원 이상이며 2조원 미만인 상장회사는 강화된 감사위원회를 설치하지 않는 한 1인 이상의 상근감사를 의무적으로 두도록 하였다(상법 제542조의10 제1항; 상령 제36조 제1항).760) 이처럼 상법은 상근감사와 비상근감사를 구분하고 있고, 자격요건도 달리 정하고 있다. 따라서 상근감사를 비상근감사로 교체하거나 그 반대의 경우에는 새로운 기관의 선임이므로 주주총회의 결의를 거쳐야 한다.761)

(2) 선임방법

주주총회에서 감사를 선임하는 때에는 의결권 없는 주식을 제외한 발행주식총수의 100분의 3(정관에서 더 낮은 주식 보유비율을 정할 수 있으며, 정관에서 더 낮은 주식 보유비율을 정한 경우에는 그 비율로 함)을 초과하는 수의 주식을 가진 주주는 그 초과주식에 관하여 의결권을 행사하지 못한다(상법 제409조 제2항). 여기서 「100분의 3 이상」이란 지분요건은 원칙적으로 주주 1인이 소유한 주식수를 기준으로 판단하지만, 상장회사의 최대주주에 대해서는 그와 특수관계자 및 그 밖에 대통령령으로 정하는 자가 소유하는 주식수를 모두 합산하여 100분의 3 이상 여부를 판단한다(상법 제542조의12 제7항). 그런데 이러한 감사의 선임방법과 의결권 제한에는 다음과 같이 주의할 점이 있다.

1) 위임받은 주식의 처리 : 주주의 의결권을 제한하는 기준이 되는 「발행주식총수의 100분의 3 이상의 주식」에 타인으로부터 위임받은 주식도 포함되는가? 감사선임에 관한 일반규정인 제409조 제2항은 이에 관하여 규정하고 있지 않지만, 상장회사의 감사선임에 있어서 최대주주의 지분을 계산하는 때에는 위임받은 주식도 포함시키고 있다(상법 제542조의12 제4항; 상령 제38조 제1항). 이는 의결권의 행사를 위임한 주식의 경우에는 수임인의 영향력 아래 놓인다는 점을 고려한 것인데, 여기서 「위임받은 주식」이란 수임인이 의결권 행사의 구체적인 내용을 자유롭게 결정할 수 있는 백지위임된 주식만을 의미한다. 즉 위임인이 표결의 내용을 결정한 후 단지 표결권의 행사만을 위임한 때에는 수임인의 영향력과 전혀 관

759) 대법원 1979. 3. 27. 선고 79다19 판결.
760) 다만 코넥스시장에 상장한 중소기업의 경우에는 예외이다(자본시장법 제165조의19).
761) 서울고등법원 2007. 3. 8. 선고 2006나66885 판결.

계없으므로 이에 포함되지 않는다.[762] 한편 비록 명문 규정은 없으나 비상장회사에서도 의결권 행사의 위임은 언제나 가능한 것이므로, 상장회사와 동일하게 백지위임 받은 주식은 대주주의 지분에 포함시켜야 할 것이다.

2) 의결정족수의 계산 : 감사는 주주총회의 보통결의로 선임되고(상법 제409조 제1항, 제368조 제1항), 감사선임에 관한 주주총회결의에서 대주주의 의결권은 발행주식총수의 100분의 3까지로 제한되며(상법 제409조 제2항),[763] 의결권을 행사할 수 없는 주식은 출석한 주주의 의결권 수에 산입하지 않는다(상법 제371조 제2항). 그리하여 대주주가 많거나 대주주의 지분이 큰 회사에서는 감사의 선임이 어려워졌고, 특히 1인회사나 완전자회사에서는 감사선임 그 자체가 불가능해졌다. 예를 들어 발행주식총수가 200주인 회사에서 대주주 A가 60주를 가지고 있을 때 감사선임을 위한 주주총회가 개최되었고 A를 포함하여 100주가 출석하였다면, A는 단 6주(3%)에 대해서만 의결권을 행사할 수 있으므로 출석한 주식수는 46주에 불과하다. 즉 이 경우에는 발행주식총수의 4분의 1 이상(즉 50주 이상)이라는 요건을 충족하지 못하여 감사를 선임할 수 없게 된다. 그리하여 최근 판례도 감사선임에서 3% 초과 주식은 상법 제371조에도 불구하고 제368조 제1항에서 말하는 발행주식총수에 산입되지 않는다고 판시하였다. 한편 이러한 어려움의 해결방안으로 2020년 개정 상법은 회사가 제368조의4 제1항에 따라 전자적 방법으로 의결권을 행사할 수 있도록 한 경우에는 제368조 제1항에도 불구하고 출석한 주주의 의결권의 과반수로써 감사의 선임결의를 할 수 있다고 규정하였다(제409조 제3항). 이는 감사선임의 어려움을 해소하고 전자투표의 활성화를 도모하기 위한 것이나 바람직하지 않다.

참고판례 **감사의 선임과 의결정족수의 계산(대법원 2016. 8. 17. 선고 2016다222996 판결)** : 주주총회에서 감사를 선임하려면 우선 '출석한 주주의 의결권의 과반수'라는 의결정족수를 충족하여야 하고, 나아가 의결정족수가 '발행주식총수의 4분의 1 이상의 수'이어야 하는데, 상법 제371조는 제1항에서 '발행주식총수에 산입하지 않는 주식'에 대하여 정하면서 상법 제409조 제2항의 의결권 없는 주식(이하 '3% 초과 주식'이라 한다)은 이에 포함시키지 않고 있고, 제2항에서 '출석한 주주의 의결권 수에 산입하지 않는 주식'에 대하여 정하면서는 3% 초과 주식을 이에 포함시키고 있다. 그런데 만약 3% 초과 주식이 상법 제368조 제1항에서 말하는 '발행주식총수'에 산입된다고 보게 되면, 어느 한 주주가 발행주식총수의 78%를 초과하여 소유하는 경우와 같이 3% 초과 주식의 수가 발행주식총수의 75%를 넘는 경우에는 상법 제368조 제1항에서 말하는

762) 송옥렬, 1130면; 오성근, 800면; 이철송, 885면; 서울중앙지방법원 2008. 4. 28.자 2008카합1306 결정.

763) 이처럼 의결권 제한은 감사의 선임결의에만 적용되므로 감사의 수를 정하거나 기타 감사의 선임 자체와는 무관한 감사 관련 결의에는 적용되지 않는다(대법원 2015. 7. 23. 선고 2015다213216 판결; 서울고등법원 2015. 4. 10. 선고 2014나2028587 판결).

'발행주식총수의 4분의 1 이상의 수'라는 요건을 충족시키는 것이 원천적으로 불가능하게 되는데, 이러한 결과는 감사를 주식회사의 필요적 상설기관으로 규정하고 있는 상법의 기본 입장과 모순된다. 따라서 감사의 선임에서 3% 초과 주식은 상법 제371조의 규정에도 불구하고 상법 제368조 제1항에서 말하는 '발행주식총수'에 산입되지 않는다. 그리고 이는 자본금 총액이 10억원 미만이어서 감사를 반드시 선임하지 않아도 되는 주식회사라고 하여 달리 볼 것도 아니다.

3) 의결권제한규정의 확대 적용 : 상장회사의 감사선임에 있어서 최대주주의 의결권 제한에 관한 규정을 정관 규정으로 다른 대주주에게도 적용할 수 있을까? 이와 관련하여 ① 동 규정은 오직 최대주주만을 그 대상으로 하므로 비록 2대주주 등이 사실상 더 큰 영향력을 행사할 수 있게 되더라도 다른 대주주에게는 적용할 수 없다는 견해,764) ② 최대주주의 의결권 제한에 관한 내용을 다른 주주에게까지 확대 적용하는 것은 1주 1의결권의 원칙에 반한다는 판례가 있다. 생각건대 이 규정으로 인해 대주주 간의 역차별 문제가 발생할 수는 있지만, 대부분 상장회사에서는 최대주주가 경영권을 행사하고 있음을 고려할 때 감사가 감독기관으로서 적절하게 경영진을 견제할 수 있도록 하기 위해서는 의결권 제한에 관한 규정을 지금처럼 최대주주에게만 적용하는 것이 타당하다.

참고판례 **최대주주 아닌 대주주에 대한 합산 3% Rule 적용의 효력(대법원 2009. 11. 26. 선고 2009다51820 판결)** : 상법 제409조 제2항· 제3항은 '주주'가 일정 비율을 초과하여 소유하는 주식에 관하여 감사의 선임에 있어서 그 의결권을 제한하고 있고, 구 증권거래법(2007. 8. 3. 법률 제8635호 자본시장과 금융투자업에 관한 법률 부칙 제2조로 폐지) 제191조의11은 '최대주주와 그 특수관계인 등'이 일정 비율을 초과하여 소유하는 주권상장법인의 주식에 관하여 감사의 선임 및 해임에 있어서 의결권을 제한하고 있을 뿐이므로, '최대주주가 아닌 주주와 그 특수관계인 등'에 대하여도 일정 비율을 초과하여 소유하는 주식에 관하여 감사의 선임 및 해임에 있어서 의결권을 제한하는 내용의 정관 규정이나 주주총회결의 등은 무효이다.

(3) 선임특례

상법은 감사의 선임과 관련하여 소규모회사에 관한 특례와 자산총액 1천억원 이상 2조원 미만인 상장회사의 상근감사에 관한 특례를 두고 있다.

1) 소규모회사에 관한 특례 : 자본금 10억원 미만의 소규모회사에서는 감사를 선임하지 않을 수 있다(상법 제409조 제4항). 주로 가족기업 또는 소수의 동업형태로 운영되는 소규모회사에서는 가족이나 친인척을 명목상의 감사로 선임하는 경우가 대부분이어서 감사의 역

764) 송옥렬, 1130면; 오성근, 800면; 이철송, 884면.

할이 사실상 형해화되었고, 이로 인해 감사의 선임을 강제하면 오히려 경제적인 부담 및 비효율성이 크다는 지적이 많았기 때문이다. 그리하여 상법은 소규모회사에 대해서는 감사의 선임 여부를 자율적으로 결정할 수 있도록 하고, 감사를 선임하지 아니한 경우에는 주주총회가 이사의 업무 및 회사의 재산상태를 감독하게 하며, 이사와 회사 간의 소에서는 회사와 이사 또는 이해관계인이 법원에 회사를 대표할 자를 선임하여 줄 것을 신청하도록 규정하고 있다(상법 제409조 제5항, 제6항).

2) 상근감사에 관한 특례 : 자산총액 1천억원 이상 2조원 미만인 상장회사는 상근감사를 1명 이상 두어야 하지만, 상법과 다른 법률에 따라 감사위원회를 설치한 경우(감사위원회의 설치의무가 없는 상장회사가 감사위원회를 설치한 경우를 포함함)에는 그러하지 아니하다(상법 제542조의10 제1항). 이는 구 증권거래법 제191조의12 제1항을 2009년 개정 상법이 그대로 수용한 것인데, 상장회사의 경영비리를 줄이기 위함이다.

(4) 선임내용

1) 감사의 수 : 감사의 수에 대한 법적 제한은 없다. 따라서 회사는 감사를 여러 명 둘 수도 있는데, 이 경우에도 감사는 각자가 독립적으로 권한을 행사한다. 다만 자본금 10억원 미만의 소규모회사에서는 감사를 두지 않을 수 있다(상법 제409조 제4항).

2) 감사의 임기 : 감사의 임기는 취임 후 3년 내의 최종의 결산기에 관한 정기총회의 종결시까지이다(상법 제410조). 다만 흡수합병의 경우 합병계약서에 다른 정함이 없으면 합병 전에 취임한 존속회사 감사의 임기는 합병 후 최초로 도래하는 결산기의 정기총회 종료시까지이다(상법 제527조의4 제1항). 감사의 임기만료 시점을 결산기에 관한 정기총회의 종결시로 정한 것은 사업연도 중에 임기가 만료되는 것을 방지하여 감사업무의 충실을 도모하고, 신임감사가 선임되자마자 정기총회를 맞게 되는 현실적인 어려움을 해소해 주기 위함이다. 한편 감사의 임기는 그 지위의 독립성과 안정성에 매우 중요하므로 그에 관한 규정은 강행규정으로 보아야 하고, 따라서 정관에 의해서도 임기를 가감할 수 없다. 그렇다면 감사의 임기에 있어서 종기는 구체적으로 언제인가? 이는 상법이 감사의 임기에 대해 「3년 내의 최종의 결산기에 관한 정기총회의 종결시」라고 규정하고 있기 때문에 제기된다. 결론적으로 감사의 종기는 선임 후 3년 내에 도래하는 결산기의 말일이 기준인 것이지, 3년 내에 도래하는 정기총회일이 기준이 되는 것은 아니다. 따라서 감사의 임기는 실제로 3년을 초과할 수도 있고, 3년에 미달할 수도 있다.

3) 감사의 보수 : 감사가 회사로부터 받는 경제적 이익은 직무수행의 대가로서 그 명칭

에 관계없이 보수에 속하므로 정관 또는 주주총회의 결의로 정해야 한다(상법 제415조 → 제388조).[765] 이는 강행규정이므로 다른 기관에 위임할 수 없다. 주의할 것은 이사의 경우 주주총회에서 보수총액을 정하고 이사별 보수는 이사회에 위임할 수 있지만, 감사의 경우에는 허용되지 않는다는 점이다. 감사의 보수결정권을 이사회가 갖게 되면 감사의 독립성을 침해할 수 있기 때문이다. 그렇다면 주주총회에서 감사보수를 결정할 때 독립안건으로 상정해야 하는가? 이는 구 증권거래법이 상장회사 감사의 보수결정안건을 주주총회에 상정할 때는 이사보수에 관한 의안과 구분하여 별도로 상정하도록 규정하였기 때문이다. 물론 가장 합리적인 방법은 감사의 보수결정의안을 이사의 보수에 관한 의안과 분리하여 상정하는 것이고, 그동안 기업 실무에서도 동일하게 처리해 왔다. 그렇지만 관련 규정이 없는 이상 이제는 더 이상 독립된 안건으로 상정할 필요가 없다. 이와 관련하여 하급심도 재무제표에 임원의 보수를 기재하고 주주총회가 재무제표를 승인하였다면 보수에 관해서도 주주총회의 결의가 있었다고 보아야 한다고 판시하였다.[766] 한편 이사보수의 포섭범위에 관한 내용은 감사의 경우에도 마찬가지이므로 여기서는 생략한다.

3. 감사의 종임

(1) 퇴임사유

감사는 임기만료와 위임의 종료사유(사망·파산·금치산선고)가 있으면 퇴임하지만, 사임할 수도 있다(민법 제689조 제1항). 다만 부득이한 사유 없이 회사에 불리한 시기에 사임한 때에는 그로 인한 회사의 손해를 배상해야 한다(민법 제689조 제2항).

(2) 해임방법

감사는 주주총회의 특별결의로 해임할 수 있고, 소수주주의 해임청구에 의해서도 해임될 수 있지만(상법 제415조 → 제385조), 다음과 같이 주의할 점이 있다.

1) 손해배상의 청구 등 : 감사가 정당한 이유 없이 임기가 만료되기 전에 주주총회의 특별결의로 해임된 때에는 회사에 대하여 손해배상을 청구할 수 있다(상법 제415조 → 제385조 제1항). 또한 감사는 해임에 관한 주주총회에서 그 의견을 진술할 수 있는데(상법 제409조의 2), 이는 다소 문제가 있다. 감사의 해임에 관한 주주총회의 결의는 (자본)다수결에 의해 이

765) 정관 규정이나 주주총회의 결의가 없음에도 불구하고 감사(이사)에게 보수가 지급되었다면 부당이득으로서 회사에 반환해야 한다(대법원 2010. 3. 11. 선고 2007다71271 판결; 대법원 2000. 9. 26. 선고 99다54905 판결).

766) 인천지방법원 부천지원 2005. 5. 27. 선고 2004가합3207 판결.

루어지므로 사실상 대주주와 그의 우호세력에 의해 의사가 결정되고, 감사해임안을 제출한 이사회의 구성원 대부분이 대주주의 강력한 영향력 아래 놓여 있으므로 잘못하면 감사의 지위 및 업무의 독립성과 중립성을 훼손할 수 있기 때문이다.

2) 의결권 제한의 미비 : 상법 제409조 제2항에 의하면 감사의 선임에 대해서만 대주주의 의결권이 의결권 없는 주식을 제외한 발행주식총수의 3%까지로 제한된다. 그리하여 감사의 해임에 있어서는 대주주의 의결권도 아무런 제한을 받지 않는데, 이에 대해서는 ① 합리적인 차별이 아니므로 타당하지 않다는 견해,[767] ② 입법의 미비라는 견해,[768] ③ 상법이 명문으로 감사의 선임에 대해서만 의결권을 제한하고 있으므로 입법론으로서는 몰라도 해석론으로서는 선임에 관한 의결권 제한을 해임에까지 유추적용할 수는 없다는 견해[769]가 있다. 생각건대 감사의 선임과 해임을 차별할만한 특별한 이유가 없으므로 감사의 독립성을 확보·유지하기 위해서는 ①설이 타당하다. 한편 상장회사의 경우에는 감사의 해임에도 대주주의 의결권을 의결권 있는 발행주식총수의 3%로 제한하되, 최대주주의 경우에는 그의 특수관계인의 지분을 합산한다(상법 제542조의12 제7항).

3) 소수주주의 해임청구 : 감사가 그 직무에 관하여 부정행위 또는 법령이나 정관에 위반한 중대한 사실이 있음에도 불구하고 주주총회에서 그 해임이 부결된 때에는 발행주식총수의 100분의 3 이상의 주식을 가진 주주가 당해 주주총회의 결의일로부터 1월 내에 그 감사의 해임을 법원에 청구할 수 있다(상법 제415조→제385조 제2항). 다만 상장회사의 경우에는 6개월 전부터 계속하여 발행주식총수의 1만분의 50(최근 사업연도 말 자본금이 1천억원 이상인 상장회사에서는 1만분의 25) 이상에 해당하는 주식을 보유한 주주만이 해임청구에 관한 소를 제기할 수 있다(상법 제542조의6 제3항; 상령 제32조).

(3) 퇴임감사

1) 의 의 : 감사는 필요적 상설기관이지만 그 수에 대한 법적 제한이 없다. 따라서 1인의 감사만 있어도 되지만, 회사는 정관 등을 통해 2인 이상의 감사를 둘 수도 있다. 그리고 법률이나 정관 등에서 정한 감사의 수를 충족하지 못한 경우에 임기만료 또는 사임으로 인하여 퇴임한 감사는 새로 선임된 감사가 취임할 때까지 감사의 권리·의무가 있는데(상법 제415조→제386조 제1항), 이를 「퇴임감사」라고 한다. 일반적으로 수임인은 위임종료 후 「급박한 사정」이 있는 경우에만 위임인이 위임사무를 처리할 수 있을 때까지 그 사무처리를

767) 이철송, 885면.
768) 송옥렬, 1131면.
769) 임재연(Ⅱ), 573면.

계속해야 하지만(민법 제691조), 상법은 이사와 감사의 업무가 일상적임을 고려하여 급박한 사정이 없더라도 그 지위를 유지하도록 하였다.

2) 직무권한 : 상법은 퇴임감사의 직무권한과 관련하여 감사의 권리·의무가 있다고만 규정하고 있으므로 합리적 해석이 필요한데, 다소 상반된 판례가 있다. 즉 ① 후임 이사가 선임될 때까지 이사가 존재하지 않는다면 기관에 의하여 행위를 할 수밖에 없는 법인으로서는 당장 정상적인 활동을 중단하지 않을 수 없는 상태에 처하게 되고, 이는 민법 제691조에 규정된 급박한 사정이 있는 때와 같이 볼 수 있으므로, 임기가 만료되거나 사임한 이사라고 할지라도 그 임무를 수행함이 부적당하다고 인정할 만한 특별한 사정이 없는 한 신임 이사가 선임될 때까지 이사의 직무를 계속 수행할 수 있다는 판례,[770] ② 임기만료된 대표자의 사무처리에 대하여 유추적용되는 민법 제691조는 종전 대표자가 임기만료 후에 수행한 업무를 사후에 개별적·구체적으로 가려 예외적으로 그 효력을 인정케 하는 근거가 될 수 있을 뿐 그가 장래를 향하여 대표자로서의 업무수행권을 포괄적으로 행사하게 하는 근거가 될 수는 없다는 판례[771] 등이 있다. 생각건대 상법 제415조에 의해 준용되는 제386조는 기업유지의 이념에 따라 이사의 결원으로 인해 회사가 정상적인 활동을 할 수 없게 된 경우에 업무의 중단을 방지하기 위한 것이므로 정관 등에 정해진 감사의 수를 일부 결하였더라도 남은 감사에 의해 회사의 운영에 장애가 없다면 이는 적용할 필요가 없다.[772] 그리고 가처분에 의해 선임된 직무대행자의 권한은 회사의 상무(常務)로 제한되지만(상법 제408조 제1항), 퇴임한 이사·감사의 직무권한은 정상적인 이사·감사의 모든 권리·의무에 미친다.[773] 이러한 상법의 입법취지와 판례를 종합적으로 고려할 때 퇴임감사의 권한은 정상적인 감사의 일상적인 업무로 한정함이 바람직하다.

참고판례 **임기만료된 이사가 후임 이사가 선임될 때까지 종전 직무를 계속 수행할 수 있는지 여부(대법원 2005. 3. 25. 선고 2004다65336 판결)** : 민법상 법인의 이사 전원 또는 그 일부의 임기가 만료되었거나 사임하였음에도 불구하고 그 후임 이사의 선임이 없거나 또는 그 후임 이사의 선임이 있었다고 하더라도 그 선임결의가 무효이고, 남아 있는 다른 이사만으로는 정상적인 법인의 활동을 할 수 없는 경우, 임기 만료되거나 사임한 구 이사로 하여금 법인의 업무를 수행케 함이 부적당하다고 인정할 만한 특별한 사정이 없는 때에는, 구 이사는 후임 이사가 선임될 때까지 종전의 직무를 수행할 수 있다.

770) 대법원 1996. 1. 26. 선고 95다40915 판결; 대법원 1996. 12. 10. 선고 96다37206 판결; 대법원 1998. 12. 23. 97다26142 판결 등. 이는 이사에 관한 것이나 감사의 경우에도 동일하다.
771) 대법원 2003. 7. 8. 선고 2002다74817 판결; 대법원 1996. 12. 10. 선고 96다37206 판결. 이 판례도 이사에 관한 것이지만, 감사의 경우에도 같다.
772) 대법원 1988. 3. 22. 선고 85누884 판결.
773) 대법원 1968. 5. 22.자 68마119 결정.

Ⅳ. 감사의 직무

1. 감사의 권한

(1) 업무감사권

1) 의 의 : 감사는 이사의 직무집행을 감사한다(상법 제412조 제1항). 이처럼 감사는 이사의 직무에 속하는 사항 일체를 감사하지만, 집행임원과 상업사용인 기타 직원의 업무집행도 감사할 수 있고(상법 제408조의9 → 제412조, 제412조의2), 이사회의 권한사항도 감사할 수 있다. 또한 이를 위해 감사는 언제든지 이사에 대하여 영업에 관한 보고를 요구하거나 회사의 업무와 재산상태를 조사할 수 있다(상법 제412조 제2항). 이는 감사업무의 실효성을 제고하기 위한 것이므로 감사의 요구와 조사에 대해서 이사는 회사의 기밀에 속한다는 등의 이유로 거부할 수 없다. 주의할 것은 감사의 업무감사권은 경영감독기관의 지위에서 요구되는 것이므로 권리인 동시에 의무의 성격도 함께 갖고 있다는 점이다. 한편 감사는 직무수행상 필요한 경우에는 회사의 비용으로 전문가의 도움을 구할 수 있고(상법 제412조 제3항), 감사의 업무감사 결과는 이사회에서의 의견진술·보고, 유지청구, 주주총회에서의 의견진술, 감사록과 감사보고서 작성 및 제출 등으로 표현된다.

2) 적용범위 : 상법은 감사의 업무감사권이 미치는 범위에 관하여 명확히 규정하지 않아 구체적인 적용범위와 관련하여 논란이 있다. 아직 이에 관한 판례는 없지만, 학설로는 ① 일반적으로 적법성·합목적성·타당성·능률성까지 판단할 수 있는 이사회의 업무감독권과 달리 감사의 업무감사권은 적법성 판단에만 한정된다는 견해,[774] ② 적법성 감사뿐만 아니라 타당성 감사에도 미친다는 견해,[775] ③ 원칙적으로 적법성 감사에 한정되나 현저히 부당한 업무집행에 대해서는 예외적으로 타당성 감사도 할 수 있다는 견해[776]가 있다. 생각건대 감사가 이사의 직무집행의 타당성까지 감사하게 되면 이는 곧 감사의 경영판단이 업무집행자(이사)의 경영판단보다 우선하게 되어 기관의 분화와 권한 배분에 관한 상법의 기본원리에 반하게 되고, 특별한 몇 가지 경우를 제외하고는 감사의 업무감사는 기본적으로 사후감사라는 점에도 맞지 않는다. 따라서 상법이 특별히 예외적으로 규정하고 있는 타당성 감사에 관한 경우(제413조, 제447조의4 제2항 제5호 및 제8호)를 제외하고는 감사의 업무감사

774) 김동훈, 360면; 김정호, 373면; 박상조, 672면; 서돈각/정완용, 477면; 손주찬, 832면; 이범찬/임충희/이영종/김지환, 382면; 이철송, 889면; 임홍근, 557면; 정경영, 748면; 정동윤, 669면; 정찬형, 1127면; 최준선, 609면.
775) 강위두/임재호, 893면; 권기범, 1044면; 이기수/최병규, 596면; 최기원, 737면.
776) 서헌제, 903면; 채이식, 583면.

권은 원칙적으로 적법성 감사에 한정된다고 보아야 한다.

3) 관련 문제 : 감사가 이사의 직무집행에 관한 업무감사권을 실행함에 있어서 제기되는 문제와 그 해결방안 및 특별법과의 관계 등에 관한 주요 내용은 다음과 같다.

㈎ 보고요구의 상대방 : 감사는 언제든지 이사에 대하여 영업에 관한 보고를 요구할 수 있는데(상법 제412조 제2항), 이는 감사가 그 직무수행에 필요한 정보를 수집하는 데 있어 매우 중요하다. 그런데 필요한 정보의 종류나 내용에 따라서는 업무를 직접 담당하는 사용인이 더 정확하게 알 수 있다. 그리하여 감사는 사용인에 대해서도 보고를 요구할 수 있다고 해석하는 견해가 있다.[777] 생각건대 이는 지나친 확장해석이지만, 감사가 그 직무수행을 위해 이사에게 특정한 사용인으로 하여금 영업에 관한 사항을 보고하도록 조치해 달라는 요구를 할 수는 있다고 본다. 다만 이사의 직무집행을 감사하는 감사의 특성상 적극적인 협조를 받기 어려울 수 있고, 더 나아가 승진 등 인사에 관여할 수 있는 이사와 사용인의 관계상 필요한 정보를 제대로 얻지 못할 가능성도 있다. 따라서 입법론적으로는 영업보고요구의 상대방인 「이사」를 「이사 및 사용인」으로 개정할 필요가 있다. 한편 감사의 요구를 이사가 거부하거나 조사를 방해하면 당해 이사에게는 과태료의 제재가 가해지고(상법 제635조 제1항 제3호, 제4호), 감사는 필요한 조사를 할 수 없었다는 뜻과 그 이유를 감사보고서에 기재해야 한다(상법 제447조의4 제3항).

㈏ 감사의 하부조직 : 기업 실무에서 감사의 업무감사는 매우 다양하게 이루어진다. 즉 ① 기중감사와 기말감사, ② 직접감사와 간접감사, ③ 종합감사와 특별감사 등으로 행해지는데, 문제는 감사 스스로 이러한 방법을 모두 사용하여 감사하는 것은 거의 불가능하다는 점이다. 따라서 감사는 그의 직접적인 지휘를 받으며 감사업무에 종사하는 인적 조직이 필요한데, 상법은 이에 관하여 규정하지 않고 있어 결국 이 문제는 회사 내부의 감사부서에 대한 지휘·감독권을 감사에게 부여하는 방안 등을 마련하는 등 입법적인 해결을 도모할 수밖에 없다. 이 경우 회사 내부의 감사부서는 대표이사를 비롯한 경영진의 지휘·감독을 받으므로 이들의 신분상 독립성을 어떻게 확보하느냐가 매우 중요하다. 따라서 감사요원의 자격·지위·선임·직무 등에 대한 제도적인 뒷받침이 필요하다.

㈐ 외부감사와의 관계 : 외부감사법상 ① 상장법인, ② 해당 사업연도 또는 다음 사업연도 중에 상장법인이 되려는 회사, ③ 그 밖에 직전 사업연도 말의 자산, 부채, 종업원수 또는 매출액 등 대통령령으로 정하는 기준에 해당하는 회사(다만, 당해 회사가 유한회사인 경

---

777) 권종호, 100면.

우에는 본문의 요건 외에 사원 수, 유한회사로 조직변경 후 기간 등을 고려하여 대통령령으로 정하는 기준에 해당하는 유한회사에 한정함)는 외부전문가에 의한 회계감사를 받아야 한다(제4조 제1항). 이러한 외부감사인의 업무는 감사의 업무감사와 중복되는 점이 있지만, 양자는 별개의 독립된 제도이다. 따라서 외부감사인의 감사가 있었다고 하여 그 부분에 관한 감사의 감사의무가 면제되거나 경감되지는 않는다.[778)]

(2) 부수적 권한

1) 자회사조사권

㈎ 의 의 : 모회사의 감사는 그 직무를 수행하기 위하여 필요한 경우 자회사에 대하여 영업의 보고를 요구할 수 있는데(상법 제412조의5 제1항), 그 요구에 자회사가 지체없이 응하지 아니할 때 또는 보고의 내용을 확인할 필요가 있는 때에는 모회사의 감사가 직접 자회사의 업무와 재산상태를 조사할 수 있다(상법 제412조의5 제2항). 이 경우 자회사는 정당한 이유가 없는 한 감사의 보고 요구 및 조사를 거부할 수 없다(상법 제412조의5 제3항). 상법이 모회사의 감사에게 법적으로 독립된 자회사에 대한 조사권을 인정하는 것은 모회사가 자회사와 가격이전거래를 하거나 분식결산을 하여 모회사의 진실한 현황을 은폐하는 경우가 많기 때문이다. 그리하여 외부감사법도 지배회사에 대하여 연결재무제표의 작성을 위하여 필요한 범위에서 종속회사의 회계에 관한 조사권을 인정하고 있다(동법 제7조). 참고로 모자회사 관계는 상법 제342조의2에 의해 정해진다.

㈏ 행사요건 : 감사가 자회사를 조사하는 것은 모회사에 대한 효과적인 감사를 위한 것이므로 자회사에 대하여 보고를 요구하기 위해서는 「모회사에 대한 직무수행상 필요성」이 인정되어야 하는데, 여기서 「직무수행」이란 모회사의 업무감사를 의미한다. 그렇다면 감사가 모회사의 그 밖의 직무수행(예: 유지청구권 등)을 위해서도 자회사를 조사할 수 있을까? 상법이 법적으로 독립된 별개의 회사임에도 불구하고 특별규정을 두어 모회사의 감사가 자회사를 조사할 수 있도록 한 것은 자회사의 영업과 연계하지 않고는 모회사의 정확한 현황을 파악할 수 없고, 때때로 자회사가 모회사의 자산을 부당하게 유출하는 도구로 사용되고 있으므로 감사업무의 실효성을 높이기 위함이다. 그리고 제412조의5 제1항은 「그 직무를 수행하기 위하여 필요한 때」라고 규정하고 있다. 따라서 감사는 그 밖의 직무수행을 위해서도 자회사를 조사할 수 있다고 보아야 한다.

㈐ 행사방법 : 감사는 ① 원칙적으로 자회사에 대하여 영업의 보고만을 요구할 수 있다

778) 대법원 2019. 11. 28. 선고 2017다244115 판결.

(상법 제412조의5 제1항). 이는 모회사의 감사로서 필요한 사항인데, 주로 모회사와의 거래관계가 그 대상이 될 것이다. 주의할 것은 법문은 「영업」의 보고를 요구할 수 있다고 규정하고 있지만, 영업 외의 거래도 모회사의 손익이나 자산에 영향을 줄 수 있으므로 모회사에 관련된 사항이라면 그 어떤 것이든 보고의 대상이 된다는 점이다. ② 예외적으로 모회사 감사의 보고 요구에 자회사가 지체없이 응하지 않거나 자회사가 한 보고내용을 확인할 필요가 있는 때에는 모회사의 감사가 직접 자회사의 업무와 재산상태를 조사할 수 있다(상법 제412조의5 제2항). 이 경우 조사범위는 모회사 감사로서의 직무수행에 필요한 부분으로 한정된다. 주의할 것은 법문이 모회사 감사의 조사권 내용을 자기 회사에 대한 업무감사권과 동일하게 규정하고 있더라도 자회사의 법적 독립성은 분명히 존중되어야 하므로 조사의 요건과 범위를 엄격히 해석해야 한다는 점이다.

㈑ 자회사의 거부 : 자회사는 원칙적으로 모회사 감사의 요구를 거부할 수 없지만, 예외적으로 정당한 이유가 있는 때에는 모회사 감사의 영업에 관한 보고 요구 및 조사에 대해 거부할 수 있다(상법 제412조의5 제3항). 그렇다면 자회사가 거부할 수 있는 「정당한 이유」란 무엇인가? 이에 관한 상법 규정은 없지만, 학설의 경우에는 ① 보고요구권의 행사가 감사의 권한 남용이거나 조사권이 보고 요구 없이 행사되는 등 위법한 경우에만 국한된다는 견해, ② 위법한 경우뿐만 아니라 정당한 권한 행사라도 자회사의 영업비밀 등과 같은 독립된 이익을 침해하는 경우에는 거부권을 행사할 수 있다는 견해가 있다. 자회사조사권의 입법취지를 고려할 때 후자가 타당하다.

2) 이사회출석·의견진술권

㈎ 의 의 : 감사는 이사회에 출석하여 의견을 진술할 수 있는데(상법 제391조의2 제1항), 이는 이사회가 위법·부당한 결정을 하는 것을 사전에 방지하기 위하여 인정된 것이다. 따라서 이사회를 소집하는 때에는 감사에게도 통지해야 하고(상법 제390조 제3항), 그 통지를 생략하고자 할 때에는 감사 전원의 동의를 얻어야 한다(상법 제390조 제4항). 한편 이사회에 출석한 감사는 이사회의사록에 기명날인(또는 서명)해야 하는데(상법 제391조의3 제2항), 이는 이사회의 의사록 작성에 있어 공정성을 확보하기 위함이다.

㈏ 의무성 여부 : 감사의 이사회출석·의견진술권과 관련해서는 의무성에 관한 논란이 있다. 즉 ① 감사에게 이사회출석의무를 부과하면 오히려 감사의 지위를 약화시키는 원인이 될 수 있으므로 이사회출석의무가 없다는 견해,[779] ② 감사의 이사회 출석은 권한인 동시에 의무이므로 감사가 정당한 이유 없이 이사회에 계속 참석하지 아니하면 임무해태가

779) 최기원, 741면.

되어 책임을 진다는 견해,[780] ③ 감사가 1회이든 수회이든 이사회에 결석한 사실 그 자체는 임무해태로 볼 수 없으나 정당한 사유 없이 이사회에 불출석하여 감사권의 행사를 게을리 한 때에는 임무해태가 된다는 견해[781]가 있다. 생각건대 이사회출석·의견진술권은 감사가 그 직무를 효과적으로 수행하려면 이사회의 결의사항을 알아야 하고, 필요한 때에는 감사가 이사회에 의견을 표시할 수 있어야 하기 때문에 인정되는 것이므로 기본적으로 권한으로 보아야 한다. 다만 감사가 이사회에 정당한 사유 없이 참석하지 아니함으로 인해 그 직무를 제대로 수행하지 못한 경우에는 당연히 임무해태에 따른 손해배상책임을 부담해야 할 것이다. 이러한 점에서 ③설이 타당하다.

㈐ 이사회결의의 하자 여부 : 감사에게 소집통지를 하지 않았거나 감사가 출석하지 아니한 상태에서 이루어진 이사회결의는 하자 있는 결의인가? 이에 대해서는 ① 감사가 출석하였더라면 이사회의 위법·부당한 결의를 저지하는 조치를 했을 수도 있으므로 소집절차에 하자가 있다는 견해,[782] ② 이사회결의에는 하자가 없다는 견해[783]와 판례[784]가 있다. 생각건대 상법은 감사가 이사회에 출석하여 의견을 진술할 수 있다고만 규정하고 있는데, 여기서 「의견진술」이란 구체적인 의안에 대하여 감사로서 그 의견을 표시하는 것이다. 즉 감사의 이사회 출석은 감사로서의 직무수행을 위한 것이지 이사회의 의사형성에 필요한 것이 아니므로, 감사에게 소집통지를 하지 않았거나 감사가 소집통지를 받고 출석하지 않았다고 하여 이사회결의에 하자가 있는 것은 아니다.

3) 이사의 보고 수령권

㈎ 의 의 : 이사는 회사에 현저한 손해를 미칠 염려가 있는 사실을 발견한 경우 지체없이 감사에게 보고해야 한다(상법 제412조의2). 일반적으로 감사는 회사의 일상적인 업무활동에 대한 정보를 갖고 있지 못하여 실효적인 감사활동을 못하는 경우가 있다. 그리하여 상법은 이 규정을 통해서 긴급한 상황에 대한 정보가 감사에게 적시에 공급되도록 하고 있다. 그런데 이는 중대한 사고가 발생한 때에 그 사실을 은폐하여 적시의 책임소재 규명이나 책임추궁을 어렵게 하는 경우 그러한 사실을 감사에게 개시하도록 하여 감사가 정당한 방법으로 그 일을 수습하도록 유도하는 의미도 함께 갖고 있다.

---

780) 정동윤, 671면.
781) 이철송, 891면.
782) 권기범, 1000면; 최기원, 741면.
783) 이철송, 891면.
784) 대법원 2009. 4. 9. 선고 2008다1521 판결; 대법원 2008. 7. 10. 선고 2005다24981 판결; 대법원 1992. 4. 14. 선고 90다카22698 판결 등.

(나) 보고주체 : 상법은 보고의무의 주체를 「이사」라고만 규정하고 있어 구체적으로 누가 보고의무를 이행해야 하는지 의문이다. 일반적으로는 대표이사가 보고의무를 지겠지만, 손해의 발생에 원인적으로 관계되어 있는 이사와 그러한 사실을 알게 된 이사도 보고의무를 진다고 보아야 한다. 이들도 회사의 수임인으로서 선관주의의무와 감시의무를 지고, 동 규정의 입법취지가 회사의 손해를 방지하는 데에 있기 때문이다.

(다) 보고사항 : 상법은 이사의 보고사항에 대하여 「회사에 현저한 손해를 미칠 염려가 있는 사실」이라고만 규정하고 있는데, 그 의미가 불명확하여 이사의 보고사항 여부에 관련된 논란이 제기될 수 있다. 따라서 현재로서는 보고사항인지를 회사의 규모와 영업의 종류 그리고 사안의 일상성 여부에 따라 판단할 수밖에 없다. 예를 들어 거액의 판매대금채권의 회수불능, 거액의 손해배상채무의 발생, 어음의 부도, 거액의 세금추징, 심각한 노사분규 등은 대표적인 보고사항이다. 그리고 이런 때에는 이미 발생한 경우만이 아니라 그 발생이 예견되는 경우도 포함되는 것으로 해석해야 한다.[785)]

(라) 불이행 효과 : 상법은 이사에게 보고의무만 부과하고 있을 뿐 그 위반에 대한 벌칙규정은 두고 있지 않다. 그렇지만 이사가 보고의무를 이행하지 않으면 그 자체가 법령위반이므로 만약 회사에 손해가 발생하였다면 당연히 배상책임을 져야 하고(상법 제399조), 이사의 정당한 해임사유(상법 제385조)에도 해당한다.

(마) 감사의 후속조치 : 이사의 보고를 수령한 감사의 후속조치에 관한 상법 규정은 없다. 그렇지만 경영감독기관인 감사는 그 직무집행에 있어서 선관주의의무를 부담하므로 이사로부터 보고 받은 사실을 지체없이 조사하여 진상을 파악한 후 그 결과에 대하여 이사회와 주주총회에서 의견을 진술해야 하고, 주주총회의 소집청구나 이사에 대한 유지청구 및 책임추궁과 같은 권한을 사안의 종류나 내용에 따라 적시에 행사해야 한다. 그리고 이를 위해 감사는 이사회소집청구권(상법 제412조의4)도 행사할 수 있다.

4) 이사회소집청구권

(가) 의 의 : 감사는 필요하면 회의의 목적사항과 소집이유를 적은 서면을 이사(소집권자)에게 제출하여 이사회 소집을 청구할 수 있다(상법 제412조의4 제1항).

(나) 입법취지 : 감사의 이사회소집청구권은 2011년 개정 상법이 도입하였는데, 감사가 직무수행 결과를 이사회에 적시에 진술하고자 할 때 그 실행수단을 마련해 주기 위함이다. 즉 이사가 법령·정관에 위반하거나 위반할 염려가 있는 경우에는 감사가 이를 이사회에 보

785) 이철송, 892면.

고해야 한다는 이사회출석·의견진술권을 실질적으로 보장해 주기 위함이다(상법 제391조의2). 따라서 「필요하면」도 감사가 제391조의2에 의해 이사회에 의견을 진술하거나 보고하기 위한 경우로 해석해야 한다. 한편 감사의 이사회소집청구권에는 법원의 허가가 필요 없고, 감사의 청구가 있음에도 이사가 지체없이 이사회를 소집하지 아니하면 청구한 감사가 직접 이사회를 소집할 수 있다(상법 제412조의4 제2항).

5) 주주총회소집청구권

(가) 의 의 : 감사는 회의의 목적사항과 소집이유를 기재한 서면을 회사에 제출하여 임시주주총회의 소집을 청구할 수 있는데, 이 경우 이사회가 지체없이 주주총회의 소집절차를 밟지 아니하면 감사가 법원의 허가를 얻어 직접 주주총회를 소집할 수 있다(상법 제412조의3 제1항, 제2항 → 제366조 제2항).

(나) 행사범위 : 상법상 감사의 주주총회소집청구권의 행사범위에 관한 규정은 없다. 그런데 상법이 감사에게 주주총회소집청구권을 부여한 것은 업무감사권의 실효성을 제고하기 위함이다. 감사의 업무감사권은 대체로 업무에 대한 조사에 그칠 뿐 그 결과를 직접 회사의 업무나 경영정책에 반영할 수 있는 권능은 없으므로 결국 주주총회의 의사결정에 의해서만 그 실효성을 보장받을 수 있기 때문이다. 따라서 감사의 주주총회소집청구권은 주주총회에서 긴급히 의견을 진술할 필요가 있는 때에만 허용해야 한다.

(다) 실효성 : 주주총회의 결의는 소집통지서에 기재된 안건에 대해서만 이루어질 수 있다. 따라서 이사회가 감사의 청구안건을 주주총회의 목적사항으로 상정하지 아니하면 주주총회에 참석한 주주들은 감사의 의견진술만 들을 수 있을 뿐 아무런 결의도 할 수 없게 된다. 이러한 상황에서 채권자적 지위에 있는 주주들이 얼마나 적극적으로 주주총회에 참석할 것인지는 극히 의문이다. 따라서 입법론적으로는 감사가 주주총회소집청구권을 행사하면서 주주총회의 목적사항도 직접 제출할 수 있도록 해야 한다.

6) 감사해임에 관한 의견진술권

(가) 의 의 : 감사는 주주총회에서 감사의 해임에 관하여 의견을 진술할 수 있다(상법 제409조의2). 이는 감사의 업무수행상 독립성과 신분의 안정성을 위한 것이므로 자신의 해임만이 아니라 다른 감사의 해임에 대해서도 의견을 진술할 수 있다. 한편 감사의 의견진술권은 주주총회결의의 공정성을 촉구하는 의미도 담고 있는데, 해임에 관한 주주총회결의가 이사들에 의해서 오도될 가능성이 있기 때문이다. 주의할 것은 감사가 해임에 관한 의견을 진술한다고 하여 주주총회의 결의를 구속하는 것은 아니라는 점이다.

㈏ 진술시기 : 상법상 감사가 언제 의견을 진술할 수 있는지에 관한 규정은 없다. 그렇지만 상법이 감사의 해임에 관한 의견진술권을 규정한 취지는 해임결의의 공정성을 촉구하기 위함이므로 당연히 해임결의가 있기 전에 보장되어야 한다.

㈐ 진술범위 : 상법상 규정은 없지만, 감사의 의견진술권은 해임결의의 공정성을 촉구하기 위한 것이므로 주주총회결의의 공정성을 위한 것이라면 결의의 위법이나 부당성의 지적 등 그 어떠한 내용이라도 감사가 진술할 수 있다고 보아야 한다.

㈑ 위반효과 : 감사의 의견진술권을 보장하지 아니한 주주총회결의의 효력에 관하여 상법은 규정하고 있지 않지만, 감사의 의견진술권은 해임결의가 이사들에 의해 오도되는 것을 방지하기 위해 인정된 것이다. 따라서 감사의 의견진술 요구를 무시하고 주주총회의 결의가 이루어졌다면 감사는 주주총회결의취소의 소를 제기할 수 있다.

7) 유지청구권

㈎ 의 의 : 이사의 법령·정관 위반행위로 인해 회사에 회복할 수 없는 손해가 생길 염려가 있는 경우에 감사는 이사에 대하여 그 행위를 유지할 것을 청구할 수 있다(상법 제415조 → 제402조). 이러한 유지청구의 요건이 충족되면 주주와 달리 감사는 반드시 이사에게 유지청구를 해야 하고, 이를 게을리하면 임무해태가 된다.

㈏ 행사방법 : 감사의 유지청구는 이사에 대한 의사표시나 소로써 할 수 있는데, 이 중 유지청구의 소는 회사를 위해 제기하는 것이므로 판결의 효과가 당연히 회사에 미친다(민사집행법 제218조, 통설). 그런데도 관할이나 소송참가 등 절차에 관한 규정이 상법에는 없다. 따라서 유지청구의 소는 그 성질상 대표소송의 일종으로 볼 수 있는 만큼 우선 대표소송에 관한 규정을 유추적용하여 해결해야 한다.[786)]

㈐ 위반효과 : 이사의 법령·정관 위반행위를 이유로 감사가 유지청구를 하였으나 이사가 이를 무시하고 한 행위가 유효한 경우 그 사법적 효과는 어떠한가? 이에 대한 판례는 아직 없지만, 학설로는 신주·사채의 발행과 같은 단체법적 행위는 상대방이 유지청구의 사실을 알든 모르든 유효하지만, 매매와 같은 개인법적 거래행위에 있어서는 상대방이 유지청구의 사실을 안 경우 회사가 무효를 주장할 수 있다는 견해[787)]가 있다. 그런데 이에 의하면

786) 감사의 유지청구의 소에 대해서는 대표소송에 관한 규정을 유추적용하는 만큼 대표소송 제도에 있는 제소주주에 대한 담보제공명령규정(상법 제403조 제7항, 제176조 제3항, 제4항)도 아울러 적용되어야 한다. 이에 관한 대법원 판례는 아직 없지만, 인정하지 않은 하급심 판례가 있다(서울고등법원 1997. 11. 4. 선고 97라174 판결).

787) 강위두/임재호, 881면; 박상조, 658면; 손주찬, 821면; 최준선, 580면.

감사의 유지청구는 적법성의 추정을 받고 이사의 행위는 위법성 추정을 받는 결과가 되어 불공평할 뿐만 아니라 법적 근거도 없다. 그러므로 감사의 유지청구 유무나 상대방의 선의 여부는 행위의 효력에 영향을 주지 않는다고 보아야 한다.[788]

㈑ 실효성 보완 : 감사의 유지청구는 강제력이 없으므로 이사가 이를 무시할 수 있다. 다만 이사가 감사로부터 정당한 유지청구를 받고도 그 위반행위를 유지하지 않거나 감사의 유지청구가 부당한데도 불구하고 그에 따른 경우에는 그 자체가 법령·정관에 위반한 행위이거나 임무해태에 해당하여 상법 제399조에 의한 책임을 회사에 대하여 부담한다. 그러므로 감사의 유지청구가 그 실효성을 가지려면 가처분 제도를 함께 이용할 수 있어야 하는데, 상법은 아직 이에 관한 규정을 두고 있지 않다.

8) 각종 소 대표권

㈎ 의 의 : 회사가 이사에 대하여 또는 이사가 회사에 대하여 소를 제기한 때에는 감사가 회사를 대표하고,[789] 소수주주가 회사에 대하여 이사의 책임추궁을 위한 소 제기를 청구한 때에도 감사가 회사를 대표한다(상법 제394조 제1항, 제403조 제1항). 한편 감사는 회사설립무효의 소(상법 제328조), 주주총회결의취소의 소(상법 제376조 제1항), 신주발행무효의 소(상법 제429조), 감자무효의 소(상법 제445조), 합병무효의 소(상법 제529조), 분할·분할합병무효의 소(상법 제530조의11), 주식교환·이전무효의 소(상법 제360조의14, 제360조의23)를 제기할 수 있다. 주의할 것은 각종의 소를 제기할 것인지 여부는 감사의 판단에 속하나 선관주의의무를 부담하고, 감사가 주주총회결의취소의 소와 신주발행무효의 소 및 감자무효의 소를 제기한 때에는 담보제공의무가 면제된다는 점이다.

㈏ 제소 여부의 결정 : 감사는 소송의 수행만이 아니라 그 제소 여부도 직접 결정할 수 있는가? 결론적으로 감사는 이사에 대한 제소 여부도 직접 결정할 수 있어야 한다. 만약 제소 여부는 이사회가 결정하고 감사에게는 당해 소송의 수행권만 부여한다면 이사에 대한 소의 제기 그 자체가 지연되거나 때로는 포기될 수도 있어 감사에게 소 대표권을 부여한 입법취지에 반하기 때문이다.[790] 이 점에서 감사의 소 대표권은 권한이면서 의무이기도 하다. 따라서 감사가 정당한 이유가 있음에도 불구하고 소를 제기하지 아니한 때에는 회사에 대해서 임무해태에 따른 손해배상책임을 지게 된다.

788) 권기범, 960면; 송옥렬, 1109면; 이범찬/임충희/이영종/김지환, 337면; 이철송, 848면; 정경영, 713면; 정동윤, 653면.

789) 다만 퇴임이사와 회사 간의 소에서는 대표이사가 대표한다(대법원 2007. 9. 21. 선고 2005다34797 판결 등).

790) 이철송, 894면; 정경영, 753면; 정동윤, 671면.

㈐ 대표이사의 소송행위의 효력 : 감사의 소 대표권에 관한 규정은 효력규정이므로, 이에 위반하여 대표이사가 회사를 대표하여 수행한 소송행위는 무효이다.[791] 따라서 법원이 이를 간과하고 판결을 내린 경우에는 상고 또는 재심의 사유가 된다(민사소송법 제424조 제1항 제4호, 제451조 제1항 제3호). 한편 이사가 회사를 상대로 소를 제기하면서 소장에 회사의 대표자로 대표이사를 기재하였어도 이를 감사로 보정할 수 있는데, 그 이후에는 감사의 추인 여부에 관계없이 적법한 소가 된다.[792]

㈑ 비송사건과 감사의 대표권 : 이사와 회사의 소에 있어서 감사가 회사를 대표하게 하는 것은 양자 간의 이해충돌을 방지하고 소송수행의 공정성을 확보하기 위함이다. 그리하여 임시주주총회소집허가신청사건, 일시이사선임신청사건, 주식매수가액결정신청사건 등과 같은 쟁송성이 미약한 경우에는 이사가 회사를 대표하게 하여도 특별한 문제가 없다고 생각할 수 있다. 물론 아직까지 이에 관한 학설이나 판례는 없지만, 비송사건이라고 해서 반드시 쟁송성이 약한 것이 아니고 또한 소송사건의 비소송화 경향을 고려할 때 이 경우에도 감사로 하여금 회사를 대표하게 하는 것이 합리적이다.

㈒ 감사가 공동불법행위자인 경우 : 회사와 이사 간의 소송에서는 감사가 회사를 대표하는데, 이는 효력규정이다. 그런데 감사가 이사와 공동불법행위자인 경우에는 회사의 이익을 위해 이사에게 소송을 제기할 가능성은 거의 없다. 그런데도 상법은 이에 관한 규정을 두고 있지 않고, 아직 별다른 학설도 없다. 생각건대 이 경우에는 다른 임원 등 회사를 대표할 자를 정해야 한다. 다만 불법행위의 소멸시효 기산점과 관련해서는 간접적으로 이 경우에는 회사의 이익을 정당하게 보전할 권한을 가진 다른 임원 또는 사원이나 직원 등이 손해배상청구권을 행사할 수 있음을 밝힌 판례가 있다.[793]

참고판례 **공동불법행위에 있어서 소멸시효의 기산점 판단기준(대법원 2015. 1. 15. 선고 2013다50435 판결)** : 불법행위로 인한 손해배상청구권의 단기소멸시효의 기산점은 '손해 및 가해자를 안 날'부터 진행되며, 법인의 경우에 손해 및 가해자를 안 날은 통상 대표자가 이를 안 날을 뜻한다. 그렇지만 법인의 대표자가 법인에 대하여 불법행위를 한 경우에는, 법인과 대표자의 이익은 상반되므로 법인의 대표자가 그로 인한 손해배상청구권을 행사하리라고 기대하기 어려울 뿐만 아니라 일반적으로 대표권도 부인된다고 할 것이어서 법인의 대표자가 손해 및 가해자를 아는 것만으로는 부족하다. 따라서 이러한 경우에는 적어도 법인의 이익을 정당하게 보전할 권한을 가진 다른 대표자, 임원 또는 사원이나 직원 등이 손해배상청구권을 행사할 수

791) 대법원 2011. 7. 28. 선고 2009다86918 판결; 대법원 2003. 3. 28. 선고 2003다2376 판결 등.
792) 대법원 2011. 7. 28. 선고 2009다86918 판결; 대법원 2003. 3. 28. 선고 2003다2376 판결 등.
793) 대법원 2012. 7. 12. 선고 2012다20475 판결.

있을 정도로 이를 안 때에 비로소 단기소멸시효가 진행하고, 만약 다른 대표자나 임원 등이 법인의 대표자와 공동불법행위를 한 경우에는 그 다른 대표자나 임원 등을 배제하고 단기소멸시효 기산점을 판단하여야 한다. 그리고 이는 법인의 대표자의 불법행위로 인한 법인의 대표자에 대한 손해배상청구권을 피보전권리로 하여 법인이 채권자취소권을 행사하는 경우의 제척기간의 기산점인 '취소원인을 안 날'을 판단할 때에도 마찬가지이다.

2. 감사의 의무

(1) 선관주의의무

1) 의 의: 감사와 회사의 관계에는 위임에 관한 민법 규정이 준용되므로(상법 제415조 → 제382조 제2항), 감사는 회사에 대하여 선관주의의무를 부담한다. 이는 감사의 개별적 능력에 따른 의무가 아니라, 위임사무의 처리에 있어 일반적으로 요구되는 고도의 주의의무이다. 감사의 선관주의의무는 의무의 이행은 물론 권한의 행사에도 요구되는데, 감사의 권한과 의무는 상호 연계되어 있기 때문이다. 따라서 감사가 의무의 이행이나 권한의 행사를 게을리하면 선관주의의무의 위반이 되어 회사에 대하여 손해배상책임을 부담한다. 이러한 감사의 선관주의의무는 상근·비상근 및 보수의 유무에 관계없이 모든 감사에게 적용되므로 비상근감사도 선관주의의무의 위반에 따른 책임을 면할 수는 없다.[794]

참고판례 **비상근 감사의 선관주의의무(대법원 2009. 11. 12. 선고 2007다53785 판결)**: 우리 상법이 감사를 감사와 비상임 감사로 구별하여 비상임 감사는 상임 감사에 비해 그 직무와 책임이 감경되는 것으로 규정하고 있지도 않을 뿐 아니라, 우리나라의 회사들이 비상임 감사를 두어 비상임 감사는 상임 감사의 유고시에만 감사의 직무를 수행하도록 하고 있다는 상관습의 존재도 인정할 수 없으므로, 비상임 감사는 감사로서의 선관주의의무 위반에 따른 책임을 지지 않는다는 주장은 허용될 수 없다.

2) 범 위: 감사가 부담하는 선관주의의무의 구체적인 내용과 범위는 회사의 종류나 규모, 업종, 지배구조 및 내부통제 시스템, 재정상태, 법령상 규제의 정도, 감사 개개인의 능력과 경력, 근무 여건 등에 따라 다를 수 있다. 그렇지만 감사는 이사의 직무집행을 감사할 권한을 가진 주식회사의 필요적 상설기관으로서 회계감사를 비롯하여 이사의 업무집행 전반을 감사할 권한을 갖고 있고, 이를 위해 언제든지 이사에 대하여 영업에 관한 보고를 요구하거나 회사의 재산상태를 조사할 수 있으며(상법 제412조), 감사의 조사를 방해하거나 요구를 거부한 때에는 그 뜻과 이유를 감사보고서에 기재해야 한다(상법 제447조의4 제3항). 따라

794) 대법원 2011. 4. 14. 선고 2008다14633 판결; 대법원 2009. 11. 12. 선고 2007다53785 판결 등.

서 회사에서 일부 임직원의 전횡이 방치되고 있었다거나 중요한 재무정보로부터 감사가 조직적·지속적으로 차단되고 있었던 상황이라면 이러한 감사의 주의의무는 경감되는 것이 아니라 오히려 더 가중된다고 보아야 한다.[795)]

(2) 부수적 의무

1) 비밀유지의무 : 감사는 재임 중만이 아니라 퇴임 후에도 직무상 알게 된 회사의 영업상 비밀을 누설해서는 아니된다(상법 제415조→제382조의4). 즉 감사는 자신이 알고 있는 회사의 영업상 비밀을 공개하지 않아야 할 뿐만 아니라, 타인에 의해서도 공개되지 않도록 주의를 기울여야 한다(수비의무). 이러한 감사의 수비의무는 적법한 법률관계나 사실관계에만 적용되므로 회사의 범죄행위나 탈세와 같은 위법·부당한 행위는 수비의무의 대상이 아님은 물론 수비하는 것 그 자체가 위법이다. 한편 감사는 회사의 영업상 비밀을 내부자거래와 같은 사익을 위해 이용해서도 아니되는데(비밀이용금지의무), 주의할 것은 그러한 행위를 하는 것 자체가 선관주의의무의 위반이 된다는 점이다.

2) 이사회에 대한 보고의무 : 감사는 이사가 법령 또는 정관에 위반한 행위를 하거나 그 행위를 할 염려가 있다고 인정한 때에는 이사회에 이를 보고해야 한다(상법 제391조의2 제2항). 이는 회사에 손해가 발생했는지에 관계없이 요구되는 의무인데, 감사의 업무감사권에 수반하는 것으로서 이사회에 대하여 감독권의 발동을 촉구하는 의미를 지닌다. 그런데 문제는 이사의 행위 태양이 분명하지 않다는 점이다. 법문의 문리적 측면에서만 본다면 이사의 작위적인 법령·정관 위반행위만을 의미하는 것으로 해석할 수 있지만, 이사가 해야 할 일을 하지 않거나 그러한 염려가 있는 때에도 감사는 이를 이사회에 보고해야 한다. 법령·정관에는 이사의 권한만이 아니라 의무도 규정하고 있기 때문이다.

3) 주주총회에서의 의견진술의무 : 감사는 이사가 주주총회에 제출할 의안 및 서류를 조사하여 법령 또는 정관에 위반하거나 현저하게 부당한 사항이 있는지의 여부에 관하여 주주총회에 그 의견을 진술해야 한다(상법 제413조). 이사에 대한 최종적인 견제는 주주총회에서 이루어지므로 이 의무는 가장 효과적인 감사기능이라고 할 수 있다. 한편 여기에서는 감사가 예외적으로 적법성뿐만 아니라 타당성에 관한 감사도 하게 된다.

4) 감사록의 작성의무 : 감사는 감사에 관하여 감사록을 작성해야 하는데(상법 제413조의2 제1항), 여기에는 감사의 실시요령과 그 결과를 기재하고 감사를 실시한 감사가 기명날인 또는 서명을 해야 한다(상법 제413조의2 제2항). 이러한 감사록은 감사의 책임 문제가 제기되

---

795) 대법원 2008. 9. 11. 선고 2006다68834 판결.

었을 때 그 유무를 판단할 수 있는 중요한 근거자료를 제공하는데, 상법은 감사의 감사록 작성의무와 그 기재사항 및 기명날인(또는 서명)만을 요구하고 있을 뿐 감사록의 구체적인 작성방법에 대해서는 규정하고 있지 않다. 생각건대 감사록은 감사의 업무수행기록이면서 동시에 감사보고서의 작성에 활용되는 기초자료이므로 일정한 원칙에 따라 명료하게 작성되어야 한다. 따라서 감사록에는 ① 작성연월일, ② 작성자, ③ 감사기간, ④ 감사사항, ⑤ 감사절차, ⑥ 감사결과 등이 포함되어 있어야 한다.

5) 감사보고서의 작성·제출의무 : 감사는 정기총회일 6주 전에 재무제표와 그 부속명세서 및 영업보고서를 이사로부터 제출받아 그로부터 4주 내에 감사보고서를 작성하여 이사에게 제출해야 한다(상법 제447조의3, 제447조의4 제1항). 다만 상장회사의 감사는 주주총회일 1주 전까지 감사보고서를 이사에게 제출할 수 있다(상법 제542조의12 제6항). 이처럼 감사가 재무제표 등을 종합적으로 검토한 후 감사보고서를 작성하여 제출할 수 있는 기간이 4주(상장회사에서는 5주)에 불과하여 감사가 모든 사항을 정확히 검토할 수 있을지 의문이다. 특히 비상근감사는 회사의 내부정보에 대한 접근 가능성이 매우 낮기 때문에 더욱 그러하다. 한편 상법 제447조의4 제2항은 10가지의 사항을 감사보고서에 기재하도록 규정하고 있다. 법문의 문리적 측면에서 본다면 "다음의 사항을 기재하여야 한다."라고 되어 있으므로 한정적 열거사항으로 볼 수 있지만, 감사보고서에는 회사의 사정에 따라 다양한 사항이 기재될 수 있으므로 예시사항으로 보아야 한다.

6) 이익충돌방지의무 : 이사는 경업금지의무·회사기회유용금지의무·자기거래금지의무를 부담하지만(상법 제397조 내지 제398조), 이러한 의무가 감사에게는 적용되지 않는다. 그러나 결론적으로 이는 옳지 않다. 경업금지·회사기회유용금지·자기거래금지의 주체인 이사의 종류에는 제한이 없으므로 사내이사만이 아니라 사외이사에게도 적용되는데, 회사에 상주하지 않는 사외이사의 영업상 비밀에 대한 접근 가능성이 감사보다 더 높은지 의문이고, 감사는 이사회 출석권이 있어 내부정보를 얼마든지 지득할 수 있을 뿐만 아니라 업무감사를 통해서 회사의 내부정보에 더 밝을 수도 있기 때문이다. 따라서 입법론적으로는 감사의 경업과 회사기회유용 및 자기거래도 엄격히 제한할 필요가 있다.

3. 감사의 책임

(1) 회사에 대한 책임

1) 의 의 : 감사가 그 임무를 해태한 때에는 회사에 대하여 연대하여 손해배상책임을 진다(상법 제414조 제1항). 이에 대해서는 상법상 특수한 책임이라는 견해와 위임계약상의

채무불이행책임이라는 견해가 있는데, 판례는 후자의 입장이다.[796] 생각건대 감사는 선관주의의무를 부담하므로 회사에 손해를 입혔다면 당연히 배상책임을 져야 한다. 그런데도 상법이 별도로 규제하는 것은 감사의 지위상 특수성을 고려하였기 때문이므로 감사의 회사에 대한 책임은 상법상 특수한 책임이라고 보아야 한다. 한편 감사의 회사에 대한 책임은 불법행위에 의해서도 발생할 수 있는데, 이러한 불법행위책임에 있어서는 손해전보방법으로 금전배상 외에 원상회복도 인정된다(민법 제764조). 따라서 감사의 임무해태행위가 불법행위를 함께 구성한 때에는 양 책임의 경합을 인정해야 한다.

> **참고판례** **감사의 책임범위(대법원 1988. 5. 24. 선고 87다카2896 판결)** : 회사의 감사 등에게 회사의 거래에 대하여 재직 중에 생긴 채무만을 책임지우게 하는 것도 그가 그 지위 때문에 부득이 회사의 계속적 거래로 인하여 생기는 회사의 채무를 연대보증하게 되었고 또 그 회사의 거래상대방이 거래할 때마다 그 거래 당시의 그 회사에 재직했던 감사 등의 연대보증을 새로이 받아오는 등의 특별한 사정이 없는 경우의 연대보증에까지 그 책임한도가 제한되는 것은 아니다.

2) 성립요건 : 감사의 회사에 대한 책임이 성립하려면 감사가 그 임무를 해태하여 회사에 손해가 발생해야 하고, 임무해태와 손해 사이에 인과관계가 있어야 한다.

㈎ 임무의 해태 : 감사가 고의·과실로 선관주의의무를 비롯한 각종 의무를 위반하거나 권한 행사를 게을리해야 한다. 주의할 것은 감사가 고의·과실로 의무를 이행하지 않거나 권한을 행사하지 않은 경우만이 아니라, 의무를 이행하고 권한을 행사하였어도 시기적으로 적당하지 않았거나 불성실했다면 임무해태가 된다는 점이다. 이 경우 감사가 의무이행과 권한행사를 성실히 수행하지 못했음은 회사(또는 소수주주)가 입증해야 한다.

㈏ 손해의 발생 : 감사의 임무해태로 인해 회사에 손해가 발생해야 한다. 여기서「손해」에는 통상적인 손해만이 아니라 특별손해도 포함되고, 금전적인 손해 외에 회사의 신용실추와 같은 비금전적 손해도 포함된다. 따라서 감사의 고의·과실로 인해 잘못된 사실이 공시되어 회사의 신용이 실추되었다면 그에 따른 회사의 손해도 감사가 책임을 져야 한다. 예를 들어 ㈜대우사건에서 밝혀진 분식회계 문제가 이에 해당할 것이다.

㈐ 인과관계의 존재 : 감사의 임무해태와 회사의 손해 사이에 인과관계가 있어야 한다. 그런데 계속기업인 회사의 특성상 감사의 임무해태에 따른 회사의 손해는 여러 단계를 거

796) 대법원 1985. 6. 25. 선고 84다카1954 판결(주식회사의 이사 또는 감사의 회사에 대한 임무해태로 인한 손해배상책임은 일반불법행위책임이 아니라 위임관계로 인한 채무불이행책임이므로 그 소멸시효기간은 일반 채무의 경우와 같이 10년이라고 보아야 할 것이다).

쳐 계속하여 이어질 수 있다. 따라서 이러한 모든 손해에 대한 책임을 감사에게 묻는 것은 비합리적이므로 임무해태와 상당인과관계가 있는 손해로 한정해야 한다.[797]

3) 책임의 확장 : 복수의 감사를 둔 회사에서 감사가 임무를 해태하여 회사에 손해배상 책임을 지는 때에는 다른 감사도 연대하여 책임을 진다. 다만 이는 회사에 대한 관계이고, 감사 내부적으로는 임무해태의 정도에 따라 각자의 책임내용이 달라질 수 있다. 한편 감사의 손해배상책임에 이사도 책임이 있는 때에는 이사도 연대하여 책임을 지고(상법 제414조 제3항), 외부감사인의 회사에 대한 손해배상책임에 이사·감사도 책임이 있는 때에는 역시 이사·감사·외부감사인이 연대하여 책임을 진다(외부감사법 제31조 제4항).

4) 책임의 추궁 : 감사의 임무해태에 따른 손해배상책임은 회사가 추궁해야 한다. 다만 회사가 책임추궁을 하지 않거나 지연시킬 때에는 발행주식총수의 100분 1 이상의 주식을 소유한 주주가 서면으로 회사에 대하여 책임추궁에 관한 소의 제기를 청구할 수 있고, 회사가 그 청구를 받은 날로부터 30일 내에 소를 제기하지 아니하면 주주가 직접 소를 제기할 수 있다(대표소송: 상법 제415조→제403조). 다만 상장회사에서는 6개월 전부터 발행주식총수의 1만분의 1 이상의 주식을 계속 소유하고 있는 주주만이 제기할 수 있다(상법 제542조의 6 제6항). 한편 제소주주의 의미와 관련하여 그동안 실질주주라는 견해 및 판례[798]와 주주명부상의 주주라는 견해가 있었지만, 2017년 대법원 전원합의체 판결[799]에 의해 이제는 주주명부상의 주주만이 대표소송을 제기할 수 있다. 그리고 2020년 개정 상법이 새로이 도입한 다중대표소송도 감사에게 동일하게 적용된다. 기타 감사의 책임추궁에 관한 대표소송의 내용은 이사의 경우와 같으므로 여기서는 생략한다.

5) 책임의 감면 : 감사의 회사에 대한 책임에는 제400조가 준용되므로(상법 제415조) 책임의 면제와 감경이 모두 가능하다. 이와 관련하여 상법 제400조 제2항은 이사에게 고의와 중대한 과실 등 일정한 사유가 없는 때에는 정관에서 정하는 바에 따라 회사에 대한 책임을 불법행위를 한 날 이전 최근 1년간 보수액(상여금과 주식매수선택권의 행사로 인한 이익 등을 포함함)의 6배(사외이사는 3배)를 초과하는 금액에 대하여 면제할 수 있도록 규정하고 있으므로, 감사의 책임도 이와 동일한 요령(상근감사와 비상근감사로 구분하여)으로 정관에 규정을 두어 감경할 수 있다고 보아야 한다. 기타 감사의 책임 감면에 관한 내용은 이사에서 설명한 바와 같으므로 여기서는 생략한다.

---

797) 대법원 2002. 11. 22. 선고 2002다34871 판결.
798) 대법원 2011. 5. 26. 선고 2010다22552 판결.
799) 대법원 2017. 3. 23. 선고 2015다248342 전원합의체 판결.

> **참고판례** **감사의 책임감면에 관한 규정의 적용범위(대법원 1996. 4. 9. 선고 95다56316 판결)** : 상법 제415조, 제400조에 의하여 총주주의 동의로 면제할 수 있는 감사의 회사에 대한 책임은 위임관계로 인한 채무불이행책임이지 불법행위책임이 아니므로, 사실상의 1인 주주가 책임면제의 의사표시를 하였더라도 감사의 회사에 대한 불법행위책임은 면제할 수 없다.

6) 책임의 해제 : 정기주주총회에서 재무제표 등의 승인결의를 한 후 2년 내에 다른 결의가 없으면 감사의 부정행위[800]를 제외하고는 회사는 감사의 책임을 해제한 것으로 본다(상법 제415조의2 제7항→제450조). 이는 감사의 책임에 관한 제414조의 중대한 예외인데, 그 이유는 상법이 감사에게 엄중한 책임을 부과하고 있으므로 그러한 책임의 존부에 관한 불안정한 상태가 너무 장기화되지 않도록 신속한 책임소멸의 원인을 정하기 위함이다. 따라서 여기서 2년이란 기간은 제척기간으로 보아야 한다.

㈎ 다른 결의의 의미 : 이는 주주총회결의만이 아니라 이사회결의나 회사의 제소행위 등도 포함한다는 견해와 하급심 판례가 있다.[801] 생각건대 감사의 책임해제는 제414조에 대한 중대한 예외인데, 이는 감사에게 엄격한 책임을 부과하면서 그 존부에 관한 불안정한 상태를 장기화하는 것은 형평에 맞지 않고, 신속한 종결을 통해 적임자가 제때에 감사로 취임할 수 있도록 해 주는 것이 실무적으로도 바람직하기 때문이다. 따라서 감사의 책임해제를 위한 「다른 결의」란 최소한 그 책임해제의 전제가 되었던 정기주주총회에서의 재무제표 승인결의에 버금가는 정도의 결의여야만 합리성이 부여될 수 있다.

㈏ 책임해제의 범위 : 이는 해제의 대상이 부정행위를 제외한 감사의 모든 책임인지 아니면 그 전제인 재무제표에 연관된 책임만인지 하는 문제이다. 생각건대 상법이 감사의 책임면제와 관련하여 총주주의 동의를 요구하면서도 예외적으로 책임해제에 관한 규정을 두고 있고, 해제의 전제요건으로 정기총회에서의 재무제표의 승인결의를 규정하고 있는 점을 종합할 때 해제의 대상이 되는 감사의 책임은 재무제표에 연관된 것으로 한정함이 타당하다.[802] 따라서 책임해제를 주장하는 감사가 자신의 책임사유가 정기주주총회에서의 승인결

---

800) 부정행위의 의미에 대해서는 다양한 하급심 판례가 있다. 즉 ① 뇌물공여행위를 책임해제가 불가능한 부정행위로 판단한 경우(수원지방법원 2001. 12. 27. 선고 98가합22553 판결), ② 중과실의 임무해태와 부정행위를 동일시한 경우(서울고등법원 2003. 11. 20. 선고 2002나6595 판결), ③ 의무를 위반하여 회사에 손해를 끼친 고의행위라고 판단한 경우(부산지방법원 2004. 4. 14. 선고 2002가합16791 판결) 등이 있다.

801) 권종호, 148면; 서울고등법원 1977. 1. 28. 선고 75나2885 판결.

802) 대법원 2007. 12. 13. 선고 2007다60080 판결; 대법원 2006. 8. 25. 선고 2004다24144 판결 등.

의 당시의 재무제표에 기재되어 있음을 입증해야 할 것이다.[803]

(2) 제3자에 대한 책임

1) 의 의 : 감사가 악의 또는 중대한 과실로 인하여 그 임무를 해태한 때에는 제3자에 대해서도 손해배상책임을 진다(상법 제414조 제2항). 이러한 책임의 법적 성질에 대해서는 법정책임설과 특수불법행위책임설이 있는데, 후자에 의하면 회사에 대한 감사의 임무해태가 왜 제3자에 대하여 불법행위가 되는지를 설명하기 어려우므로 전자가 타당하다.

2) 성립요건 : 감사가 고의 또는 과실로 그 임무를 해태하여 제3자에게 손해가 발생해야 하고, 임무해태와 제3자의 손해 사이에 인과관계가 있어야 한다.

㈎ 고의·중과실 : 감사에게 고의 또는 중과실이 있어야 한다. 그렇다면 이는 감사의 임무해태에 있어야 하는가, 아니면 제3자에 대한 가해행위에 있어야 하는가? 이에 대해서는 법정책임설과 특수불법행위책임설 모두 감사의 임무해태에 있어야 한다고 한다. 이 경우 감사의 임무해태에 관한 고의 또는 중과실은 제3자가 입증해야 한다.

㈏ 임무의 해태 : 감사가 의무의 이행과 권한의 행사를 게을리했어야 하는데,[804] 회사의 재무상태가 심히 악화되었음에도 불구하고 감사가 상당 기간 회계감사를 하지 아니한 경우 등을 그 예로 들 수 있다.[805] 그런데 판례는 감사가 위법한 대출이라는 의심을 하면서도 아무런 조치를 하지 않은 사건에서, 단순히 의심이 간다는 점만 가지고는 감사가 서류제출의 요구, 관계자의 조사, 감독기관에의 보고 등의 조치를 할 것으로 기대하기는 어렵다면서 감사의 임무해태를 인정하지 않았다.[806]

㈐ 제3자의 손해 : 이는 두 가지 측면에서 검토되어야 한다. 즉 ① 제3자의 범위인데, 통설은 회사 이외의 자, 즉 회사채권자와 기타 이해관계인뿐만 아니라 주주나 주식인수인도 포함된다고 본다. 다만 공법관계인 국가와 지방자치단체는 이에 포함되지 않는다.[807] ② 손해의 범위인데, 제3자의 직접손해에 대해서는 이론이 없으나 간접손해 특히 주주의 간접손해에 대해서는 제외설과 포함설이 대립한다. 생각건대 법문이 아무런 제한 없이 제3자라고만 규정하고 있으므로 회사 이외의 모든 자가 이에 해당한다고 보는 것이 합리적이고, 주주가 제3자의 범위에 포함되는 한 직접손해이든 간접손해이든 그가 입은 손해에 대해서는

803) 대법원 1969. 1. 28. 선고 68다305 판결.
804) 대법원 2008. 9. 11. 선고 2007다31518 판결; 대법원 2007. 6. 28. 선고 2006다59687 판결.
805) 대법원 1988. 10. 25. 선고 87다카1370 판결.
806) 대법원 2003. 10. 9. 선고 2001다66727 판결.
807) 대법원 1983. 7. 12. 선고 82누537 판결; 대법원 1983. 4. 12. 선고 82누517 판결.

감사가 배상책임을 지는 것이 마땅하며, 감사에게 손해배상책임을 추궁할 수 있는 제3자인 주주의 자격에는 어떠한 제한도 없음에 비해 대표소송에서는 지주비율의 제한과 담보제공의무가 있으므로 이는 대체수단으로서 적합하지 않다. 따라서 비록 주주가 회사채권자에 우선하여 변제받는다는 약점은 있으나 포함설이 타당하다.

㈑ 인과관계의 존재 : 감사의 제3자에 대한 책임이 성립하려면 감사의 고의 또는 중과실에 의한 임무해태와 제3자의 손해 사이에 상당인과관계가 있어야 한다.

참고판례 **감사의 제3자에 대한 손해배상책임(대법원 2009. 11. 12. 선고 2007다53785 판결)** : 주식회사의 감사가 실질적으로 감사로서의 직무를 수행할 의사가 전혀 없으면서도 자신의 도장을 이사에게 맡기는 등의 방식으로 그 명의만을 빌려줌으로써 회사의 이사로 하여금 어떠한 간섭이나 감독도 받지 않고 재무제표 등에 허위의 사실을 기재한 다음 그와 같이 분식된 재무제표 등을 이용하여 거래 상대방인 제3자에게 손해를 입히도록 묵인하거나 방치한 경우, 감사는 악의 또는 중대한 과실로 인하여 임무를 해태한 때에 해당하여 그로 말미암아 제3자가 입은 손해를 배상할 책임이 있다.

참고판례 **감사의 제3자에 대한 책임의 범위(대법원 2009. 7. 23. 선고 2008다80326 판결)** : [1] 결산과 관련하여 감사로서의 직무를 전혀 수행하지 아니한 경우와는 달리 감사로서 결산과 관련한 업무 자체를 수행하기는 하였으나 재무제표 등에 허위의 기재가 있다는 사실을 과실로 알지 못한 경우에는 문제된 분식결산이 쉽게 발견 가능한 것이어서 조금만 주의를 기울였더라면 허위로 작성된 사실을 알아내어 이사가 허위의 재무제표 등을 주주총회에서 승인받는 것을 저지할 수 있었다는 등 중대한 과실을 추단할 만한 사정이 인정되어야 비로소 제3자에 대한 손해배상의 책임을 인정할 수 있다. [2] 분식결산이 회사의 다른 임직원들에 의하여 조직적으로 교묘하게 이루어진 것이어서 감사가 쉽게 발견할 수 없었던 때에는 분식결산을 발견하지 못하였다는 사정만으로 중대한 과실이 있다고 할 수는 없고, 따라서 감사에게 분식결산으로 인하여 제3자가 입은 손해에 대한 배상책임을 인정할 수는 없다.

3) 책임의 내용 : 감사의 제3자에 대한 책임에 관련된 판례는 매우 다양하다. 즉 ① 감사의 지위가 비상근의 무보수 명예직이었다고 하더라도 법령과 정관상의 주의의무를 면할 수는 없다고 하였고,[808] ② 감사가 결산업무를 수행하였으나 임직원들에 의해 분식결산이 교묘하게 이루어져 감사가 쉽게 발견할 수 없었던 경우에는 감사의 중과실을 인정하지 않았으며,[809] ③ 임직원들의 부정행위가 교묘하게 이루어진 것이 아니어서 감사가 간단한 조사만 했더라면 부정행위를 쉽게 발견할 수 있었음에도 아무런 조사를 하지 않았거나[810] 또는 감사가 직무를 수행할 의사가 없으면서 자신의 도장을 이사에게 맡겨 이사의 분식회계

808) 대법원 2011. 10. 13. 선고 2009다80521 판결; 대법원 2008. 9. 11. 선고 2006다57926 판결 등.
809) 대법원 2009. 11. 12. 선고 2007다53785 판결; 대법원 2009. 7. 23. 선고 2008다26131·80326 판결 등.
810) 대법원 1988. 10. 25. 선고 87다카1370 판결.

를 방치한 경우[811]에는 감사의 중과실을 인정하였고, ④ 임직원들의 전횡이 방치되고 있거나 중요한 재무정보에 대한 감사의 접근이 조직적으로 차단되고 있는 경우에는 감사의 주의의무가 경감되지 않고 오히려 가중된다고 판시하였다.[812]

> **참고판례** **감사의 제3자에 대한 손해배상책임과 주의의무의 정도(대법원 2008. 9. 11. 선고 2007다31518 판결)** : 주식회사의 감사는 이사의 직무집행을 감사하고, 이사가 법령 또는 정관에 위반한 행위를 하거나 그 행위를 할 염려가 있는 때에는 이사회에 보고하여야 하며, 이사가 주주총회에 제출할 의안 및 서류를 조사하여 법령 또는 정관에 위반하거나 현저하게 부당한 사항이 있는지의 여부에 관하여 주주총회에 그 의견을 진술하여야 할 의무가 있고, 위와 같은 의무를 적정하게 수행하는데 필요한 경우 이사에 대하여 영업에 관한 보고를 요구하거나 회사의 업무와 재산상태를 조사할 수 있으며, 조사를 방해받거나 요구를 거부당한 때에는 그 뜻과 이유를 감사보고서에 기재하여야 하고, 이사의 위법한 행위로 인하여 회사에 회복할 수 없는 손해가 생길 염려가 있는 경우에는 그 행위를 유지할 것을 청구할 수 있는 등의 권한도 있으므로(상법 제412조 제1항, 제391조의2 제2항, 제413조, 제412조 제2항, 제447조의4 제2항 제11호, 제402조), 감사는 상법상의 위와 같은 권한 또는 의무와 기타 법령이나 정관에서 정한 권한과 의무를 선량한 관리자의 주의의무를 다하여 이행하여야 하고, 악의 또는 중과실로 선량한 관리자의 주의의무에 위반하여 그 임무를 해태한 때에는 그로 인하여 제3자가 입은 손해를 배상할 책임이 있다(대법원 2007. 6. 28. 선고 2006다59687 판결 참조). 이 부분 상고이유의 요지는, 이 사건 회계분식이 다른 임직원들에 의하여 조직적으로 은밀하게 이루어졌고, 일부 임직원의 전횡이 용인되어 있던 과거 실무관행과 감사에 의한 사전결재시스템이나 사후보고시스템 등과 같은 감사를 위한 인적·물적 지원조직이 마련되지 않은 상태에서 중요한 정보에 대한 감사의 접근이 제한된 데에 따라 이를 발견하지 못한 데 불과하며, 추상적으로 감사의 권한이 있었다고 하여 이 사건 회계분식을 발견하거나 분식된 허위의 재무제표를 작성하여 주주총회에서 승인받는 것을 저지하는 것이 처음부터 불가능하였다는 취지이나, 위에서 본 감사의 구체적인 주의의무의 내용과 범위는 회사의 종류나 규모, 업종, 지배구조 및 내부통제시스템, 재정상태, 법령상 규제의 정도, 감사 개개인의 능력과 경력, 근무여건 등에 따라 다를 수 있다 하더라도, 이 사건 당시 감사가 주식회사의 필요적 상설기관으로서 회계감사를 비롯하여 이사의 업무집행 전반을 감사할 권한을 갖는 등 위에서 본 바와 같은 상법상의 권한 또는 의무와 기타 법령이나 정관에서 정한 권한과 의무를 가지고 있는 점에 비추어 볼 때, 피고 4가 감사로 재직하였던 대우중공업과 같은 대규모 상장기업에서 일부 임직원의 전횡이 방치되고 있었다거나 중요한 재무정보에 대한 감사의 접근이 조직적·지속적으로 차단되고 있는 상황이라면, 감사의 주의의무는 피고 4의 주장과 같이 경감되는 것이 아니라, 오히려 현격히 가중된다고 보아야 한다.

4) 책임의 확장 : 감사가 제3자에 대하여 손해배상책임을 지는 경우 이사도 그 책임이 있는 때에는 감사와 이사가 연대하여 책임을 져야 한다(상법 제414조 제3항). 또한 외부감사인이 제3자에 대해 손해배상책임을 지고 그에 이사와 감사도 책임이 있는 때에는 역시 이사·감사·외부감사인이 연대하여 책임을 져야 한다(외부감사법 제31조 제4항).

---

811) 대법원 2011. 4. 14. 선고 2008다14663 판결; 대법원 2009. 11. 12. 선고 2007다53785 판결 등.
812) 대법원 2008. 9. 11. 선고 2006다68636 판결.

(3) 형사책임과 행정벌

1) 형사책임 : 감사도 일정한 경우 형사책임을 진다. 즉 감사는 ① 특별배임죄(상법 제622조 제1항, 제624조), ② 회사재산을 위태롭게 하는 죄(상법 제625조), ③ 주식의 취득제한 등에 위반한 죄(상법 제625조의2), ④ 부실보고죄(상법 제626조), ⑤ 부실문서행사죄(상법 제627조), ⑥ 납입가장죄(상법 제628조 제1항), ⑦ 독직죄(상법 제630조 제1항), ⑧ 주주의 권리행사에 관한 이익공여죄(상법 제634조의2)의 주체가 되며 일정한 처벌을 받는다. 이러한 범죄의 구성요건과 형량이 형법과 거의 같아 실무에서는 대부분 관련 사건에 형법을 적용하였다. 그런데 그 후 상법 개정으로 인해 특별배임죄의 법정형은 형법보다 강화되었다.[813] 따라서 감사 등 임원의 특별배임죄가 문제된 때에는 형법이 아니라 상법을 적용해야 한다. 적용대상인 주체와 그들이 기울여야 하는 주의의 정도 및 법정형이 다르기 때문이다. 한편 제622조, 제625조, 제627조, 제628조 또는 제630조 제1항에 규정된 자가 법인인 경우에 벌칙은 그 행위를 한 감사에게도 적용한다(상법 제637조).

2) 행정벌 : 감사가 주주총회나 발기인에게 부실한 보고를 하거나 사실을 은폐한 경우(제5호), 감사록과 감사보고서 등에 기재할 사항을 적지 아니하거나 부실하게 적은 경우(제9호) 등의 경우에는 500만원 이하의 과태료를 부과한다(상법 제635조 제1항 본문). 다만 그 행위에 형을 과할 때에는 그러하지 아니하다(상법 제635조 제1항 단서).

사례해결

(1) 감사는 주주총회의 보통결의로 선임하는데(상법 제409조 제1항, 제368조 제1항), 의결권 없는 주식을 제외한 발행주식총수의 100분의 3을 초과하는 수의 주식을 가진 주주는 그 초과주식에 관하여 의결권을 행사하지 못하고(상법 제409조 제2항), 이는 출석한 주주의 의결권수에도 산입하지 아니한다(상법 제371조 제2항). 여기서 「100분의 3 이상」이란 지분요건은 원칙적으로 주주 1인이 소유한 주식수를 기준으로 판단하지만(단순 3%), 상장회사의 최대주주의 경우에는 그와 특수관계자 및 그 밖에 대통령령으로 정하는 자가 소유하는 주식수를 모두 합산하여 100분의 3 이상 여부를 판단한다(합산 3%: 상법 제542조의12 제7항). 그렇다면 여기에 타인으로부터 위임받은 주식도 포함되는가? 일반규정인 제409조 제2항은 이에 관하여 정하고 있지 않지만, 상장회사의 감사선임에서 최대주주의 지분을 계산하는 때에는 위임받은 주식도 포함시키고 있다(상법 제542조의12 제4항; 상령 제38조 제1

---

813) 상법 제622조 제2항은 감사 등 임원의 특별배임죄에 대하여 10년 이하의 징역 또는 3천만원 이하의 벌금에 처하는데, 형법 제355조 제2항은 배임죄의 경우 5년 이하의 징역 또는 1천500만원 이하의 벌금에 처한다. 다만 형법 제356조의 업무상 배임죄의 경우에는 법정형이 상법 제622조 제2항과 같다.

항). 다만 이는 의결권 행사를 위임한 주식의 경우 수임인의 영향력 아래에 놓인다는 점을 고려한 것이므로 수임인이 의결권 행사의 구체적인 내용을 자유롭게 결정할 수 있는 백지위임된 주식을 의미하는 것으로 해석해야 한다. 즉 위임인이 의사를 결정한 후 단지 그 행사만을 위임한 때에는 수임인의 영향력과 관계없으므로 이에 포함되지 않는다. 사안에서 ㈜甲은 상장회사이므로 E의 감사선임에 있어서 최대주주 A는 총 35%의 지분을 전제로 의결권 행사의 제한을 받는다(본인 지분 15%와 특수관계인(비상장회사) 지분 20%). 기관투자자가 지분 10%에 대하여 A에게 위임할 때 이미 E의 감사선임건에 찬성하는 의사를 표시하였으므로 백지위임이 아니기 때문이다. 따라서 기관투자자가 위임한 지분 10%까지 포함하여 A의 지분을 계산한 후 합산 3% Rule을 적용한 B의 주장은 타당하지 않다.

(2) 과거에는 상장회사에서도 감사를 비상근으로 운영하는 경우가 많았고, 이로 인해 회사업무에 관련된 정보에 감사의 접근이 어려워 실효적 감사가 거의 불가능하였다. 그리하여 상법은 2009년과 2011년의 개정을 통하여 자산총액 1천억원 이상이며 2조원 미만인 상장회사의 경우에는 강화된 감사위원회를 설치하지 않는 한 1인 이상의 상근감사를 의무적으로 두도록 하였다(상법 제542조의10 제1항; 상령 제36조 제1항). 이처럼 상법은 감사를 상근감사와 비상근감사로 구분하고 있고, 그 자격요건도 달리 규정하고 있다. 따라서 기존의 상근감사를 비상근감사로 교체하거나 그 반대의 경우에는 새로운 기관의 선임이므로 주주총회의 결의를 거쳐야 한다(서울고등법원 2007. 3. 8. 선고 2006나66885 판결). 사안의 경우 ㈜甲은 감사의 유형을 주주총회가 아닌 이사회의 결의로 변경한 것이므로 부당하다.

(3) 감사도 이사처럼 주주총회의 특별결의로 해임할 수 있고, 감사가 정당한 이유 없이 임기만료 전에 해임된 때에는 회사에 대하여 손해배상을 청구할 수 있다(상법 제415조 → 제385조 제1항). 이와 관련하여 상법 제409조 제2항은 감사의 선임에만 대주주의 의결권 행사를 의결권 있는 발행주식총수의 3%까지로 제한하므로, 감사의 해임에 있어서는 대주주의 의결권이 제한되지 않는다. 그리하여 이에 대해서는 ① 합리적인 차별이 아니므로 타당하지 않다는 견해, ② 입법의 미비라는 견해, ③ 상법이 명문으로 감사의 선임에만 의결권을 제한하고 있으므로 입법론으로서는 몰라도 해석론으로서는 선임에 관한 의결권 제한을 해임에 유추적용할 수 없다는 견해가 있다. 생각건대 감사의 선임과 해임을 차별할 특별한 이유가 없으므로 감사의 독립성을 확보·유지하기 위해서는 ①설이 타당하다. 한편 상장회사의 경우에는 감사의 해임에도 대주주의 의결권이 의결권 있는 발행주식총수의 3%까지로 제한되고, 최대주주의 경우에는 특수관계인의 지분도 합산한다(상법 제542조의12 제7항). 사안의 경우 ㈜甲은 상장회사이므로 감사의 해임에 대해서도 최대주주 A는 특수관계인의 지분까지 합산하여 3% Rule의 적용을 받는다. 그런데 A가 자신의 지분과 우호지분을 합한 45%의 지분을 가지고 감사해임안에 찬성한 것이므로 부당하다(보유주식 중 3%만 의결권을 행사할 수 있음). 따라서 주주 B와 C의 주장이 정당하고, 이들은 주주총회결의일로부터 2월 내에 주주총회결의취소의 소를 제기할 수 있다.

제2관 감사위원회

예시사례 자전거 제조·판매업체인 비상장회사 ㈜甲은 오랫동안 경영위기를 겪었는데, 최근 건강에 관심이 높아진 젊은이들을 중심으로 자전거동호회가 확대되면서 매년 판매량이 급신장하였다. 이에 고무된 지분 35%를 보유한 대주주이자 대표이사인 A는 내부의 소모적인 경영권 경쟁을 그치고 장기적인 기업발전을 추구하기 위해서는 지배구조를 근본적으로 개편해야 한다는 사내 TF팀의 권고를 받아들여 이사회 중심의 경영을 강화하면서 감사기관도 감사위원회로 변경하기로 하였다. 그리고 이러한 지배구조 개편에 관한 정관 변경안은 주주총회에서 무사히 결의되었다. 이와 관련하여 다음 설문에 답하시오!

(1) ㈜甲의 정관 변경안에는 A가 요구한 사항(감사위원 중 1인 이상은 재무전문가여야 함)이 반영되어 있는데, 당해 주주총회에서 B를 비롯한 일부 주주들이 비상장회사의 경우에는 감사위원의 자격에 관한 제한이 없음을 이유로 이에 반대하였다. 이러한 B 등의 주장은 정당한가?

(2) 감사위원회의 권한 및 독립성을 실효적으로 강화하려면 무엇보다도 감사위원의 해임에 관한 제한이 필요하다는 TF팀의 권고에 따라 ㈜甲의 정관 변경안에는 감사위원의 선임과 해임을 모두 이사회가 아닌 주주총회의 결의로 하도록 정하고 있다. 이러한 변경안은 타당한가?

Ⅰ. 서 설

주식회사의 구조적 특징은 출자자인 주주로부터 독립된 지위를 갖는 자(이사)들이 경영기구를 구성한다는 점이다. 이는 유한책임을 지는 주주들이 직접 회사를 경영할 때 발생할 수 있는 주주 간 및 채권자의 감시비용을 줄이고, 자금조달의 편의성을 제고하며, 경영의 중립성을 제도적으로 확보·유지하기 위함이다. 다만 이로 인해 주주들이 경영에서 소외되는 문제가 발생하자, 주주들은 그 자신을 보호하기 위해 이사에 대한 적절한 통제수단을 필요로 하였다. 이에 상법은 이사의 선임·해임에 관한 권한을 주주에게 주어 이사의 업무집행상 효율성과 적법성 등을 평가하도록 하고, 전문적인 감시기구를 두어 이사의 일상적인 업무집행을 감독·견제하도록 하였다. 물론 경영진에 대한 감시기능은 주주총회·이사회·주주도 수행할 수 있지만, 여기에는 일정한 한계가 있기 때문이다.

그리하여 상법은 주식회사의 감사업무를 전담하는 필요적 상설기관으로서 감사를 두도록 하되, 회사가 정관을 통해 이사회 내 위원회로서 감사위원회를 설치할 수 있도록 허용하였다. 이는 지배구조개선의 실효성을 확보하고, 경영의 투명성을 제고하며, 감사업무의 효율성·전문성을 고양하기 위함이다. 특히 자산총액 2조원 이상인 상장회사 또는 자산총액 1천억원 이상이며 2조원 미만인 상장회사로서 상근감사를 두지 아니한 경우에는 모두 강화된 감사위원회를 의무적으로 설치해야 한다. 그런데 감사위원회는 도입할 당시부터 법적 위상과 지위의 독립성·중립성 등에 관한 논란이 많았는데, 이는 최근까지도 이어지고 있다. 특히 위원회인 감사위원회의 구성과 위원의 독립성 및 이사회와의 상호관계 등과 관련하여 논란이 있는 만큼 합리적인 해석과 입법적 보완이 필요하다.

Ⅱ. 감사위원회의 의의

1. 위원회의 지위

타인기관인 이사가 회사경영을 전담하는 주식회사의 구조적 특성상 주주가 자신의 이익을 보호하려면 이사의 업무집행에 대한 상시적인 감시기구가 필요하다. 그리하여 상법은 감사기관으로서 감사를 원칙으로 하되, 정관이 정하는 바에 따라 감사위원회를 둘 수 있도록 규정하고 있다(상법 제415조의2 제1항). 다만 자산총액 2조원 이상인 대규모 상장회사는 반드시 강화된 감사위원회를 두어야 하고(상법 제542조의11 제1항), 자산총액 1천억원 이상 2조원 미만인 상장회사도 상근감사를 1인 이상 두지 않는 한 강화된 감사위원회를 두어야 한다(상법 제542조의10 제1항). 한편 감사위원회를 도입하는 방법과 관련해서는 정관에 근거 규정만을 두고 실제적인 도입 여부는 이사회의 보통결의로 할 수 있다는 견해[814]와 감사위원회는 감사를 대체하는 중요한 지위에 있고 경영감독체계의 중대한 변경이어서 이사회에 맡길 수 없으므로 반드시 정관에 규정해야 한다는 견해[815]가 있다. 생각건대 전자에 의하면 감사대상인 이사회가 감사주체인 감사위원회의 구체적인 내용을 정할 수 있어 오남용의 우려가 있을 뿐 아니라, 감사위원회의 기능을 위축시킬 위험성도 있다. 따라서 감사위원회를 두는 때에는 정관에서 설치 여부와 정원 등 세부적인 사항을 모두 정하는 것이 바람직한데, 이는 대규모 상장회사에서도 마찬가지이다.

2. 위원회의 운영

(1) 운영원칙

회의체인 감사위원회는 결의를 통하여 권한을 행사해야 하는데, 감사위원회가 이사회 내 위원회이므로 그 소집이나 결의방법 등의 운영방법은 상법 제393조의2가 정한 이사회 내 위원회의 운영방법에 따라야 한다(상법 제415조의2 제4항, 제5항). 따라서 위원회의 소집(상법 제393조의2 제5항→제390조), 결의(상법 제393조의2 제5항→제391조), 결의의 통지(상법 제393조의2 제4항), 회의의 연기나 속행(상법 제393조의2 제5항→제392조→제372조)에 관한

814) 손주찬, 840면.
815) 권기범, 1055면.

규정과 결의의 하자에 관한 사항들도 당연히 감사위원회에 적용된다.

(2) 운영방법

1) 대표자의 선정 : 감사위원회는 다른 위원회와 달리 대표감사위원을 선정해야 한다(상법 제415조의2 제4항 전단). 따라서 업무수행에 있어서 감사위원회는 의사결정만 하고, 그 집행은 대표감사위원이 하게 된다. 이 경우 대표감사위원은 수인을 선정하여 공동으로 대표하게 할 수도 있다(상법 제415조의2 제4항 후단). 한편 대규모 상장회사에서는 대표감사위원이 반드시 사외이사여야 한다(상법 제542조의11 제2항 제2호).

2) 전문가의 조력 : 감사위원회는 그 직무수행에 있어서 회사의 비용으로 전문가의 조력을 구할 수 있다(상법 제415조의2 제5항). 다만 이는 이사회나 대표이사가 비용지출을 거부하지 못하도록 하기 위한 주의적 규정에 불과하다.

3) 이사회 재결의 제한 : 감사위원회는 감사와 달리 이사회 내부의 위원회이므로 감사업무의 실효성을 위해서는 무엇보다도 그 지위와 업무집행에 있어서의 독립성이 보장되어야 한다. 그리하여 상법은 위원회 중 하나임에도 불구하고 감사위원회의 결의에 대해서는 이사회가 다시 결의할 수 없도록 제한하고 있다(상법 제415조의2 제6항).

Ⅲ. 감사위원회의 구성

1. 감사위원의 자격

(1) 자격요건

감사위원의 자격에 관하여 상법은 이원적으로 규정하고 있다. 먼저 비상장회사와 일반상장회사에서는 감사위원의 자격에 특별한 제한이 없지만, 감사위원회의 독립성과 감사업무의 공정성·객관성을 확보·유지하기 위하여 감사위원의 3분의 2 이상을 사외이사로 구성할 것(상법 제415조의2 제2항)과 사외이사의 일반적인 결격사유를 규정하고 있다(상법 제382조 제3항). 다음으로 자산총액 2조원 이상인 대규모 상장회사에 대해서는 감사위원의 3분의 2 이상을 사외이사로 구성하되, 그 위원 중 1인 이상은 반드시 대통령령으로 정하는 회계 또는 재무 전문가여야 하며, 대표감사위원도 사외이사여야 한다고 규정하고 있다(상법 제542조의11 제2항; 상령 제37조 제2항).

(2) 결격사유

1) 대규모 상장회사 : 대규모 상장회사에 있어서 감사위원의 결격사유는 이원적(감사위원이 사외이사인 경우와 사외이사가 아닌 경우)으로 규정되어 있다.

㈎ 사외이사인 감사위원 : 이에 대해서는 특별한 자격 제한이 없으므로 사외이사의 일반적 결격사유와 상장회사 사외이사의 추가적 결격사유에만 해당하지 아니하면 누구나 대규모 상장회사의 감사위원이 될 수 있다. 이 경우 사외이사의 일반적 또는 추가적 결격사유의 상당 부분은 아래 사외이사가 아닌 감사위원의 결격사유와 같다.

㈏ 사외이사가 아닌 감사위원 : 이에 대해서는 일정한 결격사유가 적용된다(상법 제542조의11 제3항 → 제542조의10 제2항 → 제542조의8 제2항). 즉 ① 미성년자·피성년후견인·피한정후견인, ② 파산선고를 받고 복권되지 아니한 자, ③ 금고 이상의 형을 선고받고 그 집행이 끝나거나 집행이 면제된 후 2년이 지나지 아니한 자, ④ 대통령령으로 별도로 정하는 법률을 위반하여 해임되거나 면직된 후 2년이 지나지 아니한 자, ⑤ 누구의 명의로 하든지 자기의 계산으로 의결권 없는 주식을 제외한 발행주식총수의 100분의 10 이상의 주식을 소유하거나 이사·집행임원·감사의 선임과 해임 등 상장회사의 주요 경영사항에 대하여 사실상의 영향력을 행사하는 주주(주요주주) 및 그의 배우자와 직계 존속·비속, ⑥ 회사의 상무(常務)에 종사하는 이사·집행임원 및 피용자 또는 최근 2년 이내에 회사의 상무에 종사한 이사·집행임원 및 피용자(상장회사의 감사위원으로 재임 중이거나 재임하였던 이사는 제외함), ⑦ ① 내지 ⑥ 외에 회사의 경영에 영향을 미칠 수 있는 자로서 대통령령으로 정하는 자[816]는 대규모 상장회사의 사외이사가 아닌 감사위원이 될 수 없다.

다만 다음과 같은 점을 주의해야 한다. 즉 ⓐ 법문상 제542조의8 제2항 제5호의 최대주주와 그의 특수관계인은 사외이사가 아닌 감사위원의 결격사유에 해당하지 않지만, 해석상 결격사유로 봐야 함은 이미 앞에서 설명한 바와 같다. ⓑ 상법은 사외이사가 아닌 감사위원의 결격사유인 이사를 회사의 상무에 종사하는 이사로 한정하고 있는데(위의 결격사유 ⑥), 이는 원래 증권거래법 제191조의12 제3항 제6호에 규정되어 있던 「상근임원」을 구체화한 것이므로 결국 사내이사를 의미한다. 그리하여 상법상 사외이사와 그 밖에 상무에 종사하지 않는 사외이사가 아닌 이사의 배우자와 직계 존·비속은 대규모 상장회사의 사외이사가 아닌 감사위원이 될 수 있는데, 이러한 차별적 취급이 과연 타당하며 합리성이 있는지는 의문이다. 따라서 입법론적으로는 ⑥에서의 이사를 감사위원인 사외이사를 제외한 모든 이사

---

816) 구체적으로 ① 해당 회사의 상무에 종사하는 이사·집행임원의 배우자 및 직계존속·비속, ② 계열회사의 상무에 종사하는 이사·집행임원 및 피용자이거나 최근 2년 이내에 상무에 종사한 이사·집행임원 및 피용자를 말한다(상령 제36조 제2항).

를 의미하는 것으로 규정하는 것이 바람직하다.

2) 비상장회사와 일반상장회사 : 비상장회사와 일반상장회사의 감사위원에 대해서는 특별한 제한이 없다. 다만 감사위원회의 지위와 업무의 독립성·공정성·객관성을 확보·유지하기 위해 감사위원의 3분의 2 이상을 사외이사로 구성해야 하고(상법 제415조의2 제2항), 사외이사의 일반적 결격사유가 적용된다(상법 제382조 제3항). 따라서 이러한 제한에만 해당하지 아니하면 논리적으로 이사는 누구나 감사위원이 될 수 있지만, 다음과 같은 문제점이 내포되어 있다. 즉 ① 주요주주에 포함되는 사실상 영향력 행사자의 범위가 불명확하므로 입법적 보완이 필요하다.[817] ② 상법은 주요주주와 회사의 상무에 종사하는 이사의 배우자 및 직계 존·비속의 구체적인 포섭범위를 별도로 정하지 않고, 시행령 제34조 제4항 제1호 가목에서 배우자의 경우에만 사실혼관계에 있는 자를 포함하고 있다. 그리하여 양부모와 양자 및 혼인외의 출생자가 직계존·비속에 포함되는지에 관한 논란이 야기될 수 있는데, 입법취지를 고려할 때 감사위원이 될 수 없다고 보아야 한다.

2. 감사위원의 선임

(1) 선임기관

감사위원의 선임기관은 이원적이다. 즉 ① 비상장회사와 일반상장회사(자산총액 1천억원 미만인 상장회사)에서는 「이사회」가 보통결의로 감사위원을 선임한다(상법 제393조의2 제2항 제3호). ② 자산총액 2조원 이상인 대규모 상장회사에서는 「주주총회」가 보통결의로 감사위원을 선임하는데(상법 제542조의12 제1항), 자산총액 1천억원 이상 2조원 미만인 상장회사로서 상근감사를 두지 아니한 경우에도 같다. 다만 이러한 상장회사가 제368조의4 제1항에 따라 전자적 방법으로 의결권을 행사할 수 있도록 정한 경우에는 제368조 제1항(보통결의)에도 불구하고 출석한 주주의 의결권의 과반수로써 감사위원의 선임결의를 할 수 있다(상법 제542조의12 제8항). 여기서 「대통령령으로 정하는 자」란 ⓐ 최대주주 또는 그 특수관계인의 계산으로 주식을 보유하는 자, ⓑ 최대주주 또는 그 특수관계인에게 의결권(의결권의 행사를 지시할 수 있는 권한을 포함함)을 위임한 자(당해 위임분만 해당함) 중 어느 하나에 해당하는 자를 말한다(상령 제38조 제1항).[818]

---

817) 이와 관련하여 상장회사의 사외이사가 아닌 감사위원의 결격사유 중 하나인 「주요주주」는 삭제하고, 「상장회사의 주요 경영사항에 대하여 법률상, 사실상으로 영향력을 행사하는 주주 및 그 배우자와 직계 존속·비속」으로 그 자격을 제한하는 것이 합리적이라는 견해도 있다(송종준, "주식회사 회계감사권의 분배질서조정과 그 실효성 확보방안", 21면).

818) 이와 관련하여 "이 규정은 수임인이 의결권 행사의 내용을 결정할 수 있는 경우(백지위임)에 한해 타당하고, 위임인이 표결의 내용을 결정하고 표결만을 위임한 경우에는 수임인의 영향력과 무관하

(2) 선임절차

감사위원의 선임절차도 이원적이다. 즉 ① 비상장회사와 일반상장회사(자산총액 1천억원 미만인 상장회사)에서는 주주총회에서 선임된 이사 중에서 이사회가 보통결의로 감사위원을 선임한다. ② 자산총액 2조원 이상인 대규모 상장회사와 자산총액 1천억원 이상 2조원 미만인 상장회사로서 상근감사를 두지 아니한 경우에는 주주총회에서 먼저 이사를 선임한 후 그 선임된 이사 중에서 감사위원을 선임한다(제542조의12 제2항 본문: 일괄선출방식). 다만 감사위원 중 1명(정관에서 2명 이상으로 정할 수 있으며, 정관으로 정한 경우에는 그에 따른 인원으로 함)은 주주총회의 결의로 다른 이사들과 분리하여 감사위원이 되는 이사로 선임해야 한다(상법 제542조의12 제2항 단서).

이처럼 2020년 개정 상법은 기존의 일괄선출방식을 그대로 유지하면서 감사위원 중 1명은 주주총회에서 이사로 선임할 때부터 다른 이사들과 분리하여 선임하도록 하였다(분리선출방식).[819] 예를 들어 사내이사인 감사위원 1명과 사외이사인 감사위원 2명으로 감사위원회를 구성하는 경우 감사위원 중 누구라도 1명만 분리선출방식에 의해 선임하고, 나머지는 일괄선출방식으로 선임하면 된다(분리선출 1 + 일괄선출 2). 주의할 것은 ① 분리선임하는 감사위원은 사내이사인 감사위원이든 사외이사인 감사위원이든 무방하고, ② 감사위원 중 일부가 퇴사하여 새로이 선임하는 경우에 이미 분리선임된 감사위원이 있으면 새로이 선임하는 감사위원은 분리선임할 필요가 없다는 점이다.

(3) 선임방법

대규모 상장회사와 자산총액 1천억원 이상 2조원 미만인 상장회사로서 상근감사를 두지 아니한 회사에서 주주총회의 보통결의로 감사위원을 선임하는 때에는 의결권 없는 주식을 제외한 발행주식총수의 100분의 3(정관에서 더 낮은 주식보유비율을 정할 수 있으며, 정관에서 더 낮은 주식보유비율을 정한 경우에는 그 비율로 함)을 초과하는 수의 주식을 가진 주주는 그 초과하는 주식에 관하여 의결권을 행사하지 못한다. 다만 이 경우 그 주주가 최대주주이고 주주총회에서 사외이사가 아닌 감사위원을 선임하는 때라면 그의 특수관계인과 그 밖에 대통령령으로 정하는 자[① 최대주주 또는 특수관계인의 계산으로 주식을 보유하는 자, ② 최대주주 또는 특수관계인에게 의결권(의결권 행사를 지시할 수 있는 권한을 포함함)을 위임한 자(당해

므로 적용할 수 없다."라고 한 하급심 판례(서울중앙지법 2008. 4. 28.자 2008카합1306 결정)가 있는데, 타당하다.

819) 이는 감사위원의 분리선출방식에 대한 그동안의 비판을 고려하여 그 부작용을 제한함과 동시에 감사위원의 독립성 확보라는 취지를 살리기 위한 절충론이라는 견해도 있다(김지평, "2020년 개정 상법의 분석2: 감사·감사위원 선임과 주주총회 관련 사항", 29면).

위임분만 해당함) 중 어느 하나에 해당하는 자]가 소유하는 주식을 합산한다(상법 제542조의12 제4항; 상령 제38조 제1항).

이처럼 사외이사인 감사위원의 선임에 있어서는 모든 대주주에게 단순 3% Rule이 적용되고, 사외이사가 아닌 감사위원을 선임하는 경우 최대주주에게는 합산 3% Rule이 그리고 다른 대주주에게는 단순 3% Rule이 적용되는데,[820] 이러한 차별이 타당한 것인지 의문이다.[821] 물론 사외이사인 감사위원은 법적으로 어느 정도 독립성이 확보되어 있음에 비해 사외이사가 아닌 감사위원은 독립성이 미흡할 수 있으므로 독립성을 더욱 강화하기 위하여 최대주주에게 합산 3% Rule을 적용하는 것이라고 이해할 수는 있다.[822] 그렇지만 대규모 상장회사에서 경영권은 대부분 최대주주가 행사하고 있으므로, 감사위원의 독립성을 실효적으로 확보할 필요가 있음을 고려하면 사외이사인 감사위원이든 사외이사가 아닌 감사위원이든 그 선임에 있어서는 최대주주에게 합산 3% Rule을 그리고 다른 대주주에게는 단순 3% Rule을 적용하여 통일적으로 규제함이 바람직하다.[823]

(4) 감사위원의 임기

상법은 감사위원의 임기에 대하여 규정하고 있지 않다. 따라서 감사위원의 임기는 정관의 규정이나 주주총회 또는 이사회가 감사위원을 선임할 때에 자유로이 정할 수 있다고 보아야 한다. 다만 이사회에서도 감사위원의 임기를 정하지 아니한 경우에는 이사의 지위가 종료됨으로써 감사위원의 지위도 당연히 상실되는 것으로 보아야 한다.

3. 감사위원의 종임

감사위원과 회사의 관계에는 위임에 관한 민법 규정이 준용되므로 감사위원은 위임의 일반적 종료사유(사망, 파산, 성년후견개시의 심판 등) 및 임기만료로 종임하며 사임할 수도 있다. 한편 감사위원도 일정한 경우에는 해임될 수 있는데, ① 비상장회사와 일반상장회사에서는 이사회의 결의(이사 총수의 3분의 2 이상)로 해임할 수 있고(상법 제415조의2 제3항), ② 대규모 상장회사에서는 주주총회의 특별결의로 감사위원을 해임할 수 있다(상법 제542조

820) 그리하여 아쉬움이 큰 개정이라고 비판하는 견해도 있다(정재규, 「감사위원 선임방식 개선 및 감사위원회 제도 재구성 방안」, 47면).

821) 이러한 일관되지 못한 법체계는 논리적인 이유가 아니라 종래의 어수선한 증권거래법 규정이 상법에 도입되는 과정에서 방치된 것이므로 조속히 개정해야 한다는 견해도 있다(김태진, "감사위원회에 준용되는 상법 규정 정비를 위한 제안", 149면).

822) 한국상사법학회(Ⅱ)(정준우 집필부분), 1521면.

823) 이와 달리 입법론적으로는 모든 대주주에 대해서 합산 3% Rule을 적용하는 것이 바람직하다는 견해도 있다(김지평, "2020년 개정 상법의 분석2: 감사·감사위원 선임과 주주총회 관련 사항", 30면).

의12 제3항 전단). 다만 대규모 상장회사에서 감사위원을 해임하는 때에는 의결권 없는 주식을 제외한 발행주식총수의 100분의 3(정관에서 더 낮은 주식 보유비율을 정할 수 있으며, 정관에서 더 낮은 주식 보유비율을 정한 경우에는 그 비율로 함)을 초과하는 수의 주식을 가진 주주는 그 초과주식에 관하여 의결권을 행사하지 못한다. 더욱이 사외이사가 아닌 감사위원을 해임하는 때에는 최대주주의 경우 그의 특수관계인과 그 밖에 대통령령으로 정하는 자가 소유하는 주식을 합산한다(상법 제542조의12 제4항). 이는 자산총액 1천억원 이상 2조원 미만인 상장회사로서 상근감사를 두지 아니한 경우에도 동일하다. 주의할 것은 2020년 개정에 의해 분리선출된 감사위원이 해임된 경우에는 이사와 감사위원의 지위를 모두 상실한다는 점이다(상법 제542조의12 제3항 후단).

Ⅳ. 감사위원회의 직무

1. 위원회의 권한

상법은 감사위원회의 권한을 별도로 정하지 아니하고 감사의 권한에 관한 규정을 준용하고 있다(상법 제415조의2 제7항). 이에 따라 감사위원회는 업무감사권(상법 제412조), 이사로부터 중요사항에 관하여 보고를 받을 권한(상법 제412조의2), 주주총회소집청구권(상법 제412조의3), 이사회소집청구권(상법 제412조의4), 자회사조사권(상법 제412조의5), 이사와의 소송에서 회사를 대표할 권한(상법 제394조 제1항), 이사에 대한 유지청구권(상법 제402조), 재무제표의 감사권(상법 제447조의3) 등을 행사할 수 있다.

한편 감사위원회의 업무감사권에 대해서도 적법성 감사에 그치는지 아니면 타당성 감사도 할 수 있는지의 논란이 있는데, 이미 밝힌 것처럼 감사기관의 특성상 적법성 감사에 국한된다고 보아야 한다. 다만 감사위원은 이사회의 일원인 이사로서 업무집행의 타당성 여부를 이사회에서 다툴 수는 있다. 주의할 것은 다른 위원회의 결의에 대해서는 이사회가 번복결의를 할 수 있지만(상법 제393조의2 제4항 후단), 감사위원회의 결의에 대해서는 이사회가 번복결의를 할 수 없다는 점이다(상법 제415조의2 제6항).

2. 위원회의 의무

상법은 감사의 의무에 관한 규정을 감사위원회에 준용하고 있다(상법 제415조의2 제7항). 따라서 감사위원회는 주주총회에서의 의견진술의무(상법 제413조), 감사록의 작성의무(상법 제413조의2), 이사의 위법행위 등을 이사회에 보고할 의무(상법 제391조의2 제2항), 감사보고서의 작성의무(상법 제447조의4) 등을 부담하고, 감사위원은 회사에 대하여 선관주의 의무와 충실의무 및 비밀유지의무를 부담한다(상법 제382조 제2항, 제382조의3, 제382조의4). 한편 회사와 감사위원 간에 소가 제기된 때에는 감사위원회 또는 이사가 법원에 회사를 대표할 자를 선임해 줄 것을 요청해야 한다(상법 제394조 제2항).

3. 위원회의 책임

상법은 감사의 책임에 관한 규정을 감사위원회에 준용하고 있다(상법 제415조의2 제7항). 그러나 정확히는 감사위원에게 준용해야 하는데, 문제는 준용의 타당성도 부족하다는 점이다. 감사위원은 이미 이사의 지위를 가지고 있어 감사위원이 그 임무를 해태한 경우에는 상법 제399조 제1항에 의해 책임이 발생하여 사실상 제414조를 준용할 필요가 없기 때문이다. 그렇지만 상법이 감사위원회의 책임에 관해 명문으로 상법 제414조를 준용하고 있으므로, 감사 사안에 대한 결의에 임무해태의 요소가 있는 경우에는 이에 찬성한 감사위원도 제414조 제1항 또는 제2항의 책임을 구성하는 것으로 해석해야 한다. 한편 회사가 감사위원의 책임을 면제하려면 총주주의 동의가 필요하고(상법 제415조의2 제7항 → 제400조 제1항), 감사위원의 책임도 정관으로 정하는 바에 따라 그 행위를 한 날 이전 최근 1년간의 보수액(상여금과 주식매수선택권의 행사로 인한 이익 등을 포함함)의 6배(비상근의 경우는 3배)를 초과하는 금액에 대하여 면제할 수 있으나 감사위원이 고의 또는 중대한 과실로 손해를 발생시킨 경우에는 그러하지 아니하다(상법 제415조의2 제7항 → 제400조 제2항). 또한 감사위원의 신분에 관한 소가 제기된 때에는 감사위원으로서의 직무집행정지가처분을 신청할 수도 있다(상법 제415조의2 제7항 → 제407조).

사례해결

(1) 상법상 감사위원의 자격은 이원적으로 규정되어 있다. 즉 ① 비상장회사와 일반상장회사의 경우에는 감사위원의 자격에 특별한 제한이 없다. 다만 감사위원회의 독립성과 감사업무의 공정성·객관성을 확보·유지하기 위해 감사위원의 3분의 2 이상을 사외이사로 구성하도록 정하고 있고(상법 제415조의2 제2항), 사외이사의 일반적인 결격사유를 규정하고 있다(상법 제382조 제3항). ② 자산총액 2조원 이상인 대규모 상장회사와 자산총액 1천억원 이상 2조원 미만인 상장회사로서 상근감사를 두지 아니한 경우에는 감사위원의 3분의 2 이상을 사외이사로 구성하되, 그 위원 중 1인 이상은 반드시 대통령령으로 정하는 회계 또는 재무전문가여야 하며, 대표감사위원도 사외이사여야 한다(상법 제542조의11 제2항; 상령 제37조 제2항). 사안의 경우 ㈜甲은 비상장회사이므로 감사위원 중 일부를 재무전문가로 선임할 필요가 없지만, 감사위원회의 실효성을 강화하기 위해 회사 스스로가 구성요건을 강화하는 것은 상관없다고 보아야 한다. 따라서 B의 반대 주장은 정당하지 않다.

(2) 상법상 감사위원의 선임기관도 이원화되어 있다. 즉 ① 비상장회사와 일반상장회사(자산총액 1천억원 미만인 상장회사)에서는 「이사회의 보통결의」로 감사위원을 선임한다(상법 제393조의2 제2항 제3호). ② 자산총액 2조원 이상인 대규모 상장회사와 자산총액 1천억원 이상 2조원 미만인 상장회사로서 상근감사를 두지 아니한 경우에는 「주주총회의 보통결의」로 감사위원을 선임한다(상법 제542조의12 제1항). 사안에서 ㈜甲은 비상장회사이므로 감사위원은 이사회의 보통결의로 선임해야 하고, 대규모 상장회사처럼 주주총회에서 선임할 수 없다. 그리고 자치규범인 정관은 강행법질서에 반할 수 없고, 만약 반하는 규정을 둔 경우에는 무효이다. 그런데 비상장회사 스스로가 정관으로 강화된 감사위원회를 도입하여 운영하는 것이 강행법질서에 반하는 것일까? 상법이 감사위원회의 구성과 관련하여 대규모 상장회사에 강화된 요건을 요구하는 것은 국민경제에 대한 영향이 큰 대규모 상장회사에서만이라도 감사위원회의 독립성을 확보·유지·강화하기 위함이다. 그렇다면 비상장회사가 스스로 강화된 감사위원회를 구성하는 것도 강행법질서에 반하지 않는 것이고, 따라서 사안에서 감사위원의 선임과 해임을 모두 주주총회에서 결의하도록 규정한 ㈜甲의 정관변경안은 유효하다.

제3관 유관 제도

예시사례 5년 전에 중견 리조트업체를 합병한 ㈜甲은 국내에서 브랜드 파워가 매우 높은 대표적인 아파트 건설업체로서 자산총액이 3조원이고, 대표이사 A1을 비롯하여 A9까지 총 9명의 이사를 두고 있으며(A4부터 A9은 사외이사임), 사내이사 A2와 사외이사 A8 및 A9이 감사위원회를 구성하고 있다. 그리고 회계법인 乙이 외부감사인으로서 2020년부터 회계감사를 전담하고 있는데, 최근에 와서 세계적으로 ESG 투자와 경영이 강조되면서 법제화까지 이르게 되자 대표이사 A1은 늘어나는 법률적 리스크를 실효적으로 파악하고 대처하기 위해 그동안 미뤄왔던 준법통제기준을 만들고 준법지원인으로서 법무팀 사내변호사인 B를 이사회결의를 거쳐 선임하였다. 이 사안과 관련하여 다음 설문에 답하시오!

(1) 2020년 초에 코비드 19가 전 세계적으로 확산되면서 ㈜甲도 건설경기의 침체에 따른 심각한 경영위기에 직면하게 되었고, 내부적으로 경영권 분쟁도 심화되었다. 그러던 중 원래의 외부감사인인 丙과의 계약이 만료되자, 대표이사 A1이 이사회결의를 거쳐 친한 대학 선배가 대표로 있는 회계법인 乙을 외부감사인으로 선임한 것이다. 이러한 ㈜甲의 외부감사인 선임절차는 정당한가?

(2) 2021년도 정기 회계감사를 실시하던 회계법인 乙은 ㈜甲의 비용이 약 100억원 정도 부풀려 기재되어 있음을 알았지만 ㈜甲과의 계속적 거래관계와 대표이사 간의 친분관계를 고려하여 적정의견으로 감사보고서를 제출하였다. 그 직후 ㈜甲의 주식을 취득한 투자자 C는 5개월 후 乙의 위법행위로 인해 손해를 입었다며 손해배상을 청구하였다. 이 경우 회계법인 乙은 배상책임을 지는가?

(3) 2022년 12월 말까지 ㈜甲이 준법지원인을 선임하지 아니한 것은 회사에 비용적 부담이 있음에도 불구하고 미선임에 대한 법적 불이익이 없었기 때문이었다. 이러한 ㈜甲의 판단은 정당한가?

Ⅰ. 서 설

주식회사의 경우에는 타인기관인 이사가 경영을 전담함으로써 출자자인 주주는 오히려 회사경영에서 국외자가 되므로 감사나 감사위원회 같은 전문적인 감시기구를 두어 이사의 직무수행을 상시적으로 감독할 필요가 있다. 그리고 때로는 주주들이 주주총회의 이사 선임·해임권 및 유지청구와 대표소송 등 각종 소수주주권의 행사를 통해 이사를 견제하기도 한다. 이처럼 주식회사의 경우에는 주주총회·이사회·감사(감사위원회)로 대별되는 기관을 두고 그들 간의 권한 안분을 통해 견제와 균형의 묘를 추구하며 회사경영의 적정성을 도모하고 있다. 그렇지만 국내·외적인 경제 여건은 나날이 급변하고 기업이 직면하는 위험도 훨씬 다양해지고 있으며, 회사의 업종이나 규모에 따라서는 공익성이 뚜렷하고 국민경제에 미치는 영향이 커서 고도로 정확한 회계처리와 엄정한 감사가 필요하기도 하다. 더욱이 회사경영을 적정히 하여 투자자나 채권자로부터 신뢰를 부여받기 위해서는 보다 다양한 조치가 필요한데, 특히 회계처리의 공정성 확보가 중요하다. 이에 상법과 외부감사법은 상장회사 등을 전제로 외부감사인의 회계감사를 거치도록 규제하고, 외부감사인의 선임절차와 권한·의무·책임을 실효적으로 강화하였다. 또한 그 지위는 감사 또는 감사위원회와 비슷하지만, 개별적인 사항에 관하여 일시적으로 선임되는 검사인 제도를 통해 변태설립사항 등의 적정성을 평가하며 조정하고 있으며, 상장회사의 법률적 리스크를 체계적으로 관리하기 위하여 준법지원인 제도도 도입·운영하고 있다.

Ⅱ. 외부감사인

1. 의 의

(1) 입법취지

회사가 영위하는 업종이나 운영 규모에 따라서는 공익성이 뚜렷하고 국민경제에 미치는 영향이 커서 고도로 정확한 회계처리와 엄정한 감사가 필요한데, 이 경우에는 주주의 이익 추구 외에 종업원과 소비자 더 나아가 일반대중에 대한 기업의 사회적 책임도 강하게 요구된다.[824] 그리하여 이러한 회사에서는 경영에 참여하지 아니하는 이해관계인들에게 회사의 재무상태와 경영성과 등에 관한 각종 자료를 제공하는 일이 매우 중요한 의미를 갖게 되었다.[825] 그런데 상법상 내부감사체계만으로는 이러한 요구조건을 모두 충족할 수 없었고,

824) 정준우, 「감사와 외부감사인의 법적 책임」, 157면.
825) 정우용, "주식회사 감사·외부감사인의 책임에 관한 소고", 153면.

이에 외부감사법이 상장회사 등 일정한 요건을 충족하는 회사에 대하여 외부의 회계 및 감사 전문가에 의한 회계감사를 강제하게 되었다.

(2) 적용대상

외부감사법에 따라 외부전문가에 의한 회계감사를 받아야 하는 회사는 ① 주권상장법인, ② 해당 사업연도 또는 다음 사업연도 중에 주권상장법인이 되려는 회사, ③ 그 밖에 직전 사업연도 말의 자산, 부채, 종업원수 또는 매출액 등 대통령령으로 정하는 기준에 해당하는 회사(다만, 당해 회사가 유한회사인 경우에는 본문의 요건 외에 사원 수, 유한회사로 조직변경 후 기간 등을 고려하여 대통령령으로 정하는 기준에 해당하는 유한회사에 한정함)이다(외부감사법 제4조 제1항). 여기서 「대통령령으로 정하는 기준에 해당하는 회사」란 ① 직전 사업연도 말의 자산총액이 500억원 이상인 회사, ② 직전 사업연도의 매출액(직전 사업연도가 12개월 미만인 경우에는 12개월로 환산하며, 1개월 미만은 1개월로 봄)이 500억원 이상인 회사, ③ 일정한 사항[ⓐ 직전 사업연도 말의 자산총액이 120억원 이상, ⓑ 직전 사업연도 말의 부채총액이 70억원 이상, ⓒ 직전 사업연도의 매출액이 100억원 이상, ⓓ 직전 사업연도 말의 종업원(근로기준법 제2조 제1항 제1호에 따른 근로자를 말함)[826]이 100명 이상] 중 2개 이상에 해당하는 회사 중에서 어느 하나에 해당하는 회사를 말한다(외부감사령 제5조 제1항).

2. 선 임

(1) 자격요건

외부감사인은 회사의 수임인이므로 선량한 관리자의 주의로써 계약상의 의무를 이행해야 하고, 각종 권한을 유효적절하게 행사해야 한다. 외부감사인은 회계법인(공인회계사법 제23조)과 한국공인회계사회에 등록된 감사반(공인회계사법 제41조)에 한하지만(외부감사법 제2조 제7호), 상장회사와 대형 비상장회사의 재무제표에 관한 감사는 회계법인만이 할 수 있다(외부감사법 제9조 제1항). 한편 외부감사인은 금융위원회에 등록된 회계법인이어야 하며, 금융위원회가 정한 일정한 요건을 충족해야 한다(외부감사법 제9조의2).

(2) 선임방법

외부감사법의 적용을 받는 회사는 매 사업연도 개시일로부터 45일 이내에 해당 사업연도의 감사인을 선임해야 하는데(외부감사법 제10조 제1항), 특히 주권상장법인과 대형 비상

826) 다만 ① 소득세법 시행령 제20조 제1항 각 호의 어느 하나에 해당하는 사람, ② 파견근로자보호 등에 관한 법률 제2조 제5호에 따른 파견근로자 중 어느 하나에 해당하는 사람은 제외한다.

장주식회사 및 금융회사는 연속하는 3개 사업연도의 외부감사인을 동일한 감사인으로 선임해야 한다(외부감사법 제10조 제3항 본문). 따라서 외부감사법을 적용받는 회사가 법정기간 내에 외부감사인을 선임하지 않는 등 일정한 사유가 있는 때에는 증권선물위원회가 지정하는 회계법인을 감사인으로 선임하거나 변경선임하도록 요구할 수 있다(외부감사법 제11조 제1항). 한편 외부감사인의 선임은 회사의 대외적 행위이므로 대표이사가 해야 하지만, 일정한 제한이 있다. 즉 ① 주권상장법인과 대형 비상장주식회사 및 금융회사에서 ⓐ 감사위원회가 설치된 경우는 감사위원회가, ⓑ 감사위원회가 설치되지 아니한 경우는 감사인선임위원회의 승인을 받아 감사가 외부감사인을 선임한다. ② 그 밖의 회사에서는 감사 또는 감사위원회가 외부감사인을 선임한다(외부감사법 제10조 제4항). 이는 외부감사인과 경영진의 유착을 막기 위함이다. 이런 과정을 거쳐 회사가 외부감사인을 선임한 때에는 그 이후에 소집되는 정기주주총회에 보고하거나 대통령령으로 정하는 바에 따라 주주 또는 사원에게 통지 또는 공고해야 한다(외부감사법 제12조 제1항).

3. 직 무

(1) 권 한

외부감사인은 언제든지 회사 및 해당 회사의 주식 또는 지분을 일정 비율 이상 소유하고 있는 등 대통령령으로 정하는 관계에 있는 회사(관계회사)의 회계에 관한 장부와 서류를 열람 또는 복사하거나 회계에 관한 자료의 제출을 요구할 수 있으며, 그 직무를 수행하기 위하여 특히 필요하면 회사 및 관계회사의 업무와 재산상태를 조사할 수 있는데, 이 경우 회사 및 관계회사는 지체없이 감사인의 자료 제출 요구에 따라야 한다(외부감사법 제21조 제1항). 그리고 연결재무제표를 감사하는 외부감사인은 그 직무의 수행을 위하여 필요하면 회사 또는 관계회사의 외부감사인에게 감사 관련 자료의 제출 등 필요한 협조를 요청할 수 있는데, 이 경우 회사 또는 관계회사의 외부감사인은 지체없이 이에 따라야 한다(외부감사법 제21조 제2항). 여기서 「대통령령으로 정하는 관계회사」란 ① 외부감사법 제3조 제1항에 따른 지배·종속의 관계에 있는 종속회사, ② 회계처리기준에 따른 관계기업(종속회사는 아니지만 투자자가 일정한 영향력을 보유하는 기업을 말함), ③ 회계처리기준에 따른 공동기업(둘 이상의 투자자가 공동으로 지배하는 기업을 말함), ④ 그 밖에 해당 회사와 이해관계가 있는 것으로 금융위원회가 정하는 회사 중 어느 하나에 해당하는 경우를 말한다(외부감사령 제26조 제1항).

(2) 의 무

1) 감사실시의무 : 외부감사인은 일반적으로 공정·타당하다고 인정되는 회계감사기준

에 따라 감사를 실시해야 하는데(외부감사법 제16조 제1항), 이 경우 「회계감사기준」은 한국공인회계사회가 감사인의 독립성 유지와 재무제표의 신뢰성 유지에 필요한 사항 등을 포함하여 대통령령으로 정하는 바에 따라 금융위원회의 사전승인을 받아 정한다(외부감사법 제16조 제2항). 한편 외부감사인은 감사업무의 품질이 보장될 수 있도록 감사인의 업무설계 및 운영에 관한 기준(품질관리기준)을 준수해야 한다(외부감사법 제17조 제1항).

2) 감사보고의무 : 외부감사인은 감사보고서를 대통령령으로 정하는 기간 내에 회사(감사 또는 감사위원회를 포함함)와 증권선물위원회 및 한국공인회계사회에 제출해야 한다. 다만 자본시장법 제159조 제1항에 따른 사업보고서 제출대상법인인 회사가 사업보고서에 감사보고서를 첨부하여 금융위원회와 같은 법에 따라 거래소허가를 받은 거래소에 제출하는 경우에는 감사인이 증권선물위원회 및 한국공인회계사회에 감사보고서를 제출한 것으로 본다(외부감사법 제23조 제1항). 여기서 「대통령령으로 정하는 기간」은 [표 18]과 같다. 한편 증권선물위원회와 한국공인회계사회는 제23조 제1항에 따라 외부감사인으로부터 제출받은 감사보고서를 대통령령으로 정하는 기간 동안 대통령령으로 정하는 바에 따라 일반인이 열람할 수 있게 하여야 한다(외부감사법 제23조 제2항 본문).

[표 18] 외부감사인의 감사보고서 제출기간

제출대상	제출기간
회 사 (시행령 제27조 제1항)	1. 한국채택국제회계기준을 적용하는 회사: 정기총회 개최 1주 전(회생절차가 진행 중인 회사의 경우에는 사업연도 종료 후 3개월 이내) 2. 한국채택국제회계기준을 적용하지 아니하는 회사: 다음 각 목의 구분에 따른 기한 가. 재무제표: 제1호의 기한 나. 연결재무제표: 사업연도 종료 후 120일 이내(사업보고서 제출대상법인 중 직전 사업연도 말 현재 자산총액이 2조원 이상인 법인의 경우에는 사업연도 종료 후 90일 이내)
증권선물위원회/ 한국공인회계사회 (시행령 제27조 제3항)	1. 재무제표: 정기총회 종료 후 2주 이내(회생절차가 진행 중인 회사인 경우에는 해당 회사의 관리인에게 보고한 후 2주 이내) 2. 연결재무제표: 다음 각 목의 구분에 따른 기한 가. 한국채택국제회계기준을 적용하는 회사: 제1호의 기한. 이 경우 재무제표에 대한 감사보고서와 동시에 제출한다. 나. 한국채택국제회계기준을 적용하지 아니하는 회사: 사업연도 종료 후 120일 이내(사업보고서 제출대상법인 중 직전 사업연도 말 현재 자산총액이 2조원 이상인 법인의 경우에는 사업연도 종료 후 90일 이내)

3) 부정행위 등 보고의무 : 외부감사인은 직무를 수행할 때 이사의 직무수행에 관하여 부정행위 또는 법령이나 정관에 위반되는 중대한 사실을 발견하면 감사 또는 감사위원회에 통보하고 주주총회에 보고해야 한다(외부감사법 제22조 제1항). 그리고 외부감사인은 회사가 회계처리 등에 관하여 회계처리기준을 위반한 사실을 발견하면 감사 또는 감사위원회에 통보하여야 한다(외부감사법 제22조 제2항). 이 경우 회사의 회계처리기준 위반사실을 통보받은 감사 또는 감사위원회는 회사의 비용으로 외부전문가를 선임하여 위반사실 등을 조사하도록 하고 그 결과에 따라 회사의 대표자에게 시정 등을 요구하여야 하며(외부감사법 제22조 제3항), 조사결과 및 회사의 시정조치 결과 등을 즉시 증권선물위원회와 외부감사인에게 제출하여야 한다(외부감사법 제22조 제4항).

4) 주주총회 출석·답변의무 : 외부감사인 또는 그에 소속된 공인회계사는 주주총회의 요구가 있는 경우 주주총회에 출석하여 의견을 진술하거나 주주 등의 질문에 답변하여야 한다(외부감사법 제24조).

5) 비밀엄수의무 : 외부감사인과 그에 소속된 공인회계사 또는 이들을 보조하거나 지원하는 자는 그 직무상 알게 된 비밀을 누설하거나 부당한 목적을 위하여 이용해서는 아니된다(외부감사법 제20조 본문). 다만 다른 법률에 특별한 규정이 있는 경우 또는 증권선물위원회가 외부감사법 제26조 제1항에 상당하는 업무를 수행하는 외국 감독기관과 정보를 교환하거나 그 외국 감독기관이 하는 감리·조사에 협조하기 위하여 필요하다고 인정한 경우에는 그러하지 아니하다(외부감사법 제20조 단서).

(3) 책 임

1) 책임 원칙 : 외부감사인이 그 임무를 게을리하여 회사에 손해를 발생하게 한 경우에는 회사에 대하여 손해배상책임을 지고(외부감사법 제31조 제1항), 중요한 사항에 관하여 감사보고서에 적지 아니하거나 거짓으로 적음으로써 이를 믿고 이용한 제3자에게 손해를 발생하게 한 경우에는 제3자에게도 손해배상책임을 진다(외부감사법 제31조 제2항 본문). 또한 연결재무제표에 대한 감사보고서에 중요한 사항을 적지 아니하거나 거짓으로 적은 책임이 종속회사 또는 관계회사의 외부감사인에게 있는 경우에는 해당 외부감사인은 이를 믿고 이용한 제3자에게 손해를 배상할 책임이 있다(외부감사법 제31조 제2항 단서). 여기서 「제3자」에는 상장회사의 일반투자자도 포함된다.

2) 책임 확장 : 외부감사인이 감사반인 경우에는 감사에 참여한 공인회계사가 연대하여 손해배상책임을 지고(외부감사법 제31조 제3항), 이사 또는 감사(감사위원)도 책임이 있으면

외부감사인과 연대하여 배상책임을 진다(외부감사법 제31조 제4항 본문).

3) 책임 분할 : 외부감사인과 회사의 이사 또는 감사가 외부감사법 제31조 제3항과 제4항 본문에 의해 연대책임을 지는 때에도 손해에 관하여 고의가 없는 자는 법원이 정하는 자신의 귀책사유의 비율에 따른 분할책임을 진다(외부감사법 제31조 제4항 단서). 그러나 손해배상을 청구하는 자의 소득인정액(국민기초생활 보장법 제2조 제9호에 따른 소득인정액을 말함)이 대통령령으로 정하는 금액 이하에 해당되는 경우에는 감사인과 해당 회사의 이사 및 감사는 연대하여 손해배상책임을 진다(외부감사법 제31조 제5항).

4) 책임 증명 : 외부감사인 또는 감사에 참여한 공인회계사가 외부감사법 제31조 제1항부터 제3항까지의 규정에 따른 손해배상책임을 면하기 위해서는 그 임무를 게을리하지 아니하였음을 증명해야 한다(외부감사법 제31조 제7항 본문). 다만 일정한 자(① 외부감사법 제10조에 따라 감사인을 선임한 회사, ② 은행법 제2조 제1항 제2호에 따른 은행, ③ 농업협동조합법에 따른 농협은행 또는 수산업협동조합법에 따른 수협은행, ④ 보험업법에 따른 보험회사, ⑤ 자본시장법에 따른 종합금융회사, ⑥ 상호저축은행법에 따른 상호저축은행) 중 어느 하나에 해당하는 자가 감사인 또는 감사에 참여한 공인회계사에 대하여 손해배상청구의 소를 제기하는 때에는 그 자가 감사인 또는 감사에 참여한 공인회계사가 임무를 게을리하였음을 증명해야 한다(외부감사법 제31조 제7항 단서). 이처럼 외부감사법 제31조 제7항에 의하면 손해배상청구자가 일반 피해자이면 외부감사인이 임무를 게을리하지 않았음을 증명해야 하고, 손해배상청구자가 피감사회사나 금융기관이면 그들이 외부감사인의 임무해태를 증명해야 한다. 생각건대 동일한 사안의 청구자가 누구인지에 따라 증명책임을 달리하는 것은 합리성이 없으므로 조속히 개정해야 한다.

5) 책임 보장 : 외부감사인은 피해자에 대한 손해배상책임을 보장하기 위하여 총리령으로 정하는 바에 따라 외부감사법 제32조에 따른 손해배상공동기금의 적립 또는 보험 가입 등 필요한 조치를 해야 한다(외부감사법 제31조 제8항).

6) 책임 시효 : 외부감사법 제31조 제1항부터 제4항까지의 규성에 따른 외부감사인·이사·감사의 손해배상책임은 그 청구권자가 해당 사실을 안 날부터 1년 이내 또는 감사보고서를 제출한 날부터 8년 이내에 청구권을 행사하지 아니하면 소멸한다(외부감사법 제31조 제9항 본문). 다만 외부감사법 제10조에 따른 선임을 할 때 계약으로 그 기간을 연장할 수 있다(외부감사법 제31조 제9항 단서).

(4) 감 독

외부감사법은 제26조 이하에서 감사업무의 공정성을 보장하기 위하여 증권선물위원회에 감사보고서의 감리 등 외부감사인의 감독권을 부여하였으며, 외부감사인의 부정을 막기 위한 징계제도와 벌칙도 아울러 규정하고 있다.

Ⅲ. 검사인

1. 의 의

(1) 법적 지위

검사인은 일정한 사항을 조사하기 위해 선임되는 회사의 임시기관인데, 선임목적에 따라 임무가 다르다. 그렇지만 대체로 검사인은 발기인·이사·청산인의 직무수행의 적법성 여부, 계산의 정확성 여부를 조사한다. 검사인의 지위는 감사 또는 감사위원회와 비슷하지만, 개별적인 사항에 관하여 일시적으로 선임되는 점에서 외부감사인과 유사하다.

(2) 자격요건

상법상 검사인의 자격에 관한 특별한 제한은 없지만, 그 직무상 당해 회사의 이사·감사·사용인은 검사인이 될 수 없다. 이와 관련하여 통설은 검사인의 경우 그 직무상 자연인이어야 한다고 해석하고 있는데, 오늘날 많은 경우에 법무·회계·세무 등 전문직 분야의 시장을 전문법인이 점유하고 있는 상황을 고려할 때 이러한 제한이 합리적인지는 의문이다. 참고로 독일의 경우 상법상의 검사인은 주로 회계법인이 담당하고 있다.

2. 임 면

(1) 선 임

1) 법원이 선임하는 경우 : 법원이 검사인을 선임하는 경우는 다음과 같다. 즉 ① 회사를 설립할 때 변태설립사항이 있으면 이를 조사하게 하기 위하여 이사의 청구에 의해 선임하는데(상법 제298조 제4항), 이 경우 검사인은 변태설립사항 및 현물출자의 이행 여부를 조사한다(상법 제299조 제1항). ② 신주를 액면미달로 발행할 때 법원이 최저발행가액을 변경하여 인가하는 때에는 회사의 재산상태와 기타 필요한 사항을 조사하게 하기 위하여 선임할 수 있다(상법 제417조 제3항). ③ 신주를 발행할 때 현물출자를 하는 경우에 현물출자의 내용을 조사하게 하기 위하여 이사의 청구에 따라 선임한다(상법 제422조 제1항 전단). ④ 회사의

업무집행에 관하여 부정행위 또는 법령·정관에 위반한 중대한 사실이 있음을 의심할 만한 사유가 있을 때 소수주주의 청구에 의하여 회사의 업무와 재산상태를 조사하게 하기 위하여 선임할 수 있다(상법 제467조 제1항).

2) 주주총회가 선임하는 경우 : 주주총회에서 검사인을 선임하는 경우는 다음과 같다. 즉 ① 소수주주의 청구에 의하여 소집된 주주총회에서 회사의 업무와 재산상태를 조사하게 하기 위하여 선임할 수 있고(상법 제366조 제3항), ② 주주총회에서 이사가 제출한 서류와 감사의 보고서를 조사하게 하기 위하여 선임할 수 있으며(상법 제367조 제1항), ③ 청산 중에 있는 회사의 주주총회에서 이사가 제출한 서류와 감사의 보고서를 조사하게 하기 위하여 선임할 수 있다(상법 제542조 제2항→제367조).

3) 선관주의의무의 적용 여부 : 주주총회에서 검사인을 선임하는 때에는 검사인과 회사가 위임계약의 관계에 있게 되므로 검사인은 회사에 대하여 선관주의의무를 지지만, 법원이 검사인을 선임하는 때에는 회사와 위임과 같은 계약관계가 없고 그 권한은 법률의 규정에 따라 주어진다. 그렇지만 법원이 검사인을 선임하는 경우라도 그 기능은 주주총회에서 선임한 검사인과 유사하므로 그와 동일하게 회사에 대하여 선관주의의무를 진다고 해석하는 것이 바람직한데,[827] 반대 견해도 있다.[828]

(2) 종 임

검사인의 지위는 임시적이므로 임기가 없고 직무의 종료와 함께 그 지위도 소멸한다. 그렇지만 그 전이라도 주주총회에서 선임한 경우에는 주주총회의 결의로, 그리고 법원이 선임한 경우에는 법원이 검사인을 해임을 할 수 있다.

3. 책 임

검사인의 책임에 관한 상법상 규제내용은 다음과 같다. 즉 ① 법원이 회사의 설립경과를 조사하게 하기 위하여 선임한 검사인이 악의 또는 중대한 과실로 그 임무를 해태한 때에는 회사 또는 제3자에 대하여 손해배상책임을 지는데(상법 제325조), 다수의 이해관계인이 관여하는 회사설립에 있어서는 검사인의 공정한 조사가 특히 필요하기 때문이다. ② 주주총회에서 선임한 검사인이 그 임무를 해태한 경우에는 회사에 대하여 채무불이행책임을 진다. 이 경우에는 법원이 선임한 경우와 달리 검사인이 제3자와 직접적인 법률관계를 형성하

827) 이종훈, 341면; 이철송, 908면; 최기원, 763면; 최준선, 613면.
828) 권기범, 1062면.

지 아니하므로 제3자에 대한 채무불이행책임은 발생하지 않지만, 그 임무해태가 불법행위의 일반요건을 충족하는 때에는 불법행위책임을 진다.

Ⅳ. 준법지원인

1. 의 의

주식회사의 가장 중요한 가치이념은 영리성인데, 때로는 회사의 극단적인 영리 추구로 인해 각종 사회문제가 발생한다. 예를 들어 총수의 구속으로 인해 기업의 각종 투자결정이 지연되어 경제의 선순환에 장애가 되기도 하였고, 동양사태[829)]처럼 특정한 기업의 부적절한 경영행위가 국민경제에 심각한 악영향을 끼치기도 하였다. 따라서 국민경제의 지속적인 성장과 안정 그리고 국부의 원천인 기업의 건전한 발전과 경쟁력 강화를 위해서는 각종 기업비리와 경영위험을 효과적으로 규제할 필요가 있다. 이에 2011년 개정 상법은 일정한 상장회사에 대하여 준법지원인의 선임의무와 준법통제기준의 구축의무를 부과하였다(상법 제542조의13 제1항). 즉 자산총액 5천억원 이상인 상장회사는 준법지원인을 1인 이상 의무적으로 선임해야 하고, 준법지원인의 독립적 직무수행의 보장에 관한 사항 등을 포함한 준법통제기준을 마련해야 한다. 현재 상법은 준법통제기준에 있어야 할 사항으로 9가지를 규정하고 있고,[830)] 이에 근거하여 법무부와 한국상장회사협의회가 공동으로 작성한 「표준준법통제기준」은 24가지의 사항을 규정하고 있다. 이처럼 준법통제제도는 일정한 상장회사를 전제로 임직원이 업무를 집행함에 있어 관련 규범을 준수하게 하고, 그러한 시스템의 구축과 관리의 전문성을 높이기 위한 제도이다.

---

829) 동양레저·동양인터내셔널 등 동양그룹의 주요 계열사가 법정관리를 신청한 「동양사태」에서 각 계열사의 회사채와 기업어음(CP)에 투자했다가 피해를 본 개인투자자는 41,398명이었고 투자규모도 1조 6,999억원이었다. 그런데 이 사건 이후 개인투자자들은 회사채 등에 대한 투자를 줄이고 주가연계증권(ELS: Equity-Linked Securities)이나 부동산으로 눈을 돌리는 등 투자패턴을 달리하고 있다. 특히 신용등급 A 이하 기업들의 회사채나 CP는 연 수익률이 연 7~8%에 달하였으나 여전히 투자를 꺼렸다.

830) 즉 ① 준법통제기준의 제정 및 변경의 절차에 관한 사항, ② 상법 제542조의13 제2항에 따른 준법지원인의 임면절차에 관한 사항, ③ 준법지원인의 독립적 직무수행의 보장에 관한 사항, ④ 임직원이 업무수행과정에서 준수해야 할 법규 및 법적 절차에 관한 사항, ⑤ 임직원에 대한 준법통제기준 교육에 관한 사항, ⑥ 임직원의 준법통제기준 준수 여부를 확인할 수 있는 절차 및 방법에 관한 사항, ⑦ 준법통제기준을 위반하여 업무를 집행한 임직원의 처리에 관한 사항, ⑧ 준법통제에 필요한 정보가 준법지원인에게 전달될 수 있도록 하는 방법에 관한 사항, ⑨ 준법통제기준의 유효성 평가에 관한 사항이다(상령 제40조 제1항).

2. 지 위

(1) 지위의 부여

상법상 준법지원인의 법적 지위는 명확하지 않지만, 고유한 업무를 수행하고 그 지위가 이사회의 선임에 의해 부여되므로 회사와 위임계약 관계에 있다고 할 수 있다(민법 제680조). 그리고 준법지원인은 상법 또는 회사 내부에 마련한 준법통제기준에 의거하여 임직원의 일상적인 업무집행에서의 준법경영을 체계적으로 지원하고 관리하며 그 위반행위를 상시적으로 감시해야 하는 지위에 있다. 따라서 상장회사가 이사회결의로 준법지원인을 선임하는 때에는 반드시 상근으로 해야 한다(상법 제542조의13 제6항 제2문).

(2) 지위의 보장

준법지원인에게는 그 직무수행과 관련하여 부당한 인사상의 불이익을 줄 수 없다(상법 제542조의13 제10항). 준법지원인은 임직원의 준법경영을 관리하고 위반행위를 조사하여 그 결과를 이사회에 보고해야 하므로 자연스럽게 그들의 불만을 사서 임기만료 후 새로운 신분을 얻을 때 예상치 못한 불이익을 받을 수 있다. 따라서 준법지원인 제도의 연착륙을 위해서는 준법지원인의 신분보장이 필요한데, 상법은 준법감시인의 신분보장에 관한 자본시장법(구법 제28조 제9항)을 모방하여 규정을 둠으로써 준법지원인이 임기만료 후 일반 임직원의 신분으로 전환될 때 부당한 대우를 받지 않도록 배려하고 있다.

(3) 임기의 보장

상법 제542조의13 제6항 제1문은 준법지원인의 임기를 3년으로 규정하고 있는데, 제11항에서는 "준법지원인에 관하여 다른 법률에 특별한 규정이 있는 경우를 제외하고는 이 법에서 정하는 바에 따른다. 다만 다른 법률의 규정이 준법지원인의 임기를 제6항보다 단기로 정하고 있는 경우에는 제6항을 다른 법률에 우선하여 적용한다."라고 규정하고 있다. 이처럼 상법상 임기 규정이 다른 특별법상의 임기 규정에 우선하여 적용되도록 규정하고 있는데, 이에 대해서는 법체계상 문제가 있다는 반론도 있다.

(4) 겸임의 제한

준법지원인은 상법상 준법통제기준과 그에 근거하여 회사 내부에 정립한 자율적인 준법통제기준에 따라서 임직원의 일상적인 직무수행에 있어서의 준법경영을 체계적으로 지원하고 관리하며 그 위반행위를 적극적으로 감시해야 하므로 무엇보다도 그 지위의 중립성과 독립성이 확보·유지되어야 한다. 그리하여 상법은 준법지원인의 경우 자신의 업무수행에 영향을 미칠 수 있는 회사의 영업에 관련된 업무를 담당할 수 없도록 제한하고 있다(상령 제42조). 그런데 문제는 이러한 겸임 제한의 기준인 「준법지원인의 업무수행에 영향을 미칠 수 있는 회사의 영업에 관련된 업무」란 법문의 의미가 명확하지 아니하여 실제적인 해석·적용에 있어서 어려움이 발생하고 있다는 점이다.

(5) 타기관과의 관계

준법지원인은 임직원이 업무를 수행함에 있어서 준법통제기준를 준수하는지 여부를 조사하여 그 결과를 이사회에 보고해야 하고(상법 제542조의13 제3항), 회사의 임직원은 준법지원인이 그 직무수행과 관련하여 자료나 정보의 제출을 요구하는 경우 이에 성실히 응해야 한다(상법 제542조의13 제9항). 이처럼 준법지원인은 그 직무수행과 관련하여 필연적으로 경영조직과 연계되는데, 문제는 상법이 준법지원인과 경영주체인 이사회·이사·집행임원과의 상호관계에 대하여 명확히 규정하고 있지 않다는 점이다. 이는 준법지원인의 법적 지위와 직결되는 것이므로 관련 사항을 신중히 판단할 필요가 있다.

한편 자본시장법상의 준법감시인과 달리 상법상 준법지원인은 직무수행의 결과를 감사기관이 아닌 이사회에 보고해야 하므로, 준법지원인과 감사기관의 업무적 연계관계를 어떻게 설정해야 하는지도 문제된다. 이와 관련하여 준법지원인이 감사(감사위원회)에게도 임직원의 준법통제기준 준수 여부를 보고하도록 해야 한다는 주장이 있고,[831] 이에 대해서는 선임기관과 보고받는 기관을 일치시키는 것이 업무의 효율성과 책임성을 확보하는 최선의 방안이라며 반대하는 견해도 있다.[832] 생각건대 준법지원인은 독임제적 기관이지만 사실상

[표 19] 준법지원인과 관련 기관의 업무연계체계

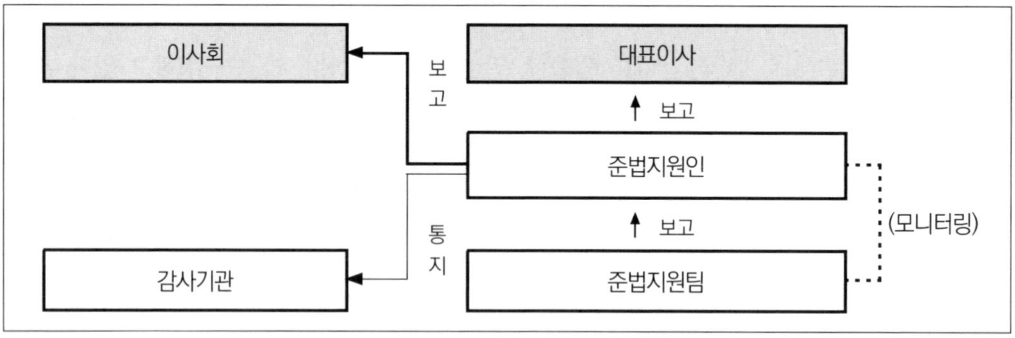

831) 정대, "글로벌 스탠더드로서의 내부통제: 상장회사의 준법지원인제도", 290면.
832) 주기종, "개정상법상 준법지원인제도의 문제와 해결", 414면.

경영진을 보좌하는 기능을 수행하므로 관련 기관과의 긴밀한 업무협조체제의 구축이 필요하고, 또한 불법행위나 위법행위는 감사기관의 업무감사권에도 포함되므로 그 내용을 감사기관에 대하여 통지하도록 의무화할 필요가 있다([표 19] 참조).[833]

3. 임 면

(1) 선임의무

1) 적용대상회사 : 자산총액 5천억원 이상인 상장회사는 법령을 준수하고 회사경영을 적정하게 하기 위하여 임직원이 그 직무를 수행할 때 따라야 할 준법통제기준을 마련해야 하고(상법 제542조의13 제1항), 준법통제기준의 준수에 관한 업무를 담당하는 준법지원인을 1명 이상 두어야 한다(상법 제542조의13 제2항). 2011년 개정 상법은 2013년 12월 31일까지 자산총액 1조원 이상인 상장회사를 그 대상으로 하였고(1단계), 2014년 1월 1일부터 자산총액 5천억원 이상인 상장회사로 대상을 확대하였다(2단계). 이는 상장회사의 경우 주식이 공개시장에서 거래되므로 일반투자자의 이익보호를 위해 도입할 필요가 있지만, 제도의 설치와 운용에 따른 기업의 경제적인 부담도 함께 고려해야 하였기 때문이다. 그렇지만 당시에 자산총액 1천억원 이상이 적합하다는 견해, 자산총액 5천억원 이상 또는 3천억원 이상이 적합하다는 견해, 단계적 확대가 적당하다는 견해, 대규모 상장회사보다 중소규모회사에서의 준법통제가 더 시급하다는 견해도 있었다.[834]

2) 적용제외회사 : 자산총액이 5천억원 이상인 상장회사라도 다른 법률에 따라 준법통제기준이나 준법감시인을 둔 경우에는 상법이 적용되지 않는다(상령 제39조 단서). 2011년 개정 당시에 은행 등 금융기관은 이미 관련 법령(은행법 등)에 따라 준법감시인을 두고 있었는데, 상법이 준법지원인을 도입하면서 그 관계 등에 관한 처리 규정을 두지 않아 금융기관인 상장회사에서는 양 법의 이중 적용에 따른 실무적 혼란 발생이 우려되었다. 그리하여 준법지원인의 별도 선임에 따른 금융회사의 현실적인 부담을 덜어주고 준법감시인과 준법지원인의 업무분장과 직무수행상 충돌문제를 해결하기 위하여 금융회사는 적용제외대상으로 확정하였다. 따라서 은행과 금융투자업자 등의 금융기관은 자산총액이 5천억원 이상이더라도 각각의 규제법령에 의한 준법감시인을 이미 두고 있다면 상법상의 준법지원인을 별도로

---

833) 한국법정책학회, 「준법지원인제도와 준법경영의 활성화 방안」, 252면.

834) 다만 4번째 견해는 별로 공감을 얻지 못하였다. 경영진과 일선조직의 정보소통 및 상호접촉이 용이하여 경영진의 준법경영이 상대적으로 쉬운 중소규모회사에서 대규모 상장회사보다 먼저 준법통제제도가 강제적으로 시행되어야 한다는 것은 논리적으로 맞지 않았기 때문이다(박세화, "준법지원인제도의 안정적이고 효율적인 운용을 위한 법적 과제", 275~276면).

선임할 필요가 없지만, 금융회사 등이 준법감시인을 두고 있지 않다면 당연히 상법상의 준법통제기준을 마련하고 준법지원인도 두어야 한다.

(2) 자격요건

준법지원인은 준법통제기준에 따라 임직원의 직무수행상 준법경영을 관리하고 위반행위를 조사하여 그 결과를 이사회에 보고해야 한다. 그리하여 상법은 준법지원인의 자격을 ① 변호사 자격이 있는 사람, ② 고등교육법 제2조에 따른 학교의 법률학 조교수 이상의 직에 5년 이상 근무한 사람, ③ 그 밖에 법률적 지식과 경험이 풍부한 사람으로서 대통령령으로 정하는 사람으로 한정하고 있다(상법 제542조의13 제5항). 즉 상법은 담당업무의 특성을 고려하여 준법지원인의 자격요건을 법률전문가로만 한정하고 있는데, 이러한 제한이 타당한가에 대해서는 여전히 논란이 있다. 특히 ③의 경우에는 상장회사에서 ⓐ 감사·감사위원·준법감시인 및 이와 관련된 법무부서에서의 합산경력이 10년 이상인 사람 또는 ⓑ 법학석사 이상의 학위를 가지고 상장회사에서 감사·감사위원·준법감시인 및 이와 관련된 법무부서에서의 합산경력이 5년 이상인 사람을 말하는데(상령 제41조), 이에 대해서도 그 적격성과 관련하여 상당한 논란이 있다. 한편 ⓑ의 경우에는 관련 부서의 근무경력과 석사학위 이상 학위과정의 관계가 문제되는데, 상법이 특별히 규제하고 있지 아니하므로 양자의 기간이 중복되더라도 상관이 없다. 즉 관련 부서에서 5년간 근무하는 동안에 법학석사 학위를 취득한 경우에도 준법지원인이 될 수 있다.

(3) 임면방법

1) 선 임 : 준법지원인은 상근으로 해야 하고(상법 제542조의13 제6항 제2문), 이사회의 결의로 임명한다(상법 제542조의13 제4항). 상법은 지배구조상 준법지원인의 지위에 관하여 명확히 규정하고 있지 않지만, 준법지원인을 이사회에서 선임한다고 규정함으로써 준법지원인이 경영기관인 이사회와 밀접한 관계가 있음을 간접적으로 밝히고 있다. 그렇지만 준법지원인은 임직원의 준법경영을 지원하고 관리하며 위반행위를 조사해서 이사회에 보고해야 하므로 영업 관련 업무를 담당해서는 아니된다(상령 제42조).

2) 퇴 임 : 준법지원인은 임기의 만료로 퇴임하는 경우 외에 위임의 일반적인 종료사유에 따라 퇴임한다(민법 제690조). 따라서 위임의 상호해지자유(민법 제689조)에 따라 준법지원인도 언제든지 사임할 수 있다고 보아야 하지만, 회사가 준법지원인을 언제든지 해임할 수 있는지는 의문이다. 생각건대 상법 제542조의13 제4항이 준법지원인의 경우 이사회의 결의로 임면한다고 규정하고 있으므로 이사회의 결의로 해임할 수 있다고 보아야 하지만,

준법지원인은 임기가 보장되어 있으므로 부당하게 해임된 경우에는 상법 제385조를 유추적용하여 회사가 손해배상책임을 진다고 해석해야 한다.[835)]

4. 직 무

(1) 직무의 근거

1) 법적 규제 : 준법지원인은 임직원의 준법경영 준수 여부를 점검하고 위반행위를 조사하여 그 결과를 이사회에 보고해야 하며, 기업 내부에 준법경영문화가 정착될 수 있도록 임직원에 대한 준법경영교육을 지속적으로 실시해야 한다. 이러한 준법지원인의 업무수행에 있어서 가장 중요한 기준이 되는 것은 상법상의 준법통제기준과 그에 근거하여 회사 내부에 구축된 개별적인 준법통제기준이다. 참고로 상법상의 준법통제기준은 이사회의 결의로 제정·변경되는데, ① 준법통제기준의 제정 및 변경의 절차에 관한 사항, ② 준법지원인의 임면절차에 관한 사항, ③ 준법지원인의 독립적 직무수행의 보장에 관한 사항, ④ 임직원이 업무수행과정에서 준수해야 할 법규 및 법적 절차에 관한 사항, ⑤ 임직원에 대한 준법통제기준 교육에 관한 사항, ⑥ 임직원의 준법통제기준 준수 여부를 확인할 수 있는 절차 및 방법에 관한 사항, ⑦ 준법통제기준을 위반하여 업무를 집행한 임직원의 처리에 관한 사항, ⑧ 준법통제에 필요한 정보가 준법지원인에게 전달될 수 있도록 하는 방법에 관한 사항, ⑨ 준법통제기준의 유효성 평가에 관한 사항이 반드시 포함되어 있어야 한다(상법 제542조의13 제1항; 상령 제40조 제1항, 제2항).

2) 자율 규제 : 2011년 개정 상법에 의해 준법지원인 제도가 시행된 후 기업 실무에서는 상법상의 준법통제기준의 경우 그 내용이 너무 빈약하고 추상적이어서 실무에 직접 적용하여 운용하기 어렵다는 비판을 많이 하였다. 이에 2012년에 법무부는 한국상장회사협의회와 공동으로 상법상의 준법통제기준을 바탕으로 하여 준법지원인 의무선임 대상회사들에게 공통적으로 적용될 수 있는 「상장회사 표준준법통제기준(이하 "표준준법통제기준"이라고 함)」을 작성하여 공시하였고, 2019년에 개정하였다. 현재 표준준법통제기준은 본문 5개 장 24개 조와 부칙으로 구성되어 있다([표 20] 참조).

835) 이종훈, 353면; 이철송, 912면; 홍복기/박세화, 608면.

[표 20] 상장회사 표준준법통제기준

제1장 총 칙

제1조(목적) ㅇㅇ주식회사(이하에서 '회사라 한다)는 법령을 준수함으로써 공정하고 투명한 업무수행을 도모하고 회사의 건전한 발전과 고객의 신뢰를 확보하기 위하여, 준법통제기준을 제정·시행한다.

[참고] : 회사는 준법통제기준에 기업윤리에 관한 사항을 포함시킬지 여부를 자율적으로 판단할 수 있다. 회사가 준법통제기준상에 임직원의 기업윤리에 관한 의무도 함께 규정하고자 하는 경우에는 제1조를 「○○주식회사(이하에서 '회사'라 한다)는 법령을 준수하고 기업윤리를 구현함으로써, …」라고 수정한다.

제2조(용어의 정의) 이 준법통제기준에서 사용하는 주요 용어의 정의는 다음 각호와 같다.

1. '준법통제'란 회사가 사업운영상 준수해야 하는 제반 법규를 체계적으로 파악하고 임직원의 법규준수 여부를 자체적으로 점검하여, 위법행위를 사전적으로 예방하고 각종 법적 위험에 체계적으로 대응하기 위하여 채택하는, 일체의 정책수립 및 통제활동 과정을 말한다.
2. '법적 위험'이란 임직원이 법령을 준수하지 않음으로써 민사·형사·행정적 책임이 발생하거나 계약상 효력이 인정되지 않아 손해가 발생할 위험을 말한다.
3. '준법지원인'이란 준법 교육 및 훈련 프로그램을 시행하고 준법통제기준 등의 준수여부를 점검하여, 이에 관한 사항을 이사회에 보고하는 직무를 수행하는 상법 제542조의13에 따라 선임된 자를 말한다.

[참고] : 상법 제542조의13이 적용되지 않는 회사의 경우에는 「'준법지원인'이란 준법교육프로그램을 시행하고, 준법통제기준의 준수여부를 점검하여 이사회 등에 보고하는 직무를 수행하는 법률적 소양을 지닌 자를 말한다」로 규정할 수 있다.

제3조(적용) ① 준법통제기준은 회사의 모든 업무와 임직원들의 모든 관련 활동에 적용된다.

[참고] : 자회사, 계열회사 및 회사의 대리인에게 적용되는 확장된 준법통제체제를 구축하고자 하는 경우에는 「자회사, 계열회사 및 회사의 대리인도 준법통제기준의 적용대상이 된다」는 것을 명시할 수 있다.

② 준법통제기준과 관련 있는 회사의 각종 규정은 준법통제기준에 부합하여야 하며, 법률이나 정관에 다른 정함이 없는 한 준법통제기준이 우선적으로 적용된다.

제4조(제정 및 개정) 대표이사는 이사회의 결의를 거쳐 준법통제기준을 제정 및 개정한다.

제2장 준법통제환경

제5조(조직 구성과 업무 분장의 기본 원칙) 준법통제를 위한 조직 구성과 업무분장은 준법통제 업무의 효율성과 준법지원인의 독립성이 확보되고, 관련 임직원의 역할과 책임 관계가 명확하게 설계되어야 한다.

제6조(각 기관의 역할) ① 이사회는 준법통제기준 및 이에 관한 중요한 사항을 결정한다. 또한 이사회는 대표이사가 이사회의 결정을 충실하게 반영하여 준법통제체제를 정비하고 실효적으로 운용하는 지를 감독한다.

[참고] : 대표집행임원을 선임한 회사의 경우에는 이하에서 대표집행임원이 대표이사를 갈음한다.

② 대표이사는 준법통제기준과 이사회가 정하는 바에 따라 회사의 규모나 영업의 성격에 부합하

는 준법통제체제를 구축·정비·운용하고 그 작동상황을 감독한다.
③ 준법지원인은 준법 교육 및 훈련 프로그램을 수립하여 시행하고 준법통제기준의 준수 여부를 점검하여 이사회나 대표이사에게 보고하는 등 준법통제업무를 실무적으로 통괄한다.

[참고] :

1. 감사와 준법지원인과의 역할은 다음과 같이 구별된다. 준법지원인은 준법통제와 관련하여 이사회를 지원하고 그 업무결과를 보고하는 법적 지위를 가지고 있으며, 상법상 이사회와 감사는 상호 독립적인 지위를 가져야 하므로 준법지원인과 감사는 상호 겸직할 수도 없고, 준법지원인이 감사의 하부조직이 될 수도 없다. 한편 상법상 감사는 이사의 업무에 대한 감사권이 있으므로, 감사는 적정하고 유효한 준법통제체제가 구축되고 운용되고 있는지를 감독한다. 감사는 이를 위해 준법지원인에게 일정한 사항의 보고를 요구하거나 이사회에 출석하여 점검 및 평가내용을 진술할 수 있고, 준법통제체제가 법령 또는 정관에 위반하는 중대한 사실이 있거나 이사의 부정행위에 해당하는 경우에는 감사보고서에 기재할 수 있다.
2. 회사가 감사를 보조하는 조직이외에 별도로 내부감사조직(예: 특별검사팀)을 둔 경우, 그 별도 내부감사조직은 대표이사의 지시나 감사(또는 감사위원회)의 협조요청에 따라 준법통제체제의 운용 상태를 감독하거나 그 유효성을 평가하는데 참여할 수 있다.

제7조(준법지원인의 임면) ① 준법지원인은 이사회의 결의를 거쳐 대표이사가 임면한다.

[참고] : 회사는 준법지원인의 해임요건에 관하여는 정관과 준법통제기준으로 통상의 이사회의 결의요건보다 강화된 요건을 정할 수 있다.

② 대표이사는 준법지원인에게 다음 각호의 어느 하나에 해당하는 사유가 있는 경우 해당 준법지원인을 해임할 수 있다.

1. 신체 또는 정신적 장애로 직무를 수행할 수 없게 된 경우
2. 직무와 관련하여 부정행위를 저지르거나 또는 법령이나 정관에 위반한 경우
3. 고의 또는 과실로 회사에 손실이 생기게 한 경우

③ 준법지원인은 정당한 이유없이 임기 중 해임되지 아니하며, 임기 중 해임을 하는 경우, 대표이사는 제2항 각호의 해임사유를 입증할 수 있는 충분한 증거를 제시하여야 한다.

[참고] : 준법지원인의 징계에 관하여는 별도의 규정을 두는 것이 바람직하다. 징계에 의한 해임이외에도 「신체상 또는 정신상으로 준법지원인의 직무수행을 계속하기에 현저하게 부적합한 경우」와 같이 구체적으로 해임사유를 정할 수도 있다. 그러나 준법지원인의 해임요건의 설정과 운영은 준법지원인의 임기와 독립적 직무수행을 규정한 상법 제542조의13 제6항과 제9항의 취지에 어긋나지 않도록 하여야 한다.

④ 준법지원인은 해임에 관하여 이사회에서 자신의 의견을 진술할 수 있다.
⑤ 준법지원인이 해임되거나 임기의 만료 또는 사임으로 인하여 퇴임한 경우에는 대표이사는 신속하게 새로운 준법지원인을 선임하여 업무의 연속성을 유지하여야 한다.

제8조(준법지원인의 자격, 임기 및 지위) ① 준법지원인은 상법 제542조의13 및 동법 시행령 제40조의 요건을 충족한 사람 중에서 선임되어야 한다.
② 감사 또는 감사위원은 준법지원인이 될 수 없다.
③ 준법지원인은 상근으로 하며, 그 임기는 3년으로 하되, 연임할 수 있다.

제9조(준법지원인의 권한 및 의무) ① 준법지원인은 다음 각호와 같은 직무상 권한을 가진다.

1. 준법에 관한 교육과 훈련프로그램의 시행

[참고] : 회사는 준법에 관한 교육 프로그램에 기업 윤리의식의 함양을 위한 프로그램을 포함하여 시행할 수 있다.

2. 준법통제기준의 준수 여부에 대한 정기 또는 수시의 점검 및 보고
3. 준법지원인의 업무수행에 있어 필요한 정보·자료의 수집과 제출요구 및 진술의 요구
4. 임직원에 대한 준법 요구 및 위법하다고 판단한 사항에 대한 중지, 개선 또는 시정의 요구
5. 준법통제기준 등을 위반한 임직원에 대한 제재 요청
6. 준법통제업무와 관련하여 이루어지는 이사회 등의 출석 및 의견진술
7. 준법 업무 보조 조직의 통솔 및 관련 부서 직원의 인사 제청
8. 기타 이사회가 준법지원인의 권한으로 정하는 사항

[참고] : 준법지원인은 제6호에 규정된 것처럼 준법통제업무와 관련하여 이사회에 출석하고 의견을 진술할 수 있어야 함은 물론이나, 일반적인 준법통제업무 이외에도 이사회가 결정하는 사항이 적법한지 여부에 대하여 준법지원인이 사전에 점검할 수 있는 장치를 마련하는 것이 바람직하기 때문에 준법통제업무 이외의 사항에 관한 이사회에도 참석할 수 있도록 정하는 것도 고려해 볼 수 있다.

② 준법지원인은 필요한 경우 외부 전문가의 조언 및 조력을 구할 수 있다.

③ 준법지원인은 선량한 관리자의 주의의무로 자신의 직무를 수행하여야 하고, 재임시뿐만 아니라 퇴임한 후에도 직무상 알게 된 회사의 영업상 비밀을 누설하여서는 안 된다.

제10조(준법지원인의 독립적 업무수행) ① 준법지원인은 자신의 업무수행과 관련하여 이사회나 대표이사에게 직접, 적시에 보고할 수 있다.

② 준법지원인은 제1항의 보고를 위해 필요한 경우 대표이사에게 이사회의 소집을 요청할 수 있다.

③ 준법지원인은 준법지원 및 통제 업무를 독립적이고 실효적으로 수행할 수 있는 정도의 회사 내 직급을 가진다.

④ 회사는 현재 또는 과거의 준법지원인에 대하여 그 직무수행과 관련된 사유로 부당한 인사상 불이익을 주어서는 안 된다.

[참고] : 준법지원인의 독립성을 보장하기 위하여 회사는 내부인사규정에 준법지원인의 징계 사유 및 절차에 관한 명확한 규정을 두는 것이 바람직하다.

제11조(준법지원인의 겸직 제한) 준법지원인은 준법 관련 업무수행에 영향을 줄 수 있는 영업 관련 업무를 담당할 수 없다.

[참고]

1. 준법지원인은 원칙적으로 회사 고유의 영업업무에 관여하지 않고 준법통제업무만 독립적으로 담당하는 것이 바람직하다. 다만, 중소규모의 기업에서는 현실적으로 준법지원인이 준법통제기준 업무만 담당하게 하는 것이 인력관리상 비효율적일 수 있으므로, 준법지원인의 직무수행의 독립성이 훼손되거나 과중한 업무 부담이 되지 않는 범위 내에서 준법지원과 연관된 다른 업무를 일부 겸할 수 있다.
2. 준법지원인이 이사를 겸직할 수 있는지 여부에 대하여는 상법상 아무런 언급이 없다. 이사가 이사회의 구성원으로서 회사의 모든 중요한 의사결정에 참여한다는 점에서 경우에 따라서는 이사 겸직이 준법지원인의 독립적 직무수행에 영향을 줄 경우도 발생할 수 있다는 우려도 있을 수 있다. 그러나 회사의 중요한 의사결정시 법령을 준수하고 경영을 적정하게 하도록 준법지원인이 활동하기 위해서는 이사 겸직이 더 바람직할 수도 있다. 이 점은 각 회사의 상황에 맞추어 결정할 필요가 있다. 물론 이사겸직시 준법지원인의 직무수행의 독립성을 훼손하거나 과중한 업무부담을 초래하는 다른 업무를 맡아서는 안 될 것이다. 그러나 준법지원인이 감사를 겸직할 수 없는 것과 마찬가지 이유에서 감사위원을 겸직할 수는 없다.

제3장 준법통제활동

제12조(법적 위험의 평가) ① 이사회는 회사 전체적인 위험관리체제하에서 효과적으로 작동하는 통합적인 법적 위험 평가 및 관리 체제를 위하여 준법통제기준을 마련하고 운용한다.

② 준법지원인은 법적 위험의 크기·발생빈도 등을 검토하여 위법의 발생가능성 등을 판단하고 주요한 법적 위험 행위를 유형화하여야 한다. 준법지원인이 위의 유형화 작업을 위하여 협조를 요청하는 경우, 각 관련부서 및 임직원은 이에 신속하고 성실하게 응해야 한다.

[참고]

1. 회사 전체적으로 법적 위험을 평가하고 관리하기 위하여, 준법통제체제의 운용에 있어 발생하는 문제를 효율적으로 대처하고 부서간 원활하게 협업할 수 있도록, 법적 위험의 주요 사안을 심의하거나 의결하는 기구(예: 준법통제위원회)를 설치할 수 있다. 이러한 준법통제위원회는 보통 대표이사를 위원장으로 하고 준법지원인과 각 사업부서의 장이 당연직으로 참여하게 된다. 이러한 준법통제위원회의 권한에 대하여 이사회에서 별도로 정하지 않는 경우에는 준법통제위원회는 준법통제기준상 대표이사의 의무이행을 위한 보조기구의 성격을 가지게 된다.
2. 법적 위험행위의 유형화의 시기와 정도는 회사의 목적, 규모, 성격 및 준법통제체제의 내용 등에 따라 회사별로 달라질 수 있으므로 회사별로 적절히 운영하면 된다.

제13조(법적 위험의 관리) ① 임직원은 업무상 법적 위험과 관련된 국내·외 법규 및 준법통제기준, 회사의 각종 내부 규정 등을 숙지하고 준수하여야 한다.

② 임직원은 위법행위나 준법통제기준 등의 위반사실을 발견한 경우에 즉시 준법통제기준이 정하는 절차에 따라 신고 또는 보고하여야 하며, 이러한 위반행위에 관여하거나 협조하여서는 안 된다.

③ 각 관련부서와 준법지원인은 법적 위험이 타 부서로 이전하거나 확대되지 않도록 하기 위한 조치를 강구하여야 한다.

④ 준법지원인은 법적 위험 평가를 바탕으로, 임직원이 제1항과 제2항에 따른 의무를 올바로 인식하고 이해할 수 있도록 하여야 한다.

[참고] : 회사는 임직원의 준법의무에 관하여 아래와 같이 구체적으로 정하거나, 부서별로 준법 의무 사항을 나누어 규정할 수 있다.

〈예시〉

① 임직원은 횡령·배임 행위, 회사와의 이해충돌 행위, 내부자거래행위 등을 하거나 이에 가담하여서는 안 된다.

② 임직원은 업무를 수행함에 있어 불공정거래나 부당한 공동행위 등을 하여서는 안 된다.

③ 임직원은 업무와 관련하여 국내·외 공무원 및 해당 결정에 영향력 있는 사람에게 뇌물이나 부적절한 선물을 수수하여서는 안 된다.

④ 임직원은 회계관련법규를 준수하여 재무정보의 신뢰성과 투명성을 견지하여야 하며, 공시관련법규에 따라 정확한 기업정보를 투자자에게 제공하여야 한다.

⑤ 임직원은 지적재산권이나 개인정보의 보호 등에 관한 관련 법규를 철저하게 준수하여야 한다.

⑥ 임직원은 오수나 매연배출, 무허가첨가물의 사용 등에 관한 환경 및 식품위생에 관한 법규를 준수하여야 한다.

⑦ 임직원은 고객에 대한 상품정보 및 서비스의 제공이나 사업현장의 안전 등에 관한 제반 법규를 철저하게 준수한다.

⑧ 회사와 임직원은 인종, 성별, 국적, 연령 등을 이유로 차별적 대우를 하는 행위를 하지 아니한다.

⑨ 회사와 임직원은 기타 국내·외 법규가 금지하거나 제한하고 있는 행위를 하지 아니한다.

제14조(준법 교육 및 훈련 프로그램의 운영) ① 준법지원인은 임직원이 취급 업무와 관련된 법적

위험을 사전에 파악하고 적절하게 대처할 수 있도록 하기 위하여, 구체적이고 체계적인 준법 교육 및 훈련프로그램을 설계하여 시행한다.
② 준법지원인은 전 임직원을 대상으로 다음 각호의 준법교육을 매년 일정시간 이상 실시하여야 한다.

1. 정기 준법교육 : 전 임직원을 대상으로 정기적으로 실시하는 준법교육
2. 채용시 준법교육 : 신규채용 임직원을 대상으로 직무배치 전 실시하여야 하는 준법교육
3. 특별 준법교육 : 준법지원인이 높은 법적 위험이 예상되거나 그 밖에 교육이 필요한 부서에 대해 실시하는 준법교육

③ 준법지원인은 제2항의 준법교육을 정보통신매체를 이용한 '인터넷원격교육' 등의 방법으로 실시할 수 있다.

[참고] : 준법 교육 및 훈련프로그램의 방식은 회사의 규모나 영업의 성격에 따라 적절한 방법을 고안하면 된다. 회사 상황에 따라 온라인 방식이나 디지털 e-learning도구 등을 활용할 수 있다.

④ 준법지원인은 준법 교육 및 훈련 프로그램의 효과 및 실효성에 대하여 평가하고 필요한 경우 개선사항에 관한 설문조사도 실시한다.
⑤ 준법지원인은 교육 및 훈련프로그램의 운영과 별도로 업무상 법적 위험에 크게 노출되어 있는 임직원들을 위한 상담제도를 운영할 수 있다.

제15조(일상적인 준법지원) ① 준법지원인은 임직원에 대하여 상시적으로 법적 자문업무를 수행하며, 임직원이 계약체결 등 법적 위험과 밀접한 관련이 있는 업무수행을 하는 경우에는 반드시 준법지원인과 사전협의하도록 할 수 있다.
② 준법지원인은 위법행위나 준법통제기준 등을 위반한 사실을 발견한 임직원이 이를 신고 또는 보고할 수 있는 절차를 마련하여야 한다.

[참고] : 준법지원인의 일상적인 준법지원에는 다음의 내용들이 포함될 수 있다.

1. 신규계약 등 중요거래의 결정 전 위법성 여부에 대한 검토
2. 법률에 따라 이사회 및 주주총회 결의가 필요한 사항에 대한 사전 검토 및 검토 사항에 대한 이사회 보고
3. 업무 관련 사내규정 등의 변경에 대한 사전 검토 및 규정에 대한 해석
4. 전체 임직원 대상 정기적인 의견 수렴 제도화를 통한 위법·위반행위 점검

③ 대표이사는 임직원이 업무상 제기되는 법적 위험 또는 준법관련 쟁점에 관하여 준법지원인과 원활하게 의사소통할 수 있는 체제를 구축하여야 한다.

[참고] : 임직원이 업무수행을 하면서 법적 위험 또는 준법관련 쟁점이 발생한 경우, 직근 상급자 이외에도 준법지원인과 직접 상의하거나 보고할 수 있어야 한다. 준법지원인 이외에 대표이사와도 상의할 수 있는 체제를 구축하고자 하는 경우에는 "대표이사는 임직원이 업무상 제기되는 법적 위험 또는 준법관련 쟁점에 관하여 준법지원인 및 대표이사와 …"로 규정할 수 있다. 회사의 상황에 비추어 대표이사가 아닌 다른 임직원과 상의할 수 있는 체제를 구축하고자 하는 경우에는 적절히 수정하면 된다.

제16조(임직원의 자율적인 준법 점검) ① 각 부서는 자율적으로 준법교육을 포함한 준법점검계획을 수립하고, 정기적으로 자율 점검 실태를 평가할 수 있다.
② 각 부서는 효과적인 자율 준법점검을 위하여 점검사항목록을 작성하여 관리할 수 있다.
③ 준법지원인은 제1항에 따른 각 부서의 준법점검계획 수립을 지도하고 자율점검 실태를 평가한다.

제17조(준법지원인의 준법 점검) ① 준법지원인은 모든 임직원의 준법통제기준 준수 여부 등을 점검하는 준법점검체제를 구축하여 운용한다.

[참고] : 준법지원인의 준법점검은 가장 중요하고 기본적인 권한이자 의무로서, 준법점검체제는 회사 업무 전체에 대한 정기 점검체제가 되어야 하고, 연간 업무계획에 반영되는 것이 바람직하다.

② 준법지원인에 의하여 이루어지는 준법점검은 ○년에 ○회 실시하는 정기점검과 제기된 특정 법적 쟁점에 대하여 실시하는 수시 또는 특별점검이 있다.

[참고] : 준법점검의 방식으로 해당 업무 담당자에 대한 인터뷰, 현장 확인, IT 방법에 의한 점검 등이 가능하다.

③ 준법지원인은 효율적인 준법점검을 위하여 부서별로 신고나 보고 사항을 구체적으로 정형화할 수 있으며, 필요한 경우 특정 사항의 신고나 보고를 의무화할 수 있다.

④ 준법지원인은 준법 점검의 결과를 이사회에 보고한다.

[참고] : 「준법지원인은 준법점검 결과를 이사회에 분기별로 보고한다」는 방식으로 보고의 주기를 구체적으로 명시할 수 있다.

⑤ 준법지원인은 준법 여부 점검을 하면서 필요한 경우에는 감사에게 통보하거나 협의할 수 있다.

제18조(내부제보) ① 대표이사는 임직원의 위법 또는 부당한 업무집행행위 등에 관하여, 준법지원인 등에게 직접 제보할 수 있는 내부제보장치를 설치할 수 있다.

[참고] :

1. 각 회사는 '익명제보'를 제보로 인정할 것인지 여부에 대하여 정할 수 있다.
2. 각 회사는 이 조항을 적절히 수정하여 제보를 받고 처리하는 담당자를 대표이사나 외부 고문변호사로 지정할 수도 있다.
3. 각 회사는 필요한 경우 「제보내용에 이사, 집행임원 등의 고위 경영진의 위법행위에 관한 사항이 포함되어 내부제보의 실효성이 낮아질 우려가 있는 경우, 감사나 사외이사인 감사위원에게 제보할 수 있도록 할 수 있다」는 내용을 추가할 수 있다.
4. 회사 전체적인 차원의 내부제보장치를 채택하는 경우에는 준법에 관한 제보는 반드시 준법지원인에게 전달되어야 한다는 것을 명시적으로 규정할 필요가 있으며, 외부 전문가가 내부제보를 수령하는 것으로 설계한 경우에는 회사 임직원중 내부제보 업무담당자를 지정할 필요가 있다. 이 경우 내부제보 업무담당자는 준법지원인과 같이 독립적인 지위에 있는 사람이 맡는 것이 바람직하다.

② 내부제보를 받거나 처리하는 사람은 내부제보자의 인적사항 및 제보내용에 대하여 비밀을 유지하여야 한다.

③ 내부제보자가 본인이 관련된 위법이나 부정을 제보한 경우에는 정상을 참작할 수 있고, 모든 내부제보자는 내부제보로 인하여 어떠한 인사상 불이익도 받지 않는다.

[참고] : 내부제보자가 본인이 관련된 위법 또는 부정을 제보한 경우 내부제보자를 포함하여 그 위법 또는 부정에 관련된 사람을 제재할 수는 있다. 그러나 내부제보 하였음을 이유로 너 가중한 세새를 가하거나 별도의 인사상 불이익을 주어서는 안된다.

제19조(위반 시의 처리) ① 준법지원인은 준법통제기준 등의 위반 행위가 발견된 경우, 이를 해당 부서 책임자에게 통보하거나 대표이사에게 보고하고 중지·개선·시정·제재 등의 적절한 조치를 요구할 수 있고, 필요한 경우 관련 부서 등과 상의하여 종합적인 대응방안을 마련하고 이를 대표이사 등에게 건의할 수 있다. 다만, 긴급한 경우 준법지원인은 위의 보고 또는 건의 전에 자신의 판단에 의해 해당 임직원에게 관련 행위의 중지·개선·시정의 요구 등 필요한 조치를 취할 수 있다.

[참고] : 이사회에 대하여는 준법지원인이 준법점검에 관한 보고의무를 부담하므로 위반사실이 당연히 보고되어야 하고, 준법지원인이 사안의 중요성에 비추어 필요하다고 판단되는 경우 이사회에 직접 보고하고 적절한 조치를 구하거나 지시를 받을 수 있음은 물론이다.

② 회사는 준법통제기준 등을 위반행위를 한 사람에 대하여 그 중요성에 상응하는 적절한 제재조치를 취한다.

③ 준법지원인은 동일 또는 유사한 위반 행위의 재발방지방안을 마련하여 이사회나 대표이사에게 건의할 수 있다. 재발방지방안이 결정되면 준법지원인은 이를 해당 부서 및 관련 부서에 통보하고 관련 프로그램 및 정책의 개선 시에 반영한다.

제20조(정보 및 자료의 전달과 관리) ① 준법지원인은 자신의 준법 업무수행을 위해 필요한 정보 및 자료를 해당 부서 임직원에게 활용가능한 형태로 제출해줄 것을 요청할 수 있다. 준법지원인의 요청을 받은 임직원은 신속하고 성실하게 응하여야 한다.

② 준법지원인은 준법통제 관련 정보 및 자료를 체계적으로 정리하고 안전하게 보관할 수 있는 통합 정보관리장치를 마련한다.

③ 준법통제체제에서 형성된 정보나 자료는 ㅇ년 이상 보관한다.

제4장 유효성 평가

제21조(유효성 평가의 기준 및 절차) ① 이사회는 준법통제기준 및 관련 체제가 유효하게 설계되고 운용되었는지를 정기적으로 검토하여 보완이나 개선해야 할 사항이 발견된 경우 개선방안을 모색한다.

② 준법지원인은 자체적으로 준법 지원 및 점검 체제의 유효성에 관한 평가를 실시하여 그 결과를 이사회에 보고한다.

③ 이사회는 준법지원인의 자체 평가와는 별도로 매년 준법통제체제의 유효성 평가를 회사 전체적으로 실시할 수 있다.

[참고] :

1. 이사회가 주관하는 회사 전체적 차원의 준법통제체제에 대한 유효성 평가시에는 가급적 회사내 모든 부서의 의견을 취합하는 것이 바람직하다. 의견을 취합하는 방법으로는 서면 의견조사, 인터뷰, 평가회의 개최 등의 방법이 있을 수 있다. 평가회를 개최하는 경우에는 상호간의 실질적인 토론이 이루어지도록 운용하는 것이 바람직하다.
2. 이사회의 유효성 평가시에는 준법통제체제의 구조적·내용적 검토와 함께, 회사의 외부환경 및 법적 위험의 변화와 회사의 이에 대한 대응능력을 함께 고려할 필요가 있다.
3. 이사회는 이사회 산하에 유효성 평가위원회를 구성할 수 있으며, 필요한 경우 외부기관에 평가를 위탁할 수도 있다.

④ 유효성을 평가함에 있어서는 준법통제기준의 내용·법적 위험의 평가 및 관리체제·준법점검 및 보고체제·준법지원인의 독립적 업무수행체제·위반행위에 대한 제재체제 등의 적정성과 실효성에 대한 실증적 검토가 이루어져야 한다.

[참고] : 준법통제체제의 유효성 평가를 위한 점검기준을 설정함에 있어서는 추상적인 기준 설정도 가능하나, 「보고 범위와 빈도의 적합성, 준법통제체제의 결함이 회사 영업실적에 미친 영향 등」 회사의 상황과 외부의 인식 등을 고려하여 다양한 세부기준들을 구체적으로 규정하는 것도 고려할 수 있다.

제22조(유효성 평가에 따른 후속 조치) ① 이사회는 유효성 평가 결과를 바탕으로 불비나 결함에 대한 개선방안을 수립한다. 이를 위하여 이사회는 준법지원인의 의견을 청취한다.

② 대표이사는 유효성 평가에 따른 개선조치를 실행한다.

제5장 기 타

제23조(임직원의 포상) 준법지원인은 준법통제기준을 성실하게 준수하여 회사의 손해발행 예방 및 감소 등에 공로가 있다고 판단되는 자에 대하여 포상이나 승진을 건의할 수 있다.

제24조(세부사항) 준법지원인은 준법통제기준의 시행에 있어 필요한 세부사항을 정할 수 있다.

부 칙(2012.4.3.)

이 기준은 2012년 ○월 ○일부터 시행한다.

부 칙(2019.1.1.)

이 기준은 2019년 ○월 ○일부터 시행한다.

(2) 직무의 내용

1) 직무의 범위 : 최근 사업연도 말 현재의 자산총액이 5천억원 이상인 상장회사는 법령을 준수하고 회사경영을 적정하게 하기 위하여 임직원이 직무를 수행할 때 따라야 할 「준법통제기준」을 마련해야 한다(상법 제542조의13 제1항; 상령 제39조 본문). 준법지원인은 이러한 준법통제기준을 임직원들이 업무를 수행할 때 제대로 준수하고 있는지를 조사하고 그 위반행위를 이사회에 보고해야 하는데, 이를 독임제적 기관으로서 수행해야 한다. 이와 관련하여 상법 제542조의13 제9항은 "상장회사는 준법지원인이 그 직무를 독립적으로 수행할 수 있도록 해야 하고"라고 규정하고 있는데, 이는 준법지원인이 직무의 수행에 있어서 이사회나 대표이사의 감독을 전혀 받지 않는다는 것을 의미한다.

2) 직무상 의무 : 준법지원인은 상법이 정한 고유의 업무를 독립적으로 수행하지만, 이사회의 선임에 의하여 그 지위가 주어지므로 회사와 위임계약 관계에 있다(민법 제680조). 따라서 준법지원인은 수임인으로서 위임계약의 본지에 따라 선량한 관리자의 주의로써 그 직무를 수행해야 한다(선관주의의무). 그런데 준법지원인은 임직원의 일상적인 업무수행상 준법경영을 지원하고 관리하며 그 위반행위를 조사하여 이사회에 보고하는 업무를 수행하기 때문에 자연스럽게 각종 내부정보를 취득할 수 있다. 그리하여 상법 제542조의13 제8항은 "준법지원인은 재임 중뿐만 아니라 퇴임 후에도 직무상 알게 된 회사의 영업상 비밀을 누설해서는 아니된다."라고 규정하고 있다(비밀준수의무).

3) 직무의 보조 : 준법지원인이 그 직무를 수행하면서 자료나 정보의 제출을 요구하는

경우 상장회사의 임직원은 이에 성실히 응해야 하는데(상법 제542조의13 제9항 제2문), 이는 준법지원인의 직무수행상 편의성을 제고하기 위한 것이다. 따라서 임직원이 준법지원인의 요구를 거부하거나 부실하게 정보 등을 제공한 때에는 법령을 위반한 것이므로 준법지원인이 이사회에 이를 보고하여 필요한 조치를 할 수 있다. 이처럼 준법지원인은 회사 내부에 구축된 준법통제기준에 따라 임직원의 업무수행상 준법통제기준의 준수 여부를 점검하고 그 위반행위를 이사회에 보고하여 적절한 조치가 취해지도록 해야 한다. 그런데 준법지원인이 이러한 방대한 업무를 수행하려면 업무보조조직이 있어야 하지만, 아쉽게도 상법은 이에 관하여 전혀 규정하고 있지 않다.

사례해결

(1) 외부감사법의 적용을 받는 회사는 매 사업연도 개시일로부터 45일 이내에 해당 사업연도의 외부감사인을 선임해야 하고(외부감사법 제10조 제1항), 주권상장법인과 대형 비상장주식회사 및 금융회사는 연속하는 3개 사업연도의 외부감사인을 동일한 외부감사인으로 선임해야 한다(외부감사법 제10조 제3항). 한편 외부감사인의 선임은 회사의 대외적 행위이므로 대표이사가 해야 하나 일정한 제한이 있다. 즉 ① 주권상장법인과 대형 비상장주식회사 및 금융회사에서 ⓐ 감사위원회가 설치된 경우는 감사위원회가, ⓑ 감사위원회가 설치되지 아니한 경우는 감사인선임위원회의 승인을 받아 감사가 선임한다. ② 그 밖의 회사에서는 감사 또는 감사위원회가 외부감사인을 선임한다(외부감사법 제10조 제4항). 이는 회계감사의 공정성을 확보하기 위해 외부감사인과 경영진의 유착을 막기 위함이다. 이러한 과정을 거쳐 회사가 외부감사인을 선임한 때에는 그 이후에 소집되는 정기주주총회에 보고하거나 대통령령으로 정하는 바에 따라 주주 또는 사원에게 통지 또는 공고해야 한다(외부감사법 제12조 제1항). 사안에서 ㈜甲은 상장회사로서 감사위원회를 두고 있다. 따라서 당연히 외부감사인은 감사위원회가 선임해야 하는데, 대표이사 A1이 사적인 관계를 활용하여 乙 회계법인을 선임한 것이므로 외부감사법 위반이다. 더욱이 이러한 선임은 외부감사인과 경영진의 유착을 막기 위한 입법취지에도 반한다.

(2) 외부감사인이 그 임무를 게을리하여 회사에 손해를 발생하게 한 경우에는 회사에 대하여 손해배상책임을 지고(외부감사법 제31조 제1항), 중요한 사항에 관하여 감사보고서에 적지 아니하거나 거짓으로 적음으로써 이를 믿고 이용한 제3자에게 손해를 발생하게 한 경우에는 제3자에게도 손해배상책임을 진다(외부감사법 제31조 제2항 본문). 또한 연결재무제표에 대한 감사보고서에 중요한 사항을 적지 아니하거나 거짓으로 적은 책임이 종속회사 또는 관계회사의 외부감사인에게 있는 경우에는 해당 외부감사인은 이를 믿고 이용한 제3자에게 손해를 배상할 책임이 있다(외부감사법 제31조 제2항 단서). 여기서 「제3자」에는 상장회사의 일반투자자도 포함된다. 한편 외부감사인은 회사가 회계처리 등에 관하여 회계처리기준을 위반한 사실을 발견하면 감사 또는 감사위원회에 통보하여야 한다(외부감사법 제22조 제2항). 사안에서 乙 회계법인은 2021년도 정기 회계감사를 실시하던 중 ㈜甲의 비용이 약 100억원 정도 부풀려 기재되어 있음을 알았으므로 지체없이 그 내용을 감사 또는 감사위원회에 통보

하고 주주총회에도 보고해야 하는데(외부감사법 제22조 제1항), 그렇게 조치하지 아니하고 ㈜甲의 대표이사와 乙 회계법인 대표의 친분관계를 고려하여 적정의견으로 감사보고서를 제출하였고, 동 보고서가 공시되었다. 그리고 이러한 공시내용을 믿고 C는 ㈜甲의 주식을 취득하였으므로 乙 회계법인은 외부감사법 제31조 제2항 본문에 따라 C의 손해에 대하여 배상책임을 진다.

(3) 상법상 자산총액 5천억원 이상인 상장회사는 준법지원인을 1인 이상 의무적으로 선임해야 하고, 준법지원인의 독립적 직무수행의 보장에 관한 사항 등을 포함한 준법통제기준을 마련해야 한다(상법 제542조의13 제1항, 제2항). 한편 상법상 준법지원인의 법적 지위는 명확하지 않지만, 고유한 법정 업무를 수행하고 그 지위가 이사회의 선임에 의해 부여되므로 회사와 위임계약 관계에 있다고 할 수 있다(민법 제680조). 이러한 준법지원인은 선임할 때 상근으로 해야 하고(상법 제542조의13 제6항 제2문), 이사회의 결의로 임명한다(상법 제542조의13 제4항). 이상을 종합할 때 자산총액 5천억원 이상인 상장회사는 의무적으로 이사회의 결의로 1인 이상의 준법지원인을 선임해야 하고, 만약 선임하지 아니하면 그 자체가 법령 위반이다. 즉 대표이사는 물론 이사회의 구성원인 모든 이사가 상법 제542조의13 제1항과 제4항을 위반하였고, 이사로서 선관주의의무도 위반하였으므로 그로 인한 회사의 손해에 대하여 배상책임을 져야 한다. 따라서 사안에서 ㈜甲이 미선임에 대한 법적 불이익이 없어 그동안 준법지원인을 선임하지 않았다는 판단은 정당하지 아니하다.

제 4 장

자금의 조달과 관리

제1절 총 설

일반대중으로부터의 대규모 자본집적을 전제로 한 주식회사의 경우에는 필연적으로 다양한 이해관계인들이 있게 되므로 회사의 지속적인 성장·발전을 위해서는 이해관계인들의 합리적인 이해의 조정이 필요하다. 그리하여 상법은 「소유와 경영의 분리」라는 대전제하에 주주에게는 유한책임의 혜택을 부여하고 또 다른 이해관계자인 회사채권자에게는 회사재산에 대한 우선적 권리를 부여하고 있다. 만약 출자자인 주주에게 유한책임의 혜택을 주면서 경영권까지 부여하게 된다면 회사채권자의 유일한 담보인 회사재산과 그 관리가 주주들의 이기심에 의해 좌지우지될 수 있고, 이로 인해 회사의 위험이 종국적으로 회사채권자에게 전가되어 회사의 존립 그 자체가 영향을 받을 수 있기 때문이다. 그런데 회사채권자의 담보가 되는 핵심 재산은 실제로 회사의 자본금이므로, 상법은 자본금의 적정하고도 합리적인 유지·관리 등에 관한 세부 규정을 두고 있다.

이처럼 주식회사는 대중자본의 대규모 집적을 목적으로 만들어진 회사이므로 필요자금의 조달과 관련해서도 다양한 방식과 제도적 뒷받침이 있다. 즉 ① 주식회사는 이사회의 결의로 신주를 발행하여 필요자금을 조달할 수 있는데, 신주는 상환주식이 아닌 한 영구적인 자기자본이 되며 상환의 부담이 없다. 다만 누가 얼마의 신주를 인수하느냐에 따라 회사의 지배구조에 영향을 주고, 외형적으로는 자본금이 증가하나 그에 상응하는 재산의 증가가 뒤따르지 못하는 경우도 있으므로 주주들의 비례적 이익의 조정과 자본충실의 고려가 필요하다. ② 주식회사는 사채를 발행하여 필요자금을 조달할 수도 있는데, 사채는 타인자본으로서 회사의 부채이므로 일정한 기간이 지나면 상환해야 하는 부담이 있는 점에서 신주발행과 구분된다. 따라서 회사는 경영의 목표와 현재의 상황을 종합적으로 고려하여 적정한 자금조달방식을 선택해야 하는데, 상법상 일정한 규제가 있다.

주식회사는 국민경제의 중추이므로 계속기업으로서 꾸준히 그리고 안정적으로 성장·발전해야 하는데, 상법은 그 일환으로써 준비금에 관련된 규정을 두고 있다. 상법상 준비금은 자본금과 같이 대차대조표의 부채 및 자본의 부(대변)에 표시되어 배당가능이익의 산출에 있어서 중요한 공제항목이 되므로 회사재산의 사외유출을 억제하는 작용을 하는데, 법령에 따라 의무적으로 적립해야 하는 법정준비금과 정관의 규정이나 주주총회의 결의에 따라 적립하는 임의준비금이 있다. 그리고 법정준비금의 경우에는 다시 이익준비금과 자본준비금으로 구분된다. 한편 가장 대표적인 영리단체인 주식회사에서는 이익의 창출과 그 분배가 매우 중요하다. 자본이윤의 향유는 출자자의 궁극적인 목적이므로 주주의 이익배당청구권은 주주권 중에서도 가장 본질적인 고유권이라고 할 수 있다. 그리하여 상법은 이익배당의 요건과 방법 및 절차 등에 관한 세부 규정도 두고 있다.

한편 주식회사에는 주주·채권자·투자자 등 다양한 이해관계인이 있어 이들의 이익을 합리적으로 보호해야 하는데, 이를 위해서는 무엇보다도 회계의 투명성이 필요하다. 기업회계의 투명성이 확보·유지되었을 때 비로소 주주는 각 영업연도 단위별로 이사들의 경영성과와 회사에 대한 책임 여부를 정확히 파악할 수 있고, 회사채권자는 채권의 유일한 담보가 되는 회사재산의 자산가치를 정확히 평가하며 자신이 부담하게 될 위험의 정도도 예견할 수 있으며, 투자자는 공시된 회계정보 등을 통해 대상 회사와 관련하여 필요한 각종 투자정보를 효과적으로 취득할 수 있기 때문이다. 그런데 일반적으로 기업회계는 경영성과만이 아니라 다양한 경제적·환경적 영향을 받고,[1] 그러한 요인과 밀접한 관계를 유지하면서 변화하고 있다. 그리하여 상법은 회사의 회계처리에 관련된 각종 규정을 두고, 이를 통하여 기업회계의 적정성과 합리성 및 효율성을 도모하고 있다.

제2절 신주의 발행

제1관 신주발행의 결정

예시사례 아웃도어업체인 비상장법인 ㈜甲의 대표이사 A는 신상품을 출시하면서 최근 청소년과 성인 모두로부터 큰 인기를 얻고 있는 아이돌 출신 가수이며 배우인 B를 모델로 섭외하였다. A의 판단은 적중하여 제품의 판매량이 나날이 급증하였고, 그로 인해 생산이 수요에 따르지 못하는 문제에 직면하였다. 이에 A는 긴급히 이사회를 개최하여 새롭게 자금을 조달한 후 생산설비를 대폭 늘리기로 하였는데, 이 과정에서 경쟁업체인 ㈜乙이 주식을 비밀리에 계속 매입하여 현재 약 20%의 지분을 보유하고 있다는 사실을 알고 경영권의 위협을 느낀 A는 이사들을 설득하여 자신이 절대적인 지배권을 행사하는 계열회사 ㈜丙에게 제3자배정방식으로 신주를 발행하기로 하였다. 당시에 ㈜甲의 주식 30%는 A가, 나머지 70%는 ㈜乙을 비롯한 일반주주들이 보유하고 있었고, ㈜甲의 정관에는 신주발행의 경우 이사회의 결의로 제3자에게 신주를 배정할 수 있다고 규정되어 있었다. 이 사안과 관련하여 다음 설문에 답하시오!

---

1) 기업회계에 영향을 미치는 환경적 요인의 구체적 예로는 기업과 자금제공자들의 관계, 다른 나라와의 정치·경제적 관계, 법제도, 인플레이션 수준, 기업의 규모, 교육수준, 경제발전의 정도 및 경제규모 등을 들 수 있다(Gerhard G. Müller/Helen Gernon/Gary K. Meek, pp.3~8).

(1) 신주발행에서의 제3자배정에 관한 ㈜甲의 정관 규정은 유효한가?

(2) 경영권의 위협을 느낀 A의 설득에 따라 발행하는 신주 그 전부를 제3자배정방식으로 A가 절대적인 지배권을 행사하는 ㈜丙에게 배정한 ㈜甲의 이사회결의는 정당한가?

(3) ㈜甲의 이사회가 A의 안정적인 경영권 확보를 위하여 계열회사인 ㈜丙에 대한 제3자배정방식의 신주발행을 결의한 것에 대하여 ㈜乙이 취할 수 있는 법적 조치는 어떠한가?

Ⅰ. 서 설

일반적으로 신주발행(New Issuance)이란 회사가 설립된 후에 이루어지는 각종의 주식발행 중 특히 자금조달의 목적으로 행해지는 경우를 의미한다. 상법상 신주발행은 이사회의 권한사항이므로 이사회는 정관에서 정한 발행예정주식총수의 범위 내에서 신주를 발행하여 자본금을 증가시킬 수 있다(상법 제416조 본문). 이는 경영기관인 이사회가 출자자인 주주로부터 구속받지 아니한 상태에서 경영상 필요에 따라 적시에 기동성 있게 필요자금을 조달할 수 있도록 보장해주는 것이다. 한편 일반적인 신주발행에서는 외형적으로 회사의 자본금이 증가하고 그에 상응하여 재산도 증가하지만, 때로는 신주의 액면미달발행처럼 재산의 증가가 뒤따르지 못하는 경우도 있다. 따라서 이사회가 신주를 발행할 때에는 회사를 설립할 때 못지않게 자본충실을 고려해야 한다.

자금조달의 목적으로 주주 또는 제3자에게 유상으로 신주를 발행하는 일반적인 신주발행에서는 액면주식의 경우 발행한 신주의 수에 액면가를 곱한 만큼 자본금과 순자산이 증가하고, 무액면주식의 경우에는 이사회가 정하는 신주의 발행가액 중 2분의 1 이상에 해당하는 금액만큼 자본금이 늘어난다. 그렇지만 신주를 발행하면 회사의 경우 이익배당의 부담이 늘어나고 배당압박이 심화됨은 물론 더 나아가 누가 얼마의 신주를 인수하느냐에 따라 기존 주주의 비례적 이익과 회사의 지배구조에 중대한 변화가 초래될 수 있다. 제3자가 신주를 인수한 경우 또는 주주가 신주를 인수하였더라도 종전의 지주비율에 따르지 아니한 경우에는 기존 주주의 회사에 대한 비례적 이익이 침해받기 때문이다. 그리하여 신주발행에 있어서는 주주의 합리적 보호가 매우 중요하다.

한편 신주발행은 「통상의 신주발행」과 「특수한 신주발행」으로 구분할 수 있다. 전자는 자금조달의 목적으로 회사가 주주 또는 제3자에게 유상으로 신주를 발행하는 것이고, 후자는 전자를 제외한 일체의 신주발행을 의미한다. 이 중 후자의 공통된 특성이며 통상의 신주발행과 구분되는 점은 신주발행을 통하여 새로운 자산이 회사에 유입되지 않는다는 점이다. 구체적인 예로는 전환주식의 전환(상법 제346조), 준비금의 자본금 전입(상법 제461조), 주식배당(상법 제462조의2), 전환사채의 전환(상법 제513조), 신주인수권부사채권자의 신주인수권 행사(상법 제516조의2), 합병으로 인한 신주발행(상법 제523조 제3호), 주식의 포괄적 교환과 이전(상법 제360조의2, 제360조의15), 주식의 분할과 병합(상법 제329조의2), 회생절차상의 신주발행(채무자회생법 제206조) 등이 있다.

Ⅱ. 발행사항의 결정

1. 결정기관

신주발행 중 통상의 신주발행은 원칙적으로 이사회가 결정한다(상법 제416조 본문). 이사회는 신주발행에 관한 결정권을 대표이사나 기타에 위임할 수 없지만(통설), 예외적으로 이사회 내의 위원회(상법 제393조의2)에는 위임할 수 있다. 그리고 신주발행은 기존 주주들의 중대한 이해가 걸린 사항이므로 정관에 규정을 두어 주주총회의 결의사항으로 할 수도 있다(상법 제416조 단서). 한편 이사회가 신주발행을 결정할 때에는 신주의 종류·수·발행가액·납입기일·인수방법·배정기준일 등 세부 사항을 정해야 하는데, 2011년 개정 상법은 무액면주식을 새로이 도입하면서 무액면주식의 발행가액 중 자본금으로 계상하는 금액을 이사회의 결정사항에 추가하였다(상법 제416조 제2의2호).

2. 결정사항

신주발행의 경우 신주를 누가 인수하느냐에 따라 주주들이 갖고 있던 기존의 비례적 이익에 큰 변화가 있게 된다. 그리하여 상법 제416조에서는 이사회가 신주발행을 결정할 때에는 다음과 같은 사항도 함께 정하도록 규제하고 있다.

(1) 신주의 종류와 수(제1호)

이사회는 발행할 신주의 구체적인 종류(보통주 등)와 그 수를 정해야 한다. 이 경우 신주의 종류와 종류별 주식의 수는 정관에 정해진 범위 내여야 하고(상법 제344조 제2항), 상환주식이나 전환주식의 경우에는 상환조건이나 전환조건도 아울러 정해야 한다.

(2) 신주의 발행가액과 납입기일(제2호)

주주가 인수하게 될 주식의 발행가는 균등하게 정해져야 한다. 즉 명문 규정은 없지만, 주식평등의 원칙을 고려해야 하기 때문이다. 다만 신주를 제3자가 인수하는 경우에는 이와 다르게 정할 수 있다. 한편 신주발행에 있어서 액면초과발행은 무방하지만, 액면미달발행의 경우에는 자본충실의 원칙에 따른 일정한 제약이 있다.

(3) 자본금 계상액(제2호의2)

회사가 자본금의 규모를 얼마로 책정하느냐는 기존의 주주만이 아니라 신주의 인수인에게도 매우 중요하다. 따라서 이사회가 신주의 발행사항을 결정하는 때에는 그 금액도 함께 정해야 한다. 이와 관련하여 액면주식의 경우에는 발행주식총수의 액면가 총액이 자동적으로 자본금이 되지만, 무액면주식의 경우에는 이사회가 자본금으로 계상할 금액을 정해야 한다. 이 경우 그 금액은 발행가액의 2분의 1 이상이어야 한다.

(4) 신주의 인수방법(제3호)

신주의 인수방법과 관련하여 실제로 가장 중요한 것은 누가 신주를 인수하느냐이다. 상법 제418조 제1항에 따라 주주배정방식으로 신주를 발행하는 때에는 이사회가 배정기준일을 정해야 하고, 동조 제2항에 따라 제3자배정방식으로 신주를 발행하는 때에는 이사회의 결의로 신주인수권을 행사할 자를 정해야 한다. 그리고 어느 경우이든 신주의 청약과 배정, 납입의 일정과 요령, 실권주와 단주의 처리방법 등도 함께 정해야 한다. 한편 이사회는 주금납입을 취급할 금융기관과 청약증거금 등에 관한 사항도 함께 정해야 하지만, 이는 기술적인 것이므로 대표이사에게 위임할 수도 있다.

(5) 현물출자에 관한 사항(제4호)

신주발행과 관련하여 현물출자를 받는 때에는 출자자의 성명과 출자목적인 재산의 종류·수량·가격과 이에 대하여 부여할 주식의 종류와 수를 정해야 한다. 이 경우에도 회사설립에서와 마찬가지로 현물출자의 필요성과 평가의 공정성이 확보되어야 한다.

(6) 신주인수권의 양도에 관한 사항(제5호)

상법상 주주의 추상적 신주인수권은 타인에게 양도할 수 없지만, 구체적 신주인수권은 얼마든지 타인에게 양도할 수 있다. 다만 이는 회사가 임의로 정하는 것이므로 회사가 신주인수권의 양도를 원하지 아니할 때에는 정하지 않을 수도 있다(통설).

(7) 신주인수권증서를 발행한다는 것과 그 청구기간(제6호)

주주가 신주인수권을 양도하려면 신주인수권증서의 교부에 의해야 한다(상법 제420조의3 제1항). 따라서 회사가 제5호에 따라 신주인수권의 양도를 허용한 때에는 신주인수권증서를 발행해야 한다(상법 제420조의2 제1항). 다만 모든 주주가 신주인수권을 양도하지는 아니할 것이므로 신주인수권증서의 발행을 청구하는 주주에게만 발행할 수 있다.

3. 발행가액

(1) 시가발행

1) 의 의 : 시가발행이란 회사가 이미 발행한 주식의 현재 시가에 준하는 발행가액을 정하여 신주를 발행하는 것을 뜻하는데, 상장주식에 대해서만 사용하는 개념이다. 다만 발행가액을 시가를 기준으로 정하다 보니 시가에 따라서는 액면 미달 또는 액면 초과가 될 수 있다. 주의할 것은 액면미달발행은 엄격한 법적 제약을 받으므로 회사가 자율적으로 결정할 수 있는 시가발행이란 사실상 액면초과발행에 국한된다는 점이다.

2) 방 법 : 상장회사가 자금조달의 목적으로 신주를 발행하는 때에는 상법 외에 금융위원회가 정하는 「증권의 발행 및 공시 등에 관한 규정(이하 "증권발행공시규정"이라고 함)」에 의해서도 시가발행을 할 수 있다. 동 규정은 기업가치에 상응하는 발행가를 산정하는 기준까지도 제시하고 있는데(제5-18조),[2] 이는 투자자들이 기업의 가치를 정확히 측정할 수 없어 가격의 적정성 여부를 판단하기 어려운 현실을 고려한 것이다.

3) 공정성 : 신주발행과 관련하여 상법은 원칙적으로 이사회가 발행가액을 정하도록 하고, 액면미달발행에 대해서만 일정한 제약을 두고 있다. 그런데 상장회사가 시가발행을 하며 정한 발행가액이 공정가액에 미달하는 때에는 주주의 이익침해에 관한 논란이 제기될 수 있다. 구 삼성에버랜드의 전환사채 저가발행 사건[3]을 예로 들 수 있는데, 당시 대법원은 주주배정방식과 제3자배정방식으로 구분하여 달리 판단하였다. 즉 ① 주주배정방식에서는 액면가를 하회할 수 없다는 제약(상법 제330조, 제417조)만 있으므로 이사회가 주주 전체의 이익과 회사의 자금조달 필요성과 급박성 등을 감안하여 경영판단에 따라 자유로이 정한 발행가액이 시가보다 현저히 낮더라도 회사의 손해는 없다고 판단하였고, ② 제3자배정방식에서는 시가보다 현저하게 낮은 발행가액이 정해진 경우 주식의 실질가액을 고려한 적정가격과 비교하여 그 차액에 상당한 만큼 회사가 손해를 입은 것으로 보았다.[4] 물론 이에 대

---

2) 상장회사가 일반공모증자방식 및 제3자배정증자방식으로 유상증자를 하는 경우 그 발행가액은 청약일 전 과거 제3거래일부터 제5거래일까지의 가중산술평균주가를 기준주가로 하여 상장회사가 정하는 할인율을 적용하여 산정하는데, 일반공모증자방식의 경우에는 그 할인율을 100분의 30 이내로 정해야 하고, 제3자배정증자방식의 경우에는 그 할인율을 100분의 10 이내로 정해야 한다(동조 제1항).

3) 전환사채를 주주배정방식으로 발행하였으나 97%에 달하는 주주들이 실권하여 결국 제3자배정이 이루어졌다.

4) 대법원 2009. 5. 29. 선고 2007도4949 전원합의체 판결. 이는 이사의 배임죄 성부에 관한 형사판결인

한 비판으로 동 판례의 반대의견처럼 주주배정방식에서도 대량의 실권이 발생하여 제3자에게 배정할 때에는 제3자배정방식에 준하여 새로이 공정한 발행가액을 정해야 한다는 견해도 있다.[5] 생각건대 회사가 주주배정방식으로 신주를 발행하는 때에는 대부분 실권을 방지하기 위해 현재의 주가보다 다소 낮은 가격으로 발행한다. 그리고 상법이 신주의 제3자배정을 허용하되 정관에 근거를 두도록 한 것은 주주들에게 예측가능성을 부여하기 위함이고, 합리성 요건(상법 제418조 제2항 단서)을 충족하도록 한 것은 지배주주나 이사들이 경영권 방어와 같은 사익을 위해 활용하지 못하도록 규제하기 위함이다. 그런데도 주주배정방식에서 대량의 실권이 발생한 때 발행가액을 조정하지 않고 이사회가 제3자에게 배정할 수 있도록 한다면 실질적으로 제3자배정방식과 동일함에도 불구하고 주주들에게 예측가능성을 부여하지 못함은 물론 합리성의 요건도 충족할 수 없다. 따라서 입법론적으로는 주주배정방식에서 대량의 실권이 발생하여 이사회가 제3자에게 배정하는 때에는 새로이 공정한 발행가액을 정하도록 규제해야 한다.

(2) 액면미달발행

1) 의 의 : 액면주식의 경우 회사가 신주를 발행하면 신주의 액면가 총액만큼 자본금이 늘어나므로 자본충실의 원칙에 따라 액면가액 이상의 순재산도 함께 늘어나야 한다. 따라서 발행가액은 원칙적으로 액면가액 이상이어야 하지만, 회사의 실적 부진이나 자본시장의 침체 등에 따라 신주에 대한 투자자의 수요가 낮은 경우에는 청약 미달로 인해 자금조달에 차질이 생길 수 있다.[6] 그리하여 회사의 원활한 자금조달을 위해서는 액면가를 하회하는 발행도 허용할 필요가 있는데, 이에 상법은 예외적으로 액면미달발행을 허용하되 자본충실의 고려에서 엄격한 요건을 정하고 있다(상법 제417조).

2) 발행요건 : 회사가 액면가에 미달하는 가액으로 신주를 발행하려면 3가지 요건을 충족해야 한다. 즉 ① 회사성립 후 2년이 경과해야 한다(상법 제417조 제1항). 액면미달발행으로 생긴 자본의 결손을 해소하려면 회사의 영업이 어느 정도 정상궤도에 올라가야 하는데, 그에 필요한 기간을 2년으로 정한 것이다. ② 주주총회의 특별결의가 필요하다. 액면가 이상으로 주식을 인수한 주주들과의 형평성 문제가 제기될 뿐만 아니라, 신주와 구주의 혼용

데, 대법원은 주주배정방식의 경우 주주는 추가출자의무가 없다는 점과 준비금의 자본금 전입처럼 무상의 신주발행이 허용된다는 점을 근거로 제시하며 회사의 손해를 부정하였고, 제3자배정방식의 경우에는 통모인수자의 추가적 책임에 관한 상법 제424조의2 제1항을 근거로 제시하며 회사의 손해를 인정하였다.

5) 김건식/노혁준/천경훈, 650면.

6) 특히 상장주식의 경우 투자자는 신주를 인수하지 않고 유통시장에서 기존 주식을 매수할 것이다.

으로 인하여 결국 구주의 가치가 희석되는 문제도 생기기 때문이다. 따라서 주주총회는 액면미달발행의 여부만이 아니라 최저발행가액도 함께 정해야 한다. ③ 법원의 인가가 있어야 한다. 이 경우 법원은 회사의 현황과 제반 사정을 고려하여 최저발행가액을 변경하여 인가할 수 있고, 회사의 재산상태 기타 필요한 사항을 조사하기 위하여 검사인을 선임할 수 있다(상법 제417조 제3항). 다만 상장회사의 경우에는 법원의 인가가 필요 없지만, 최저발행가액의 제한이 있다(자본시장법 제165조의8 제1항, 제2항).

3) 발행시기 : 액면미달발행의 경우 회사는 법원의 인가를 얻은 날로부터 1월 내에 발행해야 하는데, 법원은 이 기간을 연장하여 인가할 수 있다(상법 제417조 제4항). 이는 액면미달발행의 남용을 막기 위함인데, 장기간의 여유가 주어지면 사실상 이사회에 무제한의 액면미달발행에 관한 권한을 주는 것이 되어 불합리하기 때문이다.

Ⅲ. 신주인수권

1. 서 언

신주인수권(Preemptive Right)이란 회사가 신주를 발행할 때 그 전부나 일부를 우선적으로 인수할 수 있는 권리를 말한다. 다만 인수에서의 우선적 권리이므로 인수조건(발행가액 등)에서 우대받는 것은 아니고, 유한책임을 지는 주주에게 신주인수권은 권리이지 의무가 아니므로 행사하지 않을 수도 있다. 주의할 것은 신주인수권은 주식의 과실이 아니므로 주주가 신주인수권을 행사하여 인수한 주식에는 구주에 대한 질권의 효력이 미치지 않는다는 점이다. 한편 신주인수권은 모든 신주발행에서 논의될 수 있지만, 통상의 신주발행을 제외한 나머지 신주발행에서는 모두 인수권자가 법으로 정해져 있어 신주인수권의 귀속 문제가 발생하지 않는다(예: 준비금의 자본금 전입의 경우에는 현재의 주주가 신주인수권을 갖는다). 따라서 신주인수권이란 회사가 자금조달의 목적에서 하는 통상의 신주발행에서만 논의되는데, 원칙적으로 주주가 갖지만 제3자가 갖는 경우도 있다.

2. 주주의 신주인수권

(1) 의 의

1) 개 념 : 주주의 신주인수권이란 회사가 신주를 발행할 때 주주가 각자 가진 주식 수에 비례하여 신주를 인수할 수 있는 권리를 말한다(상법 제418조 제1항). 다만 이는 현재화된 권리가 아니고, 주주인 동안 잠재적으로 가지고 있는 권리이다.

2) 기 능 : 주주의 신주인수권은 주주의 비례적 가치 보호에 있어서 매우 중요한 기능을 한다. 주주가 아닌 자가 신주를 인수하게 되면 기존 주주의 회사지배력이 약화되기 때문이다. 또한 실권의 방지를 위해 정책적으로 현재의 주가나 순자산가치보다 낮은 가격으로 이루어지는 신주발행의 특성상 신주와 구주의 혼합에 의한 가액은 종전의 가액보다 낮아지게 되는데(주식의 희석화), 만약 이를 제3자가 인수하게 되면 주주가 보유하던 가치가 제3자에게 빠져나가게 되어 주주의 이익을 침해하기 때문이다.

3) 유 형 : 주주의 신주인수권은 추상적 신주인수권과 구체적 신주인수권으로 구분할 수 있다. 전자는 회사가 신주를 발행한다면 일정한 수량의 주식을 인수할 수 있다는 권리로서 주주권의 일부이므로 주식과 분리하여 양도·포기하거나 담보에 제공할 수 없으며 시효에도 걸리지 않는다. 반면에 후자는 회사가 실제로 신주를 발행할 때 청약하고 배정받을 수 있는 권리로서 이사회가 정한 신주배정기준일에 발생한다. 이는 독립된 채권적 권리이므로 주주권이 이전되더라도 그에 수반하여 이전되지 않는데,[7] 회사는 이사회나 주주총회의 결의 또는 정관의 규정으로도 이를 제한하거나 변경할 수 없다.

참고자료 워런트(Warrant)

일반적으로 일정한 기간에 일정한 수량의 주식을 일정한 가격에 매입할 수 있는 권리를 워런트라고 하는데, 이는 그 가치가 대상주식의 가치에 따라 변동되는 일종의 파생금융상품이다. 이와 관련하여 실무에서는 회사에 대하여 신주의 발행을 청구할 수 있는 채권적 권리로서의 신주인수권 또는 그러한 권리를 표창하는 유가증권을 워런트라고 하며 상법상 주식매수선택권과 신주인수권부사채에서 분리된 신주인수권증권을 그 예로 들고 있다. 과거에 상장회사의 자금조달상 편의를 제고하기 위해 이른바 「신주인수선택권」이라는 워런트의 발행을 허용하는 상법과 자본시장법의 개정이 논의되기도 하였지만,[8] 경영권 방어와 같은 목적으로 오남용될 수 있는 비판을 강하게 받아 폐기되었다.

---

7) 대법원 2010. 2. 25. 선고 2008다96963·96970 판결.

8) 제19대 국회에서 정갑윤 의원이 대표발의한 「상법 일부개정법률안」을 예로 들 수 있는데, 주요 제안이유는 다음과 같다. 즉 ① 외국 투기자본들이 적대적 인수합병(M&A)을 통하여 국내기업의 경영권을 위협하고 있어 사회적 논쟁과 우려를 낳고 있다. ② 선진국들은 이미 적대적 M&A의 문제점을 인식하고 그에 대한 방어 장치를 도입하고 있지만, 우리나라는 효과적인 법적·제도적 방어수단이 없어 상장회사들은 대규모의 자사주 매입이나 변칙적 순환출자 등을 이용하여 대응하고 있다. 그런데 이는 법적·경제적인 측면에서 바람직하지 않을 뿐 아니라, 투입비용에 비해 방어의 효율이 낮아 기업역량이 훼손된다는 문제점이 있다. ③ 따라서 신주인수선택권을 도입하여 적대적 M&A의 공격과 방어 법제 사이의 균형을 이루어 매수자와 대상자의 공정한 경쟁을 보장하고, 회사가 설비투자·기술개발 등 생산적 투자를 위해 사용해야 할 재원을 자사주 취득 등에 사용하는 등 적대적 인수합병 방어수단의 부재로 인하여 기업역량을 낭비하는 것을 방지해야 한다.

(2) 신주인수권의 부여·제한

1) 신주인수권의 부여 : 상법은 주주의 신주인수권을 보호하기 위하여 "주주는 정관에 다른 정함이 없으면 그가 가진 주식 수에 따라서 신주의 배정을 받을 권리가 있다."라고 규정하고 있다(상법 제418조 제1항). 이처럼 주주는 주식평등의 원칙에 따라 신주를 배정받음으로써 회사에 대한 지배가치를 그대로 유지할 수 있게 된다. 참고로 독일의 주식법도 주주에게 그가 가진 주식수에 비례한 신주인수권을 부여하고 있다.[9]

2) 신주인수권의 제한 : 주주의 신주인수권은 권리이지 의무가 아니므로 주주가 행사하지 않을 수 있고, 때로는 인수자금이 없어 포기할 수도 있는데, 이 경우에는 회사의 자금조달계획에 중대한 차질이 생긴다. 또한 주주들이 회사의 자금 수요를 모두 충족하지 못해 회사가 자력 있는 새로운 출자자를 확보해야 할 경우도 있고, 시장의 확보나 기타 경영전략적 관점에서 주주 기반을 다양하게 해야 할 현실적 필요성도 있다. 그리하여 상법은 "정관에 정하는 바에 따라 주주 외의 자에게 신주를 배정할 수 있다."라고 규정하여(상법 제418조 제2항 본문) 주주의 신주인수권도 정관으로 제한할 수 있도록 하고 있다.[10] 더욱이 최근에는 정관으로 주주의 신주인수권을 제한할 수 있도록 함은 물론 더 나아가 정관에 규정이 없으면 주주가 신주인수권을 갖지 못하도록 하는 경우도 있다. 예를 들어 미국의 델라웨어주를 비롯한 33개 주에서는 정관에 규정이 없으면 주주의 신주인수권을 인정하지 않고, 일본 회사법 제199조도 모집발행을 원칙으로 하고 있다. 다만 독일·프랑스·영국의 경우에는 여전히 주주의 신주인수권을 고집하고 있다.[11]

3) 부여와 제한의 한계 : 상법과 정관의 규정에 따라 주주에게 신주인수권을 부여하든 제한하든 회사는 주식평등의 원칙을 준수해야 한다. 따라서 회사가 주식평등의 원칙을 위반하여 주주에게 신주인수권을 부여하거나 제한하는 규정을 정관에 둔다면 그 규정은 당연히 무효이고, 그 규정에 따라 신주를 발행한 때에는 신주발행유지청구(상법 제424조) 및 신주발행무효의 소(상법 제429조)의 원인이 된다. 다만 여기에는 중대한 예외가 있다. 즉 ① 회사가 보유한 자기주식과 자회사가 보유한 모회사의 주식에는 신주인수권이 인정되지 않고(통설), ② 회사가 종류주식을 발행하는 때에는 정관에 다른 정함이 없는 경우에도 주식의 종류에 따라 신주의 인수에 관하여 특수하게 정할 수 있다(상법 제344조 제3항). 즉 이런 경우에는 사실상 주식평등의 원칙이 배제되는 것이다.

---

9) AktG §186 Abs. 1.
10) 통설은 정관으로 주주의 신주인수권을 완전히 박탈하는 것도 가능하다고 한다.
11) AktG §186 Abs. 1; C.com. Art. L. 225-132; Companies Act 2006 s. 561.

(3) 신주인수권과 현물출자

1) 논의의 배경 : 신주를 발행할 때 현물출자가 있으면 각 주주의 신주인수권에 따른 주식수를 정확히 계산하기 어려운 문제가 발생한다. 현물출자의 경우 출자재산의 평가금액 그 전체에 대하여 일괄적으로 주식이 배정되기 때문이다. 더욱이 실무에서는 회사가 특정인으로부터 특정한 재산을 출자받기 위해 신주를 발행하면서 다른 주주에게는 전혀 신주를 배정하지 않기도 한다. 그리하여 현물출자에 대하여 신주를 배정하는 때에는 주식의 일부나 전부가 부득이하게 주주의 신주인수권에 대한 예외를 이루게 된다.

2) 학설과 판례 : 회사설립에서와 달리 신주발행에서는 현물출자에 관한 특별규제가 없다. 단지 상법 제416조 제4호에서 신주발행에 관한 이사회의 결정사항 중 하나로서 「현물출자자의 성명과 그 목적재산의 종류·수량·가액과 이에 대하여 부여할 주식의 종류와 수」를 정하고 있는데,[12] 그 의미와 관련하여 논란이 있다.

㈎ 학 설 : ① 이사회결의만으로 현물출자를 받을 수 있으며 주주의 신주인수권을 무시하고 그에 상응하는 신주발행도 할 수 있다는 견해,[13] ② ①처럼 해석하면 신주인수권은 법률과 정관에 의해서만 제한할 수 있다는 원칙(상법 제418조 제2항)을 이사회결의로 침해하는 문제가 발생하므로 기존 주주들의 신주인수권에 변동을 가져오는 현물출자의 경우에는 정관의 규정 또는 그에 갈음하는 주주총회의 특별결의를 거쳐야 하며 상법 제418조 제2항의 경영상 목적(합리성 요건)도 충족해야 한다는 견해[14]가 있다.

㈏ 판 례 : 판례의 경우 과거에 현물출자자에게 발행하는 신주에 대해서는 일반주주의 신주인수권이 미치지 않는다고 하였는데, 이는 증여세 과세처분의 적법성에 관한 사건이므로 적절하지 않다고 하며 위 ②의 입장을 택한 하급심 판결이 있다.[15]

---

12) 상법 제416조 제4호는 일본 상법을 참고할 때 생긴 입법의 착오라는 지적이 있다. 즉 일본이 1950년에 수권자본제를 택하면서 주주총회의 특별결의사항이었던 현물출자를 이사회의 결의사항으로 개정하였는데(제258조의2 제1항 제3호), 상법 제416조 제4호는 이를 본받은 것이다. 그런데 일본에서는 정관에 규정이 없으면 주주가 신주인수권을 갖지 못하므로 현물출자도 이사회가 정할 수 있지만, 상법의 경우에는 원칙적으로 주주가 신수인수권을 가지므로 이사회결의만으로는 현물출자를 받을 수 없기 때문이라고 한다(이철송, 929면).

13) 권기범, 1084면; 임홍근, 590면; 정경영, 770면; 정동윤, 692면; 최기원, 772면.

14) 김건식/노혁준/천경훈, 647면; 김동훈, 381면; 서헌제, 942면; 이철송, 928면; 채이식, 699면.

15) 즉 회사가 제3자로부터 현물출자를 받으며 신주를 배정하는 때에도 기존 주주에게 그가 가진 주식의 가치하락이나 회사에 대한 지배권 상실 등의 불이익을 끼칠 우려가 여전히 있으므로 단지 현물출자라는 이유만으로 주주의 신주인수권에 대한 보호가 약화된다고 볼 수 없고, 상법 제416조 제4호만으로 현물출자에 의한 신주발행에는 상법 제418조가 배제된다고 해석할 수도 없으므로, 현물출자에 의한 신주발행도 제418조 제2항의 요건을 갖추어야 한다고 판시하였다(서울남부지방법원 2010. 11. 26. 선고 2010가합3538 판결). 그런데 이 판결에 반대하는 하급심 결정도 있다(서울중앙지

> **참고판례** **현물출자에도 주주의 신주인수권이 적용되는지(대법원 1989. 3. 14. 선고 88누889 판결)** : 주주의 신주인수권은 주주가 종래 가지고 있던 주식의 수에 비례하여 우선적으로 인수의 배정을 받을 수 있는 권리로서 주주의 자격에 기하여 법률상 당연히 주주에게 인정되는 것이긴 하나, 다만 현물출자자에 대하여 발행하는 신주에 대하여는 일반주주의 신주인수권은 미치지 않는다고 보는 것이 타당하다.

㈐ 소 결 : 상법은 주주가 가진 기존의 비례적 이익을 보호하기 위해 신주발행은 원칙적으로 주주배정방식에 의하도록 규제하고 있으며, 주식평등의 원칙은 상법 전반에 적용되는 기본원칙이다. 더욱이 현물출자의 경우에는 자본충실의 원칙을 고려하여 현물출자 그 자체의 필요성은 물론이고 평가의 공정성도 함께 확보해야 하는데, 신주발행에서의 현물출자와 관련해서는 상법상 아무런 규제 규정이 없다. 따라서 향후 입법적으로 보완해야 하겠지만, 우선은 ②설과 같이 해석하여 엄격히 규제할 필요가 있다.

3) 출자의 목적물 : 신주발행에서의 현물출자와 관련하여 상법 제416조 제4호는 현물출자의 대상이 되는 목적물의 종류와 수량 및 가액을 이사회가 결정하도록 규정하고 있을 뿐 목적물의 구체적인 종류에 대해서는 특별히 규제하지 않고 있다. 그리하여 이론적으로는 ① ㈜甲이 신주를 발행하는 때에 ㈜乙이 신주를 발행하여 현물로 출자하는 방법, ② ㈜甲의 신주발행에 있어서 ㈜乙이 자기주식을 현물로 출자하는 방법 등도 가능하다. 이 중 특히 ①의 경우는 미국에서 stock-for-stock 시에 합병대가를 지급하는 방법으로 많이 활용되고 있다. 그런데 여기에는 다음과 같은 문제점이 내포되어 있다. 즉 주식의 인수를 청약하는 시점에 현물출자의 목적재산이 존재하지 않고, 특히 ①의 경우에는 쌍방에 있어서 신주발행의 효력이 동시에 발생해야 한다는 기술적 제약이 있으며, 때로는 공정거래법상의 상호출자금지 규정에 저촉될 수도 있다(공정거래법 제21조).

3. 제3자의 신주인수권

(1) 의 의

1) 개 념 : 상법상 신주인수권은 원칙적으로 주주가 갖지만, 예외적으로 제3자가 갖는 경우도 있다. 즉 회사는 특정한 경우 주주 아닌 자에게 신주인수권을 부여하고 신주를 발행할 수 있는데, 이를 「신주의 제3자배정」이라고 한다. 참고로 주주가 신주를 인수하더라도 소유주식 수에 비례한 몫을 초과하여 인수하는 때에는 역시 제3자배정이다.

방법원 2016. 10. 24.자 2016카합81316 결정 등).

> **참고판례 주주배정방식과 제3자배정방식의 구분기준(대법원 2012. 11. 15. 선고 2010다49380 판결)** : [1] 신주 등의 발행에서 주주배정방식과 제3자배정방식을 구별하는 기준은 회사가 신주 등을 발행하면서 주주들에게 그들의 지분비율에 따라 신주 등을 우선적으로 인수할 기회를 부여하였는지 여부에 따라 객관적으로 결정되어야 하고, 신주 등의 인수권을 부여받은 주주들이 실제로 인수권을 행사함으로써 신주 등을 배정받았는지 여부에 좌우되는 것은 아니다. [2] 회사가 주주배정방식에 의하여 신주를 발행하려는데 주주가 인수를 포기하거나 청약을 하지 아니함으로써 그 인수권을 잃은 때에는(상법 제419조 제4항) 회사는 이사회 결의로 인수가 없는 부분에 대하여 자유로이 이를 제3자에게 처분할 수 있고, 이 경우 실권된 신주를 제3자에게 발행하는 것에 관하여 정관에 반드시 근거 규정이 있어야 하는 것은 아니다.

2) 특 징 : 제3자배정의 경우에도 회사는 상법 제416조 제1호 내지 제4호가 정하는 사항(① 신주의 종류와 수, ② 신주의 발행가액과 납입기일, ③ 무액면주식의 경우에는 신주의 발행가액 중 자본금으로 계상하는 금액, ④ 신주의 인수방법, ⑤ 현물출자를 하는 자의 성명과 그 목적인 재산의 종류, 수량, 가액과 이에 대하여 부여할 주식의 종류와 수)을 그 납입기일의 2주 전까지 주주에게 통지하거나 공고해야 한다(상법 제418조 제4항). 이 경우 신주의 발행가는 공정해야 한다. 따라서 발행가가 불공정하면 이사의 책임추궁(상법 제401조), 신주발행유지청구(상법 제424조), 신주발행무효의 소(상법 제429조) 등의 원인이 되고, 제3자에게 직접 출자책임을 묻는 경우도 있다(상법 제424조의2).

(2) 제3자배정의 근거

1) 법 률 : 법률에 따른 신주의 제3자배정은 두 가지 유형이 있다. 즉 ① 법률이 직접 제3자에게 신주인수권을 부여하는 경우이다. 예를 들어 ⓐ 상법상 전환사채나 신주인수권부사채를 발행한 때에는 제3자인 사채권자나 신주인수권증권의 소지인이 신주인수권을 갖는다. ⓑ 자본시장법상 상장회사가 주식을 유상으로 발행하는 경우 당해 회사의 우리사주조합에 가입한 종업원은 발행하는 신주의 100분의 20을 초과하지 않는 범위에서 신주를 배정받을 권리가 있으므로(자본시장법 제165조의7 제1항 본문; 근로복지기본법 제38조), 이에 따른 종업원의 청약이 있는 때에는 동 비율에 달할 때까지 종업원에게 우선적으로 신주를 배정해야 한다. ② 법률이 제3자의 신주인수권을 적극적으로 규정하지 않는 대신에 주주의 신주인수권을 부정하는 경우도 있다. 즉 채무자회생법에 따른 회생절차에서 채무자인 회사의 이사나 지배인의 중대한 책임이 있는 행위로 인하여 회생절차개시의 원인이 발생한 때에는 회생계획에 그 행위에 상당한 영향력을 행사한 주주와 그 친족 및 그 밖에 대통령령이 정하는 범위의 특수관계에 있는 주주가 가진 주식의 3분의 2 이상을 소각하거나 3주 이상을 1주로 병합하는 방법으로 자본을 감소할 것을 정해야 하는데(채무자회생법 제205조 제4항), 이에

의한 자본감소 후 제206조에 따라 신주를 발행하는 경우 제4항에 의한 주주는 신주를 인수할 수 없다(채무자회생법 제205조 제5항 본문). 물론 이 경우에도 제205조 4항에 의한 주주에 대하여 상법 제340조의2에 의한 주식매수선택권을 부여할 수 있다(채무자회생법 제205조 제5항 단서).

2) 정 관 : 정관에 의해서도 제3자에게 신주를 배정할 수 있다. 즉 제3자에게 신주인수권을 부여하는 것은 곧 주주의 신주인수권에 대한 제한이 되므로 법률에 따르는 경우 이외에는 정관에 의해서만 할 수 있다(상법 제418조 제2항 본문). 다만 정관에 규정을 두는 때에는 부여대상과 부여할 주식의 종류·수 등을 확정하여 주주들에게 예견가능성을 부여해야 하는데,[16] 임원·종업원 등에게 신주의 10% 내에서 부여한다는 등으로 그 내용과 범위를 명확히 하면 충분하다. 한편 회사가 정관 규정에 따라 제3자에게 신주인수권을 부여하는 때에는 주식청약서에도 그 사항을 기재해야 한다(상법 제420조 제5호).

3) 주주총회의 특별결의 : 정관에 신주의 제3자배정에 관한 규정이 없을 때 정관변경과 같은 요건인 주주총회의 특별결의로 제3자에게 신주인수권을 부여할 수 있을까? 이에 대해서는 긍정설[17]과 부정설[18]이 있다. 생각건대 정관에 근거 규정이 없는 경우에도 주주총회의 특별결의로 정관을 변경하여 제3자배정에 관한 규정을 둔 후 그에 따라 제3자에게 신주인수권을 부여하는 것은 얼마든지 가능하다. 그렇다면 굳이 2단계의 절차를 거치게 할 필요 없이 직접 주주총회의 특별결의로 제3자에게 신주인수권을 부여할 수 있다고 해석하는 것이 더 실효적이다. 물론 이 경우에도 부여대상과 부여할 주식의 종류와 수 등을 확정하여 주주들에게 예견가능성을 부여해야 하지만, 제3자를 구체적으로 특정할 필요는 없고 임원이나 종업원 및 공모 등 그 범위만 명확하면 충분하다.

(3) 제3자배정의 합리성

1) 입법취지 : 신주발행에서 제3자배정은 주로 회사의 필요성에 의해 행해지지만, 때로는 지배주주나 이사들이 경영권 방어와 같은 사익을 위하여 이용하는 경우도 있다. 따라서 신주의 제3자배정은 주주의 보호 아래 이루어져야 함은 물론 그 내용도 객관성과 합리성에 의해 뒷받침되어야 한다. 상법 제418조 제2항 단서는 "신기술의 개발, 재무구조의 개선 등 회사의 경영상 목적달성을 위해 필요한 경우에 한한다."라고 규정하고 있는데, 이는 「제3자

16) 따라서 과거의 일부 회사처럼 "이사회의 결의로 제3자에게 신주를 배정할 수 있다." 등으로 정관에 규정하는 것은 예견가능성이 없을 뿐만 아니라 합리성의 요건을 충족하지 못하므로 무효이다.

17) 이종훈, 369면; 이기수/최병규, 638면; 이철송, 930면; 정동윤, 698면.

18) 송옥렬, 1146면; 최기원, 776면; 최준선, 650면.

배정의 합리성」을 요구하는 것으로 볼 수 있다. 다만 신기술의 개발 등은 예시이므로 회사의 발전을 위해서는 필요하나 주주배정방식에 의해서는 달성할 수 없는 경우(예: 외국자본의 도입, 전후방 연계시장의 확보 등)도 포함된다. 한편 판례도 경영권 방어와 같은 사익을 위한 신주의 제3자배정은 무효라고 판시하고 있다.19)

참고판례 **경영권 방어목적의 신주의 제3자배정의 효력(서울고법 2008. 10. 10. 선고 2008노1841 판결: 삼성 에버랜드 전환사채 저가 발행 사건)** : [1] 자금을 조달하려는 목적이 아니라 증여세 등 조세를 회피하면서 지배권을 이전할 목적으로 신주 등을 저가로 발행하는 경우, 회사의 경영자에게, 발행되는 주식의 수량과 같은 수량의 주식을 적정가격으로 발행하는 내용의 증자 등을 함으로써 그에 상당하는 자금(증자대금 등)이 회사에 유입되도록 할 임무가 있다고 볼 수는 없다. 따라서 그 발행가액 등을 적정가격보다 저가로 정하여 발행한 경우, 회사의 경영자가 적정가격으로 그와 같은 수량의 주식을 발행하였더라면 회사로 유입되었을 자금이 저가로 발행하여 유입된 자금보다 많았을 것이라고 하여 회사에 그 차액 상당의 손해가 발생하였다고 볼 수는 없다. 그런데 주주 배정방식의 발행의 경우에는 주주들에게 주주평등의 원칙에 따라 신주가 공평하게 발행되므로, 주주들이 저가발행으로 인한 기존주식의 가치 하락으로 손해를 입는 한편, 신주의 가치 상승으로 동액 상당의 이익을 얻게 되어 그 손해와 이익이 상쇄되므로, 주주들 사이에 아무런 이해의 득실이 없고 지분가치의 변동이 없어 주주들에게나 회사에 손해가 없다. 그러나 제3자배정방식의 발행의 경우에는 기존주주들에게 기존주식의 가치 하락으로 인한 손해가 발생하는데, 주주와 회사는 별개의 법인격을 가지고 있을 뿐만 아니라 주주의 손해와 회사의 손해가 일치한다고 할 수도 없으므로, 상법 제424조의2의 규정만을 근거로 기존주주들의 손해를 회사의 손해로 포섭할 수 없다. 따라서 회사 경영자가 조세를 회피하면서 지배권 이전을 목적으로 신주 등을 저가로 발행한 경우, 회사의 경영자에 대하여 기존주주들에 대한 임무위배를 이유로 손해배상을 청구하는 등의 방법을 통하여 그 책임을 묻는 것은 별론으로 하고, 회사에 대한 임무위배를 이유로 업무상배임죄의 책임을 물을 수는 없다. [2] 대기업 회장과 그룹 계열 비상장회사의 대표이사 등이 적법한 절차 없이 전환사채와 신주인수권부사채를 저가로 발행하여 회장 자녀에게 배정함으로써 조세를 회피하면서 회사의 지배권을 확보하고 재산상 이익을 취득하게 한 사안에서, 자금을 조달하려는 것이 아니라 조세를 회피하면서 회사의 지배권을 이전할 목적에서 전환사채·신주인수권부사채를 저가발행하는 것으로 회사에 손해가 발생하였다고 볼 수는 없으므로, 특정경제범죄 가중처벌 등에 관한 법률 위반(배임)죄가 성립하지 않는다.

2) 상장특례 : 신주발행에서 상장회사는 주주배정방식과 제3자배정방식 외에 일반공모증자방식도 활용할 수 있다(자본시장법 제165조의6 제1항). 다만 이때에는 정관이 정하는 바에 따라 이사회결의로 일정한 방식(① 신주인수의 청약을 할 기회를 부여하는 자의 유형을 분류하지 아니하고 불특정 다수의 청약자에게 신주를 배정하는 방식, ② 제165조의7에 따라 우리사주조합원에 대하여 신주를 배정하고 청약되지 아니한 주식까지 포함하여 불특정 다수인에게 신주인수의 청약을 할 기회를 부여하는 방식, ③ 주주에 대하여 우선적으로 신주인수의 청약을 할 수 있

19) 대법원 2009. 1. 30. 선고 2008다50776 판결.

는 기회를 부여하고 청약되지 아니한 주식이 있는 경우 이를 불특정 다수인에게 신주를 배정받을 기회를 부여하는 방식, ④ 투자매매업자 또는 투자중개업자가 인수인 또는 주선인으로서 마련한 수요예측 등 대통령령으로 정하는 합리적인 기준에 따라 특정한 유형의 자에게 신주인수의 청약을 할 수 있는 기회를 부여하는 경우로서 금융위원회가 인정하는 방식) 중 어느 하나에 해당하는 방식으로 신주를 배정하여야 하는데, 이 경우에는 상법 제418조 제1항 및 제2항 단서를 적용하지 않는다(자본시장법 제165조의6 제4항). 즉 합리성 요건이 적용되지 않는데,[20] 일반공모를 통한 신주발행은 주주들의 지분경쟁을 시장으로 유도하므로 국가가 정책적으로 기업에 권장할 수 있는 가장 합리적인 자본조달방법이라는 점에 그 근거를 두고 있다.[21]

(4) 신주인수권의 양도

정관에서 제3자의 신주인수권을 정한 경우 그 제3자는 신주인수권을 타인에게 양도할 수 있을까? 이에 관해서는 ① 정관의 효력이 제3자에게 당연히 미치는 것은 아니므로 비록 정관으로 제3자에게 신주인수권을 부여하였더라도 제3자가 실제로 신주인수권을 취득하려면 회사와의 별도의 계약이 있어야 한다는 전제 아래 ⓐ 제3자의 추상적 신주인수권은 주주의 신주인수권과 다르게 계약상의 권리이므로 양도할 수 있다는 견해,[22] ⓑ 제3자의 신주인수권은 계약상의 권리이지만 회사와의 특별한 관계에서 인정된 것이므로 양도할 수 없다는 견해,[23] ② 제3자의 신주인수권은 정관의 규정에 따른 단체법적 효력이지 계약상의 권리가 아니므로 주주의 추상적 신주인수권처럼 양도할 수 없다는 견해[24]가 있다. 생각건대 회사가 보수의 의미로 이사에게 신주인수권을 부여하는 경우 비록 신주인수권의 부여에 관한 계약은 없으나 이사가 신주인수권을 갖지 않는다고 할 수는 없다. 더욱이 제3자에게 신주인수권을 부여하는 것은 사실상 주주의 신주인수권을 제한하는 것이므로 주주들이 예견할 수 있을 정도로 제3자를 특정해야 한다. 그런데도 제3자가 신주인수권을 타인에게 양도할 수 있도록 한다면 이러한 예견성의 부여는 사실상 의미가 없게 되므로 제3자의 신주인수권도 양도할 수 없다고 해석함이 타당하다.

20) 수원지방법원 2013. 4. 22.자 2013카합102 결정.
21) 이철송, 933면.
22) 김동훈, 382면; 서돈각/정완용, 493면; 정찬형, 1171면; 최준선, 652면.
23) 강위두/임재호, 928면; 김정호, 696면; 이기수/최병규, 641면; 정동윤, 699면; 정무동, 532면; 최기원, 777면.
24) 서헌제, 952면; 오성근, 842면; 이철송, 936면.

4. 신주인수권의 침해

(1) 주주의 신주인수권 침해

회사가 주주의 신주인수권을 무시하고 신주를 발행한 때에는 신주발행무효의 소의 원인이 된다(상법 제429조). 그리고 신주인수권을 침해당한 주주는 신주발행유지청구권을 행사할 수 있고(상법 제424조), 이사에 대하여 손해배상을 청구하거나(상법 제401조) 회사에 대하여 손해배상을 청구할 수 있다(상법 제389조 제3항 → 제210조).

(2) 제3자의 신주인수권 침해

제3자의 신주인수권이 무시된 경우에는 신주발행무효의 소의 원인이 되지 않는다. 신주발행무효의 소는 주주와 이사 및 감사에 한하여 제기할 수 있기 때문이다. 그러므로 제3자는 이사 또는 회사에 대하여 손해배상만 청구할 수 있다.[25]

5. 신주인수권의 양도

(1) 의 의

신주인수권 중 추상적 신주인수권은 주주나 제3자 지위의 일부이므로 양도할 수 없지만, 구체적 신주인수권은 독립된 채권적 권리이므로 양도할 수 있다. 그리고 상법 제419조 제2항에 의하면 신주인수권의 경우 배정기준일과 청약일의 간격을 최단기로 잡더라도 약 2주간의 시차가 있으므로 양도를 허용할 실익도 있다. 한편 신주인수는 인수권자에게 출자에 따른 경제적 부담을 준다. 그리하여 상법은 신주인수권자가 이를 환가하여 신주의 발행가와 시가의 차액을 획득할 수 있도록 신주인수권도 양도할 수 있도록 하였는데(상법 제416조 제5호), 이 경우 양도는 신주인수권증서에 의해야 한다.

(2) 요 건

1) 회사의 허용 : 신주발행의 경우 회사는 정관의 규정이나 이사회의 결의로 「주주가 가지는 신주인수권을 양도할 수 있는 것에 관한 사항」을 정할 수 있다(상법 제416조 제5호). 다만 정관에서 신주발행을 주주총회가 결정하도록 한 경우에는 이 역시 주주총회에서 정한다. 이처럼 회사는 주주의 구체적 신주인수권의 양도성을 자유로이 정할 수 있지만, 때에 따라서는 정하지 않을 수도 있다. 주주의 구체적 신주인수권의 양도를 허용하는 때에는 신주인수권증서를 발행해야 하는 등 회사의 부담이 생기기 때문이다.

---

25) 박상조, 710면; 손주찬, 865면; 이철송, 937면; 정경영, 777면; 정동윤, 700면; 최기원, 777면.

2) 양도의 대상 : 주주의 구체적 신주인수권에 대해서만 양도성이 인정된다. 제3자에게 신주인수권을 부여하는 것은 특별한 경영정책적 이유가 있는데, 이를 회사가 알지 못하는 다른 제3자가 취득하여 행사하면 그러한 취지에 반하기 때문이다. 더욱이 신주인수권을 양도한다는 것은 발행가와 실제 자산가치의 차익을 환가하여 취득함을 뜻하는데, 그 차익은 결국 주주들의 주식가치를 희석화하면서 창출되는 것이므로 제3자가 취득할 대상이 되지 못한다. 다만 예외로 신주인수권부사채권자는 이사회가 정한 발행조건에 따라 신주인수권만을 따로 양도할 수 있다(상법 제516조의2 제2항 제4호).

3) 양도의 방법 : 주주의 구체적 신주인수권을 양도할 수 있도록 이사회가 정한 경우에도 그 양도는 회사가 발행한 신주인수권증서의 교부에 의해서만 할 수 있다(상법 제420조의3 제1항). 다만 신주인수권부사채권자는 신주인수권증권의 교부에 의해 신주인수권을 양도할 수 있다(상법 제516조의6 제1항). 이처럼 신주인수권증서나 신주인수권증권을 통해 양도하도록 하는 것은 신주인수권의 양도방법을 정형화하기 위함이다.

4) 추가적 쟁점 : 회사가 신주발행과 관련하여 정관 또는 이사회결의로 신주인수권의 양도에 관한 사항을 정하지 아니한 경우에도 주주의 구체적 신주인수권은 양도할 수 있을까? 이에 대해서는 ① 양도는 가능하나 회사에 대한 효력은 없고 당사자 간의 채권적 효력만 인정된다는 견해,[26] ② 양도할 수 있다는 견해[27]가 있다. 그리고 판례도 "상법이 주권발행전주식의 양도는 회사에 대하여 효력이 없다고 엄격하게 규정한 것과 달리 신주인수권의 양도는 정관이나 이사회결의로 자유롭게 결정할 수 있도록 한 점을 보면, 회사가 정관이나 이사회결의로 신주인수권의 양도에 관한 사항을 결정하지 않았다고 하여 신주인수권의 양도가 전혀 허용되지 아니하는 것은 아니[다]."라고 판시하고 있다.[28] 생각건대 신주발행과 관련하여 상법이 주주배정방식을 원칙으로 하는 것은 회사에 대한 기존 주주의 비례적 이익을 보호하기 위함이고, 주주의 구체적 신주인수권은 독립된 채권적 권리이다. 그렇다면 정관이나 이사회결의로 양도할 수 있도록 정하지 않았더라도 주주의 구체적 신주인수권은 자유로이 양도할 수 있다고 해석함이 타당하다. 즉 상법 제416조 제5호는 회사가 신주인수권증서를 발행하여 신주인수권의 양도를 정형적으로 규율할 수 있다는 의미로 해석해야 한다. 다만 신주인수권증서가 발행되지 않았을 것이므로 지명채권양도의 방법과 효력에 따라

---

26) 권기범, 1091면; 김건식/노혁준/천경훈, 659면; 김동훈, 380면; 박상조, 705면; 서돈각/정완용, 490면; 손주찬, 862면; 이기수/최병규, 636면; 임홍근, 587면; 정경영, 770면; 정동윤, 695면; 정찬형, 1166면; 최기원, 791면.

27) 이철송, 938면; 장덕조, 442면.

28) 대법원 1995. 5. 23. 선고 94다36421 판결.

신주인수권을 양도할 수밖에 없다.[29)]

> **참고판례** **정관 등으로 신주인수권의 양도에 관하여 정하지 아니한 경우 신주인수권의 양도 가부(대법원 1995. 5. 23. 선고 94다36421 판결)** : [1] 상법 제416조 제5호에 의하면, 회사의 정관 또는 이사회의 결의로 주주가 가지는 신주인수권을 양도할 수 있는 것에 관한 사항을 결정하도록 되어 있는바, 신주인수권의 양도성을 제한할 필요성은 주로 회사측의 신주발행사무의 편의를 위한 것에서 비롯된 것으로 볼 수 있고, 또 상법이 주권발행전 주식의 양도는 회사에 대하여 효력이 없다고 엄격하게 규정한 것과는 달리 신주인수권의 양도에 대하여는 정관이나 이사회의 결의를 통하여 자유롭게 결정할 수 있도록 한 점에 비추어 보면, 회사가 정관이나 이사회의 결의로 신주인수권의 양도에 관한 사항을 결정하지 아니하였다 하여 신주인수권의 양도가 전혀 허용되지 아니하는 것은 아니고, 회사가 그와 같은 양도를 승락한 경우에는 회사에 대하여도 그 효력이 있다고 할 것이[다]. [2] 주권발행전의 주식의 양도는 지명채권양도의 일반원칙에 따른다 함은 앞서 본 바와 같고, 신주인수권증서가 발행되지 아니한 신주인수권의 양도 또한 주권발행전의 주식양도에 준하여 지명채권양도의 일반원칙에 따른다고 보아야 하므로, 주권발행전의 주식양도나 신주인수권증서가 발행되지 아니한 신주인수권양도의 제3자에 대한 대항요건으로는 지명채권의 양도와 마찬가지로 확정일자 있는 증서에 의한 양도통지 또는 회사의 승락이라고 보는 것이 상당하고, 주주명부상의 명의개서는 주식 또는 신주인수권의 양수인들 상호간의 대항요건이 아니라 적법한 양수인이 회사에 대한 관계에서 주주의 권리를 행사하기 위한 대항요건에 지나지 아니한다고 볼 것이다.

(3) 신주인수권증서

1) 의 의 : 신주인수권증서(Stock Subscription Warrants)는 주주의 구체적 신주인수권을 표창하는 유가증권인데, 증서에 인수권자를 표시할 필요가 없고 그 이전만으로 신주인수권이 양도되므로 무기명증권이다. 즉 신주인수권증서는 주주의 구체적 신주인수권의 양도에 관하여 확실한 공시방법을 갖추게 하여 유통성을 강화하기 위하여 발행된다. 한편 회사는 신주인수권증서에 갈음하여 신주인수권의 전자등록을 신청할 수도 있는데(전자증권법 제2조 제1호 바목), 다만 상장주식에 대해서는 전자등록이 강제된다(전자증권법 제25조 제1항 제1호). 즉 전자등록은 원칙적으로 임의적인 제도이지만, 주식이 대량으로 발행되고 유통이 빈번한 상장주식의 경우에는 무권화의 필요성이 커서 전자등록이 강제되므로 그에 관한 신주인수권에는 신주인수권증서를 발행할 수 없다.

2) 발 행 : 신주인수권증서는 이사회가 신주발행을 결정하면서 신주인수권을 양도할 수 있도록 정한 경우에만 발행할 수 있다. 상법 제416조 제6호는 「주주의 청구가 있는 때에만」이라는 단서를 달고 있는데, 이는 주주의 청구 유무에 상관없이 모든 주주에게 신주인수

29) 김건식/노혁준/천경훈, 659면; 오성근, 844면; 이철송, 938면; 임재연(Ⅰ), 624면; 장덕조, 442면; 대법원 1995. 5. 23. 선고 94다36421 판결.

권증서를 발행해야 하는 회사의 부담을 덜어주기 위함이다.

㈎ 발행시기 : 신주인수권증서는 그 성질상 신주인수권자가 확정된 후에만 발행할 수 있으므로 신주의 배정기준일(상법 제418조 제3항) 이후에 발행해야 한다. 구체적으로 이사회가 「주주의 청구가 있는 때에만 신주인수권증서를 발행한다는 것과 그 청구기간」을 정한 때에는 동 청구기간 내에 주주의 청구를 받아서 발행하면 되지만, 이를 정하지 아니한 때에는 「청약일 2주간 전」에 발행해야 한다(상법 제420조의2 제1항). 여기서 청약일 2주간 전에 발행해야 한다는 것은 주주가 신주인수권을 양도할 수 있는 기회를 최소한 2주간 이상 보장하라는 의미이다. 따라서 주주가 발행을 청구할 수 있는 기간을 이사회가 정하더라도 청약일로부터 2주간 전에 청구 및 발행이 가능하도록 해야 하는데, 이는 청구기간의 시기가 청약일 2주간 이전이어야 한다는 뜻이다.[30]

㈏ 발행단위 : 신주인수권증서는 주주 단위가 아니라 신주인수권의 대상이 되는 주식을 기준으로 발행된다. 따라서 회사는 주주의 청구에 따라 주식 1주에 신주인수권증서 1장을 발행하거나 여러 개의 주식을 합하여 1장의 신주인수권증서를 발행할 수도 있다.

㈐ 기재사항 : 신주인수권증서에는 ① 신주인수권증서라는 뜻의 표시, ② 주식청약서 소정의 사항, ③ 신주인수권의 목적인 주식의 종류와 수, ④ 일정기일까지 주식의 청약을 하지 아니할 때에는 그 권리를 잃는다는 뜻, ⑤ 번호를 기재하고 이사가 기명날인 또는 서명해야 한다(상법 제420조의2 제2항). 이처럼 신주인수권증서도 요식증권이므로 상법이 정한 주요 사항을 기재하지 아니한 경우에는 무효로 보아야 한다.[31]

㈑ 발행제한 : 자본시장법 제165조의6 제3항에 의해 상장회사가 주주배정방식으로 신주를 배정하는 때에는 상법 제416조 제5호와 제6호에도 불구하고 주주에게 신주인수권증서를 발행해야 하고, 대통령령으로 정하는 방법[32]에 따라 신주인수권증서가 유통될 수 있도록 해야 한다. 그런데 상장회사의 경우 전자등록이 강제되어(전자증권법 제25조 제1항 제1호) 신주인수권증서를 발행할 수 없으므로 신주인수권의 양도나 입질도 전자등록부에 등록해야 효력이 발생하고, 전자등록부에 등록한 자는 그 등록된 신주인수권에 대한 권리를 적법하게 보유한 것으로 추정한다(상법 제420조의4 → 제356조의2 제2항 내지 제4항). 따라서 자본시

30) 이철송, 940면.
31) 다만 ④처럼 경미한 사항을 흠결한 경우까지 무효로 볼 필요는 없다는 견해도 있다(이철송, 940면).
32) 구체적으로 ① 증권시장에 상장하는 방법, ② 둘 이상의 금융투자업자(상장회사와 계열회사 관계에 있지 아니한 투자매매업자 또는 투자중개업자를 말함)를 통하여 신주인수권증서의 매매·중개·주선이나 대리업무가 이루어지도록 하는 방법 중 어느 하나에 해당하는 방법을 말한다(자본시장령 제176조의8 제4항).

장법 제165조의6 제3항은 상장회사가 주주배정방식으로 신주를 발행하는 때에는 반드시 신주인수권을 전자등록하고, 증권시장에 상장하는 등 신주인수권이 유통되도록 해야 한다는 의미로 해석해야 한다. 그렇다면 이 경우 신주의 청약은 어떻게 해야 하는가? 신주인수권증서가 없으므로 일반 신주청약과 같이 주식청약서를 통해서 해야 하고(상법 제420조), 상법 제516조의9 제2항 단서를 유추적용하여 신주인수권을 증명할 수 있는 자료(예: 등록증명서 등)를 첨부하여 회사에 제출해야 한다.[33)]

3) 효 력 : 신주인수권증서는 이사회가 신주를 발행하며 주주의 구체적 신주인수권의 양도를 허용한 경우에만 발행하는 것으로서 다음과 같은 효력이 있다.

㈎ 권리추정력 : 신주인수권증서의 점유자는 적법한 소지인으로 추정되므로(상법 제420조의3 제2항 → 제336조 제2항), 실질적인 권리의 증명 없이 신주인수권을 행사할 수 있다. 또한 이에 의해 선의취득도 가능하다(상법 제420조의3 제2항 → 수표법 제21조).

㈏ 양도방법 : 주주의 구체적 신주인수권은 반드시 신주인수권증서의 교부에 의해 양도해야 한다(상법 제420조의3 제1항). 이 경우 인수권자의 성명을 기재할 필요는 없고, 기재하더라도 지시증권이 되는 것은 아니므로 단순한 교부만으로 양도할 수 있다.

㈐ 청약방법 : 신주인수권증서가 발행된 때에는 신주의 청약도 이에 의해야 한다(상법 제420조의5 제1항). 그렇지만 ① 주주의 청구에 따라 신주인수권증서를 발행하기로 정한 경우(상법 제416조 제6호)에 그 발행을 청구하지 아니한 주주, ② 신주인수권증서를 상실한 자는 주식청약서에 의해 청약해야 한다(상법 제420조의5 제2항 본문). 원래 후자의 경우에는 공시최고절차를 밟아 제권판결을 얻은 후 청약을 해야 하지만, 3개월 이상인 공시최고기간과 신주청약일까지의 기간을 비교해 볼 때 강제할 수 없으므로 우선 주식청약서에 의해 청약하도록 한 것이다. 그러나 그 후 타인이 신주인수권증서에 의한 청약을 하면 주식청약서에 의한 청약은 그 효력을 잃는다(상법 제420조의5 제2항 단서). 따라서 회사는 이미 주식청약서에 의한 신주의 청약이 있음을 이유로 신주인수권증서 점유자의 청약을 거절하지 못한다. 다만 이로 인해 신주인수권의 귀속이 종국적으로 결정되는 것은 아니므로 실체적인 권리관계는 별도로 다투어야 할 것이다.[34)]

4) 책임과 벌칙 : 회사가 신주인수권증서를 발행해야 할 시기에 발행하지 않거나 신주인수권증서에 부실하게 기재를 한 경우에 이사는 이로 인해 손해를 입은 주주 또는 제3자

33) 이철송, 942면.
34) 이철송, 902면.

에 대하여 손해배상책임을 지고(상법 제401조), 회사에 대해서도 손해배상책임을 진다(상법 제399조). 한편 이사가 상법 제420조의2에 위반하여 신주인수권증서를 발행하지 않거나 신주인수권증서에 기재해야 할 사항을 기재하지 아니하거나 부실하게 기재한 때에는 5백만원 이하의 과태료에 처한다(상법 제635조 제1항 제16호).

사례해결

(1) 회사가 주주가 아닌 자에게 신주인수권을 부여하고 신주를 발행하는 것을 제3자배정이라고 하는데, 이는 주주의 신주인수권에 대한 제한이 되므로 법률에 의하는 것 외에는 정관에 의해서만 할 수 있다(상법 제418조 제2항). 그리고 신주의 부여대상, 부여주식의 종류와 수 등을 확정하여 주주들에게 예견가능성을 부여해야 하는데, 특히 제3자는 구체적으로 누구라고 특정할 필요는 없지만, 임원이나 종업원 및 공모 등 그 범위는 명확해야 한다. 따라서 단순히 이사회의 결의로 신주를 제3자에게 배정할 수 있다고 정한 ㈜甲의 정관은 주주들에게 예견가능성을 부여할 수 없기 때문에 무효이다.

(2) 신주발행에서 있어서 신주의 제3자배정은 주로 회사의 필요성에 의해 행해지지만, 때로는 지배주주나 이사들의 경영권 방어와 같은 사익을 위해 이용되는 경우도 있다. 따라서 신주의 제3자배정은 주주의 보호 아래 이루어져야 하고, 이를 위해서는 무엇보다도 그 내용이 객관성과 합리성에 의해 뒷받침되어야 한다. 이와 관련하여 상법 제418조 제2항 단서는 「신기술의 개발, 재무구조의 개선 등 회사의 경영상 목적달성을 위해 필요한 경우에 한한다.」고 규정하고 있는데, 이는 「제3자배정의 합리성」을 요구하는 것으로 볼 수 있다. 물론 여기서 신기술의 개발 등은 예시여서 회사의 발전에 필요하지만 주주배정방식에 의해서는 달성할 수 없는 경우도 포함된다. 한편 판례도 경영권의 방어와 같은 사익을 위한 신주의 제3자배정은 무효라고 판시하고 있다(대법원 2009. 1. 30. 선고 2008다50776 판결). 이런 점을 종합할 때 ㈜甲에서 A의 경영권 방어를 목적으로 A의 절대적 지배하에 있는 ㈜丙에게 제3자배정방식으로 신주를 발행하기로 한 ㈜甲의 이사회결의는 무효이다.

(3) 신주를 발행하면 이익배당에 관한 회사의 부담이 늘어나고 누가 얼마의 신주를 인수하느냐에 따라서 회사의 지배구조에 중대한 변화가 초래된다. 제3자가 신주를 인수하거나 주주가 인수하더라도 종전의 지주비율에 따르지 아니하면 기존 주주들의 회사에 대한 비례적 이익이 침해받기 때문이다. 그리하여 신주발행에 있어서는 주주의 보호가 매우 중요한데, 상법 제418조 제1항은 신주발행시 "주주는 그가 가진 주식수에 따라서 신주의 배정을 받을 권리가 있다."라고 규정하여 주주의 신주인수권을 우선적으로 보장하고 있다. 주주가 아닌 타인이 신주를 인수하게 되면 기존 주주의 회사지배력이 약화되기 때문이다. 그리고 실권 방지를 위해 정책적으로 현재의 주가나 순자산가치보다 낮은 가격으로 발행하는 신주발행의 특성상 신주와 구주의 혼합에 의한 가액은 종전의 가액보다 낮게 되는데(주식의 희석화), 이를 제3자가 인수하게 되면 주주가 보유하던 가치가 제3자에게 빠져나가게 되어 주주의 이익을 침해하기 때문이다. 따라서 회사가 주주의 신주인수권을 무시하고 신주를 발행한 때에는 신주발행무효의 소의 원인이 되고(상법 제429조), 신주인수권을 침해당한 주주는 신주발행유지청구권을 행사할 수 있

으며(상법 제424조), 이사에 대하여 손해배상을 청구하거나(상법 제401조) 회사에 대하여 손해배상을 청구할 수도 있다(상법 제389조 제3항→제210조). 사안의 경우 ㈜甲은 A의 경영권 방어를 위해서 주주의 신주인수권을 무시하고 A의 절대적 지배 하에 있는 ㈜丙에게 제3자배정방식으로 신주를 발행하였으므로 주주인 ㈜乙은 ㈜甲에 대하여 신주발행의 유지를 청구할 수 있고, 신주발행무효의 소를 제기할 수 있으며, A와 ㈜甲에 대하여 손해배상을 청구할 수도 있다.

제2관 신주발행의 절차

예시사례 소형 안마기 제작업체인 비상장법인 ㈜甲(자본금 20억원)의 대표이사 A는 최근 신상품(미용용 초소형 안마기)을 출시하면서 유명 여배우 B를 전속모델로 섭외하였는데, 광고 후 판매량이 나날이 급증하였다. 이에 크게 고무된 A는 이사회를 개최하여 생산설비를 증설하고, 그에 필요한 재원은 주주배정방식으로 신주를 발행하여 조달하기로 결의하였다. 이 사안과 관련하여 다음 설문에 답하시오!

(1) 주주 C는 배정된 주식을 인수할 때 새로운 공장부지로 사용할 수 있는 작은 토지를 출자했는데, 당시 감정인의 공정한 감정 결과 4천만원의 가치가 인정되었다. 이에 따라 ㈜甲은 법원에 검사인의 선임을 요청하지 않고 그대로 C가 출자한 부동산에 신주를 배정하였다. 이는 정당한가?

(2) 주주 D는 갑자기 어려워져 인수한 주식 중 20%(200주)에 대하여 주금을 납입하지 못하였다. 이에 ㈜甲의 이사회는 이를 A의 장남인 E에게 발행조건의 변경 없이 배정하였다. 이는 정당한가?

I. 서 설

신주를 발행하는 때에는 먼저 배정기준일을 정한 후 그날의 주주명부에 기재된 주주가 신주인수권을 가진다는 뜻을 그날의 2주간 전에 공고해야 한다(상법 제418조 제3항 본문). 이러한 최고절차는 주주배정방식으로 신주를 발행하는 때에만 적용되지만, 신주발행과 제3자배정은 주주들의 이해가 걸린 중대한 사항이므로 그 내용을 주주들에게 알려줄 필요가 있다. 따라서 회사는 신주의 종류와 수 등 제416조 제1호 내지 제4호의 사항을 납입기일의 2주 전까지 주주에게 통지하거나 공고해야 한다(상법 제418조 제4항). 한편 회사설립에서와 마찬가지로 신주발행의 경우에도 [청약→배정→납입]의 절차에 의해 주식인수가 이루어지는데, 이 경우에도 인수인의 주금납입은 자본충실의 원칙에 부합해야 한다. 물론 현물출자가 있는 경우에 이사는 이를 조사하게 하기 위하여 법원에 검사인의 선임을 청구해야 하지만(상법 제422조 제1항 본문), 이는 감정인의 감정으로 갈음할 수 있다(상법 제422조 제1항 단서). 이러한 과정에서 인수권자가 청약하지 않거나(상법 제419조 제3항) 인수인이 납입기일에 인수가액을 납입하지 아니하면(상법 제423조 제2항) 실권주가 발생한다. 한편 신주인수인이 주금의 납입 또는 현물출자의 이행을 완료한 때에는 납입기일의 다음 날부터 주주의 권리·의무가 있다(제423조 제1항).

Ⅱ. 신주의 발행과정

1. 공고와 최고

(1) 배정기준일의 공고

회사는 신주의 배정기준일을 정한 후 그날의 주주명부에 기재된 주주가 신주인수권을 가진다는 뜻을 그날의 2주간 전에 공고해야 하는데, 신주인수권을 양도할 수 있는 경우에는 그 뜻도 같이 공고해야 한다(상법 제418조 제3항 본문). 이 경우 배정기준일이 주주명부의 폐쇄기간 중인 때에는 그 기간 초일의 2주간 전에 이를 공고해야 한다(상법 제418조 제3항 단서, 제354조 제1항). 이러한 배정기준일의 결정과 공고가 있으면 배정기준일의 경과 당시 주주명부상의 주주가 신주인수권을 가지며, 그 이후에 주식을 취득한 자는 신주인수권을 갖지 못한다.[35] 주의할 것은 상법 제418조의 표제는 「배정일」이라고 규정하고 있지만, 이는 「배정기준일」을 의미한다는 점이다.

(2) 인수권자에 대한 최고

1) 주주배정방식 : 회사는 배정기준일을 정한 후 그 2주간 전에 신주인수권자에게 ① 그가 인수권을 갖는 주식의 종류와 수, ② 그 기일까지 주식인수의 청약을 하지 아니하면 그 권리를 잃는다는 뜻을 통지해야 하는데(상법 제419조 제1항 제1문, 제2항), 이 경우 신주인수권의 양도에 관한 사항과 주주의 청구에 의해 신주인수권증서를 발행한다는 사항을 정한 때에는 그 내용도 통지해야 한다(상법 제419조 제1항 제2문). 그런데 이러한 통지는 신주인수권자가 확정된 후에만 할 수 있으므로 신주의 배정기준일 이후에 해야 한다. 한편 신주의 전부를 공모하는 때에는 이런 절차를 거칠 필요가 없으며, 주주가 위의 기일까지 청약을 하지 아니하면 인수권을 상실하고 실권주가 생긴다.

2) 제3자배정방식 : 신주인수권자에 대한 최고절차는 주주배정방식으로 신주를 발행하는 경우에만 적용되는 것이므로 제3자배정방식일 경우에는 이에 따를 필요가 없다. 그렇지

35) 이와 관련하여 상장주식의 경우 배정기준일 이후에는 증권시장에서 신주인수권을 부여하는 가치만큼 주가가 하락하는 경향을 보이는데, 이를 「권리락(權利落)」이라고 한다.

만 신주의 발행과 제3자배정은 주주들의 중대한 이해가 걸린 사항이므로 그 내용을 주주들에게 알려 줄 필요가 있다. 그리하여 상법 제418조 제4항은 회사로 하여금 신주의 종류와 수 등 제416조 제1호 내지 제4호의 사항을 납입기일의 2주 전까지 주주에게 통지하거나 공고하도록 규제하고 있다. 즉 이를 통해 제3자배정이 불공정할 경우 주주들이 신주발행의 유지를 청구할 수 있는 기회를 주기 위함이다. 따라서 회사가 이러한 통지나 공고를 게을리하였다면 그에 따른 신주발행은 무효라고 해석해야 한다.

2. 청약과 인수

회사설립에서와 마찬가지로 신주발행의 경우에도 [청약 → 배정 → 납입]의 절차에 따라 신주인수권자의 주식인수가 이루어지는데, 이를 분설하면 다음과 같다.

(1) 청 약

신주를 발행하는 경우 이사는 주식청약서를 작성해야 하고,[36] 주식을 인수하고자 하는 자는 이 주식청약서에 의해 청약해야 한다(상법 제420조, 제425조 제1항 → 제302조 제1항). 다만 회사가 신주인수권증서를 발행한 때에는 이에 의해 청약해야 한다(상법 제420조의5 제1항 제1문). 한편 신주의 청약에서는 민법 제107조 제1항 단서가 적용되지 않는다.

(2) 배 정

청약자에 대한 신주의 배정은 이사가 한다(상법 제421조). 이 경우에는 회사설립에서와 달리 주주배정방식이든 제3자배정방식이든 이사의 재량이 있을 수 없다. 다만 예외적으로 회사가 신주를 공모하는 때에는 이사가 재량으로 신주를 배정할 수 있다.

(3) 납 입

1) 납입의무 : 신주의 인수인은 인수가액을 납입해야 하는데(상법 제425조 제1항 → 제303

36) 주식청약서에는 ① 상호, ② 회사가 발행할 주식의 총수, ③ 액면주식을 발행하는 경우 1주의 금액, ④ 주주에게 배당할 이익으로 주식을 소각할 것을 정한 때에는 그 규정, ⑤ 납입을 맡을 은행 기타 금융기관과 납입장소, ⑥ 명의개서대리인을 둔 때에는 그 성명·주소 및 영업소, ⑦ 신주의 종류와 수, ⑧ 신주의 발행가액과 납입기일, ⑨ 무액면주식의 경우에는 신주의 발행가액 중 자본금으로 계상하는 금액, ⑩ 신주의 인수방법, ⑪ 현물출자를 하는 자의 성명과 그 목적인 재산의 종류·수량·가액과 이에 대하여 부여할 주식의 종류와 수, ⑫ 제417조에 따른 주식을 발행한 경우에는 그 발행조건과 미상각액(未償却額), ⑬ 주주에 대한 신주인수권의 제한에 관한 사항 또는 특정한 제3자에게 이를 부여할 것을 정한 때에는 그 사항, ⑭ 주식발행의 결의연월일을 기재해야 한다(상법 제420조). 그리고 비록 법문에는 없지만, 상법 제335조 제1항 단서에 따른 정관에 의한 주식양도제한이 있을 경우에는 이 역시 주식청약서에 기재해야 한다.

조), 이와 관련하여 상법 제421조 제1항은 "이사는 신주인수인으로 하여금 배정한 주식수에 따라 납입기일에 인수가액의 전액을 납입시켜야 한다."라고 규정하고 있다. 따라서 인수인이 납입기일에 납입하지 아니하면 그 권리를 잃지만(상법 제423조 제2항), 회사설립의 경우와 달리 실권절차를 밟을 필요는 없다. 즉 납입기일의 경과로 인해 당연히 실권하므로 그 부분에 대해서는 다시 인수인을 모집할 수도 있고, 그 부분을 미발행부분으로 남겨두어 차후에 발행할 수도 있다(마감발행). 물론 실권한 주식인수인에 대해서는 회사가 손해배상을 청구할 수 있다(상법 제423조 제3항). 한편 실무에서는 이러한 복잡함과 번거로움을 피하기 위해 100%의 청약증거금을 예납 받고 있다.

2) 이행방법 : 신주인수인의 주금납입이 있으면 회사의 자본이 증가하므로 그 납입방법도 자본충실의 원칙에 부합해야 한다. 따라서 신주를 인수한 주주를 대신하여 회사가 주금을 납입할 수 없고,[37] 주금납입에는 대물변제나 경개도 허용되지 않으며, 어음·수표로 납입한 경우에는 지급인에 의해 지급되어야만 비로소 유효한 납입으로 볼 수 있다. 한편 신주인수인이 회사에 대하여 이행기에 다다른 금전채권을 가지고 있더라도 회사의 동의가 없는 한 주금의 납입과 상계할 수 없는데(상법 제421조 제2항), 이는 회사의 자본충실을 고려한 것이다. 다만 인수인과 달리 회사는 상계를 할 수 있는데, 이 경우에는 상대방의 동의도 필요하지 않다. 그렇다면 회사의 동의는 어느 기관이 해야 하는가? 논리적으로 보면 신주발행의 결정기관인 이사회가 해야 하지만, 상법 제416조는 이에 관하여 규정하고 있지 않다. 따라서 회사의 자본충실을 위한 동 규정의 입법취지를 고려하여 이사회의 결의를 거쳐 대표이사가 동의해야 한다고 해석하되, 향후 입법적으로 보완해야 한다. 물론 이 경우 이사들이 동의 여부 또는 상계 여부를 결정함에 있어서 부주의하여 회사에 손해를 끼쳤다면 당연히 그에 대한 손해배상책임을 진다.

3) 현물출자 : 신주의 인수인이 현물을 출자한 때에는 회사설립에서와 마찬가지로 출자된 현물의 공정한 가치평가가 중요하므로 일정한 절차를 거쳐야 한다.

㈎ 원 칙 : 신주발행과 관련하여 현물출자가 있는 경우에 이사는 이를 조사하게 하기 위하여 법원에 검사인의 선임을 청구해야 하지만(상법 제422조 제1항 본문), 이는 감정인의 감정으로 갈음할 수 있다(상법 제422조 제1항 단서). 이 경우 법원은 검사인의 조사보고서나 감정인의 감정결과를 심사하여 현물출자가 부당하다고 인정한 때에는 이를 변경하여 이사와 현물출자자에게 통고할 수 있다(상법 제422조 제3항). 이때 현물출자자는 이에 불복하여 주식인수를 취소할 수 있지만(상법 제422조 제4항), 법원의 통고 후 2주간 내에 그 취소가 없

37) 대법원 1963. 10. 22. 선고 63다494 판결.

으면 통고한 내용으로 변경된 것으로 본다(상법 제422조 제5항). 한편 판례는 현물출자와 관련하여 이러한 검사절차를 거치지 않았더라도 신주발행이 무효로 되는 것은 아니라고 판시하고 있는데,[38] 그 타당성은 의문이다.

(나) 예 외 : 현물출자의 경우에도 일정한 요건을 충족하는 때에는 법원이 선임한 검사인의 조사절차가 면제되는데(상법 제422조 제2항), 그 사유는 다음과 같다.

(ㄱ) 제1호 : 현물출자의 목적인 재산의 가액이 자본금의 5분의 1 이하이고 5천만원을 초과하지 않는 경우(상령 제14조 제1항)

(ㄴ) 제2호 : 현물출자의 목적인 재산이 거래소의 시세 있는 유가증권으로서 이사회가 결정한 평가가액이 상법 시행령으로 정한 방법으로 산정된 시세를 초과하지 않는 경우. 다만 현물출자의 목적인 재산에 사용, 수익, 담보제공, 소유권 이전 등에 대한 물권적 또는 채권적 제한이나 부담이 설정된 경우에는 면제되지 않는다(상령 제14조 제3항).

(ㄷ) 제3호 : 변제기가 돌아온 회사에 대한 금전채권을 출자목적으로 하는 경우로서 그 가액이 회사장부에 적혀 있는 가액을 초과하지 않는 경우. 상법 제421조 제2항에 따른 회사의 동의가 있는 경우의 출자전환(Debt Equity Swap)을 그 예로 들 수 있는데, 주의할 점이 있다. 즉 ① 「변제기가 돌아온 회사에 대한 금전채권을 출자목적으로 하는 경우」란 신주발행에서의 현물출자만 의미한다. ② 이행기가 도래하지 않은 채권을 출자하는 때에는 공정한 평가가 선행되어야 하므로 회사가 동의하였더라도 검사를 생략할 수 없다. ③ 「그 가액이 회사장부에 적혀 있는 가액을 초과하지 않는 경우」란 출자하는 채권에 의해 상계되는 신주의 발행가가 회사가 인식하는 채권의 장부가를 초과하지 않음을 의미하는데, 이는 채권의 과대평가 또는 주식의 저가발행을 금지하기 위함이다.

(ㄹ) 제4호 : 기타 이에 준하는 것으로서 상법 시행령에서 정하는 경우. 다만 현재 상법 시행령은 이에 관하여 아무런 내용도 규정하고 있지 않다.

3. 상장회사 특례

(1) 사전절차

상장회사가 신주를 발행하려면 먼저 외부감사인의 회계감사를 받아 그 감사증명을 증권신고서에 첨부해야 한다(자본시장법 제169조 제1항; 자본시장령 제189조 제1항 제2호). 이는 상장회사의 신주발행에 있어서 투자자를 보호하기 위한 특별절차이다.

38) 대법원 1980. 2. 12. 선고 79다509 판결.

(2) 증권 신고

상장회사는 증권신고서를 금융위원회에 제출하고 이로부터 일정한 기간[39]이 지나서 신고서의 효력이 발생한 후에만 비로소 신주를 발행할 수 있다(자본시장법 제120조 제1항, 제121조; 자본시장칙 제12조 제1항 제2호). 즉 그 이전에는 비록 인수의 청약이 있더라도 발행인은 이를 승낙하지 못한다(자본시장법 제121조 제1항).

(3) 기업 공시

상장회사는 투자자에게 투자판단의 기회를 주기 위하여 소정의 공시절차를 거쳐야 한다. 즉 ① 증권신고서에 일정한 사항을 기재해야 하는데,[40] 이 서류는 금융위원회가 공중의 열람을 위해 비치·공시한다(자본시장법 제119조 제7항; 자본시장령 제125조 제1항). ② 인수모집에 앞서 일정한 사항을 기재한 투자설명서[41]를 작성하여 일정한 장소에 비치하고 일반인

---

39) 즉 지분증권의 모집 또는 매출인 경우에는 15일. 다만, 주권상장법인(법 제9조 제18항 제2호에 따른 투자회사는 제외한다)의 주식의 모집 또는 매출인 경우에는 10일, 주주 또는 제3자에게 배정하는 방식의 주식(투자회사의 주식은 제외한다)의 모집 또는 매출인 경우에는 7일.

40) 증권신고서에 기재할 사항은 다음과 같다. 즉 ① 법 제119조 제5항에 따른 대표이사 및 신고업무를 담당하는 이사의 제124조 각 호의 사항에 대한 서명, ② 모집 또는 매출에 관한 사항[ⓐ 모집 또는 매출에 관한 일반사항, ⓑ 모집 또는 매출되는 증권의 권리내용, ⓒ 모집 또는 매출되는 증권의 취득에 따른 투자위험요소, ⓓ 모집 또는 매출되는 증권의 기초자산에 관한 사항(파생결합증권 및 금융위원회가 정하여 고시하는 채무증권의 경우만 해당한다), ⓔ 모집 또는 매출되는 증권에 대한 인수인의 의견(인수인이 있는 경우만 해당한다), ⓕ 주권비상장법인(설립 중인 법인을 포함한다)이 인수인의 인수 없이 지분증권(지분증권과 관련된 증권예탁증권을 포함한다)의 모집 또는 매출(직접공모)에 관한 신고서를 제출하는 경우에는 금융위원회가 정하여 고시하는 요건을 갖춘 분석기관(증권분석기관)의 평가의견(다만, 금융위원회가 정하여 고시하는 경우에는 이를 생략할 수 있다), ⓖ 자금의 사용목적, ⓗ 그 밖에 투자자를 보호하기 위하여 필요한 사항으로서 금융위원회가 정하여 고시하는 사항], ③ 발행인에 관한 사항(ⓐ 회사의 개요, ⓑ 사업의 내용, ⓒ 재무에 관한 사항, ⓓ 회계감사인의 감사의견, ⓔ 이사회 등 회사의 기관 및 계열회사에 관한 사항, ⓕ 주주에 관한 사항, ⓖ 임원 및 직원에 관한 사항, ⓗ 이해관계자와의 거래내용, ⓘ 그 밖에 투자자를 보호하기 위하여 필요한 사항으로서 금융위원회가 정하여 고시하는 사항)을 기재해야 한다(자본시장령 제125조 제1항).

41) 투자설명서의 기재사항은 다음과 같다. 즉 ① 표제부에는 ⓐ 법 제119조 제1항 및 제2항에 따른 증권의 신고의 효력발생일, ⓑ 해당 증권의 모집가액 또는 매출가액, ⓒ 청약기간, ⓓ 납부기간, ⓔ 해당 증권신고서의 사본과 투자설명서의 열람 장소, ⓕ 법 제176조 제3항 제1호에 따른 안정조작이나 법 제176조 제3항 제2호에 따른 시장조성을 하려는 경우에는 증권시장에서 안정조작이나 시장조성이 행하여질 수 있다는 뜻, ⓖ 청약일 전날(개방형 집합투자증권 및 금적립계좌등인 경우에는 청약일 이후에도 해당함)까지는 해당 증권신고서의 기재사항 중 일부가 변경될 수 있다는 뜻, ⓗ 정부가 증권신고서의 기재사항이 진실 또는 정확하다는 것을 인정하거나 해당 증권의 가치를 보증 또는 승인하는 것이 아니라는 뜻, ⓘ 그 밖에 투자자를 보호하기 위하여 필요한 사항으로서 금융위원회가 정하여 고시하는 사항을 기재해야 한다. ② 본문에는 ⓐ 시행령 제125조 제1항에 따라 신고서를 제출하는 경우에는 제125조 제1항 각 호의 사항, ⓑ 법 제119조 제2항 후단에 따라 일괄신고추가서류를 제출하는 경우에는 시행령 제122조 제2항 각 호 및 제126조 제1항 제4호의 사항, ⓒ 시행령 제127조 제1항에 따라 신고서를 제출하는 경우에는 제127조 제1항 각 호의 사항, ⓓ시행령 제128조

들의 공람에 제공해야 하며(자본시장법 제123조 제1항; 자본시장령 제131조 제1항 내지 제3항), 청약하고자 하는 자에게 이 투자설명서를 교부한 후가 아니면 청약을 받을 수 없다(자본시장법 제124조 제1항). ③ 신주를 발행한 후에는 발행실적보고서를 작성하여 금융위원회에 제출해야 하는데, 이 역시 공시해야 한다(자본시장법 제128조).

(4) 공시 위반

상장회사가 증권신고서나 투자설명서에 허위의 기재·표시를 하거나 중요한 사항을 기재·표시하지 아니하여 인수인에게 손해를 끼친 때에는 신고자, 이사, 투자설명서의 작성자 등이 손해배상책임을 진다(자본시장법 제125조 제1항 본문). 다만 이들이 무과실을 증명하거나 인수인이 악의인 때에는 책임을 지지 않는다(자본시장법 제125조 제1항 단서). 이러한 손해배상청구권은 청구자가 당해 사실을 안 날로부터 1년, 증권신고서의 효력발생일로부터 3년 내에 행사하지 아니하면 소멸한다(자본시장법 제127조). 한편 이러한 손해배상책임은 증권집단소송의 대상이 된다(증권집단소송법 제3조 제1항 제1호).

Ⅲ. 신주발행의 효력

1. 일반적 효력

(1) 발생시기

신주인수인이 주금의 납입 또는 현물출자의 이행을 완료한 때에는 납입기일의 다음 날로부터 주주의 권리·의무가 있다(제423조 제1항). 따라서 회사는 지체없이 주권을 발행해야 하고(상법 제355조 제1항), 인수인은 주주로서 주식을 양도할 수도 있으나 주권을 발행받기 전에는 양도제한을 받는다(상법 제335조 제3항). 한편 납입기일의 그 다음 날부터 신주의 효력이 발생하는 결과 그 날이 속하는 영업연도의 이익배당에 신주도 참여할 수 있는데, 이 경우에는 일할계산의 시비가 일 수 있다. 이와 관련하여 과거에는 정관에 규정을 두어 직전 영업연도의 말에 신주가 발행된 것으로 보아 구주식과 동등한 배당을 받게 할 수 있지만, 2020년 개정 상법은 신주의 발행일에 상관없이 이익배당기준일을 기준으로 구주와 신주 모두에 동등하게 이익배당을 할 수 있도록 하였다.[42)]

제1항에 따라 신고서를 제출하는 경우에는 제128조 제1항 각 호의 사항, ⓔ 시행령 제129조에 따라 신고서를 제출하는 경우에는 금융위원회가 정하여 고시하는 사항을 기재해야 한다(자본시장령 제131조 제2항, 제3항).

42) 원래 상법 제423조 제1항은 "신주의 인수인은 납입 또는 현물출자의 이행을 한 때에는 납입기일의

(2) 등기의무

신주를 발행하면 등기사항인 자본금의 총액, 발행주식총수, 주식의 종류와 수 등이 변경되므로 회사는 변경등기를 해야 한다(상법 제317조 제2항 제2호, 제3호, 제4항→제183조). 그렇지만 변경등기를 해야만 신주발행의 효력이 발생하는 것은 아니다.[43]

2. 부수적 쟁점

(1) 인수행위의 하자

1) 발생원인 : 신주인수는 회사와 주주 간 법률행위이므로 인수인이나 회사의 의사표시에 하자가 있거나 무권대리일 경우에는 당해 인수행위가 무효로 되거나 그 인수행위를 취소할 수 있다. 다만 회사설립과 달리 신주발행에서는 전액확정주의가 적용되지 않으므로 개별적인 신주인수가 무효·취소되더라도 나머지 유효한 부분만으로 신주발행의 효과가 생기고 이사가 담보책임을 지므로 신주발행 그 전체가 무효로 되지 않는다.

2) 주장방법 : 신주인수인이 인수를 취소하거나 인수가 무효임에도 불구하고 다툼이 있는 경우에는 이를 소로써 주장해야 한다. 구체적으로 일반적인 확인소송의 형태를 취하거나 주금반환을 청구하는 이행의 소를 제기하면 충분하다.

3) 주장제한 : 신주의 발행으로 인한 변경등기를 한 날로부터 1년을 경과한 후에는 신주를 인수한 자는 주식청약서 또는 신주인수권증서의 요건 흠결을 이유로 하여 그 인수의 무효를 주장하거나 사기·강박·착오를 이유로 하여 그 인수를 취소하지 못하는데, 이는 인수인이 그 주식에 대하여 주주의 권리를 행사한 때에도 같다(상법 제427조). 다만 이러한 제한의 기산점인 신주발행의 변경등기일은 상법상 신주발행절차를 고려할 때 적합하지 않으므로 신주의 효력발생일(상법 제423조 제1항)로 정정해야 한다.[44]

다음 날로부터 주주의 권리·의무가 있다. 이 경우 제350조 제3항 후단의 규정을 준용한다."라고 규정하였고, 제350조 제3항은 "전환에 의하여 발행된 주식의 이익배당에 관하여는 주주가 전환을 청구한 때 또는 제346조 제3항 제2호의 기간이 끝난 때가 속하는 영업연도 말에 전환된 것으로 본다. 이 경우 신주에 대한 이익배당에 관하여는 정관으로 정하는 바에 따라 그 청구를 한 때 또는 제346조 제3항 제2호의 기간이 끝난 때가 속하는 영업연도의 직전 영업연도 말에 전환된 것으로 할 수 있다."라고 규정하였다. 그런데 2020년 개정 상법은 제350조 제3항을 삭제하고, 동 조항을 준용하는 제423조 제1항 제2문도 함께 삭제하였다.

43) 우리와 달리 독일에서 신주발행으로 인한 자본증가의 효력은 등기와 동시에 발생한다(AktG §189).

44) 과거에는 상법상 신주발행으로 인한 자본증가의 효력이 등기에 의해 발생하였으므로(제358조 제1항) 주장의 제한도 변경등기일을 기준으로 하였지만(제370조→제191조), 현행 상법상으로는 납입기일의 다음 날로부터 효력이 발생하므로 그 기산일도 이를 근거로 함이 타당하기 때문이다(이철송, 970면).

(2) 신주발행의 철회 등

신주발행에 관련된 쟁점 중 하나는 철회 등의 가능 여부이다. 생각건대 신주인수인이 납입기일에 주금을 납입하면 다음 날부터 신주의 효력이 발생하므로 회사는 신주발행을 철회할 수 없다. 그리고 신주발행의 효력이 발생하기 전이라도 인수인의 청약이 있고 이에 대한 회사의 배정이 있게 되면 회사와 인수인 간에 입사계약이 체결된 것이므로 역시 회사가 신주발행을 철회할 수 없다고 보아야 한다. 그런데 회사가 인수인에게 신주를 배정하기 전에는 회사의 청약 유인만 있을 뿐 인수인과 입사계약이 체결되지는 않은 상태이므로 회사가 신주발행을 철회하거나 변경할 수 있다고 봄이 합리적이다. 물론 이 경우 청약자에 대한 회사의 손해배상책임이 논의되겠지만, 이는 별개의 문제이다.

(3) 신주발행의 부존재

1) 원 인 : 현재 학설과 판례가 인정하고 있는 신주발행의 부존재가 인정되려면 비록 신주발행의 실체는 없으나 신주가 발행된 것 같은 외관이 존재해야 한다.[45] 신주발행에 관한 이사회의 결의는 있었지만, 주식의 인수와 주금의 납입 등 실체적인 절차가 진행되지 않은 상태에서 증자의 변경등기가 이루어진 경우 등을 그 예로 들 수 있다.

2) 기 능 : 학설과 판례가 신주발행의 부존재를 인정하는 가장 큰 실익은 신주발행의 외관이 존재하는 경우 형성소송인 신주발행무효의 소의 엄격한 요건과 효과에 의하지 않고 일반적인 확인의 소로써 외관 창출의 효과를 다툴 수 있다는 점에 있다.

3) 효 과 : 신주발행부존재의 경우 신주발행무효의 소에 관한 상법 제429조에 따른 제소권자·주장방법·주장시기 등의 제한을 전혀 받지 않는다. 따라서 누구라도 자유롭게 주장할 수 있다. 즉 일반적인 확인의 소로써 부존재확인을 구할 수 있는데, 다만 이 경우 판결의 효력은 신주발행무효의 소에 관한 판결과 달리 대세적 효력이 없고 소급효가 제한되지 않는다.[46] 더욱이 상법 제628조 제1항의 납입가장죄도 성립하지 않는다.[47]

3. 실권주와 단주

(1) 실권주

1) 발생원인 : 신주발행에 있어서 실권주는 인수권자가 청약을 하지 아니한 경우(상법

45) 신주발행의 결의는 있었지만 실제적으로 주식의 인수와 납입 같은 절차가 진행되지 않았는데도 불구하고 증자의 변경등기가 이루어진 경우 등을 그 예로 들 수 있다.

46) 대법원 1993. 10. 12. 선고 92다21692 판결; 대법원 1989. 7. 25. 선고 87다카2316 판결.

47) 대법원 2006. 6. 2. 선고 2006도48 판결.

제419조 제3항)와 인수인이 납입기일에 인수가액을 납입하지 않거나 현물출자의 이행을 하지 아니한 경우(상법 제423조 제2항)에 발생한다. 신주발행의 경우 주주배정방식이 원칙이지만, 주주의 신주인수권은 권리이지 의무가 아니기 때문이다.

2) 처리방법 : 상법은 실권주의 처리방법에 관하여 규정하고 있지 않다. 그리하여 그동안 학설은 실권주의 경우 미발행부분으로 유보하거나 이사회결의로 제3자에게 배정할 수도 있다고 해석하였는데(통설), 이 경우에는 발행조건을 변경할 필요도 없다.[48] 다만 이와 관련하여 주의할 것은 법인주주의 실권인데, 법인주주는 그의 실권에 정당한 사유가 없는 한 관리자(이사)의 임무해태에 해당할 수가 있다. 참고로 삼성 에버랜드의 전환사채발행사건에서 하급심은 ㈜제일모직의 신주인수를 실권하도록 유도한 이사에게 전환사채의 발행가액과 평가액의 차액에 상당하는 손해배상을 명하였다.[49]

참고판례 **법인주주의 이사가 실권을 결정한 경우의 책임(대구고등법원 2012. 8. 22. 선고 2011나2372 판결: 제일모직사건(요약))** : [1] 이 사건 전환사채의 발행은 당초부터 저가발행을 통하여 증여세 등 조세를 회피하면서 에버랜드에 대한 지배권을 이전하기 위한 목적으로 피고1과 그 지시를 받은 비서실의 주도로 이루어졌고, 피고2와 피고3이 제일모직에 배정된 전환사채의 인수를 포기한 것도 피고1 및 비서실의 명시적 또는 암묵적 지시나 요청에 호응하여 이루어진 것이라고 판단되는바, 이와 같은 피고들의 행위는 모두 제일모직에 대한 업무상 배임행위로서 제일모직의 이사로서의 임무를 위배한 행위에 해당한다. [2] 피고들은 이 사건 전환사채의 이자율은 일반적인 사채 이자율보다 낮아 사채로서의 투자가치가 없었고, 에버랜드의 주식은 과거 30년간 한 차례도 배당이 이루어진 적이 없을 뿐 아니라 제일모직의 업무와는 아무런 관련이 없는 무수익 자산이었기 때문에 전환사채의 인수를 포기한 것이고, 이는 법령 및 정관의 범위 내에서 재량에 따라 경영판단을 한 것으로서 이사의 임무위배행위에 해당하지 않는다고 주장한다. 그러나 이 사건 전환사채의 전환가격은 에버랜드의 주당 순자산가치의 4%에도 미치지 못하는 금액이어서 전환사채의 인수를 포기하는 경우 주식가치의 희석화로 인하여 139억원 이상의 손실을 입게 되는 것이므로, 인수대금 14억원을 아끼기 위하여 전환사채의 인수를 포기하는 것이 합리적 경영판단의 범위에 속한다고는 볼 수 없다(제일모직의 당시 재무상태나 ㈜광주전자 등에 투자한 내역 등에 비추어 전환사채 인수대금 약 14억원은 그리 큰 금액이라고 할 수도 없음). [3] 피고2와 피고3이 제일모직에 배정된 전환사채의 인수를 포기함에 있어 전환사채의 실질가치의 주요 지표가 되는 에버랜드의 주식가치 등을 구체적으로 평가해 보고자 하는 의사나 노력이 전혀 없었는바, 이는 피고2와 피고3이 합리적 경영판단을 위하여 필요한 합당한 정보의 취득을 위한 노력을 하지 아니하였음을 보여주는 한편, 지배주주의 변경을 초래할 수 있는 주식, 전환사채 또는 신주인수권의 발행, 인수 및 포기에 관한 의사결정이 실질적으로 삼성그룹의 계열사가 아닌 비서실에서 이루어지고 있었음을 추측케 하는 자료가 된다. [4] 이사가 법령 또는 정관에 위반한 행위를 하거나 그 임무를 게을리한 경우에는 그 이사는 회사에 대하여 연대하여 손해를 배상할 책임이 있다. 제일모직의 이사인 피고1은 삼성그룹의 비

48) 대법원 2012. 11. 15. 선고 2010다49380 판결; 대법원 2009. 5. 29. 선고 2007도4949 판결.
49) 대구고등법원 2012. 6. 11. 선고 2011나2372 판결.

서실 등을 통하여 증여세 등 조세를 회피하면서 에버랜드의 지배권을 이전하려는 목적으로 에버랜드로 하여금 전환사채를 저가로 발행하도록 하는 한편, 제일모직으로 하여금 그 전환사채를 인수하지 아니하도록 하였고, 역시 제일모직의 이사인 피고2와 피고3은 위와 같은 피고1 및 그 지시를 받은 비서실의 명시적 또는 묵시적 요청에 응하여 전환사채의 인수를 포기하였으며, 이로써 제일모직은 기존에 보유하고 있던 에버랜드 주식의 가치가 하락하는 손해를 입게 되었는바, 이러한 피고들의 행위는 제일모직에 대한 업무상 배임행위로서 법령을 위반한 행위에 해당한다고 할 것이므로, 피고들은 연대하여 제일모직에 그 손해를 배상할 책임이 있다.

3) 상장특례 : 상장회사는 신주를 배정하는 경우 그 기일까지 신주인수의 청약을 하지 아니하거나 그 가액을 납입하지 아니한 주식(실권주)에 대하여 그 발행을 철회해야 한다(자본시장법 제165조의6 제2항 본문). 다만 ① 실권주가 발생하는 경우 대통령령으로 정하는 특수한 관계에 있지 아니한 투자매매업자가 인수인으로서 그 실권주 전부를 취득하는 것을 내용으로 하는 계약을 해당 상장회사와 체결하는 경우, ② 제165조의6 제1항 제1호의 경우 신주인수의 청약 당시에 해당 상장회사와 주주 간의 별도 합의에 따라 실권주가 발생하는 때에는 신주인수의 청약에 따라 배정받을 주식수를 초과하는 내용의 청약(초과청약)을 하여 그 초과청약을 한 주주에게 우선적으로 그 실권주를 배정하기로 하는 경우(이 경우 신주인수의 청약에 따라 배정받을 주식수에 대통령령으로 정하는 비율을 곱한 주식수를 초과할 수 없음), ③ 그 밖에 상장회사의 자금조달의 효율성, 주주 등의 이익 보호, 공정한 시장질서 유지의 필요성을 종합적으로 고려하여 대통령령으로 정하는 경우에는 그러하지 않다(자본시장법 제165조의6 제2항 단서). 즉 자본시장법은 상장회사의 신주발행에서 발생한 실권주가 대주주의 지분을 강화하는 수단으로 오남용되는 것을 방지하기 위해 실권주 부분은 그 발행을 철회하는 것을 원칙으로 하되, 실권주가 불공정하게 배정될 염려가 없는 일정한 경우에는 예외적으로 허용하는 것이다.

(2) 단 주

단주란 1주 미만의 주식을 말하는데, 신주발행에서의 단주는 신주인수권자에게 그가 보유한 주식수에 비례하여 신주를 배정하는 과정에서 발생한다. 자본감소에서와 달리 신주발행에 있어서는 단주에 관한 규정이 없지만, 주식불가분의 원칙에 따라 단주를 그대로 배정할 수는 없다. 따라서 신주발행에서의 단주도 시가로 처분한 후 발행가와의 차액을 단주의 주주에게 돌려주어야 공평하다(통설). 실무도 동일하게 처리하고 있다.

사례해결

(1) 신주발행에서 인수인의 주금납입이나 현물출자의 이행이 있으면 자본금이 증가하므로 그 납입방법도 자본충실의 원칙에 부합해야 한다. 다만 인수인이 현물을 출자한 때에는 회사설립에서와 마찬가지로 현물의 공정한 가치평가가 중요하므로 일정한 절차를 거쳐야 한다. 즉 신주발행과 관련하여 현물출자가 있는 경우에 이사는 이를 조사하게 하기 위하여 법원에 검사인의 선임을 청구해야 하지만, 이는 감정인의 감정으로 갈음할 수 있다(상법 제422조 제1항). 한편 신주발행에서의 현물출자인 경우에도 일정한 요건을 충족하는 때에는 법원이 선임한 검사인의 조사절차가 면제되는데, 그중의 하나가 현물출자의 목적인 재산의 가액이 자본금의 5분의 1 이하이고 5천만원을 초과하지 않는 경우이다(상법 제422조 제2항; 상령 제14조 제1항). 사안의 경우 출자된 현물인 토지에 대한 감정인의 공정한 감정을 거쳤고, 그 평가 결과인 4천만원의 가치를 회사가 그대로 수용하였으며, 현물로 출자된 토지의 평가액이 4천만원이며 이는 자본금의 50분의 1에 불과하다. 따라서 이는 상법상 정당하다.

(2) 신주발행에서 실권주는 인수권자가 청약을 하지 아니한 경우(상법 제419조 제3항)와 인수인이 납입기일에 인수가액을 납입하지 않거나 현물출자의 이행을 하지 아니한 경우(상법 제423조 제2항)에 발생한다. 신주발행의 경우 주주배정방식이 원칙이지만, 주주의 신주인수권은 권리이지 의무가 아니기 때문이다. 그런데 상법은 실권주의 처리방법에 관하여 전혀 규정하고 있지 않다. 그리하여 그동안 학설은 실권주의 경우 미발행부분으로 유보하거나 이사회결의로 제3자에게 배정할 수 있다고 해석하였고(통설), 이 경우에는 발행조건을 변경할 필요도 없었다.[50] 사안의 경우 주주 D가 자금부족으로 인해 인수한 200주의 주금을 납입하지 못해 실권이 발생하였고, 이를 통설과 판례에 따라 이사회가 제3자인 E에게 발행조건의 변경 없이 배정하였다. 따라서 이는 상법상 정당하다.

제 3 관 신주발행의 규제

예시사례 가습기를 생산·판매하는 비상장법인 ㈜甲의 지분 25%를 보유한 대주주이며 대표이사인 A는 최근 다수의 새로운 경쟁업체가 출현하여 매년 매출액이 크게 줄어들자 기존에 배정된 연구개발비를 대폭 인상하여 신제품 개발에 박차를 가하였다. 그 결과 새로이 출시된 제품은 디자인·내구성·편의성·전기사용량 등에서 경쟁제품에 크게 앞서면서 매출이 3배 이상 대폭 증가하였다. 이에 A는 긴급히 이사회를 개최하여 늘어난 수요를 충당하는 방안으로서 동종 업체이자 그룹 내 사업재편과정에서 매각대상이 된 ㈜乙을 인수하여 그 공장에서 추가 생산을 하기로 하고, 그에 필요한 자금은 신주를 발행하여 조달하기로 결의하였다. 당시에 ㈜甲의 정관상 신주발행은 원칙적으로 주주배정방식에 의하되, 이사회의 결의로 제3자에게 배정할 수도 있다. 이 사안과 관련하여 다음 설문에 답하시오! (각 설문은 별개임)

(1) ㈜甲의 이사회는 A가 65%의 지분을 보유한 비상장법인 ㈜丙에게 제3자배정방식으로 신주를 발행하

50) 대법원 2012. 11. 15. 선고 2010다49380 판결; 대법원 2009. 5. 29. 선고 2007도4949 판결.

기로 결의하였는데, 이 과정에서 A의 간곡한 부탁에 따라 주당 10,000원의 가치가 있는 신주를 주당 5,000원에 배정하였다. 이에 대하여 ㈜甲의 주주 B가 취할 수 있는 조치는?

(2) 신주발행을 위한 이사회를 소집하려던 A는 그동안 이사 대부분이 경쟁자인 대주주 C와 밀접하게 연계되어 있음을 알고 불안감을 느꼈고, 이에 이사회 결의 없이 신주를 발행하여 동생이며 자회사 ㈜丁의 대표이사인 D에게 배정하였다. 이 경우 C는 어떠한 조치를 할 수 있는가?

Ⅰ. 서 설

신주발행의 경우 인수인이 주금을 납입하거나 현물출자를 이행하면 회사의 자본이 증가하므로 그 납입방법도 자본충실의 원칙을 준수해야 한다. 특히 인수인이 현물을 출자하는 때에는 회사설립에서와 같이 현물의 공정한 가치평가가 중요하므로 일정한 절차를 거쳐야 한다(상법 제422조 제1항). 또한 인수인을 대신하여 회사가 주금을 납입할 수도 없고,[51] 납입에 대해서는 대물변제나 경개도 허용되지 않으며, 인수인이 회사에 대하여 이행기에 다다른 금전채권을 가지고 있더라도 회사의 동의가 없는 한 주금납입과 상계할 수 없다(상법 제421조 제2항). 이는 모두 회사의 자본충실을 고려한 것이다. 그런데 이렇게 엄격히 규제하는데도 불구하고 때때로 신주발행에 따른 회사의 자본구성에 문제가 생길 수 있다. 그리하여 상법은 이사에게 자본충실책임을 지우고(상법 제428조 제1항), 이사와 통모하여 불공정한 가액으로 신주를 인수한 자에 대해서는 추가적인 출자의무를 부과하고 있다(상법 제424조의2 제1항). 더욱이 회사가 법령이나 정관에 위반하거나 현저하게 불공정한 방법으로 주식을 발행하여 주주가 불이익을 입을 염려가 있는 경우에는 주주가 회사에 대하여 신주발행의 유지를 청구할 수 있도록 허용하고(상법 제424조), 신주발행의 하자는 신주발행무효의 소에 의해서만 주장할 수 있도록 하며(상법 제429조), 그 무효판결에 대해서는 대세적 효력을 부여하되 소급효를 제한하고 있다.

Ⅱ. 발행관계자의 책임

1. 이사의 자본충실책임

회사를 설립할 때 자본구성에 결함이 생기면 발기인이 담보책임을 지는 것처럼 신주발행의 경우에도 이사가 담보책임을 진다. 이는 인수가 의제되는 무과실책임이고, 총주주의

51) 대법원 1963. 10. 22. 선고 63다494 판결.

동의로도 면제할 수 없다. 다만 신주발행의 경우에는 회사설립에서와 달리 이사가 인수담보책임만 질 뿐이고 납입담보책임은 부담하지 않는다. 신주발행에서는 납입기일에 주금이 납입되지 아니하면 인수 그 자체가 실효되어 그 부분은 인수되지 아니한 것으로 취급되기 때문이다(상법 제423조 제2항). 여기서 「이사의 인수담보책임」이란 신주의 발행으로 인한 변경등기가 있은 후 아직 인수되지 아니한 주식이 있거나 주식인수의 청약이 취소된 때에는 이사가 이를 공동으로 인수한 것으로 보는 것이다(상법 제428조 제1항). 한편 회사에 그 밖의 손해가 발생한 때에는 인수담보책임과는 별도로 회사가 이사에게 상법 제399조에 따른 손해배상을 청구할 수 있다(상법 제428조 제2항).

2. 불공정인수자의 책임

(1) 의 의

이사와 통모하여 현저하게 불공정한 발행가액으로 주식을 인수한 자는 회사에 대하여 공정한 발행가액과의 차액에 상당한 금액을 지급할 의무가 있다(상법 제424조의2 제1항). 물론 이 경우에 이사는 회사 또는 다른 주주들에게 손해배상책임을 지고(상법 제399조, 제401조), 요건이 충족되면 신주인수인도 불법행위에 따른 손해배상책임(민법 제750조)을 지지만, 이는 간접적인 손실전보방법이다. 그리하여 상법은 회사가 직접 신주인수인에 대하여 출자의무에 기초한 지급책임을 물을 수 있도록 허용하였다.

(2) 책임요건

불공정한 발행가액으로 신주를 인수한 자의 책임이 성립하려면 ① 인수인이 이사와 통모했어야 한다. 따라서 통모하지 않았다면 현저하게 불공정한 발행가액으로 인수하였더라도 인수인의 책임은 생기지 않는다. ② 회사가 현저하게 불공정한 발행가액으로 신주를 발행했어야 한다. 여기서 「발행가액」이란 이사회에서 발행사항으로 정하는 발행가액이 아니라 인수인이 실제로 납입한 인수가액(상법 제421조)을 뜻하고, 「현저하게 불공정」하다는 것은 시가가 있는 주식일 경우에 구주의 시가를 기준으로 계산된 공정한 가액을 현저히 하회하는 경우를 의미한다. 다만 시가가 없는 주식이라면 회사의 자산상태와 수익력 등을 참작하여 계산한 가액을 기준으로 결정해야 한다.

(3) 적용범위

상법 제424조의2의 적용범위에 대해서는 ① 제3자가 신주를 인수하거나 특정한 주주가 주주의 신주인수권에 근거하지 않고 제3자적 지위에서 인수할 때(제3자배정방식) 적용되는 것으로서 발행주식 그 전부를 주주가 신주인수권을 행사하여 인수한 때(주주배정방식)에는 적용되지 않는다는 견해,[52] ② 자본충실을 이유로 하여 주주배정방식의 경우에도 적용해야 한다는 견해[53]가 있다. 생각건대 이 제도는 특정한 주식인수인이 불공정한 가격으로 신주를 인수함으로써 다른 주주의 주식가치를 희석시키는 것을 막기 위한 것이고, 주주배정방식에서는 시가와 발행가의 차액으로 인한 이익이 구주식의 희석화로 인한 손실과 상계되고 자본충실의 문제도 생겨나지 않는다. 따라서 ①설이 타당하다.

(4) 책임내용

1) 납입책임 : 이사와 통모하여 현저하게 불공정한 발행가액으로 신주를 인수한 자는 회사에 대하여 공정한 발행가액과의 차액에 상당한 금액을 지급해야 한다(상법 제424조의2 제1항). 이는 회사의 자본충실을 위하여 상법이 인정하는 추가적 출자의무이므로 주주의 유한책임에 대한 유일한 예외가 된다. 또한 이는 신주인수인의 책임이므로 주식양도에 의해서도 양수인에게 이전되지 않는다. 한편 인수인이 책임을 지는 「차액」은 인수할 때의 공정한 가액을 기준으로 계산해야 하고, 회사가 인수인으로부터 받은 차액은 그 성질상 상법 제459조 제1항에 따라 자본준비금으로 적립해야 한다(통설).

2) 책임추궁 : 불공정한 발행가액으로 신주를 인수한 자의 책임은 회사에 대한 책임이므로 그 추궁도 회사가 해야 하지만, 회사가 이를 게을리할 때에는 주주가 대표소송을 제기할 수 있다(상법 제424조의2 제2항 → 제403조 내지 제406조). 불공정인수자의 책임은 이사와의 통모가 그 전제여서 이사에 의한 책임추궁을 기대하기 어렵기 때문이다.

3) 이사의 책임과의 관계 : 불공정인수자의 책임은 이사의 임무해태에 따른 회사에 대한 손해배상책임(상법 제399조)과 주주에 대한 책임(상법 제401조)에 영향을 미치지 않는다(상법 제424조의2 제3항). 그리하여 현저하게 불공정한 발행가액으로 신주를 인수한 자의 책임과 이사의 책임의 관계가 문제되는데, ① 양자는 부진정연대책임의 관계에 있다는 견해,[54] ② 양자는 그 성질을 달리하고 서로 영향을 미치지 않으므로 상호 독립된 책임으로 보아야 한다는 견해[55]가 있다. 생각건대 상법은 양 책임이 상호 간에 영향을 주지 않는다고 규정하고 있으므로 하나의 책임을 이행하더라도 다른 책임이 소멸하지는 않는다. 그렇다면 양 책임

52) 권기범, 1115면; 김동훈, 386면; 서헌제, 525면; 이철송, 957면; 정경영, 799면; 정찬형, 1183면; 채이식, 710면.
53) 이기수/최병규, 659면; 정동윤, 715면; 최기원, 833면.
54) 권기범, 1117면; 손주찬, 876면; 이기수/최병규, 659면; 정동윤, 715면; 정무동, 541면; 정찬형, 1188면; 최기원, 834면.
55) 오성근, 863면; 이철송, 958면; 임재연(Ⅰ), 668면; 최준선, 667면.

은 독립된 별개의 책임으로 보는 것이 타당하다.

Ⅲ. 신주발행유지청구권

1. 의 의

(1) 입법취지

회사가 법령 또는 정관에 위반하거나 현저하게 불공정한 방법에 의하여 주식을 발행함으로써 주주가 불이익을 받을 염려가 있는 경우에 그 주주는 회사에 대하여 그 발행을 유지할 것을 청구할 수 있는데(상법 제424조), 이를 신주발행유지청구권이라고 한다. 회사의 신주발행은 기존 주주들의 비례적 이익에 중대한 영향을 미치므로 회사의 위법하거나 불공정한 신주발행으로부터 개별 주주의 이익을 보호하기 위함이다.

(2) 유지청구권과의 동이점

신주발행유지청구권은 신주발행이라는 회사의 일정한 행위를 사전에 저지하기 위해 주주에게 인정된 권리라는 점에서 상법 제402조에서 규정하는 일반 유지청구권과 같다. 그렇지만 양자는 다음과 같은 점에서 큰 차이가 있다. 즉 ① 일반 유지청구권은 주주의 공익권이지만, 신주발행유지청구권은 주주의 자익권이다. ② 일반 유지청구권은 소수주주에게만 인정되지만, 신주발행유지청구권은 모든 주주에게 인정된다. ③ 일반 유지청구권은 이사의 법령·정관 위반행위를 그 대상으로 하지만, 신주발행유지청구권은 신주발행에서의 법령·정관 위반행위만이 아니라 불공정한 경우도 포함한다. ④ 일반 유지청구권은 회사에 회복할 수 없는 손해 발생의 염려가 있는 경우에 행사할 수 있지만, 신주발행유지청구권은 주주 그 자신이 불이익을 받을 염려가 있는 경우에 행사할 수 있다.

2. 행사요건

(1) 신주발행의 위법·불공정

회사가 법령·정관에 위반하거나 현저하게 불공정한 방법으로 신주를 발행해야 한다(상법 제424조). 여기서 ① 법령 위반의 경우로는 회사가 주주의 신주인수권을 무시하고 제3자에게 배정하거나 주주 간에 불공평하게 주식을 배정하는 경우(상법 제418조 제1항) 등, ② 정관 위반의 경우로는 종류주식에 관하여 정관의 규정과 달리 신주를 배정하는 경우 등, ③ 불공정한 경우로는 신주청약증거금에 있어서 청약자들 간에 차등을 두어 납부하도록 한 경우나 현물출자를 과대평가한 경우 등을 들 수 있다. 이와 관련하여 실무에서는 신주의 제3자배정이 자주 문제되는데,[56] 비록 정관에 규정이 있고 형식적으로 경영상 목적을 충족하였더라도 실제로는 경영상 목적 달성의 효과보다는 대주주의 경영권 방어나 특정인의 이익을 도모하는 것이 주된 목적이고, 이로 인하여 다른 주주들의 손실이 수반되는 때에는 그 다른 주주들에게는 현저하게 불공한 신주발행이 된다.

(2) 주주의 불이익 염려

회사의 위법·불공정한 신주발행으로 인하여 특정한 주주가 불이익을 받을 염려가 있어야 한다(상법 제424조). 즉 단순히 위법·불공정한 신주발행만으로는 불가능하고 특정한 주주가 재산적·지배적 이익의 침해와 같은 불이익을 입어야 한다. 한편 신주발행이 위법하여 회사에 손해가 발생하고 그로 인해 주주가 간접적으로 손실을 입었다고 하더라도 이 경우에는 개별 주주의 유지청구가 인정되지 않는다. 즉 이때에는 주주가 상법 제402조의 유지청구권을 행사하거나 제429조의 신주발행무효의 소를 제기하는 방법 또는 제399조에 근거하여 이사의 책임을 추궁하는 방법 등에 의해 구제받을 수 있다.

3. 행사절차

(1) 청구권자

회사가 법령·정관에 위반하거나 현저하게 불공정한 방법으로 신주를 발행함으로써 불이익을 받을 염려가 있는 주주가 청구할 수 있다(상법 제424조). 이 경우 청구는 단독주주라도 가능하고, 신주인수권의 유무나 의결권의 유무는 묻지 않는다. 다만 주주의 청구는 상법 제402조의 유지청구권과 달리 이사가 아니라 회사에 대하여 해야 한다.

(2) 청구내용

상법 제424조는 주주가 「그 발행을 유지할 것」을 청구할 수 있다고 규정하고 있다. 그리하여 논리적으로는 신주발행 그 전체가 무위로 돌아가게 되는데, 이는 단 1주의 주식만 가진 주주도 청구할 수 있음을 고려할 때 너무 지나친 효과이다. 따라서 주주의 청구는 회사에 대하여 위법·불공정한 발행사항을 시정하도록 요구하는 것으로 보고, 회사가 그러한 사항을 시정하면 신주발행을 속행할 수 있는 것으로 해석함이 합리적이다.[57]

---

56) 대법원 2009. 1. 30. 선고 2008다50776 판결.

57) 이철송, 955면.

(3) 청구방법

상법 제424조는 신주발행유지청구의 방법에 관해서는 규정하고 있지 않다. 따라서 일반 유지청구권에서와 같이 주주가 회사에 대하여 의사표시로 청구할 수도 있고, 소를 제기할 수도 있다. 그리고 그 실효성을 확보하기 위하여 가처분제도를 활용할 수 있다. 그런데 주주가 소를 제기하더라도 본안판결 전에 신주가 발행되면 의미가 없으므로 신주발행유지청구의 본안소송을 제기하는 것보다는 신주발행유지청구권을 피보전권리로 하여 신주발행금지 가처분을 신청하는 것이 더 실효적이라는 견해도 있다.[58]

(4) 청구시기

회사에 대한 주주의 신주발행유지청구는 신주발행의 효력이 발생하기 전인 신주의 납입기일까지 해야 한다. 이와 관련하여 신주발행에 무효의 원인이 있으면 신주를 발행한 후에도 주권의 발행 등을 유지청구할 수 있다는 견해가 있다.[59] 그런데 이렇게 해석하게 되면 법문상 유지의 의미가 무색해지고, 형성의 소인 신주발행무효의 소의 원인이 되는 하자를 소 이외의 방법으로 주장할 수 있도록 하는 것이 되어 오히려 부당한 결과가 도출될 수 있으며 실무적 혼란도 초래할 수 있으므로 찬동하기 어렵다.

4. 행사효과

(1) 신주발행이 위법·불공정한 경우

신주발행이 위법·불공정하여 주주가 회사에 대하여 그 유지를 청구하더라도 원칙적으로 회사의 신주발행절차에 직접 영향을 주지는 않는다. 다만 회사는 이사회결의로 신주발행의 위법·불공정 여부를 심사할 주의의무를 질 뿐이다. 따라서 회사가 위법·불공정한 신주발행을 완료한 때에는 대표이사 등에게 중과실이 인정되므로 주주가 회사를 상대로 손해배상을 청구하거나 이사의 제3자에 대한 책임을 추궁할 수 있고, 만약 이로 인해 회사에 손해가 생겼다면 대표이사 등이 회사에 대하여 배상책임을 져야 한다. 주의할 것은 신주발행에 무효원인이 있는 경우에는 신주발행무효의 소를 제기할 수 있지만, 이는 신주발행이 위법하기 때문이지 주주의 유지청구에 응하지 않았기 때문이 아니라는 점이다.[60] 즉 회사가 주주의 신주발행유지청구에 응하지 않았다고 하여 당해 신주발행이 무효로 되는 것은 아니고, 이를 전제로 신주발행무효의 소를 제기할 수도 없다.

58) 임재연(회사소송), 253면.
59) 이기수/최병규, 652면; 정동윤, 711면.
60) 서울고등법원 1977. 4. 7. 선고 76나2887 판결.

(2) 신주발행이 위법·불공정하지 않은 경우

신주발행이 위법하거나 불공정하지 아니함에도 불구하고 단지 주주의 유지청구가 있다고 하여 회사가 신주발행절차를 중단하였다면 이 역시 대표이사 등에게 선관주의의무의 위반과 업무상 과실이 있다고 보아야 한다. 따라서 그로 인해 회사에 손해가 발생한 때에는 대표이사 등이 회사에 대하여 손해배상책임을 져야 한다(상법 제399조).

Ⅳ. 신주발행무효의 소

1. 의 의

신주를 발행하면 새로운 영업자금이 회사에 유입되고, 그 자금은 회사채권자에 대한 책임재산으로 추가되며, 발행된 주식이 유통되어 새로운 주주가 생긴다. 이처럼 회사의 신주발행은 복잡·다양한 새로운 이해관계를 많이 창출하므로 비록 신주발행의 내용이나 그 절차 등에 하자가 있더라도 이를 단체적·획일적으로 해결함으로써 신주발행에 관련된 법률관계의 안정을 도모할 필요가 있다. 이를 민법의 일반원칙에 따라 누구라도 언제든지 자유롭게 주장할 수 있도록 한다면 신주발행의 유효를 전제로 이루어진 복잡·다양한 법률관계의 안정성을 도모할 수 없기 때문이다. 그리하여 상법은 신주발행의 하자는 신주발행무효의 소에 의해서만 주장하도록 하고(상법 제429조), 무효판결에 대해서는 대세적 효력을 인정하는 한편 소급효를 제한하는 등 특수한 효과를 주고 있다.

2. 무효사유

(1) 무효의 판단기준

상법은 신주발행의 무효사유에 관하여 별도로 규정하고 있지 않다. 그렇지만 신주발행이 법령·정관에 위반하거나 현저히 불공정한 경우처럼 회사법의 기본적 법익을 침해하는 때에는 당연히 무효로 보아야 한다. 여기서 「회사법의 기본적 법익」이란 수권자본제와 자본충실 및 주주의 신주인수권 등을 말한다. 이와 관련하여 판례는 "신주발행을 사후에 무효로 하는 것은 거래의 안전을 해할 우려가 크기 때문에 신주발행무효의 소에서 무효원인은 엄격하게 해석하여야 하나, 신주발행에 법령이나 정관을 위반한 위법이 있고 그것이 주식회사의 본질 또는 회사법의 기본원칙에 반하거나 기존 주주들의 이익과 회사의 경영권 내지 지배권에 중대한 영향을 미치는 경우에는 원칙적으로 신주의 발행은 무효이다."라고 판시하였다.[61]

61) 대법원 2015. 12. 10. 선고 2015다202919 판결.

다만 위법·불공정한 신주발행의 사후적 구제수단인 무효의 소는 주식거래의 안전은 물론 신주발행을 전제로 이루어진 회사의 법률관계에 큰 혼란을 주기 때문에 가능한 그 무효원인을 엄격하게 해석할 필요가 있다.[62)]

> **참고판례** **신주발행의 무효원인과 그 유무의 판단기준(대법원 2010. 4. 29. 선고 2008다65860 판결)** : 신주발행 무효의 소를 규정하는 상법 제429조에는 그 무효원인이 따로 규정되어 있지 않으므로 신주발행유지청구의 요건으로 상법 제424조에서 규정하는 '법령이나 정관의 위반 또는 현저하게 불공정한 방법에 의한 주식의 발행'을 신주발행의 무효원인으로 일응 고려할 수 있다고 하겠으나 다른 한편, 신주가 일단 발행되면 그 인수인의 이익을 고려할 필요가 있고 또 발행된 주식은 유가증권으로서 유통되는 것이므로 거래의 안전을 보호하여야 할 필요가 크다고 할 것인데, 신주발행유지청구권은 위법한 발행에 대한 사전 구제수단임에 반하여 신주발행 무효의 소는 사후에 이를 무효로 함으로써 거래의 안전과 법적 안정성을 해칠 위험이 큰 점을 고려할 때, 그 무효원인은 가급적 엄격하게 해석하여야 하고, 따라서 법령이나 정관의 중대한 위반 또는 현저한 불공정이 있어 그것이 주식회사의 본질이나 회사법의 기본원칙에 반하거나 기존 주주들의 이익과 회사의 경영권 내지 지배권에 중대한 영향을 미치는 경우로서 신주와 관련된 거래의 안전, 주주 기타 이해관계인의 이익 등을 고려하더라도 도저히 묵과할 수 없는 정도라고 평가되는 경우에 한하여 신주의 발행을 무효로 할 수 있을 것이다.

(2) 구체적 무효원인

1) 수권자본제 위반 : 회사가 정관에 정한 발행예정주식총수를 초과하여 신주를 발행하거나 정관에 근거 없는 종류주식을 발행하는 경우 등은 당연히 무효이다. 수권자본제는 주주가 회사에 대한 자신의 비례적 지배력을 유지하기 위해 이사회를 통제하는 수단이 되므로 신주발행에서도 준수되어야 하기 때문이다. 물론 회사가 사후에 정관을 변경하여 발행예정주식총수를 늘리거나 발행된 주식의 종류를 정관에 정하면 그 하자는 치유되지만, 그렇다고 하여 정관변경에 소급효까지 인정하는 것은 아니다.[63)]

2) 자본충실의 위반 : 자본충실의 원칙을 위반한 신주발행은 무효이지만, 논란이 있는 경우는 다음과 같다. 즉 ① 회사가 법정 절차를 거치지 않고 액면미달로 신주를 발행한 경우인데, 무효라는 견해[64)]와 미달금액이 근소하여 이사의 손해배상책임으로 전보할 수 있다면 유효로 보아야 한다는 견해[65)]가 있다. 생각건대 법정 절차를 거치지 않은 액면미달발행

62) 대법원 2010. 4. 29. 선고 2008다65860 판결.
63) 이철송, 960면; 上柳克郎 外, 「新版注釋會社法(7)」, 343頁.
64) 권기범, 1127면; 김홍기, 702면; 송옥렬, 1164면; 장덕조, 458면; 정찬형, 1189면; 최준선, 671면; 홍복기/박세화, 661면.
65) 김건식/노혁준/천경훈, 675면; 오성근, 865면; 이기수/최병규, 655면; 이철송, 961면; 정동윤, 712면.

은 자본충실의 원칙에 반하므로 원칙적으로 무효로 보아야 하지만, 전체적인 발행과정을 볼 때 이사의 손해배상책임으로 충분히 전보할 수 있는 근소한 하자라면 거래안전을 위하여 치유적 효력을 부여할 필요가 있다. ② 신주발행에서 현물출자가 과도하게 평가되었거나 검사절차를 거치지 않은 경우인데, 현물출자의 과대평가는 자본충실의 원칙에 저촉됨은 물론 출자자에게 추가적 출자를 요구할 수 있는 별도의 방법도 없으므로 원칙적으로 무효로 보아야 한다. 그렇지만 그 금액이 근소하여 이사의 손해배상책임으로 전보할 수 있다면 이 역시 예외적으로 유효로 보는 것이 합리적이다. 또한 현물출자가 상법상 검사절차를 거치지 않았더라도 무조건 무효로 보는 것보다는 자본충실의 원칙을 해하지 않는 한 유효로 보는 것이 바람직하다.[66] ③ 회사가 스스로 신주를 인수하거나 인수자에게 자금을 대여한 경우인데, 이러한 신주발행은 회사에 자금의 유입이 전혀 없어 자본충실의 원칙에 저촉되므로 당연히 무효로 보아야 한다.[67]

참고판례 **시가보다 낮은 가액으로 신주 등을 발행한 이사의 업무상배임죄 성립 여부(대법원 2009. 5. 29. 선고 2007도4949 전원합의체 판결)** : **[다수의견]** 주주는 회사에 대하여 주식의 인수가액에 대한 납입의무를 부담할 뿐 인수가액 전액을 납입하여 주식을 취득한 후에는 주주 유한책임의 원칙에 따라 회사에 대하여 추가 출자의무를 부담하지 않는 점, 회사가 준비금을 자본으로 전입하거나 이익을 주식으로 배당할 경우에는 주주들에게 지분비율에 따라 무상으로 신주를 발행할 수 있는 점 등에 비추어 볼 때, 회사가 주주 배정의 방법, 즉 주주가 가진 주식 수에 따라 신주, 전환사채나 신주인수권부사채(이하 '신주 등'이라 한다)의 배정을 하는 방법으로 신주 등을 발행하는 경우에는 발행가액 등을 반드시 시가에 의하여야 하는 것은 아니다. 따라서, 회사의 이사로서는 주주 배정의 방법으로 신주를 발행하는 경우 원칙적으로 액면가를 하회하여서는 아니 된다는 제약 외에는 주주 전체의 이익, 회사의 자금조달의 필요성, 급박성 등을 감안하여 경영판단에 따라 자유로이 그 발행조건을 정할 수 있다고 보아야 하므로, 시가보다 낮게 발행가액 등을 정함으로써 주주들로부터 가능한 최대한의 자금을 유치하지 못하였다고 하여 배임죄의 구성요건인 임무위배, 즉 회사의 재산보호의무를 위반하였다고 볼 것은 아니다. 그러나 주주배정의 방법이 아니라 제3자에게 인수권을 부여하는 제3자배정방법의 경우, 제3자는 신주 등을 인수함으로써 회사의 지분을 새로 취득하게 되므로 그 제3자와 회사와의 관계를 주주의 경우와 동일하게 볼 수는 없다. 제3자에게 시가보다 현저하게 낮은 가액으로 신주 등을 발행하는 경우에는 시가를 적정하게 반영하여 발행조건을 정하거나 또는 주식의 실질가액을 고려한 적정한 기격에 의하여 발행하는 경우와 비교하여 그 차이에 상당한 만큼 회사의 자산을 증가시키지 못하게 되는 결과가 발생하는데, 이 경우에는 회사법상 공정한 발행가액과 실제 발행가액과의 차액에 발행주식수를 곱하여 산출된 액수만큼 회사가 손해를 입은 것으로 보아야 한다. 이와 같이 현저하게 불공정한 가액으로 제3자배정방식에 의하여 신주 등을 발행하는 행위는 이사의 임무위배행위에 해당하는 것으로서 그로 인하여 회사에 공정한 발행가액과의 차액에 상당하는 자금을 취득하지 못하게 되는 손해를 입힌 이상 이사에 대하

66) 대법원 1980. 2. 12. 선고 79다509 판결.
67) 대법원 2003. 5. 16. 선고 2001다44109 판결.

여 배임죄의 죄책을 물을 수 있다. 다만, 회사가 제3자배정의 방법으로 신주 등을 발행하는 경우에는 회사의 재무구조, 영업전망과 그에 대한 시장의 평가, 주식의 실질가액, 금융시장의 상황, 신주의 인수가능성 등 여러 사정을 종합적으로 고려하여, 이사가 그 임무에 위배하여 신주의 발행가액 등을 공정한 가액보다 현저히 낮추어 발행한 경우에 해당하는지를 살펴 이사의 업무상배임죄의 성립 여부를 판단하여야 한다.

[대법관 양승태의 별개의견] 회사에 자금이 필요한 때에는 이사는 가능한 방법을 동원하여 그 자금을 형성할 의무가 있다 할 것이나, 이사는 회사에 필요한 만큼의 자금을 형성하면 될 뿐 그 이상 가능한 한 많은 자금을 형성하여야 할 의무를 지는 것은 아니고, 또 회사에 어느 정도 규모의 자금이 필요한지, 어떠한 방법으로 이를 형성할 것인지는 원칙적으로 이사의 경영판단에 속하는 사항이다. 그런데 신주발행에 의한 자금형성의 과정에서 신주를 저가 발행하여 제3자에게 배정하게 되면 기존 주주의 지분율이 떨어지고 주식가치의 희석화로 말미암아 구 주식의 가치도 하락하게 되어 기존 주주의 회사에 대한 지배력이 그만큼 약화되므로 기존 주주에게 손해가 발생하나, 신주발행을 통하여 회사에 필요한 자금을 형성하였다면 회사에 대한 관계에서는 임무를 위배하였다고 할 수 없고, 신주발행으로 인해 종전 주식의 가격이 하락한다 하여 회사에 손해가 있다고 볼 수도 없으며, 주주의 이익과 회사의 이익을 분리하여 평가하는 배임죄의 원칙상 이를 회사에 대한 임무위배로 볼 수 없어, 배임죄가 성립한다고 볼 수 없다.

3) 신주인수권 침해 : 주주의 신주인수권을 부당하게 침해하는 신주발행은 무효라는 것이 일반적 견해이다. 그렇지만 신주인수권의 전부나 그 대부분을 무시한 때에는 무효이나 일부를 무시한 때에는 유효라는 견해,[68] 회사지배력에 변동을 줄 정도라면 무효이고 그렇지 아니한 경우에는 유효로 보아야 한다는 견해[69]도 있다. 생각건대 상법이 신주발행에 원칙적으로 주주배정방식을 요구하는 것은 기존 주주들의 이익과 회사지배력을 보호하기 위함이다. 그리고 신주인수인의 보호와 거래안전을 위해 가능한 무효판결을 자제하는 법원도 "도저히 묵과할 수 없을 정도로 주식회사의 본질과 회사법의 기본원칙에 반하거나 주주들의 이익과 경영권에 중대한 영향을 미치는 경우"에는 무효라고 판시하고 있다.[70] 따라서 주주의 신주인수권이 침해된 때에는 그들의 기존 회사지배력과 연계하여 무효 여부를 판단함이 합리적인데, 이와 관련하여 특히 논란이 있는 경우는 다음과 같다. 즉 ① 경영권 방어를 위한 신주의 제3자배정인데, 단지 경영권을 방어하기 위해 우호적 제3자에게 신주를 발행하는 것은 상법 제418조 제2항을 위반하여 주주의 신주인수권을 침해하는 것으로서 무효라는 것이 판례의 입장이다.[71] ② 기업이나 기업집단에서 경영권 승계를 위해 신주를 제3자에게 배정하는 경우인데, 아직 이에 관한 명확한 판례는 없으나[72] 이 역시 제418조 제2항

68) 정동윤, 712면.
69) 이철송, 962면.
70) 대법원 2010. 4. 29. 선고 2008다65860 판결.
71) 대법원 2015. 12. 10. 선고 2015다202919 판결.
72) 다만 경영권을 승계하기 위한 목적이 있었다고 하여 그것만으로는 신주발행이 무효가 될 수 없다는

단서의 경영상 목적 달성을 위하여 필요한 경우로 볼 수 없으므로 경영권 방어를 위한 경우처럼 무효로 보는 것이 합리적이다.[73] ③ 신주인수권의 침해가 특정 주주에게 국한된 경우의 회복방법인데, 아직 대법원의 판례는 없으나 그 주주가 자기의 신주인수권을 확보하기 위해 회사를 상대로 개별적인 이행의 소를 제기하는 것은 허용되지 않는다는 하급심 판결이 있다.[74] 생각건대 이 경우에는 신주발행무효의 소에 의해 신주발행 그 자체의 효력을 다투는 것이 합리적이다.[75]

참고판례 **경영권 방어를 위해 신주를 제3자에게 배정한 경우의 효력(대법원 2009. 1. 30. 선고 2008다50776 판결)** : [1] 상법 제418조 제1항, 제2항의 규정은 주식회사가 신주를 발행하면서 주주 아닌 제3자에게 신주를 배정할 경우 기존 주주에게 보유 주식의 가치 하락이나 회사에 대한 지배권 상실 등 불이익을 끼칠 우려가 있다는 점을 감안하여, 신주를 발행할 경우 원칙적으로 기존 주주에게 이를 배정하고 제3자에 대한 신주배정은 정관이 정한 바에 따라서만 가능하도록 하면서, 그 사유도 신기술의 도입이나 재무구조 개선 등 기업 경영의 필요상 부득이한 예외적인 경우로 제한함으로써 기존 주주의 신주인수권에 대한 보호를 강화하고자 하는 데 그 취지가 있다. 따라서 주식회사가 신주를 발행함에 있어 신기술의 도입, 재무구조의 개선 등 회사의 경영상 목적을 달성하기 위하여 필요한 범위 안에서 정관이 정한 사유가 없는데도, 회사의 경영권 분쟁이 현실화된 상황에서 경영진의 경영권이나 지배권 방어라는 목적을 달성하기 위하여 제3자에게 신주를 배정하는 것은 상법 제418조 제2항을 위반하여 주주의 신주인수권을 침해하는 것이다. [2] 신주발행을 사후에 무효로 하는 경우 거래의 안전과 법적 안정성을 해할 우려가 큰 점을 고려할 때 신주발행무효의 소에서 그 무효원인은 가급적 엄격하게 해석하여야 한다. 그러나 신주발행에 법령이나 정관의 위반이 있고 그것이 주식회사의 본질 또는 회사법의 기본원칙에 반하거나 기존 주주들의 이익과 회사의 경영권 내지 지배권에 중대한 영향을 미치는 경우로서 주식에 관련된 거래의 안전, 주주 기타 이해관계인의 이익 등을 고려하더라도 도저히 묵과할 수 없는 정도라고 평가되는 경우에는 그 신주의 발행을 무효라고 보지 않을 수 없다.

참고판례 **제3자에 대한 전환사채의 발행과 그 무효원인(대법원 2004. 6. 25. 선고 2000다37326 판결)** : 신주발행무효의 소에 관한 상법 제429조에도 무효원인이 규정되어 있지 않고 다만, 전환사채의 발행의 경우에도 준용되는 상법 제424조에 '법령이나 정관의 위반 또는 현저하게 불공정한 방법에 의한 주식의 발행'이 신주발행유지청구의 요건으로 규정되어 있으므로, 위와 같은 요건을 전환사채 발행의 무효원인으로 일응 고려할 수 있다고 하겠으나 다른 한편, 전환사채가 일단 발행되면 그 인수인의 이익을 고려할 필요가 있고 또 전환사채나 전환권의 행사에 의하여 발행된 주식은 유가증권으로서 유통되는 것이므로 거래의 안전을 보호하여야 할 필요가 크다고 할 것인데, 전환사채발행유지청구권은 위법한 발행에 대한 사전 구제수단임에 반하여, 전환사채발행무효의 소는 사후에 이를 무효로 함으로써 거래의 안전과 법적 안정성을 해칠 위험이 큰 점을 고려할 때, 그 무효원인은 가급적 엄격하게 해석하여야 하고, 따라서 법령이나 정관의 중대한 위반

취지의 판결은 있다(대법원 2004. 6. 25. 선고 2000다37326 판결).

73) 김건식/노혁준/천경훈, 675면; 송옥렬, 1166면.

74) 서울고등법원 1987. 4. 2. 선고 86나3345 판결.

75) 이철송, 963면.

> 또는 현저한 불공정이 있어 그것이 주식회사의 본질이나 회사법의 기본원칙에 반하거나 기존 주주들의 이익과 회사의 경영권 내지 지배권에 중대한 영향을 미치는 경우로서 전환사채와 관련된 거래의 안전, 주주 기타 이해관계인의 이익 등을 고려하더라도 도저히 묵과할 수 없는 정도라고 평가되는 경우에 한하여 전환사채의 발행 또는 그 전환권의 행사에 의한 주식의 발행을 무효로 할 수 있을 것이며, 그 무효원인을 회사의 경영권 분쟁이 현재 계속중이거나 임박해 있는 등 오직 지배권의 변경을 초래하거나 이를 저지할 목적으로 전환사채를 발행하였음이 객관적으로 명백한 경우에 한정할 것은 아니다. 그리고 전환사채의 인수인이 회사의 지배주주와 특별한 관계에 있는 자라거나 그 전환가액이 발행시점의 주가 등에 비추어 다소 낮은 가격이라는 것과 같은 사유는 일반적으로 전환사채발행유지청구의 원인이 될 수 있음은 별론으로 하고 이미 발행된 전환사채 또는 그 전환권의 행사로 발행된 주식을 무효화할 만한 원인이 되지는 못한다 할 것이다.

4) 발행절차의 위반 : 신주발행은 원칙적으로 이사회가 결정하지만, 정관의 규정에 따라 주주총회에서 결정할 수도 있는데(상법 제416조), 다음과 같은 논란이 있다.

(가) 이사회결의가 없는 경우 : 주로 대표이사가 이사회의 결의 없이 신주를 발행한 경우가 문제된다. 학설의 경우 ① 이를 대표이사의 일상적인 업무집행에 준하는 것으로 보아 거래안전을 보호하기 위해 그 효력에는 영향이 없다는 견해,[76] ② 이사회의 결의가 없으면 신주발행에 관한 회사의 의사가 존재하지 아니하는 것이므로 무효라는 견해[77]가 있는데, 판례는 ①설의 입장이다.[78] 그런데 상법상 대표이사는 회사의 업무집행과 관련하여 정형적·포괄적인 권한을 행사하나 주로 영업에 관한 행위에 적용되고, 상법은 대표이사의 일상적인 업무집행이라도 일정한 경우에는 보다 신중을 기하기 위해 이사회의 결의를 거치도록 규제하고 있으며, 신주발행은 전체 주주들의 중대한 이해가 걸린 문제이고, 신주발행을 이사회 또는 주주총회가 결정하도록 한 상법 제416조는 강행규정이다. 따라서 신주발행에 관한 이사회의 결의가 없다면 무효로 보는 것이 타당하다.

(나) 이사회결의에 하자가 있는 경우 : 신주발행에 관한 이사회의 결의는 있지만, 그 결의에 하자가 있는 경우의 효력이 문제된다. 이에 대해서도 다수설과 판례는 이사회결의는 회사의 내부적인 의사결정이라 외부에서 알기 어려우므로 특별한 사정이 없는 한 신주발행의 효력에는 영향이 없다고 한다. 그렇지만 이러한 해석은 상법이 정한 절차적 요건의 준수를 사실상 무시하는 결과를 가져오는 행위를 촉발시킬 우려가 있어 재론의 여지가 있다는 견

---

76) 강위두/임재호, 937면; 권기범, 1128면; 박상조, 722면; 이기수/최병규, 655면; 정경영, 797면; 정동윤, 712면; 정무동, 542면; 정찬형, 1190면; 최준선, 672면.
77) 서돈각/정완용, 500면; 이범찬/임충희/이영종/김지환, 434면; 이철송, 960면; 임홍근, 611면; 채이식, 714면; 최기원, 824면.
78) 대법원 2007. 2. 22. 선고 2005다77060·77077 판결.

해[79]도 있다. 한편 일반적으로 이사회결의에 하자가 있는 경우 그에 따른 대외적 후속행위의 효력은 다음과 같이 해결한다. 즉 ① 후속행위의 효력을 다투는 별도의 소가 인정되면 이사회결의의 하자는 그에 흡수되어 후속행위의 효력문제로 다투어진다(예: 하자 있는 이사회결의에 따라 소집된 주주총회결의취소의 소 등). ② 그 밖의 후속행위는 거래안전을 고려하여 순수하게 내부적인 경우(예: 지배인의 선임, 이사의 업무분담 등)는 무효이고, 대외적인 거래의 경우에는 상대방이 선의이면 과실의 유무와 관계없이 유효이지만 악의 또는 중과실이 있으면 무효라는 것이 판례의 입장이다.[80] 더욱이 신주발행은 회사에 대한 기존 주주들의 비례적 이익에 중대한 영향을 미치므로 주주배정방식을 원칙으로 하면서 이사회결의 또는 주주총회결의를 거치도록 상법이 규제하고 있다. 이런 점을 종합할 때 신주발행에 관한 이사회의 결의에 하자가 있는 경우에도 대표이사가 이사회결의 없이 신주를 발행한 경우처럼 무효로 보아야 한다.

참고판례 **대표이사의 전단적 대표행위와 제3자 보호(대법원 2021. 2. 18. 선고 2015다45451 전원합의체 판결)** : [다수의견] 대표권이 제한된 경우에 대표이사는 그 범위에서만 대표권을 갖는다. 그러나 그러한 제한을 위반한 행위라고 하더라도 그것이 회사의 권리능력을 벗어난 것이 아니라면 대표권의 제한을 알지 못하는 제3자는 그 행위를 회사의 대표행위라고 믿는 것이 당연하고 이러한 신뢰는 보호되어야 한다. 일정한 대외적 거래행위에 관하여 이사회 결의를 거치도록 대표이사의 권한을 제한한 경우에도 이사회 결의는 회사의 내부적 의사결정절차에 불과하고, 특별한 사정이 없는 한 거래 상대방으로서는 회사의 대표자가 거래에 필요한 회사의 내부절차를 마쳤을 것으로 신뢰하였다고 보는 것이 경험칙에 부합한다. 따라서 회사 정관이나 이사회 규정 등에서 이사회 결의를 거치도록 대표이사의 대표권을 제한한 경우(내부적 제한)에도 선의의 제3자는 상법 제209조 제2항에 따라 보호된다. 거래행위의 상대방인 제3자가 상법 제209조 제2항에 따라 보호받기 위하여 선의 이외에 무과실까지 필요하지는 않지만, 중대한 과실이 있는 경우에는 제3자의 신뢰를 보호할 만한 가치가 없다고 보아 거래행위가 무효라고 해석함이 타당하다. 중과실이란 제3자가 조금만 주의를 기울였더라면 이사회 결의가 없음을 알 수 있었는데도 만연히 이사회 결의가 있었다고 믿음으로써 거래통념상 요구되는 주의의무를 현저히 위반하는 것으로, 거의 고의에 가까운 정도로 주의를 게을리하여 공평의 관점에서 제3자를 구태여 보호할 필요가 없다고 볼 수 있는 상태를 말한다. 제3자에게 중과실이 있는지는 이사회 결의가 없다는 점에 대한 제3자의 인식가능성, 회사와 거래한 제3자의 경험과 지위, 회사와 제3

79) 강대섭 외 16인, 750면.

80) 대법원 2021. 2. 18. 선고 2015다45451 전원합의체 판결. 이와 관련하여 종전의 판례(대법원 2005. 7. 28. 선고 2005다3649 판결)는 대외적인 거래의 경우 상대방이 선의이면 유효이고, 악의 또는 과실이 있으면 무효라고 보았다. 여기서 「상대방의 악의 또는 과실」이란 당해 거래가 이사회의 결의를 요한다는 사실이나 이사회결의가 없었거나 무효인 사실을 알고 있거나 알 수 있었음을 말하는데, 이는 회사가 입증해야 한다(대법원 1999. 10. 8. 선고 98다2488 판결; 대법원 1996. 1. 26. 선고 94다42754 판결). 이 경우 이사회의 결의가 필요하다는 사실을 상대방이 알 수 있었느냐를 판단함에 있어서는 거래의 성질상 일상성을 인정할 수 있는지가 그 기준이 될 수 있다(대법원 1997. 6. 13. 선고 96다48282 판결).

> 자의 종래 거래관계, 대표이사가 한 거래행위가 경험칙상 이례에 속하는 것인지 등 여러 가지 사정을 종합적으로 고려하여 판단하여야 한다. 그러나 제3자가 회사 대표이사와 거래행위를 하면서 회사의 이사회 결의가 없었다고 의심할 만한 특별한 사정이 없다면, 일반적으로 이사회 결의가 있었는지를 확인하는 등의 조치를 취할 의무까지 있다고 볼 수는 없다.

㈐ 주주총회결의에 하자가 있는 경우 : 회사는 정관에 규정을 두고 주주총회에서 신주발행을 결정할 수도 있는데, 이에 관련된 논란은 다음과 같다. 즉 신주발행의 전제요건인 발행예정주식총수 또는 종류주식에 관한 정관 규정을 변경하는 주주총회의 결의에 하자가 있고, 이를 근거로 이루어진 신주발행의 효력이다. 만약 이를 신주발행무효의 소만으로 다툴 수 있다고 하면 주주총회결의의 하자를 결의에 관한 소가 아닌 제3의 소로만 다툴 수 있다는 결과가 되어 결의하자에 관한 소를 형성의 소로 규정한 취지에 반하고, 반면에 먼저 주주총회결의의 하자에 관한 소를 제기하여 무효판결을 받은 후 다시 신주발행무효의 소를 제기하도록 한다면 그 대부분 상법 제429조의 제소기간이 경과한 후가 된다. 따라서 향후 입법적으로 보완해야 하겠지만, 우선은 양자를 동시에 제기할 수 있도록 하되 법원이 병합하여 심리해야 하는 것으로 해석할 필요가 있다.[81]

3. 제소절차

(1) 제소권자

신주발행무효의 소는 회사를 피고로 하여 주주·이사·감사만이 제기할 수 있다(상법 제429조). 이 경우 주주는 주주명부에 등재한 자에 한정되지만[82] 단 1주의 주식만 보유해도 되고, 신주의 주주이든 구주의 주주이든 불문하고 신주를 양수한 자도 포함된다. 한편 이사나 감사의 경우에는 제소 그 당시에 이사·감사이면 충분하다.

(2) 제소기간

신주발행무효의 소는 신주를 발행한 날로부터 6월 내에 제기해야 한다(상법 제429조). 여기서 「신주를 발행한 날」이란 신주발행의 효력발생일, 즉 납입기일의 다음날을 의미하고(상법 제423조 제1항), 「6월 내」라는 것은 제소기간을 제한하는 것만이 아니라 6월 이후에는 새로운 무효원인을 청구원인으로 추가할 수도 없다는 것이다.[83]

---

81) 이철송, 965면; 정찬형, 1191면; 최준선, 673면.
82) 대법원 2003. 2. 26. 선고 2000다42786 판결.
83) 대법원 2004. 6. 25. 선고 2000다37326 판결.

참고판례 **신주발행무효의 소의 제소기간(대법원 2012. 11. 15. 선고 2010다49380 판결)** : 상법 제429조는 신주발행의 무효는 주주·이사 또는 감사에 한하여 신주를 발행한 날부터 6월 내에 소만으로 주장할 수 있다고 규정하고 있는데, 이는 신주발행에 수반되는 복잡한 법률관계를 조기에 확정하고자 하는 것으로서, 새로운 무효사유를 출소기간 경과 후에도 주장할 수 있도록 하면 법률관계가 불안정하게 되어 위 규정의 취지가 몰각된다는 점에 비추어, 위 규정은 무효사유의 주장시기도 제한하고 있는 것이라고 해석함이 타당하므로, 신주발행무효의 소에서 신주를 발행한 날부터 6월의 출소기간이 경과한 후에는 새로운 무효사유를 추가하여 주장할 수 없다.

(3) 준용사항

신주발행무효의 소의 관할, 소 제기의 공고, 병합심리, 하자가 보완된 경우의 청구 기각, 무효판결의 등기 등에 대해서는 상법 제186조 내지 제192조가 준용된다(상법 제430조). 그리고 회사의 청구에 의하여 법원이 제소주주에게 상당한 담보를 제공하게 할 수 있음은 주주총회결의취소의 소에서 설명한 바와 같다(상법 제430조 → 제377조).

참고판례 **신주발행의 효력(대법원 2007. 5. 31. 선고 2006도8488 판결)** : 주식회사의 신주발행의 경우 신주발행에 법률상 무효사유가 존재한다고 하더라도 그 무효는 신주발행무효의 소에 의해서만 주장할 수 있고, 신주발행무효의 판결이 확정되더라도 그 판결은 장래에 대하여만 효력이 있으므로(상법 제429조, 제431조 제1항), 그 신주발행이 판결로써 무효로 확정되기 이전에 그 신주발행사실을 담당 공무원에게 신고하여 공정증서인 법인등기부에 기재하게 하였다고 하여 그 행위가 공무원에 대하여 허위신고를 한 것이라거나 그 기재가 불실기재에 해당하는 것이라고 할 수는 없다.

4. 판결 효과

(1) 원고가 승소한 경우

신주발행무효의 소에서 원고가 승소 판결을 받은 경우의 효과는 다음과 같다. 즉 ① 판결은 대세적 효력이 있어 제3자에게도 미치는데(상법 제430조 → 제190조 본문), 이는 신주발행에 관한 법률관계를 획일적으로 확정하기 위함이다. ② 판결의 소급효가 제한되므로(상법 제431조 제1항) 신주발행의 유효를 전제로 판결이 내려질 때까지 행해진 모든 행위(예: 주금납입, 현물출자, 신주에 대한 이익배당, 신주의 양도 등)는 유효하지만, 신주가 효력을 잃으므로 신주의 주주는 주주권을 상실한다. 따라서 무효판결이 확정되면 회사는 지체없이 그 뜻과 일정한 기간(3개월 이상) 내에 신주의 주권을 회사에 제출할 것을 공고하고 주주명부에 기재된 주주와 질권자에 대해서는 각별로 그 통지를 해야 한다(상법 제431조 제2항). ③ 회사는 신주의 주주에게 그 납입한 금액을 반환해야 한다(상법 제432조 제1항). 여기서 「신주의 주주」란 무효판결 당시의 주주를 의미하고, 「반환할 금액」은 금전출자의 경우 발행시의 인수가액, 현물출자의 경우 출자 당시의 평가액을 의미한다. 다만 주금액의 반환이 판결확정시의 회사의 재산상태에 비추어 현저하게 부당한 때에는 법원이 회사 또는 주주의 청구에 의하여 그 금액의 증감을 명할 수 있다(상법 제432조 제2항). 한편 질권자는 반환된 주금액에 대하여 질권을 행사할 수 있고, 등록질권자는 그 금액으로 우선변제에 충당할 수 있다(상법 제432조 제3항 → 제339조, 제340조 제1항, 제2항). ④ 액면주식의 경우에는 주금액의 반환으로 회사의 자본금은 감소하지만, 이는 법률의 규정에 따른 것이므로 채권자보호절차를 밟을 필요는 없다. 반면에 무액면주식의 경우에는 발행할 때에만 자본금과 연계되므로 무효판결이 확정되었어도 자본금은 감소하지 않는다고 보아야 한다. 한편 무효판결로 인해 발행예정주식총수 중 미발행 부분이 부활하므로 회사는 이 부분에 대하여 다시 신주발행을 할 수 있다. ⑤ 무효판결로 인해 회사의 자본금과 주식수 등 신주발행에 따른 변경등기의 내용에 변화가 있게 되므로 그 내용을 반영하여 변경등기를 경정해야 한다(상법 제317조 제2항 제2호, 제3호).

(2) 원고가 패소한 경우

신주발행무효의 소에서 원고가 패소한 경우에 판결의 효과는 당사자 간에게만 미친다. 그리고 원고는 회사에 대하여 손해배상책임을 질 수도 있다(상법 제430조 → 제191조).

5. 관련 쟁점

(1) 신주발행의 부존재

1) 의 의 : 이는 신주발행의 내용과 절차 등에 내포된 하자가 매우 중대하여 사실상 신주발행이 있었다고 볼 수도 없는 정도에 이른 경우를 말한다. 즉 현재 학설과 판례가 모두 긍정하는 신주발행의 부존재가 인정되려면 비록 신주발행의 실체는 전혀 없더라도 신주가 발행된 것과 같은 외관이 존재해야 한다. 신주발행에 관한 이사회의 결의는 있었으나 인수인의 주식인수와 주금납입 등 실체적 요소가 전혀 없이 증자의 변경등기가 행해진 경우, 주주가 아닌 자들이 모여 이사를 선임하고 이사회와 대표이사를 구성한 후 이들이 신주발행 절차를 밟은 경우 등을 대표적인 예로 들 수 있다.

2) 기 능 : 학설과 판례가 신주발행의 부존재를 인정하는 가장 큰 실익은 신주발행의 외관이 존재하는 경우에는 형성소송인 신주발행무효의 소의 엄격한 요건과 효과에 의하지

않고 일반적인 확인의 소로써 외관창출의 효과를 다툴 수 있다는 점에 있다.

3) 효 과 : 신주발행의 부존재에 대해서는 상법 제429조가 규정한 주장자·주장방법·제소기간 등의 제한이 적용되지 않는다.[84] 따라서 누구든지 언제라도 어떠한 방법이든지 자유롭게 신주발행의 부존재를 주장할 수 있는데, 특히 소로써 주장하는 경우에는 일반적인 확인의 소로써 부존재확인을 구할 수도 있다. 다만 이 경우에 판결의 효력은 신주발행무효의 소에 관한 판결과 달리 대세적 효력이 없으며 소급효도 제한되지 않는다.[85] 더욱이 상법 제628조 제1항이 규정하는 납입가장죄도 성립하지 않는다.[86]

(2) 인수행위의 하자

1) 의 의 : 신주의 인수는 회사와 주주 간의 법률행위이므로 인수인이나 회사의 의사표시에 하자가 있거나 무권대리일 경우에는 당해 인수행위가 무효로 되거나 그 인수행위를 취소할 수 있다. 다만 신주발행의 경우에는 전액확정주의가 적용되지 않으므로 개별적인 신주인수가 무효·취소되더라도 나머지 유효한 부분만으로 신주발행의 효과가 생기고, 이사가 담보책임을 지므로 신주발행 그 전체가 무효로 되지도 않는다.

2) 주장방법 : 신주인수인이 인수를 취소하거나 인수가 무효임에도 불구하고 다툼이 있는 경우에는 이를 소로써 주장해야 한다. 구체적으로 일반적인 확인소송의 형태를 취하거나 주금 반환을 청구하는 이행의 소를 제기하면 충분하다.

3) 주장제한 : 신주발행으로 인한 변경등기를 한 날로부터 1년을 경과한 후에는 신주를 인수한 자는 주식청약서 또는 신주인수권증서의 요건 흠결을 이유로 하여 그 인수의 무효를 주장하거나 사기·강박·착오를 이유로 하여 그 인수를 취소하지 못하는데, 그 주식에 대하여 주주의 권리를 행사한 때에도 같다(상법 제427조). 그런데 이러한 제한의 기산점이 되는 신주발행의 변경등기일은 신주발행의 절차와 내용을 고려할 때 적합하지 아니하므로 신주의 효력발생일(상법 제423조 제1항)로 정정할 필요가 있다.

사례해결

(1) 회사가 이사회의 결의로 신주를 발행하는 때에는 정관의 규정에 따라 제3자에게도 배정할 수 있지만, 신기술의 도입이나 재무구조의 개선 등 회사의 경영상 목적 달성을 위하여 필요한 경우여야 한다(상법

84) 대법원 1989. 7. 25. 선고 87다카2316 판결.
85) 대법원 1989. 7. 25. 선고 87다카2316 판결.
86) 대법원 2006. 6. 2. 선고 2006도48 판결.

제418조 제2항). 그리고 이사와 통모하여 현저하게 불공정한 발행가액으로 주식을 인수한 자는 회사에 대하여 공정한 발행가액과의 차액에 상당한 금액을 지급할 의무가 있는데(상법 제424조의2 제1항), 이는 상법상 주주의 유한책임에 대한 예외가 된다. 다만 이 경우 책임이 성립하려면 ① 인수인이 이사와 통모해야 하고, ② 회사가 현저하게 불공정한 가액으로 신주를 발행했어야 한다. 여기서 「발행가액」이란 이사회에서 발행사항으로서 정하는 발행가액이 아니라 인수인이 실제로 납입한 인수가액(상법 제421조)을 뜻하고, 「현저하게 불공정」하다는 것은 시가가 있는 주식일 경우에 구주의 시가를 기준으로 계산된 공정한 가액을 현저히 하회하는 때를 뜻한다. 그리고 인수인이 책임지는 차액은 인수할 때의 공정한 가액을 기준으로 계산해야 하고, 회사가 인수인으로부터 받은 차액은 자본준비금으로 적립해야 한다(상법 제459조 제1항). 또한 인수인의 책임은 회사가 추궁해야 하지만, 회사가 이를 게을리하면 주주가 대표소송을 제기할 수도 있다(상법 제424조의2 제2항 → 제403조 내지 제406조). 인수인의 책임이 이사와의 통모를 그 전제로 하므로 이사들에 의한 책임추궁은 사실상 기대하기 어렵기 때문이다. 사안에서 ㈜甲의 이사회는 ㈜丙의 절대적 지배권자인 대표이사 A와 통모하여 주당 10,000원의 가치가 있는 신주를 주당 5,000원이라는 현저히 낮은 발행가액으로 ㈜丙에게 배정하였고, 더 나아가 상법 제418조 제2항 단서에서 규정하는 제3자배정의 합리성 요건도 충족하지 못하였다. 그런데도 ㈜甲의 대표이사나 이사들에 의한 책임추궁은 사실상 기대하기 어렵다. 따라서 주주 B는 ㈜丙에게 대표소송을 제기하여 공정한 발행가액과의 차액에 상당한 금액의 지급을 청구할 수 있고, 더 나아가 제3자배정의 합리성 요건 미충족을 원인으로 신주발행무효의 소를 제기할 수도 있다.

(2) 대표이사가 이사회의 결의 없이 신주를 발행한 경우의 효력에 대해서는 ① 이를 대표이사의 일상적인 업무집행에 준하는 것으로 보아 거래안전을 보호하기 위해 그 효력에는 영향이 없다는 견해, ② 이사회의 결의가 없으면 신주발행에 관한 회사의 의사가 존재하지 않는 것이므로 무효라는 견해가 있는데, 판례는 ①설의 입장이다(대법원 2007. 2. 22. 선고 2005다77060·77077 판결). 그런데 상법상 대표이사는 회사의 업무집행과 관련하여 정형적·포괄적인 권한을 행사하나 주로 영업에 관한 행위에 적용되고, 상법은 대표이사의 일상적인 업무집행이라도 일정한 경우에는 보다 신중을 기하기 위해 이사회의 결의를 거치도록 규제하고 있으며, 신주발행은 전체 주주들의 중대한 이해가 걸린 문제이고, 신주발행의 경우 이사회 또는 주주총회의 결의를 거치도록 규정한 상법 제416조는 강행규정이다. 한편 신주발행무효의 소는 회사를 피고로 하여 주주·이사·감사만이 제기할 수 있는데(상법 제429조), 주주는 주주명부에 등재한 자에 한정되나(대법원 2003. 2. 26. 선고 2000다42786 판결) 단 1주의 주식만 보유해도 되며 신주의 주주이든 구주의 주주이든 불문한다. 다만 신주발행무효의 소는 신주를 발행한 날로부터 6월 내에 제기해야 하는데(상법 제429조), 여기서 「신주를 발행한 날」이란 신주발행의 효력발생일인 납입기일의 다음날을 의미한다(상법 제423조 제1항). 사안의 경우 A는 상법 제416조에 의해 신주발행에 필요한 법정 절차인 이사회의 결의를 거치지 않고 신주를 제3자에게 발행하였는데, 이에 대해서는 유효하다는 견해 및 판례와 무효라는 견해가 있으므로 어느 견해를 취하느냐에 따라 결론이 달라진다. 그런데 사안의 경우에는 상법 제418조 제2항 단서에서 규정하는 합리성의 요건도 충족하지 못하였다. 따라서 주주 C가 신주의 납입기일 다음날로부터 6월 내에 신주발행무효의 소를

제기할 수 있는데, 신주발행무효의 소의 관할, 소 제기의 공고, 병합심리, 하자가 보완된 경우의 청구기각, 무효판결의 등기 등에 대해서는 상법 제186조 내지 제192조가 준용된다(상법 제430조).

제3절 사채의 발행

제1관 사채의 발행구조

예시사례 골프장을 운영하는 상장법인 ㈜甲은 그동안 각 코스의 거리가 너무 짧고 폭이 협소하다는 고객들의 불만이 많았지만, 자금이 부족하여 확대하기 어려웠다. 그런데 코비드 19로 인해 해외로 나가기 어려워진 골퍼들이 예약하면서 매출액이 크게 늘었다. 이에 대표이사 A는 인근의 골프장을 매입하되, 그에 필요한 재원은 사채를 발행하여 조달하기로 하였다. 이 사안과 관련하여 다음 설문에 답하시오!

(1) 상법과 ㈜甲의 정관에 의하면 사채를 발행하기 위해서는 이사회의 결의가 필요하다. 그런데 대표이사 A는 신주가 아닌 사채를 발행하여 골프장 매입에 필요한 자금을 조달하는 것에 대한 이사들의 반발이 염려되어 이사회를 거치지 않고 본인이 직접 사채를 발행하였다. 이는 정당한가?

(2) A가 사채를 발행하여 조달하려는 금액은 30억원인데, 비용 절감을 위해 직접 공모하여 조달하기로 하였다. 그런데 코비드 19가 점차 완화되며 항공기 운항이 증가하자 예상보다 투자자가 적어 마감일 직전까지 약 5억원 정도가 인수되지 못하였다. 이 경우 ㈜甲은 마감발행을 할 수 있을까?

Ⅰ. 서 설

(1) 사채의 의의

1) 개 념 : 사채(Bond)는 주식회사가 불특정 다수인으로부터 필요자금을 조달할 목적으로 집단적·정형적으로 발행하여 부담하는 액면가로 단위화된 금전채무인데, 신주발행의 대체적 수단으로 이용되며 주식회사의 자금흡인력을 제고하고 있다.[87] 이처럼 사채는 주식회사가 불특정 대중으로부터 거액의 자금을 일시에 조달하기 위해 발행하는 것이므로[88] 발

87) 정준우, "주식회사 사채발행제도의 입법론적 재검토", 314면.

88) 채권자의 회사에 대한 채권을 표창하는 용어인 채무증권(debt securities)은 기간의 장단에 따라 bi11(단기), note(중기), bond(장기) 등으로 구분된다(임재연(미국증권법), 508면). 이 중 특히 회사의 자산 등에 의해 담보되는 사채를 「bonds」라 하고, 담보되지 않는 사채를 「debentures」라고 하는데(Richard M. McDermott, p.2), 대체로 전자의 경우에는 만기가 20년 또는 그 이상이지만 후자는 만기가 10년에서 20년 사이이다(Lewis D. Solomon/Donald E. Schwartz/Jeffrey D. Bauman/Elliott J.

행조건과 발행방법 등에 있어서 부합계약의 특성을 강하게 지니고 있고, 일반대중이 권리자로 연결되므로 이해관계의 공중성이라는 특성도 내포하고 있으며, 유통성을 보장하기 위하여 채권(債券)이 사채권자에게 발행되고 있다. 따라서 사채가 주식회사의 중요한 자금조달 수단으로서 자리를 잡고, 발행시장의 건전성과 유연성이 확보·유지되며, 사채권자의 이익이 효과적으로 보호되기 위해서는 합리적·효과적인 제도의 지원이 필요하다. 우리나라의 사채발행 현황을 살펴보면, 발행과 관련하여 법령상 특별한 제한이 없음에도 불구하고 그동안 발행된 사채의 대부분은 대기업이 발행한 신용등급 A 이상의 사채가 차지하고 있고, 중소기업의 사채발행은 극히 이례적이기 때문이다.

2) 종 류 : 사채는 다음과 같이 유형화할 수 있다. 즉 ① 채권에 사채권자의 성명이 기재되는지 여부에 따라 기명사채와 무기명사채로 구분된다. 양자는 사채의 양도방법 등에 있어서 차이가 있는데, 우리나라에서 발행된 대부분의 사채는 무기명사채이다. ② 전환권이나 신주인수권과 같은 특수한 권리가 사채권자에게 부여되어 있는지 여부에 따라 특수사채와 일반사채(보통사채)로 구분된다.[89] ③ 사채에 금융기관의 보증이 있는지 여부에 따라 보증사채와 무보증사채로 구분되는데, 과거에는 보증사채가 대부분이었으나 지금은 무보증사채가 일반적이다. 그리하여 사채권자를 보호하기 위한 장치로서 금융투자협회가 작성한 표준수탁계약서가 이용되고 있다. ④ 사채에 물상담보권이 설정되어 있는지 여부에 따라 담보부사채와 무담보사채로 구분되는데, 우리나라에서 사채의 대부분은 무담보사채이다. ⑤ 전자등록기관에 사채를 등록하였는지 여부에 따라 등록사채와 현물사채로 구분하는데, 우리나라에서 발행된 사채의 대부분은 등록사채이다.

(2) 사채의 관리

1) 규제개선 : 사채의 발행과 그 관리에 관한 상법 규정은 그동안 시대적 요구에 제대로 부응하지 못하였다. 그리하여 학계나 기업 실무로부터 ① 사채발행에 관한 한도 제한이 너무 비현실적이고, ② 발행할 수 있는 사채의 종류가 지나치게 제한적이어서 자금조달의 기능을 제대로 수행하지 못하고 있으며, ③ 사채관리를 위한 수탁회사 제도도 사채권자의 보호에 매우 미흡하다는 비판을 많이 받았다. 그리하여 2011년 개정 상법은 ① 사채의 효과적인 발행과 관리를 위해 기존의 사채모집을 사채발행으로 변경하면서 사채발행에 관련된 각종 제한을 모두 삭제하였고,[90] 기존의 전환사채와 신주인수권부사채 외에 이익참가부사

Weiss, pp.226~227; Stephen M. Bainbridge, p.68).

89) 상법은 전환사채·신주인수권부사채·교환사채·이익참가부사채를 특수사채로 규정하고 있다.

90) 개정 전 상법 제470조에 의해 사채의 총액은 최종 대차대조표에 의해 회사에 현존하는 순자산액의

채·교환사채·상환사채·파생결합사채의 발행도 허용하였다. ② 사채권자의 효과적인 보호를 위해 기존의 수탁회사 제도를 사채관리회사 제도로 변경하면서 사채관리회사의 지정·위탁·자격·의무·책임에 관한 규정을 신설하거나 보완하였다.

2) 사채계약 : 사채를 발행하면 회사와 사채권자 사이에 사채계약이 성립한다. 그런데 사채계약의 법적 성질에 대해서는 소비대차라는 견해,[91] 소비대차와 유사한 무명계약이라는 견해,[92] 채권매매라는 견해,[93] 매출발행의 경우에는 채권매매이나 그 밖의 경우에는 소비대차와 유사한 무명계약이라는 견해[94] 등이 대립한다. 생각건대 사채를 발행하는 회사와 투자자의 경제적 목적은 필요자금의 조달과 원리금의 상환이고, 상법도 이를 전제로 사채의 발행절차와 관리 및 사채권자의 보호 등에 관한 규정을 두고 있다. 따라서 사채계약은 이러한 실질을 중시하여 금전적인 채권·채무를 발생시키는 소비대차로 보는 것이 합리적이다. 물론 ① 사채는 분할납입이 가능하여 소비대차로 볼 수 없다[95]고도 하나 민법 제598조의 소비대차는 요물계약이 아닌 낙성계약이므로 분할납입이 있더라도 소비대차의 성질에 반한다고 할 수 없고, ② 사채는 발행가액과 상환액이 다를 수 있어 동종·동량·동질의 반환을 요하는 소비대차의 성질에 부합하지 않는다[96]고 하나 소비대차에서도 대물변제(민법 제466조)나 대물대차(민법 제606조)가 가능한 점을 고려하면 이를 근거로 사채의 소비대차성을 부인하는 것은 합리성이 부족하기 때문이다.

(3) 주식과 비교

1) 유사점 : ① 사채와 주식은 모두 경제적으로 주식회사가 공중으로부터 대량의 장기자금을 조달하는 수단이다. ② 양자의 법률관계는 필연적으로 계속성·집단성·공중성의 특성을 갖고, 법적 규율에서도 ⓐ 신속하고 확실한 발행절차(이사회의 발행권, 사채청약서, 주식청약서, 유가증권발행신고), ⓑ 고도의 유통성을 부여하기 위한 유가증권화(사채권·주권), ⓒ

4배를 초과할 수 없었고, 제471조에 의해 회사는 전에 모집한 사채총액의 납입이 완료된 후가 아니면 다시 사채를 모집하지 못하였으며, 제472조에 의해 각 사채의 금액은 1만원 이상이었고, 제473조에 의해 사채권자에게 상환할 금액이 권면액을 초과할 것을 정한 때에는 그 초과액은 각 사채에 대하여 동률이어야 하였다.

91) 김정호, 708면; 김홍기, 746면; 오성근, 939면; 이철송, 1060면; 임재연(Ⅰ), 854면.
92) 송옥렬, 1173면; 정경영, 880면; 채이식, 719면; 최기원, 846면.
93) 김동훈, 396면; 서돈각/정완용, 545면; 장덕조, 512면; 정찬형, 1274면; 최준선, 679면.
94) 강위두/임재호, 1011면; 권기범, 1239면; 김건식/노혁준/천경훈, 705면; 박상조, 733면; 서헌제, 982면; 손주찬, 960면; 이범찬/임충희/이영종/김지환, 440면; 이종훈, 451면; 임홍근, 617면; 정동윤, 722면.
95) 박상조, 733면; 정동윤, 543면; 정찬형, 1274면.
96) 강위두/임재호, 1011면; 권기범, 1239면; 박상조, 733면; 서돈각/정완용, 545면; 송옥렬, 1173면; 정동윤, 722면.

권리자의 단체적 취급(사채권자집회·주주총회) 등 여러 점에서 유사하다.

2) 차이점 : ① 사채와 주식은 법적 성질을 달리한다. 즉 사채는 일종의 금전적 채권·채무이지만, 주식은 사단의 구성원 지위를 뜻하는 사원권이다. 따라서 사채권자는 외부의 제3자이므로 회사의 운영에 관여할 수 없지만, 주주는 의결권 기타 각종 공익권을 통하여 회사의 지배·경영·감독에 관한 권한을 행사한다. ② 사채권자는 회사의 이익 유무에 관계없이 정해진 시기에 확정이자를 청구할 수 있지만, 주주는 불확정한 이익배당을 받는 데 그친다. ③ 사채는 상환기에 회수되고 회사해산의 경우에는 주식에 우선하여 변제되지만, 주식은 모든 채무가 변제된 후 잔여재산의 분배를 받을 뿐이다.

3) 접근성 : 주식회사의 거대화에 따라 일반주주는 회사의 운영에 관한 관심을 거의 잃어가고 있고, 주식에 대한 배당률도 일반적으로 평준화되어 가고 있으며, 주식양도의 자유로 인해 투하자본의 회수가 쉬워져서 사회적·경제적인 측면에서 본다면 주주의 지위는 거의 사채권자화 되고 있다. 그리하여 법적으로도 무의결권주식·상환주식·누적적우선주식처럼 「주식의 사채화」라고 할 수 있는 제도는 물론 전환사채·신주인수권부사채·이익참가부사채처럼 「사채의 주식화」에 관한 제도도 함께 마련되어 있다.

Ⅱ. 발행주체

1. 주체의 제한

(1) 제한의 내용

주식회사가 사채를 발행하려면 먼저 이사회의 결의가 필요한데(상법 제469조 제1항), 이는 신주발행을 이사회의 권한으로 한 것과 균형을 맞추기 위함이다. 따라서 사채를 발행하는 경우 이사회는 발행할 사채의 종류, 총액, 각 사채의 금액, 이율, 상환방법, 발행방법 등을 정해야 한다. 이처럼 상법은 주식회사에 대해서만 사채에 관한 규정을 두고 있어서 다른 회사도 사채를 발행할 수 있는지가 논란이다. 현재 통설은 합명회사와 합자회사의 경우 금지하는 규정이 없으므로 사채를 발행할 수 있지만,[97] 유한회사는 그 폐쇄적 성질이 제약요인으로 작용하고 상법 제600조 제2항(합병을 하는 회사의 일방이 사채의 상환을 완료하지 아니한 주식회사인 때에는 합병 후 존속하는 회사 또는 합병으로 인하여 설립되는 회사는 유한회사로 하지 못한다)과 제604조 제1항(주식회사는 총주주의 일치에 의한 총회의 결의로 그 조직을 변경

97) 그렇지만 실제로 합명회사나 합자회사가 사채를 발행한 사례는 찾아보기 힘들다.

하여 이를 유한회사로 할 수 있다. 그러나 사채의 상환을 완료하지 아니한 경우에는 그러하지 아니하다)이 유한회사는 사채를 발행할 수 없음을 전제로 한 것임을 이유로 사채를 발행할 수 없다고 한다.

(2) 확대 필요성

상법이 다른 유형의 회사에 대해서는 사채에 관한 규정을 두고 있지 않은 점과 제600조 제2항과 제604조 제1항의 내용을 종합적으로 고려할 때 논리적으로는 통설의 입장이 맞다. 그렇지만 2011년 개정 상법의 취지와 실무를 고려할 때 다음과 같이 개선할 필요가 있다. 참고로 일본 회사법은 기존 상법상의 사채에 관한 조문의 위치를 변경함으로써 사실상 모든 종류의 회사가 사채를 발행할 수 있도록 하였다(동법 제676조).[98)]

1) 유한회사 : 2011년 개정 상법은 유한회사의 사원 수에 관한 제한을 철폐하였고, 출자의 단위도 5천원 이상에서 100원 이상으로 완화하였으며, 사원총회의 특별결의가 있어야만 가능했던 지분양도를 원칙적으로 허용하면서 정관으로 제한할 수 있도록 하였다. 이처럼 유한회사는 이제 주식회사와 상당히 유사해졌으므로 그 활성화를 통해 주식회사에 편중된 기업형태의 다양화를 모색할 필요가 있는데, 이를 위해서는 유한회사에 관한 각종 제약을 완화하거나 삭제하고 사채발행도 허용할 필요가 있다.[99)]

2) 유한책임회사 : 2011년 개정 상법은 인적 자산이 중시되는 중소기업군[100)]에서 새로운 기업형태에 대한 수요는 증가하고 있음에도 불구하고 제도가 그에 전혀 부응하지 못하는 현실을 반영하여 유한책임회사를 신설하였다. 이는 대내적으로는 합명회사와 유사한 조합적인 요소를 그리고 대외적으로는 주식회사적인 요소를 내포한 혼합형회사인데, 계속 발전하며 국민경제에 기여하려면 국제경쟁력을 갖춘 다양한 아이템의 개발과 그에 필요한 자금조달의 다양성이 함께 갖추어져야 한다. 따라서 유한책임회사에 대해서도 지분양도의 자유성을 인정하고, 사원의 가입에 필요한 정관변경절차 등을 삭제함은 물론 더 나아가 사채의 발행도 허용하는 방향으로 제도를 개선할 필요가 있다.[101)]

---

98) 前田 庸, 640頁,

99) 한 예로 「자산유동화에 관한 법률」(이하 "자산유동화법"이라고 함)은 1999년 제정 당시에 제17조 제1항에서 유동화전문회사의 형태를 유한회사로 제한하였는데, 그동안 유동화전문회사가 계속 발전하려면 무엇보다도 주식회사처럼 다양한 형태의 자금조달이 가능해야 한다는 비판을 많이 받았다. 그리하여 2023년에 개정된 자산유동화법은 유동화전문회사의 형태로 유한회사 외에 주식회사를 추가하였다.

100) 합작기업·회계법인·법무법인·컨설팅·투자펀드 등 주로 개인의 전문성이나 know-how를 사용하는 전문기업군, 서비스업·콘텐츠제작업·벤처기업 등을 그 예로 들 수 있다.

101) 정준우, "주식회사 사채발행제도의 입법론적 재검토", 316면.

2. 권한의 위임

(1) 위임의 방법

사채는 원칙적으로 이사회의 결의로 발행하지만, 정관에서 정하는 바에 따라 이사회는 대표이사에게 사채의 금액 및 종류를 정하여 1년을 초과하지 아니하는 기간 내에 사채를 발행할 것을 위임할 수 있다(상법 제469조 제4항). 이처럼 2011년 개정 상법이 사채발행을 대표이사에게 위임할 수 있도록 허용한 것은 사채발행의 특수성을 고려하여 사채발행의 효율성을 최대화하기 위함이다. 다만 이 경우에는 사채의 발행사항에 관한 구체적이고 명확한 범위가 설정되어 있어야 하고, 상법이 정한 사채의 금액과 종류 및 발행기간 외에 이율·상환기간·발행방법 등에 대해서도 구체적인 범위를 설정해야 한다.

(2) 관련된 쟁점

상법 제469조 제4항에 의해 이사회는 사채발행에 관한 권한을 일정한 제약 하에 대표이사에게 위임할 수도 있지만, 다음과 같은 점을 유념하여 위임해야 한다.

1) 위임 가능한 사채의 종류 : 상법 제469조 제1항은 이사회의 결의로 사채를 발행하도록 규정하고, 제2항은 사채에는 이익참가부사채·교환사채·상환사채·파생결합사채도 포함된다고 규정하며, 제4항은 정관의 규정에 따라 이사회가 대표이사에게 사채발행을 위임할 수 있다고 규정하고 있다. 한편 전환사채·신주인수권부사채·이익참가부사채의 경우에는 사채총액 등에 관한 정관상 규정이 없으면 이사회의 결의로 결정한다(상법 제513조 제2항, 제516조의2 제2항; 상령 제21조 제1항). 이러한 상법의 규정 체계를 고려하면, 이론적으로는 일반사채를 비롯한 특수사채 그 모두의 발행을 이사회가 대표이사에게 위임할 수 있다. 그런데 이익참가부사채·전환사채·신주인수권부사채를 주주 외의 자에게 발행하는 경우에는 그 가액 등 중요사항에 관하여 정관에 규정이 없으면 주주총회의 특별결의로 정해야 한다(상법 제513조 제3항, 제516조의2 제4항; 상령 제21조 제2항). 따라서 이러한 사채는 이사회의 결의로도 대표이사에게 그 발행을 위임할 수 없다.[102)]

2) 위임발행을 집행하는 방법 : 이사회가 정관 규정에 따라 사채발행을 대표이사에게 위임한 때에는 어떻게 발행해야 하는가? 즉 이사회가 정한 금액과 기간 내에서 일회적으로 발행해야 하는가 아니면 수차례에 걸쳐 분할하여 발행할 수도 있는지가 논란인데, 이에 관하여 상법은 규정하고 있지 않다. 참고로 일본에서는 이러한 사채발행도 이른바 시리즈

102) 권기범, 1143면; 정준우, 위의 논문, 318면.

(Series) 발행이라고 하여 그 유효성을 인정하고 있다.[103] 생각건대 2011년 개정 상법이 이사회의 결의가 필요한 사채발행을 일정한 제약 하에 대표이사에게 위임할 수 있도록 한 것은 사채발행의 기동성과 효율성을 아울러 제고하기 위함이다. 그렇다면 대표이사가 회사의 자금수요와 자본시장의 동향 등을 종합적으로 고려하여 필요한 때 필요한 만큼의 사채를 발행할 수 있어야 한다. 즉 이사회가 정한 금액과 기간 내에서는 대표이사가 경영판단에 따라 자유롭게 사채를 분할하여 발행할 수도 있다고 보아야 한다.[104]

3) 이사회의 결의 없는 발행 : 이사회는 사채발행을 대표이사에게 위임할 수 있지만, 이 경우에는 정관에 규정이 있어야 하고 금액과 종류 및 기간을 이사회가 정해야 한다. 그렇다면 대표이사가 이사회의 결의 없이 발행한 사채는 무효인가? 이에 관하여 거래상대방의 보호와 법률관계의 획일적 처리를 위하여 회사의 내부적인 의사결정에 불과한 이사회의 결의가 흠결되었더라도 사채발행의 효력에는 영향이 없다는 견해와 하급심 판결이 있다.[105] 그런데 사채발행에서는 이사회의 결의가 필요하다고 상법이 명문으로 규정하고 있고, 2011년의 개정에서도 이사회는 일정한 제약 하에서만 대표이사에게 위임할 수 있으며, 사채발행은 상법 제469조가 아니더라도 제393조 제1항의 대규모 자산의 차입에 해당하므로 당연히 이사회가 결정해야 하고, 사채발행으로 인한 회사의 손해를 대표이사의 손해배상책임으로 전보하는 것도 현실적으로 어렵다. 따라서 이사회의 결의가 없는데도 대표이사가 독단적으로 사채를 발행하였다면 당연히 무효로 봄이 타당하다.[106] 한편 최근에 대법원은 전원합의체 판결을 통하여 "일정한 대외적 거래행위에 관하여 이사회결의를 거치도록 대표이사의 권한을 제한한 경우에도 이사회결의는 회사의 내부적 의사결정절차에 불과하고, 특별한 사정이 없는 한 거래 상대방으로서는 회사의 대표자가 거래에 필요한 회사의 내부절차를 마쳤을 것으로 신뢰하였다고 보는 것이 경험칙에 부합한다. 따라서 회사 정관이나 이사회 규정 등에서 이사회결의를 거치도록 대표이사의 대표권을 제한한 경우(이하 '내부적 제한'이라 한다)에도 선의의 제3자는 상법 제209조 제2항에 따라 보호된다. 거래행위의 상대방인 제3자가 상법 제209조 제2항에 따라 보호받기 위하여 선의 이외에 무과실까지 필요하지는 않지만, 중대한 과실이 있는 경우에는 제3자의 신뢰를 보호할 만한 가치가 없다고 보아 거래행위가 무효라고 해석함이 타당하다."라고 판시하였는데,[107] 이러한 취지는 이 경우에도 적용할 수 있을 것이다.

---

103) 神田秀樹, 291頁.
104) 정준우, "주식회사 사채발행제도의 입법론적 재검토", 319면.
105) 임재연(미국증권법), 761면; 서울고등법원 2000. 6. 23. 선고 98나4608 판결.
106) 정준우, "주식회사 사채발행제도의 입법론적 재검토", 321면.
107) 대법원 2021. 2. 18. 선고 2015다45451 전원합의체 판결.

4) 집행임원에 대한 위임 : 상법상 이사회는 사채발행을 대표이사에게 위임할 수 있지만, 집행임원에게는 위임할 수 없다. 사채의 발행처럼 상법이 이사회의 권한으로 정한 것은 이사회가 집행임원에게 위임할 수 없기 때문이다(상법 제408조의2 제3항 제4호). 그런데 상법상 집행임원은 대표이사보다 폭넓은 업무집행권을 갖고 있고, 집행임원을 둔 경우에는 대표이사를 둘 수 없다. 이러한 점을 고려할 때 집행임원에게 사채발행을 위임할 수 없다는 것은 논리적으로 모순이므로,[108] 향후 입법적 보완이 요망된다.

Ⅲ. 발행방법

1. 서 언

상법 제469조에서는 이사회의 결의로 사채를 발행할 수 있다고만 규정할 뿐 구체적으로 어떠한 방법으로 발행하는지는 명확히 정하고 있지 않다. 그렇지만 다른 규정들을 고려할 때 회사가 사채를 발행하는 방법은 사채청약서의 작성이 필요 없는 경우와 필요한 경우로 대별할 수 있다. 전자에 예로는 상법 제475조의 총액인수와 특별법상의 채권매출을 들 수 있고, 후자의 예로는 상법 제474조의 공모(직접공모·위탁모집·인수모집)를 들 수 있다. 한편 상법 제474조 제2항은 사채청약서의 다양한 기재사항을 규정하고 있는데, 그 중 제8호의 만기와 관련하여 이른바 영구사채의 발행 여부가 문제된다.

2. 청약서가 불필요한 경우

(1) 총액인수

이는 특정인이 계약에 따라 회사가 발행하는 사채의 총액을 인수하는 방법인데, 사채청약서의 작성이 필요하지 않다(상법 제475조 제1문). 이러한 총액인수에서는 인수인(주로 증권·금융업을 하는 회사)이 회사로부터 인수한 채권을 일반공중에게 매출한 후 인수가액과 매출가액의 차이로 얻어지는 이득을 통하여 이익을 실현한다.

(2) 채권매출

이는 특별법에 따라 특수회사에 한하여 인정되는 것으로서(예: 한국산업은행법 제23조 등), 일정한 기간을 정하여 미리 작성된 채권을 매출하는 방법이다. 이 역시 총액인수와 마찬가지로 사채청약서의 작성, 배정, 납입, 채권교부 등의 절차가 필요하지 않다.

108) 이철송, 1063면.

3. 청약서가 필요한 경우

회사가 사채를 발행하는 때에 사채청약서가 필요한 경우는 「공모」이다. 이는 회사가 불특정의 일반공중으로부터 사채를 모집하는 방법으로서 다음과 같이 구분할 수 있다. 즉 ① 발행회사(기채회사)가 직접 일반공중으로부터 사채를 모집하는 방법(직접공모)인데, 발행회사 그 스스로가 모집할 수도 있고 금융기관이나 증권회사를 대리인으로 하여 모집할 수도 있다. ② 발행회사가 모집절차를 타인에게 위탁하는 방법(위탁모집)인데, 인수의 청약을 위해 사채청약서가 작성되어야 하고, 위탁받은 회사는 발행회사를 위하여 자기명의로 타인으로부터 청약을 받고 이에 대하여 배정하고 납입을 받을 수 있다(상법 제476조 제2항). 이 경우 수탁회사는 상법 제113조의 준위탁매매인에 해당한다. ③ 위탁모집에 있어서 사채응모액이 총액에 미달하는 때에는 수탁회사가 그 잔액을 인수할 것을 약정하는 모집방법(인수모집)인데, 인수의 청약을 위해서는 사채청약서의 작성이 요구되나 수탁회사가 인수하는 부분에 대해서는 사채청약서의 작성이 요구되지 않는 점이 특색이다(상법 제475조 제2문). 이는 현재 기업 실무에서는 가장 많이 이용하는 방법이다.

4. 사채청약서의 작성·활용

(1) 기재사항

상법 제474조 제2항에 의하면 사채청약서에는 일정한 사항이 기재되어야 한다. 즉 ① 회사의 상호, ② 자본금과 준비금의 총액, ③ 최종의 대차대조표에 의하여 회사에 현존하는 순재산액, ④ 사채의 총액, ⑤ 각 사채의 금액, ⑥ 사채발행의 가액 또는 그 최저가액, ⑦ 사채의 이율, ⑧ 사채의 상환과 이자지급의 방법과 기한, ⑨ 사채를 수회에 분납할 것을 정한 때에는 그 분납금액과 시기, ⑩ 채권을 기명식 또는 무기명식에 한한 때에는 그 뜻, ⑪ 채권을 발행하는 대신 전자등록기관의 전자등록부에 사채권자의 권리를 등록하는 때에는 그 뜻, ⑫ 전에 모집한 사채가 있는 때에는 그 상환하지 아니한 금액, ⑬ 사채모집의 위탁을 받은 회사가 있는 때에는 그 상호와 주소, ⑭ 사채관리회사가 있는 때에는 그 상호와 주소, ⑮ 사채관리회사가 사채권자집회결의에 의하지 아니하고 제484조 제4항 제2호의 행위를 할 수 있도록 정한 때에는 그 뜻, ⑯ ⑬의 위탁을 받은 회사가 그 모집액이 총액에 달하지 못한 경우에 그 잔액을 인수할 것을 약정한 때에는 그 뜻, ⑰ 명의개서대리인을 둔 때에는 그 성명·주소 및 영업소를 기재해야 한다.

(2) 영구사채

상법 제474조 제2항 제8호는 사채청약서에 기재할 사항으로 사채의 상환과 이자지급의

방법 및 기한만을 규정하고 있고 만기에 대해서는 언급이 없다. 그리하여 만기가 없는 영구사채도 발행할 수 있는지가 논란인데, 국제회계기준은 만기 없는 영구사채가 자기자본에 준하는 양호한 조건을 지녔다고 하며 자기자본으로 회계처리를 하고 있다. 한편 실무에서도 영구사채는 재무구조의 건전성을 유지하며 타인자본을 자유롭게 조달할 수 있는 좋은 방법이 되는데, 실제로 2000년 이후에 국내 금융기관들이 자기자본비율을 높이는 방법으로서 영구사채를 발행하기도 하였고, 2012년에는 비금융회사인 두산인프라가 5억 달러 규모의 영구사채를 발행하였다.[109] 생각건대 상법이 영구사채를 명확히 금지하지 않고 있고 국제회계기준도 영구사채를 자기자본으로 취급하고 있으므로 논리적으로는 기업의 재무관리적 편의성을 고려하여 영구사채의 발행을 허용함이 바람직하다. 그런데 회사가 청산하는 때에 영구사채는 후순위채보다 더 후순위로 변제되고, 회사가 상환권을 행사하지 않으면 사채권자는 영원히 사채원금을 상환받지 못한다. 이는 사채에 대한 투자자의 신뢰 제고와 사채발행시장의 활성화를 고려할 때 결코 바람직하지 아니하므로,[110] 영구사채를 발행할 수 있도록 하려면 먼저 관련 규정부터 개정해야 한다.

Ⅳ. 발행절차

1. 발행의 결정

(1) 결정사항

회사가 사채를 발행하려면 먼저 이사회의 결의를 통해 발행할 사채의 종류 등을 정해야 하는데, 상법은 이사회의 결의로 발행할 수 있는 사채의 종류에 ① 이익배당에 참가할 수 있는 사채, ② 주식이나 그 밖의 다른 유가증권으로 교환 또는 상환할 수 있는 사채, ③ 유가증권이나 통화 또는 그 밖에 대통령령으로 정하는 자산이나 지표 등의 변동과 연계하여 미리 정하여진 방법에 따라 상환 또는 지급금액이 결정되는 사채를 추가하였다(상법 제469조 제2항). 여기서 「대통령령으로 정하는 자산이나 지표」란 자본시장법 제4조 제10항에 따른 기초자산의 가격·이자율·지표·단위 또는 이를 기초로 하는 지수를 말한다(상령 제20조). 한편 회사가 발행하는 사채의 세부내용과 발행방법 등 발행에 필요한 구체적인 사항들은 대통령령으로 정한다(상법 제469조 제3항).

---

109) 한국경제신문 2012. 6. 22. A1면.
110) 정준우, “주식회사 사채발행제도의 입법론적 재검토”, 322면.

(2) 공동발행

기업 실무상 2개 이상의 회사가 공동으로 사채를 발행할 수 있는지가 논란인데, 상법은 이에 관하여 명확히 규정하고 있지 않다. 그런데 우리나라에서는 소유와 경영의 집중화와 기업의 수직적·수평적 계열화가 일반화 되어 있고, 대기업이 새로운 시장에 진입하는 때에는 대부분 소규모 자회사를 설립하여 진출함으로써 기업의 전체적인 이미지나 경제적 신용도는 그대로 유지하면서도 발생 가능한 위험은 최소한도로 제한하고 있다. 그리하여 이런 경우에 규모가 작은 자회사가 그 모회사와 공동으로 사채를 발행할 수 있으면 자회사는 모회사의 신용도를 적극적으로 차용하여 필요자금을 적시에 효과적으로 조달할 수 있다. 이런 점을 종합적으로 고려하여 현재에도 2개 이상의 회사가 공동으로 사채를 발행할 수 있다고 해석해야 한다.[111] 다만 사채발행은 회사의 보조적 상행위이므로 상법 제57조 제1항에 따라 발행회사들이 연대하여 상환책임을 부담해야 한다.

2. 신고와 공시

상장회사가 사채를 발행하는 경우에는 신주발행과 동일하게 증권신고서를 작성하여 제출하고, 그 신고서의 효력이 발생해야만 발행할 수 있다(자본시장법 제119조, 제121조). 그리고 투자설명서의 작성이나 공람 등 일정한 공시절차를 이행해야 하고(자본시장법 제123조), 그에 대한 외부감사도 아울러 받아야 한다(자본시장법 제169조).

3. 인수와 납입

(1) 사채의 인수

1) 인수방법 : 사채의 인수는 총액인수와 채권매출의 경우 외에는 사채청약서에 의하여 이루어진다. 따라서 사채를 취득하려는 자는 사채청약서 2통에 인수할 사채의 수와 주소를 기재하고 기명날인 또는 서명을 해야 한다(상법 제474조 제1항). 사채청약서는 대부분 이사가 작성하지만, 사채관리회사가 작성할 수도 있다. 다만 어느 경우에나 사채청약서에는 반드시 법정 사항을 기재해야 한다(상법 제474조 제2항, 제476조 제2항). 한편 이러한 청약에 대해 회사의 배정이 있으면 인수는 확정되고 사채계약이 성립한다.

2) 마감발행 : 신주발행에서는 인수권자가 청약하지 않거나 인수인이 납입기일에 납입

111) 일본의 경우 1993년 개정 상법 제304조는 사채의 합동발행(공동발행)에 관하여 규정하였지만, 2005년 회사법은 이에 관한 규정을 두고 있지 않다. 그렇지만 상법 제503조 제1항과 제511조 제1항에 의해 여전히 사채의 합동발행이 가능하고, 이 경우에는 당사회사가 연대책임을 진다고 해석하고 있다(江頭憲治郎, 814頁).

하지 않아 실권주가 발생하면 회사는 마감발행을 하거나 이사회의 결의로 제3자에게 실권주를 배정할 수 있다(통설).[112] 그런데 사채발행에서는 마감발행에 관한 규정이 없어 응모액이 모집총액에 미달한 경우의 처리가 문제된다. 즉 당회에 발행하는 사채를 무효로 처리해야 하는지 아니면 응모부분에 대해서만 효력을 인정해야 되는지 등이 논란이다. 이에 대해서는 사채의 통일적 일체성을 강조하며 모집총액에 대한 응모가 없는 경우에는 사채발행을 무효로 해야 한다는 견해도 있지만, 대체로는 응모한 범위 내에서 사채발행의 유효성을 인정한다. 참고로 상장회사가 교환사채·상환사채·전환사채·신주인수권부사채를 발행하는 때에는 마감발행을 할 수 있다(자본시장법 제165조의10 제1항). 생각건대 사채발행은 회사의 중요한 자금조달 수단이므로 신주발행처럼 마감발행을 허용해야 하지만, 사채발행에서는 발행회사와 응모자가 서로 다른 이해관계를 갖고 있으므로 모집총액에 미달하는 사채발행을 무조건 응모분까지 유효한 것으로 하는 것도 옳지 않다. 따라서 입법론적으로는 마감발행에 관한 일정한 기준(예: 모집총액의 50%를 초과하는 등)을 설정해 두고, 그 미만일 경우에는 사채발행을 무효로 하는 것이 바람직하다.[113]

(2) 주금의 납입

사채의 발행이 완료되면 대표이사는 지체없이 인수인에 대하여 각 사채의 전액 또는 제1회의 납입을 시켜야 한다(상법 제476조 제1항). 다만 위탁모집의 경우에는 사채관리회사가 이를 할 수 있다(상법 제476조 제2항). 주의할 것은 사채의 경우에는 주금의 납입과 달리 현금 납입에 한정하지 않으므로 상계·경개·대물변제도 가능하다는 점이다.

4. 등기와 공시

사채의 발행에는 등기가 필요하지 않다. 사채는 회사가 일정 기간 후 상환해야 할 채무이므로 공시의 실익이 없기 때문이다. 다만 사채 중 전환사채, 신주인수권부사채, 이익참가부사채, 교환사채 등의 특수사채의 경우에는 예외적으로 등기가 필요하다.

5. 위법한 발행

사채발행에서도 법령이나 정관에 위반하거나 현저하게 불공정한 발행의 효력이 문제되는데, 상법은 전환사채와 신주인수권부사채에만 신주발행유지청구에 관한 제424조와 공모인수인의 차액지급의무에 관한 제424조의2를 준용하고 있고(상법 제516조 제1항, 제516조

112) 이 경우에는 발행조건을 변경할 필요가 없다(대법원 2009. 5. 29. 선고 2007도4949 판결).
113) 정준우, "주식회사 사채발행제도의 입법론적 재검토", 320면.

의11), 다른 사채에 대해서는 아무런 규정을 두고 있지 않다. 한편 판례는 전환사채와 신주인수권부사채의 발행이 위법하거나 불공정한 경우에 대해 신주발행무효의 소에 관한 상법 제429조를 유추적용하고 있다.[114] 생각건대 전환사채와 신주인수권부사채는 사채이지만 실질적으로는 신주발행과 같으므로 신주발행에서의 유지청구나 차액책임 및 신주발행무효의 소에 관한 규정을 유추적용하면 되겠지만, 다른 사채의 경우에는 다소 문제가 있다. 그리고 법적 안정성을 위해서는 유추적용을 가능한 피하는 것이 바람직하므로 입법론적으로는 통칙 규정의 형태이든 아니면 사채별로 개별화된 규정이든 위법하거나 불공정한 사채발행의 효력에 관한 규정을 별도로 두는 것이 바람직하다.[115]

사례해결

(1) 사채는 원칙적으로 이사회의 결의로 발행하지만, 정관이 정하는 바에 따라 이사회는 사채의 금액 및 종류를 정하여 1년을 초과하지 아니하는 기간 내에 사채의 발행을 대표이사에게 위임할 수 있다(상법 제469조 제4항). 그렇다면 대표이사가 이사회의 결의 없이 발행한 사채는 무효인가? 이에 관하여 거래상대방의 보호와 법률관계의 획일적 처리를 위하여 회사의 내부적인 의사결정에 불과한 이사회의 결의가 흠결되었더라도 사채발행의 효력에는 영향이 없다는 견해와 하급심 판결(서울고등법원 2000. 6. 23. 선고 98나4608 판결)이 있다. 그런데 사채발행에서는 이사회의 결의가 필요하다고 상법이 명문으로 규정하고 있고, 2011년의 개정에서도 이사회는 일정한 제약 하에서만 대표이사에게 위임할 수 있으며, 사채발행은 상법 제469조가 아니더라도 제393조 제1항이 규정하는 대규모 자산의 차입에 해당하므로 당연히 이사회가 결정해야 하고, 사채발행으로 인한 회사의 손해를 대표이사의 손해배상 책임만으로는 전보하기 어려우며 현실적으로도 쉽지 않다. 따라서 사안에서처럼 대표이사가 이사회의 결의를 거치지 않고 독단적으로 사채를 발행하였다면 당연히 무효로 보아야 한다.

(2) 회사가 사채를 발행하려면 먼저 이사회의 결의로 발행할 사채의 종류 등을 정해야 하고, 사채의 인수는 총액인수와 채권매출 외에는 사채청약서에 의하여 이루어진다. 따라서 사채를 취득하려는 자는 사채청약서 2통에 인수할 사채의 수와 주소를 기재하고 기명날인 또는 서명을 해야 한다(상법 제474조 제1항). 한편 신주발행에서는 인수권자가 청약하지 않거나 인수인이 납입기일에 납입하지 않아 실권주가 발생하면 회사가 마감발행을 하거나 이사회결의로 발행조건의 변경 없이 제3자에게 실권주를 배정할 수 있다(통설; 대법원 2009. 5. 29. 선고 2007도4949 판결). 그런데 사채발행에서는 이러한 규정이 없어 응모액이 모집총액에 미달한 경우의 처리가 문제된다. 이에 대해서는 사채의 통일적 일체성을 강조하며 모집총액에 대한 응모가 없는 경우에는 사채발행을 무효로 해야 한다는 견해도 있지만, 대체로는 응모한 범위 내에서 사채발행의 유효성을 인정한다. 참고로 상장회사가 교환사채·상환사채·전환사채·신주인수권부사채를 발행하는 때에는 마감발행을 할 수 있다(자본시장법 제165조의10

114) 대법원 2004. 8. 20. 선고 2003다20060 판결; 대법원 2004. 6. 25. 선고 2000다37326 판결.
115) 정준우, "주식회사 사채발행제도의 입법론적 재검토", 322~323면.

제1항). 사안에서 ㈜甲이 사채를 발행하여 조달하려는 금액 30억원 중 5억원이 부족하지만, 인수된 25억원은 유효하므로 그 범위 내에서 마감발행을 할 수 있다고 본다. 다만 입법론적으로는 마감발행에 관한 일정한 기준을 설정해 두고, 그 미만일 경우에만 무효로 하는 것이 바람직하다.

제2관 사채의 유통·관리

예시사례 중소형 충전지를 생산·판매하는 상장법인 ㈜甲은 그동안 매출액 1위를 유지하였으나 최근 경쟁업체가 급성장하면서 매출액이 조금씩 줄어들고 있다. 이에 위기를 느낀 대표이사 A는 지난 3년간 지속적으로 연구개발팀을 독려하고 지원하며 노력한 결과 최근에 첨단기술을 활용하여 기존 제품 대비 편의성과 안전성 및 가동시간은 50% 늘어나고 충전시간은 50% 줄어든 신제품을 개발하였다. 그리고 ㈜甲의 이사회는 안정적인 판매망을 구축하고 있는 현 제품은 기존 공장에서 계속 생산하고, 신제품은 신기술을 활용하기 위해 공장을 신축하여 생산하기로 하였으며, 그에 필요한 자금은 무기명사채를 발행하여 조달하기로 결의하였다. 이 사안과 관련하여 다음 설문에 답하시오! (각 설문은 별개임)

(1) ㈜甲은 사채발행업무를 담당했던 주관 증권회사 ㈜乙을 사채관리회사로 지정하였다. 그런데 예상과 달리 ㈜乙이 사채관리업무를 제대로 수행하지 못하여 5개월 후 해임하였으나 아직도 후임자를 선임하지 못하고 있다. 이 경우 사채권자 B가 사무승계자의 선임을 법원에 청구할 수 있을까?

(2) ㈜丙을 사채관리회사로 선임하고자 하는 ㈜甲은 그 동의를 받기 위해 2020년 3월 25일 본사 대강당에서 사채권자집회를 소집하였다. 그런데 사채권자 C는 채권을 공탁하지 아니한 상태에서 집회에 참석하였고, 사채권자 D는 서면투표용지를 집회 당일 ㈜甲에게 제출하였다. 이는 유효한가?

I. 서 설

사채의 경우에는 상환기간이 보통 장기이다. 따라서 사채를 활성화하려면 상환기간 전이라도 사채권자가 투하자금을 회수할 수 있도록 해야 한다. 이에 상법은 주식에서의 주권처럼 사채권자의 권리를 표시하는 요식의 유가증권인 채권을 사채총액의 납입이 완료된 후 발행하도록 하고(상법 제478조 제1항, 제2항), 사채권자에 관한 사항을 명확히 하기 위해 사채원부를 작성·비치하게 하며(상법 제488조, 제396조), 유가증권의 일반원리(상법 제65조)에 따라 채권을 양도하거나 입질할 수 있도록 하고 있다. 그리고 사채의 실효적인 발행과 안정적·편의적인 관리 및 원활한 원리금 상환을 위해 이자와 이권 등에 관한 규정은 물론 상환금액·상환방법·상환시기 등에 대해서도 자세히 규정하고 있다.

한편 회사가 불특정의 일반대중으로부터 일시에 대규모 자금을 조달하여 장기간 보유하는 사채의 경우에는 효과적인 관리와 사채권자의 권익 보호 등이 입체적으로 이루어져야 한다. 그리하여 상법은 사채의 발행회사로 하여금 일정한 자격요건을 충족하는 사채관리회사를 선임하도록 하고, 그 선임된 사채관리회사를 통해 사채권자를 위한 사채의 상환청구나 변제의 수령 등 사채권의 전반적인 관리에 필요한 사무를 전담시키고 있다. 또한 상법은 사채권자로 구성되며 사채권자에게 중대한 이해관계가 있는 사항들에 대하여 같은 종류의 사채권자들의 총의를 수렴하여 결정하기 위해 임의적 의결기관인 사채권자집회를 두도록 하고, 그 권한과 운영 등에 관한 세부사항을 규정하고 있다.

Ⅱ. 사채의 유통

1. 유통방법

(1) 채권의 발행

1) 발행시기 : 사채는 보통 상환기간이 장기이므로 그 이전이라도 사채권자가 자금을 회수할 수 있도록 해야 한다. 이에 상법은 사채권자의 권리를 표창하는 유가증권인 채권(債券)을 발행하도록 규제하고 있다(상법 제478조 제2항). 이처럼 사채에는 채권이 발행되지만, 채권은 사채 전액이 납입된 경우에만 발행할 수 있다(상법 제478조 제1항).

2) 기재사항 : 채권에는 ① 회사의 상호, ② 사채의 총액, ③ 각 사채의 금액, ④ 사채의 이율, ⑤ 사채의 상환과 이자지급의 방법과 기한, ⑥ 채권을 기명식 또는 무기명식에 한한 때에는 그 뜻, ⑦ 사채모집의 위탁을 받은 회사가 있는 때에는 그 상호와 주소, ⑧ 사채관리회사가 있는 때에는 그 상호와 주소, ⑨ 사채관리회사가 사채권자집회결의에 의하지 아니하고 제484조 제4항 제2호의 행위를 할 수 있도록 정한 때에는 그 뜻을 기재하고 대표이사가 기명날인 또는 서명해야 한다(상법 제478조 제2항).

3) 발행방법 : 채권은 기명식과 무기명식으로 발행할 수 있다. 다만 어느 하나로 한정되지 않는 한 사채권자는 기명식을 무기명식으로 또는 무기명식을 기명식으로 전환해 줄 것을 회사에 청구할 수 있다. 한편 실무에서 사채는 대부분 무기명식으로 발행된다.

4) 전자등록 : 사채를 발행하는 회사는 사채권자의 권리를 표창하는 유가증권인 채권을 발행하는 대신에 정관이 정하는 바에 따라 전자등록기관의 전자등록계좌부에 사채를 등록할 수 있는데, 이 경우에는 주식의 전자등록에 관한 규정(상법 제356조의2 제2항 내지 제4항)이 준용된다(상법 제478조 제3항). 그렇지만 상장회사는 채권의 발행에 갈음하여 의무적으로

전자등록을 해야 한다(전자증권법 제25조 제1항 제1호).

(2) 사채원부의 작성·공시

1) 작성의무 : 회사가 무기명사채를 발행한 때에는 사채와 채권에 관한 사항을, 기명사채를 발행한 때에는 사채·채권·사채권자에 관한 사항을 명확히 하기 위하여 사채원부를 작성해야 한다(상법 제488조). 이처럼 사채원부는 사채와 사채권자에 관한 사항을 기재하는 장부인데, 이는 주식에서의 주주명부와 같다. 한편 사채원부는 특히 기명사채의 이전에 있어서 대항요건(상법 제479조), 통지 및 최고(상법 제489조 제1항→제353조), 신탁의 공시(신탁법 제4조 제1항) 등과 관련하여 법률적 의미가 있는데, 현재 실무에서 기명사채를 발행하는 경우는 거의 없으므로 실제적 의의는 별로 없다.

2) 기재사항 : 사채원부에는 ① 사채권자(무기명사채에서는 제외함)의 성명과 주소, ② 채권의 번호, ③ 사채의 총액, ④ 각 사채의 금액, ⑤ 사채의 이율, ⑥ 사채의 상환과 이자지급의 방법과 기한, ⑦ 사채를 수회에 분납할 것을 정한 때에는 그 분납금액과 시기, ⑧ 사채모집의 위탁을 받은 회사가 있는 때에는 그 상호와 주소, ⑨ 사채관리회사가 있는 때에는 그 상호와 주소, ⑩ 사채관리회사가 사채권자집회결의에 의하지 아니하고 제484조 제4항 제2호의 행위를 할 수 있도록 정한 때에는 그 뜻, ⑪ 각 사채의 납입금액과 납입연월일, ⑫ 채권의 발행연월일 또는 채권을 발행하는 대신 전자등록기관의 전자등록부에 사채권자의 권리를 등록하는 때에는 그 뜻, ⑬ 각 사채의 취득연월일, ⑭ 무기명사채를 발행한 때에는 그 종류, 수, 번호와 발행연월일을 기재해야 한다(상법 제488조).

3) 비치·공시 : 이사는 주주명부처럼 사채원부를 회사의 본점에 비치해야 하는데, 명의개서대리인을 둔 때에는 사채원부 또는 그 복본을 명의개서대리인의 영업소에 비치할 수 있다(법 제396조 제1항). 이 경우 주주와 회사채권자는 영업시간 내에 언제든지 사채원부의 열람 또는 등사를 청구할 수 있다(상법 제396조 제2항).

(3) 사채의 양도·입질

1) 사채의 양도 : 사채의 양도방법에 관하여 상법은 별도로 규정하고 있지 않으므로 유가증권의 일반원리(상법 제65조)에 따라야 한다. 즉 ① 무기명사채의 양도는 민법 제523조에 따라 양수인에게 채권을 교부함으로써 효력이 생기고, 계속하여 점유함으로써 제3자에게 대항할 수 있다. ② 기명사채의 양도는 민법 제508조에 따라 채권에 배서하여 양수인에게 교부함으로써 그 효력이 생기지만, 회사 기타 제3자에게 대항하기 위해서는 취득자의 성명

과 주소를 사채원부에 기재하고 그 성명을 채권에도 기재해야 한다(상법 제479조 제1항). 물론 명의개서대리인이 있는 경우에는 명의개서대리인을 통해 이러한 절차를 밟을 수 있다(상법 제479조 제2항→제337조 제2항).

2) 사채의 입질 : 사채의 입질에 관한 상법 규정도 없으므로 일반원리에 따라야 한다. 즉 ① 무기명사채의 입질은 민법 제351조에 따라 질권자에게 채권을 교부함으로써 효력이 생기고, 계속 점유함으로써 제3자에게 대항할 수 있다. ② 기명사채의 입질은 기명사채의 양도방법에 의한다(민법 제346조). 그런데 제3자에 대한 대항요건과 관련하여 ⓐ 민법 제349조에 따라 회사에 대하여 질권설정의 사실을 통지하거나 회사로부터 이에 관한 승낙을 얻어야 한다는 견해,[116] ⓑ 민법 제346조의 일반원칙에 따라서 상법 제479조를 유추적용해야 한다는 견해[117]가 있다. 생각건대 사채의 양도와 입질은 경제적 효용성이 같으므로 양자의 대항요건을 다르게 처리할 필요가 없다. 따라서 ⓑ설이 타당하다.

3) 전자등록의 경우 : 회사가 채권을 발행하는 대신에 전자등록기관의 전자등록부에 사채를 등록한 때에는 사채의 양도와 입질도 전자등록부에 등록하는 방법에 의하여 이루어진다(상법 제478조 제3항→제356조의2 제2항 내지 제4항).

2. 유통보장

(1) 이자와 이권

1) 이 자 : 사채를 발행할 때 반드시 이자를 붙여야 하는 것은 아니다. 그렇지만 사채는 대체로 이자를 지급하고, 사채에 이자를 붙이지 아니한 경우에는 액면가에서 이자 상당액을 할인한 가격으로 발행한다(할인채). 한편 이자부사채의 경우 이자는 선급일 수도 있고 후급일 수도 있지만, 이율을 확정금리로 정할 필요는 없다. 이와 관련하여 실무에서는 대체로 1년 만기의 정기예금이자에 비해 1~2% 높은 선에서 이자가 정해지고 있다.

2) 이 권 : 실무에서는 대부분 무기명사채가 발행되는데, 무기명사채에 이자를 지급하면 지급할 때마다 채권을 제시해야 하고 이중 지급의 방지를 위해 채권에 이자가 지급되었음을 기재해야 하는 번거로움이 있다. 이에 실무에서는 채권에 이권(利券)을 붙여 발행한 후 이권과 상환하며 이자를 지급하고 있는데, 여기서 「이권(Coupon)」이란 일정한 기간(대부분 3개월) 단위로 이자청구권을 표창하는 무기명 유가증권이다. 따라서 이권은 사채와 분리·독립되어 유통될 수 있고, 이권만의 제시로 이자를 지급받을 수 있으며, 회사도 이권

116) 손주찬, 970면; 임재연(Ⅰ), 865면; 정찬형, 1283면; 최기원, 856면.
117) 이철송, 1065면; 채이식, 730면.

소지인에게 이자를 지급하면 면책된다. 한편 이권부무기명사채를 상환하는 경우에 이권이 흠결된 때에는 그 이권에 상당한 금액을 상환액으로부터 공제하는데(상법 제486조 제1항), 이는 이권 소지인을 보호하기 위한 규정이다.[118] 따라서 이권 소지인은 언제든지 그 이권과 상환하여 공제액의 지급을 청구할 수 있다(상법 제486조 제2항).

(2) 사채의 상환

1) 상환금액 : 사채의 상환금액은 대부분 사채의 금액(액면가액)과 일치한다. 그렇지만 이자를 붙이는 방법 중 하나로서 사채금액을 초과하는 상환금액을 정할 수도 있다.

2) 상환시기 : 사채의 경우 대부분은 1회의 특정일을 상환일로 정하여 일시에 상환하지만, 예외적으로 수회에 걸쳐 분할하여 상환할 수도 있다.

3) 만기 전 상환 : 사채에 이자를 붙이지 아니한 할인채의 경우 기한의 이익[119]은 회사만이 가지므로 발행회사는 이를 포기하고 만기 전에 사채를 상환할 수 있다. 다만 상대방(사채권자)의 이익을 침해할 수는 없으므로 상환하려면 잔존기간에 대한 이자를 지급해야 한다. 따라서 회사가 이자의 지급에 관한 부담 없이 만기 전에 사채를 상환하려면 미리 상환조항으로 이를 정해 두어야 한다. 다만 이 경우 회사가 사채권자와 개별적으로 합의할 필요는 없고, 사채를 발행할 때 발행조건 중 하나로 이사회가 정하고 사채청약서와 채권에 이를 기재하면 충분하다(상법 제474조 제2항 제8호, 제478조 제2항 제2호).

4) 상환소각 : 사채의 경우에는 자기주식의 취득규제나 주식소각 등에 관한 규제가 없으므로 회사는 자기사채를 매입하여 자유롭게 소각할 수 있다. 그리하여 실무에서는 사채의 수익률이 시중이자보다 높아지면 조기에 사채를 상환하여 소각하고 있다.

---

118) 주의할 것은 이권의 흠결에 관한 상법 제486조는 사실상 이권부무기명사채를 조기상환하는 경우에만 적용된다는 점이다. 이자의 지급시기가 이미 도래한 때에는 그 금액을 사채원금에서 공제할 이유가 없고, 만기에 상환하는 때에는 지급시기가 도래하지 아니한 이권이 있을 수 없기 때문이다. 한편 회사가 이권부무기명사채를 조기상환하는 경우에는 향후 이자를 지급할 필요가 없다. 그렇지만 사채로부터 분리·독립된 이권이 양도되어 제3자가 소지하고 있는 경우에는 이를 보호할 필요가 있다. 그리하여 상법은 이런 상황을 종합적으로 고려하여 이권이 흠결된 사채를 (조기)상환하는 때에는 이권 상당액을 그 상환액으로부터 공제하도록 한 것이다.

119) 개정 전 상법은 발행회사가 사채의 이자 지급을 게을리할 경우 사채권자집회의 결의에 의해 사채총액에 관하여 기한의 이익을 빼앗을 수 있도록 규정하고 있었지만, 2011년 개정 상법은 이를 폐지하였다. 그렇지만 지금도 사채계약을 통하여 기한이익의 상실사유를 정할 수 있고, 발행회사와 수탁회사의 사채모집위탁계약에서 기한이익의 상실사유를 정하면서 사채권자를 위해 효력이 있음을 정한 경우에는 사채권자가 수익의 의사표시를 하고 이 규정을 원용할 수 있다(대법원 2005. 9. 15. 선고 2005다15550 판결).

5) 상환보증 : 실무에서는 금융기관 등이 상환을 보증하는 형태로 사채를 발행하는 경우가 있는데, 이러한 사채를 「보증사채」라고 한다. 그런데 우리나라에서는 대부분 무보증사채가 발행되고 있으므로 사실상 논의의 실익은 없다.

6) 불공정한 변제 취소 : 사채의 발행회사가 어느 사채권자에게 한 변제, 화해, 그 밖의 행위가 현저하게 불공정한 때에는 사채관리회사가 소로써 그 행위의 취소를 청구할 수 있다(상법 제511조 제1항). 이는 발행회사가 특정한 사채권자를 위하여 우선변제하는 등의 방법으로 다른 사채권자에 대한 회사의 변제능력을 떨어뜨리는 것을 막기 위함이다.120) 다만 이 경우 사채관리회사는 취소의 원인인 사실을 안 때부터 6개월, 행위가 있은 때부터 1년 내에 소를 제기해야 한다(상법 제511조 제2항). 이처럼 동 규정은 두 가지 측면에서 중요한 의미가 있다. 즉 ① 사채권자가 아닌 사채관리회사에 취소권을 부여함으로써 사채권자의 권리가 집단적으로 보호받을 수 있게 되었고, ② 발행회사가 사채권자를 해한다는 사실을 알아야 한다는 주관적 요건을 배제하고 단지 변제 등이 불공정하다는 객관적 요건만 요구함으로써 취소권의 행사를 용이하게 하였다. 다만 주의할 것은 변제 등을 받은 채권자가 그 당시에 다른 사채권자를 해한다는 사실을 알지 못한 경우에는 취소할 수 없다는 점이다(상법 제511조 제3항 → 민법 제406조 제1항 단서).

Ⅲ. 사채관리회사

1. 의 의

(1) 개 념

사채관리회사는 발행회사에 의해 선임되어 사채권자를 위하여 사채관리에 관한 업무를 담당하는 자이다. 즉 사채관리회사는 사채거래에 관한 전문적인 지식을 가지고 사채권자 전체의 이익을 위하여 일종의 법정대리인으로서 사채관리업무를 담당하는 자이다. 그리하여 상법 제480조의2에서는 사채에 관한 변제의 수령과 채권의 보전 및 그 밖에 사채의 관리에 필요한 권한을 사채관리회사에 부여하였고, 제484조의2에서는 사채권자의 실효적 보호를 위하여 사채관리회사에 각종 의무와 책임을 부여하고 있다.

---

120) 물론 이 경우 사채권자는 민법 제406조 제1항의 채권자취소권을 행사할 수도 있다. 그런데 이 경우에는 채무자가 채권자를 해한다는 사실을 안다고 하는 주관적 요건이 요구되는데, 그 증명이 쉽지 않다.

(2) 취 지

2011년 개정 상법이 기존의 수탁회사 대신에 사채관리회사를 도입한 것은 발행회사가 사채권자 그 전부를 일일이 상대하는 것보다는 사채관리회사라는 단일한 창구를 통해 사채를 관리하는 것이 더 효율적이라는 판단에 따른 것이다([표 21] 참조). 이를 위해 상법은 사채권자의 보수에 대하여 우선변제권까지 인정하고 있다(상법 제507조 제2항).

[표 21] 사채관리체계의 변화

구 분		개정 전	개정 후
관리주체		수탁회사(인수업자)	사채관리회사
관리자격		은행, 신탁업자, 증권회사	은행, 신탁업자, 증권회사, 한국예탁결제원, 증권금융
업무범위	법정	• 사채관리업무(변제수령, 채권보전, 사채권자집회의 소집·운영)	• 좌동 • (추가) 발행회사의 업무와 재산상태 조사(다만 법원의 허가가 필요함)
	약정	• 계약이행 모니터링 • 기한이익 상실 처리	• 좌동 • 좌동
의무내용		• 선관주의의무(계약상)	• 선관주의의무(상법) • 공평·성실의무(상법)

(3) 지 위

사채관리회사는 사채권자를 위하여 사채권의 관리에 필요한 사무를 담당하는 자이다. 그런데 상법이 사채관리회사의 선임을 발행회사의 선택에 맡기고 있어 실무에서는 대부분 사채관리회사가 선임되지 않고 있으며, 선임되더라도 과거의 수탁회사에서처럼 사채의 발행업무를 담당한 증권회사가 주류를 이루고 있다.[121] 이처럼 발행회사가 비용의 부담과 기존의 거래관계 등을 이유로 대부분 인수업무를 담당한 증권회사를 사채관리회사로 지정하고 있어 사채관리회사의 독립성이 매우 미흡한데, 이는 사채관리회사를 도입한 상법의 취지에 반한다.[122] 따라서 사채관리회사의 사채권자 보호기능을 제고하려면 사채관리회사의

121) 예를 들어 상법에 사채관리회사가 도입된 후 2012년 4월 15일부터 7월 16일까지 이루어진 사채의 공모발행 87건 중 77건에서 사채관리회사(21사)를 지정하였다. 즉 10건은 사채관리회사를 별도로 지정하지 않았고, 지정된 21개의 사채관리회사를 보면 증권회사가 20개로서 거의 전부를 차지하고 있었다.

122) 기존의 수탁회사가 사채모집의 인수업무를 담당하면서 그에 부수하는 업무로 사채관리업무를 취급하여 수수료를 전혀 받지 않거나 소액의 수수료만 받고 업무를 수행함에 따라 원리금의 미지급 등

독립성을 확보할 수 있는 제도적 지원이 선행되어야 한다.[123]

2. 자 격

(1) 자격요건

사채관리회사는 은행, 신탁회사, 그 밖에 대통령령으로 정하는 자만이 될 수 있다(상법 제480조의3 제1항). 여기서 「대통령령으로 정하는 자」란 ① 은행법에 따른 은행, ② 한국산업은행법에 따른 한국산업은행, ③ 중소기업은행법에 따른 중소기업은행, ④ 농업협동조합법에 따른 농협은행, ⑤ 수산업협동조합법에 따른 수산업협동조합중앙회의 신용사업부문, ⑥ 자본시장법에 따라 신탁업 인가를 받은 자로서 일반투자자로부터 금전을 위탁받을 수 있는 자, ⑦ 자본시장법에 따라 투자매매업 인가를 받은 자로서 일반투자자를 상대로 증권의 인수업무를 할 수 있는 자, ⑧ 한국예탁결제원, ⑨ 자본시장법에 따른 증권금융회사 중 어느 하나에 해당하는 자를 말한다(상령 제26조).

(2) 결격사유

사채의 인수인 및 사채를 발행한 회사와 특수한 이해관계가 있는 자로서 대통령령으로 정하는 자는 사채관리회사가 될 수 없다(상법 제480조의3 제2항, 제3항).[124] 여기서 「대통령령으로 정하는 자」란 사채관리회사가 되려는 자가 ① 사채관리회사가 사채발행회사에 대하여 상법 제542조의8 제2항 제5호에 따른 최대주주 또는 같은 항 제6호에 따른 주요주주인 경우, ② 사채발행회사가 사채관리회사에 대하여 ⓐ 사채관리회사가 제26조 제1호의 은행인 경우에는 은행법 제2조 제1항 제10호에 따른 대주주, ⓑ 사채관리회사가 제26조 제6호 및 제7호의 자인 경우에는 자본시장법 제9조 제1항에 따른 대주주 중 어느 하나에 해당하는 경우, ③ 사채발행회사와 사채관리회사가 공정거래법 제2조 제12호에 따른 계열회사인 경우, ④ 사채발행회사의 주식을 보유하거나 사채발행회사의 임원을 겸임하는 등으로 인하여 사채권자의 이익과 충돌하는 특수한 이해관계가 있어 공정한 사채관리를 하기 어려운 경우로서 법무부 장관이 정하여 고시하는 기준에 해당하는 회사 중 어느 하나에 해당하는 경우에 그 회사를 말한다(상령 제27조). 상법이 이처럼 일정한 결격사유를 규정한 것은 사채

과 같은 채무불이행(default) 사태가 발생한 경우에 사채권자의 보호를 위한 실질적인 역할을 제대로 수행하지 못하였기에 그 개선방안으로서 2011년 개정 상법이 사채관리회사 제도를 도입하였기 때문이다.

123) 정준우, “사채권자의 보호를 위한 사채관리회사제도의 비판적 검토”, 162면.

124) 상법이 사채인수인의 경우 사채관리회사가 될 수 없도록 한 것은 그가 자신의 이익을 위해 다른 사채권자에 앞서 자신의 사채를 먼저 상환하는 등과 같이 불공정한 업무수행이 우려되었기 때문이다.

관리업무의 경우 다수의 사채권자를 위한 공익적 성격의 업무이므로 고도의 신용과 금융업무에 관한 전문성을 갖추고 있어야 하기 때문인데, 사채의 인수인을 결격사유로 규정한 것에 대해서는 의문을 제기하는 견해도 있다.[125]

(3) 관련 쟁점

1) 자격요건의 명확화 : 상법 제480조의3 제1항과 동 시행령 제26조 그리고 은행법 제2조 제1항 제2호와 제7조 제1항을 종합하면 한국은행을 제외하고는 상법이 규정하고 있는 한국산업은행·중소기업은행·농협은행·수협은행을 포함하여 금융위원회의 지정에 따라 은행업을 영위하고 있는 모든 은행이 사채관리회사가 될 수 있다.[126] 그런데 누가 사채관리회사가 될 수 있는지는 사채권자의 신뢰 확보와 그들의 이익 보호에 직결되는 것이므로 상법에서 명확히 범위를 확정할 필요가 있다. 현재의 규정 체계와 그 내용은 너무 포괄적이어서 오히려 혼란을 초래할 수 있기 때문이다. 그리고 대출은행의 경우 당해 대출을 받은 회사의 사채관리회사가 될 수 없도록 제한할 필요가 있다.[127] 상법이 발행회사와 특수한 이해관계가 있는 자는 사채관리회사가 될 수 없도록 규정하고 있지만, 대출은행에 대해서는 규정하지 않아 사채권자의 보호에 문제가 있기 때문이다.[128]

2) 결격사유의 합리화 : 상법 제480조의3 제2항과 제3항은 사채의 인수인 및 발행회사와 특수한 이해관계가 있는 자로서 대통령령이 정하는 자는 사채관리회사가 될 수 없도록 규제하고 있다. 이는 사채권자와 사채관리회사의 이해상충을 방지하기 위함이다.[129] 그런데

125) 이철송, 1072면.

126) 일본은 사채관리회사의 자격을 은행과 신탁회사 및 법무성령이 정하는 일정한 자로 제한하며(회사법 제703조), 금융상품거래업자는 사채관리자가 될 수 없도록 규제하고 있다(금융상품거래법 제36조의4). 그리하여 우리나라에서처럼 증권회사가 사채관리회사로 선임되는 경우는 거의 없고, 대부분 발행회사와의 계속적인 금융거래관계에 있는 주거래은행이 사채관리회사로 선임되어 사채권자를 위한 사채관리업무를 수행하고 있다.

127) 정준우, "사채권자의 보호를 위한 사채관리회사제도의 비판적 검토", 165~167면.

128) 대출한 은행이 대출받은 회사의 사채관리회사가 되면 원리금의 미지급 등과 같은 디폴트 사태가 발생한 때에 자신의 채권을 먼저 확보하기 위해 사채관리회사의 책무에 충실하지 못할 수가 있기 때문이다.

129) 일본에서는 이해상충을 방지하기 위해 사채관리회사와 사채권자의 이해가 상충하는 때에는 특별대리인을 선임하도록 하고(회사법 제707조), 사채관리회사에 성실의무와 특별손해배상책임을 부과하고 있다(회사법 제704조 제1항, 제710조 제2항)(江頭憲治郎/森本滋 外, 150頁 이하 참조). 한편 이해상충에 관한 외국 사례로는 발행회사를 지배하는 수탁회사가 사채권자를 희생시킨 경우(R. H. Hoe & Co. Inc 사건), 사채의 담보를 무가치한 담보로 변경하여 자기의 대출채권을 보전한 경우(Hazard v. Chase National Bank of New York, 311 U.S. 708(1940)), 발행회사의 재무상태가 악화된 것을 알고 자기 채권을 회수하여 발행회사를 파산에 이르게 한 경우(Dabney v. Chase National Bank, 346 U.S. 863(1953)), 수탁회사가 자기 채권을 사채권자의 이익에 우선하여 처리한 경우(United State Trust Co. v. First National City Bank, 410 N.Y.S. 2d 580(1979)) 등이 있다.

인수인의 경우 당해 사채를 인수한 경우만 결격사유에 해당하고 그 외(예: 1회차 사채를 인수하여 관리하던 중 2회차 사채가 발행되어 인수하는 경우 등)에는 규제에 포함되지 않아 사채관리회사의 이해상충 문제와 사채권자의 이익을 침해할 가능성은 여전히 남아 있다. 사채는 발행회차별로 그 내용이 다르므로 관리업무에 있어서도 회차별 사채권자의 이해관계가 다르기 때문이다. 따라서 이에 관한 입법적 보완이 필요하다. 한편 실무에서 많이 활용하는 증권회사의 경우에는 원칙적으로 사채관리회사가 될 수 있도록 하되, 이해상충의 우려가 경우에는 사채관리회사가 될 수 없도록 제한할 필요가 있다(예: 최근 2년 내에 사채인수업무를 처리한 증권회사는 당해 회사의 사채관리회사가 될 수 없도록 하는 것 등).[130] 증권회사가 자본시장법에 따라 신탁업이나 투자매매업의 인가를 받으면 사채관리회사가 될 수 있고, 실무에서도 사채관리회사는 대부분 증권회사가 담당하고 있는데, 사채인수업무를 전담해 온 증권회사의 경우에는 사실상 사채권자보다는 발행회사의 이익을 대변할 가능성이 크므로 추가적인 제한이 필요하기 때문이다.

3) 관리수수료의 현실화 : 사채관리회사가 사채권자의 이익을 보호하려면 먼저 전문성을 갖추어야 하고, 발행회사와 사채권자 사이에서 이해상충의 우려가 없어야 한다.[131] 따라서 대형 은행이나 신탁회사가 주된 사채관리회사가 되어야 하는데, 오히려 이들은 사채관리업무의 인수를 피하고 있다. 발행회사가 인수인에게 지급하는 수수료에 비해 사채관리회사에 지급하는 수수료가 현저히 적고,[132] 사채관리회사에 부과되는 의무와 책임은 무겁기 때문이다. 따라서 사채관리회사가 사채권자의 이익 보호라는 기능을 효과적으로 수행할 수 있도록 하려면 관리수수료부터 현실화하여 충분한 인적 조직과 물적 설비를 갖춘 대형 은행이나 신탁회사가 사채관리시장에 진입하여[133] 사채관리회사로 선임될 수 있도록 해야 한

130) 정준우, "사채권자의 보호를 위한 사채관리회사제도의 비판적 검토", 167~168면.

131) 이해상충의 대표적인 예로는 ① 사채관리회사나 그의 이사가 ⓐ 인수인과 지배관계에 있는 경우, ⓑ 인수인의 증권을 보유하고 있는 경우, ⓒ 인수인의 이사를 비롯한 임직원인 경우, ② 사채관리회사나 그의 이사가 ⓐ 발행회사의 채권자인 경우, ⓑ 발행회사의 증권을 보유하고 있는 경우, ⓒ 발행회사의 복수의 사채를 관리하는 경우, ⓓ 발행회사의 사채인수인인 경우, ⓔ 발행회사의 이사를 비롯한 임직원인 경우 등을 들 수 있다(한국예탁결제원, 「미·일 사채관리법제상 이해상충방지규정에 관한 조사」, 4면).

132) 2011년 개정 상법이 사채관리회사를 도입한 직후 실무에서 사채발행회사가 사채인수인에게 지급하는 수수료는 평균적으로 발행금액 대비 0.3%이었으나 사채발행회사가 사채관리회사에 지급하는 수수료는 평균 0.005%(보통 5백만원 정도)에 불과하였다(즉 관리수수료는 인수수수료의 1.7%에 불과함). 그런데 당시 일본의 경우에는 발행잔액 대비 연평균 0.1%를 사채관리수수료로 지급하고 있었다.

133) 미국에서는 사채관리수수료가 법무수수료와 가입수수료 및 연간수수료로 구성되는데, A등급의 10년 만기 사채를 기준으로 하면 연간 평균수수료는 1.25BP정도이다. 그리고 일본에서는 사채관리수수료 요율을 시장에 공시하고 있는데, A등급을 기준으로 할 때 사채관리수수료는 연 평균 2.0BP이다(우리나라의 10배 이상).

다.[134] 현재 사채관리업무를 수행하고 있는 기관도 인적 조직이나 물적 설비에 관한 법적 규제가 없는 점을 이용하여 형식적으로 사채관리를 함으로써 사채권자 보호기능을 제대로 수행하지 못하고 있기 때문이다. 그리고 사채관리회사도 사채의 만기가 점차 장기화되고 있음을 고려하여 사채관리 중에 발생하는 각종 리스크의 관리와 그에 필요한 비용도 적극적으로 고려하여 관리수수료를 책정해야 한다.[135]

3. 임 면

(1) 선 임

사채관리회사는 발행회사가 지정한다(상법 제480조의2). 이처럼 사채권자를 위하여 사채관리업무를 전담하는 사채관리회사의 선임이 강제되지 않아 실효성이 반감되고 있으므로 다음과 같이 개선할 필요가 있다. 즉 ① 상법이 수탁회사를 폐지하고 사채관리회사를 도입한 것은 사채의 모집과 관리에 관한 업무를 분리하여 이해상충을 방지하고 사채권자를 보호하기 위함이다. 그런데 사채관리회사의 선임을 의무로 하지 않아서 그 취지가 많이 퇴색하였으므로 사채총액이 일정한 금액 이상이거나 기타 사채권자의 이익을 위해 특히 필요하다고 인정되는 때에는 사채관리회사의 선임을 강제할 필요가 있다.[136] ② 사채관리회사로 선임된 후 발생하는 각종 이해상충 문제를 합리적·효과적으로 해결할 수 있는 장치를 마련할 필요가 있다. 즉 사채관리회사가 적격한 업무수행을 위한 인적 조직과 물적 설비를 갖추고 지속적으로 관리하고 있는지를 모니터링해야 하고, 사채관리회사로 선임되었더라도 실제로 관리업무를 개시하려면 일정한 등록절차를 거치게 하여 이런 사항을 확인할 수 있도록 해야 한다. 참고로 미국의 경우에는 사채관리회사의 이해상충을 방지하기 위해 이해상충을 문제로 사채관리회사의 자격을 완전히 박탈하거나 박탈하지는 않으나 일정한 시점까지 이해상충 문제를 해소하도록 규제하고 있다.[137]

---

134) 정준우, "사채권자의 보호를 위한 사채관리회사제도의 비판적 검토", 162~163면.

135) 그동안 발행된 사채의 만기는 보통 3년 정도이지만, 특정한 경우에는 5년이나 10년으로 발행되기도 한다.

136) 일본에서는 1993년 개정 상법이 사채관리회사를 도입하였고, 2005년 회사법은 이를 사채관리자로 변경하며 의무적으로 선임하도록 하되 각 사채의 금액이 1억엔 이상인 경우와 사채권자 보호가 결여될 염려가 없는 경우로서 법무성령이 정하는 경우(사채권자의 수가 50인 이상이 될 가능성이 없는 경우)에는 사채관리자를 선임하지 않아도 되도록 규정하고 있다(동법 제702조 단서). 한편 미국의 신탁증서법도 보증사채만이 아니라 무보증사채에 대해서도 사채관리회사의 선임을 강제하고 있는데, 이는 사채권자의 집단적인 행동과 인센티브 및 강압성에 관한 문제를 효과적으로 해결할 수 있기 때문이다(Marcel Kahan, "Rethinking Corporate Bond: The Trade-off Between Individual and Collective Rights", 77 *N.Y.U. L. Rev.*, 1040, 1059(2002)).

137) 구체적으로 90일 내에 사채관리회사가 이해상충 문제를 해결하든지 아니면 사임하거나 그러한 사

(2) 종 임

1) 사 임 : 사채관리회사는 사채를 발행한 회사와 사채권자집회의 동의를 받아 사임할 수 있는데, 부득이한 사유가 있어 법원의 허가를 받은 경우에도 같다(상법 제481조).

2) 해 임 : 사채관리회사가 그 사무를 처리하기에 적임이 아니거나 그 밖에 정당한 사유가 있는 경우 법원은 사채발행회사 또는 사채권자집회의 청구에 의하여 사채관리회사를 해임할 수 있다(상법 제482조). 그런데 해임사유가 너무 추상적이어서 논란이 발생할 수 있다. 물론 대체로 사채관리회사가 선관주의의무와 공평·성실의무를 위반한 경우 외에 사채관리회사의 자력이 악화되거나 신용이 저하되는 등 그 직무의 효율적·합리적인 수행을 기대하기 어려운 경우도 포함된다고 본다.[138] 그렇지만 자력 악화나 신용 저하의 구체적인 범위도 불명확하여 법원의 심리과정에서 논란이 제기될 소지가 큰데, 이는 법규의 명확성 원칙에 비추어 볼 때 바람직하지 않다. 더욱이 대부분의 무기명사채에서는 사채관리회사가 사채권자의 성명 등과 같은 인적 사항을 파악하기도 쉽지 않다. 따라서 사채권자에 대한 선관주의의무나 공평·성실의무의 위반을 이유로 사채관리회사를 해임할 수 있으려면 먼저 이러한 어려움부터 해결하는 입법적 조치가 선행되어야 한다.[139]

3) 사무승계 : 사임이나 해임으로 인해 사채관리회사가 없게 된 경우 발행회사는 그 사무를 승계할 사채관리회사를 정하여 사채권자를 위해 사채의 관리를 위탁해야 하는데, 이 경우 회사는 지체없이 사채권자집회를 소집하여 동의를 받아야 한다(상법 제483조 제1항). 다만 부득이한 사유가 있는 경우 이해관계인은 사무승계자의 선임을 법원에 청구할 수 있다(상법 제483조 제2항). 이는 사채관리업무의 공백으로 인한 사채권자의 피해를 방지하기 위함이다. 그런데 「부득이한 사유」가 무엇인지 불명확하고, 사무승계자의 선임이 지체되어야만 이해관계인이 청구할 수 있는지 아니면 지체되지 않아도 이해관계인이 청구할 수 있는지도 명확하지 않다. 따라서 우선은 입법취지를 고려하여 사무승계자의 선임이 지체되지 않더라도 일정한 사유(발행회사의 공정한 사무승계자 선임이 기대하기 어려운 경우 등)가 있는 때에는 이해관계인이 법원에 사무승계자의 선임을 청구할 수 있다고 해석하되, 향후 입법적으로 이를 명확히 보완해야 한다.

실을 사채권자에게 통지하는 취지의 조항을 신탁증서에 포함시키도록 규제하고 있다(신탁증서법 제310조(a)(5), (b)).

138) 江頭憲治郎/森本滋 外, 201頁.

139) 정준우, "사채권자의 보호를 위한 사채관리회사제도의 비판적 검토", 176~177면.

4. 권 한

(1) 사채권자를 위한 권한

1) 권한의 범위 : 사채관리회사는 사채권자를 위하여 사채에 관한 채권을 변제받거나 채권의 실현을 보전하기 위하여 필요한 재판상 또는 재판 외의 모든 행위를 할 수 있다(상법 제484조 제1항). 여기서 「채권을 변제받거나 채권의 실현을 보전하기 위하여 필요한 행위」란 원리금의 상환청구와 변제의 수령, 상환을 위한 제소, 상환청구권과 책임재산의 보전처분, 강제집행의 신청, 발행회사의 다른 채권자에 의한 강제집행에서의 배당요구, 채무자회생법상의 채권신고, 관계인집회나 채권자집회에서의 의결권의 행사 등을 포함한다. 이처럼 사채관리회사의 사채권자를 위한 권한의 핵심은 사채상환이다.

2) 권한의 기능 : 상법 제484조 제1항이 사채관리회사의 권한을 명확히 규정함으로 인해 사채관리회사는 사채권자의 수권이 없더라도 발행회사에 대하여 사채상환을 청구할 수 있고, 사채권자의 이름으로 소를 제기할 수 있다. 이는 사채상환에 있어서 발행회사와 사채권자의 편의를 도모하고 사채권자를 두텁게 보호하기 위함이다. 그런데 사채관리회사가 대리권을 갖더라도 사채권자의 개별적인 상환청구권이 소멸하는 것은 아니므로 각 사채권자는 사채관리회사와 별개로 발행회사에 대하여 상환을 청구할 수 있다(통설).

3) 행사 후 조치 : 사채관리회사가 발행회사로부터 사채에 관한 채권을 변제받은 때에는 지체없이 그 뜻을 공고하고, 알고 있는 사채권자에게 통지하여야 한다(상법 제484조 제2항). 이처럼 사채관리회사가 사채를 상환받으면 발행회사의 채무는 소멸하므로 사채권자는 사채관리회사에 대하여 사채 상환액 및 이자 지급을 청구할 수 있다(상법 제484조 제3항 제1문). 이 경우 사채권이 발행된 때에는 사채권과 상환하여 상환액지급청구를 하고, 이권(利券)과 상환하여 이자지급청구를 하여야 한다(상법 제484조 제3항 제2문).

(2) 관리업무에 관한 권한

1) 사채권자집회소집권 등 : 사채관리회사가 ① 해당 사채 전부에 대한 지급의 유예, 그 채무의 불이행으로 발생한 책임의 면제 또는 화해, ② 해당 사채 전부에 관한 소송행위 또는 채무자회생 및 파산에 관한 절차에 속하는 행위 중 어느 하나에 해당하는 행위(사채에 관한 채권을 변제받거나 채권의 실현을 보전하기 위한 행위는 제외함)를 하는 경우에는 사채권자집회의 결의에 의하여야 한다(상법 제484조 제4항 본문). 다만 사채발행회사는 ②의 행위를 사채관리회사가 사채권자집회결의에 의하지 아니하고 할 수 있음을 정할 수 있다(상법 제

484조 제4항 단서). 그리고 이를 위해 사채관리회사는 사채권자집회의 소집, 사채권자집회에의 출석 및 의견진술권, 결의의 집행 등의 권한을 행사할 수 있다(상법 제491조 제1항, 제493조 제1항, 제501조).

2) 조사권 : 사채관리회사는 그 관리를 위탁받은 사채에 관하여 상법 제484조 제1항 또는 제4항의 각 호에서 정한 행위(① 사채에 관한 채권을 변제받거나 채권의 실현을 보전하기 위한 행위, ② 사채 전부에 대한 지급의 유예, 그 채무의 불이행으로 발생한 책임의 면제 또는 화해, ③ 사채 전부에 관한 소송행위 또는 채무자회생 및 파산에 관한 절차에 속하는 행위)를 위하여 필요하면 법원의 허가를 받아 사채를 발행한 회사의 업무와 재산상태를 조사할 수 있다(상법 제484조 제7항). 이 권한은 2011년 개정 상법이 신설하였는데, 사채관리회사가 사채권자를 위하여 그 직무를 실효적으로 수행하려면 먼저 발행회사의 업무와 재산상태에 관한 정확한 이해가 필요하기 때문이다.

3) 우선적인 보수수령권 : 사채관리회사에 줄 보수와 그 사무처리에 필요한 비용은 사채를 발행한 회사와의 계약에 약정된 경우 외에는 법원의 허가를 받아 사채를 발행한 회사로 하여금 부담하게 할 수 있다(상법 제507조 제1항). 한편 사채관리회사는 사채에 관한 채권을 변제받은 금액에서 사채권자보다 우선하여 보수와 비용을 변제받을 수 있는데(상법 제507조 제2항), 이는 사채관리회사의 직무권한이 중대함을 반영한 보상이다.

4) 공동의 사채관리권 : 사채관리회사가 둘 이상 있을 때에는 그 권한에 속하는 행위는 공동으로 하여야 한다(상법 제485조 제1항). 그리고 사채관리회사가 사채를 발행한 회사로부터 사채에 관한 채권의 변제를 받은 때에는 사채권자에 대하여 연대하여 변제액을 지급할 의무가 있다(상법 제485조 제2항).

(3) 권한에 관한 주요 쟁점

1) 권한 행사의 실효화 : 사채관리회사는 사채권자를 위하여 사채에 관한 채권을 변제받거나 채권의 실현을 보전하기 위하여 필요한 재판상 또는 재판 외의 모든 행위를 할 수 있다. 그런데 사채관리회사가 사채권자를 위하여 소를 제기하려면 원고(사채권자)가 누구인지를 밝혀야 하는데,[140] 무기명사채가 일반적인 점과 사채관리회사가 사채권자 전원의 성명이나 주소와 같은 인적 사항을 파악하기 어려운 점을 고려하면 이는 현실적으로 쉽지 않다.

140) 사채관리회사는 사채권자의 법정대리인으로서 기능하지만, 사채관리회사의 사채권에 관한 재판상 또는 재판 외의 권리행사는 상행위에 해당하지 않으므로 상법 제48조의 비현명대리가 적용되지 않기 때문이다.

따라서 우선은 사채관리회사가 사채권자를 구체적으로 특정하지 않고 어느 정도 포괄적으로 표시하더라도 유효한 것으로 해석하며 운용하되, 종국적으로는 비현명주의를 채택해야 한다. 참고로 일본의 경우에는 사채관리자의 행위방식으로 비현명주의를 취하고 있어 개별 사채권자를 표시할 필요가 없다(회사법 제708조).[141)]

2) 재량권 행사의 보완 : 사채관리회사는 선관주의의무를 다해 공평하고 성실하게 그 권한을 행사해야 한다. 그런데 발행회사의 채무불이행이 발생한 후에는 사채관리회사가 재량권을 행사할 가능성이 있다. 물론 사채관리회사의 월권으로 인해 사채권자의 권리가 침해되는 것을 방지하기 위해 사채관리회사가 일정한 행위[142)]를 하는 때에는 사채에 관한 채권을 변제받거나 채권의 실현을 보전하기 위한 행위를 제외하고는 원칙적으로 사채권자집회의 결의에 의하도록 규제하고 있지만(상법 제484조 제4항), 그 외의 경우에는 여전히 재량의 여지가 있다(예: 기한이익의 상실을 언제 선언할 것인지 등). 따라서 사채권자를 실효적으로 보호하기 위해서는 발행회사가 채무불이행 상태에 들어간 이후의 사채관리회사의 행동지침 등에 관한 보완 조치가 필요하다.[143)] 참고로 미국의 신탁증서법 제315조는 발행회사가 채무불이행 상태에 빠진 이후에는 사채관리회사에 대하여 신탁에서의 수탁자와 동일한 정도의 엄격한 충실의무와 주의의무를 부과하고 있다.[144)]

3) 사채관리업무의 체계화 : 상법은 사채권자를 보호하고 사채시장의 건전한 발전을 도모하기 위해 사채관리회사를 도입하면서 사채관리업무에서의 이해상충을 방지하기 위해 사채인수자의 사채관리업무를 금지하였다. 그런데도 사채관리업무는 여전히 형식적으로 운영되고 있다. 즉 ① 사채권자를 보호하기 위해 발행회사가 준수해야 할 중요한 계약사항인 「재무제한특약(Covenants)」을 실제로는 사채관리회사가 아닌 발행회사가 결정하고 있고, ② 발행회사가 사채에 관한 정보를 사채관리회사에 제대로 통지하지 않아 사채관리회사의 모니터링 기능이 유명무실화되고 있으며, ③ 사채관리회사도 사채의 보전 및 관리에 관한 권한(기한이익의 상실선언, 상환청구 등)과 사채권자집회의 소집을 통한 사채권자의 의사결정 지원 등 사채권자의 보호를 위한 업무를 매우 소극적으로 수행하고 있다. 따라서 사채권자를 실효적으로 보호하여 사채시장을 활성화하려면 사채관리업무를 체계화해야 하고, 사채

141) 비교법적으로도 수탁회사가 총사채권자를 위하여 행위하는 경우에는 각각의 사채권자의 표시가 불필요하다(담보부사채신탁법 제79조; 채무자회생법 제143조).

142) 구체적으로 ① 해당 사채 전부에 대한 지급의 유예, 그 채무의 불이행으로 발생한 책임의 면제 또는 화해, ② 해당 사채 전부에 관한 소송행위 또는 채무자회생 및 파산에 관한 절차에 속하는 행위 등이다.

143) 정준우, “사채권자의 보호를 위한 사채관리회사제도의 비판적 검토”, 184면.

144) Steven L. Schwarcz/Gregory M. Sergi, pp.1037, 1045.

관리계약의 체결과 관리도 명확히 해야 한다.[145)]

참고자료 재무제한특약(Covenants)

상법은 사채관리계약에 연계된 재무제한특약에 관하여 직접적으로 규정하고 있지 않지만, 사채권자의 보호라는 사채관리회사의 직무를 통해 간접적으로 규제하고 있다. 그러나 금융투자협회의 「표준무보증사채 사채관리계약서」는 제2절(발행회사의 의무 및 책임)에서 이에 관하여 상세히 규정하고 있다.[146)] 그런데도 실무에서는 발행회사와 사채관리회사가 재무제한특약을 제대로 하지 않거나 매우 형식적으로 관리하고 있다. 불특정 다수인을 대상으로 하는 공모발행의 특성상 발행회사와 사채관리회사의 재무제한특약에 관한 협상에는 현실적인 한계가 있고, 특약의 내용이 채권평가항목으로 반영되지 않고 증권신고서에도 구체적인 내용과 사채관리회사의 책임이 기재되지 않으므로 특약의 활용에 대한 실제적 유인이 부족하기 때문이다. 그런데 사채권자를 실효적으로 보호하려면 무엇보다도 재무제한특약이 있어야 하고, 이를 위해서는 재무제한특약의 체결을 사채관리회사의 기본의무로 설정하며 재무제한특약이 필요한 사항에 관한 명확한 기준을 정립해야 한다(예: 회사의 상장 여부에 관계없이 10억원 이상의 사채를 무담보 공모로 발행할 때 등). 이는 특히 최근에 너무 커진 사채발행액으로 인해 오히려 사채거래에 내재적 한계가 설정되는 현실을 고려할 때 더욱 그러하다. 그리고 지금과 같이 발행회사와 사채관리회사가 개별적으로 협의하여 특약을 체결하도록 하면 각자의 이기심으로 인해 사채권자를 제대로 보호하지 못할 수도 있으므로 재무제한특약에 관한 모범규준을 제정할 필요가 있다.

4) 사채관리계약의 규제 : 사채관리계약은 사채관리회사가 사채권자를 보호하기 위하여 발행회사와 체결하는 것인데, 사채의 발행에 있어서 사채권자는 국외자이기 때문에 발행회

---

145) 참고로 일본의 경우에는 사채발행에 연계된 재무제한특약과 관련하여 이원적으로 규제하고 있다. 즉 회사법과 금융상품거래법상 사채관리자의 자격·권한·의무·책임에 관한 규정을 통한 법적 규제와 사채관리위탁계약을 통한 자율규제를 병행하고 있다. 구체적으로 사채관리자는 사채권자를 위한 법정대리인으로서 공평·성실의무와 선관주의의무를 지며 그 위반에 대한 손해배상책임도 부담한다(회사법 제710조 제1항). 따라서 사채관리자는 사채권자와의 이해상충을 방지하며 발행회사로부터 사채권자의 이익을 보호하기 위해 각종 직무권한을 행사해야 한다. 즉 사채관리자는 직무권한의 행사를 통해 간접적으로 사채권자의 이익 보호를 위한 재무제한특약을 체결하게 된다. 한편 사채관리자는 발행회사에 의해 선임되지만, 사채권자를 위해 사채관리업무를 수행한다. 따라서 사채관리자는 발행회사와 사채관리위탁계약을 체결함에 있어서 사채권자의 이익을 합리적·효과적으로 보호하기 위한 다양한 내용의 개별약정을 하게 되는데, 사채관리계약의 직접적인 당사자가 아닌 제3자적 지위에 있는 사채권자의 입장에서는 이러한 개별약정에 의한 이익 보호가 실제적으로 매우 중요하다. 이처럼 사채관리계약에 있어서 사채권자의 이익 보호를 위한 각종의 재무제한특약은 사채관리자의 법정권한의 행사를 통한 간접적인 방식으로 행해지거나 또는 사채관리계약상의 직접적인 개별약정을 통해 이루어지고 있는데, 기업 실무에서는 대체적으로 후자에 의해 재무제한특약이 설정되고 있다. 그 대표적인 예가 기업 실무에서 일반적으로 활용되고 있는 표준사채관리계약서상의 각종 재무제한특약이다.

146) 구체적으로 ① 추가적인 채무부담 제한에 관한 사항, ② 당기순이익 등 이익의 유지에 관한 사항, ③ 순자산액의 비율유지에 관한 사항, ④ 잉여금의 배당제한에 관한 사항, ⑤ 담보제공의 제한에 관한 사항, ⑥ 보증채무의 제한에 관한 사항 등을 규정하고 있는데, 이는 사채권자의 이익보호에 있어 매우 중요한 사항이다.

사와의 관계에서 자신의 채권을 보전하기 위해서는 이러한 계약적인 보호방법에 의존할 수 밖에 없다. 이러한 사채관리계약의 주요 내용으로는 ① 사채권자에 대한 채무지급에 관한 약정, ② 사채기간 동안에 채무자의 지급능력을 담보하기 위해 회사의 행위능력에 일정한 제한을 가하는 약정, ③ 채무자가 지급을 해태한 경우의 처리방법, ④ 사채관리회사 및 사채권자에 관한 사항, ⑤ 사채관리계약의 변경에 관한 사항 등을 들 수 있다. 그런데 상법은 사채관리계약의 체결을 강제하지 않고 단지 사채관리회사의 선관주의의무로만 처리하고 있으며, 사채관리회사의 선임도 발행회사의 자율에 맡기고 있다. 그리고 실무에서 주로 이용하는 금융투자협회의 「표준무보증사채 사채관리계약서」의 경우에는 규범성에 관한 논란이 있으며 내용도 외국에 비해 미흡하다. 따라서 사채권자를 효과적으로 보호하려면 사채관리회사의 선임을 강제해야 하고, 사채관리계약의 체결과 기재사항 등에 관한 내용을 상법이나 그 시행령에서 규정할 필요가 있다.

5. 의 무

(1) 선관주의의무

사채관리회사는 사채권자에 대하여 선량한 관리자의 주의로 사채를 관리해야 한다(상법 제484조의2 제2항). 이는 민법 제681조의 주의의무와 같다. 이러한 사채관리회사의 선관주의의무는 사채권자를 위하여 사채에 관한 채권을 변제받거나 채권의 실현을 보전하기 위하여 필요한 재판상 또는 재판 외의 모든 행위(원리금 채권의 시효중단, 발행회사에 대한 적시의 이행청구나 집행 등) 및 그에 부수하는 행위에도 당연히 적용된다.

(2) 공평·성실의무

사채관리회사는 사채권자를 위하여 공평하고 성실하게 사채를 관리해야 한다(상법 제484조의2 제1항).[147] 이는 원래 선관주의의무의 내용에 속하는 것이지만, 사채관리회사의 업무가 다수의 사채권자를 관리하는 것이라는 특성을 고려하여 상법이 특별히 주의적으로 규정한 의무이다. 따라서 비록 사채관리회사가 발행회사에 대하여 채권을 가지고 있더라도 사채권자에 우선하여 자신의 권리를 행사해서는 아니 된다.[148]

---

147) 여기서 「공평의무」란 사채권자가 보유하는 사채권의 내용과 금액에 따라 사채권자를 공평하게 취급해야 할 의무를 말하고, 「성실의무」란 사채관리회사와 사채권자 간에 이해상충이 있는 경우에는 사채관리회사가 자기나 제3자의 이익을 도모하기 위해 사채권자의 이익을 해하지 않아야 할 의무를 의미한다. 그리하여 일본 회사법 제707조는 사채관리자와 사채권자의 이해가 상충하여 사채권자를 위한 재판상 또는 재판 외의 행위를 할 필요가 있는 경우에는 법원이 사채권자집회의 신청에 의해 특별대리인을 선임하도록 규정하고 있다.

148) 前田 庸, 655頁.

(3) 의무 관련 쟁점

1) 의무의 부여근거 : 상법이 사채권자의 권익을 보호하기 위해 사채관리회사에 대하여 선관주의의무와 공평·성실의무를 부과하고 있지만, 사채관리회사는 발행회사가 선임하므로 사채관리회사와 사채권자 간에는 실제로 위임관계가 없다. 따라서 사채관리회사가 위임관계도 없는 사채권자에 대하여 왜 의무를 부담하는지에 대한 근거가 필요한데,[149] 상법은 이에 관하여 규정하고 있지 않으므로 합리적인 해석이 필요하다. 현재 우리나라에서는 대체로 사채권자의 보호를 위해 상법이 특별히 둔 법정의무라고 해석하고 있다. 생각건대 비록 명문 규정은 없지만, 사채관리회사의 직무권한과 사채관리회사의 도입취지를 고려하면 사채관리회사는 사채권자의 법정대리인으로 보는 것이 타당하다.[150]

2) 의무의 적용범위 : 사채관리회사는 선관주의의무를 다하여 그 권한을 공평하고 성실하게 행사해야 한다. 한편 사채관리회사는 사채권자를 위한 법정대리인으로서 발행회사와 사채관리계약을 체결할 때 다양한 사항에 대하여 약정을 하게 되는데, 이러한 약정에 의한 권한의 행사에도 선관주의의무와 공평·성실의무가 적용되는지가 논란이다. 이에 대하여 상법은 아무런 규정을 두고 있지 않지만, 금융투자협회의「표준무보증사채 사채관리계약서」는 제4-1조에서 다양한 약정권한에 관하여 규정한 후 제4-4조 제2항에서 그러한 약정권한을 행사하는 때에도 사채관리회사의 선관주의의무를 요구하고 있다. 생각건대 사채관리회사는 사채권자의 권익을 보호하는 법정대리인이므로 이러한 약정권한의 행사에도 선관주의의무 등은 당연히 적용된다고 해석함이 합리적이다.[151]

6. 책 임

(1) 입법취지

사채관리회사가 상법이나 사채권자집회의 결의에 위반한 행위를 하여 사채권자에게 손해가 발생한 때에는 사채권자에 대하여 연대하여 배상책임을 진다(상법 제484조의2 제3

149) 일본의 경우에도 비록 회사법상 명문 규정은 없지만, 구상법 제309조 제1항과 제309조의2 제1항 및 현행 회사법 제705조 제1항과 제706조 제1항의 사채관리자의 법정 권한을 통해 간접적으로 추출하여 사채관리자를 총사채권자를 본인으로 하는 법정대리인으로 보고 있다.

150) 사채관리회사를 임의대리인으로 보면 아무런 위임관계가 없는 사채관리회사와 사채권자 간의 수권관계를 설명하기 어렵기 때문이다(정준우, "사채권자의 보호를 위한 사채관리회사제도의 비판적 검토", 179면).

151) 일본의 경우에는 사채관리회사가 발행회사와 체결하는 대부분의 사채관리계약에서 약정권한의 행사에 대하여 선관주의의무 등을 요구하고 있음을 근거로 사채관리회사가 선관주의의무와 공평·성실의무를 이행해야 하는 대상에는 법정권한만이 아니라 약정권한도 포함된다고 보는 것이 다수의 견해였고, 2005년 회사법은 이를 입법적으로 해결하였다(동법 제704조, 제740조 제2항 단서).

항). 사채관리회사가 의무를 위반하여 사채권자에게 손해가 생긴 경우에 사채관리회사가 배상책임을 지는 것은 당연한 것처럼 보이지만, 원래 사채관리회사와 사채권자 간에는 아무런 위임계약관계가 없다. 즉 상법은 사채관리회사의 법정책임이 발생한다는 취지에서 이를 규정한 것이다. 한편 이는 강행규정이므로 사채계약이나 사채관리계약에서 사채관리회사의 책임을 면제하거나 감경하는 특약을 두더라도 무효이다.

(2) 적용범위

상법 제484조의2 제3항의 적용범위에 관한 논란은 다음과 같다. 즉 ① 책임의 원인인데, 상법은 「이 법이나 사채권자집회의 결의에 위반한 행위」라고만 규정하고 있어 합리적 해석이 필요하다. 생각건대 입법취지를 고려하여 위반행위란 상법상 개별 규정을 위반한 경우만이 아니라, 사채관리회사가 선관주의의무나 공평·성실의무를 위반한 경우도 포함하는 것으로 해석해야 한다.[152] ② 입증책임인데, 이에 대해서도 상법은 규정하고 있지 않다. 생각건대 사채관리회사가 선관주의의무를 다했다는 점을 입증해야 한다는 견해가 있을 수 있지만, 사채관리회사의 책임은 일종의 수임자 책임이므로 일반적인 매매계약의 불이행처럼 채무자인 사채관리회사가 무과실의 입증책임을 부담한다고 할 수는 없다. 따라서 입법적 보완이 필요한데, 이 과정에서 직무와 관련하여 이해상충의 의심을 받는 사채관리회사가 성실의무를 위반한 때에는 엄격하게 규제해야 할 것이다.

Ⅳ. 사채권자집회

1. 의 의

사채권자집회란 사채권자로 구성되어 사채권자의 이해관계에 중대한 영향을 미치는 사항들에 관하여 같은 종류의 사채를 가진 사채권자의 총의를 결정하기 위하여 발행회사나 사채관리회사가 소집하는 임시적 의결기관이다. 즉 사채권자집회는 사채계약의 내용변경과 같은 사채권자의 공통적 이해관계가 걸려 있는 사항이나 사채관리회사에 맡기기 어려운 중요한 사항 등을 집단적으로 관리하기 위하여 둔 임시기구이다. 상법이 사채권자집회에 관한 규정을 둔 것은 같은 종류의 사채권자에 대하여 그 이익을 단체적으로 옹호할 수 있는 조직을 만들어 줌과 동시에 발행회사에 대해서도 분산된 다수의 사채권자와 개별적으로 절충하는 불편을 덜어주기 위함이다. 그런데 실무에서 발행되는 사채는 대부분 무기명사채이기 때문에 현실적으로 사채권자집회를 개최하기란 쉽지 않다.

---

152) 江頭憲治郎/森本滋 外, 167頁; 前田 庸, 656頁.

2. 소 집

(1) 소집권자

사채권자집회는 원칙적으로 발행회사 또는 사채관리회사가 소집한다(상법 제491조 제1항). 다만 예외적으로 사채의 종류별로 해당 종류의 사채 총액(상환받은 액은 제외함)의 10분의 1 이상에 해당하는 사채를 가진 사채권자도 회의의 목적사항과 소집이유를 기재한 서면 또는 전자문서를 발행회사 또는 사채관리회사에 제출하여 사채권자집회의 소집을 청구할 수 있다(상법 제491조 제2항). 이 경우 발행회사나 사채관리회사가 지체없이 사채권자집회의 소집 절차를 밟지 아니하면 소집을 청구한 사채권자가 법원의 허가를 받아 직접 사채권자집회를 소집할 수 있다(상법 제491조 제3항→제366조 제2항).

(2) 소집단위

원래 사채권자집회는 회사가 발행한 사채 중에서 상환하지 아니한 사채의 총사채권자로 구성되는 집회였다. 그런데 2011년 개정 상법은 비록 명문으로 종류별 사채권자집회를 규정하지는 않았지만, 전체적으로 사채의 종류별로 소집 및 결의함을 전제로 하고 있다(상법 제491조 제2항, 제492조, 제498조 등). 이는 일본의 회사법 제715조를 본받은 것인데, 문제는 「사채의 종류」란 법문의 의미가 명확하지 않다는 점이다. 이와 관련하여 일본의 회사법 제676조는 사채의 종류를 구분하는 기준으로 ① 사채의 이율, ② 사채의 상환방법 및 기간, ③ 이자를 지급하는 방법과 기한, ④ 채권을 발행하는지 여부, ⑤ 기명식과 무기명식 간의 전환 여부, ⑥ 사채관리회사가 사채의 전부에 대하여 소송행위, 파산절차, 회생절차 등에 관한 행위를 할 수 있는지 여부, ⑦ 기타 회사법 시행규칙 제165조에서 정하는 사항을 열거하고 있다. 생각건대 사채권자집회를 종류별로 개최하도록 한 것은 종류가 다른 사채권자 간에는 사채에 관한 이해가 다르므로 사채권자들의 의사가 왜곡되어 전달되는 것을 방지하기 위함이다. 그렇다면 일본 회사법상 구분기준은 지나치게 세분되어 있어 적합하지 않으므로 향후 입법적으로 보완해야 한다.

(3) 소집방법

발행회사나 사채관리회사가 사채권자집회를 소집할 경우에는 회일의 2주 전에 회의의 목적사항을 기재한 서면 또는 각 사채권자의 동의를 받은 전자문서로 통지를 발송해야 한다(상법 제491조의2 제1항→제363조 제1항 본문, 제2항). 다만 회사가 무기명식의 채권(債券)을 발행한 경우에는 회일의 3주[자본금 총액이 10억원 미만인 회사(소규모회사)는 2주] 전에 사채권자집회를 소집하는 뜻과 회의의 목적사항을 공고해야 한다(상법 제491조의2 제2항). 이와 관련하여 상법 제491조의2 제2항은 「주주총회일」이라고 규정하고 있는데, 이는 입법적 착오이므로 「사채권자집회일」로 해석해야 한다.

3. 결 의

(1) 의결권

각 사채권자는 그가 가진 해당 종류의 사채금액의 합계액(상환받은 금액은 제외함)에 따라 의결권을 가진다(상법 제492조 제1항). 즉 상법은 사채금액에 대한 제한을 폐지하면서 의결권도 최저 권면액을 기준으로 한 개정 전과 달리 사채총액을 기준으로 부여하고 있다. 다만 무기명식의 사채권자는 회일로부터 1주간 전에 채권을 공탁해야만 의결권을 행사할 수 있다(상법 제492조 제2항). 한편 사채권자의 의결권도 대리행사가 가능한데, 이 경우 대리권은 서면으로 증명해야 한다(상법 제510조 제1항 → 제368조 제2항). 또한 사채권자는 사채권자집회에 출석하지 아니하고 서면에 의해 의결권을 행사할 수 있는데(상법 제495조 제3항), 이 경우에는 의결권행사서면에 필요한 사항을 적어 사채권자집회의 전일까지 소집자에게 제출해야 한다(상법 제495조 제4항). 이 경우 서면으로 행사한 의결권의 수는 출석한 의결권자의 의결권 수에 포함한다(상법 제495조 제5항). 한편 발행회사는 이사회의 결의로 사채권자가 사채권자집회에 출석하지 아니하고 전자적 방법으로 의결권을 행사할 수 있음을 정할 수 있다(상법 제495조 제6항 → 제368조의4).

(2) 결의사항

사채권자집회의 결의사항은 자본금감소의 이의(상법 제439조 제3항), 합병의 이의(상법 제530조 제2항 → 제439조 제3항), 사채권자집회의 대표자 및 결의집행자의 선임 및 해임(상법 제500조 제1항, 제501조, 제504조), 발행회사의 불공정한 행위를 취소하기 위한 소 제기(상법 제512조), 사채관리회사의 사임동의(상법 제481조)와 해임청구(상법 제482조) 및 사무승계자의 결정(상법 제483조) 등이다. 그렇지만 이 외에도 사채권자의 이해관계가 걸려 있는 사항이라면 사채권자집회가 결의할 수 있다(상법 제490조). 주의할 것은 이러한 사채권자집회의 결의를 요하는 사항은 사채권자가 단독으로 할 수 없다는 점이다.

(3) 결의방법

사채권자집회의 결의는 원칙적으로 출석한 사채권자의 의결권의 3분의 2 이상의 찬성과 (종류별) 총사채의결권의 3분의 1 이상으로 해야 한다(상법 제495조 제1항 → 제434조). 그렇지만 상법 제481조(사채관리회사의 사임), 제482조(사채관리회사의 해임), 제483조(사채관리회사의 사무승계자) 및 제494조(사채발행회사의 대표자의 출석청구)의 동의 또는 청구는 출석한 사채권자의 의결권의 과반수로 결정할 수 있다(상법 제495조 제2항).

(4) 결의위임

사채권자집회는 해당 종류의 사채 총액(상환받은 금액은 제외함)의 500분의 1 이상을 가진 사채권자 중에서 1명 또는 여러 명의 대표자를 선임하여 그 결의할 사항의 결정을 위임할 수 있다(상법 제500조 제1항). 이 경우 선임된 대표자가 여러 명인 때에는 그 과반수로써 사채권자집회가 결의할 사항을 결정한다(상법 제500조 제2항).

(5) 효력요건

사채권자집회를 소집한 경우에 소집자는 결의한 날로부터 1주간 내에 결의의 인가를 법원에 청구해야 하고(상법 제496조), 사채권자집회의 결의는 법원의 인가를 받음으로써 그 효력이 생긴다(상법 제498조 제1항 본문). 다만 그 종류의 사채권자 전원이 동의한 결의는 법원의 인가가 필요하지 않다(상법 제498조 제1항 단서). 이러한 법원의 인가와 관련하여 주의할 것은 일정한 경우(① 사채권자집회소집의 절차 또는 그 결의방법이 법령이나 사채모집의 계획서의 기재에 위반한 때, ② 결의가 부당한 방법에 의하여 성립하게 된 때, ③ 결의가 현저하게 불공정한 때, ④ 결의가 사채권자의 일반의 이익에 반하는 때)에 법원은 사채권자집회의 결의를 인가하지 못한다는 점이다(상법 제497조 제1항). 다만 ①과 ②의 경우에는 예외적으로 법원이 결의의 내용 기타 모든 사정을 참작하여 결의를 인가할 수 있다(상법 제497조 제2항). 한편 사채권자집회의 결의는 그 종류의 사채를 가진 모든 사채권자에게 그 효력이 있다(상법 제498조 제2항).

(6) 결의집행

사채권자집회의 결의는 사채관리회사가 집행하지만, 사채관리회사가 없는 경우에는 대표자가 집행한다(상법 제501조 본문). 물론 사채권자집회의 결의로 별도로 집행자를 선임할 수도 있다(상법 제501조 단서). 한편 사채권자집회는 언제든지 대표자나 집행자를 해임할 수 있고 위임한 사항을 변경할 수 있으며(상법 제504조), 그 밖에 사채권자집회의 운영에 대해서는 주주총회에 관한 여러 규정이 준용된다(상법 제510조).

4. 관 리

(1) 보수의 지급

사채관리회사와 사채권자집회의 대표자 또는 사채권자집회의 결의의 집행자에게 줄 보수와 그 사무처리에 필요한 비용의 경우 발행회사와의 계약에 의해 약정된 때에는 그에 의하지만, 약정이 없거나 약정된 것 이상의 보수나 비용이 지급되어야 할 경우에는 법원의 허가를 받아 사채발행회사로 하여금 부담하게 할 수 있다(상법 제507조 제1항). 사채관리회사 등의 직무수행은 발행회사에도 이익이 되기 때문이다.

(2) 우선변제권

사채관리회사와 사채권자집회의 대표자 또는 사채권자집회의 결의의 집행자는 사채에 관한 채권을 변제받은 금액에서 사채권자보다 우선하여 그 보수와 비용을 변제받을 수 있다(상법 제507조 제2항). 주의할 것은 이는 사채를 발행한 회사의 재산에 대한 경매권이나 발행회사 재산의 매각대금에서의 우선변제권을 의미하는 것이 아니라, 발행회사로부터 상환받은 금액에 관하여 사채권자에게 우선하여 변제받는 점이다.

사례해결

(1) 사채관리회사는 발행회사가 지정하지만(상법 제480조의2), 사채관리회사가 그 사무를 처리하기에 적임이 아니거나 그 밖에 정당한 사유가 있는 경우에는 법원이 발행회사 또는 사채권자집회의 청구에 따라 사채관리회사를 해임할 수 있다(상법 제482조). 이러한 해임으로 인해 사채관리회사가 없게 된 경우에 발행회사는 그 사무를 승계할 사채관리회사를 정하여 사채권자를 위한 사채관리를 위탁해야 하는데, 이 경우 회사는 지체없이 사채권자집회를 소집하여 그 동의를 받아야 한다(상법 제483조 제1항). 다만 부득이한 사유가 있으면 이해관계인도 사무승계자의 선임을 법원에 청구할 수 있는데(상법 제483조 제2항), 이는 사채관리업무의 공백으로 인한 사채권자의 피해를 방지하기 위함이다. 사안에서 ㈜甲은 ㈜乙이 사채관리회사로서 그 직무를 제대로 수행하지 못하여 해임하였음에도 불구하고 그 후임자를 선임하지 못하고 있어 사채관리업무가 공백 상태에 있다. 따라서 사채권자 B는 이해관계자로서 법원에 사무승계자의 선임을 청구할 수 있다. 다만 「부득이한 사유」가 무엇인지 불명확하고, 사무승계자의 선임이 지체되어야만 이해관계인이 청구할 수 있는지, 아니면 지체되지 않아도 이해관계인이 청구할 수 있는지도 명확하지 아니하므로 향후 입법적 보완이 필요하다.

(2) 사채권자집회는 원칙적으로 발행회사나 사채관리회사가 소집한다(상법 제491조 제1항). 다만 회사가 무기명사채를 발행한 때에는 회일의 3주(자본금이 10억원 미만인 소규모회사에서는 2주) 전에 사채권자집회를 소집하는 뜻과 회의의 목적사항을 공고해야 한다(상법 제491조의2 제2항). 이러한 사채권자

집회에서 각 사채권자는 그가 가진 해당 종류의 사채금액의 합계액(상환받은 금액은 제외함)에 따라 의결권을 가진다(상법 제492조 제1항). 다만 무기명식의 사채권자는 회일로부터 1주간 전에 채권을 공탁해야만 의결권을 행사할 수 있다(상법 제492조 제2항). 그리고 사채권자는 사채권자집회에 출석하지 아니하고 서면에 의해 의결권을 행사할 수도 있지만(상법 제495조 제3항), 이 경우에는 의결권 행사서면에 필요한 사항을 적어 사채권자집회의 전일까지 소집자에게 제출해야 한다(상법 제495조 제4항). 사안에서 사채권자 C는 회일 1주간 전에 채권을 공탁해야 하는데도 불구하고 공탁하지 아니한 상태에서 집회에 참석하였고, 사채권자 D는 회일의 전일까지 서면투표용지를 소집자에게 제출해야 하는데도 ㈜甲에게 제출하지 않았다. 따라서 C와 D의 의결권 행사는 모두 무효이다.

제3관 특수사채의 발행

예시사례 중견 등산화업체인 ㈜甲의 경우 등산이 생활화되면서 판매량이 급증하였고, 이로 인해 다양한 사업을 함께 할 수 있었다. 그런데 경쟁업체가 늘어나면서 전통성을 고수하던 ㈜甲의 등산화 판매량은 급감하였다. 이에 ㈜甲의 대표이사인 A는 신상품을 출시하면서 최근 청소년과 성인 모두로부터 큰 인기를 얻고 있는 아이돌 가수 B를 모델로 섭외하였고, 새로운 한류를 확산시키고 있는 B의 영향으로 ㈜甲의 신제품은 특히 중국에서 큰 인기를 얻고 있다. 이에 고무된 ㈜甲의 이사회는 중국에서의 지속적인 성장과 이미지 제고 그리고 비용 절감을 위해 중국 내에 생산설비를 구축하기로 결의하면서 그 재원 30억원은 전환사채를 발행하여 조달하기로 하였다. 이 사안과 관련하여 다음 설문에 답하시오!

(1) ㈜甲의 이사회는 전환사채 전부를 A의 장남이며 주주인 C에게 제3자배정방식으로 발행하기로 결의하였는데, 당시 ㈜甲의 정관에는 전환사채를 발행하는 경우 이사회의 결의로 제3자에게 배정할 수 있다고만 규정되어 있었다. 이러한 ㈜甲의 C에 대한 전환사채 발행은 정당한가?

(2) 전환사채를 발행하며 보통주로 전환해 주기로 한 ㈜甲은 1년 후 C의 전환사채를 보통주(액면가 5,000원, 시가 10,000원) 70만주로 전환해 주었다. 이러한 ㈜甲의 조치는 정당한가?

Ⅰ. 서 설

사채는 주식회사가 신주발행의 대체적 수단으로 이용하는 것으로서 불특정 다수인으로부터 일시에 대규모 자금을 조달하기 위해 집단적·정형적으로 발행하여 부담하는 액면가로 단위화된 금전채무를 말한다. 즉 사채도 주식처럼 회사가 일정한 단위를 기준으로 불특정다수인으로부터 필요자금을 조달하는 것이므로 이해관계의 공중성이라는 특성 외에 발행조건과 발행방법 등에 있어서는 부합계약성을 내포하고 있고, 유통성을 보장하기 위하여 채권(債券)이 사채권자에게 발행되고 있다. 그런데 사채시장은 주식시장에 비하여 규모가 작을 뿐만 아니라 활성화되지도 못하였고, 발행된 사채의 대부분은 대기업이 발행한 신용등급 A 이상의 사채이다. 따라서 사채가 주식회사의 중요한 자금조달 수단으로서 자리를 잡고, 사채시장의 건전성과 유연성이 확보·유지되며, 사채권자의 이익이 효과적으로 보호되기 위해서는 합리적·효과적인 제도의 지원이 필요하다.

한편 상법은 사채가 중요한 자금조달 수단으로서 자리를 잡을 수 있도록 배려하고 있는데, 대표적으로 사채에 특수한 조건을 부가하여 사채권자의 권익을 보호함은 물론 발행회사의 편의도 제고하고 있다. 그리고 이러한 사채는 신주발행의 특성을 함께 내포하고 있어 신주발행과 유사하게 취급되는데, 전환사채와 신주인수권부사채를 그 예로 들 수 있다. 전환사채는 주식으로의 전환권이 인정되는 것이고, 신주인수권부사채도 신주를 인수할 수 있는 권리가 내포되어 있기 때문이다. 따라서 이들의 경우에는 사채권자의 보호 못지않게 주주의 보호도 함께 고려되어야 한다. 그리하여 상법은 이러한 사채의 경우에는 신주발행처럼 원칙적으로 주주배정방식에 의하도록 규제하고 있다. 한편 2011년 개정 상법은 새로이 이익참가부사채·교환사채·상환사채·파생결합사채를 도입하였는데, 사채 종류의 다양화를 통해 회사의 자금조달상 편의성을 제고하기 위함이다.

Ⅱ. 전환사채

1. 의 의

사채 중에서 발행회사의 주식으로 전환할 수 있는 권리가 인정된 사채를 전환사채(Convertible Bond)라고 한다. 전환사채는 투자자의 입장에서 사채의 확실성과 주식의 투기성을 비교교량하여 선택할 수 있고, 회사로서는 전환에 의해 사채상환의 효과를 누리는 한편 자금조달비용이 저렴하다는 장점이 있어 사채의 모집을 원활하게 한다(전환사채의 이율은 일반사채에 비해 연리가 낮음). 따라서 전환사채의 발행에 있어서는 일차적으로 사채권자의 권리보호가 중요하지만, 전환사채가 주식으로 전환되는 때에는 주주의 신주인수권에 대한 침해가 되므로 주주의 보호도 함께 고려해야 한다. 그리하여 상법은 전환사채의 발행도 이사회의 결의로 결정하도록 하면서 주주에게 인수권을 부여함을 원칙으로 하고, 주주가 아닌 자에게 발행하는 때에는 주주총회의 특별결의를 얻도록 하여 사채발행에 관한 이사회의 결정권과 주주의 신주인수권을 조화시키고 있다.

2. 발행결정

(1) 결정기관

전환사채의 발행 여부 및 구체적인 발행사항은 정관에서 정한 경우 외에는 이사회가 이를 결정한다(상법 제513조 제2항 본문). 다만 정관으로 주주총회에서 이를 결정하도록 정할 수도 있다(상법 제513조 제2항 단서). 주의할 것은 신주발행이 정관에 의해 주주총회의 권한으로 되어 있는 경우에는 전환사채에 관하여 명문 규정이 없더라도 이사회의 결의만으로는 발행할 수 없고 주주총회의 결의를 거쳐야 한다는 점이다.[153]

참고판례 **전환사채의 발행과 이사회의 결의(대법원 2009. 5. 29. 선고 2007도4949 전원합의체 판결)** : [1] 전환사채 발행을 위한 이사회 결의에는 하자가 있었다 하더라도 실권된 전환사채를 제3자에게 배정하기로 의결한 이사회 결의에는 하자가 없는 경우, 전환사채의 발행절차를 진행한 것이 재산보호의무 위반으로서의 임무위배에 해당하지 않는다. [2] 이사가 주식회사의 지배권을 기존 주주의 의사에 반하여 제3자에게 이전하는 것은 기존 주주의 이익을 침해하는 행위일 뿐 지배권의 객체인 주식회사의 이익을 침해하는 것으로 볼 수는 없는데, 주식회사의 이사는 주식회사의 사무를 처리하는 자의 지위에 있다고 할 수 있지만 주식회사와 별개인 주주들에 대한 관계에서 직접 그들의 사무를 처리하는 자의 지위에 있는 것은 아니고, 더욱이 경영권의 이전은 지배주식을 확보하는 데 따르는 부수적인 효과에 불과한 것이어서, 회사 지분비율의 변화가 기존 주주 자신의 선택에 기인한 것이라면 지배권 이전과 관련하여 이사에게 임무위배가 있다고 할 수 없다.

(2) 발행사항

1) 규정내용 : 회사가 전환사채를 발행할 때 정관의 규정이나 이사회의 결의로 결정해야 하는 구체적인 발행사항은 ① 전환사채의 총액, ② 전환조건, ③ 전환으로 인하여 발행할 주식의 내용, ④ 전환청구기간, ⑤ 주주에게 전환사채의 인수권을 준다는 뜻과 인수권의 목적인 전환사채의 액, ⑥ 주주 이외의 자에게 전환사채의 인수권을 준다는 것과 이에 대하여 발행할 전환사채의 액이다(상법 제513조 제2항).

2) 주의사항 : 발행사항 중 전환조건(②)은 전환사채와 전환으로 인해 발행되는 주식의 비율을 의미하는데, 전환사채의 실질적 대가를 이루는 것으로서 전환가액이라고도 한다. 그런데 전환조건의 자의적인 결정은 회사의 자본충실을 해할 수 있으므로 상법은 전환주식에서와 마찬가지로 전환사채의 총발행가와 전환으로 인해 발행할 주식의 총발행가가 동액일 것을 요구하고 있다(상법 제516조 제2항 → 제348조). 따라서 신주발행에서처럼 이사와 통모

153) 대법원 1999. 6. 25. 선고 99다18435 판결.

하여 현저하게 불공정한 발행가액으로 전환사채를 인수한 자는 공정한 발행가액과의 차액에 상당한 금액을 지급할 의무가 있고, 이에 대해서는 주주의 대표소송이 허용되며, 이사의 손해배상책임도 발생한다(상법 제516조 제1항 → 제424조의2).

> **참고판례** **전환가액의 결정기준(대법원 2004. 6. 25. 선고 2000다37326 판결)** : 정관이 전환사채의 발행에 관하여 "전환가액은 주식의 액면금액 또는 그 이상의 가액으로 사채발행시 이사회가 정한다."라고 규정하고 있는 경우, 이는 구 상법(2001. 7. 24. 법률 제6488호로 개정되기 전의 것) 제513조 제3항에 정한 여러 사항을 정관에 규정하면서 전환의 조건 중의 하나인 전환가액에 관하여는 주식의 액면금액 이상이라는 일응의 기준을 정하되 구체적인 전환가액은 전환사채의 발행시마다 이사회에서 결정하도록 위임하고 있는 것이라고 할 것인데, 전환가액 등 전환조건의 결정방법과 관련하여 고려되어야 할 특수성을 감안할 때, 이러한 정관 규정은 같은 법 제513조 제3항이 요구하는 최소한도의 요건을 충족하고 있는 것이라고 봄이 상당하고, 그 기준 또는 위임방식이 지나치게 추상적이거나 포괄적이어서 무효라고 볼 수는 없다.

(3) 인수권자

1) 원 칙 : 신주발행에서는 주주의 인수권이 보장되지만(상법 제418조 제1항), 전환사채의 경우에는 주주의 인수권을 직접적으로 보장하는 규정이 없다. 그렇지만 전환사채는 신주발행의 속성을 내포하고 있으므로 신주발행에서와 같이 원칙적으로 주주배정방식에 의해야 한다고 해석하고 있다. 생각건대 상법 제513조 제3항은 "주주 외의 자에 대하여 전환사채를 발행하는 경우에 그 발행할 수 있는 전환사채의 액, 전환의 조건, 전환으로 인하여 발행할 주식의 내용과 전환을 청구할 수 있는 기간에 관하여 정관에 규정이 없으면 제434조의 결의로써 이를 정하여야 한다. 이 경우 제418조 제2항 단서의 규정을 준용한다."라고 규정하고 있다. 즉 회사가 주주 아닌 자에게 전환사채를 발행하기 위해서는 정관의 규정에 따르거나 주주총회의 특별결의를 거쳐야 함은 물론 경제적 목적 달성을 위하여 필요한 경우라는 합리성의 요건도 함께 충족해야 하는 만큼 실질적으로 신주발행과 같으므로 주주배정방식을 원칙으로 해야 한다고 해석함이 타당하다.

2) 예 외 : 전환사채는 장래에 주식으로 전환할 수 있는 사채이므로 주주가 아닌 자(제3자)에게 발행하면 실질적으로 주주가 아닌 자에게 신주인수권을 부여하는 것과 같다. 그리하여 상법은 기존 주주들을 보호하기 위해 다음과 같이 규제하고 있다.

(가) 절차적 규제 : 전환사채의 발행은 원칙적으로 이사회가 결정하되 주주가 인수권을 가진다고 해석하고, 주주가 아닌 자에게 전환사채를 발행하는 경우(상법 제513조 제2항 제6호)에는 정관에 근거를 두거나 주주총회의 특별결의를 거치게 한다(상법 제513조 제3항).[154]

그리고 이를 결의하기 위해 주주총회를 소집하는 때에는 소집의 통지·공고에 전환사채의 발행에 관한 의안의 요령도 함께 기재해야 한다(상법 제513조 제4항).

(나) 합리성 요건 : 전환사채의 발행에 관하여 정관의 규정이나 주주총회의 특별결의로 제3자의 인수권을 정하는 때에는 그 내용이 구체적이고 확정적이어야 하며, 포괄적 위임은 허용되지 않는다.[155] 그리고 신주발행에서 요구되는 제3자배정의 요건에 관한 제418조 제2항 단서는 전환사채의 제3자배정에도 적용되므로(상법 제513조 제3항 제2문), 제3자에 대한 전환사채의 발행은 합리성의 요건도 함께 충족해야 한다.

(다) 입법적 미비 : 상법 제418조 제4항은 신주를 제3자에게 배정할 때 기존 주주들을 보호하기 위해 일정한 사항(① 신주의 종류와 수, ② 신주의 발행가액과 납입기일, ③ 무액면주식의 경우에는 신주의 발행가액 중 자본금으로 계상하는 금액, ④ 신주의 인수방법, ⑤ 현물출자를 하는 자의 성명과 그 목적인 재산의 종류, 수량, 가액과 이에 대하여 부여할 주식의 종류와 수)을 주주들에게 통지하도록 규정하고 있다. 그런데 전환사채를 제3자에게 발행하는 때에는 이러한 규정 또는 제418조 제4항을 준용하는 규정이 없다. 이는 명백한 입법적 불비[156]이므로 조속히 보완해야 한다.

> **참고판례 제3자에 대한 전환사채의 발행에 있어서 전환조건의 결정방법 등(대법원 2004. 6. 25. 선고 2000다37326 판결)** : 구 상법(2001. 7. 24. 법률 제6488호로 개정되기 전의 것) 제513조 제3항은 주주 외의 자에 대하여 전환사채를 발행하는 경우에 그 발행할 수 있는 전환사채의 액, 전환의 조건, 전환으로 인하여 발행할 주식의 내용과 전환을 청구할 수 있는 기간에 관하여 정관에 규정이 없으면 상법 제434조의 결의로써 이를 정하여야 한다고 규정하고 있는바, 전환의 조건 등이 정관에 이미 규정되어 있어 주주총회의 특별결의를 다시 거칠 필요가 없다고 하기 위해서는 전환의 조건 등이 정관에 상당한 정도로 특정되어 있을 것이 요구된다고 하겠으나, 주식회사가 필요한 자금수요에 대응한 다양한 자금조달의 방법 중에서 주주 외의 자에게 전환사채를 발행하는 방법을 선택하여 자금을 조달함에 있어서는 전환가액 등 전환의 조건을 그때그때의 필요자금의 규모와 긴급성, 발행회사의 주가, 이자율과 시장상황 등 구체적인 경제사정에 즉응하여 신축적으로 결정할 수 있도록 하는 것이 바람직하다 할 것이고, 따라서 주주총회의 특별결의에 의해서만 변경이 가능한 정관에 전환의 조건 등을 미리 획일적으로 확정하여 규정하도록 요구할 것은 아니며, 정관에 일응의 기준을 정해 놓은 다음 이에 기하여 실제로 발행할 전환사채의 구체적인 전환의 조건 등은 그 발행시마다 정관에 벗어나지 않는 범위에서 이사회에서 결정하도록 위임하는 방법을 취하는 것도 허용된다.

154) 즉 제3자에게 발행할 수 있는 전환사채의 액, 전환의 조건, 전환으로 인하여 발행할 주식의 내용과 전환을 청구할 수 있는 기간을 정관 또는 주주총회의 특별결의로 정해야 한다.
155) 서울고등법원 2000. 5. 9. 선고 2000라77 판결.
156) 이철송, 1086면.

3. 발행절차

(1) 배정일의 확정·공고

전환사채의 인수권을 가진 주주는 그가 가진 주식의 수에 따라 전환사채의 배정을 받을 권리가 있다(상법 제513조의2 제1항 본문). 따라서 회사는 신주발행에서와 같이 인수권을 행사할 주주를 확정하기 위하여 먼저 배정일을 정한 후 그 2주간 전에 배정일의 주주명부에 기재된 주주가 인수권을 갖는다는 뜻을 공고해야 하는데, 배정일이 주주명부의 폐쇄기간 중인 때에는 그 기간 초일의 2주간 전에 이를 공고해야 한다(상법 제513조의2 제2항→제418조 제3항). 이러한 배정일의 경과로 전환사채의 인수권을 가진 주주와 각 주주가 인수권을 갖는 사채총액이 구체적으로 확정된다. 다만 전환사채의 금액 중 최저액에 미달하는 단수를 가진 주주의 경우에는 전환사채를 배정받을 수 없는데(상법 제513조의2 제1항 단서), 이로 인해 사실상 주식평등의 원칙이 침해되고 전환사채의 효용성이 반감된다. 전환사채의 발행에서 주주배정방식을 원칙으로 하더라도 전환사채의 최저액이 큰 경우에는 소액주주들이 이를 인수할 수 없기 때문이다.

(2) 주주에 대한 최고

주주가 전환사채의 인수권을 가진 경우에 회사는 각 주주에게 전환사채의 액, 발행가액, 전환조건, 전환으로 인하여 발행할 주식의 내용, 전환청구기간 및 일정한 기일(청약일)까지 청약을 하지 아니하면 그 권리를 잃는다는 뜻을 그 기일의 2주간 전에 통지해야 한다(상법 제513조의3 제1항, 제2항→제419조 제2항). 이 경우 주주가 청약일까지 인수의 청약을 하지 아니하면 실권하는데(상법 제513조의3 제2항→제419조 제3항), 실권된 전환사채는 이사회의 결의로 새롭게 배정할 수 있다. 다만 상장회사는 신주발행에서의 실권과 같이 그 발행을 철회해야 한다(자본시장법 제165조의10 제1항→제165조의6 제2항).

(3) 인수와 납입

전환사채의 인수와 납입에 대해서는 별도로 규정하지 아니하므로 사채의 일반적인 절차에 따라야 한다. 즉 전환사채를 취득하려는 자는 사채청약서 2통에 인수할 사채의 수와 주소를 기재하고 기명날인 또는 서명해야 한다(상법 제474조 제1항). 이러한 청약에 대하여 회사의 배정이 있으면 인수는 확정되고 사채계약이 성립한다. 한편 전환사채의 발행이 완료되면 대표이사는 지체없이 인수인에 대하여 각 사채의 전액 또는 제1회의 납입을 시켜야 한다(상법 제476조 제1항). 다만 위탁모집의 경우에는 사채관리회사가 그 명의로 이를 할 수 있다(상법 제476조 제2항). 주의할 것은 사채의 납입은 주금의 납입과 달리 현금납입에 한하지 아니하므로 상계·경개·대물변제도 가능하다는 점이다.

(4) 기타의 절차

1) 사채청약서 등 작성 : 위와 같은 절차를 거쳐 회사가 전환사채를 발행하는 때에는 사채청약서와 채권 및 사채원부에 ① 사채를 주식으로 전환할 수 있다는 뜻, ② 전환조건, ③ 전환으로 인하여 발행할 주식의 내용, ④ 전환청구기간, ⑤ 주식의 양도에 관하여 이사회의 승인을 얻도록 정한 때에는 그 규정을 기재해야 한다(상법 제514조 제1항).

2) 등 기 : 회사가 전환사채를 발행한 때에는 제476조의 규정에 의한 납입이 완료된 날로부터 2주간 내에 본점의 소재지에서 전환사채에 관한 일정한 사항[① 전환사채의 총액, ② 각 전환사채의 금액, ③ 각 전환사채의 납입금액, ④ 제514조 제1호 내지 제4호에 정한 사항(ⓐ 사채를 주식으로 전환할 수 있다는 뜻, ⓑ 전환의 조건, ⓒ 전환으로 인하여 발행할 주식의 내용, ⓓ 전환을 청구할 수 있는 기간)]을 등기해야 한다(상법 제514조의2 제1항, 제2항). 그리고 그 사항에 변경이 있으면 본점 소재지에서는 2주간 내, 지점 소재지에서는 3주간 내에 변경등기를 해야 한다(상법 제514조의2 제3항 → 제183조).

4. 전환절차

(1) 전환 청구

1) 청구기간 : 전환을 청구하는 자는 발행사항으로 정해진「전환을 청구할 수 있는 기간」내에 언제든지 채권을 첨부한 청구서 2통을 회사에 제출하며 전환을 청구할 수 있다(상법 제515조 제1항 본문). 전환청구는 주주명부의 폐쇄기간 중에도 가능하지만, 사채권자가 전환청구기간이 경과하도록 전환을 청구하지 않으면 전환청구권을 상실한다. 물론 전환사채권자는 그 기간 전에 언제든지 전환청구권을 포기할 수도 있다.[157)]

2) 청구방식 : 전환을 청구하는 자는 청구서에 전환하고자 하는 사채와 청구의 연월일을 기재하고 기명날인 또는 서명해야 한다(상법 제515조 제2항). 한편 2011년 개정 상법은 청구방식과 관련하여 "제478조 제3항에 따라 채권을 발행하는 대신 전자등록기관의 전자등록부에 채권을 등록한 경우에는 그 채권을 증명할 수 있는 자료를 첨부하여 회사에 제출해야 한다."라고 규정하고 있다(제515조 제1항 단서). 즉 사채관리와 관련하여 전자등록부 제도를 도입하면서 전환청구서의 제출도 그에 부합되도록 조정한 것이다.

157) 서울지방법원 1999. 2. 4. 선고 98가합69295 판결.

(2) 전환 효력

1) 발생시기 : 전환의 효력은 사채권자가 청구서를 회사에 제출함으로써 발생한다(상법 제516조 제2항→제350조 제1항). 즉 전환에 회사의 승낙은 필요하지 않고(형성권),158) 전환청구를 한 후에는 그 철회도 허용되지 않는다. 따라서 전환사채권자는 전환을 청구한 시점부터 주주가 되어 의결권이나 이익배당청구권 등을 행사할 수 있다.

> **참고판례** **전환청구권의 법적 성질(대법원 2004. 8. 16. 선고 2003다9636 판결)** : 전환사채권자가 전환청구를 하면 회사는 주식을 발행해 주어야 하는데, 전환권은 형성권이므로 전환을 청구한 때에 당연히 전환의 효력이 발생하여 전환사채권자는 그 때부터 주주가 되고 사채권자로서의 지위를 상실하게 되므로(상법 제516조, 제350조) 그 이후에는 주식전환의 금지를 구할 법률상 이익이 없게 될 것이다.

2) 의결권 제한 : 전환사채권자는 주주명부의 폐쇄기간 중에도 전환을 청구할 수 있지만, 전환청구로 인해 취득한 주식으로 의결권을 행사할 수는 없다(상법 제516조 제2항→제350조 제2항). 만약 이 주식에 의결권을 부여하게 되면 주주명부를 폐쇄할 당시에 예측하지 못했던 지배구조의 중대한 변화가 생길 수 있기 때문이다.159)

3) 발행가 제한 : 전환사채권자의 전환청구가 있으면 회사는 전환조건에 따라 주식을 발행해야 하는데, 이 경우 전환사채의 총발행가와 전환으로 인해 발행할 주식의 총발행가는 동액이어야 한다(상법 제516조 제2항→제348조). 이는 상법이 전환사채의 전환조건을 통제하는 것인데, 그 취지는 회사가 자금조달에 급급하여 무모한 전환조건으로 전환사채를 발행함으로써 회사의 자본충실을 해하는 것을 막기 위함이다.

4) 이익배당 : 과거에는 사채이자의 지급, 주식의 건설이자 또는 이익의 배당에 관하여는 그 청구를 한 때가 속하는 영업연도 말에 전환된 것으로 보되(개정 전 상법 제516조 제2항→제350조 제3항 전단), 정관의 규정으로 「직전」 영업연도 말에 전환된 것으로 볼 수 있었다(개정 전 상법 제516조 제2항→제350조 제3항 후단). 그런데 2020년 개정 상법이 준용규정인 제350조 제3항을 삭제하였으므로 이제는 신주의 발행일에 상관없이 이익배당기준일을 기준으로 구주와 신주 모두에 동등하게 이익배당을 해야 한다.

5) 등 기 : 전환청구에 따라 전환이 행해지면 발행사채가 감소하는 반면에 주식발행으

---

158) 대법원 2004. 8. 16. 선고 2003다9636 판결.
159) 이철송, 1089면.

로 인해 자본금이 증가한다. 따라서 회사는 본점 소재지에서는 2주간 내, 지점 소재지에서는 3주간 내에 변경등기를 해야 한다(상법 제514조의2 제3항→제183조).

6) 기타 사항 : 전환사채권자가 전환을 청구하면 회사는 곧바로 주식을 발행해야 하는데, 이는 발행예정주식총수에 미발행 부분이 있어야 가능하다. 따라서 이 부분은 전환청구기간 내에 그 발행을 유보해야 한다(상법 제516조 제1항→제346조 제4항). 한편 전환사채권자의 전환청구가 있으면 회사에 제출된 채권은 그 효력을 상실한다. 그렇지만 전환사채에 질권을 가진 채권자는 사채권자가 전환으로 인해 취득한 주식에 대하여 질권을 행사할 수 있다(물상대위: 상법 제516조 제2항→제339조).

참고자료 **전환가액의 조정**

회사가 전환사채를 발행한 후에 주가가 하락하면 전환사채권자는 예상하지 못한 손해를 입게 된다. 전환사채의 가치는 발행할 당시 주식의 자산가치와 수익가치 등이 복합적으로 작용하여 결정되기 때문이다. 따라서 사채권자의 실효적 보호방안이 필요한데, 상법은 이에 관하여 규정하고 있지 않다. 그런데 실무에서는 가격조정에 관한 사항[이를 희석화방지조항(anti-dilution clause)이라고 함]을 사채청약서에 규정하고 있고[전환가액의 조정을 허용하는 조항은 리픽싱조항(refixing clause)이라고 함], 금융위원회의 증권발행공시규정은 제5-23조에서 아래와 같이 구체적인 가격조정방법도 제시하고 있는데, 그 산식은 조정 후 전환가액 = 조정 전 전환가액×[{A+(B×C/D)}/(A+B)]인데, 여기서 A는 기발행주식수, B는 신발행주식수, C는 1주당발행가액, D는 시가이다.

1. 전환사채의 발행을 위한 이사회에서 다음 각 목의 사항(나목의 사항은 공모발행방식으로 발행하는 경우에는 적용하지 아니함)을 정하여야 한다.
   가. 증자·주식배당 또는 시가변동 등 전환가액을 하향 조정하고자 하는 각 사유별로 전환가액을 조정할 수 있다는 내용, 전환가액을 조정하는 기준이 되는 날(이하 "조정일"이라 함) 및 구체적인 조정방법
   나. 시가변동에 따라 전환가액을 하향 조정할 수 있다는 내용을 정한 경우 하향 조정 이후 다시 시가가 상승하면 가목에 따른 조정일에 전환가액을 상향 조정해야 한다는 내용 및 구체적인 조정방법
2. 시가하락에 따른 전환가액의 조정시 조정 후 전환가액은 다음 각 목의 가액 이상으로 하여야 한다.
   가. 발행 당시의 전환가액(조정일 전에 신주의 할인발행 등 또는 감자 등의 사유로 전환가액을 이미 하향 또는 상향 조정한 경우에는 이를 감안하여 산정한 가액)의 100분의 70에 해당하는 가액. 다만, 정관의 규정으로 조정 후 전환가액의 최저한도(이하 "최저조정가액"이라 한다), 최저조정가액을 적용하여 발행할 수 있는 전환사채의 발행사유 및 금액을 구체적으로 정한 경우 또는 정관의 규정으로 전환가액의 조정에 관한 사항을 주주총회의 특별결의로 정하도록 하고 해당 전환사채 발행시 주주총회에서 최저조정가액 및 해당 사채의 금액을 구체적으로 정한 경우에는 정관 또는 주주총회에서 정한 최저조정가액
   나. 조정일 전일을 기산일로 하여 제5-22조 제1항 본문의 규정에 의하여 산정(제3호는 제외함)한 가액

> 3. 제1호 나목에 따라 전환가액을 상향조정하는 경우 조정 후 전환가액은 발행 당시의 전환가액(조정일 전에 신주의 할인발행 등 또는 감자 등의 사유로 전환가액을 이미 하향 또는 상향 조정한 경우에는 이를 감안하여 산정한 가액) 이내에서 제2호 각 목의 가액 이상으로 하여야 한다.

5. 위반효과

(1) 발행의 불공정

1) 유지청구 : 회사가 법령·정관에 위반하거나 현저하게 불공정한 방법으로 전환사채를 발행함으로써 주주가 불이익을 받을 염려가 있는 경우에는 신주발행에서와 같이 주주가 그 발행을 유지할 것을 청구할 수 있다(상법 제516조 제1항→제424조). 이 경우 주주는 전환사채의 효력이 발생하기 전, 즉 전환사채의 납입기일까지 청구해야 한다.[160)]

2) 차액지급 : 이사와 통모하여 현저하게 불공정한 발행가액으로 전환사채를 인수한 자는 공정한 발행가액과의 차액에 상당한 금액을 지급할 의무가 있다. 이러한 책임에 대해서는 주주의 대표소송이 인정되고 이사의 손해배상책임이 발생하는 등 신주를 불공정하게 인수한 경우와 같은 법적 효과가 발생한다(상법 제516조 제1항→제424조의2).

(2) 발행의 무효

1) 무효사유 : 전환사채의 발행에 관련된 무효사유를 상법은 별도로 규정하고 있지 않다. 그렇지만 전환사채가 법정 절차를 위반하여 발행되었거나 매우 불공정하게 발행되었다면 무효로 보아야 할 것이다. 한편 판례는 전환사채발행의 무효에 신주발행무효에 관한 법리를 적용하여 "법령이나 정관의 중대한 위반 또는 현저한 불공정이 있어 주식회사의 본질이나 회사법의 기본원칙에 반하거나 기존 주주들의 이익과 회사의 경영권이나 지배권에 중대한 영향을 미치는 경우로서 전환사채와 관련된 거래의 안전, 주주 기타 이해관계인의 이익 등을 고려하더라도 도저히 묵과할 수 없는 정도라고 평가되는 경우에 한하여 그 무효를 주장할 수 있다."라고 판시하였다.[161)] 더욱이 최근에는 "회사가 경영상 목적 없이 대주주 등의 경영권이나 지배권 방어 목적으로 제3자에게 전환사채를 발행하였다면 그 발행은 무효가 될 수 있다."라고도 판시하였다.[162)]

---

160) 대법원 2004. 8. 20. 선고 2003다20060 판결.
161) 대법원 2004. 6. 25. 선고 2000다37326 판결.
162) 대법원 2022. 11. 17. 선고 2021다205650 판결; 대법원 2022. 10. 27. 선고 2021다201054 판결(이는 신주인수권부사채에 관한 것이지만, 전환사채에도 동일하게 적용된다).

2) 주장방법 : 판례는 전환사채의 발행이 실질적으로나 기능적으로나 신주발행과 같다는 점에 근거하여 전환사채의 발행에 무효원인이 있는 경우에는 신주발행무효의 소에 관한 규정(상법 제429조)을 유추적용하여 전환사채발행무효의 소로써 다투도록 하였다.[163] 더욱이 최근의 판례는 종전의 판례와 달리 전환사채가 아직 전환되지 않은 상태에서 전환사채 발행의 효력을 다투는 것과 전환청구권이 행사되어 발행된 신주의 효력을 다투는 경우로 구분하여 판시하고 있다.[164] 구체적으로 ① 전환사채의 발행효력에 관한 다툼에는 신주발행무효의 소에 관한 상법 제429조가 적용되므로 제소권자(주주·이사·감사)는 사채발행 후 6월 내에 소로써만 다툴 수 있고, 그에 관한 무효판결에는 대세적 효력이 있으며 소급효가 제한되므로 장래에 대해서만 무효의 효력이 발생한다. 따라서 전환사채의 효력을 부인하려면 이사회결의나 주주총회결의의 하자를 다투는 소가 아니라, 전환사채발행무효의 소를 제기하여 다투어야 한다.[165] ② 전환사채가 발행된 후 6월이 경과하도록 전환사채발행무효의 소가 제기되지 않은 상태에서 사채권자가 전환권을 행사하여 발행된 신주의 효력에 대해서도 제429조가 유추적용된다. 따라서 이 경우에는 신주발행일, 즉 전환권을 행사한 날로부터 6월 내에 소를 제기해야 한다. 그런데 이는 곧 전환사채의 발행을 유효로 확정하는 것이어서 전환사채발행의 무효는 신주발행의 무효사유가 될 수 없고, 결국 전환권의 행사 그 자체에 고유한 무효사유를 주장해야 한다.

참고판례 **전환사채의 발행과 신주발행무효의 소(대법원 2004. 6. 25. 선고 2000다37326 판결)** : [1] 상법은 제516조 제1항에서 신주발행의 유지청구권에 관한 제424조 및 불공정한 가액으로 주식을 인수한 자의 책임에 관한 제424조의2 등을 전환사채의 발행의 경우에 준용한다고 규정하면서도 신주발행무효의 소에 관한 제429조의 준용 여부에 대해서는 아무런 규정을 두고 있지 않으나, 전환사채는 전환권의 행사에 의하여 장차 주식으로 전환될 수 있는 권리가 부여된 사채로서, 이러한 전환사채의 발행은 주식회사의 물적 기초와 기존 주주들의 이해관계에 영향을 미친다는 점에서 사실상 신주를 발행하는 것과 유사하므로, 전환사채의 발행의 경우에도 신주발행무효의 소에 관한 상법 제429조가 유추적용된다고 봄이 상당하고, 이 경우 당사자가 주장하는 개개의 공격방법으로서의 구체적인 무효원인은 각각 어느 정도 개별성을 가지고 판단할 수밖에 없는 것이기는 하지만, 전환사채의 발행에 무효원인이 있다는 것이 전체로서 하나의 청구원인이 된다는 점을 감안할 때 전환사채의 발행을 무효라고 볼 것인지 여부를 판단함에 있어서는 구체적인 무효원인에 개재된 여러 위법 요소가 종합적으로 고려되어야 한다. [2] 신주발행무효의 소에 관한 상법 제429조에도 무효원인이 규정되어 있지 않고, 다만 전환사채의 발행의 경우에도 준용되는 상법 제424조에 '법령이나 정관

163) 대법원 2004. 6. 25. 선고 2000다37326 판결. 그런데 이러한 유추적용을 반대하는 견해도 있다(김태진, “신주인수권부사채 발행의 무효”, 124면; 정찬형, “신주인수권부사채 발행의 무효”, 708~710면).
164) 대법원 2022. 11. 17. 선고 2021다205650 판결.
165) 대법원 2004. 8. 16. 선고 2003다9636 판결.

의 위반 또는 현저하게 불공정한 방법에 의한 주식의 발행'이 신주발행유지청구의 요건으로 규정되어 있으므로, 위와 같은 요건을 전환사채 발행의 무효원인으로 일응 고려할 수 있다고 하겠으나 다른 한편, 전환사채가 일단 발행되면 그 인수인의 이익을 고려할 필요가 있고 또 전환사채나 전환권의 행사에 의하여 발행된 주식은 유가증권으로서 유통되는 것이므로 거래의 안전을 보호하여야 할 필요가 크다고 할 것인데, 전환사채발행유지청구권은 위법한 발행에 대한 사전 구제수단임에 반하여, 전환사채발행무효의 소는 사후에 이를 무효로 함으로써 거래의 안전과 법적 안정성을 해칠 위험이 큰 점을 고려할 때, 그 무효원인은 가급적 엄격하게 해석하여야 하고, 따라서 법령이나 정관의 중대한 위반 또는 현저한 불공정이 있어 그것이 주식회사의 본질이나 회사법의 기본원칙에 반하거나 기존 주주들의 이익과 회사의 경영권 또는 지배권에 중대한 영향을 미치는 경우로서 전환사채와 관련된 거래의 안전, 주주 기타 이해관계인의 이익 등을 고려하더라도 도저히 묵과할 수 없는 정도라고 평가되는 경우에 한하여 전환사채의 발행 또는 그 전환권의 행사에 의한 주식의 발행을 무효로 할 수 있을 것이며, 그 무효원인을 회사의 경영권 분쟁이 현재 계속 중이거나 임박해 있는 등 오직 지배권의 변경을 초래하거나 이를 저지할 목적으로 전환사채를 발행하였음이 객관적으로 명백한 경우에 한정할 것은 아니다. [3] 전환사채의 인수인이 회사의 지배주주와 특별한 관계에 있는 자라거나 그 전환가액이 발행시점의 주가 등에 비추어 다소 낮은 가격이라는 것과 같은 사유는 일반적으로 전환사채발행유지청구의 원인이 될 수 있음은 별론으로 하고 이미 발행된 전환사채 또는 그 전환권의 행사로 발행된 주식을 무효화할 만한 원인이 되지는 못한다.

(3) 발행의 부존재

전환사채의 발행에 있어서 대금의 납입이 없는 경우처럼 사채발행의 실체가 없음에도 불구하고 발행등기가 이루어지는 등의 경우에 판례는 이를 제거하기 위하여 이른바 전환사채부존재확인의 소를 인정한다. 그런데 전환사채부존재확인의 소에 대해서는 상법 제429조가 적용되지 않으므로 제소기간 등의 제한을 받지 않는다.[166]

(4) 형사책임

전환사채의 경우 발행 후 주식으로 전환되기 전까지는 사채로서의 실체만 있다. 따라서 사채권자가 인수대금을 가장납입하였더라도 신주발행에서와 달리 납입가장죄(상법 제628조)가 성립하지 않는다. 따라서 전환사채의 인수인이 대금의 납입 없이 전환사채를 취득하도록 하여 회사에 손해를 입힌 때에는 이사가 업무상배임죄의 책임을 지지만, 처음부터 납입대금 없이 주식을 발행할 목적으로 전환사채를 발행하며 가장납입을 한 후 실제로 주식으로 전환하게 한 경우에는 예외적으로 가장납입죄가 성립한다.[167]

166) 대법원 2006. 11. 10. 선고 2005다46233 판결; 대법원 2004. 8. 16. 선고 2003다9636 판결.
167) 대법원 2015. 12. 10. 선고 2012도235 판결.

> **참고판례** **전환사채와 납입가장죄(대법원 2008. 5. 29. 선고 2007도5206 판결)** : 상법 제628조 제1항의 납입가장죄는 회사의 자본에 충실을 기하려는 상법의 취지를 해치는 행위를 처벌하려는 것인데, 전환사채는 발행 당시에는 사채의 성질을 갖는 것으로서 사채권자가 전환권을 행사한 때 비로소 주식으로 전환되어 회사의 자본을 구성하게 될 뿐만 아니라, 전환권은 사채권자에게 부여된 권리이지 의무는 아니어서 사채권자로서는 전환권을 행사하지 아니할 수도 있으므로, 전환사채의 인수 과정에서 그 납입을 가장하였다고 하더라도 상법 제628조 제1항의 납입가장죄는 성립하지 아니한다.

Ⅲ. 신주인수권부사채

1. 의 의

(1) 개 념

신주인수권부사채(Bond with Warrant)란 사채의 발행조건으로서 사채권자에게 신주인수권을 부여하는 사채를 말한다. 신주인수권부사채의 경우 사채권자는 사채의 안정성을 유지하면서 주가가 상승하면 신주인수권을 행사하여 주식의 양도차익을 얻을 수 있고, 회사는 사채의 이율을 낮춤으로써 자금조달에 필요한 비용을 절약할 수 있다(신주인수권부사채의 이율은 보통사채에 비해 낮음). 다만 신주인수권부사채도 신주발행의 속성을 내포하고 있으므로 주주의 신주인수권 등 주주 보호 문제가 제기된다.

(2) 종 류

신주인수권부사채는 분리형과 결합형이 있다. 분리형은 채권(債券)에는 채권(債權)만을 표창하고 신주인수권은 별도의 증권에 표창함으로써 양자를 분리하여 양도할 수 있게 한 것이고, 결합형은 채권(債權)과 신주인수권이 하나의 채권(債券)에 표창되어 양자를 분리하여 양도할 수 없게 한 것이다. 이러한 신주인수권부사채의 유형과 관련하여 상법상 별도의 제한은 없지만, 아직 실무에서 분리형으로 발행된 예는 거의 없다.

2. 발 행

(1) 결정기관

신주인수권부사채의 발행은 원칙적으로 이사회가 결정하지만, 정관으로 주주총회에서 결정하도록 할 수 있다(상법 제516조의2 제2항). 이 경우 일정한 사항(① 신주인수권부사채의 총액, ② 각 신주인수권부사채에 부여된 신주인수권의 내용, ③ 신주인수권을 행사할 수 있는 기간, ④ 신주인수권만을 양도할 수 있는 것에 관한 사항, ⑤ 신주인수권을 행사하려는 자의 청구가 있는 때에는 신주인수권부사채의 상환에 갈음하여 그 발행가액으로 제516조의8 제1항의 납입이 있는 것으로 본다는 뜻, ⑥ 주주에게 신주인수권부사채의 인수권을 준다는 뜻과 인수권의 목적인 신주인수권부사채의 액, ⑦ 주주 외의 자에게 신주인수권부사채를 발행하는 것과 이에 대하여 발행한 신주인수권부사채의 액) 중 정관에 규정이 없는 것은 이사회가 발행을 결의할 때 함께 결정해야 한다.

(2) 인수권자

신주인수권부사채를 발행하면 실질적으로 그 인수인에게 신주인수권을 부여하는 것과 같은 효과가 발생하므로 신주발행에서와 같이 주주들의 중대한 이해가 걸려 있다. 그리하여 상법은 회사가 신주인수권부사채를 발행하는 때에는 원칙적으로 주주에게 인수권을 부여하되, 주주가 아닌 자(제3자)에게 발행하는 때에는 일정한 사항(신주인수권부사채의 총액, 신주인수권의 내용, 신주인수권을 행사할 수 있는 기간)을 정관의 규정이나 주주총회의 특별결의로 정하도록 규제하고 있다(상법 제516조의2 제4항 제1문). 이 경우 정관이나 주주총회의 결의로 정할 구체적인 사항은 전환사채에서와 같고, 이를 결의하기 위해 주주총회를 소집하는 때에는 소집통지에 신주인수권부사채의 발행에 관한 의안의 요령도 기재해야 한다(상법 제516조의2 제5항 → 제513조 제4항). 한편 제3자배정에는 제418조 제2항 단서의 합리성 요건도 충족해야 한다(상법 제516조의2 제4항 제2문).

참고판례 **우리사주조합원에게 신주인수권부사채를 우선적으로 배정받을 권리가 있는지(대법원 2014. 8. 28. 선고 2013다18684 판결)** : 구 근로자복지기본법(2010. 6. 8. 법률 제10361호로 전부 개정되기 전의 것) 제32조 제1항은 "자본시장과 금융투자업에 관한 법률 제9조 제15항 제3호에 따른 주권상장법인(코스닥시장에 주권이 상장된 법인을 제외함) 또는 주권을 같은 법 제9조 제13항 제1호에 따른 유가증권시장에 상장하고자 하는 법인이 같은 법에 따라 주권을 모집 또는 매출하는 경우에 우리사주조합원은 자본시장과 금융투자업에 관한 법률 제165조의7 제1항에 따라 당해 주식을 우선적으로 배정받을 권리가 있다."라고 규정한다. 여기에서 우리사주조합원이 우선적으로 배정받을 권리가 있는 '당해 주식'에 사채인 신주인수권부사채가 포함되지 아니함은 문언의 해석상 분명하다. 나아가 신주인수권부사채는 미리 확정된 가액으로 일정한 수의 신주인수를 청구할 수 있는 신주인수권이 부여된 점을 제외하면 보통사채와 법률적 성격에서 차이가 없고, 신주인수권부사채에 부여된 신주인수권은 장래 신주의 발행을 청구할지 여부를 선택할 수 있는 권리로서 주식의 양도차익에 따라 신주인수권 행사 여부가 달라질 수 있으므로 우리사주조합원의 주식우선배정권과는 법률적 성격이나 경제적 기능에서 차이가 있는 점, 우리사주제도는 근로자로 하여금 우리사주조합을 통하여 소속 회사의 주식을 취득·보유하게 함으로써 근로자의 경제적·사회적 지위 향상과 함께 근로자의 생산성 향상과 노사협력 증진을 통하여 국민경제에 기여하는 사회정책적 효과를 도모하기 위하여 채택된 제도이고, 이러한 제도의 취지에 따라 우리사주조합원에게 부여된 주식우선배정권은 주주의 신주인수권을 법률상 제한하는 것인 점 등을 고려하면, 우리사주조합원에게 주식 외에 신주인수권부사채까지 우선적으로 배정받을 권리가 있다고 유추해석하기도 어렵다.

(3) 발행절차

1) 배정일의 확정·공고 : 신주인수권부사채의 인수권을 가진 주주는 그가 가진 주식수에 따라 신주인수권부사채의 배정을 받을 권리가 있다(상법 제516조의11 → 제513조의2 제1항 본문). 따라서 회사는 신주발행에서와 같이 인수권을 행사할 주주를 확정하기 위하여 먼저 배정일을 정한 후 그 2주간 전에 배정일의 주주명부에 기재된 주주가 신주인수권부사채의 인수권을 갖는다는 뜻을 공고해야 한다(상법 제516조의11 → 제513조의2 제2항 → 제418조 제3항). 한편 배정일의 경과로 신주인수권부사채의 인수권을 갖는 주주 및 각 주주가 인수할 사채총액이 확정되지만, 신주인수권부사채의 금액 중 최저액에 미달하는 단수에 대해서는 그러하지 않다(상법 제516조의11 → 제513조의2 제1항 단서).

2) 주주에 대한 최고 : 주주가 신주인수권부사채의 인수권을 가진 경우에는 각 주주에 대하여 인수권을 가지는 신주인수권부사채의 액, 발행가액, 신주인수권의 내용, 신주인수권을 행사할 수 있는 기간과 일정한 기일(청약일)까지 신주인수권부사채의 청약을 하지 아니하면 그 권리를 잃는다는 뜻을 통지해야 한다(상법 제516조의3 제1항 제1문). 이 경우 신주인수권만을 양도할 수 있다는 뜻과 신주인수권자의 청구에 의해 사채의 상환에 갈음하여 그 발행가액으로 신주의 납입에 충당할 수 있다는 뜻의 정함이 있는 때에는 그 내용도 함께 통지해야 한다(상법 제516조의3 제1항 제2문). 한편 이러한 통지에도 불구하고 주주가 청약일까지 청약하지 아니하면 실권하는데(상법 제516조의3 제2항 → 제419조 제3항), 이렇게 실권된 신주인수권부사채는 이사회의 결의로 새롭게 배정할 수 있다. 그렇지만 상장회사의 경우에는 신주발행에서의 실권과 마찬가지로 원칙적으로 그 발행을 철회해야 한다(자본시장법 제165조의10 제1항 → 제165조의6 제2항).

3) 인수와 납입 : 신주인수권부사채의 인수와 대금의 납입도 일반사채의 절차에 따른다. 즉 신주인수권부사채를 취득하려는 자는 사채청약서 2통에 인수할 사채의 수와 주소를 기재하고 기명날인 또는 서명해야 한다(상법 제474조 제1항). 이러한 청약에 대하여 회사의 배정이 있으면 인수는 확정되고 사채계약이 성립한다. 한편 신주인수권부사채의 발행이 완료되면 대표이사는 지체없이 인수인에 대하여 각 사채의 전액 또는 제1회의 납입을 시켜야 한다(상법 제476조 제1항). 다만 위탁모집의 경우에는 사채관리회사가 그 명의로 이를 할 수 있다(상법 제476조 제2항). 주의할 것은 사채의 경우에는 주금의 납입과 달리 현금납입에 한

하지 않으므로 상계·경개·대물변제도 가능하다는 점이다.

4) 사채청약서 등 작성 : 신주인수권부사채를 발행하는 경우 회사는 사채청약서와 채권 및 사채원부에 ① 신주인수권부사채라는 뜻, ② 발행사항 중 일부(ⓐ 각 신주인수권부사채에 부여된 신주인수권의 내용, ⓑ 신주인수권을 행사할 수 있는 기간, ⓒ 신주인수권만을 양도할 수 있는 것에 관한 사항, ⓓ 신주인수권을 행사하려는 자의 청구가 있는 때에는 신주인수권부사채의 상환에 갈음하여 그 발행가액으로 제516조의9 제1항의 납입이 있는 것으로 본다는 뜻), ③ 신주인수권을 행사할 때의 납입을 맡을 은행 기타 금융기관과 납입장소, ④ 신주의 양도에 관하여 이사회의 승인을 얻도록 정한 때에는 그 규정을 기재해야 한다(상법 제516조의4 본문). 다만 신주인수권증권을 발행할 때에는 채권에 이러한 사항들을 기재하지 않는다(상법 제516조의4 단서).

5) 수권주식과의 관계 : 신주인수권부사채도 신주발행의 속성을 내포하고 있으므로 정관에 정해진 발행예정주식총수 중 미발행 부분이 있어야만 사채권자의 신주인수권 행사가 가능하다. 따라서 그 종류의 주식에 미발행 여분이 있는 경우에 한하여 신주인수권부사채를 발행할 수 있고, 회사는 신주인수권의 행사기간 동안 이 부분의 발행을 유보해야 한다(상법 제516조의11 → 제516조 제1항 → 제346조 제4항).

6) 등 기 : 회사가 신주인수권부사채를 발행한 때에는 제476조의 규정에 의한 납입이 완료된 날로부터 2주간 내에 본점의 소재지에서 신주인수권부사채에 관한 일정한 사항(① 신주인수권부사채라는 뜻, ② 신주인수권의 행사로 인하여 발행할 주식의 발행가액의 총액, ③ 각 신주인수권부사채의 금액, ④ 각 신주인수권부사채의 납입금액, ⑤ 신주인수권부사채의 총액, ⑥ 각 신주인수권부사채에 부여된 신주인수권의 내용, ⑦ 신주인수권을 행사할 수 있는 기간)을 등기해야 한다(상법 제516조의8 제1항 → 제514조의2 제1항). 그리고 그 사항에 변경이 있으면 본점 소재지에서는 2주간 내, 지점 소재지에서는 3주간 내에 변경등기를 해야 한다(상법 제516조의8 제2항 → 제514조의2 제3항 → 제183조).

(4) 위반 효과

1) 유지청구 : 회사가 법령·정관에 위반하거나 현저하게 불공정한 방법으로 신주인수권부사채를 발행하여 주주가 불이익을 받을 염려가 있는 경우에는 신주발행에서와 같이 주주가 그 발행을 유지할 것을 청구할 수 있다(상법 제516조 제1항 → 제424조). 이 경우 주주는 신주인수권부사채의 효력 발생 전인 납입기일까지 청구해야 한다.[168]

---

168) 대법원 2004. 8. 20. 선고 2003다20060 판결.

2) 차액지급 : 신주인수권부사채의 발행에 있어서 이사와 통모하여 현저하게 불공정한 발행가액으로 신주인수권부사채를 인수한 자는 공정한 발행가액과의 차액에 상당한 금액을 지급할 의무가 있다. 이러한 인수인의 책임에 대해서는 주주의 대표소송이 인정되고 이사의 손해배상책임이 발생하는 등 신주를 불공정하게 인수한 경우와 같은 법적 효과가 발생한다(상법 제516조의11 → 제516조 제1항 → 제424조의2).

3) 무효의 소 : 상법은 신주인수권부사채의 발행과 관련하여 무효사유를 별도로 규정하고 있지 않지만, 일반적으로 신주인수권부사채가 법정 절차를 위반하여 발행된 경우, 합리적 이유 없이 제3자에게 발행된 경우, 매우 불공정하게 발행된 경우에는 무효로 본다. 그리고 전환사채에서와 같이 판례는 신주인수권부사채도 실질적으로나 기능적으로나 신주발행과 같다는 점에 근거하여 신주인수권부사채의 발행에 무효원인이 있는 경우에는 신주발행무효의 소에 관한 규정(상법 제429조)을 유추적용하여 신주인수권부사채발행무효의 소로써 다투도록 하고 있다.[169] 다만 신주인수권이 행사되어 신주가 발행된 경우에는 제429조의 신주발행무효의 소로써 그 효력을 다툴 수 있다.[170]

> **참고판례** **상법 제429조가 신주인수권부사채의 발행에도 적용되지는 여부(대법원 2015. 12. 10. 선고 2015다202919 판결)** : [1] 상법 제418조 제1항, 제2항은 회사가 신주를 발행하는 경우 원칙적으로 기존 주주에게 배정하고 정관에 정한 경우에만 제3자에게 신주배정을 할 수 있게 하면서 사유도 신기술의 도입이나 재무구조의 개선 등 경영상 목적을 달성하기 위하여 필요한 경우에 한정함으로써 기존 주주의 신주인수권을 보호하고 있다. 따라서 회사가 위와 같은 사유가 없음에도 경영권 분쟁이 현실화된 상황에서 경영진의 경영권이나 지배권 방어라는 목적을 달성하기 위하여 제3자에게 신주를 배정하는 것은 상법 제418조 제2항을 위반하여 주주의 신주인수권을 침해하는 것이다. 그리고 이러한 법리는 신주인수권부사채를 제3자에게 발행하는 경우에도 마찬가지로 적용된다(상법 제516조의2 제4항 후문, 제418조 제2항 단서). [2] 신주 발행을 사후에 무효로 하는 것은 거래의 안전을 해할 우려가 크기 때문에 신주발행무효의 소에서 무효원인은 엄격하게 해석하여야 하나, 신주 발행에 법령이나 정관을 위반한 위법이 있고 그것이 주식회사의 본질 또는 회사법의 기본원칙에 반하거나 기존 주주들의 이익과 회사의 경영권 내지 지배권에 중대한 영향을 미치는 경우에는 원칙적으로 신주의 발행은 무효이다. 신주인수권부사채는 미리 확정된 가액으로 일정한 수의 신주 인수를 청구할 수 있는 신주인수권이 부여된 사채로서 신주인수권부사채 발행의 경우에도 주식회사의 물적 기초와 기존 주주들의 이해관계에 영향을 미친다는 점에서 사실상 신주를 발행하는 것과 유사하므로, 신주발행무효의 소에 관한 상법 제429조가 유추적용되고, 신주발행의 무효원인에 관한 법리 또한 마찬가지로 적용된다.

---

169) 대법원 2004. 6. 25. 선고 2000다37326 판결.
170) 대법원 2015. 12. 10. 선고 2015다202919 판결.

4) 부존재확인의 소 : 신주인수권부사채의 발행에 있어서도 전혀 발행의 실체가 없음에도 불구하고 발행등기가 이루어지는 등의 외관이 있는 경우에 판례는 이를 제거하기 위하여 이른바 신주인수권부사채부존재확인의 소를 인정한다. 그런데 이에 대해서는 상법 제429조가 적용되지 않으므로 제소기간 등의 제한을 받지 않는다.[171]

3. 신주인수권의 양도

(1) 증권의 발행

회사가 신주인수권부사채의 발행을 결정하면서 신주인수권만을 분리하여 양도할 수 있도록 정한 경우(상법 제516조의2 제2항 제4호)에는 채권과 함께 「신주인수권증권」을 발행해야 한다(상법 제516조의5 제1항). 다만 회사는 신주인수권증권을 발행하는 대신에 정관으로 정하는 바에 따라 전자등록기관의 전자등록부에 신주인수권을 등록할 수도 있는데, 이 경우 신주인수권의 양도나 입질은 전자등록부에의 등록에 의한다(상법 제516조의7). 한편 상장회사는 사모의 방법으로 신주인수권부사채를 분리형으로 발행하지 못하므로 신주인수권증권도 발행하지 못한다(자본시장법 제165조의10 제2항).

(2) 증권의 성질

신주인수권증권은 신주인수권을 표창하는 유가증권이지만, 증권에 인수권자의 성명이 기재되지 아니하므로 무기명증권이다(상법 제516조의5 제2항). 따라서 상법에 규정된 사항 외에는 유가증권의 일반 법리가 적용되고, 신주인수권의 행사와 양도 모두 신주인수권증권에 의해야 한다. 한편 신주인수권증권은 신주인수권의 행사기간 동안 장기간에 걸쳐 유통되므로 이를 상실한 때에는 주권처럼 공시최고에 의해 무효로 할 수 있고, 제권판결을 얻어 재발행을 청구할 수 있다(상법 제516조의6 제2항 → 제360조). 이에 비해 신주발행에서의 신주인수권증서는 발행일 후 청약일까지 약 2주간만 유통되므로 이를 상실하더라도 공시최고와 제권판결을 이용할 실익이 거의 없다.

(3) 증권의 기재사항

신주인수권증권에는 일정한 사항(① 신주인수권증권이라는 뜻의 표시, ② 회사의 상호, ③ 각 신주인수권부사채에 부여된 신주인수권의 내용, ④ 신주인수권을 행사할 수 있는 기간, ⑤ 신주인수권을 행사하려는 자의 청구가 있는 때에는 신주인수권부사채의 상환에 갈음하여 그 발행가액으로 제516조의9 제1항의 납입이 있는 것으로 본다는 뜻, ⑥ 제516조의9에 따라 납입을 맡을 은행

171) 대법원 2006. 11. 10. 선고 2005다46233 판결; 대법원 2004. 8. 16. 선고 2003다9636 판결.

이나 그 밖의 금융기관 및 납입장소, ⑦ 주식의 양도에 관하여 이사회의 승인을 얻도록 정한 때에는 그 규정)과 번호를 기재하고 이사가 기명날인 또는 서명해야 한다(상법 제516조의5 제2항).

(4) 증권발행의 효력

회사가 신주인수권증권을 발행한 경우의 효력은 다음과 같다. 즉 ① 신주인수권부사채는 분리형이 되므로 신주인수권은 사채와 분리되어 별도로 양도할 수 있는데, 이 경우에는 신주인수권증권의 교부에 의해야 한다(상법 제516조의6 제1항). 따라서 회사가 신주인수권증권을 발행하지 아니한 경우에 신주인수권은 사채의 양도에 의해서만 이전된다. ② 신주인수권의 행사도 신주인수권증권에 의해야 한다. ③ 신주인수권증권을 점유한 자는 적법한 소지인이라는 추정을 받으므로(상법 제516조의6 제2항→제336조 제2항) 선의취득이 인정된다(상법 제516조의6 제2항→수표법 제21조).

4. 신주인수권의 행사

(1) 행사주체

신주인수권부사채권자나 신주인수권증권의 소지인은 신주인수권부사채에 부여된 내용에 따라 신주인수권의 행사기간 중 언제든지 신주인수권을 행사할 수 있다. 그리고 과거와 달리 주주명부의 폐쇄기간 중에도 신주인수권을 행사할 수 있다.[172]

(2) 행사방법

신주인수권을 행사하려는 자는 청구서 2통을 회사에 제출하고, 신주의 발행가액 전액을 납입해야 한다(상법 제516조의9 제1항). 이처럼 신주인수권의 행사에 있어서는 통상의 신주발행에서와 다르게 주금의 납입이 요건으로 규정되어 있다.

1) 청 구 : 신주인수권을 행사하려는 자는 청구서 2통에 인수할 주식의 종류 및 수와 주소를 기재하고 기명날인 또는 서명해야 한다(상법 제516조의9 제4항→제302조 제1항). 이 경우 신주인수권증권이 발행된 때(분리형)에는 신주인수권증권을 첨부하고, 이를 발행하지 아니한 때(결합형)에는 채권을 제시해야 한다. 다만 상법 제478조 제3항 또는 제516조의7에 따라 채권(債券)이나 신주인수권증권을 발행하는 대신 전자등록기관의 전자등록부에 채권(債權)이나 신주인수권을 등록한 경우에는 그 채권이나 신주인수권을 증명할 수 있는 자료를 첨부하여 회사에 제출해야 한다(상법 제516조의9 제2항). 주의할 것은 결합형의 경우 회사

172) 1995년 개정 전까지는 신주인수권부사채의 경우 주주명부의 폐쇄기간 중에는 행사할 수 없었다.

는 사채권에 신주인수권을 행사하였다는 사실을 기재한 후 사채권자에게 반환하는데, 이는 보통의 사채와 동일하게 사채권으로 유통된다는 점이다.

2) 납 입 : 신주인수권을 행사하려는 자는 신주의 발행가액 그 전액을 납입해야 하는데(상법 제516조의9 제1항), 주의할 점은 다음과 같다. 즉 ① 납입은 채권 또는 신주인수권증권에 기재한 은행 기타 금융기관의 납입장소에 해야 한다(상법 제516조의9 제3항). 이 경우 납입금보관자와 납입장소의 변경 그리고 납입금보관자의 증명과 책임은 모집설립에서와 동일하다(상법 제516조의9 제4항→제306조, 제318조). ② 납입은 원칙적으로 금전으로 해야 한다. 다만 사채를 발행하는 때에 「신주인수권을 행사하려는 자의 청구가 있는 때에는 신주인수권부사채의 상환에 갈음하여 그 발행가액으로 납입이 있은 것으로 본다는 뜻」을 정한 경우(상법 제516조의2 제2항 제5호) 사채권자는 사채의 발행가로 대용납입을 할 수 있다. ③ 유통 중인 신주인수권부사채의 신주인수권만을 취득한 자가 회사에 대하여 금전채권을 가지고 있는 경우에 그 채권으로 신주의 납입대금과 상계할 수 있는지가 논란인데, 신주발행의 경우에는 상법 제421조 제2항에 의해 상계가 허용되나 신주인수권부사채의 경우에는 동 규정이 준용되지 않기 때문이다. 그렇지만 신주를 발행할 때의 주금납입과 신주인수권의 행사로 인한 주금납입은 사실상 그 성격이 같으므로 동 조항을 유추적용하여 상계할 수 있다고 해석함이 합리적이다.

(3) 발행가액

각 신주인수권부사채에 부여된 신주인수권의 행사로 인하여 발행할 주식의 발행가액의 합계액은 각 신주인수권부사채의 금액을 초과할 수 없다(상법 제516조의2 제3항). 즉 사채금액을 신주발행가로 나눈 수량의 주식에 대해서만 신주인수권을 갖는 것이다. 신주인수권부사채의 입법취지를 고려할 때 소액의 사채에 다량의 신주인수권을 주는 것은 실질적으로 신주인수권만을 부여하는 것과 같으므로 이를 방지하기 위함이다. 주의할 것은 이러한 제한은 사채를 발행하는 때에만 적용되므로,[173] 발행한 후 사채의 일부가 상환되거나 소각되더라도 인수할 주식의 수량에는 영향이 없다는 점이다.

(4) 행사 효과

1) 발생시기 : 신주인수권을 행사한 자는 주금을 납입한 때에 비로소 주주가 되는데(상법 제516조의10 제1문), 이 경우 회사의 승낙은 필요하지 않다(형성권). 다만 인수권자가 주주명부의 폐쇄기간 중에 신주인수권을 행사한 때에는 그 기간 중 의결권을 행사하지 못한다

173) 이를 발행시설이라고 한다(이철송, 1099면).

(상법 제516조의10 → 제350조 제2항). 한편 그동안 이익배당에 있어서는 신주인수권을 행사한 때가 속하는 영업연도 말에 신주가 발행된 것으로 보되, 정관으로 직전 사업연도 말에 발행된 것으로 볼 수도 있었다(개정 전 상법 제516조의10 → 제350조 제3항). 그런데 2020년 개정 상법이 이를 삭제하였으므로 이제는 신주의 발행일에 상관없이 이익배당기준일을 기준으로 구주와 신주 모두에 동등하게 이익배당을 해야 한다.

2) 질권의 효력 : 신주인수권부사채에 설정된 질권의 경우 신주인수권의 행사로 발행된 신주에는 그 효력이 미치지 않는다. 신주인수권이 행사되더라도 사채는 존속하기 때문이다. 다만 사채의 상환에 갈음하여 대용납입이 있는 때(상법 제516조의2 제2항 제5호)에는 사채가 소멸하므로 예외적으로 신주에 대해서도 질권의 효력이 미친다.

5. 기타의 절차

(1) 신주발행가의 조정

신주인수권부사채를 발행한 후에 회사가 저가의 신주발행, 준비금의 자본금 전입, 주식배당 등의 조치를 하게 되면 전환사채에서처럼 신주인수권의 가치가 희석되는 문제가 발생한다. 그리하여 실무에서는 전환사채에서의 가격조정에 관한 산식과 같은 방법으로 신주의 발행가를 인하함으로써 사채권자를 보호하고 있다.

> **참고판례** **리픽싱 조항의 효력(대법원 2014. 9. 4. 선고 2013다40858 판결)** : 신주인수권만의 양도가 가능한 분리형 신주인수권부사채를 발행한 발행회사가 신주인수권의 발행조건으로 주식의 시가하락 시 신주인수권의 행사가액을 하향조정하는 이른바 '리픽싱(refixing) 조항'을 둔 경우, 주식의 시가하락에 따른 신주인수권 행사가액의 조정사유가 발생하였음에도 발행회사가 그 조정을 거절하고 있다면, 신주인수권자는 발행회사를 상대로 조정사유 발생시점을 기준으로 신주인수권 행사가액 조정절차의 이행을 구하는 소를 제기할 수 있고, 신주인수권자가 소송과정에서 리픽싱 조항에 따른 새로운 조정사유의 발생으로 다시 조정될 신주인수권 행사가액의 적용을 받겠다는 분명한 의사표시를 하는 등의 특별한 사정이 없는 한 위와 같은 이행의 소에 대하여 과거의 법률관계라는 이유로 권리보호의 이익을 부정할 수는 없다. 그리고 위와 같은 발행조건의 리픽싱 조항에서 신주인수권의 행사를 예정하고 있지 아니하고 신주인수권자가 소로써 신주인수권 행사가액의 조정을 적극적으로 요구하는 경우와 발행회사가 자발적으로 행사가액을 조정하는 경우를 달리 볼 이유가 없는 점, 주식의 시가하락이 있는 경우 리픽싱 조항에 따른 신주인수권 행사가액의 조정이 선행되어야만 신주인수권자로서는 신주인수권의 행사 또는 양도 등 자신의 권리행사 여부를 결정할 수 있는 점, 반면 위와 같은 이행의 소에 신주인수권의 행사가 전제되어야 한다면 이는 본래 신주인수권의 행사기간 내에서 신주인수권의 행사 여부를 자유로이 결정할 수 있는 신주인수권자에 대하여 신주인수권의 행사를 강요하는 결과가 되어 불합리한 점 등을 종합하면, 신주인수권 행사가액 조정절차의 이행을 구하는 소는 신주인수권의 행사 여부와 관계없이 허용된다고 보아야 한다.

(2) 등 기

신주인수권부사채를 발행한 때에는 사채의 납입이 완료된 때부터 본점 소재지에서 2주간 내에 일정한 사항을 등기해야 하고(상법 제516조의8 제2항 → 제514조의2 제1항), 신주인수권의 행사가 있는 때에도 변경등기를 해야 한다(상법 제516조의11 → 제351조).

Ⅳ. 기타의 특수사채

1. 상법상의 특수사채

(1) 이익참가부사채

1) 의 의 : 이익참가부사채란 사채권자가 이익배당에도 참가할 수 있는 사채를 말한다(상법 제469조 제2항 제1호). 이는 1988년 개정 상법이 상장회사에 한하여 도입하였고, 2011년 개정 상법이 일반회사에도 확대하였으나 실무에서 발행된 예는 매우 드물다.[174)]

2) 발행결정 : 이익참가부사채는 정관에 규정을 두어 발행할 수도 있고, 정관으로 주주총회의 결의에 의해 발행하게 할 수도 있으며, 정관에 이러한 규정이 없으면 이사회의 결의로도 발행할 수 있다(상령 제21조 제1항).

3) 발행사항 : 이익참가부사채를 발행하려면 정관이나 주주총회 또는 이사회는 일정한 사항(① 이익참가부사채의 총액, ② 이익배당 참가의 조건 및 내용, ③ 주주에게 이익참가부사채의 인수권을 준다는 뜻과 인수권의 목적인 이익참가부사채의 금액)을 정해야 하고, 사채청약서·채권·사채원부에 이를 기재해야 한다(상령 제21조 제1항, 제25조 제1호).

4) 발행절차 : 대체로 일반사채의 경우와 다르지 않다. 다만 주주에게 발행하는 때에는 배정절차와 최고·실권절차가 필요한데, 그 내용은 전환사채의 경우와 같다(상령 제21조 제4항, 제5항). 한편 이익참가부사채는 주주에게 배당할 이익을 줄이므로 주주의 보호가 필요하다. 이에 상법은 주주가 인수권을 갖는 것을 원칙으로 하고(상령 제21조 제1항 제3호), 제3자에게 발행하는 때에는 그 발행할 수 있는 이익참가부사채의 가액과 이익배당 참가의 내용에 관하여 정관에 규정이 없으면 주주총회의 특별결의로 정하도록 규제하고 있다(상령 제21조 제2항). 또한 이를 위한 주주총회를 소집하는 때에는 이익참가부사채의 발행에 관한 의안의 요령도 소집통지에 기재해야 한다(상령 제21조 제3항).

---

174) 우리나라에서는 2012년 4월에 에이엠플러스자산개발이 최초로 이익참가부사채를 발행하였다.

5) 등 기 : 회사가 이익참가부사채를 발행하였을 때에는 제476조에 따른 납입이 완료된 날부터 2주일 내에 본점 소재지에서 일정한 사항(① 이익참가부사채의 총액, ② 각 이익참가부사채의 금액, ③ 각 이익참가부사채의 납입금액, ④ 이익배당에 참가할 수 있다는 뜻과 이익배당 참가의 조건 및 내용)을 등기해야 한다(상령 제21조 제10항). 그리고 등기사항에 변경이 생긴 때에는 본점 소재지에서는 2주일 내, 지점 소재지에서는 3주일 내에 변경등기를 해야 한다(상령 제21조 제11항). 다만 외국에서 이익참가부사채를 모집한 경우에 등기할 사항이 외국에서 생겼을 때에는 등기기간 및 변경등기기간은 그 사실의 통지가 도달한 날부터 기산한다(상령 제21조 제12항).

(2) 교환사채

1) 의 의 : 교환사채란 사채권자가 회사 소유의 주식이나 그 밖의 다른 유가증권으로 교환할 수 있는 사채를 말한다(상령 제22조 제1항). 즉 사채권자의 청구에 의해 다른 유가증권으로 교환할 수 있는 것인데, 이는 프랑스 상법상 제도를 수용한 것이다.

2) 발행결정 : 교환사채는 정관의 규정이나 주주총회의 결의 없이 이사회의 결의만으로 발행할 수 있다(상령 제22조 제1항). 교환사채는 회사 소유의 주식 등과 교환하는 것이어서 신주가 발행되거나 주주의 이익을 침해하는 일이 없기 때문이다.

3) 발행사항 : 교환사채를 발행하는 때에는 이사회가 ① 교환할 주식이나 유가증권의 종류 및 내용, ② 교환조건, ③ 교환청구기간을 결정해야 하고, 이를 사채청약서·채권·사채원부에 기재해야 한다(상령 제22조 제1항, 제25조 제2호). 이와 관련하여 주의할 사항은 다음과 같다. 즉 ① 시행령이 '회사 소유의 주식'이라고 정하고 있어 「교환할 주식」에 회사가 발행하는 신주는 포함되지 않지만, 회사가 소유하는 자기주식은 포함된다. 그렇지만 실제로는 회사가 소유하는 계열회사의 주식 및 전환사채·신주인수권부사채와 같은 주식연계증권이 주된 대상이 될 것이다. ② 교환조건과 관련하여 비록 명문의 규정은 없지만, 교환대상이 주식일 때에는 그 주식의 발행회사가 주식배당이나 준비금의 자본금 전입 등을 실행하면 전환사채 등에서 설명한 것처럼 교환가격의 조정이 필요하다.

4) 제3자배정 : 교환사채는 신주발행을 수반하지 않으므로 원칙적으로 주주의 비례적 이익과 무관하지만, 위에서 설명한 것처럼 회사가 자기주식으로 교환하는 때에는 기존 주주들의 비례적 지분을 감소시킨다. 그런데도 상법은 자기주식의 처분을 이사회에 맡긴 것과의 균형을 맞추기 위하여 주주 보호에 관한 규정을 두고 있지 않다.

5) 예탁·등록 : 교환사채를 발행하는 회사는 사채권자가 교환청구를 하는 때 또는 그 사채의 교환청구기간이 끝나는 때까지 교환에 필요한 주식 또는 유가증권을 한국예탁결제원에 예탁하거나 전자증권법 제2조 제6호에 따른 전자등록기관에 전자등록해야 한다. 이 경우 한국예탁결제원 또는 전자등록기관은 그 주식 또는 유가증권을 신탁재산임을 표시하여 관리하여야 한다(상령 제22조 제3항).

6) 교환절차 : 사채권자가 교환을 청구하는 때에는 청구서 2통에 사채권을 첨부하여 회사에 제출해야 하는데, 동 청구서에는 교환하려는 주식이나 유가증권의 종류·내용·수와 청구 연월일을 적고 기명날인 또는 서명해야 한다(상령 제22조 제4항, 제5항).

(3) 상환사채

1) 의 의 : 상환사채란 회사가 그 선택에 따라 소유하는 주식이나 그 밖의 다른 유가증권으로 상환할 수 있는 사채를 말한다(상령 제23조 제1항).

2) 발행결정 : 상환사채는 정관의 규정이나 주주총회의 결의 없이 이사회의 결의만으로 발행할 수 있다(상령 제23조 제1항). 상환사채도 회사 소유의 주식 등과 상환하는 것이어서 신주가 발행되거나 주주의 이익을 침해하는 일이 없기 때문이다.

3) 발행사항 : 상환사채를 발행하는 때에는 이사회가 ① 상환할 주식이나 유가증권의 종류 및 내용, ② 상환조건, ③ 회사의 선택 또는 일정한 조건의 성취나 기한의 도래에 따라 주식이나 그 밖의 다른 유가증권으로 상환한다는 뜻을 결정해야 하고, 이를 사채청약서·채권·사채원부에 기재해야 한다(상령 제23조 제1항, 제25조 제3호).

4) 제3자배정 : 교환사채의 경우와 동일하다(상령 제23조 제2항).

5) 예탁·등록 : 상환사채를 발행하는 회사는 조건이 성취되는 때 또는 기한이 도래하는 때까지 상환에 필요한 주식 또는 유가증권을 한국예탁결제원에 예탁하거나 전자등록기관에 전자등록해야 한다. 이 경우 한국예탁결제원 또는 전자등록기관은 그 주식 또는 유가증권을 신탁재산임을 표시하여 관리하여야 한다(상령 제23조 제3항).

6) 상환절차 : 상법 시행령은 상환사채의 상환에 필요한 절차를 규정하고 있지 않다. 그렇지만 회사가 선택하여 상환하는 경우와 조건이 성취되어 상환하는 경우에는 사채권자에게 공시해야 하고, 이 경우에는 채권을 제출하도록 해야 할 것이다.

(4) 파생결합사채

1) 의 의 : 파생결합사채란 유가증권이나 통화 또는 그 밖에 대통령령으로 정하는 자산이나 지표 등의 변동과 연계하여 미리 정해진 방법에 따라 상환 또는 지급금액이 결정되는 사채를 말한다(상법 제469조 제2항 제3호). 이처럼 상법은 파생결합사채에 관하여 그 개념만 추상적으로 정의하고 있고 세부 내용은 시행령에서도 정하고 있지 않아 기업 실무에서 발행할 수 있는 사채의 범위가 매우 넓다는 특징을 갖고 있다.

2) 발행결정 : 파생결합사채의 경우에도 이사회의 결의만으로 발행할 수 있다. 파생결합사채권자에 대해서는 신주이든 자기주식이든 모두 지분증권이 귀속되지 않으므로 주주의 이해와 무관하기 때문이다(상령 제24조).

3) 발행사항 : 파생결합사채를 발행하려면 이사회가 ① 상환 또는 지급 금액을 결정하는 데 연계할 유가증권이나 통화 또는 그 밖의 자산이나 지표, ② ①의 자산이나 지표와 연계하여 상환 또는 지급금액을 결정하는 방법을 결정해야 하고, 이를 사채청약서·채권·사채원부에 기재해야 한다(상령 제24조, 제25조 제4호).

2. 특별법상 특수사채

(1) 담보부사채

1) 의 의 : 물적 담보가 제공된 사채를 담보부사채라고 하는데, 이는 사채의 인수·상환 등을 원활하고도 확실하게 하기 위하여 기업 실무에서 많이 이용한다. 다만 상법상 사채에 관련된 규정들은 일반적으로 무담보사채를 예상한 것이므로, 담보부사채에 대해서는 별도로 담보부사채신탁법이 제정되어 시행되고 있다.[175)]

2) 발 행 : 담보부사채는 발행회사가 신탁회사와의 신탁계약에 의하여 신탁회사를 수탁회사로 하여 발행한다(담보부사채신탁법 제3조). 이 경우 사채에 붙일 수 있는 물상담보는 ① 동산질(動産質), ② 증서가 있는 채권질(債權質), ③ 주식질(株式質), ④ 부동산저당이나 그 밖에 법령에서 인정하는 각종 저당, ⑤ 「동산·채권 등의 담보에 관한 법률」에서 정하는 담보권, ⑥ 그 밖에 재산적 가치가 있는 것으로서 대통령령으로 정하는 담보권에 한정한다(담보부사채신탁법 제4조). 따라서 보증사채는 담보부사채가 아니다.

3) 종 류 : 현재 담보부사채는 1회 발행식 담보부사채와 분할발행식 담보부사채로 구분할 수 있다(담보부사채신탁법 제14조, 제15조, 제26조). 이 중 후자는 동일한 담보에 기초하

175) 1962년 1월 20일에 법률 제991호로 제정되었고, 최근에는 2021년 4월 20일에 개정되었다.

여 같은 순위의 담보부사채를 여러 차례 나누어 발행하는 것으로서 미국의 개방적 담보(Open－End－Mortgage)를 수용한 것이다.

(2) 조건부자본증권

1) 의 의 : 조건부자본증권이란 상장회사만이 발행할 수 있는 사채로서 발행할 당시에 객관적이고 합리적인 기준에 따라 미리 정한 사유(조건)가 발생하면 ① 주식으로 전환되거나(전환형 조건부자본증권), ② 원금의 상환과 이자의 지급의무가 감면되는(상각형 조건부자본증권) 것을 그 내용으로 하는 사채를 말한다(자본시장법 제165조의11 제1항).

2) 기 능 : 조건부자본증권의 경우 ① 발행회사로서는 미리 정한 사유가 발생하면 사채를 자기자본화하거나 상환의 부담을 경감할 수 있으므로 재무상황이 악화되는 것을 조건으로 삼을 때에는 채무 과다로 인한 위험을 줄일 수 있는 우량한 자금조달 수단이 될 수 있다. ② 사채권자의 경우에는 우선 고금리의 수익을 얻고 발행회사의 재무구조가 악화되는 경우에는 도산의 위기를 막으며 장기적인 자금회수를 도모할 수 있는 기회를 갖게 된다. 조건부자본증권은 그 표창하는 권리가 미래의 예측 불가능한 조건에 따라 변동되므로 일반적으로 고율의 이자를 붙이기 때문이다. 그리하여 자본시장법도 상법상의 사채와는 다른 사채임을 법문에서 명기하고 있다(동법 제165조의11 제1항).

3) 발 행 : 조건부자본증권은 상장회사만이 발행할 수 있는데, 구체적으로 정관으로 정하는 바에 따라 이사회의 결의로 발행할 수 있다(자본시장법 제165조의11 제1항). 이 경우 발행하는 사채의 내용, 발행사항 및 유통 등의 방법, 조건의 세부내용 등 필요한 사항은 대통령령으로 정한다(자본시장법 제165조의11 제2항).

㈎ 전환형 조건부자본증권 : 이 경우에는 정관에 ① 전환형 조건부자본증권을 발행할 수 있다는 뜻, ② 전환형 조건부자본증권의 총액, ③ 전환의 조건, ④ 전환으로 인하여 발행할 주식의 종류와 내용, ⑤ 주주에게 전환형 조건부자본증권의 인수권을 준다는 뜻과 인수권의 목적인 전환형 조건부자본증권의 액, ⑥ 주주 외의 자에게 전환형 조건부자본증권을 발행하는 것과 이에 대하여 발행할 전환형 조건부자본증권의 액을 규정해야 한다(자본시장령 제176조의12 제1항). 그리고 사채청약서와 사채원부에 ⓐ 조건부자본증권을 주식으로 전환할 수 있다는 뜻, ⓑ 전환사유 및 전환의 조건, ⓒ 전환으로 인하여 발행할 주식의 종류와 내용을 기재해야 한다(자본시장령 제176조의12 제4항).

㈏ 상각형 조건부자본증권 : 이 경우에는 정관에 ① 상각형 조건부자본증권을 발행할 수 있다는 뜻, ② 상각형 조건부자본증권의 총액, ③ 사채의 상환과 이자지급 의무가 감면

(채무재조정)되는 조건, ④ 채무재조정으로 인하여 변경될 상각형 조건부자본증권의 내용을 규정해야 한다(자본시장령 제176조의13 제1항). 그리고 사채청약서와 사채원부에 ⓐ 상각형 조건부자본증권에 대한 채무재조정이 발생할 수 있다는 뜻, ⓑ 채무재조정 사유 및 채무재조정의 조건, ⓒ 채무재조정으로 인하여 변경될 상각형 조건부자본증권의 내용을 기재해야 한다(자본시장령 제176조의13 제2항).

㈐ 전환사유와 감면사유 : 조건부자본증권의 발행에 있어서 전환형의 경우에는 전환사유, 상각형의 경우에는 채무감면(재조정)사유가 핵심이다. 조건부자본증권의 경우에는 발행할 때의 예측 불가능성과 미리 정해진 사유 발생의 우발성이 사채발행의 공정성을 담보하므로 이해관계자의 자의적인 조건성취 가능성을 배제해야 하기 때문이다. 그리하여 자본시장법도 「사채의 발행 당시 객관적이고 합리적인 기준에 따라 미리 정하는 사유」라고 규정하고 있고, 동법 시행령은 「전환형 조건부자본증권을 발행하는 경우 그 전환사유는 적정한 방법에 의하여 산출 또는 관찰이 가능한 가격·지표·단위·지수로 표시되는 것」이거나 「금융산업의 구조개선에 관한 법률 제10조 제1항에 따른 적기시정조치 등의 사건으로서 일정한 기준(① 발행인, 그 발행인의 주주 및 투자자 등 전환형 조건부자본증권의 발행과 관련하여 이해관계를 가지는 자의 통상적인 노력으로 변동되거나 발생할 가능성이 현저히 낮은 사유 등으로서 금융위원회가 정하여 고시하는 요건에 부합할 것, ② 사유 등이 금융위원회가 정하여 고시하는 기준과 방법에 따라 증권시장 등을 통하여 충분히 공시·공표될 수 있을 것)을 모두 충족하는 것」이어야 한다고 구체적으로 규정하고 있다(자본시장령 제176조의12 제2항). 그리고 상각형 조건부자본증권의 채무재조정 사유에 관해서는 위 규정을 준용하고 있다(자본시장령 제176조의13 제4항).

4) 효력발생 : 전환형 조건부자본증권의 주식전환은 전환사유가 발생한 날부터 3영업일이 되는 날에 그 효력이 발생한다(자본시장령 제176조의12 제5항). 그리고 상각형 조건부자본증권의 채무재조정은 채무재조정 사유가 발생한 날부터 3영업일이 되는 날에 그 효력이 발생한다(자본시장령 제176조의13 제3항).

5) 등 기 : 전환형 조건부자본증권을 발행하는 때에는 일정한 사항(① 전환형 조건부자본증권의 총액, ② 각 전환형 조건부자본증권의 금액, ③ 각 전환형 조건부자본증권의 납입금액, ④ 조건부자본증권을 주식으로 전환할 수 있다는 뜻, ⑤ 전환사유 및 전환의 조건, ⑥ 전환으로 인하여 발행할 주식의 종류와 내용)을 등기해야 하지만(자본시장령 제176조의12 제6항), 상각형 조건부자본증권을 발행하는 경우에는 등기할 필요가 없다.

(3) 신탁사채

1) 의 의 : 신탁사채란 신탁의 목적 달성을 위한 자금조달을 위해 수탁자가 발행하며 신탁재산을 한도로 상환책임을 지는 사채를 말한다.

2) 특 성 : 신탁사채는 수탁자가 상법상의 주식회사이거나 기타 법률에 의해 사채를 발행할 자격이 있는 자일 경우에 한해 발행할 수 있다는 점에서 일반사채와 다르지 않고(신탁법 제87조 제1항 제3호), 사채의 내용에 있어서도 일반사채와 다르지 않다(신탁법 제87조 제4항). 그렇지만 신탁사채는 그 상환에 있어서 신탁재산을 한도로 하는 유한책임신탁이라는 점에 차이가 있다(신탁법 제87조 제1항 제2호).

3) 발 행 : 신탁사채를 발행하는 때에는 사채권자가 신탁사채의 가치를 판단할 수 있도록 수탁자는 사채청약서와 채권 및 사채원부에 ① 해당 사채가 신탁을 위하여 발행되는 것이라는 뜻, ② 신탁을 특정하는 데에 필요한 사항, ③ 해당 사채에 대하여는 신탁재산만으로 이행책임을 진다는 뜻을 기재해야 한다(신탁법 제87조 제2항).

4) 제 한 : 신탁사채는 그 상환에 있어서 신탁재산을 한도로 하므로 신탁자의 기타 재산 및 수탁자의 고유재산에는 사채권자의 권리가 미치지 않는 매우 위험이 큰 사채이다. 그리하여 신탁법도 신탁사채의 남발을 억제하기 위하여 수익증권을 발행하는 신탁에 한하여 발행을 허용하고(신탁법 제87조 제1항 제1호), 상환불능의 위험을 억제하기 위하여 사채총액을 신탁에 현존하는 순자산액의 4배로 제한하고 있다(신탁령 제8조).

사례해결

(1) 전환사채를 주주가 아닌 자에게 발행하면 그 실질상 주주 이외의 자에 대하여 신주인수권을 부여하는 것과 같다. 그리하여 상법은 원칙적으로 주주가 전환사채의 인수권을 가지며, 주주가 아닌 자에게 전환사채를 발행하는 때에는 정관에 근거를 두거나 주주총회의 특별결의를 거치게 한다. 한편 정관이나 주주총회의 결의로 제3자의 인수권을 정하는 때에는 그 내용이 구체적이고 확정적이어야 하며, 포괄적 위임은 허용되지 않는다. 그리고 신주발행에서의 제3자배정 요건에 관한 제418조 제2항은 전환사채의 제3자배정에도 그대로 적용된다(상법 제513조 → 제418조 제2항). 따라서 주주가 아닌 자에 대한 전환사채의 발행은 정관의 규정이나 주주총회의 특별결의 등 절차적 요건을 갖추는 외에 그 합리성에 의해서도 뒷받침되어야 한다. 사안의 경우 ㈜甲의 정관에는 전환사채를 발행하는 경우 이사회의 결의로 제3자에게 배정할 수 있다고만 규정되어 있었는데, 이는 상법의 취지에 반한다. 한편 전환사채를 제3자에게 배정하려면 절차적 규제의 준수 외에도 합리성의 요건을 충족해야 하는데, ㈜甲은 이러한 근거 없이 C에게 전환사채를 발행하였다. 따라서는 이는 정당하지 않다.

(2) 전환사채에서도 전환주식의 발행가 제한과 마찬가지로 전환사채의 총발행가와 전환으로 인해 발행할

주식의 총발행가가 동액이어야 하는데(상법 제516조 제2항→제348조), 이는 이사회가 전환조건을 자의적으로 정하지 못하도록 규제하기 위함이다. 사안의 경우 전환사채의 총발행가는 30억원인데, ㈜甲은 C에게 보통주 70만주로 전환해 주었고, 이는 액면가 5,000원을 그 기준으로 한 것이다. 그런데 주식의 경우 발행가총액은 [시가×주식수]이다. 즉 ㈜甲은 상법의 규정에 반하여 부당한 전환조건을 정한 것이고, 이는 C에게 추가적 이익을 제공하는 것이므로 ㈜甲의 전환조치는 부당하다.

제 4 절 회사의 회계

예시사례 가전제품 생산업체인 ㈜甲의 경우에는 주주 A가 40%의 지분을 가지고 있고 나머지 60%의 지분은 주주 B·C·D·E·F·G가 각각 10%씩 가지고 있었는데(모두 액면주식임), 그 후 주주 B는 자신의 지분 4%를 자신의 대학 동창인 H에게 양도하였다(H는 명의개서까지 경료하였음). ㈜甲은 매년 3월 1일부터 다음 해 2월 28일까지를 1회계연도로 편성하여 운용하고 있고, 자본금은 50억원이다. 그리고 주주 A가 대표이사를 맡고 있고, A의 측근인 주주 C와 반대 세력인 주주 D가 이사를 맡고 있으며, A의 고향 후배이며 전직 금융기관 임원이었던 I가 감사를 맡고 있다. 이 사안과 관련하여 다음 설문에 답하시오!

(1) 2020년도 결산과 관련하여 대표이사 A는 최근의 경영실패로 인한 손해액을 표시나지 않게 회계처리를 하도록 재무이사 C에게 지시하였고, 이에 C와 재무팀 직원들은 교묘하게 재무제표를 작성하여 정기주주총회일 4주 전에 이사회에 제출하였다. 그리고 이사회에서는 D의 강력한 반대에도 불구하고 재무제표를 승인하여 감사 I에게 제출하였고(이사회의사록에는 이사 D의 반대의견이 기록되어 있음), 감사 I는 차일피일 미루다가 5주 후에 비로소 법정 사항만 간단히 기재하고 적격의견을 표시한 감사보고서를 작성하여 대표이사에게 제출하였다. 이러한 ㈜甲의 회계처리는 적법한가?

(2) 주주 H는 최근의 경영사항이 매우 심각하여 회사에 막대한 손해가 발생하였다고 주장하며 ㈜甲에 대하여 회계장부의 열람을 서면으로 청구하였는데, 대표이사 A는 주주 H가 부당하게 경영간섭을 하려는 것이라고 주장하며 그 열람청구를 거절하였다. 이러한 A의 거절행위는 정당한가?

(3) ㈜甲의 정기주주총회에서는 또 다른 의안인 자본금 감소를 승인하는 결의를 하면서 구체적인 감소 방법에 관한 결정을 모두 이사회에 위임하였고, 이사회는 즉각 무상소각의 방법으로 채권자보호절차 없이 자본금 감소를 실행하였다. 이 경우 주주 H와 채권자 J는 어떠한 조치를 할 수 있는가?

(4) 대표이사 A는 반대 세력이 공격할 것 같다는 C의 보고를 받은 후 주주들을 안정시키려고 정기주주총회에 이익배당안을 상정하였고, 동 주주총회에서는 배당가능이익이 없음에도 불구하고 배당결의를 하였으며(감사 I는 배당안에 특별한 문제가 없다고 진술하였음), A는 즉각 주당 100원의 이익배당을 실시하였다. 이 경우 당해 이익배당은 이사, 감사, 주주들에게 어떠한 효력이 있는가?

제1관 회사의 결산

Ⅰ. 서 설

(1) 회계의 의의

상법은 「회사의 회계」라는 표제 하에 회사의 재산상태와 손익의 인식·처리 절차 및 그에 관한 의사결정에 필요한 규정을 두고 있다. 여기서 회사의 회계란 회사가 주체가 되어 일정 기간을 단위로 하여 재산의 상태와 손익을 인식·평가하고, 이익·손실을 처리하기 위한 의사결정을 하는 일련의 행위를 말한다. 즉 ① 회사는 현시점에서의 재산상태를 인식·평가하기 위하여 대차대조표를 작성하고, 일정한 기간의 손익을 인식·평가하기 위하여 손익계산서를 작성한다. 이는 그 자체가 독자적인 회계정보인 동시에 손익처리를 위한 의사결정의 기초자료가 된다. ② 이러한 절차를 거쳐 인식되는 이익이나 손실을 처리하기 위한 회사의 의사결정이 필요한데, 일반적으로 [대표이사에 의한 재무제표의 작성→이사회의 승인→감사의 감사→주주총회의 승인]이라는 과정을 통하여 이루어진다. 즉 주주에게 배당할 것인지, 준비금으로 적립할 것인지, 결손을 전보할 것인지 등이 결정되는 것이다. 이처럼 회사의 회계는 인식한 결과의 처리에 대한 의사결정까지 포함하는 점에서 단순히 회사의 재산상태와 손익만을 인식하는 작업인 기업회계와 다르다.

(2) 회계의 원칙

그동안 상법은 재무제표의 작성과 자산의 평가방법 및 준비금의 적립·사용 등에 대해서만 정하고 있었고, 회계의 기본원칙에 대해서는 아무런 규정도 두지 않았다. 그리하여 2011년 개정 상법은 제446조의2에서 「회계의 원칙」이라는 표제 하에 "회사의 회계는 이 법과 대통령령으로 규정한 것을 제외하고는 일반적으로 공정하고 타당한 회계관행에 따른다."라고 규정하였다. 이는 일반적으로 공정·타당한 회계관행을 회사법의 규범으로 수용하기 위한 선언이지만, 회사의 회계에도 당연히 적용되는 상업장부에 관련된 총칙편 제29조 제2항에 이미 규정되어 있으므로 불필요한 규정이다. 여기서 「대통령령으로 규정한 것」이란 일정한 구분(① 외부감사법 제4조에 따른 외부감사 대상 회사는 동법 제5조 제1항에 따른 회계처리기준, ② 공공기관의 운영에 관한 법률 제2조에 따른 공공기관은 동법에 따른 공기업·준정부기관의 회계 원칙, ③ ① 및 ②에 해당하는 회사 외의 회사 등은 회사의 종류 및 규모 등을 고려하여 법무부장관이 중소벤처기업부장관 및 금융위원회와 협의하여 고시한 회계기준)에 따른 회계기준을 말한다(상령 제15조).

참고자료 **기업회계의 기본원칙**

기업회계의 기본원칙으로는 진실성의 원칙, 명료성의 원칙, 계속성의 원칙이 있는데, 이는 회사의 회계에서도 지켜져야 한다. 즉 ① 회사가 작성하는 각종 재무제표는 재산과 손익의 상태를 진실하고 정확하게 반영해야 한다(진실성의 원칙). 기업회계는 다수의 이해관계인들에게 회계정보를 제공하고, 그들은 이러한 정보에 기초하여 중요한 판단과 의사결정을 하기 때문이다. 다만 여기서 진실성이란 회계의 목적에 비추어 합리적으로 선택한 회계방법에 의해 논리적·수치적 정당성을 갖는다는 의미에서의 상대적 진실을 의미한다. ② 회사의 회계에서는 이해관계인들이 회사의 재산과 손익의 상황을 올바르게 이해할 수 있도록 기재해야 한다(명료성의 원칙). ③ 회사는 매 결산기마다 동일한 원리나 원칙에 의해 회계처리를 해야 한다(계속성의 원칙). 계속기업에서의 상대적 진실이란 회계처리의 계속성이 지켜질 때 그 의미가 있기 때문이다. 상법 제447조의4 제2항이 감사보고서에 「대차대조표 또는 손익계산서의 작성에 관한 회계방침의 변경이 타당한지 여부와 그 이유(제5호)」를 기재하도록 한 것도 회계방침을 바꾸어야 할 타당한 이유가 없는 한 계속성의 원칙이 지켜져야 함을 밝힌 것이다.

(3) 회계의 기능

회사의 회계는 회사만이 아니라 이해관계인들에게 다각적인 의미가 있다. 즉 ① 경영진의 입장에서는 회사의 회계를 통하여 과거의 경영성과를 분석하고 평가함으로써 앞으로의 목표와 방향을 효과적으로 설정할 수 있다. ② 주주의 입장에서 회사의 회계는 이익배당을 받을 수 있는 법적 절차를 의미한다. 그리하여 주주는 회계를 통하여 자신의 투자성과를 분석·평가한 후 투자의 지속 여부를 결정할 수 있으며, 이사들의 능력을 평가하고 인사에 관한 정책적 판단을 할 수 있다. ③ 회사채권자의 입장에서는 회계를 통하여 밝혀진 회사의 재산상태를 기초로 하여 채권의 회수 여부와 보존조치의 요부 등을 결정할 수 있다. 회사의 재산은 회사채권자들을 위한 책임재산을 구성하기 때문이다.

(4) 회계의 규제

회사의 회계와 관련하여 상법은 회계처리에 필요한 조직법적 절차와 자본충실을 위한 회사재산의 보전에 중점을 두고 있다. 구체적으로 ① 회사의 재산상태와 손익의 상황을 정확히 인식하는 기초가 되는 재무제표의 종류를 법정하고 그 작성을 의무화하며, 작성부터 확정까지 여러 기관이 관여하도록 함으로써 진실성을 추구하고 있다(상법 제447조 내지 제449조의2). ② 회사의 자본충실을 위해 준비금의 적립을 강제하고(상법 제458조, 제459조) 그 사용을 제한한다(상법 제460조). ③ 재무제표의 비치·공시 제도(상법 제448조, 제449조 제3항)를 두어 이해관계인들에게 각종 회계정보를 제공하고 있고, 재무제표의 승인을 통해 임원의 책임문제도 처리하고 있다. ④ 배당요건을 엄격히 규정하여 회사재산의 사외유출을 억제함은 물론 회사채권자를 위한 책임재산을 건실하게 지키고 있다. 그리고 배당에 관한 주주들의 이기심을 차단하기 위해 배당기준을 제시하고(상법 제464조), 배당금의 지급시기를 명문화하였다(상법 제464조의2). ⑤ 이사들의 자의적인 재산운용을 견제하기 위해 주주들의 회계장부열람권(상법 제466조)과 회사의 업무·재산상태검사권(상법 제467조)을 인정하되, 그 남용을 방지하기 위해 요건을 법정하고 있다.

Ⅱ. 결산서류의 작성

1. 재무제표

(1) 의 의

상법상 재무제표(Financial Statements)란 주식회사가 매 회계연도마다 결산을 위하여 작성하고 주주총회의 승인을 받아 확정하는 회계서류를 말한다. 회사의 재무제표는 ① 대차대조표(재무상태표), ② 손익계산서, ③ 그 밖에 회사의 재무상태와 경영성과를 표시하는 것으로서 시행령에서 정하는 서류로 구성된다(상법 제447조 제1항). 한편 시행령에서 정하는 일정한 회사는 연결재무제표도 작성해야 한다(상법 제447조 제2항).

(2) 종 류

1) 대차대조표 : 대차대조표(Balance Sheet)란 일정한 시점에 있어서 회사의 자산과 부채 및 자본을 일정한 구분·배열·분류에 따라 기재하여 회사의 재무상태를 명시하는 재무제표를 말하는데, 실무에서는 주로 「재무상태표」라고 한다. 대차대조표는 회사의 재산을 표시함은 물론 손익계산서와 유기적으로 연결되어 있어 경영진이 과거의 성과를 분석하고 향후의 영업계획을 수립하는 계기를 마련해 준다. 그리고 주주에게는 경영평가의 자료를 제공해 주고, 투자자에게는 투자 여부와 그 정도를 결정할 때 판단기준을 제공해 주며, 회사채권자에게는 회사의 신용 정도를 평가하는 조사자료를 제공한다. 그리하여 상법도 대차대조표를 작성하여 공시하도록 규제하고 있다(상법 제449조 제3항).

2) 손익계산서 : 손익계산서(Profit or Loss Statement)란 회사의 매 영업연도에 있어서 경영성적과 그 원인을 명확하게 나타내기 위한 것으로서 당해 사업연도에 발생한 수입과 이에 대응하는 비용을 기재하고 그 기간의 순손익을 표시하는 재무제표를 말한다. 이처럼 손익계산서는 일정한 기간의 경영성과를 표시하는 동태적인 결산표라는 점에서 일정 시점에서의 경영상태를 표시하는 정태적인 대차대조표와 구별된다.

3) 기타의 재무제표 : 상법 제447조 제1항 제3호는 대차대조표와 손익계산서 외에 회사의 재무상태와 경영성과를 표시하는 것으로서 시행령에서 정하는 서류를 재무제표의 하나로 규정하고 있다. 그리고 시행령 제16조 제1항은 자본변동표와 이익잉여금처분계산서(또는 결손금처리계산서)를 규정하면서 외부감사법 제4조에 따른 외부감사 대상회사인 경우에는 자본변동표와 이익잉여금처분계산서(또는 결손금처리계산서)는 물론 현금흐름표와 주석도 이에 포함시키고 있다([표 22] 참조). 원래 이익잉여금처분계산서(또는 결손금처리계산서)는 2011년 개정 전까지 재무제표의 하나였는데, 2011년 개정 상법은 한국채택국제회계기준이 재무제표에서 이익잉여금처분계산서(또는 결손금처리계산서)를 삭제함과 동시에 자본변동표

[표 22] 기타의 재무제표와 주요 내용

구 분	주요 내용
자본변동표	자본변동표는 자본의 크기와 그 변동에 관한 정보를 제공하는 재무보고서로서 자본을 구성하고 있는 자본금, 자본잉여금, 자본조정, 기타포괄손익누계액, 이익잉여금(또는 결손금)의 변동에 대한 포괄적인 정보를 제공한다(일반기업회계기준 2.74). 이처럼 자본변동표는 자기자본의 각 구성요소의 변동상황을 표시하는 점에서 자기자본의 일부를 구성하는 이익잉여금의 변동상황만을 표시하는 이익잉여금처분계산서에 비해 더 포괄적이다.
이익잉여금 처분계산서	이익잉여금처분계산서는 이익잉여금의 처분사항을 명확히 보고하기 위한 재무보고서이다(일반기업회계기준 실무지침 2.12). 그리하여 이익잉여금처분계산서는 미처분이익잉여금, 임의적립금등의이입액, 이익잉여금처분액, 차기이월미처분이익잉여금으로 구분하여 표시한다(일반기업회계기준 실무지침 2.13).
결손금처리 계산서	결손금처리계산서는 당기의 처리전결손금의 처리내용을 기재한 서류로서 미처리결손금, 결손금처리액, 차기이월미처리결손금으로 구분하여 표시한다(일반기업회계기준 실무지침 2.16).
현금흐름표	현금흐름표는 기업의 현금흐름을 나타내는 표로서 현금의 변동내용을 명확하게 보고하기 위하여 당해 회계기간에 속하는 현금의 유입과 유출 내용을 적정하게 표시하여야 한다(일반기업회계기준 2.58). 구체적으로 현금흐름표는 영업활동으로 인한 현금흐름, 투자활동으로 인한 현금흐름, 재무활동으로 인한 현금흐름으로 구분하여 표시하고, 이에 기초의 현금을 가산하여 기말의 현금을 산출하는 형식으로 표시한다(일반기업회계기준 2.59).
주 석	주석은 재무상태표, 손익계산서, 현금흐름표 및 자본변동표에 인식되어 본문에 표시되는 항목에 관한 설명이나 금액의 세부내역뿐만 아니라 우발상황 또는 약정사항과 같이 재무제표에 인식되지 않는 항목에 대한 추가 정보를 포함하여야 한다(일반기업회계기준 2.83).

를 추가한 것의 영향을 받아 이를 재무제표에서 삭제하였다. 그런데 이처럼 시행령에서 자본변동표와 이익잉여금처분계산서(또는 결손금처리계산서)를 선택적으로 기재함으로 인해 회사가 후자를 선택하는 때에는 이익배당이나 결손금 처리가 과거처럼 재무제표의 승인결의(상법 제449조 제1항)에 의해 처리될 수 있어 이익배당을 별도의 주주총회 결의사항으로 규정한 상법의 취지가 상실되는 문제가 발생한다. 더욱이 그 작성과 관리에 상당한 비용이 요구되는 자본변동표를 모든 주식회사에 대하여 요구하는 것도 합리적이지 않다. 이런 점에서 관련 규정의 조속한 입법적 보완이 요망된다.

4) 연결재무제표 : 연결재무제표란 회사와 다른 회사(조합 등 법인격이 없는 기업을 포함함)가 대통령령으로 정하는 지배·종속의 관계에 있는 경우 지배하는 회사(지배회사)가 작성하는 연결재무상태표, 연결손익계산서 또는 연결포괄손익계산서, 그 밖에 대통령령으로 정하는 서류(ⓐ 연결자본변동표, ⓑ 연결현금흐름표, ⓒ 주석)를 말한다(외부감사법 제2조 제3호; 외부감사령 제3조 제2항). 여기서 「대통령령으로 정하는 지배·종속의 관계」란 회사가 경제활동에서 효용과 이익을 얻기 위하여 다른 회사(조합 등 법인격이 없는 기업을 포함함)의 재무정책과 영업정책을 결정할 수 있는 능력을 가진 경우를 말한다(외부감사령 제3조 제1항). 이처럼 연결재무제표는 지배회사와 종속회사로 이루어진 특정한 경제적 실체의 재무상태·경영성과·자본변동 및 현금흐름에 관한 정보를 제공하기 위하여 지배회사가 작성하는 재무제표를 말한다. 이는 외부감사법(제2조 제3호)과 일반기업회계기준(제4장)이 지배·종속관계에 있는 회사들에 대하여 연결재무제표의 작성을 요구하는 것의 영향을 받아서 2011년 개정 상법이 수용한 것이다(상법 제447조 제2항).

5) 부속명세서 : 대표이사는 매 결산기마다 재무제표와 그 부속명세서를 작성하여 이사회의 승인을 얻은 후 본점에 5년간, 지점에 3년간 이를 비치해야 한다(상법 제447조 제1항, 제448조 제1항). 여기서 「부속명세서」란 재무제표의 중요항목에 관한 세부적인 사항을 기재한 것으로서 기업회계의 명료성의 원칙, 완전 공개의 원칙에 따라 계산의 내용을 충분히 공시하는 한편 재무제표의 비교가능성을 증진시키기 위하여 작성한다.

2. 영업보고서

(1) 의 의

이사는 매 결산기에 영업보고서를 작성하여 이사회의 승인을 얻어야 한다(상법 제447조의2 제1항). 여기서 「영업보고서」란 당해 사업연도의 영업상태 등 회사의 현황을 구체적으로 나타내는 보고서를 말하는데, 대차대조표와 손익계산서에서 표시하는 각종 숫자의 의미 또는 그 숫자로 표시되지 않는 현황을 설명한다. 주의할 것은 영업보고서는 주주총회의 승인절차를 필요로 하지 않으며, 재무제표가 아니라는 점이다.

(2) 기재사항

영업보고서에는 ① 회사의 목적 및 중요한 사업 내용, 영업소·공장 및 종업원의 상황과 주식·사채의 상황, ② 해당 영업연도의 영업의 경과 및 성과(자금조달 및 설비투자의 상황을 포함함), ③ 모회사와의 관계, 자회사의 상황, 그 밖에 중요한 기업결합의 상황, ④ 과거 3년간의 영업성적 및 재산상태의 변동상황, ⑤ 회사가 대처할 과제, ⑥ 해당 영업연도의 이사·감사의 성명, 회사에서의 지위 및 담당 업무 또는 주된 직업과 회사와의 거래관계, ⑦ 상위 5인 이상의 대주주(주주가 회사인 경우에는 그 회사의 자회사가 보유하는 주식을 합산함), 그 보유주식 수 및 회사와의 거래관계, 해당 대주주에 대한 회사의 출자 상황, ⑧ 회사, 회사와 그 자회사 또는 회사의 자회사가 다른 회사의 발행주식총수의 10분의 1을 초과하는 주식을 가지고 있는 경우에는 그 주식 수, 그 다른 회사의 명칭 및 그 다른 회사가 가지고 있는 회사의 주식 수, ⑨ 중요한 채권자 및 채권액, 해당 채권자가 가지고 있는 회사의 주식 수, ⑩ 결산기 후에 생긴 중요한 사실, ⑪ 그 밖에 영업에 관한 사항으로서 중요하다고 인정되는 사항을 기재해야 한다(상령 제17조).

Ⅲ. 재무제표의 확정

1. 작 성

(1) 주 체

이사는 매 결산기에 재무제표와 그 부속명세서 및 영업보고서를 작성하여 이사회의 승인을 얻어야 한다(상법 제447조, 제447조의2 제1항). 이처럼 법문은 재무제표 등을 이사가 작성한다고 규정하고 있지만, 이는 대표이사의 업무집행에 속하는 사항이므로 대표이사가 작성하여 제출해야 한다. 따라서 대차대조표에 기명날인(또는 서명)을 하는 주체도 대표이사이고, 실제로 재무제표를 작성한 임직원은 그의 이행보조자이다.

(2) 시 한

상법은 매 결산기에 재무제표 등을 작성하여 이사회의 승인을 얻어야 한다고만 규정할 뿐 재무제표의 작성과 이사회 승인의 시한에 대해서는 명확히 정하고 있지 않다. 그렇지만 상법 제447조의3에 의해 이사는 정기총회일의 6주간 전에 재무제표 등을 감사에게 제출해야 하므로 그 이전에 작성 및 승인 절차를 거쳐야 한다.

(3) 책 임

대표이사가 재무제표의 작성을 게을리하여 회사에 손해가 생긴 경우에는 회사에 대하여 손해배상책임을 지고(상법 제399조 제1항), 재무제표에 허위 또는 부실한 기재를 하여 회사에 손해가 생긴 때에는 그 작성에 관여한 대표이사와 사내이사는 물론이고 이사회에서 재무제표를 승인한 이사도 과실이 있는 경우에는 그 책임(연대책임)을 진다(상법 제399조 제2항, 제3항). 또한 이사가 고의·중과실로 그 임무를 게을리하여 제3자에게 손해가 발생한 때에는 그에 대해서도 손해배상책임을 진다(상법 제401조 제1항).

2. 감 사

(1) 내부감사

1) 서류의 제출 : 이사는 재무제표와 그 부속명세서 및 영업보고서를 정기총회일의 6주간 전에 감사에게 제출해야 한다(상법 제447조의3). 여기서 이사란 대표이사를 의미하고, 감사가 복수인 경우에 이사는 그 중 1인에게만 제출하면 된다. 다만 회사가 정관에 의해 감사 대신에 감사위원회를 설치한 경우에는 감사위원회에 재무제표와 그 부속명세서 및 영업보고서를 제출해야 한다(상법 제415조의2 제7항 → 제447조의3).

2) 서류의 감사 : 감사(또는 감사위원회)는 대표이사로부터 재무제표 등의 서류를 받은 날로부터 4주 내에 일정한 사항을 기재한 감사보고서를 작성하여 이사에게 제출해야 한다(상법 제447조의4 제1항). 주의할 것은 감사는 일정한 사항을 단순히 기재하는 것만이 아니라 조사도 해야 하고, 감사를 하기 위해 필요한 조사를 할 수 없었던 경우에는 감사보고서에 그 뜻과 이유도 적어야 한다는 점이다(상법 제447조의4 제3항).

3) 기재할 사항 : 감사보고서에는 ① 감사방법의 개요, ② 회계장부에 기재될 사항이 기재되지 아니하거나 부실기재된 경우 또는 대차대조표나 손익계산서의 기재 내용이 회계장부와 맞지 아니하는 경우에는 그 뜻, ③ 대차대조표 및 손익계산서가 법령과 정관에 따라 회사의 재무상태와 경영성과를 적정하게 표시하고 있는 경우에는 그 뜻, ④ 대차대조표 또는 손익계산서가 법령이나 정관을 위반하여 회사의 재무상태와 경영성과를 적정하게 표시하지 아니하는 경우에는 그 뜻과 이유, ⑤ 대차대조표 또는 손익계산서의 작성에 관한 회계방침의 변경이 타당한지 여부와 그 이유, ⑥ 영업보고서가 법령과 정관에 따라 회사의 상황

을 적정하게 표시하고 있는지 여부, ⑦ 이익잉여금의 처분 또는 결손금의 처리가 법령 또는 정관에 맞는지 여부, ⑧ 이익잉여금의 처분 또는 결손금의 처리가 회사의 재무상태나 그 밖의 사정에 비추어 현저하게 부당한 경우에는 그 뜻, ⑨ 상법 제447조의 부속명세서에 기재할 사항이 기재되지 아니하거나 부실기재된 경우 또는 회계장부·대차대조표·손익계산서나 영업보고서의 기재 내용과 맞지 아니하게 기재된 경우에는 그 뜻, ⑩ 이사의 직무수행에 관하여 부정한 행위 또는 법령이나 정관의 규정을 위반하는 중대한 사실이 있는 경우에는 그 사실을 기재해야 한다(상법 제447조의4 제2항).

4) 감사의 책임 : 감사(또는 감사위원)가 감사보고서를 작성하여 대표이사에게 제출하면서 법정 기재사항을 누락하거나 허위로 기재하는 등 그 임무를 게을리한 때에는 회사는 물론이고 제3자에 대해서도 손해배상책임을 진다(상법 제399조, 제401조). 더욱이 감사(또는 감사위원)가 감사보고서에 기재해야 할 사항을 기재하기 아니하거나 부실하게 기재한 때에는 5백만원 이하의 과태료를 부과한다(상법 제635조 제1항 제9호).

(2) 외부감사

1) 적용대상 : 외부감사법 제4조 제1항에 의해 ① 주권상장법인, ② 해당 사업연도 또는 다음 사업연도 중에 주권상장법인이 되려는 회사, ③ 그 밖에 직전 사업연도 말의 자산, 부채, 종업원수 또는 매출액 등 대통령령으로 정하는 기준에 해당하는 회사는 재무제표를 작성하여 회사로부터 독립된 외부감사인에 의한 회계감사를 받아야 한다.

2) 제출시기 : 외부감사법에 따라 독립된 외부감사인에 의한 회계감사를 받아야 하는 상장회사 등은 정기총회일의 6주일 전에 외부감사인에게 재무제표를 제출해야 한다(자본시장법 제169조 제1항; 외부감사법 제6조 제2항; 외부감사령 제8조 제1항). 주의할 것은 회사가 외부감사인에게 제출해야 하는 재무제표의 경우 상법상의 재무제표 외에 연결재무제표 또는 결합재무제표도 포함된다는 점이다(외부감사령 제8조 제1항).

3) 감사보고 : 회사로부터 재무제표를 제출받은 외부감사인은 정기총회일의 1주일 전에 회사(감사 또는 감사위원회를 포함함)와 증권선물위원회 및 한국공인회계사회에 감사보고서를 제출해야 한다(외부감사법 제23조 제1항 본문; 외부감사령 제27조 제1항).[176] 이 경우 감사보고서에 기재해야 하는 감사의견은 적정·한정·부적정의견 및 의견거절 등으로 표시된

---

176) 다만 자본시장법 제159조 제1항에 따른 사업보고서 제출대상법인인 회사가 사업보고서에 감사보고서를 첨부하여 금융위원회와 같은 법에 따라 거래소허가를 받은 거래소에 제출하는 경우에는 외부감사인이 증권선물위원회 및 한국공인회계사회에 감사보고서를 제출한 것으로 본다(외부감사법 제23조 제1항 단서).

다(금융감독원 회계감사기준 감사기준서 705 문단 A1).

3. 승 인

(1) 승인기관

1) 원 칙 : 재무제표의 승인은 원칙적으로 주주총회가 한다. 즉 (대표)이사는 상법 제447조의 각 서류[① 대차대조표, ② 손익계산서, ③ 그 밖에 회사의 재무상태와 경영성과를 표시하는 것으로서 대통령령으로 정하는 서류(ⓐ 자본변동표, ⓑ 이익잉여금처분계산서 또는 결손금처리계산서, ④ 부속명세서]를 이사회의 승인과 감사기관의 감사를 거쳐 정기총회에 제출하여 그 승인을 요구해야 하고(상법 제449조 제1항), 영업보고서를 제출하고 그 내용을 보고해야 한다(상법 제449조 제2항). 이 경우 결의요건은 보통결의이다.

2) 예 외 : 회사는 정관으로 정하는 바에 따라 상법 제447조의 각 서류를 이사회의 결의로 승인할 수 있다(상법 제449조의2 제1항 본문). 다만 이 경우에는 일정한 요건[① 제447조의 각 서류가 법령 및 정관에 따라 회사의 재무상태 및 경영성과를 적정하게 표시하고 있다는 외부감사인의 의견이 있을 것, ② 감사(감사위원회 설치회사의 경우에는 감사위원을 말함) 전원의 동의가 있을 것]을 모두 충족해야 한다(상법 제449조의2 제1항 단서). 이처럼 이사회가 재무제표를 승인한 경우에 이사는 제447조의 각 서류의 내용을 주주총회에 보고해야 한다(상법 제449조의2 제2항). 이러한 예외는 2011년 개정 상법이 도입하였는데,[177] 재무제표의 승인을 이사회가 한다는 것은 이익배당을 이사회가 결정하기 위한 전제가 된다는 점에서 큰 의의가 있다(상법 제462조 제2항 단서).

(2) 승인방법

주주총회는 이사가 제출한 재무제표를 단순히 시인 또는 부인하는 권한만 가진 것이 아니라 그 내용을 수정하여 결의할 수도 있다(통설). 예를 들어 취득가로 평가한 재산을 시가로 수정하여 대차대조표를 승인할 수도 있다. 한편 대차대조표와 손익계산서 등의 재무제표는 각자 독립성이 있으므로 주주총회에서 각별로 승인할 수 있고, 그 중 일부만 승인할 수도 있다. 그렇지만 배당 등 잉여금의 처분은 대차대조표와 손익계산서의 확정을 그 전제

177) 2011년 개정 상법이 이러한 예외를 도입한 것은 ① 재무제표의 승인은 계산의 정당성을 승인하는 것이므로 계산의 정확성만 담보된다면 반드시 주주총회의 승인을 통해 재무제표를 확정할 필요가 없고, ② 전문적이고 기술적인 계산방식에 기초하여 작성되는 재무제표를 주주가 판단하기 쉽지 않다 보니 그 승인이 매우 형식적으로 이루어지고 있는 실무의 사정을 반영한 것이다(법무부, 「상법 회사편 해설」, 310~311면).

로 하므로 대차대조표와 손익계산서를 승인하지 않은 상태에서 이익배당안만을 결의할 수는 없다. 이는 이사회가 재무제표를 승인하는 경우에도 같다.

(3) 승인 효과

1) 재무제표의 확정 : 주주총회 또는 이사회가 재무제표를 승인하면 당해 결산기에 관한 회사의 회계는 대내·외적으로 확정되고, 이사는 이에 근거하여 준비금을 적립하는 등 승인 내용을 실행한다. 다만 승인된 재무제표의 내용이 법령에 위반되면 승인결의는 당연무효가 되고, 승인결의에 절차상 하자가 있거나 그 내용이 정관에 위반한 때에는 취소소송의 대상이 될 수 있다.[178] 어느 경우에나 처음부터 회사의 결산은 확정되지 아니한 것으로 되고, 그에 기한 이익배당이나 회계처리는 모두 그 근거를 상실하게 된다.

2) 대차대조표 공고 : 주주총회 또는 이사회에서 재무제표가 승인된 때에는 이사는 지체없이 대차대조표를 공고해야 한다(상법 제449조 제3항). 상법이 승인받은 재무제표 중 대차대조표만을 공고하도록 한 것은 회사의 재산상태는 물론 당기순이익도 표시하고 있어 주주 등 이해관계인들의 이익 보호에 적합하기 때문이다.[179] 다만 외부감사법의 적용을 받는 회사가 대차대조표를 공고하는 경우에는 감사인의 명칭과 감사의견을 함께 기재해야 한다(외부감사법 제23조 제6항). 이 경우 주주나 회사채권자는 영업시간 내에 언제든지 비치·공시된 된 대차대조표를 열람할 수 있으며, 회사가 정한 비용을 지급하고 그 서류의 등본이나 초본의 발급을 청구할 수 있다(외부감사법 제23조 제7항).

3) 배당청구권 발생 : 주주총회 또는 이사회에서 이사가 제출한 재무제표가 승인되면 주주는 그때부터 회사에 대하여 구체적인 이익배당청구권을 갖는다.

4) 임원의 책임해제 : 정기주주총회에서 재무제표가 승인되면 이사나 감사(또는 감사위원)의 책임이 해제되는 부수적 효과가 생기는데, 주요 내용은 다음과 같다.

㈎ 해제의제 : 정기주주총회에서 재무제표를 승인한 후 2년 내에 다른 결의가 없으면 회사는 이사나 감사(또는 감사위원)의 책임을 해제한 것으로 본다(상법 제450조 본문, 제415조의2 제7항). 이는 이사나 감사(또는 감사위원)의 회사에 대한 책임은 총주주의 동의로만 면제할 수 있도록 한 상법 제400조 제1항과 제415조의2 제7항에 대한 중대한 예외가 되지만, 불안정한 상태의 장기화를 막고 유능한 경영진을 초빙하기 위한 배려이다. 따라서 여기서 2년이란 기간은 제척기간으로 보아야 한다(통설).

---

178) 김건식/노혁준/천경훈, 577면.
179) 김건식/노혁준/천경훈, 578면.

㈏ 해제범위 : 책임의 해제범위에 관하여 통설과 판례[180]는 재무제표에서 알 수 있는 사항에 대해서만 그 효력이 미친다고 한다. 즉 정기주주총회에서 이사나 감사(또는 감사위원)의 책임이 있음을 알면서 승인한 사항에 대해서만 제450조의 특칙이 적용되는 것이다.[181] 따라서 비록 재무제표에 수입과 지출의 구체적인 금액이 명시되어 있다고 하더라도 그 원인이 된 행위에 관한 이사 등의 책임까지는 해제되지 않는다.

㈐ 증명책임 : 재무제표의 승인에 따른 책임해제에 관한 입증책임은 이사나 감사(또는 감사위원)가 부담한다.[182] 즉 이사나 감사(또는 감사위원)가 문제된 사항이 재무제표에 기재되어 제출되었고, 정기주주총회의 승인결의가 있었다는 사실을 증명해야 한다.

㈑ 적용제외 : 정기주주총회에서 재무제표가 승인되었더라도 다음과 같이 이사나 감사(또는 감사위원)의 책임이 해제되지 않는 경우가 있다.

㈀ 부정행위 : 이사나 감사(또는 감사위원)의 「부정행위」에 대해서는 책임해제에 관한 특칙이 적용되지 않는다(상법 제450조 단서). 주의할 것은 이사나 감사(또는 감사위원)의 회사에 대한 손해배상책임이 부정한 행위를 원인으로 하여 발생한 경우만이 아니라, 그들이 재무제표의 승인을 구하는 과정에서 부정행위를 한 경우에도 적용되지 않는다는 점이다.[183] 다만 상법상 부정행위의 의미가 명확하지 않아 해석으로 보완해야 하는데, 현재 ① 고의 및 중과실에 의한 가해행위라는 견해,[184] ② 악의의 가해행위만이 아니라 이사의 권한 내의 행위일지라도 당해 사정 하에서 정당시될 수 없는 모든 행위를 뜻한다는 견해,[185] ③ 횡령·배임·문서위조와 같은 범죄행위는 물론이고 이해관계인들의 신뢰를 깨뜨리는 고도의 비윤리적 행위까지 포함한다는 견해,[186] ④ 고의에 의한 직무위반행위를 의미하는 것이므로 경과실이나 중과실에 의한 위반행위는 포함되지 않는다는 견해[187]가 있다. 생각건대 책임해제에 관한 제450조는 이사나 감사의 엄중한 책임의 존부에 관한 불안정한 상태가 장기화되지

180) 대법원 1969. 1. 28. 선고 68다305 판결(책임해제를 주장하는 주식회사 이사는 회사의 정기총회에 제출 승인된 서류에 그 책임사유가 기재되어 있는 사실을 입증하여야 한다).
181) 대법원 2007. 12. 13. 선고 2007다60080 판결(상법 제450조에 따른 이사, 감사의 책임 해제는 재무제표 등에 그 책임사유가 기재되어 정기총회에서 승인을 얻은 경우에 한정된다).
182) 대법원 1969. 1. 28. 선고 68다305 판결.
183) 김정호, 733면; 김홍기, 721면; 안택식, 438면; 이철송, 1005면; 정경영, 843면; 정동윤, 766면; 정찬형, 1227면; 채이식, 762면; 최기원, 912면; 최준선, 733면.
184) 권기범, 1205면; 김정호, 644면.
185) 김홍기, 721면; 정경영, 842면; 정찬형, 1227면; 최준선, 733면; 서울고등법원 1977. 1. 28. 선고 75나2885 판결.
186) 김건식/노혁준/천경훈, 581면.
187) 이철송, 1005면.

않도록 책임소멸의 원인을 정하여 적임자가 이사나 감사로 취임할 수 있도록 배려한 것이다. 그런데도 부정행위에 이사 등의 과실이 포함된다고 보면 적용범위가 너무 좁아져 동 규정의 입법취지가 무색해진다. 따라서 ④설이 타당하다. 참고로 일본의 회사법 제854조 제1항상 부정행위의 의미에 대한 통설도 이사가 그 의무에 위반하여 회사에 손해를 발생시키는 고의의 행위라고 보고 있다.

> **참고판례** **부정행위의 의미(대법원 2005. 10. 28. 선고 2003다69638 판결)** : 이사가 회사가 보유하고 있는 비상장주식을 매도하면서 그 매도에 따른 회사의 손익을 제대로 따져보지 않은 채 당시 시행되던 상속세법 시행령만에 근거하여 주식의 가치를 평가함으로써 적정가격보다 현저히 낮은 가액으로 거래가액을 결정하기에 이른 것은 회사의 손해를 묵인 내지는 감수하였던 것이라 할 것이므로, 이러한 이사의 행위는 상법 제450조에 의하여 책임이 해제될 수 없는 부정행위에 해당한[다].

(ㄴ) 다른 결의 : 재무제표에 대한 정기주주총회의 승인결의 후 2년 내에 다른 결의가 있는 경우에도 책임이 해제되지 않는다(상법 제450조 단서). 여기서 「다른 결의」란 이사나 감사(또는 감사위원)의 책임해제를 부정하는 결의와 재무제표의 승인을 철회하는 결의 외에 이사나 감사(또는 감사위원)의 책임추궁을 위한 결의 등 널리 이사나 감사(또는 감사위원)의 책임이 존속함을 그 전제로 하는 결의를 말한다.188) 한편 이와 함께 고려할 사항은 법문의 정합성이다. 현재 제450조 본문은 "정기총회에서 전조 제1항의 승인을 한 후 2년 내에 다른 결의가 없으면"이라고 규정하고 있는데, 이는 이사회에 의한 재무재표 승인에 관한 제449조의2가 신설되기 전을 그 전제로 한 입법오류이다.189) 따라서 「전조 제1항의 승인」은 「제450조 제1항의 승인」으로 개정해야 한다.

> **참고판례** **책임해제의 요건(대법원 2002. 2. 26. 선고 2001다76854 판결)** : 상법 제450조에 따른 이사의 책임해제는 재무제표 등에 기재되어 정기총회에서 승인을 얻은 사항에 한정되는데, 상호신용금고의 대표이사가 충분한 담보를 확보하지 아니하고 동일인 대출 한도를 초과하여 대출한 것은 재무제표 등을 통하여 알 수 있는 사항이 아니므로, 상호신용금고의 정기총회에서 재무제표 등을 승인한 후 2년 내에 다른 결의가 없었다고 하여 대표이사의 손해배상책임이 해제되었다고 볼 수 없다.

(ㄷ) 적용확장 : 이사나 감사(또는 감사위원)의 책임해제에 관한 제450조를 제449조의2에 의해 이사회가 재무제표를 승인한 때에도 적용할 수 있을까? 생각건대 법문의 문리적 해석

188) 이철송, 1005면.
189) 송옥렬, 1211면.

으로는 이사회가 재무제표를 승인한 경우에는 제450조를 적용할 수 없고, 더욱이 유추적용할 합리적인 근거도 없다. 이사회의 업무집행이 되는 승인결의에서 일부 이사의 책임을 간과하고 승인하였다면 이는 곧 임무해태가 되는데, 여기에 제450조를 유추적용하는 것은 타당성은 물론 합리성도 없기 때문이다. 그리고 이사회에서 재무제표를 승인하려면 감사의 동의가 필요하므로(상법 제449조의2 제1항 제2호) 감사(또는 감사위원)의 책임을 해제하기 위해 제450조를 유추적용하는 것도 옳지 않기 때문이다.[190)]

Ⅳ. 재무제표의 공시

1. 서 언

회사의 회계에 관한 공시내용은 이해관계자 모두에게 매우 중요한 의미가 있다. 예를 들어 ① 주주의 경우에는 투자의 수익성과 투자의 회수 여부에 관한 판단은 물론이고 이사의 교체 여부에 관한 판단도 내릴 수 있다. ② 회사채권자의 경우에는 회사의 변제가능성 여부와 채권의 회수 여부를 판단할 수 있다. 그리하여 회사의 회계에 관한 공시는 이사의 합리적인 직무수행을 유도하는 수단이 되기도 한다. 한편 주주와 채권자의 자기방어 보장이라는 측면을 강조하면 회사의 정보를 전부 공시해야 하지만, 완전공시는 기업비밀의 유지를 어렵게 하므로 현실적으로 불가능하다. 그리하여 상법도 공시범위에 있어서 소수주주·일반주주·회사채권자 중 누가 대상인지에 따라 차등을 두고 있다.

2. 공시 제도

(1) 정관 등 서류의 비치

이사는 회사의 정관과 주주총회의 의사록을 본점과 지점에, 주주명부와 사채원부를 본점에 비치해야 한다. 다만 명의개서대리인을 둔 때에는 주주명부나 사채원부 또는 그 복본을 명의개서대리인의 영업소에 비치할 수 있다(상법 제396조 제1항). 이 경우 주주와 회사채권자는 영업시간 내에 언제든지 위 서류의 열람 또는 등사를 청구할 수 있다(상법 제396조 제2항). 이는 회사의 조직법적 법률관계의 중요사항에 대한 주주와 회사채권자의 정보접근권을 보장하는 것이므로 주주나 채권자라는 신분만 있으면 충분하고, 열람·등사의 목적이 정당하다는 증명을 요하지 않는다. 이런 점에서 주주나 회사채권자의 주주명부 등의 열람·등사청구에 정당한 목적이 없는 등 특별한 사정이 없는 한 이를 거절할 수 없고, 이

190) 이철송, 1006면.

경우 정당한 목적이 없다는 점에 관한 증명책임은 회사가 부담한다는 판례[191]는 다소 문제가 있다. 주주명부나 사채원부의 열람청구는 주주나 회사채권자라는 지위가 중요한 것이지 열람·하고자 하는 목적이 중요한 것은 아니고, 회사가 무엇을 기준으로 정당한 목적이 있는지 여부를 판단할 수 있는지도 불명확하기 때문이다.

(2) 재무제표 등의 공시

이사는 재무제표와 그 부속명세서, 영업보고서 그리고 감사보고서를 정기총회일의 1주간 전부터 본점에 5년간, 그 등본을 지점에 3년간 비치해야 한다(상법 제448조 제1항). 더욱이 상장회사 등 외부감사인의 회계감사를 받는 회사는 감사인의 감사보고서도 비치·공시해야 한다(외부감사법 제23조 제5항; 외부감사령 제27조 제7항 제1호 가목). 이 경우 주주와 회사채권자는 영업시간 내에 언제든지 재무제표와 그 부속명세서, 영업보고서, 감사보고서를 열람할 수 있고, 회사가 정한 비용을 지급하고 서류의 등본이나 초본의 교부를 청구할 수 있다(상법 제448조 제2항).

(3) 사업보고서의 제출

상장회사와 사업보고서 제출대상법인은 재무에 관한 사항(자본시장법 제159조 제2항 제4호) 등이 포함된 사업보고서를 각 사업연도 경과 후 90일 이내에 금융위원회와 한국거래소에 제출해야 한다(자본시장법 제159조 제1항 본문). 그리고 사업보고서 제출대상법인은 반기보고서와 분기보고서도 각각 그 기간[192]이 경과한 후 45일 이내에 금융위원회와 한국거래소에 제출해야 하지만, 사업보고서 제출대상법인이 재무에 관한 사항과 그 부속명세, 그 밖에 금융위원회가 정하여 고시하는 사항을 연결재무제표를 기준으로 기재하여 작성한 반기보고서와 분기보고서를 금융위원회와 한국거래소에 제출하는 경우에는 그 최초의 사업연도와 그 다음 사업연도에 한하여 그 기간 경과 후 60일 이내에 제출할 수 있다(자본시장법 제160조 제1문). 상장회사와 사업보고서 제출대상법인이 금융위원회와 한국거래소에 제출한 이러한 서류들은 일반 투자자들에게 공시된다.

(4) 공시에 관한 책임

회사가 공시를 게을리하여 이로 인해 주주나 회사채권자 등 이해관계인들이 손해를 입은 때에는 이사에게 손해배상책임을 물을 수 있다(상법 제401조). 그리고 외부감사를 받는

191) 대법원 2010. 7. 22. 선고 2008다37193 판결; 대법원 1997. 3. 19.자 97그7 결정.
192) 매 사업연도 개시일부터 6개월간의 사업보고서를 「반기보고서」라고 하고, 매 사업연도 개시일부터 3개월간 및 9개월간의 사업보고서를 「분기보고서」라고 한다.

상장회사 등과 상장회사의 부실공시로 인한 손해배상책임에 대해서는 특칙이 있고(외부감사법 제31조; 자본시장법 제125조 내지 제127조, 제162조), 상장회사의 공시의무 불이행에 대해서는 각종 제재가 가해진다(자본시장법 제444조 제13호 각목).

3. 소수주주권

(1) 회계장부열람청구권

1) 청구권자 : 발행주식총수의 100분의 3 이상의 주식을 가진 주주는 회계의 장부와 서류의 열람 또는 등사를 청구할 수 있다(상법 제466조 제1항). 다만 상장회사의 경우에는 6개월 전부터 계속하여 발행주식총수의 1만분의 10(대통령령으로 정하는 상장회사의 경우에는 1만분의 5) 이상의 주식을 보유한 자[193]만이 열람·등사를 청구할 수 있는데(상법 제542조의6 제4항),[194] 이러한 특례규정과 일반규정은 선택적 적용관계에 있다(상법 제542조의6 제10항). 이처럼 상법이 회계장부열람청구의 주체를 소수주주로 한정하며 단독주주를 제외한 것은 회계장부의 경우에 법정 공시서류(상법 제396조 제1항, 제448조 제1항)보다 회사기밀을 많이 담고 있어 공시를 제한할 필요가 있기 때문이다.[195] 한편 주주는 회계장부열람·등사청구권을 피보전권리로 하여 열람·등사를 명하는 가처분도 신청할 수 있다.[196] 또한 채무자회생법에 의한 회생절차가 개시되면 자본감소와 신주발행 등 여러 가지 상법상 행위가 제한되지만, 회계장부열람청구권의 행사에는 영향이 없다.[197]

---

193) 이처럼 상법은 청구권자와 관련하여 비상장회사의 경우에는 「주식을 가진 주주」라고 규정하고, 상장회사의 경우에는 「주식을 보유한 자」라고 규정하고 있으며, 후자의 경우에는 주식을 소유한 자만이 아니라 주주권 행사에 관한 위임을 받은 자 및 2명 이상 주주의 주주권을 공동으로 행사하는 자도 포함시키고 있다(상법 제542조의6 제9항). 그런데 상법상 소수주주권의 경우에는 여러 명이 공동으로 지분요건을 충족해도 된다는 것이 일반적인 해석인 점을 고려할 때 특례규정이 청구권자를 「주식을 보유한 자」라고 규정하며 그 범위를 확대한 것이 타당한지 의문이다. 따라서 법규의 명확성을 위해서는 특례규정인 제542조의6 제4항도 일반규정인 제466조 제1항처럼 「주식을 가진 주주」라고 규정하고, 제9항은 삭제하는 것이 바람직하다(정준우, "주주의 회계장부열람청구권에 관한 쟁점사항 검토", 204면).

194) 이처럼 상법이 일정한 지분요건을 전제로 회계장부열람청구권을 부여하고 있으므로 청구한 주주는 열람이나 등사에 소요되는 전(全)기간 동안 지분요건을 충족해야 한다(이철송, 1046; 홍복기/박세화, 717면).

195) 정준우, "주주의 회계장부열람청구권에 관한 쟁점사항 검토", 203면.

196) 대법원 1999. 12. 21. 선고 99다137 판결. 참고로 일본의 경우에도 주주의 열람청구가 회사에 의해 거부된 때에는 주주가 회계장부열람의 가처분을 구할 수 있다(和座一清, "株主の帳簿閲覧権", 201頁 이하).

197) 대법원 2020. 10. 20.자 2020마6195 결정.

참고판례 **회생절차가 개시된 경우 소수주주의 회계장부열람청구권이 배제되는지 여부(대법원 2020. 10. 20.자 2020마6195 결정)** : 상법 제466조 제1항은 회사 발행주식의 총수 중 100분의 3 이상에 해당하는 주식을 가진 주주의 회계장부 등에 대한 열람·등사청구권을 인정하고 있다. 주주가 상법상 인정되는 이사해임청구권(상법 제385조), 위법행위 유지청구권(상법 제402조), 대표소송권(상법 제403조) 등 각종 권한을 행사하려면 회사의 업무나 재산상태에 대해 정확한 지식과 적절한 정보를 가지고 있어야 한다. 상법 제448조에 따라 회사에 비치되어 있는 재무제표의 열람만으로는 충분한 정보를 얻기 어렵기 때문에 위와 같이 주주에게 재무제표의 기초를 이루는 회계장부와 회계서류까지 열람하거나 등사할 수 있는 권한을 인정한 것이다. 다만 상법은 그 남용을 막기 위해 단독주주권이 아닌 소수주주권으로 규정하고 있다. 이러한 소수주주의 회계장부 등에 대한 열람·등사청구권은 회사에 대하여 채무자 회생 및 파산에 관한 법률(이하 '채무자회생법'이라 한다)에 따른 회생절차가 개시되더라도 배제되지 않는다고 보아야 한다.

참고판례 **주식매수를 청구한 주주가 회계장부열람청구권을 행사할 수 있는지 여부(대법원 2018. 2. 28. 선고 2017다270916 판결)** : 상법 제466조 제1항에서 규정하고 있는 주주의 회계장부와 서류 등에 대한 열람·등사청구가 있는 경우 회사는 청구가 부당함을 증명하여 이를 거부할 수 있고, 주주의 열람·등사권 행사가 부당한 것인지는 행사에 이르게 된 경위, 행사의 목적, 악의성 유무 등 제반 사정을 종합적으로 고려하여 판단하여야 한다. 특히 주주의 이와 같은 열람·등사권 행사가 회사업무의 운영 또는 주주 공동의 이익을 해치거나 주주가 회사의 경쟁자로서 취득한 정보를 경업에 이용할 우려가 있거나, 또는 회사에 지나치게 불리한 시기를 택하여 행사하는 경우 등에는 정당한 목적을 결하여 부당한 것이라고 보아야 한다. 한편 주식매수청구권을 행사한 주주도 회사로부터 주식의 매매대금을 지급받지 아니하고 있는 동안에는 주주로서의 지위를 여전히 가지고 있으므로 특별한 사정이 없는 한 주주로서의 권리를 행사하기 위하여 필요한 경우에는 위와 같은 회계장부열람·등사권을 가진다. 주주가 주식의 매수가액을 결정하기 위한 경우뿐만 아니라 회사의 이사에 대하여 대표소송을 통한 책임추궁이나 유지청구, 해임청구를 하는 등 주주로서의 권리를 행사하기 위하여 필요하다고 인정되는 경우에는 특별한 사정이 없는 한 그 청구는 회사의 경영을 감독하여 회사와 주주의 이익을 보호하기 위한 것이므로, 주식매수청구권을 행사하였다는 사정만으로 청구가 정당한 목적을 결하여 부당한 것이라고 볼 수 없다.

참고판례 **회계장부열람청구권자의 주식보유기간(대법원 2017. 11. 9. 선고 2015다252037 판결)** : 발행주식의 총수의 100분의 3 이상에 해당하는 주식을 가진 주주는 상법 제466조 제1항에 따라 이유를 붙인 서면으로 회계의 장부와 서류의 열람 또는 등사를 청구할 수 있다. 열람과 등사에 시간이 소요되는 경우에는 열람·등사를 청구한 주주가 전 기간을 통해 발행주식 총수의 100분의 3 이상의 주식을 보유하여야 하고, 회계장부의 열람·등사를 재판상 청구하는 경우에는 소송이 계속되는 동안 위 주식 보유요건을 구비하여야 한다.

2) 청구방법 : 주주는 회계의 장부와 서류의 열람 또는 등사를 「이유를 붙인 서면」으로 청구할 수 있다(상법 제466조 제1항). 이 경우 「이유」의 내용에 관한 상법상 규정은 없으므로 합리적인 해석이 필요한데, 간접정보를 제공하는 회계장부 등에 대하여 소수주주의 열람청구권을 인정하는 것은 주주의 이익을 보호함과 동시에 주주가 경영감시자의 기능을 충실히 수행하도록 하기 위함이므로 청구한 주주는 열람이나 등사의 이유를 개시하면 충분하다고

본다.[198] 다만 이유에는 회사가 주주의 열람·등사 청구에 응할 의무의 존부를 파악하고 열람·등사에 제공할 회계장부와 서류의 구체적인 범위를 확인할 수 있을 정도로 열람·등사 청구에 이르게 된 경위와 목적 등이 기재되어야 하지만, 그러한 이유를 뒷받침하는 각종 자료까지 첨부할 필요는 없다.[199] 만약 열람·등사 청구에 이러한 자료까지 요구하게 되면 오히려 주주의 권리 행사를 제한하게 되기 때문이다.[200]

> **참고판례** **주주의 회계장부열람청구권에서 이유의 기재 정도 등(대법원 2022. 5. 13. 선고 2019다270163 판결)** : 상법 제466조 제1항은 '이유를 붙인 서면'으로 열람·등사를 청구할 수 있다고 정한다. 그 이유는 주주가 회계장부와 서류를 열람·등사하는 것이 회사의 회계운영상 중대한 일이므로 그 절차가 신중하게 진행될 필요가 있고, 또 회사가 열람·등사에 응할 의무의 존부나 열람·등사 대상인 회계장부와 서류의 범위 등을 손쉽게 판단할 수 있도록 할 필요가 있기 때문이다. 주주가 제출하는 열람·등사청구서에 붙인 '이유'는 회사가 열람·등사에 응할 의무의 존부를 판단하거나 열람·등사에 제공할 회계장부와 서류의 범위 등을 확인할 수 있을 정도로 열람·등사청구권 행사에 이르게 된 경위와 행사의 목적 등이 구체적으로 기재되면 충분하고, 더 나아가 그 이유가 사실일지도 모른다는 합리적 의심이 생기게 할 정도로 기재하거나 그 이유를 뒷받침하는 자료를 첨부할 필요는 없다. 이와 달리 주주가 열람·등사청구서에 이유가 사실일지도 모른다는 합리적 의심이 생기게 할 정도로 기재해야 한다면, 회사의 업무 등에 관하여 적절한 정보를 가지고 있지 않는 주주에게 과중한 부담을 줌으로써 주주의 권리를 크게 제한하게 되고, 그에 따라 주주가 회사의 업무 등에 관한 정보를 확인할 수 있도록 열람·등사청구권을 부여한 상법의 취지에 반하는 결과가 초래되어 부당하다.

3) 열람대상 : 상법은 열람대상으로 「회계의 장부와 서류」라고 규정하고 있어 합리적 해석이 필요한데, 상법 제29조의 회계장부와 그 작성자료인 회계서류로 한정하는 견해(한정설)[201]와 회사의 회계상황을 나타내는 모든 장부와 서류를 포함한다는 견해(비한정설)[202]가 있다. 그런데 상당수의 회사는 자회사와 손회사 같은 수직적 관계의 계열회사를 두고 있어 당해 회사의 정확한 재무현황은 이들의 재무상태도 함께 검토해야만 알 수 있다. 이에 당해 회사의 소수주주가 자회사 등과 같은 다른 회사가 작성한 회계에 관한 장부나 서류도 열람·등사할 수 있는지가 논란인데, 비록 자회사 등이라고 하더라도 법적으로 독립된 별개의 회사임을 고려하여 신중히 접근할 필요가 있다.[203] 이와 관련하여 판례는 "열람·등사제공의무를 부담하는 회사의 출자 또는 투자로 성립한 자회사의 회계장부라 할지라도 그것이

---

198) 정준우, "주주의 회계장부열람청구권에 관한 쟁점사항 검토", 207~208면.
199) 이철송, 1047면.
200) 대법원 2022. 5. 13. 선고 2019다270163 판결.
201) 곽병훈, "주주의 회계장부 열람·등사청구권", 74면; 왕순모, "회계의 장부 및 서류의 열람청구권: 일본의 학설 및 판례를 토대로 하여", 249면; 홍복기, "주주의 회계장부열람권", 295면 등.
202) 손영화, "주주의 열람청구권에 관한 일고찰", 189면; 안동섭, "주주의 회계장부열람청구권", 314면 등.
203) 정준우, "주주의 회계장부열람청구권에 관한 쟁점사항 검토", 209면.

모자관계에 있는 모회사에 보관되어 있고, 또한 모회사의 회계상황을 파악하기 위한 근거자료로서 실질적으로 필요한 경우에는 모회사의 회계서류로서 모회사 소수주주의 열람·등사청구의 대상이 될 수 있다."라고 판시하였다.[204] 즉 수직적 계열관계에 있는 회사라도 당해 회사가 그 회사의 회계장부 등을 보관하고 있고, 실질적인 관련성이 있는 경우에만 소수주주의 열람·등사청구가 인정되는 것이다.

> **참고판례** **회계장부열람청구권의 열람범위(대법원 2001. 10. 26. 선고 99다58051 판결)** : 상법 제466조 제1항에서 정하고 있는 소수주주의 열람·등사청구의 대상이 되는 '회계의 장부 및 서류'에는 소수주주가 열람·등사를 구하는 이유와 실질적으로 관련이 있는 회계장부와 그 근거자료가 되는 회계서류를 가리키는 것으로서, 그것이 회계서류인 경우에는 그 작성명의인이 반드시 열람·등사제공의무를 부담하는 회사로 국한되어야 하거나, 원본에 국한되는 것은 아니며, 열람·등사제공의무를 부담하는 회사의 출자 또는 투자로 성립한 자회사의 회계장부라 할지라도 그것이 모자관계에 있는 모회사에 보관되어 있고, 또한 모회사의 회계상황을 파악하기 위한 근거자료로서 실질적으로 필요한 경우에는 모회사의 회계서류로서 모회사 소수주주의 열람등사청구의 대상이 될 수 있다.

4) 열람거부 : 회사는 소수주주의 회계장부열람청구가 부당함을 증명하여 이를 거부할 수 있다(상법 제466조 제2항의 반대해석). 이 경우 열람청구의 정당성이나 부당성 여부는 회사의 경영상태에 대한 주주의 알권리와 열람을 허용하는 경우 우려되는 회사의 불이익을 비교교량하여 판단해야 한다. 예를 들어 단순히 경영감시를 할 필요성이 있다는 등의 사유에 대해서는 열람·등사를 허용할 수 없지만, 이사의 부정을 의심할 만한 사유가 있는 경우에는 열람·등사청구의 정당성을 인정할 수 있다. 주의할 것은 이 경우 회사는 소수주주의 열람청구에 응할 의무의 존부 여부를 판단하고 그 이유를 구체적으로 기재해야 한다는 점이다.[205] 그렇다면 어떠한 열람청구가 부당한 것인가? 이와 관련하여 판례는 "주주의 열람·등사권 행사가 부당한 것인지 여부는 그 행사에 이르게 된 경위, 행사의 목적, 악의성 유무 등 제반 사정을 종합적으로 고려하여 판단하여야 할 것이고, 특히 주주의 이와 같은 열람·등사권의 행사가 회사업무의 운영 또는 주주 공동의 이익을 해치거나 주주가 회사의 경쟁자로서 그 취득한 정보를 경업에 이용할 우려가 있거나, 또는 회사에 지나치게 불리한 시기를 택하여 행사하는 경우 등에는 정당한 목적을 결하여 부당한 것이라고 보아야 한다."라고 판시하였다.[206] 참고로 일본에서는 소수주주가 회계장부의 열람청구를 할 때 그 이유를 분명히 밝히도록 하고(회사법 제433조 제1항), 부당한 청구의 사례까지 명문으로 규정하

---

204) 대법원 2001. 10. 26. 선고 99다58051 판결.
205) 대법원 1999. 12. 21. 선고 99다137 판결.
206) 대법원 2004. 12. 24.자 2003마1575 결정.

고 있다.[207] 상법이 소수주주의 회계장부열람청구권을 인정한 입법취지와 그 기능을 고려할 때 운영의 혼란을 방지하기 위해서는 일정한 기준의 제시가 필요한데,[208] 이 점에서 일본의 회사법은 상당한 시사점이 있다.

(2) 검사인선임청구권

1) 청구권자 : 회사의 업무집행에 관하여 부정행위 또는 법령이나 정관에 위반한 중대한 사실이 있음을 의심할 사유가 있는 때에는 발행주식총수의 100분의 3 이상에 해당하는 주식을 가진 주주는 회사의 업무와 재산상태를 조사하게 하기 위하여 법원에 검사인의 선임을 청구할 수 있다(상법 제467조 제1항). 다만 상장회사의 경우에는 6개월 전부터 계속하여 발행주식총수의 1만분의 1 이상에 해당하는 주식을 보유한 자만이 법원에 검사인의 선임을 청구할 수 있는데(상법 제542조의6 제6항), 이러한 특례규정과 일반규정은 선택적 적용관계에 있다(상법 제542조의6 제10항).

2) 청구사유 : 어느 경우에나 법원에 대한 소수주주의 검사인 선임청구는 이사와 이사회의 업무집행을 침해하는 이례적인 행위이므로 그들의 단순한 임무해태는 청구의 사유가 될 수 없다. 따라서 선임청구의 사유를 구체적으로 소명해야 한다.[209]

3) 후속조치 : 소수주주의 청구에 따라 법원이 검사인을 선임한 경우에 그 검사인은 조사의 결과를 법원에 보고해야 한다(상법 제467조 제2항). 이 경우 법원은 검사인의 보고에 의하여 필요하다고 인정한 때에는 대표이사에게 주주총회의 소집을 명할 수 있는데, 검사인은 주주총회에도 동 보고서를 제출해야 한다(상법 제467조 제3항 → 제310조 제2항). 그리고 이사와 감사는 지체없이 검사인이 주주총회에 제출한 보고서의 정확 여부를 조사한 후 그 결과를 주주총회에 보고해야 한다(상법 제467조 제4항).

---

207) 즉 ① 청구자가 그 권리의 확보 또는 행사에 관한 조사 이외의 목적으로 청구한 때, ② 청구자가 회사의 업무수행을 방해하고 주주 공동의 이익을 해할 목적으로 청구한 때, ③ 청구자가 회사의 업무와 실질적으로 경쟁관계에 있는 영업을 운영하거나 이에 종사하는 자일 때, ④ 청구자가 회계장부 또는 이에 관한 자료의 열람 또는 등사에 의하여 알게 된 사실로 이익을 얻고 제3자에게 통보하기 위해 청구한 때, ⑤ 청구자가 과거 2년 내에 회계장부 또는 이에 관한 자료의 열람 또는 등사에 의하여 알게 된 사실로 이익을 얻고 제3자에게 통보한 적이 있는 때에는 회사가 주주의 열람·등사청구를 거부할 수 있다(회사법 제433조 제2항).

208) 정준우, "주주의 회계장부열람청구권에 관한 쟁점사항 검토", 212면.

209) 대법원 1985. 7. 31.자 85마214 결정.

제2관 자본의 변동

Ⅰ. 서 설

회사의 회계란 회사가 주체가 되어 일정 기간을 단위로 재산상태와 손익을 인식·평가하고 이익·손실을 처리하기 위한 의사결정을 하는 일련의 행위를 말하는데, 이는 이해관계인들에게 매우 중요한 의미가 있다. 즉 ① 경영진(이사)은 과거의 경영성과를 분석·평가하여 향후의 목표와 방향을 효과적으로 설정할 수 있고, ② 주주는 자신의 투자 성과를 분석·평가한 후 투자의 지속 여부를 결정할 수 있음은 물론 이사들의 능력을 평가하고 인사에 관한 정책적 판단을 할 수 있으며, ③ 회사채권자는 밝혀진 회사의 재산상태를 근거로 하여 채권의 회수 여부와 보존 조치의 요부 등을 결정할 수 있다. 회사재산은 회사채권자들을 위한 책임재산을 구성하기 때문이다. 그리하여 상법은 회계원칙을 천명하고 각종 재무제표의 작성·제출·확정·공시 등에 관한 세부 규정을 두고 있다.

이처럼 상법은 회사의 재산상태와 손익의 내용을 명확히 하고 이해관계인들에게 필요한 정보를 제공하기 위해 회계에 관하여 일정한 규제를 하지만, 다른 한편으론 일련의 절차를 통해 인식·확인된 회사의 손익을 실효적으로 처리하기 위한 규정도 두고 있다. 후자와 관련하여 특히 중요한 것은 주주에 대한 이익배당의 재원이 되는 배당가능이익을 제한하는 것인데, 배당가능이익은 대차대조표상의 순자산에서 자본금과 법정준비금 등을 공제하여 산정한다. 배당가능이익을 산정할 때 상법이 순자산을 그 기초로 하는 것은 회사채권자를 보호하기 위함이고, 자본금과 법정준비금을 공제하도록 한 것은 계속기업인 회사의 존속을 위함이다. 따라서 주식회사의 자본변동에 있어서도 자본금과 준비금이 그 핵심이라고 할 수 있으므로 이하에는 이에 관한 규제를 중심으로 살펴본다.

Ⅱ. 자본의 증감

1. 자본금의 구성

대표적인 자본단체인 주식회사의 대외적 신용기초는 자본금인데, 이는 주식회사의 성립기초가 됨은 물론 그 존속 중 유지해야 할 순재산의 규범적 기준이 된다. 자본금은 주주의 경우 출자액과 책임의 한계를 뜻하고, 회사채권자에게는 신용도의 공시적 기능을 수행하기 때문이다. 그리하여 주식회사의 자본금에는 3가지 원칙이 적용된다. 즉 ① 정관에 자본금과 그 출자자인 주식인수인이 확정되어 있어야 한다(자본확정의 원칙). 상법은 제289조

제1항에서 회사를 설립하는 때 발행할 주식의 총수와 1주의 금액을 정관에 명기하도록 하고(제3호, 제4호), 이를 회사설립 전에 모두 인수하도록 규정함으로써 자본확정원칙을 천명하고 있다. ② 회사는 그 존속 중 자본액에 상당하는 순재산을 실질적으로 회사 내에 유지해야 한다(자본유지(충실)의 원칙). 회사의 순재산은 경영성과에 따라 수시로 변동되므로 여기서 자본의 유지란 채권자 보호를 위해 회사가 자본거래를 통해 재산을 부당하게 유출하는 것을 금지하는 뜻으로 이해해야 한다. ③ 일단 확정된 자본은 엄격한 법정 절차에 의하지 않고는 임의로 감소시킬 수 없다(자본불변의 원칙).

이처럼 자본금은 주식회사의 핵심 요소인데, 이는 주식의 발행을 통해 조성된다. 그리고 과거에 상법은 주식의 유형으로 액면주식만 규정하였으므로 주식회사의 자본금은 발행주식의 액면가총액으로 인식되었다(상법 제451조 제1항). 그런데 2011년 개정 상법은 무액면주식을 새로이 도입하면서 회사가 무액면주식을 발행하는 경우 회사의 자본금은 주식 발행가액의 2분의 1 이상의 금액으로서 이사회(제416조 단서에서 정한 주식발행의 경우에는 주주총회를 말함)에서 자본금으로 계상하기로 한 금액의 총액으로 한다고 규정하였다(상법 제451조 제2항 제1문). 이 경우 주식의 발행가액 중 자본금으로 계상하지 아니하는 금액은 자본준비금으로 계상해야 한다(상법 제451조 제2항 제2문). 이러한 주식회사의 자본금은 액면주식을 무액면주식으로 전환하거나 무액면주식을 액면주식으로 전환함으로써 변경할 수 없는데(상법 제451조 제3항), 이는 무액면주식을 액면주식으로 변경할 때 강력한 통제장치가 된다(예: 무액면주식 5만주, 자본금 1천만원인 경우에 이를 액면가 1천원의 액면주식으로 전환하려면 그 주식수는 반드시 1만주여야 함).

2. 자본금의 증가

주식회사에서 자본금은 전통적으로 발행한 주식의 액면가총액을 의미하지만(상법 제451조 제1항), 정관에 자본금 총액이 기재되지 않으므로 발행주식의 종류와 수 및 액면가를 통해 간접적으로 파악된다. 이러한 자본금은 주식회사의 성립기초가 됨은 물론 그 존속 중 유지해야 할 순재산의 규범적 기준이 된다(자본충실의 원칙). 다만 자본금은 일정한 시점에 있어서 회사가 보유하고 있는 적극자산이라는 점에서 경영실적에 따라 수시로 변동되는 재산과 구별되고, 발행주식수를 기준으로 한 발행자본과 발행예정주식수를 기준으로 한 수권자본으로 구분된다. 따라서 자본금의 증가란 주식회사가 정관에 기재된 수권자본의 범위 내에서 신주를 발행함으로써 자동적으로 이루어지는데, 이에 관한 주요 사항은 이미 앞에서 자세히 살펴보았으므로(제4장 제2절) 여기서는 생략한다.

3. 자본금의 감소

(1) 의 의

1) 개 념 : 자본금의 감소(減資: Reduction of Capital)란 회사의 자본금 총액을 축소하는 것을 의미한다. 이는 회사의 잠재적인 자금능력과 사업능력을 축소하는 의미가 있으므로 주주들에게 매우 중대한 변화이고, 다른 한편으론 회사의 지급능력이나 책임재산을 감소시키므로 채권자들에게도 밀접한 이해가 걸려 있다. 더욱이 실질감자의 방법으로 자본금을 감소하면 사실상 주주들이 채권자에 우선하여 출자를 환급받는 것과 같기 때문이다. 그리하여 상법은 주주총회에 자본금 감소에 관한 의사결정권을 부여하고, 채권자들에게는 이의제출의 기회를 부여함으로써 양자의 이해관계를 조정하고 있다.

2) 유 형 : 자본금의 감소는 두 가지의 기준에 의해 유형화할 수 있다. 먼저 ① 순재산의 감소 여부에 따라 「실질적인 자본금의 감소(실질감자)」와 「명목적인 자본금의 감소(명목감자)」로 구분된다. 전자는 자본금의 감소와 함께 일정한 금액을 주주에게 되돌려 줌으로써 순자산도 같이 감소시키는 것인데, 자본금이 사업 규모에 비해 과다할 때, 해산을 예정하고 청산절차를 간편히 하기 위해, 합병시 소멸회사의 지분이나 자본금을 감소시키기 위한 때 등에 이용한다. 후자는 자본금의 금액만 줄이고 순자산은 사외로 유출시키지 않는 것인데, 주로 자본금의 결손이 있을 때, 신주발행과 결합하여 부실기업을 재건하기 위한 때 등에 이용된다. ② 결손을 기준으로 「결손의 보전을 위한 자본금의 감소(결손보전감자)」와 「그 밖의 자본금의 감소(통상의 감자)」로 구분할 수 있다. 전자의 경우에는 주주총회의 보통결의로 족하고 채권자보호절차를 요하지 않지만,[210] 후자의 경우에는 주주총회의 특별결의를 요함은 물론 채권자보호절차도 밟아야 한다.[211]

(2) 감소방법

1) 액면주식 : 회사가 액면주식을 발행한 경우의 자본금은 발행주식의 액면가총액이다(상법 제451조 제1항). 따라서 액면주식에서 자본금의 감소는 ① 발행주식수를 감소시키거나, ② 액면가를 감액하거나, ③ 양자를 병행하는 방법으로 할 수 있다.

(개) 주식수 감소 : 회사가 발행한 주식수를 감소하는 방법으로는 주식병합과 주식소각

---

210) 이는 일본 회사법 제309조 제2항의 결손전보목적의 감자를 참고로 한 제도로서 이를 위한 의사결정은 주주총회의 보통결의이지만, 채권자보호절차는 그대로 적용하는 점(제449조)에서 우리와 다르다.

211) 독일 주식법은 자본금의 감소를 통상의 자본금감소(AktG §§222－228)와 간이자본금감소(AktG §§229－236)로 구분한다. 그리고 전자의 경우에는 채권자보호절차를 경료해야 하지만(AktG §225), 후자의 경우에는 채권자보호절차를 요하지 않는다(AktG §229 Abs.3, §225).

이 있다. 먼저 주식병합의 경우에는 단주로 인해 실질적인 불평등이 생길 수 있으므로 일정한 경우에만 제한적이고 합리적으로 실시해야 한다.[212] 특히 소액주주를 보호하기 위해서는 비율로 계산하여 정수가 나올 때까지 병합해야 하는 것으로 해석해야 한다.[213] 다음으로 주식소각의 경우에는 다시 ⓐ 동의한 주주의 주식에 대해서만 할 수 있는 임의소각과 동의에 관계없이 회사가 일방적으로 할 수 있는 강제소각,[214] ⓑ 주주에게 주금을 지급하는 유상소각과 그렇지 않은 무상소각으로 구분할 수 있다. 어느 경우에나 주식을 소각하는 때에는 주식평등의 원칙이 지켜져야 한다.

(나) 액면가 감액 : 액면가를 감액하는 경우 감소되는 금액은 자본금 감소의 목적에 따라 다르게 처리된다. 즉 실질감자의 경우에는 주주에게 환급되고, 명목감자의 경우에는 주주의 손실로 처리된다. 그런데 액면가는 균일하므로 액면가를 낮추는 방법으로 자본금을 감소하려면 모든 주주에게 평등하게 적용해야 한다.

2) 무액면주식 : 무액면주식의 경우에는 액면가가 없으므로 액면주식에서처럼 액면가의 조정에 의한 감자가 있을 수 없다. 그리고 자본과 주식이 연결되어 자본금을 구성하는 것도 아니므로 자본금 감소에 주식의 병합이나 소각도 필요 없다. 즉 무액면주식의 경우에는 자본금 감소에 관한 회사의 일정한 의사결정만 있으면 충분하다.

(3) 감소절차

1) 주주총회의 결의 : 자본금의 감소는 회사의 자본구조에 변화를 초래하므로 주주들의 중대한 이해가 걸려 있다. 따라서 자본금 감소는 주주총회의 특별결의에 의해서만 할 수 있고(상법 제438조 제1항), 자본금 감소를 위해 주주총회를 소집함에 있어서는 의안의 주요 내용도 아울러 통지해야 한다(상법 제438조 제3항). 그렇지만 결손보전을 위한 감자의 경우에는 예외적으로 주주총회의 보통결의로 할 수 있다(상법 제438조 제2항).

2) 채권자보호절차 : 회사는 자본금의 감소에 관한 주주총회의 결의가 있는 날부터 2주 내에 회사채권자에 대하여 자본금 감소에 이의가 있으면 일정한 기간(1개월 이상) 내에 이의를 제출할 것을 공고해야 하고, 알고 있는 채권자에 대해서는 각별로 최고해야 한다(상법

212) 그리하여 독일의 주식법은 회사가 주식병합을 하지 아니하면 법정 최저액면가를 유지할 수 없을 경우에만 한정하여 주식병합을 허용한다(AktG §222 Abs. 4 Satz 2).

213) 이철송, 974면.

214) 강제소각의 방법으로 추첨을 예로 제시하는 견해가 있는데(박상조, 764면; 손주찬, 899면; 임홍근, 750면; 정동윤, 807면; 정찬형, 1182면; 최기원, 897면), 이러한 방법은 주주들에게 실질적인 평등을 줄 수 없을 뿐만 아니라 주식평등의 원칙에 반한다(이철송, 959~960면).

제439조 제2항→제232조 제1항). 이 경우 ① 채권자들의 이의가 없으면 자본금 감소를 승인한 것으로 보고(상법 제439조 제2항→제232조 제2항), ② 이의가 있으면 회사는 채무를 변제하거나 상당한 담보를 제공하거나 이를 목적으로 상당한 재산을 신탁회사에 신탁해야 한다(상법 제439조 제2항→제232조 제3항). 한편 회사채권자들이 이의를 제출함에 있어서는 특별한 방식을 요하지 않고, 이유를 붙일 필요도 없으며, 자본금의 감소 그 자체만이 아니라 감소금액·감소방법·감소시기에 대해서도 할 수 있다. 다만 사채권자가 이의를 제기하려면 사채권자집회의 결의가 있어야 하는데, 이 경우 법원은 이해관계인의 청구에 의하여 사채권자를 위하여 이의제기기간을 연장할 수 있다(상법 제439조 제3항).

3) 주식의 병합·소각 : 자본금의 감소에 있어서 주식의 병합과 소각에 관한 절차는 액면주식에 대해서만 필요하고, 무액면주식의 경우에는 필요하지 않다.

(가) 액면주식 : 액면주식을 발행한 회사가 주식의 수를 감소하는 방법으로 자본금 감소를 하는 때에는 주식을 병합 또는 소각해야 하고, 액면가를 감액하는 방법으로 자본금 감소를 하는 때에는 기존 주권을 액면가를 감액한 신주권으로 교환해야 한다. 이 중 전자의 경우에는 여러 가지 문제가 있어 상법이 세부 규정을 두고 있다.

(ㄱ) 주식의 병합 : 주식의 병합도 주권이 발행된 경우와 주식이 전자등록된 경우에 다르다. 즉 ① 주권이 발행된 경우에는 ⓐ 회사가 1월 이상의 기간을 정하여 그 뜻과 그 기간 내에 주권을 회사에 제출할 것을 공고하고 주주명부에 기재된 주주와 질권자에 대하여는 각별로 그 통지를 해야 한다(상법 제440조). 이 경우 주식병합의 효력은 주권제출기간이 만료한 때에 발생하지만(상법 제441조 본문), 채권자의 이의기간 및 이의에 따른 변제 등 후속 절차가 종료하지 않은 때에는 그 기간 또는 절차가 종료한 때에 발생한다(상법 제441조 단서). ⓑ 회사는 주권을 제출한 주주에게 신주권을 교부해야 하는데, 구주권을 회사에 제출할 수 없는 자가 있는 경우 회사는 그의 청구에 의해 3월 이상의 기간을 정하고 이해관계인에 대하여 그 주권에 대한 이의가 있으면 그 기간 내에 제출할 뜻을 공고하고 그 기간이 경과한 후에 신주권을 청구자에게 교부할 수 있다(상법 제442조 제1항). 이때 공고비용은 청구자가 부담한다(상법 제442조 제2항). ⓒ 병합에 적당하지 아니한 수의 주식(단주)이 있는 때에는 그 병합에 적당하지 않은 부분에 대하여 발행한 신주를 경매하여 각 주식수에 따라 그 대금을 종전의 주주에게 지급해야 하는데, 이 경우 거래소의 시세가 있는 주식은 거래소를 통하여 매각하고 거래소의 시세가 없는 주식은 법원의 허가를 받아 경매 외의 방법으로 매각할 수 있다(상법 제443조 제1항). ② 전자등록된 주식의 병합에는 위의 절차가 적용되지 않는다. 따라서 회사는 일정한 날(병합기준일)을 정한 후 그 날에 주식이 병합된다는 뜻을 그

날부터 2주 전까지 공고하고 주주명부에 기재된 주주와 질권자에게는 개별적으로 그 통지를 해야 한다(전자증권법 제65조 제1항). 이 경우 병합의 효력은 병합기준일에 발생하지만, 채권자보호절차가 종료되지 아니한 경우에는 그 절차가 종료된 때에 발생한다(전자증권법 제65조 제2항).

(ㄴ) 주식의 소각 : 주식의 소각에 대해서는 주식병합절차에 관한 규정을 준용한다(상법 제343조 제2항 → 제440조, 제441조). 따라서 ① 강제소각을 하는 경우에는 회사가 1월 이상의 기간을 정하여 그 뜻과 그 기간 내에 주권을 회사에 제출할 것을 공고하고 주주명부에 기재된 주주와 질권자에 대해서는 각별로 통지해야 한다(상법 제343조 제2항 → 제440조). 이 경우 주식병합의 효력은 위의 공고기간이 만료한 때에 생기지만, 채권자보호절차가 종료하지 아니한 때에는 그 절차가 종료한 때에 효력이 발생한다(상법 제343조 제2항 → 제441조). 그리고 유상소각을 하는 경우에 소각대금은 소각의 효력이 발생한 후에 지급할 수 있다. ② 임의소각을 하는 경우에도 모든 주주에게 공평하게 기회를 주어야 하므로 역시 주주에게 그 뜻을 통지·공고해야 한다. 또한 임의소각의 경우에도 채권자보호절차는 밟아야 하므로 그 전에는 소각의 효력이 발생할 수 없다.

(ㅂ) 무액면주식 : 회사가 무액면주식을 발행한 경우에는 자본금이 주식수와 무관하므로 자본금을 감소하는 때에도 주식을 병합하거나 소각할 필요가 없고, 주권에 관한 처리도 불필요하다. 즉 주주총회에서 감소되는 자본금의 규모를 결정하고 채권자보호절차를 밟으면 충분하다. 다만 자본금의 감소를 위한 주주총회에서는 자본금 감소의 효력발생일을 별도로 정해야 한다. 이 경우 주주총회에서 정한 효력발생일에 아직 채권자보호절차가 종료되지 아니한 때에는 상법 제441조 단서를 유추적용하여 채권자보호절차가 종료하는 때에 그 효력이 발생하는 것으로 해석하는 것이 바람직하다.[215]

4) 감자차익의 처리 : 회사가 무액면주식을 발행한 경우에는 자본금을 감소하더라도 감자차익이 생기지 않는다. 주주에게 환급하는 금액 없이 단지 자본금의 계수만 축소하기 때문이다. 그러나 액면주식을 발행한 회사가 자본금을 감소하면 감자차익이 발생한다. 즉 감소되는 자본금에 비해 주주에게 환급하는 금액이 적으면 그 차액을 결손의 보전에 충당하는데, 이 경우 잔액이 있으면 감자차익이 되는 것이다. 이러한 감자차익은 회계기준에 따른 자본잉여금이므로 자본준비금으로 적립해야 한다(상법 제459조 제1항).

---

215) 이철송, 980면. 이와 관련해서는 일본 회사법 제447조 제1항 제3호와 제449조 제6항 단서 참조.

(4) 감소 효과

1) 정관의 변경 : 자본금의 감소를 액면가를 감액하는 방법으로 실행하는 때에는 정관의 변경이 필요하지만, 정관변경을 위한 별도의 결의는 필요 없으며 자본금 감소의 결의로 갈음할 수 있다. 그렇지만 그 밖의 방법에 의할 때에는 정관을 변경할 필요가 없다.

2) 질권의 효력 : 자본금 감소의 방법으로 액면가를 감액하더라도 주식의 동일성은 유지되므로 질권의 효력에는 영향 없다. 즉 구주권을 신주권과 교환하면 된다. 또한 주식의 소각과 병합으로 인해 받는 주식이나 금액에 대해서도 질권의 효력이 미치고, 등록질권자는 그 금전으로 우선하여 변제에 충당할 수 있다(상법 제339조, 제340조).

3) 등 기 : 자본금의 감소는 등기사항에 변동을 주므로(상법 제317조 제2항) 변경등기를 해야 한다(상법 제317조 제4항→제183조). 주의할 것은 자본금 감소의 효력은 등기에 의해 발생하지 않고, 액면주식의 경우에는 주식의 소각 또는 병합 절차가 종료하는 때에 생기고, 무액면주식의 경우에는 주주총회가 정한 날에 발생한다는 점이다.

(5) 감자무효의 소

1) 무효원인 : 자본금의 감소에 관한 결의에 하자가 있는 경우에는 결의취소소송이나 결의무효확인소송을 제기할 수 없고, 감자무효의 소에 의해서만 다투어야 한다.[216] 그런데 감자무효의 소의 원인에 관하여 상법은 특별히 규정하고 있지 않다. 따라서 해석으로 보완해야 하는데, 일반원칙에 따라 자본금 감소의 방법과 내용이 법령이나 정관에 위반하거나 현저하게 불공정한 경우에 무효가 된다고 할 수 있다.

2) 당사자 : 감자무효의 소의 제소권자는 신주발행무효의 소의 경우보다 그 범위가 넓다. 즉 감자무효의 소는 주주·이사·감사·청산인·파산관재인 또는 자본금 감소를 승인하지 아니한 채권자가 제기할 수 있다(상법 제445조). 이 경우 피고는 회사이다.

3) 제소기간 : 감자무효의 소는 자본금 감소로 인한 변경등기가 된 날부터 6개월 내에 제기해야 한다(상법 제445조). 이는 무효사유의 주장시기를 제한하는 것이므로 제소 후 6개월이 경과한 때에는 새로운 무효사유를 추가로 주장하는 것도 허용되지 않는다.[217]

---

216) 대법원 2010. 2. 11. 선고 2009다83599 판결(상법 제445조는 자본감소의 무효는 주주 등이 자본감소로 인한 변경등기가 있은 날로부터 6월 내에 소만으로 주장할 수 있다고 규정하고 있으므로, 설령 주주총회의 자본감소 결의에 취소 또는 무효의 하자가 있다고 하더라도 그 하자가 극히 중대하여 자본감소가 존재하지 아니하는 정도에 이르는 등의 특별한 사정이 없는 한 자본감소의 효력이 발생한 후에는 자본감소 무효의 소에 의해서만 다툴 수 있다).

217) 대법원 2010. 4. 29. 선고 2007다12012 판결.

4) 제소절차 : 감자무효의 소에 있어서 소의 관할, 소 제기의 공고, 병합심리, 하자의 보완과 청구의 기각,[218] 패소원고의 책임, 제소자의 담보제공의무 등은 신주발행무효의 소에서와 같다(상법 제446조).

5) 판결효과 : 감자무효의 소에 관한 법원의 판결은 제3자에게도 그 효력이 미친다(상법 제446조 → 제190조 본문). 따라서 소송을 제기하지 않은 자들에게도 자본금의 감소는 무효이다. 이러한 판결의 주식의 유형별 효과는 다음과 같다.

(가) 액면주식 : 자본금의 감소가 무효로 되면 ① 자본금은 감소 이전의 상태로 회복하고, ② 액면가를 감액한 경우에는 감소 이전의 액면가로 회복하며, ③ 소각된 주식은 부활하고, ④ 병합된 주식은 병합 전 주식으로 분할된다. 그런데 자본금 감소를 유상으로 한 경우와 무상으로 하였어도 단주의 대금을 지급한 경우에는 다소 문제가 있으므로 다음과 같이 해결해야 한다. 즉 ① 주주에게 지급한 금액은 감소할 당시의 주주로부터 회수해야 한다. 현재의 주주로부터 회수하는 것은 추가출자를 요구하는 것이 되어 유한책임의 원칙에 반하기 때문이다. ② 소각된 주식의 부활, 병합된 주식의 분할로 인한 주식 수의 증가도 감소할 당시의 주주에게 생긴다. 한편 자본금 감소의 무효판결 후 주주로부터 감소대가의 회수가 불가능하여 회사가 손해를 보는 경우에는 이사의 책임이 발생하고(상법 제399조), 주주나 회사채권자가 손해를 입은 경우에는 회사 또는 이사에 대하여 손해배상을 청구할 수 있다(상법 제389조 제3항 → 제210조, 제401조).

(나) 무액면주식 : 무액면주식을 발행한 경우에는 자본금 감소의 무효판결이 있어도 자본금의 계수가 감자하기 전으로 회복하는 데 그친다.

(다) 소급효 문제 : 1995년의 상법 개정 전에는 제446조에서 제190조를 준용함으로써 감자무효판결의 소급효를 제한하였지만, 1995년 개정상법은 소급효를 제한하는 제190조 단서를 제외하고 본문만을 준용함으로써 소급효를 부여하고 있다. 그리하여 이에 대해서는 감자무효판결에 소급효를 부여하면 큰 혼란이 생긴다는 점을 근거로 소급효가 없다고 해석해야 한다는 견해[219]와 소급효를 부여해야 한다는 견해[220]가 대립하고 있다. 생각건대 이러한 혼란은 입법적 착오로 인한 것이고, 감자무효의 판결에 소급효를 부여하면 오히려 더 큰 혼란이 발생되므로 전자의 견해가 타당하다.

---

218) 다만 감자무효의 소를 기각하기 위해서는 하자의 보완이 필요한데(상법 제446조 → 제189조), 하자의 보완 없이 재량기각을 허용한 판례도 있다(대법원 2004. 4. 27. 선고 2003다29616 판결).
219) 이철송, 984면(자본감소의 과정에서 한 채권자에 대한 변제, 병합된 주식의 양도 등이 모두 무효가 된다).
220) 이기수/최병규, 713면; 정찬형, 1212면; 최기원, 905면.

참고판례 **감자무효의 소의 효력 등(대법원 2004. 4. 27. 선고 2003다29616 판결)** : [1] 법원이 감자무효의 소를 재량 기각하기 위해서는 원칙적으로 그 소제기 전이나 그 심리중에 원인이 된 하자가 보완되어야 한다고 할 수 있을 것이지만, 하자가 추후 보완될 수 없는 성질의 것으로서 자본감소 결의의 효력에는 아무런 영향을 미치지 않는 것인 경우 등에는 그 하자가 보완되지 아니하였다 하더라도 회사의 현황 등 제반 사정을 참작하여 자본감소를 무효로 하는 것이 부적당하다고 인정한 때에는 법원은 그 청구를 기각할 수 있다. [2] 주주총회의 감자결의에 결의방법상의 하자가 있으나 그 하자가 감자결의의 결과에 아무런 영향을 미치지 아니하였고, 감자결의를 통한 자본감소 후에 이를 기초로 채권은행 등에 대하여 부채의 출자전환 형식으로 신주발행을 하고 수차례에 걸쳐 제3자에게 영업을 양도하는 등의 사정이 발생하였다면, 자본감소를 무효로 할 경우 부채의 출자전환 형식으로 발행된 신주를 인수한 채권은행 등의 이익이나 거래의 안전을 해할 염려가 있으므로 자본감소를 무효로 하는 것이 부적당하다고 볼 사정이 있다. [3] 상법 제368조 제3항의 규정은 대리권의 존부에 관한 법률관계를 명확히 하여 주주총회 결의의 성립을 원활하게 하기 위한 데 그 목적이 있다고 할 것이므로 대리권을 증명하는 서면은 위조나 변조 여부를 쉽게 식별할 수 있는 원본이어야 하고, 특별한 사정이 없는 한 사본은 그 서면에 해당하지 아니하고, 팩스를 통하여 출력된 팩스본 위임장 역시 성질상 원본으로 볼 수 없다).

Ⅲ. 준비금 관리

1. 서 언

(1) 의 의

준비금(Reserve)이란 영업연도 말에 회사가 보유하는 순자산액 중 자본금을 초과하는 금액으로서 회사가 주주에게 배당하지 않고 사내에 적립하는 금액[221]을 말한다. 즉 준비금은 잉여금의 일부를 회사에 유보시키기 위한 계산상의 금액이지만, 자본금과 같이 대차대조표의 「부채 및 자본의 부(대변)」에 표시되고 배당가능이익의 산출에 있어서 공제항목이 되므로 재산의 사외유출을 억제하는 작용을 한다. 회사의 순자산이 자본금과 준비금의 합계액을 초과하지 않는 한 배당가능이익이 생기지 아니하므로(상법 제462조 제1항 제2호, 제3호), 준비금이 증가하면 그만큼 회사에 유보되는 순자산도 증가하기 때문이다. 이런 점에서 준비금에 관한 상법상 규제는 계속기업인 주식회사의 물적 기초를 튼실히 함은 물론 유한책임 제도 하에서 채권자 보호를 위해 요청되는 자본충실의 원칙을 실천하기 위한 것이라고 할 수 있다.[222] 이처럼 준비금은 배당가능이익의 산출에 있어서 공제항목이 된다는 점에서 실질적으로 자본금과 유사한 기능을 하고 있고, 필요에 따라서는 자본금에 전입되므로(상법 제461조) 「보충자본 또는 부가자본」이라고 부르는데, 특히 기업회계에서는 자본금과

221) 이를 기업회계상 「잉여금」이라고 한다.
222) 이철송, 1007면.

준비금을 합하여 「자기자본」이라고 부른다.

(2) 종 류

준비금은 다음과 같이 구분할 수 있다. 즉 ① 상법이나 특별법의 규정에 따라 의무적으로 적립하는 것을 「법정준비금」이라고 한다. 상법상으로는 이익준비금과 자본준비금이 있고, 특별법상의 예로는 자산재평가법상의 재평가적립금(자산재평가법 제28조) 등을 들 수 있다. ② 정관의 규정이나 주주총회의 결의에 의하여 적립하는 것을 「임의준비금」이라고 한다. 이는 감채준비금·사업확장준비금 등처럼 사용목적이 특정된 것도 있고, 별도적립금·전기이월이익금 등 어떠한 목적으로든 자유롭게 사용할 수 있는 것도 있다. 그리고 이는 자본금에는 전입할 수 없지만, 주식배당의 재원으로는 사용할 수 있다. 한편 준비금의 유형적 포섭범위와 관련하여 다음과 같은 논란도 있다. 즉 ⓐ 비밀준비금인데, 이는 대차대조표에 표시된 순자산보다 큰 금액의 순자산이 회사에 유보되어 있을 때 그 초과액을 말한다. 이에 대해서는 대차대조표의 진실의 원칙을 깨뜨려 손익계산을 불명확하게 하는 문제점을 안고 있으므로 위법하다는 견해,[223] 일반의 관행에 비추어 합리적이라고 인정되는 범위에서는 적법하다는 견해[224]가 있는데, 이는 그 실질이 준비금이고 회사의 자본적 기초를 강화하는 점을 고려할 때 후자의 견해가 타당하다. ⓑ 유사준비금인데, 이는 대차대조표에 자산의 원가를 그대로 기재한 경우에 그 자산의 진정한 가치를 반영하기 위해 부채의 부에 기재하는 자산의 가액수정항목을 말한다. 즉 이는 형식상으로는 준비금이지만, 그 실질은 감가상각적립금이나 대손충당금 등에 불과하다.

2. 법정준비금의 적립

(1) 이익준비금

이익준비금이란 주로 자본결손을 전보할 목적으로 적립하는 준비금인데, 회사는 자본금의 2분의 1에 달할 때까지 매 결산기에 이익배당액의 10분의 1 이상의 금액을 이익준비금으로 적립해야 한다(상법 제458조 본문). 여기서 ① 10분의 1 이상이란 기준은 최저기준이므로 정관으로 그 비율을 높이는 것은 무방하나 낮추는 것은 무효이고, ② 이익배당액에는 금전배당액 외에 현물배당액도 포함된다. 한편 주식배당에서는 매 결산기에 이익배당액의 10분의 1 이상을 적립하지 않아도 된다(상법 제458조 단서). 준비금은 잉여금의 사외유출을

223) 손주찬, 924면; 정찬형, 1230면; 채이식, 711면.
224) 강위두/임재호, 967면; 서돈각/정완용, 528면; 이기수/최병규, 724면; 이철송, 1008면; 정경영, 848면; 정동윤, 772면; 최기원, 889면.

억제하는 기능을 하는데, 주식배당의 경우에는 주식을 추가로 발행할 뿐 회사재산을 사외로 유출하는 것이 아니기 때문이다. 주의할 것은 ① 회사가 자본금의 2분의 1을 초과하여 적립한 이익준비금은 임의준비금의 성격을 갖는다는 점, ② 회사는 배당 여부에 관계없이 자본금의 2분의 1에 달할 때까지 이익준비금을 적립할 수 있다는 점, ③ 배당을 하지 않는다고 하여 그것이 임의준비금이 되는 것은 아니라는 점이다.

(2) 자본준비금

1) 의 의 : 자본준비금이란 매 결산기의 영업이익 이외의 이익을 재원으로 하여 적립하는 법정준비금이다. 자본준비금의 경우에는 그 재원이 되는 이익이 자본거래에서 발생하므로 자본금에 준하는 성질을 갖는다. 따라서 자본준비금은 무제한으로 적립할 수 있다. 한편 개정 전 상법은 자본준비금의 종류를 열거하고 있었지만,[225] 2011년 개정 상법은 이를 모두 삭제하고 「자본거래에서 발생한 잉여금」이라고 포괄적으로 규정하며 세부 내용은 기업회계기준에 맡기고 있다(상법 제459조 제1항; 상령 제18조).[226]

2) 승 계 : 합병이나 분할 또는 분할합병의 경우 소멸 또는 분할되는 회사의 법정준비금은 합병·분할·분할합병 후 존속되거나 새로 설립되는 회사가 승계할 수 있다(상법 제459조 제2항). 즉 ① 합병차익 중 소멸회사의 이익준비금이나 그 밖의 법정준비금은 존속회사 또는 신설회사가 승계할 수 있다. 이를 허용하지 않으면 합병차익 전부를 자본준비금으로 적립해야 하므로 소멸회사가 적립한 이익준비금이나 다른 법에 의한 준비금을 존속회사가

225) 개정 전 상법 제459조 제1항은 회사로 하여금 ① 액면 이상의 주식을 발행한 때에는 그 액면을 초과한 금액, ② 주식의 포괄적 교환을 한 경우에는 제360조의7에 규정하는 자본증가의 한도액이 완전모회사의 증가한 자본액을 초과한 경우의 그 초과액, ③ 주식의 포괄적 이전을 한 경우에는 제360조의18에 규정하는 자본의 한도액이 설립된 완전모회사의 자본액을 초과한 경우의 그 초과액, ④ 자본감소의 경우에 그 감소액이 주식의 소각, 주금의 반환에 요한 금액과 결손의 전보에 충당한 금액을 초과한 때에는 그 초과금액, ⑤ 회사합병의 경우에 소멸된 회사로부터 승계한 재산의 가액이 그 회사로부터 승계한 채무액, 그 회사의 주주에게 지급한 금액과 합병후 존속하는 회사의 자본증가액 또는 합병으로 인하여 설립된 회사의 자본액을 초과한 때에는 그 초과금액, ⑥ 제530조의2의 규정에 의한 분할 또는 분할합병으로 인하여 설립된 회사 또는 존속하는 회사에 출자된 재산의 가액이 출자한 회사로부터 승계한 채무액, 출자한 회사의 주주에게 지급한 금액과 설립된 회사의 자본액 또는 존속하는 회사의 자본증가액을 초과한 때에는 그 초과금액, ⑦ 기타 자본거래에서 발생한 잉여금을 자본준비금으로 적립하도록 규제하였다.

226) 상법 시행령 제15조의 회계기준에는 한국채택국제회계기준, 일반기업회계기준, 중소기업회계기준이 있다. 이 중 한국채택국제회계기준은 자본을 납입자본, 이익잉여금, 기타자본구성요소의 3가지로 구분할 뿐 개별항목에 대해서는 구체적으로 규정하고 있지 않다. 반면에 일반기업회계기준은 자본을 자본금, 자본잉여금, 자본조정, 기타포괄손익누계액, 이익잉여금(또는 결손금)으로 구분하는데(문단 2.29－2.33), 자본잉여금에는 주식발행초과금, 자기주식 처분이익, 감자차익 등이 포함된다(문단 2.30).

다시 적립해야 하는 어려움이 발생하기 때문이다. 주의할 것은 상법이 승계의 대상으로 이익준비금이나 그 밖의 법정준비금이라고만 적시하고 있지만, 굳이 이처럼 제한할 필요는 없으므로 「그 밖의 법정준비금」이란 특별법에 의해 적립이 강제되는 경우만이 아니라 특별법에 의해 널리 적립이 허용되는 준비금(세법상의 각종 충당금 등)을 의미한다고 보는 것이 합리적이다.[227] ② 분할에서의 신설회사 또는 분할합병에서의 존속회사 또는 신설회사에 분할차익이 발생하고 이에 분할회사의 이익잉여금 기타 법정준비금이 포함되어 있는 경우에는 신설회사나 존속회사가 그 준비금을 승계할 수 있다.

3. 법정준비금의 사용

(1) 개 요

과거에 상법은 이익준비금과 자본준비금으로 구성되는 법정준비금은 자본의 결손 보전에 충당하는 경우 외에는 이를 처분하지 못하도록 규제하고(구법 제460조 제1항), 이익준비금으로 자본결손의 보전에 충당하고서도 부족한 경우가 아니면 자본준비금으로 충당하지 못한다고 규정하였다(구법 제460조 제2항). 그런데 2011년 개정 상법이 제460조 제2항을 삭제하였으므로 현재는 법정준비금의 경우 자본금의 결손 보전에 충당하거나(상법 제460조) 자본금에 전입하는 경우(상법 제461조) 외에는 이를 처분할 수 없다.

(2) 결손의 보전

자본금의 「결손」이란 결산기 말에 있어서 회사의 순자산액이 자본금과 법정준비금의 합계액에 미달하는 상태를 말한다. 주의할 것은 영업연도 도중에 일시적으로 이와 같은 상태가 생기더라도 기말의 손익이 미정이므로 결손으로 볼 수 없고, 임의준비금이나 전기이월이익잉여금으로 보전이 가능한 경우에도 결손으로 볼 수 없다는 점이다. 한편 회사는 법정준비금인 이익준비금과 자본준비금 중 어느 것을 먼저 결손의 보전에 사용해도 무방하고(상법 제460조), 더 나아가 결손을 보전하지 않고 그대로 이월결손금으로 처리해도 무방하다. 결손금의 사용 여부는 회사의 임의이기 때문이다.

(3) 자본금 전입

1) 개 요: 준비금의 자본금 전입이란 준비금 계정의 금액에서 일정액을 차감하고 같은 금액을 자본금 계정에 가산하는 것이다. 상법상 이익준비금은 자본금의 2분의 1에 달할 때

---

227) 이철송, 1010면.

까지 계속하여 적립해야 하고, 자본준비금은 무제한으로 적립할 수 있으므로 때때로 준비금의 규모가 자본금에 비해 지나치게 커질 수도 있다. 그리하여 상법은 준비금의 자본금 전입을 통하여 양자의 불균형을 시정함은 물론 기업에 재무관리적 편의도 제공하고 있다. 더욱이 이는 채권자의 이익 보호에도 도움이 된다. 준비금이 자본금으로 전입되면 자본금이 증가함에 따라 이익준비금의 적립 한도가 증가하고, 결손이 생긴 경우에도 엄격한 감자절차를 거쳐야만 감소할 수 있기 때문이다. 다만 자본금 전입절차는 회사가 액면주식을 발행한 경우와 무액면주식을 발행한 경우에 있어 각기 다르다.

2) 액면주식을 발행한 경우

㈎ 의 의 : 액면주식을 발행한 회사에서는 준비금의 자본금 전입으로 인하여 자본금이 증가하고, 전입금액을 액면가로 나눈 수만큼의 무상신주가 발행된다. 즉 자본금 전입은 발행주식수를 증가시키지만, 회사의 순자산에는 변동이 없다. 이처럼 액면주식에서의 자본금 전입은 주금의 납입 없이 신주발행이 이루어지므로 이를 「무상증자」라고 한다.

㈏ 전입대상 : 자본금 전입의 재원은 법정준비금에 한한다. 만약 주주들에게 배당할 이익인 임의준비금을 자본금에 전입하여 주주에게 배당할 수 없는 자본금으로 고정하면 주주들의 이익배당청구권을 침해하기 때문이다. 한편 회사는 법정준비금인 이익준비금과 자본준비금 중 어느 것이라도 순서 없이 전입할 수 있다.

㈐ 전입절차 : 자본금 전입의 의사결정은 원칙적으로 이사회의 결의로 할 수 있지만(상법 제461조 제1항 본문), 정관으로 주주총회의 결의사항으로 할 수도 있다(상법 제461조 제1항 단서). 이 경우 전입할 수 있는 준비금은 직전 결산기의 대차대조표에 의해 확정된 준비금에 한한다. 따라서 영업연도 중간에 준비금이 발생하더라도 이는 전입할 수 없다.

㈑ 전입효과

(ㄱ) 신주의 발행 : 준비금을 자본으로 전입하면 자본금이 늘어나므로 이를 액면가로 나눈 수만큼 신주가 발행되지만, 순자산에는 변동이 없다. 이 경우 신주는 각 주주에게 그가 가진 주식 수에 비례하여 발행되는데(상법 제461조 제2항 제1문),[228] 주주의 경우 별도의 인수절차 없이 주주가 되므로 제3자가 신주인수권을 가질 여지가 없다.[229] 주의할 것은 준비금의 자본금 전입에 따른 신주는 액면가로만 발행되고, 주주들이 보유한 주식의 종류에 관

228) 법문은 "주식을 발행하여야 한다."라고 규정하고 있지만, 자본금 전입의 의사결정과 동시에 또는 기준일에 각 주주에게 신주가 발행되는 효과가 생기므로 별도의 신주발행절차가 진행되는 것은 아니다.
229) 다만 예외적으로 공공적 법인의 경우에는 정부에게 배정할 주식의 전부나 일부를 당해 법인의 주식을 일정기간 소유하는 자에게 배정할 수 있다(자본시장법 제165조의14 제2항).

계없이 모두 보통주로 발행해야 한다는 점이다. 종류주식은 회사가 특정한 목적을 위하여 발행하는 것인데, 준비금의 자본금 전입에서는 유보자금을 액면가로 환산하여 신주를 발행하는 것이므로 특정한 종류주식을 발행할 동기가 없기 때문이다.

> **참고판례** **무상주의 효력(대법원 2011. 7. 28. 선고 2009다90856 판결)** : 자산재평가법상의 재평가적립금 등의 자본전입에 따른 무상주의 발행은, 기존 주식의 재산적 가치에 반영되고 있던 자산재평가적립금 등이 전입되면서 자본금이 증가함에 따라 그 증자액에 해당하는 만큼의 신주가 발행되어 기존의 주주에게 그가 가진 주식의 수에 따라 무상으로 배정되는 것이어서, 회사의 자본금은 증가하지만 순자산에는 아무런 변동이 없고 주주의 입장에서도 원칙적으로 그가 가진 주식의 수만 늘어날 뿐 그가 보유하는 총 주식의 자본금에 대한 비율이나 실질적인 재산적 가치에는 아무런 차이가 없으므로 위 무상주는 실질적으로 기존 주식이 분할된 것에 다름 아니다(대법원 2009. 3. 12. 선고 2007두8652 판결 참조).
>
> **참고판례** **준비금의 자본전입에 따른 무상신주의 귀속주체(대법원 1988. 6. 14. 선고 87다카2599,2600(반소) 판결)** : 상법 제461조에 의하여 주식회사가 이사회의 결의로 준비금을 자본에 전입하여 주식을 발행할 경우에는 회사에 대한 관계에서는 이사회의 결의로 정한 일정한 날에 주주명부에 주주로 기재된 자만이 신주의 주주가 된다고 할 것이므로 甲이 丙 주식회사의 기명주식을 실질적으로 취득하였으나 丙 주식회사의 이사회가 신주를 발행하면서 정한 기준일 현재 甲이 기명주주의 명의개서를 하지 아니하여 乙이 그 주주로 기재되어 있었다면 丙 주식회사에 대한 관계에서는 신주의 주주는 乙이라 할 것이다.

(ㄴ) 효력의 발생 : 신주의 효력발생시기는 준비금의 자본금 전입을 어느 기관이 결정하느냐에 따라 다르다. 즉 ① 이사회에서 결의하는 경우에는 회사가 일정한 날(배정기준일)을 정하여 그 날의 주주명부에 기재된 주주가 신주의 주주가 된다는 뜻을 배정기준일의 2주간 전에 공고해야 한다(상법 제461조 제3항 본문). 다만 배정기준일이 주주명부의 폐쇄기간 중에 있는 경우에는 그 폐쇄기간 초일의 2주간 전에 공고해야 한다(상법 제461조 제3항 단서). 즉 이 경우에는 이사회의 결의일이 아닌 배정기준일에 신주의 주주가 되는 것이다. ② 주주총회에서 결의하는 경우에는 주주총회의 소집통지에 의해 주주들에게 자본금 전입이 예고되기 때문에 배정기준일을 별도로 정할 필요가 없다. 즉 이 경우에는 주주총회의 결의일로부터 바로 신주의 주주가 되는 것이다(상법 제461조 제4항).

(ㄷ) 통지와 등기 : 준비금의 자본금 전입으로 인해 발행된 신주의 효력이 발생하면 이사는 지체없이 기명주주 및 등록질권자에게 주주가 받은 주식의 종류와 수를 통지해야 한다(상법 제461조 제5항). 이 경우 종전의 주식을 전제로 한 질권의 경우에는 등록질이건 약식질이건 관계없이 신주 또는 단주의 처리금액에 대하여 물상대위가 인정된다(상법 제461조 제6항 → 제339조). 한편 신주의 발행으로 인해 회사의 자본금과 발행주식총수가 증가하므로

변경등기를 해야 한다(상법 제317조 제4항→제183조).

(ㄹ) 구주와 신주의 관계 : 준비금의 자본금 전입으로 인해 발행되는 주식은 위의 기준일이나 주주총회의 결의일에 그 귀속이 확정된다. 그리고 신주는 구주의 과실이나 종물이 아니므로 구주가 양도되었더라도 그에 수반하지 않는다.[230)]

3) 무액면주식을 발행한 경우 : 무액면주식의 경우 발행되어 그 중 일부가 자본금을 구성한 후부터는 주식의 수와 자본금이 무관하다. 그리하여 무액면주식을 발행한 회사에서는 준비금을 자본금에 전입한다는 이사회 또는 주주총회의 의사결정만 있으면 충분하고, 준비금을 자본에 전입하더라도 신주의 발행을 수반하지 않는다. 그렇지만 무액면주식을 발행한 회사에서도 준비금의 자본금 전입을 계기로 주식분할을 병행함으로써 액면주식을 발행한 회사가 자본금 전입에 의해 신주를 발행하는 것과 유사한 효과를 거둘 수 있다.

4) 위법한 자본금 전입의 효과 : 준비금의 자본금 전입이 위법한 경우로는 ① 이사회 또는 주주총회의 결의 없이 자본금 전입이 이루어진 경우, ② 하자 있는 주주총회나 이사회의 결의에 의해 자본금 전입이 이루어진 경우, ③ 정관상의 발행예정주식총수를 초과하여 자본금 전입을 한 경우 등을 들 수 있다. 이 중 ①과 ③의 경우는 당연히 무효이므로 그에 의해 발행된 신주도 무효로 보아야 한다. 다만 ②의 경우는 자본금 전입에 관한 결의가 있고 신주의 효력이 발생한 경우이므로 신주발행무효의 소에 관한 상법 제429조를 유추적용하여 소에 의해서만 자본금 전입의 무효를 주장할 수 있다고 보아야 한다.

4. 법정준비금의 감소

(1) 의 의

과거에 상법은 이익준비금과 자본준비금으로 구성되는 법정준비금의 경우 자본의 결손을 충당하거나 자본에 전입하는 경우 외에는 이를 처분할 수 없도록 규제하였다(구법 제460조 제1항, 제461조). 그런데 2011년 개정 상법은 이에 더하여 적립된 자본준비금 및 이익준비금의 총액이 자본금의 1.5배를 초과하는 경우에는 회사가 주주총회의 결의에 따라 그 초과한 금액의 범위 내에서 자본준비금과 이익준비금을 감액할 수 있도록 규정하였다(상법 제461조의2). 이는 준비금이 자본금과 적절한 비례관계에서 유지되도록 하면서 이익처분에 탄력성을 부여하기 위함이다. 주의할 것은 준비금의 감소란 준비금으로서의 용도를 포기하고 미처분의 잉여금으로 환원하는 것을 의미한다는 점이다.

---

230) 대법원 2010. 2. 25. 선고 2008다96963·96970 판결; 대법원 1974. 6. 25. 선고 74다164 판결.

(2) 요 건

회사가 준비금을 감소하려면 ① 자본준비금과 이익준비금의 합계액이 자본금의 1.5배를 초과해야 한다. 이때 회사는 자본준비금과 이익준비금 중 어느 것이라도 먼저 자유롭게 감소시킬 수 있다. ② 준비금이 자본금의 1.5배를 초과하는지를 판단하는 때에는 준비금에서 결손금을 차감한 금액이 자본금의 1.5배를 초과해야 하고, 그 초과 부분에 한정해서만 감소할 수 있다. ③ 감소할 수 있는 준비금은 직전 결산기의 대차대조표에 의해 확정된 준비금에 한한다. 영업연도 중간에는 결손의 내용과 규모를 인식할 수 없어 자본준비금이 발생하더라도 감소 가능한 금액을 계산할 수 없기 때문이다.

(3) 절 차

준비금의 감소는 주주총회의 보통결의에 의하는데(상법 제461조의2), 이 경우의 주주총회는 정기총회가 아니어도 무방하다. 다만 주주총회에서는 감소하는 준비금의 종류와 금액을 정해야 하고, 비록 명문 규정은 없으나 감소의 효력발생시기도 아울러 정해야 한다. 이 경우 효력발생일은 주주총회의 결의일 이후로 정해야 하는데, 이는 준비금감소결의에 소급효를 부여할 수 없기 때문이다. 주의할 것은 준비금을 감소하는 결의에서는 결손의 보전을 병행할 수도 있다는 점이다. 예를 들어 1억원의 결손이 있는 회사에서 3억원의 준비금을 감소할 때 그 중 1억원은 결손금의 전액을 보전하고 그 나머지 2억원은 미처분잉여금으로 환원하는 것이다. 한편 준비금의 감소는 채권자에게 불리한 자본거래이지만, 감소하더라도 여전히 자본금의 1.5배에 달하는 준비금이 존재하므로 실질적으로는 채권자에게 불이익이 없다고 할 수 있어 상법은 채권자보호절차를 규정하고 있지 않다.

(4) 무 효

상법은 준비금감소의 무효를 다투는 별도의 소송에 관한 규정을 두고 있지 않다. 그런데 일반적으로 준비금의 감소가 무효일 경우에는 종전의 준비금이 회복되어야 하고, 준비금이 감소한 후의 이익배당도 환원되어야 하므로 준비금감소의 무효는 형성의 소에 의해 다투어야 한다. 그렇지만 이는 향후 입법적으로 해결해야 하고, 우선은 감자무효의 소에 관한 규정(상법 제445조)을 유추적용하여 해결해야 한다.

참고판례 **자본감소의 무효 주장방법(대법원 2010. 2. 11. 선고 2009다83599 판결)** : 상법 제445조는 자본감소의 무효는 주주 등이 자본감소로 인한 변경등기가 있은 날로부터 6월 내에 소만으로 주장할 수 있다고 규정하고 있으므로, 설령 주주총회의 자본감소 결의에 취소 또는 무효의 하자가 있다고 하더라도 그 하자가 극히 중대하여 자본감소가 존재하지 아니하는 정도에 이르는 등의 특별한 사정이 없는 한 자본감소의 효력이 발생한 후에는 자본감소 무효의 소에 의해서만 다툴 수 있다.

제3관 이익의 배당

Ⅰ. 서 설

(1) 이익배당의 의의

이익배당에 관한 상법상 정의는 없지만, 회사의 개념적 속성에서 살펴본 것처럼 이익의 분배(Dividend)는 영리법인인 주식회사의 존재 목적 중의 하나이다. 주식회사에서 영리성이란 단순히 이익을 창출하는 것만이 아니라, 창출된 이익을 그 구성원인 주주에게 분배하는 것까지 포함하기 때문이다. 이에 상법은 출자자로서 회사의 자본이익을 향유할 수 있는 주체인 주주에게 고유권 중의 하나로서 이익배당청구권을 부여하고, 주주총회나 이사회의 결의로 배당금지급청구권이 발생한 후에는 주주총회의 결의 등을 통해서도 그 내용을 수정하거나 변경할 수 없도록 규제하고 있다.[231] 한편 실제의 배당에 있어서 모든 주주는 주식평등의 원칙에 따라 공평하게 이익분배에 참여할 수 있어야 하지만, 상법은 주주가 가진 주식수에 비례하여 배당하고 있다(상법 제464조 본문). 이는 강행규정이므로 정관의 규정이나 주주총회의 특별결의에 의해서도 이와 달리 정할 수 없지만, 우선주나 열후주를 발행한 때에는 정관에 의해 차등배당을 할 수 있다(상법 제464조 단서).

(2) 이익배당의 방법

상법상 이익배당의 재원은 배당가능이익인데, 이는 재무제표가 확정되어야 산출된다. 즉 배당가능이익은 대차대조표상의 순자산액에서 일정한 금액(① 자본금의 액, ② 그 결산기까지 적립된 법정준비금의 합계액, ③ 그 결산기에 적립해야 할 이익준비금의 액, ④ 미실현이익)을 공제한 금액이기 때문이다. 그리하여 대부분 회사에서는 재무제표를 확정하는 정기주주총회에서 이익배당도 함께 결정해 왔는데, 이를 「정기배당」이라고 한다. 반면에 연 1회의 결산기를 정한 회사는 영업연도 중 1회에 한하여 이사회의 결의로 일정한 날을 정하여 그 날의 주주에게 이익을 배당할 수 있는데, 이를 「중간배당」이라고 한다. 더욱이 상장회사의

231) 대법원 2022. 9. 7. 선고 2022다223778 판결.

경우에는 정기배당 외에 연 3회에 걸친 「분기배당」도 할 수 있다. 이러한 이익배당은 원칙적으로 금전으로 하지만(금전배당), 금전 대신에 주식을 발행하여 배당하거나(주식배당) 기타의 자산을 분배하며 배당할 수도 있다(현물배당). 그리고 회사는 금전배당·주식배당·현물배당을 복합적으로 연계하여 활용할 수도 있다.

Ⅱ. 배당의 유형

1. 서 언

회사가 그 존속 중에 회사재산을 주주에게 반환하는 방법으로는 이익배당, 자기주식의 취득, 유상감자 등을 들 수 있는데, 어느 경우에나 회사채권자의 이익을 침해할 수 있으므로 엄격한 법적 규제를 받는다. 특히 이익배당의 경우에는 채권자의 이익 못지않게 주주의 이익도 함께 고려해야 하는데, 이익배당에 관한 주주의 권리인 이익배당청구권은 주주의 가장 본질적이고 중요한 고유권이기 때문이다. 이러한 이익배당의 유형으로는 매 결산기에 주주총회나 이사회의 결의로 하는 정기배당, 연 1회의 결산기를 정한 회사가 사업연도 중간에 직전 결산기의 미처분이익을 재원으로 하여 1회에 한하여 이사회의 결의로 실시하는 중간배당, 상장회사가 연 3회에 걸쳐 실시하는 분기배당 등이 있다. 그렇지만 이하에서 모든 회사에 공통적인 정기배당과 중간배당에 대해서만 살펴본다.

2. 정기배당

(1) 의 의

정기배당이란 회사가 매 결산기에 일정한 방식에 따라 산출된 배당가능이익을 재원으로 하여 주주총회나 이사회의 결의로 실행하는 이익배당을 말한다. 이는 이익배당의 원칙적인 모습인데, 주식평등의 원칙에 따라 각 주주가 가진 주식수에 비례하여 배당된다. 그런데 이익배당이 유한책임을 지는 주주들과 그들의 강한 영향을 받는 경영진에 의해 무리하게 이루어지면 회사채권자의 이익을 침해하게 된다. 그리하여 상법은 회사의 자본충실과 채권자의 이익 보호를 위해 이익배당의 요건 등을 엄격히 규제하고 있다.

(2) 배당요건

이익배당은 배당가능이익의 한도 내에서만 할 수 있는데, 배당가능이익은 대차대조표상의 순자산액으로부터 ① 자본금의 액, ② 그 결산기까지 적립된 법정준비금(자본준비금과 이익준비금)의 합계액, ③ 그 결산기에 적립해야 할 이익준비금의 액, ④ 미실현이익을 공제한 금액을 말한다(상법 제462조 제1항). 그리고 상법에는 규정이 없지만, 당기의 이익에 대해서는 법인세가 부과되므로 이 역시 공제해야 한다. 여기서 미실현이익이란 상법 제446조의2의 회계원칙에 따른 자산 및 부채에 대한 평가로 인하여 증가한 대차대조표상의 순자산액으로서 미실현손실과 상계하지 아니한 금액을 말한다(상령 제19조 제1항).[232] 이처럼 상법이 순자산액을 배당가능이익의 기초로 한 것은 채권자를 위한 책임재산을 먼저 확보한 후에 주주에게 배당할 수 있음을 밝힌 것이고, 자본금과 준비금을 공제하도록 한 것은 계속기업으로서의 재산적 기초를 확보한 후 잉여재산만으로 배당하도록 규제하는 것이다. 따라서 이에 위반한 이익배당에 관한 결의는 무효이다.

(3) 배당결정

1) 원 칙 : 이익배당은 원칙적으로 주주총회의 결의(보통결의)로 정한다(상법 제462조 제2항 본문). 주주에게 이익배당을 할 것인지 여부와 구체적인 규모 및 내용은 회사의 재산상태와 영업성과 등을 종합적으로 고려한 후에 내리는 회사의 정책적 결정이므로 재무제표의 승인권을 가진 주주총회에 그 결정권을 맡긴 것이다.

2) 예 외 : 2011년 개정 상법은 일정한 요건을 충족하는 때에는 이사회의 결의로 재무제표를 승인할 수 있도록 하고(상법 제449조의2 제1항), 재무제표와 이익배당의 연계성을 고려하여 재무제표를 이사회가 승인하는 경우에는 이익배당도 이사회의 결의로 정하도록 규정하였다(상법 제462조 제2항 단서). 다만 이 조항은 이익배당의 유형 중 주식배당에는 적용되지 않으므로 이사회가 결정한 이익배당을 새로이 발행하는 주식으로 하고자 할 경우에는 다시 주주총회의 결의를 얻어야 한다(상법 제462조의2 제1항).

(4) 배당방법

1) 전제요건 : 2011년 개정 상법은 이익잉여금처분계산서를 재무제표에서 삭제하고 이익배당을 주주총회의 별도의 승인대상으로 함으로써 이익배당결의는 반드시 결산과 함께 정기주주총회에서 해야 한다는 제약 등이 없어졌다. 즉 재무제표를 승인하는 결의와 이익배당에 관한 결의는 별개의 의안이다. 그렇지만 재무제표의 승인은 이익배당의 전제요건이

---

232) 다만 ① 자본시장법 제4조 제2항 제5호에 따른 파생결합증권의 거래를 하고, 그 거래의 위험을 회피하기 위하여 해당 거래와 연계된 거래를 한 경우로서 각 거래로 미실현이익과 미실현손실이 발생한 경우, ② 자본시장법 제5조에 따른 파생상품의 거래가 그 거래와 연계된 거래의 위험을 회피하기 위하여 한 경우로서 각 거래로 미실현이익과 미실현손실이 발생한 경우 중 어느 하나에 해당하는 경우에는 각각의 미실현이익과 미실현손실을 상계할 수 있다(상령 제19조 제2항).

된다. 이익배당은 재무제표에 근거하여 산출되는 배당가능이익을 재원으로 하여 실행하는 것이므로 재무제표의 승인 없이 이익배당만 결의할 수는 없기 때문이다.

2) 배당기준 : 이익배당은 주식평등의 원칙에 따라 각 주주가 가진 주식의 수에 따라 공평하게 이루어져야 한다(상법 제464조 본문). 이는 강행규정이므로 정관의 규정이나 주주총회의 결의에 의해서도 달리 정할 수 없지만, 다음과 같은 예외가 있다.

(가) 종류주식 : 회사가 정관에서 정한 바에 따라 이익배당에 관하여 내용이 다른 종류주식(예: 우선주와 열후주 등)을 발행한 경우에는 각 주식의 종류별로 배당률을 다르게 정할 수 있다(상법 제464조 단서 → 제344조 제1항, 제2항). 물론 이 경우에도 같은 종류의 주식에 대해서는 주식평등의 원칙이 지켜져야 한다.

(나) 차등배당 : 상장회사의 경우에는 때때로 대주주의 양보를 받아 대주주의 배당률을 소액주주들에 대한 배당률보다 낮게 정하거나 대주주에게는 배당하지 않고 소액주주들에 대해서만 배당을 하는 경우도 있다. 이와 관련하여 판례는 주주에 대한 차등배당률은 주주총회가 결의할 성질의 것이 못 되므로 대주주에 대한 차등은 대주주 스스로의 배당포기라고 해석할 수 있는 경우에 한해 유효하다고 판시하였다.[233]

(다) 일할배당 : 과거에 실무에서는 영업연도 중간에 신주가 발행되면 자본에 대한 기여도가 낮다는 생각에 일할배당을 하는 관행이 있었다. 그리고 상법도 일할배당의 관행을 원칙으로 하되, 배당실무의 번거로움을 덜어주기 위해 정관에 규정을 두어 동등배당을 할 수 있도록 하였다. 그런데 2020년 개정 상법은 일할배당의 근거 규정인 제350조 제3항과 이를 준용한 규정을 모두 삭제하였다. 따라서 신주가 발행되더라도 균등배당을 할 수 있게 되었지만, 회사가 정관에 규정을 두어 차등배당을 하는 것도 가능하다.

3) 배당횟수 : 과거에 상법은 대표이사로 하여금 매 결산기에 재무제표를 작성하여 정기주주총회의 승인을 얻도록 하였고, 배당을 위한 이익잉여금처분계산서도 이 재무제표에 포함시켜 동시에 승인하였으므로 이익배당은 연 1회의 결산으로 1회에 한하여 실행하는 것이 원칙이었다. 그런데 2011년 개정 상법에 의해 회사가 이익잉여금처분계산서를 재무제표로 선택하지 않는 한 배당결의는 정기주주총회에서 1회에 한하여 해야 한다는 제약이 없어졌으므로 이론적으로는 배당의 횟수를 자유롭게 정할 수 있다. 그렇지만 연 1회의 결산을 전제로 한 중간배당 제도가 여전히 남아 있으므로 실제로 실행하기에는 어렵다. 즉 아직까진 상법 제462조 제2항의 이익배당은 주주총회의 결의나 이사회의 결의로 연 1회 실행하는

233) 대법원 1980. 8. 26. 선고 80다1263 판결.

정기배당을 의미하는 것으로 볼 수밖에 없다.

(5) 배당 효과

1) 지급시기 : 회사는 이익배당에 관한 주주총회나 이사회의 결의가 있은 날부터 1월 내에 배당금을 지급해야 한다(상법 제464조의2 제1항 본문). 다만 주주총회나 이사회에서 배당금의 지급시기를 따로 정한 경우에는 그러하지 아니한데(상법 제464조의2 제1항 단서), 이 때에는 지급시기를 단축 또는 연장하는 것도 가능하다. 상법이 이러한 제한을 둔 것은 배당금의 지급 지연을 막기 위함이다. 따라서 법정 기간 내에 배당금이 지급되지 아니하면 회사는 지연손해금을 지급해야 하고(민법 제397조), 이사의 고의나 중과실의 임무해태가 인정되는 경우에는 이사의 손해배상책임도 물을 수 있으며(상법 제401조), 지급을 해태한 이사 등에 대해서는 과태료가 부과된다(상법 제635조 제1항 제27호).

2) 지급대상 : 이익배당에 관한 주주총회나 이사회의 결의 후 배당금을 받을 수 있는 자는 특별한 정함이 없는 한 주주명부상의 주주이다. 실무상 결산기 말일을 배당기준일로 하고 그 다음 날부터 일정기간 주주명부를 폐쇄하고 있는데, 이 경우에는 결산기 말일 현재의 주주명부상 주주에게 배당금을 지급해야 한다. 그렇다면 회사가 보유한 자기주식에 대해서도 지급할 수 있을까? 이와 관련하여 상법 제369조 제2항은 "회사가 가진 자기주식은 의결권이 없다."라고 정하고 있지만, 자기주식 상태에서는 의결권만이 아니라 모든 주주권이 휴지된다고 보는 것이 일반적인 해석이므로 지급할 수 없다.

3) 배당청구 : 주주는 주주권의 일부로서 「이익배당청구권」을 갖는데, 이는 추상적 이익배당청구권과 구체적 이익배당청구권으로 구분할 수 있다. 전자는 주주총회나 이사회에서 이익배당의 승인결의가 있기 전의 추상적 권리로서 일종의 기대권이라고 할 수 있다. 개별 주주에게 지급할 배당금이 확정되지 아니한 상태에서는 회사에 대하여 배당금의 지급을 청구할 수 없고,[234] 주주총회나 이사회에서 배당결의를 해야만 그에 따라 배당청구권이 현실화되기 때문이다. 반면에 후자는 주주총회나 이사회에서 배당안이 승인된 후 현실적으로 발생하는 권리로서 보통 「배당금지급청구권」이라고 한다. 이는 독립된 금전채권으로서 주식과 별개로 양도·압류·전부명령 등의 목적이 될 수 있고, 소멸시효에도 걸린다. 더욱이 배당금지급청구권이 발생한 후에는 주식이 양도되더라도 특약이 없는 한 양수인에게 자동적으로 이전되지 않는다. 한편 이익이 있다고 하여 무조건 배당해야 하는 것은 아니므로 경영진의 정책적 판단에 따라 배당을 하지 않을 수도 있다. 그런데 회사의 경영에 깊이 개입

234) 대법원 2010. 10. 28. 선고 2010다53792 판결.

하고 다양한 방법으로 회사로부터 이익을 취할 기회가 많은 대주주와 달리 소액주주들의 경우에는 이익배당만이 투자수익을 얻는 사실상 유일한 길이다. 따라서 입법론적으로는 회사가 장기간 배당을 하지 아니하면 주주가 일정한 절차를 거쳐 이익배당을 청구할 수 있는 길을 열어줄 필요가 있다.[235]

> **참고판례** **주주의 배당금지급청구권이 인정되는 시기 등(대법원 2022. 8. 19. 선고 2020다263574 판결)** : 주주의 이익배당청구권은 장차 이익배당을 받을 수 있다는 의미의 권리에 지나지 아니하여 이익잉여금처분계산서가 주주총회에서 승인됨으로써 이익배당이 확정될 때까지는 주주에게 구체적이고 확정적인 배당금지급청구권이 인정되지 아니한다. 다만 정관에서 회사에 배당의무를 부과하면서 배당금의 지급조건이나 배당금액을 산정하는 방식 등을 구체적으로 정하고 있어 그에 따라 개별 주주에게 배당할 금액이 일의적으로 산정되고, 대표이사나 이사회가 경영판단에 따라 배당금 지급 여부나 시기, 배당금액 등을 달리 정할 수 있도록 하는 규정이 없다면, 예외적으로 정관에서 정한 지급조건이 갖추어지는 때에 주주에게 구체적이고 확정적인 배당금지급청구권이 인정될 수 있다. 그리고 이러한 경우 회사는 주주총회에서 이익배당에 관한 결의를 하지 않았다거나 정관과 달리 이익배당을 거부하는 결의를 하였다는 사정을 들어 주주에게 이익배당금의 지급을 거절할 수 없다.

4) 소멸시효 : 주주의 배당금지급청구권은 5년간 행사하지 아니하면 소멸시효가 완성한다(상법 제464조의2 제2항). 이 경우 기산점은 주주총회나 이사회의 배당결의시가 아니라 그로부터 1개월이 경과한 때 또는 주주총회나 이사회에서 따로 정한 지급시기가 경과한 때이다.[236] 한편 판례는 배당금지급청구권은 상행위로 인한 채권이 아니므로 상사시효의 적용대상이 아니라고 판단하였지만,[237] 동 조항에 의해 별다른 차이는 없다.

3. 중간배당

(1) 의 의

1) 개 념 : 중간배당이란 회사가 사업연도 중간에 이사회의 결의로 실행하는 이익의 분배를 말한다. 이처럼 중간배당은 당해 사업연도의 손익이 확정되기 전에 회사재산을 사외로 유출하는 것이고, 이사회 결의만으로 가능하여 자본충실을 해할 위험성이 크다. 그리하여 상법은 중간배당에 관해 엄격한 실행요건과 이사의 책임을 규정하고 있다.

235) 이철송, 1029면.

236) 김건식/노혁준/천경훈, 609면.

237) 대법원 2021. 6. 24. 선고 2020다208621 판결(이익의 배당이나 중간배당은 회사가 획득한 이익을 내부적으로 주주에게 분배하는 행위로서 회사가 영업으로 또는 영업을 위하여 하는 상행위가 아니므로 배당금지급청구권은 상법 제64조가 적용되는 상행위로 인한 채권이라고 볼 수 없다).

2) 성 질 : 중간배당의 법적 성질에 대해서는 전기배당의 후급이라는 견해,[238] 당기이익의 가지급이라는 견해,[239] 중간배당을 비롯한 모든 이익배당은 stock 개념으로서 특정 시점에 회사에 존재하는 이익을 주주에게 반환하는 것이라는 견해,[240] 어느 견해에 의하더라도 배당가능이익을 재원으로 하는 이익배당이라는 점에는 차이가 없고 실제로 상법 규정의 해석에 영향을 주지도 않는다는 견해[241]가 있다. 생각건대 상법 제462조의3 제2항은 중간배당의 경우 직전 결산기의 대차대조표상 순자산액에서 일정한 금액을 공제한 금액을 한도로 한다고 정하고 있고, 제3항은 당해 결산기의 대차대조표상 순자산액이 제462조 제1항 각 호의 금액의 합계액에 미치지 못할 우려가 있는 때에는 중간배당을 할 수 없도록 제한하고 있는데, 당해 결산기의 대차대조표는 사업연도 말에 작성되어 결산기에 관한 정기주주총회에서 확정된다. 더욱이 이익배당은 결산이익을 전제로 주주총회나 이사회의 처분결의가 있어야 할 수 있으므로 엄밀하게 말하자면 중간배당은 이익배당이라고 할 수 없다. 이런 점을 종합할 때 중간배당은 ①설과 같이 직전 결산기의 미처분이익을 재원으로 하는 이익의 분배라고 해석하는 것이 합리적이다.

(2) 배당요건

1) 전제조건 : 중간배당은 연 1회의 결산기를 정한 회사에 한하여 실시할 수 있으므로(상법 제462조의3 제1항), 연 2회의 결산기를 정한 회사에서는 중간배당을 할 수 없다. 그리고 회사가 중간배당을 하려면 정관에 근거 규정이 있어야 한다.

2) 결정기관 : 중간배당은 이사회의 결의로 정한다(상법 제462조의3 제1항). 이 경우 중간배당의 규모나 그 내용은 이사회가 재량으로 정할 수 있고, 주주총회의 추인 등도 필요하지 않다. 더욱이 이사회가 중간배당을 결정하면 주주들의 채권적 권리인 배당금지급청구권이 발생하므로 이사회는 그 내용을 변경할 수도 없다.[242]

참고판례 **확정된 주주의 중간배당금 지급청구권의 내용을 이사회가 수정할 수 있는지 여부 등(대법원 2022. 9. 7. 선고 2022다223778 판결)** : [1] 상법 제462조의3 제1항은 중간배당에 관하여 '연 1회의 결

---

238) 권기범, 1249면; 김정호, 745면; 오성근, 909면; 이철송, 1025면; 정동윤, 792면; 정찬형, 1254면; 최기원, 937~938면.
239) 최준선, 758면; 홍복기/박세화, 706면.
240) 송옥렬, 1225~1226면.
241) 김건식/노혁준/천경훈, 612면.
242) 대법원 2022. 9. 7. 선고 2022다223778 판결.

산기를 정한 회사는 영업연도 중 1회에 한하여 이사회의 결의로 일정한 날을 정하여 그날의 주주에 대하여 이익을 배당할 수 있음을 정관으로 정할 수 있다.'고 규정하고 있다. 이에 따라 연 1회의 결산기를 정한 회사의 경우 정관에 정함이 있으면 이사회 결의로 중간배당을 실시할 수 있고 그 횟수는 영업연도 중 1회로 제한된다. [2] 중간배당에 관한 이사회의 결의가 성립하면 추상적으로 존재하던 중간배당청구권이 구체적인 중간배당금 지급청구권으로 확정되므로, 상법 제462조의3이 정하는 중간배당에 관한 이사회 결의가 있으면 중간배당금이 지급되기 전이라도 당해 영업연도 중 1회로 제한된 중간배당은 이미 결정된 것이고, 같은 영업연도 중 다시 중간배당에 관한 이사회 결의를 하는 것은 허용되지 않는다. 이사회 결의로 주주의 중간배당금 지급청구권이 구체적으로 확정된 이상 그 청구권의 내용을 수정 내지 변경하는 내용의 이사회 결의도 허용될 수 없다.

3) 배당재원 : 중간배당은 직전 결산기의 대차대조표상 순자산액에서 일정한 금액(① 직전 결산기의 자본금액, ② 직전 결산기까지 적립된 자본준비금과 이익준비금의 합계액, ③ 직전 결산기의 정기총회에서 이익으로 배당하거나 지급하기로 정한 금액, ④ 중간배당에 따라 당해 결산기에 적립하여야 할 이익준비금)을 공제한 금액을 한도로 한다(상법 제462조의3 제2항). 그런데 정기배당에서와 다르게 중간배당에 있어서는 2011년 개정 상법이 미실현이익을 공제하지 않고 있다. 사업연도 중간에 이루어지는 이익의 분배임에도 불구하고 중간배당이라는 용어를 사용하며 이익배당과 동등하게 취급하고 있는 상법의 규정 내용을 고려할 때 이는 입법의 착오로 볼 수밖에 없고, 또한 양자를 다르게 취급할 특별한 이유도 없으므로 중간배당에서도 미실현이익은 공제해야 할 것이다.

4) 배당대상 : 중간배당을 받을 자격이 있는 자는 정관이 정한 일정한 날(배당기준일)의 주주이다. 즉 중간배당을 위한 주주명부의 폐쇄나 기준일의 설정은 필요 없지만, 상법은 기준일의 설정에 관한 제354조 제1항을 준용하고 있다(상법 제462조의3 제5항).

5) 배당시기 : 중간배당은 영업연도 중에 1회에 한하여 할 수 있다(상법 제462조의3 제1항). 즉 상장회사는 정관이 정하는 바에 따라 연 3회의 중간배당을 할 수 있지만(자본시장법 제165조의12 제1항), 비상장회사나 정관에 3회의 중간배당을 정하지 아니한 상장회사는 1회만 중간배당을 할 수 있다. 그런데 이와 관련하여 상법은 이사회의 결의로 일정한 날(배당기준일)을 정하도록 규정하고 있어 그 의미에 대한 논란이 있다. 즉 ① 배당기준일은 사전에 예정되어 있어야 하고 이사회가 임의로 정할 수 없으므로 정관으로 정해야 한다는 견해,[243] ② 실무상으로는 정관에 기준일을 명시하는 것이 바람직하지만[244] 기준일을 미리 정관에 규정하지 못한 경우에는 이사회가 기준일을 정하되 그 2주간 전에 공고해야 한다는 견

243) 권기범, 1250면; 이철송, 1023면.

244) 상장회사 표준정관 제45조의2는 중간배당의 경우 기준일을 특정하도록 규정하고 있다.

해[245]가 있다. 생각건대 상법은 중간배당도 모든 주주의 중대한 이해가 걸려 있는 이익배당으로 보고 있고, 이익배당은 원칙적으로 주주총회의 결의에 의하되 정관에 의해 재무제표를 이사회에서 승인하는 경우에만 이사회가 결정할 수 있다. 그렇다면 배당기준일도 주주들의 예견가능성이 필요하므로 ①설이 타당하다.

6) 배당방법 : 과거에 상법상 중간배당은 오로지 금전으로만 할 수 있었다. 그런데 2011년 개정 상법은 현물배당을 신설하고(상법 제462조의4), 중간배당에 관한 제462조의3 제1항의 「금전으로 이익을 배당」이란 법문을 「이익을 배당」이라고 수정함으로써 중간배당도 금전 외에 현물로도 할 수 있도록 하였다. 주의할 것은 법문상으로는 주식배당도 가능하다고 해석할 수 있지만, 주식배당의 경우에는 주주총회의 결의가 필요하므로 이사회의 결의로 실행하는 중간배당은 그 대상이 될 수 없다는 점이다.

(3) 배당 효과

1) 이사의 책임 : 당해 결산기 대차대조표상 순자산액이 제462조 제1항 각 호의 금액의 합계액에 미치지 못함에도 불구하고 중간배당을 한 경우 이사는 회사에 대하여 연대하여 그 차액(배당액이 그 차액보다 적을 경우에는 배당액)을 배상할 책임이 있다(상법 제462조의3 제4항 본문). 다만 상법은 이사의 책임을 과실책임으로 하면서 무과실에 관한 증명책임을 이사에게 부담시키고 있다. 따라서 이사가 당해 결산기에 손실이 발생할 우려가 없다고 판단하였고, 그러한 판단에 주의를 게을리하지 아니하였음을 증명한 때에는 배상책임을 면한다(상법 제462조의3 제4항 단서). 한편 중간배당에 관한 이사회결의에 찬성한 이사도 연대책임을 지고(상법 제462조의3 제6항 → 제399조 제2항), 회사에 대한 이사의 책임을 면제하려면 총주주의 동의가 필요하지만 정관이 정하는 바에 의하여 일정한 금액으로 제한할 수도 있다(상법 제462조의3 제6항 → 제400조). 다만 이사의 책임해제에 관한 제450조는 제462조의3의 취지 등을 고려할 때 적용되지 않는다고 보아야 한다.[246]

2) 주주의 의무 : 상법 제462조의3 제6항은 회사가 동조 제3항에 위반하여 중간배당을 실행한 때에는 제462조 제3항과 제4항을 준용한다고 규정하고 있다. 따라서 중간배당을 한 결과 당해 결산기에 결손이 발생하였다면 회사채권자는 주주에게 받은 배당금의 반환을 청구할 수 있다. 그런데 회사가 배당가능이익이 없음에도 불구하고 중간배당을 한 경우에 있어 채권자의 반환청구를 인정하는 것임을 고려할 때 이는 입법의 착오이다. 즉 제462조 제2항과 제3항은 제462조의3 제2항을 위반한 경우에 준용해야 하는데, 제3항을 위반한 경우로

245) 김건식/노혁준/천경훈, 613면; 이종훈, 442면.
246) 이철송, 1026면.

잘못 규정한 것이다. 따라서 조속한 입법적 보완이 요망된다.

3) 기타의 효과 : 상법은 이익배당에 관련된 규정을 여러 군데 두고 있는데, 특히 중간배당에 관련된 것으로는 다음과 같은 것이 있다. 즉 ① 등록질권자는 입질된 주식에 대한 이익배당을 받아 자기 채권의 변제에 충당할 수 있는데, 이는 중간배당의 경우에도 동일하다(상법 제462조의3 제5항→제340조 제1항). ② 회사는 이익배당에 관하여 내용이 다른 종류주식을 발행할 수 있는데, 이때의 이익배당은 중간배당을 포함한다(상법 제462조의3 제5항→제344조 제1항). ③ 중간배당을 하는 때에도 그 10분의 1에 해당하는 금액을 이익준비금으로 적립해야 한다(상법 제462조의3 제5항→제458조). ④ 중간배당은 정기배당과 달리 기준일이 정관에 의해 정해지므로 주주명부를 폐쇄할 필요가 없다.

Ⅲ. 배당의 종류

1. 서 언

회사는 상행위나 그 밖의 영리를 목적으로 설립된 법인이고(상법 제169조), 영리성은 회사의 존재와 활동에 있어 최고의 가치이념이며 경영의 합목적성과 이사의 책임 유무를 판단할 때 가장 중요한 기준이 된다. 더욱이 영리성이란 단순히 이윤의 창출만을 의미하는 것이 아니라, 창출된 이익을 사원(주주)에게 분배하는 것(이익배당)까지 포함하는 넓은 개념이다. 다만 이로 인해 회사의 자본충실이나 채권자의 이익이 침해될 수 있으므로 상법은 이익배당의 경우 순자산액을 기초로 일정한 금액을 공제한 잔액을 한도로 하고, 원칙적으로 주주총회의 결의에 의해 하도록 규제하고 있다(상법 제462조 제1항, 제2항). 한편 이익배당의 경우 금전배당이 원칙이지만, 이익배당총액의 2분의 1을 초과하지 않는 범위 내에서는 주주총회의 결의에 따라 새로이 발행하는 주식으로 할 수도 있다(상법 제462조의2 제1항). 그런데 2011년 개정 상법은 자회사의 주식 등 회사가 보유한 재산을 배당에 활용하게 하면 유연한 재무관리가 가능하다는 평가를 받는 현물배당도 허용하였다(상법 제462조의4). 이하에서는 주식배당과 현물배당에 대해서만 검토한다.

2. 주식배당

(1) 의 의

1) 개 념 : 주식배당(Stock Dividends)이란 금전 대신에 새로이 발행하는 주식으로 하는 이익배당을 말한다. 즉 회사는 배당할 이익을 금전으로 확정한 후 액면가를 발행가액으로

하여 환산한 주식을 주식평등의 원칙에 따라 각 주주에게 무상으로 분배한다. 이처럼 주식배당은 신주를 발행하여 주주에게 배당하는 것이므로 회사가 자기주식으로 하는 것은 현물배당이다. 한편 주식배당은 액면주식을 그 전제로 한 제도여서 무액면주식에는 적용할 수 없는데, 사실 무액면주식의 경우에는 주식분할을 이용하면 얼마든지 주식수를 늘릴 수 있으므로 주식배당이라는 절차가 특히 필요하지도 않다.

2) 효 용 : 주식배당의 주된 목적인 동시에 가장 큰 효용성은 배당가능이익을 사내에 유보하는 것이다. 이런 점에서 주식배당은 실제로 소극적인 자본조달방법의 기능을 한다. 이익을 배당하지 않고 임의준비금으로 적립하면 후에 배당재원으로 활용될 수 있어 사내유보의 효과가 미미하지만, 주식배당은 영업이익을 항구적으로 자본화할 수 있기 때문이다.[247] 이에 더하여 주식배당은 실무적인 효용성도 있다. 즉 ① 회사는 주가가 지나치게 높을 때 주식배당을 통해 신주를 발행함으로써 적정한 수준으로 주가를 하락시킬 수 있고, ② 주가가 액면가를 상회할 때 회사가 주식배당을 하면 주주들이 배당받은 주식을 처분하여 양도차익을 얻음으로써 실제적인 배당증가의 효과를 볼 수 있다.[248]

3) 성 질 : 주식배당의 법적 성질에 대해서는 이익배당으로 보는 견해(이익배당설)[249] 및 배당가능잉여금의 자본전입을 수반하는 주식분할이라는 견해(주식분할설)[250]가 있다. 주식배당의 성질을 논하는 이유는 ① 회사가 종류주식을 발행한 때 주식배당의 방법, ② 약식질의 효력이 이익배당청구권에는 미치지 않는다고 볼 경우에 있어서 질권의 효력 등이 달라지기 때문이다. 그런데 사실 이는 상법 제462조의2 제2항과 제6항이 해결하였으므로 논의의 실익이 적다. 따라서 실제의 실익은 ③ 자기주식에 주식배당을 할 수 있는지이다. 이익배당설에 의하면 할 수 없고, 주식분할설에 의하면 할 수 있기 때문이다. 생각건대 주식배당은 배당가능이익을 사내에 유보하기 위해 하는 이익배당이라는 점에서 단지 주식수만 늘리는 주식분할과는 차이가 있으므로 전자의 견해가 타당하다.

(2) 배당요건

1) 배당재원 : 주식배당도 이익의 배당을 새로이 발행하는 주식으로 하는 것이므로 상

247) Harry G. Henn/John R. Alexander, pp.919, 924.

248) 다만 ①의 경우에는 주주가 손실을 입을 수도 있고, ②의 경우에는 발행주식수가 늘어나므로 향후 회사가 배당압박을 받을 수 있다.

249) 강위두/임재호, 991면; 권기범, 1258면; 박상조, 808면; 서헌제, 610면; 손주찬, 944면; 이기수/최병규, 738면; 이종훈, 446면; 이철송, 1034면; 임재연(Ⅰ), 808면; 정경영, 857면; 정찬형, 1243면; 채이식, 788면; 최기원, 944면; 최준선, 751면.

250) 김동훈, 443면; 임홍근, 725면; 정동윤, 786면; 정무동, 584면. 이에 의하면 주식배당은 재원만 다를 뿐 무상증자와 같다(주식배당의 재원은 배당가능이익이고, 무상증자의 재원은 법정준비금이다).

법 제462조 제1항에서 정하는 배당가능이익이 있어야 한다. 다만 회사재산이 유출되는 것은 아니므로 이익준비금을 적립할 필요는 없다(상법 제458조 단서).

2) 배당주식 : 주식배당은 새로이 주식을 발행하여 분배하는 것이므로 그만큼 발행주식수가 늘어난다(상법 제462조의2 제1항). 따라서 정관상의 미발행주식수가 부족한 경우에는 먼저 정관을 변경하여 발행예정주식수부터 늘려야 한다.

3) 배당한도 : 주식배당은 이익배당총액의 2분의 1에 상당하는 금액을 초과하지 못한다(상법 제462조의2 제1항 단서). 이는 환금성이 없는 주식이 과도하게 배당되지 않도록 하기 위함이지만,[251] 동 한도가 지켜지면 회사는 매 결산기마다 계속 주식배당을 할 수 있다. 한편 상장회사의 경우에는 주식의 시가가 액면가 이상인 한 이익배당 전액을 주식으로 배당할 수 있다(자본시장법 제165조의13 제1항). 그리고 실현가능성은 낮지만, 총주주가 동의한다면 비상장회사에서도 이익배당 전액을 주식으로 배당할 수 있다.

(3) 배당절차

1) 이사회의 승인 : 주식배당도 이익배당이므로 금전배당(또는 현물배당) 및 이익준비금과 함께 배당의안에 그 내용을 기재하여 이사회의 승인을 받아야 한다.

2) 주주총회의 승인 : 주식배당은 주주총회의 결의(보통결의)에 의해야 한다(상법 제462조의2 제1항 본문). 주의할 것은 형식상 주식배당은 별도로 결의를 요하지만, 별도의 결의 없이 이익배당에 관한 결의로 결정될 수도 있다는 점이다. 한편 재무제표의 승인을 이사회가 하는 회사에서는 이익배당도 이사회의 승인으로 할 수 있지만(상법 제462조 제2항 단서), 이는 주식배당에 적용되지 않는다. 따라서 이사회가 이익배당을 결의하면서 이를 주식으로 배당하고자 하는 경우에는 다시 주주총회의 결의를 얻어야 한다.

3) 주식배당의 통지 : 주식배당에 관한 주주총회의 결의가 있으면 이사는 지체없이 배당을 받을 주주와 주주명부에 기재된 질권자에게 그 주주가 받을 주식의 종류와 수를 통지해야 한다(상법 제462조의2 제5항).

4) 주식배당의 실행 : 주식배당을 할 경우에는 ① 주식평등의 원칙이 준수되어야 한다. 따라서 주주별로 차등을 두어 금전 또는 주식으로 각기 다르게 배당하는 것은 비록 본인이 희망하였더라도 무효이다. ② 주식배당에서 신주의 발행가는 상법상 주식의 권면액으로 제한되어 있다.[252] 따라서 별도의 발행가를 정할 필요가 없다. ③ 주식배당에서 발생하는 단

---

251) 이철송, 1035면.
252) 이는 자본충실을 위해 액면가 이하의 발행을 허용하지 않는 것이고, 주주의 이익을 위해 액면가 이

주는 경매하여 그 대금을 주주에게 지급해야 한다. 다만 거래소의 시세가 있는 주식은 거래소를 통하여 매각하고 그 대금을 지급해야 한다(상법 제462조의2 제3항→제443조 제1항). 이러한 주식배당과 관련하여 주의할 사항은 다음과 같다.

(가) 종류주식과 배당 : 종류주식을 발행한 회사가 주식배당을 하는 때에는 종류주식별로 무슨 주식을 배당해야 하는지가 논란이다. 상법 제462조의2 제2항이 각각 그와 같은 주식으로 배당할 수 있다고 규정하고 있기 때문이다. 이에 대해서는 단일한 종류의 주식(보통주)으로 배당할 수도 있고 기존 주식과 동종의 주식을 배당할 수도 있다는 견해,[253] 기존의 주식과 동종의 주식으로만 배당해야 한다는 견해[254]가 있다. 생각건대 주식배당은 배당금을 액면가로 환산하여 신주를 발행하는 것이므로 주식평등의 원칙에 따라 같은 종류의 주식으로 하는 것이 원칙이지만, 상법 제462조의2 제2항이 명문으로 종류별 차별을 허용하고 있으므로 전자의 견해처럼 해석하는 것이 합리적이다.

(나) 자기주식과 배당 : 주식배당의 본질론에 따라 자기주식에 대하여 주식배당을 할 수 있는지가 달라진다. 즉 이익배당설에 의하면 자기주식의 경우 이익배당에 참가할 수 없으므로 주식배당도 받을 수 없지만, 주식분할설에 의하면 받을 수 있다.

5) 등기와 주권발행 : 주식배당이 실행되면 그에 따라 발행주식수와 자본금이 증가하므로 회사는 주주총회의 결의가 있은 날로부터 본점 소재지에서는 2주간 내에, 지점 소재지에서는 3주간 내에 변경등기를 해야 한다(상법 제317조 제4항→제183조, 제317조 제2항 제2호, 제3호). 그리고 주식배당으로 인해 주주가 취득한 신주에 대해서는 회사가 주권을 발행해야 한다. 이 경우 주권의 발행시기에 관한 상법상 명문 규정은 없지만, 제355조 제1항을 유추적용하여 회사는 지체없이 발행해야 할 것이다.

(4) 배당 효과

1) 자본금과 주식수의 증가 : 주식배당이 행해지면 배당가능이익이 자본화되므로 자본금이 증가하고, 배당금을 액면가로 나눈 수만큼 발행주식수가 증가한다. 다만 단주는 현금으로 환가하여 배당하므로 모든 주주의 지분이 같은 비율로 늘어나진 않는다.

2) 신주의 효력발생시기 : 주식을 배당받은 주주는 주식배당에 관한 결의가 있는 주주총

상의 발행도 허용하지 않겠다는 것이다.

253) 권기범, 1262면; 손주찬, 946면; 이종훈, 448면; 임재연(Ⅰ), 811면; 정경영, 858면; 정찬형, 1248면; 최기원, 946면.

254) 김홍기, 733면; 정동윤, 788면; 정무동, 586면.

회가 종결한 때부터 신주의 주주가 된다(상법 제462조의2 제4항). 만약 주주총회 도중에 신주발행의 효력이 생기면 주주가 보유한 주식수에 변동이 생겨 주주총회를 정상적으로 진행하기 어려우므로 주주총회가 종결한 때를 효력발생시기로 정한 것이다. 한편 그동안 당해 사업연도분의 이익배당에 대해서는 정관의 규정으로 직전 영업연도 말에 발행된 것으로 볼 수 있었지만(구법 제462조의2 제4항 제1문), 2020년 개정 상법이 여기에 준용되는 제350조 제3항을 삭제하였으므로 이제는 신주의 발행일에 상관없이 이익배당기준일을 기준으로 하여 구주와 신주 모두에 동등하게 이익배당을 해야 한다.

3) 질권의 효력 : 등록질권자의 권리는 주주가 받은 주식에도 미치므로(상법 제462조의2 제6항 제1문), 회사에 대하여 주권의 교부를 청구할 수 있다(상법 제462조의2 제6항 제2문 → 제340조 제3항). 주의할 것은 주식배당은 그 본질이 이익배당이고, 약식질은 이익배당에 효력이 미치지 않으므로 주식배당에는 약식질의 효력이 미치지 않는다는 점이다.

참고자료 건설이자배당

배당가능이익이 없으면 배당을 할 수 없다는 원칙을 고집하면 철도나 항만 등 건설에 장기간이 소요되는 사업을 목적으로 하는 회사의 경우에는 이익배당을 할 수 없어 회사설립시 주주의 모집에 있어 심각한 어려움에 직면하게 된다. 그리하여 과거에 상법은 비록 배당가능이익이 없더라도 일정한 경우에는 일정한 한도 내의 배당을 인정하였는데, 이를 건설이자배당이라고 한다. 즉 회사는 그 목적인 사업의 성질에 의하여 회사의 성립 후 2년 이상 그 영업 전부를 개시하기가 불능하다고 인정한 때에는 정관으로 일정한 주식에 대하여 그 개업 전 일정한 기간 내에 일정한 이자를 그 주주에게 배당할 수 있음을 정할 수 있었는데, 그 이율은 연 5%를 초과하지 못하였다(구법 제463조 제1항). 다만 정관의 규정 또는 그 변경은 법원의 인가를 얻어야 한다(동조 제2항). 그런데 2011년 개정 상법은 기업 실무를 고려하여 건설이자의 배당에 관한 규정을 완전히 삭제하였다.

3. 현물배당

(1) 의 의

이익의 분배는 영리법인인 회사의 존재 목적이고, 자본이윤의 향유는 출자자의 궁극적인 목적이므로 주주의 이익배당청구권은 주주권 중에서도 가장 본질적인 고유권이다. 이와 관련하여 과거에 상법상 명문 규정은 없었지만, 이익배당은 주식배당 외에는 금전배당만이 가능하다고 보았고 이견이 없었다. 그런데 2011년 개정 상법은 이익배당도 현물로 할 수 있다는 규정을 신설하고(상법 제462조의4), 상환주식의 상환과 합병교부금의 지급도 현물로 할 수 있다는 규정을 두었다(상법 제345조 제4항, 제523조 제4호).

(2) 목적물

현물배당이란 정관의 정함에 따른 회사의 결정에 의해 배당의 목적물이 현물로 정해지는 것이다. 따라서 이미 배당이 금전으로 확정된 후에 회사와 주주의 합의로 금전에 갈음하여 현물로 지급하는 것은 대물변제이지 현물배당이 아니다. 그리고 현물의 경우 그 종류를 한정할 수 없고, 주주별로 재산의 종류를 달리 정할 수도 없으므로 1인의 주주를 대상으로 하지 않는 한 특정물은 현물배당에서 제외된다. 또한 종류물이나 대체물도 모든 주주의 배당에 충분히 확보될 수 없는 한 배당재산이 될 수 없다.

(3) 배당요건

1) 정관의 규정 : 현물배당은 정관에 근거 규정이 있어야 할 수 있다(상법 제462조의4 제1항). 이 경우 정관에는 금전 외의 재산으로 배당할 수 있다고만 정하면 충분하므로 배당하는 현물재산의 구체적인 종류까지 특정할 필요는 없다.

2) 의사의 결정 : 특정한 이익배당을 현물로 하려면 일정한 내부적 의사결정이 필요하다. 그런데 이에 대하여 상법은 아무런 규정을 두고 있지 않아 합리적 해석에 의할 수밖에 없다. 즉 주주총회가 배당결의를 하는 경우에는 그 주주총회의 결의로, 이사회가 배당결의를 하는 경우에는 그 이사회의 결의로 현물배당도 결정해야 한다.

3) 예외적 처리 : 현물배당이 모든 주주에게 이익이 될 수는 없다. 그리하여 2011년 개정 상법은 ① 주주가 배당되는 현물 대신에 금전의 지급을 청구할 수 있도록 하고, 이 경우에는 그 금액 및 청구할 수 있는 기간을 정하도록 하였다(상법 제462조의4 제2항 제1호). ② 주주가 소유하고 있는 주식수가 적어 그에 대한 배당금이 현물의 최소단위에 미달하는 경우에는 현물 대신에 금전으로 배당할 수 있도록 하고, 이 경우에는 그 기준(일정한 주식수 및 금액)을 정하도록 하였다(상법 제462조의4 제2항 제2호).

Ⅳ. 위법한 배당

1. 의 의

위법한 배당이란 법령 또는 정관에 위반하여 행해진 이익배당을 말하는데, 배당가능이익이 없음에도 불구하고 배당하거나 배당가능이익을 초과하여 배당하는 것이 전형적인 예이다. 그러나 이에 한하지 않고 배당절차·배당기준·배당시기·배당방법 등에 하자가 있거나 주식평등의 원칙에 반하는 배당 등도 포함되므로 그 사유는 매우 다양하다.

2. 유 형

(1) 금전배당이 위법한 경우

1) 개 요 : 금전배당 또는 현물배당이 위법한 경우는 배당가능이익이 없음에도 불구하고 배당한 경우(협의의 위법배당) 및 기타 위법한 경우(광의의 위법배당)로 구분할 수 있는데, 각각의 해결방법이 다르다. 이를 분설하면 다음과 같다.

2) 협의의 위법배당 : 상법 제462조 제1항의 배당가능이익이 없음에도 불구하고 이익배당이나 현물배당을 하거나[255] 제462조의3 제2항의 이익이 없음에도 중간배당을 한 경우에는 상법 규정에 반하므로 당연히 무효이다. 그리하여 이 경우에는 회사는 물론 회사채권자에게도 반환청구권이 주어지는데, 각각의 주요 내용은 다음과 같다.

㈎ 회사의 반환청구 : 회사가 반환청구를 하려면 먼저 주주총회결의무효확인의 소를 제기하여 무효판결을 받아야 하는지 아니면 무효판결 없이 직접 반환을 청구할 수 있는지가 논란이다. 이에 대해서는 ① 주주총회결의무효확인의 소의 성질론과 연계하여 형성의 소로 보면 먼저 무효확인의 소를 제기해야 하지만 확인의 소로 보면 직접 반환을 청구할 수 있다는 견해,[256] ② 위법배당의 반환문제는 결의무효확인의 소의 성질론과 결부시킬 사안이 아니라는 견해[257]가 있다. 생각건대 배당가능이익이 없음에도 불구하고 배당하였다면 이는 강행법규에 반하는 것이고 회사의 자본충실을 침해한다. 따라서 이 경우에는 당연히 무효라고 보아야 하고, 주주에게 지급된 배당금은 부당이득반환의 법리(민법 제741조)에 의해 회사가 직접 반환을 청구할 수 있다고 보아야 한다. 그런데 다음과 같은 부수적 문제가 발생한다. 즉 ⓐ 주주가 선의일 경우의 반환청구 여부인데, 다수설은 주주가 선의라도 반환책임이 면제될 근거는 없다고 한다.[258] ⓑ 선의인 주주의 반환범위에 관한 것인데, 이에 관한 논의는 별로 없으나 배당은 회사와 주주 간의 자본거래로서 선의자 보호법리가 적용될 법률관계가 아니므로 전액을 반환해야 할 것이다.

---

255) 이러한 위법배당에는 자산을 과대평가하고 부채를 과소계상하는 방법 등으로 가공의 이익을 만들어 배당하는 경우(이른바 낙지배당)도 포함된다.

256) 강위두/임재호, 984면; 권기범, 1246면; 손주찬, 937면; 이범찬/임충희/이영종/김지환, 489면; 정찬형, 1238면; 최기원, 937면.

257) 서헌제, 1060면; 오성근, 922면; 이철송, 1039면; 정동윤, 784면.

258) 참고로 독일의 주식법은 주주가 악의이거나 과실 있는 선의인 경우에 한하여 반환의무를 지는 것으로 규정하고 있다(AktG §62 Abs 1. Satz 2).

㈏ 채권자의 반환청구 : 배당가능이익이 없는 위법배당은 채권자의 책임재산을 감소시키므로 회사채권자도 직접 주주에게 배당금 반환을 청구할 수 있다(상법 제462조 제3항, 제462조의3 제6항). 주의할 것은 ① 채권자는 자기가 아닌 회사에 대하여 반환하라고 청구해야 하고, ② 배당할 때의 채권자만이 아니라 그 이후의 채권자도 반환청구를 할 수 있으며(통설), ③ 채권자의 반환청구는 채권자 보호를 위해 상법이 특별히 인정하는 것이어서 채권자대위의 요건(민법 제404조)을 충족하지 않아도 되고, ④ 채권자는 회사의 청구 유무에 관계없이 반환청구를 할 수 있으며, ⑤ 채권자는 배당결의무효확인의 소를 제기하지 않고서도 반환청구를 할 수 있다는 점이다. 다만 채권자가 소의 방법으로 청구하는 때에는 회사의 본점 소재지를 관할하는 지방법원에 제기해야 한다(상법 제462조 제4항 → 제186조). 이 경우 위법배당을 받은 주주의 선의 및 악의는 불문한다.

3) 광의의 위법배당 : 비록 배당가능이익의 범위 내에서 배당이 행해졌더라도 그 배당결의에 취소사유가 있거나 시기·절차·방법 등에 하자가 있거나 주식평등의 원칙에 반하는 경우는 위법한 배당이므로 그 효력이 부정되어야 한다. 다만 이 경우에는 회사채권자가 반환청구권을 행사할 수 없다. 그렇다면 회사는 어떻게 반환청구를 해야 하는가? 이에 관하여 상법은 명문 규정을 두고 있지 않다. 생각건대 ① 위법한 차등배당이나 정관에 근거 없는 중간배당의 경우에는 그 자체가 위법하므로 배당결의의 효력을 다투지 않고 곧바로 반환청구를 할 수 있다고 보아야 하고, ② 배당결의에 취소사유가 있는 경우에는 먼저 배당결의의 효력을 다투는 소를 제기하여 무효판결을 얻어야 할 것이다.

(2) 주식배당이 위법한 경우

주식배당이 위법한 경우에는 그 주식배당으로 발행된 신주의 효력과 연계하여 판단해야 하므로 신주발행무효의 소에 관한 상법 제429조를 유추적용하여 소에 의해서만 주식배당의 무효를 주장할 수 있다고 보아야 한다(통설). 이 경우에는 주주가 주금을 납입하지 않았으므로 주금환급문제도 생기지 않는다. 그런데 이익배당은 유효한데 주식으로 환산하여 발행하는 절차가 무효인 경우에는 주식이 무효로 되는 대신에 배당금을 지급해야 한다. 주의할 것은 어떠한 경우이든 신주발행의 무효에는 소급효가 없으므로(상법 제431조 제1항) 판결시까지 배당된 신주가 유효함을 전제로 이루어진 모든 행위는 유효하다는 점이다. 한편 주식배당에 의해 회사재산이 주주들에게 이전되지 않았을 뿐만 아니라, 신주발행무효판결에 의해 주주의 배당신주도 소멸하므로 배당가능이익 없이 주식배당을 하였더라도 채권자의 반환청구(상법 제462조 제3항)는 인정되지 않는다.

3. 책 임

위법한 내용의 배당의안을 작성하여 집행한 이사는 회사·주주·채권자 등에 대하여 손해배상책임을 지고(상법 제399조, 제401조), 이사회에서 위법배당을 승인한 이사들과 감사업무를 게을리한 감사(또는 감사위원)도 손해배상책임을 진다(상법 제399조, 제414조, 제415조의2 제7항). 더욱이 이러한 위법배당에 관련된 임원들에 대해서는 일정한 벌칙(상법 제625조 제3호, 제462조의3 제5항)이 적용되고 정당한 해임의 사유(상법 제385조)가 된다. 또한 회사의 위법배당에 외부감사인의 과실이 있는 경우에는 그 외부감사인도 회사 및 제3자에 대하여 손해배상책임을 져야 한다(외부감사법 제31조 제1항, 제2항).

참고판례 **위법배당과 이사의 책임 등(대법원 2007. 11. 30. 선고 2006다19603 판결)** : [1] 회사와 회사의 대주주 겸 대표이사는 서로 별개의 법인격을 갖고 있을 뿐만 아니라, 회사의 대주주 겸 대표이사의 지시가 위법한 경우 회사의 임직원이 반드시 그 지시를 따라야 할 법률상 의무가 있다고 볼 수 없으므로, 회사의 임직원이 대주주 겸 대표이사의 지시에 따라 위법한 분식회계 등에 고의·과실로 가담하는 행위를 함으로써 회사에 손해를 입힌 경우 회사의 그 임직원에 대한 손해배상청구가 신의칙에 반하는 것이라고 할 수 없고, 이는 위와 같은 위법한 분식회계로 인하여 회사의 신용등급이 상향 평가되어 회사가 영업활동이나 금융거래의 과정에서 유형·무형의 경제적 이익을 얻은 사정이 있다고 하여 달리 볼 것은 아니다. [2] 이사나 감사가 법령 또는 정관에 위반한 행위를 하거나 그 임무를 해태함으로써 회사에 대하여 손해를 배상할 책임이 있는 경우에 그 손해배상의 범위를 정함에 있어서는, 당해 사업의 내용과 성격, 당해 이사나 감사의 임무위반의 경위 및 임무위반행위의 태양, 회사의 손해 발생 및 확대에 관여한 객관적인 사정이나 그 정도, 평소 이사나 감사의 회사에 대한 공헌도, 임무위반행위로 인한 당해 이사나 감사의 이득 유무, 회사의 조직체계의 흠결 유무나 위험관리체제의 구축 여부 등 제반 사정을 참작하여 손해분담의 공평이라는 손해배상제도의 이념에 비추어 그 손해배상액을 제한할 수 있고, 나아가 책임감경사유에 관한 사실인정이나 그 비율을 정하는 것은 그것이 형평의 원칙에 비추어 현저히 불합리하다고 인정되지 않는 한 사실심의 전권사항에 속한다.

사례해결

(1) 대표이사는 매 결산기에 재무제표 등을 작성하여 이사회의 승인을 얻어야 한다(상법 제447조, 제447조의2 제1항). 비록 재무제표의 작성과 이사회의 승인 시한에 대한 명문 규정은 없지만, 정기총회일 6주 전에 감사기관에 제출해야 하므로 그 이전에 작성하고 승인절차를 거쳐야 한다. 한편 감사는 재무제표 등의 서류를 받은 날부터 4주 내에 일정한 사항을 기재한 감사보고서를 대표이사에게 제출해야 한다(상법 제447조의4 제1항, 제2항). 이 경우 감사는 일정한 사항을 기재하는 것만이 아니라 조사도 해야 한다. 사안의 경우 ① 대표이사 A는 정기주주총회 6주 전까지 재무제표를 작성하고 이사회의 승인절차까지 마쳐야 하는데, 정기주주총회 4주 전에야 비로소 재무제표를 이사회에 제출하였으므로 위법하다. ② 이사회에서는 재무제표의 적정성을 확인한 후 승인해야 하는데, 그러한 조사 없이 이

사 D의 반대에도 불구하고 승인하였으므로 위법하다. ③ 감사 I는 재무제표를 받은 날로부터 4주 내에 감사보고서를 작성하여 대표이사에게 제출해야 하는데 5주 후에 제출하였으므로 위법하고, 감사보고서에 일정한 사항을 기재해야 할 뿐 아니라 그러한 사항을 조사해야 하는데 그렇지 않고 법정사항만 기재한 후 적격의견을 표시하였으므로 역시 위법하다. 따라서 ① 대표이사 A와 이사 C는 법령을 위반하였으므로 해임의 대상이 되고, 그로 인한 회사의 손해를 배상해야 한다. ② 감사 I도 법령을 위반하였으므로 해임의 대상이 되고, 그로 인한 회사의 손해를 배상해야 한다. ③ 이사회의 재무제표 승인결의 그 자체는 유효하다(3인의 이사 중 2인의 찬성으로 승인결의가 이루어졌기 때문임).

(2) 발행주식총수의 100분의 3 이상의 주식을 가진 주주는 이유를 붙인 서면으로 회계의 장부와 서류의 열람 또는 등사를 청구할 수 있는데(상법 제466조 제1항), 회사는 주주의 회계장부열람청구가 부당함을 증명하지 아니하면 이를 거부하지 못한다(상법 제466조 제2항). 이 경우 열람청구의 정당성 여부는 회사의 경영상태에 대한 주주의 알권리와 열람을 허용할 경우에 우려되는 회사의 불이익을 비교교량하여 판단해야 한다. 따라서 단순히 경영감시가 필요하다는 등의 사유는 허용할 수 없지만, 이사의 부정을 의심할 만한 사유가 있는 경우에는 열람청구의 정당성을 인정할 수 있다. 판례는 "주주의 열람·등사권 행사가 부당한 것인지 여부는 그 행사에 이르게 된 경위, 행사의 목적, 악의성 유무 등 제반 사정을 종합적으로 고려하여 판단하여야 할 것이고, 특히 주주의 이와 같은 열람·등사권의 행사가 회사업무의 운영 또는 주주 공동의 이익을 해치거나 주주가 회사의 경쟁자로서 그 취득한 정보를 경업에 이용할 우려가 있거나, 또는 회사에 지나치게 불리한 시기를 택하여 행사하는 경우 등에는 정당한 목적을 결하여 부당한 것이라고 보아야 한다."라고 판시하였다(대법원 2004. 12. 24.자 2003마1575 결정). 사안의 경우 대표이사 A를 비롯한 경영진의 방만한 경영으로 인해 회사에 손해가 발생하였고, 이를 조사하기 위하여 주주 H가 회계장부열람청구권을 행사한 것이므로 H의 청구는 정당하다. 따라서 대표이사 A가 부당한 경영간섭이라고 주장하며 H의 열람청구를 거절한 것은 위법하다. 참고로 이 경우 H는 회계장부의 열람·등사를 명하는 가처분을 법원에 신청할 수 있다.

(3) 자본금 감소란 회사의 자본금액을 축소시키는 것으로서 회사의 잠재적인 자금력과 사업능력을 축소하므로 주주와 채권자에게 매우 밀접한 관계가 있다. 그리하여 상법은 주주총회에 자본금 감소에 관한 의사결정권을 부여하고, 채권자에게 이의제출의 기회를 부여하고 있다. 즉 자본금 감소는 주주총회의 특별결의에 의해서만 할 수 있고(상법 제438조 제1항), 자본금을 감소할 경우에는 회사가 주주총회의 결의일로부터 2주 내에 회사채권자에 대하여 이의가 있으면 일정한 기간(1개월 이상) 내에 이의를 제출할 것을 공고해야 하고, 알고 있는 채권자에 대해서는 각별로 최고해야 한다(상법 제439조 제2항 → 제232조 제1항). 한편 자본금 감소에 관한 주주총회결의에 하자가 있을 때에는 결의취소소송이나 결의무효확인소송을 제기할 수 없고, 감자무효의 소에 의해서만 다투어야 한다(대법원 2010. 2. 11. 선고 2009다83599 판결). 감자무효의 소의 원인에 관하여 상법은 특별히 규정하고 있지 않지만, 일반원칙에 따라 자본금 감소의 방법과 내용이 법령이나 정관에 위반하거나 현저하게 불공정한 경우에는 무효가 된다고 보아야 한다. 이 경우 감자무효의 소는 주주·이사·감사·청산인·파산관재인 또는 자본금 감소를 승인하지 아니한 채권자가 자본감소로 인한 변경등기가 된 날로부터 6개월 내에 제기

할 수 있다(상법 제445조). 사안의 경우 ① ㈜甲의 주주총회는 자본감소의 결정방법을 이사회에 위임하였으므로 위법하고, 당해 주주총회의 결의는 무효확인의 소의 원인이 되지만 감자무효의 소의 원인이 되기도 한다. 따라서 주주 H는 자본금 감소의 효력이 발생하기 전에는 주주총회결의무효확인의 소를 제기할 수 있고, 자본감소의 효력이 발생한 후에는 감자무효의 소만 제기할 수 있다. ② 채권자 J는 자본금 감소의 효력이 발생하기 전에는 주주총회결의무효확인의 소를 제기할 수 있지만 소의 이익이 있다고 보기 어렵고, 자본금 감소의 효력이 발생한 후에는 채권자보호절차를 경료하지 않았음을 이유로 감자무효의 소를 제기할 수 있다. 다만 주주총회결의의 하자를 이유로 해서는 감자무효의 소를 제기할 수 없다.

(4) 상법은 자본충실과 채권자 보호를 위해 이익배당은 배당가능이익의 한도 내에서만 할 수 있도록 규제하고 있다. 그리고 회사가 이익배당을 하려면 원칙적으로 주주총회의 결의(보통결의)가 필요하다(상법 제462조 제2항 본문). 한편 배당가능이익이 없음에도 불구하고 금전배당을 한 경우에는 회사가 주주에게 배당액의 반환을 청구할 수 있는데, 이와 관련하여 먼저 주주총회결의무효확인의 소를 제기하여 무효판결을 받아야 하는지 아니면 무효판결이 없더라도 직접 반환을 청구할 수 있는지가 문제된다. 이에 대해서는 주주총회결의무효확인의 소의 법적 성질론과 연계하여 형성의 소로 보면 먼저 무효확인의 소를 제기해야 하지만 확인의 소로 보면 직접 반환청구를 할 수 있다는 견해와 위법배당의 반환문제는 결의무효확인의 소의 성질론과 결부시킬 사안이 아니라는 견해가 있는데, 배당가능이익이 없는 배당은 강행법규에 반하는 것이고 회사의 자본충실을 침해하므로 당연히 무효라고 보아야 하고, 주주들에게 지급된 배당금은 부당이득반환의 법리(민법 제741조)에 의해 회사가 직접 반환을 청구할 수 있다고 보아야 한다. 사안의 경우 ① 배당가능이익이 없음에도 불구하고 주주총회에서 금전배당을 결의한 것이므로 이는 결의내용이 상법 제462조 제1항에 위반되어 무효이다(상법 제380조). 이와 관련하여 견해의 대립이 있지만, 배당가능이익이 없는 배당은 강행법규에 반하는 것이고 회사의 자본충실을 침해하므로 당연히 무효라고 보아야 하고, 주주들에게 지급된 배당금은 부당이득반환의 법리(민법 제741조)에 의해 회사가 직접 반환을 청구할 수 있다고 보아야 한다. ② ㈜甲은 부당이득인 위법한 배당액의 반환을 주주들에게 청구할 수 있는데, 이 경우에는 주주가 선의이더라도 반환의무를 면할 수 없다. ③ 이사들이 주주총회에 위법배당안을 제출하였거나 이사회에서 위법배당안에 찬성한 때에는 법령을 위반한 것이므로 회사에 대하여 연대하여 손해배상책임을 져야 한다. 이 경우 이사들의 책임은 총주주의 동의로 면제할 수 있고, 그러한 책임추궁에는 주주들의 대표소송이 인정된다. ④ 감사가 위법배당안을 제대로 조사하지 않거나 허위의 감사보고서를 제출한 때에는 그 임무를 해태한 것이므로 회사에 대하여 연대하여 손해배상책임을 진다. 이 경우 감사의 책임은 총주주의 동의로 면제할 수 있고, 그러한 책임추궁에는 주주들의 대표소송이 인정된다.

제 5 장

조직의 개편과 변화

제1절 총 설

대표적인 자본단체이며 다양한 관여자의 이해관계가 복잡하게 얽혀 있는 주식회사는 그동안 국내·외적인 경영환경의 변화에 적극적으로 대처하며 끊임없이 진화·발전하였고 때로는 쇠퇴하기도 하였다. 이런 변화는 내부적 의사결정에 기인한 것도 있지만, 대부분은 외부적 요인과 그 변화에 적응하여 장기적 생존을 도모하거나 국제적 경쟁력을 강화하기 위함이었다. 외부적 요인의 최근 예로는 지구온난화에 따른 기후위기를 해결하기 위한 논의에서 시작하여 국제적으로 확산된 탄소저감정책과 그에 연계되어 EU를 중심으로 강하게 추진되고 있는 이른바 ESG 투자·경영을 들 수 있다. 그런데 업종·규모·소비자층 및 지역적 한계 여부가 다른 회사들이 이러한 변화에 적응하여 발전과 성장을 지속하며 국내·외적인 경쟁력을 강화하기 위해서는 다양한 대응책이 마련되어야 하는데, 대표적인 조치는 회사조직을 개편하는 등 구조적 효율화를 도모하는 것이다. IMF 외환위기 때부터 지금까지 계속 추진되어 온 정책인 기업지배구조의 개선을 그 예로 들 수 있다.

1997년 말부터 급속히 진행된 IMF 외환위기를 극복하는 과정에서 기업지배구조 개선작업이 정부의 강력한 주도 하에 진행되었고, 이때 주식회사의 기관구성과 운영관리 등에 관한 논의가 사회적으로 확산되면서 사외이사·감사위원회·집중투표·서면투표·주주제안 등과 같은 새로운 제도가 상법과 구 증권거래법에 많이 도입되었다. IMF 외환위기 전까지 우리나라의 고질적인 병폐였던 특정한 기업집단에의 경제력 집중, 선단식 기업경영, 경영진 또는 대주주에 의한 경영 독주,[1] 재무구조의 취약성, 내부통제체계 및 외부감사체계의 형식화 등의 문제를 종합적으로 해결하기 위해서는 기업의 지배구조 그 자체를 근본적으로 개선해야 했고, 이를 위해서는 무엇보다도 새로운 제도의 도입이 필요하였기 때문이다. 이처럼 상법과 구 증권거래법이 새로운 제도를 도입한 이유는 기업지배구조 개선작업의 실효성을 확보하고 기업경영의 투명성을 고양하기 위함이었지만, 여전히 해결할 수 없는 문제가 있어 기업의 조직개편과 같은 보다 근본적인 대책이 필요하였다.[2]

일반적으로 회사의 조직개편이란 회사의 자금 규모에 변화를 주는 신주발행과 자본금

---

1) 즉 소유와 경영의 유기적 일체화에 따른 대주주와 소수 경영진의 회사경영상 전횡과 독단 그리고 그에 따른 경영의 투명성 결여가 IMF 외환위기의 주범으로 인식되었기 때문이다(권종호, "감사제도의 개선과 감사위원회제도의 과제", 100면).

2) 새로운 제도의 원형을 제공한 미국의 경우에는 기업지배구조 자체가 소유의 분산과 소수주주를 보호하는 법제에 그 근간을 두고 있지만, 우리나라의 경우에는 기업소유구조가 특정한 대주주에게 집중되어 있을 뿐만 아니라 사외이사나 감사가 경영감시기능을 제대로 수행하지 못했기 때문이다(정준우, "이사회의 경영감독기능 강화를 위한 사외이사제도의 도입·운영과 그 문제점", 164면).

감소, 내부적인 규범체계를 조정하는 정관의 변경, 회사의 운영조직을 다른 유형으로 바꾸는 조직변경, 내부적 업무체계의 합리적인 개편이나 사업 규모의 축소 및 변화에 따른 대량해고, 회사의 실체에 대한 중대한 변화를 초래하여 주주와 회사채권자의 이해가 집중되는 합병·분할과 주식의 포괄적 교환·이전 및 강제적인 주식매도·매수 등을 모두 포함한다. 그런데 이 중 회사의 내부적인 업무체계 합리화 등은 회사법과 무관하므로 이하에서는 회사법상의 관련 제도를 중심으로 살펴본다. 특히 주주와 회사채권자에게 중대한 영향을 미치며 회사의 인격적 실체에 큰 변화를 가져오는 합병과 분할, 회사의 지배구조에 근본적 변화를 초래하는 주식의 포괄적 교환·이전 및 주식의 강제적 매도매수청구제도, 회사가 그 인격의 동일성은 유지하면서 다른 유형의 회사로 전환되는 조직변경, 회사라는 법인격의 소멸을 가져오는 해산과 이에 연계된 청산 등에 대하여 살펴본다.

제2절 조직의 개편

제1관 회사의 합병

예시사례 조선업체인 상장법인 ㈜甲은 선박수리업체인 비상장법인 ㈜乙을 자회사로 두고 있고(지분 60% 보유), 선박모듈 제작업체인 상장법인 ㈜丙의 주식 20% 및 선박도색업체인 비상장법인 ㈜丁의 주식 30%를 보유하고 있다. 그리고 ㈜乙은 운송업체인 비상장법인 ㈜戊의 주식 20%를 보유하고 있다. ㈜甲의 경영진은 이사 7명(A1~A7)으로 구성되어 있는데, ㈜甲의 주식 15%를 보유한 대주주 A1이 대표이사를 맡고 있다. 2018년 5월 10일 개최된 ㈜甲의 이사회에서는 중국업체들이 정부의 지원을 받아 저가정책을 펴며 선박건조시장에 뛰어들면서 매년 수주량이 줄어드는 경영위험을 극복할 수 있는 방안에 대하여 논의하였는데, 그 과정에서 이사 A2가 제안한 생산비용 절감과 경영관리의 효율화를 위한 합병안(㈜丙과 ㈜丁을 흡수합병하는 안)이 채택되었다. 그 후 법에 따라 행해진 전문기관의 실사작업에서 평가된 ㈜甲:㈜丙:㈜丁의 주식가치는 1:0.5:0.3의 비율이었다. 이와 관련하여 다음 설문에 답하시오! (각 설문은 별개임)

(1) 2018년 7월 1일 개최된 ㈜甲의 주주총회에서는 사전실사작업에서 이루어진 각 회사의 주식가치 평가결과를 그대로 수용한 ㈜甲과 ㈜丙 및 ㈜甲과 ㈜丁의 합병안건이 모두 통과되었다. 그런데 그 직후 2가지 합병안에 모두 찬성하였던 주주 B가 곰곰이 생각해 보니 ㈜甲과 ㈜丙의 주식가치는 자본시장법에 따른 시가를 그 기준으로 한 것으로서 양 회사의 실제 자산가치를 정확히 반영하지 못했다고 주장하며 합병비율의 불공정을 이유로 한 합병무효의 소를 제기하였다. B의 주장은 정당한가?

(2) ㈜戊는 2017년 3월부터 ㈜甲의 주식 6%를 취득하여 보유하고 있는데, ㈜戊의 대표이사 C는 2018

년 7월 1일에 개최된 ㈜甲의 주주총회에 참석하여 ㈜丙과의 합병에 대한 안건에 찬성하였다. 그런데 그 직후 주주 D가 주총결의하자를 이유로 합병무효의 소를 제기하였다. 주주 D의 주장은 정당한가?

(3) ㈜乙이 2018년 6월에 거래업체로부터 반환받은 밀린 대여금에는 현물도 시가를 정확히 반영한 가치로 평가되어 포함되어 있었는데, 그중에는 ㈜甲의 주식도 1만주나 포함되어 있다. 이 경우 ㈜乙이 소규모 경쟁업체인 ㈜己를 흡수합병하며 그의 주주를 모두 축출할 수 있는 방안은 무엇인가?

Ⅰ. 서 설

(1) 의 의

합병이란 2개 이상의 회사(당사회사)가 합병계약에 따라 1개 회사를 제외하고 소멸하거나 전부 소멸하되 청산절차를 거치지 아니하며, 소멸하는 회사의 모든 권리·의무를 존속회사나 신설회사가 포괄적으로 승계하고 사원을 수용하는 회사법상의 법률사실이다. 이처럼 합병은 회사의 조직을 개편하는 매우 중요한 과정이므로 당사회사의 이사회결의를 거쳐 대표이사 간에 합병계약을 체결해야 하고, 각 당사회사의 주주총회에서 특별결의로 합병의 승인을 받아야 하며, 채권자보호절차를 경료하여 합병을 실행한 후 마지막으로 등기를 해야 한다. 그리고 합병계약의 승인에 관한 주주총회에서는 반대주주의 주식매수청구권을 보

[표 23] 합병과 영업양도의 동이점

구 분		합 병	영업양도
동일점		경제적으로 동일한 목적을 위한 제도로서(특히 흡수합병의 경우) 한 기업의 재산이 일괄적으로 다른 기업에게 이전됨.	
차이점	행위의 성질	단체법상의 법률사실	개인법적인 거래행위
	당사자	회사에 한함	제한 없음
	사원의 변동	존속·신설회사에 흡수됨	변동 없음
	대가의 취득자	소멸회사의 사원	양도회사
	재산의 이전	포괄승계	특정승계
	방 식	법정되어 있음	특별한 방식 없음
	당사회사의 소멸 여부	소멸회사는 청산절차 없이 소멸됨	당연히 소멸되지 않음
	채권자보호절차의 요부	필요함	필요 없음
	무효의 주장방법	소로써만 가능함(상법 제236조, 제529조, 제603조)	민법의 일반원칙에 의함

장해야 하고, 합병대차대조표를 작성하여 일정한 기간 공시해야 한다. 그런데 합병에 관한 상법 규정은 여러 군데 산재해 있다. 즉 제3편(회사) 제1장 통칙에 합병의 자유와 제한 및 신설합병에서의 설립위원에 관한 2개의 조문을 두고(제174조, 제175조), 회사의 유형별로 합병절차를 규정하고 있다. 특히 합명회사의 합병과 관련하여 효력발생시기, 효과, 무효판결의 효력 등을 규정하고(제230조 내지 제240조), 제4장에서는 주식회사의 특유한 절차를 규정하며 합명회사의 합병에 관한 규정을 준용하고 있다.

(2) 성 질

합병의 본질에 관한 대표적 학설은 다음과 같다. 즉 ① 통설적 견해인 인격합일설은 2개 이상의 회사가 하나로 합체되는 것이 합병의 본질이라고 한다. 이는 합병으로 인해 소멸회사가 그대로 존속회사나 신설회사에 포섭된다고 하는 법인격의 합체를 의미하는 것이다. 즉 재산의 이전과 사원의 수용은 모두 인격합일의 결과인 것이다. ② 현물출자설은 해산하는 회사의 영업 전부를 존속회사나 신설회사에 현물로 출자함으로써 이루어지는 자본증가(흡수합병) 또는 회사설립(신설합병)이 합병의 본질이라고 한다.[3] 즉 소멸회사의 주주가 존속회사나 신설회사의 주식을 받아 그의 주주가 되는 것은 회사재산의 실질적 소유자인 주주가 소멸회사의 재산이 존속회사나 신설회사로 이전되는 데에 대한 대가를 받는 것에 불과하다는 것이다. 생각건대 현물출자설에 의하면 출자를 하는 주체는 소멸회사인데 그 대가를 받는 것은 소멸회사의 주주라는 모순이 생기고, 합병의 주요 특징은 피합병회사가 소멸하고 그의 권리·의무를 존속회사나 신설회사가 포괄적으로 승계하며 사원을 수용하는 것이다. 그런데 이러한 조직적 변화는 단순히 재산의 출자로만 설명하기 어렵고, 법인격의 승계로 볼 때만 가능하므로 인격합일설이 타당하다.

(3) 종 류

합병에는 흡수합병과 신설합병이 있다([표 24] 참조). 흡수합병(Merger)은 여러 개의 당사회사 중 하나의 회사만이 존속하고 나머지 회사는 모두 소멸하며 존속회사가 소멸회사의 권리·의무를 포괄적으로 승계하고 사원을 수용하는 방법이다. 신설합병(Consolidation)은 당사회사가 모두 소멸하고 이들에 의해 신설된 회사가 소멸회사의 권리·의무를 포괄적으로 승계하며 사원을 수용하는 방법이다. 물론 합병계약의 내용에 따라 존속회사나 신설회사가 소멸회사의 사원을 승계하지 않을 수도 있다. 그런데 이러한 합병의 종류 중 우리나라에서 실제로 행해진 합병 사례를 살펴보면 그 대부분이 흡수합병이고 신설합병은 찾아보기 힘들

3) 서돈각/정완용, 641면.

다.[4] 당사회사 중 조금이라도 우세한 쪽이 존속하기를 바라는 점, 신설합병은 회사를 설립하는 번거로움이 있고 세제상으로도 불리한 점이 주요 이유이다.

[표 24] 합병의 유형

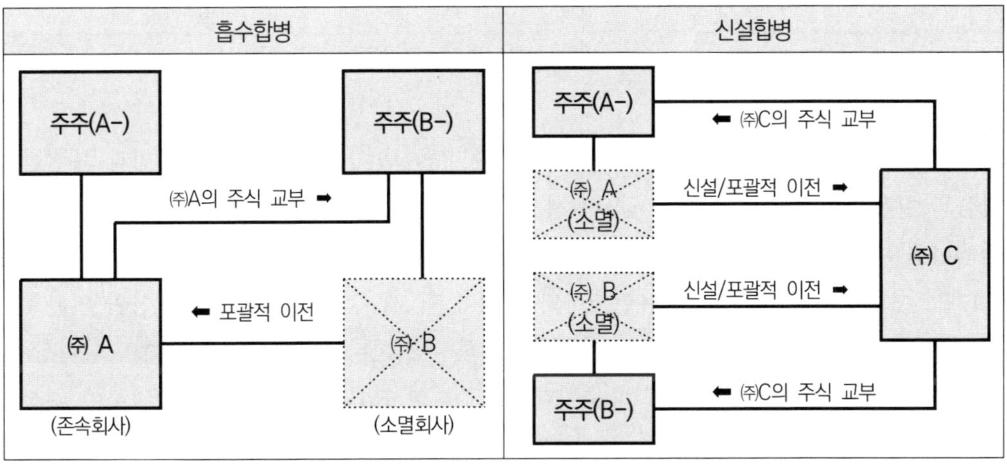

참고판례 **합병의 의미 및 소멸회사 사원(주주)의 지위(대법원 2003. 2. 11. 선고 2001다14351 판결)**: 회사의 합병이라 함은 두 개 이상의 회사가 계약에 의하여 신회사를 설립하거나 또는 그 중의 한 회사가 다른 회사를 흡수하고, 소멸회사의 재산과 사원(주주)이 신설회사 또는 존속회사에 법정 절차에 따라 이전·수용되는 효과를 가져오는 것으로서, 소멸회사의 사원(주주)은 합병에 의하여 1주 미만의 단주만을 취득하게 되는 경우나 혹은 합병에 반대한 주주로서의 주식매수청구권을 행사하는 경우 등과 같은 특별한 경우를 제외하고는 원칙적으로 합병계약상의 합병비율과 배정방식에 따라 존속회사 또는 신설회사의 사원권(주주권)을 취득하여, 존속회사 또는 신설회사의 사원(주주)이 된다.

참고판례 **합병과 근로관계의 승계 등(대법원 2001. 4. 24. 선고 99다9370 판결)**: [1] 회사의 합병에 의하여 근로관계가 승계되는 경우에는 종전의 근로계약상의 지위가 그대로 포괄적으로 승계되는 것이므로(해산회사의 퇴직금규정이 흡수회사의 퇴직금규정보다 근로자들에게 불리하다고 하더라도) 합병 당시 취업규칙의 개정이나 단체협약의 체결 등을 통하여 합병 후 근로자들의 근로관계의 내용을 단일화하기로 변경·조정하는 새로운 합의가 없는 한 합병 후 흡수회사는 해산회사에 근무하던 근로자들에 대한 퇴직금 관계에 관하여 종전과 같은 내용으로 승계하는 것이라고 보아야 한다. [2] 승계 후의 흡수회사 퇴직금규정이 승계 전의 해산회사의 퇴직금규정보다 근로자들에게 불리하다면 구 근로기준법(1996. 12. 31. 법률 제5245호로 개정되기 전의 것) 제95조 제1항 소정의 당해 근로자집단의 집단적인 의사결정 방법에 의한 동의 없이는 승계 후의 흡수회사의 퇴직금규정을 적용할 수도 없다.

4) 대표적인 신설합병으로는 2001년에 행해진 국민은행과 주택은행의 합병이다. 당시에 두 회사가 합병하면서 신설된 회사가 현재의 KB국민은행이다.

참고판례 **근로관계가 포괄승계된 합병 후 노동조합과 근로관계의 단일화에 관한 새로운 합의가 있는 경우의 그 적용 여부(대법원 2001. 10. 30. 선고 2001다24051 판결)** : 회사의 합병에 의하여 근로관계가 승계되어 종전 취업규칙 등이 그대로 적용되더라도 합병 후 노동조합과의 사이에 단체협약의 체결 등을 통하여 합병 후 근로자들의 근로관계 내용을 단일화하기로 변경·조정하는 새로운 합의가 있으면 그 새로운 단체협약 등이 유효하게 적용된다.

(4) 제 한

회사는 원칙적으로 자유롭게 합병할 수 있지만(상법 제174조 제1항), 상법과 특별법상 다음과 같은 제한이 있다. 즉 ① 당사회사 중 일방 또는 쌍방이 주식회사·유한회사·유한책임회사일 때에는 존속회사나 신설회사도 주식회사·유한회사·유한책임회사여야 한다(상법 제174조 제2항). ② 주식회사가 유한회사와 합병을 할 때 주식회사가 사채의 상환을 완료하지 않으면 유한회사를 존속회사나 신설회사로 하지 못한다(상법 제600조 제2항). 상법상 유한회사는 사채를 발행할 수 없기 때문이다. ③ 주식회사와 유한회사가 합병을 하여 주식회사가 존속회사나 신설회사로 되는 경우에는 법원의 인가를 받아야만 합병의 효력이 생긴다(상법 제600조 제1항). 주식회사의 경우에는 설립과 신주발행에 있어서 자본충실을 위한 엄격한 감독 및 규제가 따르지만, 유한회사의 경우에는 이러한 규제가 없기 때문이다. ④ 해산 후 청산 중의 회사도 존립 중인 회사를 존속회사로 하면 합병을 할 수 있다(상법 제174조 제3항). ⑤ 일정한 거래분야에서 경쟁을 실질적으로 제한하는 효과를 가져오는 기업 간 합병은 금지된다(공정거래법 제9조 제1항 제3호). 더욱이 일정한 규모 이상의 회사가 합병을 하려면 사전에 공정거래위원회에 신고한 후 30일이 경과한 후에야 합병등기를 할 수 있다(공정거래법 제11조 제1항 제4호, 제6항 내지 제8항).

Ⅱ. 합병의 절차

1. 계약의 체결

(1) 계약의 성질

합병 당사회사의 대표기관이 체결하는 합병계약은 그 이후의 절차 진행에 관한 의무를 부담하는 단체법상의 채권계약으로서 개인법상의 채권계약과는 구별해야 한다.[5] 합병계약의 경우에는 단체법적 제약이 많아 당사자자치가 극도로 제한되고, 계약체결 후 그 내용을

---

5) 서헌제, 59면; 이철송, 126면; 임홍근, 786면; 정동윤, 948면; 정찬형, 515면.

전제로 주주총회의 승인을 받아야 함은 물론 채권자보호절차까지 경료해야 하는데, 이 과정에서 승인이 되지 않을 수도 있어 사실상 계약의 이행에 대한 구속을 크게 받지 않기 때문이다. 그리하여 합병계약의 법적 성질과 관련하여 합병의 예약 또는 합병결의를 정지조건으로 하는 계약이라는 주장이 있는데, 사실 그 어느 것도 정확한 설명이 되지 못한다. 예약이 인정되려면 당사자 일방의 청약에 대하여 상대방이 승낙의무를 부담한다거나 일방 또는 쌍방이 예약완결권을 행사하면 본계약이 성립한다고 보아야 하는데, 합병에서는 청약이나 승낙 같은 요소가 없고 합병계약 후에는 본계약으로 볼 수 있는 의사표시의 교환도 없기 때문이다. 그리고 주주총회에서 합병계약을 승인하는 것은 합병을 진행하는 절차로서 그 자체가 계약의 이행이지 정지조건은 아니기 때문이다.

(2) 계약서 작성

합병을 하려면 당사회사의 대표기관이 합병조건이나 합병방식 등 합병에 필요한 제반 사항을 합의하여 결정해야 하는데, 원칙적으로 특별한 방식을 요하지 않는다. 그렇지만 주식회사가 합병을 할 경우에는 일정한 사항이 기재된 합병계약서를 작성해야 하는데,[6] 합병계약서에 기재할 구체적인 내용은 합병의 유형에 따라 조금씩 다르다.

1) 흡수합병의 경우 : 흡수합병은 당사회사 중 일방이 소멸하고, 존속회사가 소멸회사의 모든 권리·의무를 포괄적으로 취득한 후 그 대가로 자신의 주식과 합병교부금 등을 소멸회사의 주주에게 지급하는 조직법적 거래이다. 이 경우 합병계약서의 기재사항(상법 제523조)은 합병대가의 지급에 관한 것과 합병계약의 이행에 관한 것으로 구분된다.

㈎ 합병대가의 지급에 관한 사항

㈀ 존속회사의 수권주식수 : 존속회사가 합병으로 인해 소멸하는 회사의 주주에게 신주를 발행해 주는 경우에 존속회사의 정관에 규정된 발행예정주식총수에 그만한 여분의 주식이 없으면 그 수를 늘려야 한다. 즉 존속회사는 합병으로 인하여 증가하는 발행예정주식총수와 그 종류 및 수를 합병계약서에 기재해야 한다(제1호).

㈁ 증가할 자본금과 준비금 : 존속회사의 자본금 또는 준비금이 증가하는 경우에는 증가할 자본금 또는 준비금에 관한 사항을 합병계약서에 기재해야 한다(제2호). 존속회사가 합병의 대가로 신주를 발행하여 소멸회사의 주주들에게 교부하는 경우에는 존속회사의 자본금이 증가한다. 이 경우 ① 존속회사가 액면주식을 발행한 때에는 합병으로 발행하는 신주의 총수에 액면가를 곱한 금액이 증가할 자본금이다. 물론 합병차익이 있으면 자본준비

---

6) 합병 후 전개되는 법률관계를 명확히 하고, 이해관계인들에게 정확한 정보를 제공하기 위함이다.

금으로 적립해야 하고, 존속회사가 소멸회사의 법정준비금을 승계하는 때에는 이로 인해 증가하는 준비금도 기재해야 한다. ② 존속회사가 무액면주식을 발행한 때에는 존속회사가 소멸회사로부터 승계하는 순자산액이 소멸회사의 주주에게 발행하는 신주의 발행가액이 되므로 그 중 2분의 1 이상의 금액을 자본금으로 계상하고 그 잔여금액은 자본준비금으로 적립해야 한다(상법 제451조 제2항).

참고판례 **존속회사의 증가할 자본액이 소멸회사의 순자산가액으로 제한되는지 여부(대법원 2008. 1. 10. 선고 2007다64136 판결)** : 상법 제523조 제2호가 흡수합병계약서의 절대적 기재사항으로 '존속하는 회사의 증가할 자본'을 규정한 것은 원칙적으로 자본충실을 도모하기 위하여 존속회사의 증가할 자본액(즉, 소멸회사의 주주들에게 배정·교부할 합병신주의 액면총액)이 소멸회사의 순자산가액 범위 내로 제한되어야 한다는 취지라고 볼 여지가 있기는 하나, 합병당사자의 전부 또는 일방이 주권상장법인인 경우 그 합병가액 및 합병비율의 산정에 있어서는 증권거래법과 그 시행령 등이 특별법으로서 일반법인 상법에 우선하여 적용되고, 증권거래법 시행령 제84조의7 소정의 합병가액 산정기준에 의하면 주권상장법인은 합병가액을 최근 유가증권시장에서의 거래가격을 기준으로 재정경제부령이 정하는 방법에 따라 산정한 가격에 의하므로 경우에 따라 주당 자산가치를 상회하는 가격이 합병가액으로 산정될 수 있고, 주권비상장법인도 합병가액을 자산가치·수익가치 및 상대가치를 종합하여 산정한 가격에 의하는 이상 역시 주당 자산가치를 상회하는 가격이 합병가액으로 산정될 수 있으므로, 결국 소멸회사가 주권상장법인이든 주권비상장법인이든 어느 경우나 존속회사가 발행할 합병신주의 액면총액이 소멸회사의 순자산가액을 초과할 수 있게 된다. 따라서 증권거래법 및 그 시행령이 적용되는 흡수합병의 경우에는 존속회사의 증가할 자본액이 반드시 소멸회사의 순자산가액의 범위 내로 제한된다고 할 수 없다.

㈐ 신주의 배정 등 : 존속회사가 합병을 하면서 신주를 발행하거나 자기주식을 이전하는 경우에는 발행하는 신주 또는 이전하는 자기주식의 총수, 종류와 수 및 합병으로 인하여 소멸하는 회사의 주주에 대한 신주의 배정 또는 자기주식의 이전에 관한 사항을 합병계약서에 기재해야 한다(제3호). 여기서 「신주의 배정」은 보통 소멸회사의 주식 1주에 대하여 존속회사의 주식 몇 주를 배정한다는 식으로 표현하는데, 이를 「합병비율」이라고 한다. 그런데 당사회사가 가진 자기주식에 대하여 신주를 배정할 때에는 주의할 점이 있다. 즉 ① 소멸회사가 존속회사의 주식을 가지고 있는 경우에는 합병으로 인해 존속회사가 이를 승계함으로써 자기주식이 되는데(상법 제341조의2 제2호), 존속회사는 이를 계속 보유하거나 상법 제342조에 따라 처분할 수도 있다. ② 존속회사가 소멸회사의 주식을 가지고 있는 상태에서 합병에 따른 신주를 배정하면 존속회사는 자기주식을 취득하게 되는데, 이는 상법 제341조의2 제1호에 의해 허용되는 것으로 보아야 한다는 견해[7]와 반대하는 견해[8]가 있다. 생각건

7) 송옥렬, 1248면; 이철송, 1122면.

대 존속회사가 소멸회사의 주식을 소유한 상태에서 합병에 따른 신주가 배정되며 자기주식을 취득하는 것은 사실상 보유자산의 내용이 변경된 것에 불과하다. 그렇다면 이 경우를 제341조의2 제1호와 달리 볼 이유가 없으므로 전자의 견해에 찬동한다. 다만 회사가 자기주식을 장기간 보유하는 것은 바람직하지 않으므로 향후 일정한 기간을 정하여 처분의무를 부과할 필요가 있다.

(ㄹ) 합병교부금 : 존속회사가 소멸회사의 주주에게 제3호(신주의 배정 등)에도 불구하고 그 대가의 전부나 일부로서 금전이나 그 밖의 재산을 제공하는 경우에는 그 내용 및 배정에 관한 사항을 합병계약서에 기재해야 한다(제4호). 실무에서 합병교부금을 지급하는 이유로는 합병비율의 조정,[9] 단주의 처리, 사전적 이익배당,[10] 실질적 감자 등이 있다. 한편 2011년 개정 상법은 합병교부금과 관련하여 세 가지 큰 변화를 가져왔다. 즉 ① 개정 전에는 존속회사가 소멸회사의 주주에게 주식을 발행하지 않고 교부금만 지급하는 합병(교부금합병)은 허용되지 않는다고 보는 것이 통설이었는데, 개정법은 합병대가의 전부를 교부금으로 지급할 수 있도록 하였다. 그리하여 존속회사가 소멸회사의 주주들을 완전히 배제하고 합병하는 것도 가능해졌다. ② 개정 전에는 합병교부금의 경우 금전으로만 지급할 수 있었지만, 개정법은 금전 외의 재산으로도 지급할 수 있도록 하였다. 그렇지만 실제로는 주식평등의 원칙에 따라 주주에게 배부하기 적합한 재산만이 교부금의 대상이 될 수 있을 것이다(예: 존속회사의 사채, 모회사·자회사의 주식·사채 등). ③ 자회사가 모회사의 주식을 교부금으로 활용하는 삼각합병이 가능해졌는데, 이는 후술한다.

(나) 합병계약의 이행에 관한 사항

(ㄱ) 주주총회의 기일 : 각 회사에서 합병의 승인결의를 할 주주총회의 기일을 합병계약서에 기재해야 한다(제5호). 합병은 궁극적으로 당사회사의 주주총회에서 모두 승인을 받아야 하므로 주주총회를 소집할 날을 계약사항으로 정하도록 한 것이다.

(ㄴ) 합병을 할 날 : 합병계약서에는 합병을 할 날도 기재해야 한다(제6호). 그런데 합병의 효력은 합병등기를 한 날에 발생하므로 합병을 할 날이란 소멸회사의 재산을 존속회사에 인도하고 소멸회사의 주주에게 주권을 발행하는 등 실질적으로 양 회사를 하나로 합체하기 위한 실무적인 절차를 완료하기로 예정한 날을 의미한다.

---

8) 권기범, 161면; 최기원, 1107면.
9) 합병비율의 경우 대체로 소수점 이하 둘째자리까지만 활용하고 있다. 참고로 삼성물산과 제일모직의 합병에서는 자본시장법에 따라 산정된 합병가액에 근거하여 합병비율을 0.35:1로 정하였다.
10) 주로 이익배당의 시기가 멀지 않은 소멸회사에서 제기되는 문제이다.

(ㄷ) 존속회사의 정관변경 : 존속회사가 합병으로 인하여 정관을 변경하기로 정한 때에는 그 규정도 합병계약서에 기재해야 한다(제7호). 존속회사가 소멸회사의 사업을 승계함에 따라 사업목적이나 상호를 변경할 필요가 있는 경우, 소멸회사의 이사들을 존속회사의 이사로 받아들이기 위해 존속회사의 이사 정원을 늘릴 필요가 있는 경우처럼 소멸회사가 합병 후 존속회사의 정관변경을 원할 수가 있는데, 이것이 합의된 경우 구속력을 주기 위해 합병계약서에 기재하도록 한 것이다. 한편 이 경우에는 존속회사의 주주총회에서 합병계약서를 승인하면 그로써 정관변경의 결의를 겸한 것으로 보아야 한다.

(ㄹ) 이익배당의 한도액 : 각 회사가 합병으로 이익배당을 할 때에는 그 한도액도 합병계약서에 기재해야 한다(제8호). 원래 합병비율은 합병계약을 체결할 당시 회사의 재무상태를 기준으로 정하는데, 합병비율을 정한 후에 예정하지 않았던 이익배당을 한다면 이미 정한 합병비율이 불공정해진다. 그리하여 합병계약 후에 이익배당을 하고자 한다면 합병비율의 결정에 감안할 수 있도록 미리 합병계약에 기재하게 한 것이다.

(ㅁ) 임원의 성명 등 : 합병으로 인하여 존속회사에 취임할 이사와 감사(또는 감사위원)를 정한 때에는 그 성명 및 주민등록번호를 합병계약서에 기재해야 한다(제9호). 1995년 개정 상법에 의해 보고총회를 신문공고로 갈음할 수 있으므로 합병 후 취임이 예정된 이사와 감사(감사위원)를 합병계약의 승인결의에 의해 선임할 수 있도록 한 것이다.

(ㅂ) 임의적 기재사항 : 이상의 법정 사항 외에 합병 당사회사의 선관주의의무, 합병조건의 변경, 합병계약의 해제, 재산의 인계, 임원의 퇴직금, 종업원의 인계사항 등도 합병계약서에 기재할 수 있는데, 실무에서도 대체로 이러한 사항을 기재하고 있다. 한편 이와 함께 고려할 사항은 소멸회사의 자본화가능증권(전환사채 등)의 소지인 보호 문제이다. 이들이 권리를 행사하기 전에 소멸회사가 존속회사에 흡수되었다면 소지인은 어느 회사를 상대로 권리를 행사해야 하는가? 논리대로라면 소멸회사의 모든 권리·의무를 포괄적으로 승계한 존속회사에 대하여 하면 되겠지만, 문제는 존속회사의 의무내용이다. 현재 이에 관한 상법 규정이 없으므로 소멸회사의 신주인수권에 대해 합병비율과 동일한 수의 존속회사 주식에 대한 인수권을 부여하는 등 조속한 입법적 보완이 필요하다.

참고판례 **합병에서 형사책임의 승계 여부(대법원 2007. 8. 23. 선고 2005도4471 판결)** : 회사합병이 있는 경우 피합병회사의 권리·의무는 사법상의 관계나 공법상의 관계를 불문하고 모두 합병으로 인하여 존속하는 회사에 승계되는 것이 원칙이지만, 그 성질상 이전을 허용하지 않는 것은 승계의 대상에서 제외되어야

> 할 것인바, 양벌규정에 의한 법인의 처벌은 어디까지나 형벌의 일종으로서 행정적 제재처분이나 민사상 불법행위책임과는 성격을 달리하는 점, 형사소송법 제328조가 '피고인인 법인이 존속하지 아니하게 되었을 때'를 공소기각결정의 사유로 규정하고 있는 것은 형사책임이 승계되지 않음을 전제로 한 것이라고 볼 수 있는 점 등에 비추어 보면, 합병으로 인하여 소멸한 법인이 그 종업원 등의 위법행위에 대해 양벌규정에 따라 부담하던 형사책임은 그 성질상 이전을 허용하지 않는 것으로서 합병으로 인하여 존속하는 법인에 승계되지 않는다.

2) 신설합병의 경우 : 신설합병의 경우에는 합병계약서에 ① 설립되는 회사에 대하여 제289조 제1항 제1호부터 제4호까지에 규정된 사항(목적, 상호, 회사가 발행할 주식의 총수, 액면주식을 발행하는 경우 1주의 금액)과 종류주식을 발행할 때에는 그 종류, 수와 본점 소재지, ② 설립되는 회사가 합병 당시에 발행하는 주식의 총수와 종류, 수 및 각 회사의 주주에 대한 주식의 배정에 관한 사항, ③ 설립되는 회사의 자본금과 준비금의 총액, ④ 각 회사의 주주에게 ②에도 불구하고 금전이나 그 밖의 재산을 제공하는 경우에는 그 내용 및 배정에 관한 사항, ⑤ 제523조 제5호 및 제6호에 규정된 사항(각 회사에서 합병의 승인결의를 할 주주총회의 기일, 합병을 할 날), ⑥ 합병으로 인하여 설립되는 회사의 이사와 감사 또는 감사위원회의 위원을 정한 때에는 그 성명 및 주민등록번호를 기재해야 한다(상법 제524조). 그 밖의 기재사항은 흡수합병에서와 같다.

2. 합병의 승인

(1) 서류공시

주주 또는 채권자가 합병승인 또는 이의 여부에 관해 의사결정을 하려면 합병의 내용을 파악할 필요가 있으므로 상법은 사전에 일정한 사항을 공시하도록 규제하고 있다. 즉 이사는 상법 제522조 제1항상 주주총회일의 2주 전부터 합병을 한 날 이후 6개월이 경과하는 날까지 일정한 서류(① 합병계약서, ② 합병을 위하여 신주를 발행하거나 자기주식을 이전하는 경우에는 합병으로 인하여 소멸하는 회사의 주주에 대한 신주의 배정 또는 자기주식의 이전에 관하여 그 이유를 기재한 서면, ③ 각 회사의 최종의 대차대조표와 손익계산서)를 본점에 비치해야 한다(상법 제522조의2 제1항). 이 경우 주주 및 회사채권자는 영업시간 내에 언제든지 이러한 서류의 열람을 청구하거나 회사가 정한 비용을 지급하고 그 등본이나 초본의 교부를 청구할 수 있다(상법 제522조의2 제2항).

(2) 승인결의

합병에서는 당사회사의 주주총회에서 승인결의를 해야만 합병에 관한 의사결정이 완결된다. 합병의 승인결의는 특별결의, 즉 출석한 주주의 의결권의 3분의 2 이상의 수와 발행주식총수의 3분의 1 이상이 되는 수가 찬성하는 방법으로 해야 한다(상법 제522조 제1항, 제3항→제434조). 이 경우 합병계약의 요령을 주주총회의 소집통지와 소집공고에 기재해야 하는데(상법 제522조 제2항), 단순히 「합병의 건」 또는 「합병의 승인 건」 등으로 주주총회의 의제만 표시하는 것으로는 부족하고 합병할 상대방 회사와 합병비율 등 합병의 중요사항을 기재해야 한다. 한편 회사가 수종의 주식을 발행한 때에는 불이익을 받게 될 종류주식을 가진 종류주주총회의 결의도 필요하다(상법 제436조).

3. 채권자 보호

(1) 입법취지

합병은 회사채권자들에게 매우 중대한 영향을 끼친다. 합병으로 인해 당사회사의 재산이 하나의 회사에 모두 귀속되어 총채권자의 책임재산이 되므로 합병 전의 신용이 그대로 유지된다고 보기 어렵기 때문이다. 그리하여 상법은 합병을 하려면 당사회사가 채권자들에게 이의제기를 할 수 있는 기회를 부여하도록 하여 채권자를 보호하고 있다.

(2) 제출절차

1) 통지·공고 : 합병의 당사회사는 합병에 관한 주주총회의 승인결의가 있은 날부터 2주간 내에 채권자에 대하여 합병에 이의가 있으면 1월 이상의 기간 내에 이를 제출할 것을 공고하고, 알고 있는 채권자에 대해서는 따로따로 이를 최고해야 한다(상법 제527조의5 제1항). 다만 당사회사가 간이합병이나 소규모합병을 하는 경우에는 주주총회를 소집하지 아니하므로 이사회가 승인결의를 한 날을 주주총회의 승인결의일로 보고 그 날로부터 2주간 내에 채권자에 대한 공고·통지를 해야 한다(상법 제527조의5 제2항).

2) 제출주체 : 합병에 관한 이의는 이의제출공고가 있기 전에 발생한 채권의 채권자는 물론이고 이의제출기간 중에 발생한 채권의 채권자도 제기할 수 있다. 이 경우 금전채권이 아닌 채권도 합병에 의해 그 이행이 어려워질 수 있으므로 이의제기가 가능한 채권이다. 다만 공고기간이 경과한 후에 발생한 채권의 채권자는 이의를 제기할 수 없다.

(3) 이의제출

1) 제출한 경우 : 합병에 관하여 이의를 제출한 채권자가 있는 경우 당사회사는 그 채권자에 대하여 변제 또는 상당한 담보를 제공하거나 이를 목적으로 하여 상당한 재산을 신탁

회사에 신탁해야 한다(상법 제527조의5 제3항 → 제232조 제3항). 다만 사채권자가 이의를 제기하려면 사채권자집회의 결의가 있어야 하는데, 이 경우 법원은 이해관계인의 청구에 의해 이의기간을 연장할 수 있다. 그렇지만 이러한 기간연장은 사채권자만을 위해 효력이 있다(상법 제530조 제2항 → 제439조 제3항).

2) 제출하지 않은 경우 : 당사회사가 합병에 관한 주주총회의 승인결의가 있은 날부터 2주 내에 이의제출에 관한 공고·통지를 했음에도 불구하고 채권자들이 이의를 제출하지 아니한 경우에는 합병을 승인한 것으로 본다(상법 제527조의5 제3항 → 제232조 제2항).

(4) 위반 효과

당사회사가 채권자보호절차를 위반함으로써 채권자가 이의제출의 기회를 갖지 못하였거나, 이의제출한 채권자에게 변제 등 필요한 조치를 하지 아니한 경우에는 채권자가 합병등기일로부터 6월 내에 합병무효의 소를 제기할 수 있다(상법 제529조).

4. 반대자 보호

합병에 반대하는 주주는 회사에 대하여 주식의 매수를 청구할 수 있다. 즉 합병계약에 관하여 이사회의 결의가 있는 때에 그 결의에 반대하는 주주(의결권이 없거나 제한되는 주주를 포함함)가 주주총회 전에 회사에 대하여 서면으로 그 결의에 반대하는 의사를 통지한 경우에는 그 총회의 결의일부터 20일 이내에 주식의 종류와 수를 기재한 서면으로 회사에 대하여 자기가 소유하고 있는 주식의 매수를 청구할 수 있다(상법 제522조의3 제1항). 그러나 간이합병에서 합병으로 인하여 소멸하는 회사가 합병계약서를 작성한 날부터 2주 내에 주주총회의 승인을 얻지 아니하고 합병을 한다는 뜻을 공고하거나 주주에게 통지한 경우에는 그러한 공고나 통지를 한 날부터 2주 내에 회사에 대하여 서면으로 합병에 반대하는 의사를 통지한 주주는 그 기간이 경과한 날부터 20일 이내에 주식의 종류와 수를 기재한 서면으로 회사에 대하여 자기가 소유하고 있는 주식의 매수를 청구할 수 있다(상법 제522조의3 제2항 → 제527조의2 제2항). 다만 채권자의 이의를 예상하여 책임재산을 보전해야 하므로 주주의 청구가 있다고 하여 회사가 즉시 매수하는 것은 불가능하고, 채권자보호절차를 종료한 경우에 한하여 주식을 매수할 수 있다.

참고판례 **반대주주의 주식매수청구권에서 매수가격의 결정방법(대법원 2011. 10. 13.자 2008마264 결정)** : [1] 주권상장법인의 합병 등에 반대하여 주식매수를 청구한 주주가 법원에 매수가격 결정을 청구한 사안에서, 구 증권거래법(2004. 1. 29. 법률 제7114호로 개정되기 전의 것, 이하 '구 증권거래법'이라 한다) 제191조 제3항은 매수가격의 결정절차에 관하여 주주와 당해 법인 간의 협의를 최우선으로 하고, 협의가 이루어지지 않는 경우 이사회의 결의일 이전에 유가증권시장에서 거래된 당해 주식의 거래가격을 기준으로 대통령령이 정하는 방법에 따라 산정한 금액으로 매수가격을 정하며, 이렇게 산정된 금액에 대하여 당해 법인이나 매수를 청구한 주식 수의 100분의 30 이상이 반대하는 경우 금융감독위원회가 매수가격을 조정할 수 있다고 규정하고 있는데, 위 조항은 금융감독위원회가 '조정할 수 있다'고 규정하고 있어 금융감독위원회의 조정이 반드시 필요한 것으로 볼 수 없고, 나아가 위 조항이 명시적으로 법원에 의한 매수가격 결정을 배제하고 있지 아니함에도 법원에 의한 매수가격 결정을 부인하는 것은 합병에 반대한 주주의 매수가격 산정에 관한 재판청구권을 근거 없이 침해하는 것이 될 뿐만 아니라, 주식의 다과에 관계없이 법원에 매수가격 결정신청을 할 수 있는 비상장법인의 주주들과의 형평에 비추어 보더라도 매수청구를 한 주식 수가 100분의 30에 미달하는 소수주주들에게도 법원의 최종적인 판단에 따른 매수가격 결정이 보장되어야 하므로, 구 증권거래법에서 정한 매수가격에 반대하는 주주는 금융감독위원회의 조정절차를 거치지 않더라도 법원에 직접 매수가격 결정을 신청할 수 있다. [2] 주권상장법인의 합병 등에 반대하는 주주가 구 증권거래법(2004. 1. 29. 법률 제7114호로 개정되기 전의 것) 제191조 제1항에 의하여 당해 법인에 대하여 상장주식의 매수를 청구하고 주주와 당해 법인 간에 매수가격에 대한 협의가 이루어지지 아니하여 주주 또는 당해 법인이 법원에 매수가격 결정을 청구한 경우, 일반적으로 주권상장법인의 시장주가는 유가증권시장에 참여한 다수의 투자자가 법령에 근거하여 공시되는 당해 기업의 자산내용, 재무상황, 수익력, 장래의 사업전망 등 당해 법인에 관한 정보에 기초하여 내린 투자판단에 의하여 당해 기업의 객관적 가치가 반영되어 형성된 것으로 볼 수 있고 , 주권상장법인의 주주는 통상 시장주가를 전제로 투자행동을 취한다는 점에서 시장주가를 기준으로 매수가격을 결정하는 것이 당해 주주의 합리적 기대에 합치하는 것이므로, 법원은 원칙적으로 시장주가를 참조하여 매수가격을 산정하여야 한다. 다만 이처럼 시장주가에 기초하여 매수가격을 산정하는 경우라고 하여 법원이 반드시 구 증권거래법 시행령(2005. 1. 27. 대통령령 제18687호로 개정되기 전의 것, 이하 '구 증권거래법 시행령'이라 한다) 제84조의9 제2항 제1호에서 정한 산정 방법 중 어느 하나를 선택하여 그에 따라서만 매수가격을 산정하여야 하는 것은 아니고, 법원은 공정한 매수가격을 산정한다는 매수가격 결정신청사건의 제도적 취지와 개별 사안의 구체적 사정을 고려하여 이사회결의일 이전의 어느 특정일의 시장주가를 참조할 것인지, 또는 일정기간 동안의 시장주가의 평균치를 참조할 것인지, 그렇지 않으면 구 증권거래법 시행령 제84조의9 제2항 제1호에서 정한 산정 방법 중 어느 하나에 따라 산정된 가격을 그대로 인정할 것인지 등을 합리적으로 결정할 수 있다. 나아가 당해 상장주식이 유가증권시장에서 거래가 형성되지 아니한 주식이거나(구 시행령 제84조의9 제2항 제2호) 시장주가가 가격조작 등 시장의 기능을 방해하는 부정한 수단에 의하여 영향을 받는 등으로 당해 주권상장법인의 객관적 가치를 제대로 반영하지 못하고 있다고 판단되는 경우에는, 시장주가를 배제하거나 또는 시장주가와 함께 순자산가치나 수익가치 등 다른 평가요소를 반영하여 당해 법인의 상황이나 업종의 특성 등을 종합적으로 고려한 공정한 가액을 산정할 수도 있으나, 단순히 시장주가가 순자산가치나 수익가치에 기초하여 산정된 가격과 다소 차이가 난다는 사정만으로 위 시장주가가 주권상장법인의 객관적 가치를 반영하지 못한다고 단정하여서는 아니 된다.

5. 기타의 절차

(1) 주식의 병합 등

흡수합병에서는 소멸회사의 주주에게 존속회사가 신주를 발행하여 배정하지만, 반드시 소멸회사의 주식 1주에 대하여 신주 1주를 배정되는 것은 아니고 합병비율에 따라 배정한다. 그리하여 때로는 소멸회사 주주의 주식수가 감소할 수도 있다. 한편 이때에는 주식의 배정을 위한 사전준비로 주식을 병합할 수 있는데, 그 절차에는 자본금을 감소할 때의 주식병합에 관한 절차를 준용한다(상법 제530조 제3항→제440조 내지 제443조).

> **참고판례** **주주가 합병으로 주식을 취득할 때 소요된 부대비용이 취득가액에 포함되는지 여부(대법원 2014. 3. 27. 선고 2011두1719 판결)** : 구 법인세법(2010. 12. 30. 법률 제10423호로 개정되기 전의 것, 이하 '구 법인세법'이라 한다) 제41조 제1항 제1호, 제2호는 수익비용대응의 원칙에 따라 기간손익을 적정하게 계산하기 위하여 타인으로부터 매입한 자산이나 자기가 제조·생산·건설 기타 이에 준하는 방법으로 취득한 자산의 경우 그 취득에 소요된 부대비용을 취득가액에 포함되는 것으로 정하고 있는데, 그 밖의 방법으로 취득한 자산이라고 하여 그와 다른 기준에 의하여 취득가액의 범위를 정할 합리적인 이유를 찾기 어렵다. 그리고 구 법인세법 시행령(2006. 2. 9. 대통령령 제19328호로 개정되기 전의 것, 이하 '구 법인세법 시행령'이라 한다) 제72조 제1항 제4호 단서는 구 법인세법 제16조 제1항 제5호의 금액(의제배당소득금액)과 구 법인세법 시행령 제11조 제9호의 금액(특수관계자와의 합병과정에서 분여받은 이익이 있는 경우 그 이익)의 경우에는 이미 합병등기일이 속하는 사업연도의 익금에 산입되어 법인세가 과세되었음을 고려하여 이중과세를 방지하기 위한 취지에서 종전의 장부가액에 그 각 금액을 가산하여 취득가액을 산정하도록 한 것일 뿐 수익비용대응의 원칙에 대한 예외를 정한 것으로는 볼 수 없다. 이러한 점들에 비추어 보면, 주주가 합병으로 인하여 주식을 취득한 경우에도 그 취득에 소요된 부대비용은 특별한 사정이 없는 한 취득가액에 포함된다.

(2) 총회의 개최

1) 보고총회 : 흡수합병에서 존속회사의 이사는 채권자보호절차의 종료 후, 합병으로 인한 주식의 병합이 있을 때에는 그 효력이 생긴 후, 병합에 적당하지 아니한 주식이 있을 때에는 합병 후, 제443조에 의한 단주의 처리를 한 후 지체없이 주주총회(보고총회)를 소집하고 합병에 관한 사항을 보고해야 한다. 다만 소규모합병의 경우에는 제527조의3 제3항 및 제4항의 절차를 종료한 후 지체없이 주주총회를 소집하고 합병에 관한 사항을 보고해야 한다(상법 제526조 제1항). 이 보고에 관해서는 승인결의가 필요하지 않다는 것이 통설이다. 한편 신주인수인이 된 소멸회사의 주주는 아직 존속회사의 주주는 아니지만, 보고총회에서 존속회사의 주주와 동일한 권리를 갖는다(상법 제526조 제2항). 그리고 이러한 보고총회는

이사회의 공고로 갈음할 수 있다(상법 제526조 제3항).

2) 창립총회 : 신설합병의 경우에 설립위원(상법 제175조)은 흡수합병과 같은 절차를 밟은 후에 지체없이 창립총회를 소집해야 하고(상법 제527조 제1항), 창립총회에서는 설립위원의 보고를 들으며 임원을 선임해야 한다(상법 제527조 제3항→제311조, 제312조). 그리고 창립총회에서는 소집통지서에 정관변경에 관한 기재가 없더라도 정관변경을 할 수 있다(상법 제527조 제2항 제1문, 제3항→제316조 제2항). 다만 합병계약의 취지에 반하는 결의는 할 수 없다(상법 제527조 제2항 제2문). 예컨대 설립폐지와 같은 결의는 합병계약의 취지에 반하므로 할 수 없다. 한편 상법은 창립총회의 경우에도 보고총회와 마찬가지로 이사회의 공고로 갈음할 수 있도록 하고 있다(상법 제527조 제4항).

(3) 특 칙

유한회사가 주식회사와 합병하는 경우에 존속회사 또는 신설회사가 주식회사인 때에는 법원의 인가를 받지 않으면 합병의 효력이 없다(상법 제600조 제1항). 이는 합병을 이용하여 주식회사의 증자에 관한 상법상 관련 규정을 잠탈할 우려가 있기 때문이다.

(4) 등 기

합병은 등기에 의하여 그 효력이 생긴다(상법 제530조 제2항→제234조). 즉 회사가 합병을 한 때에는 제526조의 주주총회가 종결한 날 또는 보고에 갈음하는 공고일, 제527조의 창립총회가 종결한 날 또는 보고에 갈음하는 공고일부터 본점 소재지에서는 2주 내, 지점 소재지에서는 3주 내에 존속회사는 변경등기, 소멸회사는 해산등기, 신설회사는 제317조에 정하는 등기(설립등기)를 해야 한다(상법 제528조 제1항). 한편 합병 후 존속회사 또는 신설회사가 합병으로 인하여 전환사채 또는 신주인수권부사채를 승계한 때에는 위의 등기와 동시에 사채의 등기도 해야 한다(상법 제528조 제2항).

참고판례 **합병에서의 주요 쟁점(대법원 2009. 4. 23. 선고 2005다22701,22718 판결 – 국민은행·한국주택은행 합병 사건)** : [1] 구 금융산업의 구조개선에 관한 법률(2002. 12. 26. 법률 제6807호로 개정되기 전의 것) 제2조 제1호와 제3호는 각 '금융기관'과 '부실금융기관'을 구별하여 정의하고 있고, 같은 법 제3조 내지 제5조는 '금융기관' 간의 합병에 관하여 규정하면서 그 적용 범위를 '부실금융기관' 사이의 합병으로 한정하고 있지 아니하므로, 구 금융산업의 구조개선에 관한 법률 제5조는 합병당사회사들이 모두 금융기관이라면 어느 일방 혹은 쌍방이 부실금융기관인지 여부에 관계없이 적용될 수 있다. [2] 주주의 자유로운 의결권 행사를 보장하기 위하여 주주가 의결권의 행사를 대리인에게 위임하는 것이 보장되어야 한다고 하더라도 주주의 의결권 행사를 위한 대리인 선임이 무제한적으로 허용되는 것은 아니고, 그 의결권의 대리행사로 말미암아 주주총회의 개최가 부당하게 저해되거나 혹은 회사의 이익이 부당하게 침해될 염려가 있는 등의 특별한 사정이 있는 경우에는 회사가 이를 거절할 수 있다. [3] 상법 제368조 제3항이 규정하는 '대리권을 증명하는 서면'이라 함은 위임장을 일컫는 것으로서 회사가 위임장과 함께 인감증명서, 참석장 등을 제출하도록 요구하는 것은 대리인의 자격을 보다 확실하게 확인하기 위하여 요구하는 것일 뿐, 이러한 서류 등을 지참하지 아니하였다 하더라도 주주 또는 대리인이 다른 방법으로 위임장의 진정성 내지 위임의 사실을 증명할 수 있다면 회사는 그 대리권을 부정할 수 없다. 한편, 회사가 주주 본인에 대하여 주주총회 참석장을 지참할 것을 요구하는 것 역시 주주 본인임을 보다 확실하게 확인하기 위한 방편에 불과하므로, 다른 방법으로 주주 본인임을 확인할 수 있는 경우에는 회사는 주주 본인의 의결권 행사를 거부할 수 없다. [4] 상법 제368조 제3항의 규정은 주주의 대리인의 자격을 제한할 만한 합리적인 이유가 있는 경우 정관의 규정에 의하여 상당하다고 인정되는 정도의 제한을 가하는 것까지 금지하는 취지는 아니라고 해석되는바, 대리인의 자격을 주주로 한정하는 취지의 주식회사의 정관 규정은 주주총회가 주주 이외의 제3자에 의하여 교란되는 것을 방지하여 회사 이익을 보호하는 취지에서 마련된 것으로서 합리적인 이유에 의한 상당한 정도의 제한이라고 볼 수 있으므로 이를 무효라고 볼 수는 없다. 그런데 위와 같은 정관규정이 있다 하더라도 주주인 국가, 지방공공단체 또는 주식회사 등이 그 소속의 공무원, 직원 또는 피용자 등에게 의결권을 대리행사하도록 하는 때에는 특별한 사정이 없는 한 그들의 의결권 행사에는 주주 내부의 의사결정에 따른 대표자의 의사가 그대로 반영된다고 할 수 있고 이에 따라 주주총회가 교란되어 회사 이익이 침해되는 위험은 없는 반면에, 이들의 대리권 행사를 거부하게 되면 사실상 국가, 지방공공단체 또는 주식회사 등의 의결권 행사의 기회를 박탈하는 것과 같은 부당한 결과를 초래할 수 있으므로, 주주인 국가, 지방공공단체 또는 주식회사 소속의 공무원, 직원 또는 피용자 등이 그 주주를 위한 대리인으로서 의결권을 대리행사하는 것은 허용되어야 하고 이를 가리켜 정관 규정에 위반한 무효의 의결권 대리행사라고 할 수는 없다. [5] 구 증권업감독규정(2001. 10. 4. 금융감독위원회 공고 제2001-72호로 개정되기 전의 것) 제7-16조 제1항은 외국인은 보관기관 중에서 상임대리인을 선임할 수 있고 선임한 상임대리인 이외의 자로 하여금 본인을 위하여 취득유가증권의 권리행사 기타 이와 관련된 사항 등을 대리 또는 대행하게 하지 못한다고 규정하고 있다. 이는 외국인이 상임대리인을 선임하여 놓고도 수시로 상임대리인 이외의 자로 하여금 취득유가증권의 권리행사를 하도록 할 경우 발생할 수 있는 혼란을 피하기 위하여 마련된 규정이라고 해석되므로, 외국인 주주가 상임대리인이 아닌 다른 자에게 의결권 행사를 위임하는 것이 아니라, 외국인 주주로부터 의결권 행사를 위임받은 상임대리인이 제3자에게 그 의결권 행사를 재위임하는 것은 위 규정에 의하여 금지된다고 볼 수 없다. 그리고 대리의 목적인 법률행위의 성질상 대리인 자신에 의한 처리가 필요하지 아니한 경우에는 본인이 복대리 금지의 의사를 명시하지 아니하는 한 복대리인의 선임에 관하여 묵시적인 승낙이 있는 것으로 보는 것이 타당하므로, 외국인 주주로부터 의결권 행사를 위임받은 상임대리인은 특별한 사정이 없는 한 그 의결권 행사의 취지에 따라 제3자에게 그 의결권의 대리행사를 재위임할 수 있다. [6] 상법 제368조의2 제1항은 "주주가 2 이상의 의결권을 가지고 있는 때에는 이를 통일하지 아니하고 행사할 수 있다. 이 경우 회일의 3일 전에 회사에 대하여 서면으로 그 뜻과 이유를 통지하여야 한다"고 규정하고 있는바, 여기서 3일의 기간이라 함은 의결권의 불통일행사가 행하여지는 경우에 회사 측에 그 불통일행사를 거부할 것인가를 판단할 수 있는 시간적 여유를 주고, 회사의 총회 사무운영에 지장을 주지 아니하도록 하기 위하여 부여된 기간으로서, 그 불통일행사의 통지는 주주총회 회일의 3일 전에 회사에 도달할 것을 요한다. 다만, 위와 같은 3일의 기간이 부여된 취지에 비추어 보면, 비록 불통일행사의 통지가 주주총회 회일의 3일 전이라는 시한보다 늦게 도착하였다고 하더라도 회사가 스스로 총회운영에 지장이 없다고 판단하여 이를 받아들이기로 하고 이에 따라 의결권의 불통일행사가 이루어진 것이라면, 그것이 주주평등의 원칙을 위반하거나 의결권 행사의 결과를 조작하기 위하여 자의적으로 이루어진 것이라는 등의 특별한 사정이 없는 한, 그와 같은 의결권의 불통일행사를 위법하다고 볼 수는 없다. [7] 증권예탁원에 대한 의결권 대리행사 신청이 비록 구 증권거래법(2002. 1. 26. 법률 제6623호로 개정되기 전의 것) 제174조의6 제5항에 정한 주주총회 회일의 5일 전이라는 시한을 넘겨 도착하였다 하더라도, 증권예탁원이 그 신청 취지에 따라 의결권을 대리행사하겠다고 승낙하고 주주총회에서 실제 그 취지에 따라 의결권의 대리행사가 이루진 경우에는 특별한 사정이 없는 한 그와 같은 증권예탁원의 의결권 대리행사를 가리켜 무효라고 할 수는 없다. [8] 구 증권거래법(2002. 1. 26. 법률 제6623호로 개정되기 전의 것) 제174조의8 제2항은 "예탁원에 예탁된 주권의 주식에 관한 실질주주명부에의 기재는 주주명부에의 기재와 동일한 효력을 가진다"고 규정하고 있으므로, 회사는 실질주주명부의 면책적 효력에 의하여 증권예탁원 이외에 실질주주에게 주주총회의 소집통지 등을 하면 이로써 면책된다. 한편, 해외예탁기관이 국내 법인의 신규 발행주식 또는 당해 주식발행인이 소유하고 있는 자기주식을 원주로 하여 이를 국내에 보관하고 그 원주를 대신하여 해외에서 발행하는 주식예탁증서(Depositary Receipts, DR)의 경우, 해외예탁기관이 발행회사의 실질주주명부에 실질주주로 기재되므로, 발행회사로서는 실질주주명부에 실질주주로 기재된 해외예탁기관에게 주주총회 소집통지 등을 하면 이로써 면책되고, 나아가 주식예탁증서의 실제 소유자의 인적 사항과 주소를 알아내어 그 실제 소유자에게까지 이를 통지할 의무는 없다. [9] 현저하게 불공정한 합병비율을 정한 합병계약은 사법관계를 지배하는 신의성실의 원칙이나 공평의 원칙 등에 비추어 무효이고, 따라서 합병비율이 현저하게 불공정한 경우 합병할 각 회사의 주주 등은 상법 제529조에 의하여 소로써 합병의 무효를 구할 수 있다. 다만, 합병비율은 자산가치 이외에 시장가치, 수익가치, 상대가치 등의 다양한 요소를 고려하여 결정되어야 할 것인 만큼 엄밀한 객관적 정확성에 기하여 유일한 수치로 확정할 수 없고, 그 제반요소의 고려가 합리적인 범위 내에서 이루어진 것이라면 결정된 합병비율이 현저하게 부당하다고 할 수 없다. 따라서 합병당사회사의 전부 또는 일부가 주권상장법인인 경우 증권거래법과 그 시행령 등 관련 법령이 정한 요건과 방법 및 절차 등에 기하여 합병가액을 산정하고 그에 따라 합병비율을 정하였다면 그 합병가액 산정이 허위자료에 의한 것이라거나 터무니없는 예상 수치에 근거한 것이라는 등의 특별한 사정이 없는 한, 그 합병비율이 현저하게 불공정하여 합병계약이 무효로 된다고 볼 수 없다. [10] 상법 제527조 제4항은 신설합병의 경우 이사회의 공고로써 신설합병의 창립총회에 대한 보고에 갈음할 수 있다고 규정하고 있고, 상법 제528조 제1항은 신설합병의 창립총회가 종결한 날 또는 보고에 갈음하는 공고일로부터 일정기간 내에 합병등기를 하도록 규정하고 있으므로, 상법 제527조 제4항은 신설합병의 창립총회 자체를 이사회의 공고로써 갈음할 수 있음을 규정한 조항이라고 해석된다. 한편, 상법 제527조 제2항은 신설합병의 창립총회에서 정관변경의 결의를 할 수 있되 합병계약의 취지에 위반하는 결의는 하지 못하도록 규정하고 있는바, 정관변경은 창립총회에서 할 수 있다는 것이지 반드시 하여야 하는 것은 아니고, 주식회사를 설립하는 창립총회에서는 이사와 감사를 선임하여야 한다는 상법 제312조의 규정이 상법 제527조 제3항에 의해서 신설합병의 창립총회에 준용되고 있다 하더라도, 상법 제524조 제6호에 의하면 합병으로 인하여 설립되는 회사의 이사와 감사 또는 감사위원회 위원을 정한 때에는 신설합병의 합병계약서에 그 성명 및 주민등록번호를 기재하게 되어 있고, 그 합병계약서가 각 합병당사회사의 주주총회에서 승인됨으로써 합병으로 인하여 설립되는 회사의 이사와 감사 등의 선임이 이루어지는 만큼, 이러한 경우에는 굳이 신설합병의 창립총회를 개최하여 합병으로 인하여 설립되는 회사의 이사와 감사 등을 선임하는 절차를 새로이 거칠 필요가 없고 이사회의 공고로 갈음할 수 있다. [11] 상법은 신설합병의 창립총회에 갈음하는 이사회 공고의 방식에 관하여 특별한 규정을 두고 있지 아니하므로, 이 경우 이사회 공고는 상법 제289조 제1항 제7호에 의하여 합병당사회사의 정관에 규정한 일반적인 공고방식에 의하여 할 수 있다.

Ⅲ. 특수한 합병

1. 서 언

합병의 경우 존속회사나 신설회사가 소멸회사의 모든 권리·의무를 포괄적으로 승계하고 신주를 발행하며 사원을 수용하기 때문에 당사회사 모두 기존 조직에 중대한 변화가 있게 된다. 그리하여 상법은 당사회사 모두 이사회결의를 거쳐서 대표이사 간에 법정 사항이 기재된 합병계약을 체결한 후 주주총회의 특별결의에 의한 승인을 얻도록 함과 동시에 채권자보호절차도 경료하도록 엄격히 규제하고 있다. 그런데 이런 절차는 당사회사에 시간적 및 사무적 부담을 주기도 하므로 상법은 예외적으로 특수한 합병도 허용하고 있다. 즉 ① 주주총회의 특별결의가 아닌 이사회결의로 합병을 승인할 수 있도록 한 간이합병과 소규모합병, ② 존속회사가 소멸회사의 주주에게 합병비율에 따라 지급하는 존속회사의 주식 대신에 금전 등을 지급하는 교부금합병과 삼각합병이 있다.

2. 간이합병

(1) 의 의

간이합병은 흡수합병에서 소멸회사가 주주총회의 결의를 생략하고 이사회의 결의로 합병을 승인할 수 있는 경우를 말한다. 즉 ① 소멸회사의 총주주의 동의가 있거나, ② 소멸회사의 발행주식총수의 100분의 90 이상을 존속회사가 소유하고 있는 경우에는 소멸회사의 주주총회의 승인결의는 이사회결의로 갈음할 수 있다(상법 제527조의2 제1항).

(2) 적용범위

간이합병은 흡수합병에서 소멸회사에만 적용되고, 신설합병에서의 소멸회사에는 적용되지 않는다. 이처럼 흡수합병을 하더라도 존속회사에는 간이합병이 적용되지 않기 때문에 존속회사는 원칙에 따라 주주총회의 특별결의로 합병을 승인받아야 하고, 합병에 관한 이사회결의를 사전에 반대한 주주에 대해서는 주식매수청구권을 부여해야 한다.

(3) 주식매수청구

소멸회사의 총주주가 동의한 때에는 반대주주 그 자체가 없으므로 주식매수청구권 문제가 생기지 않는다(상법 제527조의2 제2항 단서). 그러나 존속회사가 소멸회사의 발행주식총수의 100분의 90 이상을 소유한 때에는 반대주주가 있을 수 있으므로 주식매수청구절차를 생략할 수 없다(상법 제522조의3 제2항). 따라서 소멸회사는 합병계약서를 작성한 날로부터 2주 내에 주주총회의 승인을 얻지 않고 합병을 한다는 뜻을 공고하거나 주주에게 통지해야 한다(상법 제527조의2 제2항 본문). 한편 이러한 공고나 통지가 있은 날부터 2주 내에 소멸회사의 주주는 회사에 대하여 서면으로 합병에 반대하는 의사를 통지할 수 있고, 위 2주가 경과한 날부터 20일 이내에 주식의 종류와 수를 기재한 서면으로 회사에 대하여 자기가 소유한 주식의 매수를 청구할 수 있다(상법 제522조의3 제2항).

3. 소규모합병

(1) 의 의

1) 개 념 : 존속회사가 소멸회사의 주주에게 발행하는 신주가 존속회사의 발행주식총수의 100분의 10을 초과하지 않는 경우 존속회사의 주주총회의 승인은 이사회의 승인으로 갈음할 수 있는데(상법 제527조의3 제1항 본문), 이를 「소규모합병」이라고 한다.

2) 취 지 : 상법이 합병 당사회사 모두에서 주주총회의 특별결의에 의한 승인을 받도록 규제하는 것은 합병의 경우 주주들이 출자할 당시 예측하지 못하였던 중대한 조직적 변화이므로 그에 따른 위험을 부담하는 주주들이 직접 그 의사를 결정하도록 하기 위함이다. 그런데 실무적으로 대규모 회사가 극히 작은 규모의 회사를 흡수합병하는 경우에 대규모 회사의 입장에서는 일상적인 영업활동 정도의 규모에 지나지 않는 자산취득임에도 불구하고 주주총회의 특별결의를 얻어야 하는 매우 비경제적·비효율적인 문제가 발생한다. 그리하여 상법은 일정한 규모의 회사를 흡수합병하는 때에는 주주총회의 승인결의를 생략하고 이사회의 결의로 대체할 수 있도록 한 것이다(상법 제527조의3).

3) 효 용 : 소규모합병은 당사회사가 저비용으로 신속하게 합병을 실현할 수 있는 장점이 있는 반면에 오남용의 위험성도 내포하고 있다. 소규모합병에서 존속회사가 소멸회사의 주주에게 발행하는 신주는 소멸회사의 규모가 아니라 순자산을 기초로 하므로, 대규모 회사이지만 자본잠식이 심한 부실회사를 흡수합병하는 때에도 이 제도에 의해 주주총회의 승인을 생략할 수 있기 때문이다. 따라서 향후 입법적 보완이 필요하다.

(2) 요 건

소규모합병은 흡수합병에 있어서 존속회사에 대해서만 인정되는 특례이다. 즉 흡수합병에서 존속회사가 합병비율에 따라 소멸회사의 주주에게 발행하는 신주가 존속회사의 발행주식총수의 100분의 10을 초과하지 아니하는 경우에만 본조가 적용된다(상법 제527조의3 제1항 본문). 일반적으로 흡수합병에서는 존속회사가 소멸회사로부터 인수하는 순자산의 가치를 존속회사의 주식가치로 평가하여 소멸회사의 주주에게 존속회사의 신주를 발행한다. 따라서 그 신주가 존속회사의 발행주식총수의 10%를 초과하지 아니한다는 것은 순자산의 규모로 보아 존속회사의 10분의 1 정도의 규모에 지나지 않는 회사를 흡수합병한다는 것을 의미한다고 보아 정상적인 합병절차를 생략하도록 한 것이다.

(3) 절 차

합병계약서에 주주총회의 승인을 받지 않는다는 뜻을 기재해야 한다(상법 제527조의3 제2항). 그리고 주주에 대한 공시절차로서 존속회사는 합병계약서를 작성한 날로부터 2주 내에 소멸회사의 상호, 본점소재지, 합병을 할 날, 주주총회의 승인결의 없이 합병을 한다는 뜻을 공고하거나 주주에게 통지해야 한다(상법 제527조의3 제3항).

(4) 제 한

상법은 소규모합병과 관련하여 두 가지 예외를 규정하고 있다. 즉 ① 소멸회사의 주주에게 제공할 금전이나 그 밖의 재산을 정한 경우에 그 금액 및 그 밖의 재산의 가액이 존속회사의 최종 대차대조표상 현존하는 순자산액의 100분의 5를 초과하는 경우에는 위에서 말한 발행주식요건이 충족되더라도 주주총회의 결의를 생략할 수 없다(상법 제527조의3 제1항 단서). 이러한 경우에 교부금 등을 지급하면 자본충실을 해할 우려가 있기 때문이다. ② 존속회사의 발행주식총수의 100분의 20 이상에 해당하는 주식을 소유한 주주가 주주총회의 승인을 받지 않고 합병을 한다는 뜻의 공고나 통지가 있은 날부터 2주 내에 회사에 대하여 서면으로 합병에 반대하는 의사를 통지한 때에는 소규모합병을 할 수 없다(상법 제527조의3 제4항). 즉 이 경우에도 주주총회의 승인결의를 얻어야 한다.

(5) 주식매수청구

소규모합병에서는 반대주주에게 주식매수청구권을 인정하지 않는다(상법 제527조의3 제5항). 이 점이 실무에서 소규모합병을 이용하는 가장 큰 실익이 된다. 그러나 주주 보호라는 관점에서 본다면 소규모합병이라고 하여 주식매수청구권을 인정하지 않을 이유는 없다. 비록 합병대가가 소액이라고 하더라도 소멸회사의 채무를 승계함으로써 존속회사의 영업이나 재무구조에 영향을 줄 수 있기 때문이다. 따라서 입법적 보완이 필요하다. 참고로 일본은 소규모합병에도 반대주주의 주식매수청구권을 인정하고 있다.[11)]

4. 교부금합병

(1) 의 의

합병에서는 존속회사가 소멸회사의 주주에게 합병비율에 따라 신주를 발행하여 배정하면서 합병교부금도 지급하는 경우가 있다. 대체로 당사회사는 합병비율의 조정, 단주의 처리, 사전적 이익배당, 실질적 감자 등의 목적으로 합병교부금을 지급한다. 이와 관련하여 과거에는 존속회사가 소멸회사의 주주에게 주식을 발행하지 아니하고 교부금만 지급하는 합병방식은 허용되지 않는다고 보았다(통설). 그런데 2011년 개정 상법은 존속회사가 소멸회사의 주주에게 합병대가의 전부를 교부금으로만 지급할 수도 있도록 하였다. 또한 금전으로 제한하였던 과거와 달리 금전 외의 재산으로도 교부금을 지급할 수 있도록 하였다. 그리하여 존속회사가 소멸회사의 주주들에게 신주발행 대신에 금전이나 그 밖의 재산만을 지급하는 합병도 가능해졌는데, 이를 「교부금합병」이라고 한다.

(2) 효용성

교부금합병에서는 존속회사의 신주가 발행되지 아니하므로 소멸회사의 주주는 존속회사에 참여할 수 없다. 그리하여 존속회사의 지배주주가 회사에 대한 지배권을 그대로 유지하면서 합병을 하고자 할 때 교부금합병은 매우 유용한 수단이 될 수 있다. 소멸회사의 주주에게 존속회사의 주식이 발행되지 않아 소멸회사의 주주가 존속회사에 참여할 수 없기 때문이다. 그리고 존속회사의 주식이 거래성이 약하여 처분하기 쉽지 아니한 경우에는 소멸회사의 주주가 투자를 회수하는 방법이 될 수도 있다. 물론 이처럼 소수주주를 축출하는 방법으로는 상법상 지배주주의 강제적 주식매도청구권도 있지만, 이는 지배주주가 95% 이상의 지분을 보유하고 있어야만 행사할 수 있다. 그런데 교부금합병에서는 이러한 제한이 없으므로 지배주주는 보다 실효적으로 소수주주를 축출할 수 있다.

(3) 문제점

교부금합병은 회사가 다양한 전략과 구조조정을 위해 활용할 수 있는 매우 실효적인

---

11) 일본 회사법 제797조 제2항 제2호.

방법이지만, 약간의 문제점도 내포하고 있어 합리적 해석과 입법적 보완이 필요하다. 즉 ① 교부금의 경우 논리적으로는 금전이든 그 밖의 재산이든 모두 교부금으로 지급할 수 있지만, 실제로는 금전이 주된 대상이 될 것이다. 그 밖의 재산의 경우에는 소멸회사의 주식과 합병비율에 따라 대체할 수 있을 정도의 재산이어야 하는데, 이는 모회사나 자회사의 주식·사채 등 매우 제한적일 뿐만 아니라 이들의 가치평가가 뒤따르는 번거로움이 있기 때문이다. ② 주식평등의 원칙이 지켜져야 하므로 존속회사가 소멸회사의 주주 중 일부에 대해서는 합병비율에 따라 신주를 발행하여 배정하고, 다른 일부의 주주에 대해서는 금전만을 지급하는 방식의 합병은 할 수 없다. 이와 관련하여 소멸회사의 주주들에게 존속회사의 신주와 교부금(금전) 중 어느 하나를 선택할 수 있도록 하면 동등한 기회를 주는 것이므로 허용될 수 있다는 견해도 있지만,[12] 이는 오히려 혼란을 초래할 수 있을 뿐만 아니라 교부금합병의 본질에 반하므로 찬동할 수 없다. ③ 교부금합병에서는 소멸회사의 주주가 금전을 그 대가로 받기 때문에 투자의 연속성에 기초한 과세이연의 특례를 적용받을 수 없어 차익실현에 대한 조세부담이 발생할 수 있다.

5. 삼각합병

(1) 의 의

합병에서는 존속회사가 소멸회사의 주주들에게 합병비율에 따라 신주를 발행하여 배정하면서 합병교부금을 지급하는 경우가 있는데, 합병교부금은 그동안 금전만 허용되었다. 그런데 2011년 개정 상법은 존속회사가 소멸회사의 주주들에게 합병비율에 따라 신주를 발행하여 배정하지 아니하고 교부금만을 지급하여 합병할 수 있도록 하였고(교부금합병), 교부금도 금전 외의 재산으로 지급할 수 있도록 하였다. 그리하여 존속회사가 소멸회사의 주주들에게 존속회사가 보유하고 있는 모회사의 주식을 교부금으로 지급하는 방식의 합병도 할 수 있는데, 이를 강학상 「삼각합병」이라고 한다. 이는 특히 모자회사 관계와 비모자회사 관계로 이원화된 상호주 규제와도 밀접하게 연결되어 있다.

(2) 종 류

1) 순방향 삼각합병 : 상법상 자회사는 원칙적으로 모회사의 주식을 단 1주도 취득할 수 없지만, ① 주식의 포괄적 교환·이전, 회사의 합병, 다른 회사의 영업 전부의 양수로 인한 때, ② 회사의 권리를 실행함에 있어 그 목적을 달성하기 위하여 필요한 때에는 예외적으로

12) 김건식/노혁준/천경훈, 787면.

모회사의 주식을 취득할 수 있다(상법 제342조의2 제1항). 다만 자회사는 모회사의 주식을 취득한 날로부터 6월 내에 처분해야 한다(상법 제342조의2 제2항). 이러한 경우에 자회사가 처분해야 하는 모회사의 주식을 현물의 교부금으로 활용하여 다른 회사를 흡수합병하면 실질적으로는 모회사가 직접 그 다른 회사를 흡수합병한 효과가 발생하는데([표 25] 참조), 이를 강학상 「순방향 삼각합병」이라고 한다.

[표 25] 순방향 삼각합병 흐름도

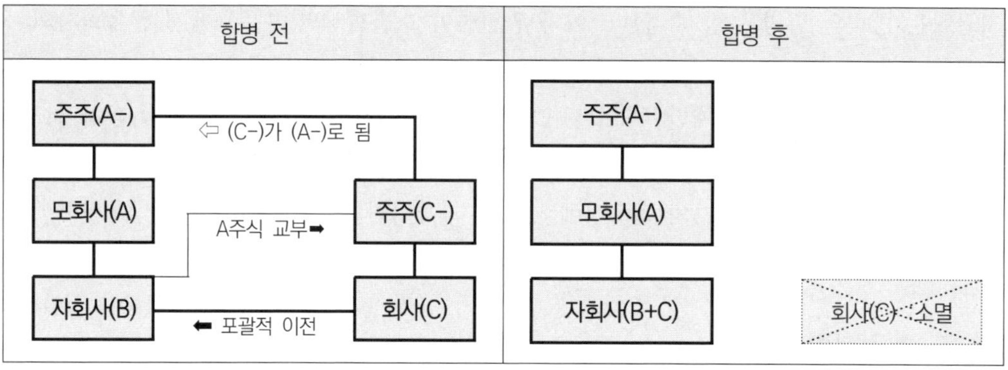

한편 순방향 삼각합병과 관련해서는 다음과 같이 주의할 점이 있다. 즉 ① 자회사가 보유한 모회사의 주식이 부족한 경우에 그 부족분을 자회사가 취득할 수 있을까? 이에 대해서는 상법 제523조의2 제1항이 명확히 허용하고 있다. ② 위의 경우에 자회사는 언제 모회사의 주식을 취득할 수 있을까? 이에 대한 상법상 규정이 없어 합리적 해석이 필요한데, 자회사는 경영상 목적 달성을 위해 필요한 경우에만 예외적으로 모회사의 주식을 취득할 수 있고, 취득한 때에도 6개월 내에 처분하도록 한 상법의 취지를 존중하여 우선은 자회사와 소멸회사 간의 합병이 어느 정도 확정된 때부터 취득할 수 있다고 해석하고,[13] 향후 입법적으로 이를 보완해야 한다.

2) 역방향 삼각합병 : 상법에 역방향 삼각합병을 직접적으로 인정하는 규정은 없다. 그렇지만 순방향 삼각합병의 틀을 바탕으로 주식의 포괄적 교환 제도를 활용하면 역방향 삼각합병도 가능하다. 위의 사례에서 모회사가 100% 자회사를 다른 회사에 흡수합병시키고 그 대가로 그 다른 회사의 주식을 모회사가 받는 것인데, 이 과정에서 그 다른 회사와 모회사가 주식을 포괄적으로 교환하면 결국 그 다른 회사는 모회사의 자회사가 되는 것이다([표

13) 이와 관련하여 자회사가 다른 회사(소멸회사)와 합병계약을 체결한 후부터 취득할 수 있다는 견해가 있다(윤영신, "삼각합병제도 도입과 활용상의 법률문제", 20면).

26] 참조). 이는 미국에서 많이 활용하는데, 그 다른 회사가 존속하므로 회사의 브랜드가치 등을 그대로 누릴 수 있다는 장점이 있다.[14)]

[표 26] 역방향 삼각합병 흐름도

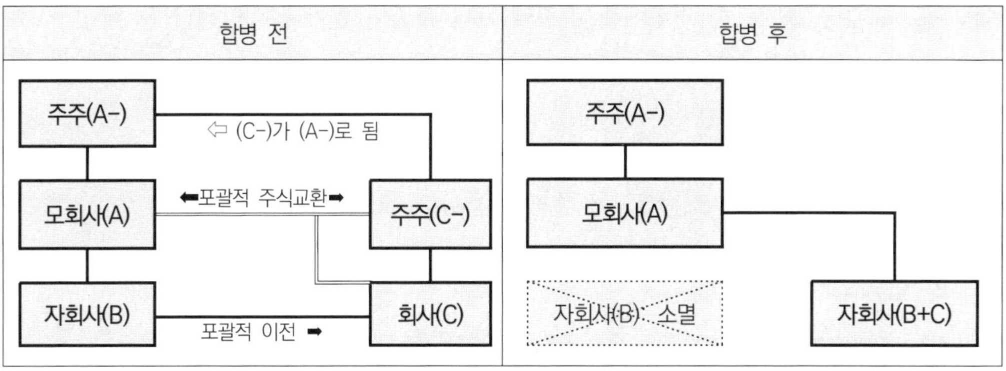

Ⅳ. 효과와 무효

1. 합병의 효과

(1) 회사의 소멸과 신설

흡수합병의 경우 존속회사 이외의 당사회사는 소멸하고, 신설합병에서는 설립된 회사를 제외한 모든 당사회사가 소멸한다. 상법이 합병을 해산사유로 규정하고 있기 때문이다(제227조 제4호, 제269조, 제287조의38, 제517조 제1호, 제609조 제1항 제1호). 주의할 것은 합병으로 인한 해산은 법인격의 소멸에 그 목적이 있고, 존속회사나 신설회사가 소멸회사들의 권리·의무를 승계하기 때문에 청산절차를 밟지 않는다는 점이다.

(2) 권리와 의무의 승계

흡수합병의 존속회사와 신설합병에서의 신설회사는 소멸하는 당사회사의 모든 권리·의무를 포괄적으로 승계하는데, 여기에는 공법상 권리·의무도 포함된다. 따라서 개별적인 이전행위나 채무인수절차 등도 필요하지 않다. 그렇지만 존속회사나 신설회사가 승계한 권리를 처분하려면 등기·등록 등의 공시방법을 갖추어야 할 경우도 있고(민법 제187조 단서), 제3자에게 대항하려면 일정한 요건을 갖추어야 할 경우도 있다(예: 명의개서).

---

14) 김건식/노혁준/천경훈, 791면.

(3) 주주의 지위 변화

합병의 경우 소멸회사의 주주는 합병계약에 정해진 바에 따라 존속회사나 신설회사가 발행하는 신주를 배정받아 존속회사나 신설회사의 주주가 된다. 다만 당사회사가 합병의 방식으로 교부금합병을 한 경우에는 주주의 지위 전환이 일어나지 않는다.

(4) 소송법상 효과

소송의 당사자인 회사가 합병으로 인하여 소멸하는 때에는 소송절차가 중단되고, 존속회사 또는 신설회사가 그 소송절차를 수계해야 한다(민소법 제234조).

2. 합병의 무효

(1) 규제취지

흡수합병이든 신설합병이든 합병을 하면 단체법적 효과가 발생하고 다수의 이해관계인이 생기는데, 그 과정에 하자가 있다고 하여 이를 개별적으로 무효 주장을 할 수 있도록 하면 결국 단체법적 법률관계의 불안정과 혼란을 초래하게 된다. 그리하여 상법은 합병을 둘러싼 이해관계인들의 권리관계를 획일적으로 확정하기 위하여 합병무효의 소에 의해서만 하자를 주장할 수 있도록 제한하고 있는데, 이는 형성의 소이다.

(2) 제소권자

합병무효의 소를 제기할 수 있는 자는 각 회사의 주주·이사·감사·청산인·파산관재인 또는 합병을 승인하지 아니한 채권자이다(상법 제529조 제1항). 여기서 「주주」는 아무런 제한이 없으므로 한 주만 가지고 있어도 제기할 수 있고, 합병에 관한 주주총회의 승인결의에 찬성한 주주도 제기할 수 있다. 다만 다음의 경우에는 주의해야 한다. 즉 ① 「각 회사」의 경우 교부금합병을 허용하지 않았던 과거에는 존속회사나 신설회사만을 의미하였지만, 지금은 소멸회사도 포함하는 것으로 보아야 한다. 교부금합병으로 인해 존속회사의 주식을 받지 못한 소멸회사의 주주도 당연히 보호해야 하기 때문이다. ② 명문 규정은 없으나 각 제소권자는 합병의 효력이 발생한 그 당시에 자격을 갖고 있어야 하고, 그 자격을 변론종결시까지 유지해야 한다고 해석해야 한다. 다만 교부금합병으로 인해 존속회사의 주식을 취득하지 못한 소멸회사의 주주는 예외로 해야 한다.[15] ③ 「합병을 승인하지 아니한 채권자」와 관련하여 존속회사나 신설회사의 채권자는 모두 포함하지만, 합병등기 전에 변제받은 채권

---

15) 이철송, 1144면.

자와 담보를 제공받거나 신탁을 받은 채권자(상법 제232조 제3항)는 제외된다. 그리고 합병의 효력이 발생할 당시에는 변제받지 못했더라도 변론종결 전에 변제받은 경우에도 제소자격을 상실한다. 한편 채권자는 채권자보호절차의 흠결을 이유로 해서만 제소할 수 있고, 다른 사유로는 제소할 수 없다.

(3) 제소원인

1) 일반적 무효사유 : 합병의 무효원인에 관한 상법상 규정은 없다. 현재 거론되는 사유로는 합병제한규정을 위반한 경우, 합병계약서의 기재사항이 흠결된 경우(상법 제523조, 제524조), 합병결의에 하자가 있는 경우, 채권자보호절차를 위반한 경우 등이 있다. 그런데 합병이 무효되면 상당한 혼란이 발생하고 이해관계인들의 권리·의무가 복잡하게 얽히게 되므로 매우 신중하게 처리해야 한다. 참고로 합병무효처럼 명시적 규정에 없는 신주발행무효의 소에 있어서 판례는 매우 엄격히 무효사유를 판단하고 있다.[16)]

2) 합병비율의 불공정 : 오늘날 합병무효사유와 관련하여 논란이 심한 것은 합병비율의 불공정이다.[17)] 합병에서 존속회사가 신주를 발행하는 때에는 합병계약서에 신주의 배정에 관한 사항을 기재해야 하는데, 이를 「합병비율」 또는 「합병조건」이라고 한다. 상법이 합병과 관련하여 세부적인 규정을 두고 엄격히 규제하는 것은 합병을 공정하게 하여 사후에 무효가 되는 것을 최대한 억제하기 위함인데, 이 과정에서 관계자들의 이해가 가장 첨예하게 대립하는 부분은 바로 합병대가인 합병비율이다. 비록 주주총회에서 주주들이 특별결의로 승인한 합병비율이라고 하더라도 주주총회의 결의는 다수자 주주의 의사대로 확정되는 것이 일반적이어서 여전히 불공정한 합병비율이 생길 수 있기 때문이다. 이와 관련하여 합병대가는 사적 자치에 속하고, 합병대가가 불공정하더라도 반대주주는 주식매수청구권을 통해 구제받을 수 있으므로 합병대가의 불공정은 합병무효의 소의 원인이 될 수 없다는 견해가 있다.[18)] 그렇지만 앞에서 살펴본 것처럼 합병대가의 공정성은 합병의 본질적인 요청이며 조직법적 당위성에 관한 문제이다. 따라서 합병비율의 불공정은 합병무효의 소의 원인

---

16) 대법원 2015. 12. 10. 선고 2015다202919 판결(신주발행을 사후에 무효로 하는 것은 거래의 안전을 해할 우려가 크기 때문에 신주발행무효의 소에서 무효원인은 엄격하게 해석하여야 하나, 신주발행에 법령이나 정관을 위반한 위법이 있고 그것이 주식회사의 본질 또는 회사법의 기본원칙에 반하거나 기존 주주들의 이익과 회사의 경영권 내지 지배권에 중대한 영향을 미치는 경우에는 원칙적으로 신주의 발행은 무효이다).

17) 지난 2015년에 있었던 삼성물산과 제일모직의 합병에서도 양 회사가 자본시장법에 따라 산정한 합병비율(삼성물산 0.36 대 제일모직 1)의 불공정에 관한 논란이 심하였고, 일부는 소송까지 진행되었다.

18) 江頭憲治郎, 892頁; 東京高等裁判所 1990. 1. 31. 判決(「商事法務」, 第77号, 193頁).

으로 보는 것이 타당한데, 판례도 동일하게 본다.[19] 그렇다면 합병비율의 공정성은 무엇을 기준으로 판단하는가? 일반적으로는 당사회사의 순자산가치가 가장 중요한 기준이 되겠지만, 순자산가치가 계속기업의 모든 가치를 표시한다고 보기는 어렵다.[20] 따라서 순자산가치와 상이한 합병비율이라고 하더라도 다양한 평가요소가 합리적으로 반영되었다면 그 합병비율은 공정하다고 보아야 한다.[21]

참고판례 **흡수합병에서 합병비율의 불공정 등(대법원 2008. 1. 10. 선고 2007다64136 판결)** : [1] 상법 제523조 제2호가 흡수합병계약서의 절대적 기재사항으로 '존속하는 회사의 증가할 자본'을 규정한 것은 원칙적으로 자본충실을 도모하기 위하여 존속회사의 증가할 자본액(즉, 소멸회사의 주주들에게 배정·교부할 합병신주의 액면총액)이 소멸회사의 순자산가액 범위 내로 제한되어야 한다는 취지라고 볼 여지가 있기는 하나, 합병당사자의 전부 또는 일방이 주권상장법인인 경우 그 합병가액 및 합병비율의 산정에 있어서는 증권거래법과 그 시행령 등이 특별법으로서 일반법인 상법에 우선하여 적용되고, 증권거래법 시행령 제84조의7 소정의 합병가액 산정기준에 의하면 주권상장법인은 합병가액을 최근 유가증권시장에서의 거래가격을 기준으로 재정경제부령이 정하는 방법에 따라 산정한 가격에 의하므로 경우에 따라 주당 자산가치를 상회하는 가격이 합병가액으로 산정될 수 있고, 주권비상장법인도 합병가액을 자산가치·수익가치 및 상대가치를 종합하여 산정한 가격에 의하는 이상 역시 주당 자산가치를 상회하는 가격이 합병가액으로 산정될 수 있으므로, 결국 소멸회사가 주권상장법인이든 주권비상장법인이든 어느 경우나 존속회사가 발행할 합병신주의 액면총액이 소멸회사의 순자산가액을 초과할 수 있게 된다. 따라서 증권거래법 및 그 시행령이 적용되는 흡수합병의 경우에는 존속회사의 증가할 자본액이 반드시 소멸회사의 순자산가액의 범위 내로 제한된다고 할 수 없다. [2] 합병비율을 정하는 것은 합병계약의 가장 중요한 내용이고, 그 합병비율은 합병할 각 회사의 재산 상태와 그에 따른 주식의 실제적 가치에 비추어 공정하게 정함이 원칙이며, 만일 그 비율이 합병할 각 회사의 일방에게 불리하게 정해진 경우에는 그 회사의 주주가 합병 전 회사의 재산에 대하여 가지고 있던 지분비율을 합병 후에 유지할 수 없게 됨으로써 실질적으로 주식의 일부를 상실케 되는 결과를 초래하므로, 현저하게 불공정한 합병비율을 정한 합병계약은 사법관계를 지배하는 신의성실의 원칙이나 공평의 원칙 등에 비추어 무효이고, 따라서 합병비율이 현저하게 불공정한 경우 합병할 각 회사의 주주 등은 상법 제529조에 의하여 소로써 합병의 무효를 구할 수 있다. [3] 흡수합병시 존속회사가 발행하는 합병신주를 소멸회사의 주주에게 배정·교부함에 있어서 적용할 합병비율은 자산가치 이외에 시장가치, 수익가치, 상대가치 등의 다양한 요소를 고려하여 결정되어야 하는 만큼 엄밀한 객관적 정확성에 기하여 유일한 수치로 확정할 수 없고, 그

19) 대법원 2009. 4. 23. 선고 2005다22701,22718 판결.

20) 이와 관련하여 자본시장법은 상장회사 간의 합병에서는 주식의 시가를 기준으로, 상장회사와 비상장회사 간의 합병에서 상장회사는 시가를 그리고 비상장회사는 순자산가치와 수익가치를 기준으로 하여 합병대가를 산정하도록 규제하고 있다(자본시장법 제165조의4; 자본시장령 제176조의5 제1항). 그렇지만 자본시장법의 성격상 사법적 효력을 갖는 합병대가를 제시할 수 없는 점, 합병대가의 산정은 법률로 강제할 사안이 아니라는 점 등에 근거하여 동 규정을 따르지 않았다고 하여 불공정하다고 볼 수는 없으나 합병의 불공정에 관한 다툼이 있을 때 일응 합리적인 기준이 될 수는 있다는 견해도 있다(이철송, 1141~1142면).

21) 대법원 2008. 1. 10. 선고 2007다64136 판결.

> 제반 요소의 고려가 합리적인 범위 내에서 이루어졌다면 결정된 합병비율이 현저하게 부당하다고 할 수 없으므로, 합병당사자 회사의 전부 또는 일부가 주권상장법인인 경우 증권거래법과 그 시행령 등 관련 법령이 정한 요건과 방법 및 절차 등에 기하여 합병가액을 산정하고 그에 따라 합병비율을 정하였다면 그 합병가액 산정이 허위자료에 의한 것이라거나 터무니없는 예상 수치에 근거한 것이라는 등의 특별한 사정이 없는 한, 그 합병비율이 현저하게 불공정하여 합병계약이 무효로 된다고 볼 수 없다.

(4) 제소절차

합병무효의 소는 합병등기 후 6월 내에 제기해야 한다(상법 제529조 제2항). 이 경우 소의 관할, 소 제기의 공고, 소의 병합심리, 하자가 보완된 경우의 재량기각판결, 패소원고의 책임 등은 회사설립무효의 소에서와 같다(상법 제530조 제2항→제240조→제186조 내지 제191조, 제269조, 제287조의41, 제603조). 그리고 피고인 회사가 원고의 악의를 소명하며 담보를 제공하도록 청구한 때에는 담보제공을 명할 수 있다(상법 제530조 제2항→제237조→제176조 제3항, 제4항, 제269조, 제287조의41, 제603조).

(5) 판결 효과

1) 무효의 등기 : 합병무효의 판결이 확정되면 본점과 지점의 소재지에서 존속회사는 변경등기, 소멸회사는 회복등기, 신설회사는 해산등기를 각각 해야 한다(상법 제530조 제2항→제238조, 제269조, 제287조의41, 제603조).

2) 대세적 효력 : 합병무효의 판결은 원고와 피고만이 아니라 제3자에게도 미친다(상법 제530조 제2항→제240조→제190조 본문, 제269조, 제287조의41, 제603조). 이는 합병당사회사와 이해관계인들의 법률관계를 획일적으로 확정하기 위함이다.

3) 소급효 제한 : 합병무효의 판결은 소급효가 제한되므로 장래에 대해서만 효력이 있다(상법 제530조 제2항→제240조→제190조 단서, 제269조, 제287조의41, 제603조). 따라서 합병 이후 존속회사나 신설회사에서 이루어진 각종 조직법적 행위나 대외적인 거래행위는 모두 유효하고, 주식의 양도도 유효하다. 그리하여 합병 후 무효판결이 확정될 때까지 존속회사나 신설회사는 이른바 「사실상의 회사」 존재하게 된다.

4) 회사의 분할 : 무효판결이 확정되면 당사회사는 합병 전 상태로 환원된다. 즉 흡수합병에서는 소멸회사가 부활하여 존속회사로부터 분할되고, 신설합병에서는 소멸회사들이 모두 부활하면서 신설회사로부터 분할된다. 그리하여 다음과 같은 처리문제가 생긴다. 즉 ① 존속회사나 신설회사가 소멸회사로부터 승계한 권리·의무는 당연히 부활한 소멸회사에 복

귀한다. 그러나 합병 후 처분한 권리나 이행한 의무의 경우에는 그 가액의 현존가치로 환산하여 청산해야 한다. ② 합병 후 존속회사나 신설회사가 취득한 재산은 분할된 회사들의 공유로 하고(상법 제530조 제2항 → 제239조 제2항, 제269조, 제287조의41, 제603조), 합병 후 존속회사나 신설회사가 부담한 채무에 대해서는 분할된 회사들이 연대책임을 진다(상법 제530조 제2항 → 제239조 제1항, 제269조, 제287조의41, 제603조). ③ 이 경우 재산과 채무에 대한 분할회사들의 공유지분이나 부담부분은 원칙적으로 협의로 정할 것이지만, 협의로 정해지지 아니한 경우에는 법원이 그 청구에 의해 합병 당시의 각 회사의 재산상태 기타의 사정을 참작하여 이를 정한다(상법 제530조 제2항 → 제239조 제3항, 제269조, 제287조의41, 제603조). ④ 이러한 절차는 비송사건이므로 합병무효의 소에 관한 제1심 수소법원의 관할에 전속한다(비송사건법 제72조 제2항).

사례해결

(1) 합병무효의 소는 주주·이사·감사·청산인·파산관재인 및 합병을 승인하지 아니한 채권자만이 제기할 수 있다(상법 제529조 제1항). 여기서 주주에 대한 제한은 없으므로 단 한 주만 갖고 있어도 제기할 수 있고, 합병에 관한 주주총회결의에 찬성한 주주도 제기할 수 있다. 한편 상법은 합병의 무효원인을 규정하지 않고 있어 해석으로 보완해야 하는데, 현재까지 거론되는 무효사유 중 논란이 심한 것은 합병비율이 불공정한 경우이고, 이와 관련하여 합병대가는 사적 자치에 속하고 합병대가가 불공정하더라도 반대주주는 주식매수청구권을 통해 구제받을 수 있으므로 합병대가의 불공정은 합병무효의 소의 원인이 될 수 없다는 견해가 있다. 그렇지만 합병대가의 공정성은 합병의 본질적 요청이며 조직법적 당위성에 관한 문제이므로 합병비율의 불공정은 합병무효의 소의 원인으로 되는 것으로 보아야 하는데, 판례도 동일하게 판단하고 있다(대법원 2009. 4. 23. 선고 2005다22701,22718 판결). 그렇다면 합병비율의 공정성은 어떻게 판단하는가? 일반적으로는 당사회사의 순자산가치가 가장 중요한 기준이겠지만, 순자산가치가 계속기업의 모든 가치를 표시한다고 보기는 어려우므로 비록 순자산가치와 상이한 합병비율이더라도 다양한 평가요소가 합리적으로 반영되었다면 그 합병비율은 공정하다고 보아야 한다(대법원 2008. 1. 10. 선고 2007다64136 판결). 이와 관련하여 자본시장법은 상장회사간의 합병에서는 주식의 시가를 기준으로 합병대가를 산정하도록 규제하고 있고(동법 제165조의4; 동법 시행령 제176조의5 제1항), 판례도 "흡수합병시 존속회사가 발행하는 합병신주를 소멸회사의 주주에게 배정·교부함에 있어서 적용할 합병비율은 자산가치 이외에 시장가치, 수익가치, 상대가치 등의 다양한 요소를 고려하여 결정되어야 하는 만큼 엄밀한 객관적 정확성에 기하여 유일한 수치로 확정할 수 없고, 그 제반 요소의 고려가 합리적인 범위 내에서 이루어졌다면 결정된 합병비율이 현저하게 부당하다고 할 수 없으므로, 합병당사자 회사의 전부 또는 일부가 주권상장법인인 경우 증권거래법과 그 시행령 등 관련 법령이 정한 요건과 방법 및 절차 등에 기하여 합병가액을 산정하고 그에

따라 합병비율을 정하였다면 그 합병가액 산정이 허위자료에 의한 것이라거나 터무니없는 예상 수치에 근거한 것이라는 등의 특별한 사정이 없는 한, 그 합병비율이 현저하게 불공정하여 합병계약이 무효로 된다고 볼 수 없다."라고 판시하였다(대법원 2008. 1. 10. 선고 2007다64136 판결). 사안의 경우 주주 B는 합병안에 모두 찬성하였으나 합병무효의 소는 얼마든지 제기할 수 있다. 그런데 당해 합병비율 특히 상장회사인 ㈜甲과 ㈜丙의 주식가치는 자본시장법에 따라 행해진 전문기관의 평가결과에 따른 것이다. 더욱이 학설과 판례에 의하더라도 관련 법령이 정한 요건과 방법 및 절차 등에 기하여 합병가액을 산정하고 그에 따라 합병비율을 정하였다면 그 합병가액 산정이 허위자료에 의한 것이라거나 터무니없는 예상 수치에 근거한 것이라는 등의 특별한 사정이 없는 한 그 합병비율이 현저하게 불공정하여 합병계약이 무효로 된다고 볼 수는 없다. 이런 점을 종합할 때 주주 B의 주장은 부당하다.

(2) 상법은 다른 회사(B)의 발행주식총수의 100분의 50을 초과하는 주식을 가진 회사(A)를 모회사, 그 다른 회사를 자회사로 보고 있다(상법 제342조의2 제1항 본문). 이러한 모자회사 관계가 인정되면 자회사(B)는 모회사(A)의 주식을 단 1주도 취득할 수 없는데(상법 제342조의2 제1항 본문), 이 경우 명의개서 여부는 묻지 않는다. 한편 어느 회사(A)가 다른 회사(B)의 발행주식총수의 10분의 1을 초과하는 주식을 가지고 있는 경우에 A회사를 참가회사, B회사를 피참가회사라고 한다. 이 경우 참가회사의 자회사(AA)나 손회사(AAA)가 피참가회사의 주식을 가지고 있다면 그 모두를 합산하여 참가회사의 소유주식수로 계산한다. 상법 제342조의2 제3항이 손회사도 모회사의 자회사로 규정하고 있기 때문이다. 이러한 비모자회사 관계가 성립하면 자회사는 모회사의 주식을 10%까지 취득할 수는 있지만, 그 주식을 가지고 의결권을 행사할 수 없다. 사안에서 ㈜乙은 ㈜甲의 자회사이고, ㈜戊는 ㈜乙의 피참가회사이며, ㈜戊는 참가회사인 ㈜乙의 주식 6%만 취득하였으므로 그 자체로는 아무런 위반사항이 없다. 그런데 피참가회사인 ㈜戊의 입장에서 볼 때 참가회사는 ㈜乙만이 아니라 그 모회사인 ㈜甲도 포함된다. 그렇다면 ㈜戊가 보유한 ㈜甲의 주식 6%는 의결권을 행사할 수 없는 주식인데, ㈜甲의 주주총회에서 ㈜戊의 대표이사 C가 당해 안건에 찬성하였다는 것은 비모자회사 간 상호주 규제의 위반이다. 따라서 결의방법의 하자를 이유로 한 주주 D가 제기한 합병무효의 소는 정당하다.

(3) 합병에서는 존속회사가 소멸회사의 주주에게 합병비율에 따라 신주를 발행하여 배정하면서 합병교부금도 함께 지급하는 경우가 있는데, 과거에는 존속회사가 소멸회사의 주주에게 주식을 발행하지 아니하고 교부금만 지급하는 합병방식은 허용되지 않는다고 보았다(통설). 그런데 2011년 개정 상법은 존속회사가 소멸회사의 주주에게 합병대가의 전부를 교부금으로만 지급할 수도 있도록 하였고, 금전 외의 재산으로도 교부금을 지급할 수 있도록 하였다. 그리하여 존속회사가 소멸회사의 주주들에게 금전이나 그 밖의 재산만을 지급하는 합병도 가능해졌는데, 이를 「교부금합병」이라고 한다. 또한 존속회사가 소멸회사의 주주들에게 존속회사가 보유하고 있는 모회사의 주식을 교부금으로 지급하는 방식의 합병도 할 수 있는데, 이를 「삼각합병」이라고 한다. 사안에서 ㈜乙이 소규모 경쟁업체인 ㈜己를 흡수합병하면서도 그 주주들을 모두 축출하려면 우선 ㈜己의 주주들에게 합병비율에 따른 ㈜乙의 주식을 교부하지 않고 그 전부를 금전 등으로 지급하는 교부금합병을 하면 된다. 그리고 ㈜乙이 거래업체로

부터 반환받은 밀린 대여금은 경영상 목적 달성을 위하여 필요한 모회사 주식의 취득이므로 예외적으로 허용되지만, 이는 6월 내에 처분해야 한다. 따라서 ㈜乙은 보유하고 있는 모회사 ㈜甲의 주식 1만주를 활용하여 삼각합병을 실행함으로써 ㈜己의 주주들을 완전히 축출할 수도 있다.

제2관 회사의 분할

예시사례 ㈜甲은 비상장법인으로서 배터리 패키징 사업과 전동퀵보드 사업을 하고 있는데, 최근 첨단제품을 생산·판매하는 경쟁업체가 늘면서 배터리 패키징 사업의 매출액이 급속히 줄어들고 있다. 이에 ㈜甲의 주식 30%를 보유한 대주주이며 대표이사인 A1은 경영위기를 극복하기 위해 이사회를 소집하였고, 동 이사회에서는 재무이사 A2(지분 15% 보유)의 제안에 따라 경쟁력을 상실한 배터리 패키징 사업을 분할하여 ㈜乙과 합병하기로 하였다. 2018년 4월 1일 A1은 ㈜乙의 대표이사 B와 배터리 패키징 사업의 분할과 ㈜乙과의 합병에 관한 분할합병계약서를 작성하였고, 동년 4월 30일 개최된 ㈜甲과 ㈜乙의 주주총회에서는 동 안건이 모두 승인되었다. 당시 분할합병계약서에는 ㈜乙이 ㈜甲의 배터리 패키징 사업에 관한 모든 권리·의무를 포괄적으로 승계하되, ㈜甲으로부터 이전받는 재산 이외의 채무에 대해서는 연대책임을 부담하지 않는다고 규정되어 있었고, 동년 5월 30일 ㈜甲과 ㈜乙은 등기를 마쳤다. 그런데 분할합병계약을 체결할 당시 ㈜甲에는 30억원의 채권을 가진 C가 있었고, 계약체결 후 ㈜甲과 ㈜乙은 분할합병에 이의가 있는 채권자는 공고일부터 1월 내에 회사에 이의를 제출하라는 취지의 분할공고를 하였지만, C에게는 개별로 통지하지 않았다(A1은 C를 알고 있었음). 이와 관련하여 다음 설문에 답하시오!

(1) 2018년 6월 20일 C는 변제기일이 도래했다며 ㈜甲과 ㈜乙에게 채권액 30억원에 대한 변제를 요구하며 양자의 연대책임을 주장하였다. 그런데 분할합병계약을 통해 ㈜乙이 ㈜甲으로부터 이전받은 배터리 패키징 재산은 20억원의 가치가 있었다. 이 경우 C와 ㈜乙의 법률관계는 어떠한가?

(2) 분할합병계약의 승인을 위한 주주총회를 소집할 때 ㈜乙의 대표이사 B는 자주 문제를 제기하였던 주주 D(지분 8% 보유)에게 소집통지를 하지 않았다. 그 직후 사안을 알지 못해 주식매수청구권을 행사하지 못하였던 D는 보유지분 중 4%를 E에게 양도하였고, D와 E는 동년 8월 20일 ㈜甲과 ㈜乙을 공동피고로 하여 분할합병무효의 소를 법원에 제기하였다. 그런데 법원은 D와 E의 청구를 기각하였다. 이 경우 주주 D와 E의 제소행위 및 법원의 재량기각의 정당성 여부에 대하여 논평한다면?

(3) ㈜乙은 2018년 9월 10일 납품업자 F로부터 부품을 납품받았으나 갑자기 유동성이 부족해져 그 대금 5억원을 지급하지 못하고 있었다. 이 경우 만약 위 사례에서 동년 10월 10일 법원의 분할합병무효판결이 내려졌다면 납품대금 5억원에 대한 ㈜甲과 ㈜乙의 법률관계는 어떠한가?

Ⅰ. 서 설

(1) 의 의

회사의 분할이란 특정한 회사의 영업을 둘 이상으로 분리한 후 그 분리된 영업재산을 자본으로 하여 회사를 신설하거나 다른 회사와 합병시키는 조직법적 행위를 말한다.[22] 분할로 인해 본래의 회사는 완전히 소멸하거나 축소된 상태로 존속하고, 분할회사의 주주는 분할회사의 권리·의무를 승계한 회사의 주식을 취득하게 된다. 이러한 분할에는 ① 분할회사가 해산하면서 그를 토대로 2개 이상의 새로운 회사가 생겨나거나 분할회사는 그대로 존속하면서 그 일부의 권리·의무를 신설회사가 승계하는 방법(단순분할), ② 회사의 분할된 일부분을 기존의 다른 회사에 흡수합병시키거나 기존의 회사들과 신설합병하는 방법(분할합병)이 있다. 현재의 분할제도는 국내·외적인 기업환경이 급변하면서 그에 대응하기 위한 조직개편의 중요성이 강조되자, 1998년 개정 상법이 도입하였다.

(2) 연 혁

회사분할은 원래 1966년의 프랑스 회사법과 그것을 모태로 한 프랑스법계 국가들의 제도였는데,[23] 1982년 EC의 회사법 제6지침[24]이 가맹국들에게 회사분할을 입법화하도록 권장하면서 다수의 국가가 이를 도입하였다.[25] 특히 독일은 1995년 1월부터 시행한 사업재편법(Umwandlungsgesetz: UmwG)에 회사분할을 신설하고 자세한 규정을 두었다. 이러한 국제적 입법추세와 IMF 외환위기를 극복해야 한다는 당시의 현실적 필요성 등에 따라 우리나라도 1998년 개정 상법에서 회사분할을 신설하였다. 물론 당시에도 경제 여건의 변화에 기동성 있게 대처하고자 하는 회사들은 경제적 효과가 회사분할과 유사한 영업양도, 현물출자, 재산인수 및 사후설립 등의 방법을 이용할 수 있었다. 그렇지만 이러한 방법들은 분할회사가 여전히 존속한다는 점에서 프랑스 회사법상의 회사분할과 다르고, 절차가 번거롭다는 점, 주주 지위의 당연 이전이 불가능하다는 점, 주주나 채권자의 보호가 충분하지 못하다는

---

22) 이런 면에서 분할은 합병의 반대 현상이라고 할 수 있다(前田重行, "會社分割に關する立法上の問題點", 212頁 : Kallmeyer, "Das neue Umwandlungsgesetz," ZIP 1994, S.1748).

23) 프랑스 상사회사법 제371조 이하를 비롯하여 벨기에 회사법 제174조 이하, 브라질 회사법 제223조, 스위스 채무법 제634조 이하, 스페인 회사법 제252조 이하, 아르헨티나 회사법 제88조 등이 있었다.

24) The 6th Council Directive of December 17, 1987, based on Article 54(3)(g) of the Treaty concerning the division of public limited liability companies.

25) 대표적으로 룩셈부르크의 1987년 개정 상사회사법 제289조, 영국의 1987년 개정 회사법, 이탈리아의 1991년 개정 민법 제2504조 등을 들 수 있다. 이 중 영국의 1987년 개정 회사법상의 분할제도에 관한 자세한 내용은 J.H. Farrar's, N.E. Furey & B.M. Hannigan, *Company Law*, 3rd ed., Butterworths, 1991, p.31 이하 참조.

점 및 세제상의 불이익이 따른다는 점 등의 문제점들을 내포하고 있어 현실적으로 분할과 같은 효과를 제대로 발휘할 수 없었기 때문이다.[26]

(3) 효 용

우리나라는 물론 EU 각국이 회사분할 제도를 적극적으로 도입한 것은 다음과 같은 여러 가지 유용성이 있기 때문이다.[27] 즉 분할은 ① 여러 개의 사업 혹은 단계별로 기능이 복잡하게 얽혀 있는 대기업에서 일부를 분리·독립시켜 경영의 전문화 및 효율화를 도모할 수 있다. ② 위험도가 높은 사업 부문을 모기업으로부터 분리하여 기업의 위험부담을 제한할 수 있다. ③ 회사 내부에서 주주들 간 또는 주주들과 임원 및 종업원 간의 이해관계가 첨예하게 대립할 때 이를 해결하는 소극적인 방법이 된다. ④ 내부의 결손 부문을 효과적으로 차단하는 방법이 된다.[28] ⑤ 세제상으로도 중고감가상각자산의 내용연수, 대손충당금의 설정, 경감된 세율 적용, 퇴직급여충당금 감소 등에 있어서 혜택을 볼 수 있다. ⑥ 현재의 조직 및 형태를 과거의 조직 및 형태로 환원하는 유용한 방법이 될 수 있다. ⑦ 현행 법제상의 규제에 대비한 사전예방책으로 활용할 수 있다. ⑧ 특정 제품의 생산이나 마케팅에 있어서 새로운 기업의 것으로 소비자에게 인식시킴으로써 새로운 경쟁여건이나 새로운 시장에 유연하게 대처하는 효과적인 수단이 될 수 있다.[29]

Ⅱ. 분할의 유형

1. 서 언

상법상 회사분할은 크게 단순분할과 분할합병으로 구분할 수 있다. 그리고 전자의 경우에는 다시 존속분할과 소멸분할로 나눌 수 있고, 후자의 경우에는 흡수분할합병과 신설분할합병 및 소멸분할합병과 존속분할합병 등으로 나눌 수 있으며, 전자와 후자가 복합적으로 연계된 다양한 분할방식도 활용할 수 있다. 그런데 상법 제530조의12는 분할 또는 분할합병으로 인해 설립되는 회사의 주식 총수를 분할회사가 취득하는 경우를 특별히 물적분

---

26) 신찬수/이철송/정준우, 6면.
27) 신찬수/이철송/정준우, 8~17면.
28) 일반적으로 회사 내부에 영업성적이 양호한 사업 부문과 적자를 보고 있는 사업 부문이 있을 때 경영자는 부진한 사업 부문을 만회하기 위해 노력하게 된다. 그런데 이는 다른 사업 부문에도 영향을 주기 때문에 영업성적이 양호한 사업 부문의 지속적인 발전을 저해하는 요소로 작용하기도 한다. 따라서 이런 경우에는 부진한 사업 부문을 분리하여 동종의 다른 기업에 이관시킴으로써 전체적으로 경영부담을 절감할 수 있다.
29) Prof. Dr. Albert J. Rädler, p.559.

할이라고 명명한 후 단순분할과 분할합병에 관련된 규정들을 준용하고 있다. 그리하여 그동안 물적분할과 구별하기 위해 분할의 대가를 분할회사의 주주들이 취득하는 기존의 분할유형을 통칭하여 인적분할이라고 불러왔다.[30] 한편 분할제도가 상법에 도입된 후 관련된 회사들에 대한 용어가 통일되어 있지 않아 일부 혼란이 있었는데, 이를 해결하기 위해 2015년 개정 상법은 분할의 주체인 회사를 「분할회사」, 단순분할에 의해 신설되는 회사를 「단순분할신설회사」, 분할합병에 의해 신설되는 회사를 「분할합병신설회사」, 분할합병에서 분할회사의 상대방 회사로서 존속하는 회사를 「분할승계회사」로 정리하였다. 다만 분할유형의 다양한 연계결합에 대해서는 특별히 규정하고 있지 아니하므로 이하에서는 상법에 규정된 일반적인 용어를 사용하여 구분한다.

2. 단순분할과 분할합병

(1) 단순분할

상법 제530조의2 제1항은 "회사는 분할에 의하여 1개 또는 수개의 회사를 설립할 수 있다."라고 규정하고 있다. 이처럼 하나의 회사(분할회사)가 기존에 영위하던 영업을 여러 개로 분할한 후 그 분할된 영업을 출자하여 1개 또는 여러 개의 회사를 신설하는 경우를 「단순분할」이라고 한다. 한편 단순분할은 다시 분할회사가 소멸하는 「단순소멸분할」과 분할회사가 존속하는 「단순존속분할」로 구분할 수 있다([표 27] 참조).

1) 단순소멸분할 : 이는 분할회사가 단독으로 기존의 영업을 분할한 후 그 분할된 영업을 출자하여 2개 이상의 회사를 신설하고 자신은 해산하는 방법이다. 예를 들어 건설과 패션 부문의 영업을 함께 해 오던 A회사가 이를 각각 분할한 후 출자하여 건설 부문의 B회사와 패션 부문의 C회사를 신설하고 자신은 소멸하는 것이다. 이처럼 단순소멸분할에서는 반드시 2개 이상의 회사가 신설되는데, 분할회사가 단 1개 회사만 신설하고 소멸한다면 분할제도를 이용할 실익이 없기 때문이다. 한편 대체로 신설된 B회사와 C회사는 A회사가 영업을 분할하여 출자한 재산으로만 설립되지만, A회사로부터 출자받은 재산에 각각 새로운 투자자 Bn과 Cn의 투자를 받아 이에 더하여 설립될 수도 있다.

2) 단순존속분할 : 이는 분할회사가 기존의 영업 중 일부만 분할한 후 출자하여 회사를

30) 학계나 실무에서는 분할의 대가를 분할회사가 받는 경우인 「물적분할」에 대칭되는 개념으로서 분할의 대가를 분할회사의 주주가 받는 경우를 「인적분할」이라고 한다. 분할의 경우에 회사재산의 분할과 함께 또는 회사재산의 분할과 관계없이 그 구성원인 주주가 분할되는 경우는 거의 없으므로 이는 실체에 부합하는 정확한 용어가 아니다. 그렇지만 이하에서는 이해의 편의를 위해 물적분할의 대칭적 개념으로 사용한다.

신설하고 자신은 나머지 영업을 하며 존속하는 방법이다. 예를 들어 건설과 패션 부문의 영업을 하는 A회사가 건설 부문만 분할한 후 출자하여 B회사를 신설하고 그 자신은 패션 부문의 영업을 계속하며 존속하는 방법이다. 이때에도 B회사는 A회사로부터 출자받은 영업재산에 새로운 투자자(Bn)의 투자를 받아 더하여 설립될 수도 있다.

[표 27] 단순소멸분할과 단순존속분할

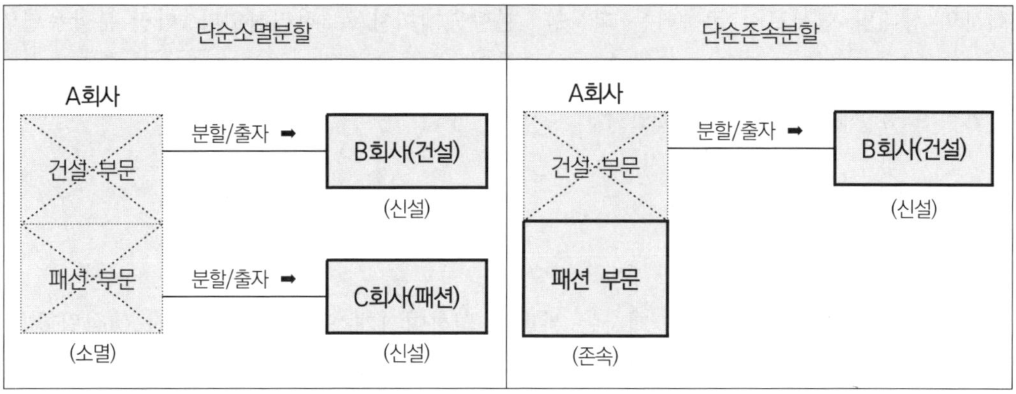

(2) 분할합병

상법 제530조의2 제2항은 "회사는 분할에 의하여 1개 또는 수개의 존립 중의 회사와 합병할 수 있다."라고 규정하고 있고, 제3항은 "회사는 분할에 의하여 1개 또는 수개의 회사를 설립함과 동시에 분할합병할 수 있다."라고 규정하고 있다. 이를 회사의 「분할합병」이라고 하는데, 구체적으로 ① 분할회사가 소멸하는 경우와 존속하는 경우가 있고, ② 분할회사가 분할한 영업을 다른 회사가 자신의 일부로 만드는 방법과 분할회사와 다른 회사가 각각 일부의 영업을 분할한 후 출자하여 회사를 신설하는 방법이 있다.

1) 소멸분할합병과 존속분할합병 : 소멸분할합병이란 분할회사가 기존의 영업을 분할하여 존속 중인 2개 이상의 다른 회사에 합병시킨 후 자신은 소멸하는 방법이다. 즉 건설과 패션 부문의 영업을 하는 A회사가 각 영업을 분할한 후 출자하여 B회사와 C회사에 각각 합병시킨 후 자신은 소멸하는 것이다. 반면에 존속분할합병은 분할회사가 기존의 영업 중 일부를 분할하여 다른 회사에 합병시킨 후 자신은 나머지 영업을 하며 존속하는 방법이다. 즉 위의 사례에서 A회사가 건설 부문의 영업을 분할하여 기존의 다른 회사 B에게 합병시키고 자신은 패션 영업을 계속하며 존속하는 방법이다([표 28] 참조).

[표 28] 소멸분할합병과 존속분할합병

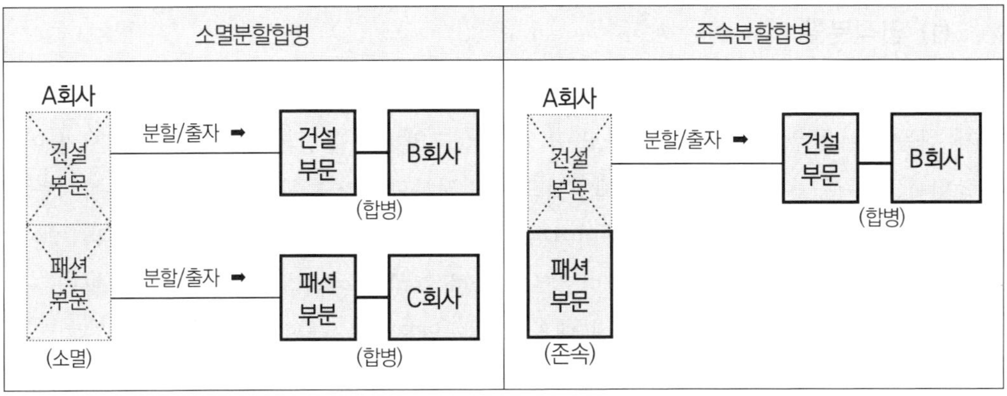

2) 흡수분할합병과 신설분할합병 : 흡수분할합병이란 분할회사가 기존의 영업 중 일부를 다른 회사에 출자하여 합병시키는 방식으로 자신의 사업을 분할하는 방법이다. 위에서 예를 든 소멸분할합병과 존속분할합병은 모두 흡수분할합병의 사례가 된다. 반면에 신설분할합병이란 분할회사가 기존의 영업 중 일부를 분할한 후 출자하여 다른 회사의 영업 전부나 일부와 합하여 새로운 회사를 설립하는 방법을 말한다([표 29] 참조).

[표 29] 신설분할합병의 유형

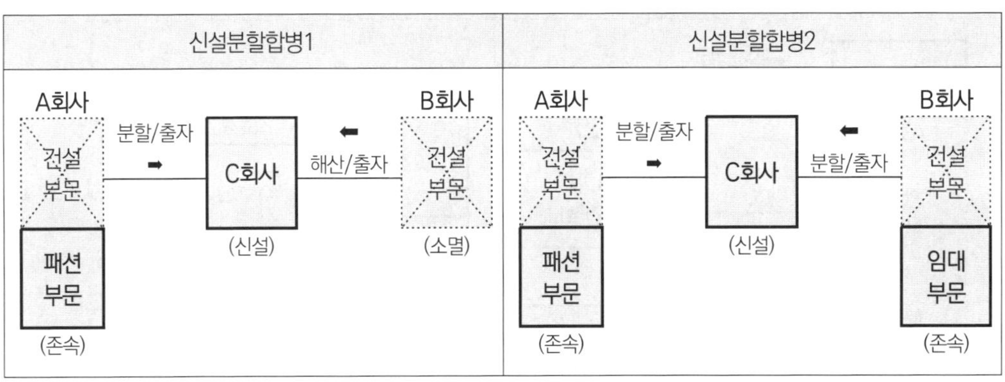

3) 4가지 유형의 연계결합방식 : 분할합병에서는 소멸분할합병과 존속분할합병 및 흡수분할합병과 신설분할합병의 상호 간 연계결합이 인정된다. 즉 소멸흡수분할합병·소멸신설분할합병·존속흡수분할합병·존속신설분할합병의 4가지 모두 가능하다.

3. 인적분할과 물적분할

(1) 인적분할

상법 제530조의12는 분할이나 분할합병으로 인해 설립되는 회사의 주식 총수를 분할회사가 취득하는 경우를 물적분할이라고 규정한다. 그리하여 분할의 대가를 분할회사가 아닌 분할회사의 주주들이 받는 경우를 대칭적으로 인적분할이라고 한다. 물론 인적분할이란 용어는 법문상 용어가 아닌 강학상 용어이며, 분할의 경우에는 영업재산이 분할되는 것이지 그 구성원(주주)이 분할되는 것은 아니므로 정확한 표현도 아니다. 따라서 인적분할의 사례도 있지만,[31] 이하에서는 물적분할에 대칭되는 개념으로만 사용한다.

(2) 물적분할

물적분할이란 분할회사가 기존의 영업을 각각 분할한 후 출자하여 새로운 회사를 설립하거나 기존의 다른 회사에 합병시킨 후 그 대가로 신설회사의 주식 또는 다른 회사의 주식을 분할회사가 직접 받는 경우를 말한다. 즉 물적분할에서는 기존의 주주들이 새로운 회사의 주식을 직접 소유하지 않고 분할회사를 통해 신설회사나 합병회사를 간접적으로 소유하

[표 30] 인적분할과 물적분할

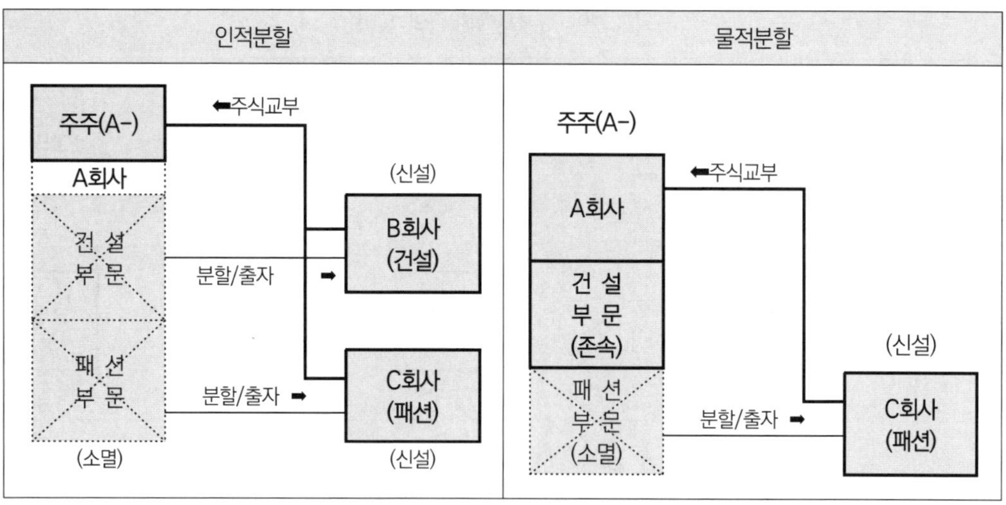

31) 구체적으로 위의 사례에서 건설 부문과 패션 부문의 사업을 함께 하던 A회사가 각각의 영업을 분리한 후 건설업을 하는 B회사와 패션업을 하는 C회사를 신설하고, 기존 주주 중에서 일부에게는 B의 주식만을 주고 다른 일부에 대해서는 C의 주식만을 배정하는 경우를 들 수 있다.

며 종전의 지분가치를 그대로 누리는 것이다.[32] 이러한 물적분할은 회사분할을 도입할 때 참조한 주된 입법례였던 프랑스 상사회사법이나 EU의 회사법 제6지침에는 없고, 그 영향을 받아 개정된 독일의 신사업재편법에 있는 제도였다.[33]

4. 분할의 연계 및 제한

(1) 분할의 연계방식

회사분할은 크게 단순분할과 분할합병으로 구분되지만, 양자를 함께 활용하는 방법도 얼마든지 가능하다. 즉 건설 부문과 패션 부문의 영업을 하는 A회사가 각각의 영업을 분리한 후 건설 영업은 동일한 건설회사인 B에게 흡수합병시키고, 패션 영업만 전담하는 새로운 C회사를 설립하는 것이다. 물론 이 경우 A회사는 소멸하지 않을 수도 있다. 즉 A회사가 건설·패션·상사 부문의 영업을 하던 중 건설과 패션은 분할하여 위의 방식으로 분할 및 분할합병을 하고, 자신은 상사 부문의 영업만 계속하는 것이다([표 31] 참조).

[표 31] 단순분할과 분할합병의 병용

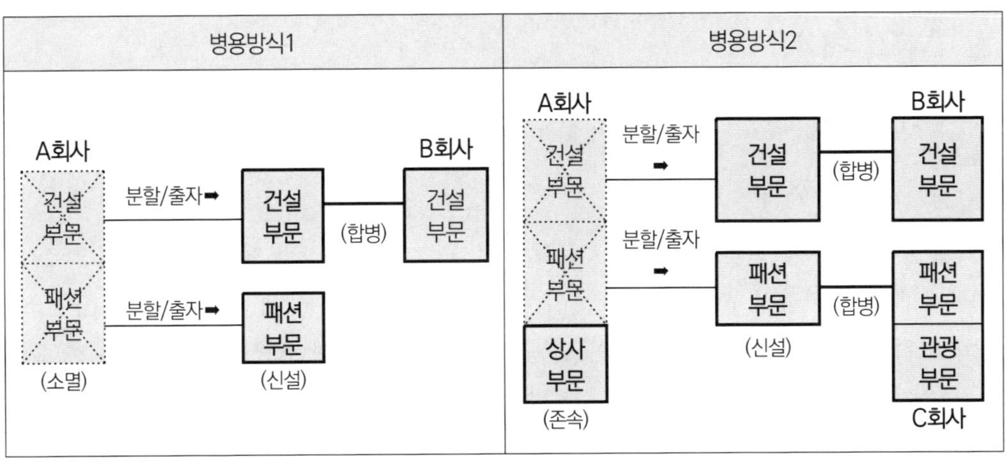

(2) 해산회사의 분할

1) 허용요건 : 해산한 회사도 존립 중의 회사를 존속회사로 하거나 새로 회사를 설립하는 경우에는 분할이나 분할합병을 할 수 있다(상법 제530조의2 제4항). 그렇지만 해산회사가

32) 참고로 일본의 경우에도 2000년에 회사분할을 도입할 때에는 일반적인 분할(인적분할)과 물적분할을 모두 인정하였지만, 2005년 회사법은 물적분할만 규정하고 있다(동법 제758조 제4호, 제763조 제6호).

33) UmwG §123 Abs. 3.

분할을 할 수 있는 경우란 존립기간의 만료 기타 정관에 정한 사유에 의해 해산하는 경우(상법 제517조 제1호 → 제227조 제1호) 및 주주총회의 결의에 의해 해산하는 경우(상법 제517조 제2호) 뿐이다. 합병·파산·해산명령·해산판결에 의해 회사가 해산하는 때에는 각각 관련된 절차가 진행되어야 하므로 분할할 여지가 없기 때문이다.

2) 존속분할 : 해산회사는 원칙적으로 자신을 존속회사로 하는 분할을 할 수 없지만, 일정한 경우에는 가능하다. 즉 ① 존립기간의 만료 기타 정관에 정한 사유에 의해 해산한 경우 또는 주주총회의 결의에 따라 해산한 경우에는 주주총회의 특별결의로 회사를 계속할 수 있다(상법 제519조). 따라서 이 경우는 제530조의2 제4항의 적용대상이 아니라고 보아야 한다.[34] ② 청산가치를 높이기 위해 해산회사를 존속회사로 하는 분할을 허용할 필요가 있다.[35] 예를 들어 해산하는 A회사가 물적분할과 존속분할을 하여 B회사를 신설하여 영업을 이전하고 그 주식을 받으면 B라는 계속기업의 가치를 살려서 결국 A회사의 청산가치를 높일 수 있기 때문이다. 그리하여 대법원의 등기실무에서도 해산한 회사도 재산의 환가처분의 방법으로 존속분할을 할 수 있다고 보고 있다.[36]

Ⅲ. 분할의 절차

1. 공통절차

(1) 분할의 주체

분할의 주체에 관한 상법상 명시 규정은 없다. 그렇지만 상법 제3편(회사) 제4장(주식회사)에만 분할에 관련된 규정을 두고 있고, 다른 유형의 회사에 대해서는 준용하는 규정조차 두고 있지 아니한 점을 고려할 때 분할은 주식회사에 한정하여 적용된다고 보아야 한다. 따라서 분할회사는 물론 신설회사 등 분할당사회사 모두 주식회사여야 한다.

(2) 분할의 대상

상법은 분할과 관련하여 회사를 「분할」한다고만 규정하고 있을 뿐 구체적으로 무엇을 분할하는지는 정하지 않고 있다. 다만 제530조의5 제1항에서 분할계획서의 기재사항으로 단순분할신설회사에 이전될 「재산」과 그 가액(제7호)을 규정하고 있고, 제530조의6 제1항에

34) 프랑스 상사회사법의 경우에는 해산회사의 분할에 특별한 제한을 두고 있지 않아 해산한 회사도 주주들에게 잔여재산을 분배하기 전에는 분할을 할 수 있다(C. com. Art. L. 236-1 al.3).

35) 이철송, 1154면.

36) 대법원 공탁사업등기과 445, 2006. 5. 24.

서 분할합병계약서의 기재사항으로 분할회사가 분할승계회사에 이전할 「재산」과 그 가액(제6호)을 규정하고 있을 뿐이다. 그리하여 자칫 분할의 대상도 분할회사의 재산이라고 생각할 수 있지만, 회사의 재산 중 일부를 다른 회사에 출자하는 것을 분할이라고 할 수는 없다. 이는 물적분할에 대칭되는 개념으로 인적분할이란 용어를 사용하는 것을 고려하면 더욱 그러하다. 따라서 향후 입법적으로 보완해야 하겠지만, 우선은 분할대상인 재산이란 회사의 목적사업을 위해 조직되고 유기적으로 결합된 「영업」을 의미하는 것으로 해석해야 한다. 참고로 상법상 분할의 입법적 모델이 된 프랑스 상사회사법은 분할에 의해 이전되는 대상을 「patrimoine」라고 규정하고 있는데, 이는 우리 법제상 특정한 주체의 적극재산과 소극재산을 모두 포괄하는 개념이다.[37]

(3) 의사의 결정

단순분할의 경우에는 회사 내부의 의사결정이 있어야 하고, 분할합병의 경우에는 분할회사와 그 상대방 회사의 내부적 의사결정 및 양 당사회사 간의 합의가 필요하다.

1) 이사회의 결의 : 상법상 명문 규정은 없지만, 분할은 회사의 조직재편방식 중 하나이고 주주와 채권자 모두에게 중대한 영향을 미치므로 이사회의 결의가 필요하다. 즉 단순분할에서는 분할계획, 분할합병에서는 분할합병계약에 관한 이사회결의가 필요하다.

2) 주주총회의 결의 : 회사가 분할 또는 분할합병을 하는 때에는 분할계획서 또는 분할합병계약서를 작성하여 주주총회의 특별결의에 의한 승인을 얻어야 한다(상법 제530조의3 제1항, 제2항).[38] 이 경우 주주총회의 소집통지에는 분할계획 또는 분할합병계약의 요령도 함께 기재해야 하는데(상법 제530조의3 제4항), 다음과 같이 주의할 점이 있다.

㈎ 결의방법 : 단순분할과 분할합병을 병행하거나 여러 건의 분할합병을 할 때 주주총회의 결의는 그 전부에 관해 동시에 이루어져야 하는지 아니면 건별로 이루어져도 되는지? 이에 관한 규정은 없으므로 합리적 해석이 필요한데, 회사가 작성한 분할계획서나 분할합병계약서 그 전체가 하나의 분할에 포섭되는 것이 아닌 한 건별로 이루어지는 것이 합리적이다. 즉 일부는 가결되고 일부는 부결되는 것도 얼마든지 가능하다.

㈏ 의결권 제한 : 상법 제530조의3 제3항은 분할계획서나 분할합병계약서의 승인에 관한 주주총회의 결의에서는 의결권이 배제된 주식(상법 제344조의3 제1항)을 가진 주주도 의

37) C. com. Art. L. 236-1 al.2.
38) 이처럼 분할계획서는 주주총회의 특별결의에 의한 승인을 받아 분할을 실행할 때 그 규범이 된다. 따라서 분할회사가 이에 어긋나게 분할을 실행한다면 분할무효의 소의 원인이 된다.

결권이 있다고 규정하고 있는데, 다음과 같은 문제가 내포되어 있다. 즉 ① 회사의 조직재편과 관련하여 분할과 분할합병의 승인결의에만 이런 예외를 두고 있고, 분할의 반대 현상인 합병에는 관련 규정이 없는 점을 고려할 때 이는 균형이 맞지 않는[39] 입법의 착오이므로 조속히 개정해야 한다. ② 정관으로 회사분할에 대한 의결권이 없는 주식을 발행할 수 있을까? 상법 제344조 제1항과 제2항에 의해 회사는 의결권 행사와 관련하여 다양한 종류주식을 발행할 수 있는 점과 제530조의3 제3항이 예외적으로 의결권이 없는 주식을 가진 주주만이 의결권을 행사할 있다고 규정한 취지를 종합적으로 고려할 때 정관에 의해 회사분할에만 의결권이 없는 종류주식도 얼마든지 발행할 수 있다.

3) 추가적 결의 등 : 분할회사는 이사회의 결의를 거쳐 주주총회의 승인을 얻는 것 외에 다음과 같은 추가적 규제도 받는다. 즉 ① 종류주식을 발행한 회사가 분할이나 분할합병을 하면서 어느 종류의 주식을 가진 주주에게 손해를 미치게 된 때에는 종류주주총회의 결의를 얻어야 한다(상법 제436조). ② 회사의 분할 또는 분할합병으로 인하여 분할 또는 분할합병에 관련되는 각 회사의 주주의 부담이 가중되는 경우에는 주주총회의 승인결의와 종류주주총회의 승인결의 외에 그 주주 전원의 동의도 있어야 한다(상법 제530조의3 제6항). 그렇다면 여기서 「주주의 부담이 가중되는 경우」란 무엇인가? 주로 사원의 책임이 변경되거나 추가적 출자가 이루어지는 경우이겠지만, 분할에서는 주주의 책임이 변경되는 경우가 없으므로 이는 추가출자를 의미하는 것으로 해석해야 한다.

참고판례 **분할계획서의 문언 해석방법(대법원 2014. 8. 28. 선고 2012다99679 판결)** : 회사의 분할로 인하여 설립되는 신설회사는 분할계획서가 정하는 바에 따라 분할회사의 권리를 승계한다(상법 제530조의10). 따라서 어떠한 권리가 분할회사에 승계되는지는 분할계획서의 해석에 관한 문제로서, 분할계획서의 문언의 내용에 의하여 분할회사가 그 표시행위에 부여한 객관적 의미를 합리적으로 해석하여야 하지만, 분할계획서의 문언에 의하여 그 객관적인 의미가 명확하게 드러나지 아니하여 그 해석을 둘러싸고 이견이 있어 분할계획서에 나타난 의사가 무엇인지 문제 되는 경우에는 분할계획서에 기재된 분할의 원칙과 승계 대상 권리의 내용, 분할회사의 존속 여부, 분할계획서를 작성한 분할회사 및 이를 승인한 주주들의 합리적 의사, 분할의 경위 및 분할에 의하여 달성하려는 목적과 진정한 의사, 거래의 관행 등을 종합적으로 고려하여 사회정의와 형평의 이념에 맞도록 논리와 경험의 법칙, 그리고 사회일반의 상식과 거래의 통념에 따라 합리적으로 해석하여야 한다(대법원 2001. 3. 23. 선고 2000다40858 판결 등 참조).

39) 권기범, 204면; 이기수/최병규, 805면; 이철송, 1159면; 최기원, 1184면.

2. 단순분할

(1) 개 요

단순분할은 특정한 회사의 분할과 이를 바탕으로 한 새로운 회사의 설립이라는 2단계로 이루어지는 회사의 조직재편방식이다. 따라서 단순분할에서는 회사분할을 위한 절차와 회사설립을 위한 절차를 모두 밟아야 하는데, 이러한 절차는 분할회사가 분할계획서를 작성하여 이사회의 결의를 거쳐 주주총회에서 승인을 받아서 진행한다.

(2) 계획서의 작성

1) 소멸분할 : 분할회사가 소멸하는 경우에는 이사회의 결의를 거쳐 주주총회의 특별결의에 의한 승인을 받아야 하는 분할계획서를 작성해야 하는데, 분할계획서에는 다음과 같은 사항이 기재되어 있어야 한다(상법 제530조의5 제1항).

㈎ 신설회사의 상호 등 : 분할로 인해 설립되는 회사인 단순분할신설회사의 상호, 목적, 본점의 소재지 및 공고의 방법을 기재해야 한다(제1호).

㈏ 신설회사의 주식 등 : 단순분할신설회사가 발행할 주식의 총수 및 액면주식과 무액면주식의 구분에 관한 사항(제2호) 및 분할 당시에 발행하는 주식의 총수, 종류 및 종류주식의 수, 액면주식과 무액면주식의 구분에 관한 내용을 기재해야 한다(제3호). 즉 회사설립에서 정관에 기재해야 할 절대적 기재사항 중 일부를 분할계획서에 기재하도록 한 것이다. 따라서 여기서 「단순분할신설회사가 발행할 주식의 총수」란 발행예정주식총수(상법 제289조 제1항 제3호)를 말하고, 「단순분할신설회사가 분할 당시에 발행하는 주식의 총수」란 설립자본을 형성하는 주식수를 말한다(상법 제289조 제1항 제5호).

㈐ 주식의 배정과 병합 등 : 분할회사의 주주에 대한 단순분할신설회사의 주식의 배정에 관한 사항 및 배정에 따른 주식의 병합 또는 분할을 하는 경우에는 그에 관한 사항을 기재해야 한다(제4호). 구체적으로 분할회사의 주주들에게 어떠한 기준에 따라 신설회사의 주식을 얼마나 배정할 것인지를 정하여 기재해야 하는데, 대체로 “분할회사의 보통주식 1주에 대하여 신설회사의 주식 몇 주를 배정한다.”라는 방식으로 표현될 것이다. 여기서 「주식의 병합과 분할에 관한 사항」을 기재하라고 하는 것은 신설회사의 주식을 병합하거나 분할한다는 것이 아니라, 존속분할을 할 경우에 분할회사의 주식을 병합하거나 분할하는 때에는 그 내용을 분할계획서에 기재하라는 것이다.

㈑ 금전 등의 배정에 관한 사항 : 분할회사의 주주에게 제4호에도 불구하고 금전이나

그 밖의 재산을 제공하는 경우에는 그 내용 및 배정에 관한 사항을 기재해야 한다(제5호). 즉 분할회사의 주주들에게 신설회사의 주식을 교부할 때 소유주식 중 일부에 대해서는 금전이나 그 밖의 재산으로 지급할 수도 있는데, 이를 「분할교부금」이라고 한다. 여기서 「제4호에도 불구하고」란 법문은 교부금합병(상법 제524조 제4호)처럼 교부금분할도 가능하다는 뜻이 아니라, 분할교부금을 지급할 수 있다는 의미로 해석해야 한다. 주주가 없는 신설회사란 있을 수 없어 단순분할에서는 교부금분할이 허용되지 않기 때문이다. 다만 분할합병의 경우에는 교부금합병이 허용된다. 한편 2015년 개정 상법에서 신설한 「그 밖의 재산」의 대표적 예로는 관련회사의 주식과 사채 등을 들 수 있다.

(마) 자본금과 준비금에 관한 사항 : 단순분할신설회사의 자본금과 준비금에 관한 사항을 기재해야 한다(제6호). 즉 분할회사가 신설회사에 이전하는 자산 중 일부를 신설회사의 준비금으로 적립할 수 있도록 하면서 그 내용을 분할계획서에 기재하도록 한 것이다. 이 경우 적립하는 준비금은 분할차익에 해당하므로 자본준비금으로 보아야 한다. 한편 신설회사가 무액면주식을 발행하는 경우에는 분할회사로부터 이전받는 순자산이 발행가액이 되므로 그 2분의 1 이상의 금액을 자본금으로 계상하고 나머지는 자본준비금으로 적립할 수 있다. 물론 신설회사가 분할회사의 법정준비금을 승계할 수도 있는데(상법 제459조 제2항), 이때에도 그 내용을 분할계획서에 기재해야 한다.

(바) 이전될 재산과 그 가액 : 단순분할신설회사에 이전될 재산과 그 가액을 기재해야 한다(제7호). 합병에서는 소멸회사의 모든 재산을 존속회사 또는 신설회사가 포괄적으로 승계하지만, 분할의 경우에는 분할회사의 영업과 재산을 신설회사에 인위적으로 배분하는 것이므로 어떠한 영업과 재산을 어느 신설회사에 이전할 것인가를 구체적으로 정해야 한다. 그리고 상법상 명문 규정은 없지만, 신설회사가 채무를 승계하는 경우에는 그 내용도 분할계획서에 기재해야 한다.[40] 이처럼 여기서 「재산」이란 소극재산(채무)도 포함한다. 한편 회사분할은 재산의 분리가 아니라 영업의 분리이다. 따라서 이전될 재산도 특정한 재산을 의미하는 것이 아니라 특정한 영업과 그 영업을 위해 조직화되고 유기적으로 연결된 재산(영업양도에서의 영업)을 뜻하는 것으로 해석해야 한다.[41]

(사) 제530조의9 제2항의 내용 : 분할의 경우 원칙적으로 분할회사, 단순분할신설회사, 분할승계회사 또는 분할합병신설회사는 분할 또는 분할합병 전의 분할회사 채무에 관하여 연대하여 변제할 책임이 있다(상법 제530조의9 제1항). 그렇지만 예외적으로 분할회사가 주

40) 일본 회사법 제763조 제1항 제5호는 채무도 분할계획서의 기재사항으로 명기하고 있다.
41) 이철송, 1162면.

주총회의 특별결의로 분할을 하며 회사를 설립하는 경우에 단순분할신설회사는 분할회사의 채무 중에서 분할계획서에 승계하기로 정한 채무에 대한 책임만을 부담하는 것으로 정할 수 있는데(상법 제530조의9 제2항 제1문), 이때에는 그 내용을 분할계획서에 기재해야 한다(제8호). 한편 분할회사가 분할 후 존속하는 때에는 단순분할신설회사가 부담하지 않는 채무에 대한 책임만을 부담한다(상법 제530조의9 제2항 제2문).

㈎ 분할을 할 날 : 분할계획서에 기재해야 할 「분할을 할 날」이란 분할회사의 재산을 신설회사에 이전하는 등 실질적으로 회사의 영업을 분할하는 행위를 한 날을 의미한다. 이는 2015년 개정 상법에서 도입하였는데(제8호의2), 회사의 분할합병에 관한 제530조의6 제1항 제9호(분할합병을 할 날)과 균형을 맞추기 위함이다.

㈏ 신설회사의 임원에 관한 사항 : 단순분할신설회사의 이사와 감사를 정한 경우에는 그 성명과 주민등록번호를 기재해야 한다(제9호). 신설회사의 이사와 감사는 상법이 정한 회사설립절차에 따라 정해지는 것이 원칙이지만(상법 제296조, 제312조), 이들을 분할계획에 의해 사전에 선임할 수 있으므로 이를 분할계획에 반영하도록 한 것이다. 다만 이는 분할회사의 재산만으로 신설회사가 성립하는 경우에만 적용되는 것으로 해석해야 한다. 신설회사가 분할회사의 재산 외에 다른 투자자를 모집하여 성립하는 때에 분할계획서에 의해 이사와 감사를 선임하는 것은 주주권의 침해가 되기 때문이다.

㈐ 정관에 기재할 사항 등 : 단순분할신설회사의 정관에 기재할 그 밖의 사항을 기재해야 한다(제10호). 위에서 살펴본 기재사항 외에 신설회사의 정관에 기재할 임의적 기재사항이 있다면 그것도 분할계획서에 반영하도록 한 것이다. 한편 상법에는 명문 규정이 없지만, 신설회사의 설립방법도 분할계획서에 기재해야 할 중요한 사항이다. 신설회사의 자본은 분할회사로부터 승계하는 재산만으로 구성할 수도 있고 그 밖에 주주를 모집할 수도 있으므로 어떠한 방법으로 설립할 것인지를 분할계획서에 명기해야 한다.

2) 존속분할 : 회사가 분할하며 존속하는 때에는 존속하는 회사에 관하여 분할계획서에 일정한 사항(① 감소할 자본금과 준비금의 액, ② 자본금 감소의 방법, ③ 분할로 인하여 이전할 재산과 그 가액, ④ 분할 후의 발행주식의 총수, ⑤ 회사가 발행할 주식의 총수를 감소하는 경우에는 그 감소할 주식의 총수, 종류 및 종류별 주식의 수, ⑥ 정관변경을 가져오게 하는 그 밖의 사항)을 기재해야 한다(상법 제530조의5 제2항). 이 중 ①과 ②를 기재하도록 한 것은 분할로 인해 신설회사에 영업재산이 이전되므로 분할회사가 존속하는 경우에는 그 자산이 감소하기 때문에 자본금 감소에 관한 구체적인 내용을 밝히도록 한 것이다. 또한 ④는 자본금 감소 후

의 발행주식을 기재하도록 한 것이고, ⑤는 분할회사가 자본금 감소에 발맞추어 발행예정주식총수를 감소하고자 할 때에 그에 관한 사항을 기재하도록 한 것이다. 다만 자본금을 감소한다고 하여 무조건 발행예정주식총수를 감소해야 하는 것은 아니다. 한편 ③의 경우는 사실상 의미가 없는 사항이다. 제530조의5 제1항 제7호에 의해 신설회사에 관한 계획사항으로 반영되어야 하기 때문이다.

(3) 신회사의 설립

1) 설립주체 : 분할에서는 분할회사에서 이전되는 재산만으로 회사를 설립하는 경우(이를 "단독분할설립"이라고 함)와 분할회사의 출자와 제3자의 출자를 함께 받아 설립하는 경우(이를 "모집분할설립"이라고 함)가 있는데, 양자는 설립의 주체와 그 절차를 달리한다. 즉 ① 전자의 경우 설립시 정관에 기재해야 할 사항들이 분할계획서에서 모두 정해지므로 발기인이 필요 없다. 따라서 회사설립에 관한 업무의 집행은 대표이사가 해야 한다. ② 분할로 인한 회사설립에는 회사설립에 관한 일반 규정을 준용하므로(상법 제530조의4 본문), 후자의 경우에는 발기인이 필요하다. 즉 발기인이 정관의 작성 등 회사설립에 필요한 각종 사무를 처리해야 한다. 그리하여 상업등기규칙 제150조 제6호도 모집분할설립의 경우에는 발기인의 존재를 전제로 일정한 정보를 제공하도록 한다.

2) 재산출자 : 분할회사가 신설회사에 이전하는 재산은 현물출자의 성격이 있으므로 그에 대하여 어떠한 조사절차를 거치게 할 것인지가 문제된다. 이와 관련하여 상법 제530조의4 단서는 분할회사의 출자만으로 회사가 설립되는 경우에는 검사인의 조사절차에 관한 제299조를 적용하지 않는다고 규정하고 있다. 이 경우에는 모집주주가 없으므로 현물출자의 평가에 관하여 새로운 이해관계가 생기지 않고, 분할회사의 주주들은 그 지분율에 비례하여 신설회사의 주식을 배정받기 때문에 현물출자의 공정성도 문제가 되지 않기 때문이다. 그렇지만 현물출자 외의 변태설립사항이 있다면 조사를 생략할 수 없다.[42] 한편 새로운 투자자가 참여하는 모집설립분할과 분할회사의 주주들에게 신설회사의 주식을 배정할 때 기존의 지분율에 따르지 않는 때에는 현물출자의 조사가 필요하다.

3) 주식발행 : 분할회사에서 이전하는 재산만으로 회사가 설립되는 단독분할설립의 경우에는 신설회사의 주식발행과 배정이 모두 분할계획에 의해 정해지므로 회사설립에 관한 규정이 적용되지 않는다. 반면에 모집분할설립의 경우에는 새로운 투자자가 출자하기 때문에 그 부분에 대해서는 회사설립에 관한 규정이 준용된다. 따라서 발기인이 주식청약서를

42) 이철송, 1167면; 최기원, 1180면.

작성해야 하고, 주식의 청약·배정 및 주금납입 등의 절차가 진행된다.

4) 임원선임 : 단독분할설립에서는 이사와 감사를 분할계획에 의해 선임한다. 따라서 이사와 감사를 정한 경우에는 그 성명과 주민등록번호를 분할계획서에 기재해야 한다(상법 제530조의5 제1항 제9호). 반면에 모집분할설립의 경우에는 일반적인 설립절차에 따라서 발기인 또는 창립총회에서 이사와 감사를 선임해야 한다. 이 경우에도 분할계획서에 의해 이사와 감사를 선임하도록 하면 모집주주의 주주권을 침해하기 때문이다.

5) 창립총회 : 분할회사에서 이전하는 재산만으로 회사가 설립되는 단독분할설립에서는 창립총회가 필요 없지만, 모집분할설립에서는 창립총회가 필요하다. 다만 이때에는 이사회의 공고로 창립총회에 갈음할 수 있다(상법 제530조의11 제1항 → 제527조 제4항).

(4) 각종의 공시 등

1) 주권의 제출공고 : 단순분할에서는 분할회사의 주주들에게 신설회사의 주식을 발행하여 교부하는데, 이 과정에서 주주들이 가지고 있는 분할회사의 주식을 병합하거나 소각함으로 인해 그 수에 변동이 있는 때에는 그 주권을 회수해야 한다. 그리하여 상법은 자본금 감소에서의 주식병합을 위한 주권제출의 공고절차를 준용하고 있다(상법 제530조의11 제1항 → 제440조 내지 제443조). 즉 분할회사는 1월 이상의 기간을 정하여 회사분할의 뜻과 그 기간 내에 주권을 회사에 제출할 것을 공고하고 주주명부에 기재된 주주와 질권자에 대해서는 각별로 그 통지를 해야 한다(상법 제530조의11 제1항 → 제440조). 그리고 신설회사의 주식을 배정할 때 단주가 생길 때에는 자본금 감소를 위한 주식병합에서 단주가 생긴 경우와 같은 요령으로 처리한다(상법 제530조의11 제1항 → 제443조).

2) 분할계획의 공시 : 분할회사는 분할승인을 위한 주주총회일 2주 전부터 분할등기일 후 6개월 간 일정한 서류(① 분할계획서, ② 분할되는 부분의 대차대조표, ③ 분할을 하면서 신주가 발행되거나 자기주식이 이전되는 경우에는 분할회사의 주주에 대한 신주의 배정 또는 자기주식의 이전에 관하여 그 이유를 기재한 서면)를 본점에 비치해야 한다(상법 제530조의7 제1항). 이러한 서류들은 주주가 분할을 승인할 때와 이전되는 채무를 제한하는 경우 분할회사의 채권자가 이의의 제기 여부를 결정할 때 참고자료가 된다.[43)]

(5) 관계자의 보호

1) 채권자 보호 : 단순분할 중 소멸분할에서는 분할회사의 재산이 나뉘어 2개 이상의

43) 김건식/노혁준/천경훈, 820면.

신설회사에 전부 옮겨지고, 존속분할의 경우에는 분할회사의 재산 중 일부는 분할회사에 남고 다른 일부는 신설회사로 옮겨진다. 따라서 외형적으로는 분할회사의 채권자를 위한 책임재산이 없어지거나 줄어든 모습을 보이지만, 신설회사들이 분할회사의 채권자에 대하여 연대책임을 지므로 책임재산에 변동이 없고 책임주체에도 실질적인 변동은 없다고 할 수 있다. 그리하여 단순분할에서는 채권자보호절차가 필요하지 않다고 볼 수 있지만, 다음과 같은 경우에는 채권자보호절차를 경료해야 한다. 즉 ① 단순분할에서도 신설회사의 책임이 제한되는 경우(상법 제530조의9 제2항)에는 책임주체에 변동이 생기기 때문에 채권자보호절차를 밟아야 한다(상법 제530조의9 제4항). ② 분할회사가 주주들에게 분할교부금을 지급하면(상법 제530조의5 제1항 제5호) 회사채권자를 위한 담보재산이 줄어들기 때문에 채권자보호절차가 필요하다. 그런데 상법은 ①에 대해서만 합병에서의 채권자보호절차를 준용하고 있는데(상법 제530조의9 제4항), 이는 ②의 경우를 전혀 고려하지 아니한 입법의 착오이다. 따라서 단순분할에서 분할교부금을 지급하는 때에도 자본금 감소에 준하는 것으로 보아 상법 제439조의 채권자보호절차를 유추적용해야 한다.[44)]

> **참고자료 준용규정의 문제점**
>
> 상법 제530조의11 제1항은 신설분할 및 분할합병에 대하여 자본금 감소의 방법으로 주식병합을 할 경우에는 채권자의 이의절차가 종료하지 아니하면 그 효력이 발생하지 않는다는 제441조를 준용하고 있는데, 이는 입법의 착오이다. 이에 의하면 단순분할을 하면서 주식병합을 하게 되면 채권자의 이의절차가 종료해야 주식병합의 효력이 발생하므로 사실상 채권자 이의절차를 강요하는 결과가 되기 때문이다. 따라서 단순분할의 경우에는 일반적으로 채권자보호절차가 필요하지 않지만, 교부금을 지급하는 때에는 예외적으로 필요하다고 해석해야 한다. 등기실무도 동일하게 처리한다.

2) 반대자 보호 : 단순분할의 경우 분할회사가 소유하고 있는 기존의 재산과 영위하고 있는 영업이 단지 물리적·기능적으로만 나뉘어 신설회사에 이전될 뿐 분할회사의 주주의 권리는 신설회사에도 그대로 미친다. 즉 주주의 권리에 구조적인 변화가 생기는 것은 아니므로 상법은 단순분할에 있어서 반대주주의 주식매수청구권을 인정하지 아니한다.

3. 분할합병

(1) 개 요

분할합병이란 분할회사의 분할과 이를 바탕으로 한 다른 회사와의 합병이라는 두 가지

---

44) 이철송, 1173면.

절차가 복합적으로 연계되는 조직재편방식이다. 구체적으로 회사분할을 위한 절차와 회사합병을 위한 절차는 사실상 분할회사와 합병할 상대방 회사의 대표기관 간에 분할합병계약서를 작성한 후 이사회와 주주총회의 승인을 받는 것으로 합체되어 행해진다. 그 이후 주권의 제출공고와 창립총회의 소집 및 채권자 보호 등의 후속절차가 진행된다.

(2) 계약서의 작성

분할합병에서 합병의 당사회사가 작성하는 분할합병계약서는 합병방식이 흡수분할합병이냐 아니면 신설분할합병이냐에 따라서 구체적인 기재사항을 달리한다.

1) **흡수분할합병** : 분할회사가 분할한 일부 영업을 존속하는 다른 회사가 흡수합병하는 경우에는 분할합병계약서에 다음과 같은 사항을 기재해야 하는데, 세부방식이 소멸분할합병이든 존속분할합병이든 분할합병계약서에 기재해야 할 사항은 같다.

㈎ **기재사항** : 흡수분할합병의 경우 분할합병계약서에는 ① 분할합병의 상대방 회사로서 존속하는 회사(이하 "분할승계회사"라고 함)가 분할합병으로 인하여 발행할 주식의 총수가 증가하는 경우에는 증가할 주식의 총수, 종류 및 종류별 주식의 수, ② 분할승계회사가 분할합병을 하면서 신주를 발행하거나 자기주식을 이전하는 경우에는 그 발행하는 신주 또는 이전하는 자기주식의 총수, 종류 및 종류별 주식의 수, ③ 분할승계회사가 분할합병을 하면서 신주를 발행하거나 자기주식을 이전하는 경우에는 분할회사의 주주에 대한 분할승계회사의 신주의 배정 또는 자기주식의 이전에 관한 사항 및 주식의 병합 또는 분할을 하는 경우에는 그에 관한 사항, ④ 분할승계회사가 분할회사의 주주에게 ③에도 불구하고 그 대가의 전부 또는 일부로서 금전이나 그 밖의 재산을 제공하는 경우에는 그 내용 및 배정에 관한 사항, ⑤ 분할승계회사의 자본금 또는 준비금이 증가하는 경우에는 증가할 자본금 또는 준비금에 관한 사항, ⑥ 분할회사가 분할승계회사에 이전할 재산과 그 가액, ⑦ 제530조의9 제3항의 정함이 있는 경우에는 그 내용, ⑧ 각 회사에서 제530조의3 제2항의 결의를 할 주주총회의 기일, ⑨ 분할합병을 할 날, ⑩ 분할승계회사의 이사와 감사를 정한 경우에는 그 성명과 주민등록번호, ⑪ 분할승계회사의 정관변경을 가져오게 하는 그 밖의 사항을 기재해야 한다(상법 제530조의6 제1항).

㈏ **보충설명** : 흡수분할합병에서 분할합병계약서에 기재할 사항 그 대부분은 단순분할에서 분할계획서에 기재하는 사항과 같으므로 몇 가지 특색 있는 사항에 대해서만 살펴본다. 즉 ①과 ②의 경우에는 액면주식과 무액면주식의 구분도 필요하다. 2011년 개정에서 무액면주식이 도입되었기 때문이다. ④와 관련하여 ⓐ 분할대가의 일부를 교부금으로 지급할

수 있으며 더 나아가 교부금만의 분할합병도 가능하다. ⓑ 합병에서 삼각합병이 허용되듯이 분할합병에서도 삼각분할합병이 가능하다. 제4호에서 분할대가의 전액을 금전 아닌 재산으로 지급할 수 있게 하였고, 제530조의6 제4항이 제4호에 따라 분할회사의 주주에게 제공하는 재산이 분할승계회사의 모회사 주식을 포함하는 경우에는 분할승계회사가 그 지급을 위해 모회사 주식을 취득할 수 있다고 규정하고 있기 때문이다.[45] 다만 존속회사가 취득한 모회사의 주식을 분할대가로 사용하지 아니한 때에는 법 위반이 되므로 분할합병의 효력발생일로부터 6월 내에 처분해야 한다(상법 제530조의6 제5항). ⑪에 해당하는 경우로는 분할회사로부터 이전받는 영업이 분할승계회사의 정관에 사업목적으로 기재되어 있지 아니한 경우 또는 승계하는 영업을 상호에 반영할 경우 등을 들 수 있다. 특히 후자의 경우에는 상호만이 아니라 정관도 함께 변경해야 한다.

2) 신설분할합병 : 분할회사의 일부가 다른 분할회사의 일부 또는 다른 회사와 분할합병을 하여 회사를 설립하는 경우에는 분할합병계약서에 일정한 사항을 기재해야 한다. 즉 ① 제530조의5 제1항 제1호 · 제2호 · 제6호 · 제7호 · 제8호 · 제8호의2 · 제9호 · 제10호에 규정된 사항, ② 분할합병을 하여 설립되는 회사(이하 "분할합병신설회사"라고 함)가 분할합병을 하면서 발행하는 주식의 총수, 종류 및 종류별 주식의 수, ③ 각 회사의 주주에 대한 주식의 배정에 관한 사항과 배정에 따른 주식의 병합 또는 분할을 하는 경우에는 그 규정, ④ 각 회사가 분할합병신설회사에 이전할 재산과 그 가액, ⑤ 각 회사의 주주에게 지급할 금액을 정한 때에는 그 규정, ⑥ 각 회사에서 제530조의3 제2항의 결의를 할 주주총회의 기일, ⑦ 분할합병을 할 날을 기재해야 한다(상법 제530조의6 제2항).

(3) 당사자의 조치

1) 분할회사 : 상법 제530조의6 제3항은 "제530조의5의 규정은 제1항 및 제2항의 경우에 각 회사의 분할합병을 하지 아니하는 부분의 기재에 관하여 이를 준용한다."라고 규정하고 있다. 따라서 ① 분할회사가 분할대상이 되지 않는 다른 재산으로 존속할 때에는 분할회사의 자본금 감소 기타 주식에 관련한 변화가 생길 경우에 그 변화에 관한 사항을 분할합병계약서에 추가로 기재해야 하고, ② 분할회사가 남아 있는 재산으로 새로운 회사를 설립할 때에는 새로운 회사를 위해 분할계획서를 작성해야 한다. ①은 제530조의5 제2항을 준용하는 결과이고, ②는 제530조의5 제1항을 준용한 결과이다.

---

45) 이러한 삼각분할합병도 대부분은 분할승계회사의 모회사의 효용을 위하여 행해진다. 모회사의 입장에서는 주주총회를 개최할 필요도 없고, 반대주주의 주식매수청구도 피할 수 있기 때문이다.

2) 상대방회사 : 분할계획서와 분할합병계약서의 승인절차에 관하여 정하고 있는 상법 제530조의3 제1항과 제2항을 살펴보면, 분할회사에 대해서만 주주총회의 특별결의가 필요하다고 정하고 있고 분할합병에서 상대방회사의 의사결정과 그 절차에 대해서는 전혀 규정하고 있지 않다. 그리하여 특히 흡수분할합병에서 문제가 발생한다. 신설분할합병의 경우에는 상대방회사도 소멸하므로 주주총회의 특별결의를 얻어야 하기 때문이고, 상대방회사의 입장에서는 현물출자를 받는 것과 같아 신주발행의 절차만 밟으면 되는 것으로 오해할 수 있기 때문이다. 그런데 합병에서와 같이 분할합병의 경우에도 분할승계회사는 분할회사의 재산만을 인수하는 것이 아니라 분할회사의 채무에 대한 연대책임도 부담하므로 일반적인 흡수합병과 다름이 없다. 그렇다면 상법에 명문 규정은 없지만, 흡수합병에서와 같이 주주총회의 특별결의에 의한 승인을 얻어야 한다고 해석함이 타당하다. 그래야만 각 회사에서 제530조의3 제2항의 결의를 할 주주총회의 기일을 분할합병계약서에 기재하도록 한 제530조의6 제1항 제8호와도 합치될 수 있다.

(4) 각종 후속절차

1) 주권의 제출공고 : 분할합병에서는 분할회사의 주주들에게 합병상대방회사 또는 신설회사의 주식을 발행하여 교부하는데, 이때 분할계획에 의해 분할회사의 주주들이 소유한 주식을 병합하거나 소각함으로 인해 그 수에 변동이 있는 때에는 그 주권을 회수해야 한다. 상법은 자본금 감소에서의 주식병합을 위한 주권제출의 공고절차를 이에 준용하고 있다(상법 제530조의11 제1항 → 제440조 내지 제443조). 따라서 분할회사는 1월 이상의 기간을 정하여 분할합병의 뜻과 그 기간 내에 주권을 회사에 제출할 것을 공고하고 주주명부에 기재된 주주와 질권자에 대해서는 각별로 그 통지를 해야 한다(상법 제530조의11 제1항 → 제440조). 그리고 단주가 생긴 경우에는 자본금 감소를 위한 주식병합에서 단주가 생긴 경우와 같은 요령으로 처리한다(상법 제530조의11 제1항 → 제443조).

2) 각종 서류의 공시 : 분할회사의 이사는 제530조의3 제1항에 따른 주주총회 회일의 2주 전부터 분할의 등기를 한 날 또는 분할합병을 한 날 이후 6개월간 일정한 서류(① 분할계획서 또는 분할합병계약서, ② 분할되는 부분의 대차대조표, ③ 분할합병의 경우 분할합병의 상대방 회사의 대차대조표, ④ 분할 또는 분할합병을 하면서 신주가 발행되거나 자기주식이 이전되는 경우에는 분할회사의 주주에 대한 신주의 배정 또는 자기주식의 이전에 관하여 그 이유를 기재한 서면)를 본점에 비치해야 한다(상법 제530조의7 제1항). 또한 합병 후 존속하는 분할승계회사의 이사는 분할합병을 승인하는 주주총회 회일의 2주 전부터 분할합병의 등기를 한 후 6개월

간 일정한 서류(① 분할합병계약서, ② 분할회사의 분할되는 부분의 대차대조표, ③ 분할합병을 하면서 신주를 발행하거나 자기주식을 이전하는 경우에는 분할회사의 주주에 대한 신주의 배정 또는 자기주식의 이전에 관하여 그 이유를 기재한 서면)를 본점에 비치해야 한다(상법 제530조의7 제2항).

3) 창립총회의 개최 : 분할합병의 유형 중 신설분할합병의 경우에는 채권자보호절차가 종료한 후 그리고 주식을 병합하는 경우에는 그 효력이 생긴 후 지체없이 창립총회를 소집해야 한다. 다만 이 경우에도 단순분할의 모집분할설립에서와 같이 이사회의 공고로써 창립총회를 갈음할 수 있다(상법 제530조의11 제1항 → 제527조).

(5) 관계자의 보호

1) 채권자 보호 : 분할합병의 경우에는 분할합병 당사회사의 채권자가 책임재산을 공유하게 되는 결과가 발생하므로 채권자로서는 담보재산과 책임주체에 관한 중대한 변화에 직면하게 된다. 예컨대 재무구조가 건실한 A회사의 재산 일부와 재무구조가 부실한 B회사가 신설분할합병을 하면 B회사의 채권자로서는 담보재산이 건실해지지만, A회사의 채권자로서는 담보재산이 부실해진다. 그리고 A와 B 회사의 재무상태가 반대라면 그들의 채권자는 반대의 이해를 갖는데, 이는 흡수분할합병의 경우에도 같다. 따라서 분할합병의 경우에는 당사회사의 채권자 보호가 필히 요구되는데, 상법은 합병에 요구되는 채권자보호절차(상법 제527조의5)를 분할합병에 준용하고 있다(상법 제530조의11 제1항). 한편 제530조의11 제1항에 의해 준용되는 제527조의5는 분할회사에만 준용되는 것으로 해석할 소지도 있으나, 위에 말한 바와 같이 분할합병의 상대방회사의 채권자 보호도 간과할 수 없으므로 이 규정은 합병당사회사 모두에게 적용되는 것으로 보아야 한다.

참고판례 **분할 등에서 채권자에 대한 최고 등(대법원 2011. 9. 29. 선고 2011다38516 판결)** : [1] 분할되는 회사와 수혜회사가 분할 전 회사의 채무에 대하여 연대책임을 지지 않는 경우에는 채무자의 책임재산에 변동이 생기게 되어 채권자의 이해관계에 중대한 영향을 미치므로 채권자 보호를 위하여 분할되는 회사가 알고 있는 채권자에게 개별적으로 이를 최고하도록 규정하고 있는 것이고, 따라서 분할되는 회사와 수혜회사의 채무관계가 분할채무관계로 바뀌는 것은 분할되는 회사가 자신이 알고 있는 채권자에게 개별적인 최고절차를 제대로 거쳤을 것을 요건으로 하는 것이라고 보아야 하며, 만약 그러한 개별적인 최고를 누락한 경우에는 그 채권자에 대하여 분할채무관계의 효력이 발생할 수 없고 원칙으로 돌아가 수혜회사와 분할되는 회사가 연대하여 변제할 책임을 지게 된다. [2] 분할 또는 분할합병으로 인하여 회사의 책임재산에 변동이 생기게 되는 채권자를 보호하기 위하여 상법이 채권자의 이의제출권을 인정하고 그 실효성을 확보하기 위하

> 여 알고 있는 채권자에게 개별적으로 최고하도록 한 입법 취지를 고려하면, 개별 최고가 필요한 '회사가 알고 있는 채권자'란 채권자가 누구이고 채권이 어떠한 내용의 청구권인지가 대체로 회사에게 알려져 있는 채권자를 말하는 것이고, 회사에 알려져 있는지 여부는 개개의 경우에 제반 사정을 종합적으로 고려하여 판단하여야 할 것인데, 회사의 장부 기타 근거에 의하여 성명과 주소가 회사에 알려져 있는 자는 물론이고 회사 대표이사 개인이 알고 있는 채권자도 이에 포함된다고 봄이 타당하다.

2) 반대자 보호 : 종전의 회사재산과 영업이 물리적·기능적으로 나누어질 뿐 분할회사의 주주의 권리에 구조적 변화가 생기지는 않는 단순분할과 달리 분할합병의 경우에는 회사의 재산과 영업이 다른 회사의 재산 및 영업과 통합되므로 주주의 관점에서 보면 합병과 동질의 구조적 변화가 생긴다. 따라서 분할합병에 반대하는 주주에게 주식매수청구권을 인정할 필요성은 합병의 경우와 다름이 없다. 그리하여 상법은 분할합병의 경우 반대주주에게 주식매수청구권을 인정하고 있다(상법 제530조 제2항 → 제522조의3).

(6) 특수한 분할합병

1) 간이분할합병 : 상법 제530조의11 제2항은 분할합병에 대하여 간이합병에 관한 제527조의2를 준용하고 있다. 따라서 분할회사의 총주주의 동의가 있거나 분할승계회사가 이미 분할회사의 발행주식총수의 100분의 90 이상을 소유하고 있는 경우에는 분할회사의 주주총회 특별결의에 의한 승인을 이사회의 승인결의로 갈음할 수 있다.

2) 소규모분할합병 : 상법 제530조의11 제2항은 분할합병에 대하여 소규모합병에 관한 제527조의3을 준용하고 있다. 따라서 분할승계회사가 분할합병의 대가로 발행하는 신주가 분할승계회사의 발행주식총수의 100분의 10을 초과하지 아니하는 경우에는 분할승계회사에 요구되는 주주총회의 특별결의에 의한 승인은 이사회의 결의로 갈음할 수 있다. 그리고 소규모합병에서와 마찬가지로 반대주주에게 주식매수청구권이 인정되지 않는데, 이는 입법적 보완이 필요하다. 소규모합병에서 설명한 것처럼 분할회사의 채무를 승계함으로써 분할승계회사의 영업이나 재무구조에 영향을 줄 수 있기 때문이다.

3) 교부금분할합병 : 상법은 2011년 개정에서 합병의 존속회사가 소멸회사의 주주에게 지급해야 할 합병대가의 전부를 교부금으로만 할 수 있도록 하였고, 금전 외의 재산으로도 교부금을 지급할 수 있도록 하였다. 그리하여 합병에서는 존속회사가 소멸회사의 주주들에게 신주를 발행하는 대신에 금전이나 그 밖의 재산만을 지급하는 교부금합병도 가능해졌는데, 이는 분할합병의 경우에도 마찬가지이다. 분할승계회사의 입장에서 본다면 승계하는 대상이 회사가 아니라 그 회사의 분할된 일부 영업이라는 규모상의 차이만 있을 뿐 합병에 관

한 법률관계를 분할합병에 그대로 가져올 수 있기 때문이다.

4) 삼각분할합병 : 2011년 개정 상법에 의해 합병에서의 존속회사는 소멸회사의 주주들에게 합병비율에 따른 신주를 발행하여 배정하지 아니하고 교부금(금전이나 그 밖의 재산)만을 지급하며 합병할 수도 있는데, 이 경우 존속회사는 소멸회사의 주주들에게 존속회사가 보유한 모회사의 주식을 교부금으로 지급하는 합병(삼각합병)도 할 수 있다. 그리고 이러한 논리는 분할합병의 경우에도 동일하다. 따라서 분할승계회사는 보유한 모회사의 주식을 분할회사의 주주들에게 교부함으로써 삼각분할합병을 할 수도 있다.

4. 물적분할

(1) 의 의

물적분할은 분할로 인한 신설회사 또는 분할합병의 승계회사의 주식을 분할회사의 주주들에게 교부하지 아니하고 분할회사가 직접 취득하는 방식의 조직재편이다. 즉 앞에서 설명한 단순분할이나 분할합병 중 어느 하나의 방식을 택하여 분할절차를 진행하되, 그 과정에서 발행되는 신설회사나 분할승계회사의 주식을 분할회사가 받는 것이다. 이와 관련하여 상법 제530조의12는 분할에 관한 제11절의 규정을 물적분할에 준용하고 있다.

(2) 적용범위

단순분할이든 분할합병이든 분할회사가 소멸하는 때에는 분할회사가 신설회사 등의 주식을 보유하는 일이 생길 수 없다. 따라서 물적분할은 분할회사가 존속하는 경우에만 활용할 수 있다. 그런데 상법 제530조의12는 분할 또는 분할합병으로 「설립되는」 회사의 주식 총수를 취득하는 경우에 제11절의 규정을 준용한다고 규정하고 있어 신설회사가 없는 흡수분할합병의 경우에는 물적분할이 허용되지 않는 문제가 발생한다. 그리하여 입법의 착오이므로 흡수분할합병에서도 물적분할이 허용되는 것으로 해석해야 한다는 견해[46]와 이에 반대하는 견해[47]가 있다. 생각건대 기업구조조정의 유연성을 높이기 위해 상법이 분할제도를 도입한 점을 고려할 때 흡수분할합병에만 물적분할을 허용하지 않을 특별한 이유가 없다. 따라서 우선은 흡수분할합병에서도 물적분할이 가능하다고 해석하되, 향후 입법적으로 보완해야 한다. 참고로 독일의 사업재편법은 이를 인정한다.[48]

---

46) 김건식/노혁준/천경훈, 813면; 송옥렬, 1282~1283면; 이철송, 1175면; 임재연(Ⅱ), 787면; 최준선, 798면; 홍복기/박세화, 106면.

47) 권기범, 191면; 정찬형, 534면.

48) UmwG §123 Abs. 3 Satz 1.

(3) 분할절차

물적분할의 경우 분할의 대가를 분할회사의 주주가 아니라 분할회사가 직접 받는다는 점만 인적분할과 다르다. 따라서 단순분할이든 분할합병이든 앞에서 설명한 절차가 그대로 진행된다. 즉 분할계획서 또는 분할합병계약서를 작성해야 하고, 분할회사나 상대방회사의 내부적 의사결정이 있어야 하며, 각종 서류를 공시해야 하고, 채권자와 반대주주를 보호해야 한다. 이런 절차에 대해서는 이미 설명하였으므로 여기서는 생략한다.

Ⅳ. 분할의 효과

1. 일반적 효과

(1) 법인격의 변화 여부

회사의 분할은 합병에 반대되는 현상이지만, 합병에서와 다르게 법인격의 승계가 이루어지지 않는다. 특히 존속분할의 경우에는 분할회사가 재산을 분할한 후 그대로 존속하기 때문에 분할 전후에 걸쳐 법인격의 동일성이 유지된다. 또한 분할로 인한 신설회사 또는 흡수분할합병에서의 분할승계회사도 분할회사의 재산 중 일부를 인수할 뿐이지 그의 법인격을 승계하지는 않는데, 이는 분할회사가 소멸하는 때에도 마찬가지이다. 다만 분할회사가 소멸하는 때에는 청산절차를 밟지 아니하고 해산하는데(상법 제517 제1의2호), 분할회사의 모든 재산이 신설회사 또는 분할승계회사에 이전되었기 때문이다.

(2) 권리와 의무의 이전

1) 재산의 이전 : 분할에서 단순분할신설회사, 분할승계회사 또는 분할합병신설회사는 분할회사의 권리와 의무를 분할계획서 또는 분할합병계약서에서 정하는 바에 따라 승계한다(상법 제530조의10). 그렇다면 분할되는 재산의 경우 별도의 이전행위나 공시방법이 필요한가? 이와 관련하여 상법은 등기를 한 때에 분할의 효력이 발생한다고 규정하고 있으므로 재산의 이전은 법률의 규정에 따른 것으로 보아야 한다. 즉 분할회사의 재산은 별도의 이전행위나 공시방법을 요하지 않고 분할의 등기를 한 때에 이전되는 것이다. 한편 분할계획이나 분할합병계약에 의해 이전되는 영업재산에 관한 소송은 신설회사나 분할승계회사가 승계할 수 있지만,[49] 분할계획서 등에 이전대상으로 정해진 것이라도 일신전속적이거나 그

---

49) 대법원 2002. 11. 26. 선고 2001다44352 판결.

성질상 이전이 허용될 수 없는 자산은 이전할 수 없다.[50)]

2) 주식의 귀속 : 분할의 경우 분할회사의 주주는 신설회사 또는 분할승계회사의 주식을 취득한다. 이 경우 구체적인 내용은 분할계획서 또는 분할합병계약서에서 정한 바에 의한다. 물론 분할회사가 해산하면 주주는 당연히 분할회사의 주주권을 상실하고, 존속분할을 하면서 자본금을 감소하면 그 감소방법에 따라 주주권의 변동이 생긴다. 한편 주의할 것은 비록 상법에 명문 규정은 없지만, 분할회사의 주식에 대하여 질권을 가진 자는 분할로 인해 그 주식의 주주가 취득하게 되는 신설회사의 주식 또는 분할승계회사의 주식이나 교부금에 대하여 물상대위의 효력을 누린다고 보아야 한다는 점이다.

3) 경업금지의무 : 회사분할의 유형 중 존속분할의 경우에는 분할회사가 신설회사에 기존의 영업 중 일부를 분할하여 이전하는데, 이 경우 분할회사가 이전한 영업을 다시 할 수 있는지의 의문이 생긴다. 그리고 이는 분할회사에 의해 신설된 회사 및 흡수분할합병의 승계회사 간에도 동일하게 발생한다. 상법은 이에 관하여 규정하고 있지 않지만, 분할당사회사들을 보호하기 위해서는 이를 영업양도에 준하는 것으로 보아 상법 제41조를 유추적용하여 상호 간에 경업금지의무를 진다고 해석함이 타당하다. 그렇지만 동일한 영업을 양적으로 분리하는 때에는 경업금지의무의 문제가 생기지 않는다.

4) 근로계약의 승계 : 합병과 달리 분할에서는 권리·의무가 분할계획서 등에 의해 특정된 범위에서만 승계되고 포괄적인 승계는 이루어지지 않는다. 따라서 논리적으로 분할회사의 종업원 지위는 분할로 인해 신설회사 또는 분할승계회사에 당연히 승계되지 않는다. 이에 직접 관계된 판례는 없지만, 근로관계의 승계를 원하지 않는 종업원을 승계대상으로 분할계획에 정한 사건에 관한 판례는 있다. 동 판례는 분할계획서에 근로관계의 승계를 규정한 경우에는 상법 제530조의10의 효력에 의해 종업원이 승계대상에 포함된다는 입장을 취하면서 분할에서 근로관계의 승계는 종업원의 이해와 협력을 구하는 절차를 거치는 등 절차적 정당성을 갖춘 경우에만 허용된다고 판시하였다. 생각건대 분할에서도 영업재산이 이전되므로 영업양도에 준하여 근로관계를 처리함이 타당할 것이다.

(3) 이사와 감사의 선임

1) 단순분할과 신설분할합병 : 분할의 유형 중 단순분할과 신설분할합병의 경우에는 분할계획서 또는 분할합병계약서에서 신설회사의 이사와 감사를 정할 수 있다(상법 제530조의5 제1항 제9호, 제530조의6 제2항 제1호). 즉 이 경우에는 신설회사에서 별다른 선임절차를 거

50) 대법원 2011. 8. 25. 선고 2010다44002 판결.

치지 않고 설립등기와 더불어 신설회사의 이사와 감사가 된다.

2) 흡수분할합병 : 흡수분할합병의 경우에도 분할합병계약서에 분할승계회사의 이사와 감사를 정할 수 있다(상법 제530조의6 제1항 제10호). 즉 분할합병계약서는 분할회사와 분할승계회사 모두 주주총회의 특별결의에 의한 승인을 받아야 하므로 별도의 선임절차를 거치지 않고 승계회사의 변경등기에 의해 이사·감사가 되도록 한 것이다. 한편 흡수분할합병에서는 분할합병계약서에 분할승계회사의 정관변경에 관한 사항도 기재할 수 있으므로(상법 제530조의6 제1항 제11호), 흡수분할합병계약에 대한 분할승계회사의 주주총회의 승인결의는 정관변경결의도 포함한다. 즉 이 경우에는 별도로 정관변경결의를 할 필요가 없지만, 그 효력은 승계회사가 분할에 따른 변경등기를 한 때에 생긴다.

2. 채무의 승계

(1) 의 의

합병의 경우에는 당사회사의 법인격이 합일되므로 피합병회사의 모든 채무를 신설회사 또는 존속회사가 포괄적으로 승계하지만, 회사분할에서는 이러한 채무의 포괄적 승계가 일어나지 않는다. 즉 분할에서 신설회사 또는 흡수분할합병의 상대방회사는 분할계획 또는 분할합병계약에 의해 특정된 채무만 인수할 뿐이다(상법 제530조의10). 다만 이 경우에 채권자의 승낙이 필요한지가 문제되는데, 상법이 분할 전의 회사채무에 대하여 신설회사 및 흡수분할합병의 승계회사에 연대책임을 지우고 있으므로 채무승계로 인해 채권자가 불이익을 받을 일은 거의 없다. 따라서 분할에 따른 채무의 승계에는 채권자의 승낙이 필요하지 아니한데, 이런 점에서 민법 제454조 제1항에 대한 특칙이 된다.

(2) 책임의 확장

1) 책임의 내용 : 분할회사, 단순분할신설회사, 분할승계회사 또는 분할합병신설회사는 분할 또는 분할합병 전의 분할회사 채무에 관하여 연대하여 변제할 책임이 있다(상법 제530조의9 제1항). 이는 분할당사회사 간에 채무승계가 어떻게 이루어지든지 관계없이 채권자가 분할에 따라 책임재산이 감소함으로 인한 불이익을 입지 않도록 하기 위함이다. 이처럼 연대책임의 대상이 되는 것은 분할 전에 발생한 분할회사의 채무이므로, 분할 후 존속하는 회사나 신설회사에 발생한 채무는 동 조항의 적용대상이 아니다.

참고판례 **분할 등에서 연대책임을 부담하는 채무의 포섭범위(대법원 2008. 2. 14. 선고 2007다73321 판결)** : 상법 제530조의9 제1항에 따라 주식회사의 분할 또는 분할합병으로 인하여 설립되는 회사와 존속하는 회사가 회사채권자에게 연대하여 변제할 책임이 있는 분할 또는 분할합병 전의 회사채무에는, 회사 분할 또는 분할합병의 효력발생 전에 발생하였으나 분할 또는 분할합병 당시에는 아직 그 변제기가 도래하지 아니한 채무도 포함된다.

참고판례 **분할 당사회사의 연대책임 등(대법원 2010. 8. 26. 선고 2009다95769 판결)** : [1] 분할 또는 분할합병으로 인하여 설립되는 회사 또는 존속하는 회사(이하 '분할당사회사'라고 한다)는 특별한 사정이 없는 한 상법 제530조의9 제1항에 의하여 각자 분할계획서 또는 분할합병계약서에 본래 부담하기로 정한 채무 이외의 채무에 대하여 연대책임을 지는 것이 원칙이고, 이 연대책임은 채권자에 대하여 개별 최고를 거쳤는지 여부와 관계없이 부담하게 되는 법정책임이므로, 채권자에 대하여 개별 최고를 하였는데 채권자가 이의제출을 하지 아니하였다거나 채권자가 분할 또는 분할합병에 동의하였기 때문에 개별 최고를 생략하였다는 등의 사정은 상법 제530조의9 제1항이 규정하는 분할당사회사의 연대책임의 성부에 영향을 미치지 못한다. [2] 분할합병으로 인하여 설립되는 회사 또는 존속하는 회사(이하 '분할당사회사'라고 한다)가 상법 제530조의9 제1항에 의한 연대책임을 면하고 각자 분할합병계약서에 본래 부담하기로 정한 채무에 대한 변제책임만을 지는 분할채무관계를 형성하기 위해서는, 분할합병에 따른 출자를 받는 존립 중의 회사가 분할되는 회사의 채무 중에서 출자한 재산에 관한 채무만을 부담한다는 취지가 기재된 분할합병계약서를 작성하여 이에 대한 주주총회의 승인을 얻어야 하고(상법 제530조의9 제3항, 제2항 후단, 상법 제530조의3 제1항, 제2항), 이러한 요건이 충족되었다는 점에 관한 주장·증명책임은 분할당사회사가 연대책임관계가 아닌 분할채무관계에 있음을 주장하는 측에게 있다. 단순히 분할합병계약서에 상법 제530조의6 제1항 제6호가 규정하는 '분할되는 회사가 분할합병의 상대방 회사에 이전할 재산과 그 가액'의 사항 등을 기재하여 주주총회의 승인을 얻었다는 사정만으로는 위와 같이 분할책임관계를 형성하기 위한 요건이 충족되었다고 할 수 없으므로, 분할당사회사는 각자 분할합병계약서에 본래 부담하기로 정한 채무 이외의 채무에 대하여 연대책임을 면할 수 없다. [3] 분할 또는 분할합병으로 인하여 설립되는 회사 또는 존속하는 회사(이하 '분할당사회사'라고 한다)가 상법 제530조의9 제1항에 의하여 각자 분할계획서나 분할합병계약서에 본래 부담하기로 정한 채무 이외의 채무에 대하여 연대책임을 지는 경우, 이는 회사분할로 인하여 채무자의 책임재산에 변동이 생기게 되어 채권 회수에 불이익한 영향을 받는 채권자를 보호하기 위하여 부과된 법정책임으로서 특별한 사정이 없는 한 그 법정 연대책임의 부담에 관하여 분할당사회사 사이에 주관적 공동관계가 있다고 보기 어려우므로, 분할당사회사는 각자 분할계획서나 분할합병계약서에 본래 부담하기로 정한 채무 이외의 채무에 대하여 부진정연대관계에 있다고 봄이 상당하다.

2) 책임의 성질 : 상법은 분할의 경우 분할승계회사 등이 분할합병 전에 발생한 분할회사의 채무에 관하여 연대책임을 진다고 규정할 뿐 구체적인 내용은 정하지 않고 있다. 그런데 판례는 동 조항의 연대책임은 채권자를 보호하기 위한 법정책임이라는 관점에서 분할당사회사들은 각자 부담하기로 한 채무 이외의 채무에 대하여 부진정연대의 관계에 있다고 한다.[51] 따라서 채권자가 분할 후에 분할회사를 상대로 분할 전에 생긴 분할회사의 채무에

51) 대법원 2010. 8. 26. 선고 2009다95769 판결.

관한 소를 제기함으로써 분할회사에 대한 관계에서 시효가 중단되거나 확정판결을 받아 소멸시효기간이 연장된다고 하더라도 그 효과는 다른 부진정연대채무자인 단순분할신설회사, 분할승계회사, 분할합병신설회사에 미치지 아니한다.[52]

3) 책임의 주체 : 회사분할의 경우 분할계획서나 분할합병계약서에 정한 내용에 따라 분할회사가 분할 후에 계속 부담하는 채무에 대해서는 신설회사나 흡수분할합병의 승계회사가 연대책임을 진다. 그리고 신설회사나 흡수분할합병의 승계회사가 분할회사로부터 승계한 채무에 대해서는 존속하는 분할회사 및 다른 신설회사가 연대하여 책임을 진다. 다만 2개 회사가 각각 일부의 재산을 분리하여 신설합병을 할 때에는 각 분할회사의 경우 상대방분할회사의 분할 전 채무에 대하여 연대책임을 부담하지 않는다.

4) 책임의 한도 : 분할당사회사는 분할 전 분할회사의 채무 그 전부에 대하여 연대책임을 지므로 이는 무한책임이라고 할 수 있다. 그런데 상법이 분할의 경우 신설되는 회사의 책임을 제한할 수도 있도록 하면서도 신설회사 등이 분할로 이전받은 재산을 초과하는 책임까지 지도록 한 것은 입법의 불비라고 볼 수밖에 없다. 따라서 우선은 분할회사로부터 이전받은 재산의 범위 내에서만 책임을 진다고 해석하고, 향후 입법적으로 보완해야 한다. 참고로 일본에서 분할회사는 분할할 때 잔존한 재산의 가액, 분할합병상대회사는 승계한 재산의 가액을 한도로 책임을 진다(회사법 제759조 제2항, 제3항).

5) 제소기간 : 분할무효의 소의 제소기간은 분할등기일로부터 6개월 내로 제한되지만(상법 제530조의11 제1항 → 제529조), 이는 분할 후 당사회사들의 연대책임을 추궁하는 것과는 무관하다.[53] 즉 연대책임은 원래 채무의 시효기간 내에 추궁할 수 있다.

(3) 책임의 제한

1) 입법취지 : 회사분할에서 당사회사들이 분할회사의 분할 전 채무에 대하여 연대책임을 지도록 한 것은 채권자를 보호하기 위함이지만, 분할제도의 효용성을 떨어뜨리는 부작용도 내포하고 있다. 분할당사회사들이 연대·무한책임으로 묶여 있어서 서로의 경영 성패에 따른 영향을 받기 때문이다. 그리하여 상법은 제530조의9 제2항에서 "단순분할신설회사는 분할회사의 채무 중에서 분할계획서에 승계하기로 정한 채무에 대한 책임만을 부담하는 것으로 정할 수 있다."라고 규정하였고, 제3항에서는 "분할승계회사 또는 분할합병신설회사가 분할회사의 채무 중에서 분할합병계약서에 승계하기로 정한 채무에 대한 책임만을 부담

52) 대법원 2017. 5. 30. 선고 2016다34687 판결.
53) 이철송, 1183면; 부산고등법원 2004. 3. 31. 선고 2003나11424 판결.

하는 것으로 정할 수 있다."라고 규정하였다. 즉 단순분할에 있어서는 분할계획서에 신설회사의 경우 그 자신이 승계하는 채무에 한정하여 책임을 지도록 정할 수 있고, 분할합병에서는 분할합병계약서에 분할승계회사 또는 신설회사의 경우 그 자신이 승계하는 채무에 한정하여 책임을 지도록 정할 수 있게 된 것이다. 따라서 분할회사가 존속하는 경우에는 자신에게 잔존한 채무에 한정하여 책임을 진다.

2) 제한요건 : 상법 제530조의9 제2항과 제3항에 따라 분할계획서나 분할합병계약서에 의해 분할당사회사의 책임을 제한하기 위해서는 일정한 요건을 충족해야 한다. 즉 ① 분할당사회사 간에 배분 또는 승계하는 채무의 내용이 분할계획서 또는 분할합병계약서에 특정되어 있어야 하고, 주주총회의 특별결의에 의한 승인을 받아야 한다.[54] 이러한 내용은 분할채무를 주장하는 회사가 증명해야 한다.[55] ② 단순분할의 경우에는 원칙적으로 채권자보호절차를 밟지 않지만, 신설회사 등의 책임을 제한하는 때에는 예외적으로 채권자보호절차를 밟아야 한다(상법 제530조의9 제4항 → 제527조의5). 신설회사 등의 책임을 제한함으로 인해 채권자를 위한 책임재산이 줄어들기 때문이다.[56] 그리고 분할합병의 경우에는 분할에 합병이 연계되므로 당연히 채권자보호절차를 밟아야 한다(상법 제530조의11 제2항 → 제527조의5). 따라서 회사는 분할에 관한 주주총회의 승인결의가 있은 날부터 2주 내에 채권자에 대하여 분할에 이의가 있으면 1월 이상의 기간 내에 이를 제출할 것을 공고해야 하고, 알고 있는 채권자에 대하여는 따로따로 이를 최고해야 한다. 여기서 「알고 있는 채권자」에는 회사가 관리하는 자료에 의해 인식되는 경우는 물론이고 대표이사가 개인적으로 알고 있는 채권자도 포함된다.[57] 한편 회사가 위와 같은 최고 등의 조치를 게을리하면 제530조의9 제1항에 따라 연대책임을 져야 한다.[58]

참고판례 **분할 등에서 연대책임의 배제 등(대법원 2010. 8. 19. 선고 2008다92336 판결)** : [1] 회사가 분할되는 경우 분할로 인하여 설립되는 회사 또는 존속하는 회사는 분할 전 회사 채무에 관하여 연대하여 변제할 책임이 있으나(상법 제530조의9 제1항), 분할되는 회사가 상법 제530조의3 제2항에 따라 분할계획서를 작성하여 출석한 주주의 의결권의 3분의 2 이상의 수와 발행주식총수의 3분의 1 이상의 수로써 주주총회의 승인을 얻은 결의로 분할에 의하여 회사를 설립하는 경우에는 설립되는 회사가 분할되는 회사의 채

54) 대법원 2012. 4. 26. 선고 2012다12191 판결; 대법원 2010. 8. 26. 선고 2009다95769 판결.
55) 즉 채권자에 대한 이의의 최고에서 분할책임을 진다고 선언하였어도 책임분할의 효과는 생기지 않는다.
56) 따라서 이런 경우에 채권자보호절차를 경료하지 않았다면 비록 분할계획서나 분할합병계약서에 책임제한에 관한 규정을 두었더라도 그 규정은 무효가 된다.
57) 대법원 2011. 9. 29. 선고 2011다38516 판결.
58) 대법원 2004. 8. 30. 선고 2003다25973 판결.

무 중에서 출자한 재산에 관한 채무만을 부담할 것을 정하여(상법 제530조의9 제2항) 설립되는 회사의 연대책임을 배제할 수 있다. 여기서 분할되는 회사가 '출자한 재산'이라 함은 분할되는 회사의 특정재산을 의미하는 것이 아니라 조직적 일체성을 가진 영업, 즉 특정의 영업과 그 영업에 필요한 재산을 의미하며, '출자한 재산에 관한 채무'라 함은 신설회사가 분할되는 회사로부터 승계한 영업에 관한 채무로서 당해 영업자체에 직접적으로 관계된 채무뿐만 아니라 그 영업을 수행하기 위해 필요한 적극재산과 관련된 모든 채무가 포함된다. [2] 분할 전 회사의 분식회계로 손해를 입었음을 주장하는 일부 실질주주명부상 주주들이 상법 제530조의9 제4항, 제527조의5 제1항에 정한 채권자보호절차에서 분할에 대한 이의 여부를 개별적으로 최고하여야 하는 분할 전 회사가 '알고 있는 채권자'에 해당한다고 볼 수 없다. [3] 상법 제530조의3 제6항은 "회사의 분할 또는 분할합병으로 인하여 분할 또는 분할합병에 관련되는 각 회사의 주주의 부담이 가중되는 경우에는 제2항 및 제5항의 결의 외에 그 주주 전원의 동의가 있어야 한다"고 규정하고 있다. 이 규정은 회사의 분할 또는 분할합병과 관련하여 주주를 보호하기 위하여 마련된 규정이고 분할 또는 분할합병으로 인하여 회사의 책임재산에 변동이 생기게 되는 채권자를 보호하기 위하여 마련된 규정이 아니므로, 회사의 채권자는 위 규정을 근거로 회사분할로 인하여 신설된 회사가 분할 전 회사의 채무를 연대하여 변제할 책임이 있음을 주장할 수 없다.

3. 등기와 공시

(1) 분할의 등기

회사분할에서는 등기함으로써 비로소 분할의 효력이 발생하는데(상법 제530조의11 제1항 → 제234조), 분할의 유형에 따라 등기시기가 달라진다. 즉 ① 단순분할 또는 신설분할합병의 경우에는 신설되는 회사의 창립총회가 종료한 날부터 본점 소재지에서는 2주간 내에 그리고 지점 소재지에서는 3주간 내에 등기를 해야 하고, ② 흡수분할합병의 경우에는 분할합병계약에 관한 주주총회의 승인결의가 종료한 날부터 본점 소재지에서는 2주간 내에 그리고 지점 소재지에서는 3주간 내에 등기를 해야 한다(상법 제530조의11 제1항 → 제528조). 구체적으로 신설회사는 회사설립등기, 분할회사는 변경등기(존속분할)나 해산등기(소멸분할), 분할승계회사는 변경등기를 해야 한다(상법등기규칙 제70조).

(2) 분할의 공시

분할회사의 이사는 분할계획서 또는 분할합병계약서의 승인을 위한 주주총회일의 2주 전부터 분할의 등기를 한 날 또는 분할합병을 한 날 이후 6개월 동안 일정한 서류(① 분할계획서 또는 분할합병계약서, ② 분할되는 부분의 대차대조표, ③ 분할합병의 경우 분할합병의 상대방 회사의 대차대조표, ④ 분할 또는 분할합병을 하면서 신주가 발행되거나 자기주식이 이전되는 경우에는 분할회사의 주주에 대한 신주의 배정 또는 자기주식의 이전에 관하여 그 이유를 기재한 서면)를 본점에 비치해야 한다(상법 제530조의7 제1항). 그리고 합병 후에 존속하는 분할승계회사의 이사는 분할합병을 승인하는 주주총회일의 2주 전부터 분할합병의 등기를 한 후 6개월 동안 일정한 서류(① 분할합병계약서, ② 분할회사의 분할되는 부분의 대차대조표, ③ 분할합병을 하면서 신주를 발행하거나 자기주식을 이전하는 경우에는 분할회사의 주주에 대한 신주의 배정 또는 자기주식의 이전에 관하여 그 이유를 기재한 서면)를 본점에 비치해야 한다(상법 제530조의7 제2항). 또한 분할 또는 분할합병을 한 후에 이사는 채권자보호절차의 경과, 합병을 한 날, 합병으로 인하여 소멸하는 회사로부터 승계한 재산의 가액과 채무액 기타 합병에 관한 사항을 기재한 서면을 합병을 한 날부터 6개월 동안 본점에 비치해야 한다(상법 제530조의11 제1항 → 제527조의6 제1항). 한편 어느 경우에나 주주와 회사채권자는 영업시간 내에 언제든지 위에서 비치하도록 한 서류들을 열람할 수 있고, 회사가 정한 비용을 지급하고 그 등·초본의 교부를 청구할 수 있다(상법 제530조의7 제3항 → 제522조의2 제2항).

4. 분할의 무효

(1) 주장방법

회사분할에는 합병무효의 소에 관한 규정이 준용되므로(상법 제530조의11 제1항 → 제529조), 분할에 무효의 원인이 있는 경우에는 분할무효의 소를 제기할 수 있다. 이처럼 회사분할의 무효는 소만으로 주장할 수 있으므로 분할무효의 소는 형성의 소이다.

(2) 무효원인

분할의 무효원인에 대하여 상법은 명확히 규정하고 있지 않다. 그렇지만 분할계획서나 분할합병계약서에 기재된 내용이 강행법규에 반하거나 현저히 불공정한 경우(예: 분할회사의 주주들에게 신설회사의 주식을 배정할 때 주식평등의 원칙을 위반한 경우 등)에는 무효의 원인이 된다. 또한 상법에 정해진 분할절차를 준수하지 않거나 위법하게 진행한 경우(예: 분할합병을 하면서 채권자보호절차를 경료하지 않거나 분할당사회사들의 책임을 제한하면서 채권자보호절차를 밟지 아니한 경우 등)도 무효사유가 된다.

(3) 원고·피고

1) 원 고 : 회사분할의 무효는 주주·이사·감사·청산인·파산관재인 또는 분할을 승인하지 아니한 채권자만이 제기할 수 있다(상법 제530조의11 제1항 → 제529조 제1항). 여기서 주주와 이사는 존속하는 분할회사, 신설회사 또는 분할합병에서 분할승계회사의 주주와 이사를 말한다. 한편 2011년 개정에서 도입한 집행임원은 사실상 이사회의 기능 분리를 전제로 한 대표이사의 대체기관이므로 분할무효의 소의 제소자격을 인정해야 한다.

2) 피 고 : 분할무효의 소는 회사를 피고로 해야 하지만, 분할로 인한 신설회사나 존속회사가 여러 개라면 어느 회사를 피고로 해야 하는지가 문제된다. 생각건대 분할무효판결은 관련된 모든 회사에 획일적으로 적용되어야 하므로 분할로 인해 신설된 회사와 존속하는 회사 그 모두를 공동피고로 하는 필수적 공동소송이 되어야 한다.[59)]

(4) 기타 절차

분할무효의 소는 분할등기 후 6월 내에 제기해야 한다(상법 제530조의11 제1항 → 제529조). 이 경우 소송절차에는 합명회사의 설립무효·취소의 소에 관한 규정이 준용된다(상법 제530조의11 제1항 → 제240조 → 제186조 내지 제191조). 따라서 분할무효의 소는 본점 소재지 지방법원의 전속관할에 속하고, 분할무효의 소가 제기되면 회사는 지체없이 이를 공고해야 하며, 여러 개의 소가 제기된 때에는 병합심리를 해야 하고, 법원의 재량기각이 인정되며, 원고가 패소할 경우에는 손해배상책임을 진다. 주의할 것은 법원이 분할무효의 소를 재량기각하기 위해서는 원칙적으로 그 소의 제기 전이나 그 심리 중에 원인된 하자가 보완되어야 하지만, 그 하자가 추후 보완될 수 없는 성질의 것인 때에는 비록 그 하자가 보완되지 아니하였더라도 회사의 현황 등 제반 사정을 참작하여 분할무효의 소를 재량기각할 수 있다.[60)] 한편 법원은 회사의 청구에 의해 제소자에게 상당한 담보의 제공을 명할 수도 있다(상법 제530조의11 제1항 → 제237조 → 제176조 제3항, 제4항).

> **참고판례** **분할무효의 소에서 증명책임의 소재 등(대법원 2010. 7. 22. 선고 2008다37193 판결)** : [1] 주주가 회사를 상대로 제기한 분할합병무효의 소에서 당사자 사이에 분할합병계약을 승인한 주주총회결의 자체가 있었는지 및 그 결의에 이를 부존재로 볼 만한 중대한 하자가 있는지 등 주주총회결의의 존부에 관하여 다툼이 있는 경우 주주총회결의 자체가 있었다는 점에 관해서는 회사가 증명책임을 부담하고 그 결의에 이를 부존재로 볼 만한 중대한 하자가 있다는 점에 관해서는 주주가 증명책임을 부담하는 것이 타당하다. [2] 상법 제530조의11 제1항 및 제240조는 분할합병무효의 소에 관하여 상법 제189조를 준용하고 있고 상법 제189조는 "설립무효의 소 또는 설립취소의 소가 그 심리 중에 원인이 된 하자가 보완되고 회사의 현황과 제반 사정을 참작하여 설립을 무효 또는 취소하는 것이 부적당하다고 인정한 때에는 법원은 그 청구를 기각할 수 있다"고 규정하고 있으므로, 법원이 분할합병무효의 소를 재량기각하기 위해서는 원칙적으로 그 소 제기 전이나 그 심리 중에 원인이 된 하자가 보완되어야 할 것이나, 그 하자가 추후 보완될 수 없는 성질의 것인 경우에는 그 하자가 보완되지 아니하였다고 하더라도 회사의 현황 등 제반 사정을 참작하여 분할합병무효의 소를 재량기각할 수 있다.

59) 이철송, 1189면.
60) 대법원 2010. 7. 22. 선고 2008다37193 판결.

(5) 판결 효과

1) 단순분할의 무효 : 단순분할에서 분할무효판결이 확정되면 분할로 신설된 회사는 무효가 되고 소멸한 분할회사가 부활한다. 그리고 신설회사의 재산도 분할회사에 복귀하고, 분할 후에 발생한 채무는 당연히 부활한 분할회사의 채무가 된다.

2) 분할합병의 무효 : 분할합병의 무효효과는 그 유형에 따라 다소 상이하다. 즉 ① 신설분할합병이 무효가 되면 신설회사의 설립이 무효가 되고, 신설회사가 분할회사 및 상대방회사로부터 승계한 각종 재산과 채무는 각기 분할 전의 상태로 복귀한다. 더욱이 신설회사가 분할 후에 취득한 재산은 분할회사 및 상대방회사의 공유로 하고(상법 제530조의11 제1항 → 제239조 제2항), 신설회사가 분할 후에 부담한 채무는 쌍방회사가 연대책임을 진다(상법 제530조의11 제1항 → 제239조 제1항). 이 경우 공유재산의 지분 및 연대채무의 부담부분은 원칙적으로 쌍방의 합의로 정하되, 협의가 이루어지지 아니하면 법원이 회사의 제반 사정을 참작하여 이를 정한다(상법 제530조의11 제1항 → 제239조 제3항). ② 흡수분할합병이 무효가 되면 상대방회사가 승계한 재산과 채무는 분할회사에 복귀하고, 분할 이후에 취득한 재산과 채무는 신설분할합병의 경우와 같이 처리한다.

3) 대세적 효력 : 분할무효의 판결에는 대세적 효력이 있어 소를 제기하지 아니한 주주 등에 대해서도 그 효력이 미친다(상법 제530조의11 제1항 → 제240조 → 제190조 본문).

4) 소급효 제한 : 분할무효의 판결에는 소급효가 없다(상법 제530조의11 제1항 → 제240조 → 제190조 단서). 따라서 분할로 인해 신설된 회사의 모든 대내·외적인 행위나 분할 후의 주식양도 등처럼 분할의 유효함을 전제로 이루어진 행위는 모두 유효하다.

사례해결

(1) 분할회사, 단순분할신설회사, 분할승계회사 또는 분할합병신설회사는 분할 또는 분할합병 전의 분할회사 채무에 관하여 연대하여 변제할 책임이 있는데(상법 제530조의9 제1항), 이는 채권자가 분할이나 분할합병에 따라 책임재산이 감소하는 불이익을 입지 않도록 하기 위함이다. 그런데 상법 제530조의9 제3항은 "분할승계회사 또는 분할합병신설회사가 분할회사의 채무 중에서 분할합병계약서에 승계하기로 정한 채무에 대한 책임만을 부담하는 것으로 정할 수 있다."라고 규정하고 있다. 즉 분할합병에서 분할승계회사는 자신이 승계하는 채무에 한정하여 책임지도록 정할 수 있게 되었지만, 일정한 요건을 충족해야 한다. 즉 분할당사회사 간에 배분·승계하는 채무의 내용이 분할합병계약서에 특정되어야 하고, 주주총회의 특별결의에 의한 승인을 얻어야 한다(대법원 2012. 4. 26. 선고 2012다12191 판결; 대법원 2010. 8. 26. 선고 2009다95769 판결). 물론 이는 분할채무를 주장하는 회사가 증명해야 한

다. 한편 분할합병에서는 채권자보호절차를 밟아야 하므로(상법 제530조의11 제2항 → 제527조의5), 회사는 주주총회의 승인결의가 있은 날부터 2주 내에 채권자에 대하여 분할합병에 이의가 있으면 1월 이상의 기간 내에 이를 제출할 것을 공고해야 하고, 알고 있는 채권자에 대하여는 별도로 이를 최고해야 한다. 여기서 「알고 있는 채권자」에는 회사가 관리하는 자료에 의해 인식되는 경우는 물론이고 대표이사가 개인적으로 알고 있는 채권자도 포함된다(대법원 2011. 9. 29. 선고 2011다38516 판결). 사안에서 ㈜甲과 ㈜乙은 배터리 패키징 사업에 관한 분할합병계약을 체결한 후 각각의 주주총회에서 승인을 받았는데, 당해 분할합병계약서에는 ㈜乙의 채무승계와 관련하여 ㈜甲으로부터 이전받는 재산의 가액을 한도로 부담한다고 정하고 있다. 그리고 ㈜乙은 채권자보호절차를 경료해야 하는데, 여기서 채권자에는 대표이사가 개인적으로 알고 있는 경우도 포함된다. 따라서 ㈜乙은 채권자 C에 대하여 원칙적으로 ㈜甲과 연대하여 변제할 책임을 지지만, 분할합병계약서에 의해 ㈜甲으로부터 이전받은 재산의 가액인 20억원에 대해서만 부담하면 되지만, 이는 ㈜乙이 증명해야 한다.

(2) 분할합병에서는 분할회사의 재산과 영업이 분할승계회사의 재산·영업과 통합되므로 합병과 같은 구조적 변화가 생긴다. 그리하여 상법은 분할합병의 경우에 반대주주에게 주식매수청구권을 인정하는데(상법 제530조 제2항 → 제522조의3), 이 경우 반대주주는 사전반대의 의사표시 등 일정한 법정 절차를 밟아야 한다. 한편 분할합병의 무효원인에 대하여 상법은 규정하고 있지 않아 합리적 해석이 필요한데, 대체로 분할합병계약서에 기재된 내용이 강행법규에 반하거나 현저히 불공정한 경우(예: 분할회사의 주주에게 주식을 배정할 때 주식평등의 원칙을 위반한 경우 등), 상법에 정해진 절차를 준수하지 않거나 위법하게 진행한 경우(예: 분할합병을 하면서 채권자보호절차를 경료하지 아니한 경우 등)는 무효사유가 된다. 그리고 분할합병무효의 소는 제소 당시에 주주이면 누구나 등기일로부터 6월 내에 제기할 수 있다(상법 제530조의11 제1항 → 제529조 제1항). 사안에서 ① ㈜乙은 분할합병계약의 승인을 위한 주주총회를 소집할 때 8%의 지분을 가진 주주 D에게 소집통지를 하지 않았고, 이로 인해 D는 일정한 절차를 거쳐서 주식매수청구권을 행사하지 못하였으며, 아직 제소기간이 경과하지 않았다. 따라서 각각 4%의 지분을 가진 주주 D와 E는 분할합병계약의 승인에 관한 주주총회결의의 하자를 이유로 법원에 분할합병무효의 소를 제기할 수 있는데, 이는 정당한 제소행위이다. ② 분할합병에 관한 무효판결은 모든 회사에 획일적으로 적용되어야 하므로 분할회사와 분할승계회사 모두가 피고가 된다. 즉 분할합병무효의 소는 필수적 공동소송이 되므로 주주 D와 E가 ㈜甲과 ㈜乙을 공동피고로 한 제소행위는 정당하다. ③ 지분 8%를 가진 주주 D에게 소집통지를 하지 아니한 상태에서 이루어진 ㈜乙의 주주총회 승인결의는 소집절차와 결의방법의 하자를 내포하고 있고, 이는 주주총회결의취소의 소의 대상이 된다. ④ 주주총회결의취소의 소에서는 법원의 재량기각이 인정되는데, 이와 관련하여 판례는 "법원이 분할합병무효의 소를 재량기각하기 위해서는 원칙적으로 그 소 제기 전이나 그 심리 중에 원인이 된 하자가 보완되어야 할 것이나, 그 하자가 추후 보완될 수 없는 성질의 것인 경우에는 그 하자가 보완되지 아니하였다고 하더라도 회사의 현황 등 제반 사정을 참작하여 분할합병무효의 소를 재량기각할 수 있다(대법원 2004. 4. 27. 선고 2003다29616 판결 참조)."라고 판시하였다(대법원 2010. 7. 22. 선고 2008다37193 판결). 그리고 사안에서 분할합병무효의 소의 원인이 된 주주총

회의 결의하자는 그 특성상 사후적인 보완이 불가능한 하자이다. 따라서 법원은 하자보완이 불가능함을 전제로 제반 사정을 참작하여 재량기각을 할 수 있는데, 합리성이 있어야 할 것이다.

(3) 분할합병에 관한 무효판결에는 소급효가 없다(상법 제530조의11 제1항→제240조→제190조 단서). 따라서 분할로 인해 신설된 회사의 모든 대내·외적인 행위나 분할 후의 주식양도 등처럼 분할의 유효함을 전제로 이루어진 행위는 모두 유효하다. 그런데 분할합병이 무효판결을 받으면 그 효과는 유형에 따라 다르다. 즉 ① 신설분할합병이 무효가 되면 신설회사의 설립이 무효가 되고, 신설회사가 분할회사 및 상대방회사로부터 승계한 각종 재산과 채무는 각기 분할 전의 상태로 복귀한다. 그리고 신설회사가 분할 후에 취득한 재산은 분할회사 및 상대방회사의 공유로 하고(상법 제530조의11 제1항→제239조 제2항), 신설회사가 분할 후에 부담한 채무는 쌍방회사가 연대책임을 진다(상법 제530조의11 제1항→제239조 제1항). 이 경우 공유재산의 지분 및 연대채무의 부담부분은 원칙적으로 쌍방의 합의로 정하되, 협의가 이루어지지 아니하면 법원이 회사의 제반 사정을 참작하여 이를 정한다(상법 제530조의11 제1항→제239조 제3항). ② 흡수분할합병이 무효가 되면 상대방회사가 승계한 재산과 채무는 분할회사에 복귀하고, 분할 이후에 취득한 재산과 채무는 신설분할합병의 경우와 같이 처리한다. 따라서 사안의 경우 F의 납품대금 5억원에 대해서는 ㈜甲과 ㈜乙이 연대책임을 져야 하는데, 구체적인 부담부분은 쌍방이 합의로 정하되, 협의가 성립하지 아니하면 법원이 이를 정한다.

제3관 주식의 교환·이전

예시사례 비상장 건설업체로서 휴양지 조성 및 팬션업을 해 온 ㈜甲의 경우 주식 40%를 보유한 대주주 A가 대표이사도 맡고 있다. ㈜甲의 경우 지난 2017년부터 A의 주도 하에 다각적으로 사업을 확장해 왔는데, 특히 2019년 말부터 시작된 코비드 팬데믹으로 해외에 나가지 못한 골프 동호인들로 인해 국내 골프장들의 매출액이 크게 늘었다는 TF팀 직원의 보고를 듣고는 향후 골프장 영업에도 진출하기로 하였다. 그 직후 오랜만에 나간 지역 향우회 모임에서 소규모 골프장을 운영하는 선배 B와 C 그리고 다양한 골프 용품을 제조·판매하는 친구 D를 만났고, 이들과 골프 사업에 관련된 여러 가지 얘기를 나누던 중 A는 그들의 도움을 받으면 좀 더 쉽게 골프 사업에 뛰어들 수 있을 것 같았다. 이에 A는 곧바로 B·C·D를 차례로 연락하여 만나며 관련 사업의 인수 가능 여부를 타진하였는데, 대부분 조건만 적절하면 인수할 수 있을 것 같다는 판단이 들었다. 이와 관련하여 다음 설문에 답하시오! (각 설문은 별개임)

(1) A는 B와 C가 각각 지분 60%와 55%를 보유한 골프장 ㈜乙과 ㈜丙의 인지도를 그대로 활용하고 고객도 안정적으로 확보·유지하려면 기존의 법인체를 그대로 유지하는 것이 좋겠다는 판단 하에 이사회의 결의를 거쳐 2020년 4월 1일 이들을 자회사로 하는 주식교환계약을 체결하였고(계약서상 주식교환을 할 날은 동년 5월 20일이었고, 주식교환비율은 1(甲) : 0.5(乙) : 0.2(丙)였음), 동년 4월 25일 무사히 주주총회의 승인결의도 얻었다. 그런데 급하게 주식교환을 추진하다 보니 주식교환계약서에

기재해야 할 사항 중 일부가 흠결되었고, 반대주주의 보호를 위한 조치도 미흡하였음이 드러났다. 그 후 동년 6월 20일 바로 이러한 점들을 근거로 주주 E가 본점 소재지를 관할하는 법원에 주식교환무효의 소를 제기하였다. 이 경우 E의 무효 주장의 타당성과 그 후속 절차에 대하여 기술하시오!

(2) ㈜乙의 지분 60%를 보유한 B는 별도로 부동산개발업체인 ㈜丁과 골프장 잔디관리업체인 ㈜戊도 소유하고 있다. 그런데 본인이 대주주라도 이들의 통합적이며 효과적인 관리가 쉽지 않자, B는 새로운 회사 ㈜己를 설립하여 이를 모회사로 하고 기존의 회사를 모두 자회사로 하는 주식이전을 추진하기로 하였다. 이에 따라 각각의 회사는 2020년 7월 1일부터 주식이전계획을 수립하여 절차를 진행하고 있었는데, 동년 8월 30일 ㈜戊의 주주총회에서는 주주들의 강력한 반대로 주식이전계획을 승인받지 못하였다. 이 경우 B는 나머지 회사들을 전제로 주식이전작업을 계속 진행할 수 있을까?

Ⅰ. 서 설

(1) 도입의 배경

주식의 포괄적 교환·이전은 어느 회사(A)가 다른 회사(B)의 발행주식총수를 모두 소유하여 완전모회사(지주회사)가 되는 방법이다. 과거에는 공정거래법이 경제력 집중을 유발한다는 이유로 지주회사의 설립을 금지하였지만, IMF 외환위기 후 1999년의 개정을 통하여 지주회사의 설립을 제한적으로 허용하였다. 그리고 이에 근거하여 2000년 10월 23일에 금융지주회사법이 제정되었고, 우리금융지주회사와 신한금융지주회사가 설립되었다. 그런데 그 후 지주회사가 기업조직의 유용한 개편수단으로 인식되면서 수요가 증가하였고, 이에 따라 2001년 개정 상법이 지주회사의 창설을 위한 법적 수단으로서 주식의 포괄적 교환·이전이라는 새로운 제도를 도입하였다. 그리하여 이제는 업종에 상관없이 모든 주식회사가 주식의 포괄적 교환·이전 제도를 이용할 수 있게 되었다. 참고로 일본의 경우에는 지난 1999년에 미국의 주식교환(Share Exchange) 제도를 본받아 주식의 포괄적 교환(구 상법 제352조)과 포괄적 이전(구 상법 제364조)에 관한 규정을 신설하였는데,[61] 현행 상법상 주식의 포괄적 교환·이전 제도는 일본의 제도를 모범으로 한 것이다.

(2) 제도의 특색

상법상 주식의 포괄적 교환(이하 "주식교환"이라고 함)은 이미 존재하는 A회사와 B회사가 주식교환계약을 체결한 후 그에 따라 B회사의 주주가 소유한 B회사의 발행주식 그 전부

61) 구 일본 상법 제352조와 제364조에 규정된 주식의 포괄적 교환과 이전에 관한 내용은 각각 현행 회사법 제767조 이하와 제772조 이하에 규정되어 있다.

를 A회사에 이전하고, 그 대가로 A회사가 B회사의 주주들에게 A회사의 신주를 발행하여 교부하거나 자기주식을 교부함으로써 A회사는 완전모회사 그리고 B회사는 완전자회사가 되는 방법이다. 그리고 주식의 포괄적 이전(이하 "주식이전"이라고 함)은 B회사가 먼저 주식이전계획을 수립하여 그에 따라 A회사를 신설한 후 B회사의 주주가 가진 B회사의 발행주식 그 전부를 A회사에 이전하고, 그 대가로 A회사가 설립시에 발행하는 주식을 B회사의 주주들에게 배정함으로써 A회사는 완전모회사 그리고 B회사는 완전자회사가 되는 방법이다. 이처럼 주식교환과 주식이전은 당사회사 간의 주식교환계약 또는 어느 회사의 일방적인 주식이전계획에 의해 다른 회사(자회사)의 주주들이 소유한 주식이 타 회사(모회사)에 강제로 이전된다는 점에 그 특색이 있다.

(3) 경제적 효용

위의 예에서 A회사와 B회사가 모자관계로 된다는 것은 A회사와 B회사가 경영상 지배복종 관계로 결합함을 의미한다. 그런데 A회사가 B회사를 지배하기 위하여 항상 100%의 주식을 취득해야 하는 것은 아니다. 즉 A회사가 B회사의 주식 과반수만 취득해도 A회사는 모회사로서 자신의 의사대로 B회사의 이사 전부를 선임할 수 있으므로 회사지배가 가능하고, 만약 B회사의 주식이 널리 분산되어 있다면 불과 20~30% 또는 그 이하의 주식만 소유해도 회사지배가 가능하다. 다만 이러한 상태에서는 A회사가 B회사의 다른 주주들과 공존해야 하는데, 이로 인해 A회사는 다른 주주들과의 이해 갈등으로 인해 B회사를 지배하는 데 있어 많은 비용부담이 생긴다. 한편 기업결합의 다양한 방법 중 가장 완전한 방법은 합병이므로, 만약 A회사와 B회사가 합병을 한다면 주식교환이나 주식이전에 의해 얻어지는 완전모자회사 관계보다 더 강력한 기업결합의 효과를 얻을 수 있다. 그러나 일반적으로 합병을 하게 되면 조직의 비대화로 인해 규모의 불경제가 생기고, 이종의 사업이 한 회사 내에 혼합되어 있기 때문에 경영상 비효율이 발생하며, 다양한 분야의 사업수행으로 인해 기업위험이 집중되는 문제까지 발생한다. 그런데 주식교환과 주식이전은 당사회사의 법적 독립성을 그대로 유지함으로써 기업위험은 합리적으로 분산시키면서도 경영지휘의 통일성을 기할 수 있는 매우 효율적인 기업운영방법이 된다.

Ⅱ. 주식의 포괄적 교환

1. 의 의

회사는 주식교환에 의하여 다른 회사의 발행주식총수를 소유하는 회사(완전모회사)가

될 수 있다(상법 제360조의2 제1항). 즉 주식교환에 의하여 완전자회사의 주주가 가진 그 회사의 주식은 주식을 교환하는 날에 완전모회사에 이전하고, 자회사의 주주는 그 모회사가 주식교환을 위하여 발행하는 신주의 배정을 받거나 그 회사 자기주식의 이전을 받음으로써 그 회사의 주주가 되는 것이다(상법 제360조의2 제2항). 주의할 것은 비록 법문에서 「주식의 교환」이라는 용어를 사용하고는 있지만, 이는 개인법적 계약에 의한 주식의 상호이전을 뜻하는 것이 아니라 조직법적인 원인에 의한 회사의 권리변동이라는 점이다. 한편 상법은 주식이전과 관련해서는 여러 개의 회사가 공동으로 완전모회사를 설립하는 것을 예정하고 있지만(상법 제360조의16 제1항 제8호), 주식교환에서는 이러한 내용을 언급하고 있지 않다. 그렇지만 주식교환의 당사자가 되는 모회사는 그 성질상 하나의 회사여야 하지만, 자회사는 여러 개의 회사라도 무방할 것이다. 예컨대 A회사와 B1---Bn회사가 주식교환계약을 체결하여 완전모자회사 관계를 형성할 수 있는 것이다. 다만 이 경우에 주식교환계약은 모회사와 여러 개의 자회사 간에 개별적으로 체결되기 때문에 일부의 자회사와 모회사 간의 주식교환계약이 무효로 되거나 주주총회의 승인을 받지 못하더라도 나머지 자회사와의 주식교환에는 영향이 없다.

[표 32] 주식의 포괄적 교환

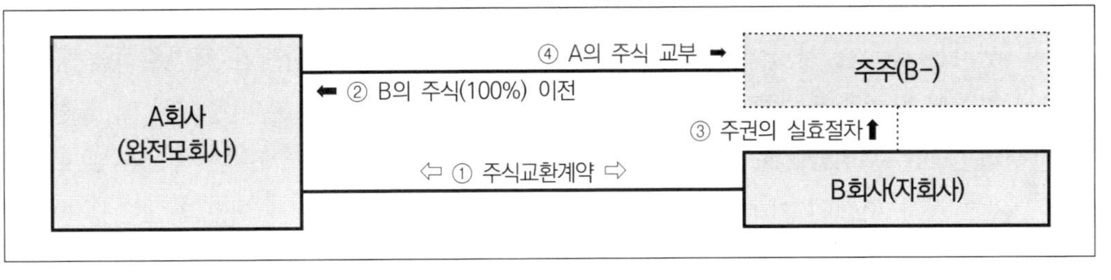

2. 교환절차

(1) 계약서의 작성

1) 계약체결 : 주식교환을 하려면 우선 모회사로 예정된 회사와 자회사로 예정된 회사 간에 주식교환계약서를 작성해야 한다. 이 경우 주식교환계약서에는 일정한 사항을 기재해야 하는데(상법 제360조의3 제3항), 그 내용은 대체로 흡수합병에서 합병계약서에 기재할 사항과 같다. 한편 주식교환계약은 당사회사의 대표이사가 체결하지만, 각 회사의 이사회결의를 거쳐 주주총회의 특별결의에 의한 승인을 받아야 한다.

2) 기재사항 : 주식교환계약서에는 ① 완전모회사가 되는 회사가 주식교환으로 인하여

정관을 변경하는 경우에는 그 규정, ② 완전모회사가 되는 회사가 주식교환을 위하여 신주를 발행하거나 자기주식을 이전하는 경우에는 발행하는 신주 또는 이전하는 자기주식의 총수·종류, 종류별 주식의 수 및 완전자회사가 되는 회사의 주주에 대한 신주의 배정 또는 자기주식의 이전에 관한 사항, ③ 완전모회사가 되는 회사의 자본금 또는 준비금이 증가하는 경우에는 증가할 자본금 또는 준비금에 관한 사항, ④ 완전자회사가 되는 회사의 주주에게 ②에도 불구하고 그 대가의 전부 또는 일부로서 금전이나 그 밖의 재산을 제공하는 경우에는 그 내용 및 배정에 관한 사항, ⑤ 각 회사의 주주총회의 기일, ⑥ 주식교환을 할 날, ⑦ 각 회사가 주식교환을 할 날까지 이익배당을 할 때에는 그 한도액, ⑧ 완전모회사가 되는 회사에 취임할 이사와 감사 또는 감사위원회의 위원을 정한 때에는 그 성명 및 주민등록번호를 기재해야 한다(상법 제360조의3 제3항).

3) 규제이유 : 주식교환계약서에 일정한 사항을 기재하도록 한 주요 이유는 다음과 같다. 즉 ⓐ 모회사가 자회사의 주주들에게 발행할 신주가 정관상 발행예정주식총수 중 미발행 부분을 초과하면 정관을 변경하여 발행예정주식총수를 늘여야 하고, 상호나 사업목적을 변경할 할 필요가 있는 때에도 정관을 변경해야 하기 때문이다(①).[62] ⓑ 모회사가 주식교환을 위해 발행하는 신주나 교부하는 자기주식은 자회사의 주주가 그 주식을 모회사에 이전하는 데 대한 실질적 대가가 되는 중요한 사항이고, 모회사 주주들의 지분에도 상대적인 변동이 생기는 중요한 사항이기 때문이다(②). ⓒ ③의 경우에 모회사가 액면주식을 채택한 때에는 자회사의 주주들에게 발행하는 신주의 액면가 총액만큼 자본이 증가하고, 교환차익이 발생하면 자본준비금으로 적립해야 한다. 반면에 무액면주식을 채택한 때에는 모회사가 이전받은 자회사 주식의 가액이 모회사가 발행하는 주식의 발행가가 되므로 그 2분의 1 이상을 자본금으로 계상하고 그 잔액은 자본준비금으로 적립해야 한다(상법 제451조 제2항). 그런데 문제는 교환차익의 산정기준이 되는 주식교환을 할 날에 자회사에 현존하는 순자산액이 얼마일지를 모른다는 점이다.[63] 따라서 주식교환계약서에는 교환차익을 자본준비금으로 적립한다고만 기재하면 충분하다. ⓓ 주식교환에서도 자회사의 주주들로부터 이전받는 주식의 일부에 대해서는 신주를 발행하지 않고 금전이나 그 밖의 재산으로 지급할 수 있으므로(교환교부금), 이를 기재하도록 한 것이다(④). ⓔ 주식교환을 한다고 하여 반드시 이사와 감사(또는 감사위원)가 새로이 취임해야 하는 것은 아니지만, 자회사 측의 이익을 대변할

62) 이와 관련하여 모회사가 자회사의 주식을 소유함을 정관에 기재해야 하는지가 의문인데, 상법은 이에 관하여 명확히 규정하고 있지 않다. 참고로 일본의 경우 일반적으로 자회사의 주식을 소유하는 것을 사업목적으로 기재해야 한다고 해석하고 있다(北澤正榮, 699頁).

63) 교환차익은 주식교환을 할 날에 자회사에 현존하는 순자산액에서 모회사의 자본증가액을 공제하여 산정한다.

이사나 감사를 새로이 영입하는 예가 많을 것이다. 이러한 경우에 그 내용을 교환계약서에 기재하고 주주총회에서 교환계약서를 승인함으로써 별도의 선임결의 없이 이사·감사를 선임할 수 있기 때문이다(⑧).

(2) 계약의 승인·공시

1) 주주총회의 승인 : 주식교환계약서는 완전모회사와 완전자회사가 될 회사 모두에서 주주총회의 특별결의에 의한 승인을 얻어야 한다(상법 제360조의3 제1항, 제2항). 주식교환을 현물출자로 이해하면 자회사의 주주총회결의만 있으면 충분하겠지만, 상법은 주식교환을 조직법적 개편행위로 파악하므로 모회사의 주주총회결의도 요구하는 것이다. 이 경우 각각 주주총회를 소집할 때에는 소집통지서에 ① 주식교환계약서의 주요 내용, ② 반대주주의 주식매수청구권(상법 제360조의5 제1항)의 내용 및 행사방법, ③ 일방회사의 정관에 주식의 양도에 관하여 이사회의 승인을 요한다는 뜻의 규정이 있고 다른 회사의 정관에 그 규정이 없는 경우에는 그 뜻을 기재해야 한다(상법 제360조의3 제4항). 한편 주식교환으로 인해 어느 종류의 주식을 가진 주주들에게 손해를 끼치게 될 때에는 당해 종류주식을 가진 주주들의 종류주주총회 결의도 얻어야 한다(상법 제436조).[64]

2) 각종 서류의 공시 : 각 회사의 이사는 주식교환의 승인을 위한 주주총회일의 2주 전부터 주식교환의 날 이후 6월이 경과하는 날까지 일정한 서류[① 주식교환계약서, ② 완전모회사가 되는 회사가 주식교환을 위하여 신주를 발행하거나 자기주식을 이전하는 경우에는 완전자회사가 되는 회사의 주주에 대한 신주의 배정 또는 자기주식의 이전에 관하여 그 이유를 기재한 서면, ③ 제360조의3 제1항의 주주총회의 회일(제360조의9의 규정에 의한 간이주식교환의 경우에는 동조 제2항의 규정에 의하여 공고 또는 통지를 한 날) 전 6월 이내의 날에 작성한 주식교환을 하는 각 회사의 최종 대차대조표 및 손익계산서]를 본점에 비치해야 한다(상법 제360조의4 제1항). 이 경우 주주는 영업시간 내에 언제든지 서류의 열람 또는 등본을 청구할 수 있지만(상법 제360조의4 제2항 → 제391조의3 제3항), 채권자의 열람은 허용되지 않는다(동 조항의 반대해석). 주식교환은 회사의 재산에 관한 변동을 가져오는 것이 아니므로 채권자의 이해와는 무관하기 때문이다.

64) 상법 제360조의3 제5항은 "주식교환으로 인하여 주식교환에 관련되는 각 회사의 주주의 부담이 가중되는 경우에는 제1항 및 제436조의 결의 외에 그 주주 전원의 동의가 있어야 한다."라고 규정하고 있는데, 주식회사의 주식교환에서 주주의 부담이 가중되는 경우는 상상하기 어려우므로 입법의 착오로 보아야 한다.

(3) 주식의 이전·발행

1) 주식의 이전 : 주식교환계약에 관한 주주총회의 승인이 있으면 완전자회사의 주주가 가진 그 회사의 주식은 주식을 교환하는 날에 완전모회사에 이전되는데(상법 제360조의2 제2항), 이는 법률의 규정에 의한 것이므로 주권의 교부와 같은 이전행위가 필요 없다. 그리고 자회사의 주식이 주권의 교부 없이 모회사에 이전되므로 자회사의 주주가 보유한 주권은 그 효력을 잃는다. 따라서 자회사의 주주총회에서 주식교환계약을 승인한 때에는 일정한 사항(① 주주총회에서 주식교환을 승인하였다는 뜻, ② 주식교환의 날의 전날까지 주권을 회사에 제출하여야 한다는 뜻, ③ 주식교환의 날에 주권이 무효가 된다는 뜻)을 주식교환의 날 1월 전에 공고하고, 주주명부에 기재된 주주와 질권자에 대해서는 따로따로 그 통지를 해야 한다(상법 제360조의8 제1항).

> **참고판례** **주식의 포괄적 교환과 이익(대법원 2014. 9. 26. 선고 2012두6797 판결)** : 상법 제360조의2에 의하면 회사는 주식의 포괄적 교환에 의하여 다른 회사의 발행주식의 총수를 소유하는 회사(이하 '완전모회사'라 하고, 다른 회사를 '완전자회사'라 한다)가 될 수 있는데(제1항), 주식의 포괄적 교환이 이루어지면 완전자회사가 되는 회사의 주주가 가지는 그 회사의 주식은 주식을 교환하는 날에 완전모회사가 되는 회사에 이전되고, 그 완전자회사가 되는 회사의 주주는 그 완전모회사가 되는 회사가 주식교환을 위하여 발행하는 신주의 배정을 받음으로써 그 회사의 주주가 된다(제2항). 이처럼 상법상의 주식의 포괄적 교환은 완전자회사가 되는 회사의 주식이 완전모회사가 되는 회사에 이전되는 거래와 완전자회사가 되는 회사의 주주가 완전모회사가 되는 회사로부터 완전자회사가 되는 회사의 주식과 대가관계에 있는 신주를 배정받아 완전모회사가 되는 회사의 주주가 되는 거래가 결합하여 일체로 이루어진다. 따라서 완전자회사가 되는 회사의 주주가 주식의 포괄적 교환을 통하여 이익을 얻었는지 여부는 주식교환비율 산정의 기초가 된 완전자회사가 되는 회사 주식의 1주당 평가액이 상증세법상의 평가액보다 높은 가액이었는지 또는 완전모회사가 되는 회사로부터 배정받은 신주의 인수가액이 상증세법상의 평가액보다 낮은 가액이었는지 여부만에 의하여 결정되는 것이 아니라, 완전자회사가 되는 회사의 주주가 완전모회사가 되는 회사에 이전한 완전자회사가 되는 회사의 주식에 대한 상증세법상의 평가액과 완전모회사가 되는 회사로부터 배정받은 신주에 대한 상증세법상의 평가액의 차액, 즉 교환차익이 존재하는지 여부에 따라 결정된다.

2) 신주의 발행 : 모회사는 주식교환계약서에 정해진 바에 따라 신주를 발행하여 자회사의 주주들에게 교부해야 한다(상법 제360조의2 제2항). 이는 상법 제416조에 따른 통상의 신주발행이 아니라, 자회사의 주주가 이전하는 자회사의 주식을 재원으로 하여 주식을 교환하는 날에 자동으로 이루어지는데, 다음과 같이 주의할 점이 있다.

㈎ 자본금의 규제 : 주식교환의 경우에는 신주발행으로 인해 모회사의 자본이 증가하는데, 그 재원이 되는 것은 모회사에 이전되는 자회사의 주식이다. 그리하여 상법은 자본충

실을 고려하여 모회사의 자본은 모회사에 실제로 유입된 재산의 가액을 넘지 않도록 규제한다. 즉 모회사의 자본금은 주식교환의 날에 자회사에 현존하는 순자산액(총자산－부채)에서 일정한 금액(① 완전자회사가 되는 회사의 주주에게 제공할 금전이나 그 밖의 재산의 가액, ② 제360조의3 제3항 제2호에 따라 완전자회사가 되는 회사의 주주에게 이전하는 자기주식의 장부가액의 합계액)을 뺀 금액을 초과하여 증가시킬 수 없다(상법 제360조의7 제1항). 더욱이 모회사가 이미 자회사의 주식 중 일부를 가지고 있는 때에는 모회사의 자본금은 주식교환의 날에 자회사에 현존하는 순자산액에 자회사의 발행주식총수 중에서 모회사에 이전되는 주식 수가 차지하는 비율을 곱한 금액에서 위의 두 가지 금액을 뺀 금액을 초과하여 증가시킬 수 없다(상법 제360조의7 제2항).[65)]

㈏ 교환차익의 처리 : 모회사의 자본증가액은 자회사의 순자산액을 초과할 수 없으므로 모회사의 자본증가액이 자회사의 순자산에 미달하여 모회사에 이익이 발생할 수 있는데(교환차익), 이는 자본준비금으로 적립해야 한다(상법 제459조 제1항).

㈐ 단주의 처리 : 주식교환에 따라 모회사가 자회사의 주주들에게 신주를 발행하여 교부하거나 자기주식을 교부하는 과정에서 생긴 단주는 자본금 감소에서와 같은 절차를 밟아 처리해야 한다(상법 제360조의11 제1항 → 제443조).

㈑ 질권자의 권리 : 주식교환에 의하여 모회사가 자회사의 주주들에게 발행하는 신주 또는 교부하는 자기주식에 대해서는 자회사의 주식에 대한 질권자의 권리가 당연히 미친다. 그리고 이 경우 질권자는 모회사에 대하여 자기에게 주권을 교부할 것을 청구할 수 있다(상법 제360조의11 제2항 → 제339조, 제340조 제3항).

(4) 관계자의 보호

1) 반대자의 보호 : 주식교환의 승인사항에 관하여 이사회의 결의가 있는 때에 그 결의에 반대하는 주주(의결권이 없거나 제한되는 주주를 포함함)는 주주총회 전에 회사에 대하여 서면으로 그 결의에 반대하는 의사를 통지해야 하고, 그 주주총회의 결의일부터 20일 이내에 주식의 종류와 수를 기재한 서면으로 회사에 대하여 자기가 소유하고 있는 주식의 매수를 청구할 수 있다(상법 제360조의5 제1항). 그리고 간이주식교환에서 주식교환의 공고·통지를 한 날부터 2주 내에 회사에 대하여 서면으로 주식교환에 반대하는 의사를 통지한 주주는 그 기간이 경과한 날부터 20일 이내에 주식의 종류와 수를 기재한 서면으로 회사에 대하

---

65) 이를 공식화하면 [모회사의 자본증가액≦자회사의 순자산액×모회사에 이전되는 주식수/자회사의 발행주식총수－(교부금＋자기주식의 장부가)]이다.

여 자기가 소유하고 있는 주식의 매수를 청구할 수 있다(상법 제360조의5 제2항). 이 경우 매수가격은 영업양도로 인한 매수청구에서와 같은 방법으로 결정한다(상법 제360조의5 제3항 → 제374조의2 제2항 내지 제5항). 즉 ① 회사는 매수청구기간이 종료하는 날부터 2개월 이내에 그 주식을 매수해야 하고, ② 주식의 매수가액은 주주와 회사 간의 협의에 의하여 결정하며, ③ 매수청구기간이 종료하는 날부터 30일 이내에 당사자 간의 협의가 이루어지지 아니한 경우에는 회사 또는 주식의 매수를 청구한 주주는 법원에 대하여 매수가액의 결정을 청구할 수 있다. 이 경우 법원은 회사의 재산상태 그 밖의 사정을 참작하여 공정한 가액으로 이를 산정해야 한다.

2) 채권자의 보호 : 주식교환에 있어서는 어느 쪽의 회사에서도 채권자보호절차가 필요없다. 자회사의 경우에는 주주만 바뀔 뿐 자산에는 전혀 변동이 없고, 모회사의 경우에는 자회사의 주식이 이전되므로 오히려 재산이 늘어나기 때문이다.

3. 특수절차

(1) 간이교환과 소규모교환

1) 간이주식교환 : 완전자회사의 총주주의 동의가 있거나 완전자회사의 발행주식총수의 100분의 90 이상을 완전모회사가 소유하고 있는 때에는 완전자회사의 주주총회의 승인은 이사회의 승인으로 갈음할 수 있다(상법 제360조의9 제1항). 이 경우 자회사는 주식교환계약서를 작성한 날부터 2주 내에 주주총회의 승인을 얻지 아니하고 주식교환을 한다는 뜻을 공고하거나 주주에게 통지해야 하지만, 총주주의 동의가 있는 때에는 그러하지 아니하다(상법 제360조의9 제1항). 주의할 것은 간이합병에서와 같이 모회사가 자회사의 주식 그 전부를 소유하는 경우가 아닌 간이주식교환에서는 반대주주가 있을 수 있고, 이들은 법정 절차에 따라 주식매수청구권을 행사할 수 있다는 점이다.

2) 소규모주식교환 : 완전모회사가 주식교환을 위하여 발행하는 신주 및 이전하는 자기주식의 총수가 완전모회사의 발행주식총수의 100분의 10을 초과하지 아니하는 경우에는 그 회사에서의 주주총회의 승인은 이를 이사회의 승인으로 갈음할 수 있다(상법 제360조의10 제1항 본문). 그러나 자회사의 주주에게 제공할 금전이나 그 밖의 재산을 정한 경우에 그 금액 및 그 밖의 재산의 가액이 최종 대차대조표(상법 제360조의4 제1항 제3호)에 의하여 모회사에 현존하는 순자산액의 100분의 5를 초과하는 때에는 그러하지 아니하다(상법 제360조의10 제1항 단서). 이에 관련된 추가 절차는 다음과 같다.

㈎ 기 재 : 소규모주식교환을 할 때 주식교환계약서에 모회사에 관하여는 주주총회의 승인을 얻지 아니하고 주식교환을 할 수 있다는 뜻을 기재해야 한다(상법 제360조의10 제3항). 주의할 것은 원래 주식교환으로 인해 정관변경이 필요한 경우에는 교환계약서에 이를 기재한 후 교환계약의 승인만으로 정관변경이 이루어지지만(상법 제360조의3 제3항 제1호), 소규모주식교환에서는 주주총회의 결의가 없어 정관변경을 하지 못하므로 교환계약서에 모회사의 정관변경에 관한 사항을 기재할 수 없다는 점이다.

㈏ 공 시 : 모회사는 주식교환계약서를 작성한 날부터 2주 내에 자회사의 상호와 본점, 주식교환을 할 날 및 주주총회의 승인을 얻지 아니하고 주식교환을 한다는 뜻을 공고하거나 주주에게 통지해야 한다(상법 제360조의10 제4항). 한편 주식교환의 공시에 있어서 법정 공시기간의 기산일이 되는 주주총회일의 경우 소규모주식교환에서는 이 공고나 통지로 갈음한다(상법 제360조의10 제6항).

㈐ 제 외 : 모회사의 발행주식총수의 100분의 20 이상에 해당하는 주식을 가진 주주가 주주총회의 승인을 얻지 아니하고 주식교환을 한다는 뜻의 공고 또는 통지가 있은 날로부터 2주 내에 회사에 대하여 서면으로 주식교환에 반대하는 의사를 통지한 경우에는 주주총회의 결의 없이 주식교환을 할 수 없다(상법 제360조의10 제5항).

㈑ 주식매수청구 : 소규모주식교환에서는 반대주주에게 주식매수청구권이 인정되지 않는데, 이 점이 실무에서 소규모주식교환을 활용하는 가장 큰 실익이다.

(2) 교부금교환과 삼각교환

1) 교부금주식교환 : 그동안 상법은 교부금만의 합병을 허용하지 않았지만, 2011년 개정에서 교부금합병을 허용하였다. 그렇지만 당시에도 주식교환에는 이를 허용하는 규정을 두지 않았다가 2015년 개정에서 비로소 주식교환에 교부금교환을 허용하였다. 이에 관한 주요 법리는 교부금합병에서 이미 설명하였으므로 여기서는 생략한다.

2) 삼각주식교환 : 합병에서 교부금을 금전 아닌 재산으로도 지급할 수 있도록 한 것처럼 주식교환에서도 동일하게 허용한다. 즉 상법 제360조의3 제3항 제4호에서 교환대가의 전부나 일부를 금전이나 그 밖의 재산으로 지급할 수 있도록 하였고, 더 나아가 동조 제6항에서는 교환대가의 전부를 완전모회사의 모회사의 주식으로 지급할 수 있음을 전제로 완전모회사가 그 모회사의 주식을 취득하는 것도 허용하였다. 즉 주식교환에서도 합병에서처럼 삼각주식교환을 허용한 것이다. 다만 완전모회사가 취득한 그 모회사의 주식을 교환대가로

사용하지 아니한 때에는 주식교환의 효력발생일로부터 6월 내에 그 주식을 처분해야 한다(상법 제360조의3 제7항). 한편 이러한 삼각주식교환으로 인해 합병에서 언급한 역삼각합병도 가능해졌다. 먼저 삼각주식교환을 한 후에 완전모회사가 된 회사가 완전자회사의 주식을 자신의 모회사에 잔여재산으로 분배하고 해산하거나 완전자회사에 흡수합병되는 절차를 다시 거치면 역삼각합병의 효과가 생기기 때문이다.

[표 33] 삼각주식교환

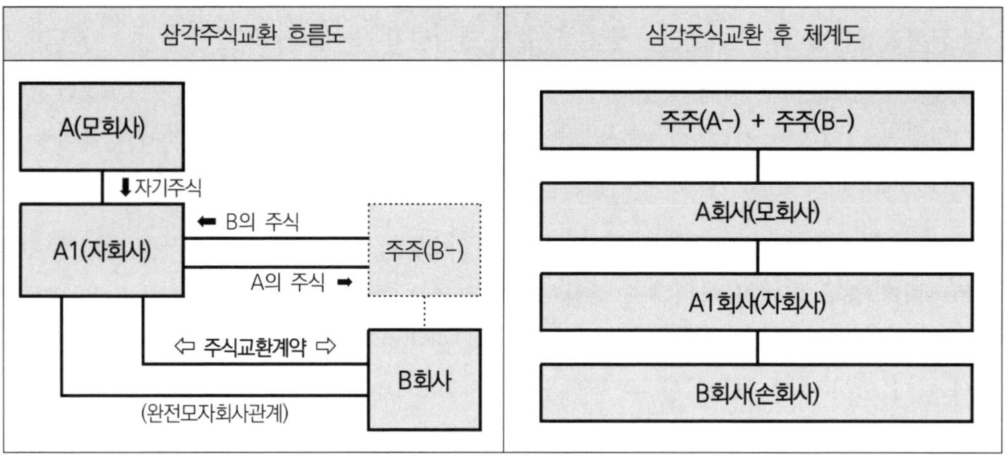

4. 교환효과

(1) 발생시기

등기에 의해 효력이 발생하는 합병이나 분할과 달리 주식교환의 경우에는 회사의 법인격에 구조적 변화가 없고 주주의 이동만 있으므로 교환등기가 필요하지 않다. 물론 신주를 발행하는 모회사의 경우에는 자본금과 발행주식총수에 변화가 생기므로 변경등기를 해야 하지만, 이는 주식교환의 효력 발생과는 무관하다. 그렇다면 주식교환의 효력은 언제 발생하는가? 이와 관련하여 상법 제360조의3 제3항 제6호는 주식교환계약서에 「주식교환을 할 날」을 기재하도록 규제하는데, 바로 그날에 교환의 효력이 발생한다. 다만 여기서 「교환」이란 자회사 주주가 보유한 주식이 별도의 이전행위 없이 모회사로 이전되고, 그 대가로 모회사가 자회사의 주주들에게 신주를 발행하는 것을 의미한다. 그리고 이는 법률의 규정에 의한 이전이므로 신주의 인수청약과 배정은 필요하지 않다.

(2) 임원의 임기

주식교환에 의하여 완전모회사의 이사 및 감사로서 주식교환 전에 취임한 자는 주식교환계약서에 다른 정함이 있는 경우를 제외하고는 주식교환 후 최초로 도래하는 결산기에 관한 정기총회가 종료하는 때에 퇴임한다(상법 제360조의13). 주식교환으로 인해 모회사의 주주구성에 변화가 생기므로 그들이 이사와 감사를 선임하도록 하기 위함이다.

(3) 서류의 공시

이사는 일정한 사항(① 주식교환의 날, ② 주식교환의 날에 완전자회사가 되는 회사에 현존하는 순자산액, ③ 주식교환으로 인하여 완전모회사에 이전한 완전자회사의 주식의 수, ④ 그 밖의 주식교환에 관한 사항)을 기재한 서면을 주식교환의 날부터 6월간 본점에 비치해야 한다(상법 제360조의12 제1항). 이 경우 주주들은 영업시간 내에 이러한 서류들의 열람 또는 등사를 청구할 수 있다(상법 제360조의12 제2항 → 제391조3 제3항).

(4) 이사의 책임

주식교환에서 이사가 그 임무를 게을리하여 모회사에 손해가 발생한 때에는 상법 제399조에 따른 손해배상책임을 지고, 자회사의 주주에게 발생한 손해에 대해서는 자회사와 모회사의 이사들이 제401조에 따른 책임을 진다. 그렇지만 주식교환에서 교환주식은 현물출자가 아니므로 이사의 자본충실책임에 관한 제429조는 적용되지 않는다.

> **참고판례** **주식교환과 업무상 배임(대법원 2008. 5. 29. 선고 2005도4640 판결)** : 회사의 이사가 그 회사의 이사, 주주 등 특수관계자와 교환의 방법으로 그 회사가 보유중인 다른 회사 발행의 주식을 양도하고 그 특수관계자로부터 제3의 회사 발행의 주식을 취득하는 경우, 그 거래의 목적, 계약체결의 경위 및 내용, 거래대금의 규모 및 회사의 재무상태 등 사정에 비추어 그것이 회사의 입장에서 볼 때 경영상의 필요에 의한 정상적인 거래로서 허용될 수 있는 한계를 넘어 주로 교환거래를 하려는 특수관계자의 개인적인 이익을 위한 것에 불과하다면, 업무상배임죄의 임무위배행위에 해당한다.

5. 교환무효

(1) 무효사유

어떠한 경우에 주식교환이 무효로 되는지 상법은 명확히 규정하고 있지 않다. 따라서 해석으로 보완해야 하는데, 대체로 법정 절차를 위반한 경우(주식교환계약서를 작성하지 않거나 주식교환계약서에 기재할 사항을 기재하지 아니한 경우 등) 또는 교환의 실질적 제한을 위반한 경우(주식교환비율이 불공정하거나 모회사의 자본이 자회사의 순자산을 초과하여 증가한 경우 등)에는 주식교환이 무효로 된다.

(2) 주장방법

주식교환의 무효는 소만으로 다툴 수 있는데(형성의 소), 이는 완전모회사의 본점소재지의 지방법원의 관할에 전속한다(상법 제360조의14 제2항). 그리고 주식교환무효의 소가 제기되면 회사는 공고를 해야 하고, 같은 소가 여러 개 제기되면 법원은 병합심리를 해야 한다. 물론 이 경우 하자가 보완되면 법원이 재량으로 기각할 수 있는 것 등은 다른 회사법상의 형성의 소와 같다(상법 제360조의14 제4항 → 제187조 내지 189조).

(3) 당사자

주식교환의 무효는 각 회사의 주주·이사·감사·감사위원 또는 청산인에 한하여 주식교환의 날부터 6월 내에 소만으로 이를 주장할 수 있다(상법 제360조의14 제1항). 한편 피고에 대해서는 상법에 규정이 없지만, 주식교환무효의 소는 교환계약의 효력을 부정하는 것이므로 계약당사자인 모회사와 자회사를 공동피고로 해야 한다(필수적 공동소송).

(4) 판결 효과

1) 대세적 효력 : 주식교환의 무효판결은 대세적 효력이 있으므로 소를 제기하지 아니한 자에 대해서도 그 효력이 미친다(상법 제360조의14 제4항 → 제190조 본문).

2) 소급효 제한 : 주식교환무효판결의 효력과 관련하여 제360조의14 제4항은 제190조 본문만 준용하고 그 단서는 준용하지 않고 있으며, 그 대신에 제431조를 준용한다. 따라서 모회사가 한 신주발행의 무효는 장래에 대해서만 그 효력이 미치므로 신주를 전제로 행해진 종전의 모든 권리행사는 유효하다(상법 제431조 제1항). 즉 자회사의 주주가 모회사로부터 받은 자기주식을 가지고 판결 전에 행사한 권리 등은 유효하다.

3) 주식의 이전 : 주식교환무효판결이 확정되면 모회사는 주식교환을 위해 발행한 신주 또는 이전한 자기주식의 주주에 대하여 그가 소유하였던 자회사의 주식을 이전해야 한다(상법 제360조의14 제3항). 그리고 이에 대해서는 질권자의 권리도 미친다(상법 제360조의14 제4항 → 제339조, 제340조 제3항). 이 경우 모회사가 주식을 이전해야 할 자회사의 주주는 교환할 때 발행한 신주 또는 교부한 자기주식을 무효판결의 확정시점에 소유하고 있는 주주이다. 이처럼 상법은 자회사의 주식에 대해서만 정하고 있고, 모회사의 주식에 대해서는 정

하고 있지 않다. 그렇지만 무효판결은 주식교환을 무효로 하는 것이므로 모회사가 자회사의 주주에게 발행한 신주는 당연히 무효가 되고, 교부한 자기주식은 다시 모회사로 반환되어야 한다. 따라서 모회사는 지체없이 모회사의 신주를 발행받거나 자기주식을 이전받은 주주들에게 당해 주식교환이 무효라는 뜻과 일정한 기간 내에 주권을 회사에 제출하도록 공고해야 한다(상법 제360조의14 제4항 → 제431조 제2항). 한편 이와 관련하여 제기되는 의문은 모회사가 주식교환을 한 후 자회사의 주식을 처분한 경우의 처리이다. 이에 관한 논의는 많지 않지만, 이 경우에는 반환 자체가 불가능하므로 민법 제747조 제1항에 의해 그 가액을 지급해야 하는 것으로 해석해야 한다.[66]

Ⅲ. 주식의 포괄적 이전

1. 의 의

회사는 주식이전에 의하여 완전모회사를 설립하고 완전자회사가 될 수 있다(상법 제360조의15 제1항). 즉 주식이전에 의하여 완전자회사의 주주가 소유하는 그 회사의 주식은 새로이 설립하는 완전모회사에 이전하고, 완전자회사의 주주는 완전모회사가 발행하는 주식을 교부받아 그 회사의 주주가 되는 것이다(상법 제360조의15 제2항). 주의할 것은 비록 법문에서 「주식의 이전」이라는 용어를 사용하고는 있지만, 이는 상법 제337조가 규정하는 개인법적인 거래에 의한 주식의 이전을 뜻하는 것이 아니라 기술한 합병·분할에서와 같은 조직법적인 행위라는 점이다. 따라서 상법이 규정한 일정한 절차를 이행하면 별도의 주식이전행위가 필요하지 아니하고 주식의 소유주체가 변경된다.

[표 34] 주식의 포괄적 이전

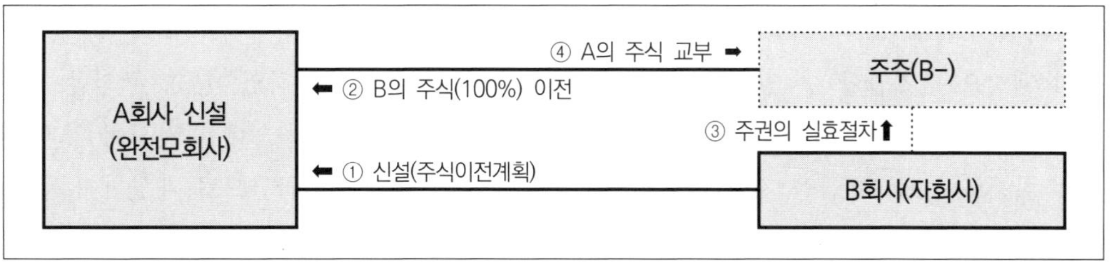

66) 이철송, 1211면; 江頭憲治郎, 957頁.

2. 이전절차

(1) 계획서의 작성

1) 이전계획 : 주식교환에서는 모회사와 자회사의 계약이 필요하지만, 주식이전은 어느 회사가 자신의 의사로 그 모회사를 신설하는 것이므로 교환계약에서와 같은 계약은 존재하지 않는다. 즉 모회사를 신설하려는 회사의 일방적인 계획으로 실행된다. 다만 회사가 작성한 주식이전계획은 주주총회의 특별결의에 의한 승인을 받아야 한다.

2) 기재사항 : 회사가 주식이전을 하려면 일정한 사항(① 설립하는 완전모회사의 정관의 규정, ② 설립하는 완전모회사가 주식이전에 있어서 발행하는 주식의 종류와 수 및 완전자회사가 되는 회사의 주주에 대한 주식의 배정에 관한 사항, ③ 설립하는 완전모회사의 자본금 및 자본준비금에 관한 사항, ④ 완전자회사가 되는 회사의 주주에게 ②에도 불구하고 금전이나 그 밖의 재산을 제공하는 경우에는 그 내용 및 배정에 관한 사항, ⑤ 주식이전을 할 시기, ⑥ 완전자회사가 되는 회사가 주식이전의 날까지 이익배당을 할 때에는 그 한도액, ⑦ 설립하는 완전모회사의 이사와 감사 또는 감사위원회의 위원의 성명 및 주민등록번호, ⑧ 회사가 공동으로 주식이전에 의하여 완전모회사를 설립하는 때에는 그 뜻)이 기재된 주식이전계획서를 작성해야 한다(상법 제360조의16 제1항).

3) 규제이유 : 주식이전계획서에 일정한 사항을 기재하도록 한 이유는 다음과 같다. 즉 ⓐ 주식이전의 경우에는 완전모회사를 신설해야 하므로 상법 제289조 제1항의 절대적 기재사항이 완비된 정관을 작성하도록 하였다(①). ⓑ 신설되는 모회사가 발행하는 신주는 자회사의 주주가 그 소유주식을 모회사로 이전하는 실질적 대가가 되는 중요한 사항이기 때문이다(②). ⓒ 주식이전의 경우 모회사의 자본은 ②에서 정하여 발행하는 주식의 액면가 총액이고, 자본준비금은 이전차익으로 구성됨을 밝힌 것이다(③). ⓓ 주식이전의 경우에도 자회사의 주주들로부터 이전받는 주식의 일부에 대해서는 신주를 발행하지 않고 금전이나 그 밖의 재산으로 지급할 수 있으므로(이전교부금), 이를 기재하도록 하였다(④). 주의할 것은 주식이전의 경우 모회사가 신설되므로 자회사로부터 이전받는 주식 외에는 자산이 없기 때문에 실제로 이전교부금을 지급하려면 자회사의 주주에 대한 미지급금으로 계상하여 둔 뒤 모회사가 설립된 후 자회사로부터 수취하는 배당금이나 차입을 통해 해결해야 한다는 점이다.[67] 상법상 설립되는 모회사가 이전받은 자회사의 주식을 처분하여 교부금 재원을 마련할 수 있는 길이 없기 때문이다. ⓔ 주식이전을 할 시기란 주식교환에서의 「주식을 교환할

67) 이철송, 1213면.

날」에 상응하는 것이라 할 수 있으나, 그 법적 효과는 다르다. 주식이전의 경우에 주식이 이전되는 효력은 설립등기에 의해 발생하고 이전계획에서 정한 날에 발생하는 것이 아니기 때문이다. 따라서 「주식이전을 할 시기」란 완전모회사의 설립등기가 가능한 정도로 절차가 완비된 날, 즉 주권의 실효절차를 종료하는 날을 의미한다(⑤). ⓕ 주식이전에 의한 완전모회사의 설립은 별도의 설립절차를 밟지 않으므로 이전계획에 의해 완전모회사의 임원을 선임해야 하기 때문이다(⑦).

(2) 계획의 승인·공시

1) 주주총회의 승인 : 주식이전계획서는 주주총회의 특별결의에 의한 승인을 받아야 한다(상법 제360조의16 제1항, 제2항). 이 경우 주주총회의 소집통지서에 기재할 사항은 주식교환의 경우와 같다(상법 제360조의16 제3항 → 제360조의3 제4항).

2) 각종 서류의 공시 : 이사는 주식이전계획의 승인을 위한 주주총회일의 2주 전부터 주식이전의 날 이후 6월을 경과하는 날까지 일정한 서류(① 제360조의16 제1항의 규정에 의한 주식이전계획서, ② 완전자회사가 되는 회사의 주주에 대한 주식의 배정에 관하여 그 이유를 기재한 서면, ③ 제360조의16 제1항의 주주총회일 전 6월 이내의 날에 작성한 완전자회사가 되는 회사의 최종 대차대조표 및 손익계산서)를 본점에 비치해야 한다(상법 제360조의17 제1항). 이 경우 주주는 영업시간 내에 언제든지 각종 서류의 열람 또는 등사를 청구할 수 있다(상법 제360조의17 제2항 → 제391조의3 제3항).

(3) 회사의 설립 등

1) 모회사의 설립 : 주식이전에서 모회사의 정관은 주식이전계획에 의해 정해지고, 자본은 자회사의 주식이전에 의해 구성된다. 따라서 발기인에 의한 정관작성이나 주식의 청약·배정이라는 절차가 필요 없고, 자회사의 주식은 모회사의 설립등기와 동시에 별도의 이전행위 없이 모회사의 소유가 되므로 납입이라는 절차도 필요 없다. 또한 이사·감사도 주식이전계획에 의해 선임되므로 별도의 선임절차가 필요하지 않다. 따라서 후술하는 주권의 실효절차만 밟으면 설립등기에 의해 모회사가 설립된다(상법 제360조의21).

㈎ 자본금의 규제 : 설립하는 모회사의 자본금은 주식이전의 날에 자회사에 현존하는 순자산액에서 그 회사의 주주에게 지급할 금전 및 그 밖의 재산의 가액을 뺀 금액을 초과하지 못하는데(상법 제360조의18), 그 취지는 주식교환에서와 같다.

㈏ 이전차익의 처리 : 모회사의 자본금이 자회사의 순자산액에 미달하는 경우에는 이

전차익이 발생하는데, 이는 자본준비금으로 적립해야 한다(상법 제459조 제1항).

2) 주권의 실효 : 주식이전에 의하여 자회사의 주주가 보유하는 주권은 그 효력을 상실하므로 주권을 실효시켜야 한다. 즉 자회사의 주주총회에서 주식이전에 관한 승인결의가 있는 때에는 일정한 사항(① 주주총회에서 주식이전을 승인하였다는 뜻, ② 1월을 초과하여 정한 기간 내에 주권을 회사에 제출해야 한다는 뜻, ③ 주식이전의 날에 주권이 무효가 된다는 뜻)을 공고하고, 주주명부에 기재된 주주와 질권자에 대해서는 따로따로 그 통지를 해야 한다(상법 제360조의19 제1항). 이 경우 주권을 제출할 수 없는 자에 대한 후속 처리는 자본금 감소에서의 절차와 같다(상법 제360조의19 제2항 → 제442조).

3) 주식의 발행 : 주식이전에서 설립된 모회사는 주식이전계획에 따라서 자회사의 주주들에게 새로이 주식을 발행하여 교부해야 한다(상법 제360조의15 제2항). 주의할 것은 주식이전의 경우에는 모회사가 신설되므로 자기주식을 교부할 수 없다는 점이다.

㈎ 단주의 처리 : 단주는 주식교환에서와 같이 자본금 감소에서와 같은 절차에 의해 처리한다(상법 제360조의22 → 제360조의11 제1항).

㈏ 질권의 처리 : 모회사가 자회사의 주주들에게 발행하는 주식에 대해서는 자회사 주식에 대한 질권자의 권리가 미친다. 따라서 질권자는 자기에게 주권을 교부할 것을 모회사에 청구할 수 있다(상법 제360조의22 → 제360조의11 제2항 → 제339조, 제340조 제3항).

4) 공동의 주식이전 : 주식이전계획서에는 「회사가 공동으로 주식이전에 의하여 완전모회사를 설립하는 때에는 그 뜻」을 기재해야 한다(상법 제360조의16 제1항 제8호). 이는 주식교환에서와 달리 여러 개의 회사가 주식이전을 통해 공통의 모회사를 설립할 수 있음을 예상한 것이므로, B1---Bn의 회사가 주식이전계획에 의하여 공통의 모회사 A를 설립할 수 있다. 그리고 실무에서도 여러 개의 회사가 공통의 지주회사를 만들기 위해 주식이전을 활용하는 것이 일반적이다.[68] 한편 이 경우 주식이전계획은 각각의 회사별로 정해진다. 그리하여 일부 회사에서 주식이전계획에 대한 주주총회의 승인을 받지 못했거나 무효로 된 경우가 문제된다. 이와 관련하여 주식교환에서는 다른 회사의 교환계약에 영향을 주지 않는다고 해석하였지만, 주식이전에서는 전체 자회사의 주식이전이 무효가 된다고 해석해야 한다. 주식이전에서 모회사의 자본금과 발행할 주식 수 등은 전체 자회사가 이전하는 주식을 기반으로 결정되고, 그 내용은 다른 자회사의 주식이전계획에도 반영된다. 따라서 일부 회사

68) 참고로 2001년에 설립된 신한금융지주회사는 기존 4개의 금융회사(신한은행·신한증권·신한캐피탈·신한투신운용)가 공동으로 주식이전을 통해 설립한 완전모회사이다.

에서 승인받지 못했다면 다른 자회사의 이전계획도 사실상 그 내용이 변경된 것이므로 원래의 계획대로 모회사를 설립할 수 없기 때문이다.

(4) 관계자의 보호

1) 반대자의 보호 : 주식이전에서도 반대하는 주주에 대해서는 주식매수청구권이 인정되는데, 그 내용은 주식교환에서와 같다(상법 제360조의22 → 제360조의5). 다만 모회사가 신설되므로 주식매수청구권은 자회사의 주주에 대해서만 인정된다.

2) 채권자의 보호 : 주식이전에서 자회사의 경우에는 채권자보호절차가 필요 없다. 자회사에서는 주주의 구성만 바뀔 뿐 자산의 변동은 전혀 없기 때문이다.

3. 이전효과

1) 설립등기 : 주식이전을 한 때에는 설립한 완전모회사의 본점의 소재지에서는 2주 내에, 지점의 소재지에서는 3주 내에 일정한 사항[69]을 등기해야 한다(상법 제360조의20 → 제317조 제2항). 즉 모회사가 그 본점과 지점의 소재지에서 설립등기를 함으로써 비로소 주식이전의 효력이 발생하는 것이다(상법 제360조의21).

2) 주식이전 : 주식이전에서는 모회사가 설립등기를 한 날에 자회사의 주주가 소유한 자회사의 주식은 모두 모회사에 귀속되고, 그 대가로 자회사의 주주는 모회사가 발행하는 신주를 배정받아 모회사의 주주가 된다(상법 제360조의15 제2항).

3) 사후공시 : 이사는 일정한 사항(① 주식이전의 날, ② 주식이전의 날에 완전자회사가 되는 회사에 현존하는 순자산액, ③ 주식이전으로 인하여 완전모회사에 이전한 완전자회사의 주식의 수, ④ 그 밖의 주식이전에 관한 사항)을 기재한 서면을 주식이전의 날부터 6월간 본점에 비치하여야 한다(상법 제360조의22 → 제360조의12 제1항).

---

69) 즉 ① 제289조 제1항 제1호 내지 제4호, 제6호와 제7호에 게기한 사항(목적, 상호, 회사가 발행할 주식의 총수, 액면주식을 발행하는 경우 1주의 금액, 본점의 소재지, 회사가 공고를 하는 방법), ② 자본금의 액, ③ 발행주식의 총수, 그 종류와 각종 주식의 내용과 수, ④ 주식의 양도에 관하여 이사회의 승인을 얻도록 정한 때에는 그 규정, ⑤ 주식매수선택권을 부여하도록 정한 때에는 그 규정, ⑥ 지점의 소재지, ⑦ 회사의 존립기간 또는 해산사유를 정한 때에는 그 기간 또는 사유, ⑧ 주주에게 배당할 이익으로 주식을 소각할 것을 정한 때에는 그 규정, ⑨ 전환주식을 발행하는 경우에는 제347조에 게기한 사항, ⑩ 사내이사, 사외이사, 그 밖에 상무에 종사하지 아니하는 이사, 감사 및 집행임원의 성명과 주민등록번호, ⑪ 회사를 대표할 이사 또는 집행임원의 성명·주민등록번호 및 주소, ⑫ 둘 이상의 대표이사 또는 대표집행임원이 공동으로 회사를 대표할 것을 정한 경우에는 그 규정, ⑬ 명의개서대리인을 둔 때에는 그 상호 및 본점소재지, ⑭ 감사위원회를 설치한 때에는 감사위원회 위원의 성명 및 주민등록번호를 기재해야 한다.

4. 이전무효

(1) 무효사유

주식이전의 무효사유에 관하여 상법은 규정하고 있지 않다. 그렇지만 대체로 법정 이전절차를 위반한 경우(주식이전계획서에 기재할 사항을 기재하지 아니한 경우 등) 또는 주식이전의 실질적 제한을 위반한 경우(주식이전비율이 불공정한 경우나 모회사의 자본이 자회사의 순자산을 초과하여 증가한 경우 등)에는 주식이전이 무효로 된다.

(2) 주장방법

주식이전의 무효도 소만으로 다툴 수 있는데(형성의 소), 이는 완전모회사의 본점소재지의 지방법원의 관할에 전속한다(상법 제360조의23 제2항). 그리고 주식이전무효의 소가 제기되면 회사는 공고를 해야 하고, 같은 소가 여러 개 제기되면 법원은 병합심리를 해야 한다. 물론 이 경우 하자가 보완되면 법원이 재량으로 기각할 수 있는 것 등은 다른 회사법상의 형성의 소와 같다(상법 제360조의23 제4항→제187조 내지 189조).

(3) 당사자

주식이전의 무효는 각 회사의 주주·이사·감사·감사위원·청산인에 한하여 주식이전의 날부터 6월 내에 소만으로 주장할 수 있다(상법 제360조의23 제1항). 한편 피고에 대해서는 상법에 규정이 없지만, 주식이전무효의 소는 주식이전의 효력을 부정하는 것이므로 당사자인 모회사와 자회사를 공동피고로 해야 한다(필수적 공동소송: 민소법 제67조).

(4) 판결 효과

1) 대세적 효력 : 주식이전의 무효판결은 대세적 효력이 있으므로 소를 제기하지 아니한 자에 대해서도 그 효력이 미친다(상법 제360조의23 제4항→제190조 본문).

2) 소급효 제한 : 주식이전무효판결도 주식교환무효판결과 같이 장래에 대해서만 그 효력이 발생하므로 무효판결이 나기 전에 생긴 모회사와 주주 및 제3자 간의 권리·의무에는 아무런 영향이 없다(상법 제360조의23 제4항→제190조 단서).

3) 주식의 이전 : 주식이전무효판결이 확정되면 모회사는 주식이전을 위해 발행한 신주의 주주에 대하여 그가 소유하였던 자회사의 주식을 이전해야 한다(상법 제360조의23 제3항). 이 경우 이전하는 주식에 대해서는 질권자의 권리가 그대로 미친다(상법 제360조의14 제4항→제339조, 제340조 제3항). 한편 모회사가 주식을 이전해야 할 자회사의 주주는 이전할 때 발

행한 신주를 무효판결의 확정시점에 소유하고 있는 주주이다. 그런데 모회사가 주식이전을 한 후 자회사의 주식을 처분한 경우에는 어떻게 처리해야 하는가? 주식교환에서와 같이 이에 관한 논의도 많지 않지만, 이때에는 반환 자체가 불가능하므로 민법 제747조 제1항에 의해 그 가액을 지급해야 하는 것으로 해석해야 한다.

4) 모회사의 청산 : 주식이전무효판결이 확정되면 모회사의 설립이 무효로 되므로 모회사는 해산의 경우에 준하여 청산해야 한다(상법 제360조의23 제4항→제193조). 그런데 이로 인해 모회사가 소유한 자회사의 주식을 그 주주에게 반환하라는 제360조의23 제3항과 충돌한다. 모회사가 청산하려면 현존재산을 환가하여 채무를 변제하고 잔여재산을 주주들에게 분배해야 하는데(상법 제542조 제1항→제260조 본문), 자회사의 주식을 그 주주에게 반환해야 한다면 이는 청산의 대상이 아니기 때문이다.[70] 물론 자회사의 주식을 그 주주에게 반환하고 남은 재산을 가지고 청산절차를 밟을 수도 있지만, 이 경우에는 채권자의 권리가 침해된다. 따라서 동 조항은 조속한 입법적 보완이 필요하다.

사례해결

(1) 상법은 주식교환의 무효사유를 정하고 있지 않지만, 대체로 법정 절차를 위반한 경우나 교환의 실질적 제한을 위반한 때에는 주식교환이 무효로 된다고 본다. 주식교환의 무효는 주주·이사·감사·감사위원·청산인만이 주식교환의 날부터 6월 내에 소만으로써 주장할 수 있고(상법 제360조의14 제1항), 모회사와 자회사를 공동피고로 해야 하며(필수적 공동소송), 모회사의 본점 소재지 지방법원의 관할에 전속한다(상법 제360조의14 제2항). 사안에서 ㈜甲은 주식교환계약을 체결한 후 주주총회의 승인까지 받았지만, 주식교환계약서에 기재해야 할 사항 중 일부를 흠결하였고 반대주주의 보호조치도 미흡하였는데, 이는 법정 절차의 위반이다. 따라서 주주 E가 주식교환을 할 날인 2020년 5월 20일부터 아직 6월 내인 6월 20일에 ㈜甲의 본점 소재지를 관할하는 지방법원에 주식교환무효의 소를 제기한 것은 정당하다. 이 경우 ㈜甲은 지체없이 공고를 해야 한다. 한편 주식교환에 관한 무효판결이 확정되면 이는 대세적 효력이 있으므로 소를 제기하지 아니한 자에 대해서도 그 효력이 미치지만(상법 제360조의14 제4항→제190조 본문), 판결의 소급효는 제한된다. 그리고 무효판결이 확정되면 모회사는 주식교환을 위해 발행한 신주나 이전한 자기주식의 주주에 대하여 그가 소유하였던 자회사의 주식을 이전해야 하는데(상법 제360조의14 제3항), 여기서 주주란 교환할 때 발행한 신주 등을 무효판결의 확정시점에 소유하고 있는 주주를 말한다. 또한 무효판결은 주식교환을 무효로 하는 것이므로 모회사가 자회사의 주주에게 발행한 신주는 당연히 무효가 되고, 교부한 자기주식은 다시 모회사로 반환되어야 하므로, 모회사는 지체없이 모회사의 신주를 발행받거나 자기주식을 이전받은 주주들에게 당해

70) 이철송, 1218면.

주식교환이 무효라는 뜻과 일정한 기간 내에 주권을 모회사에 제출하도록 공고해야 한다(상법 제360조의14 제4항 → 제431조 제2항). 그런데 만약 모회사가 주식교환을 실행한 후 자회사의 주식을 처분한 때에는 어떻게 해야 하는가? 이에 관한 논의는 많지 않지만, 이 경우에는 반환 자체가 불가능하므로 민법 제747조 제1항에 의해 그 가액을 지급해야 하는 것으로 해석해야 한다.

(2) 회사는 주식이전에 의하여 완전모회사를 설립하고 완전자회사가 될 수 있다(상법 제360조의15 제1항). 이 경우 모회사의 정관과 자본금은 주식이전계획에 의해 정해지므로 발기인에 의한 정관작성이나 주식의 청약·배정이라는 절차가 필요 없고, 자회사의 주식은 모회사의 설립등기와 동시에 별도의 이전행위 없이 모회사의 소유가 되므로 납입이라는 절차도 필요 없다. 다만 설립하는 모회사의 자본금은 주식이전의 날에 자회사에 현존하는 순자산액에서 그 회사의 주주에게 지급할 금전 및 그 밖의 재산의 가액을 뺀 금액을 초과하지 못한다(상법 제360조의18). 한편 상법 제360조의16 제1항 제8호에 의하면 회사가 공동의 주식이전을 통해 완전모회사를 설립하는 때에는 그 뜻을 기재해야 하는데, 이는 여러 개의 회사가 주식이전을 통해 공통의 모회사를 설립할 수 있음을 정한 것이다. 이 경우 주식이전계획은 각각의 회사별로 정해진다. 그리하여 일부 회사에서 주식이전계획에 대한 주주총회의 승인을 받지 못한 경우 등이 문제되는데, 주식교환에서는 다른 회사의 교환계약에 영향을 주지 않는다고 해석하나 주식이전에서는 전체 자회사의 주식이전이 무효가 된다고 해석해야 한다. 주식이전에서 모회사의 자본금과 발행할 주식 수 등은 전체 자회사가 이전하는 주식을 기반으로 결정되고, 그 내용은 다른 자회사의 주식이전계획에도 반영되는데, 일부 회사에서 승인받지 못했다면 다른 자회사의 이전계획도 사실상 내용이 변경된 것이므로 원래의 계획대로는 모회사를 설립할 수 없기 때문이다. 사안에서 대주주 B에 의해 추진되는 주식이전계획은 ㈜己를 모회사로 하고, ㈜乙과 ㈜丁 및 ㈜戊를 자회사로 하는 것이므로 ㈜己의 자본금과 발행할 주식 수 등은 ㈜乙과 ㈜丁 및 ㈜戊로부터 이전되는 주식을 그 전제로 결정된다. 그런데 ㈜戊의 주주총회에서 주식이전계획이 승인받지 못했으므로 ㈜己의 자본금 구성 등에 문제가 생겼고, 그로 인해 이를 전제로 한 다른 회사의 주식이전계획에도 문제가 생겼다. 그런데도 계속 주식이전을 추진하는 것은 문제가 있으므로 전체 자회사의 주식이전이 무효가 된다고 해석함이 타당하고, 따라서 B는 더 이상 주식이전작업을 진행할 수 없다.

제4관 주식의 전부취득

예시사례 서울에서 마을버스 30대를 운영하는 비상장법인 ㈜甲의 경우에는 창업주이며 지분 60%를 보유한 대표이사 A가 창립할 때부터 지금까지 회사를 경영하고 있다. 현재 ㈜甲의 주주명부에는 A의 자녀 A1·A2·A3가 각각 9%씩 주식을 소유한 것으로 기재되어 있지만, 사실은 A가 모두 갖고 있다. 그리고 예전에 스톡옵션으로 활용하려고 취득한 자기주식이 10% 있고, 나머지 3%는 주주 B가 소유하고 있다. 그동안 ㈜甲은 사실상 A가 개인기업처럼 운영해 왔지만, 정기적으로 주주총회를 개최하여 재무제표를 승인하는 등 회사법상 관련 제도를 운영하는 데 상당한 비용이 지출되자 A는 절차를 간소화하고 비용을 줄이기 위해 주주 B에게 주식매도청구권을 행사하기로 하였다. 이와 관련하여 다음 설문에 답하시오!

(1) A가 B에게 주식매도를 청구하려면 어떠한 절차를 밟아야 하는가?

(2) 매도청구에서 ㈜甲이 보유한 자기주식 10%를 A의 지분으로 볼 수 있을까?

Ⅰ. 서 설

(1) 의 의

회사의 발행주식총수의 100분의 95 이상을 자기의 계산으로 보유하고 있는 주주(이하 "지배주주"라고 함)는 회사의 경영상 목적을 달성하기 위하여 필요한 경우에 다른 주주(이하 "소수주주"라고 함)에게 그 보유하는 주식의 매도를 청구할 수 있고(상법 제360조의24 제1항), 반대로 소수주주는 언제든지 지배주주에게 그 보유주식의 매수를 청구할 수 있다(상법 제360조의25 제1항).[71] 이를 지배주주에 의한 소수주식의 전부 취득 또는 강제적인 주식매도·매수청구 제도라고 하는데, 2011년 개정 상법이 이를 도입한 것은 특정한 주주가 발행주식 대부분을 보유하고 있는 경우에는 회사법이 상정하는 정상적인 동업관계를 유지하기 어려우므로[72] 발행주식 그 전부를 지배주주 1인이 소유하게 함으로써 회사지배의 효율화와 저비용화를 도모하기 위함이었다. 일반적으로 동업의 경우 위험의 분담이라는 장점은 있지만, 기동성 있는 의사결정이 어려울 뿐만 아니라[73] 이해가 상충하는 때에는 회사의 운영이 정체되는 등 다양한 문제가 생기기 때문이다. 그런데 동 제도의 경우 지배주주가 자신의 이익을 위해 오남용할 수 있어 도입할 때부터 위헌논쟁[74]을 비롯한 많은 비판이 가해졌고, 주주총회의 운영 등과 관련하여 지출되는 관리비용을 절감하고 기동성 있는 의사결정을 통하여 경영의 효율성을 제고하게 될 것이라는 입법의도와 달리 기업 실무에서의 이용률은 매우

71) 여기서 지배주주와 소수주주란 개념은 상법상 일반적인 용어가 아니라, 동 제도에서의 특유한 용어이다.

72) 법무부(회사편 해설), 178면.

73) 김건식/노혁준/천경훈, 873면.

74) 즉 ① 합헌론은 기업지배구조의 효율적인 재편이익 등과 같이 국민경제적으로 긍정적 요소를 많이 내포하고 있고, 상법이 정당한 보상과 공정한 절차를 규정하고 있으므로 헌법상 공공복리적 제한의 정당성을 충분히 인정할 수 있다고 한다(서완석, "상법상의 소수주주 축출제도", 405~406면; 송종준, "소수주식 전부취득제의 입법의도와 해석방향", 81~82면). ② 위헌론은 지배주주와 소수주주 간의 개인법적인 거래에 의해 주식이 이동되는 것이 아니라 지배주주가 소수주주를 그의 의사에 반하여 회사로부터 강제적으로 축출하는 것이므로 헌법상의 재산권 보장(제23조)에 대한 침해 우려가 있고 자기결정권(제10조)의 침해이며 지배주주를 불합리하게 우대하는 것이므로 평등원칙(제11조 제1항)에도 반한다고 주장한다(김화진, "소수주식의 강제매수제도", 322면; 노혁준, "소수주주축출제도의 도입에 관한 연구", 237면).

저조하였다. 따라서 동 제도를 계속 유지하려면 먼저 내포된 문제점부터 제거하여 실효성과 활용성을 제고해야 한다.

(2) 연 혁

상법상 강제적 주식매도·매수청구 제도는 영국 회사법상의 Squeeze-out과 Sell-out으로부터 유래하는데,[75] 전자가 지배주주의 주식매도청구 그리고 후자가 소수주주의 주식매수청구에 해당한다. 그렇지만 다음과 같은 점에서 우리와 다르다. 즉 ① 상법은 발행주식총수의 95% 이상을 자기의 계산으로 보유하는 주주라고 규정하고 있지만, 영국 회사법은 발행주식총수의 90% 이상이며 동시에 의결권 있는 주식 총수의 90% 이상을 1인의 주주가 보유한 때에 적용된다. ② 상법상 지배주주는 언제든지 소수주주에 대하여 주식매도를 청구할 수 있지만, 영국 회사법에서는 발행주식의 전부에 대하여 공개매수를 신청한 자가 90% 이상의 공개매수에 성공하였을 때 비로소 그 나머지 주식에 대한 매도청구를 인정하고, 사전적 공개매수에 관한 엄격한 요건을 설정하고 있다. 한편 독일과 일본의 경우에는 우리와 달리 지배주주의 주식매도청구만 인정하는데, 다음과 같이 다소 차이가 있다. 즉 독일에서는 발행주식총수의 95% 이상을 가진 주주가 공개매수와 상관없이 소수주주의 주식을 매수할 수 있지만, 소수주주에게 직접 매도를 청구하는 것이 아니라 주주총회에 매수를 신청하고 주주총회의 결의로 매도가 이루어지는 점에서 우리와 다르다.[76] 또한 일본에서는 발행주식총수의 90% 이상을 가진 주주(특별지배주주)가 잔여 주주들에게 소유주식 전부를 매도할 것을 청구할 수 있지만, 매도청구는 이사회의 승인을 얻어야 하고 이사회가 승인사실을 매도주주에게 통지함으로써 매수가 이루어진다.[77]

Ⅱ. 지배주주의 주식매도청구권

1. 의 의

어느 회사의 발행주식총수 중 100분의 95 이상을 자기의 계산으로 보유하고 있는 지배주주는 회사의 경영상 목적을 달성하기 위하여 필요한 경우에 소수주주에게 그 보유하는 주식의 매도를 청구할 수 있다(상법 제360조의24 제1항). 이를 「지배주주의 주식매도청구권」이라고 하는데, 일정한 요건을 충족하고 법정 절차를 준수해야 한다.

---

75) Companies Act 2006, ss. 979, 983.
76) AktG 327a Abs.1.
77) 일본 회사법 제179조, 제179조의3, 제179조의4.

2. 행사요건

(1) 적용대상

주식매도청구권의 적용대상과 관련하여 상법 제360조의24 제1항은 「회사」라고만 규정하고 있어 상장회사와 비상장회사 모두에 적용되는데, 이는 미국과 독일의 경우에도 같다. 그런데 이와 관련하여 ① 지배주주의 주식매도청구권과 같은 소수주주 축출제도는 회사지배구조의 효율성을 위하여 주주의 권리를 제한하는 것이고, 주식회사에서 주주의 지위를 근본적으로 변경시키는 것이며, 원래 상장회사에 있어서 의무공개매수와 잔존 주주의 정리를 위해 제안된 제도여서 비상장회사에 대한 적용은 예상하지 않았으므로 상장회사에 국한하여 적용해야 한다는 견해,[78] ② 비상장회사의 지배주주에게 주식매도청구권을 인정할 것인지는 입법정책에 속하는 문제이고, 소수주주의 강제 퇴출을 허용한 입법취지를 고려할 때 경영의 효율성을 가져올 수 있다면 그 대상을 불문하고 광범위하게 허용하는 것이 합리적이라는 이유로 비상장회사에 대해서도 적용해야 한다는 견해[79]가 있다. 생각건대 지배주주의 매도청구권을 어떠한 회사에 인정할 것인지는 소수주주의 매수청구권과 연계하여 판단할 필요가 있다. 비상장회사의 경우에는 이익배당이 잘 이루어지지 않으면서 주식의 환가마저 어려운 경우가 많음에 비해 상장회사의 경우에는 비록 경제적 손실을 입을 가능성이 있더라도 주주가 보유주식을 시장에서 얼마든지 자유롭게 매도할 수 있기 때문이다. 따라서 지배주주의 주식매도청구권은 소수주주의 주식매수청구권과 연계하여 상장회사와 비상장회사 모두에 적용하는 것이 바람직하다.

(2) 청구권자

1) 지배주주 : 주식매도청구권을 행사할 수 있는 주체는 「지배주주」인데, 이는 발행주식총수의 100분의 95 이상을 보유하고 있는 자를 말한다(상법 제360조의24 제1항). 즉 주주는 시장에서 취득하였든 공개매수로 취득하였든 발행주식총수의 95% 이상만 보유하면 그 사유나 이유에 상관없이 지배주주로서 소수주주에게 보유주식의 매도를 청구할 수 있다. 이 경우 발행주식총수의 95% 이상의 주식은 지배주주가 자기의 계산으로 보유하면 되므로 누구의 명의로 보유하는지는 문제되지 않지만, 자기의 계산으로 보유한다는 점은 지배주주가

---

78) 김재형, "미국에서의 합병대가의 유연화와 소수주주퇴출에 관한 입법의 변천과 법원의 대응", 70면; 김화진, "소수주식의 강제매수제도", 342면; 김효신, "소수주주축출제도의 도입방안에 대한 검토", 51면.

79) 송종준, "소수주식 전부취득제의 입법의도와 해석방향", 83~84면; 육태우, "개정상법상 소수주주축출 제도에 관한 소고", 50면; 최민용, "지배주주의 주식매도청구권의 운용과 관련된 몇 가지 제언", 379면.

소수주주에게 매도청구를 할 때 입증해야 한다. 한편 지배주주의 보유주식수를 계산할 때에는 ① 지배주주가 자연인이라면 그가 발행주식총수의 100분의 50을 초과하는 주식을 보유하고 있는 회사가 보유한 주식도 합산하고, ② 지배주주가 회사라면 그 모회사 및 자회사가 보유한 주식도 그에 합산한다(상법 제360조의24 제2항).

2) 관련 쟁점 : 주식매도청구권을 행사할 수 있는 주체인 지배주주의 인정요건 및 그 포섭범위와 관련해서는 다음과 같은 논란이 있으므로 주의해야 한다.

(개) 자기주식 : 지배주주의 판단기준이 되는 발행주식총수에 자기주식이 포함되는지가 문제인데, 독일 주식법 제327a조 제2항처럼 발행주식총수에 자기주식은 포함되지 않는다는 견해가 있다.[80] 그리고 영국 회사법은 회사가 보유한 자기주식을 1인 주주의 90%의 지분율 계산에서 제외하고 있다. 생각건대 자기주식의 경우 경제적인 폐해와 오남용의 방지를 위해 상법이 주주권의 행사를 잠정적으로 제한하고 있지만, 회사가 이미 발행한 주식으로서의 가치는 여전히 살아 있으므로 제3자에게 매도되면 모든 주주권이 되살아난다. 그리고 영국의 경우에는 주주를 대상으로 한 공개매수의 마무리 절차로서 주식매도청구권이 인정되고, 90% 이상의 1인 주주의 지분율도 공개매수예정주식수를 그 기준으로 하므로 회사가 보유한 자기주식을 제외하는 것은 당연하다. 그렇지만 상법상 지배주주의 주식매도청구권에 있어서는 이러한 법적 제한이 없을 뿐만 아니라 공정성도 제대로 확보되어 있지 아니하므로 발행주식총수에 자기주식도 포함된다고 해석함이 타당하다. 만약 자기주식을 제외하게 되면 자기주식의 비율이 높은 회사일수록 주식매도청구권의 행사가 어려워지거나 또 다른 불공평한 문제가 발생할 수 있기 때문이다.[81]

(내) 유보주식 : 전환사채나 신주인수권부사채가 발행된 후 전환권 또는 신주인수권의 행사를 대비하여 회사가 발행을 유보해 둔 주식이 발행주식총수에 포함되는지가 의문인데, 긍정설[82]과 부정설[83]이 있다. 생각건대 회사가 전환사채나 신주인수권부사채를 발행한 때에는 당연히 사채권자의 전환권이나 신주인수권의 행사를 대비하여 그에 필요한 주식을 회사 내에 유보하고 있어야 하고, 전환사채와 신주인수권부사채는 경제적인 실질이 신주발행이므로 그에 준하여 취급해야 한다. 따라서 이 문제는 다음과 같이 이원적으로 해결하는 것

80) 정병덕, "주식강제매수제도와 소수주주의 보호", 91면.
81) 정준우, "지배주주의 주식매도청구권에 관한 입법론적 재검토, 497면.
82) 송종준, "소수주식 전부취득제의 입법의도와 해석방향", 83~84면.
83) 김건식/노혁준/천경훈, 874면; 노혁준, "2011년 개정상법상 소수주주의 매수청구권에 관한 연구", 131면; 송옥렬, 889면; 최문희, "지배주주의 매도청구권, 소수주주의 매수청구권의 적용요건의 재고찰", 168면; 한국상사법학회(Ⅲ)(황현영 집필부분), 835~836면.

이 합리적이다. 즉 사채권자가 전환권이나 신주인수권을 행사한 때에는 회사가 반드시 신주를 발행하여 교부해야 하므로 그 수만큼 발행주식총수에 포함시켜야 하고, 전환권이나 신주인수권이 행사되지 않은 상태에서는 단지 발행이 예정된 주식에 불과하므로 발행주식총수에 포함되지 않는다고 보아야 한다.[84] 이처럼 해석하지 아니하면 지배주주가 매도청구를 한 후에 사채권자가 전환권이나 신주인수권을 행사한 때에는 매도청구의 의미가 감퇴될 뿐만 아니라, 지배주주가 매도청구를 다시 해야 하는 번거로움이 있기 때문이다. 참고로 영국의 회사법은 강제매수절차에서 보통주식으로 전환 가능한 유가증권과 보통주식 취득신청권이 있는 유가증권 및 의결권부사채 중 일정한 것을 포함시키지만, 청약일에 이미 발행이 완료되어 있는 것으로 한정한다.[85]

㈐ 의결권제한주식 : 의결권이 배제 또는 제한된 종류주식이 발행주식총수에 포함되는지에 관한 문제인데, 상법 제371조 제1항이 주주총회에서의 의결정족수 계산에 있어서 의결권이 배제 또는 제한되는 종류주식을 발행주식총수에서 제외하고 있어 더욱 그러하다. 생각건대 상법이 지배주주의 주식매도청구권과 관련하여 발행주식총수의 95% 이상의 보유를 요건으로 규정하면서 소수주주의 주식매수청구권도 아울러 규정한 것은 기업경영의 효율성을 제고하고 주주관리비용의 절감을 도모하면서도 소수주주에게 기업지배에 무의미한 주식의 환가를 제도적으로 보장해 주기 위함이다. 그리고 상법 제371조 제1항은 단지 주주총회에서의 의결정족수를 계산하기 위한 것에 불과하므로 이를 지배주주의 지주비율을 계산하는데 그대로 적용할 수는 없다. 이런 점들을 고려할 때 의결권이 배제 또는 제한되는 종류주식도 발행주식총수에 당연히 포함되어야 한다.[86]

㈑ 자기의 계산 : 지배주주가 주식매도청구권을 행사하려면 「자기의 계산」으로 발행주식총수의 95% 이상을 보유해야 한다. 즉 명의의 여하와 소유에 관계없이 지배주주의 계산으로 발행주식총수의 95% 이상만 보유하면 매도청구권을 행사할 수 있는 것이다. 따라서 자기의 계산으로 보유하는 주식이 아닌 의결권의 양도합의나 주식의 일시적 임차는 95% 이상이라는 주식보유 요건에 포함되지 않는다. 같은 맥락에서 지배주주가 명의신탁을 받은 주식도 포함되지 않지만, 지배주주가 타인에게 명의신탁을 한 주식은 계산의 주체가 지배주주이므로 95%의 주식에 포함된다. 다만 이처럼 타인의 명의로 보유하는 주식은 그 주식이 자기계산의 보유주식이라는 것을 지배주주가 입증해야 한다.[87]

84) 정준우, "지배주주의 주식매도청구권에 관한 입법론적 재검토", 498면.
85) Companies Act 2006, ss. 974, 989, 990.
86) 정준우, "지배주주의 주식매도청구권에 관한 입법론적 재검토", 498면.
87) 위의 논문, 499면.

(마) 주식의 보유 : 지배주주의 주식보유와 관련하여 다음의 두 가지가 문제된다. 즉 ① 주식의 보유시점인데, 이에 대해서는 지배주주가 매도를 청구한 시점이라는 견해[88]와 주주총회의 결의일이라는 견해[89]가 있다. 생각건대 상법 제360조의24 제3항은 지배주주가 매도청구를 할 때에는 미리 주주총회의 승인을 받아야 한다고 규정하고 있고, 제4항은 주주총회의 소집을 통지할 때에는 지배주주의 주식보유현황 등을 기재하도록 요구하고 있으며, 제5항은 매도청구의 날 1개월 전까지 주주 등에게 일정한 사실을 통지하도록 규정하고 있다. 따라서 지배주주가 발행주식총수의 95% 이상을 보유해야 하는 시점은 ⓐ 지배주주가 매도청구의 승인을 위한 주주총회의 소집을 이사회에 청구하는 시점과 ⓑ 지배주주가 매도청구를 위해 매도청구일 1개월 전에 주주 등에게 일정한 사항을 통지하는 시점 중 먼저 도래하는 시점이어야 한다. ② 주식의 보유기간인데, 이에 관한 선행연구는 별로 없다. 생각건대 지배주주의 주식매도청구권은 1인회사로의 전환 등 특정한 목적이나 효과를 위해 주식처분에 관한 소수주주의 자기결정권을 제한하는 것이므로 엄격히 해석·적용해야 하고, 매매가격의 결정에 있어서 지배주주와 소수주주는 최종적으로 법원에 그 결정을 위임할 수 있다. 이를 종합적으로 고려할 때 지배주주가 소수주주에게 매매가격을 지급할 때까지는 주식보유요건을 준수해야 한다고 해석함이 타당하다.[90]

(바) 자회사의 자기주식 : 지분계산에 있어서 지배주주가 회사이면 그 모회사 및 자회사가 보유한 주식도 합산하는데(상법 제360조의24 제2항), 자회사의 주식에 자기주식이 포함되는지가 논란이다. 즉 A회사와 B회사가 모자관계인 상태에서 A가 B의 자기주식을 포함하여 발행주식총수의 95% 이상을 보유하게 된다면 B회사의 자기주식을 모회사인 A의 지분으로 합산할 수 있는지의 문제인데, 합산해야 한다는 견해[91]와 판례[92] 및 합산해서는 안된다는 견해[93]가 있다. 생각건대 이 경우에도 모회사 A는 사실상 자신의 뜻대로 B회사를 자유롭게 경영할 수 있으므로 지배주주가 단독으로 95% 이상의 주식을 보유하는 경우와 차별하여 취급할 이유가 없다. 따라서 전자의 견해가 타당하다.

(3) 경영상 목적

1) 입법취지 : 지배주주가 발행주식총수의 100분의 95 이상을 보유하고 있더라도 소수

---

88) 송종준, "소수주식 전부취득제의 입법의도와 해석방향", 86면.
89) 정병덕, "주식강제매수제도와 소수주주의 보호", 89~90면.
90) 정준우, "지배주주의 주식매도청구권에 관한 입법론적 재검토", 500면.
91) 김홍기, 495면; 이철송, 1222면; 임재연(Ⅱ), 896면; 홍복기/박세화, 298면.
92) 대법원 2017. 7. 14.자 2016마230 결정.
93) 김건식/노혁준/천경훈, 874면; 송옥렬, 890면.

주주에게 매도청구를 하려면「경영상 목적을 달성하기 위하여 필요한 경우」여야 하는데(상법 제360조의24 제1항), 이는 외국의 입법례와 판례에서 인정하고 있는「사업목적 기준(Business Purpose Test)」을 수용한 것으로서 주식매도청구권의 실질적 요건에 해당한다. 상법이 지배주주의 주식매도청구권에 대하여 이런 제한을 둔 것은 지배주주의 사적 이익이 아닌 회사의 이익을 위하여 소수주주의 축출을 허용하는 것임을 밝히고 그 남용을 방지하기 위함이다. 그런데 상법은 경영상 목적을 달성하기 위하여 필요한 경우가 어떠한 경우인지를 정하고 있지 않아 합리적 해석으로 규명할 수밖에 없다.

2) 경영상 목적의 의미 : 경영상 목적의 의미에 대해서는 ① 지배주주의 주식매도청구권은 과도한 주주관리비용을 절감하고, 소수주주의 주주권 남용을 방지하며, 구조조정을 통한 기업경영의 효율화를 위해 인정하는 것이므로 그 범위에 제한을 두지 않아야 한다는 견해,[94] ② 신주발행과 전환사채·신주인수권부사채의 발행에 있어서의 제3자배정요건과 같은 표현이므로 그 규범적인 의미도 동일하게 해석하는 것이 원칙이나 제도의 특성상 어색하다는 견해가 있다. 지배주주의 매도청구권은 회사지배에 소요되는 비용을 절감한다는 개인적인 동기에서 행사하는 것이므로 회사의 경영상 목적과는 무관하기 때문이라고 한다.[95] 그러면서 경영상 목적 달성을 위하여 필요한 경우에 매도청구의 제한요소로서의 의미는 부여하기 어렵다고 한다. 생각건대 지배주주의 매도청구권은 주주관리비용의 절감과 경영의 효율화라는 장점이 있지만, 소수주주를 그 의사에 상관없이 강제적으로 회사에서 축출하는 것이므로 소수주주의 축출 외에 특정한 경제적 목적이 있어야 한다. 또한 법적 안정성을 위해 동일한 법령에서 동일한 용어는 동일한 의미로 해석·적용해야 하므로 우선은 ②처럼 해석하되 향후 입법적으로 보완해야 한다.

3) 경영상 목적의 한계 : 상법이 지배주주의 주식매도청구권에 있어서 경영상 목적을 달성하기 위하여 필요한 경우라는 실질적 요건을 규정한 것은 동 청구권이 내포하고 있는 위헌요소 등과 같은 각종 문제점을 최소화하고, 동 청구권을 합리적인 사유가 있는 경우에만 제한적으로 허용하려는 취지이다. 그렇지만 이는 보다 근본적인 문제점을 내포하고 있다. 즉 지배주주가 소수주주에게 주식매도청구권을 행사하는 것은 입법취지에서 밝힌 것처럼 주로 주주관리비용과 같은 회사의 지배비용을 절감하기 위함인데, 이는 위에서 밝힌 경영상의 목적(신기술의 도입, 재무구조의 개선 등)에 부합하기가 쉽지 않다. 그리고 지배주주의 주식매도청구권에 내포되어 있는 각종 위험을 방지하기 위해 경영상 목적 요건을 엄격히

94) 송종준, "소수주식 전부취득제의 입법의도와 해석방향", 87~88면.
95) 이철송, 1223면.

해석하게 되면 오히려 지배주주의 주식매도청구권이 그 실효성을 거의 상실하게 된다. 이런 점에서도 동 조항은 명확한 입법적 보완이 필요하다.96)

3. 행사절차

(1) 주주총회의 승인

1) 승인방법 : 지배주주가 소수주주에게 매도청구를 하려면 미리 주주총회의 승인을 받아야 하는데(상법 제360조의24 제3항), 주주총회의 승인은 보통결의에 의한다. 따라서 지배주주는 주주총회의 승인을 위해 이사회에 주주총회의 소집을 청구해야 하고, 회사는 법정 요건을 명백히 흠결한 경우가 아닌 한 주주총회를 소집해야 한다.

2) 통지사항 : 회사가 주주총회의 소집통지를 할 때에는 일정한 사항(① 지배주주의 회사주식 보유현황, ② 매도청구의 목적, ③ 매매가액의 산정 근거와 적정성에 관한 공인된 감정인의 평가, ④ 매매가액의 지급보증)을 기재해야 하고, 매도를 청구하는 지배주주는 주주총회에서 그 내용을 설명해야 한다(상법 제360조의24 제4항). 이처럼 지배주주의 매도청구와 관련하여 일정한 사항을 주주에게 알리도록 하고 주주총회에서 그 내용을 설명하도록 한 것은 지배주주에게 자격이 있는지와 경영상 목적 달성을 위해 필요한지 및 공정한 보상의 보장 등에 관한 객관적 판단자료를 제공하게 함으로써 소수주주 축출의 정당성을 확보하기 위함이다. 따라서 이는 강행규정으로 보아야 한다.

3) 관련 쟁점 : 지배주주가 주주총회의 승인을 얻어 매도청구를 하도록 규제하는 것은 소수주주 축출의 정당성을 확보하기 위함이지만, 다음과 같은 논란이 있다.

㈎ 결의의 필요성 : 지배주주가 소수주주에게 매도청구를 하려면 미리 주주총회의 승인(보통결의)을 얻어야 하지만, 이미 발행주식총수의 95% 이상을 보유하고 있는 상황에서 굳이 비용과 시간을 투자하여 주주총회를 개최할 필요성이 있는지의 의문이 든다. 지배주주가 소수주주의 축출을 결정하면 주주총회의 결의는 단순히 형식적 절차에 불과하기 때문이다. 물론 주주총회를 개최하는 과정에서 매도청구에 관한 일정한 정보가 공개되고, 결의에 하자가 있으면 소수주주가 주주총회결의의 무효나 취소를 주장하여 지배주주의 의도를 무산시킬 수 있지만, 이러한 부분은 법이 명확히 규정하고 있어 사실상 그 위반의 가능성이 별로 없기 때문이다.97) 따라서 입법적 재고가 필요하다.

---

96) 정준우, "지배주주의 주식매도청구권에 관한 입법론적 재검토", 502면.
97) 위의 논문, 503면.

(나) 특별이해관계 : 지배주주가 특별이해관계자인지가 논란인데, 이에 대해서는 ① 지배주주의 매도청구는 경영상 목적에 따른 회사이익의 증대에 그 취지가 있으므로 비록 그 청구가 지배주주의 사적 이해관계에 해당하더라도 지배주주를 특별이해관계자로 취급하여 의결권 행사를 부정할 수 없다는 견해,[98] ② 상법은 지배주주로 하여금 주주총회에서 매도청구의 내용을 보고하도록 규제하고 있는데, 이는 지배주주가 특별이해관계자임을 인정하는 것이므로 상법 제368조 제4항에 의하여 의결권을 행사할 수 없다는 견해[99]가 있다. 일반적으로 주주총회에서 특별이해관계자의 의결권은 당해 안건에 주주가 개인적인 이해관계를 갖는지 아니면 지배구조상의 이해관계를 갖는지에 따라 그 행사 여부가 달라진다. 그런데 지배주주의 주식매도청구권의 경우에는 사실상 두 가지를 모두 내포하고 있어 획일적인 판단을 내리기가 매우 어렵다. 따라서 결국 이 문제는 입법적으로 해결해야 하는데, 우선은 구체적인 사안별로 달리 판단할 수밖에 없다.

(2) 매도청구와 공시

1) 공시의무 : 지배주주는 매도청구의 날 1개월 전까지 일정한 사실(① 소수주주는 매매가액의 수령과 동시에 주권을 지배주주에게 교부하여야 한다는 뜻, ② 교부하지 아니할 경우 매매가액을 수령하거나 지배주주가 매매가액을 공탁한 날에 주권은 무효가 된다는 뜻)을 공고하고, 주주명부에 적힌 주주와 질권자에게 따로 그 통지를 해야 한다(상법 제360조의24 제5항). 이 경우 주주 등에 대한 통지는 회사가 아니라 지배주주가 해야 하는 것이므로 주주총회의 소집통지와는 별개로 이루어져야 한다.

2) 매도청구 : 상법은 매도청구의 날 1개월 전까지 일정한 사항을 공고하고 통지하라고만 규정할 뿐 매도청구의 의사표시에 관해서는 규정하지 않고 있다. 이는 소수주주의 축출이라는 주식매도청구권의 엄중한 결과를 고려할 때 명백한 입법적 불비이다. 따라서 우선은 공고를 매도청구에 관한 의사표시를 겸하는 것으로 해석하되 향후 입법적으로 보완해야 한다. 즉 일정한 사항의 공고 후 1개월이 경과한 날에 매도청구가 있다고 보는 것이다. 그리고 지배주주의 매도청구가 의제된 후에는 그 의사표시를 철회할 수 없다고 보아야 하는데, 이 점은 공고 후 1개월이 경과하기 전에도 마찬가지이다. 주주 등에 대한 일정한 사항의 공고와 매도청구는 사실상 일체화된 법률행위이기 때문이다.

---

98) 김성호, "미국 회사법상 '소수주주축출'의 정당성에 관한 고찰", 93면; 송종준, "소수주식 전부취득제의 입법의도와 해석방향", 90면; 최민용, 373면; 최준선(해설서), 109면.
99) 서완석, 433~434면; 육태우, 53면.

3) 청구기간 : 상법은 매도청구를 하기 전의 공시의무만 규정하고 있을 뿐 주주총회의 승인을 얻은 후 언제까지 매도청구를 해야 하는지는 정하지 않고 있다. 물론 지배주주에 대한 소수주주의 매수청구에 의해 어느 정도 해소될 수 있지만, 이는 매도의사를 그 전제로 하는 것이므로 소수주주에게 매도의사가 없는 경우에는 여전히 문제된다. 지배주주의 매도청구는 다수의 주주를 상대방으로 하여 동일한 효과를 발생시키는 행위이므로 그 유무와 시기는 획일적으로 인식되어야 하기 때문이다. 즉 이는 명백한 입법적 불비이므로 조속히 보완해야 한다. 생각건대 주주총회의 승인을 얻은 후 일정한 기간 내에 반드시 지배주주가 소수주주에게 매도청구를 하도록 하고, 그 기간 내에 청구하지 아니하면 일정한 기간 내에는 다시 청구할 수 없도록 규제할 필요가 있다.[100]

4. 행사효과

(1) 소수주주의 매도

상법상 지배주주는 소수주주에게 균등한 매수조건으로 주식의 매도를 청구해야 하고, 소수주주는 그러한 매도청구를 받은 날로부터 2개월 내에 지배주주에게 그 주식을 매도해야 한다(상법 제360조의24 제6항). 이처럼 상법은 지배주주의 매도청구에 대하여 소수주주의 매도의무를 부과하고 있으므로 동 청구권의 법적 성질은 형성권으로 보아야 한다. 따라서 지배주주가 발행주식총수의 100분의 95 이상을 보유하고 경영상의 목적 및 주주총회의 승인이라는 요건을 갖추어 소수주주에게 주식매도를 청구하면 소수주주는 그 자신의 의사와 상관없이 보유주식 전부를 지배주주에게 매도해야 한다.

(2) 매매계약의 성립

상법은 지배주주가 매도청구를 하면 소수주주는 보유주식을 지배주주에게 매도해야 한다고만 규정할 뿐 매매계약이 당사자 간에 언제 성립하는지는 규정하지 않고 있다. 물론 주식의 이전에 대해서는 정하고 있지만, 이는 주식의 이전만을 의제하는 것이지 매매계약의 성립시기를 의미하는 것은 아니므로 합리적인 해석이 필요하다. 생각건대 지배주주의 주식매도청구권은 그 법적 성질이 형성권이고, 동일한 법적 성질을 가지고 있는 반대주주의 주식매수청구권에서 다수설과 판례[101]는 동 청구권이 형성권임을 이유로 행사시점에 회사와의 매매계약이 성립한다고 보고 있으며, 양자의 실제적인 처리과정도 유사하다. 그렇다면 매매계약의 성립시기도 동일하게 판단해야 한다. 즉 지배주주가 소수주주에게 주식의

---

100) 정병덕, 99면; 정준우, "지배주주의 주식매도청구권에 관한 입법론적 재검토", 504면.
101) 대법원 2011. 4. 28. 선고 2009다72667 판결.

매도를 청구하면 그 시점에 당사자 간에는 매매계약이 성립하고, 그 청구일로부터 2개월 내에 지배주주는 소수주주에게 매매가액을 지급해야 한다.

(3) 매매가액의 결정

1) 결정방법 : 지배주주가 요건을 갖추어 법정 절차에 따라 매도청구를 하면 소수주주는 매도의무를 부담하는데, 여기서 가장 중요한 것은 주식의 가액결정이다. 지배주주에게는 보상가액의 규모가, 소수주주에게는 침해되는 재산권의 보상 정도가 중요하기 때문이다. 이에 상법은 주식의 매매가액은 원칙적으로 지배주주와 소수주주가 협의하여 결정하도록 하되(상법 제360조의24 제7항), 지배주주로부터 매도청구를 받은 날부터 30일 내에 당사자 간의 협의가 성립하지 아니한 때에는 지배주주와 소수주주 각자가 법원에 매매가액의 결정을 청구할 수 있도록 규정하고 있다(상법 제360조의24 제8항).

2) 산정기준 : 지배주주의 주식매도청구권과 관련하여 매매가액의 결정에 관한 당사자의 청구를 받은 법원은 회사의 재산상태와 그 밖의 사정을 종합적으로 고려하여 공정한 매매가액을 산정해야 한다(상법 제360조의24 제9항). 이와 관련하여 미국의 델라웨어주에서는 시장가치·순자산가치·수익가치 등을 종합적으로 고려한 가중평균방식을 이용하고 있고,[102] 영국 회사법은 강제매수가액이 공개매수가액과 동일하거나 그 이상일 것을 요구하고 있으며,[103] 독일 주식법은 3개월간의 거래소평균주가를 보상기준으로 하면서 그 적정성의 평가와 관련하여 전문검사인의 검사를 받도록 규정하고 있다.[104]

3) 관련 쟁점 : 지배주주와 소수주주의 이해가 첨예하게 대립하는 부분은 매매가격의 결정방법과 그 산정기준이다. 그리하여 다음과 같은 점을 주의해야 한다.

㈎ 가액결정방법 : 상법상 지배주주의 주식매도청구에 관련된 가액결정방법은 사실상 반대주주의 주식매수청구권에서와 같다. 그리하여 선행연구와 판례[105]가 축적된 주식매수청구권에서의 논의를 주식매도청구권에 그대로 적용하면 된다고 생각할 수 있지만, 다음과 같은 이유에서 바람직하지 않다. 즉 ① 보상금의 지급주체와 관련하여 전자에서는 회사이지만 후자에서는 지배주주이다. ② 주주 지위의 유지 가능성과 관련하여 전자에서는 주주가 원하면 그 지위를 유지할 수 있으나 후자에서는 주주가 원하더라도 회사에서 강제적으로 축출된다. ③ 청구권의 행사시기와 관련하여 전자에서는 대상행위의 구체적 내용에 따

102) SEC, Schedule 13E-3, Item 8(b); Bell v. Kirby Lumber Co., 413 A, 2d 137(Del. 1980).
103) Companies Act 2006, s. 974(3).
104) AktG §327c Abs. 2.: BGH, BB 2001, S. 1053 ff.
105) 대법원 2018. 12. 17.자 2016마272 결정.

라 행사시기가 결정되나 후자에서는 지배주주의 자유재량에 의해 행사시기가 결정된다.[106] 따라서 지배주주의 매도청구에 관련한 매매가액의 결정에 있어서는 주식매수청구권에서보다 더 엄격한 소수주주의 보호방안이 마련되어야 한다.

> **참고판례** **비상장주식의 매매가액 결정방법(대법원 2006. 11. 23.자 2005마958·959·960·961·962·963·964·965·966 결정)** : [1] 회사의 합병 또는 영업양도 등에 반대하는 주주가 회사에 대하여 비상장주식의 매수를 청구하는 경우, 그 주식에 관하여 객관적 교환가치가 적정하게 반영된 정상적인 거래의 실례가 있으면 그 거래가격을 시가로 보아 주식의 매수가액을 정하여야 할 것이나, 그러한 거래사례가 없으면 비상장주식의 평가에 관하여 보편적으로 인정되는 시장가치방식, 순자산가치방식, 수익가치방식 등 여러 가지 평가방법을 활용하되, 비상장주식의 평가방법을 규정한 관련 법규들은 그 제정 목적에 따라 서로 상이한 기준을 적용하고 있으므로, 어느 한 가지 평가방법(예컨대, 증권거래법 시행령 제84조의7 제1항 제2호의 평가방법이나 상속세 및 증여세법 시행령 제54조의 평가방법)이 항상 적용되어야 한다고 단정할 수는 없고, 당해 회사의 상황이나 업종의 특성 등을 종합적으로 고려하여 공정한 가액을 산정하여야 한다. 한편, 비상장주식에 관하여 객관적 교환가치가 적정하게 반영된 정상적인 거래의 실례가 있더라도, 거래 시기, 거래 경위, 거래 후 회사의 내부사정이나 경영상태의 변화, 다른 평가방법을 기초로 산정한 주식가액과의 근접성 등에 비추어 위와 같은 거래가격만에 의해 비상장주식의 매수가액으로 결정하기 어려운 경우에는 위와 같은 거래가액 또는 그 거래가액을 합리적인 기준에 따라 조정한 가액을 주식의 공정한 가액을 산정하기 위한 요소로 고려할 수 있다. [2] 영업양도 등에 반대하는 주주의 주식매수청구에 따라 비상장주식의 매수가액을 결정하는 경우, 특별한 사정이 없는 한 주식의 가치가 영업양도 등에 의하여 영향을 받기 전의 시점을 기준으로 수익가치를 판단하여야 하는데, 이때 미래에 발생할 추정이익 등을 고려하여 수익가치를 산정하여야 한다. 그러나 당해 사건에서 미래의 수익가치를 산정할 객관적인 자료가 제출되어 있지 않거나, 수익가치가 다른 평가방식에 의한 요소와 밀접하게 연관되어 있어 별개의 독립적인 산정요소로서 반영할 필요가 없는 경우에는 주식매수가액 산정시 수익가치를 고려하지 않아도 된다. [3] 시장가치, 순자산가치, 수익가치 등을 종합적으로 반영하여 비상장주식의 매수가액을 산정하는 경우, 당해 회사의 상황이나 업종의 특성, 개별 평가요소의 적정 여부 등 제반 사정을 고려하여 그 반영비율을 정하여야 한다.

(나) 가액산정기준 : 지배주주가 소수주주에게 매도청구를 하려면 미리 주주총회의 승인을 받아야 하고, 이를 위한 주주총회의 소집통지에는 매매가액의 산정 근거를 기재해야 하며, 주주총회에서는 지배주주가 그 내용을 설명해야 한다(상법 제360조의24 제3항, 제4항). 그런데 매매가액의 산정기준은 지배주주가 작성하는 것이므로 그 공정성에 의문이 제기될 수 있다. 현행 민사소송의 일반원칙에 따르면 매매가액 산정기준의 불공정성은 결국 원고인 소수주주가 입증할 수밖에 없는데, 이는 주식매도청구권의 행사에 따라 소수주주가 강제적으로 축출된다는 점을 고려할 때 매우 불공평하기 때문이다.[107] 따라서 소수주주의 보호를

106) 정준우, "지배주주의 주식매도청구권에 관한 입법론적 재검토", 508면.
107) 위의 논문, 509면.

위해 입증책임의 전환과 같은 보완조치가 필요하다. 참고로 미국의 델라웨어주 대법원은 총체적 공정성 기준을 채택하면서 각종 절차의 공정성에 관계된 정보들의 공개 등에 관한 입증책임을 지배주주에게 전환시키고 있다.108)

㈐ 가액결정시점 : 상법상 매매가액의 결정시점에 관한 규정은 없는데, 이는 매매가액이 종국적으로 당사자의 협의 또는 법원의 결정에 의해 정해질 것이라는 점을 고려한 것으로 보인다. 그런데 주식의 거래가액은 시시각각으로 변하고 각종 경제여건의 변화에 민감하게 반응하며, 매도청구의 승인을 위한 주주총회를 소집할 때에는 매매가액의 산정 근거와 적정성에 관한 공인된 감정인의 평가를 기재해야 한다. 따라서 공정한 매매가액을 결정하려면 그 기준시점부터 명확히 해야 한다. 일반적으로 매도청구에 따른 지배주주의 주식취득은 [주주총회의 승인 → 공고(매도청구일 1개월 전) → 매도청구 → 주식취득(청구일로부터 2개월 내)]의 절차를 통해 이루어지는 점과 지배주주의 경제적 목적을 위해 강제적으로 축출당하는 소수주주의 보호를 고려할 때 매도청구에 관한 지배주주의 의사가 대외적으로 명확해진 시점인 주주총회의 소집통지일 또는 공고일을 매매가액의 결정시점으로 보아야 한다. 참고로 미국의 모범사업회사법(MBCA)은 주식매수청구권에 있어서 동 청구권을 발생시키는 회사와의 거래 직전으로 규정하고 있고,109) 독일의 연방헌법재판소는 평균가격을 그 기준으로 하고 있으며,110) 독일의 연방대법원은 3개월의 기간을 기초로 하되 그 기준은 주주총회일의 직전일이어야 한다고 판시하고 있다.111)

㈑ 가액지급방법 : 상법은 지배주주의 매매가액 지급방법에 대해서도 규정하고 있지 않지만, 현재로선 현금으로 지급해야 한다고 해석해야 한다. 소수주주에게 지급되는 매매대가의 가치평가를 둘러싼 분쟁의 가능성을 고려할 때 현금지급방식이 가장 바람직하기 때문이다. 참고로 독일 주식법은 제327c조 제1항에서 현금지급을 명시하고 있다.

(4) 주식의 이전

1) 이전시기 : 지배주주가 소수주주에게 매도청구를 하여 일정한 기간 내에 주식을 취득한 경우에는 지배주주가 매매가액을 소수주주에게 지급한 때에 주식이 이전된 것으로 본다(상법 제360조의26 제1항). 다만 지배주주가 매매가액을 지급할 소수주주를 알 수 없거나 소수주주가 그 수령을 거부한 경우에는 지배주주가 그 가액을 공탁할 수 있는데, 이때에는

108) 김재형, "M&A대가의 우연화와 현금지불합병", 366면.
109) MBCA §13.01 (4)(i).
110) BVerfG, ZIP 1999, S. 1436, 1442 "DAT/Atlanta".
111) BGH, BB 2001, S. 1053 ff. 정준우, "지배주주의 주식매도청구권에 관한 입법론적 재검토", 510면.

공탁한 날에 지배주주에게 이전된 것으로 본다(상법 제360조의26 제2항). 한편 이러한 주식 이전은 법률에 따른 것이므로 주권의 교부를 요하지 않는다.

2) 지연이자 : 지배주주가 소수주주에게 매매가액을 지급한 때에 주식이전이 의제되므로, 결국 이전의 효과는 매매가액의 지급시에 확정된다. 그런데 사실상 매매가액의 지급은 지배주주의 매도청구 후 2개월 내에 이루어질 수도 있고, 그 이후에 이루어질 수도 있다. 이 중 특히 후자의 경우에는 지연이자가 발생할 수 있는데, 상법은 규정하고 있지 않다. 그리하여 소수주주의 지연이자지급청구권은 가액지급의 이행지체에 따른 부수적 채권이므로 비록 지연이자를 지급하지 않았더라도 주식이전의 효과는 발생한다는 견해가 있다.[112] 생각건대 이는 지배주주가 매매가액의 지급을 지체하여 발생한 것이므로 지연이자까지 포함된 금액을 매매가액으로 보고, 그 금액이 소수주주에게 실제로 지급된 때에 주식이 이전된 것으로 보는 것이 소수주주의 보호를 위해 바람직하다.

3) 주권의 실효 : 지배주주의 주식매도청구권에 있어서 매매가액의 지급에 따른 주식의 이전은 법률의 규정에 따른 것이므로 주식양도에서와 달리 주권의 교부가 필요하지 않다. 그리하여 소수주주가 여전히 주권을 보유하고 있을 수 있는데, 이와 관련하여 상법 제360조의24 제5항은 지배주주는 주권을 지배주주에게 교부하라는 뜻과 교부하지 않을 경우 매매가액을 수령하거나 공탁한 때에 주권이 무효가 된다는 뜻을 공고하도록 규정하고 있을 뿐이다. 따라서 향후 입법적으로 해결해야 하지만, 우선은 소수주주가 지배주주에게 교부하지 아니한 주권의 실효절차까지 정한 것으로 해석해야 한다.

Ⅲ. 소수주주의 주식매수청구권

1. 의 의

발행주식총수의 100분의 95 이상을 소유한 지배주주가 있는 회사의 소수주주는 언제든지 그 지배주주에게 보유주식의 매수를 청구할 수 있다(상법 제360조의25 제1항). 이를 소수주주의 주식매수청구권이라고 하는데, 이는 소수주주의 보호를 위해 지배주주의 매도청구권과 균형을 맞추어 도입된 것이어서 양자의 내용이 대체로 유사하다.

2. 행사요건

매수청구의 주체는 소수주주인데, 반드시 모든 소수주주가 공동으로 매수청구할 필요

112) 송종준, "소수주식 전부취득제의 입법의도와 해석방향", 100면.

는 없다. 즉 특별한 제한이 없으므로 개별적 매수청구는 물론이고 보유한 주식 중 일부만 매수청구를 할 수도 있다. 이 경우 청구방법에 대한 제한도 없지만, 사후의 분쟁을 예방하기 위해서는 서면으로 행사하는 것이 바람직하다.[113] 한편 지배주주의 매도청구권과 달리 소수주주의 매수청구권은 남용의 우려가 적다고 판단하여 주주총회의 승인과 사전공고 및 경영상 목적 달성을 위하여 필요한 경우 등의 요건은 적용되지 않는다.

3. 행사효과

(1) 지배주주의 매수

매수청구를 받은 지배주주는 매수를 청구한 날을 기준으로 2개월 내에 매수를 청구한 소수주주로부터 그 주식을 매수해야 한다(상법 제360조의25 제2항).

(2) 매매계약의 체결

소수주주의 매수청구가 있으면 지배주주는 그의 승낙 여부에 관계없이 매수의무를 부담하므로 소수주주의 매수청구권도 그 법적 성질은 형성권이다. 따라서 소수주주의 매수청구가 있으면 소수주주와 지배주주 간에 매매계약이 체결된 것으로 의제된다.

(3) 매매가액의 결정

매매가액은 소수주주와 지배주주의 협의로 결정하는데(상법 제360조의25 제3항), 매수청구를 받은 날부터 30일 내에 매매가액에 대한 협의가 이루어지지 아니한 경우에는 매수청구를 받은 지배주주나 매수청구를 한 소수주주는 각각 법원에 매매가액의 결정을 청구할 수 있다(상법 제360조의25 제4항). 이 경우 법원은 당해 회사의 재산상태와 그 밖의 사정을 종합적으로 고려하여 공정한 가액을 산정해야 한다(상법 제360조의25 제5항).

(4) 주식의 이전 등

지배주주가 매매가액을 소수주주에게 지급하는 때에 주식이 이전된 것으로 본다(상법 제360조의26 제1항). 다만 지배주주가 매매가액을 지급할 소수주주를 알 수 없거나 소수주주가 그 수령을 거부한 때에는 지배주주가 그 가액을 공탁할 수 있는데, 이때에는 공탁한 날에 지배주주에게 이전된 것으로 본다(상법 제360조의26 제2항). 한편 이러한 주식의 이전은 법률의 규정에 따른 것이므로 주권의 교부가 필요하지 않다.

---

113) 김건식/노혁준/천경훈, 879면.

사례해결

(1) 상법상 발행주식총수의 95% 이상을 자기의 계산으로 보유한 지배주주는 경영상 목적을 달성하기 위하여 필요한 경우 소수주주에게 그 보유주식의 매도를 청구할 수 있는데(상법 제360조의24 제1항), 이를 「지배주주의 주식매도청구권」이라고 한다. 다만 지배주주가 소수주주에게 매도청구를 하려면 미리 주주총회의 보통결의에 의한 승인을 받아야 하므로(상법 제360조의24 제3항), 지배주주는 이를 위해 이사회에 주주총회의 소집을 청구해야 한다. 이 경우 회사가 주주총회의 소집통지를 할 때에는 일정한 사항(① 지배주주의 회사 주식 보유현황, ② 매도청구의 목적, ③ 매매가액의 산정 근거와 적정성에 관한 공인된 감정인의 평가, ④ 매매가액의 지급보증)을 기재해야 하고, 매도를 청구하는 지배주주는 주주총회에서 그 내용을 설명해야 한다(상법 제360조의24 제4항). 또한 지배주주는 매도청구의 날 1개월 전까지 일정한 사실(① 소수주주는 매매가액의 수령과 동시에 주권을 지배주주에게 교부하여야 한다는 뜻, ② 교부하지 아니할 경우 매매가액을 수령하거나 지배주주가 매매가액을 공탁한 날에 주권은 무효가 된다는 뜻)을 공고하고, 주주명부에 적힌 주주와 질권자에게 따로 그 통지를 해야 한다(상법 제360조의24 제5항). 이 경우 주주 등에 대한 통지는 회사가 아니라 지배주주가 해야 하는 것이므로 주주총회의 소집통지와는 별개로 이루어져야 한다. 따라서 사안에서 A가 B에게 주식매도를 청구하려면 자신이 발행주식총수의 95% 이상을 보유하고 있음을 증명하여 ㈜甲에 그 승인을 위한 주주총회의 소집을 청구해야 하고, ㈜甲은 일정한 사항을 기재하여 주주들에게 소집통지를 해야 한다. 그리고 주주총회의 승인이 있으면 지배주주는 매도청구의 날 1개월 전까지 일정한 사실을 공고하고, 주주명부에 적힌 주주와 질권자에게 따로 그 통지를 해야 한다. 이러한 절차를 거쳐 지배주주가 소수주주에게 주식의 매도를 청구하면 그 시점에 당사자 간에는 매매계약이 성립하고, 그 청구일로부터 2개월 내에 지배주주는 소수주주에게 매매가액을 지급해야 한다.

(2) 지배주주의 판단기준이 되는 발행주식총수에 자기주식이 포함되는지에 대해서는 견해의 대립이 있다. 그리고 영국 회사법은 회사가 보유한 자기주식을 1인 주주의 90% 이상의 지분율 계산에서 제외하고 있다. 생각건대 자기주식의 경우 경제적인 폐해와 오남용의 방지를 위해 상법이 주주권의 행사를 잠정적으로 제한하고 있지만, 회사가 이미 발행한 주식으로서의 가치는 여전히 살아 있으므로 제3자에게 매도되면 모든 주주권이 되살아난다. 그리고 영국의 경우에는 주주를 대상으로 한 공개매수의 마무리 절차로서 주식매도청구권이 인정되고, 90% 이상이라는 1인 주주의 지분율도 공개매수예정주식수를 그 기준으로 하므로 회사가 보유한 자기주식을 제외하는 것은 당연하다. 그렇지만 상법상 지배주주의 주식매도청구권에 있어서는 이러한 법적 제한이 없을 뿐만 아니라 공정성도 제대로 확보되어 있지 아니하므로 발행주식총수에 자기주식도 포함된다고 해석함이 타당하다. 만약 자기주식을 제외하면 자기주식의 비율이 높은 회사일수록 주식매도청구권의 행사가 어려워지거나 또 다른 불공평한 문제가 발생할 수 있기 때문이다. 한편 지분계산에 있어서 지배주주가 회사이면 그 모회사 및 자회사가 보유한 주식도 합산하는데(상법 제360조의24 제2항), 자회사의 주식에 자기주식이 포함되는지가 논란이다. 즉 A회사와 B회사가 모자관계인 상태에서 A가 B의 자기주식을 포함하여 발행주식총수의 95% 이상을 보유하게 된다면 B회사의 자기주식을 모회사인 A의 지분으로 합산할 수 있는지의 문제인데, 합산

해야 한다는 견해와 판례(대법원 2017. 7. 14.자 2016마230 결정) 및 합산해서는 안된다는 견해가 있다. 생각건대 이 경우에도 모회사 A는 사실상 자신의 뜻대로 B회사를 자유롭게 경영할 수 있으므로 지배주주가 단독으로 95% 이상의 주식을 보유하는 경우와 차별하여 취급할 이유가 없으므로 전자의 견해가 타당하다. 사안에서 ㈜甲의 주식은 사실상 A가 87%를 보유하고 있지만, 자신이 절대적인 지배력을 행사하는 자기주식 10%를 합산하면 97%의 지분율이 된다. 따라서 위의 해석론에 따라 ㈜甲이 보유한 자기주식 10%도 발행주식총수에 포함된다고 보아야 한다.

제3절 조직의 변화

Ⅰ. 조직의 변경

1. 의 의

(1) 개 념

회사의 조직변경이란 회사가 그 동일성을 유지하면서 다른 유형의 회사로 전환하는 것을 말한다. 이처럼 조직변경의 경우에는 합병 등과 같은 조직개편과 달리 변경의 전후에 걸쳐 회사의 동일성이 그대로 유지되기 때문에 권리·의무도 같은 회사에 그대로 존속한다. 따라서 변경 전의 회사가 소유한 부동산 등은 변경 후 회사 앞으로 이전등기를 하는 것이 아니라, 명의인 표시의 변경등기를 해야 한다(부동산등기법 제52조).

(2) 유 형

전통적으로 상법이 인정하는 회사의 조직변경방식은 두 가지이다. 즉 인적회사는 인적회사로만 변경할 수 있고(합명회사 ⇔ 합자회사), 물적회사는 물적회사로만 변경할 수 있다(주식회사 ⇔ 유한회사). 회사의 유형별로 사원의 책임관계가 달라 인적회사와 물적회사 상호간에 조직변경을 허용하면 사원의 책임에 큰 변화가 생김은 물론 채권자의 이해에 중대한 변화를 초래하며 절차가 복잡해지기 때문이다. 따라서 이하에서도 주식회사의 조직변경에 대해서만 살펴보는데, 2011년 개정에서 도입된 유한책임회사도 함께 검토한다. 한편 상법의 입법적 연원인 일본의 경우에는 2005년에 회사법을 제정하며 주식회사와 지분회사(합명회사·합자회사·합동회사)의 상호간 조직변경도 허용하였다.

2. 변경방법

(1) 주식회사⇒유한회사

1) 변경절차 : 주식회사는 총주주의 일치에 의한 총회의 결의로 그 조직을 변경하여 이를 유한회사로 할 수 있는데(상법 제604조 제1항 본문), 이 경우에는 정관변경 기타 조직변경에 필요한 사항들도 정해야 한다(상법 제604조 제3항). 다만 주식회사가 사채의 상환을 완료하지 아니한 경우에는 유한회사로 그 조직을 변경할 수 없는데(상법 제604조 제1항 단서), 상법상 유한회사는 사채를 발행할 수 없기 때문이다.

2) 자본금 제한 : 주식회사를 유한회사로 변경할 때는 주식회사의 순자산액보다 많은 금액을 유한회사의 자본금 총액으로 하지 못한다(상법 제604조 제2항). 이에 위반하여 순자산액이 자본금 총액에 부족할 경우 조직변경을 결의한 그 당시의 이사와 주주는 회사에 대하여 연대하여 부족액을 지급할 책임을 진다(상법 제605조 제1항). 이 경우 이사의 책임은 총사원의 동의로 면제할 수 있지만(상법 제605조 제2항→제551조 제3항), 주주의 책임은 면제하지 못한다(상법 제605조 제2항→제550조 제2항, 제551조 제2항).

3) 채권자 보호 : 주식회사가 유한회사로 그 조직을 변경할 때에는 채권자보호절차를 밟아야 한다(상법 제608조→제232조). 이 경우 종전의 주식에 대한 질권은 조직변경 후의 지분에 대하여 물상대위의 효력이 미친다(상법 제604조 제4항→제601조 제1항).

(2) 유한회사⇒주식회사

1) 변경절차 : 유한회사는 총사원의 일치에 의한 총회의 결의로 주식회사로 조직을 변경할 수 있지만(상법 제607조 제1항 본문), 이 경우 회사는 그 결의를 정관으로 정하는 바에 따라 제585조의 사원총회의 결의로 할 수 있다(상법 제607조 제1항 단서). 물론 이때에도 당해 결의에서는 정관변경 기타 조직변경에 필요한 사항들도 정해야 한다(상법 제604조 제3항). 한편 유한회사에서 주식회사로의 조직변경은 법원의 인가를 받지 아니하면 효력이 없는데(상법 제607조 제3항), 이는 주식회사의 엄격한 설립절차를 회피하기 위한 방안으로 조직변경 제도를 이용하는 것을 방지하기 위함이다.

2) 자본금 제한 : 유한회사가 조직을 변경할 때 발행하는 주식의 발행가액의 총액은 회사에 현존하는 순재산액을 초과하지 못한다(상법 제607조 제2항). 따라서 회사가 이를 위반함으로써 주식의 발행가액이 순자산을 초과하면 조직을 변경할 당시의 이사와 감사 및 사원이 전보책임을 진다(상법 제607조 제4항). 이 경우에도 이사와 감사의 책임은 총주주의 동

의로 면제할 수 있지만(상법 제607조 제4항 → 제551조 제3항), 사원의 책임은 면제하지 못한다(상법 제607조 제4항 → 제550조 제2항, 제551조 제2항, 제3항).

3) 채권자 보호 : 유한회사가 주식회사로 그 조직을 변경하는 때에는 채권자보호절차를 밟아야 한다(상법 제608조 → 제232조). 이 경우 종전의 지분에 대한 질권은 새로이 발행하는 주식에 대하여 물상대위의 효력이 미치고, 지분의 등록질권자는 회사에 대하여 주권의 교부를 청구할 수 있다(상법 제607조 제5항 → 제601조 제1항 → 제340조 제3항).

(3) 주식회사 ⇔ 유한책임회사

2011년 개정 상법은 일종의 혼합형 회사로서 유한책임회사를 새로이 도입하였다. 즉 유한책임회사는 대내적으로 합명회사와 유사한 조합적인 요소를 강하게 내포하고 있고, 대외적으로는 주식회사적인 요소(유한책임)를 함께 가지고 있다. 따라서 주식회사는 총회에서 총주주의 동의로 결의한 경우에는 그 조직을 변경하여 유한책임회사로 할 수 있고(상법 제287조의43 제1항), 반대로 유한책임회사는 총사원의 동의에 의하여 주식회사로 그 조직을 변경할 수 있다(상법 제287조의43 제2항). 물론 어떠한 조직변경이든지 주식회사와 유한회사의 조직변경에서 살펴본 절차가 적용되고, 자본금의 제한과 채권자 보호에 관한 규제가 동일하게 적용된다(상법 제287조의44 → 제23조, 제604조 내지 607조).

3. 변경효과

주식회사가 유한회사나 유한책임회사로 그 조직을 변경하거나 그 반대의 경우에 본점의 소재지에서는 2주간 내 그리고 지점의 소재지에서는 3주간 내에 변경 전의 회사는 해산등기를 해야 하고 변경 후의 회사는 설립등기를 해야 한다(상법 제606조, 제607조 제5항). 그러나 인격의 동일성이 유지되므로 실제로 청산절차와 설립절차를 밟아야 하는 것은 아니다. 그렇다면 조직변경의 효력은 언제 발생하는가? 이에 대해서는 등기시라는 견해[114]와 현실적으로 조직이 변경되었을 때라는 견해[115]가 있다. 생각건대 상법상 주식회사는 설립등기를 통해 법인성을 부여받고 해산등기에 의해 법인격을 상실한다. 그리고 회사의 조직이 현실적으로 변경되었다는 것은 무엇을 기준으로 보느냐에 따라 매우 가변적이어서 법적 안정성을 저해할 수 있다. 따라서 등기시설이 타당하다.

---

114) 강위두/임재호, 458면; 권기범, 256면; 송옥렬, 1335면; 이철송, 139면; 임재연(Ⅰ), 97면; 정동윤, 941면; 정찬형, 509면; 채이식, 813면; 최기원, 1088면; 최준선, 120면.

115) 서돈각/정완용, 637면.

Ⅱ. 해산과 청산

1. 회사의 해산

(1) 개 요

회사의 해산이란 회사의 법인격을 소멸시키는 원인이 되는 사실을 말한다. 특히 주식회사는 ① 존립기간의 만료 기타 정관으로 정한 사유의 발생, ② 합병, ③ 파산, ④ 법원의 명령 또는 판결, ⑤ 회사의 분할 또는 분할합병, ⑥ 주주총회의 결의에 의해 해산하고(상법 제517조), 장기간 휴면상태에 있는 경우에도 일정한 절차를 통해 그 해산이 의제된다(상법 제520조의2). 주의할 것은 ① 합병·분할·분할합병의 경우를 제외하고는 회사의 법인격은 해산으로 인해 곧바로 소멸하지 않고 청산 등의 절차가 종료된 후에 비로소 소멸하며, ② 해산사유가 발생하면 회사는 당연히 해산하고 해산등기나 기타의 절차는 그 요건이 아니라는 점이다.[116] 이하에서는 모든 회사의 공통적인 해산사유인 해산명령과 해산판결 그리고 주식회사에 특유한 휴면회사의 해산의제만을 살펴본다.

(2) 해산명령

1) 의 의 : 법원은 일정한 사유가 있는 경우에 이해관계인이나 검사의 청구에 의하여 또는 직권으로 회사의 해산을 명할 수 있다(상법 제176조 제1항). 이처럼 해산명령은 주로 공익적인 이유에서 회사의 존속을 허용할 수 없을 때 법원이 취하는 조치인데, 회사설립의 준칙주의로 인해 야기되는 폐해를 시정하기 위한 제도이다.

2) 해산사유 : 법원이 해산명령을 내릴 수 있는 사유는 ① 회사의 설립목적이 불법한 것인 때, ② 회사가 정당한 사유 없이 설립 후 1년 내에 영업을 개시하지 아니하거나 1년 이상 영업을 휴지하는 때, ③ 이사 또는 회사의 업무를 집행하는 사원이 법령 또는 정관에 위반하여 회사의 존속을 허용할 수 없는 행위를 한 때이다(상법 제176조 제1항). 여기서 ①의 경우는 정관의 기재 여부를 묻지 않는다. ②의 경우는 법인격을 계속 유지시킬 가치가 없고 장기간 방치하면 불건전한 목적을 위해 남용될 수 있기 때문인데, 「정당한 사유」의 유무가 핵심이다. 이에 관련된 판례를 보면 영업을 위한 의지와 능력이 객관적으로 표현된 때에는 정당한 사유가 있다고 보았다. ③의 경우는 단지 이사 등의 행위자를 교체하는 것만으로는 위법행위의 반복을 방지할 수 없는 경우를 의미한다.

---

116) 대법원 1964. 5. 5.자 63마29 결정.

참고판례 **해산명령에서 정당한 사유의 존부1(대법원 1979. 1. 31.자 78마56 결정)** : 상법 제176조 제1항 제2호에 의하면 '회사가 정당한 사유 없이 설립 후 1년 내에 영업을 개시하지 아니하거나 1년 이상 영업을 휴지한 때'를 회사의 해산명령사유로 삼고 있는데, 소론과 같이 재항고인 회사는 설립 후 1년 내에 소규모로나마 영업을 개시한 것이 사실이라고 인정된다 하더라도, 일건기록에 의하여 보면, 재항고인 회사는 1972. 8.경 또는 1973. 7.경 이후부터 현재에 이르기까지 1년 이상 그 영업을 휴지하고 있었음이 명백한 바이므로 재항고인 회사가 위 상법 소정의 해산명령사유에 해당함은 역시 결론을 달리할 바가 되지 못한다 할 것이다.

참고판례 **해산명령에서 정당한 사유의 존부2(대법원 1978. 7. 26.자 78마106 결정)** : 시장경영 목적의 회사가 시장건물 신축 중 그 소유권을 둘러싼 분쟁으로 수년간 그 기능을 사실상 상실하고 정상적인 업무수행을 하지 못하다가 그 후 확정 판결에 기하여 정상적인 업무수행을 할 수 있게 된 경우에 상법 제176조 제1항 제2호 후단 소정의 회사해산명령 사유인 "회사가 정당한 사유 없이 1년 이상 영업을 휴지하는 때"에 해당한다고 볼 수 없다.

3) 해산절차 : 법원은 이해관계인이나 검사의 청구에 의하여 또는 직권으로 회사의 해산을 명할 수 있다. 여기서 「이해관계인」에는 사원과 임원만이 아니라 회사채권자와 이사 등의 위법행위로 인해 피해를 입은 자도 포함되지만, 법률상 이해관계가 있어야 한다. 이러한 이해관계인의 청구에 의해 절차가 개시된 경우에 법원은 회사의 청구에 의하여 이해관계인에게 상당한 담보의 제공을 명할 수 있다(상법 제176조 제3항). 이는 부당한 해산명령청구를 방지하기 위함이므로 회사가 이해관계인의 청구가 악의임을 입증해야 한다(상법 제176조 제4항). 한편 해산명령청구가 있으면 법원은 해산을 명하기 전일지라도 이해관계인이나 검사의 청구에 의하여 또는 직권으로 관리인의 선임 기타 회사재산의 보전에 필요한 처분을 할 수 있다(상법 제176조 제2항). 이러한 해산명령청구사건은 비송사건절차법에 따른다. 즉 사건은 본점 소재지를 관할하는 지방법원 합의부에 속하고(비송사건법 제72조 제1항), 재판은 이유를 붙인 결정으로 한다(비송사건법 제90조 제1항 → 제75조 제1항). 물론 법원은 결정하기 전에 이해관계인의 진술을 청취하고 검사의 의견을 들어야 한다(비송사건법 제90조 제2항). 한편 회사와 이해관계인 및 검사는 해산결정에 대하여 즉시 항고할 수 있는데(비송사건법 제91조), 이는 집행정지의 효력이 있다.

4) 해산효과 : 해산명령재판이 확정되면 회사는 해산한다(상법 제227조 제6호, 제517조 제1호). 이 경우 회사는 그 해산사유(해산명령)가 있은 날로부터 본점 소재지에서는 2주간 내, 지점 소재지에서는 3주간 내에 해산등기를 해야 한다(상법 제228조).

(3) 해산판결

1) 의 의 : 해산판결은 공익을 위한 해산명령과 달리 사원의 이익을 보호하기 위해 인

정되는 제도이다. 즉 회사의 존속으로 인한 단체적 구속이 오히려 사원의 이익을 해칠 때에는 그 회사를 해체하도록 하여 사원의 손실을 방지해 주는 것이다.

2) 해산사유 : 일정한 경우(① 회사의 업무가 현저한 정돈상태를 계속하여 회복할 수 없는 손해가 생긴 때 또는 생길 염려가 있는 때, ② 회사재산의 관리 또는 처분의 현저한 실당으로 인하여 회사의 존립을 위태롭게 한 때)에 부득이한 사유가 있는 때에는 발행주식의 총수의 100분의 10 이상에 해당하는 주식을 가진 주주는 회사의 해산을 법원에 청구할 수 있다(상법 제520조 제1항). 여기서 ①의 예로는 주주들의 극심한 이해대립으로 인해 의사결정이 불가능한 경우를 들 수 있고,[117] ②의 예로는 지배주주가 회사재산을 대규모로 외부에 빼돌렸으나 그 교체가 사실상 불가능한 경우를 들 수 있다.[118]

3) 해산절차 : 해산판결은 해산명령과 달리 소송사건인데, 이는 형성의 소에 해당한다. 따라서 재판은 판결에 의하고, 소는 회사의 본점 소재지를 관할하는 지방법원에 전속하며, 원고가 패소한 경우에 악의 또는 중대한 과실이 있는 때에는 회사에 대하여 연대하여 손해를 배상할 책임이 있다(상법 제520조 제2항→제186조, 제191조).

4) 해산효과 : 해산판결이 확정되면 회사는 해산하고 청산절차에 들어가게 된다.

(4) 휴면회사

1) 의 의 : 실무에서는 사실상 영업활동이 종식되었으나 아직 해산·청산의 절차를 밟지 않고 있어 상호선정의 제약과 등기관리의 부담 등 사회적·경제적 문제를 야기하는 회사가 있다. 이에 상법은 휴면회사로 인한 폐해를 예방하고 추락된 주식회사에 대한 사회적 신뢰를 회복하기 위하여 해산의제를 통해 휴면회사를 제거하고 있다.

2) 의제대상 : 상법 제520조의2 제1항 본문은 "법원행정처장이 최후의 등기 후 5년을 경과한 회사는 본점의 소재지를 관할하는 법원에 아직 영업을 폐지하지 아니하였다는 뜻의 신고를 할 것을 관보로써 공고한 경우에, 그 공고한 날에 이미 최후의 등기 후 5년을 경과한 회사로써 공고한 날로부터 2월 이내에 대통령령이 정하는 바에 의하여 신고를 하지 아니한 때에는 그 회사는 그 신고기간이 만료된 때에 해산한 것으로 본다."라고 규정하고 있다. 즉 최후의 등기 후 공고한 날에 5년이 경과한 회사가 의제의 대상인데, 이사와 감사의 임기가 최장 3년이므로 5년 이내에 최소한 1회 이상의 등기는 있어야 하기 때문이다. 한편 이러한 공고가 있는 때에는 법원은 해당 회사에 대하여 그 공고가 있었다는 뜻의 통지를 발

117) 대법원 2015. 10. 29. 선고 2013다53175 판결.
118) 김건식/노혁준/천경훈, 900면.

송하여야 한다(상법 제520조의2 제2항).

3) 해산의제 : 법원행정처장이 관보에 위의 공고를 한 날로부터 2월 이내에 대통령령이 정하는 바에 따라 신고를 하지 아니한 때에는 그 회사는 그 신고기간이 만료된 때에 해산한 것으로 본다(상법 제520조의2 제1항). 즉 공고 후 휴면회사는 서면으로 신고를 해야 하는데, 동 서면에는 일정한 사항(① 회사의 상호, 본점의 소재지, 대표자의 성명 및 주소, ② 대리인이 신고를 할 때에는 대리인의 성명 및 주소, ③ 아직 영업을 폐지하지 아니하였다는 뜻, ④ 법원의 표시, ⑤ 신고 연월일)을 기재하고 회사의 대표자 또는 그 대리인이 기명날인을 해야 한다(상령 제28조 제1항, 제2항). 한편 여기서 휴면회사의 해산등기는 등기소가 직권으로 한다(상업등기법 제73조 제1항).

4) 회사계속 : 상법 제520조의2 제1항에 의해 해산이 의제된 휴면회사라도 3년 이내에 주주총회의 특별결의로 회사를 계속할 수 있는데(상법 제520조의2 제3항), 이 경우에는 반드시 계속등기를 해야 한다(상법 제521조의2 → 제229조 제3항).

5) 청산의제 : 해산이 의제된 휴면회사가 3년 이내에 회사를 계속하지 아니한 경우에는 3년이 경과한 때에 청산이 종결된 것으로 본다(상법 제520조의2 제4항). 다만 회사에 어떠한 권리관계가 일부 남아있어 이를 현실적으로 정리할 필요가 있는 때에는 그 범위 내에서 법인격이 소멸하지 않는다.[119] 그리고 정관에 다른 정함이 있거나 주주총회에서 청산인을 별도로 선임하지 않았다면 해산으로 의제되는 당시의 이사가 청산인이 되어 청산사무를 집행하는 대표기관이 되는데,[120] 만약 그 이사에게 청산사무를 처리할 수 없는 사정이 있다면 이해관계인은 법원에 청산인의 선임을 청구해야 한다.[121]

2. 회사의 청산

(1) 개 요

1) 의 의 : 회사가 해산한 때에는 합병·분할·분할합병 또는 파산의 경우 외에는 청산을 해야 한다(상법 제531조 제1항 본문). 여기서 「청산」이란 회사가 그 법인격이 소멸하기 전에 현존사무를 종결하고 채권의 추심과 채무의 변제를 모두 마친 후 최종적으로 잔여재산을 주주에게 분배하며 소멸하는 절차를 말한다. 특히 주식회사의 경우에는 회사채권자의 책임재산이 회사재산으로 한정되기 때문에 더 엄격히 청산절차를 규제할 필요가 있다. 그

119) 대법원 2001. 7. 13. 선고 2000두5333 판결; 대법원 1991. 4. 30.자 90마672 결정.
120) 대법원 1994. 5. 27. 선고 94다7607 판결.
121) 이철송, 1110면.

리하여 주식회사의 경우에는 인적회사와 달리 법정청산만 허용된다.

2) 권리능력 : 청산회사의 권리능력은 청산의 목적 범위(채권의 추심, 채무의 변제, 잔여재산의 분배) 내로 제한된다(상법 제542조 제1항 → 제245조). 따라서 청산회사가 청산의 목적 외의 행위를 한 때에는 권리능력 없는 자의 행위가 되어 당연히 무효가 된다.[122] 다만 청산 중의 회사라도 해산 전부터 계속된 민사소송과 새로운 민사소송에 있어서는 당사자능력이 인정되고, 더 나아가 형사소송에서의 당사자능력도 인정된다.[123] 한편 청산이 개시되더라도 회사의 기관 중에서 주주총회와 감사는 그대로 존속하지만, 이사·대표이사·이사회는 청산인·대표청산인·청산인회가 그에 갈음하여 청산업무를 수행한다.

3) 적용법령 : 회사의 청산에는 비송사건절차법이 적용된다. 따라서 주식회사의 청산에 관한 사건은 회사의 본점 소재지의 지방법원 합의부가 관할하고(비송사건법 제117조 제2항), 청산 관련 업무는 법원의 감독을 받는다(비송사건법 제118조).

(2) 청산의 주체

1) 청산인 : 청산회사의 업무를 담당하는 자를 청산인이라고 하는데, 그 선임과 종임 및 직무권한 등에 관한 상법과 비송사건절차법의 주요 내용은 다음과 같다.

㈎ 취 임 : 회사가 해산한 때에는 합병·분할·분할합병·파산의 경우를 제외하고는 이사가 청산인이 된다(상법 제531조 제1항 본문).[124] 다만 정관에 다른 정함이 있거나 주주총회에서 타인을 선임한 때에는 그러하지 않다(상법 제531조 제1항 단서). 주의할 것은 청산회사의 주주총회에서 이사를 선임했다면 무효로 볼 것이 아니라 청산인을 선임한 것으로 보아야 한다는 점이다.[125] 한편 여기서 이사에는 상법 제386조 제2항과 제389조 제3항에 의해 법원이 선임한 일시이사 또는 대표이사의 직무를 수행하는 가이사도 포함되고,[126] 제407조 제1항에 의한 직무대행자는 곧바로 청산인의 직무대행자가 된다.[127] 다만 감사는 청산인을 겸할 수 없다(상법 제542조 제2항 → 제411조). 한편 주주총회에서 청산인을 선임한 경우나 이사가 청산인이 된 때에는 그 선임결의의 하자를 다툴 수 있고, 청산인선임결의의 무효나 취소의 판결이 확정되기 전에도 그 직무집행정지 또는 직무대행자선임의 가처분신청을 할 수

122) 대법원 1959. 5. 6.자 4292민재항8 결정.
123) 대법원 1982. 3. 23. 선고 81도1450 판결.
124) 회사가 해산명령이나 해산판결에 의해 해산하는 경우에는 주주 등 이해관계인이나 검사의 청구에 의하여 또는 직권으로 법원이 청산인을 선임한다(상법 제542조 제1항 → 제252조).
125) 대법원 1989. 9. 12. 선고 87다카2691 판결.
126) 대법원 1991. 11. 22. 선고 91다22131 판결; 대법원 1981. 9. 8. 선고 80다2511 판결.
127) 대법원 1991. 12. 24. 선고 91다4355 판결.

있다(상법 제542조 제2항 → 제407조, 제408조).

(나) 관 계 : 청산인과 회사의 관계도 이사처럼 위임이다(상법 제542조 제2항 → 제382조 제2항). 따라서 청산인의 보수, 청산인의 자기거래, 청산인의 회사나 제3자에 대한 손해배상 책임, 청산인에 대한 소수주주 등의 유지청구나 대표소송 등에 대해서는 이사에 관련된 규정들이 준용된다(상법 제542조 제2항 → 제388조 내지 제394조, 제398조 내지 제406조, 제406조의 2, 제407조, 제408조). 그렇지만 법원이 선임한 청산인의 보수는 법원이 정하고 그 지급은 청산회사가 부담한다(비송사건법 제123조 → 제77조).

(다) 임 기 : 청산인의 경우에는 이사와 달리 임기가 없다.

(라) 인 원 : 청산인의 정원에 관한 법률 규정은 없다. 그리하여 청산인은 1인이라도 무방하다는 견해[128]와 복수의 청산인을 선임해야 한다는 견해[129]가 있다. 생각건대 청산인은 청산의 목적 범위 내에서만 업무를 담당하는 주체이고 그 수에 대한 제한이 전혀 없으므로 청산인으로서 직무수행에 문제만 없다면 굳이 대표청산인 등을 고려하여 복수의 청산인을 두도록 할 필요가 없다. 따라서 전자의 견해가 타당한데, 이때에는 그 1인이 당연히 대표청산인이 된다.[130] 그리고 청산인이 결원인 경우 퇴임청산인의 권리·의무 및 청산인의 직무대행자 선임은 이사에서와 같다(상법 제542조 제2항 → 제386조).

(마) 종 임 : 청산인은 사망·파산·성년후견개시 등과 같은 위임의 일반적 종료사유(민법 제690조)와 자격의 상실(비송사건법 제121조) 및 사임(민법 제689조) 등으로 퇴임한다. 그리고 청산인을 법원이 선임한 경우 외에는 주주총회의 보통결의로 언제든지 청산인을 해임할 수 있고(상법 제539조 제1항), 청산인이 그 업무를 집행함에 현저히 부적임하거나 중대한 임무 위반행위가 있는 때에는 발행주식총수의 100분의 3 이상의 주식을 가진 소수주주가 법원에 그 청산인의 해임을 청구할 수 있다(상법 제539조 제2항).

(바) 등 기 : 청산인이 취임하면 그 날로부터 본점 소재지에서는 2주간 내에 그리고 지점 소재지에서는 3주간 내에 일정한 사항[① 청산인의 성명·주민등록번호와 주소(다만, 회사를 대표할 청산인을 정한 때에는 그 외의 청산인의 주소를 제외함), ② 회사를 대표할 청산인을 정한 때에는 그 성명, ③ 수인의 청산인이 공동으로 회사를 대표할 것을 정한 때에는 그 규정]을 등기해야 한다(상법 제542조 제1항 → 제253조 제1항). 그리고 종임한 때에는 변경등기를 해야 한

128) 김건식/노혁준/천경훈, 902면; 이철송, 1113면.
129) 최기원, 968면.
130) 대법원 1989. 9. 12. 선고 87다카2691 판결.

다(상법 제542조 제1항→제253조 제2항→제183조).

2) 청산인회 : 회사가 청산에 들어가면 이사와 이사회는 그 지위를 상실하고 청산인과 청산인회가 그에 갈음하여 청산업무를 관장한다. 즉 청산인회는 청산사무의 집행에 관한 의사결정을 하고(상법 제542조 제2항→제393조), 청산인회의 소집과 결의방법 등에 대해서는 이사회에 관한 규정이 준용된다(상법 제542조 제2항→제390조 내지 제393조).

3) 대표청산인 : 해산 전 회사의 이사가 청산인이 된 때에는 종전의 대표이사가 대표청산인이 되고, 법원이 청산인을 선임하는 때에는 법원이 대표청산인을 정하며(상법 제542조 제1항→제255조), 그 밖의 경우에는 청산인회의 결의로 정한다(상법 제542조 제2항→제389조 제1항). 대표청산인은 대표이사처럼 포괄적인 권한을 행사할 수 있으므로 대표이사에 관한 규정이 준용된다(상법 제542조 제2항→제389조 제3항→제209조).

(3) 청산의 실행

1) 청산업무 : 청산인의 업무는 합명회사에서와 마찬가지로 현존사무의 종결, 채권의 추심과 채무의 변제, 재산의 환가처분, 잔여재산의 분배이다(상법 제542조 제1항→제254조 제1항). 그런데 상법은 다수의 채권자에 대한 공평한 변제와 청산업무의 신속한 처리를 위해 채무의 변제와 잔여재산의 분배에 관해서는 특칙을 두고 있다.

㈎ 현존사무의 종결 : 청산인은 회사의 영업을 비롯하여 청산사무를 제외한 모든 사무를 종결해야 하고(상법 제542조 제1항→제254조 제1항 제1호) 새로운 법률관계를 형성하지 못하는데, 사법관계이든 공법관계이든 불문한다. 다만 회사가 해산하기 전부터 당사자가 되어 계속 중인 소송은 대표청산인이 수계하여 이를 수행한다(민소법 제235조).

㈏ 채권의 추심 : 청산인은 회사의 채권을 추심해야 한다. 다만 청산인이 채권을 추심하더라도 회사채무자가 기한의 이익을 상실하지는 않는다.

㈐ 채무의 변제 : 청산인은 변제기에 이르지 아니한 채무도 변제할 수 있는데(상법 제542조 제1항→제259조 제1항), 이는 기한의 이익이 채권자에게 있어도 마찬가지이다. 구체적으로 ① 이자가 없는 채무를 변제할 때에는 사실상 회사가 기한의 이익을 포기하는 것이므로 채무액의 전액이 아니라 변제기까지의 법정이자를 가산하여 채무액과 같아지는 금액만을 변제해야 한다(상법 제542조 제1항→제259조 제2항). ② 이자가 있는 채무라도 이율이 법정이자보다 적은 때에는 변제기까지의 그 차액에 해당하는 이자를 가산하여 채무액과 같아지는 금액을 변제해야 한다(상법 제542조 제1항→제259조 제3항). ③ 조건부채무와 존속기간

이 불확정한 채무 기타 가액이 불확정한 채무는 법원이 선임한 감정인의 평가에 따라 변제해야 한다(상법 제542조 제1항→제259조 제4항). 이처럼 채무의 변제는 청산인의 핵심 업무인데, 상법은 여기에 일부 특칙을 더하고 있다.

(ㄱ) 채권의 신고 : 청산인은 취임한 날로부터 2월 내에 회사채권자에 대하여 일정한 기간 내에 그 채권을 신고할 것과 그 기간 내에 신고하지 아니하면 청산에서 제외될 뜻을 2회 이상 공고로써 최고해야 한다. 이 경우 그 기간은 2개월 이상이어야 한다(상법 제535조 제1항). 한편 청산인이 알고 있는 채권자에 대하여는 각별로 그 채권의 신고를 최고해야 하며, 그 채권자가 신고하지 아니한 경우에도 이를 청산에서 제외하지 못한다(상법 제535조 제2항). 그리고 소송이 제기된 채무의 채권자는 당연히 알고 있는 채권자라고 보아야 하므로 신고가 없더라도 청산에서 제외할 수 없다.[131)]

(ㄴ) 변제의 금지 : 청산인은 위의 채권신고기간 내에는 채권자에 대하여 변제를 하지 못한다(상법 제536조 제1항 본문). 이는 모든 회사채권자가 공평하게 변제받을 수 있도록 하기 위함이다. 그러나 소액의 채권과 담보 있는 채권 기타 변제로 인하여 다른 채권자를 해할 염려가 없는 채권에 대하여는 법원의 허가를 얻어 이를 변제할 수 있다(상법 제536조 제2항). 주의할 것은 채권신고기간 내의 변제가 금지된다고 하여 채권자에 대한 채무불이행책임이 면제되는 것은 아니므로 회사는 그 변제의 지연으로 인한 손해배상책임을 면하지 못한다는 점이다(상법 제536조 제1항 단서).

(ㄷ) 변제의 실행 : 채권신고기간이 경과하면 신고한 채권자와 신고하지 않은 채권자라도 알고 있는 채권자에게는 변제를 해야 한다. 즉 ① 변제기에 이르지 아니한 채무도 변제할 수 있는데, 이 경우에는 중간이자를 공제해야 한다(상법 제542조 제1항→제259조 제1항, 제2항). ② 조건부채권 등 가액이 불확정한 채권의 경우에는 법원이 선임한 감정인의 평가에 의해 변제해야 한다(상법 제542조 제1항→제259조 제4항). ③ 완제불능인 경우를 제외하고는 어느 채권자에게 먼저 변제하더라도 무방하다.[132)] 다만 회사재산이 그 채무를 완제하기에 부족한 것이 분명하게 된 때에는 청산인은 지체없이 파산선고를 신청하고 이를 공고하여야 한다(상법 제542조 제1항→제254조 제4항→민법 제93조 제1항).

(ㄹ) 제외된 채권자 : 채권신고기간 내에 신고하지 아니하여 청산에서 제외된 채권자는 주주에게 분배되지 아니한 잔여재산에 대해서만 변제를 청구할 수 있다(상법 제537조 제1

---

131) 대법원 1968. 6. 18. 선고 67다2528 판결.
132) 이철송, 1114~1115면.

항). 따라서 잔여재산의 분배가 완료되면 채권자는 권리를 상실한다. 한편 일부의 주주에게만 분배하고 나머지 주주에게 분배하지 아니한 경우에 그 분배받지 못한 주주들이 분배받은 주주와 같은 비율로 분배받을 수 있는 몫은 위의 분배되지 아니한 잔여재산에서 공제한다(상법 제537조 제2항). 이처럼 일단 분배가 개시되면 주주가 청산에서 제외된 채권자보다 우선하므로 채권자는 신고기간 내에 반드시 신고해야 한다.

㈑ 재산의 환가처분 : 청산인은 채무의 변제와 잔여재산의 분배를 위하여 회사의 재산을 환가처분하여야 한다. 이 경우 재산의 환가방법에 대한 법적 제한은 없으므로 임의매각이 가능하고 영업 전체를 양도하는 것도 가능하다.

㈒ 잔여재산의 분배 : 청산인은 회사채무를 완제한 후에만 주주에게 회사재산을 분배할 수 있고, 다툼이 있는 채무가 있는 때에는 그 변제에 필요한 재산을 유보하고 분배해야 한다(상법 제542조 제1항 → 제260조). 특히 주식평등의 원칙에 따라서 각 주주가 가진 주식의 수에 비례하여 분배해야 한다(상법 제538조 본문). 다만 잔여재산의 분배에 관하여 내용이 다른 주식을 발행한 경우에는 그에 따른다(상법 제538조 단서 → 제344조 제1항). 한편 잔여재산의 구체적인 분배방법에 대해서는 금전으로 분배해야 한다는 견해[133]와 현물분배도 가능하다는 견해[134]가 있다. 생각건대 현물분배는 현물배당에서처럼 분배할 재산의 종류와 그 평가 등에 있어 주주들 간에 새로운 분쟁이 생길 수 있는데, 이를 청산인이 결정한다는 것은 바람직하지 않다. 따라서 전자의 견해가 타당하다.

2) 보고업무 : 청산인은 그 직무수행과 관련하여 다음과 같은 의무를 진다. 즉 ① 청산인은 취임한 날로부터 2주간 내에 일정한 사항(ⓐ 해산의 사유와 그 연월일, ⓑ 청산인의 성명·주민등록번호 및 주소)을 법원에 신고해야 한다(상법 제532조). ② 청산인은 취임한 후 지체없이 회사의 재산상태를 조사하여 재산목록과 대차대조표를 작성하고 이를 주주총회에 제출하여 그 승인을 얻어야 하며(상법 제533조 제1항), 승인을 얻은 후에는 지체없이 재산목록과 대차대조표를 법원에 제출해야 한다(상법 제533조 제2항).

3) 재무업무 : 재무관리에 관한 청산인의 직무는 다음과 같다. 즉 ① 청산인은 정기총회일로부터 4주간 전에 대차대조표 및 그 부속명세서와 사무보고서를 작성하여 감사에게 제출해야 한다(상법 제534조 제1항). 이 경우 감사는 정기총회일로부터 1주간 전에 위의 서류에 관한 감사보고서를 청산인에게 제출해야 한다(상법 제534조 제2항). ② 청산인은 정기

133) 이철송, 1115면.
134) 임재연(Ⅰ), 318면; 최기원, 973면.

총회일의 1주간 전부터 대차대조표·부속명세서·사무보고서·감사보고서를 본점에 비치해야 한다(상법 제534조 제3항). 이 경우 주주와 회사채권자는 영업시간 내에 언제든지 동 서류를 열람할 수 있고, 회사가 정한 비용을 지급하고 그 서류의 등본이나 초본의 교부를 청구할 수 있다(상법 제534조 제4항→제448조 제2항). ③ 청산인은 대차대조표와 사무보고서를 정기총회에 제출하여 그 승인을 요구해야 한다(상법 제534조 제5항).

(4) 청산의 종결

1) 결산보고서의 제출 : 청산사무가 종결한 때에는 청산인은 지체없이 결산보고서를 작성하고 이를 주주총회에 제출하여 승인을 얻어야 한다(상법 제540조 제1항). 이 경우 주주총회의 승인이 있는 때에는 회사는 청산인에 대하여 그 책임을 해제한 것으로 보지만, 청산인의 부정행위에 대하여는 그러하지 아니하다(상법 제540조 제2항).

2) 청산종결의 등기 : 청산인은 주주총회의 승인이 있은 날로부터 본점 소재지에서는 2주간 내, 지점 소재지에서는 3주간 내에 청산종결의 등기를 해야 한다(상법 제542조 제1항→제264조). 주의할 것은 ① 청산종결의 등기는 창설적 효력이 없어 법인격 소멸의 효력이 생기지 않고, ② 청산종결의 등기 후에도 회사의 채권·채무가 남아있는 이상 청산은 종료되지 않았으므로 그 범위에서는 청산회사가 권리능력을 유지한다는 점이다.[135]

3) 서류의 보존 : 회사의 장부 기타 영업과 청산에 관한 중요한 서류는 본점 소재지에서 청산종결의 등기를 한 후 10년간 이를 보존해야 한다(상법 제541조 제1항 본문). 다만 전표 또는 이와 유사한 서류는 5년간 이를 보존해야 한다(상법 제541조 제1항 단서). 이 경우 각종 서류의 보존과 관련해서는 청산인 기타 이해관계인의 청구에 의하여 법원이 보존인과 보존방법을 정한다(상법 제541조 제2항).

4) 휴면회사의 종결의제 : 해산이 의제된 휴면회사가 3년 이내에 회사를 계속하지 아니한 경우에는 3년이 경과한 때에 청산이 종결된 것으로 본다(상법 제520조의2 제4항).

3. 회사의 계속

(1) 의 의

회사의 계속이란 회사가 해산되었으나 사원들의 자발적인 노력으로 인해 해산 전의 상태로 복귀하여 해산 전 회사와 동일성을 유지하면서 존립 중의 회사로서 존속하는 것을 말

---

135) 대법원 2001. 7. 13. 선고 2000두5333 판결; 대법원 1994. 5. 27. 선고 94다7607 판결.

한다. 법원의 해산명령과 같은 객관적인 하자가 있어 해산된 경우가 아니라 존립기간의 만료 등의 경우에 사원들이 회사의 계속을 원함에도 불구하고 획일적으로 청산을 한 후에 다시 회사를 설립하도록 하는 것은 너무나 비경제적일 뿐 아니라 기업의 유지·강화라는 상법의 이념에도 부합하지 않는다. 그리하여 상법은 회사유형별로 일정한 원인으로 해산한 때에는 사원들의 의사에 따라 회사를 계속할 수 있도록 하고 있다.

(2) 사 유

회사가 존립기간의 만료 기타 정관에 정한 사유의 발생 또는 주주총회의 결의에 따라 해산한 경우에는 주주총회의 특별결의로 회사를 계속할 수 있다(상법 제519조). 이는 5년 이상 등기한 사실이 없어서 해산이 의제된 휴면회사의 경우에도 동일하다. 즉 휴면회사도 3년 이내에는 주주총회의 특별결의로 회사를 계속할 수 있다(상법 제520조의2 제3항). 주의할 것은 인적회사와 달리 주식회사에서는 일부의 주주만으로는 회사를 계속할 수 없다는 점이다. 그리하여 회사의 계속이 주주총회에서 특별결의로 가결된 때에는 그에 반대한 주주도 당연히 존속회사의 주주로서 그 신분이 지속된다.

(3) 효 과

회사의 계속으로 인해 회사는 권리능력을 회복하고 해산 전의 상태로 복귀한다. 그렇지만 해산의 효과가 소급적으로 완전히 배제되는 것은 아니므로 해산 후에 청산인이 한 각종 청산사무의 효력에는 아무런 영향이 없다. 한편 해산등기를 한 후에 주주총회의 특별결의에 의해 회사를 계속하는 때에는 본점 소재지에서는 2주간 내 그리고 지점 소재지에서는 3주간 내에 계속등기를 해야 한다(상법 제521조의2 → 제229조 제3항).

Ⅲ. 기타의 규제

1. 정관의 변경

(1) 의 의

정관의 변경(Amendment of Article)이란 정관에 기재한 사항을 수정·삭제하거나 새로이 추가하는 것을 말한다. 즉 절대적·상대적·임의적 기재사항 그 어떠한 것이라도 정관에 기재된 내용을 수정하거나 가감하는 것은 모두 정관변경이다. 이러한 정관변경의 범위에는 제한이 없으므로 어떠한 사항이든 변경할 수 있고, 비록 원시정관에 정관변경을 불허하는 특별규정을 두었더라도 그에 구애받지 않고 변경할 수 있다. 그렇지만 강행법규나 사회질서에 반하는 변경이나 주식회사의 본질을 침해하는 변경 등은 허용되지 않는다. 주의할 것은 어떠한 사실관계나 법령에 기초한 정관의 내용이 그러한 사실관계나 법령의 변화에 따라 자동적으로 변경되는 경우는 정관변경이 아니라는 점이다.

(2) 변경절차

1) 주주총회의 결의 : 정관의 변경은 주주총회의 특별결의에 의하여야 한다(상법 제433조 제1항, 제434조). 회사가 정관변경을 위해 주주총회를 소집하는 때에는 정관변경에 관한 의안의 요령도 소집통지에 기재해야 한다(상법 제433조 제2항). 한편 회사가 정관을 변경함으로 인해 어느 종류의 주식을 가진 주주에게 손해를 미치게 될 때에는 주주총회의 결의 외에 그 종류주식의 주주총회의 결의도 있어야 한다(상법 제435조 제1항). 이 경우 종류주주총회의 결의는 출석한 주주의 의결권의 3분의 2 이상의 수와 그 종류의 발행주식총수의 3분의 1 이상의 수로써 해야 한다(상법 제435조 제2항).

2) 등 기 : 정관의 변경 그 자체는 등기할 필요가 없지만, 정관의 변경으로 인해 등기사항이 변동된 때에는 반드시 변경등기를 해야 한다(상법 제317조 제4항 → 제183조).

(3) 변경 한계

1) 주금액의 인하 : 주식회사의 정관에는 액면주식을 발행하는 경우 1주의 금액을 기재해야 한다(상법 제289조 제1항 제4호). 그리고 액면주식의 경우 액면가는 100원 이상으로 균일해야 하고(상법 제329조 제2항, 제3항), 발행한 주식수의 액면가 총액은 자본금으로 자동적으로 인식된다. 따라서 액면가를 인하함으로써 자본금이 줄어들면 자본금감소절차를 밟아야 하고, 액면가를 인하하더라도 최저액인 100원 미만으로는 할 수 없다(상법 제329조 제3항). 이처럼 정관을 변경하여 주금액을 인하하면 그에 따라 주식이 분할되는데(액면분할), 단주가 생기는 분할도 허용된다(상법 제329조의2 제3항 → 제443조).

2) 역사적 사실 : 회사를 설립할 때 작성하는 원시정관에는 설립시 발행하는 주식의 총수(상법 제289조 제1항 제5호), 발기인의 성명·주민등록번호·주소(상법 제289조 제1항 제8호), 변태설립사항(상법 제290조)이 기재되어 있다. 그런데 이러한 기재사항은 역사적 사실이어서 변경이란 것이 있을 수 없으므로 정관에 항구적으로 남아있게 된다.

3) 기한부 등 변경 : 통설은 정관변경에 기한과 조건 모두를 붙일 수 있다고 한다. 그런데 불확실한 사실의 발생을 정지조건이나 해제조건으로 하여 정관을 변경하면 결국 법률관

계의 불안정을 초래하게 된다.[136] 따라서 조건부 변경은 허용하지 않아야 한다.

(4) 변경 효과

1) 효력발생시기 : 공증인의 인증에 의해 그 효력이 발생하는(상법 제292조) 원시정관과 달리 존속 중인 회사의 정관변경은 주주총회의 특별결의로 유효하게 이루어진다. 따라서 이 경우에는 공증인의 인증이나 서면 변경 및 등기 등을 요하지 않는다.[137]

2) 소급효 부여 : 상법에 명확한 규정이 없어 정관변경에 소급효를 부여할 수 있는지가 논란이다. 그런데 변경범위에 별다른 제한이 없는 정관변경에 소급효를 부여하게 되면 상당한 혼란이 발생할 것이다. 예를 들어 회사재산에 대한 제1차적 보호대상자인 회사채권자의 경우 회사의 변경등기가 있기 전에는 정관변경을 전혀 예측할 수 없어서 오히려 법률관계의 불안정을 초래하기 때문이다. 따라서 부정함이 타당하다.[138]

2. 각종의 벌칙

(1) 개 요

상법 제3편 제7장에서는 회사에 관계된 각종 범죄와 그 처벌에 관한 규정을 두고 있는데, 그 주요 내용은 다음과 같다. 즉 ① 각 범죄는 형사범(상법 제622조 내지 제634조의2)과 행정범(상법 제635조와 제636조)으로 구분된다. 형사범의 처벌은 형사소송절차에 의하고, 행정범의 처벌은 비송사건절차법상의 소정절차에 의한다(비송사건법 제247조 이하). ② 각 범죄의 경우 상법 제628조 제2항, 제630조 제2항, 제631조 제2항, 제634조의2 제2항의 경우만 제외하고는 신분범이다. ③ 형사범에 관해서는 일반적으로 형법총칙이 적용된다. ④ 법인이 형사범의 주체이면 실제 행위를 한 이사·집행임원·감사와 지배인 등에게도 벌칙이 적용된다(상법 제637조). 또한 부당신용공여죄(상법 제624조의2)에서는 위반행위자의 처벌 외에 회사에게도 해당 조문의 벌금형을 과한다(상법 제634조의3 본문). 다만 회사가 제542조의13에 따른 의무를 성실히 이행한 경우 등 그 위반행위를 방지하기 위하여 해당 업무에 관하여 상당한 주의와 감독을 게을리하지 아니한 경우에는 그러하지 아니하다(상법 제634조의3 단서). ⑤ 형사범의 경우에는 징역과 벌금을 병과할 수 있다(상법 제632조). ⑥ 상법 제630조 제1항 또는 제631조 제1항의 범죄에 대해서는 범인이 수수한 이익을 몰수하고, 몰수가 불가능한 부분은 그 가액을 추징한다(상법 제633조).

---

136) 이철송, 987면.
137) 대법원 2007. 6. 28. 선고 2006다62362 판결.
138) 권기범, 1192면; 이철송, 988면; 정경영, 816면; 정동윤, 804면; 채이식, 809면.

(2) 형사범

1) 특별배임죄 : 회사의 발기인·업무집행사원·이사·집행임원·감사위원·감사 또는 직무대행자(상법 제386조 제2항, 제407조 제1항, 제415조, 제567조), 지배인 기타 회사영업에 관한 어느 종류 또는 특정한 사항의 위임을 받은 사용인이 그 임무에 위배한 행위로써 재산상의 이익을 취하거나 제3자로 하여금 이를 취득하게 하여 회사에 손해를 가한 때에는 10년 이하의 징역 또는 3천만원 이하의 벌금에 처한다(상법 제622조 제1항). 회사의 청산인 또는 제542조 제2항의 직무대행자, 제175조의 설립위원이 위와 같은 행위를 한 때에도 동일하다(상법 제622조 제2항). 다만 채권자집회의 대표자 또는 그 결의를 집행하는 자가 그 임무에 위배한 행위로써 재산상의 이익을 취하거나 제3자로 하여금 이를 취득하게 하여 사채권자에게 손해를 가한 때에는 7년 이하의 징역 또는 2천만원 이하의 벌금에 처한다(상법 제623조). 주의할 것은 ① 대주주는 회사에 실질적인 영향력을 행사하였더라도 본조의 행위주체가 될 수 없는데, 이는 상법 제401조 제1호의 업무집행지시자에 해당하더라도 같다.[139] ② 배임행위란 법률의 규정이나 계약의 내용 및 신의칙상 당연히 기대되는 행위를 하지 않거나 당연히 해야 할 일을 하지 아니함으로써 본인과의 신임관계를 저버리는 행위를 의미한다.[140] ③ 본죄가 성립하려면 임무위배, 이익의 취득, 회사의 손해발생 등에 대한 행위자의 범의가 있어야 한다.[141] ④ 일단 회사에 손해가 발생한 이상 사후에 피해가 회복되었더라도 본죄의 성립에는 영향을 주지 못한다.[142] 한편 상법 제622조와 제623조에 해당하는 경우에는 그 미수범도 처벌한다(상법 제624조).

2) 부당신용공여죄 : 상법 제542조의9 제1항은 상장회사의 경우 그의 주요주주 등 회사와의 이해가 상충할 수 있는 일정한 자에 대해서는 원칙적으로 신용을 공여하지 못하도록 금지하고 있다. 그런데도 이를 위반하여 그들에게 신용공여를 한 자는 5년 이하의 징역 또는 2억원 이하의 벌금에 처한다(상법 제624조의2). 주의할 것은 상법에는 행위주체에 관한 내용이 없지만, 신용공여가 회사의 계산으로 이루어지는 점을 고려할 때 회사 그 자체나 대표이사를 행위의 주체로 보아야 한다는 점이다.

3) 회사재산을 위태롭게 하는 죄 : 상법 제622조 제1항에 규정된 자, 검사인, 제298조 제3항, 제299조의2, 제310조 제3항 또는 제313조 제2항의 공증인(인가공증인의 공증담당변호사를

139) 대법원 2006. 6. 2. 선고 2005도3431 판결.
140) 대법원 1998. 2. 10. 선고 96도2287 판결.
141) 대법원 1981. 1. 27. 선고 79도2810 판결.
142) 대법원 1998. 2. 24. 선고 97도183 판결.

포함함)이나 제299조의2, 제310조 제3항 또는 제422조 제1항의 감정인이 일정한 행위(① 주식 또는 출자의 인수나 납입, 현물출자의 이행, 제290조, 제416조 제4호 또는 제544조에 규정된 사항에 관하여 법원·총회 또는 발기인에게 부실한 보고를 하거나 사실을 은폐한 때, ② 누구의 명의로 하거나를 불문하고 회사의 계산으로 부정하게 그 주식 또는 지분을 취득하거나 질권의 목적으로 이를 받은 때, ③ 법령 또는 정관에 위반하여 이익배당을 한 때, ④ 회사의 영업범위 외에서 투기행위를 하기 위하여 회사재산을 처분한 때)를 한 때에는 5년 이하의 징역 또는 1,500만원 이하의 벌금에 처한다(상법 제625조). 주의할 것은 ②의 경우에 다른 주주들이 회사의 자기주식 취득에 동의하였더라도 본죄의 성립에는 영향이 없고, 자기주식의 취득이라도 회사재산에 대한 추상적 위험이 없다면 부정한 취득에 해당하지 않으므로 본죄의 위반으로 처벌할 수 없다는 점이다.[143)]

4) 주식취득제한 등 위반죄 : ① 제342조의2 제1항 또는 제2항을 위반한 자, ② 제360조의3 제7항을 위반한 자, ③ 제523조의2 제2항을 위반한 자, ④ 제530조의6 제5항을 위반한 자 중 어느 하나에 해당하면 2천만원 이하의 벌금에 처한다(상법 제625조의2). 즉 ⓐ 예외사유가 없음에도 자회사가 모회사의 주식을 취득하거나 예외적으로 취득한 후 6월 내에 처분하지 아니한 경우, ⓑ 삼각주식교환을 위해 완전모회사가 취득한 자신의 모회사 주식 중 사용하지 않은 주식을 주식교환 후 6월 내에 처분하지 아니한 경우, ⓒ 삼각합병을 위해 존속회사가 모회사 주식을 취득한 후 사용하지 않은 주식을 합병 후 6월 내에 처분하지 아니한 경우, ⓓ 삼각분할합병을 위해 흡수분할합병의 승계회사가 모회사 주식을 취득한 후 사용하지 않은 주식을 분할 후 6월 내에 처분하지 아니한 경우에 처벌된다. 행위주체의 경우 과거에는 제635조에 열거한 자로 제한되었지만, 2011년 개정에서 그 제한이 폐지되었으므로 이제는 누구나 이 죄의 주체가 될 수 있다.

5) 부실보고죄 : 회사의 이사, 집행임원, 감사위원, 감사 또는 제386조 제2항, 제407조 제1항, 제415조 또는 제567조의 직무대행자가 제604조 또는 제607조의 조직변경(주식회사와 유한회사의 상호 간 조직변경)의 경우에 제604조 제2항 또는 제607조 제2항의 순재산액에 관하여 법원 또는 총회에 부실한 보고를 하거나 사실을 은폐한 경우에는 5년 이하의 징역 또는 1,500만원 이하의 벌금에 처한다(상법 제626조).

6) 부실문서행사죄 : 제622조 제1항에 게기한 자(발기인·업무집행사원·이사·집행임원·감사위원·감사·직무대행자와 지배인 및 영업에 관한 어느 종류 또는 특정한 사항의 위임을 받은 사용인), 외국회사의 대표자, 주식 또는 사채의 모집의 위탁을 받은 자가 주식 또는 사채를

---

143) 대법원 1993. 2. 23. 선고 92도616 판결.

모집함에 있어서 중요한 사항에 관하여 부실한 기재가 있는 주식청약서, 사채청약서, 사업계획서, 주식 또는 사채의 모집에 관한 광고 기타의 문서를 행사한 때에는 5년 이하의 징역 또는 1,500만원 이하의 벌금에 처한다(상법 제627조 제1항). 또한 주식 또는 사채를 매출하는 자가 그 매출에 관한 문서로서 중요한 사항에 관하여 부실한 기재가 있는 것을 행사한 때에도 동일하게 처벌한다(상법 제627조 제2항).

7) 납입가장죄 : 제622조 제1항에 게기한 자(발기인·업무집행사원·이사·집행임원·감사위원·감사·직무대행자와 지배인 및 영업에 관한 어느 종류 또는 특정한 사항의 위임을 받은 사용인)가 납입 또는 현물출자의 이행을 가장하는 행위를 한 때에는 5년 이하의 징역 또는 1,500만원 이하의 벌금에 처하고(상법 제628조 제1항), 이러한 행위에 응하거나 이를 중개한 자도 동일하게 처벌한다(상법 제628조 제2항). 이처럼 납입가장죄는 회사의 자본충실을 저해하는 행위를 단속하는 데에 그 목적이 있다. 그리하여 판례도 ① 진실한 주금납입으로 회사자금을 확보할 의사 없이 형식상 또는 일시적으로 주금을 납입하고 은행에 예치하여 납입의 외형을 갖춘 후 주금납입증명서를 교부받아 설립등기나 증자등기를 마친 다음 바로 그 돈을 인출한 경우에는 회사를 위하여 사용하였다는 특별한 사정이 없는 한 실질적으로 회사의 자본이 늘어난 것이 아니므로 납입가장죄가 성립한다고 판시하였지만,[144] ② 회사설립을 위해 은행에 납입하였던 주식인수가액을 설립등기 후 바로 인출하였어도 그 인출금을 주식납입금에 상당하는 자산의 양수대금으로 사용한 때에는 납입가장죄가 성립하지 않는다고 판시하였다.[145] 따라서 법문상의 「납입」도 주금의 납입을 의미하고, 신주발행의 속성이 있더라도 사채의 납입은 포함하지 않는 것으로 해석해야 한다. 예를 들어 전환사채는 주식으로 전환되어야 비로소 자본을 구성하므로 그 전 단계인 납입을 가장한 때에는 본조를 적용할 수 없기 때문이다.[146] 그렇지만 전환사채의 발행업무를 담당하는 자와 그 인수인이 사전에 공모하여 제3자로부터 인수대금에 상당하는 금액을 차용한 후 전환사채 인수대금으로 납입하여 발행절차를 마친 다음 그 금액을 인출하여 차용금채무의 변제에 사용하는 등 실질적으로 전환사채의 인수대금이 납입되지 않았음에도 전환사채를 발행한 때에는 전환사채의 발행이 주식발행의 목적을 달성하기 위한 수단으로 행해진 것이므로 납입가장죄가 성립한다고 보아야 한다.[147]

---

144) 대법원 1993. 8. 24. 선고 93도1200 판결.
145) 대법원 2001. 8. 21. 선고 2000도5418 판결; 대법원 1999. 10. 12. 선고 99도3057 판결; 대법원 1979. 12. 11. 선고 79도1489 판결 등.
146) 대법원 2008. 5. 29. 선고 2007도5206 판결.
147) 대법원 2015. 12. 10. 선고 2012도235 판결.

8) 초과발행죄 : 회사의 발기인, 이사, 집행임원 또는 제386조 제2항 또는 제407조 제1항의 직무대행자가 회사가 발행할 주식의 총수를 초과하여 주식을 발행한 경우에는 5년 이하의 징역 또는 1,500만원 이하의 벌금에 처한다(상법 제629조).

9) 독직죄 : 제622조와 제623조에 규정된 자(발기인·업무집행사원·이사·집행임원·감사위원·감사·직무대행자와 지배인 및 영업에 관한 어느 종류 또는 특정한 사항의 위임을 받은 사용인, 청산인·직무대행자·설립위원, 사채권자집회의 대표자와 그 결의를 집행하는 자), 검사인, 제298조 제3항, 제299조의2, 제310조 제3항 또는 제313조 제2항의 공증인이나 제299조의2, 제310조 제3항 또는 제422조 제1항의 감정인이 그 직무에 관하여 부정한 청탁을 받고 재산상의 이익을 수수, 요구 또는 약속한 때에는 5년 이하의 징역 또는 1,500만원 이하의 벌금에 처하고(상법 제630조 제1항), 이러한 이익을 약속, 공여 또는 공여의 의사를 표시한 자도 동일하게 처벌한다(상법 제630조 제2항).

10) 권리행사방해 등에 관한 증수뢰죄 : 일정한 사항(① 창립총회, 사원총회, 주주총회 또는 사채권자집회에서의 발언 또는 의결권의 행사, ② 제3편에 정하는 소의 제기, 발행주식총수의 100분의 1 또는 100분의 3 이상에 해당하는 주주, 사채총액의 100분의 10 이상에 해당하는 사채권자 또는 자본금의 100분의 3 이상에 해당하는 출자좌수를 가진 사원의 권리의 행사, ③ 제402조 또는 제424조에 정하는 권리의 행사)에 관하여 부정한 청탁을 받고 재산상의 이익을 수수, 요구 또는 약속한 자는 1년 이하의 징역 또는 300만원 이하의 벌금에 처하고(상법 제631조 제1항), 이러한 이익을 약속, 공여 또는 공여의 의사를 표시한 자도 동일하게 처벌한다(상법 제631조 제2항).

11) 납입책임면탈죄 : 납입책임을 면하기 위하여 타인 또는 가설인의 명의로 주식 또는 출자를 인수한 자는 1년 이하의 징역 또는 300만원 이하의 벌금에 처한다(상법 제634조). 법문상 행위주체는 명확하지 않지만, 그 내용을 볼 때 주식회사의 주식인수인이나 유한회사의 출자인수인을 의미한다. 한편 본죄는 이른바 목적범에 속한다.

12) 이익공여죄 : 주식회사의 이사·집행임원·감사위원·감사, 제386조 제2항과 제407조 제1항 또는 제415조의 직무대행자, 지배인, 그 밖의 사용인이 주주의 권리행사와 관련하여 회사의 계산으로 재산상의 이익을 공여한 경우에는 1년 이하의 징역 또는 300만원 이하의 벌금에 처하고(상법 제634조의2 제1항), 이러한 이익을 수수하거나 제3자에게 이를 공여하게 한 자도 동일하게 처벌한다(상법 제634조의2 제2항). 그렇지만 비록 주주의 권리행사와 관련된 재산상 이익의 공여라도 그것이 의례적인 것 또는 불가피한 것이라는 등의 특별한 사정이 있는 경우에는 법질서 배후에 있는 사회윤리나 사회통념에 비추어 용인될 수 있는 행위

로서 형법 제20조에 정해진「사회상규에 위배되지 아니하는 행위」에 해당하므로 본죄가 성립하지 않는다고 보아야 한다.[148)]

(3) 행정범

상법 제635조와 제636조에서는 회사법상의 각 규정을 위반한 행위에 대하여 과태료를 다양하게 부과하고 있는데, 주요 내용은 다음과 같다. 주의할 것은 그 행위에 관하여 형을 과할 때에는 과태료를 부과할 수 없다는 점이다(상법 제635조 제1항 단서).

1) 제635조 제1항 : 회사의 발기인·설립위원·업무집행사원·업무집행자·이사·집행임원·감사·감사위원, 외국회사의 대표자, 검사인, 제298조 제3항과 제299조의2 및 제310조 제3항 또는 제313조 제2항의 공증인, 제299조의2와 제310조 제3항 또는 제422조 제1항의 감정인·지배인·청산인·명의개서대리인, 사채모집을 위탁받은 회사와 그 사무승계자 또는 제386조 제2항, 제407조 제1항, 제415조, 제542조 제2항 또는 제567조의 직무대행자가 [표 35]의 어느 하나에 해당하는 행위를 한 경우에는 500만원 이하의 과태료를 부과한다.

[표 35] 과태료 500만원 부과대상

호	대상행위
1	이 편(제3편 회사)에서 정한 등기를 게을리한 경우
2	이 편에서 정한 공고 또는 통지를 게을리하거나 부정한 공고 또는 통지를 한 경우
3	이 편에서 정한 검사 또는 조사를 방해한 경우
4	이 편의 규정을 위반하여 정당한 사유 없이 서류의 열람 또는 등사, 등본 또는 초본의 발급을 거부한 경우
5	관청, 총회, 사채권자집회 또는 발기인에게 부실한 보고를 하거나 사실을 은폐한 경우
6	주권, 채권 또는 신주인수권증권에 적을 사항을 적지 아니하거나 부실하게 적은 경우
7	정당한 사유 없이 주권의 명의개서를 하지 아니한 경우
8	법률 또는 정관에서 정한 이사 또는 감사의 인원수를 궐(闕)한 경우에 그 선임절차를 게을리한 경우
9	정관·주주명부 또는 그 복본(複本), 사원명부·사채원부 또는 그 복본, 의사록, 감사록, 재산목록, 대차대조표, 영업보고서, 사무보고서, 손익계산서, 그 밖에 회사의 재무상태와 경영성과를 표시하는 것으로서 제287조의33 및 제447조 제1항 제3호에 따라 대통령령으로 정하는 서류, 결산보고서, 회계장부, 제447조·제534조·제579조 제1항 또는 제613조 제1항의 부속명세서 또는 감사보고서에 적을 사항을 적지 아니하거나 부실하게 적은 경우

148) 대법원 2018. 2. 8. 선고 2015도7397 판결.

10	법원이 선임한 청산인에 대한 사무의 인계(引繼)를 게을리하거나 거부한 경우
11	청산의 종결을 늦출 목적으로 제247조 제3항, 제535조 제1항 또는 제613조 제1항의 기간을 부당하게 장기간으로 정한 경우
12	제254조 제4항, 제542조 제1항 또는 제613조 제1항을 위반하여 파산선고 청구를 게을리한 경우
13	제589조 제2항을 위반하여 출자의 인수인을 공모한 경우
14	제232조, 제247조 제3항, 제439조 제2항, 제527조의5, 제530조 제2항, 제530조의9 제4항, 제530조의11 제2항, 제597조, 제603조 또는 제608조를 위반하여 회사의 합병·분할·분할합병 또는 조직변경, 회사재산의 처분 또는 자본금의 감소를 한 경우
15	제260조, 제542조 제1항 또는 제613조 제1항을 위반하여 회사재산을 분배한 경우
16	제302조 제2항, 제347조, 제420조, 제420조의2, 제474조 제2항 또는 제514조을 위반하여 주식청약서, 신주인수권증서 또는 사채청약서를 작성하지 아니하거나 이에 적을 사항을 적지 아니하거나 또는 부실하게 적은 경우
17	제342조 또는 제560조 제1항을 위반하여 주식 또는 지분의 실효 절차, 주식 또는 지분의 질권 처분을 게을리한 경우
18	제343조 제1항 또는 제560조 제1항을 위반하여 주식 또는 출자를 소각한 경우
19	제355조 제1항·제2항 또는 제618조를 위반하여 주권을 발행한 경우
20	제358조의2 제2항을 위반하여 주주명부에 기재를 하지 아니한 경우
21	제363조의2 제1항, 제542조 제2항 또는 제542조의6 제2항을 위반하여 주주가 제안한 사항을 주주총회의 목적사항으로 하지 아니한 경우
22	제365조 제1항·제2항, 제578조, 제467조 제3항, 제582조 제3항에 따른 법원의 명령을 위반하여 주주총회를 소집하지 아니하거나, 정관으로 정한 곳 외의 장소에서 주주총회를 소집하거나, 제363조, 제364조, 제571조 제2항·제3항을 위반하여 주주총회를 소집한 경우
23	제374조 제2항, 제530조 제2항 또는 제530조의11 제2항을 위반하여 주식매수청구권의 내용과 행사방법을 통지 또는 공고하지 아니하거나 부실한 통지 또는 공고를 한 경우
24	제287조의34 제1항, 제396조 제1항, 제448조 제1항, 제510조 제2항, 제522조의2 제1항, 제527조의6 제1항, 제530조의7, 제534조 제3항, 제542조 제2항, 제566조 제1항, 제579조의3, 제603조 또는 제613조를 위반하여 장부 또는 서류를 갖추어 두지 아니한 경우
25	제412조의5 제3항을 위반하여 정당한 이유 없이 감사 또는 감사위원회의 조사를 거부한 경우
26	제458조부터 제460조까지 또는 제583조를 위반하여 준비금을 적립하지 아니하거나 이를 사용한 경우
27	제464조의2 제1항의 기간에 배당금을 지급하지 아니한 경우
28	제478조 제1항 또는 제618조를 위반하여 채권을 발행한 경우
29	제536조 또는 제613조 제1항을 위반하여 채무 변제를 한 경우

30	제542조의5를 위반하여 이사 또는 감사를 선임한 경우
31	제555조를 위반하여 지분에 대한 지시식 또는 무기명식의 증권을 발행한 경우
32	제619조 제1항에 따른 법원의 명령을 위반한 경우

2) 제635조 제2항 : 회사의 발기인, 이사 또는 집행임원이 주권의 인수로 인한 권리를 양도한 경우에도 제1항과 같이 500만원 이하의 과태료를 부과한다.

3) 제635조 제3항 : 제635조 제1항의 행위주체가 [표 36]의 어느 하나에 해당하는 행위를 한 경우에는 5천만원 이하의 과태료를 부과한다.

[표 36] 과태료 5,000만원 부과대상

호	대상행위
1	제542조의8 제1항을 위반하여 사외이사 선임의무를 이행하지 아니한 경우
2	제542조의8 제4항을 위반하여 사외이사후보추천위원회를 설치하지 아니하거나 사외이사가 총위원의 2분의 1 이상이 되도록 사외이사 후보추천위원회를 구성하지 아니한 경우
3	제542조의8 제5항에 따라 사외이사를 선임하지 아니한 경우
4	제542조의9 제3항을 위반하여 이사회 승인 없이 거래한 경우
5	제542조의11 제1항을 위반하여 감사위원회를 설치하지 아니한 경우
6	제542조의11 제2항을 위반하여 제415조의2 제2항 및 제542조의11 제2항 각 호의 감사위원회의 구성요건에 적합한 감사위원회를 설치하지 아니한 경우
7	제542조의11 제4항 제1호 및 제2호를 위반하여 감사위원회가 제415조의2 제2항 및 제542조의11 제2항 각 호의 감사위원회의 구성요건에 적합하도록 하지 아니한 경우
8	제542조의12 제2항을 위반하여 감사위원회위원의 선임절차를 준수하지 아니한 경우

4) 제635조 제4항 : 제635조 제1항의 행위주체가 일정한 경우(① 제542조의4에 따른 주주총회 소집의 통지·공고를 게을리하거나 부정한 통지 또는 공고를 한 경우, ② 제542조의7 제4항 또는 제542조의12 제5항을 위반하여 의안을 별도로 상정하여 의결하지 아니한 경우) 중 어느 하나에 해당하는 행위를 한 때에는 1천만원 이하의 과태료를 부과한다.

5) 제636조 : 회사의 성립 전에 회사의 명의로 영업을 한 자는 회사설립의 등록세의 배액에 상당한 과태료에 처한다(제1항). 그리고 외국회사가 제616조 제1항의 규정에 위반한 때에도 동일한 과태료에 처한다(제2항).

인용목록

Ⅰ. 법령목록

- 국세기본법/시행령/시행규칙 ⇨ 국세법/국세령/국세칙
- 금융회사의 지배구조에 관한 법률/시행령 ⇨ 금융사지배구조법/금융사지배구조령
- 금융산업의 구조개선에 관한 법률 ⇨ 금융산업구조개선법/금융산업구조개선령
- 독점규제 및 공정거래에 관한 법률/시행령 ⇨ 공정거래법/공정거래령
- 민법
- 민사소송법/시행령 ⇨ 민소법/민소령
- 민사소송 등 인지법 ⇨ 인지법/인지규칙
- 담보부사채신탁법
- 벤처기업육성에 관한 특별조치법 ⇨ 벤처기업법/벤처기업령/벤처기업칙
- 법인세법/시행령 ⇨ 법인세법/법인세령
- 부동산등기법/시행령 ⇨ 부동산등기법/부동산등기령
- 비송사건절차법/시행령 ⇨ 비송사건법/비송사건령
- 사회적기업육성법/시행령 ⇨ 사회적기업법/사회적기업령
- 상법/시행령 ⇨ 상법/상령
- 상업등기처리규칙 ⇨ 상업등기규칙
- 상호저축은행법/시행령 ⇨ 상호저축은행법/상호저축은행령
- 신용정보의 이용 및 보호에 관한 법률 ⇨ 신용정보법/신용정보령
- 은행법/시행령 ⇨ 은행법/은행령
- 자본시장과 금융투자업에 관한 법률/시행령/시행규칙 ⇨ 자본시장법/자본시장령/자본시장칙
- 전자문서 및 전자거래 기본법 ⇨ 전자문서법/전자문서령
- 정보통신망 이용촉진 및 정보보호 등에 관한 법률/시행령 ⇨ 정보통신망법/정보통신망령
- 주식·사채 등의 전자등록에 관한 법률/시행령 ⇨ 전자증권법/전자증권령
- 주식회사 등의 외부감사에 관한 법률 ⇨ 외부감사법/외부감사령
- 증권관련 집단소송법/증권관련집단소송규칙 ⇨ 증권집단소송법/증권집단소송칙
- 증권의 발행 및 공시 등에 관한 규정 ⇨ 증권발행공시규정
- 지속가능발전법/시행령 ⇨ 기속가능법/지속가능령
- 채무자 회생 및 파산에 관한 법률/시행령 ⇨ 채무자회생법/채무자회생령

Ⅱ. 참고문헌

1. 단행본

강대섭 외 16인, 「(제8판)상법판례 백선」(법문사, 2021).

강위두/임재호, 「(제3전정판)상법강의(상)」(형설출판사, 2009).
권기범, 「(제8판)현대회사법론」(삼영사, 2021).
권종호, 「감사와 감사위원회제도」(한국상장회사협의회, 2004).
김건식/노혁준/천경훈, 「(제7판)회사법」(박영사, 2023).
김동훈, 「회사법」(한국외국어대학교출판부, 2010).
김순석, 「주식 및 자본금 제도」(전남대학교출판부, 2015).
김영선, 「이사의 책임보험연구」(삼지원, 1996).
김정호, 「(제7판)회사법」(법문사, 2021).
김홍기, 「(제7판)상법강의」(박영사, 2022).
김화진, 「(제3판)상법강의」(박영사, 2016).
박상조, 「(제3증보판)신회사법론」(형설출판사, 2000).
서돈각/정완용, 「(제4전정)상법강의(상)」(법문사, 1999).
서세원, 「이사와 집행임원의 보수규제에 관한 비교법적 연구」(한국법제연구원, 2006).
서정갑, 「주석실무 개정상법총람」(홍문관, 1984).
서헌제, 「사례중심체계 상법강의(상)」(법문사, 2007).
손주찬, 「(제15보정판)상법(상)」(박영사, 2004).
손진화, 「(제8판)상법강의」(신조사, 2017).
송상현/박익환, 「민사소송법」(박영사, 2008).
송옥렬, 「(제13판)상법강의」(홍문사, 2023).
송종준, 「적대적 M&A의 법리」(도서출판 개신, 2008).
신찬수/이철송/정준우, 「회사분할의 제도화에 관한 연구」(한국상장회사협의회, 1995).
안택식, 「회사법강의」(형설출판사, 2012).
양승규/박길준, 「(제3판)상법요론」(삼영사, 1993).
오성근, 「(제3판)회사법」(박영사, 2023).
이기수/유진희/이동승, 「회사법」(박영사, 2002).
이기수/최병규, 「(제11판)회사법(상법강의Ⅱ)」(박영사, 2019).
이범찬/오욱환, 「주식회사의 감사제도」(한국상장회사협의회, 1997).
이범찬/임충희/이영종/김지환, 「(제2판)회사법」(삼영사, 2018).
이시윤, 「(제15판)신민사소송법」(박영사, 2021).
이종훈, 「(제3판)회사법」(박영사, 2021).
임재연, 「(개정8판)회사법Ⅰ」(박영사, 2022). ⇨ 임재연(Ⅰ)
______, 「(개정8판)회사법Ⅱ」(박영사, 2022). ⇨ 임재연(Ⅱ)
______, 「(2014년판)자본시장법」(박영사, 2014). ⇨ 임재연(자본시장법)
______, 「회사소송」(박영사, 2010). ⇨ 임재연(회사소송)
______, 「미국증권법」(박영사, 2009). ⇨ 임재연(미국증권법)
임홍근, 「회사법」(법문사, 2000).
장덕조, 「(제5판)회사법」(법문사, 2020).

정경영, 「회사법학」(박영사, 2022).
정동윤, 「(제6판)상법(상)」(법문사, 2012).
정동윤/유병현, 「(제4판)민사소송법」(법문사, 2014).
정무동, 「(제2전정판)상법강의(상)」(박영사, 1996).
정재규, 「감사위원 선임방식 개선 및 감사위원회 제도 재구성 방안(KCGS 연구보고서 2020-02)」(한국기업지배구조원, 2020).
정준우, 「코스닥기업의 ESG 도입을 위한 회사법적 과제 검토(코협연구보고서22-4)」(코스닥협회, 2022).
______, 「주식회사의 준법경영 관리체계」(나우커뮤니케이션, 2016).
______, 「감사와 외부감사인의 법적 책임」(한국상장회사협의회, 2005).
정진세, 「판례연습 회사법」(삼우사, 2001).
정찬형, 「(제25판)상법강의(상)」(박영사, 2022).
채이식, 「(개정판)상법강의(상)」(박영사, 1996).
최기원, 「(제14대정판)신회사법론」(박영사, 2012).
최준선, 「(제17판)회사법」(삼영사, 2022).
______, 「2011 개정상법 회사편 해설서」(한국상장회사협의회, 2011). ⇨ 최준선(해설서)
한기정, 「신상법입문」(박영사, 2020).
한충수, 「(제3판)민사소송법」(박영사, 2021).
홍복기/박세화, 「(제8판)회사법강의」(법문사, 2021).

법무부, 「상법 시행령 일부개정령 관련 질의응답」(2020. 2). ⇨ 법무부(질의응답)
______, 「상법 회사편 해설」(2012). ⇨ 법무부(회사편 해설)
전국경제인연합회, 「주요국 회사법」(2009).
한국거래소, 「ESG 정보 공개 가이던스」(2021).
한국법정책학회, 「준법지원인제도와 준법경영의 활성화 방안(연구용역보고서)」(법무부, 2014. 10).
한국상사법학회, 「(제4판)주식회사법대계 Ⅰ·Ⅱ·Ⅲ」(법문사, 2022). ⇨ 한국상사법학회(Ⅰ/Ⅱ/Ⅲ)(○○○집필부분)
한국상장회사협의회, 「상법 시행령 일부개정령안에 대한 의견」(2019. 10).
한국예탁결제원, 「미·일 사채관리법제상 이해상충방지 규정에 관한 조사」(2013).
한국증권법학회, 「(개정판)자본시장법」(박영사, 2015).
______, 「사채관리회사제도 표준모델정립을 위한 연구」(2013).

江頭憲治郎, 「(第7版)株式會社法」(有斐閣, 2017).
江頭憲治郎/森本滋 外, 「會社法コンメンタール16」(商事法務研究會, 2008).
管原菊志, 「判例商法(上)」(信山社, 1993).
落合誠一 編, 「會社法コンメンタール(8)」(商事法務, 2009).
北澤正棨, 「(新版)會社法)」(青林書院新社, 2001).
浜辺陽一郎, 「(第2版)執行役員制度」(東洋經濟新聞社, 2000).

山口正義, 「株主權法理の展開」(文眞堂, 1991).

山村忠平, 「會計監査人の社會的役割」(文眞堂, 1994).

上柳克郎 外, 「新版注釋會社法(1)~(14)」(有斐閣, 1985－1990).

上田榮治, 「平成 商法改正ハンドブック」(三省堂, 2000).

森本滋, 「會社法」(有信堂, 1993).

神田秀樹, 「(第9版)會社法」(弘文堂, 2007).

鈴木竹雄, 「新版會社法」(弘文館, 1982).

鈴木竹雄/竹內昭夫, 「(第3版)會社法」(有斐閣, 1994).

龍田節, 「(第5版)會社法」(有斐閣, 1998).

前田 庸, 「(第11版補訂版)會社法入門」(有斐閣, 2008).

田中誠二, 「(三全訂)會社法詳論(上)(下)」(勁草書房, 1982)

酒卷俊雄/龍田節 代表編, 「逐條解說 會社法(1),(2)」(中央經濟社, 2008).

竹內昭夫, 「(新版)改正會社法解說」(有斐閣, 1983).

Franklin A. Gevurtz, *Corporation Law*, 2nd ed., West, 2010.

Gerhard G. Müller/Helen Gernon/Gary K. Meek, *Accounting: An International Perspective*, 3rd ed., Richard D. Irwin, Inc., 1994.

Harry G. Henn/John R. Alexander, *Laws of Corporations*, 3rd. ed., West Publishing Co., Minnesota, 1983.

James D. Cox/Tomas Lee Hazen/F. Hodge O'Neal, *Corporations*, Aspen Law & Business, 1997.

Jeffrey J. Haas, *Corporate Finance in a Nutshell*, Thomson/West, 2004.

J.H. Farrar's, N.E. Furey & B.M. Hannigan, *Company Law*, 3rd ed., Butterworths, 1991.

John Elkington, Cannibals with Forks: the Triple Bottom Line of 21st Century Business, 1987.

Lewis D. Solomon/Donald E. Schwartz/Jeffrey D. Bauman/Elliott J. Weiss, *Corporations Law and Policy*, West Group, St. Paul, Minn., 1998.

Melvin A. Eisenberg, *The Structure of the Corporation－A Legal Analysis*, Little Brown and Company, Boston, 1976.

Michael C. Wyatt, *Company Acquisition of Own Shares*, 3rd ed., Longman, 1989.

P. Davies, *Gower and Davies' Principles of Modern Company Law*, Sweet & Maxwell, 2003.

P.I. Blumberg, *The Law of Corporate Groups*, Little Brown and Company, 1987.

Richard M. McDermott, *Legal Aspects of Corporate Finance*, 2nd ed., Matthew Bender, 1995.

Richard W. Jennings/Richard M. Buxbaum, *Corporations*, 5th ed., West Publishing Co., 1979.

Robert C. Clark, *Corporate Law*, Little, Brown and Company, 1986.

Stephen M. Bainbridge, *Corporation Law and Economics*, Foundation Press, 2002.

W. E. Knepper, *Liability of Corporate Officers and Directors*, 3rd ed., 1978.

William L. Cary/Melvin A. Eisenberg, *Corporations*, 7th ed., The Foundation Press, Inc., New York, 1995.

William T. Allen, Kraakman, Reinier and Subramanian, Guhan, *Commentaries and Cases on the Law of Business Organization*, 3rd ed., 2009.

Zöllner, Die Schranken mitgliedschaftlicher Stimmrechtsmacht bei den privatrechtlichen Personverbänden(1963).

2. 논문류

강대섭, "이사의 책임과 경영판단의 원칙", 「상사판례연구」 제12집(한국상사판례학회, 2001).

강봉수, "이사등의 직무집행정지·직무대행자 선임의 가처분", 「재판자료」 제38집(하)(법원행정처, 1987).

강정민, "개별임원보수 공시 현황과 개선과제", 「경제개혁리포트」2014-04호(경제개혁연구소, 2014).

강희갑, "미국법상의 집행임원제도의 도입에 관한 연구", 「비교사법」 제7권 제2호(한국비교사법학회, 2000).

고재종, "임원의 적정 보수 지급에 대한 법적 규제-각국의 입법동향을 중심으로-", 「법학연구」 제18권 제2호(경상대학교 법학연구소, 2010).

곽병훈, "주주의 회계장부 열람·등사청구권", 「사법연구자료」 제25집(법원도서관, 1999).

권병민, "지배·종속관계에 있는 회사의 주주대표소송-미국회사법을 중심으로-", 「사회과학연구」 제7집(광주대학교, 1997).

권상로, "회사법상 이사의 보수 규제에 관한 연구", 「한독사회과학논총」 제22권 제2호(한독사회과학회, 2012).

권오성, "이사의 보수에 관한 연구", 「변호사」 제37집(서울지방변호사회, 2007).

권재열, "주주대표소송제도의 개선방안-관련 판례의 취지를 감안하여-", 「증권법연구」 제16권 제2호(한국증권법학회, 2015).

______, "이중대표소송의 허부", 「상사판례백선」(법문사, 2011).

______, "회계감사인의 법적 책임", 「비교사법」 제5권 제1호(한국비교사법학회, 1998).

권종호, "종류주식의 쟁점과 과제", 「상사법연구」 제31권 제4호(한국상사법학회, 2013).

______, "사채관리회사제도의 운영상의 쟁점과 과제", 「상사법연구」제31권 제2호(한국상사법학회, 2012).

______, "감사제도의 개선과 감사위원회제도의 과제", 「상사법연구」 제19권 제3호(한국상사법학회, 2001).

김건식/최문희, "이사의 배상책임보험-임원배상책임보험약관의 면책사유를 중심으로-", 「상장협」 제45호(한국상장회사협의회, 2002).

김교창, "상장회사의 특례에 관한 2009년 개정상법의 논점", 「인권과 정의」 제396호(대한변호사협회, 2009. 8).

______, "집중투표제의 채택 의제·강행법규화의 위헌성", 「상장협」 제44호(한국상장회사협의회, 2001. 9).

김광록/윤성민, "기업의 자기주식 취득제한과 취득동기에 관한 법·경제학적 고찰", 「기업법연구」 제19권 제1호(한국기업법학회, 2005).

김광록, "최근 일본의 기업지배구조변화를 통해 본 한국상법상 집행임원제도의 도입에 관한 고찰",

「기업법연구」제17집(한국기업법학회, 2004).
김동근, “기업의 임원보수 규제에 관한 고찰”, 「법학논고」 제38집(경북대학교 법학연구원, 2012).
김두환, “일본의 사채관리회사제도와 우리 상법개정안에 대한 소고”, 「한국금융법학회지」 제6권 제2호(한국금융법학회, 2009).
김병기, “집행임원의 책임과 제한에 관한 연구”, 「기업법연구」 제23권 제1호(한국기업법학회, 2009).
김병연, “정관에 의한 주식양도의 제한과 문제점”, 「비교사법」 제7권 2호(한국비교사법학회, 2000).
김선정, “D&O 보험에 관한 연구－회사의 보험료부담문제를 중심으로－”, 「상사법연구」 제17권 제3호(한국상사법학회, 1999).
김성호, “미국 회사법상 ‘소수주주축출’의 정당성에 관한 고찰”, 「기업법연구」 제21권 제4호(한국기업법학회, 2007).
김소정/김우찬, “사외이사 장기재직 현황과 재직기간 제한정책의 실효성 분석”, 「경제개혁리포트」 2020－5호(경제개혁연구소, 2020).
김순석, “주식제도의 개선－종류주식을 중심으로－”, 「상사법연구」 제28권 제3호(한국상사법학회, 2009).
______, “미국의 배당규제와 자기주식 제도”, 「비교사법」 제13권 제2호(한국비교사법학회, 2006).
김원기, “자기주식취득규제의 완화론에 대한 일고찰”, 「상사법학」 제1집(상사법학회, 1994).
김재범, “평이사의 감시의무 위반과 주주총회의 동의”, 「안암법학」 제13호(안암법학회, 2001).
김재형, “미국에서의 합병대가의 유연화와 소수주주퇴출에 관한 입법의 변천과 법원의 대응”, 「기업법연구」 제18권 제1호(한국기업법학회, 2004).
______, “M&A대가의 우연화와 현금지불합병”, 「비교사법 」 제10권 제4호(한국비교사법학회, 2003).
김정호, “주식매수청구권에 관한 연구”, 「경영법률」 제25권 제4호(한국경영법률학회, 2015).
김지평, “2020년 개정 상법의 분석2: 감사·감사위원 선임과 주주총회 관련 사항”, 「BFL」 제106호(서울대학교 금융법센터, 2021).
김지환, “주주대표소송에서의 이사의 책임－대구고등법원 2012. 8. 22. 선고 2011나2372판결－”, 「선진상사법률연구」 통권 제62호(법무부, 2013).
김태진, “신주인수권부사채 발행의 무효－대법원 2015. 12. 10. 선고 2015다202919 판결의 평석을 겸하여－”,「기업법연구」 제32권 제3호(한국기업법학회, 2018).
______, “감사위원회에 준용되는 상법 규정 정비를 위한 제안”, 「선진상사법률연구」 통권 제62호(법무부, 2013).
______, “개정 상법하의 집행임원제 운용을 위한 법적 검토”, 「상사법연구」 제30권 제2호(한국상사법학회, 2011).
김홍식, “회사법적 관점에서 본 임원배상책임보험”, 「상사판례연구」 제26집 제2권(한국상사판례학회, 2013).
김효신, “소수주주축출제도의 도입방안에 대한 검토”, 「선진상사법률연구」 통권 제50호(법무부, 2010).
김화진, “소수주식의 강제매수제도”, 「법학」 제150호(서울대학교 법학연구소, 2009).
______, “주식회사 이사의 보수와 상법 제368조 제3항의 해석”, 「저스티스」 제102호(한국법학원, 2008).
김환일, “일본 임원보수의 공시 규제에 관한 연구”, 「기업법연구」 제25권 제1호(한국기업법학회, 2011).

노혁준, “2011년 개정상법상 소수주주의 매수청구권에 관한 연구－지배주주의 매도청구권과의 비교를 중심으로－”, 「인권과 정의」 제429호(대한변호사협회, 2012).

______, “소수주주축출제도의 도입에 관한 연구”, 「상사법연구」 제26권 제4호(한국상사법학회, 2008),

문상일, “이사보수 개별승인제도의 도입 필요성에 관한 연구”, 「법학연구」 제24권 제2호(연세대학교 법학연구원, 2014).

______, “상법 회사편상 특수관계인 범위의 합리적 재조정을 위한 제언”, 「상사법연구」 제31권 제2호(한국상사법학회, 2012).

박상근, “공유주식의 권리행사”, 「강원법학」 제10권(강원대학교 비교법연구소, 1998).

박세화, “내부통제제도에 관한 한국 기업법제의 현황과 과제”, 「기업법연구」 제30권 제1호(한국기업법학회, 2016).

______, “준법지원인제도의 안정적이고 효율적인 운용을 위한 법적 과제”, 「상사법연구」 제30권 제2호(한국상사법학회, 2011).

박수영, “형식주주의 주주권－대법원 2017. 3. 23. 선고 2015다248342 전원합의체 판결을 중심으로－”, 「경제법연구」 제16권 제2호(한국경제법학회, 2017).

______, “주식매수청구시 주식매수가액의 결정－대법원 2011. 10. 13.자 2008마264 결정을 중심으로－”, 「기업법연구」 제28권 제4호(한국기업법학회, 2014).

박철영, “종류주식의 활용과 법적 과제－의결권제한주식을 중심으로－”, 「기업법연구」 제25권 제4호(한국기업법학회, 2011).

서완석, “상법상의 소수주주 축출제도”, 「상사법연구」 제30권 제2호(한국상사법학회, 2011).

______, “집행임원제도의 도입에 따른 문제점 및 개선방안 연구”, 「성균관법학」 제20권 제1호(성균관대학교 법학연구소, 2008. 4).

성승제, “「주식회사의 외부감사에 관한 법률」과 「공인회계사법」상 외부감사인의 징계”, 「법과 정책연구」 제9집 제2호(한국법정책학회, 2009).

______, “이사의 주의의무와 대법원 2002. 3. 15. 선고 2000다9086 판결”, 「상사판례연구」 제17집(한국상사판례학회, 2004).

______, “임원보수의 합리적 기준 설정에 관한 법적 연구”, 한양대학교 박사학위논문, 2003.

손영화, “주주의 열람청구권에 관한 일고찰”, 「상사법연구」 제35권 제1호(한국상사법학회, 2016).

______, “모회사 주주의 대표소송과 이사의 경영판단”, 「상사판례연구」 제17집(한국상사판례학회, 2004).

송기신/송학준, “우리나라 임원보상 공시제도의 문제점 및 개선방안에 관한 연구－한·미 비교분석을 중심으로－”, 「회계연구」 제13권 제3호(한국회계학회, 2008).

송양호/김영, “집행임원의 책임완화에 대한 고찰－2008년 상법개정안의 집행임원제도를 중심으로－”, 「법학연구」 제29집(전북대학교 법학연구소, 2009. 12).

송옥렬, “회사법상 비상장주식 평가의 쟁점과 대안”, 「법학」 제52권 제3호(서울대학교 법학연구소, 2011).

______, “현행 상법상 이중대표소송의 허용여부”, 「민사판례연구 제28권」(박영사, 2006).

송종준, “주식회사 회계감사권의 분배질서조정과 그 실효성 확보방안”, 「선진상사법률연구」 통권 제

64호(법무부, 2013),

______, “소수주식 전부취득제의 입법의도와 해석방향”, 「기업법연구」 제26권 제1호(한국기업법학회, 2012),

______, “회사법상 기업지배구조법제의 동향과 평가”, 「상사판례연구」 제24집 제1권(한국상사판례학회, 2011).

송호신, “자기주식취득의 규제”, 「한양법학」 제16집(한양법학회, 2004).

심재한, “상법개정안에서의 회사지배구조와 집행임원제도”, 「한림법학 FORUM」 제19권(한림대학교, 2008).

안동섭, “주주의 회계장부열람청구권”, 「신세기 회사법의 전개(우전이병태교수 화갑기념논문집)」(대전서적, 1996).

안수현, “상장회사특례규정상의 주요주주 등 이해관계자와의 거래에 관한 규제 재검토”, 「선진상사법률연구」 통권 제58호(법무부, 2012).

양기진, “반대주주의 주식매수청구권에 관한 연구”, 「기업법연구」 제26권 제1호(한국기업법학회, 2012).

양동석, “집행임원의 역할과 법적 지위”, 「상장협」 제48호(한국상장회사협의회, 2003. 9).

______, “임원제도 도입에 따른 법적 문제”, 「상사법연구」 제20권 제2호(한국상사법학회, 2001).

양만식, “집행임원제도의 도입에 따른 지배구조론의 전개”, 「상사법연구」 제24권 제1호(한국상사법학회, 2005).

양석완, “주주의 대표소송·대위소송”, 「신세기 회사법의 전개(우전이병태교수 화갑기념논문집)」(대전서적, 1996).

양승규, “감사인의 제3자에 대한 손해배상책임”, 「법학」 제38권 제3호(서울대학교 법학연구소, 1997).

______, “명의차용에 의한 주식인수와 주주자격”, 「법학」 제23권 제3호(서울대학교 법학연구소, 1982).

염미경, “미국법상 임원보수 규제에 관한 검토”, 「외법논집」 제39권 제4호(한국외국어대학교 법학연구소, 2015).

오성근, “비상근이사의 감시의무”, 「기업법연구」 제31권 제2호(한국기업법학회, 2017).

오세빈, “주주의 대표소송에 관한 몇 가지 문제”, 「민사재판의 제문제(제12권)」(한국사법행정학회, 2003).

왕순모, “회계의 장부 및 서류의 열람청구권: 일본의 학설 및 판례를 토대로 하여”, 「상사판례연구」 제9집(한국상사판례학회, 1998).

유영중, “자사주매입의 효과에 관한 연구”, 「한국전통상학연구」 제14집 제22호(한국전통상학회, 2000).

육태우, “개정상법상 소수주주축출 제도에 관한 소고”, 「추계 공동학술대회 발표자료집」(한국기업법학회/한국경영법률학회, 2011).

윤민원, “기업지배구조이론상 임원보수규정에 관한 연구”, 「법학연구」 제31집(한국법학회, 2008. 8).

윤영신, “이사 보수의 회사법적 문제”, 「BFL」 제65호(서울대학교 금융법센터, 2014. 5).

______, “삼각합병제도 도입과 활용상의 법률문제”, 「상사법연구」 제32권 제2호(한국상사법학회, 2013).

______, “회사법 개정안상 사채관리회사의 자격에 관한 연구”, 「상사판례연구」 제21집 제4권(한국상사판례학회, 2008).
원동욱, “기업지배구조관련 상법개정안의 주요내용 및 향후과제 – 집행임원제도를 중심으로”, 「법학논총」 제32권 제1호(단국대학교, 2008).
원종현, “섀도우보팅제도 폐지에 따른 주주총회 활성화방안에 대한 토론문”, 「섀도우보팅제도 폐지에 따른 주주총회 활성화 방안 정책세미나 자료집」(국회입법조사처, 2014. 9. 24).
이균성, “주식회사의 사외이사의 지위”, 「상사법연구」 제20권 제1호(한국상사법학회, 2001).
이동원, “지주회사에 있어서의 여러 법적 분쟁의 해결방안에 관한 연구”, 「경영법률」 제15집 제2호(한국경영법률학회, 2005).
이상훈, “담합사건에 대한 주주대표소송 가능성 검토”, 「경제개혁이슈」 제2013 – 4호(경제개혁연대, 2013. 5. 15).
이승환, “종류주식의 활용방안에 관한 고찰”, 「법학연구」 제23권 제1호(연세대학교 법학연구원, 2013).
이준섭, “외부감사인의 비례책임제도”, 「상사법연구」 제33권 제3호(한국상사법학회, 2014).
이철송, “감사의 위상 – 이론과 실제”, 「상장회사감사회 회보」 제123호(한국상장회사협의회, 2010. 3).
______, “우리나라 감사관련 법제의 개정방향”, 「제9차 감사인대회 발표자료집」(한국상장회사협의회, 2005. 9. 14).
이태종, “미국 회사법상의 이중대표소송”, 「재판실무연구 제2권」(법원행정처, 1997).
______, “주주의 대표소송에 관한 연구 – 사문화와 남소의 방지를 위한 절차를 중심으로 –”, 서울대학교 박사학위논문, 1997.
임재연, “상장회사 주주의 소수주주건 행사 요건 – 서울중앙지방법원 2010카합3874 결정에 관하여 –”, 「대한변협신문」 제340호(대한변호사협회, 2011. 2. 21).
______, “임원의 보수에 관한 연구”, 「인권과 정의」 제385호(대한변호사협회, 2008).
정 대, “글로벌 스탠더드로서의 내부통제: 상장회사의 준법지원인제도”, 「법학연구」 제43집(한국법학회, 2011. 8).
정대익, “상법개정안상 새로운 기업유형에 대한 검토”, 「상사법연구」 제28권 3호(한국상사법학회, 2009).
정동윤, “보통주와 종류주의 개념에 관하여”, 「상사법연구」 제31권 제1호(한국상사법학회, 2012).
정병덕, “주식강제매수제도와 소수주주의 보호”, 「상사판례연구」 제25집 제1권(한국상사판례학회, 2012).
______, “이중대표소송의 허용가능성”, 「기업법연구」 제19권 제1호(한국기업법학회, 2005).
정순섭, “금융회사내부통제의 금융법상 지위 – 규제의 내부화·민영화의 관점에서 –”, 「선진상사법률연구」 통권 제49호(법무부, 2010.1).
정우용, “주식회사 감사·외부감사인의 책임에 관한 소고”, 「상장협」 제43호(한국상장회사협의회, 2001).
정준우, “ESG 경영에 따른 주주총회 관련 규정의 개선방안 – 중소·중견기업에 대한 적합성을 중심으로 –”, 「법학연구」 제26집 제2호(인하대학교 법학연구소, 2023).
______, “이사의 감시의무와 그 적용범위 – 대법원 2017다222368 판결을 중심으로 –”, 「법학논총」 제39집 제1호(한양대학교 법학연구소, 2022).
______, “2020년 개정상법상 감사기관에 관한 개정내용 검토”, 「상사법연구」 제39권 제4호(한국상사법학회, 2021).

______, “주주의 회계장부열람청구권에 관한 쟁점사항 검토”, 「한양법학」 제32권 제1집(한양법학회, 2021).

______, “지배구조 개선을 위한 개정 상법 시행령의 비판적 검토”, 「법과 정책연구」 제20집 제4호(한국법정책학회, 2020).

______, “명의주주와 실질주주가 다른 경우에 있어서 주주의 확정－대법원 2017. 3. 23. 선고 2015다248342 전원합의체 판결－”, 「법조」 제725호(별책 최신판례분석 제8호)(법조협회, 2017. 10).

______, “이사의 선임·해임에 관한 쟁점사항 검토”, 「법학연구」 제20집 제2호(인하대학교, 법학연구소, 2017).

______, “감사선임에 관한 대주주의 의결권 제한과 의결정족수의 계산－대법원 2016. 8. 17. 선고 2016다222996 판결－”, 「법조」 제720호(별책 최신판례분석)(법조협회, 2016. 12).

______, “이사의 보수에 관한 쟁점사항의 입법론적 검토”, 「경제법연구」 제15권 제2호(한국경제법학회, 2016).

______, “주식매수청구권에 있어서 매수가격의 결정에 관련된 쟁점사항 검토”, 「증권법연구」 제17권 제2호(한국증권법학회, 2016).

______, “주주대표소송의 제소요건에 관한 쟁점의 비판적 검토”, 「법과 정책연구」 제16집 제1호(한국법정책학회, 2016).

______, “외감법상 외부감사인의 책임에 관한 비판적 검토”, 「경제법연구」 제14권 제1호(한국경제법학회, 2015).

______, “삼성물산과 엘리엇간의 소송상 쟁점사항과 그에 관련된 현행 법제의 문제점 검토”, 「법과정책연구」 제15집 제4호(한국법정책학회, 2015).

______, “상법과 자본시장법상의 상장법인 특례규정의 입법론적 재검토－주주의 적극적 권리행사에 관한 규정을 중심으로－”, 「한양법학」 제25권 제2집(한양법학회, 2014).

______, “자기거래제한규정의 적용요건에 관한 입법론적 재검토”, 「경제법연구」 제13권 제3호(한국경제법학회, 2014).

______, “주식회사 사채발행제도의 입법론적 재검토”, 「경제법연구」 제13권 제1호(한국경제법학회, 2014).

______, “사채권자의 보호를 위한 사채관리회사제도의 비판적 검토”, 「법학연구」 제17집 제3호(인하대학교 법학연구소, 2014).

______, “자본시장법상 상장법인 특례규정의 정합성 검토(Ⅱ)－특례규정의 내용적 정합성을 중심으로－”, 「선진상사법률연구」 통권 제62호(법무부, 2013. 4).

______, “상법 제398조와 제542조의9의 적용대상에 있어서의 상관관계 검토”, 「증권법연구」 제14권 제2호(한국증권법학회, 2013).

______, “개정상법상 특수관계인제도의 현황과 그 문제점”, 「법과 정책연구」 제12집 제4호(한국법정책학회, 2012).

______, “지배주주의 주식매도청구권에 관한 입법론적 재검토, 「법과 정책연구」 제12집 제2호(한국법정책학회, 2012).

______, “2011년 개정상법상 자기주식의 취득·처분과 그 규제”, 「한양법학」 제23권 제2집(한양법학

회, 2012).

______, "2011년 개정상법상 집행임원의 법적 지위에 관한 비판적 검토", 「한양법학」 제22권 제3집(한양법학회, 2011).

______, "주식회사의 감사에 관한 2009년 개정상법의 문제점 검토," 「비교사법」 제17권 제2호(한국비교사법학회, 2010).

______, "이사회의 경영감독기능 강화를 위한 사외이사제도의 도입·운영과 그 문제점-우리나라와 일본의 학설·판례를 중심으로-", 「기업법연구」 제20권 제3호(한국기업법학회, 2006).

______, "주주대표소송의 원고적격에 관한 쟁점사항 검토", 「기업법연구」 제19권 제2호(한국기업법학회, 2005).

______, "상법상 주주 및 회사의 서면행위의 전자화방안", 「비교사법」 제10권 3호(한국비교사법학회, 2003).

______, "정관에 의한 주식양도제한의 타당성 검토", 「배준상교수정년기념논문집」(1997).

정찬형, "신주인수권부사채 발행의 무효-대법원 2015. 12. 10. 선고 2015다202919 판결-", 「법조」 제719호(법조협회, 2016).

______, "2011년 개정상법에 따른 준법경영제도 발전방향", 「선진상사법률연구」 통권 제55호(법무부, 2011).

______, "2009년 개정상법중 상장회사에 대한 특례규정에 관한 의견", 「상사법연구」 제28권 제1호(한국상사법학회, 2009).

______, "한국 주식회사에서의 집행임원에 대한 연구", 「고려법학」 제43호(고려대학교 법학연구원, 2004).

정쾌영, "집행임원제도에 관한 상법 개정안의 문제점 검토", 「기업법연구」 제21권 제4호(한국기업법학회, 2007).

정화정, "집행임원제도에 관한 상법개정안의 문제점", 「법학논총」 제14권(조선대학교 법학연구소, 2007).

주기종, "개정상법상 준법지원인제도의 문제와 해결", 「법학연구」 제48집(한국법학회, 2012).

차대운/정쾌영, "집행임원제도의 도입필요성과 입법론적 과제", 「상장협」 제49호(한국상장회사협의회, 2004. 3).

천경훈, "2022년 회사법 판례 회고", 「상사판례연구」 제36권 제1호(한국상사판례학회, 2023).

______, "개정상법상 자기거래 제한 규정의 해석론에 관한 연구", 「저스티스」 제131호(한국법학원, 2012).

최광선, "개정 외감법상의 비례책임제도에 관한 고찰", 「저스티스」 제143호(한국법학원, 2014).

최문희, "지배주주의 매도청구권, 소수주주의 매수청구권의 적용요건의 재고찰-지배주주의 요건, 자기주식의 취급을 중심으로-", 「상사법연구」 제36권 제3호(한국상사법학회, 2017).

______, "회계감사인의 비례책임제도의 쟁점과 바람직한 운용방안-개정 외감법에 대한 비판적 고찰과 개선과제를 중심으로-", 「저스티스」 제144호(한국법학원, 2014).

최민용, "지배주주의 주식매도청구권의 운용과 관련된 몇 가지 제언", 「경영법률」 제21집 제4호(한국경영법률학회, 2011).

최성호, “주주대표소송에 있어서 판결효력의 귀속”,「저스티스」 제71호(한국법학원, 2003).

최수정, “상법상 준법지원인제도에 관한 소고－주요 쟁점과 법제 개선방안－”, 「법과 정책연구」 제23집 제3호(제주대학교 법과정책연구원, 2017).

최승재, “주식가치 평가와 공정한 가액에 대한 고찰－반대주주의 주식매수청구권을 중심으로－”, 「연세 글로벌비지니스 법학연구」 제2권 제1호(연세대학교 법학연구원 글로벌비지니스와법센터, 2010).

최완진, “임원의 보수에 관한 규제 방향”, 「경영법률」 제26권 제1호(한국경영법률학회, 2015).

최준선, “감사·감사위원 선임시 의결권제한법리의 문제점과 개선방안”, 「상장회사감사회 회보」 제125호(한국상장회사협의회, 2010. 5).

최호진/최준선, “개정 상법 제398조의 자기거래에 있어서 공정성 요건에 관한 연구”, 「성균관법학」 제23권 제3호(성균관대학교 법학연구소, 2011).

하헌주, “주식회사 감사제도의 문제점과 그 개선방안”, 「재산법연구」 제25권 제2호(한국재산법학회, 2008).

홍복기, “주주의 회계장부열람권”, 「신세기 회사법의 전개(우전이병태교수 화갑기념논문집)」(대전서적, 1996).

______, “미국회사법에 있어서 이사책임의 구제제도”, 「법학연구」 제4집(연세대학교 법학연구소, 1986).

황근수, “한국에 있어서 집행임원제도의 현황과 향후의 운용방향”, 「법학」 제49권 제2호(서울대학교, 2008. 6).

황영목, “이사의 감시의무”, 「회사법상의 제문제(상)」(재판자료 제37집)(법원행정처, 1987).

황현영, “이사의 감시의무와 내부통제시스템에 관한 연구－대법원 2021. 11. 11. 선고 2017다222368 판결－”, 「법조」 제750호(법조협회, 2021).

谷口義幸, “上場會社のコ―ポレ―ト·ガバナンスに關する開示の充實等のための內閣府令等の改正”, 「商事法務」No. 1898(商事法務研究會, 2010. 5. 5).

落合誠一, “會社の營利性について”, 「企業法の理論(上)」(2007).

大柳康司/關口了祐, “コ―ポレ―ト·ガバナンスと企業業績と關係”, 「商事法務」No. 1594(商事法務研究會, 2001. 5).

武井一浩, “委員會設置會社の實務的觀點からの検討(下)”, 「監査」 第460號(2002).

森本滋, “委員會設置會社制度の理念と機能[上]－監査委員會と監査役制度の比較を中心に－”, 「商事法務」No. 1666(商事法務研究會, 2003. 6. 25).

西村發言, “執行役員制度の諸問”, 「取締役の法務」 第59號.

涉谷光子, “[委任狀]商法の規制と證券取引法の規制”, 「證券研究」 第57卷.

石山卓磨, “日本の企業改革と執行役員制度”, 「기업지배구조 초청강연회 자료」(조선대 법학연구소, 2000. 3).

神崎克郎, “取締役の注意義務”, 「商事法務」 第847號(商事法務研究會).

神田秀樹外, “グローバルCEO報酬比較－新春座談會役員報酬改革の新潮流と今後の諸□点(上)－”, 「商事法務」 第987號(商事法務研究會, 2013. 1. 5).

岩原紳作, “自己株式取得, 株式の併合, 單元株, 募集新株等”, Jurist, No. 1295, 2005.
元木 伸, “商法からみた執行役員”, 執行役員制の實施事例－法制上論点と今後展望－, 「別册商事法務」No. 214(商事法務研究會, 2002).
前田 庸, “第2章 平成5年 社債法改正の審議の經緯”, 「社債管理會社の法的問題(金融法務研究會報告書9)」(金融法務研究會, 2004).
前田重行, “會社分割に關する立法上の問題點”, 「(第4版)商法の爭點」(1993).
和座一清, “株主の帳簿閱覽権”, 上柳克郎/竹内昭夫/鴻常夫編, 「新注釈会社法(9)」(有斐閣, 1988).
坂田桂三, “取締役會の監督的機能”, 「現代商事法の重要問題(田中誠二先生米壽紀念論文)」1984.
横山淳, “委員會設置會社の執行役の實態”, 「商事法務」No. 1819(商事法務研究會, 2007. 12. 15).

Bengt Holmstrom/Steven N. Kaplan, “The State of U.S. Corporate Governance: What's Right and What's Wrong?”, 15 *J. App. Corp. Fin.* 8, 13 (2003).
Craig A. Peterson/Norman W. Hawker, “Does Corporate Law Matter? Legal Capital Restrictions on Stock Distribution”, 31 *Akron L. Rev.*, 175, 1997.
Daniel R. Fischel, “The Demand and Standing Requirements in Stockholder Derivative Actions”, 44 *University of Chicago Law Review* 168, 169(1976).
E. Fama/M. Jensen, “Separation of Ownership and Control”, 26 *Journal of Law and Economics*, 1983.
Gilson, “A Structural Approach to Corporations: A Case against Defensive Tactics in Tender Offers”, 33 *Stanford L. Rev.*, 1981.
Geoffrey A. Manne, “The Hydraulic Theory of Disclosure Regulation and Other Costs of Disclosure”, 58 *Ala. L. Rev.* 473, 511 (2007).
Jay W. Eisenhofer/John L. Reed, “VALUATION LITIGATION”, 22 *DEJCL* 37, the Widener University School of Law, 1997.
Marcel Kahan, “Rethinking Corporate Bond: The Trade－off Between Individual and Collective Rights,” 77 *N.Y.U. L. Rev.*, 1040, 1059(2002).
M. Friedman, “The Social Responsibility of Business is to Increase its Profits,” *New York Times Magazine*, 1970. 9. 13).
Prof. Dr. Albert J. Rädler, “General Report”, International Fiscal Association(IFA), Cahiers de droit fiscal international, Vol. LXXIXb, Toronto, 1994.
Robert B. Thompson, “Exit, Liquidity, and Majority Rule: Appraisal's Role In Corporate Law”, 84 *Geo. L. J.* 1, 4(1995)).
Steven L. Schwarcz/Gregory M. Sergi, “Bond Default and The Indenture Trustee”, *59 Ala. L. Rev.* 1037, 1045(2008).

사항색인

판례색인

대법원 판결, 결정

헌법재판소 결정

하급심 판결

[저자 약력]

정준우(鄭埈雨)

한양대학교 법과대학 동 대학원 졸업
한양대학교 대학원 법학과(법학박사)
현 인하대학교 법학전문대학원 교수

전 한국경제법학회 회장(2019)
한국기업법학회 회장(2021)
현 한국상사법학회 수석부회장
한국상사판례학회 부회장
한국증권법학회 부회장
한국사법학회 부회장

〈저 서〉
(제2판)상법총론(총칙·상행위)(정독, 2021)
주식회사의 준법경영 관리체계(나우커뮤니케이션, 2016)
감사와 외부감사인의 법적 책임(한국상장회사협의회, 2005)

〈논 문〉
국제항공운송에 있어서 피해자의 보호에 관한 연구(박사학위논문)
법인격부인론에 관한 최근 판례의 비판적 검토(2023) 외 100여 편

주식회사법

초판발행 2024년 5월 31일

지은이 정준우
펴낸이 김중용

편 집 심성보·김인숙

펴낸곳 도서출판 정독

경기도 고양시 일산서구 하이파크로 113, 102-204
등록 제406-2014-000093호
전 화 031)924-7203 팩 스 031)935-0345
홈페이지 www.jeongdok.co.kr 이메일 admin@jeongdok.co.kr
ISBN 979-11-6858-270-5 93360

정 가 48,000원